2014
中国证券期货统计年鉴

贰 零 壹 肆

贰零
壹肆

贰 零 壹 肆

贰 零 壹 肆

China Securities and Futures Statistical
YEARBOOK

中国统计出版社
China Statistics Press

中国证券监督管理委员会 编
CHINA SECURITIES REGULATORY COMMISSION

图书在版编目（CIP）数据

中国证券期货统计年鉴 = China securities and futures statistical yearbook. 2014 : 汉英对照 / 中国证券监督管理委员会编. -- 北京 : 中国统计出版社, 2014.6
ISBN 978-7-5037-7103-3

Ⅰ. ①中… Ⅱ. ①中… Ⅲ. ①证券市场－统计资料－中国－2014－年鉴－汉、英②期货交易－统计资料－中国－2014－年鉴－汉、英 Ⅳ. ①F832.5-66

中国版本图书馆 CIP 数据核字(2014)第 117339 号

中国证券期货统计年鉴—2014

作　者/中国证券监督管理委员会
责任编辑/郭　栋
封面设计/张　冰　周剑峰
出版发行/中国统计出版社
通信地址/北京市丰台区西三环南路甲 6 号　邮政编码/100073
电　话/邮购（010）63376909　书店（010）68783171
网　址/http://csp.stats.gov.cn
印　刷/河北天普润印刷厂
经　销/新华书店
开　本/880mm×1230mm　1/16
字　数/1200 千字
印　张/40
版　别/2014 年 6 月第 1 版
版　次/2014 年 6 月第 1 次印刷
定　价/288.00 元

本书附同版本 CD-ROM 一张，光盘内容以书面文字为准。
如有印装差错，由本社发行部调换。

编 者 说 明

一、《中国证券期货统计年鉴（2014）》（中英文）收录了2013年证券期货市场的统计数据以及与证券期货市场相关的部分宏观经济数据，是一部全面反映中华人民共和国证券期货市场发展情况的资料性年刊。

二、年鉴分为概况、股票、债券、证券投资基金、期货、投资者、上市公司、证券期货经营机构8个篇章，另附世界主要国家的证券化率，世界主要交易所业务量排名，全球主要经济体资本市场业务量排名，全球期货及期权市场交易所排名，上市公司名录和退市公司名录，上海、深圳证券交易所收费标准。

三、年鉴数据主要来自证监会各业务部门、交易所和证监会下属单位；宏观经济数据主要来自于国家统计局、中国人民银行、世界交易所联合会（WFE）。

四、与2013年版《中国证券期货统计年鉴》相比，本年鉴稍有调整，增加了新出现的证券期货产品。为方便读者使用，每章末附有《主要统计指标解释》。

五、年鉴中部分数据合计数由于单位取舍不同而产生的计算误差，均未作机械调整。

六、年鉴各表中，度量单位均在该表上方，对表中部分指标的注释、资料来源、汇率换算标准等内容注释在该表的下方。凡带续表的资料，对部分指标的注解一律在最后一张续表的下方。

七、年鉴各表中的“-”表示该项统计指标数据不详或无该项数据。

编　者

2014年6月

目 录

CONTENTS

一、概 况
Summary

2013 年证券期货市场情况概述……3

2013 年证券期货监管工作概述……6

1-1 证券期货市场概况……8
Overview of Securities and Futures Market

1-2 交易所市场证券登记存管情况……10
Depository Securities Statistics of Stock Exchange Market

1-3 证券市场指数运行情况……13
Securities-Market Indexes

1-4 国内有价证券分类发行情况……15
Statistics of Domestic Securities Issuance

1-5 境内外证券市场筹资情况……16
Proceeds Raised in Domestic and Foreign Capital Markets

1-6 证券市场投资者账户情况……16
Investor Accounts of Securities Market

1-7 证券期货市场参与主体情况……17
Participant of Securities and Futures Market

1-8 证监会系统境内筹资与全社会融资规模的比例……17
Proportion of Domestic Financing of Securities Governed by CSRC to Total Social Financing

主要统计指标解释……18
Explanatory Notes on Main Statistical Indicators

二、股 票
Stocks

2013 年上海证券交易所情况概述……23

2013 年深圳证券交易所情况概述……24

2-1 股票市场概况……25

Overview of Stock Market
2-2 股票市场历史记录情况……26
Historical Records of Stock Market
2-3 股票市场分板块规模……28
Dimensions of Stock Market by Board
2-4 股票市场分股份类型规模……30
Dimensions of Stock Market by Type of Share
2-5 股票市场分监管辖区规模……31
Dimensions of Stock Market by Regulatory Jurisdiction
2-6 新股首发及上市首日情况……32
Issue-Day Statistics of IPO
2-7 A 股首发行业分布……34
Industry Distribution of A-shares IPO
2-8 A 股 IPO 发行筹资监管辖区分布……35
Regulatory Jurisdiction Distribution of A-shares IPO
2-9 2013 年境外股票发行情况……36
Stocks Issued Abroad in 2013
2-10 股票市场分板块交易情况……36
Statistics for Stock-market Transaction by Board
2-11 股票市场分股份类型交易情况……37
Statistics for Stock Transaction by Type of Shares
2-12 上海证券交易所股票市场交易情况……38
Stock Transaction of Shanghai Stock Exchange
2-13 深圳证券交易所股票市场交易情况……39
Stock Transaction of Shenzhen Stock Exchange
2-14 股票分行业成交情况……40
Statistics for Stock Transaction by Industry
2-15 股票按监管辖区成交情况……41
Statistics for Stock Transaction by Regulatory Jurisdiction
2-16 2013 年 A 股总市值前 50 只股票交易情况……42
Statistics of Top 50 A-share Stocks Ranked by Stock Market Capitalization in 2013
2-17 2013 年 A 股流通市值前 50 只股票交易情况……46
Statistics of Top 50 A-share Stocks Ranked by Stock Free Float Market Capitalization in 2013
2-18 2013 年 A 股成交金额前 50 股票交易情况……50
Statistics of Top 50 A-share Stocks Ranked by Stock Trading Turnover in 2013
2-19 2013 年 A 股涨幅前 50 股票交易情况……54
Statistics of Top 50 A-share Stocks Ranked by Stock Price Increase Rate in 2013
2-20 2013 年 A 股跌幅前 50 股票交易情况……58
Statistics of Top 50 A-share Stocks Ranked by Stock Price Decrease Rate in 2013
2-21 2013 年 B 股总市值前 50 股票交易情况……62
Statistics of Top 50 B-share Stocks Ranked by Stock Market Capitalization in 2013
2-22 2013 年 B 股成交金额前 50 股票交易情况……66
Statistics of Top 50 B-share Stocks Ranked by Stock Trading Turnover in 2013
2-23 股票市场估值水平概况……70
Level of Stock Market Valuation
2-24 股票市场行业估值水平情况……70
Level of Stock Market Valuation by Industry
2-25 证券市场股息率情况……71

Dividend Yield Ratio of Securities Market
2-26 融资融券业务情况……71
Statistics of Margin Requirement
2-27 2013 年转融通业务情况……73
Statistics of Refinancing Securities in 2013
2-28 股改限售股份累计解禁及减持情况……74
Cumulative Unlocking and Reduced Volume of Restricted Shares Resulted from Share Reform
2-29 全国中小企业股份转让系统市场运行情况……75
NEEQ Market Operation
主要统计指标解释……76
Explanatory Notes on Main Statistical Indicators

三、债 券
Bonds

2013 年债券市场情况概述……81
3-1 债券市场概况……82
Overview of Bond Market
3-2 债券发行、兑付、余额情况……84
Statistics of Bond Issuance, Payment, Balance
3-3 公司信用类债券发行额按监管辖区分布……89
Regulatory Jurisdiction Distribution of Company Credit Bond Issuance
3-4 交易所债券交易情况……92
Bond Trading in Stock Exchange
3-5 上海证券交易所债券交易情况……95
Bond Trading in Shanghai Stock Exchange
3-6 2013 年上海证券交易所国债预发行情况……97
Bond Pre Issuance in Shanghai Stock Exchange in 2013
3-7 深圳证券交易所债券交易情况……98
Bond Trading in Shenzhen Stock Exchange
3-8 交易所债券回购交易情况……101
Bond Repo Trading in Stock Exchange
3-9 2013 年银行间市场债券买卖按交易机构分类情况……102
Statistics for Bond Trading in Interbank Market by Institution in 2013
3-10 银行间市场债券回购按交易期限分类情况……103
Statistics for Bond Repo Trading in Interbank Market by Duration
3-11 2013 年银行间市场债券回购余额按机构分类情况……104
Statistics for Bond Repo Balance in Interbank Market by Institution in 2013
3-12 债券托管额情况……105
Value of Bonds under Custody
3-13 国债发行情况明细……107
Details of T-Bonds Issuance
3-14 公司债发行情况明细……109
Details of Corporate Bonds Issuance
3-15 可转债发行情况明细……113
Details of Convertible Bonds Issuance
3-16 中小企业私募债发行情况明细……114
Details of Private Placement Bonds Issuance

主要统计指标解释……119
Explanatory Notes on Main Statistical Indicators

四、证券投资基金
Securities Investment Funds

2013 年证券投资基金运行监管概述……123
4-1 证券投资基金概况……126
Overview of Securities Investment Funds
4-2 证券投资基金规模……128
Dimensions of Securities Investment Funds
4-3 基金对外开放情况……128
Statistics of QFII, RQFII and QDII
4-4 基金市场指数情况……130
Fund Index
4-5 上市基金成交情况……131
Transaction Data of Listed Fund
4-6 2013 年封闭式基金名录……132
List of Close-ended Funds in 2013
4-7 2013 年开放式基金名录……140
List of Open-ended Funds in 2013
4-8 2013 年 QDII 基金名录……202
List of QDII Funds in 2013
主要统计指标解释……204
Explanatory Notes on Main Statistical Indicators

五、期 货
Futures

2013 年上海商品期货市场情况概述……207
2013 年郑州商品期货市场情况概述……209
2013 年大连商品期货市场情况概述……211
2013 年金融期货市场情况概述……214
5-1 期货交易品种名录……217
List of Futures Products
5-2 期货市场规模概况……217
Dimensions of Futures Market
5-3 期货会员机构数情况……218
Number of Futures Exchange Members
5-4 期货交易概况……219
Overview of Futures Trading
5-5 期货品种交易情况……220
Statistics for Futures Transaction by Futures Products
5-6 按监管辖区划分的商品期货交易情况……222
Statistics for Futures Transaction by Regulatory Jurisdiction
5-7 2013 年农产品期货交易情况……224
Futures Trading of Agricultural Products in 2013
5-8 2013 年金属期货交易情况……230

Futures Trading of Metal Products in 2013
5-9 2013 年能源、化工及其他期货交易情况 ······234
Futures Trading of Metal Products Building Materials, Energy & Chemical Products & Others in 2013
5-10 2013 年金融期货交易情况 ······239
Futures Trading of Financial Futures in 2013
5-11 2013 年期货市场主力合约情况 ······240
Statistics of Dominate Contract in 2013
5-12 2013 年农产品期货持仓情况 ······241
Positions of Agricultural Products Futures in 2013
5-13 2013 年金属期货持仓情况 ······247
Positions of Metal Products Futures in 2013
5-14 2013 年能源、化工及其他期货持仓情况 ······251
Positions of Metal Products Building Materials, Energy & Chemical Products & Others in 2013
5-15 2013 年金融期货持仓情况 ······255
Positions of Financial Futures in 2013
5-16 2013 年农产品期货合约月末结算价 ······256
Clearing Price of Agricultural Products Futures Contracts in 2013
5-17 2013 年金属期货合约月末结算价 ······261
Clearing Price of Metal Products Futures Contracts in 2013
5-18 2013 年能源、化工及其他期货合约月末结算价 ······265
Clearing Price of Building Materials, Energy, Chemical Products & Others Futures Contracts in 2013
5-19 2013 年金融期货合约月末结算价 ······269
Clearing Price of Financial Futures Contracts in 2013
5-20 2013 年农产品期货实物交割情况 ······270
Physical Delivery of Agricultural Products Futures in 2013
5-21 2013 年金属期货实物交割情况 ······273
Physical Delivery of Metal Products Futures in 2013
5-22 2013 年能源、化工及其他期货实物交割情况 ······275
Physical Delivery of Building Materials, Energy, Chemical Products & Others Futures in 2013
5-23 2013 年金融期货现金交割情况 ······277
Cash Delivery of Financial Futures in 2013
5-24 2013 年农产品期货合约汇总 ······278
Collection of Agricultural Products Futures Contracts in 2013
5-25 2013 年金属期货合约汇总 ······284
Collection of Metal Products Futures Contracts in 2013
5-26 2013 年能源、化工及其他期货合约汇总 ······286
Collection of Building Materials, Energy & Chemical Products & Others Futures Contracts in 2013
5-27 2013 年金融期货合约汇总 ······286
Collection of Financial Futures Contracts in 2013
主要统计指标解释 ······288
Explanatory Notes on Main Statistical Indicators

六、投资者
Investors

2013 年证券期货市场投资者情况概述 ······291
6-1 证券期货市场投资者账户情况 ······292
Investor Accounts of Securities and Futures Market

6-2 股票账户情况……293
Stock Accounts
6-3 A股期末账户交易情况……295
Transaction of A-Share Accounts
6-4 B股期末账户交易情况……296
Transaction of B-Share Accounts
6-5 投资者按持有分类情况……297
Investors Classification by Stock Holding
6-6 信用证券账户情况……299
Margin Trading Accounts
6-7 全国期货市场投资者分类交易情况……299
Statistics for Futures Transaction by Investors
主要统计指标解释……300
Explanatory Notes on Main Statistical Indicators

七、上市公司
Listed Companies

2013年上市公司财报分析……303
7-1 上市公司及全国中小企业股份转让系统挂牌公司数量……305
Number of Listed Companies
7-2 上市公司及全国中小企业股份转让系统挂牌公司数量按行业分布……306
Number of Listed Companies by Industry
7-3 上市公司数量按监管辖区分布……307
Number of Listed Companies by Jurisdiction
7-4 全国中小企业股份转让系统2013年新挂牌的挂牌公司数量按行业分布……308
Number of Newly Listed Companies by Industry in 2013 of NEEQ
7-5 2013年各监管辖区按行业上市公司数量分布……309
Number of Listed Companies by Jurisdiction and by Industry in 2013
7-6 按股份类别划分的上市公司数量……311
Number of Listed Companies by Stock Type
7-7 上海证券交易所按股份类别划分的上市公司数量……312
Number of Listed Companies by Stock Type of SSE
7-8 深圳证券交易所按股份类别划分的上市公司数量……312
Number of Listed Companies by Stock Type of SZSE
7-9 按股本规模划分的上市公司数量……313
Number of Listed Companies by Equity Scale
7-10 全国中小企业股份转让系统按股本规模划分的挂牌公司数量……314
Number of Listed Companies by Equity Scale of NEEQ
7-11 按市值规模划分的上市公司数量……314
Number of Listed Companies by Market Capitalization
7-12 2013年主板上市公司行业规模……316
Industry Scale of Main Board Listed Companies in 2013
7-13 2013年中小板上市公司行业规模……317
Industry Scale of SME Board Listed Companies in 2013
7-14 2013年创业板上市公司行业规模……318
Industry Scale of GE Board Listed Companies in 2013
7-15 历年末股本结构……319

Equity Structure by the End of Year
7-16 历年末主板、中小板及创业板公司股本结构……319
Equity Structure of Main Board, SME Board and GE Board by the End of Year
7-17 上市公司境内首发筹资按板块分类情况(IPO)……320
Statistics for Domestic IPO Financing by Board
7-18 上市公司境内首发筹资按股份类型分类情况(IPO)……321
Statistics for Domestic IPO Financing by Type of Shares
7-19 上市公司境内再筹资按板块分类情况……322
Statistics for Domestic Stock Refinancing by Board
7-20 上市公司境内再筹资按股份类型分类情况……323
Statistics for Domestic Stock Refinancing by Type of Shares
7-21 境内外股票市场筹资情况……324
Proceeds Raised in Domestic and Foreign Stock Markets
7-22 2013 年按行业划分上市公司募集金额情况……326
Summary of Listed Companies Financing by Industry in 2013
7-23 2013 年按监管辖区划分上市公司募集金额情况……327
Summary of Listed Companies Financing by Jurisdiction in 2013
7-24 上市公司分红情况……328
Summary of Dividend of Listed Companies
7-25 按类别划分的上市公司分红情况……328
Summary of Dividend of Listed Companies by Category
7-26 按行业划分的上市公司分红情况……329
Summary of Dividend of Listed Companies by Industry
7-27 上市公司主要财务指标……330
Financial Indicator of Listed Companies
7-28 2013 年按行业划分上市公司主要财务指标……332
Financial Indicator of Listed Companies by Industry in 2013
7-29 2013 年按辖区划分上市公司主要财务指标……334
Financial Indicator of Listed Companies by Jurisdiction in 2013
7-30 货币金融类上市公司与其他上市公司主要财务指标对比……336
Financial Indicator of Monetary Financial Listed Companies and Others
7-31 2013 年上市公司按行业每股收益分布……338
EPS of Listed Companies by Industry in 2013
7-32 2013 年上市公司按监管辖区每股收益分布……340
EPS of Listed Companies by Jurisdiction in 2013
7-33 2013 年上市公司按行业每股净资产分布……342
BPS of Listed Companies by Industry in 2013
7-34 2013 年上市公司按监管辖区每股净资产分布……344
BPS of Listed Companies by Jurisdiction in 2013
7-35 2013 年上市公司按行业平均净资产收益率分布……346
ROE of Listed Companies by Industry in 2013
7-36 2013 年上市公司按监管辖区平均净资产收益率分布……348
ROE of Listed Companies by Jurisdiction in 2013
7-37 2013 年上市公司按行业每股经营活动产生的现金流量净额分布……350
Net Cash Flow from Operating Activities Per Share of Listed Companies by Industry in 2013
7-38 2013 年上市公司按监管辖区每股经营活动产生的现金流量净额分布……352
Net Cash Flow from Operating Activities Per Share of Listed Companies by Jurisdiction in 2013
7-39 全国中小企业股份转让系统挂牌公司主要财务指标……353

Financial Indicator of NEEQ Companies
7-40 2013 年全国中小企业股份转让系统分试点园区主要财务指标……353
Financial Indicator of NEEQ Companies by Development Zone
7-41 2013 年全国中小企业股份转让系统分行业主要财务指标……354
Financial Indicator of NEEQ Companies by Industry
7-42 2013 年挂牌公司按行业每股收益分布……356
EPS of Listed Companies by Industry in 2013 of NEEQ
7-43 2013 年挂牌公司按行业每股净资产分布……358
BPS of Listed Companies by Industry in 2013 of NEEQ
7-44 2013 年挂牌公司按行业平均净资产收益率分布……360
ROE of Listed Companies by Industry in 2013 of NEEQ
7-45 2013 年挂牌公司按行业每股经营活动产生的现金流量净额分布……362
Net Cash Flow from Operating Activities Per Share of Listed Companies by Industry in 2013 of NEEQ
7-46 上市公司配股情况……364
Rights Issue of Listed Companies
7-47 上市公司送转股情况……366
Bonus Shares of Listed Companies
7-48 上市公司红利分配情况……390
Dividend of Listed Companies
7-49 上市公司增发情况……428
Re-Issuing of Listed Companies
7-50 挂牌公司红利分配情况……446
Dividend of Listed Companies of NEEQ
7-51 挂牌公司增发情况……447
Re-Issuing of Listed Companies of NEEQ
7-52 并购重组统计表……449
Statistics for Restructuring
主要统计指标解释……450
Explanatory Notes on Main Statistical Indicators

八、证券期货经营机构
Securities and Futures Institutions

2013 年机构监管工作概述……453
8-1 证券期货经营机构数量……455
Number of Securities and Futures Institutions
8-2 2013 年证券期货经营机构按监管辖区分布……456
Regulatory Jurisdiction Distribution of Securities and Futures Institutions in 2013
8-3 证券期货经营机构业务资格情况……457
Qualification of Securities and Futures Institutions
8-4 证券公司重要指标情况……458
Important Indicators of Securities Companies
8-5 2013 年证券公司资产负债表……459
Balance Sheet of Securities Companies in 2013
8-6 2013 年证券公司利润表……461
Income Statement of Securities Companies in 2013
8-7 2013 年证券公司净资本表……462
Net Capital Sheet of Securities Companies in 2013

8-8 2013 年证券公司风险资本准备表……462
Risk Capital Reserve Sheet of Securities Companies in 2013
8-9 2013 年期货公司资产负债表……463
Balance Sheet of Futures Companies in 2013
8-10 2013 年期货公司利润表……464
Income Statement of Futures Companies in 2013
8-11 2013 年证券公司财务情况前 20 排名表……465
Top 20 Securities Companies Ranked by Pecuniary Condition in 2013
8-12 2013 年证券公司股票成交金额前 20 排名表……466
Top 20 Securities Companies Ranked by Stock Trading Turnover in 2013
8-13 2013 年证券公司债券交易金额前 20 排名表……467
Top 20 Securities Companies Ranked by Bond Trading Turnover in 2013
8-14 2013 年证券公司经纪业务前 20 排名表……468
Top 20 Securities Companies Ranked by Brokerage Business in 2013
8-15 2013 年证券公司承销业务前 20 排名表……469
Top 20 Securities Companies Ranked by Underwriting Business in 2013
8-16 2013 年证券公司资产管理业务前 20 排名表……470
Top 20 Securities Companies Ranked by Asset Management Business in 2013
8-17 2013 年证券公司客户交易结算资金余额前 20 排名表……471
Top 20 Securities Companies Ranked by Balance of Clients' Transaction Settlement Funds in 2013
8-18 2013 年期货公司期货成交金额前 20 排名表……472
Top 20 Futures Companies Ranked by Futures Trading Turnover in 2013
8-19 2013 年期货公司期末客户权益总额前 20 排名表……473
Top 20 Futures Companies Ranked by Total Value of Customer Equity in 2013
8-20 2013 年证券公司名录……474
List of Securities Companies in 2013
8-21 2013 年具有外资股业务资格的境外证券经营机构名录……478
List of Overseas Securities Institutions with Foreign Business Qualification in 2013
8-22 2013 年基金管理公司名录……480
List of Fund Management Companies in 2013
8-23 2013 年基金托管人名录……482
List of Fund Custodians in 2013
8-24 2013 年基金销售机构名录……483
List of Fund Sales Institutions in 2013
8-25 2013 年合格境外机构投资者(QFII)名录……488
List of QFII in 2013
8-26 2013 年人民币合格境外机构投资者(RQFII)名录……495
List of RQFII in 2013
8-27 2013 年期货公司名录……497
List of Futures Companies in 2013
8-28 2013 年证券投资咨询机构名录……502
List of Securities Investment Consulting Institutions in 2013
8-29 2013 年外资证券经营机构驻华代表处名录……504
List of Chinese Representative Offices of Foreign Securities Institutions in 2013
主要统计指标解释……508
Explanatory Notes on Main Statistical Indicators

附 录
Appendix

附录 1-1　世界主要国家的证券化率……511
附录 1-2　世界主要交易所业务量排名表……511
附录 1-3　世界主要经济体资本市场业务量排名表……512
附录 1-4　世界期货及期权市场前 30 大交易所排名表……513
附录 1-5　上市公司名录……514
附录 1-6　历年退市公司名录……612
附录 1-7　历年非上市公众公司名录……614
附录 1-8　2013 年上海证券交易所收费标准……621
附录 1-9　2013 年深圳证券交易所收费标准……623

后 记
Postscript

贰零壹肆

一. 概况

Summary

贰零壹肆

2013年证券期货市场情况概述

一、股票市场情况

截至12月31日，沪深两市共有上市公司2489家，总市值23.91万亿元，流通市值19.96万亿元。

（一）一级市场情况

2013年，沪深两市发行股票和债券445只，合计筹资8365.76亿元（包含定向增发资产认购1345.15亿元），其中A股股票合计筹资（包含定向增发资产认购）4283.69亿元。2013年定向增发（现金认购）2246.59亿元；发行债券445只，合计筹资4082.07亿元，其中，可转债9只，筹资551.31亿元，公司债190只，筹资3219.91亿元，中小企业私募债246只，筹资310.85亿元。

（二）二级市场情况

2013年，沪深300指数开盘2551.81点，最高2791.30点，最低2023.17点，收盘2330.03点，较年初下跌7.65%；上证综指开盘2289.51点，最高2444.80点，最低1849.65点，收盘2115.98点，较年初下跌6.75%；深证综指开盘887.36点，最高1106.27点，最低815.89点，收盘1057.67点，较年初上涨20.03%；创业板指数开盘717.30点，最高1423.97点，最低699.17点，收盘1304.44点，较年初上涨82.73%。2013年，沪深两市股票日均成交1969.44亿元，较2012年上升52.13%。

二、股票市场运行特点

2013年，国际经济继续复苏，国际金融市场大幅震荡，国内经济整体呈现平稳增长的态势。在此背景下，境内股市运行存在以下特点:

（一）沪市股指全年小幅下跌，深市股指上涨明显

2013年上半年，受经济增速放缓等因素影响，上证综指下跌12.78%，深圳综指微涨0.74%；下半年，受经济企稳回升，十八届三中全会后政策利好等因素的影响，股市有所回升，上证综指和深证综指分别上涨6.91%和19.15%。沪市全年表现为小幅下跌，跌幅为6.75%；深市全年表现为显著上涨，涨幅为19.15%。

（二）成长股投资价值获认可，文化信息行业涨幅居前

2013年，代表成长股公司的创业板指数上涨82.73%，远高于深证综指涨幅，而沪深300指数、上证50指数、上证180指数分别下跌7.65%、15.23%、9.19%。成长股的投资价值得到市场认可。分行业来看，文化和信息服务两大行业全年涨幅居首，分别上涨了77.85%和73.23%。

三、影响股票市场运行的主要因素

（一）宏观经济平稳增长

受益于投资稳定以及出口和消费逐步增长，我国2013年GDP同比增长7.7%，有所放缓但走势平稳。从经济结构看，全年第三产业对GDP增长的贡献率为48.2%，较2012年全年水平增加2.5个百分点；航天设备、通信等新兴业态投资增速上升，房地产、钢铁等行业投资增速下降，国民经济结构日趋合理。从物价水平看，全年CPI有所上升，但整体温和可控；PPI同比降幅不断收窄，显示社会需求不断改善。

（二）上市公司业绩回升

2013年，沪深两市上市公司实现营业总收入27.06万亿元，同比增长9.58%，增速较2012年略有提升；实现净利润2.25万亿元，同比增长14.43%，较2012年上升13.5个百分点，增速明显提高。其中，非金融上市公司净利润同比增长13.46%，扭转2012年净利润下滑态势。多数行业业绩整体回升。采掘、钢铁、水泥等部分高耗能行业上市公司净利润同比增长4.32%，之前的业绩下滑得到逆转；交

运设备制造业和电气设备制造业上市公司净利润同比分别增长16.50%和25.48%。

（三）国际金融市场波动

2013年，美国开始削减QE规模，日本、欧洲等主要国家和地区推出宽松货币政策，加之局部地缘政治冲突不断，一些国家内部政局动荡，这些因素增加了全球经济复苏的曲折，国际金融市场波动起伏。受美国削减QE影响，6月和8月欧美股市在短时间内大幅下降；其余月份欧美股市持续上涨。

（四）宏观经济稳中有进

2013年，国内宏观政策稳中有进。实施积极的财政政策和稳健的货币政策。财政政策方面，进行结构性减税，将营改增范围推广到全国，减免小微企业的营业税和增值税。货币政策方面，综合运用并适时创新流动性管理工具，有效应对了多种因素引起的短期资金波动，加强信贷政策与产业政策的协调配合，引导金融机构加大对“三农”、小微企业等重点领域和薄弱环节的金融支持。

（五）证券期货市场深化改革

2013年，深化新股发行制度改革，强化市场主体信息披露，鼓励上市公司开展并购重组，推出国债期货、铁矿石期货、黄金ETF等金融工具，支持证券期货经营机构创新发展，加快新三板建设并向全国扩容。

四、期货市场情况

（一）交易情况

2013年全年，我国期货市场共成交20.62亿手，同比上升42.15%，成交金额267.47万亿元，同比上升56.31%。其中，金融期货成交19354.93万手，成交金额141.01万亿元，分别占全市场的9.39%和52.72%。与去年同期相比，玻璃、强麦、菜籽粕、早籼稻、菜籽油期货合约成交量增幅明显。

（二）品种价格变动及分析

2013年，国际大宗商品市场总体呈先涨后跌的震荡走势。上半年，美国经济缓慢复苏，欧洲经济形势仍处于下行区间，国际大宗商品价格大幅下跌。期间，美国消费数据低于预期，需求下降以及全球原油产量的上升促使国际油价下跌。下半年，美国经济强势反弹，欧洲经济亦进入上升通道，国际大宗商品价格出现一定程度的回升。

国内商品期货方面，期货价格走势与国际市场基本一致。上半年，国内经济增速放缓，主要经济指标有所回落，物价水平相对较低，国内商品期货价格普遍下跌。下半年，国内经济企稳回升，同时美国经济复苏加快，欧日推行宽松货币政策，国内商品期货价格震荡上行。

农产品期货方面，截至2013年末，上海天然橡胶期货主力合约收报18140元,较2012年末跌8370元。郑州普麦(硬麦)期货主力合约收报 2625 元,较2012 年底涨 164 元。郑州强麦期货主力合约收报2845元，较2012年末涨277元。郑州棉花期货主力合约收报19345元，较2012年末涨395元。郑州白糖期货主力合约收报4788元,较2012年底跌761元。郑州菜籽油期货主力合约收报7034元，较2012年底跌2720元。郑州早籼稻期货主力合约收报2305元，较2012年末跌394元。大连黄大豆1号期货主力合约收报4321元，较2012年末跌431元。大连黄大豆2号期货主力合约收报3960元，较2012年末跌778元。大连豆粕期货主力合约收报3368元，较2012年末涨92元。大连豆油期货主力合约收报6850元，较2012年末跌1762元。大连棕榈油期货主力合约收报6038元，较2012年末跌884元。大连玉米期货主力合约收报2345元，较2012年末跌88元。

金属期货方面，上海铜期货主力合约收报52280元，较2012年末跌5580元。上海铝期货主力合约收报13990元，较2012年末跌1375元。上海锌期货主力合约收报15195元，较2012年末跌325元。上海铅期货主力合约收报14275元，较2012年末跌990元。上海螺纹钢期货主力合约收报3570元，较2012年末跌418元。上海线材期货主力合约收报3595元，较2012年末跌358元。上海黄金期货主力合约收报239.40元，较2012年末跌100.89元。

能源化工期货方面，上海燃料油期货主力合约收报4305元，较2012年底跌705元。郑州精对苯二甲酸（PTA）期货主力合约收报7362元，较2012年底跌1200.郑州甲醇期货主力合约收报2995元，较 2012 年末涨 270 元。大连线性低密度聚乙烯（LLDPE）期货主力合约收报 11100 元，较 2012 年末涨 250 元。大连聚氯乙烯（PVC）期货主力合约收报 6420 元，较 2012 年末跌 200 元。大连焦炭期货主力合约收报 1458 元，较 2012 年末跌 366 元。

国内金融期货方面，沪深 300 股指期货主力合约呈现出震荡整理、先抑后扬的走势，2013 年末收盘 2345 点，较 2012 年末跌 193 点。

2013年证券期货监管工作概述

2013年，中国证监会认真贯彻落实党的十八大、十八届二中、三中全会和中央经济工作会议的决策部署，坚持市场化、法治化、国际化取向，着力推进改革创新，强化监管和投资者保护，维护市场平稳运行。

一、围绕服务实体经济，继续推进市场建设

针对企业融资需要，提升审核效率，完善主板再融资审核流程，建立股债同步审核机制。落实《国务院关于开展优先股试点的指导意见》，制定优先股试点有关配套规则。研究放宽创业板准入标准，探索建立小额、快速、灵活的再融资机制。落实《国务院关于全国中小企业股份转让系统有关问题的决定》，认真做好全国中小企业股份转让系统（“新三板”）扩大试点的各项准备工作，“新三板”正式投入运营。

扩大中小企业私募债券试点。在上海证券交易所推出首批7年期国债预发行交易试点。推动国开行在上海证券交易所市场发行金融债券。开放银行间理财产品投资交易所债券市场。推出商业银行减记债试点。推进资产证券化业务转为常规，落实信贷资产证券化产品在交易所上市安排，以专项资产管理计划为载体，探索小额贷款类信贷资产证券化方式。引导证券公司规范发展柜台市场。

平稳推出国债期货，上市动力煤、铁矿石等4个战略性资源品种以及鸡蛋、胶合板等4个宜农品种。推进国际化的原油期货市场建设。启动黄金期货、白银期货和铜、铝、锌、铅等有色金属期货连续交易试点，白银期货市场规模已跃居全球第一，商品期货成交量连续多年居世界前列。

研究建立资本市场重大交易异常情况防范和处置制度。全面启动“证联网”建设，稳妥推进证券账户整合工作，建成统一的资本市场诚信数据库，强化市场统计分析工作。

二、不断深化行政审批制度改革，提高监管透明度和市场活力

落实国务院转变政府职能、简政放权的部署，继续推进行政审批制度改革。及时公布行政审批事项调整情况，大幅提高审批透明度。设立新闻办公室，建立专职新闻发言人制度，健全每周一次的定期新闻发布会制度。提高新媒体运用能力，加强证监会门户网站建设，开通证监会官方微博和微信。

三、引导上市公司规范运作，促进企业并购重组

梳理完善上市公司信息披露规则，协调交易所全面实施信息披露直通车。引导上市公司完善内部控制。明确借壳上市与首次公开发行（IPO）适用同等标准，不允许在创业板借壳上市。简化上市公司并购重组审批流程，在符合产业政策的前提下，完善市场化的约束机制，促进企业兼并重组和产业整合。研究完善上市公司自主退市和重大违法公司强制退市制度，稳妥实施*ST创智、*ST炎黄退市摘牌工作。

四、支持证券期货经营机构创新发展，强化日常监管和风险防范

放开证券公司分支机构设立和业务范围限制。鼓励证券公司稳妥开展约定购回式证券交易、股票质押式回购交易、股票收益互换等新业务。大幅下调证券公司缴纳证券投资者保护基金比例。支持证券公司资产管理业务。扩大融资融券标的证券范围至713只，平稳启动转融券业务。

探索实行基金产品注册制，由市场机构自主决

定基金产品发行类别、数量与时间。支持基金管理公司设立专业子公司。允许保险机构设立基金管理公司，支持符合条件的资产管理机构申请公募基金管理牌照。支持期货公司、保险机构等申请基金销售牌照，允许通过第三方电子商务平台开展基金销售业务。推出黄金 ETF、债券 ETF 等创新产品。

支持期货公司开展资产管理业务，截至 2013 年底，共有 29 家期货公司取得资产管理业务资格，管理客户资金余额 12.1 亿元。稳步开展期货公司风险管理服务子公司试点，20 家公司通过了期货业协会备案。

加强对证券期货经营机构的日常检查，及时实施监管措施。开展证券期货经营机构分类评级工作和压力测试，进一步提高其合规意识和风控水平。建立健全公募基金风险准备金制度，不断完善货币类基金风险监控机制，平稳化解风险。

五、稳步推进对外开放，继续提升市场国际化水平

支持境内企业境外上市，全年共核准首发 11 家、增发 10 家，共筹资 168 亿美元。大幅增加合格境外投资者（QFII）总额度至 1500 亿美元，积极扩大人民币合格境外机构投资者（RQFII）试点范围至新加坡、伦敦等地，支持台资金融机构参与 RQFII 试点。允许境内港澳台居民开设 A 股账户。出台资本市场支持促进中国（上海）自由贸易试验区的若干政策措施，批准上海期货交易所成立上海国际能源交易中心，批准华安基金等 2 家基金管理公司、海通期货等 5 家期货公司在自贸区设立子公司。与美国公众公司会计监察委员会（PCAOB）签署执法合作备忘录。截至 2013 年底，已同 51 个国家和地区的证券期货监管机构签署了 55 个监管合作谅解备忘录。深入开展跨境执法合作交流，全年新增涉外协查案件 92 件，同比增长 53%，进一步健全涉及会计底稿、司法诉讼等重大敏感事项的跨境执法协查机制。

六、加强法治建设和稽查执法工作，有力维护市场秩序

积极推动《证券法》修改和《期货法》制定工作，配合并推动上市公司监督管理条例、私募投资基金管理暂行条例的制定工作。制定资本市场法律体系建设规划。配合新《基金法》，出台公募基金管理、销售、托管制度以及关于合格境内机构投资者（QDII）、QFII、RQFII 的相关制度。

出台《关于进一步加强稽查执法工作的意见》，将稽查执法确立为我会基本职责和核心工作。将上海、深圳专员办调整为案件调查机构，大幅充实稽查执法人员。继续推进监管重心下移，全面授予派出机构行政处罚权。

七、积极推进新股发行体制改革，股票发行审核平稳启动

发布《关于进一步推进新股发行体制改革的意见》，修订完善了《证券发行与承销管理办法》等配套政策性文件。新股发行以信息披露为中心，重点审核新股发行申请文件的合法合规性，引导市场各方位尽责。进一步理顺发行、定价、配售等环节的市场化运行机制，强化发行人及其控股股东等责任主体的诚信义务。按照受理即披露、违规即担责的原则，建立提前介入调查制度，完善发行与稽查执法衔接机制，加强新股发行事中事后监管，严惩发行造假等违法违规行为。稳步启动 IPO 发行审核。开展 IPO 公司财务会计信息专项检查。

八、切实强化投资者保护，不断加强工作系统性和针对性

推动出台《国务院办公厅关于进一步加强资本市场中小投资者合法权益保护工作的意见》，推进建立保护中小投资者合法权益的制度体系。建立金融期货投资者适当性制度，出台分级基金产品注册指引。发布上市公司现金分红监管指引，引导上市公司健全分红决策程序和机制，支持上市公司制定差异化的现金分红政策，督促上市公司提高现金分红政策的合理性、稳定性和透明度。开通“12386”中国证监会热线，进一步拓宽了投资者诉求处理渠道。探索开展投资者教育、投资者权益专业调解和诉求处理等工作，拓展投资者服务的方式。

1-1 证券期货市场概况
Overview of Securities and Futures Market

年份 Year	股票 Stock					
	股票只数 (只) Number of Stock (unit)	上市公司家数 (家) Number of Listed (unit)	上市公司股本 (亿股) Share Capital of Listed Companies (100 million shares)	流通股本 (亿股) Negotiable Shares (100 million shares)	股票市值 (亿元) Market Capitalization of Shares (100 million yuan)	流通市值 (亿元) Negotiable Market Capitalization (100 million yuan)
1992	71	53	73.22	-	1048.15	-
1993	218	183	328.68	81.62	3531.01	832.28
1994	345	291	641.01	185.63	3690.62	968.90
1995	381	323	770.08	224.98	3474.28	938.22
1996	599	530	1110.73	345.57	9842.58	2867.03
1997	821	745	1771.43	560.82	17529.24	5204.42
1998	932	852	2346.69	741.70	19514.03	5750.35
1999	1031	949	2911.49	953.65	26485.15	8221.11
2000	1174	1088	3616.26	1234.35	48121.51	16098.00
2001	1248	1160	4851.88	1487.66	43582.90	14488.82
2002	1311	1224	5464.19	1680.26	38338.79	12487.20
2003	1374	1287	6003.34	1899.05	42477.63	13185.13
2004	1463	1377	6714.74	2194.15	37080.95	11701.20
2005	1467	1381	7163.54	2498.89	32446.02	10638.01
2006	1520	1434	12683.99	3444.50	89441.35	25021.11
2007	1636	1550	17000.45	4933.64	327291.31	93140.66
2008	1711	1625	18900.13	6964.97	121541.05	45303.02
2009	1804	1718	20606.26	14200.19	244103.91	151342.07
2010	2149	2063	26984.49	19442.15	265422.59	193110.41
2011	2428	2342	29745.11	22499.86	214758.09	164921.30
2012	2579	2494	31833.62	24778.22	230357.62	181658.26
2013	2574	2489	33822.04	29997.12	239077.19	199579.54

注：1.2003年起股票账户数均为有效账户数。
　　2.期货账户数从2006-2011年为账户总数，2012-2013年为有效账户数。
数据来源：本书各章相关表
Source: Relative Tables followed

1-1 续表 1 continued

年份 Year	股票 Stock						
	成交量 (亿股) Trading Volume (100 million shares)	成交金额 (亿元) Trading Turnover (100 million yuan)	印花税 (亿元) Stamp Tax (100 million yuan)	印花税在中央财政收入中的比重(%) The Percentage of Stamp Tax from Central Revenue (%)	市盈率 (倍) P/E Ratio (times)	换手率 (%) Turnover Rate (%)	股票账户数 (万户) Number of Stock Accounts (10 thousand units)
1992	36.90	683.04	-	-	-	-	-
1993	226.56	3627.21	22.00	2.30	-	-	-
1994	1013.34	8127.63	48.77	1.68	-	-	-
1995	705.31	4036.45	24.22	0.74	-	-	-
1996	2533.14	21332.18	127.99	3.50	-	-	-
1997	2560.02	30721.83	250.76	5.93	-	-	-
1998	2154.11	23544.25	225.75	4.62	-	-	-
1999	2932.90	31322.37	248.07	4.28	-	-	-
2000	4759.45	60835.19	485.89	6.41	-	491.19	6123.24
2001	3155.93	38325.39	291.44	3.40	81.92	227.07	6898.68
2002	3017.14	27993.91	111.95	1.02	62.51	195.86	6841.84
2003	4163.08	32115.27	128.35	1.08	45.89	237.04	6961.02
2004	5827.73	42333.95	169.08	1.17	32.16	303.45	7106.11
2005	6623.73	31664.78	66.35	0.40	28.59	295.11	7189.44
2006	16145.23	90468.89	180.94	1.05	29.72	547.40	7482.11
2007	36403.75	460556.23	2062.00	7.43	44.13	817.95	9279.07
2008	24131.39	267112.66	927.68	2.84	19.29	402.29	10449.69
2009	51107.00	535986.77	510.38	1.42	29.78	582.88	12037.69
2010	42151.98	545633.54	545.65	1.28	20.32	344.34	13391.04
2011	33956.57	421644.58	421.66	0.82	14.18	214.16	14050.37
2012	32860.54	314583.27	314.59	0.56	15.04	180.55	14045.91
2013	48372.68	468728.60	468.27	0.78	15.53	242.99	13247.15

1-1 续表 2 continued

年份 Year	债券 Bond				基金 Fund				
	债券发行额(亿元) Value of Bonds Issued (100 million yuan)	兑付金额(亿元) Amount of Payments (100 million yuan)	债券成交金额(亿元) Bond Trading Turnover (100 million yuan)	年末托管额(亿元) Value of Bonds under Custody at the end of year (100 million yuan)	基金只数(只) Number of Funds (unit)	基金份额(亿份) Fund share (100 million units)	基金资产规模(亿元) Fund Asset Value (100 million yuan)	上市基金成交金额(亿元) Trading Turnover of Listed Funds (100 million yuan)	基金账户数(万户) Number of Fund Accounts (10 thousand units)
1992	-	-	-	-	-	-	-	-	-
1993	-	-	-	-	-	-	-	-	-
1994	-	-	-	-	-	-	-	-	-
1995	-	-	-	-	-	-	-	-	-
1996	-	-	-	-	-	-	-	-	-
1997	2084.62	-	8.90	4184.07	-	-	-	-	-
1998	6203.73	-	76.39	9884.07	5	100.00	107.00	1016.89	-
1999	4369.50	410.16	2544.82	13188.79	16	505.00	577.00	2485.48	-
2000	4414.50	1629.16	16363.02	16746.19	34	562.00	847.35	2801.84	-
2001	5848.53	1859.97	41030.69	19727.91	51	804.23	809.24	2561.88	-
2002	9943.90	2841.35	106321.69	25610.47	71	1318.85	1185.56	1166.62	-
2003	17647.17	7886.44	151368.51	37636.37	95	1614.67	1699.22	682.65	-
2004	27295.66	12548.65	127849.02	52046.95	161	3308.79	3246.34	479.47	-
2005	42182.07	22531.33	228456.96	73402.21	218	4714.18	4691.38	773.15	-
2006	57096.11	38597.83	382839.23	92346.98	307	6220.67	8565.05	2002.65	-
2007	80163.36	49931.98	628787.97	123485.39	346	22339.84	32762.32	8620.09	-
2008	71732.16	48265.29	956855.15	152554.05	439	25741.78	19403.25	5831.05	16846.00
2009	87286.22	67282.32	1180369.13	177383.26	547	23518.55	26024.80	10340.02	17480.00
2010	96408.63	73205.88	1522585.20	205107.77	704	23955.33	25040.86	8996.44	19672.00
2011	77231.52	64819.78	1642721.63	222572.17	914	26510.37	21918.55	6365.81	22987.00
2012	80245.86	47625.00	2201120.87	261987.73	1173	31708.41	28661.81	8123.86	22948.00
2013	88178.65	63428.22	2742532.15	297031.62	1552	31176.58	30021.83	14785.49	28773.46

1-1 续表 3 continued

年份 Year	期货 Futures			
	品种数量(个) Number of Products (unit)	持仓金额(亿元) Value of Positions (100 million yuan)	成交金额(亿元) Trading Turnover (100 million yuan)	期货账户数(万户) Number of Futures Accounts (10 thousand units)
1992	-	-	-	-
1993	8	-	2761.00	-
1994	6	-	15800.71	-
1995	6	-	50282.65	-
1996	2	-	42059.58	-
1997	2	-	30885.33	-
1998	9	-	18483.62	-
1999	8	-	11171.51	-
2000	9	145.57	8041.14	-
2001	9	175.75	15071.76	-
2002	10	277.43	19745.30	-
2003	10	423.66	54194.67	-
2004	12	388.77	73465.27	-
2005	11	350.71	67224.19	-
2006	14	564.05	105023.16	27.74
2007	18	990.31	204861.23	44.77
2008	19	740.90	359570.98	71.28
2009	23	2775.49	652553.80	110.61
2010	24	3069.22	1545583.54	150.55
2011	27	2974.60	1375175.68	179.34
2012	32	3831.77	1711224.54	89.69
2013	40	6744.94	2674762.02	97.72

1-2 交易所市场证券登记存管情况
Depository Securities Statistics of Stock Exchange Market

年份 Year	登记存管证券只数(只) Number of Securities in Deposit (unit)								
	股票 Stock			权证	债券 Bond				
	小计 Subtotal	A股 A Shares	B股 B Shares	Warrants	小计 Subtotal	国债 T-Bonds	地方债 Local Bonds	企业债 Enterprise Bonds	公司债 Corporate Bonds
2003	1382	1271	111	0	68	40	0	5	0
2004	1464	1354	110	0	97	56	0	9	0
2005	1468	1359	109	7	115	75	0	11	0
2006	1532	1423	109	27	118	70	0	19	0
2007	1637	1528	109	14	120	70	0	21	2
2008	1713	1604	109	17	247	91	0	98	20
2009	1817	1709	108	12	353	94	1	167	57
2010	2160	2052	108	4	463	110	1	229	89
2011	2432	2324	108	0	640	109	4	322	166
2012	2579	2472	107	0	1170	122	3	561	358
2013	2575	2469	106	0	2032	177	6	980	518

注：1.面值包含所有上市公司(包括只发A股、只发B股、既发A股又发B股、既发A股又发H股的上市公司)流通股和非流通股的面值，纯B股上司公司的非流通股的面值暂未纳入计算。

2.B股市值以国际外汇管理局公布的每年最后一个月汇率期平均价换算成人民币。

数据来源：中国证券登记结算公司

Source: CSDC

1-2 续表 1 continued

年份 Year	登记存管证券只数(只) Number of Securities in Deposit (unit)								
	债券 Bond			基金 Fund				资产证券化产品 Asset Backed Securities	合计 Total
	可转债 Convertible Bonds	分离式可转债 Warrant Bonds	中小企业私募债 Private Placement Bonds	小计 Subtotal	封闭式基金 Close-ended Funds	ETF	LOF		
2003	23	0	0	55	55	0	0	0	1505
2004	32	0	0	57	55	1	1	0	1618
2005	29	0	0	68	54	1	13	4	1655
2006	26	3	0	79	53	5	21	27	1756
2007	18	9	0	71	34	5	32	20	1848
2008	18	20	0	71	31	5	35	17	2048
2009	13	21	0	91	33	9	49	10	2271
2010	13	21	0	146	47	20	79	4	2773
2011	20	19	0	226	57	37	132	6	3304
2012	23	16	87	330	52	50	228	15	4094
2013	27	10	314	436	37	85	306	26	5069

1-2 续表 2 continued

年份 Year	登记存管证券面值(亿元) Value of Depository Securities (100 million yuan)										
	权证 Warrants	债券 Bond								资产证券化产品 Asset Backed Securities	合计 Total
		小计 Subtotal	国债 T-Bonds	地方债 Local Bonds	企业债 Corporate Bonds	公司债 Corporate Bonds	可转债 Convertible Bonds	分离式可转债 Warrant Bonds	中小企业私募债 Private Placement Bonds		
2003	0.00	4087.78	3806.73	0.00	83.94	0.00	197.11	0.00	0.00	0.00	4087.78
2004	0.00	4786.08	4358.73	0.00	92.42	0.00	334.93	0.00	0.00	0.00	4786.08
2005	57.48	4711.18	4369.44	0.00	92.93	0.00	248.81	0.00	0.00	58.80	4827.46
2006	146.81	3467.14	3131.62	0.00	115.84	0.00	120.69	99.00	0.00	168.60	3782.56
2007	166.10	3413.70	2857.37	0.00	117.45	52.00	99.08	287.80	0.00	111.55	3691.35
2008	91.99	4490.52	2573.99	0.00	456.64	400.00	139.24	920.65	0.00	89.85	4672.36
2009	104.30	4947.42	2113.15	0.02	718.40	1045.40	119.81	950.65	0.00	46.46	5098.18
2010	29.63	6278.32	1977.06	0.02	922.31	1641.40	786.89	950.65	0.00	10.72	6318.67
2011	0.00	8428.39	1989.13	3.32	1546.27	2855.60	1162.93	871.15	0.00	8.74	8437.13
2012	0.00	12456.28	1782.43	3.30	3229.89	5339.50	1255.26	752.15	93.75	33.98	12490.26
2013	0.00	19801.00	2390.86	16.70	6840.57	7956.24	1605.96	598.35	392.32	72.51	19873.51

1-2 续表 3 continued

年份 Year	登记存管证券总市值(亿元) Market Capitalization of Depository Securities(100 million yuan)								
	股票 Stock			权证 Warrants	债券现货 Bond(spot transaction)				
	小计 Subtotal	A股 A Shares	B股 B Shares		小计 Subtotal	国债 T-Bonds	地方债 Local Bonds	企业债 Corporate Bonds	公司债 Corporate Bonds
2003	42559.73	41616.50	943.23	0.00	4083.95	3780.84	0.00	83.53	0.00
2004	37090.58	36345.47	745.11	0.00	4464.14	4033.64	0.00	84.08	0.00
2005	32448.52	31830.36	618.16	60.62	4796.24	4431.82	0.00	99.32	0.00
2006	90294.17	89008.90	1285.27	329.37	3499.79	3139.75	0.00	118.79	0.00
2007	327970.22	325437.44	2532.77	494.10	3169.92	2666.53	0.00	108.52	51.91
2008	121778.98	120977.85	801.14	174.50	4365.83	2516.90	0.00	467.96	433.21
2009	244783.34	242973.60	1809.74	209.27	4698.97	1947.66	0.02	712.71	1056.40
2010	266492.22	264298.80	2193.41	14.51	6300.53	1955.58	0.02	919.74	1654.88
2011	215215.30	213774.56	1440.74	0.00	8252.60	2012.39	3.32	1465.35	2809.99
2012	230548.71	228968.65	1580.06	0.00	11926.76	1790.37	3.30	2797.95	5246.60
2013	239584.89	237909.25	1675.64	0.00	19504.52	2332.35	16.70	6805.66	7787.72

1-2 续表 4 continued

年份 Year	登记存管证券总市值(亿元) Market Capitalization of Depository Securities(100 million yuan)								
	债券现货 Bond(spot transaction)			基金 Fund				资产证券化产品 Asset Backed Securities	合计 Total
	可转债 Convertible Bonds	分离式可转债 Convertible Bonds	中小企业私募债 Private Placement Bonds	小计 Subtotal	封闭式基金 Close-ended Funds	ETF	LOF		
2003	219.58	0.00	0.00	675.50	675.50	0.00	0.00	0.00	47319.17
2004	346.41	0.00	0.00	558.58	549.45	0.00	9.14	0.00	42113.31
2005	265.09	0.00	0.00	608.64	529.55	65.10	13.99	58.08	37972.10
2006	159.45	81.80	0.00	1424.70	1287.45	102.29	34.95	163.63	95711.64
2007	163.13	179.83	0.00	4356.91	1860.24	306.26	2190.41	109.39	336100.53
2008	143.25	804.52	0.00	816.80	485.12	214.49	117.19	82.10	127218.21
2009	165.94	816.25	0.00	1784.06	982.77	625.39	175.90	42.24	251517.88
2010	917.47	852.84	0.00	1965.20	1072.50	667.91	224.79	10.68	274783.13
2011	1157.65	803.90	0.00	1821.50	798.69	755.88	266.92	8.72	225298.12
2012	1289.12	714.72	84.70	2661.99	701.54	1424.83	535.63	32.34	245169.79
2013	1610.02	580.98	371.09	2873.61	543.09	1575.76	560.77	64.52	262027.54

1-2 续表 5 continued

年份 Year	登记存管证券已上市流通市值(亿元) Negotiable Market Capitalization of depository securities(100 million yuan)									
	股票 Stock			权证 Warrants	基金 Fund				资产证券化产品 Asset Backed Securities	合计 Total
	小计 Subtotal	A股 A Shares	B股 B Shares		小计 Subtotal	封闭式基金 Close-ended Funds	ETF	LOF		
2003	13235.95	12360.79	875.16	0.00	669.34	669.34	0.00	0.00	0.00	13905.29
2004	11702.73	11013.52	689.22	0.00	553.77	544.63	0.00	9.14	0.00	12256.50
2005	10655.21	10054.79	600.42	60.61	603.99	524.90	65.10	13.99	58.08	11377.88
2006	25313.05	24044.96	1268.09	281.19	1413.46	1276.21	102.29	34.95	162.58	27170.27
2007	93470.56	90952.54	2518.02	477.73	4330.98	1843.83	306.26	2180.90	108.40	98387.67
2008	45694.25	44897.99	796.26	171.86	812.62	481.07	214.49	117.06	81.17	46759.90
2009	152207.16	150406.42	1800.74	209.27	1777.42	976.17	625.39	175.87	41.33	154235.18
2010	196083.58	193898.09	2185.48	14.51	1958.94	1066.25	667.91	224.79	9.75	198066.78
2011	166966.72	165531.89	1434.83	0.00	1817.37	794.58	755.88	266.90	8.00	168792.08
2012	184250.75	182677.51	1573.24	0.00	2657.84	697.40	1424.83	535.60	32.34	186940.92
2013	206303.34	204637.95	1665.39	0.00	2869.09	539.50	1575.76	560.74	64.52	209236.95

1-3 证券市场指数运行情况
Securities-Market Indexes

年份 Year	上证综指 SSE Composite Index 开盘 Opening Price	最高 Highest	最低 Lowest	收盘 Closing Price	涨跌幅(%) Change Rate	深证综指 SZSE Composite Index 开盘 Opening Price	最高 Highest	最低 Lowest	收盘 Closing Price	涨跌幅(%) Change Rate
1992	293.74	1429.01	292.76	780.39	165.67	110.53	312.21	107.08	241.21	118.23
1993	802.14	1558.95	750.46	833.80	6.84	241.21	359.44	203.91	238.28	-1.21
1994	837.70	1052.94	325.89	647.87	-22.30	238.28	242.06	96.56	140.63	-40.98
1995	637.72	926.41	524.43	555.29	-14.29	139.62	169.66	112.63	113.25	-19.47
1996	550.26	1258.69	512.83	917.02	65.14	112.85	473.02	105.34	327.34	189.04
1997	914.06	1510.18	870.18	1194.10	30.22	326.33	517.91	305.81	381.29	16.48
1998	1200.95	1422.98	1043.02	1146.70	-3.97	382.85	441.04	317.10	343.85	-9.82
1999	1144.89	1756.18	1047.83	1366.58	19.18	343.29	525.14	310.65	402.18	16.96
2000	1368.69	2125.72	1361.21	2073.48	51.73	402.71	654.37	414.69	635.73	58.07
2001	2077.08	2245.44	1514.86	1645.97	-20.62	636.62	664.85	439.36	475.94	-25.13
2002	1643.49	1748.89	1339.20	1357.65	-17.52	475.14	512.38	371.79	388.76	-18.32
2003	1347.43	1649.60	1307.40	1497.04	10.27	386.61	449.42	350.74	378.63	-2.61
2004	1492.72	1783.01	1259.43	1266.50	-15.40	377.93	470.55	315.17	315.81	-16.59
2005	1260.78	1328.53	998.23	1161.06	-8.33	313.81	333.28	237.18	278.75	-11.73
2006	1163.88	2698.90	1161.91	2675.47	130.43	278.99	552.93	278.99	550.59	97.52
2007	2728.19	6124.04	2541.53	5261.56	96.66	555.26	1567.74	547.89	1447.02	162.81
2008	5265.00	5522.78	1664.93	1820.81	-65.39	1450.33	1584.40	452.33	553.30	-61.76
2009	1849.02	3478.01	1844.09	3277.13	79.98	560.09	1240.64	557.68	1201.34	117.12
2010	3289.75	3306.75	2319.73	2808.07	-14.31	1207.33	1412.63	890.23	1290.86	7.45
2011	2825.33	3067.46	2134.02	2199.42	-21.68	1298.59	1316.18	828.83	866.65	-32.86
2012	2212.00	2478.38	1949.46	2269.13	3.17	871.93	1020.29	724.97	881.17	1.68
2013	2289.51	2444.80	1849.65	2115.98	-6.75	887.36	1106.27	815.89	1057.67	20.03

数据来源：上海证券交易所、深圳证券交易所、中证指数有限公司
Source：SSE、SZSE、CSI

1-3 续表 1 continued

年份 Year	沪深300指数 CSI 300 Index 开盘 Opening Price	最高 Highest	最低 Lowest	收盘 Closing Price	涨跌幅(%) Change Rate	上证50指数 SSE 50 Index 开盘 Opening Price	最高 Highest	最低 Lowest	收盘 Closing Price	涨跌幅(%) Change Rate
1992	-	-	-	-	-	-	-	-	-	-
1993	-	-	-	-	-	-	-	-	-	-
1994	-	-	-	-	-	-	-	-	-	-
1995	-	-	-	-	-	-	-	-	-	-
1996	-	-	-	-	-	-	-	-	-	-
1997	-	-	-	-	-	-	-	-	-	-
1998	-	-	-	-	-	-	-	-	-	-
1999	-	-	-	-	-	-	-	-	-	-
2000	-	-	-	-	-	-	-	-	-	-
2001	-	-	-	-	-	-	-	-	-	-
2002	-	-	-	-	-	-	-	-	-	-
2003	-	-	-	-	-	-	-	-	-	-
2004	-	-	-	-	-	997.00	1141.99	833.09	842.73	-15.47
2005	984.66	1008.73	807.78	923.45	-7.65	836.99	889.98	693.53	796.40	-5.50
2006	926.56	2052.86	926.41	2041.05	121.02	801.41	1819.04	800.21	1805.31	126.69
2007	2073.25	5891.72	2030.76	5338.28	161.55	1842.63	4772.93	1791.64	4226.76	134.13
2008	5349.76	5756.92	1606.73	1817.72	-65.95	4230.81	4524.29	1269.29	1384.91	-67.24
2009	1848.33	3803.06	1837.84	3575.68	96.71	1411.08	2849.41	1402.05	2553.80	84.40
2010	3592.47	3597.75	2462.20	3128.26	-12.51	2565.11	2584.53	1771.49	1977.37	-22.57
2011	3155.56	3380.53	2267.11	2345.74	-25.01	1994.36	2214.84	1571.51	1617.61	-18.19
2012	2361.50	2717.83	2102.14	2522.95	7.55	1628.17	1877.43	1528.28	1857.68	14.84
2013	2551.81	2791.30	2023.17	2330.03	-7.65	1885.96	2088.45	1422.98	1574.78	-15.23

1-3 续表 2 continued

年份 Year	深证成份指数 SZSE Component Index					上证国债指数 SSE T-Bond Index				
	开盘 Opening Price	最高 Highest	最低 Lowest	收盘 Closing Price	涨跌幅(%) Change Rate	开盘 Opening Price	最高 Highest	最低 Lowest	收盘 Closing Price	涨跌幅(%) Change Rate
1992	966.22	2918.09	917.37	2309.77	139.71	-	-	-	-	-
1993	2424.00	3422.22	1688.18	2225.38	-3.65	-	-	-	-	-
1994	2221.95	2271.39	944.02	1271.05	-42.88	-	-	-	-	-
1995	1257.65	1473.29	980.25	987.75	-22.29	-	-	-	-	-
1996	987.07	4522.39	924.33	3217.54	225.74	-	-	-	-	-
1997	3195.52	6103.62	2985.40	4184.84	30.06	-	-	-	-	-
1998	4199.51	4336.32	2902.44	2949.32	-29.52	-	-	-	-	-
1999	2945.24	4896.04	2521.08	3369.61	14.25	-	-	-	-	-
2000	3374.11	5062.29	3360.21	4752.75	41.05	-	-	-	-	-
2001	4756.18	5091.46	3124.57	3325.66	-30.03	-	-	-	-	-
2002	3319.21	3586.06	2661.91	2759.30	-17.03	-	-	-	-	-
2003	2743.21	3557.89	2673.25	3479.80	26.11	100.67	102.08	96.86	99.40	-1.27
2004	3473.35	4187.23	2996.08	3067.57	-11.85	99.39	99.42	91.10	95.61	-3.81
2005	3051.24	3481.44	2590.53	2863.61	-6.65	95.64	109.73	95.61	109.06	14.06
2006	2873.54	6687.28	2873.54	6647.14	132.12	109.11	111.63	109.07	111.39	2.14
2007	6730.12	19600.03	6585.06	17700.62	166.29	111.45	111.96	109.33	110.87	-0.46
2008	17731.84	19219.89	5577.23	6485.51	-63.36	110.92	121.53	110.73	121.30	9.40
2009	6557.42	14096.87	6514.49	13699.97	111.24	121.35	122.99	119.62	122.35	0.87
2010	13766.10	13936.88	8945.20	12458.55	-9.06	122.39	127.10	122.13	126.28	3.21
2011	12578.45	13233.02	8555.12	8918.82	-28.41	126.32	131.39	126.31	131.39	4.05
2012	8980.76	10616.28	7660.45	9116.48	2.22	131.45	135.82	131.44	135.79	3.35
2013	9204.11	10057.97	7045.60	8121.79	-10.91	135.84	139.91	135.84	139.52	2.75

1-3 续表 3 continued

年份 Year	上证企业债指数 SSE Corporate Bond Index					中证综合债指数 CSI Universal Bond Index				
	开盘 Opening Price	最高 Highest	最低 Lowest	收盘 Closing Price	涨跌幅(%) Change Rate	开盘 Opening Price	最高 Highest	最低 Lowest	收盘 Closing Price	涨跌幅(%) Change Rate
1992	-	-	-	-	-	-	-	-	-	-
1993	-	-	-	-	-	-	-	-	-	-
1994	-	-	-	-	-	-	-	-	-	-
1995	-	-	-	-	-	-	-	-	-	-
1996	-	-	-	-	-	-	-	-	-	-
1997	-	-	-	-	-	-	-	-	-	-
1998	-	-	-	-	-	-	-	-	-	-
1999	-	-	-	-	-	-	-	-	-	-
2000	-	-	-	-	-	-	-	-	-	-
2001	-	-	-	-	-	-	-	-	-	-
2002	-	-	-	-	-	-	-	-	-	-
2003	104.38	105.45	98.67	99.93	-4.27	99.91	102.66	99.87	101.34	1.34
2004	99.99	100.04	86.72	95.84	-4.09	100.95	101.34	97.75	100.38	-0.94
2005	95.84	118.98	90.90	118.92	24.08	100.43	108.90	100.43	108.68	8.26
2006	118.91	122.19	115.35	119.84	0.77	108.64	111.36	108.64	111.24	2.36
2007	119.84	121.65	112.68	113.27	-5.49	111.28	111.28	111.28	111.24	0.00
2008	113.27	132.80	112.25	132.64	17.11	-	-	-	124.50	11.92
2009	132.69	134.70	130.91	133.55	0.68	123.68	124.06	123.68	124.02	-0.39
2010	133.61	144.01	133.61	143.45	7.42	124.06	129.22	123.92	127.09	2.48
2011	143.52	148.51	143.24	148.48	3.50	127.23	134.14	126.60	134.14	5.54
2012	148.56	159.65	148.22	159.60	7.49	134.19	138.95	134.16	138.95	3.59
2013	159.70	167.41	159.63	166.56	4.36	138.92	142.58	137.71	138.36	-0.42

1-4 国内有价证券分类发行情况
Statistics of Domestic Securities Issuance

年份 Year	股票 Stock			
	发行量(亿股) Number of Shares Issued (100 million shares)	股票筹资金额(亿元) Proceeds Raised through Offering of Shares(100 million yuan)		
		首发筹资金额 Proceeds Raised by IPO	再筹资金额 Proceeds Raised by Subsequent Offerings of Shares	合计 Total
1992	10.65	68.91	0.00	68.91
1993	51.07	184.83	60.19	245.02
1994	48.64	154.44	59.19	213.63
1995	18.01	42.37	57.41	99.78
1996	66.54	241.32	66.71	308.04
1997	129.64	651.56	208.42	859.98
1998	81.37	412.22	375.22	787.44
1999	86.87	494.71	378.93	873.63
2000	122.17	862.56	653.26	1515.82
2001	84.57	614.03	624.11	1238.14
2002	117.34	498.75	221.29	720.05
2003	89.34	472.42	193.08	665.51
2004	56.13	361.05	289.47	650.53
2005	13.92	57.63	281.40	339.03
2006	377.89	1341.70	1032.80	2374.49
2007	430.63	4770.83	3043.91	7814.74
2008	114.96	1034.38	2278.01	3312.39
2009	244.47	1878.98	2955.36	4834.33
2010	553.95	4882.59	4917.21	9799.80
2011	163.99	2824.43	4330.00	7154.43
2012	78.86	1034.32	3508.08	4542.40
2013	0.00	0.00	4283.69	4283.69

注：1.股票发行量仅指A、B股IPO数量合计。
2.股票发行量和筹资金额均以股份上市日口径统计。
3.2008-2013年股票筹资金额包含行权部分(不包含可转债)。
4.交易所债券仅指证监会系统核准或备案的债券。
数据来源：中国人民银行、上海证券交易所、深圳证券交易所
Source:PBC、SSE、SZSE

1-4 续表 continued

年份 Year	债券 Bond					
	全市场 Whole Market		银行间 Interbank Market		交易所 Stock Exchange	
	发行额(亿元) Value of Bonds Issued (100 million yuan)	兑付金额(亿元) Amount of Payments (100 million yuan)	发行额(亿元) Value of Bonds Issued (100 million yuan)	兑付金额(亿元) Amount of Payments (100 million yuan)	发行额（亿元) Value of Bonds Issued (100 million yuan)	兑付金额(亿元) Amount of Payments (100 million yuan)
1992	-	-	-	-	-	-
1993	-	-	-	-	-	-
1994	-	-	-	-	-	-
1995	-	-	-	-	-	-
1996	-	-	-	-	-	-
1997	2084.62	-	2084.62	-	-	-
1998	6203.73	-	6203.73	-	-	-
1999	4369.50	410.16	4369.50	410.16	-	-
2000	4414.50	1629.16	4414.50	1629.16	-	-
2001	5848.53	1859.97	5848.53	1859.97	-	-
2002	9943.90	2841.35	9943.90	2841.35	-	-
2003	17647.17	7886.44	17647.17	7886.44	-	-
2004	27295.66	12548.65	27295.66	12548.65	-	-
2005	42182.07	22531.33	42182.07	22531.33	-	-
2006	57096.11	38597.83	57096.11	38597.83	-	-
2007	80163.36	49931.98	79756.08	49931.98	407.28	-
2008	71732.16	48265.29	70734.11	48265.29	998.05	-
2009	87286.22	67282.32	86474.71	67282.32	811.51	-
2010	96408.63	73205.88	95088.33	73205.88	1320.30	-
2011	77231.52	64819.78	75501.82	64709.81	1729.70	109.97
2012	80245.86	47625.00	77474.98	47269.27	2770.88	355.73
2013	88178.65	63428.22	84298.96	62332.88	3879.69	1095.34

1-5　境内外证券市场筹资情况
Proceeds Raised in Domestic and Foreign Capital Markets

单位：亿人民币　　(100 million RMB)

年份 Year	境内筹资金额 Proceeds Raised in Domestic Capital Market			境外股票筹资金额 Proceeds Raised in Foreign Capital Market	合计 Total	境外股票筹资与实际利用外商直接投资金额的比率 Proportion of Foreign Stock Financing to Actual Utilization of Foreign Capital
	小计 Subtotal	股票筹资金额 Proceeds Raised in Stock Market	交易所债券筹资金额 Proceeds Raised in Bond Market			
1992	68.91	68.91	-	0.00	68.91	-
1993	245.02	245.02	-	60.84	305.86	2.85
1994	213.63	213.63	-	188.75	402.38	4.88
1995	99.78	99.78	-	31.52	131.31	0.78
1996	308.04	308.04	-	100.57	408.61	2.19
1997	859.98	859.98	-	387.91	1247.89	7.32
1998	787.44	787.44	-	37.83	825.28	0.78
1999	873.63	873.63	-	47.11	920.74	1.41
2000	1515.82	1515.82	-	562.08	2077.90	16.68
2001	1238.14	1238.14	-	73.00	1311.14	1.88
2002	720.05	720.05	-	192.28	912.33	4.40
2003	665.51	665.51	-	537.32	1202.83	12.13
2004	650.53	650.53	-	647.72	1298.24	12.91
2005	339.03	339.03	-	1666.25	2005.29	34.23
2006	2374.49	2374.49	-	3072.57	5447.06	62.44
2007	7814.74	7814.74	-	927.47	8742.21	16.98
2008	4532.49	3312.39	1220.10	311.38	4843.88	4.93
2009	5549.35	4834.34	715.01	1067.66	6617.00	17.37
2010	11120.10	9799.80	1320.30	2343.11	13463.21	33.46
2011	8861.83	7154.43	1707.40	732.42	9594.24	10.02
2012	7265.17	4542.40	2722.77	997.82	8262.99	14.21
2013	8365.76	4283.69	4082.07	1063.89	9429.65	14.85

注：1.债券筹资=可转债+可分离债+公司债+中小企业私募债，按上市日口径统计。
2.境外股票筹资仅指H股筹资。
3.2008-2013年股票筹资金额包含行权部分(不包含可转债)。
4.本表中美元折算汇率均使用当年最后一个交易日的中间价，港币均按1美元=7.8港币转化为美元后再按美元汇率折算。
数据来源：国家统计局、中国证监会、商务部、上海证券交易所、深圳证券交易所
Source:NBSC、CSRC、MOFCOM、SSE、SZSE

1-6　证券市场投资者账户情况
Investor Accounts of Securities Market

单位：万户　　(10 thousand units)

年份 Year	股票 Stock		基金 Fund	期货 Futures	
	股票账户数 Number of Stock Accounts	股票投资者数 Number of Stock Investors	基金账户数 Number of Fund Accounts	期货账户数 Number of Futures Accounts	客户数 Number of Futures Investors
2003	6956.22	4011.22	-	-	-
2004	7133.94	4086.99	-	-	-
2005	7220.97	4127.76	-	-	-
2006	7517.90	4262.54	-	27.74	24.46
2007	9335.06	4944.74	-	44.77	39.55
2008	10516.85	5509.02	16846.00	71.28	61.64
2009	12105.42	6266.11	17480.00	110.61	91.63
2010	13458.38	6934.00	19672.00	150.55	121.37
2011	14050.32	7244.20	22987.00	179.34	141.14
2012	14045.84	7255.23	22948.00	89.69	71.73
2013	13247.15	6757.97	28773.46	97.72	77.24

注：1.股票账户数为有效账户数。
2.期货账户数从2006-2011年为账户总数，2012-2013年为有效账户数。
3.股票账户数和股票投资者数会受到年中投资者账户状态确认影响。
数据来源：中国证券登记结算公司、中国期货保证金监控中心公司
Source: CSDC、CFMMC

1-7 证券期货市场参与主体情况

Participant of Securities and Futures Market

年份 Year	上市公司 Listed Company		证券公司 Securities Company		基金管理公司 Fund Management Company		期货公司 Futures Company	
	家数(家) Number of Companies (unit)	总资产(亿元) Total Assets (100 million yuan)	家数(家) Number of Companies (unit)	总资产(亿元) Total Assets (100 million yuan)	家数(家) Number of Companies (unit)	总资产(亿元) Total Assets (100 million yuan)	家数(家) Number of Companies (unit)	总资产(亿元) Total Assets (100 million yuan)
1993	183	1821.00	-	-	-	-	-	-
1994	291	3309.00	91	-	-	-	-	-
1995	323	4295.00	97	-	-	-	-	-
1996	530	6352.00	94	-	-	-	329	-
1997	745	9660.58	90	-	-	-	294	-
1998	851	12407.52	90	-	6	-	278	-
1999	949	16107.36	90	-	10	-	213	-
2000	1088	28542.22	100	-	10	-	178	-
2001	1160	37690.36	109	-	15	-	200	-
2002	1224	45007.35	127	-	21	-	179	-
2003	1287	147643.82	133	-	33	79.98	186	-
2004	1377	237316.34	133	-	44	79.95	188	-
2005	1381	283446.89	116	-	52	81.16	183	-
2006	1434	336624.70	104	-	57	128.66	183	-
2007	1550	483151.92	106	17313.39	58	366.53	177	-
2008	1625	578566.76	107	11912.23	60	365.96	171	-
2009	1718	730207.97	106	20286.91	60	442.29	167	-
2010	2063	873598.86	106	19686.13	63	486.72	163	-
2011	2342	1033798.69	109	15722.53	69	493.73	163	-
2012	2494	1193593.17	114	17209.32	77	536.63	161	2318.48
2013	2489	1330017.51	115	20788.30	89	655.86	159	2569.07

注：证券公司、期货公司总资产包含客户资金。
数据来源：中国证监会、上海证券交易所、深圳证券交易所
Source: CSRC、SSE、SZSE

1-8 证监会系统境内筹资与全社会融资规模的比例

Proportion of Domestic Financing of Securities Governed by CSRC to Total Social Financing

年份 Year	社会融资规模 (亿元) Total Social Financing (100 million yuan)	其中：证监会系统核准或备案券种净融资(亿元) Thereinto: Net financing of Securities Approved and Registered by CSRC(100 million yuan)	占比(%) Proportion	其中：直接融资规模(亿元) Thereinto: Direct Financing (100 million yuan)	占比(%) Proportion
2002	20112.00	-	-	995.00	4.95
2003	34113.00	-	-	1058.00	3.10
2004	28629.00	-	-	1140.00	3.98
2005	30008.00	-	-	2349.00	7.83
2006	42696.00	-	-	3846.00	9.01
2007	59663.00	-	-	6617.00	11.09
2008	69802.00	-	-	8847.00	12.67
2009	139104.00	-	-	15717.00	11.30
2010	140191.00	-	-	16849.00	12.02
2011	128286.00	1619.73	1.26	18035.00	14.06
2012	157605.00	2442.33	1.55	25006.00	15.87
2013	172913.00	3195.48	1.85	20326.64	11.76

注：直接融资规模包含非金融企业公司信用类债净额和非金融企业境内股票融资。
数据来源：中国人民银行、中国证监会
Source: PBC、CSRC

主要统计指标解释

上市公司家数 指在统计期末其发行的股票在沪、深交易所上市的股份有限公司的数量。以股票上市日进行统计，同时发行 A、B 股的上市公司，按一家计算。

上市公司股本 也称上市公司总股本，是指统计期末上市公司在境内发行的全部股份数量合计，包括 A 股股本、B 股股本和其他不流通的境内股本。

流通股本 也即非限售股本，计算公式为：上市公司股本-限售股本。

公式：流通股本=上市公司股本-限售股本

首发筹资公司家数 指在统计期内首次公开发行股份（IPO）进行筹资的公司数量。以吸收合并、分拆等方式且未公开发行新股筹资的公司，不计入首发筹资公司家数。以股份上市日期作为统计指标的计算日；同一家公司在统计期内多次筹资时，筹资公司家数计为 1 家。

再筹资公司家数 指通过增发（公开增发和定向增发），配股，行权筹资等方式进行筹资的上市公司家数。以股份上市日期作为统计指标的计算日；同一家公司在统计期内多次筹资时，筹资公司家数计为 1 家。其中增发公司家数是指统计期内通过增发股份进行筹资的上市公司数量，根据增发对象不同增发公司家数可分为公开增发公司家数和定向增发公司家数两个指标；配股公司家数是指统计期内通过向原股东配售股份进行筹资的上市公司数量；行权筹资公司家数包括权证（期权）行权筹资公司家数和可转债转股公司家数，这里的权证（期权）行权筹资是指权证（期权）持有人根据约定向上市公司认购股份从而增加上市公司股份的行为。

股票筹资金额 指统计期内通过发行股票筹集的资金总额，以股份上市日作为统计指标的计算日。

首发筹资金额 指统计期内首次公开发行股票（IPO）筹集的资金总额。

公式：首发筹资金额=Σ（每股发行价格×发行股份数）；其中，对于发行股份吸收合并已上市公司的筹资金额，计算公式为：首发筹资金额=每股发行价格×（发行股份数-换股股份数）；

对于存在超额配售权的 IPO，根据超额配售权的实际行使情况对统计期内的 IPO 募集资金进行回溯调整。以股份上市日期作为统计指标的计算日。

公式：首发筹资金额=Σ（每股发行价格×发行股份数）；首发筹资金额=每股发行价格×（发行股份数-换股股份数）

再筹资金额 指统计期内上市公司通过增发（公开增发和定向增发）、配股、行权等方式筹集的资金总额。以股份上市日为统计指标的计算日。其中增发筹资金额是指统计期内上市公司增发股份筹集的资金总额。根据股份认购对象的不同，增发筹资金额指标可分为公开增发筹资金额和定向增发筹资金额。根据增发时是否以现金认购，增发筹资金额指标可分为增发筹资金额（现金）和增发筹资金额（资产）。配股筹资金额指统计期内上市公司通过向原股东配售股份筹集的资金总额。行权筹资金额包括权证（期权）行权筹资金额和可转债转股金额。

公式：再筹资金额=增发筹资金额+配股筹资金额+行权筹资金额；其中：增发筹资金额=Σ增发每股价格×发行股份数；配股筹资金额=Σ配股价格×配售股份数=Σ配股价格×股份数量×配售比例；行权筹资金额=Σ行权价格×行权认购股份数+Σ转股价格×可转债转股数量。

股票市值 指统计期末根据上市公司股票价格和对应股票数量计算的股权价值合计。具体统计口径和计算方法如下：如当日无交易价格，采用最后交易日的收盘价；暂停上市股票的价格以零计算；未股改公司的非流通股以流通 A 股价格计算市值；仅发行 B 股的上市公司，其非流通股不进行股票市值计算；对当日除权股票进行市值计算时需要包含在途股份（已登记未上市）的市值。

流通市值 指根据股票价格与其非限售股本计算出的股权价值合计，也即 A 股流通市值和 B 股流通市值的合计。

涨跌幅 指统计期内股票期末价格相对期初价格的变化幅度。统计区间如果包含上市首日则统计期内股票期末价格相对首发价格的变化幅度。指数涨跌幅参照股票涨跌幅处理；对股票区间涨跌幅的计算需要对股票价格进行复权处理，复权因素包括分红、送股、配股等，复权价格的公式为：复权价格=当前价格×（1+送股比例+配股比例）+每股红利-配股价格×配股比例，若统计期内存在多次分红、送股、配股事件，复权价格采用递归方式进行计算。在计算复权价时，通常采用区间分段涨跌幅连乘或复权因子连乘进行速算。

公式：涨跌幅=（期末收盘价/期初前收盘价-1）×100%

成交量 指统计期内全部股票成交数量的合计，包含竞价交易和协议交易（大宗交易）。

成交金额 指在统计期内全部股票成交金额合计，包含竞价交易和协议交易（大宗交易）。

换手率（股本） 换手率可采用股票成交量/相应股票股本，通常称为股本换手率。对于某一区间换手率的计算，通常采用统计期内全部交易日的股本换手率合计进行计算。通常对单只股票采用股本换手率，对一组股票采用市值换手率；在计算一组股票换手率时，暂停上市股票不纳入计算。

公式：换手率（股本）=（当日成交股数/流通股本）×100%

换手率（市值） 换手率可采用股票成交金额/股票市值，通常称为市值换手率。对于某一区间换手率的计算，通常采用统计期内全部交易日的市值换手率合计进行计算。通常对单只股票采用股本换手率，对一组股票采用市值换手率；在计算一组股票换手率时，暂停上市股票不纳入计算。

公式：换手率（市值）=（当日成交金额/流通市值）×100%

市盈率（静态） 指上市公司每股股价与每股收益的比率，通常用上市公司股票市值与其对应的归属母公司股东净利润的比率进行计算。需要注意事项如下：每股收益和净利润数据在财务报告公告截止日的次日集中更新，且每股收益根据期末股本计算；如截止日未公布财务报告，在计算个股市盈率时采用向前追溯的净利润数据，在计算市场市盈率时剔除该股票；对单个股票计算市盈率时仅考虑每股收益为正的股票；对多个股票计算平均市盈率时通常采用上市公司股票市值合计与其对应的归属母公司股东的净利润合计的比率进行计算（剔除暂停上市公司股票，含净利润为负的股票）；对于发行多种类型股份的公司，根据各类性质股份股本按比例分配该公司归属母公司股东净利润。首发市盈率为股票首发价格与每股收益的比率，其中每股收益按照最新年度财务报告中对应的归属母公司股东净利润除以发行后总股本计算。

公式：市盈率（静态）=Σ股票市值/Σ该股份对应的归属母公司股东净利润

市净率 指上市公司每股股价与每股净资产的比率。通常用股票市值与对应的归属母公司股东权益的比率进行计算。每股净资产数据在财务报告公告截止日的次日集中更新；通常用最新财务报告中的每股净资产数据进行市净率计算；对单个股票计算市净率时仅考虑每股净资产为正的股票；对多个股票计算平均市净率时通常采用上市公司股票市值合计与其对应的归属母公司股东的权益合计的比率进行计算（剔除暂停上市公司股票，含权宜为负的股票）。

公式：市净率=Σ股票市值/Σ该股份对应的归属母公司股东权益

股息率 指每股现金分红与股票价格之间的比率，通常用对应的实际分红总额与期末股票市值的比率来计算。统计时剔出暂停上市公司；对一组股票的平均股息率通常用总体法计算。

股票有效账户数 指统计期末股票账户数中减去休眠账户数之后的股票账户数量。

股票投资者数 指统计期末已开立股票账户的投资者数量。统计时按照“投资者全称相同且证件代码相同”合并。

债券发行只数 指统计期内成功发行的债券数量。按发行首日口径计算。

债券发行额 指统计期内各类债券发行票面金额合计。按发行首日口径计算。

债券兑付金额 指统计期内债券发行人按照约定向债券投资者偿还本金和支付利息的金额合计。

债券成交金额 指统计期内各类债券成交金额合计，包括债券现货成交金额和债券回购成交金额。

公式：现货成交金额=Σ（成交价格×成交量〔现货〕）；回购成交金额=Σ（成交量〔回购〕×1000）

债券托管额 指统计期末托管在债券登记结算机构的各类债券面额合计。

债券筹资金额 也即债券融资金额，是指统计期内债券发行所募集到的资金总额。通常统计范围包括中国证监会审批的公司债券（含证券交易所备案的中小企业私募债）；以发行首日计算。

基金只数 指统计期末基金市场上基金产品的只数。自基金合同生效日（基金成立日）纳入统计，自基金合同终止日从统计中剔除。一般根据证监会主代码（基金主合同）口径统计。

基金份额 指统计期末基金市场基金份额的合计。

基金资产规模 指在统计期末市场上基金产品资产的合计。FOF产品、联接基金不纳入资产规模统计。对统一募集，自动拆分的分级基金统计基金资产规模时，只计母基金资产规模。对分开募集的分级基金统计基金资产规模时，同时统计不同子基金份额的资产规模。

上市基金成交金额 指统计期内在交易所上市的各类基金成交金额合计。

基金账户数 通常称基金TA账户，是指统计期末注册登记人为投资人建立的用于管理和记录基金持有的账户数量。

基金投资者数 是指统计期末已开立基金账户的投资者的数量。按照"投资者全称且证件代码相同"原则合并的基金投资者数量。

期货账户数 统计期末投资者通过期货公司向中国期货保证金监控中心有限责任公司报备的期货账户数量合计。

期货客户数 统计期末已在期货市场开户，按照"客户全称相同且证件代码相同"原则合并的客户数量。

期货成交金额 指统计期内全部期货合约成交金额合计。期货品种的成交金额为统计期内该品种全部期限合约的成交金额合计。

期货持仓金额 是指统计期末未平仓期货合约的金额合计。某一期货品种的持仓金额为统计期末该品种所有期限合约的持仓金额合计值；期货市场的持仓金额为统计期末全部期货品种的持仓金额合计值；商品期货合约统计采用历史期货交易发生时的交易单位，股指期货合约统计采用历史期货交易发生时的合约乘数。

公式：持仓金额=Σ（T日某只期货合约持仓量×T日某只期货合约交易单位或合约乘数×某只期货合约结算价格）

证券公司家数 统计期末已获得中国证监会颁发经营证券业务许可证的证券公司数量合计，以获得经营证券业务许可证为标准，已办理机构注销的证券公司从统计中剔除。

基金管理公司家数 统计期末经中国证监会批准，并获得基金管理资格证书的基金管理公司的数量合计，以获得基金管理资格证书为标准，已办理取消基金管理资格证书的基金管理公司从统计中剔除。

期货公司家数 统计期末经中国证监会批准，并获得中国证监会颁发经营期货业务许可证的期货公司的数量合计，以获得经营期货业务许可证为标准，已办理机构注销的期货公司从统计中剔除。

总资产 统计期末证券期货机构全部资产总额合计。证券期货机构包括证券公司、基金管理公司、期货公司；总资产来自机构的财务报表。

贰零壹肆

二. 股票

Stocks

贰零壹肆

2013 年上海证券交易所情况概述

2013 年底上海证券市场共有股票、国债、地方政府债、公司债、可转债、可分离债、私募债、基金、回购等交易品种，全年新增公司债（含企业债等）699 只。

沪市共有 953 家上市公司。股票市值总价为 15.12 万亿，与 2012 年底相比下降 4.75%，相当于 2013 年 GDP 的 26.57%。年底上交所在全球主要交易所市值排名列第 7 位，亚洲第 3 位。

股票筹资总额 2515.72 亿元，较上年同期减少 12.96%。其中首次发行筹资 0.00 亿元。再次发行筹资 2515.72 亿元，较上年同期减少 1.60 %。

上证综指收盘报 2115.98 点，跌幅 6.75%。上证 50 指数、上证 180 指数跌幅分别为 15.23%、9.19%。按照最新四个季度财务报告，以 12 月 31 日收盘价格计算的真实市盈率，上证综指、上证 50、上证 180 指数的市盈率分别为 10.28 倍，7.37 倍，6.92 倍。与去年相比分别下降 18.35%、24.64%、34.41%。按照 2013 年年报，以 12 月 31 日收盘价格计算的市盈率，上证综指、上证 50、上证 180 指数的市盈率分别为 10.99 倍、7.50 倍、8.28 倍。与 2012 年底相比，分别下降 10.65%、27.61%、23.76%。

全年上海市场总成交金额 856100.14 亿元。其中，股票、债券分别占沪市总成交金额的 26.90%、73.10%。其中股票日均成交金额为 967.50 亿元，同比增加 42.95%。政府债日均成交金额为 3.24 亿元，同比减少 13.14%；公司债（含企业债）日均成交金额为 37.57 亿元，同比增加 21.12%。ETF 日均成交额为 28.18 亿元，同比增加 126.16%。2013 年按非限售流通股计算的年度股票换手率为 169.22%。A 股新增开户数 256.12 万户，日均 1.08 万户，较上年同期日均下降 10.32%。

2013年深圳证券交易所情况概述

2013年，深圳市场进一步培育多层次资本市场，有股票、国债、企业债、公司债、可转债、可分离债、中小企业私募债、ETF、LOF、封闭式基金、分级基金、回购等多个交易品种，全年新增基金63只。

截至2013年12月31日，深证成分指数收报于8121.79点，较2012年底下降10.91%；深证综合指数收报于1057.67点，较2012年底上涨20.03%；中小板指数和创业板指数分别收报于4979.86点和1304.44点。

2013年年末，深市上市公司总数为1536家，总股本8070.35亿股，总市值8.79万亿元。其中中小板上市公司701家，总股本2818.48亿股，总市值3.72万亿元；创业板上市公司355家，总股本761.56亿股，总市值1.51万亿元。股票平均市盈率为27.76倍，其中主板20.08倍，中小板35.97倍，创业板56.73倍。

全年深市总成交金额为29.68万亿元。其中，股票成交金额23.85万亿元，同比增长58.89%；基金成交金额5796.68亿元，同比增加17.05%；债券成交金额5.26万亿元，增幅较大，同比增加122.34%。

2-1 股票市场概况
Overview of Stock Market

年份 Year	股票只数(只) Number of Stocks (unit)		上市公司家数(家) Number of Listed Companies (unit)		上市公司股本(亿股) Share Capital of Listed Companies(100 million shares)		流通股本(亿股) Negotiable Shares (100 million shares)	
	上交所	深交所	上交所	深交所	上交所	深交所	上交所	深交所
1992	38	33	29	24	46.94	26.28	-	8.55
1993	123	95	106	77	206.62	122.06	45.43	36.19
1994	203	142	171	120	419.06	221.95	108.06	77.57
1995	220	161	188	135	498.25	271.83	119.85	105.13
1996	329	270	293	237	671.19	439.54	186.81	158.76
1997	422	399	383	362	975.57	795.86	285.76	275.06
1998	477	455	438	414	1280.35	1066.34	379.73	361.97
1999	525	506	484	465	1580.15	1331.34	494.41	459.24
2000	614	560	572	516	2032.42	1583.84	648.99	585.36
2001	690	558	646	514	3164.44	1687.44	837.53	650.13
2002	759	552	715	509	3727.84	1736.35	992.53	687.73
2003	824	550	780	507	4170.39	1832.95	1157.10	741.95
2004	881	582	837	540	4700.55	2014.19	1366.58	827.57
2005	878	589	834	547	5023.05	2140.49	1561.21	937.68
2006	886	634	842	592	10279.54	2404.45	2254.48	1190.02
2007	904	732	860	690	14173.10	2827.35	3399.30	1534.34
2008	908	803	864	761	15410.39	3489.74	4916.04	2048.93
2009	914	890	870	848	16659.96	3946.30	11578.56	2621.63
2010	938	1211	894	1169	21939.51	5044.98	16031.30	3410.85
2011	975	1453	931	1411	23466.65	6278.46	17993.80	4506.06
2012	998	1581	954	1540	24617.62	7216.00	19521.33	5256.89
2012	998	1581	954	1540	24617.62	7216.00	19521.33	5256.89
2013	997	1577	953	1536	25751.69	8070.35	23731.13	6265.99

数据来源：上海证券交易所、深圳证券交易所

Source: SSE、SZSE

2-1 续表 1 continued

年份 Year	股票市值(亿元) Market Capitalization of Shares(100 million yuan)		流通市值(亿元) Negotiable Market Capitalization (100 million yuan)		成交量(亿股) Trading Volume (100 million shares)		日均成交量(亿股) Average Daily Volume (100 million shares)	
	上交所	深交所	上交所	深交所	上交所	深交所	上交所	深交所
1992	558.40	489.75	-	170.64	17.78	19.12	0.07	0.07
1993	2195.69	1335.32	423.94	408.34	147.42	79.15	0.57	0.31
1994	2600.13	1090.49	586.96	381.94	656.76	356.58	2.61	1.41
1995	2525.66	948.62	587.00	351.22	513.83	191.48	2.03	0.76
1996	5478.01	4364.57	1408.74	1458.29	1101.88	1431.26	4.46	5.79
1997	9218.07	8311.17	2513.47	2690.95	1215.68	1344.34	5.00	5.53
1998	10625.91	8888.12	2947.45	2802.90	1127.95	1026.15	4.59	4.17
1999	14580.47	11904.68	4249.69	3971.42	1560.38	1372.52	6.53	5.74
2000	26930.86	21190.65	8481.33	7616.67	2437.65	2321.80	10.20	9.71
2001	27590.57	15992.33	8382.11	6106.71	1819.95	1335.97	7.58	5.57
2002	25363.72	12975.07	7467.30	5019.90	1781.10	1236.05	7.52	5.22
2003	29804.92	12672.71	8201.14	4983.99	2692.73	1470.36	11.17	6.10
2004	26014.34	11066.61	7350.88	4350.32	3607.74	2219.99	14.85	9.14
2005	23096.13	9349.89	6754.61	3883.40	3986.59	2637.14	16.47	10.90
2006	71612.38	17828.97	16428.33	8592.78	10283.93	5861.29	42.67	24.32
2007	269838.87	57452.44	64532.17	28608.49	24325.38	12078.37	100.52	49.91
2008	97251.91	24289.14	32305.91	12997.11	16311.60	7819.79	66.31	31.79
2009	184655.23	59448.68	114805.00	36537.07	33679.64	17427.36	138.03	71.42
2010	179007.24	86415.35	142337.44	50772.97	25964.43	16187.55	107.29	66.89
2011	148376.22	66381.87	122851.36	42069.94	21192.91	12763.66	86.86	52.31
2012	158698.44	71659.18	134294.45	47363.81	18928.43	13932.12	77.89	57.33
2013	151165.27	87911.92	136526.38	63053.16	26718.85	21653.82	112.26	90.98

2-1 续表 2 continued

年份 Year	成交金额(亿元) Trading Turnover (100 million yuan)		日均成交金额(亿元) Average Daily Turnover (100 million yuan)		市值换手率(%) Turnover Ratio of Market Capitalization(%)		市盈率(倍) P/E Ratio (times)		股息率(%) Dividend Yield Ratio (%)	
	上交所	深交所	上交所	深交所	上交所	深交所	上交所	深交所	上交所	深交所
1992	248.96	434.08	0.97	1.69	-	329.78	-	33.81	-	-
1993	2340.54	1286.67	9.04	4.97	-	459.54	42.48	33.36	-	-
1994	5735.07	2392.56	22.76	9.49	1134.65	579.90	23.45	10.29	-	-
1995	3103.46	932.99	12.27	3.69	528.72	241.55	15.70	9.48	-	-
1996	9114.82	12217.36	36.90	49.46	913.43	1173.86	31.32	34.85	-	-
1997	13763.17	16958.66	56.64	69.79	701.81	746.40	39.86	39.86	-	-
1998	12386.11	11158.14	50.35	45.36	453.63	379.34	34.38	30.62	-	-
1999	16965.79	14356.58	70.99	60.07	471.46	386.79	38.13	36.32	-	-
2000	31373.86	29461.33	131.27	123.27	498.80	483.10	58.22	56.03	-	0.44
2001	22709.38	15616.01	94.62	65.07	243.60	206.30	37.71	39.80	-	0.95
2002	16959.09	11034.82	71.56	46.56	202.68	186.14	34.43	36.99	-	1.02
2003	20824.14	11291.13	86.41	46.85	252.07	213.29	36.54	36.19	-	0.95
2004	26470.60	15863.35	108.93	65.28	304.69	301.36	24.23	24.64	-	1.41
2005	19240.21	12424.57	79.51	51.34	283.49	315.18	16.33	16.36	-	2.19
2006	57816.60	32652.29	239.90	135.49	544.39	552.01	33.30	32.72	-	1.09
2007	305434.29	155121.94	1262.13	641.00	817.72	818.67	59.24	69.75	-	0.46
2008	180429.95	86682.71	733.46	352.37	384.11	447.24	17.99	16.73	2.23	1.48
2009	346511.91	189474.86	1420.13	776.54	523.12	747.76	27.04	46.01	1.21	0.50
2010	304312.01	241321.53	1257.49	997.20	259.25	587.29	16.71	44.69	1.42	0.56
2011	237555.30	184089.28	973.59	754.46	163.75	353.48	12.08	23.11	2.18	1.01
2012	164460.86	150122.41	676.79	617.79	128.19	325.84	12.59	22.02	2.49	1.14
2013	230266.02	238462.58	967.50	1001.94	169.22	423.79	10.99	27.76	2.96	0.89

2-2 股票市场历史记录情况
Historical Records of Stock Market

年份 Year	日收市综合指数 Daily Closing Composite Index							
	最高 Highest				最低 Lowest			
	上证综指 SSE Composite Index	日期 Date	深证综指 SZSE Composite Index	日期 Date	上证综指 SSE Composite Index	日期 Date	深证综指 SZSE Composite Index	日期 Date
1992	1421.57	1992/05/25	312.21	1992/05/26	293.75	1992/01/02	107.08	1992/01/16
1993	1536.82	1993/02/15	359.44	1993/02/22	778.33	1993/10/27	203.91	1993/07/21
1994	1033.47	1994/09/13	242.06	1994/01/07	333.92	1994/07/29	96.56	1994/07/29
1995	897.42	1995/05/22	169.66	1995/05/22	532.49	1995/02/07	112.63	1995/12/28
1996	1247.66	1996/12/09	473.02	1996/12/11	516.46	1996/01/22	105.34	1996/01/22
1997	1500.40	1997/05/12	517.91	1997/05/12	876.50	1997/01/06	305.81	1997/01/06
1998	1420.00	1998/06/03	441.04	1998/06/03	1070.41	1998/08/17	317.10	1998/08/18
1999	1739.21	1999/06/29	525.14	1999/06/29	1059.87	1999/05/18	310.65	1999/05/18
2000	2119.44	2000/11/23	654.37	2000/11/23	1406.37	2000/01/04	414.69	2000/01/04
2001	2242.42	2001/06/13	664.85	2001/06/13	1520.67	2001/10/22	439.36	2001/10/22
2002	1732.93	2002/07/08	512.38	2002/06/24	1357.65	2002/12/31	371.79	2002/01/22
2003	1631.47	2003/04/15	449.42	2003/04/15	1316.56	2003/11/18	350.74	2003/11/18
2004	1777.52	2004/04/06	470.55	2004/04/07	1260.32	2004/09/13	315.17	2004/09/13
2005	1317.27	2005/03/08	333.28	2005/03/09	1011.50	2005/07/11	237.18	2005/07/18
2006	2675.47	2006/12/29	552.93	2006/12/29	1180.96	2006/01/04	278.99	2006/01/04
2007	6092.06	2007/10/16	1567.74	2007/10/08	2612.54	2007/02/05	547.89	2007/01/05
2008	5497.90	2008/01/14	1584.40	2008/01/15	1706.70	2008/11/04	452.33	2008/11/04
2009	3471.44	2009/08/04	1240.64	2009/12/04	1863.37	2009/01/13	557.69	2009/01/05
2010	3306.75	2010/01/05	1412.64	2010/11/11	2319.74	2010/07/05	890.24	2010/07/02
2011	3057.33	2011/04/18	1311.34	2011/03/09	2166.21	2011/12/27	849.76	2011/12/28
2012	2460.69	2012/03/02	1010.46	2012/03/13	1959.77	2012/12/03	734.28	2012/12/03
2013	2434.48	2013/02/06	1101.59	2013/10/21	1950.01	2013/06/27	877.76	2013/01/04

数据来源：上海证券交易所、深圳证券交易所、中证指数有限公司
Source:SSE、SZSE、CSI

2-2 续表 1 continued

年份 Year	日收市综合指数 Daily Closing Composite Index							
	最大涨幅(%) Maximum Change of Increment(%)				最大跌幅(%) Maximum Change of Decrement(%)			
	上证综指 SSE Composite Index	日期 Date	深证综指 SZSE Composite Index	日期 Date	上证综指 SSE Composite Index	日期 Date	深证综指 SZSE Composite Index	日期 Date
1992	105.27	1992/05/21	12.02	1992/04/13	-11.18	1992/10/27	-10.04	1992/11/16
1993	16.44	1993/06/02	12.43	1993/08/24	-13.08	1993/12/20	-11.80	1993/08/17
1994	33.46	1994/08/01	31.29	1994/08/01	-12.68	1994/08/09	-12.66	1994/10/05
1995	30.99	1995/05/18	28.28	1995/05/18	-16.39	1995/05/23	-17.21	1995/05/23
1996	9.83	1996/12/02	11.04	1996/04/26	-9.91	1996/12/16	-10.00	1996/12/16
1997	7.58	1997/02/19	6.55	1997/06/20	-8.91	1997/02/18	-9.75	1997/02/18
1998	5.11	1998/08/19	5.87	1998/08/19	-8.36	1998/08/17	-8.32	1998/08/17
1999	6.59	1999/09/09	7.03	1999/07/20	-7.61	1999/07/01	-7.99	1999/07/01
2000	9.05	2000/02/14	9.07	2000/02/14	-4.40	2000/03/16	-4.75	2000/03/16
2001	9.86	2001/10/23	9.68	2001/10/23	-5.27	2001/07/30	-5.50	2001/07/30
2002	9.25	2002/06/24	9.05	2002/06/24	-6.33	2002/01/28	-6.59	2002/01/28
2003	5.81	2003/01/14	4.65	2003/01/14	-3.04	2003/05/13	-2.90	2003/05/13
2004	4.22	2004/09/15	4.68	2004/09/15	-3.88	2004/10/14	-4.99	2004/10/14
2005	8.21	2005/06/08	7.92	2005/06/08	-3.76	2005/08/18	-3.38	2005/08/18
2006	4.26	2006/05/12	4.42	2006/05/15	-5.34	2006/06/07	-5.79	2006/06/07
2007	5.33	2007/08/20	5.26	2007/01/15	-8.84	2007/02/27	-8.54	2007/02/27
2008	9.46	2008/09/19	8.89	2008/09/19	-7.73	2008/06/10	-8.02	2008/06/10
2009	6.12	2009/03/04	6.18	2009/03/04	-6.75	2009/08/31	-7.14	2009/08/31
2010	3.48	2010/05/24	4.28	2010/05/24	-5.16	2010/11/12	-6.12	2010/11/12
2011	3.04	2011/10/12	3.50	2011/10/12	-3.79	2011/08/08	-4.43	2011/08/08
2012	4.33	2012/12/14	5.14	2012/01/17	-2.73	2012/06/04	-4.09	2012/03/14
2013	3.39	2013/09/09	3.63	2013/01/14	-5.30	2013/06/24	-6.10	2013/06/24

2-2 续表 2 continued

年份 Year	日成交金额(亿元) Daily Turnover(100 million yuan)							
	最大 Maximum				最小 Minimum			
	上交所 SSE	日期 Date	深交所 SZSE	日期 Date	上交所 SSE	日期 Date	深交所 SZSE	日期 Date
1992	5.96	1992/12/08	5.06	1992/12/01	0.00	1992/01/15	0.11	1992/02/02
1993	38.24	1993/12/07	22.71	1993/11/18	0.98	1993/07/22	0.02	1993/07/17
1994	157.54	1994/09/06	74.49	1994/09/06	1.60	1994/07/12	0.03	1994/07/07
1995	114.30	1995/05/22	42.15	1995/05/22	1.14	1995/02/15	0.02	1995/06/17
1996	192.74	1996/12/03	189.57	1996/11/20	1.53	1996/02/09	0.51	1996/02/07
1997	159.83	1997/05/12	215.81	1997/05/07	11.51	1997/10/14	11.59	1997/10/07
1998	119.00	1998/04/09	101.37	1998/05/11	16.48	1998/12/21	14.77	1998/12/31
1999	404.43	1999/06/25	353.36	1999/06/25	11.62	1999/01/04	10.51	1999/01/04
2000	472.62	2000/02/17	408.34	2000/02/17	42.92	2000/09/27	46.73	2000/09/25
2001	234.13	2001/10/24	187.97	2001/03/23	27.27	2001/11/15	14.41	2001/11/15
2002	494.80	2002/06/24	325.87	2002/06/24	26.60	2002/10/08	16.15	2002/12/09
2003	330.15	2003/04/16	189.41	2003/04/16	27.24	2003/01/03	17.59	2003/09/22
2004	286.68	2004/09/24	185.24	2004/09/24	31.67	2004/09/07	17.45	2004/09/07
2005	221.57	2005/08/18	137.72	2005/08/18	36.75	2005/07/07	24.74	2005/01/04
2006	626.89	2006/12/06	341.23	2006/05/16	67.63	2006/03/13	37.05	2006/03/14
2007	2712.94	2007/05/30	1358.40	2007/05/30	502.08	2007/11/23	241.00	2007/11/23
2008	1896.84	2008/04/24	921.64	2008/01/08	217.96	2008/09/09	89.79	2008/11/03
2009	2969.29	2009/07/29	1781.92	2009/11/24	461.01	2009/01/05	246.16	2009/01/05
2010	3076.92	2010/11/02	2317.56	2010/11/02	432.14	2010/07/05	403.31	2010/07/05
2011	2080.93	2011/03/07	1459.64	2011/02/22	364.74	2011/12/29	307.93	2011/10/10
2012	1709.83	2012/03/14	1542.85	2012/03/14	331.30	2012/11/26	299.30	2012/11/26
2013	1962.28	2013/09/11	1590.15	2013/10/22	523.15	2013/07/09	518.41	2013/04/15

2-3 股票市场分板块规模
Dimensions of Stock Market by Board

年份 Year	股票只数(只) Number of Stocks(unit)				上市公司家数(家) Number of Listed Companies(unit)			
	主板 Main Board	中小板 SME Board	创业板 GE Board	合计 Total	主板 Main Board	中小板 SME Board	创业板 GE Board	合计 Total
1992	71	-	-	71	53	-	-	53
1993	218	-	-	218	183	-	-	183
1994	345	-	-	345	291	-	-	291
1995	381	-	-	381	323	-	-	323
1996	599	-	-	599	530	-	-	530
1997	821	-	-	821	745	-	-	745
1998	932	-	-	932	852	-	-	852
1999	1031	-	-	1031	949	-	-	949
2000	1174	-	-	1174	1088	-	-	1088
2001	1248	-	-	1248	1160	-	-	1160
2002	1311	-	-	1311	1224	-	-	1224
2003	1374	-	-	1374	1287	-	-	1287
2004	1425	38	-	1463	1339	38	-	1377
2005	1417	50	-	1467	1331	50	-	1381
2006	1418	102	-	1520	1332	102	-	1434
2007	1434	202	-	1636	1348	202	-	1550
2008	1438	273	-	1711	1352	273	-	1625
2009	1441	327	36	1804	1355	327	36	1718
2010	1465	531	153	2149	1379	531	153	2063
2011	1501	646	281	2428	1415	646	281	2342
2012	1523	701	355	2579	1438	701	355	2494
2013	1518	701	355	2574	1433	701	355	2489

数据来源：上海证券交易所、深圳证券交易所
Source:SSE、SZSE

2-3 续表 1 continued

年份 Year	上市公司股本(亿股) Share Capital of Listed Companies(100 million shares)				流通股本(亿股) Negotiable Shares(100 million shares)			
	主板 Main Board	中小板 SME Board	创业板 GE Board	合计 Total	主板 Main Board	中小板 SME Board	创业板 GE Board	合计 Total
1992	-	-	-	-	-	-	-	-
1993	328.68	-	-	328.68	81.62	-	-	81.62
1994	641.01	-	-	641.01	185.63	-	-	185.63
1995	770.08	-	-	770.08	224.98	-	-	224.98
1996	1110.73	-	-	1110.73	345.57	-	-	345.57
1997	1771.43	-	-	1771.43	560.82	-	-	560.82
1998	2346.69	-	-	2346.69	741.70	-	-	741.70
1999	2911.49	-	-	2911.49	953.66	-	-	953.66
2000	3616.26	-	-	3616.26	1234.35	-	-	1234.35
2001	4851.88	-	-	4851.88	1487.66	-	-	1487.66
2002	5464.19	-	-	5464.19	1680.27	-	-	1680.27
2003	6003.34	-	-	6003.34	1899.05	-	-	1899.05
2004	6682.50	32.23	-	6714.74	2184.56	9.59	-	2194.15
2005	7107.40	56.14	-	7163.54	2476.69	22.20	-	2498.89
2006	12540.78	143.21	-	12683.99	3389.82	54.68	-	3444.50
2007	16660.81	339.64	-	17000.45	4806.99	126.66	-	4933.64
2008	18308.52	591.60	-	18900.13	6704.75	260.22	-	6964.97
2009	19777.53	794.13	34.60	20606.26	13813.22	380.49	6.48	14200.19
2010	25442.68	1366.74	175.06	26984.48	18686.62	705.15	50.38	19442.15
2011	27402.08	1943.50	399.53	29745.11	21232.99	1124.65	142.22	22499.86
2012	28822.47	2410.25	600.89	31833.62	23049.78	1486.39	242.05	24778.22
2013	30242.00	2818.48	761.56	33822.04	27514.12	2052.99	430.01	29997.12

2-3 续表 2 continued

年份 Year	股票市值(亿元) Market Capitalization of Shares(100 million yuan)				流通市值(亿元) Negotiable Market Capitalization (100 million yuan)			
	主板 Main Board	中小板 SME Board	创业板 GE Board	合计 Total	主板 Main Board	中小板 SME Board	创业板 GE Board	合计 Total
1992	1048.15	-	-	1048.15	-	-	-	-
1993	3531.01	-	-	3531.01	832.28	-	-	832.28
1994	3690.62	-	-	3690.62	968.90	-	-	968.90
1995	3474.28	-	-	3474.28	938.23	-	-	938.23
1996	9842.58	-	-	9842.58	2867.03	-	-	2867.03
1997	17529.24	-	-	17529.24	5204.42	-	-	5204.42
1998	19514.03	-	-	19514.03	5750.35	-	-	5750.35
1999	26485.15	-	-	26485.15	8221.11	-	-	8221.11
2000	48121.51	-	-	48121.51	16098.00	-	-	16098.00
2001	43582.89	-	-	43582.89	14488.82	-	-	14488.82
2002	38338.80	-	-	38338.80	12487.20	-	-	12487.20
2003	42477.63	-	-	42477.63	13185.13	-	-	13185.13
2004	36667.51	413.43	-	37080.95	11581.24	119.96	-	11701.20
2005	31964.46	481.55	-	32446.02	10452.71	185.29	-	10638.01
2006	87426.06	2015.30	-	89441.35	24297.49	723.63	-	25021.11
2007	316644.48	10646.84	-	327291.31	89317.00	3823.66	-	93140.66
2008	115271.36	6269.68	-	121541.05	42630.34	2672.68	-	45303.02
2009	225621.27	16872.55	1610.08	244103.90	143539.53	7503.57	298.97	151342.07
2010	222692.76	35364.61	7365.22	265422.59	174954.45	16150.32	2005.64	193110.41
2011	179894.98	27429.32	7433.79	214758.10	148073.70	14343.52	2504.08	164921.30
2012	192822.39	28804.03	8731.21	230357.62	162078.83	16244.15	3335.29	181658.26
2013	186821.47	37163.74	15091.98	239077.19	165817.01	25543.70	8218.83	199579.54

2-4 股票市场分股份类型规模
Dimensions of Stock Market by Type of Share

年份 Year	股票只数(只) Number of Stocks (unit)		上市公司家数(家) Number of Listed Companies (unit)			上市公司股本(亿股) Share Capital of Listed Companies (100 million shares)	
	A股 A-shares	B股 B-shares	发行A股上市公司家数 Number of Listed Companies Issued the A-shares	发行B股上市公司家数 Number of Listed Companies Issued the B-shares	同时发行A、B股上市公司家数 Number of Listed Companies Issued the A-shares And B-shares	A股 A-shares	B股 B-shares
1992	53	18	53	18	18	-	-
1993	177	41	177	41	35	300.19	28.49
1994	287	58	287	58	54	594.71	46.30
1995	311	70	311	70	58	708.00	62.09
1996	514	85	514	85	69	1025.24	85.49
1997	720	101	720	101	76	1646.13	125.30
1998	826	106	826	106	80	2205.30	141.38
1999	923	108	922	108	81	2760.52	150.97
2000	1060	114	1060	114	86	3442.26	174.00
2001	1136	112	1140	112	92	4662.36	189.53
2002	1200	111	1213	111	100	5284.85	179.34
2003	1263	111	1277	111	101	5813.72	189.62
2004	1353	110	1363	110	96	6505.83	208.91
2005	1358	109	1358	109	86	6936.08	227.47
2006	1411	109	1411	109	86	12445.65	238.34
2007	1527	109	1527	109	86	16746.63	253.84
2008	1602	109	1602	109	86	18629.78	270.35
2009	1696	108	1696	108	86	20332.77	273.49
2010	2041	108	2051	108	96	26701.52	282.97
2011	2320	108	2320	108	86	29448.60	296.52
2012	2472	107	2472	107	85	31551.24	282.38
2013	2468	106	2468	106	85	33538.25	283.79

注：发A股公司包括既发A股又发B股的公司，发B股公司包括既发A股又发B股的公司。
数据来源：上海证券交易所、深圳证券交易所
Source:SSE、SZSE

2-4 续表 continued

年份 Year	流通股本(亿股) Negotiable Shares (100 million shares)		股票市值(亿元) Market Capitalization of Shares (100 million yuan)		流通市值(亿元) Negotiable Market Capitalization (100 million yuan)	
	A股 A-shares	B股 B-shares	A股 A-shares	B股 B-shares	A股 A-shares	B股 B-shares
1992	-	-	-	-	-	-
1993	57.14	24.48	3318.67	212.35	653.68	178.60
1994	144.41	41.22	3516.04	174.58	813.88	155.02
1995	178.98	46.00	3310.58	163.71	790.94	147.28
1996	267.15	78.42	9448.56	394.03	2514.02	353.02
1997	443.25	117.58	17154.19	375.04	4856.09	348.34
1998	607.78	133.92	19307.68	206.35	5554.78	195.58
1999	811.77	141.89	26181.61	303.54	7944.61	276.50
2000	1079.15	155.21	47486.10	635.41	15534.47	563.53
2001	1320.37	167.30	42303.22	1279.68	13367.52	1121.31
2002	1508.76	171.51	37536.23	802.57	11721.40	765.81
2003	1719.66	179.39	41540.40	937.23	12312.53	872.60
2004	1996.65	197.50	36334.72	746.22	11011.02	690.17
2005	2280.84	218.05	31826.28	619.73	10035.93	602.08
2006	3215.54	228.96	88151.42	1289.94	23748.73	1272.38
2007	4682.77	250.87	324738.16	2553.15	90602.83	2537.83
2008	6696.76	268.21	120741.17	799.88	44508.22	794.80
2009	13928.71	271.48	242291.80	1812.11	149539.38	1802.69
2010	19160.47	281.68	263220.54	2202.05	190917.10	2193.31
2011	22204.54	295.32	213309.84	1448.26	163479.07	1442.24
2012	24497.05	281.18	228775.33	1582.29	180082.94	1575.32
2013	29714.53	282.59	237403.27	1673.92	197915.97	1663.57

2-5 股票市场分监管辖区规模

Dimensions of Stock Market by Regulatory Jurisdiction

辖区	Jurisdiction	上市公司家数(家) Number of Listed Companies (unit)		上市公司股本(亿股) Share Capital of Listed Companies (100 million shares)		股票市值(亿元) Market Capitalization of Shares (100 million yuan)	
		2012	2013	2012	2013	2012	2013
北京	Beijing	219	219	14757.68	15169.03	82267.37	74653.06
天津	Tianjin	38	38	364.92	387.91	2802.71	3589.87
河北	Hebei	48	48	442.49	467.45	3508.20	3895.68
山西	Shanxi	34	34	498.35	526.87	4502.89	3633.64
内蒙古	Inner Mongolia	25	25	244.54	294.89	3029.79	3037.88
辽宁	Liaoning	42	44	300.10	321.30	1602.02	1892.29
吉林	Jilin	39	38	227.85	246.80	1897.35	2118.35
黑龙江	Heilongjiang	31	31	255.99	270.01	1610.92	1920.81
上海	Shanghai	202	201	3085.11	3159.72	21425.77	23848.91
江苏	Jiangsu	236	235	1202.76	1304.49	10976.06	12289.07
浙江	Zhejiang	209	210	944.09	1172.44	9162.24	13047.24
安徽	Anhui	78	77	487.33	569.29	4522.42	4671.72
福建	Fujian	59	59	546.48	660.73	4936.05	5163.46
江西	Jiangxi	33	32	198.47	194.74	2057.93	1794.49
山东	Shandong	136	136	826.83	874.84	7573.64	7909.65
河南	Henan	66	66	431.38	487.39	4027.69	4439.04
湖北	Hubei	84	84	554.08	587.12	4057.80	4999.45
湖南	Hunan	71	72	412.30	457.78	3380.10	3967.44
广东	Guangdong	185	183	1232.21	1298.86	10678.34	12932.82
广西	Guangxi	30	30	183.87	197.74	1264.48	1367.25
海南	Hainan	26	26	234.25	305.71	1422.83	1795.71
重庆	Chongqing	37	37	281.35	318.99	2185.45	2805.99
四川	Sichuan	90	90	612.24	658.16	5862.66	5463.48
贵州	Guizhou	21	21	109.13	111.79	3209.06	2387.06
云南	Yunnan	28	28	171.17	188.79	1982.01	2059.74
西藏	Tibet	10	10	58.70	69.50	572.31	718.66
陕西	Shaanxi	39	39	258.06	276.36	2109.65	2207.05
甘肃	Gansu	24	25	180.83	260.93	1214.78	1568.52
青海	Qinghai	10	10	89.83	89.83	991.44	747.60
宁夏	Ningxia	12	12	44.60	44.91	381.72	356.99
新疆	Xinjiang	39	39	261.68	333.61	2493.98	2608.63
深圳	Shenzhen	184	184	1539.97	1678.49	17041.88	19320.67
大连	Dalian	26	24	290.33	311.27	1516.50	1451.40
宁波	Ningbo	38	37	311.09	313.71	1847.58	1878.78
厦门	Xiamen	29	29	121.66	126.56	1091.09	1223.30
青岛	Qingdao	16	16	96.02	108.54	1101.16	1546.14

注：1.按上市公司注册地口径统计。
2.本表中各辖区上市公司股本以“除权日”为股份变动日计算参数，合计数量与2-3数据有差异。
3.由于使用汇率存在差异，本表中各辖区合计股票市值与2-3数据有差异。

数据来源：上海证券交易所、深圳证券交易所

Source:SSE、SZSE

2-6 新股首发及上市首日情况
Issue-Day Statistics of IPO

年份 Year	平均超募比率(%) Average Oversubscription Rate(%)				上市首日平均换手率(%) Average Turnover Ratio of Issue-day(%)			
	总体 Total	主板 Main Board	中小板 SME Board	创业板 GE Board	总体 Total	主板 Main Board	中小板 SME Board	创业板 GE Board
1995	–	–	–	–	31.57	31.57	–	–
1996	–	–	–	–	57.67	57.67	–	–
1997	–	–	–	–	58.53	58.53	–	–
1998	–	–	–	–	58.96	58.96	–	–
1999	–	–	–	–	58.84	58.84	–	–
2000	–	–	–	–	57.99	57.99	–	–
2001	–	–	–	–	64.31	64.31	–	–
2002	–	–	–	–	62.57	62.57	–	–
2003	–	–	–	–	51.99	51.99	–	–
2004	–	–	–	–	54.80	52.15	59.05	–
2005	–	–	–	–	58.03	72.35	55.64	–
2006	2.20	2.41	1.31	–	71.12	61.54	73.52	–
2007	67.70	84.29	9.64	–	65.59	58.28	66.71	–
2008	18.96	25.19	6.07	–	80.74	71.46	81.39	–
2009	56.42	35.46	96.09	144.88	79.31	73.02	76.44	85.18
2010	124.36	37.81	150.23	234.59	72.14	67.18	72.80	72.11
2011	93.88	57.99	96.48	154.23	68.42	61.31	68.32	70.62
2012	43.46	4.75	65.96	84.59	62.72	65.53	60.74	63.24
2013	0.00	0.00	0.00	0.00	0.00	0.00	0.00	0.00

注：1.以上数据除超募比率使用整体法计算外，其他均为算数平均法。
2.首日破发指的是首日收盘破发。
3.首发市盈率指的摊薄后的市盈率。

数据来源：上海证券交易所、深圳证券交易所

Source:SSE、SZSE

2-6 续表 1 continued

年份 Year	首日破发率(%) the Ratio of Breaking Issue Price(%)				平均首发价格(元) Average IPO Price (yuan)			
	总体 Total	主板 Main Board	中小板 SME Board	创业板 GE Board	总体 Total	主板 Main Board	中小板 SME Board	创业板 GE Board
1995	11.11	11.11	–	–	4.06	4.06	–	–
1996	1.38	1.38	–	–	5.57	5.57	–	–
1997	1.35	1.35	–	–	5.87	5.87	–	–
1998	2.70	2.70	–	–	5.28	5.28	–	–
1999	0.00	0.00	–	–	6.15	6.15	–	–
2000	0.00	0.00	–	–	7.95	7.95	–	–
2001	0.00	0.00	–	–	9.49	9.49	–	–
2002	0.00	0.00	–	–	7.23	7.23	–	–
2003	0.00	0.00	–	–	7.33	7.33	–	–
2004	3.00	1.61	5.26	–	8.45	7.61	9.80	–
2005	0.00	0.00	0.00	–	6.87	5.03	7.18	–
2006	0.00	0.00	0.00	–	8.15	5.77	8.75	–
2007	0.00	0.00	0.00	–	11.47	12.17	11.40	–
2008	0.00	0.00	0.00	–	12.04	10.36	12.16	–
2009	0.00	0.00	0.00	0.00	23.32	10.77	23.56	26.11
2010	7.49	19.23	7.84	4.27	29.83	12.52	28.02	36.84
2011	27.40	39.47	27.83	23.44	26.33	19.87	25.96	28.58
2012	26.62	32.00	29.09	22.97	18.84	10.88	18.00	22.17
2013	0.00	0.00	0.00	0.00	0.00	0.00	0.00	0.00

2-6 续表 2 continued

年份 Year	首日平均涨跌幅(%) Average Price Change Rate on the First Trading Day of IPO (%)				平均网上发行中签率(%) Average Lot Winning Rate for Online Subscription(%)				平均首发市盈率(倍) Average IPO P/E Ratio(times)			
	总体 Total	主板 Main Board	中小板 SME Board	创业板 GE Board	总体 Total	主板 Main Board	中小板 SME Board	创业板 GE Board	总体 Total	主板 Main Board	中小板 SME Board	创业板 GE Board
1995	102.99	102.99	–	–	–	–	–	–	–	–	–	–
1996	111.08	111.08	–	–	–	–	–	–	–	–	–	–
1997	151.59	151.59	–	–	2.05	2.05	–	–	–	–	–	–
1998	142.36	142.36	–	–	0.60	0.60	–	–	–	–	–	–
1999	110.97	110.97	–	–	0.71	0.71	–	–	–	–	–	–
2000	147.35	147.35	–	–	0.50	0.50	–	–	28.55	28.55	–	–
2001	137.43	137.43	–	–	0.58	0.58	–	–	30.54	30.54	–	–
2002	135.48	135.48	–	–	–	–	–	–	19.12	19.12	–	–
2003	72.03	72.03	–	–	–	–	–	–	17.92	17.92	–	–
2004	70.78	72.50	68.02	–	–	–	0.04	–	17.25	17.32	17.14	–
2005	47.53	106.42	37.72	–	–	–	0.06	–	20.69	20.83	20.67	–
2006	84.81	37.90	96.54	–	0.50	1.52	0.24	–	23.23	18.61	24.38	–
2007	191.09	113.40	209.05	–	0.34	0.87	0.21	–	30.10	38.36	28.33	–
2008	115.82	49.94	120.46	–	0.11	0.47	0.08	–	26.94	31.43	26.63	–
2009	74.15	55.95	64.83	92.67	0.56	1.05	0.35	0.73	51.73	46.45	45.37	62.60
2010	41.42	28.52	45.13	37.83	0.88	2.33	0.78	0.73	58.77	39.09	54.59	70.45
2011	20.91	16.10	20.65	22.59	2.27	4.52	2.27	1.61	47.40	39.35	43.85	52.98
2012	26.71	40.05	28.15	21.13	1.84	3.08	1.77	1.48	30.18	23.35	28.71	33.58
2013	0.00	0.00	0.00	0.00	0.00	0.00	0.00	0.00	0.00	0.00	0.00	0.00

2-7 A股首发行业分布
Industry Distribution of A-shares IPO

行业 Industry Classification	首发筹资公司家数(家) Number of companies Financing by IPO(unit)		首发数量(百万股) Number of IPO Shares (million shares)		首发筹资金额（百万元） Proceeds raised by IPO (million yuan)	
	2012	2013	2012	2013	2012	2013
农、林、牧、渔业 Agriculture,Forestry,Animal Husbandry and Fishery	3	0	79.41	0.00	1237.45	0.00
采矿业 Mining	2	0	254.76	0.00	1391.83	0.00
制造业 Manufacturing	106	0	4821.80	0.00	70789.25	0.00
电力、热力、燃气及水生产和供应业 Production and Supply of Electricity, Gas and Water	2	0	53.22	0.00	885.06	0.00
建筑业 Construction	4	0	1042.97	0.00	7109.75	0.00
批发和零售业 Wholesale and Retail Trades	3	0	177.50	0.00	1959.25	0.00
交通运输、仓储和邮政业 Transport,Storage and Post	4	0	262.67	0.00	2406.87	0.00
住宿和餐饮业 Hotels and Catering Services	0	0	0.00	0.00	0.00	0.00
信息传输、软件和信息技术服务业 Information Transmission,Computer Services and Software	22	0	753.00	0.00	11128.00	0.00
金融业 Financial Intermediation	1	0	200.00	0.00	1740.00	0.00
房地产业 Real Estate	0	0	0.00	0.00	0.00	0.00
租赁和商务服务业 Leasing and Business Services	0	0	0.00	0.00	0.00	0.00
科学研究和技术服务业 Scientific Research,Technical Service	3	0	153.40	0.00	1959.99	0.00
水利、环境和公共设施管理业 Management of Water Conservancy, Environment and Public Facilities	1	0	25.00	0.00	1075.00	0.00
教育 Education	0	0	0.00	0.00	0.00	0.00
卫生和社会工作 Health and Social Works	0	0	0.00	0.00	0.00	0.00
文化、体育和娱乐业 Culture,Sports and Entertainment	3	0	62.50	0.00	1749.47	0.00
综合 Others	0	0	0.00	0.00	0.00	0.00

注：以股份上市日口径统计。
数据来源：上海证券交易所、深圳证券交易所
Source: SSE、SZSE

2-8 A股IPO发行筹资监管辖区分布

Regulatory Jurisdiction Distribution of A-shares IPO

辖区	Jurisdiction	首发筹资公司家数(家) Number of companies Financing by IPO(unit)		首发数量(百万股) Number of IPO Shares (million shares)		首发筹资金额（百万元） Proceeds raised by IPO (million yuan)	
		2012	2013	2012	2013	2012	2013
北京	Beijing	23	0	1718.71	0.00	19693.97	0.00
天津	Tianjin	1	0	29.00	0.00	486.62	0.00
河北	Hebei	1	0	50.00	0.00	370.00	0.00
山西	Shanxi	0	0	0.00	0.00	0.00	0.00
内蒙古	Inner Mongolia	2	0	61.59	0.00	895.59	0.00
辽宁	Liaoning	5	0	189.86	0.00	2100.08	0.00
吉林	Jilin	1	0	280.00	0.00	1960.00	0.00
黑龙江	Heilongjiang	1	0	41.00	0.00	524.80	0.00
上海	Shanghai	9	0	379.97	0.00	4044.20	0.00
江苏	Jiangsu	22	0	765.57	0.00	13507.79	0.00
浙江	Zhejiang	16	0	589.12	0.00	11336.37	0.00
安徽	Anhui	1	0	50.00	0.00	850.00	0.00
福建	Fujian	5	0	169.38	0.00	2345.46	0.00
江西	Jiangxi	2	0	50.00	0.00	1404.91	0.00
山东	Shandong	8	0	234.97	0.00	3913.90	0.00
河南	Henan	3	0	1035.00	0.00	4608.95	0.00
湖北	Hubei	2	0	86.00	0.00	1468.00	0.00
湖南	Hunan	5	0	121.77	0.00	3091.97	0.00
广东	Guangdong	17	0	657.32	0.00	9513.69	0.00
广西	Guangxi	1	0	22.00	0.00	525.80	0.00
海南	Hainan	1	0	30.00	0.00	600.00	0.00
重庆	Chongqing	2	0	272.00	0.00	2100.80	0.00
四川	Sichuan	4	0	277.67	0.00	4519.03	0.00
贵州	Guizhou	1	0	13.40	0.00	300.70	0.00
云南	Yunnan	0	0	0.00	0.00	0.00	0.00
西藏	Tibet	1	0	40.10	0.00	802.00	0.00
陕西	Shaanxi	2	0	275.00	0.00	3315.00	0.00
甘肃	Gansu	0	0	0.00	0.00	0.00	0.00
青海	Qinghai	0	0	0.00	0.00	0.00	0.00
宁夏	Ningxia	0	0	0.00	0.00	0.00	0.00
新疆	Xinjiang	2	0	41.07	0.00	693.97	0.00
深圳	Shenzhen	12	0	284.95	0.00	5272.15	0.00
大连	Dalian	0	0	0.00	0.00	0.00	0.00
宁波	Ningbo	3	0	97.77	0.00	2887.17	0.00
厦门	Xiamen	1	0	23.00	0.00	299.00	0.00
青岛	Qingdao	0	0	0.00	0.00	0.00	0.00

注：以股份上市日口径统计。
数据来源：上海证券交易所、深圳证券交易所
Source:SSE、SZSE

2-9 2013年境外股票发行情况
Stocks Issued Abroad in 2013

序号 Number	股票代码 Stock Code	公司名称 Name	上市地点 Listing Place	上市时间 Listing Date	发行价格(港元) Issue Price (HKD)	发行数量(百万股) Volume Issued (million shares)	筹资金额(百万港元) Proceeds Raised through Offering of Shares (million HKD)	发行方式 Issue Mode
1	6881	中国银河证券股份有限公司	香港主板	2013-05-22	5.30	1606.60	8515.00	IPO
2	2386	中石化炼化工程(集团)股份有限公司	香港主板	2013-05-23	10.50	1328.00	13944.00	IPO
3	1963	重庆银行股份有限公司	香港主板	2013-11-05	6.00	722.95	4337.70	IPO
4	3698	徽商银行股份有限公司	香港主板	2013-11-11	3.53	3004.69	10606.60	IPO
5	1359	中国信达资产管理股份有限公司	香港主板	2013-12-12	3.58	6116.67	21897.70	IPO
6	3369	秦皇岛港股份有限公司	香港主板	2013-12-12	5.25	829.85	4356.70	IPO
7	6818	中国光大银行股份有限公司	香港主板	2013-12-20	3.98	6244.31	24852.35	IPO
8	1819	富贵鸟股份有限公司	香港主板	2013-12-20	8.81	134.91	1188.56	IPO
9	1349	上海复旦张江生物医药股份有限公司	香港创业板	2013-02-04	1.70	142.00	241.40	再筹资
10	0386	中国石油化工股份有限公司	香港主板	2013-02-14	8.45	2845.23	24042.20	再筹资
11	1099	国药控股股份有限公司	香港主板	2013-03-27	24.60	165.67	4075.40	再筹资
12	0670	中国东方航空股份有限公司	香港主板	2013-06-21	2.32	698.87	1621.40	再筹资
13	2328	中国人民财产保险股份有限公司	香港主板	2013-06-28	5.38	418.17	2249.80	再筹资
14	1666	北京同仁堂科技发展股份有限公司	香港主板	2013-09-06	23.00	52.39	1205.00	再筹资
15	3968	招商银行股份有限公司	香港主板	2013-09-26	11.68	680.42	7947.30	再筹资
16	0958	华能新能源股份有限公司	香港主板	2013-10-21	2.71	582.32	1578.10	再筹资
17	0579	北京京能清洁能源电力股份有限公司	香港主板	2013-10-23	2.82	327.51	923.60	再筹资
18	3898	株洲南车时代电气股份有限公司	香港主板	2013-10-25	25.00	91.22	2280.50	再筹资

注：境外股票仅指H股。
数据来源：中国证监会
Source: CSRC

2-10 股票市场分板块交易情况
Statistics for Stock-market Transaction by Board

年份 Year	交易天数(天) Number of Trading Days (day)	成交量(亿股) Trading Volume(100 million shares) 主板 Main Board	中小板 SME Board	创业板 GE Board	合计 Total	日均成交量(亿股) Average Daily Volume (100 million shares)
1992	257	36.90	-	-	36.90	0.14
1993	259	226.56	-	-	226.56	0.87
1994	252	1013.34	-	-	1013.34	4.02
1995	253	705.31	-	-	705.31	2.79
1996	247	2533.14	-	-	2533.14	10.26
1997	243	2560.02	-	-	2560.02	10.54
1998	246	2154.11	-	-	2154.11	8.76
1999	239	2932.90	-	-	2932.90	12.27
2000	239	4759.45	-	-	4759.45	19.91
2001	240	3155.93	-	-	3155.93	13.15
2002	237	3017.14	-	-	3017.14	12.73
2003	241	4163.08	-	-	4163.08	17.27
2004	243	5768.57	59.16	-	5827.73	23.98
2005	242	6493.43	130.30	-	6623.73	27.37
2006	241	15848.45	296.78	-	16145.23	66.99
2007	242	35588.19	815.56	-	36403.76	150.43
2008	246	22942.14	1189.26	-	24131.39	98.10
2009	244	47784.81	3283.65	38.55	51107.00	209.45
2010	242	37696.10	4055.35	400.53	42151.98	174.18
2011	244	29465.14	3729.74	761.69	33956.57	139.17
2012	243	26306.55	5075.85	1478.14	32860.54	135.23
2013	238	37090.93	8245.92	3035.84	48372.68	203.25

数据来源：上海证券交易所、深圳证券交易所
Source:SSE、SZSE

2-10 续表 continued

年份 Year	成交金额(亿元) Trading Turnover(100 million yuan)				日均成交金额(亿元) Average Daily Turnover (100 million yuan)	市值换手率(%) Turnover Ratio of Market Capitalization(%)		
	主板 Main Board	中小板 SME Board	创业板 GE Board	合计 Total		主板 Main Board	中小板 SME Board	创业板 GE Board
1992	683.04	-	-	683.04	2.66	-	-	-
1993	3627.20	-	-	3627.21	14.00	-	-	-
1994	8127.63	-	-	8127.63	32.25	-	-	-
1995	4036.45	-	-	4036.45	15.95	-	-	-
1996	21332.17	-	-	21332.18	86.37	-	-	-
1997	30721.83	-	-	30721.83	126.43	-	-	-
1998	23527.31	-	-	23544.25	95.71	-	-	-
1999	31319.60	-	-	31322.37	131.06	-	-	-
2000	60826.65	-	-	60835.19	254.54	491.19	-	-
2001	38305.18	-	-	38325.39	159.69	227.07	-	-
2002	27990.46	-	-	27993.91	118.12	195.86	-	-
2003	32115.27	-	-	32115.27	133.26	237.04	-	-
2004	41511.32	822.63	-	42333.95	174.21	298.15	862.32	-
2005	30460.85	1203.92	-	31664.78	130.85	287.77	811.53	-
2006	87397.34	3071.55	-	90468.89	375.39	540.03	918.62	-
2007	444382.56	16173.66	-	460556.22	1903.12	815.84	875.60	-
2008	250475.38	16637.28	-	267112.66	1085.82	394.80	549.73	-
2009	485885.13	48273.52	1828.11	535986.76	2196.67	558.47	1030.48	723.60
2010	444083.25	85832.43	15717.87	545633.54	2254.68	302.98	789.10	1739.37
2011	333739.00	69026.46	18879.12	421644.58	1728.05	187.22	410.88	750.91
2012	229387.19	61891.45	23304.63	314583.27	1294.58	147.19	394.46	792.21
2013	317322.27	100224.40	51181.94	468728.61	1969.45	191.74	467.71	855.08

2-11 股票市场分股份类型交易情况
Statistics for Stock Transaction by Type of Shares

年份 Year	成交量(亿股) Trading Volume(100 million shares)		成交金额(亿元) Trading Turnover(100 million yuan)		市值换手率(%) Turnover Ratio of Market Capitalization(%)	
	A股 A-shares	B股 B-shares	A股 A-shares	B股 B-shares	A股 A-shares	B股 B-shares
1992	32.88	4.02	651.81	31.23	-	-
1993	209.17	17.40	3522.55	104.65	-	-
1994	988.02	25.32	8003.08	124.55	-	-
1995	681.07	24.24	3958.58	77.86	-	-
1996	2464.93	68.22	21052.29	279.87	-	-
1997	2471.30	88.72	30295.21	426.62	-	-
1998	2092.50	61.60	23417.72	126.52	-	-
1999	2810.26	122.64	31052.33	270.04	-	-
2000	4559.06	200.40	60287.20	547.97	501.50	133.27
2001	2466.14	689.79	33260.08	5063.13	211.54	438.72
2002	2860.21	156.94	27145.06	848.41	203.38	88.87
2003	3992.28	170.80	31269.96	845.30	131.25	40.94
2004	5672.91	154.83	41576.19	757.76	321.58	139.88
2005	6470.87	152.86	31099.38	565.40	309.87	79.86
2006	15808.62	336.61	89217.11	1251.78	572.37	135.48
2007	35683.93	719.82	454771.30	5784.93	840.22	264.98
2008	23912.78	218.62	265890.43	1222.23	409.26	85.70
2009	50648.91	458.09	533889.40	2097.37	589.30	153.54
2010	41806.42	345.56	543465.92	2167.63	347.12	114.48
2011	33748.72	207.85	420339.19	1305.40	215.62	67.23
2012	32681.93	178.61	313715.14	868.13	181.65	56.37
2013	47916.23	263.89	466113.23	1439.32	244.30	86.88

数据来源：上海证券交易所、深圳证券交易所
Source:SSE、SZSE

2-12 上海证券交易所股票市场交易情况
Stock Transaction of Shanghai Stock Exchange

年份 Year	成交量(亿股) Trading Volume(100 million shares)			日均成交量(亿股) Average Daily Volume (100 million shares)
	A股 A-shares	B股 B-shares	合计 Total	
1992	15.21	2.56	17.78	0.07
1993	133.68	13.74	147.42	0.57
1994	634.33	22.43	656.76	2.61
1995	494.50	19.33	513.83	2.05
1996	1074.00	27.88	1101.88	4.46
1997	1166.01	49.67	1215.68	5.00
1998	1085.42	42.54	1127.95	4.59
1999	1488.25	72.13	1560.38	6.53
2000	2310.88	126.78	2437.65	10.20
2001	1429.69	390.26	1819.95	7.58
2002	1693.53	87.56	1781.10	7.52
2003	2632.63	60.09	2692.73	11.17
2004	3550.88	56.86	3607.74	14.85
2005	3926.89	59.70	3986.59	16.47
2006	10124.28	159.66	10283.93	42.67
2007	23931.39	393.99	24325.38	100.52
2008	16207.24	104.36	16311.60	66.31
2009	33476.72	202.92	33679.64	138.03
2010	25812.40	152.03	25964.43	107.29
2011	21078.72	114.19	21192.91	86.86
2012	18850.54	77.89	18928.43	77.90
2013	26587.28	131.57	26718.85	112.26

数据来源：上海证券交易所
Source:SSE

2-12 续表 continued

年份 Year	成交金额(亿元) Trading Turnover(100 million yuan)			日均成交金额(亿元) Average Daily Turnover (100 million yuan)	市值换手率(%) Turnover Ratio of Market Capitalization(%)		
	A股 A-shares	B股 B-shares	合计 Total		A股 A-shares	B股 B-shares	总体 Total
1992	234.37	14.60	248.96	0.97	-	-	-
1993	2261.68	78.86	2340.54	9.11	-	-	-
1994	5626.73	108.35	5735.07	22.76	-	-	-
1995	3042.63	60.83	3103.46	12.36	-	-	-
1996	9020.24	94.57	9114.82	36.90	-	-	-
1997	13550.24	212.93	13763.17	56.64	-	-	-
1998	12304.23	81.88	12386.11	50.35	-	-	-
1999	16826.20	139.59	16965.79	70.99	-	-	-
2000	31029.69	344.17	31373.86	131.27	509.34	145.34	498.80
2001	19876.84	2832.54	22709.38	94.62	228.79	447.12	243.60
2002	16441.71	517.38	16959.09	71.56	210.38	92.84	202.68
2003	20541.25	282.89	20824.14	86.41	262.82	63.31	252.07
2004	26229.30	241.30	26470.60	108.93	316.44	60.18	304.69
2005	19061.49	178.72	19240.21	79.51	292.40	65.93	283.49
2006	57245.11	571.49	57816.60	239.90	559.07	151.79	544.39
2007	301960.29	3473.99	305434.29	1262.13	830.76	333.62	817.72
2008	179762.44	667.51	180429.95	733.46	388.58	94.58	384.11
2009	345443.26	1068.65	346511.91	1420.13	526.69	165.31	523.12
2010	303215.93	1096.08	304312.01	1257.49	260.25	125.57	259.25
2011	236809.12	746.19	237555.30	973.59	164.28	80.88	163.75
2012	164047.38	413.48	164460.86	676.79	128.60	56.51	128.26
2013	229576.09	689.94	230266.03	967.50	169.72	84.70	169.22

2-13 深圳证券交易所股票市场交易情况
Stock Transaction of Shenzhen Stock Exchange

年份 Year	成交量(亿股) Trading Volume(100 million shares)			日均成交量(亿股) Average Daily Volume (100 million yuan)
	A股 A-shares	B股 B-shares	合计 Total	
1992	17.66	1.46	19.12	0.07
1993	75.49	3.66	79.15	0.32
1994	353.70	2.88	356.58	1.42
1995	186.57	4.91	191.48	0.79
1996	1390.93	40.33	1431.26	5.80
1997	1305.29	39.05	1344.34	5.53
1998	1007.08	19.07	1026.15	4.17
1999	1322.01	50.51	1372.52	5.74
2000	2248.18	73.62	2321.80	9.72
2001	1036.45	299.53	1335.97	5.57
2002	1166.68	69.37	1236.05	5.22
2003	1359.65	110.71	1470.36	6.10
2004	2122.03	97.96	2219.99	9.14
2005	2543.98	93.16	2637.14	10.90
2006	5684.34	176.95	5861.29	24.32
2007	11752.53	325.84	12078.37	49.91
2008	7705.54	114.26	7819.79	31.79
2009	17172.19	255.17	17427.36	71.42
2010	15994.02	193.52	16187.55	66.89
2011	12670.00	93.66	12763.66	52.31
2012	13831.39	100.72	13932.12	57.33
2013	21521.50	132.32	21653.82	90.98

数据来源：深圳证券交易所
Source:SZSE

2-13 续表 continued

年份 Year	成交金额(亿元) Trading Turnover (100 million yuan)			日均成交金额(亿元) Average Daily Turnover (100 million yuan)	市值换手率(%) Turnover Ratio of Market Capitalization(%)		
	A股 A-shares	B股 B-shares	合计 Total		A股 A-shares	B股 B-shares	总体 Total
1992	417.44	16.63	434.08	1.69	351.80	130.91	329.78
1993	1260.87	25.80	1286.67	5.13	494.01	86.80	459.54
1994	2376.35	16.20	2392.56	9.49	650.12	35.08	579.90
1995	915.96	17.04	932.99	3.82	268.10	37.28	241.55
1996	12032.05	185.30	12217.36	49.46	1295.32	139.26	1173.86
1997	16744.97	213.69	16958.66	69.79	813.95	99.88	746.40
1998	11113.50	44.65	11158.14	45.36	395.92	34.10	379.34
1999	14226.13	130.46	14356.58	60.07	398.52	86.63	386.79
2000	29257.50	203.83	29461.33	123.27	493.22	115.23	483.10
2001	13383.24	2232.77	15616.02	65.07	190.00	422.05	206.30
2002	10703.35	331.47	11034.82	46.56	193.41	83.13	186.14
2003	10728.72	562.41	11291.13	46.85	218.75	138.17	213.29
2004	15346.89	516.46	15863.35	65.28	319.76	110.57	301.36
2005	12037.89	386.68	12424.57	51.34	342.37	88.95	315.18
2006	31972.00	680.29	32652.29	135.49	596.64	124.10	552.01
2007	152811.01	2310.94	155121.94	641.00	859.48	203.27	818.67
2008	86127.99	554.72	86682.71	352.37	461.50	77.15	447.24
2009	188446.14	1028.72	189474.86	776.54	764.97	142.56	747.76
2010	240249.99	1071.55	241321.53	997.20	599.48	104.82	587.29
2011	183530.07	559.21	184089.28	754.46	359.38	55.06	353.48
2012	149667.76	454.65	150122.41	617.79	330.67	56.21	325.84
2013	237713.21	749.38	238462.58	1001.94	431.07	84.13	425.62

2-14 股票分行业成交情况
Statistics for Stock Transaction by Industry

行业 Industry	成交量(百万股) Trading Volume(million shares)		成交金额（百万元） Trading Turnover(million yuan)	
	2012	2013	2012	2013
农、林、牧、渔业 Agriculture,Forestry,Animal Husbandry and Fishery	57738.82	89856.00	563097.59	823945.02
采矿业 Mining	155354.89	175542.38	1949950.68	1686785.06
制造业 Manufacturing	1702830.24	2362141.32	17822996.28	24256427.39
电力、热力、燃气及水生产和供应业 Production and Supply of Electricity, Gas and Water	117094.40	202633.69	737320.71	1261083.20
建筑业 Construction	137285.76	172760.38	955580.07	1253770.65
批发和零售业 Wholesale and Retail Trades	175744.94	283657.18	1534030.62	2524411.78
交通运输、仓储和邮政业 Transport,Storage and Post	119171.66	201687.83	601789.34	1071305.44
住宿和餐饮业 Hotels and Catering Services	9169.57	13012.41	79438.85	103525.00
信息传输、软件和信息技术服务业 Information Transmission,Computer Services and Software	105765.43	228737.45	1263294.49	3302126.33
金融业 Financial Intermediation	296718.38	513581.45	2756998.37	5150247.06
房地产业 Real Estate	290669.23	335956.31	1948878.76	2370247.19
租赁和商务服务业 Leasing and Business Services	24775.10	40245.89	233034.61	430529.69
科学研究和技术服务业 Scientific Research,Technical Service	5136.33	9875.67	77606.53	167010.08
水利、环境和公共设施管理业 Management of Water Conservancy, Environment and Public Facilities	21410.06	40948.71	241391.87	521191.76
教育 Education	283.24	921.88	1931.81	11060.96
卫生和社会工作 Health and Social Works	765.08	1307.56	17896.13	37563.75
文化、体育和娱乐业 Culture,Sports and Entertainment	29621.70	60634.01	346564.47	1068855.12
综合 Others	36519.42	62106.52	326525.87	596188.37

数据来源：上海证券交易所、深圳证券交易所
Source:SSE、SZSE

2-15 股票按监管辖区成交情况
Statistics for Stock Transaction by Regulatory Jurisdiction

辖区	Jurisdiction	成交量(百万股) Trading Volume(million shares)		成交金额（百万元） Trading Turnover(million yuan)	
		2012	2013	2012	2013
北京	Beijing	424092.96	670091.05	3666035.42	6101401.59
天津	Tianjin	61344.34	96495.11	419108.35	779528.85
河北	Hebei	58102.73	71866.96	554224.09	661676.93
山西	Shanxi	64937.01	82953.10	724767.16	807555.98
内蒙古	Inner Mongolia	52070.29	54168.38	839090.21	721819.92
辽宁	Liaoning	45891.30	58754.38	312427.28	464574.29
吉林	Jilin	50300.51	61878.22	444819.30	609378.13
黑龙江	Heilongjiang	45837.37	61650.15	350809.38	545715.72
上海	Shanghai	296417.61	532644.27	2473801.12	4825739.92
江苏	Jiangsu	255068.24	337618.00	2361273.51	3377394.86
浙江	Zhejiang	192964.57	289230.04	1957655.88	3183373.74
安徽	Anhui	104267.61	139297.04	1061633.62	1314543.52
福建	Fujian	91756.00	129541.43	759480.70	1325666.58
江西	Jiangxi	36232.41	51286.26	420296.36	547983.35
山东	Shandong	135020.15	184677.29	1419550.10	1818187.54
河南	Henan	77880.84	91583.67	791204.87	882315.72
湖北	Hubei	96848.88	134612.98	934754.30	1342521.24
湖南	Hunan	96906.39	129861.76	998607.22	1256590.98
广东	Guangdong	222949.12	317684.61	2015817.40	2976553.04
广西	Guangxi	38646.95	46800.40	366245.54	416133.49
海南	Hainan	49512.24	86399.22	400235.22	713607.28
重庆	Chongqing	40779.54	54175.31	395855.44	492655.20
四川	Sichuan	131249.57	208047.59	1323160.45	1919140.82
贵州	Guizhou	23941.75	34143.84	427761.16	556730.30
云南	Yunnan	35025.36	39908.23	375544.73	385336.42
西藏	Tibet	11454.52	13052.32	155420.42	146307.05
陕西	Shaanxi	43415.30	64481.57	411192.07	599808.65
甘肃	Gansu	36868.96	58564.32	338690.90	487355.73
青海	Qinghai	23648.62	22212.81	231390.34	188774.19
宁夏	Ningxia	10453.49	12133.87	118612.85	108785.44
新疆	Xinjiang	58637.19	87078.15	597786.53	812606.52
深圳	Shenzhen	237264.00	396532.41	2503685.19	4722195.51
大连	Dalian	41236.53	53149.65	318322.52	371189.32
宁波	Ningbo	44338.48	54292.35	409977.00	468415.10
厦门	Xiamen	29027.48	38814.94	325249.03	399467.04
青岛	Qingdao	21666.81	29924.96	229588.54	305243.86

注：由于使用汇率存在差异，本表中各辖区合计成交金额与2-10数据有差异。
数据来源：上海证券交易所、深圳证券交易所
Source:SSE、SZSE

2-16 2013年A股总市值前50只股票交易情况

排名 Ranking	股票代码 Stock Code	股票简称 Stock Abbreviation	股票市值（百万元） Market Capitalization of Shares (million yuan)	占比(%) Proportion (%)	流通市值（百万元） Negotiable Market Capitalization (million yuan)
1	601857	中国石油	1248419.22	5.26	1248419.22
2	601398	工商银行	944322.20	3.98	944322.20
3	601288	农业银行	729257.13	3.07	704725.55
4	601988	中国银行	512278.66	2.16	512278.66
5	600028	中国石化	407912.25	1.72	407912.25
6	601628	中国人寿	315060.01	1.33	315060.01
7	601088	中国神华	260888.22	1.10	260888.22
8	600036	招商银行	224649.20	0.95	224649.20
9	601318	中国平安	199736.87	0.84	199736.87
10	601166	兴业银行	193190.69	0.81	164061.31
11	600000	浦发银行	175902.24	0.74	140721.79
12	600016	民生银行	174380.85	0.73	174380.85
13	600104	上汽集团	155901.51	0.66	130687.84
14	601328	交通银行	150723.32	0.63	125602.76
15	600519	贵州茅台	133281.55	0.56	133281.55
16	600030	中信证券	125441.90	0.53	125136.94
17	601998	中信银行	123472.98	0.52	123472.98
18	600018	上港集团	120147.35	0.51	110831.42
19	601601	中国太保	116492.55	0.49	115039.56
20	601006	大秦铁路	109865.59	0.46	109865.59
21	601818	光大银行	106002.57	0.45	106002.57
22	600900	长江电力	104280.00	0.44	61594.35
23	000895	双汇发展	103603.23	0.44	57048.21
24	000001	平安银行	100417.67	0.42	68248.22
25	000651	格力电器	98236.89	0.41	97506.51
26	601668	中国建筑	94200.00	0.40	93739.11
27	002415	海康威视	92315.79	0.39	67604.61
28	600837	海通证券	91602.92	0.39	91602.92

注：1.按2013年末股票市值进行排名。
2.占比为个股市值占A股股票总市值的比重。
数据来源：上海证券交易所、深圳证券交易所

Statistics of Top 50 A-share Stocks Ranked by Stock Market Capitalization in 2013

成交量 （百万股） Trading Volume (million shares)	成交金额 （百万元） Trading Turnover (million yuan)	市盈率 （倍） P/E Ratio (times)	市净率 （倍） P/B Ratio (times)	涨跌幅 (%) Price Change Rate (%)	股本换手率 (%) Turnover Ratio of Share Capital (%)
4765.87	39978.17	10.89	1.25	-11.67	2.95
16620.54	66851.59	4.78	0.99	-8.17	6.32
30227.26	82398.95	4.84	0.96	-5.52	77.00
9095.42	26068.54	4.66	0.79	-4.73	4.65
12350.50	67605.97	7.77	0.92	-11.39	15.07
4164.98	68269.07	17.27	1.94	-28.64	20.00
3382.25	65539.28	6.89	1.16	-33.91	20.69
20588.71	250214.57	5.31	1.03	-15.23	110.90
8697.35	348380.49	11.33	1.75	-6.68	181.71
25754.14	365072.92	4.69	0.97	-5.08	196.50
38986.50	396534.77	4.30	0.86	0.33	261.25
44265.13	422568.71	5.18	1.11	1.62	195.97
7423.03	110527.34	6.29	1.13	-16.11	80.92
19352.91	86913.79	4.58	0.68	-17.42	59.17
983.75	166735.83	8.81	3.13	-36.56	94.76
26540.74	333492.70	26.79	1.60	-1.92	270.42
8201.69	35131.21	4.62	0.80	-6.10	25.78
16105.34	85353.11	22.86	2.41	111.04	76.73
5631.46	106629.30	18.13	1.70	-15.84	90.71
8193.73	58156.08	8.66	1.43	15.78	55.12
25973.87	79947.21	4.61	0.81	-11.07	114.81
4899.95	34253.90	11.50	1.33	-3.40	50.28
1148.43	54283.13	35.94	7.81	65.33	111.87
17718.62	265387.02	7.48	1.06	23.42	430.87
4357.18	120149.21	13.22	3.14	33.23	145.94
24437.82	85598.14	4.62	0.80	-16.94	81.63
2418.05	68042.27	42.95	9.38	48.91	184.77
30660.91	347810.08	26.89	1.76	11.65	378.90

2-16 续表

排名 Ranking	股票代码 Stock Code	股票简称 Stock Abbreviation	股票市值（百万元） Market Capitalization of Shares (million yuan)	占比（%） Proportion (%)	流通市值（百万元） Negotiable Market Capitalization (million yuan)
29	601989	中国重工	85123.43	0.36	66275.16
30	000333	美的集团	84316.17	0.36	34315.90
31	601633	长城汽车	82720.53	0.35	12525.68
32	600887	伊利股份	79837.08	0.34	62065.63
33	000002	万科A	77891.11	0.33	77670.28
34	600015	华夏银行	76312.79	0.32	55599.48
35	000776	广发证券	73872.76	0.31	73872.76
36	000538	云南白药	70808.24	0.30	70805.90
37	600050	中国联通	68041.07	0.29	68041.07
38	600585	海螺水泥	67834.96	0.29	67834.96
39	600019	宝钢股份	67369.35	0.28	67369.35
40	002024	苏宁云商	66668.88	0.28	44614.65
41	601169	北京银行	66089.20	0.28	56122.79
42	601808	中海油服	66077.65	0.28	64961.65
43	600023	浙能电力	61552.72	0.26	4111.28
44	000858	五粮液	59444.84	0.25	59438.94
45	600999	招商证券	59102.75	0.25	59102.75
46	601766	中国南车	59012.79	0.25	50685.65
47	600048	保利地产	58888.45	0.25	58888.45
48	002594	比亚迪	58818.48	0.25	14479.39
49	600111	包钢稀土	53938.92	0.23	32947.79
50	002241	歌尔声学	53547.17	0.23	41669.81
合计	-	-	8709252.69	36.69	8057820.56

continued

成交量 (百万股) Trading Volume (million shares)	成交金额 (百万元) Trading Turnover (million yuan)	市盈率 (倍) P/E Ratio (times)	市净率 (倍) P/B Ratio (times)	涨跌幅 (%) Price Change Rate (%)	股本换手率 (%) Turnover Ratio of Share Capital (%)
15324.75	89078.82	29.00	1.78	19.19	133.55
596.46	27925.80	16.13	2.64	12.21	86.91
953.54	34893.23	15.23	4.47	76.40	313.41
3197.60	109779.05	25.05	4.95	79.56	201.41
20844.55	214829.63	7.04	1.30	-19.37	215.58
9293.70	85069.16	4.92	0.89	13.33	165.56
8248.36	111993.88	33.73	2.15	-18.00	188.27
497.21	45518.18	44.73	8.36	50.79	71.62
23699.56	81297.20	19.76	0.91	-7.09	111.81
6497.74	109887.74	9.58	1.60	-6.49	162.46
6268.58	28430.46	11.58	0.61	-13.68	37.46
27234.31	248617.29	24.41	2.32	36.89	551.07
8430.73	73477.55	4.91	0.85	-14.95	112.82
1845.50	34769.12	14.94	2.69	38.82	63.41
951.73	7356.80	10.69	1.70	22.24	156.49
5737.13	125472.90	5.98	1.69	-42.58	151.15
8570.11	104387.05	26.51	2.18	21.78	183.87
12540.68	56688.31	16.70	1.89	3.63	125.43
14790.06	164650.13	5.48	1.14	-38.20	207.20
2291.16	77220.83	1256.00	4.10	85.16	605.28
8689.44	247547.10	34.26	6.90	-40.10	587.34
2176.04	87485.08	57.40	9.12	67.84	231.24
611625.07	6404268.66	-	-	-	-

2-17　2013年A股流通市值前50只股票交易情况

排名 Ranking	股票代码 Stock Code	股票简称 Stock Abbreviation	流通市值(百万元) Negotiable Market Capitalization (million yuan)	占比(%) Proportion (%)	股票市值(百万元) Market Capitalization of Shares (million yuan)
1	601857	中国石油	1248419.22	6.31	1248419.22
2	601398	工商银行	944322.20	4.77	944322.20
3	601288	农业银行	704725.55	3.56	729257.13
4	601988	中国银行	512278.66	2.59	512278.66
5	600028	中国石化	407912.25	2.06	407912.25
6	601628	中国人寿	315060.01	1.59	315060.01
7	601088	中国神华	260888.22	1.32	260888.22
8	600036	招商银行	224649.20	1.14	224649.20
9	601318	中国平安	199736.87	1.01	199736.87
10	600016	民生银行	174380.85	0.88	174380.85
11	601166	兴业银行	164061.31	0.83	193190.69
12	600000	浦发银行	140721.79	0.71	175902.24
13	600519	贵州茅台	133281.55	0.67	133281.55
14	600104	上汽集团	130687.84	0.66	155901.51
15	601328	交通银行	125602.76	0.63	150723.32
16	600030	中信证券	125136.94	0.63	125441.90
17	601998	中信银行	123472.98	0.62	123472.98
18	601601	中国太保	115039.56	0.58	116492.55
19	600018	上港集团	110831.42	0.56	120147.35
20	601006	大秦铁路	109865.59	0.56	109865.59
21	601818	光大银行	106002.57	0.54	106002.57
22	000651	格力电器	97506.51	0.49	98236.89
23	601668	中国建筑	93739.11	0.47	94200.00
24	600837	海通证券	91602.92	0.46	91602.92
25	000002	万科A	77670.28	0.39	77891.11
26	000776	广发证券	73872.76	0.37	73872.76
27	000538	云南白药	70805.90	0.36	70808.24
28	000001	平安银行	68248.22	0.34	100417.67

注：1.按2013年末股票流通市值进行排名。
　　2.占比为个股流通市值占A股股票总流通市值的比重。
数据来源：上海证券交易所、深圳证券交易所
Source:SSE、SZSE

Statistics of Top 50 A-share Stocks Ranked by Stock Free Float Market Capitalization in 2013

成交量 （百万股） Trading Volume (million shares)	成交金额 （百万元） Trading Turnover (million yuan)	市盈率 （倍） P/E Ratio (times)	市净率 （倍） P/B Ratio (times)	涨跌幅 (%) Price Change Rate (%)	股本换手率(%) Turnover Ratio of Share Capital (%)
4765.87	39978.17	10.89	1.25	-11.67	2.95
16620.54	66851.59	4.78	0.99	-8.17	6.32
30227.26	82398.95	4.84	0.96	-5.52	77.00
9095.42	26068.54	4.66	0.79	-4.73	4.65
12350.50	67605.97	7.77	0.92	-11.39	15.07
4164.98	68269.07	17.27	1.94	-28.64	20.00
3382.25	65539.28	6.89	1.16	-33.91	20.69
20588.71	250214.57	5.31	1.03	-15.23	110.90
8697.35	348380.49	11.33	1.75	-6.68	181.71
44265.13	422568.71	5.18	1.11	1.62	195.97
25754.14	365072.92	4.69	0.97	-5.08	196.50
38986.50	396534.77	4.30	0.86	0.33	261.25
983.75	166735.83	8.81	3.13	-36.56	94.76
7423.03	110527.34	6.29	1.13	-16.11	80.92
19352.91	86913.79	4.58	0.68	-17.42	59.17
26540.74	333492.70	26.79	1.60	-1.92	270.42
8201.69	35131.21	4.62	0.80	-6.10	25.78
5631.46	106629.30	18.13	1.70	-15.84	90.71
16105.34	85353.11	22.86	2.41	111.04	76.73
8193.73	58156.08	8.66	1.43	15.78	55.12
25973.87	79947.21	4.61	0.81	-11.07	114.81
4357.18	120149.21	13.22	3.14	33.23	145.94
24437.82	85598.14	4.62	0.80	-16.94	81.63
30660.91	347810.08	26.89	1.76	11.65	378.90
20844.55	214829.63	7.04	1.30	-19.37	215.58
8248.36	111993.88	33.73	2.15	-18.00	188.27
497.21	45518.18	44.73	8.36	50.79	71.62
17718.62	265387.02	7.48	1.06	23.42	430.87

2-17 续表

排名 Ranking	股票代码 Stock Code	股票简称 Stock Abbreviation	流通市值(百万元) Negotiable Market Capitalization (million yuan)	占比(%) Proportion (%)	股票市值(百万元) Market Capitalization of Shares (million yuan)
29	600050	中国联通	68041.07	0.34	68041.07
30	600585	海螺水泥	67834.96	0.34	67834.96
31	002415	海康威视	67604.61	0.34	92315.79
32	600019	宝钢股份	67369.35	0.34	67369.35
33	601989	中国重工	66275.16	0.33	85123.43
34	601808	中海油服	64961.65	0.33	66077.65
35	600887	伊利股份	62065.63	0.31	79837.08
36	600900	长江电力	61594.35	0.31	104280.00
37	000858	五粮液	59438.94	0.30	59444.84
38	600999	招商证券	59102.75	0.30	59102.75
39	600048	保利地产	58888.45	0.30	58888.45
40	000895	双汇发展	57048.21	0.29	103603.23
41	601169	北京银行	56122.79	0.28	66089.20
42	600015	华夏银行	55599.48	0.28	76312.79
43	600011	华能国际	53130.00	0.27	53130.00
44	600690	青岛海尔	53056.30	0.27	53056.30
45	600276	恒瑞医药	51661.20	0.26	51661.20
46	601299	中国北车	50774.68	0.26	50774.68
47	601766	中国南车	50685.65	0.26	59012.79
48	601688	华泰证券	50155.14	0.25	50176.00
49	600031	三一重工	48751.59	0.25	48897.96
50	601186	中国铁建	46976.19	0.24	48125.24
合计	-	-	8227661.17	41.57	8603511.20

continued

成交量 (百万股) Trading Volume (million shares)	成交金额 (百万元) Trading Turnover (million yuan)	市盈率 (倍) P/E Ratio (times)	市净率 (倍) P/B Ratio (times)	涨跌幅 (%) Price Change Rate (%)	股本换手率(%) Turnover Ratio of Share Capital (%)
23699.56	81297.20	19.76	0.91	-7.09	111.81
6497.74	109887.74	9.58	1.60	-6.49	162.46
2418.05	68042.27	42.95	9.38	48.91	184.77
6268.58	28430.46	11.58	0.61	-13.68	37.46
15324.75	89078.82	29.00	1.78	19.19	133.55
1845.50	34769.12	14.94	2.69	38.82	63.41
3197.60	109779.05	25.05	4.95	79.56	201.41
4899.95	34253.90	11.50	1.33	-3.40	50.28
5737.13	125472.90	5.98	1.69	-42.58	151.15
8570.11	104387.05	26.51	2.18	21.78	183.87
14790.06	164650.13	5.48	1.14	-38.20	207.20
1148.43	54283.13	35.94	7.81	65.33	111.87
8430.73	73477.55	4.91	0.85	-14.95	112.82
9293.70	85069.16	4.92	0.89	13.33	165.56
6226.50	37623.95	6.76	1.15	-26.18	62.22
3373.83	48120.94	12.73	3.67	50.03	125.09
1657.98	53547.10	41.73	8.13	39.14	127.03
12864.79	60579.83	12.30	1.34	11.55	124.66
12540.68	56688.31	16.70	1.89	3.63	125.43
9470.19	92025.21	22.69	1.41	-7.17	212.05
8201.83	73378.56	16.84	2.05	-37.25	108.95
6007.76	31470.64	5.59	0.71	-18.12	59.98
616535.27	6069968.76	-	-	-	-

2-18　2013年A股成交金额前50股票交易情况

排名 Ranking	股票代码 Stock Code	股票简称 Stock Abbreviation	成交金额(百万元) Trading Turnover (million yuan)	占比(%) Proportion (%)	股票市值(百万元) Market Capitalization of Shares (million yuan)
1	600016	民生银行	422568.71	0.91	174380.85
2	600000	浦发银行	396534.77	0.85	175902.24
3	601166	兴业银行	365072.92	0.78	193190.69
4	601318	中国平安	348380.49	0.75	199736.87
5	600837	海通证券	347810.08	0.75	91602.92
6	600030	中信证券	333492.70	0.72	125441.90
7	000001	平安银行	265387.02	0.57	100417.67
8	600036	招商银行	250214.57	0.54	224649.20
9	002024	苏宁云商	248617.29	0.53	66668.88
10	600111	包钢稀土	247547.10	0.53	53938.92
11	300027	华谊兄弟	229857.66	0.49	33651.07
12	000002	万科A	214829.63	0.46	77891.11
13	600804	鹏博士	206693.57	0.44	19432.74
14	600519	贵州茅台	166735.83	0.36	133281.55
15	600048	保利地产	164650.13	0.35	58888.45
16	000598	兴蓉投资	161946.54	0.35	17200.62
17	601901	方正证券	148641.57	0.32	36051.00
18	600880	博瑞传播	133066.75	0.29	11602.99
19	600388	龙净环保	129359.32	0.28	14333.82
20	000858	五 粮 液	125472.90	0.27	59444.84
21	000562	宏源证券	125277.01	0.27	32653.20
22	000651	格力电器	120149.21	0.26	98236.89
23	000063	中兴通讯	116299.48	0.25	36699.98
24	600256	广汇能源	114529.14	0.25	45635.25
25	000776	广发证券	111993.88	0.24	73872.76
26	600518	康美药业	110616.88	0.24	39576.86
27	600104	上汽集团	110527.34	0.24	155901.51
28	600585	海螺水泥	109887.74	0.24	67834.96

注：1.按2013全年股票成交金额进行排名。
　　2.占比为个股成交金额占A股股票总成交金额的比重。
数据来源：上海证券交易所、深圳证券交易所
Source:SSE、SZSE

Statistics of Top 50 A-share Stocks Ranked by Stock Trading Turnover in 2013

流通市值(百万元) Negotiable Market Capitalization (million yuan)	成交量(百万股) Trading Volume (million shares)	市盈率(倍) P/E Ratio (times)	市净率(倍) P/B Ratio (times)	涨跌幅(%) Price Change Rate (%)	股本换手率(%) Turnover Ratio of Share Capital (%)
174380.85	44265.13	5.18	1.11	1.62	195.97
140721.79	38986.50	4.30	0.86	0.33	261.25
164061.31	25754.14	4.69	0.97	-5.08	196.50
199736.87	8697.35	11.33	1.75	-6.68	181.71
91602.92	30660.91	26.89	1.76	11.65	378.90
125136.94	26540.74	26.79	1.60	-1.92	270.42
68248.22	17718.62	7.48	1.06	23.42	430.87
224649.20	20588.71	5.31	1.03	-15.23	110.90
44614.65	27234.31	24.41	2.32	36.89	551.07
32947.79	8689.44	34.26	6.90	-40.10	587.34
22592.71	7334.30	139.10	10.05	293.34	1257.63
77670.28	20844.55	7.04	1.30	-19.37	215.58
18819.49	15037.65	48.21	4.52	136.86	1123.46
133281.55	983.75	8.81	3.13	-36.56	94.76
58888.45	14790.06	5.48	1.14	-38.20	207.20
9967.75	24500.78	23.51	2.59	71.78	1744.34
20665.92	22344.83	32.61	2.33	34.89	656.23
7030.93	7183.96	34.32	3.33	80.49	1734.96
14214.96	4119.95	31.38	5.15	208.23	1200.56
59438.94	5737.13	5.98	1.69	-42.58	151.15
28921.88	10592.68	32.88	2.20	-10.38	401.00
97506.51	4357.18	13.22	3.14	33.23	145.94
36605.54	8587.84	0.00	2.08	34.05	306.74
26622.50	8713.35	60.76	4.90	-19.81	328.91
73872.76	8248.36	33.73	2.15	-18.00	188.27
39576.86	6147.07	21.05	3.29	38.29	279.58
130687.84	7423.03	6.29	1.13	-16.11	80.92
67834.96	6497.74	9.58	1.60	-6.49	162.46

2-18 续表

排名 Ranking	股票代码 Stock Code	股票简称 Stock Abbreviation	成交金额(百万元) Trading Turnover (million yuan)	占比(%) Proportion (%)	股票市值(百万元) Market Capitalization of Shares (million yuan)
29	600887	伊利股份	109779.05	0.24	79837.08
30	300251	光线传媒	109678.42	0.24	18522.36
31	600765	中航重机	107060.17	0.23	9740.60
32	601601	中国太保	106629.30	0.23	116492.55
33	000750	国海证券	104940.77	0.23	26430.53
34	600999	招商证券	104387.05	0.22	59102.75
35	600332	白云山	103208.90	0.22	29636.05
36	600637	百视通	102908.67	0.22	41174.82
37	600383	金地集团	101875.70	0.22	29869.68
38	600200	江苏吴中	101226.63	0.22	7103.94
39	300104	乐视网	100468.93	0.22	32577.43
40	601118	海南橡胶	100150.44	0.21	29208.60
41	600108	亚盛集团	98279.19	0.21	15633.73
42	002008	大族激光	98135.43	0.21	14193.42
43	600089	特变电工	98003.92	0.21	28253.20
44	000917	电广传媒	97249.44	0.21	23120.34
45	600118	中国卫星	95256.69	0.20	21911.52
46	000100	TCL 集团	94416.77	0.20	19874.37
47	600739	辽宁成大	94156.00	0.20	23937.01
48	002230	科大讯飞	93244.23	0.20	22417.39
49	601688	华泰证券	92025.21	0.20	50176.00
50	000157	中联重科	91558.45	0.20	34203.79
合计	-	-	8030799.59	17.23	3151536.88

continued

流通市值(百万元) Negotiable Market Capitalization (million yuan)	成交量(百万股) Trading Volume (million shares)	市盈率(倍) P/E Ratio (times)	市净率(倍) P/B Ratio (times)	涨跌幅(%) Price Change Rate (%)	股本换手率(%) Turnover Ratio of Share Capital (%)
62065.63	3197.60	25.05	4.95	79.56	201.41
5209.84	2967.39	59.55	8.69	121.87	2472.40
9740.60	7226.10	63.54	2.90	64.94	928.80
115039.56	5631.46	18.13	1.70	-15.84	90.71
6711.57	8371.66	210.68	8.90	5.44	1785.19
59102.75	8570.11	26.51	2.18	21.78	183.87
28672.38	3216.02	36.45	5.23	42.43	394.45
30889.01	3410.91	60.79	11.07	132.96	408.24
29869.68	15011.08	8.28	1.03	-3.68	335.71
5946.60	7624.93	140.57	7.36	58.43	1460.47
19326.24	3030.12	168.53	21.68	313.12	1078.03
7318.55	13574.29	187.04	3.22	32.10	1378.10
15633.73	11478.43	41.09	3.35	17.93	600.07
12853.65	8226.30	22.86	4.03	67.29	869.33
28253.20	10663.00	21.27	1.93	68.12	404.58
11424.96	6857.65	39.78	5.29	63.59	979.10
21911.52	5804.10	71.65	5.41	79.19	569.42
18947.03	38841.60	24.81	1.52	7.97	484.62
23937.01	5905.71	28.28	2.15	17.01	432.75
15831.24	2080.41	123.52	7.08	58.40	628.81
50155.14	9470.19	22.69	1.41	-7.17	212.05
34125.12	13301.64	5.74	1.01	-38.44	212.26
2803265.35	627040.75	-	-	-	-

2-19 2013年A股涨幅前50股票交易情况

排名 Ranking	股票代码 Stock Code	股票简称 Stock Abbreviation	涨幅(%) Price Change Rate (%)	股票市值(百万元) Market Capitalization of Shares (million yuan)	流通市值(百万元) Negotiable Market Capitalization (million yuan)
1	300017	网宿科技	404.25	13277.48	8619.09
2	300315	掌趣科技	397.43	20221.05	9534.23
3	002681	奋达科技	388.96	7339.50	1834.88
4	300052	中青宝	341.89	6440.20	4383.61
5	300191	潜能恒信	332.58	9430.40	2704.17
6	300226	上海钢联	326.61	4440.00	1613.87
7	300205	天喻信息	321.07	7149.68	2871.45
8	300104	乐视网	313.12	32577.43	19326.24
9	300071	华谊嘉信	310.45	5051.58	3222.22
10	300027	华谊兄弟	293.34	33651.07	22592.71
11	002071	江苏宏宝	283.33	3809.21	3729.34
12	000555	*ST太光	280.84	10970.09	2305.57
13	002312	三泰电子	278.18	6868.24	4646.42
14	000681	远东股份	276.67	2470.46	1761.23
15	300274	阳光电源	274.98	10520.77	4537.01
16	300085	银之杰	260.94	3397.24	1739.34
17	002240	威华股份	258.75	7041.60	5116.44
18	600536	中国软件	258.26	9315.09	8501.89
19	002148	北纬通信	252.27	5158.57	3845.90
20	000748	长城信息	250.11	6823.97	6823.97
21	002252	上海莱士	249.58	23256.00	23256.00
22	002416	爱施德	248.07	18882.99	18060.29
23	000622	岳阳恒立	246.43	1649.88	768.18
24	300273	和佳股份	243.31	11401.83	5967.04
25	600648	外高桥	238.85	26113.50	26113.50
26	600119	长江投资	238.73	5480.94	5480.94
27	002174	梅花伞	235.09	4122.11	4122.11

数据来源：上海证券交易所、深圳证券交易所
Source:SSE、SZSE

Statistics of Top 50 A-share Stocks Ranked by Stock Price Increase Rate in 2013

成交量 (百万股) Trading Volume (million shares)	成交金额 (百万元) Trading Turnover (million yuan)	市盈率(倍) P/E Ratio (times)	市净率(倍) P/B Ratio (times)	股本换手率(%) Turnover Ratio of Share Capital (%)
716.06	35074.83	126.42	12.80	712.51
2079.67	71347.32	220.79	13.84	1149.26
1129.34	30220.39	87.38	7.62	3011.56
2587.11	86074.65	381.08	7.01	2174.74
1798.50	38556.56	113.35	8.08	2258.21
1005.91	26841.45	126.15	11.86	2369.86
1296.79	29318.61	178.09	6.77	1718.94
3030.12	100468.93	168.53	21.68	1078.03
925.12	17924.87	128.43	9.42	958.36
7334.30	229857.66	139.10	10.05	1257.63
1464.94	26550.37	0.00	12.35	813.13
267.77	5088.26	35.61	0.00	295.46
1237.05	16384.34	120.43	9.01	627.85
868.99	12101.55	414.33	16.32	610.72
1162.88	19426.75	139.78	5.40	824.03
451.13	6770.31	186.29	6.63	860.08
916.23	5824.34	0.00	4.50	293.60
1178.56	31108.04	146.16	4.91	522.19
1613.04	55392.57	113.73	9.79	1908.03
1683.64	17793.67	100.94	5.37	448.30
512.37	13881.87	103.26	20.68	104.65
1959.02	25166.67	0.00	4.31	641.16
1867.48	9261.26	323.33	7.52	943.29
1424.06	34757.21	91.94	11.52	835.93
2234.72	71840.94	59.83	6.04	275.82
2190.24	25512.99	151.89	7.33	712.50
372.76	10829.95	842.37	18.57	449.43

2-19 续表

排名 Ranking	股票代码 Stock Code	股票简称 Stock Abbreviation	涨幅(%) Price Change Rate (%)	股票市值(百万元) Market Capitalization of Shares (million yuan)	流通市值(百万元) Negotiable Market Capitalization (million yuan)
28	300253	卫宁软件	230.37	7839.16	4149.10
29	300014	亿纬锂能	227.57	6972.96	5400.29
30	300059	东方财富	225.02	10200.96	7771.95
31	000670	S舜元	222.46	4143.02	2354.06
32	002019	鑫富药业	222.03	4606.78	4254.58
33	300002	神州泰岳	221.37	18143.87	10440.98
34	000977	浪潮信息	220.39	9724.45	9724.44
35	002400	省广股份	215.01	13974.37	12172.74
36	300236	上海新阳	212.87	4671.49	882.58
37	000403	*ST生化	210.67	4284.92	2552.21
38	300199	翰宇药业	208.67	8480.00	3896.93
39	600388	龙净环保	208.23	14333.82	14214.96
40	300223	北京君正	207.52	4046.64	1800.16
41	600566	洪城股份	201.21	2755.72	2755.72
42	300167	迪威视讯	200.03	3382.70	1636.41
43	002618	丹邦科技	199.42	6755.85	2414.86
44	002473	圣莱达	196.84	3360.00	3360.00
45	002266	浙富股份	191.46	13194.49	6495.71
46	002268	卫士通	189.98	4870.48	4705.82
47	600485	中创信测	186.45	2842.40	2842.40
48	300286	安科瑞	186.04	3472.04	842.03
49	300133	华策影视	185.63	18532.17	13515.75
50	600771	广誉远	184.69	6302.45	4905.30
合计	-	-	-	473751.60	326566.57

continued

成交量 (百万股) Trading Volume (million shares)	成交金额 (百万元) Trading Turnover (million yuan)	市盈率(倍) P/E Ratio (times)	市净率(倍) P/B Ratio (times)	股本换手率(%) Turnover Ratio of Share Capital (%)
262.10	10397.11	148.18	13.47	480.50
1089.67	26398.16	70.00	8.56	729.92
4350.52	70032.00	276.00	6.13	1029.67
1011.86	12759.98	1691.11	19.19	654.60
1097.89	13855.05	298.57	9.28	539.32
2327.62	56858.93	41.78	5.31	827.95
871.42	28848.06	141.34	9.53	405.31
686.80	23154.15	77.13	10.13	299.66
310.58	7995.65	117.29	6.04	1444.57
1252.13	22429.90	131.00	13.59	771.23
826.31	12782.43	94.22	7.96	529.14
4119.95	129359.32	31.38	5.15	1200.56
828.50	19906.03	84.53	3.77	1790.79
779.37	10415.09	6.84	2.39	563.94
609.37	8653.40	169.00	4.86	766.81
852.73	21717.78	120.65	4.51	1306.20
508.52	6301.77	161.54	7.86	681.29
2948.95	29982.60	105.96	5.93	872.21
1166.90	19220.64	272.46	9.23	706.74
961.11	15351.05	192.00	6.16	693.51
338.72	9031.20	74.71	7.95	1953.37
1036.91	28807.79	85.45	10.85	473.46
944.57	20170.77	-	132.79	520.43
72490.29	1657805.25	-	-	-

2-20 2013年A股跌幅前50股票交易情况

排名 Ranking	股票代码 Stock Code	股票简称 Stock Abbreviation	跌幅(%) Price Decrease Rate	股票市值(百万元) Market Capitalization of Shares (million yuan)	流通市值(百万元) Negotiable Market Capitalization (million yuan)
1	000010	深华新	-58.98	4510.50	2073.97
2	000799	酒鬼酒	-56.54	4588.00	3165.73
3	600395	盘江股份	-55.16	12015.68	12015.68
4	002304	洋河股份	-54.87	44085.60	36037.53
5	600547	山东黄金	-54.57	24548.00	24548.00
6	002506	*ST超日	-54.40	1965.40	1102.76
7	600809	山西汾酒	-52.31	16710.87	16710.87
8	000780	平庄能源	-52.07	4625.24	4625.24
9	600381	*ST贤成	-50.83	3331.84	2462.69
10	600546	山煤国际	-50.12	9813.16	9813.16
11	601699	潞安环能	-49.84	24552.57	24552.57
12	600348	阳泉煤业	-49.81	16979.30	16979.30
13	601268	*ST二重	-49.80	5825.36	4292.60
14	600188	兖州煤业	-49.73	26284.80	26284.80
15	000983	西山煤电	-48.74	22373.52	22373.31
16	002155	辰州矿业	-48.60	7860.56	7859.11
17	000961	中南建设	-48.24	8209.91	7232.92
18	000629	攀钢钒钛	-48.06	18382.06	10200.98
19	600489	中金黄金	-47.71	25164.61	25164.61
20	600702	沱牌舍得	-46.78	5072.99	5072.99
21	000630	铜陵有色	-46.64	14244.50	14244.22
22	600779	水井坊	-46.58	4978.28	3009.35
23	000960	锡业股份	-46.18	12295.03	9681.64
24	600199	金种子酒	-46.05	5635.56	5635.56
25	600531	豫光金铅	-45.62	2739.93	2739.93
26	600961	*ST株冶	-45.17	2932.67	2932.67
27	600997	开滦股份	-44.89	6876.94	6876.94

数据来源：上海证券交易所、深圳证券交易所
Source:SSE、SZSE

Statistics of Top 50 A-share Stocks Ranked by Stock Price Decrease Rate in 2013

成交量 (百万股) Trading Volume (million shares)	成交金额 (百万元) Trading Turnover (million yuan)	市盈率(倍) P/E Ratio (times)	市净率(倍) P/B Ratio (times)	股本换手率(%) Turnover Ratio of Share Capital (%)
1312.82	10008.16	4261.11	7.20	486.12
2593.76	59977.76	9.26	2.52	1156.89
2464.43	31209.55	25.04	1.66	148.90
1104.68	66581.97	7.16	2.60	186.27
2611.25	69433.39	21.78	2.90	183.49
3617.46	12292.69	0.00	3.41	777.19
1882.69	49315.98	17.40	4.36	217.44
1428.50	9796.01	11.40	0.98	140.84
7137.36	23754.28	101.40	-	602.82
3927.33	35208.93	40.22	1.23	262.76
4117.51	64158.54	16.06	1.44	178.94
3632.88	40962.73	18.16	1.32	151.06
1407.04	5805.93	-	3.21	130.60
1995.06	26936.52	34.36	1.12	446.06
3872.69	39686.34	12.36	1.33	122.90
2072.18	27346.27	14.65	2.62	235.19
1601.46	16188.56	7.99	1.18	155.65
14057.37	40824.06	31.01	1.22	294.91
4825.76	58063.23	58.38	2.52	163.96
2160.54	41472.17	430.86	2.27	640.54
2515.12	36632.06	15.42	1.29	176.92
1454.43	20868.72	-	3.06	492.49
1543.61	24992.20	356.00	1.66	170.28
3291.53	48111.86	42.23	2.60	592.24
643.00	8007.76	-	2.04	217.78
767.98	5339.85	126.35	4.17	297.07
1376.02	9527.27	27.31	0.99	111.45

2-20 续表

排名 Ranking	股票代码 Stock Code	股票简称 Stock Abbreviation	跌幅(%) Price Decrease Rate	股票市值(百万元) Market Capitalization of Shares (million yuan)	流通市值(百万元) Negotiable Market Capitalization (million yuan)
28	600123	兰花科创	-44.79	12189.41	12189.41
29	000937	冀中能源	-44.78	17161.60	16277.83
30	601101	昊华能源	-44.35	8651.99	8651.99
31	300278	华昌达	-43.83	1277.96	578.73
32	000656	金科股份	-43.77	9361.00	3371.37
33	600971	恒源煤电	-43.06	7130.03	7130.03
34	600432	吉恩镍业	-42.74	6269.97	6269.97
35	000422	湖北宜化	-42.72	5629.62	5478.65
36	000858	五粮液	-42.58	59444.84	59438.94
37	600815	厦工股份	-42.45	3807.11	3730.65
38	000878	云南铜业	-42.43	12336.83	12336.71
39	600724	宁波富达	-41.96	6055.56	6054.31
40	000718	苏宁环球	-41.37	9337.39	6717.20
41	600376	首开股份	-41.12	11277.32	11277.32
42	601918	国投新集	-40.98	10310.36	10310.36
43	600157	永泰能源	-40.88	9527.15	7728.98
44	600988	赤峰黄金	-40.72	3575.28	1773.15
45	002237	恒邦股份	-40.70	6254.45	5498.04
46	000869	张裕A	-40.67	12243.44	12243.44
47	600111	包钢稀土	-40.10	53938.92	32947.79
48	000758	中色股份	-39.50	10585.41	9691.79
49	002128	露天煤业	-39.22	10640.02	10640.02
50	600331	宏达股份	-39.16	4200.24	4200.24
合计	-	-	-	627808.78	562226.04

continued

成交量 （百万股） Trading Volume (million shares)	成交金额 （百万元） Trading Turnover (million yuan)	市盈率(倍) P/E Ratio (times)	市净率(倍) P/B Ratio (times)	股本换手率(%) Turnover Ratio of Share Capital (%)
3877.74	63390.85	12.17	1.26	339.44
3945.53	46001.50	7.63	1.11	219.84
2164.07	22585.47	16.44	1.28	286.24
412.28	4132.19	40.94	2.34	888.15
1301.36	15543.25	7.35	1.21	337.15
1706.27	16667.65	23.05	1.02	170.63
822.24	8890.77	63.63	2.11	101.37
3285.76	28766.42	6.50	0.90	379.81
5737.13	125472.90	5.98	1.69	151.15
2563.84	13581.09	-	0.94	273.29
1407.55	16820.30	435.50	2.27	99.38
1411.87	7109.80	14.90	1.58	97.71
2540.92	15562.64	10.88	2.10	173.35
4256.55	32224.56	8.75	0.81	224.56
2943.02	21572.69	691.30	1.19	136.47
7450.19	57612.14	19.99	0.97	543.84
859.12	13735.81	15.68	5.99	849.75
1645.30	30377.20	21.47	1.91	411.17
631.15	23766.55	10.89	3.07	139.18
8689.44	247547.10	34.26	6.90	587.34
3007.68	43022.60	52.18	2.52	350.68
912.60	9523.19	6.74	1.77	68.79
1999.96	10712.20	158.80	5.50	193.79
142986.01	1757121.65	-	-	-

2-21 2013年B股总市值前50股票交易情况

排名 Ranking	股票代码 Stock Code	股票简称 Stock Abbreviation	股票市值(百万元) Market Capitalization of Shares (million yuan)	占比(%) Proportion (%)	流通市值(百万元) Negotiable Market Capitalization (million yuan)
1	900948	伊泰B股	14342.06	8.57	14342.06
2	200002	万科B	12545.79	7.49	12545.79
3	200625	长安B	10881.61	6.50	10881.61
4	200550	江铃B	7838.95	4.68	7838.95
5	200024	招商局B	5750.13	3.44	5730.62
6	900932	陆家B股	5024.44	3.00	5024.44
7	200869	张裕B	4719.71	2.82	4719.71
8	900947	振华B股	4277.70	2.56	4277.70
9	200012	南玻B	3746.08	2.24	3746.08
10	200581	苏威孚B	3697.07	2.21	3697.07
11	200726	鲁泰B	3363.48	2.01	2353.54
12	200513	丽珠B	3348.59	2.00	3348.59
13	900905	老凤祥B	3077.54	1.84	3077.54
14	900933	华新B股	3055.72	1.83	3055.72
15	900912	外高B股	2636.14	1.57	2636.14
16	900936	鄂资B股	2482.05	1.48	2482.05
17	200539	粤电力B	2423.75	1.45	2423.75
18	200771	杭汽轮B	2386.80	1.43	2386.12
19	900950	新城B股	2385.92	1.43	2385.92
20	900925	机电B股	2275.88	1.36	2275.88
21	900903	大众B股	2164.16	1.29	2164.16
22	200022	深赤湾B	2059.63	1.23	2059.41
23	200725	京东方B	2016.07	1.20	2016.07
24	900911	金桥B股	1769.64	1.06	1769.64
25	900920	上柴B股	1658.73	0.99	1658.73
26	200596	古井贡B	1651.12	0.99	1651.12
27	200028	一致B	1557.12	0.93	1557.12
28	900917	海欣B股	1545.66	0.92	1545.66

注：1.按2013年末股票市值进行排名。
　　2.占比为个股市值占B股股票总市值的比重。
数据来源：上海证券交易所、深圳证券交易所
Source:SSE、SZSE

Statistics of Top 50 B-share Stocks Ranked by Stock Market Capitalization in 2013

成交量(百万股) Trading Volume (million shares)	成交金额(百万元) Trading Turnover (million yuan)	市盈率(倍) P/E Ratio (times)	市净率(倍) P/B Ratio (times)	涨跌幅(%) Price Change Rate (%)	股本换手率(%) Turnover Ratio of Share Capital (%)
359.51	7701.77	10.20	1.66	-35.18	38.57
539.30	6345.19	8.61	1.54	-1.92	41.01
1430.12	10713.02	40.02	3.20	254.04	158.55
56.62	966.53	13.31	2.25	71.67	16.46
149.44	3056.91	9.02	1.09	-20.29	44.18
317.91	3014.06	13.10	1.63	31.02	62.38
179.02	5174.40	8.44	2.31	-40.95	77.16
691.50	1727.93	82.80	0.80	24.50	42.63
1081.71	5441.17	38.86	1.43	20.65	141.85
181.62	3995.97	24.69	2.35	64.96	136.15
263.42	1770.93	12.37	1.44	62.65	86.88
41.75	1224.85	20.64	2.73	38.74	37.28
247.27	3646.30	8.78	2.34	34.09	120.03
95.51	954.32	7.38	1.00	-4.67	29.12
477.07	5247.90	24.40	2.46	171.92	237.87
165.82	1001.85	8.28	0.92	-4.85	39.48
645.20	2518.21	8.71	0.86	1.03	96.97
343.18	3318.53	9.23	1.63	11.41	125.19
633.28	3061.60	3.67	0.89	-27.03	98.52
229.32	1761.90	11.40	1.87	69.15	106.05
334.17	1324.77	15.65	1.16	28.31	62.59
76.70	821.25	16.26	1.90	44.13	42.65
1578.79	2358.11	81.62	0.75	24.03	117.94
303.23	1959.11	14.13	1.31	19.08	111.41
359.87	1796.05	20.31	1.26	18.52	103.68
184.86	3046.58	9.83	1.92	-29.37	154.05
51.94	1298.99	17.68	3.85	40.27	94.63
570.96	1859.73	60.85	1.33	31.71	121.78

2-21 续表

排名 Ranking	股票代码 Stock Code	股票简称 Stock Abbreviation	股票市值(百万元) Market Capitalization of Shares (million yuan)	占比(%) Proportion (%)	流通市值(百万元) Negotiable Market Capitalization (million yuan)
29	900923	友谊B股	1537.15	0.92	1537.15
30	900934	锦江B股	1512.38	0.90	1512.38
31	200418	小天鹅B	1426.48	0.85	1426.48
32	200488	晨鸣B	1425.88	0.85	1425.88
33	200053	深基地B	1396.51	0.83	1396.33
34	200152	山航B	1394.23	0.83	1394.23
35	200553	沙隆达B	1374.67	0.82	1374.67
36	900926	宝信B	1331.17	0.80	1331.17
37	900908	氯碱B股	1183.94	0.71	1183.94
38	900942	黄山B股	1172.38	0.70	1172.38
39	200160	南江B	1073.53	0.64	1073.52
40	900909	双钱B股	1070.05	0.64	1070.05
41	900910	海立B股	995.81	0.59	995.81
42	200541	粤照明B	992.73	0.59	992.71
43	900945	海航B股	936.02	0.56	936.02
44	200056	*ST国商B	919.68	0.55	916.60
45	900902	市北B股	908.66	0.54	908.66
46	900914	锦投B股	890.79	0.53	890.79
47	200016	深康佳B	882.86	0.53	882.86
48	900941	东信B股	879.12	0.53	879.12
49	900924	上工B股	856.33	0.51	856.33
50	900901	仪电B股	850.74	0.51	850.74
合计	-	-	139692.63	83.45	138659.00

continued

成交量(百万股) Trading Volume (million shares)	成交金额(百万元) Trading Turnover (million yuan)	市盈率(倍) P/E Ratio (times)	市净率(倍) P/B Ratio (times)	涨跌幅(%) Price Change Rate (%)	股本换手率(%) Turnover Ratio of Share Capital (%)
181.80	1414.90	14.22	1.14	24.88	101.16
108.76	1003.36	15.49	1.35	16.33	69.72
66.20	469.19	14.22	1.24	18.69	34.65
517.65	1524.73	28.30	0.43	18.03	93.43
96.48	1081.80	18.45	2.05	45.38	86.79
69.94	668.60	6.97	1.42	24.07	49.96
602.07	2421.31	35.17	2.50	148.24	261.77
189.76	1899.92	13.67	2.36	69.72	165.88
279.36	894.19	202.57	1.18	3.47	68.71
127.48	1137.19	24.63	1.74	-0.30	81.72
412.06	925.93	47.81	8.20	94.08	89.28
240.48	1098.04	12.81	1.44	27.89	98.92
234.21	853.65	22.47	0.99	13.24	82.42
158.93	724.34	11.06	1.50	13.17	70.57
141.33	520.48	14.66	1.21	33.24	56.50
87.64	844.63	116.21	0.85	23.07	86.48
536.15	2002.62	12.86	1.71	44.63	230.18
142.36	750.94	12.99	1.38	26.15	88.39
413.02	876.78	58.72	0.64	20.99	101.81
361.44	1051.47	19.00	1.34	28.89	120.48
229.39	724.52	19.81	1.98	31.28	94.04
241.18	617.50	29.82	1.36	40.12	82.21
17026.76	110614.00	-	-	-	-

2-22 2013年B股成交金额前50股票交易情况

排名 Ranking	股票代码 Stock Code	股票简称 Stock Abbreviation	成交金额(百万元) Trading Turnover (million yuan)	占比(%) Proportion (%)	股票市值(百万元) Market Capitalization of Shares (million yuan)
1	200625	长安B	10713.02	7.44	10881.61
2	900948	伊泰B股	7701.77	5.35	14342.06
3	200002	万科B	6345.19	4.41	12545.79
4	200012	南玻B	5441.17	3.78	3746.08
5	900912	外高B股	5247.90	3.65	2636.14
6	200869	张裕B	5174.40	3.60	4719.71
7	200581	苏威孚B	3995.97	2.78	3697.07
8	900905	老凤祥B	3646.30	2.53	3077.54
9	200771	杭汽轮B	3318.53	2.31	2386.80
10	900950	新城B股	3061.60	2.13	2385.92
11	200024	招商局B	3056.91	2.12	5750.13
12	200596	古井贡B	3046.58	2.12	1651.12
13	900932	陆家B股	3014.06	2.09	5024.44
14	200539	粤电力B	2518.21	1.75	2423.75
15	200553	沙隆达B	2421.31	1.68	1374.67
16	200725	京东方B	2358.11	1.64	2016.07
17	900902	市北B股	2002.62	1.39	908.66
18	900911	金桥B股	1959.11	1.36	1769.64
19	900926	宝信B	1899.92	1.32	1331.17
20	900917	海欣B股	1859.73	1.29	1545.66
21	900920	上柴B股	1796.05	1.25	1658.73
22	200726	鲁泰B	1770.93	1.23	3363.48
23	900925	机电B股	1761.90	1.22	2275.88
24	900947	振华B股	1727.93	1.20	4277.70
25	200488	晨鸣B	1524.73	1.06	1425.88
26	900923	友谊B股	1414.90	0.98	1537.15
27	900938	天海B	1353.58	0.94	678.98
28	900903	大众B股	1324.77	0.92	2164.16

注：1.按2013全年股票成交金额进行排名。
　　2.占比为个股成交金额占B股股票总成交金额的比重。
数据来源：上海证券交易所、深圳证券交易所
Source:SSE、SZSE

Statistics of Top 50 B-share Stocks Ranked by Stock Trading Turnover in 2013

流通市值(百万元) Negotiable Market Capitalization (million yuan)	成交量(百万股) Trading Volume (million shares)	市盈率(倍) P/E Ratio (times)	市净率(倍) P/B Ratio (times)	涨跌幅(%) Price Change Rate (%)	股本换手率(%) Turnover Ratio of Share Capital (%)
10881.61	1430.12	40.02	3.20	254.04	158.55
14342.06	359.51	10.20	1.66	-35.18	38.57
12545.79	539.30	8.61	1.54	-1.92	41.01
3746.08	1081.71	38.86	1.43	20.65	141.85
2636.14	477.07	24.40	2.46	171.92	237.87
4719.71	179.02	8.44	2.31	-40.95	77.16
3697.07	181.62	24.69	2.35	64.96	136.15
3077.54	247.27	8.78	2.34	34.09	120.03
2386.12	343.18	9.23	1.63	11.41	125.19
2385.92	633.28	3.67	0.89	-27.03	98.52
5730.62	149.44	9.02	1.09	-20.29	44.18
1651.12	184.86	9.83	1.92	-29.37	154.05
5024.44	317.91	13.10	1.63	31.02	62.38
2423.75	645.20	8.71	0.86	1.03	96.97
1374.67	602.07	35.17	2.50	148.24	261.77
2016.07	1578.79	81.62	0.75	24.03	117.94
908.66	536.15	12.86	1.71	44.63	230.18
1769.64	303.23	14.13	1.31	19.08	111.41
1331.17	189.76	13.67	2.36	69.72	165.88
1545.66	570.96	60.85	1.33	31.71	121.78
1658.73	359.87	20.31	1.26	18.52	103.68
2353.54	263.42	12.37	1.44	62.65	86.88
2275.88	229.32	11.40	1.87	69.15	106.05
4277.70	691.50	82.80	0.80	24.50	42.63
1425.88	517.65	28.30	0.43	18.03	93.43
1537.15	181.80	14.22	1.14	24.88	101.16
678.98	606.62	-	44.39	44.41	215.29
2164.16	334.17	15.65	1.16	28.31	62.59

2-22 续表

排名 Ranking	股票代码 Stock Code	股票简称 Stock Abbreviation	成交金额(百万元) Trading Turnover (million yuan)	占比(%) Proportion (%)	股票市值(百万元) Market Capitalization of Shares (million yuan)
29	200028	一致B	1298.99	0.90	1557.12
30	900935	阳晨B股	1288.16	0.89	713.67
31	200513	丽珠B	1224.85	0.85	3348.59
32	200011	深物业B	1158.29	0.80	349.16
33	900942	黄山B股	1137.19	0.79	1172.38
34	900909	双钱B股	1098.04	0.76	1070.05
35	200053	深基地B	1081.80	0.75	1396.51
36	200413	宝石B	1059.96	0.74	786.92
37	900941	东信B股	1051.47	0.73	879.12
38	900934	锦江B股	1003.36	0.70	1512.38
39	900936	鄂资B股	1001.85	0.70	2482.05
40	900956	东贝B股	988.18	0.69	649.42
41	900957	凌云B股	984.15	0.68	679.61
42	200761	本钢板B	980.35	0.68	797.96
43	200550	江铃B	966.53	0.67	7838.95
44	900933	华新B股	954.32	0.66	3055.72
45	900921	丹科B股	953.47	0.66	702.77
46	900927	物贸B股	950.93	0.66	388.82
47	900919	大江B股	947.96	0.66	810.74
48	200160	ST南江B	925.93	0.64	1073.53
49	900953	凯马B	902.12	0.63	779.49
50	900908	氯碱B股	894.19	0.62	1183.94
合计	-	-	114309.26	79.42	134824.89

continued

流通市值(百万元) Negotiable Market Capitalization (million yuan)	成交量(百万股) Trading Volume (million shares)	市盈率(倍) P/E Ratio (times)	市净率(倍) P/B Ratio (times)	涨跌幅(%) Price Change Rate (%)	股本换手率(%) Turnover Ratio of Share Capital (%)
1557.12	51.94	17.68	3.85	40.27	94.63
713.67	182.49	44.31	2.92	19.16	172.81
3348.59	41.75	20.64	2.73	38.74	37.28
349.16	225.68	8.43	1.66	22.89	333.82
1172.38	127.48	24.63	1.74	-0.30	81.72
1070.05	240.48	12.81	1.44	27.89	98.92
1396.33	96.48	18.45	2.05	45.38	86.79
786.92	151.12	50.58	1.26	56.18	151.12
879.12	361.44	19.00	1.34	28.89	120.48
1512.38	108.76	15.49	1.35	16.33	69.72
2482.05	165.82	8.28	0.92	-4.85	39.48
649.42	183.41	14.14	1.48	44.98	159.49
679.61	267.95	179.60	3.32	18.63	145.63
797.96	443.89	93.36	0.40	-0.68	110.97
7838.95	56.62	13.31	2.25	71.67	16.46
3055.72	95.51	7.38	1.00	-4.67	29.12
702.77	189.92	-	3.39	-25.84	98.00
388.82	249.82	106.23	2.00	30.20	250.26
810.74	464.12	15.85	4.09	35.82	133.86
1073.52	412.06	47.81	8.20	94.08	89.28
779.49	266.13	396.81	2.12	19.55	110.89
1183.94	279.36	202.57	1.18	3.47	68.71
133794.57	18397.01	-	-	-	-

2-23 股票市场估值水平概况
Level of Stock Market Valuation

单位：倍 (times)

	市盈率 P/E Ratio		市净率 P/B Ratio	
	2012	2013	2012	2013
主板	13.68	11.53	1.67	1.46
中小板	29.47	35.97	2.60	3.02
创业板	36.21	56.73	2.64	4.19
A股	15.10	13.69	1.78	1.66
B股	9.46	10.84	1.19	1.45
沪深300指数成份股	11.72	9.47	1.61	1.37
上证50指数成份股	9.78	7.50	1.51	1.20
上证180指数成份股	10.55	8.28	1.52	1.26

数据来源：上海证券交易所、深圳证券交易所
Source:SSE、SZSE

2-24 股票市场行业估值水平情况
Level of Stock Market Valuation by Industry

单位：倍 (times)

行业	Industry	市盈率 P/E Ratio		市净率 P/B Ratio	
		2012	2013	2012	2013
农、林、牧、渔	Agriculture,Forestry,Animal Husbandry and Fishery	81.34	53.59	3.09	3.54
采矿业	Mining	14.11	10.97	1.74	1.28
制造业	Manufacturing	30.51	25.08	2.22	2.41
电力、热力、燃气及水生产和供应业	Production and Supply of Electricity, Gas and Water	15.24	11.16	1.64	1.56
建筑业	Construction	13.94	8.94	1.49	1.22
批发和零售业	Wholesale and Retail Trades	24.28	23.22	2.07	2.35
交通运输、仓储和邮政业	Transport,Storage and Post	17.51	13.31	1.26	1.33
住宿和餐饮业	Hotels and Catering Services	35.71	39.11	2.75	3.35
信息传输、软件和信息技术服务业	Information Transmission,Computer Services and Software	32.16	46.26	2.29	3.84
金融业	Financial Intermediation	7.95	6.26	1.35	1.10
房地产业	Real Estate	14.56	10.89	1.99	1.66
租赁和商务服务业	Leasing and Business Services	25.80	29.69	2.56	3.35
科学研究和技术服务业	Scientific Research,Technical Service	35.15	36.30	3.57	5.00
水利、环境和公共设施管理业	Management of Water Conservancy, Environment and Public Facilities	23.58	22.64	3.06	3.38
教育	Education	-	-	2.71	-
卫生和社会工作	Health and Social Works	39.34	-	5.41	-
文化、体育和娱乐业	Culture,Sports and Entertainment	24.48	36.36	2.64	4.14
综合	Others	39.61	26.32	3.53	3.74

注：行业分类使用2013年第四季度证监会行业分类结果，2013年退市的美的电器、天方药业、白云山A属于制造业，东电B、金马集团属于电力、热力、燃气及水生产和供应业，*ST炎黄、*ST创智属于信息传输、软件和信息技术服务业。
数据来源：上海证券交易所、深圳证券交易所
Source:SSE、SZSE

2-25 证券市场股息率情况
Dividend Yield Ratio of Securities Market

单位：% (%)

年份 Year	主板 Main Board	中小板 SME Board	创业板 GE Board	上证综指 SSE Composite Index	深证综指 SZSE Composite Index	上证50指数 SSE 50 Index	上证180指数 SSE 180 Index	深证成份指数 SZSE Component Index
2008	2.14	0.85	-	2.23	1.49	2.70	2.52	2.07
2009	1.08	0.48	-	1.21	0.50	1.59	1.43	0.67
2010	1.29	0.39	0.19	1.43	0.56	2.10	1.79	0.91
2011	1.99	0.99	0.73	2.18	1.02	2.73	2.58	1.39
2012	2.25	1.20	1.00	2.49	1.14	3.17	2.91	1.38
2013	2.62	0.92	0.54	2.96	0.89	4.06	3.66	1.68

数据来源：上海证券交易所、深圳证券交易所
Source:SSE、SZSE

2-26 融资融券业务情况
Statistics of Margin Requirement

年份 Year	标的证券数量(只) Number of Designated Securities for Margin Transactions(unit)			融资融券交易金额(亿元) Turnover of Margin Transactions(100 million yuan)		
	股票 Stock	ETF	合计 Total	标的股票 Underlying Stock	其中：融资买入额 Margin Purchase	其中：融券卖出额 Short Selling
2010	90	-	90	1196.85	700.88	12.77
2011	278	7	285	5842.50	2968.71	273.10
2012	278	10	288	15359.60	7023.83	1419.81
2013	700	13	713	59301.52	32181.35	4679.91

注：1.融资融券交易金额=融资交易额+融券交易额=融资买入额+卖券还款额+融资强制平仓额+融券卖出额+买券还券额+融券强制平仓额。
2.融券余额=融券卖出数量*统计日收盘价格。
3.平均维持担保比例=全市场有融资融券负债的客户资产总额/全市场客户负债总额。
4.ETF自2011年12月开始被纳入融资融券标的证券，故2011年统计数据仅反映12月份的数据。

数据来源：中国证券金融公司
Source:CSF

2-26 续表 1 continued

年份 Year	融资融券交易金额(亿元) Turnover of Margin Transactions(100 million yuan)					
	标的ETF Underlying ETF	其中：融资买入额 Margin Purchase	其中：融券卖出额 Short Selling	合计 Total	其中：融资买入额 Margin Purchase	其中：融券卖出额 Short Selling
2010	-	-	-	1196.85	700.88	12.77
2011	13.46	6.92	0.77	5855.96	2975.63	273.87
2012	1145.92	231.93	359.10	16505.52	7255.76	1778.91
2013	3528.66	754.20	1114.94	62830.18	32935.55	5794.86

2-26 续表 2 continued

年份 Year	融资融券余额(亿元) Outstanding Balance of Margin Transactions(100 million yuan)								
	标的股票 Underlying Stock	其中：融资余额 Margin Purchase	其中：融券余额 Short Selling	标的ETF Underlying ETF	其中：融资余额 Margin Purchase	其中：融券余额 Short Selling	合计 Total	其中：融资余额 Margin Purchase	其中：融券余额 Short Selling
2010	127.75	127.64	0.11	-	-	-	127.75	127.64	0.11
2011	381.08	374.57	6.51	1.92	1.83	0.08	383.00	376.41	6.59
2012	858.88	825.76	33.12	36.42	31.32	5.10	895.30	857.09	38.21
2013	3221.36	3195.43	25.93	244.11	239.63	4.48	3465.47	3435.06	30.41

2-26 续表 3 continued

年份 Year	开展融资融券业务证券公司及营业部(家) Securities Companies Operating Margin Transactions(unit)		担保物(亿元) Margin(100 million yuan)					客户维持担保比例(%) Maintenance Ratio	
			证券市值 Market Value of Securities Used as Margin			现金 Cash	合计 Total		
	证券公司数量 Number of Securities Companies	营业部数量 Number of Branches	小计 Subtotal	股票 Stock	债券、基金及其它 Bond, Fund and Others			平均维持担保比例 Average Maintenance Ratio	最低维持担保比例 Lowest Maintenance Ratio among Investors
2010	25	1223	428.01	425.32	2.69	9.35	437.36	304.00	161.00
2011	25	2156	1135.06	1125.23	9.83	44.81	1179.86	260.66	131.00
2012	74	4060	2530.37	2500.64	29.74	157.90	2688.28	275.61	125.00
2013	84	4869	8482.58	8428.17	54.42	282.41	8764.99	229.35	127.94

2-27 2013年转融通业务情况
Statistics of Refinancing Securities in 2013

项目 Items	指标 Index		2013
借入人数量（家）Number of Borrower	证券公司 Securities Company		74
转融券标的证券数量（只） Number of Magin Securities（unit）			287
交易金额（亿元）Turnover（100 million yuan）	转融资Margin Funds	转融资交易金额 Margin Funds Loans	4678.11
		其中：新合约融出 New Loans	1473.87
		展期融出 Rollover	3204.24
	转融券 Magin Securities	转融券交易金额 Magin Securities Loans	47.21
		其中：新合约融出 New Loans	47.21
		展期融出 Rollover	0.00
	合计 Total		4725.32
归还金额（亿元）Redemption Value（100 million yuan）	转融资归还金额 Repaid Margin Funds Loans		991.67
	转融券归还金额 Returned Margin Securities Loans		45.33
	合计 Total		1037.00
余额（亿元）Outstanding Loans（100 million yuan）	转融资余额 Outstanding Margin Funds Loans		574.71
	转融券余额 Outstanding Margin Securities Loans		2.19
	合计 Total		576.90
负债（亿元）Liability（100 million yuan）	转融资总负债 Total Liabilities of Margin Funds		588.02
	转融券总负债 Total Liabilities of Margin Securities		2.21
	合计 Total		590.22
保证金（亿元）Collateral Value（100 million yuan）	货币资金金额 Cash		68.68
	可充抵保证金证券价值 Securities		86.22
	合计 Total		154.90
保证金比例（%）Collateral Ratio（%）	市场平均 Average		26.24
	市场最低 Lowest		20.06
保证金比例分布（家）Distribution of Collateral Ratio（unit）	>=50%		6
	[24%，50%)		28
	[20%，24%)		23
	<20%		0

注：1.转融通交易金额=转融资交易额+转融券交易额=转融资新合约融出额+转融资展期融出合约额+转融券新合约融出额+转融券展期融出合约额。

2.归还额是指归还转融通本金金额，不包含息费。

3.证券公司数量、转融资余额为截至12月31日数据。

4.可充抵保证金证券价值是指折算后的可充抵保证金证券市值。

5.市场平均保证金比例=有转融通余额的证券公司保证金总额/证券公司总负债。

6.保证金和保证金比例及分布仅统计截至12月31日有转融通余额的证券公司。

7.转融资业务开始于2012年8月30日，转融券业务开始于2013年8月23日。

数据来源：中国证券金融公司

Source:CSF

2-28 股改限售股份累计解禁及减持情况
Cumulative Unlocking and Reduced Volume of Restricted Shares Resulted from Share Reform

年份 Year	累计产生股改限售股份数量(亿股) Accumulative Number of Restricted Shares Resulted from Share Reform (100 million shares)			未解禁股改限售股份存量(亿股) Restricted Shares Resulted from Share Reform Still being Locked (100 million shares)			累计解禁数量(亿股) Cumulative Unlocking Volume (100 million shares)		
	大非 Accounts Holding Shares>=5%	小非 Accounts Holding Shares<5%	合计 Total	大非 Accounts Holding Shares>=5%	小非 Accounts Holding Shares<5%	合计 Total	大非 Accounts Holding Shares>=5%	小非 Accounts Holding Shares<5%	合计 Total
2006	3495.90	486.67	3982.57	3465.23	415.01	3880.24	30.67	71.66	102.33
2007	3693.55	636.08	4341.27	3383.21	294.90	3678.11	310.34	341.18	651.52
2008	3934.10	747.48	4681.58	3012.05	293.57	3305.62	910.41	453.91	1364.32
2009	3994.85	772.98	4767.83	1342.40	153.43	1495.83	2640.81	619.55	3260.36
2010	4052.88	789.69	4842.57	1011.57	122.27	1133.83	3029.68	667.42	3697.10
2011	4073.97	811.23	4885.20	590.09	103.58	693.66	3472.25	707.65	4179.90
2012	4109.33	832.62	4941.95	447.06	102.68	549.75	3650.63	729.94	4380.57
2013	4137.49	930.58	5068.07	384.96	186.20	571.16	3740.89	744.38	4485.27

注：1.累计解禁数量为自股改以来累计解禁数量。
2.累计解禁占比为累计解禁数量占累计产生股改限售股份数量的比重。
3.累计减持数量包括自股改以来通过集中竞价交易方式和大宗交易方式累计减持的数量。
4.累计减持占比为累计减持数量占累计解禁数量的比重。
5.大非账户指在股改实施日日终持有某证券的股改限售股数量占该证券股本的比重大于等于5%的证券账户。
6.小非账户指在股改实施日日终持有某证券的股改限售股数量占该证券股本的比重小于5%的证券账户。

数据来源：中国证券登记结算公司
Source:CSDC

2-28 续表 continued

年份 Year	累计解禁占比(%) Ratio of Cumulative Unlocking (%)			累计减持数量(亿股) Cumulative Reduced Volume (100 million shares)			累计减持占比(%) Ratio of Cumulative Reduction (%)		
	大非 Accounts Holding Shares>=5%	小非 Accounts Holding Shares<5%	合计 Total	大非 Accounts Holding Shares>=5%	小非 Accounts Holding Shares<5%	合计 Total	大非 Accounts Holding Shares>=5%	小非 Accounts Holding Shares<5%	合计 Total
2006	0.88	14.72	2.57	3.28	18.92	22.20	10.69	26.40	21.69
2007	8.40	53.64	15.01	57.96	142.13	200.09	18.68	41.66	30.71
2008	23.14	60.73	29.14	88.18	198.91	287.09	9.69	43.82	21.04
2009	66.11	80.15	68.38	155.74	257.18	412.92	5.90	41.51	12.66
2010	74.75	84.52	76.35	193.24	286.26	479.50	6.38	42.89	12.97
2011	85.23	87.23	85.56	219.82	302.97	522.79	6.33	42.81	12.51
2012	88.88	87.48	88.64	240.04	321.77	561.81	6.58	44.08	12.82
2013	90.41	79.99	88.50	261.09	338.70	599.79	6.98	45.50	13.37

2-29 全国中小企业股份转让系统市场运行情况
NEEQ Market Operation

年份 Year	定向发行情况 Directional Issuance				
	发行次数(次) Number of Issuance (times)	发行股数(万股) Number of Shares Issued (10 thousand shares)	发行金额(万元) Purchase of Shares Issued (10 thousand yuan)	最高发行价(元) Maximum Issue Price (yuan)	最低发行价(元) Minimum Issue Price (yuan)
2011	10	8007.13	64818.45	21.20	4.34
2012	26	19904.27	78959.74	10.15	1.35
2013	60	29194.07	100236.15	29.60	1.00

注：1.市盈率均采用静态市盈率计算方法：发行市盈率＝发行价格/发行摊薄后每股收益，平均市盈率＝Σ按发行价格计算的市值/Σ归属母公司股东净利润；
2.换手率采用市值换手率计算方法，以统计期内全部转让日的市值换手率合计进行计算，市值换手率＝当日成交金额/当日无限售条件股份市值。

数据来源：全国中小企业股份转让系统
Source:NEEQ

2-29 续表 1 continued

年份 Year	定向发行情况 Directional Issuance				
	平均发行价(元) Average Issue Price (yuan)	最高融资额(万元) Maximum Purchase of Financing (10 thousand yuan)	最低融资额(万元) Minimum Purchase of Financing (10 thousand yuan)	平均融资额(万元) Average Purchase of Financing (10 thousand yuan)	平均市盈率(倍) Average P/E Ratio (times)
2011	8.10	21200.00	990.00	6481.85	32.00
2012	3.97	8458.75	484.08	3036.91	20.03
2013	3.43	9000.00	59.33	1670.60	21.00

2-29 续表 2 continued

年份 Year	交易情况 Transactions				
	成交金额(万元) Trading Turnover (10 thousand yuan)	成交量(万股) Trading Volume (10 thousand shares)	成交笔数(笔) Number of Transactions(times)	成交均价(元) Average Price of Transactions(yuan)	换手率(%) Turnover Rate (%)
2011	56169.56	9562.76	832	5.87	5.57
2012	58432.00	11455.51	638	5.10	4.47
2013	81396.19	20242.52	989	4.02	4.47

主要统计指标解释

上市公司家数 指在统计期末其发行的股票在沪、深交易所上市的股份有限公司的数量。以股票上市日进行统计，同时发行 A、B 股的上市公司，按一家计算。

上市公司股本 也称上市公司总股本，是指统计期末上市公司在境内发行的全部股份数量合计，包括 A 股股本、B 股股本和其他不流通的境内股本。

流通股本 也即非限售股本，计算公式为：上市公司股本-限售股本。

公式：流通股本=上市公司股本-限售股本

首发筹资公司家数 指在统计期内首次公开发行股份（IPO）进行筹资的公司数量。以吸收合并、分拆等方式且未公开发行新股筹资的公司，不计入首发筹资公司家数。以股份上市日期作为统计指标的计算日；同一家公司在统计期内多次筹资时，筹资公司家数计为 1 家。

再筹资公司家数 指通过增发（公开增发和定向增发），配股，行权筹资等方式进行筹资的上市公司家数。以股份上市日期作为统计指标的计算日；同一家公司在统计期内多次筹资时，筹资公司家数计为 1 家。其中增发公司家数是指统计期内通过增发股份进行筹资的上市公司数量，根据增发对象不同增发公司家数可分为公开增发公司家数和定向增发公司家数两个指标；配股公司家数是指统计期内通过向原股东配售股份进行筹资的上市公司数量；行权筹资公司家数包括权证（期权）行权筹资公司家数和可转债转股公司家数，这里的权证（期权）行权筹资是指权证（期权）持有人根据约定向上市公司认购股份从而增加上市公司股份的行为。

股票筹资金额 指统计期内通过发行股票筹集的资金总额，以股份上市日作为统计指标的计算日。

首发筹资金额 指统计期内首次公开发行股票（IPO）筹集的资金总额，计算公式：首发筹资金额=Σ（每股发行价格 × 发行股份数）；

其中，对于发行股份吸收合并已上市公司的筹资金额，计算公式为：首发筹资金额=每股发行价格 ×（发行股份数-换股股份数）；

对于存在超额配售权的 IPO，根据超额配售权的实际行使情况对统计期内的 IPO 募集资金进行回溯调整。以股份上市日期作为统计指标的计算日。

公式：首发筹资金额=Σ（每股发行价格 × 发行股份数）；首发筹资金额=每股发行价格 ×（发行股份数-换股股份数）

再筹资金额 指统计期内上市公司通过增发（公开增发和定向增发）、配股、行权等方式筹集的资金总额。以股份上市日为统计指标的计算日。

其中增发筹资金额是指统计期内上市公司增发股份筹集的资金总额。

根据股份认购对象的不同，增发筹资金额指标可分为公开增发筹资金额和定向增发筹资金额。

根据增发时是否以现金认购，增发筹资金额指标可分为增发筹资金额（现金）和增发筹资金额（资产）。

配股筹资金额指统计期内上市公司通过向原股东配售股份筹集的资金总额。

行权筹资金额包括权证（期权）行权筹资金额和可转债转股金额。

公式：再筹资金额=增发筹资金额+配股筹资金额+行权筹资金额。

其中：增发筹资金额=Σ增发每股价格 × 发行股份数；配股筹资金额=Σ配股价格 × 配售股份数=Σ配股价格 × 股份数量 × 配售比例；行权筹资金额=Σ行权价格 × 行权认购股份数+Σ转股价格 × 可转债转股数量。

股票市值 指统计期末根据上市公司股票价格和对应股票数量计算的股权价值合计。具体统计口径和计算方法如下：如当日无交易价格，采用最后交易日的收盘价；暂停上市股票的价格以零计算；未股改公司的非流通股以流通 A 股价格计算市值；仅发行 B 股的上市公司，其非流通股不进行股票市值计算；对当日除权股票进行市值计算时需要包含在途股份（已登记未上市）的市值。

流通市值 指根据股票价格与其非限售股本计算出的股权价值合计，也即 A 股流通市值和 B 股流通市值的合计。

涨跌幅 指统计期内股票期末价格相对期初价格的变化幅度。统计区间如果包含上市首日则统计期内股票期末价格相对首发价格的变化幅度。指数涨跌幅参照股票涨跌幅处理；对股票区间涨跌幅的计算需要对股票价格进行复权处理，复权因素包括分红、送股、配股等，复权价格的公式为：复权价格=当前价格×（1+送股比例+配股比例）+每股红利-配股价格×配股比例，若统计期内存在多次分红、送股、配股事件，复权价格采用递归方式进行计算。在计算复权价时，通常采用区间分段涨跌幅连乘或复权因子连乘进行速算。

公式：涨跌幅=（期末收盘价/期初前收盘价-1）×100%

成交量 指统计期内全部股票成交数量的合计，包含竞价交易和协议交易（大宗交易）。

成交金额 指在统计期内全部股票成交金额合计，包含竞价交易和协议交易（大宗交易）。

换手率（股本） 换手率可采用股票成交量/相应股票股本，通常称为股本换手率。对于某一区间换手率的计算，通常采用统计期内全部交易日的股本换手率合计进行计算。通常对单只股票采用股本换手率，对一组股票采用市值换手率；在计算一组股票换手率时，暂停上市股票不纳入计算。

公式：换手率（股本）=（当日成交股数/流通股本）×100%

换手率（市值） 换手率可采用股票成交金额/股票市值，通常称为市值换手率。对于某一区间换手率的计算，通常采用统计期内全部交易日的市值换手率合计进行计算。通常对单只股票采用股本换手率，对一组股票采用市值换手率；在计算一组股票换手率时，暂停上市股票不纳入计算。

公式：换手率（市值）=（当日成交金额/流通市值）×100%

市盈率（静态） 指上市公司每股股价与每股收益的比率，通常用上市公司股票市值与其对应的归属母公司股东净利润的比率进行计算。需要注意事项如下：每股收益和净利润数据在财务报告公告截止日的次日集中更新，且每股收益根据期末股本计算；如截止日未公布财务报告，在计算个股市盈率时采用向前追溯的净利润数据，在计算市场市盈率时剔除该股票；对单个股票计算市盈率时仅考虑每股收益为正的股票；对多个股票计算平均市盈率时通常采用上市公司股票市值合计与其对应的归属母公司股东的净利润合计的比率进行计算（剔除暂停上市公司股票，含净利润为负的股票）；对于发行多种类型股份的公司，根据各类性质股份股本按比例分配该公司归属母公司股东净利润。首发市盈率为股票首发价格与每股收益的比率，其中每股收益按照最新年度财务报告中对应的归属母公司股东净利润除以发行后总股本计算。

公式：市盈率（静态）=Σ股票市值/Σ该股份对应的归属母公司股东净利润

市净率 指上市公司每股股价与每股净资产的比率。通常用股票市值与对应的归属母公司股东权益的比率进行计算。每股净资产数据在财务报告公告截止日的次日集中更新；通常用最新财务报告中的每股净资产数据进行市净率计算；对单个股票计算市净率时仅考虑每股净资产为正的股票；对多个股票计算平均市净率时通常采用上市公司股票市值合计与其对应的归属母公司股东的权益合计的比率进行计算（剔除暂停上市公司股票，含权宜为负的股票）。

公式：市净率=Σ股票市值/Σ该股份对应的归属母公司股东权益

股息率 指每股现金分红与股票价格之间的比率，通常用对应的实际分红总额与期末股票市值的比率来计算。统计时剔出暂停上市公司；对一组股票的平均股息率通常用总体法计算。

公式：股息率=（Σ统计期内的对应现金分红合计/Σ样本股票期末市值）×100%

融资融券交易金额 指统计期内通过融资融券方式在市场上进行证券交易的金额。

公式：融资融券交易金额=融资交易金额+融券交易金额=融资买入金额+卖券还款金额+融资强制平仓金额+融券卖出金额+买券还券金额+融券强制平仓金额

融资融券余额 指统计期末投资者未了结的融资交易和融券交易的金额。

公式：融资余额+融券余额=Σ(融资买入额-融资偿还额)+Σ(融券卖出量-融券偿还量)×标的的证券统计日收盘价格

融资买入金额 指统计期内投资者从证券公司借入资金买入标的证券的金额。融资买入以交易系统中申报指令的标签为计算基准。

融券卖出金额 指统计期内投资者从证券公司借入证券并卖出金额。融券卖出以交易系统中申报指令的标签为计算基准。

维持担保比例 指统计期末客户担保物价值与融资融券债务之间的比例。

转融通交易金额 指统计期内证券金融公司将自有或者依法筹集的资金和证券出借给证券公司的金额。

公式：转融通交易金额=转融资交易额+转融券交易额=转融资新合约融出额+转融资展期合约融出额+转融券新合约融出额+转融券展期合约融出额

转融通归还金额 指证券公司到期需归还给证券金融公司的转融通本金金额，不包含息费。

公式：转融通归还金额=转融资归还金额+转融券归还金额=转融资归还金额+Σ（转融券融出归还量×标的证券统计日收盘价）

转融通期末余额 指统计期末证券公司未了结的转融资合约和转融券合约的金额。

公式：转融通期末余额=转融资期末余额+转融券期末余额=Σ（业务开展以来转融资借入总额-业务开展以来转融资归还总额）+Σ（转融券融出量-转融券融出归还量+未了结转融券合约的权益补偿量）×标的证券统计日收盘价

转融通保证金余额 指统计期末借入人（证券公司）在证券金融公司交存的转融通担保物的余额。担保物包括资金和证券金融公司认可的证券。

公式：转融通保证金余额=现金+未到账现金权益+Σ可充抵保证金证券市值×证券转融通折算率+Σ未到账证券权益市值×证券转融通折算率

其中：

现金=转融通担保资金账户余额-被异常冻结的保证金+被临时使用的保证金等

可充抵保证金证券市值=(转融通担保证券账户余额-被异常冻结的证券+被临时使用的证券等）×证券最近成交价格或公允价格

平均超募比率 指统计期内全部IPO公司的超募资金与预计募集资金的比率。

平均首发价格 指统计期内IPO股票的平均发行价格。

平均网上发行中签率 指统计期内IPO股票的网上发行发行中签率的平均值。

新股破发率 指统计期内破发的IPO股票占全部IPO股票的比例。

挂牌公司定向发行次数 指统计期内挂牌公司通过定向发行股票筹集资金的次数。

贰零壹肆

三. 债券

Bonds

贰零壹肆

2013 年债券市场情况概述

一、债券市场稳步发展

2013 年，全国债券发行总额 89202.94 亿元，同比增加 11.16%。其中，国债发行额增加 25.23%，增幅较大；公司信用类债券发行额同比减少 1.65%。截至 2013 年底，全国债券余额 299152.65 亿元，同比增加 18.87%。“国债期货”和“国债预发行”相继推出，有助于推进利率市场化，为债券市场提供有效定价基准。

二、交易所债券市场运行平稳

2013 年，交易所债券发行额 3954.94 亿元，其中非金融企业公司信用类债券发行额为 1780.91 亿元，占比为 45.03%。在非金融企业公司信用类债券中，公司债发行额 1393.35 亿元，同比减少 44.43%；可转债和可分离债发行额 84.81 亿元，同比减少 48.16%；中小企业私募债发行额 302.75 亿元，同比增加 203.33%，增幅明显。截至 2013 年底，交易所债券托管金额 19454.67 亿元，同比增长 56.18%。

（一）上海证券交易所

2013 年，上交所现券成交金额 15312.48 亿元，同比增加 81.36%；回购成交金额 610526.93 亿元，同比增加 64.40%。其中国债现货日均成交金额 3.24 亿元，同比减少 13.00%，公司债（含企业债）现货日均成交金额 37.56 亿元，同比增加 87.33%，增幅明显。

（二）深圳证券交易所

2013 年，深交所现券成交金额 2105.45 亿元，同比增加 44.25%；回购成交金额 50496.07 亿元，同比增加 127.72%。其中国债现货日均成交金额 0.14 亿元，同比增加 242.96%，公司债（含企业债）现货日均成交金额 7.22 亿元，同比增加 34.62%。

3-1 债券市场概况
Overview of Bond Market

年份 Year	发行额(亿元) Value of Bonds Issued(100 million yuan)			兑付金额(亿元) Amount of Payments(100 million yuan)		
	全市场 Whole Market	银行间 Interbank Market	交易所 Stock Exchange	全市场 Whole Market	银行间 Interbank Market	交易所 Stock Exchange
1997	2084.62	2084.62	-	-	-	-
1998	6203.73	6203.73	-	-	-	-
1999	4369.50	4369.50	-	410.16	410.16	-
2000	4414.50	4414.50	-	1629.16	1629.16	-
2001	5848.53	5848.53	-	1859.97	1859.97	-
2002	9943.90	9943.90	-	2841.35	2841.35	-
2003	17647.17	17647.17	-	7886.44	7886.44	-
2004	27295.66	27295.66	-	12548.65	12548.65	-
2005	42182.07	42182.07	-	22531.33	22531.33	-
2006	57096.11	57096.11	-	38597.83	38597.83	-
2007	80163.36	79756.08	407.28	49931.98	49931.98	-
2008	71732.16	70734.11	998.05	48265.29	48265.29	-
2009	87286.22	86474.71	811.51	67282.32	67282.32	-
2010	96408.63	95088.33	1320.30	73205.88	73205.88	-
2011	77231.52	75501.82	1729.70	64819.78	64709.81	109.97
2012	80245.86	77474.98	2770.88	47625.00	47269.27	355.73
2013	89202.94	85248.00	3954.94	63427.49	62332.88	1094.61

注：1.“发行额”、“兑付金额”中的“交易所”统计数据包括由中国证监会审批的公司债、可转债、可分离债及交易所备案的中小企业私募债；“发行额”、“兑付额”中的“银行间”统计数据是中国证监会审批(或交易所备案)之外的其他债券，包括国债、央行票据、金融债券、企业债、短期融资券、超短期融资券、中期票据、中小企业集合票据、非公开定向债务融资工具和资产支持票据；本章所有“发行额”均按照发行首日口径统计；

2.本表的“兑付金额”包含本金兑付和利息兑付；

3.“成交金额”中的“交易所”统计数据包括在沪深交易所交易的债券的成交金额，“银行间”统计数据包括在银行间市场交易的债券的成交金额；

4.“托管额”中的“全市场”统计数据包括柜台和其他市场，“发行额”、“兑付金额”、“成交金额”均不包括柜台和其他市场。

数据来源：中国人民银行、上海证券交易所、深圳证券交易所、中央国债登记结算公司、上海清算所、中国证券登记结算公司

Source:PBC、SSE、SZSE、CCDC、SHCH、CSDC

3-1 续表 continued

年份 Year	成交金额(亿元) Trading Turnover(100 million yuan)				托管额(亿元) Value of Bonds under Custody		
	银行间现券 Interbank Market	银行间回购 Interbank Market	交易所现券 Stock Exchange	交易所回购 Stock Exchange	全市场 Whole Market	银行间 Interbank Market	交易所 Stock Exchange
1997	4.37	-	3600.83	12876.06	4184.07	984.59	-
1998	15.62	-	6120.94	15540.84	9884.07	9199.16	-
1999	60.77	3956.93	5393.59	12890.53	13188.79	12878.71	-
2000	541.03	15714.21	4385.48	14733.68	16746.19	16077.61	-
2001	416.67	40208.99	4930.13	15487.64	19727.91	18931.81	-
2002	4098.47	100918.61	8852.71	24419.64	25610.47	24680.66	-
2003	29866.33	116122.20	6783.11	53000.12	37636.37	32436.51	4087.78
2004	22451.93	96943.42	3717.09	44090.81	52046.95	45326.44	4786.08
2005	58310.02	159297.65	3448.80	23621.17	73402.21	66483.70	4711.18
2006	100461.68	265914.42	1998.11	15489.56	92346.98	68277.56	3467.14
2007	156043.39	447951.18	2093.61	18351.62	123485.39	111355.62	3413.70
2008	371157.70	581331.15	4609.38	24306.77	152554.05	138972.54	4490.52
2009	472655.00	702779.16	4834.26	35975.19	177383.26	159766.72	4947.42
2010	640422.10	875936.00	5927.13	70373.75	205107.77	188751.50	6278.32
2011	636422.90	994534.80	6907.78	209509.63	222572.17	206328.71	8428.39
2012	751952.80	1417140.30	9902.57	393550.94	261987.73	241412.03	12456.28
2013	416106.00	1581639.00	17417.93	661023.00	299152.65	268618.45	19454.67

3-2 债券发行、兑付、余额情况
Statistics of Bond Issuance, Payment, Balance

单位：亿元 (100 million yuan)

年份 Year	国债 T-Bonds			央行票据 Central Bank Bills			金融债券 Financial Bonds		
	发行额 Value of Bonds Issued	兑付金额 Amount of Payments	期末余额 Ending Balance	发行额 Value of Bonds Issued	兑付金额 Amount of Payments	期末余额 Ending Balance	发行额 Value of Bonds Issued	兑付金额 Amount of Payments	期末余额 Ending Balance
1990	197.23	76.22	890.34	-	-	-	-	-	-
1991	281.25	111.60	1059.99	-	-	-	-	-	-
1992	460.78	238.05	1282.72	-	-	-	-	-	-
1993	381.31	123.29	1540.74	-	-	-	-	-	-
1994	1137.55	391.89	2286.40	-	-	-	-	-	-
1995	1510.86	496.96	3300.30	-	-	-	-	-	-
1996	1847.77	786.64	4361.43	-	-	-	-	-	-
1997	2411.79	1264.29	5508.93	118.92	-	-	1435.70	-	-
1998	3808.77	2060.86	7765.70	0.00	-	-	1930.23	-	-
1999	4015.00	1238.70	10542.00	0.00	-	-	1851.00	175.84	-
2000	4657.00	2179.00	13020.00	0.00	118.92	-	1645.00	708.77	-
2001	4884.00	2286.00	15618.00	0.00	0.00	-	2625.00	835.00	-
2002	5934.30	2216.20	19336.10	1937.50	450.00	-	3220.00	660.00	-
2003	6280.10	2755.80	22603.60	7226.80	5237.50	-	4620.00	995.22	-
2004	6923.90	3749.90	25777.60	17037.34	8456.20	-	5123.30	1460.22	-
2005	7042.00	4045.50	28774.00	27882.00	17162.10	-	7158.77	1932.22	-
2006	8883.30	6208.61	31448.70	36573.81	26472.00	-	9665.80	3642.52	-
2007	23139.10	5846.80	48741.00	40721.28	36102.70	-	12082.68	4216.62	-
2008	8558.20	7531.43	49767.83	42960.00	31105.54	-	12098.98	4462.81	41330.58
2009	17927.24	9745.06	57949.98	39740.00	44771.51	-	14524.10	5064.02	50990.71
2010	19778.30	10043.38	67684.90	46608.00	47767.65	-	14122.20	6445.29	58789.99
2011	17100.10	10958.50	73826.50	14140.00	33370.99	-	23491.20	7682.97	74598.22
2012	16154.20	17987.10	71993.60	0.00	7601.87	13380.00	25962.50	8060.90	92281.60
2013	20230.00	8996.00	95471.00	5362.00	13278.00	5462.00	26890.03	13386.00	106182.21

注：1.国债包括地方政府债；
2.金融债券包括国开行金融债、政策性金融债、商业银行普通债券、商业银行次级债、商业银行资本混合债、非银行金融机构债券、证券公司债、资产支持证券、证券公司债券、证券公司短期融资券、二级资本工具、同业存单公司债（金融公司发行）、可转债（金融公司发行）；
3.企业债包括原铁道部发行的债券，2007年及之前的企业债数据包括短期融资券；
4.本表的兑付金额仅含本金兑付。
5.银行间市场的债券发行数据来自中国人民银行，均未保留两位小数。

数据来源：中国人民银行、上海证券交易所、深圳证券交易所、中央国债登记结算公司
Source:PBC、SSE、SZSE、CCDC

3-2 续表 1 continued

单位：亿元 (100 million yuan)

年份 Year	非金融企业公司信用类债 Non-financial Enterprise Inc Credit Bonds								
	合计 Total			公司债 Corporate Bonds			可转债 Convertible Bonds		
	发行额 Value of Bonds Issued	兑付金额 Amount of Payments	期末余额 Ending Balance	发行额 Value of Bonds Issued	兑付金额 Amount of Payments	期末余额 Ending Balance	发行额 Value of Bonds Issued	兑付金额 Amount of Payments	期末余额 Ending Balance
1990	126.37	77.29	195.44	-	-	-	-	-	-
1991	249.96	114.31	331.09	-	-	-	-	-	-
1992	683.71	192.76	822.04	-	-	-	-	-	-
1993	235.84	255.48	802.40	-	-	-	-	-	-
1994	161.75	282.04	682.11	-	-	-	-	-	-
1995	300.80	336.30	646.61	-	-	-	-	-	-
1996	268.92	317.80	597.73	-	-	-	-	-	-
1997	255.23	219.81	521.02	-	-	-	-	-	-
1998	147.89	105.25	676.93	-	-	-	-	-	-
1999	158.20	56.50	778.63	-	-	-	-	-	-
2000	83.00	-	861.63	-	-	-	-	-	-
2001	147.00	-	-	-	-	-	-	-	-
2002	325.00	-	-	-	-	-	-	-	-
2003	358.00	-	-	-	-	-	-	-	-
2004	327.00	-	-	-	-	-	-	-	-
2005	2046.50	37.00	-	-	-	-	-	-	-
2006	3938.30	1672.40	-	-	-	-	-	-	-
2007	5465.78	2880.90	8181.73	112.00	-	112.00	106.48	-	98.63
2008	9433.45	3277.84	14310.47	288.00	-	400.00	77.20	-	139.20
2009	16675.91	4308.45	25107.31	734.90	-	1134.90	46.61	-	-
2010	16811.75	5099.23	38255.26	603.00	-	1641.40	717.30	-	1942.11
2011	23577.41	10325.59	51628.08	1252.50	51.05	2842.85	445.20	58.92	2328.39
2012	37338.28	14746.33	74011.78	2507.47	186.95	5432.90	163.60	42.05	636.62
2013	36720.91	18812.60	92037.64	1393.35	188.00	6630.52	84.81	38.10	600.21

3-2 续表 2 continued

单位：亿元 (100 million yuan)

年份 Year	非金融企业公司信用类债 Non-financial Enterprise Inc Credit Bonds								
	可分离债 Warrant Bonds			中小企业私募债 Private Placement Bonds			企业债 Enterprise Bonds		
	发行额 Value of Bonds Issued	兑付金额 Amount of Payments	期末余额 Ending Balance	发行额 Value of Bonds Issued	兑付金额 Amount of Payments	期末余额 Ending Balance	发行额 Value of Bonds Issued	兑付金额 Amount of Payments	期末余额 Ending Balance
1990	-	-	-	-	-	-	126.37	77.29	195.44
1991	-	-	-	-	-	-	249.96	114.31	331.09
1992	-	-	-	-	-	-	683.71	192.76	822.04
1993	-	-	-	-	-	-	235.84	255.48	802.40
1994	-	-	-	-	-	-	161.75	282.04	682.11
1995	-	-	-	-	-	-	300.80	336.30	646.61
1996	-	-	-	-	-	-	268.92	317.80	597.73
1997	-	-	-	-	-	-	255.23	219.81	521.02
1998	-	-	-	-	-	-	147.89	105.25	676.93
1999	-	-	-	-	-	-	158.20	56.50	778.63
2000	-	-	-	-	-	-	83.00	-	861.63
2001	-	-	-	-	-	-	147.00	-	-
2002	-	-	-	-	-	-	325.00	-	-
2003	-	-	-	-	-	-	358.00	-	-
2004	-	-	-	-	-	-	327.00	-	-
2005	-	-	-	-	-	-	2046.50	37.00	-
2006	-	-	-	-	-	-	3938.30	1672.40	-
2007	188.80	-	287.80	-	-	-	5058.50	2880.90	7683.30
2008	632.85	-	920.65	-	-	-	2366.90	-	6891.76
2009	30.00	-	-	-	-	-	4252.33	44.40	10970.67
2010	0.00	-	-	-	-	-	3628.53	1.80	14597.40
2011	32.00	-	-	-	-	-	3485.48	185.95	17884.93
2012	0.00	126.69	752.15	99.81	0.04	99.81	7999.31	321.20	25512.20
2013	0.00	153.80	598.35	302.75	2.70	414.56	6252.00	870.00	32069.00

3-2 续表 3 continued

单位：亿元 (100 million yuan)

年份 Year	非金融企业公司信用类债 Non-financial Enterprise Inc Credit Bonds								
	短期融资券 Short-term Financing Bonds			超短期融资券 SCP			中期票据 Medium Term Notes		
	发行额 Value of Bonds Issued	兑付金额 Amount of Payments	期末余额 Ending Balance	发行额 Value of Bonds Issued	兑付金额 Amount of Payments	期末余额 Ending Balance	发行额 Value of Bonds Issued	兑付金额 Amount of Payments	期末余额 Ending Balance
1990	-	-	-	-	-	-	-	-	-
1991	-	-	-	-	-	-	-	-	-
1992	-	-	-	-	-	-	-	-	-
1993	-	-	-	-	-	-	-	-	-
1994	-	-	-	-	-	-	-	-	-
1995	-	-	-	-	-	-	-	-	-
1996	-	-	-	-	-	-	-	-	-
1997	-	-	-	-	-	-	-	-	-
1998	-	-	-	-	-	-	-	-	-
1999	-	-	-	-	-	-	-	-	-
2000	-	-	-	-	-	-	-	-	-
2001	-	-	-	-	-	-	-	-	-
2002	-	-	-	-	-	-	-	-	-
2003	-	-	-	-	-	-	-	-	-
2004	-	-	-	-	-	-	-	-	-
2005	-	-	-	-	-	-	-	-	-
2006	-	-	-	-	-	-	-	-	-
2007	-	-	-	-	-	-	-	-	-
2008	4331.50	3277.84	4221.86	-	-	-	1737.00	0.00	1737.00
2009	4612.05	4264.05	4264.72	-	-	-	6987.37	0.00	8724.37
2010	6742.35	5097.43	6216.76	150.00	0.00	150.00	4924.00	0.00	13648.37
2011	8032.30	7151.27	7247.79	2090.00	1790.00	450.00	7269.70	1073.00	19845.07
2012	8370.47	7888.80	8342.00	5822.00	2741.00	3531.00	8453.30	3244.00	24952.00
2013	8515.00	8408.00	8444.00	7535.00	6337.00	4729.00	6916.00	2029.00	28882.00

3-2 续表 4 continued

单位：亿元 (100 million yuan)

年份 Year	非金融企业公司信用类债 Non-financial Enterprise Inc Credit Bonds									合计 Total		
	中小企业集合票据 SMECN			非公开定向债务融资工具 PPN			资产支持票据 ABN					
	发行额 Value of Bonds Issued	兑付金额 Amount of Payments	期末余额 Ending Balance	发行额 Value of Bonds Issued	兑付金额 Amount of Payments	期末余额 Ending Balance	发行额 Value of Bonds Issued	兑付金额 Amount of Payments	期末余额 Ending Balance	发行额 Value of Bonds Issued	兑付金额 Amount of Payments	期末余额 Ending Balance
1990	-	-	-	-	-	-	-	-	-	323.60	153.51	1085.78
1991	-	-	-	-	-	-	-	-	-	531.21	225.91	1391.08
1992	-	-	-	-	-	-	-	-	-	1144.49	430.81	2104.76
1993	-	-	-	-	-	-	-	-	-	617.15	378.77	2343.14
1994	-	-	-	-	-	-	-	-	-	1299.30	673.93	2968.51
1995	-	-	-	-	-	-	-	-	-	1811.66	833.26	3946.91
1996	-	-	-	-	-	-	-	-	-	2116.69	1104.44	4959.16
1997	-	-	-	-	-	-	-	-	-	4221.64	1484.10	6029.95
1998	-	-	-	-	-	-	-	-	-	5886.89	2166.11	8442.63
1999	-	-	-	-	-	-	-	-	-	6024.20	1471.04	11320.63
2000	-	-	-	-	-	-	-	-	-	6385.00	3006.69	13881.63
2001	-	-	-	-	-	-	-	-	-	7656.00	3121.00	15618.00
2002	-	-	-	-	-	-	-	-	-	11416.80	3326.20	19336.10
2003	-	-	-	-	-	-	-	-	-	18484.90	8988.52	22603.60
2004	-	-	-	-	-	-	-	-	-	29411.54	13666.32	25777.60
2005	-	-	-	-	-	-	-	-	-	44129.27	23176.82	28774.00
2006	-	-	-	-	-	-	-	-	-	59061.21	37995.53	31448.70
2007	-	-	-	-	-	-	-	-	-	81408.84	49047.02	56922.73
2008	-	-	-	-	-	-	-	-	-	73050.63	46377.62	105408.88
2009	12.65	0.00	12.65	-	-	-	-	-	-	88867.25	63889.04	134048.00
2010	46.57	0.00	59.22	-	-	-	-	-	-	97320.25	69355.55	164730.15
2011	66.23	15.40	110.05	904.00	0.00	919.00	-	-	-	78308.71	62338.05	200052.80
2012	106.02	19.60	193.80	3759.30	176.00	4502.30	57.00	0.00	57.00	79454.98	48396.20	251666.98
2013	60.00	60.00	191.00	5614.00	719.00	9381.00	48.00	7.00	98.00	89202.94	54472.60	299152.65

3-3 公司信用类债券发行额按监管辖区分布
Regulatory Jurisdiction Distribution of Company Credit Bond Issuance

单位：亿元 (100 million yuan)

辖区	Jurisdiction	公司债 Corporate Bonds		可转债 Convertible Bonds		可分离债 Warrant Bonds		中小企业私募债 Private Placement Bonds	
		2012	2013	2012	2013	2012	2013	2012	2013
北京	Beijing	732.80	399.40	92.55	10.00	0.00	0.00	10.85	22.37
天津	Tianjin	20.00	4.00	0.00	0.00	0.00	0.00	3.50	10.75
河北	Hebei	72.80	50.00	0.00	0.00	0.00	0.00	0.00	0.00
山西	Shanxi	146.00	47.00	0.00	0.00	0.00	0.00	0.00	0.00
内蒙古	Inner Mongolia	67.10	0.00	0.00	0.00	0.00	0.00	2.50	10.80
辽宁	Liaoning	27.00	6.00	0.00	0.00	0.00	0.00	0.00	3.00
吉林	Jilin	15.90	0.00	0.00	0.00	0.00	0.00	0.00	0.00
黑龙江	Heilongjiang	35.00	30.00	4.50	0.00	0.00	0.00	0.00	0.00
上海	Shanghai	127.00	189.60	0.00	26.00	0.00	0.00	6.05	7.60
江苏	Jiangsu	112.30	46.95	0.00	25.00	0.00	0.00	31.50	112.45
浙江	Zhejiang	87.80	38.20	0.00	0.00	0.00	0.00	17.80	34.46
安徽	Anhui	99.50	15.00	0.00	3.20	0.00	0.00	1.40	6.70
福建	Fujian	33.00	20.00	0.00	0.00	0.00	0.00	0.00	6.95
江西	Jiangxi	15.00	23.50	0.00	0.00	0.00	0.00	0.00	2.00
山东	Shandong	120.00	59.00	60.00	0.00	0.00	0.00	0.00	29.09
河南	Henan	31.00	86.00	0.00	0.00	0.00	0.00	0.00	0.60
湖北	Hubei	137.70	0.00	0.00	0.00	0.00	0.00	11.00	12.97
湖南	Hunan	12.80	8.50	0.00	0.00	0.00	0.00	1.00	0.00
广东	Guangdong	79.70	107.50	0.00	0.00	0.00	0.00	4.70	7.08
广西	Guangxi	50.80	0.00	0.00	0.00	0.00	0.00	0.00	2.00
海南	Hainan	13.00	28.00	0.00	0.00	0.00	0.00	0.00	0.00
重庆	Chongqing	48.80	15.00	0.00	0.00	0.00	0.00	2.30	23.45
四川	Sichuan	48.00	37.50	0.00	0.00	0.00	0.00	0.00	0.00
贵州	Guizhou	9.97	6.00	0.00	0.00	0.00	0.00	0.00	0.50
云南	Yunnan	10.00	2.50	0.00	0.00	0.00	0.00	0.00	0.65
西藏	Xizang	0.00	0.00	0.00	0.00	0.00	0.00	0.00	0.00
陕西	Shanxi	0.00	10.50	0.00	0.00	0.00	0.00	0.00	0.00
甘肃	Gansu	30.00	0.00	0.00	4.61	0.00	0.00	0.00	0.00
青海	Qinghai	5.80	50.00	0.00	0.00	0.00	0.00	0.00	0.00
宁夏	Ningxia	0.00	0.00	0.00	0.00	0.00	0.00	0.00	0.40
新疆	Xinjiang	78.80	35.00	0.00	0.00	0.00	0.00	0.00	0.00
深圳	Shenzhen	122.70	58.20	6.50	16.00	0.00	0.00	3.21	7.59
大连	Dalian	80.00	0.00	0.00	0.00	0.00	0.00	0.00	0.50
宁波	Ningbo	10.00	16.00	0.00	0.00	0.00	0.00	2.00	0.00
厦门	Xiamen	18.00	2.00	0.00	0.00	0.00	0.00	0.00	0.85
青岛	Qingdao	9.20	2.00	0.00	0.00	0.00	0.00	2.00	0.00
合计	Total	2507.47	1393.35	163.55	84.81	0.00	0.00	99.81	302.75

注：1.企业债包括原铁道部发行的债券；
2.公司债、可转债已扣除金融公司发行。
3.部分非公开定向债务融资工具的发行金额无法获取，因此本表的合计数与表3-2的合计数不一致。

数据来源：中国人民银行、上海证券交易所、深圳证券交易所、中央国债登记结算公司

Source:PBC、SSE、SZSE、CCDC

3-3 续表 1 continued

单位：亿元 (100 million yuan)

辖区	Jurisdiction	企业债 Enterprise Bonds		短期融资券 Short-term Financing Bonds		超短期融资券 SCP		中期票据 Medium Term Notes	
		2012	2013	2012	2013	2012	2013	2012	2013
北京	Beijing	2742.00	2086.50	3556.50	2517.80	5299.00	6089.00	3486.50	2351.50
天津	Tianjin	75.00	232.50	131.00	191.50	0.00	0.00	144.50	254.00
河北	Hebei	112.78	97.00	62.10	96.00	0.00	0.00	102.60	49.00
山西	Shanxi	103.00	186.00	82.60	164.00	0.00	0.00	124.00	57.00
内蒙古	Inner Mongolia	143.00	97.00	118.00	149.00	0.00	0.00	120.00	74.00
辽宁	Liaoning	236.00	143.50	165.00	158.00	40.00	40.00	154.90	157.00
吉林	Jilin	51.00	18.00	5.30	27.00	0.00	0.00	20.70	29.00
黑龙江	Heilongjiang	154.00	50.00	40.00	16.00	0.00	0.00	101.50	51.00
上海	Shanghai	152.00	23.50	466.50	473.00	80.00	290.00	507.20	399.90
江苏	Jiangsu	860.18	564.00	542.80	790.10	0.00	0.00	452.70	394.30
浙江	Zhejiang	372.00	270.50	407.37	404.20	0.00	0.00	291.50	318.00
安徽	Anhui	255.85	101.00	172.80	227.50	0.00	10.00	191.20	103.00
福建	Fujian	135.50	172.00	96.00	184.50	0.00	0.00	138.40	111.00
江西	Jiangxi	160.00	136.00	87.60	93.00	0.00	6.00	13.00	125.50
山东	Shandong	239.00	228.30	326.10	586.00	65.00	205.00	388.60	254.20
河南	Henan	173.00	179.00	96.50	211.00	0.00	0.00	144.00	102.00
湖北	Hubei	152.00	224.00	238.40	269.00	0.00	70.00	267.00	181.00
湖南	Hunan	269.00	229.00	90.00	129.10	0.00	0.00	152.80	159.00
广东	Guangdong	143.00	168.50	211.30	227.50	168.00	523.00	344.50	318.20
广西	Guangxi	139.50	49.00	123.00	125.00	0.00	0.00	97.60	60.00
海南	Hainan	23.50	66.50	10.00	0.00	0.00	0.00	19.00	7.00
重庆	Chongqing	267.00	201.00	78.10	92.10	0.00	0.00	105.20	253.90
四川	Sichuan	182.00	160.00	200.00	272.50	0.00	0.00	333.00	155.00
贵州	Guizhou	225.00	72.00	21.00	26.60	0.00	0.00	29.00	25.00
云南	Yunnan	182.00	85.00	143.40	198.40	0.00	0.00	84.00	73.90
西藏	Xizang	0.00	0.00	20.00	0.00	0.00	0.00	9.00	0.00
陕西	Shanxi	85.00	119.00	204.00	209.00	0.00	0.00	103.00	249.50
甘肃	Gansu	33.00	36.00	95.30	104.00	0.00	0.00	69.00	150.00
青海	Qinghai	28.00	20.00	36.00	13.50	0.00	0.00	89.00	60.00
宁夏	Ningxia	9.00	10.00	3.00	10.00	0.00	0.00	13.00	0.00
新疆	Xinjiang	137.60	81.50	121.40	153.40	0.00	0.00	28.00	104.00
深圳	Shenzhen	10.00	60.00	203.10	144.40	40.00	84.00	166.80	99.80
大连	Dalian	54.00	38.00	67.60	57.00	130.00	218.00	20.00	97.50
宁波	Ningbo	43.40	21.00	49.20	69.20	0.00	0.00	25.60	4.00
厦门	Xiamen	0.00	10.00	65.00	78.00	0.00	0.00	81.50	55.00
青岛	Qingdao	52.00	17.00	34.50	48.50	0.00	0.00	35.00	33.00
合计	Total	7999.31	6252.30	8370.47	8515.80	5822.00	7535.00	8453.30	6916.20

3-3 续表 2 continued

单位：亿元 (100 million yuan)

辖区	Jurisdiction	中小企业集合票据 SMECN		非公开定向债务融资工具 PPN		资产支持票据 ABN		合计 Total	
		2012	2013	2012	2013	2012	2013	2012	2013
北京	Beijing	6.40	0.00	1039.30	1097.10	0.00	0.00	16965.90	14528.67
天津	Tianjin	1.00	0.00	235.00	338.00	20.00	0.00	630.00	1030.75
河北	Hebei	2.80	1.60	55.00	112.00	0.00	0.00	408.08	402.60
山西	Shanxi	0.00	0.00	455.00	375.00	0.00	5.00	910.60	834.00
内蒙古	Inner Mongolia	1.10	0.00	30.00	93.50	0.00	0.00	481.70	400.80
辽宁	Liaoning	0.00	0.77	93.00	74.00	0.00	0.00	715.90	607.27
吉林	Jilin	0.00	0.00	24.00	83.00	0.00	0.00	116.90	157.00
黑龙江	Heilongjiang	0.00	0.00	10.00	53.20	0.00	0.00	345.00	195.20
上海	Shanghai	4.53	0.00	113.00	173.00	5.00	0.00	1461.28	1568.60
江苏	Jiangsu	16.51	15.96	248.50	550.70	20.00	35.00	2284.49	2525.26
浙江	Zhejiang	21.77	2.90	28.00	209.50	0.00	0.00	1226.24	1268.76
安徽	Anhui	6.60	0.00	145.00	170.00	0.00	0.00	872.35	636.40
福建	Fujian	3.50	2.80	35.00	79.00	0.00	0.00	441.40	571.25
江西	Jiangxi	1.70	0.00	25.00	54.00	0.00	0.00	302.30	440.00
山东	Shandong	23.35	5.50	170.00	290.40	0.00	0.00	1392.05	1654.49
河南	Henan	6.30	4.45	134.00	390.30	0.00	0.00	584.80	973.35
湖北	Hubei	1.00	2.27	62.00	113.00	0.00	0.00	869.10	872.24
湖南	Hunan	4.20	2.60	65.00	141.48	0.00	0.00	594.80	669.68
广东	Guangdong	0.00	1.40	84.00	56.00	0.00	0.00	1035.20	1429.18
广西	Guangxi	0.00	2.68	25.00	130.00	2.00	0.00	437.90	368.68
海南	Hainan	0.00	0.00	10.00	5.00	0.00	0.00	75.50	106.50
重庆	Chongqing	0.00	3.50	53.00	70.00	0.00	0.00	554.40	658.95
四川	Sichuan	0.00	8.01	93.50	129.90	0.00	8.00	856.50	762.91
贵州	Guizhou	0.00	0.00	19.00	78.00	0.00	0.00	303.97	208.10
云南	Yunnan	0.00	0.00	25.00	142.00	0.00	0.00	444.40	502.45
西藏	Xizang	0.00	0.00	0.00	0.00	0.00	0.00	29.00	0.00
陕西	Shanxi	0.81	0.00	206.00	161.00	0.00	0.00	598.81	744.00
甘肃	Gansu	0.00	0.00	25.00	83.00	0.00	0.00	252.30	377.61
青海	Qinghai	0.00	0.00	50.00	45.00	0.00	0.00	208.80	188.50
宁夏	Ningxia	0.00	0.00	0.00	5.00	0.00	0.00	25.00	25.40
新疆	Xinjiang	1.70	4.80	64.00	90.00	0.00	0.00	431.50	468.70
深圳	Shenzhen	0.95	0.00	63.00	30.00	0.00	0.00	616.26	479.99
大连	Dalian	0.00	0.00	30.00	116.00	0.00	0.00	381.60	502.00
宁波	Ningbo	1.80	0.00	5.00	56.00	10.00	0.00	147.00	166.20
厦门	Xiamen	0.00	0.00	40.00	9.00	0.00	0.00	204.50	154.85
青岛	Qingdao	0.00	1.20	0.00	0.00	0.00	0.00	132.70	99.70
合计	Total	106.02	60.44	3759.30	5603.08	57.00	48.00	37338.23	36711.73

3-4　交易所债券交易情况
Bond Trading in Stock Exchange

年份 Year	成交量 Trading Volume							
	现货(万张) Spot Transaction(10 thousand units)							回购(万手) Repo Transaction (10 thousand lots)
	合计 Total	企业债 Enterprise Bonds	公司债 Corporate Bonds	可转债 Convertible Bonds	可分离债 Warrant Bonds	中小企业私募债 Private Placement Bonds	国债 T-Bonds	
1996	49944.26	38.00	-	-	-	-	49906.26	181339.72
1997	42846.13	356.12	-	-	-	-	42490.01	215512.61
1998	48802.55	946.39	-	833.45	-	-	47022.71	187115.00
1999	43783.87	471.12	-	3133.56	-	-	40179.19	197882.35
2000	95140.88	906.15	-	11717.49	-	-	82517.24	290118.79
2001	87991.38	672.13	-	3684.55	-	-	83634.69	167895.53
2002	299205.28	2303.21	-	4830.95	-	-	292071.13	244236.92
2003	111150.66	7463.29	-	23313.32	-	-	80374.05	531673.11
2004	64207.43	2779.49	-	29590.59	-	-	31837.35	441321.78
2005	53944.97	4116.11	-	20905.30	-	-	28923.56	236211.73
2006	34136.24	3016.11	2438.79	10591.25	2438.79	-	15651.31	155096.52
2007	42693.07	5029.66	6154.25	12153.24	6154.25	-	13201.67	184105.24
2008	492992.52	11206.30	53922.30	38316.48	157226.98	-	232162.46	243067.69
2009	477663.32	62912.79	67812.06	47929.04	82620.04	-	216329.32	363886.54
2010	573425.52	88831.84	116267.43	134370.47	66015.61	-	167938.93	735792.19
2011	684152.29	137586.30	152255.63	206720.89	58501.50	-	129057.42	2535046.57
2012	981911.48	289918.93	322770.15	221437.63	53399.53	3994.00	90390.46	5931291.32
2013	1693793.06	648808.25	406626.76	456452.00	62214.86	38841.90	80325.29	11155124.97

数据来源：上海证券交易所、深圳证券交易所
Source:SSE、SZSE

3-4 续表 1 continued

年份 Year	成交金额(亿元) Trading Turnover(100 million yuan)							
	现货 Spot Transaction							回购 Repo Transaction
	合计 Total	企业债 Enterprise Bonds	公司债 Corporate Bonds	可转债 Convertible Bonds	可分离债 Warrant Bonds	中小企业私募债 Private Placement Bonds	国债 T-Bonds	
1996	5030.70	1.46	-	-	-	-	5029.24	13008.64
1997	3600.83	18.08	-	-	-	-	3582.75	12876.06
1998	6120.94	40.69	-	20.30	-	-	6059.95	15540.84
1999	5393.59	47.99	-	44.73	-	-	5300.87	12890.53
2000	4385.48	92.92	-	135.07	-	-	4157.49	14733.68
2001	4930.13	68.84	-	45.68	-	-	4815.60	15487.64
2002	8852.71	70.33	-	73.70	-	-	8708.68	24419.64
2003	6783.11	363.61	-	663.39	-	-	5756.11	53000.12
2004	3717.09	113.36	-	637.26	-	-	2966.46	44090.81
2005	3448.80	154.71	-	513.46	-	-	2780.63	23621.17
2006	1998.11	142.35	20.28	274.50	20.28	-	1540.71	15489.56
2007	2093.61	325.90	45.60	409.24	45.60	-	1267.28	18351.62
2008	4609.38	113.60	521.73	442.13	1212.05	-	2318.35	24306.77
2009	4834.26	640.64	696.26	636.40	666.90	-	2193.44	35975.19
2010	5927.13	913.94	1185.74	1560.61	567.83	-	1699.00	70373.75
2011	6907.78	1361.50	1513.41	2217.95	528.29	-	1286.32	209509.63
2012	9902.57	2921.52	3253.55	2275.32	498.11	39.89	914.18	393550.94
2013	17417.93	6602.32	4055.46	4960.13	597.04	393.91	804.26	661023.00

3-4 续表 2 continued

年份 Year	成交笔数(万笔) Number of Transactions(10 thousand times)							
	现货 Spot Transaction							回购 Repo Transaction
	合计 Total	企业债 Enterprise Bonds	公司债 Corporate Bonds	可转债 Convertible Bonds	可分离债 Warrant Bonds	中小企业私募债 Private Placement Bonds	国债 T-Bonds	
1996	184.55	1.34	-	-	-	-	183.21	70.09
1997	116.99	5.14	-	-	-	-	111.86	36.51
1998	127.95	31.05	-	17.26	-	-	79.64	42.10
1999	128.40	23.38	-	51.37	-	-	53.65	30.27
2000	164.70	43.44	-	82.72	-	-	38.53	29.06
2001	85.88	17.33	-	20.88	-	-	47.67	30.30
2002	141.70	12.05	-	19.12	-	-	110.53	79.76
2003	217.21	20.72	-	66.59	-	-	129.90	249.06
2004	245.27	14.02	-	73.63	-	-	157.62	213.37
2005	240.79	13.34	-	50.80	-	-	176.66	97.36
2006	133.34	11.07	2.34	32.22	2.34	-	85.38	43.26
2007	143.44	28.38	8.25	49.12	8.25	-	49.45	37.08
2008	338.51	22.53	56.31	80.13	136.11	-	43.43	59.60
2009	309.20	81.05	43.68	69.01	74.78	-	40.65	102.42
2010	219.03	58.76	23.09	82.22	31.01	-	23.94	303.65
2011	283.44	76.69	41.14	132.08	16.69	-	16.85	2458.81
2012	373.70	121.40	119.47	109.74	11.17	0.03	11.90	7649.73
2013	704.43	107.84	179.95	389.62	11.62	0.28	15.13	16136.45

3-5 上海证券交易所债券交易情况
Bond Trading in Shanghai Stock Exchange

年份 Year	成交量 Trading Volume							
	现货(万张) Spot Transaction(10 thousand units)							回购(万手) Repo Transaction (10 thousand lots)
	合计 Total	企业债 Enterprise Bonds	公司债 Corporate Bonds	可转债 Convertible Bonds	可分离债 Warrant Bonds	中小企业私募债 Private Placement Bonds	国债 T-Bonds	
1996	43545.47	9.76	-	-	-	-	43535.71	124391.60
1997	31646.00	128.00	-	-	-	-	31518.00	119122.00
1998	46027.00	170.00	-	-	-	-	45857.00	151885.00
1999	38287.64	300.44	-	-	-	-	37987.20	121241.17
2000	33864.54	790.26	-	-	-	-	33074.28	131472.14
2001	41845.08	610.45	-	-	-	-	41234.63	153429.79
2002	61514.82	454.99	-	228.00	-	-	60831.83	244191.89
2003	61718.68	2992.22	-	3888.19	-	-	54838.27	529815.38
2004	35259.62	978.10	-	2971.42	-	-	31310.10	440862.18
2005	32365.90	1202.02	-	3035.41	-	-	28128.47	236211.73
2006	18077.63	1301.44	-	1459.64	-	-	15316.55	154873.27
2007	17720.26	3711.02	-	1333.19	-	-	12676.05	183450.76
2008	426851.53	6797.35	23612.50	26404.90	142404.72	-	227474.06	243067.69
2009	397681.50	36569.78	41569.82	31075.13	75104.84	-	213301.85	359292.54
2010	482737.87	64290.02	82096.61	115701.01	59905.39	-	160743.57	700175.94
2011	610136.85	119228.16	114775.83	193007.92	55051.08	-	128043.32	2046213.05
2012	837788.76	270149.31	213560.58	212269.58	48292.88	3994.00	89521.64	3713783.40
2013	1485751.12	627007.52	256534.46	442063.02	59639.14	23003.80	76979.18	6105517.95

数据来源：上海证券交易所
Source: SSE

3-5 续表 1 continued

年份 Year	成交金额(亿元) Trading Turnover(100 million yuan)							
	现货 Spot Transaction							回购
	合计 Total	企业债 Enterprise Bonds	公司债 Corporate Bonds	可转债 Convertible Bonds	可分离债 Warrant Bonds	中小企业私募债 Private Placement Bonds	国债 T-Bonds	Repo Transaction
1996	4963.54	1.16	-	-	-	-	4962.38	12439.16
1997	3483.90	15.50	-	-	-	-	3468.40	11912.16
1998	6078.02	31.32	-	-	-	-	6046.70	15188.54
1999	5322.62	45.84	-	-	-	-	5276.77	12124.12
2000	3748.61	91.56	-	-	-	-	3657.06	13147.21
2001	4451.06	68.00	-	-	-	-	4383.06	15342.98
2002	6454.69	51.04	-	22.82	-	-	6380.83	24419.19
2003	6261.71	316.04	-	445.31	-	-	5500.36	52981.54
2004	3395.92	95.88	-	338.55	-	-	2961.50	44086.22
2005	3219.36	124.88	-	321.68	-	-	2772.79	23621.17
2006	1831.03	124.61	-	169.03	-	-	1537.40	15487.33
2007	1786.71	312.68	-	211.83	-	-	1262.20	18345.08
2008	3981.39	67.65	243.99	301.59	1094.92	-	2271.72	24306.77
2009	3986.71	366.66	435.75	418.32	602.13	-	2163.24	35929.25
2010	4935.90	658.40	837.86	1300.20	512.04	-	1627.39	70017.59
2011	6129.28	1175.41	1140.02	2041.14	496.10	-	1276.30	204621.29
2012	8442.99	2722.08	2149.86	2177.36	448.24	39.89	905.56	371375.86
2013	15312.48	6378.24	2562.22	4793.97	571.53	230.11	771.61	610526.93

3-5 续表 2 continued

年份 Year	成交笔数(万笔) Number of Transactions(10 thousand times)							
	现货 Spot Transaction							回购 Repo Transaction
	合计 Total	企业债 Enterprise Bonds	公司债 Corporate Bonds	可转债 Convertible Bonds	可分离债 Warrant Bonds	中小企业私募债 Private Placement Bonds	国债 T-Bonds	
1996	181.62	1.10	-	-	-	-	180.52	68.62
1997	114.60	4.92	-	-	-	-	109.68	35.58
1998	109.22	30.45	-	-	-	-	78.78	41.77
1999	75.71	22.58	-	-	-	-	53.12	29.79
2000	77.44	42.74	-	-	-	-	34.71	27.35
2001	61.37	16.99	-	-	-	-	44.37	30.05
2002	117.95	10.41	-	7.76	-	-	99.77	79.76
2003	185.75	18.46	-	41.43	-	-	125.85	249.03
2004	206.27	12.37	-	38.86	-	-	155.05	213.37
2005	214.87	11.19	-	30.86	-	-	172.82	97.36
2006	111.13	10.10	-	18.59	-	-	82.44	43.25
2007	105.08	27.35	-	31.51	-	-	46.22	37.07
2008	256.41	11.84	29.85	56.55	118.46	-	39.71	59.60
2009	214.87	30.89	31.89	47.34	68.72	-	36.00	102.36
2010	138.51	20.10	14.01	54.27	29.23	-	20.88	302.88
2011	201.03	42.56	17.65	110.91	15.30	-	14.61	1953.02
2012	255.50	93.65	39.42	102.80	9.36	0.03	10.24	4633.30
2013	547.06	91.44	70.03	361.13	10.55	0.17	13.74	8427.73

3-6 2013年上海证券交易所国债预发行情况
Bond Pre Issuance in Shanghai Stock Exchange in 2013

债券简称 Bond Name	交易起始日 Initial Trading Date	交易截止日 Trading deadline	基准价格/收益率 Bench mark price/Yield	总成交金额(亿元) Trading Turnover (100 million yuan)
13国债20	2013/10/10	2013/10/15	3.99	2.34
13国债20	2013/11/07	2013/11/12	995.32	0.79
13国债20	2013/12/05	2013/12/10	984.36	0.29

3-7 深圳证券交易所债券交易情况
Bond Trading in Shenzhen Stock Exchange

年份 Year	成交量 Trading Volume							
	现货(万张) Spot Transaction(10 thousand units)							回购(万手) Repo Transaction (10 thousand lots)
	合计 Total	企业债 Enterprise Bonds	公司债 Corporate Bonds	可转债 Convertible Bonds	可分离债 Warrant Bonds	中小企业私募债 Private Placement Bonds	国债 T-Bonds	
1996	6398.79	28.24	-	-	-	-	6370.55	56948.12
1997	11200.13	228.12	-	-	-	-	10972.01	96390.61
1998	2775.55	776.39	-	833.45	-	-	1165.71	35230.00
1999	5496.23	170.68	-	3133.56	-	-	2191.99	76641.18
2000	61276.34	115.89	-	11717.49	-	-	49442.96	158646.65
2001	46146.30	61.68	-	3684.55	-	-	42400.06	14465.74
2002	237690.46	1848.22	-	4602.95	-	-	231239.30	45.03
2003	49431.98	4471.07	-	19425.13	-	-	25535.78	1857.73
2004	28947.81	1801.39	-	26619.17	-	-	527.25	459.60
2005	21579.07	2914.09	-	17869.89	-	-	795.09	0.00
2006	16058.61	1714.67	2438.79	9131.61	2438.79	-	334.76	223.25
2007	24972.81	1318.64	6154.25	10820.05	6154.25	-	525.62	654.48
2008	66140.99	4408.95	30309.80	11911.59	14822.26	-	4688.40	0.00
2009	79981.82	26343.01	26242.24	16853.91	7515.20	-	3027.47	4594.00
2010	90687.66	24541.82	34170.82	18669.46	6110.22	-	7195.35	35616.24
2011	74015.44	18358.14	37479.80	13712.97	3450.42	-	1014.11	488833.51
2012	146383.72	19769.62	109209.57	9168.05	5106.66	2261.00	868.83	2217507.92
2013	208041.94	21800.73	150092.30	14388.98	2575.72	15838.10	3346.12	5049607.01

数据来源：深圳证券交易所
Source:SZSE

3-7 续表 1 continued

年份 Year	成交金额(亿元) Trading Turnover(100 million yuan)							
	现货 Spot Transaction							回购 Repo Transaction
	合计 Total	企业债 Enterprise Bonds	公司债 Corporate Bonds	可转债 Convertible Bonds	可分离债 Warrant Bonds	中小企业私募债 Private Placement Bonds	国债 T-Bonds	
1996	67.17	0.30	-	0.00	-	-	66.87	569.48
1997	116.92	2.58	-	0.00	-	-	114.35	963.91
1998	42.92	9.37	-	20.30	-	-	13.25	352.30
1999	70.98	2.15	-	44.73	-	-	24.09	766.41
2000	636.87	1.37	-	135.07	-	-	500.43	1586.47
2001	479.07	0.84	-	45.68	-	-	432.55	144.66
2002	2398.02	19.29	-	50.88	-	-	2327.85	0.45
2003	521.40	47.57	-	218.08	-	-	255.75	18.58
2004	321.16	17.49	-	298.72	-	-	4.96	4.60
2005	229.44	29.83	-	191.78	-	-	7.84	0.00
2006	167.08	17.74	20.28	105.47	20.28	-	3.31	2.23
2007	306.90	13.22	45.60	197.40	45.60	-	5.08	6.54
2008	627.99	45.95	277.74	140.54	117.13	-	46.63	0.00
2009	847.55	273.98	260.51	218.08	64.77	-	30.20	45.94
2010	991.23	255.54	347.88	260.41	55.79	-	71.61	356.16
2011	778.50	186.09	373.39	176.81	32.19	-	10.02	4888.34
2012	1482.45	199.44	1103.70	97.96	49.87	22.87	8.62	22175.08
2013	2105.45	224.08	1493.24	166.16	25.51	163.80	32.65	50496.07

3-7 续表 2 continued

年份 Year	成交笔数(万笔) Number of Transactions(10 thousand times)							
	现货 Spot Transaction							回购 Repo Transaction
	合计 Total	企业债 Enterprise Bonds	公司债 Corporate Bonds	可转债 Convertible Bonds	可分离债 Warrant Bonds	中小企业私募债 Private Placement Bonds	国债 T-Bonds	
1996	2.94	0.24	-	0.00	-	-	2.70	1.47
1997	2.39	0.22	-	0.00	-	-	2.18	0.94
1998	18.72	0.61	-	17.26	-	-	0.86	0.33
1999	52.69	0.79	-	51.37	-	-	0.53	0.48
2000	87.26	0.70	-	82.72	-	-	3.83	1.71
2001	24.51	0.34	-	20.88	-	-	3.29	0.25
2002	23.75	1.64	-	11.36	-	-	10.76	0.00
2003	31.46	2.25	-	25.16	-	-	4.05	0.03
2004	39.00	1.66	-	34.77	-	-	2.58	0.01
2005	25.92	2.14	-	19.94	-	-	3.84	0.00
2006	22.21	0.97	2.34	13.63	2.34	-	2.94	0.01
2007	38.36	1.02	8.25	17.61	8.25	-	3.24	0.01
2008	82.10	10.69	26.46	23.58	17.65	-	3.72	0.00
2009	94.33	50.16	11.79	21.67	6.06	-	4.65	0.06
2010	80.52	38.66	9.08	27.95	1.78	-	3.06	0.77
2011	82.41	34.13	23.49	21.17	1.39	-	2.24	505.79
2012	118.22	27.75	80.05	6.94	1.81	0.02	1.66	3016.43
2013	157.37	16.40	109.92	28.49	1.07	0.11	1.39	7708.72

3-8 交易所债券回购交易情况
Bond Repo Trading in Stock Exchange

回购方式 Repurchase Ways	合计 Total			
	成交金额(亿元) Trading Turnover (100 million yuan)		成交量(万手) Trading Volume (10 thousand lots)	
	2012	2013	2012	2013
质押式回购 Pledge-style Repo	346360.74	580224.78	3463607.36	5802247.82
报价回购 Quotation-based Repo	25012.26	30294.00	250122.56	302939.99
约定式购回 Pre-arranged Repo	2.87	8.15	53.48	330.14

数据来源：上海证券交易所、深圳证券交易所
Source:SSE、SZSE

3-8 续表 continued

回购方式 Repurchase Ways	上交所 SSE				深交所 SZSE			
	成交金额(亿元) Trading Turnover (100 million yuan)		成交量(万手) Trading Volume (10 thousand lots)		成交金额(亿元) Trading Turnover (100 million yuan)		成交量(万手) Trading Volume (10 thousand lots)	
	2012	2013	2012	2013	2011	2012	2011	2012
质押式回购 Pledge-style Repo	346360.74	580224.78	3463607.36	5802247.82	-	-	-	-
报价回购 Quotation-based Repo	25012.26	30294.00	250122.56	302939.99	-	-	-	-
约定式购回 Pre-arranged Repo	2.87	8.15	53.48	330.14	-	-	-	-

3-9 2013年银行间市场债券买卖按交易机构分类情况
Statistics for Bond Trading in Interbank Market by Institution in 2013

单位：亿元 (100 million yuan)

机构	Institution	现货 Spot Transaction 买入 Buy	卖出 Sell	差额 Difference
大型银行	Large Bank	31401.00	28654.00	-2747.00
中小型银行	Small and Medium-sized Banks	198311.00	205159.00	6848.00
其中：城市商业银行	Thereinto:City Commercial Bank	92078.00	96115.00	4036.00
保险	Insurance Company	2608.00	1465.00	-1143.00
证券及基金	Security Company and Fund Company	95777.00	97451.00	1673.00
外资金融机构	Foreign Financial Institution	51927.00	50199.00	-1728.00
其他金融机构	Other Financial Institution	36082.00	33179.00	-2903.00
累计成交金额	Total Trading Turnover			416106.00

注：1.大型商业银行包括工商银行、农业银行、中国银行、建设银行、国家开发银行、交通银行、邮政储蓄银行；
2.中小型银行包括招商银行等17家银行、小型城商行、农村商业银行、农村合作银行、村镇银行；
3.其他金融机构包括城市信用社、农村信用社、财务公司、信托投资公司、金融租赁公司、资产管理公司、社保基金等。

数据来源：中国人民银行
Source:PBC

3-9 续表 continued

单位：亿元 (100 million yuan)

机构	Institution	回购 Repo Transaction 质押式 Pledge-style Repo 回购 Repo	逆回购 Reverse Repo	差额 Difference	买断式 Buyout Repo 回购 Repo	逆回购 Reverse Repo	差额 Difference
大型银行	Large Bank	136086.00	565135.00	-429048.00	651.00	11272.00	-10620.00
中小型银行	Small and Medium-sized Banks	890764.00	712932.00	177833.00	10027.00	35099.00	-25071.00
其中：城市商业银行	Thereinto:City Commercial Bank	449209.00	257932.00	191277.00	3441.00	19159.00	-15718.00
保险	Insurance Company	93486.00	37941.00	55545.00	0.00	2.00	-2.00
证券及基金	Security Company and Fund Company	158184.00	39591.00	118593.00	43163.00	2851.00	40312.00
外资金融机构	Foreign Financial Institution	47864.00	36564.00	11301.00	2066.00	688.00	1378.00
其他金融机构	Other Financial Institution	193372.00	127595.00	65777.00	5974.00	11971.00	-5996.00
累计成交金额	Total Trading Turnover			1519757.00			61882.00

3-10 银行间市场债券回购按交易期限分类情况

Statistics for Bond Repo Trading in Interbank Market by Duration

债券类型	Bond Type	1天 1 day		7天 7 days		14天 14 days		21天 21 days	
		2012	2013	2012	2013	2012	2013	2012	2013
质押式债券	Pledge-style Repo	1109323.40	1201735.00	172165.20	196620.00	47390.00	64787.00	9913.10	14263.00
买断式债券	Buyout Repo	33725.10	38953.00	10788.10	12426.00	3840.30	5088.00	920.30	2653.00
合计	Total Trading Turnover	1143048.50	1240688.00	182953.30	209046.00	51230.30	69875.00	10833.40	16916.00

数据来源：中国人民银行
Source: PBC

3-10 续表 1 continued

债券类型	Bond Type	1个月 1 month		2个月 2 months		3个月 3 months		4个月 4 months	
		2012	2013	2012	2013	2012	2013	2012	2013
质押式债券	Pledge-style Repo	13154.80	24745.00	8119.80	8264.00	4421.10	7068.00	611.70	613.00
买断式债券	Buyout Repo	1121.80	1787.00	438.30	686.00	132.50	289.00	-	-
合计	Total Trading Turnover	14276.60	26532.00	8558.10	8950.00	4553.60	7357.00	611.70	613.00

3-10 续表 2 continued

债券类型	Bond Type	6个月 6 months		9个月 9 months		1年 1 year	
		2012	2013	2012	2013	2012	2013
质押式债券	Pledge-style Repo	804.00	1045.00	88.70	234.00	182.10	384.00
买断式债券	Buyout Repo	-	-	-	-	-	-
合计	Total Trading Turnover	804.00	1045.00	88.70	234.00	182.10	384.00

3-11 2013年银行间市场债券回购余额按机构分类情况

Statistics for Bond Repo Balance in Interbank Market by Institution in 2013

单位：亿元 (100 million yuan)

机构	Institution	质押式 Pledge-style Repo			买断式 Buyout Repo		
		回购 Repo	逆回购 Reverse Repo	正逆回购差额 Difference	回购 Repo	逆回购 Reverse Repo	正逆回购差额 Difference
大型银行	Large Bank	3573.00	13131.00	-9557.00	69.00	114.00	-44.00
中小型银行	Small and Medium-sized Banks	13346.00	6908.00	6438.00	1101.00	1570.00	-469.00
其中：城市商业银行	Thereinto:City Commercial Bank	5082.00	2063.00	3018.00	604.00	994.00	-390.00
保险	Insurance Company	2414.00	583.00	1831.00	0.00	0.00	0.00
证券及基金	Security Company and Fund Company	1847.00	895.00	952.00	1045.00	254.00	791.00
外资金融机构	Foreign Financial Institution	470.00	1421.00	-951.00	42.00	83.00	-41.00
其他金融机构	Other Financial Institution	3360.00	2073.00	1288.00	464.00	700.00	-236.00
余额	Balance			25011.00			2721.00

注：1.大型商业银行包括工商银行、农业银行、中国银行、建设银行、国家开发银行、交通银行、邮政储蓄银行；
2.中小型银行包括招商银行等17家银行、小型城商行、农村商业银行、农村合作银行、村镇银行；
3.其他金融机构包括城市信用社、农村信用社、财务公司、信托投资公司、金融租赁公司、资产管理公司、社保基金等。

数据来源：中国人民银行

Source: PBC

3-12 债券托管额情况
Value of Bonds under Custody

单位：亿元 (100 million yuan)

市场	Market	国债 T-Bonds		央行票据 Central Bank Bills		金融债券 Financial Bonds	
		2012	2013	2012	2013	2012	2013
全市场	Whole Market	80735.93	95471.00	13439.72	5462.00	93169.22	106182.21
银行间	Interbank Market	75353.06	84304.5	11639.72	5462	91092.82	101955.6
交易所	Stock Exchange	1785.73	2411.07	-	-	-	2355.21
柜台	Over the Counter	3069.51	8581.02	0.00	0.00	0.00	0.00
其他	Other	527.63	174.41	1800.00	0.00	2076.40	1871.40

注：1.国债包括凭证式国债、储蓄式国债、记账式国债和地方政府债；
2.金融债券包括国开行金融债、政策性金融债、商业银行普通债券、商业银行次级债、商业银行资本混合债、非银行金融机构债券、证券公司债、资产支持证券、证券公司债券、证券公司短期融资券、二级资本工具、同业存单公司债（金融公司发行）、可转债（金融公司发行）；
3.企业债包括原铁道部发行的债券。

数据来源：中央国债登记结算公司、上海清算所、中国证券登记结算公司

Source:CDC、SHCH、CSDC

3-12 续表 1 continued

单位：亿元 (100 million yuan)

市场	Market	非金融企业公司信用类债 Non-financial Enterprise Inc Credit Bonds							
		公司债 Corporate Bonds		可转债 Convertible Bonds		可分离债 Warrant Bonds		中小企业私募债 Private Placement Bonds	
		2012	2013	2012	2013	2012	2013	2012	2013
全市场	Whole Market	5347.20	6630.52	1255.26	600.21	752.15	598.35	93.75	414.56
银行间	Interbank Market	-	-	-	-	-	-	-	-
交易所	Stock Exchange	5347.20	6630.52	1255.26	600.21	752.15	598.35	93.75	414.56
柜台	Over the Counter	-	-	-	-	-	-	-	-
其他	Other	-	-	-	-	-	-	-	-

3-12 续表 2 continued

单位：亿元 (100 million yuan)

市场	Market	非金融企业公司信用类债 Non-financial Enterprise Inc Credit Bonds							
		企业债 Enterprise Bonds		短期融资券 Short-term Financing Bonds		超短期融资券 SCP		中期票据 Medium Term Notes	
		2012	2013	2012	2013	2012	2013	2012	2013
全市场	Whole Market	25917.57	32069.00	8126.97	8444.00	3531.00	4729.00	24922.00	28882.00
银行间	Interbank Market	22049.50	25171.55	8126.97	8444.00	3531.00	4729.00	24922.00	28882.00
交易所	Stock Exchange	3222.189	6444.75	-	-	-	-	-	-
柜台	Over the Counter	1.96	1.65	-	-	-	-	-	-
其他	Other	643.92	451.05	-	-	-	-	-	-

3-12 续表 3 continued

单位：亿元 (100 million yuan)

市场	Market	非金融企业公司信用类债 Non-financial Enterprise Inc Credit Bonds						合计 Total	
		中小企业集合票据 SMECN		非公开定向债务融资工具 PPN		资产支持票据 ABN			
		2012	2013	2012	2013	2012	2013	2012	2013
全市场	Whole Market	187.66	191.00	4452.30	9381.00	57.00	97.80	261987.73	299152.65
银行间	Interbank Market	187.66	191.00	4452.30	9381.00	57.00	97.80	241412.03	268618.45
交易所	Stock Exchange	-	-	-	-	-	-	12456.28	19454.67
柜台	Over the Counter	-	-	-	-	-	-	3071.47	8582.67
其他	Other	-	-	-	-	-	-	5047.95	2496.86

3-13 国债发行情况明细
Details of T-Bonds Issuance

债券名称 Bond Name	发行对象 Object of Issuance	期限(年) Term(year)	利率(%) Interest Rate(%)	累计发行额(亿元) Total Issuance(100 million yuan)
一、当年国债发行				20184.90
（一）储蓄国债				3355.50
1.储蓄国债（凭证式）				1185.90
2013年第1期	个人	3	5.00	176.30
2013年第1期	个人	5	5.41	116.50
2013年第2期	个人	3	5.00	249.00
2013年第2期	个人	5	5.41	156.40
2013年第3期	个人	3	5.00	186.80
2013年第3期	个人	5	5.41	108.90
2013年第4期	个人	3	5.00	115.20
2013年第4期	个人	5	5.41	76.70
2.储蓄国债（电子式）				2169.60
2013年第1期	个人	3	5.00	300.00
2013年第2期	个人	5	5.41	200.00
2013年第3期	个人	3	5.00	299.80
2013年第4期	个人	5	5.41	200.00
2013年第5期	个人	3	5.00	240.00
2013年第6期	个人	5	5.41	160.00
2013年第7期	个人	3	5.00	240.00
2013年第8期	个人	5	5.41	160.00
2013年第9期	个人	3	5.00	209.80
2013年第10期	个人	5	5.41	160.00
（二）记账式国债				6905.10
1.记账式附息国债				6905.10
2013年第1期	银行间/交易所	5	3.15	260.00
2013年第2期	银行间/交易所	1	2.81	300.00
2013年第3期	银行间/交易所	7	3.42	300.00
2013年第4期	银行间/交易所	3	3.10	260.00
2013年第3期（续Ⅰ）	银行间/交易所	7	3.42	300.00
2013年第5期	银行间/交易所	10	3.52	260.00
2013年第3期（续Ⅱ）	银行间/交易所	7	3.42	220.00
2013年第1期（续Ⅰ）	银行间/交易所	5	3.15	220.00
2013年第5期（续Ⅰ）	银行间/交易所	10	3.52	220.00
2013年第6期	银行间/交易所	2	2.92	260.00
2013年第7期	银行间/交易所	1	2.62	300.00
2013年第8期	银行间/交易所	7	3.29	303.20
2013年第9期	银行间/交易所	20	3.99	260.00
2013年第5期（续Ⅱ）	银行间/交易所	10	3.52	307.90
2013年第4期（续Ⅰ）	银行间/交易所	3	3.10	300.00
2013年第8期（续Ⅰ）	银行间/交易所	7	3.29	300.00
2013年第10期	银行间/交易所	50	4.24	200.00
2013年第11期	银行间/交易所	10	3.36	300.00
2013年第12期	银行间/交易所	2	2.98	260.00
2013年第13期	银行间/交易所	5	3.09	300.00
2013年第08期（续Ⅱ）	银行间/交易所	7	3.29	314.00
2013年第11期（续Ⅰ）	银行间/交易所	10	3.36	300.00
2013年第14期	银行间/交易所	1	3.48	260.00
2013年第15期	银行间/交易所	7	3.46	300.00
2013年第11期（续Ⅱ）	银行间/交易所	10	3.36	300.00

数据来源：中国人民银行
Source:PBC

3-13 续表 continued

债券名称 Bond Name	发行对象 Object of Issuance	期限(年) Term (year)	利率(%) Interest Rate(%)	累计发行额(亿元) Total Issuance (100 million yuan)
2013年第13期（续Ⅰ）	银行间/交易所	5	3.09	300.00
2013年第15期（续Ⅰ）	银行间/交易所	7	3.46	300.00
2013年第16期	银行间/交易所	20	4.32	260.00
2013年第17期	银行间/交易所	3	3.77	300.00
2013年第18期	银行间/交易所	10	4.08	317.30
2013年第17期（续Ⅰ）	银行间/交易所	3	3.77	300.20
2013年第15期（续Ⅱ）	银行间/交易所	7	3.46	301.50
2013年第19期	银行间/交易所	30	4.76	260.00
2013年第20期	银行间/交易所	7	4.07	315.50
2013年第21期	银行间/交易所	2	3.77	240.00
一次续发第18期	银行间/交易所	10	4.08	280.00
2013年第22期	银行间/交易所	1	4.01	282.50
2013年第23期	银行间/交易所	5	4.13	290.00
一次续发第20期	银行间/交易所	7	4.07	280.60
2013年第24期	银行间/交易所	50	5.31	200.00
二次续发第18期	银行间/交易所	10	4.08	281.50
一次续发第23期	银行间/交易所	5	4.13	282.10
2013年第25期	银行间/交易所	30	5.05	240.00
二次续发第20期	银行间/交易所	7	4.07	292.80
2.记账式贴现国债				1145.30
2013年第1期	银行间/交易所	273/365		150.00
2013年第2期	银行间/交易所	273/365		150.00
2013年第3期	银行间/交易所	273/365		150.00
2013年第4期	银行间/交易所	273/365		95.30
2013年第5期	银行间/交易所	182/365		150.00
2013年第6期	银行间/交易所	182/366		150.00
2013年第7期	银行间/交易所	91/367		150.00
2013年第8期	银行间/交易所	91/365		150.00
（三）地方政府债				19609.20
第1期（安徽、福建、新疆、甘肃）	银行间/交易所	3	3.53	210.00
第2期（安徽、福建、新疆、甘肃）	银行间/交易所	5	3.66	212.00
第3期（湖北、海南、重庆、四川）	银行间/交易所	3	3.79	242.00
第4期（湖北、海南、重庆、四川）	银行间/交易所	5	3.82	243.00
第5期（黑龙江、厦门、湖南、广西、西藏、青海）	银行间/交易所	5	3.92	236.00
第6期（黑龙江、厦门、湖南、广西、西藏、青海）	银行间/交易所	5	3.87	238.00
第7期（天津、河南、云南、陕西）	银行间/交易所	3	4.29	253.00
第8期（天津、河南、云南、陕西）	银行间/交易所	5	4.43	255.00
第1期（山东）	银行间/交易所	5	3.94	56.00
第2期（山东）	银行间/交易所	7	4.00	56.00
第9期（江西、贵州、北京、内蒙、山西）	银行间/交易所	3	4.34	215.00
第10期（江西、贵州、北京、内蒙、山西）	银行间/交易所	3	4.45	262.00
第1期（上海）	银行间/交易所	5	3.94	56.00
第2期（上海）	银行间/交易所	7	4.01	56.00
第1期（广东）	银行间/交易所	5	4.00	60.50
第2期（广东）	银行间/交易所	7	4.10	60.50
第1期（江苏）	银行间/交易所	5	3.88	76.50
第2期（江苏）	银行间/交易所	7	4.00	76.50
第11期（河北、辽宁、大连、吉林、宁波、青岛、宁夏）	银行间/交易所	3	4.25	216.00
第12期（河北、辽宁、大连、吉林、宁波、青岛、宁夏）	银行间/交易所	5	4.33	221.00
第1期（浙江）	银行间/交易所	5	3.96	59.00
第2期（浙江）	银行间/交易所	7	4.17	59.00
第1期（深圳）	银行间/交易所	5	4.11	18.00
第2期（深圳）	银行间/交易所	7	4.18	18.00
二、上年国债发行	–	-	-	16154.20

3-14 公司债发行情况明细
Details of Corporate Bonds Issuance

债券名称 Bond Name	发行额(亿元) Value of Bonds Issued (100 million yuan)	利率(%) Interest Rate (%)	期限(年) Term (year)	发行日期 Issue Date	上市交易所 Stock Exchange
13恒顺债	2.00	9.00	5	2013/01/14	深圳证券交易所
12国航01	50.00	5.10	10	2013/01/18	上海证券交易所
12粤电01	4.70	5.50	6	2013/01/18	深圳证券交易所
13荣信01	6.00	5.90	5	2013/01/18	深圳证券交易所
12桐昆债	13.00	5.85	5	2013/01/21	上海证券交易所
12希努01	4.00	5.85	5	2013/01/21	深圳证券交易所
12榕泰债	7.50	5.90	5	2013/01/24	上海证券交易所
12重工01	12.00	4.85	5	2013/01/25	上海证券交易所
12重工02	6.00	5.20	7	2013/01/25	上海证券交易所
12光电债	5.00	5.08	5	2013/01/25	深圳证券交易所
12芭田债	5.40	5.80	5	2013/01/25	深圳证券交易所
13秦川债	4.50	5.65	5	2013/01/28	深圳证券交易所
12渝水务	15.00	5.12	5	2013/01/29	上海证券交易所
12银轮债	5.00	5.89	5	2013/01/29	深圳证券交易所
12永泰02	9.00	5.45	5	2013/01/31	上海证券交易所
12电气02	16.00	4.90	5	2013/02/27	上海证券交易所
12电气01	4.00	4.50	3	2013/02/27	上海证券交易所
12亚达债	4.00	5.04	5	2013/02/27	深圳证券交易所
12沪海立	10.00	4.85	5	2013/02/28	上海证券交易所
12上电债	15.00	4.55	5	2013/03/04	上海证券交易所
12一拖01	8.00	4.80	5	2013/03/04	上海证券交易所
12招商02	15.00	4.80	5	2013/03/05	上海证券交易所
12招商03	55.00	5.15	10	2013/03/05	上海证券交易所
12招商01	30.00	4.45	5	2013/03/05	上海证券交易所
12宝科创	6.00	5.48	5	2013/03/06	上海证券交易所
12科伦02	11.00	5.40	5	2013/03/06	深圳证券交易所
12盐湖01	50.00	4.99	7	2013/03/06	深圳证券交易所
12正邦债	5.50	5.69	5	2013/03/07	深圳证券交易所
12西资源	6.00	5.68	5	2013/03/08	上海证券交易所
12中顺债	8.30	5.53	5	2013/03/08	深圳证券交易所
12金刚债	2.30	8.50	3	2013/03/08	深圳证券交易所
12哈电01	30.00	4.90	5	2013/03/11	上海证券交易所
12科陆01	2.80	5.89	5	2013/03/12	深圳证券交易所
12民生债	6.00	5.70	3	2013/03/12	深圳证券交易所
12毅昌01	3.00	5.95	5	2013/03/12	深圳证券交易所
12华天成	9.00	5.80	5	2013/03/13	上海证券交易所
12国控01	40.00	4.54	5	2013/03/13	上海证券交易所
13宁港01	10.00	4.60	3	2013/03/13	上海证券交易所
13证金01	15.00	5.00	0.25	2013/03/14	上海证券交易所
13中油02	40.00	4.88	10	2013/03/15	上海证券交易所
13中油01	160.00	4.47	5	2013/03/15	上海证券交易所
13传化债	6.00	5.60	5	2013/03/15	深圳证券交易所
12东航01	48.00	5.05	10	2013/03/18	上海证券交易所
13证金02	20.00	5.00	0.25	2013/03/18	上海证券交易所
12粤电债	12.00	4.95	7	2013/03/18	深圳证券交易所
12黑牛01	2.70	5.80	5	2013/03/18	深圳证券交易所
12芜湖港	15.00	4.99	5	2013/03/20	上海证券交易所

数据来源：上海证券交易所、深圳证券交易所
Source:SSE、SZSE

3-14 续表 1 continued

债券名称 Bond Name	发行额(亿元) Value of Bonds Issued (100 million yuan)	利率(%) Interest Rate (%)	期限(年) Term (year)	发行日期 Issue Date	上市交易所 Stock Exchange
13证金03	15.00	5.00	0.25	2013/03/20	上海证券交易所
12广汽01	10.00	4.89	5	2013/03/20	上海证券交易所
12广汽02	30.00	5.09	10	2013/03/20	上海证券交易所
12德豪债	8.00	5.95	5	2013/03/20	深圳证券交易所
12三维债	4.00	6.40	5	2013/03/22	深圳证券交易所
13福新01	10.00	5.00	5	2013/03/25	上海证券交易所
13福新02	10.00	5.30	10	2013/03/25	上海证券交易所
12莱士债	3.60	5.60	5	2013/03/26	深圳证券交易所
12大唐01	30.00	5.10	10	2013/03/27	上海证券交易所
12河钢01	37.50	4.90	3	2013/03/27	深圳证券交易所
12河钢02	12.50	5.16	5	2013/03/27	深圳证券交易所
13天士01	4.00	4.98	5	2013/03/29	上海证券交易所
12中财债	2.40	6.70	5	2013/04/03	深圳证券交易所
12濮耐01	3.00	5.80	5	2013/04/12	深圳证券交易所
13甬热电	3.00	5.10	7	2013/04/15	上海证券交易所
13平煤债	45.00	5.07	10	2013/04/17	上海证券交易所
13证金06	12.00	5.00	0.25	2013/04/18	上海证券交易所
13证金05	10.00	4.80	0.25	2013/04/18	上海证券交易所
13赣粤01	18.00	5.15	10	2013/04/19	上海证券交易所
13和邦01	4.00	5.80	7	2013/04/22	上海证券交易所
13南车02	15.00	5.00	10	2013/04/22	上海证券交易所
13南车01	15.00	4.70	5	2013/04/22	上海证券交易所
13证金07	8.00	5.00	0.25	2013/04/24	上海证券交易所
12久联债	6.00	5.80	7	2013/04/24	深圳证券交易所
13广田01	6.00	5.70	5	2013/04/25	深圳证券交易所
12南港债	2.45	6.15	5	2013/04/26	深圳证券交易所
13证金08	10.00	5.00	0.25	2013/05/03	上海证券交易所
13三九01	5.00	4.60	5	2013/05/09	深圳证券交易所
13普邦债	7.00	5.50	5	2013/05/10	深圳证券交易所
13证金09	20.00	4.70	0.25	2013/05/15	上海证券交易所
13大立债	1.70	6.19	3	2013/05/15	深圳证券交易所
12拜克01	3.00	5.30	5	2013/05/22	上海证券交易所
13保税债	3.50	5.50	5	2013/05/23	上海证券交易所
13证金10	10.00	4.70	0.25	2013/05/27	上海证券交易所
13围海债	3.00	6.90	5	2013/05/27	深圳证券交易所
12岳纸01	8.50	5.04	5	2013/05/29	上海证券交易所
12一拖02	7.00	4.50	5	2013/05/30	上海证券交易所
13南洋债	6.50	6.00	7	2013/05/30	深圳证券交易所
13尖峰01	3.00	4.90	5	2013/06/05	上海证券交易所
13华泰01	40.00	4.68	5	2013/06/05	上海证券交易所
13华泰02	60.00	5.10	10	2013/06/05	上海证券交易所
13民族债	5.00	6.50	1	2013/06/07	上海证券交易所
13中信01	30.00	4.65	5	2013/06/07	上海证券交易所
13中信02	120.00	5.05	10	2013/06/07	上海证券交易所
12墨龙01	5.00	5.20	3	2013/06/07	深圳证券交易所
12奥飞债	5.50	5.20	5	2013/06/07	深圳证券交易所
13证金12	5.00	5.20	0.25	2013/06/13	上海证券交易所
13证金11	6.05	5.50	0.25	2013/06/13	上海证券交易所
13证金13	16.50	5.50	0.1	2013/06/13	上海证券交易所
12豫园01	5.00	5.20	5	2013/06/17	上海证券交易所
13广发01	15.00	4.50	5	2013/06/17	深圳证券交易所
13广发02	15.00	4.75	5	2013/06/17	深圳证券交易所
13广发03	90.00	5.10	10	2013/06/17	深圳证券交易所

3-14 续表 2 continued

债券名称 Bond Name	发行额(亿元) Value of Bonds Issued (100 million yuan)	利率(%) Interest Rate (%)	期限(年) Term (year)	发行日期 Issue Date	上市交易所 Stock Exchange
12东宝债	1.10	8.00	3	2012/08/10	深圳证券交易所
12中储债	16.00	5.00	7	2012/08/13	上海证券交易所
12海型债	8.50	5.00	5	2012/08/17	深圳证券交易所
12科环01	12.00	4.30	3	2012/08/20	上海证券交易所
12科环02	8.00	4.65	5	2012/08/20	上海证券交易所
12科环03	20.00	5.15	10	2012/08/20	上海证券交易所
12山鹰债	8.00	7.50	7	2012/08/22	上海证券交易所
12太钢02	10.00	4.80	3	2012/08/22	深圳证券交易所
12太钢03	15.00	5.10	5	2012/08/22	深圳证券交易所
12旋风债	7.00	6.28	5	2012/08/23	上海证券交易所
12大康债	3.30	7.30	5	2012/08/23	深圳证券交易所
12云内债	10.00	6.05	6	2012/08/27	深圳证券交易所
12中孚债	10.00	7.50	5	2012/08/28	上海证券交易所
12金瑞债	1.50	7.90	5	2012/08/29	上海证券交易所
12鄂资债	40.00	6.20	5	2012/08/30	上海证券交易所
12集优01	5.00	5.08	5	2012/08/31	上海证券交易所
12一重01	25.00	5.10	5	2012/09/03	上海证券交易所
12南糖债	5.40	7.25	7	2012/09/17	深圳证券交易所
12舜天债	7.80	6.60	7	2012/09/18	深圳证券交易所
12力帆01	12.00	6.80	3	2012/09/19	上海证券交易所
12力帆02	7.00	7.50	5	2012/09/19	上海证券交易所
12东锆债	4.90	7.46	7	2012/10/08	深圳证券交易所
12深机01	6.00	4.99	3	2012/10/08	深圳证券交易所
12冀东01	8.00	5.65	5	2012/10/15	深圳证券交易所
12冀东02	4.50	5.90	7	2012/10/15	深圳证券交易所
12冀东03	8.00	6.00	10	2012/10/15	深圳证券交易所
12中桥债	2.50	7.00	5	2012/10/15	深圳证券交易所
12玻纤债	12.00	5.56	7	2012/10/17	上海证券交易所
12福发债	4.00	7.00	6	2012/10/17	深圳证券交易所
12江泥01	5.00	7.05	5	2012/10/18	深圳证券交易所
12九州通	16.00	5.70	5	2012/10/22	上海证券交易所
12桂冠01	8.00	4.80	5	2012/10/24	上海证券交易所
12桂冠02	9.30	5.10	10	2012/10/24	上海证券交易所
12通威发	5.00	5.98	5	2012/10/24	上海证券交易所
12王府01	11.00	4.94	5	2012/10/24	上海证券交易所
12王府02	11.00	5.20	7	2012/10/24	上海证券交易所
12联发债	8.00	6.20	5	2012/10/25	深圳证券交易所
12景兴债	7.50	7.38	7	2012/10/25	深圳证券交易所
11徐工02	15.00	4.89	5	2012/10/26	深圳证券交易所
12中水01	20.00	5.03	7	2012/10/29	上海证券交易所
12中水02	30.00	5.20	10	2012/10/29	上海证券交易所
12能新01	11.40	4.80	3	2012/10/29	上海证券交易所
12能新02	8.60	5.09	5	2012/10/29	上海证券交易所
12中海03	15.00	5.05	7	2012/10/29	上海证券交易所
12中海04	10.00	5.18	10	2012/10/29	上海证券交易所
12金螳01	7.00	5.00	5	2012/10/29	深圳证券交易所
12中山01	10.00	5.50	7	2012/10/29	深圳证券交易所
12开滦01	15.00	5.40	7	2012/10/30	上海证券交易所
12恒邦债	11.00	6.30	5	2012/10/30	深圳证券交易所
12海翔债	3.00	5.60	3	2012/10/31	深圳证券交易所
12建峰债	10.00	6.39	7	2012/11/02	深圳证券交易所
12科伦01	15.00	5.60	5	2012/11/05	深圳证券交易所
12华西债	6.00	6.00	5	2012/11/05	深圳证券交易所

3-14 续表 3 continued

债券名称 Bond Name	发行额(亿元) Value of Bonds Issued (100 million yuan)	利率(%) Interest Rate (%)	期限(年) Term (year)	发行日期 Issue Date	上市交易所 Stock Exchange
12金亚01	1.50	8.40	4	2013/06/21	深圳证券交易所
13证金14	14.44	6.50	0.25	2013/06/26	上海证券交易所
13嘉寓债	0.50	7.50	5	2013/06/27	深圳证券交易所
13国君债	30.00	6.00	4	2013/07/09	上海证券交易所
13证金16	50.00	5.50	0.27	2013/07/10	上海证券交易所
13华融债	15.00	6.25	4	2013/07/10	上海证券交易所
13国元01	32.70	4.70	5	2013/07/24	深圳证券交易所
13国元02	17.30	4.90	5	2013/07/24	深圳证券交易所
13中金债	30.00	6.00	6	2013/07/25	上海证券交易所
13川路桥	15.00	5.65	5	2013/07/26	上海证券交易所
12申万债	60.00	5.20	6	2013/07/29	上海证券交易所
13国君01	50.00	5.10	2	2013/07/29	上海证券交易所
13中信03	50.00	5.00	3	2013/08/05	上海证券交易所
13永泰债	38.00	6.80	5	2013/08/06	上海证券交易所
13京客隆	7.50	5.48	5	2013/08/13	上海证券交易所
13银河01	5.00	5.50	0.25	2013/08/15	上海证券交易所
13证金17	16.97	5.50	0.25	2013/08/15	上海证券交易所
13渤租债	35.00	6.00	5	2013/08/15	深圳证券交易所
12国航03	15.00	5.30	10	2013/08/16	上海证券交易所
12国航02	35.00	5.15	5	2013/08/16	上海证券交易所
13安信债	36.00	5.15	5	2013/08/19	上海证券交易所
13证金18	1.40	5.50	0.25	2013/08/20	上海证券交易所
13证金19	19.00	5.30	0.1	2013/08/22	上海证券交易所
13证金20	6.00	5.30	0.1	2013/08/22	上海证券交易所
13证金21	24.00	5.30	0.25	2013/08/23	上海证券交易所
13证金22	5.00	5.40	0.25	2013/08/23	上海证券交易所
13证金23	13.00	5.50	0.5	2013/08/27	上海证券交易所
13证金24	7.00	5.30	0.25	2013/08/27	上海证券交易所
13证金25	5.00	5.40	0.25	2013/08/29	上海证券交易所
13证金26	12.00	5.30	0.25	2013/09/03	上海证券交易所
13鲁金01	20.00	5.16	5	2013/09/03	上海证券交易所
13证金27	10.00	5.50	0.5	2013/09/05	上海证券交易所
13银河02	10.00	5.85	1	2013/09/10	上海证券交易所
13证金28	20.00	5.70	0.25	2013/09/10	上海证券交易所
13证金29	28.50	5.30	0.25	2013/09/10	上海证券交易所
13证金30	15.00	5.85	1	2013/09/10	上海证券交易所
13银河03	25.00	5.85	1	2013/09/11	上海证券交易所
13银河04	2.00	5.15	0.25	2013/09/11	上海证券交易所
13证金31	6.00	5.50	0.5	2013/09/11	上海证券交易所
13证金32	13.00	5.70	0.5	2013/09/13	上海证券交易所
11航民02	2.50	6.60	3	2013/09/16	上海证券交易所
13证金33	24.00	5.50	0.5	2013/09/16	上海证券交易所
13证金34	15.00	5.70	0.5	2013/09/16	上海证券交易所
13证金35	13.00	5.30	0.25	2013/09/17	上海证券交易所
12瑞泽债	28.00	7.00	5	2013/09/18	深圳证券交易所
13证金36	6.00	5.50	0.5	2013/09/23	上海证券交易所
11亚迪02	30.00	6.35	5	2013/09/23	深圳证券交易所
13证金37	5.90	5.50	0.5	2013/09/25	上海证券交易所
13证金38	1.50	5.60	0.75	2013/09/30	上海证券交易所
13天晟01	1.90	8.00	3	2013/09/30	深圳证券交易所
13证金39	20.30	5.30	0.25	2013/10/15	上海证券交易所
13证金40	6.00	5.50	0.5	2013/10/15	上海证券交易所
13证金41	6.00	5.60	1	2013/10/15	上海证券交易所

3-14 续表 4 continued

债券名称 Bond Name	发行额(亿元) Value of Bonds Issued (100 million yuan)	利率(%) Interest Rate (%)	期限(年) Term (year)	发行日期 Issue Date	上市交易所 Stock Exchange
13证金42	2.00	5.55	0.75	2013/10/16	上海证券交易所
13证金43	4.00	5.57	0.8	2013/10/16	上海证券交易所
13赤湾01	5.00	5.60	5	2013/10/18	深圳证券交易所
13证金44	2.00	5.55	0.75	2013/10/22	上海证券交易所
13魏桥01	30.00	7.00	5	2013/10/23	上海证券交易所
13证金45	6.00	5.50	0.5	2013/10/23	上海证券交易所
13证金46	14.00	5.60	1	2013/10/23	上海证券交易所
13美邦01	8.00	7.20	5	2013/10/25	深圳证券交易所
13银河05	5.00	6.30	1	2013/10/31	上海证券交易所
13证金47	7.00	5.50	0.5	2013/11/06	上海证券交易所
13国君02	30.00	5.95	1	2013/11/07	上海证券交易所
13外运债	20.00	5.70	3	2013/11/08	上海证券交易所
13证金48	5.00	5.70	1	2013/11/08	上海证券交易所
13证金49	8.00	5.30	0.25	2013/11/12	上海证券交易所
13东北01	18.30	6.00	5	2013/11/12	深圳证券交易所
13东北02	0.70	6.10	5	2013/11/12	深圳证券交易所
13苏宁债	35.00	5.95	6	2013/11/13	深圳证券交易所
13山证01	10.00	6.25	3	2013/11/13	深圳证券交易所
13东方债	36.00	6.70	4	2013/11/15	上海证券交易所
13东吴债	30.00	6.18	5	2013/11/18	上海证券交易所
13华域02	28.00	5.72	5	2013/11/18	上海证券交易所
13华域01	12.00	5.60	2	2013/11/18	上海证券交易所
13中信建	47.00	6.15	3	2013/11/22	上海证券交易所
13证金50	3.87	5.70	0.5	2013/11/22	上海证券交易所
13证金51	5.00	5.85	1	2013/11/22	上海证券交易所
13海通01	72.60	6.05	3	2013/11/25	上海证券交易所
13海通02	23.50	6.15	5	2013/11/25	上海证券交易所
13海通03	23.90	6.18	10	2013/11/25	上海证券交易所
13证金52	6.20	5.70	0.5	2013/11/26	上海证券交易所
13东兴01	6.60	6.50	3	2013/11/27	上海证券交易所
13证金53	5.00	5.85	1	2013/11/29	上海证券交易所
13云煤业	2.50	7.80	7	2013/12/03	上海证券交易所
13证金54	10.00	6.20	0.5	2013/12/03	上海证券交易所
13盛屯债	2.00	8.00	5	2013/12/12	上海证券交易所
13证金58	7.00	6.00	1	2013/12/16	上海证券交易所

3-15 可转债发行情况明细

Details of Convertible Bonds Issuance

债券名称 Bond Name	发行额(亿元) Value of Bonds Issued (100 million yuan)	利率(%) Interest Rate(%)	期限(年) Term(year)	发行日期 Issue Date	上市交易所 Stock Exchange
泰尔转债	3.20	0.60	5	2013/01/09	深圳证券交易所
民生转债	200.00	0.60	6	2013/03/15	上海证券交易所
东华转债	10.00	0.50	6	2013/07/26	深圳证券交易所
华天转债	4.61	0.50	6	2013/08/12	深圳证券交易所
隧道转债	26.00	0.60	6	2013/09/13	上海证券交易所
徐工转债	25.00	0.80	6	2013/10/25	深圳证券交易所
平安转债	260.00	0.80	6	2013/11/22	上海证券交易所
深燃转债	16.00	0.60	6	2013/12/13	上海证券交易所

数据来源：上海证券交易所、深圳证券交易所

Source:SSE、SZSE

3-16 中小企业私募债发行情况明细
Details of Private Placement Bonds Issuance

债券名称 Bond Name	发行额(亿元) Value of Bonds Issued (100 million yuan)	利率(%) Interest Rate(%)	期限(年) Term(year)	发行日期 Issue Date	上市交易所 Stock Exchange
12富士宝	0.50	7.50	2	2013/01/07	深圳证券交易所
12长青债	0.75	8.80	3	2013/01/08	深圳证券交易所
12森园01	1.00	9.98	3	2013/01/08	深圳证券交易所
13津海01	0.15	9.00	2	2013/01/09	上海证券交易所
12海吉星	2.00	8.50	3	2013/01/15	深圳证券交易所
12扬安债	2.00	8.70	2	2013/01/15	深圳证券交易所
12南菱02	0.37	9.50	2	2013/01/16	深圳证券交易所
12漳水债	1.50	8.20	3	2013/01/16	深圳证券交易所
13中河债	0.30	9.80	2	2013/01/17	上海证券交易所
12仪水务	2.00	9.50	3	2013/01/17	上海证券交易所
12金田01	0.50	9.00	3	2013/01/18	上海证券交易所
12威仕达	1.20	9.50	3	2013/01/18	深圳证券交易所
13威亨债	1.50	8.50	2	2013/01/21	上海证券交易所
12鸿瑞债	0.80	8.90	3	2013/01/21	深圳证券交易所
12中昌债	1.50	8.10	3	2013/01/22	上海证券交易所
12丰港债	2.00	9.00	2	2013/01/22	上海证券交易所
12东配件	2.00	9.15	3	2013/01/22	深圳证券交易所
13宁物流	2.00	9.55	3	2013/01/23	上海证券交易所
12华特斯	0.60	11.00	2	2013/01/23	上海证券交易所
12雷山债	1.50	8.00	2	2013/01/23	深圳证券交易所
12恒星债	1.00	9.35	3	2013/01/23	深圳证券交易所
12思倍驰	0.15	9.00	2	2013/01/24	深圳证券交易所
12润百债	0.50	9.50	3	2013/01/24	深圳证券交易所
12冠耀集	0.55	9.80	2	2013/01/24	深圳证券交易所
12蒙奶联	2.50	8.98	3	2013/01/24	深圳证券交易所
12东飞01	1.10	9.50	2	2013/01/25	深圳证券交易所
12青雨01	0.30	8.50	3	2013/01/25	深圳证券交易所
12沪三航	1.00	11.00	3	2013/01/28	上海证券交易所
13瑞水01	1.50	8.10	3	2013/01/28	上海证券交易所
12西路债	1.00	8.52	1	2013/01/28	深圳证券交易所
12天地债	0.30	9.00	3	2013/01/28	深圳证券交易所
12津天联	0.50	9.00	2	2013/01/29	上海证券交易所
13博润01	3.50	9.30	3	2013/01/29	上海证券交易所
13鲁博特	0.30	8.50	3	2013/01/31	上海证券交易所
12湖珍绒	2.00	9.60	3	2013/01/31	上海证券交易所
13泰医药	3.00	9.50	3	2013/02/01	上海证券交易所
12骆减震	0.50	8.50	2	2013/02/04	上海证券交易所
12蓝博01	0.60	9.80	3	2013/02/04	深圳证券交易所
13汤山债	3.00	9.00	2	2013/02/04	深圳证券交易所
13苏元01	0.50	10.00	2	2013/02/05	上海证券交易所
12致富债	1.50	9.50	3	2013/02/05	深圳证券交易所
12枣林湾	2.00	9.50	3	2013/02/06	上海证券交易所
12盛水债	1.00	8.60	2	2013/02/21	深圳证券交易所
12大港01	2.00	9.50	3	2013/02/26	上海证券交易所
12浙浦百	0.80	14.00	3	2013/02/26	上海证券交易所
13嵊宾馆	1.20	9.20	3	2013/02/26	深圳证券交易所
13粤广电	1.00	6.00	2	2013/02/27	上海证券交易所
13中海阳	1.00	8.50	2	2013/02/27	上海证券交易所
12九泰债	2.00	9.20	2	2013/02/27	上海证券交易所
13宏伟债	0.20	10.00	1	2013/03/01	上海证券交易所

数据来源：上海证券交易所、深圳证券交易所
Source:SSE、SZSE

3-16 续表 1 continued

债券名称 Bond Name	发行额(亿元) Value of Bonds Issued (100 million yuan)	利率(%) Interest Rate(%)	期限(年) Term(year)	发行日期 Issue Date	上市交易所 Stock Exchange
13山河债	0.08	10.00	1	2013/03/01	上海证券交易所
13桃盛债	0.13	10.00	1	2013/03/01	上海证券交易所
12瑞昌02	0.16	8.50	3	2013/03/01	深圳证券交易所
12安吉修	2.50	9.50	3	2013/03/07	上海证券交易所
12杭建工	0.30	9.50	3	2013/03/11	深圳证券交易所
12杭设备	0.70	9.50	3	2013/03/11	深圳证券交易所
13鲁中文	2.00	10.00	3	2013/03/12	上海证券交易所
12金田02	0.50	9.00	3	2013/03/12	上海证券交易所
12松江债	3.00	9.50	3	2013/03/13	深圳证券交易所
12中能02	1.00	9.30	3	2013/03/13	深圳证券交易所
13渝宏债	2.00	10.00	3	2013/03/18	上海证券交易所
13锡软件	2.50	9.00	3	2013/03/19	深圳证券交易所
13宏公路	1.80	9.15	2	2013/03/20	深圳证券交易所
13博瑞债	0.60	8.50	3	2013/03/21	上海证券交易所
13天政债	2.00	7.78	3	2013/03/21	上海证券交易所
12东飞02	1.50	9.50	2	2013/03/21	深圳证券交易所
12中成债	0.60	9.50	3	2013/03/22	上海证券交易所
13苏元02	0.50	10.00	2	2013/03/22	上海证券交易所
12港区债	1.80	8.80	3	2013/03/25	上海证券交易所
13南泰禾	0.63	9.70	3	2013/03/25	上海证券交易所
13东通债	2.00	9.50	3	2013/03/26	上海证券交易所
13土楼债	2.00	9.00	3	2013/03/27	深圳证券交易所
13中森债	1.80	10.00	3	2013/03/28	上海证券交易所
13泰生源	0.30	9.50	2	2013/03/28	上海证券交易所
13浦科创	1.20	9.00	3	2013/03/29	上海证券交易所
13沪派控	0.15	9.00	3	2013/03/29	上海证券交易所
13沪复展	0.15	9.00	3	2013/03/29	上海证券交易所
13苏宇迪	0.30	8.50	2	2013/04/02	上海证券交易所
12海纳债	0.50	10.50	3	2013/04/02	深圳证券交易所
13虞振能	1.26	9.79	2	2013/04/03	上海证券交易所
12蓝博02	0.90	9.80	3	2013/04/03	深圳证券交易所
12嘉林债	2.00	8.28	3	2013/04/08	深圳证券交易所
13松鹤楼	1.00	8.90	2	2013/04/10	上海证券交易所
12航食02	0.90	10.50	3	2013/04/11	深圳证券交易所
13恒顺达	1.50	8.60	2	2013/04/15	深圳证券交易所
13华岳债	1.00	9.00	2	2013/04/16	深圳证券交易所
13博润02	1.50	9.30	3	2013/04/17	上海证券交易所
13博瑞格	0.80	12.00	3	2013/04/17	上海证券交易所
12蒙恒达	2.00	10.20	3	2013/04/18	上海证券交易所
13大宏债	3.00	10.00	3	2013/04/19	上海证券交易所
12清研债	2.00	8.00	3	2013/04/22	上海证券交易所
13金农债	2.00	8.00	3	2013/04/22	上海证券交易所
13南浔债	1.00	9.00	2	2013/04/22	深圳证券交易所
12宝塔01	1.00	11.00	3	2013/04/23	深圳证券交易所
13鲁润峰	1.50	10.50	3	2013/04/24	上海证券交易所
13如交服	2.50	9.00	3	2013/04/24	上海证券交易所
12精彩债	1.00	11.00	3	2013/04/25	深圳证券交易所
12昭仪债	1.67	10.00	3	2013/04/26	深圳证券交易所
12浙天台	1.50	9.30	3	2013/04/26	深圳证券交易所
13威蓝星	1.20	9.50	2	2013/05/08	上海证券交易所
13鲁天宝	1.00	8.00	3	2013/05/09	上海证券交易所
12泰亨债	0.80	9.50	3	2013/05/10	深圳证券交易所
12科地01	0.60	9.00	2	2013/05/14	深圳证券交易所
12中电投	1.40	9.80	3	2012/12/28	上海证券交易所

3-16 续表 2 continued

债券名称 Bond Name	发行额(亿元) Value of Bonds Issued (100 million yuan)	利率(%) Interest Rate(%)	期限(年) Term(year)	发行日期 Issue Date	上市交易所 Stock Exchange
13钟宏达	1.00	10.00	2	2013/05/15	上海证券交易所
12广建债	0.30	11.00	1.5	2013/05/21	深圳证券交易所
12福添债	0.40	10.00	3	2013/05/22	深圳证券交易所
12山寨债	1.00	10.50	3	2013/05/22	深圳证券交易所
13展望债	1.00	9.50	3	2013/05/23	上海证券交易所
13朝科贸	2.00	10.00	2	2013/05/23	上海证券交易所
13镇旅游	5.00	8.80	2	2013/05/23	上海证券交易所
13北港01	1.50	11.00	3	2013/05/23	上海证券交易所
13淹城债	3.00	8.00	3	2013/05/24	深圳证券交易所
13骏浩01	0.50	9.50	3	2013/05/24	深圳证券交易所
13瑞水02	0.50	8.10	3	2013/05/27	上海证券交易所
13临医药	2.00	9.50	3	2013/05/27	上海证券交易所
13淮物流	3.00	8.60	3	2013/05/28	上海证券交易所
13天子湖	2.50	9.30	3	2013/05/28	上海证券交易所
13阳澄债	3.00	9.00	3	2013/05/29	上海证券交易所
13淮化工	0.80	9.00	3	2013/05/30	上海证券交易所
13泰禾02	0.37	9.70	3	2013/06/03	上海证券交易所
12大港02	2.00	9.00	3	2013/06/06	上海证券交易所
13东星债	1.00	9.00	2	2013/06/06	深圳证券交易所
13圣达01	0.25	10.20	2	2013/06/13	深圳证券交易所
12沪机电	1.60	9.50	2	2013/06/18	上海证券交易所
13天龙水	0.80	9.50	2	2013/06/19	上海证券交易所
13京蓝天	0.20	8.50	3	2013/06/19	上海证券交易所
13红卫债	1.50	7.50	3	2013/06/19	深圳证券交易所
12亚德债	0.30	10.96	2	2013/06/21	深圳证券交易所
12金正债	1.00	9.80	2	2013/06/24	深圳证券交易所
13莲花山	2.80	8.63	3	2013/06/24	深圳证券交易所
12张鸭子	0.30	9.00	2	2013/06/25	深圳证券交易所
12宝塔02	1.00	11.00	3	2013/06/26	深圳证券交易所
13凯工债	3.00	8.70	3	2013/06/27	上海证券交易所
13画都01	0.50	7.50	3	2013/06/28	上海证券交易所
13新三印	0.10	10.00	3	2013/06/28	上海证券交易所
12森瑞债	0.50	10.00	2	2013/06/28	深圳证券交易所
13海交投	3.00	8.10	3	2013/07/04	深圳证券交易所
13镇索普	0.50	10.00	2	2013/07/10	上海证券交易所
13御景01	1.00	9.50	2	2013/07/12	深圳证券交易所
13济环01	0.84	9.50	1	2013/07/16	深圳证券交易所
13济环02	0.36	9.50	1	2013/07/16	深圳证券交易所
13临药02	1.00	9.70	3	2013/07/17	上海证券交易所
13宁化工	2.00	8.80	2	2013/07/19	上海证券交易所
13苏新债	2.00	7.80	3	2013/07/19	深圳证券交易所
13胜伟债	1.00	9.80	3	2013/07/22	深圳证券交易所
13淮康嘉	2.00	8.80	3	2013/07/25	深圳证券交易所
13海希债	0.70	9.50	3	2013/07/30	深圳证券交易所
13寿农01	1.40	9.80	3	2013/08/01	上海证券交易所
13天喜01	0.70	8.85	3	2013/08/07	深圳证券交易所
13天喜02	0.30	10.00	3	2013/08/07	深圳证券交易所
13利树债	0.50	8.95	3	2013/08/07	深圳证券交易所
13福星门	2.50	9.50	3	2013/08/08	深圳证券交易所
13惠农发	2.50	9.00	3	2013/08/12	上海证券交易所
13森园债	1.00	10.00	2	2013/08/23	上海证券交易所
13华珠债	0.80	10.00	3	2013/08/23	深圳证券交易所
13黄山头	2.50	9.50	3	2013/08/28	上海证券交易所
13东霖债	0.50	11.00	3	2013/08/28	上海证券交易所

3-16 续表 3 continued

债券名称 Bond Name	发行额(亿元) Value of Bonds Issued (100 million yuan)	利率(%) Interest Rate(%)	期限(年) Term(year)	发行日期 Issue Date	上市交易所 Stock Exchange
13绿润债	1.00	10.00	3	2013/08/28	深圳证券交易所
13渝公01	1.75	10.00	3	2013/08/29	上海证券交易所
13瑞源01	1.22	9.00	2	2013/08/30	深圳证券交易所
13常机债	2.00	8.30	3	2013/09/02	深圳证券交易所
13北鼎01	0.50	10.50	3	2013/09/04	上海证券交易所
13浙永利	3.00	8.50	3	2013/09/04	上海证券交易所
13梅花01	0.60	8.80	1	2013/09/04	深圳证券交易所
13中电强	0.40	9.00	3	2013/09/05	上海证券交易所
13隆鑫债	5.00	8.00	3	2013/09/10	上海证券交易所
13北皓天	0.94	11.00	3	2013/09/11	上海证券交易所
13尧塘01	0.50	9.50	3	2013/09/17	上海证券交易所
13骏浩02	1.00	10.60	3	2013/09/18	深圳证券交易所
13正和债	1.00	10.30	2	2013/09/18	深圳证券交易所
13通晨曦	1.00	8.00	3	2013/09/24	上海证券交易所
13光发债	1.20	8.00	3	2013/09/24	深圳证券交易所
13深汽集	3.50	9.30	2	2013/09/26	上海证券交易所
13华春债	2.00	7.80	3	2013/09/26	深圳证券交易所
13瑞源02	0.28	9.00	2	2013/09/27	深圳证券交易所
13蓝天债	0.30	10.00	2	2013/09/27	深圳证券交易所
13北鼎02	1.50	10.50	3	2013/10/08	上海证券交易所
13中磁债	0.10	9.00	3	2013/10/09	深圳证券交易所
13容丰01	1.00	9.00	3	2013/10/10	上海证券交易所
13婷美债	0.50	9.50	3	2013/10/14	深圳证券交易所
13华光01	0.29	9.40	3	2013/10/14	深圳证券交易所
13福星债	2.57	6.70	1	2013/10/14	深圳证券交易所
13淮水01	1.10	8.50	3	2013/10/15	上海证券交易所
13图灵债	0.05	6.50	1	2013/10/15	上海证券交易所
13安德固	0.30	8.50	3	2013/10/15	上海证券交易所
13泰丰债	2.50	9.30	3	2013/10/16	上海证券交易所
13画都02	0.50	7.50	3	2013/10/18	上海证券交易所
13镇旅02	5.00	-	-	2013/10/22	上海证券交易所
13龙丹01	1.29	10.00	3	2013/10/22	深圳证券交易所
13三峡01	0.08	9.00	3	2013/10/22	深圳证券交易所
13渝升厦	3.00	11.00	3	2013/10/23	上海证券交易所
13八达01	0.81	10.00	3	2013/10/23	深圳证券交易所
13容丰02	0.80	9.80	3	2013/10/24	上海证券交易所
13福地01	1.25	9.00	3	2013/10/24	上海证券交易所
13凯英信	0.15	8.00	2	2013/10/25	深圳证券交易所
13中路建	0.64	9.30	2	2013/10/29	上海证券交易所
13华光02	0.30	10.50	2	2013/10/29	深圳证券交易所
13海广电	1.00	8.50	2	2013/10/30	上海证券交易所
13志诚债	0.35	9.80	3	2013/10/31	上海证券交易所
13华龙01	0.10	11.00	3	2013/11/01	深圳证券交易所
13新明01	1.00	9.30	2	2013/11/04	深圳证券交易所
13莒鸿润	1.00	9.50	2	2013/11/06	上海证券交易所
13渝新禹	3.70	8.50	3	2013/11/08	上海证券交易所
13帷盛01	0.30	9.80	3	2013/11/11	深圳证券交易所
13新港债	4.00	8.40	3	2013/11/12	深圳证券交易所
13高鑫债	2.00		3	2013/11/14	上海证券交易所
13帷盛02	0.50	11.00	3	2013/11/14	深圳证券交易所
13津六政	2.00	7.90	3	2013/11/15	上海证券交易所
13营物流	3.00	9.10	3	2013/11/18	上海证券交易所
13津桥01	0.65	8.20	3	2013/11/18	深圳证券交易所
13赛特债	0.20	11.00	2	2013/11/19	深圳证券交易所

3-16 续表 4 continued

债券名称 Bond Name	发行额(亿元) Value of Bonds Issued (100 million yuan)	利率(%) Interest Rate(%)	期限(年) Term(year)	发行日期 Issue Date	上市交易所 Stock Exchange
13鼎兴01	2.50	9.50	3	2013/11/25	上海证券交易所
13三峡02	0.92	8.50	3	2013/11/26	深圳证券交易所
13鲁木01	0.30	9.50	2	2013/11/27	上海证券交易所
13淮软01	1.15	10.00	3	2013/11/28	上海证券交易所
13苏恒瑞	1.50	10.00	3	2013/11/28	上海证券交易所
13华光03	0.20	9.80	3	2013/11/29	深圳证券交易所
13共兴债	1.00	8.00	3	2013/12/03	深圳证券交易所
13环球01	1.00	8.50	2	2013/12/04	深圳证券交易所
13闽三纺	1.00	9.30	3	2013/12/05	上海证券交易所
13大纵01	1.00	9.00	3	2013/12/06	上海证券交易所
13徐水务	2.00	9.50	3	2013/12/09	上海证券交易所
13安期生	0.20	8.50	3	2013/12/11	深圳证券交易所
13昭信债	1.00	7.50	3	2013/12/12	深圳证券交易所
13汉柏债	0.50	9.00	2	2013/12/13	深圳证券交易所
13百川债	2.00	7.50	3	2013/12/16	深圳证券交易所
13蒙国美	1.00	9.85	3	2013/12/16	深圳证券交易所
13旭长债	0.15	9.00	3	2013/12/16	深圳证券交易所
13瑞洁01	0.80	10.00	3	2013/12/19	上海证券交易所
13如交02	2.90	8.70	3	2013/12/19	上海证券交易所
13朗科技	2.00	8.50	2	2013/12/20	上海证券交易所
13如皋01	3.00	9.50	3	2013/12/20	深圳证券交易所
13为民01	0.40	8.50	2	2013/12/24	上海证券交易所
13大丰01	0.60	9.20	2	2013/12/25	上海证券交易所
13新诚01	0.40	10.00	3	2013/12/26	深圳证券交易所
13百电力	2.00	9.50	3	2013/12/27	上海证券交易所
13浦水务	3.00	9.50	2	2013/12/27	上海证券交易所
13新明02	0.50	9.30	2	2013/12/30	深圳证券交易所
13京桀亚	0.20	8.50	3	2013/12/31	上海证券交易所

主要统计指标解释

债券发行只数 指统计期内成功发行的债券数量。按发行首日口径计算。

债券发行额 指统计期内各类债券发行票面金额合计。按发行首日口径计算。

债券兑付金额 指统计期内债券发行人按照约定向债券投资者偿还本金和支付利息。

债券成交金额 指统计期内各类债券成交金额合计，包括债券现货成交金额和债券回购成交金额。

公式:现货成交金额=Σ（成交价格×成交量〔现货〕）; 回购成交金额=Σ（成交量〔回购〕×1000）

债券托管额 指统计期末托管在债券登记结算机构的各类债券面额合计。

债券成交量 指统计期内各类债券成交数量合计，包括债券现货成交数量和债券回购成交数量。现货成交量的单位以张计，回购成交量的单位以手计，每手10张。

贰 零 壹 肆

四. 证券投资基金

Securities Investment Funds

贰 零 壹 肆

2013年证券投资基金运行监管概述

2013年，基金监管部按照国务院“加快转变政府职能”的要求和会党委“两维护、一促进”的决策部署，坚持“放松管制、加强监管”的工作思路，贯彻落实新基金法要求，在不断加强监管执法，有效维护基金市场公平有序竞争环境、维护持有人合法权益的基础上，积极推动改革创新，维护了行业平稳健康发展的良好局面。截至12月31日，全国共有89家基金管理公司（含合资公司48家），管理资产规模4.22万亿元，其中，证券投资基金产品共1551只、资产3万亿元，社保基金资产4508亿元，企业年金基金资产2405亿元，专户理财资产5260亿元。基金持股市值13187.45亿元，占沪深股市流通市值的6.66%。此外，境内专户子公司62家，管理资产超过6000亿元。

一、做好新基金法配套法规的梳理修订工作，不断优化行业制度环境

作为行业基础性制度安排的总纲领，新基金法的颁布实施为行业改革创新开拓了广阔空间。今年以来，基金监管部认真做好配套法规梳理修订工作。对数项配套规章及规范性文件已完成修订、公开征求意见等程序。系列配套法规的陆续推出，将为行业的持续健康发展提供基本的制度保障。

二、进一步简政放权，促进市场竞争机制的形成

1. 深化基金产品审核制度的市场化改革，全面落实新基金法关于产品注册制的要求，由市场机构自主决定基金产品的发行类别、数量、时机。今年1月1日起，基金监管部取消基金产品通道制，实施网上电子化审批。常规产品按照简易程序、20个工作日实行快速审核。创新产品按照普通程序、6个月进行审核。

2. 积极推进公募基金管理业务资格审核，加快推动形成多元、开放、包容的公募基金管理机构队伍。完成商业银行设立基金管理公司第三批试点，5家城市商业银行成功发起设立基金管理公司。保险机构投资设立基金管理公司试点取得实质性进展，人寿资产作为首家保险机构成功设立国寿安保基金管理公司。支持券商等资管机构申请开展公募基金管理业务，东方证券资管、华融证券获得公募基金管理资格。

3. 做好基金销售业务资格许可下放后的统筹指导，推进销售渠道多元化发展。2012年10月，基金销售业务资格许可下放至派出机构。今年，基金监管部积极开展许可下放后的业务培训与指导工作。

4. 积极拓宽基金托管业务牌照的机构范围，提升托管市场的竞争度，促进托管服务总体水平的提升。稳步推进中资商业银行托管资格审核工作，全面评估外资法人银行开展基金托管业务的可行性，积极支持证券公司、中登公司等非银行金融机构申请基金托管资格。

5. 推进信息系统建设，许可事项全部实现电子审核。今年以来，在前期销售资格电子审核成功经验的基础上，基金监管部陆续完成了基金产品、QFII和RQFII资格、托管资格、基金公司及子公司设立、高管资格的电子化审核系统建设，成功实现电子审核覆盖所有许可的既定目标，在提升监管效能的同时，也进一步规范了审核标准与程序，减少了自由裁量权。另外，对专户产品实现了网上实时备案，解放了审核资源，有力支持了市场机构的创新发展。

三、积极支持行业创新，更好满足居民

多元化理财需求，提升基金行业服务实体经济的能力

1. 稳妥推进创新基金产品开发，充分释放市场创新活力。支持公募基金拓展投资范围,发布《黄金交易型开放式证券投资基金暂行规定》，成功推出黄金 ETF 产品，发布《基金参与国债期货交易指引》，引导基金审慎开展金融衍生品投资。以更好满足居民理财需求为导向，推出了债券 ETF、浮动管理费率、定期支付、绝对收益等创新产品。

2. 支持行业利用互联网金融争取客户资源，着力突破行业销售瓶颈。支持基金销售电子商务业务发展，发布《基金销售机构通过第三方电子商务平台开展业务管理暂行规定》，支持“余额宝”上线。

3. 支持基金专户子公司平稳起步，打造投融资对接平台，提升基金行业服务实体经济的能力。按照“宽进严管”要求，稳步推进专户子公司设立审核，加强子公司业务的日常监管。针对子公司业务风险，指导基金业协会及时发布《关于加强专项资产管理业务风险管理有关事项的通知》。鼓励多家子公司探索不同模式的股权激励，在健全行业长效激励约束机制方面做了积极有益的尝试。截至年底，共有 62 家专户子公司，资产管理规模超过 6000 亿元。

四、推进资本市场双向开放，加快推动长期资金入市

1. 加快引入 QFII 步伐，大力推进 RQFII 发展。继续稳步推进 QFII 资格审批，协调外汇局加快批准 QFII 投资额度。完成 RQFII 法规修订工作，进一步扩大试点机构范围。积极推动 RQFII 试点范围扩大至台湾、伦敦和新加坡等地区。

2. 积极推动内地与香港基金产品的互认。今年 8 月，“积极研究内地与香港基金产品互认”被写入 CEPA 补充协议。目前，相关研究和准备工作正在积极推动中。

五、加强监管执法，切实保护投资者合法权益，维护公平有序的市场环境

1. 加强基金公司现场检查。围绕监管重点，推动 5 家派出机构对 12 家基金管理公司开展全面现场检查，7 家派出机构对 28 家基金管理公司开展专项现场检查，组织 3 次由多家派出机构参加的联合现场检查。针对现场检查中发现的问题，区分情节轻重，相关派出机构对 5 家公司采取了责令整改的行政监管措施，对 19 名人员采取了监管谈话、出具警示函等行政监管措施。

2. 加强基金投资运作非现场监管。处理基金投资运作违规与操作失误事件 26 项，对 6 家公司、26 名相关人员采取了行政监管措施，由公司自有资金或风险准备金赔偿基金或持有人损失近亿元。此外，对三家基金托管银行失职行为进行查处，对 4 名相关人员采取行政监管措施，促使托管行切实履行托管职责。

3. 严肃查处销售违规行为。2013 年，已经完成 250 余次现场检查，对 48 家销售机构或销售分支机构作出处罚；组织派出机构对 2012 年 333 次现场检查发现的 37 项严重问题进行了处罚。针对非现场监管中发现的 22 项基金销售违法违规事项，基金监管部及相关派出机构共对 18 家基金销售机构、8 名相关人员采取行政监管措施。

六、完善对投资风险及市场热点的监控预警及快速反应机制，扎实做好系统性风险防控等基础性制度建设

1. 及时跟踪、回应、处理突发事件和热点问题，不断提升工作的及时性、预见性、前瞻性。今年以来，涉及基金监管部工作的一些监管执法、市场创新等问题吸引了较多关注，对我们工作的快速反应机制提出了考验。实践中，对违法违规行为，我们坚持从速从严查处、及时通报结果、主动回应关切；对市场创新问题，我们坚持及时澄清模糊认识、讲清讲透监管原则、明确提出具体意见，均取得了较好的效果，受到行业机构、市场各方、新闻媒体乃至社会大众的广泛认可。

2. 加强系统性风险防范。持续跟进货币类基金

风险监控，平稳化解 6 月份货币类基金风险，10 月份，下发《关于定期开展货币类基金统一情景压力测试的通知》，推动货币类基金压力测试工作制度化和常态化。修订发布《公开募集基金风险准备金监督管理暂行办法》，完善行业风险准备金制度。

4-1 证券投资基金概况
Overview of Securities Investment Funds

年份 Year	基金只数(只) Number of Funds(unit)			基金份额(亿份) Fund Units (100 million units)		
	合计 Total	封闭式 Close-ended Funds	开放式 Open-ended Funds	合计 Total	封闭式 Close-ended Funds	开放式 Open-ended Funds
1998	5	5	-	100.00	100.00	-
1999	16	16	-	505.00	505.00	-
2000	34	34	-	562.00	562.00	-
2001	51	48	3	804.23	686.73	117.50
2002	71	54	17	1318.85	817.00	501.85
2003	95	54	41	1614.67	817.00	797.67
2004	161	54	107	3308.79	817.00	2491.79
2005	218	54	164	4714.18	817.00	3897.18
2006	307	53	254	6220.67	812.00	5408.67
2007	346	36	310	22339.84	844.14	21495.70
2008	439	33	406	25741.78	890.32	24851.46
2009	547	31	516	23518.55	945.02	22573.53
2010	704	39	665	23955.33	1119.80	22835.53
2011	914	57	857	26510.37	1371.32	25139.05
2012	1173	68	1105	31708.41	1424.85	30283.56
2013	1551	130	1421	31167.18	1953.94	29213.24

注：1.本表中封闭式基金分类以截至统计时点的基金运作模式划分；
2.本章所有基金资产规模均指公募基金，不包括社保基金、基金专户等。
数据来源：中国证监会、上海证券交易所、深圳证券交易所
Source: CSRC、SSE、SZSE

4-1 续表 continued

年份 Year	基金资产规模(亿元) Fund Asset Value (100 million yuan)			上市基金成交份额(亿份) Trading Volume of Listed Funds (100 million units)			上市基金成交金额(亿元) Trading Turnover of Listed Funds(100 million yuan)		
	合计 Total	封闭式 Close-ended Funds	开放式 Open-ended Funds	合计 Total	上交所 SSE	深交所 SZSE	合计 Total	上交所 SSE	深交所 SZSE
1998	107.00	107.00	-	555.33	329.58	225.75	1016.89	605.28	411.61
1999	577.00	577.00	-	1623.12	827.95	795.17	2485.48	1365.82	1119.66
2000	847.35	847.35	-	2180.62	995.32	1185.30	2801.84	1334.18	1467.66
2001	809.24	691.15	118.09	2208.62	1148.35	1060.27	2561.88	1348.92	1212.96
2002	1185.56	717.06	468.50	1218.60	573.69	644.91	1166.62	556.77	609.85
2003	1699.22	862.00	837.22	849.18	441.62	407.56	682.65	362.16	320.49
2004	3246.34	809.71	2436.63	589.72	297.78	291.94	479.47	249.10	230.37
2005	4691.38	822.17	3869.21	1098.41	778.73	319.68	773.15	576.78	196.37
2006	8565.05	1623.64	6941.41	2058.16	1042.85	1015.31	2002.65	1024.35	978.30
2007	32762.32	2442.17	30320.15	4330.52	1981.36	2349.16	8620.09	4298.24	4321.85
2008	19403.25	758.95	18644.30	3742.28	2001.43	1740.85	5831.05	3700.23	2130.82
2009	26024.80	1238.78	24786.02	6531.40	3690.94	2840.46	10340.02	6549.06	3790.96
2010	25040.86	1299.00	23741.86	6582.01	3580.37	3001.64	8996.44	4771.71	4224.73
2011	21918.55	1234.15	20684.40	6125.90	2370.84	3755.06	6365.81	2901.41	3464.40
2012	28661.81	1413.01	27248.80	9375.05	2541.17	6833.88	8123.86	3171.36	4952.49
2013	30011.54	1987.56	28023.98	11281.55	3744.80	7536.75	14786.16	8989.48	5796.68

4-2 证券投资基金规模
Dimensions of Securities Investment Funds

基金类型	Type of Funds	基金只数(只) Number of Funds (unit)		基金份额(亿份) Fund Units (100 million units)		基金资产规模(亿元) Fund Asset Value (100 million yuan)	
		2012	2013	2012	2013	2012	2013
封闭式基金合计	Close-ended Funds	68	130	1424.85	1953.94	1413.01	1987.56
开放式基金合计	Open-ended Funds	1105	1421	30283.56	29213.24	27248.80	28023.98
其中：股票型	Thereinto:Equity Funds	534	610	13510.10	11794.06	11476.71	11026.24
混合型	Blend Funds	218	288	6493.14	5917.75	5645.86	5624.77
债券型	Bond Funds	225	346	3687.60	3260.97	3776.94	3309.02
货币市场型	Money Market Funds	61	94	5717.27	7475.74	5717.28	7475.93
QDII	Qualified Domestic Institutional Investor	67	83	875.46	764.71	632.02	588.02
合计	Total	1173	1551	31708.41	31167.18	28661.81	30011.54

注：本表中封闭式基金分类以截至统计时点的基金运作模式划分。
数据来源：中国证监会
Source: CSRC

4-3 基金对外开放情况
Statistics of QFII, RQFII and QDII

年份 Year	QFII Qualified Foreign Institutional Investor					
	累计批准额度(亿美元) Cumulative Approved Quota (100 million USD)	基金资产规模(亿美元) Fund Asset Value(100 million USD)				
		合计 Total	股票 Stock	债券 Bond	现金 Cash	其他 Other
2003	17.00	-	-	-	-	-
2004	34.75	37.00	11.30	11.20	11.00	3.50
2005	56.95	47.80	28.90	7.80	3.70	7.40
2006	90.95	62.75	48.76	0.69	7.88	5.42
2007	99.45	296.22	157.34	5.63	113.30	19.96
2008	133.43	261.58	118.36	28.54	108.27	6.41
2009	165.70	424.57	311.22	24.88	77.40	11.07
2010	197.20	448.66	357.66	33.81	47.36	9.83
2011	216.40	401.56	282.13	57.60	49.98	11.84
2012	360.43	525.81	393.11	67.15	46.74	18.82
2013	497.01	693.64	496.39	100.05	70.55	26.65

注：1.RQFII统计中“债券”定义为固定收益类资产；
2.RQFII基金资产规模数据中，不含证券公司香港子公司数据。

数据来源：中国证监会、国家外汇管理局
Source: CSRC、SFFE

4-3　续表 1　continued

年份 Year	RQFII RMB Qualified Foreign Institutional Investor					
	累计批准额度(亿元) Cumulative Approved Quota (100 million yuan)	基金资产规模(亿元) Fund Asset Value (100 million yuan)				
		合计 Total	股票 Stock	债券 Bond	现金 Cash	其他 Other
2003	-	-	-	-	-	-
2004	-	-	-	-	-	-
2005	-	-	-	-	-	-
2006	-	-	-	-	-	-
2007	-	-	-	-	-	-
2008	-	-	-	-	-	-
2009	-	-	-	-	-	-
2010	-	-	-	-	-	-
2011	107.00	0.00	0.00	0.00	0.00	0.00
2012	670.00	507.00	443.52	109.85	21.43	3.62
2013	1575.00	532.26	430.53	74.01	8.96	18.76

4-3　续表 2　continued

年份 Year	QDII Qualified Domestic Institutional Investor					
	成立的产品数量(只) Number of products (unit)	累计批准额度(亿美元) Cumulative Approved Quota (100 million USD)	基金资产规模(亿元) Fund Asset Value (100 million yuan)			
			合计 Total	股票 Stock	债券 Bond	其他 Other
2003	-	-	-	-	-	-
2004	-	98.90	-	-	-	-
2005	-	98.90	-	-	-	-
2006	1	206.65	-	-	-	-
2007	4	523.66	1081.73	799.56	0.00	282.17
2008	9	551.21	522.41	319.86	71.35	131.20
2009	10	668.00	742.24	542.07	4.93	195.24
2010	27	759.17	735.50	546.84	11.68	176.98
2011	51	783.97	576.02	358.83	9.51	207.68
2012	67	828.77	632.02	422.87	33.61	175.54
2013	83	861.32	597.60	390.70	28.73	178.17

4-4 基金市场指数情况
Fund Index

年份 Year	上证基金指数 SSE Fund Index					
	开市 Open	最高 Highest	最低 Lowest	收市 Close	涨跌幅(%) Change Rate(%)	振幅(%) Amplitude(%)
2000	996.69	1121.71	968.70	1121.71	12.17	15.80
2001	1133.17	1367.37	1077.73	1183.13	5.48	26.88
2002	1168.82	1237.98	934.54	942.33	-20.35	32.47
2003	933.96	1057.46	889.81	1016.96	7.92	18.84
2004	1012.37	1101.88	836.81	872.01	-14.25	31.68
2005	866.93	866.93	706.53	840.19	-3.65	22.70
2006	837.92	2091.30	837.82	2090.52	148.82	149.61
2007	2132.24	5112.83	2041.89	5070.79	142.56	150.40
2008	5088.47	5525.57	2214.27	2512.49	-50.45	149.54
2009	2541.64	4813.13	2528.83	4765.75	89.68	90.33
2010	4785.96	5038.23	3752.78	4557.66	-4.37	34.25
2011	4580.40	4854.30	3516.42	3592.26	-21.18	38.05
2012	3603.59	4014.86	3347.34	3921.09	9.15	19.94
2013	3956.37	4319.18	3398.71	3880.27	-1.04	27.08

数据来源：上海证券交易所、深圳证券交易所
Source:SSE、SZSE

4-4 续表 continued

年份 Year	深证基金指数 SZSE Fund Index					
	开市 Open	最高 Highest	最低 Lowest	收市 Close	涨跌幅(%) Change Rate(%)	振幅(%) Amplitude(%)
2000	1297.50	1600.09	932.23	1145.20	-11.51	71.64
2001	1156.99	1363.26	1042.26	1139.75	-0.47	30.80
2002	1112.72	1176.06	866.22	876.97	-23.06	35.77
2003	864.76	975.31	824.25	938.47	7.01	18.33
2004	935.33	999.95	742.81	771.25	-17.82	34.62
2005	764.18	783.51	640.30	772.13	0.11	22.37
2006	769.07	2004.62	757.62	1997.62	158.72	164.59
2007	2035.86	5018.60	1886.81	4977.27	149.16	165.98
2008	5011.70	5404.91	2373.40	2626.25	-47.24	127.73
2009	2651.82	4768.90	2641.21	4720.45	79.74	80.56
2010	4739.89	5976.42	4191.79	5655.98	19.82	42.57
2011	5672.33	6005.05	4200.91	4274.31	-24.43	42.95
2012	4285.31	4726.69	4104.95	4567.49	6.86	15.15
2013	4595.10	5141.80	4306.84	4976.74	8.96	18.28

4-5 上市基金成交情况
Transaction Data of Listed Fund

年份 Year	交易天数（天） Trading days (day)	封闭式基金 Close-ended Funds			ETF ETF		
		成交份额（亿份） Trading Volume (100 million units)	成交金额（亿元） Trading Turnover (100 million yuan)	日均成交金额（亿元） Daily Average Turnover (100 million yuan)	成交份额（亿份） Trading Volume (100 million units)	成交金额（亿元） Trading Turnover (100 million yuan)	日均成交金额（亿元） Daily Average Turnover (100 million yuan)
2005	242	562.07	341.09	1.41	-	-	-
2006	241	1723.59	1626.36	6.75	306.21	339.97	1.41
2007	242	3152.77	5085.80	21.02	475.88	1544.62	6.38
2008	246	1722.55	2051.89	8.34	1411.50	3178.58	12.92
2009	244	1932.25	1694.95	6.95	3452.19	7652.13	31.36
2010	242	1178.04	1206.69	4.99	4020.86	6450.80	26.66
2011	244	510.29	509.25	2.09	3933.13	4213.25	17.27
2012	243	395.59	309.32	1.27	4766.86	4781.75	19.68
2013	238	491.94	435.83	1.83	5956.32	8962.32	37.66

数据来源：上海证券交易所、深圳证券交易所
Source: SSE、SZSE

4-5 续表 continued

年份 Year	LOF LOF			分级式基金 Structured Funds			合计 Total		
	成交份额（亿份） Trading Volume (100 million units)	成交金额（亿元） Trading Turnover (100 million yuan)	日均成交金额（亿元） Daily Average Turnover (100 million yuan)	成交份额（亿份） Trading Volume (100 million units)	成交金额（亿元） Trading Turnover (100 million yuan)	日均成交金额（亿元） Daily Average Turnover (100 million yuan)	成交份额（亿份） Trading Volume (100 million units)	成交金额（亿元） Trading Turnover (100 million yuan)	日均成交金额（亿元） Daily Average Turnover (100 million yuan)
2005	11.33	11.14	0.05	-	-	-	573.40	352.23	1.46
2006	28.36	36.32	0.15	-	-	-	2058.17	2002.65	8.31
2007	651.53	919.52	3.80	50.35	70.16	0.29	4330.53	7620.09	31.49
2008	378.71	415.29	1.69	229.52	185.30	0.75	3742.28	5831.06	23.70
2009	365.10	324.73	1.33	781.86	668.21	2.74	6531.40	10340.02	42.38
2010	324.26	307.07	1.27	1058.86	1031.87	4.26	6582.02	8996.44	37.18
2011	238.34	214.16	0.88	1444.14	1429.15	5.86	6125.90	6365.81	26.09
2012	213.19	186.12	0.77	3998.97	2846.42	11.71	9374.61	8123.61	33.43
2013	185.32	173.02	0.73	4626.54	3163.88	13.29	11260.12	12735.06	53.51

4-6 2013年封闭式基金名录

序号 No.	基金名称 Fund Name	发行时间 Issue Date	基金份额（亿份） Fund Units (100 million units)
1	嘉实增强信用定期开放债券型证券投资基金	2013/02/18	18.87
2	泰达宏利信用合利定期开放债券型证券投资基金	2013/02/25	43.63
3	摩根士丹利华鑫纯债稳定增利18个月定期开放债券型证券投资基金	2013/05/27	12.25
4	工银瑞信信用纯债一年定期开放债券型证券投资基金	2013/04/22	61.08
5	工银瑞信信用纯债两年定期开放债券型证券投资基金	2013/05/27	12.14
6	南方稳利1年定期开放债券型证券投资基金	2013/05/13	8.46
7	建信安心回报定期开放债券型证券投资基金	2013/04/15	48.58
8	易方达纯债1年定期开放债券型证券投资基金	2013/05/03	12.10
9	嘉实如意宝定期开放债券型证券投资基金	2013/05/13	17.17
10	嘉实丰益纯债定期开放债券型证券投资基金	2013/04/17	30.48
11	民生加银岁岁增利定期开放债券型证券投资基金	2013/07/01	21.13
12	长盛季季红1年定期开放债券型证券投资基金	2013/05/15	13.96
13	诺安信用债一年定期开放债券型证券投资基金	2013/05/10	21.65
14	泰达宏利高票息定期开放债券型证券投资基金	2013/05/20	32.18
15	嘉实丰益信用定期开放债券型证券投资基金	2013/07/22	6.71
16	嘉实丰益策略定期开放债券型证券投资基金	2013/07/04	6.83
17	富国目标收益一年期纯债债券型证券投资基金	2013/05/30	35.50
18	博时岁岁增利一年定期开放债券型证券投资基金	2013/06/03	11.58
19	诺安泰鑫一年定期开放债券型证券投资基金	2013/09/30	5.76
20	富国目标收益两年期纯债债券型证券投资基金	2013/08/22	8.77
21	泰信鑫益定期开放债券型证券投资基金	2013/06/19	2.33
22	汇添富年年利定期开放债券型证券投资基金	2013/08/15	5.41
23	长盛年年收益定期开放债券型证券投资基金	2013/07/03	5.93
24	华安年年红定期开放债券型证券投资基金	2013/10/16	2.98
25	诺安稳固收益一年定期开放债券型证券投资基金	2013/07/22	24.93
26	国投瑞银岁添利一年定期开放债券型证券投资基金	2013/07/10	3.58
27	天弘稳利定期开放债券型证券投资基金	2013/06/27	13.44
28	博时月月薪定期支付债券型证券投资基金	2013/07/02	4.44
29	方正富邦互利定期开放债券型证券投资基金	2013/08/01	2.67
30	长城增强收益定期开放债券型证券投资基金	2013/08/08	8.12
31	上投摩根岁岁盈定期开放债券型证券投资基金	2013/07/29	6.77
32	广发集利一年定期开放债券型证券投资基金	2013/07/29	13.20
33	中邮定期开放债券型证券投资基金	2013/10/08	37.74
34	博时双月薪定期支付债券型证券投资基金	2013/08/29	2.38
35	融通通泽一年目标触发式灵活配置混合型证券投资基金	2013/08/01	8.69
36	鹏华丰泰定期开放债券型证券投资基金	2013/08/19	2.08

List of Close-ended Funds in 2013

基金资产规模 (亿元) Fund Asset Value(100 million yuan)	基金管理 公司 Fund Management Company	基金托管银行 Fund Custodian Bank	上　市 地　点 Listing Location
18.52	嘉实	中国工商银行股份有限公司	-
42.95	泰达宏利	中国银行股份有限公司	-
12.24	摩根士丹利华鑫	中国民生银行股份有限公司	-
62.89	工银瑞信	招商银行股份有限公司	-
12.29	工银瑞信	交通银行股份有限公司	-
8.50	南方	中国农业银行股份有限公司	-
49.37	建信	中国工商银行股份有限公司	-
12.14	易方达	中国建设银行股份有限公司	-
17.31	嘉实	中国建设银行股份有限公司	-
30.49	嘉实	中国银行股份有限公司	-
21.45	民生加银	中国建设银行股份有限公司	-
13.79	长盛	中国银行股份有限公司	-
21.60	诺安	中国银行股份有限公司	-
32.26	泰达宏利	中国银行股份有限公司	-
6.74	嘉实	中国农业银行股份有限公司	-
6.87	嘉实	交通银行股份有限公司	-
35.90	富国	中国农业银行股份有限公司	-
11.77	博时	中国工商银行股份有限公司	-
5.80	诺安	中国工商银行股份有限公司	-
8.87	富国	中国建设银行股份有限公司	-
2.34	泰信	中信银行股份有限公司	-
5.48	汇添富	中国工商银行股份有限公司	-
5.96	长盛	中国银行股份有限公司	-
3.00	华安	中国工商银行股份有限公司	-
25.27	诺安	中国工商银行股份有限公司	-
3.60	国投瑞银	中国银行股份有限公司	-
13.59	天弘	中国工商银行股份有限公司	-
4.42	博时	招商银行股份有限公司	-
2.63	方正富邦	交通银行股份有限公司	-
8.06	长城	中国建设银行股份有限公司	-
6.70	上投摩根	交通银行股份有限公司	-
13.07	广发	中国工商银行股份有限公司	-
38.01	中邮创业	中国农业银行股份有限公司	-
2.40	博时	中国建设银行股份有限公司	-
8.36	融通	中国工商银行股份有限公司	-
2.04	鹏华	上海浦东发展银行股份有限公司	-

4-6 续表 1

序号 No.	基金名称 Fund Name	发行时间 Issue Date	基金份额(亿份) Fund Units(100 million units)
37	鹏华丰信分级债券型证券投资基金	2013/10/08	5.90
38	鹏华丰实定期开放债券型证券投资基金	2013/08/19	3.85
39	长盛双月红1年定期开放债券新证券投资基金	2013/08/22	3.48
40	安信永利信用定开放债券型证券投资基金	2013/10/16	2.52
41	融通通祥一年目标触发式灵活配置混合型证券投资基金	2013/09/16	6.41
42	中海惠利纯债分级债券型证券投资基金	2013/10/17	23.28
43	鹏华丰融定期开放债券型证券投资基金	2013/10/14	2.31
44	建信安心回报两年定期开放债券型证券投资基金	2013/10/10	3.75
45	富兰克林国海岁岁恒丰定期开放债券型证券投资基金	2013/10/21	6.26
46	信诚年年有余定期开放债券型证券投资基金	2013/10/21	2.61
47	中银惠利纯债半年定期开放债券型证券投资基金	2013/10/14	29.81
48	融通通源一年目标触发式灵活配置混合型证券投资基金	2013/11/25	5.06
49	道富增鑫一年定期开放债券型证券投资基金	2013/11/11	4.46
50	国开泰富岁月鎏金定期开放信用债券型证券投资基金	2013/11/18	5.16
51	嘉实绝对收益策略定期开放混合型发起式证券投资基金	2013/11/07	21.56
52	博时安心收益定期开放债券型证券投资基金	2012/11/07	2.90
53	嘉实增强收益定期开放债券型证券投资基金	2012/08/27	6.27
54	富国强收益定期开放债券型证券投资基金	2012/11/26	1.39
55	富国强回报定期开放债券型证券投资基金	2012/12/28	11.67
56	南方永利1年定期开放债券型证券投资基金(LOF)	2013/03/25	65.36
57	南方聚利1年定期开放债券型证券投资基金(LOF)	2013/10/28	2.95
58	博时裕祥分级债券型证券投资基金	2011/05/25	17.05
59	博时安丰18个月定期开放债券型证券投资基金	2013/07/29	2.48
60	鹏华丰泽分级债券型证券投资基金	2011/11/02	14.31
61	鹏华中小企业纯债债券型发起式证券投资基金	2012/10/15	9.87
62	鹏华丰利分级债券型发起式证券投资基金	2013/03/25	13.37
63	富国汇利分级债券型证券投资基金	2010/09/01	23.74
64	富国天盈分级债券型证券投资基金	2011/05/16	18.30
65	富国新天锋定期开放债券型证券投资基金	2012/04/05	9.46
66	易方达永旭添利定期开放债券型证券投资基金	2012/06/04	16.85
67	国投瑞银双债增利债券型证券投资基金	2011/02/24	12.38
68	银河通利分级债券型证券投资基金	2012/03/15	10.73

continued

基金资产规模(亿元) Fund Asset Value (100 million yuan)	基金管理公司 Fund Management Company	基金托管银行 Fund Custodian Bank	上市地点 Listing Location
5.86	鹏华	上海银行股份有限公司	-
3.70	鹏华	中信银行股份有限公司	-
3.50	长盛	中国农业银行股份有限公司	-
2.54	安信	中国农业银行股份有限公司	-
6.41	融通	中国建设银行股份有限公司	-
23.34	中海	招商银行股份有限公司	-
2.30	鹏华	交通银行股份有限公司	-
3.78	建信	招商银行股份有限公司	-
6.29	国海富兰克林	中国农业银行股份有限公司	-
2.61	信诚	中国银行股份有限公司	-
30.00	中银	中信银行股份有限公司	-
5.06	融通	中国农业银行股份有限公司	-
4.47	道富	中国工商银行股份有限公司	-
5.17	国开泰富	交通银行股份有限公司	-
21.63	嘉实	中国银行股份有限公司	-
2.89	博时	中国建设银行股份有限公司	-
6.29	嘉实	招商银行股份有限公司	-
1.42	富国	中国建设银行股份有限公司	-
11.64	富国	中国工商银行股份有限公司	-
65.81	南方	中国工商银行股份有限公司	-
2.95	南方	中国银行股份有限公司	-
18.03	博时	招商银行股份有限公司	深圳
2.50	博时	上海浦东发展银行股份有限公司	-
16.09	鹏华	中国邮政储蓄银行有限责任公司	深圳
9.81	鹏华	招商银行股份有限公司	-
12.16	鹏华	招商银行股份有限公司	-
23.54	富国	中国农业银行股份有限公司	-
21.38	富国	中国工商银行股份有限公司	深圳
9.40	富国	中国建设银行股份有限公司	深圳
16.56	易方达	中国工商银行股份有限公司	-
12.11	国投瑞银	中国建设银行股份有限公司	深圳
11.24	银河	北京银行股份有限公司	深圳

4-6 续表 2

序号 No.	基金名称 Fund Name	发行时间 Issue Date	基金份额(亿份) Fund Units(100 million units)
69	融通四季添利债券型证券投资基金	2012/01/16	12.82
70	融通岁岁添利定期开放债券型证券投资基金	2012/10/09	4.21
71	融通同福分级债券型证券投资基金	2013/11/11	5.27
72	招商信用添利债券型证券投资基金	2010/06/01	21.17
73	银华永兴纯债分级债券型发起式证券投资基金	2013/01/07	14.64
74	万家添利分级债券型证券投资基金	2011/05/16	12.65
75	万家强化收益定期开放债券型证券投资基金	2013/04/08	2.51
76	泰达宏利聚利分级债券型证券投资基金	2011/04/06	15.82
77	海富通稳进增利分级债券型证券投资基金	2011/07/25	2.21
78	国联安双佳信用分级债券型证券投资基金	2012/05/07	6.19
79	广发聚利债券型证券投资基金	2011/07/04	3.36
80	长信利鑫分级债券型证券投资基	2011/06/08	4.02
81	长信利众分级债券型证券投资基金	2013/01/21	7.07
82	申万菱信定期开放债券型发起式证券投资基金	2013/03/04	16.11
83	诺安纯债定期开放债券型证券投资基金	2013/02/28	8.83
84	中银信用增利债券型证券投资基金	2012/01/30	22.08
85	中银盛利纯债一年定期开放债券型证券投资基金	2013/07/04	32.07
86	中海惠裕纯债分级债券型发起式证券投资基金	2012/11/28	10.76
87	中海惠丰纯债分级债券型证券投资基金	2013/08/16	11.81
88	天弘添利分级债券型证券投资基金	2010/11/25	16.81
89	天弘丰利分级债券型证券投资基金	2011/10/24	8.30
90	天弘同利分级债券型证券投资基金	2013/09/02	6.89
91	华泰柏瑞信用增利债券型证券投资基金	2011/07/25	2.12
92	汇添富季季红定期开放债券型证券投资基金	2012/06/14	6.22
93	工银瑞信纯债定期开放债券型证券投资基金	2012/05/21	48.09
94	工银瑞信双债增强债券型证券投资基金	2013/08/19	4.12
95	建信信用增强债券型证券投资基金	2011/05/16	7.61
96	信达澳银稳定增利分级债券型证券投资基金	2012/04/16	1.25
97	浦银安盛增利分级债券型证券投资基金	2011/11/07	9.06
98	民生加银平稳增利定期开放债券型证券投资基金	2012/10/09	12.69
99	民生加银平稳添利定期开放债券型证券投资基金	2013/07/08	17.40
100	安信宝利分级债券型证券投资基金	2013/06/24	29.24

continued

基金资产规模(亿元) Fund Asset Value (100 million yuan)	基金管理公司 Fund Management Company	基金托管银行 Fund Custodian Bank	上市地点 Listing Location
12.57	融通	中国工商银行股份有限公司	-
4.08	融通	中国工商银行股份有限公司	-
5.28	融通	中国工商银行股份有限公司	-
20.35	招商	中国农业银行股份有限公司	深圳
14.44	银华	中国建设银行股份有限公司	-
15.13	万家	中国邮政储蓄银行有限责任公司	深圳
2.49	万家	华夏银行股份有限公司	-
18.17	泰达宏利	中国银行股份有限公司	-
2.61	海富通	中国建设银行股份有限公司	深圳
6.24	国联安	中国光大银行股份有限公司	-
3.47	广发	中国建设银行股份有限公司	深圳
4.36	长信	中国邮政储蓄银行有限责任公司	深圳
6.86	长信	上海浦东发展银行股份有限公司	-
15.96	申万菱信	中国工商银行股份有限公司	-
8.70	诺安	中国工商银行股份有限公司	-
22.16	中银	中信银行股份有限公司	深圳
31.96	中银	中国工商银行股份有限公司	-
10.54	中海	招商银行股份有限公司	-
11.72	中海	广东发展银行股份有限公司	-
18.25	天弘	中国工商银行股份有限公司	深圳
9.94	天弘	中国邮政储蓄银行有限责任公司	-
6.89	天弘	中国工商银行股份有限公司	-
2.18	华泰柏瑞	中国银行股份有限公司	深圳
6.18	汇添富	中国建设银行股份有限公司	深圳
49.30	工银瑞信	交通银行股份有限公司	深圳
4.14	工银瑞信	中国银行股份有限公司	-
7.64	建信	交通银行股份有限公司	深圳
1.15	信达澳银	中国建设银行股份有限公司	深圳
10.03	浦银安盛	上海银行股份有限公司	深圳
12.46	民生加银	中国建设银行股份有限公司	深圳
17.13	民生加银	中国建设银行股份有限公司	-
29.27	安信	中国工商银行股份有限公司	-

4-6 续表 3

序号 No.	基金名称 Fund Name	发行时间 Issue Date	基金份额（亿份） Fund Units(100 million units)
101	同益证券投资基金	1999/04/02	20.00
102	景宏证券投资基金	1999/04/27	20.00
103	裕隆证券投资基金	1999/06/09	30.00
104	普丰证券投资基金	1999/07/08	30.00
105	天元证券投资基金	1999/08/18	30.00
106	同盛证券投资基金	1999/11/01	30.00
107	景福证券投资基金	1999/12/24	30.00
108	丰和价值证券投资基金	2002/03/15	30.00
109	久嘉证券投资基金	2002/07/01	20.00
110	鸿阳证券投资基金	2001/11/28	20.00
111	泰和证券投资基金	1999/04/01	20.00
112	汉盛证券投资基金	1999/04/30	20.00
113	安顺证券投资基金	1999/06/09	30.00
114	金鑫证券投资基金	1999/10/15	30.00
115	汉兴证券投资基金	1999/12/24	30.00
116	兴和证券投资基金	1999/07/08	30.00
117	通乾证券投资基金	2001/08/23	20.00
118	科瑞证券投资基金	2002/02/28	30.00
119	银丰证券投资基金	2002/08/08	30.00
120	海富通一年定期开放债券型证券投资基金	2013/09/16	4.89
121	海富通双利分级债券型证券投资基金	2013/10/11	10.25
122	浦银安盛幸福回报定期开放债券型证券投资基金	2012/08/15	7.19
123	浦银安盛6个月定期开放债券型证券投资基金	2013/04/08	6.26
124	浦银安盛季季添利定期开放债券型证券投资基金	2013/05/13	17.81
125	新华安享惠定期开放债券型证券投资基金	2013/10/08	2.19
126	万家岁得利定期开放债券型发起式证券投资基金	2013/02/01	63.80
127	万家市政纯债定期开放债券型证券投资基金	2013/11/01	3.81
128	银河岁岁回报定期开放是债券型证券投资基金	2013/07/08	3.22
129	长信纯债一年定期开放债券型证券投资基金	2013/10/28	3.03
130	信诚添金分级债券型证券投资基金	2012/11/28	9.16

continued

基金资产 规 模 (亿元) Fund Asset Value (100 million yuan)	基金管理 公 司 Fund Manage- ment Company	基金托管银行 Fund Custodian Bank	上 市 地 点 Listing Location
19.82	长盛	中国工商银行股份有限公司	深圳
18.76	大成	中国银行股份有限公司	深圳
27.34	博时	中国农业银行股份有限公司	深圳
25.10	鹏华	中国工商银行股份有限公司	深圳
28.12	南方	中国工商银行股份有限公司	深圳
33.50	长盛	中国银行股份有限公司	深圳
28.33	大成	中国农业银行股份有限公司	深圳
32.03	嘉实	中国农业银行股份有限公司	深圳
17.68	长城	中国农业银行股份有限公司	深圳
16.23	宝盈	中国农业银行股份有限公司	深圳
26.81	嘉实	中国建设银行股份有限公司	上海
24.98	富国	中国农业银行股份有限公司	上海
35.40	华安	交通银行股份有限公司	上海
41.38	国泰	中国建设银行股份有限公司	上海
30.52	富国	交通银行股份有限公司	上海
29.00	华夏	中国建设银行股份有限公司	上海
22.63	融通	中国建设银行股份有限公司	上海
32.92	易方达	交通银行股份有限公司	上海
27.39	银河	中国建设银行股份有限公司	上海
4.94	海富通	中国工商银行股份有限公司	-
10.27	海富通	中国工商银行股份有限公司	-
7.03	浦银安盛	交通银行股份有限公司	-
5.95	浦银安盛	招商银行股份有限公司	-
17.63	浦银安盛	上海银行股份有限公司	-
2.17	新华	广东发展银行股份有限公司	-
63.51	万家	中国工商银行股份有限公司	-
3.83	万家	中国农业银行股份有限公司	-
3.26	银河	中国邮政储蓄银行有限责任公司	-
3.07	长信	中国工商银行股份有限公司	-
9.18	信诚	中国银行股份有限公司	-

4-7 2013年开放式基金名录

序号 No.	基金名称 Fund Name	成立时间 Issue Date
1	华夏成长证券投资基金	2001/12/18
2	中海可转换债权债券型证券投资基金	2013/03/20
3	鹏华国有企业债债券型证券投资基金	2013/03/08
4	嘉实中证500交易型开放式指数证券投资联接基金	2013/03/22
5	易方达天天理财货币市场基金	2013/03/04
6	华夏大盘精选证券投资基金	2004/08/11
7	华夏聚利债券型证券投资基金	2013/03/19
8	华夏纯债债券型证券投资基金	2013/03/08
9	财通可持续发展主题股票型证券投资基金	2013/03/27
10	景顺长城品质投资股票型证券投资基金	2013/03/19
11	华夏优势增长股票型证券投资基金	2006/11/24
12	南方中债中期票据指数债券型证券发起式证券投资基金	2013/05/03
13	摩根士丹利华鑫双利增强债券型证券投资基金	2013/03/26
14	华富保本混合型证券投资基金	2013/04/24
15	富国宏观策略灵活配置混合型证券投资基金	2013/04/12
16	长城久利保本混合型证券投资基金	2013/04/18
17	华夏复兴股票型证券投资基金	2007/09/10
18	易方达信用债债券型证券投资基金	2013/04/24
19	广发理财7天债券型证券投资投资基金	2013/06/20
20	农银汇理低估值高增长股票型证券投资基金	2013/03/26
21	华夏全球精选股票型证券投资基金	2007/10/09
22	中证财通中国可持续发展100（ECPI ESG）指数增强型证券投资基金	2013/03/22
23	嘉实美国成长股票型证券投资基金	2013/06/14
24	工银瑞信产业债债券型证券投资基金	2013/03/28
25	华夏双债增强债券型证券投资基金	2013/03/14
26	中银标普全球精选自然资源等权重指数证券投资基金	2013/03/19
27	长盛纯债债券型证券投资基金	2013/03/13
28	华夏沪深300交易型开放式指数证券投资基金联接基金	2009/07/10
29	鹏华实业债债券型证券投资基金	2013/05/03
30	鹏华双债增利债券型证券投资基金	2013/03/13
31	建信消费升级混合型证券投资基金	2013/06/14
32	中银消费主题股票型证券投资基金	2013/04/25
33	国联安保本混合型证券投资基金	2013/04/23
34	国联安中证医药100指数证券投资基金	2013/08/21
35	国联安中证股债动态策略指数证券投资基金	2013/06/26
36	华夏盛世精选股票型证券投资基金	2009/12/11
37	银华中证成长股恒定组合30/70指数证券投资基金	2013/05/22
38	长盛上证市值百强交易型开放式指数证券投资基金联接基金	2013/05/10
39	富兰克林国海焦点驱动灵活配置混合型证券投资基金	2013/05/07
40	诺安鸿鑫保本混合型证券投资基金	2013/05/03
41	民生加银转债优选债券型证券投资基金	2013/04/18
42	国投瑞银中高等级债券型针管投资基金	2013/05/14
43	恒生交易型开放式指数证券投资基金联接基金	2012/08/21
44	华安保本混合型证券投资基金	2013/05/14
45	上投摩根成长动力混合型证券投资基金	2013/05/15
46	天治可转债增强债券型证券投资基金	2013/06/04
47	嘉实研究阿尔法股票型证券投资基金	2013/05/28

数据来源：中国证监会
Source: CSRC

List of Open-ended Funds in 2013

基金份额（亿份）Fund Units (100 million units)	基金资产规模（亿元）Fund Asset Value (100 million yuan)	基金管理公司 Fund Management Company	基金托管银行 Fund Custodian Bank
80.09	89.06	华夏	中国建设银行股份有限公司
2.12	1.98	中海	中国农业银行股份有限公司
5.10	4.98	鹏华	中国工商银行股份有限公司
0.63	0.68	嘉实	中国建设银行股份有限公司
62.30	62.30	易方达	中国工商银行股份有限公司
3.57	30.89	华夏	中国银行股份有限公司
40.76	40.05	华夏	中国工商银行股份有限公司
11.31	11.03	华夏	中国建设银行股份有限公司
0.42	0.49	财通	中国工商银行股份有限公司
3.06	3.08	景顺长城	中国农业银行股份有限公司
110.23	137.14	华夏	中国建设银行股份有限公司
4.57	4.59	南方	中国银行股份有限公司
8.65	8.56	摩根士丹利华鑫	中国建设银行股份有限公司
3.57	3.53	华富	上海浦东发展银行股份有限公司
6.05	6.48	富国	中国建设银行股份有限公司
7.90	7.77	长城	中国建设银行股份有限公司
32.41	44.72	华夏	中国农业银行股份有限公司
11.67	11.15	易方达	中国工商银行股份有限公司
1.05	1.05	广发	中国工商银行股份有限公司
4.92	5.33	农银汇理	交通银行股份有限公司
152.13	132.93	华夏	中国建设银行股份有限公司
0.66	0.63	财通	上海银行股份有限公司
0.54	0.89	嘉实	中国银行股份有限公司
17.18	16.61	工银瑞信	中信银行股份有限公司
10.76	10.76	华夏	中国银行股份有限公司
0.21	0.21	中银	招商银行股份有限公司
6.59	6.48	长盛	中国银行股份有限公司
258.51	181.80	华夏	中国工商银行股份有限公司
5.48	5.33	鹏华	中国建设银行股份有限公司
9.99	9.68	鹏华	上海银行股份有限公司
6.35	6.35	建信	中国民生银行股份有限公司
1.57	1.66	中银	招商银行股份有限公司
2.19	2.11	国联安	中国工商银行股份有限公司
2.07	2.13	国联安	交通银行股份有限公司
1.29	1.30	国联安	中国建设银行股份有限公司
79.02	58.88	华夏	中国建设银行股份有限公司
1.57	1.57	银华	中国建设银行股份有限公司
0.43	0.40	长盛	中国银行股份有限公司
2.41	2.35	国海富兰克林	中国农业银行股份有限公司
7.74	7.55	诺安	中国工商银行股份有限公司
25.16	23.21	民生加银	中国建设银行股份有限公司
3.74	3.70	国投瑞银	中国银行股份有限公司
1.04	1.07	华夏	中国银行股份有限公司
8.00	7.88	华安	中国建设银行股份有限公司
15.90	15.60	上投摩根	中国银行股份有限公司
3.54	3.29	天治	交通银行股份有限公司
1.94	1.97	嘉实	中国农业银行股份有限公司

4-7 续表 1

序号 No.	基金名称 Fund Name	成立时间 Issue Date
48	汇添富消费行业股票型证券投资基金	2013/05/03
49	博时安盈债券型证券投资基金	2013/04/23
50	嘉实中证金边中期国债交易型开放式指数证券投资基金联接基金	2013/05/10
51	民生加银家盈理财月度债券型证券投资基金	2013/04/25
52	信诚新双盈分级债券型证券投资基金	2013/05/09
53	国泰中国企业边境外高收益债券型证券投资基金	2013/04/26
54	华宸未来信用增利债券型发起式证券投资基金	2013/08/19
55	富国信用增强债券型证券投资基金	2013/05/21
56	金鹰元安保本混合型证券投资基金	2013/05/20
57	广发轮动配置股票型证券投资基金	2013/05/28
58	广发聚鑫债券型证券投资基金	2013/06/05
59	中银美丽中国股票型证券投资基金	2013/06/07
60	华夏永福养老理财混合型证券投资基金	2013/08/13
61	汇添富实业债债券型证券投资基金	2013/06/14
62	华宝兴业服务优选股票型证券投资基金	2013/06/27
63	上投摩根天颐年丰混合型证券投资基金	2013/07/18
64	招商安润保本混合型证券投资基金	2013/04/19
65	农银汇理行业领先股票型证券投资基金	2013/06/25
66	大成景安短融债券型证券投资基金	2013/05/24
67	大成景兴信用债券型证券投资基金	2013/06/04
68	中银理财21天债券型证券投资基金	2013/12/19
69	民生加银策略精选灵活配置混合型证券投资基金	2013/06/07
70	富国国有企业债债券型证券投资基金	2013/09/25
71	融通通泰保本混合型证券投资基金	2013/05/30
72	鹏华双债加利债券型证券投资基金	2013/05/27
73	易方达高等级信用债券型证券投资基金	2013/08/23
74	华安双债添利债券型证券投资基金	2013/06/14
75	大成景旭纯债债券型证券投资基金	2013/07/23
76	国投瑞银策略精选灵活配置混合型证券投资基金	2013/09/27
77	中海安鑫保本混合型证券投资基金	2013/07/31
78	广发聚优灵活配置混合型证券投资基金	2013/09/11
79	易方达裕丰回报债券型证券投资基金	2013/08/23
80	华泰柏瑞量化指数增强股票型证券投资基金	2013/08/02
81	汇添富美丽30股票型证券投资基金	2013/06/25
82	汇添富高息债债券型证券投资基金	2013/06/27
83	博时灵活配置混合型证券投资基金	2013/11/08
84	广发美国房地产指数证券投资基金	2013/08/09
85	景顺长城四季金利纯债债券型证券投资投资基金	2013/07/30
86	工银瑞信添福债券型证券投资基金	2013/10/31
87	华泰柏瑞季季红债券型证券投资基金	2013/11/13
88	华泰柏瑞丰盛纯债型证券投资基金	2013/09/02
89	中银保本二号混合型证券投资基金	2013/09/10
90	富国信用债债券型证券投资基金	2013/06/25
91	国泰美国房产开发股票型证券投资基金	2013/08/06
92	银华信用四季红债券型证券投资基金	2013/08/07
93	工银瑞信保本3号混合型证券投资基金	2013/06/26
94	天弘增利宝货币市场基金	2013/05/29

continued

基金份额 (亿份) Fund Units (100 million units)	基金资产规模 (亿元) Fund Asset Value (100 million yuan)	基金管理公司 Fund Management Company	基金托管银行 Fund Custodian Bank
5.13	5.85	汇添富	中国建设银行股份有限公司
4.79	4.90	博时	中国工商银行股份有限公司
4.63	4.52	嘉实	中国银行股份有限公司
2.38	2.38	民生加银	中国建设银行股份有限公司
16.73	15.96	信诚	中国建设银行股份有限公司
3.37	3.42	国泰	中国农业银行股份有限公司
1.29	1.29	华宸未来	中国工商银行股份有限公司
10.92	10.69	富国	中国工商银行股份有限公司
1.93	1.93	金鹰	广东发展银行股份有限公司
24.88	24.88	广发	中国工商银行股份有限公司
5.51	5.24	广发	中国银行股份有限公司
4.64	4.71	中银	中国民生银行股份有限公司
4.83	4.86	华夏	中国农业银行股份有限公司
7.16	7.25	汇添富	中国建设银行股份有限公司
11.14	11.73	华宝兴业	中国建设银行股份有限公司
3.00	3.00	上投摩根	中国建设银行股份有限公司
38.35	36.67	招商	中国银行股份有限公司
5.70	5.29	农银汇理	交通银行股份有限公司
1.10	1.13	大成	中国农业银行股份有限公司
1.09	1.05	大成	中国银行股份有限公司
144.12	144.12	中银	中国工商银行股份有限公司
1.41	1.41	民生加银	中国建设银行股份有限公司
1.24	1.25	富国	中国农业银行股份有限公司
4.67	4.67	融通	中国工商银行股份有限公司
10.16	10.13	鹏华	北京银行股份有限公司
3.10	3.09	易方达	中国建设银行股份有限公司
5.27	5.14	华安	交通银行股份有限公司
2.55	2.55	大成	中国工商银行股份有限公司
5.18	5.19	国投瑞银	中国银行股份有限公司
2.67	2.66	中海	上海浦东发展银行股份有限公司
26.21	25.81	广发	中国银行股份有限公司
6.06	5.87	易方达	上海浦东发展银行股份有限公司
2.31	2.38	华泰柏瑞	中国银行股份有限公司
7.31	7.78	汇添富	中国工商银行股份有限公司
1.98	2.03	汇添富	中国农业银行股份有限公司
2.37	2.37	博时	交通银行股份有限公司
1.93	1.88	广发	中国银行股份有限公司
1.94	1.96	景顺长城	中国农业银行股份有限公司
7.62	7.65	工银瑞信	中国民生银行股份有限公司
3.43	3.45	华泰柏瑞	中国建设银行股份有限公司
1.10	1.11	华泰柏瑞	中国工商银行股份有限公司
9.56	9.60	中银	招商银行股份有限公司
4.01	3.95	富国	中国建设银行股份有限公司
0.83	0.89	国泰	中国银行股份有限公司
3.24	3.24	银华	中国建设银行股份有限公司
4.28	4.27	工银瑞信	招商银行股份有限公司
1853.42	1853.42	天弘	中信银行股份有限公司

4-7 续表 2

序号 No.	基金名称 Fund Name	成立时间 Issue Date
95	国泰目标收益保本混合型证券投资基金	2013/08/12
96	富兰克林国海日日收益货币市场证券投资基金	2013/07/24
97	易方达投资级信用债债券型证券投资基金	2013/09/10
98	建信双债增强债券型证券投资基金	2013/07/25
99	新城新兴产业股票型证券投资基金	2013/07/17
100	光大保德信现金宝货币市场基金	2013/09/05
101	广发成长优选灵活配置混合型证券投资基金	2013/12/11
102	广发趋势优选灵活配置混合型证券投资基金	2013/09/11
103	华安易富黄金交易型开放式证券投资基金联接基金	2013/08/22
104	博时裕益灵活配置混合型证券投资基金	2013/07/29
105	富国医疗保健行业股票型证券投资基金	2013/08/06
106	工银瑞信月月薪星期支付债券型证券投资基金	2013/08/14
107	景顺长城策略精选灵活配置混合型证券投资基金	2013/08/06
108	工银瑞信金融抵偿行业股票型真全投资基金	2013/08/26
109	景顺长城景兴信用纯债债券型证券投资基金	2013/08/26
110	上投摩根红利回报混合型证券投资基金	2013/09/17
111	农银汇理区间收益灵活配置混合型证券投资基金	2013/08/21
112	信诚季季定期支付债券型证券投资基金	2013/09/12
113	工银瑞信信息产业股票型证券投资基金	2013/11/11
114	博时内需增长灵活配置混合型证券投资基金	2013/07/15
115	建信安心保本混合型证券投资基金	2013/09/03
116	华润元大保本混合型证券投资基金	2013/09/11
117	广发亚太中高收益债券型证券投资基金	2013/11/28
118	华商红利优选灵活配置混合型证券投资基金	2013/09/17
119	博时双债增强债券型证券投资基金	2013/09/13
120	富安达信用主题轮动纯债债券发起式证券投资基金	2013/10/25
121	银华信用季季红债券型证券投资基金	2013/09/18
122	鹏华全球高收益债券型证券投资基金	2013/10/22
123	华安生态优选股票型证券投资基金	2013/11/28
124	德邦德利货币市场基金	2013/09/16
125	国泰淘金互联网债券型证券投资基金	2013/11/19
126	中银中高等级债券型证券投资基金	2013/12/05
127	天弘弘利债券型证券投资基金	2013/09/11
128	建信创新中国股票型证券投资基金	2013/09/24
129	摩根士丹利华鑫品质生活精选股票型证券投资基金	2013/10/29
130	景顺长城沪深300指数增强型证券投资基金	2013/10/29
131	华安沪深300量化增强证券投资基金	2013/09/27
132	招商瑞丰灵活配置混合型发起式证券投资基金	2013/11/06
133	农银汇理14天理财债券型证券投资基金	2013/12/17
134	华润元大现金收益货币市场基金	2013/10/29
135	上投摩根转型动力灵活配置混合型证券投资基金	2013/11/25
136	汇添富现金宝货币市场基金	2013/09/12
137	中加货币市场基金	2013/10/21
138	农银汇理研究精选灵活配置混合型证券投资基金	2013/11/05
139	鹏华双债保利债券型证券投资基金	2013/09/17
140	嘉实新兴市场双币分级债券型证券投资基金	2013/11/26
141	华夏财富宝货币市场基金	2013/10/25

continued

基金份额（亿份）Fund Units (100 million units)	基金资产规模（亿元）Fund Asset Value (100 million yuan)	基金管理公司 Fund Management Company	基金托管银行 Fund Custodian Bank
1.93	1.96	国泰	中国建设银行股份有限公司
25.42	25.42	国海富兰克林	中国银行股份有限公司
1.22	1.22	易方达	中国农业银行股份有限公司
11.40	11.60	建信	中信银行股份有限公司
1.32	1.31	信诚	中国银行股份有限公司
2.45	2.45	光大保德信	中国农业银行股份有限公司
3.51	3.53	广发	交通银行股份有限公司
1.49	1.53	广发	中国农业银行股份有限公司
1.47	1.29	华安	中国建设银行股份有限公司
8.29	7.85	博时	中国建设银行股份有限公司
5.37	5.62	富国	中国工商银行股份有限公司
30.24	30.28	工银瑞信	交通银行股份有限公司
10.76	11.21	景顺长城	中国银行股份有限公司
1.41	1.53	工银瑞信	兴业银行股份有限公司
1.20	1.20	景顺长城	中国建设银行股份有限公司
5.50	5.55	上投摩根	中国银行股份有限公司
4.19	4.31	农银汇理	中国建设银行股份有限公司
2.26	2.25	信诚	中国建设银行股份有限公司
1.57	1.58	工银瑞信	中国农业银行股份有限公司
9.62	9.67	博时	中国农业银行股份有限公司
11.18	11.23	建信	中国民生银行股份有限公司
6.07	6.11	华润元大	中国农业银行股份有限公司
2.15	2.16	广发	中国工商银行股份有限公司
4.77	4.69	华商	中国工商银行股份有限公司
1.09	1.09	博时	中国银行股份有限公司
1.00	1.00	富安达	中国农业银行股份有限公司
3.77	3.76	银华	中国工商银行股份有限公司
0.76	0.76	鹏华	中国工商银行股份有限公司
9.53	9.53	华安	中国建设银行股份有限公司
4.52	4.52	德邦	中国民生银行股份有限公司
4.31	4.33	国泰	宁波银行股份有限公司
13.63	13.68	中银	中国民生银行股份有限公司
3.69	3.73	天弘	北京银行股份有限公司
8.62	8.70	建信	中信银行股份有限公司
27.54	26.70	摩根士丹利华鑫	中国建设银行股份有限公司
3.94	4.02	景顺长城	中国农业银行股份有限公司
2.04	1.98	华安	兴业银行股份有限公司
8.11	8.15	招商	中国银行股份有限公司
51.29	51.29	农银汇理	交通银行股份有限公司
3.55	3.55	华润元大	中国工商银行股份有限公司
15.21	15.28	上投摩根	中国建设银行股份有限公司
120.73	120.73	汇添富	中国工商银行股份有限公司
36.05	36.05	中加	中国光大银行股份有限公司
7.65	7.70	农银汇理	中国建设银行股份有限公司
3.68	3.69	鹏华	上海银行股份有限公司
5.74	11.60	嘉实	中国工商银行股份有限公司
10.65	10.65	华夏	中国工商银行股份有限公司

4-7 续表 3

序号 No.	基金名称 Fund Name	成立时间 Issue Date
142	广发中债金融债指数证券投资基金	2013/11/07
143	长盛城镇化主题股票型证券投资基金	2013/11/12
144	南方丰元信用增强债券型证券投资基金	2013/11/12
145	易方达易理财货币市场基金	2013/10/24
146	国泰聚信价值优势灵活配置混合型证券投资基金	2013/12/17
147	汇添富新收益债券型证券投资基金	2013/12/10
148	汇添富沪深300安中动态策略指数型证券投资基金	2013/11/06
149	广发全球医疗保健指数证券投资基金	2013/12/10
150	民生加银现金宝市场基金	2013/10/18
151	上投摩根双债增利债券型证券投资基金	2013/12/11
152	平安大华日增利货币市场基金	2013/12/03
153	景顺长城景益货币市场基金	2013/11/26
154	富国恒利分级债券型证券投资基金	2013/12/09
155	景顺长城景颐双利债券型证券投资基金	2013/11/13
156	泰达宏利瑞利分级债券型证券投资基金	2013/11/14
157	广发天天红发起式货币市场基金	2013/10/22
158	华商优势行业灵活配置混合型证券投资基金	2013/12/11
159	招商标普高收益红利贵族指数增强型证券投资基金	2013/12/11
160	汇添富安心中国债券型证券投资基金	2013/11/25
161	汇添富全额宝货币市场基金	2013/12/12
162	华富恒鑫债券型证券投资基金	2013/12/17
163	易方达新兴成长灵活配置混合型证券投资基金	2013/11/28
164	信诚月月定期支付债券型证券投资基金	2013/12/30
165	汇添富双利增强债券型证券投资基金	2013/12/03
166	民生加银城镇化灵活配置混合型证券投资基金	2013/12/11
167	益民服务领先灵活配置混合型证券投资基金	2013/12/13
168	景顺长城成长之星股票型证券投资基金	2013/12/13
169	前海开源事件驱动灵活配置混合型发起式证券投资基金	2013/12/19
170	长盛添利宝货币市场基金	2013/12/09
171	易方达聚盈分级债券型发起式证券投资基金	2013/11/14
172	安信鑫发优选灵活配置混合型证券投资基金	2013/12/31
173	新华壹诺宝货币市场基金	2013/12/03
174	建信稳定添利债券型证券投资基金	2013/12/10
175	易方达裕惠回报债券型证券投资基金	2013/12/17
176	国金通用鑫盈货币市场证券投资基金	2013/12/16
177	大成景祥分级债券型证券投资基金	2013/11/19
178	嘉实活期宝货币市场基金	2013/12/18
179	鑫元货币市场基金	2013/12/30
180	嘉实1个月理财债券型证券投资基金	2013/12/24
181	华夏债券投资基金	2002/10/23
182	华夏希望债券型证券投资基金	2008/03/10
183	亚债中国债券指数基金	2011/05/25
184	华夏安康信用优选债券型证券投资基金	2012/09/11
185	华夏理财30天债券型证券投资基金	2012/10/24
186	华夏海外收益债券型证券投资基金	2012/12/07
187	华夏理财21天债券型证券投资基金	2013/01/22
188	华夏回报证券投资基金	2003/09/05

continued

基金份额（亿份）Fund Units (100 million units)	基金资产规模（亿元）Fund Asset Value (100 million yuan)	基金管理公司 Fund Management Company	基金托管银行 Fund Custodian Bank
5.86	5.91	广发	中国银行股份有限公司
20.12	20.23	长盛	中国银行股份有限公司
7.25	7.29	南方	中国工商银行股份有限公司
27.54	27.54	易方达	中国工商银行股份有限公司
1.15	1.16	国泰	广东发展银行股份有限公司
3.98	4.00	汇添富	中国工商银行股份有限公司
1.33	1.27	汇添富	中国工商银行股份有限公司
2.46	2.48	广发	广东发展银行股份有限公司
6.54	6.54	民生加银	中国建设银行股份有限公司
2.98	2.99	上投摩根	中国农业银行股份有限公司
1.67	1.67	平安大华	平安银行股份有限公司
10.69	10.69	景顺长城	中国农业银行股份有限公司
4.22	4.23	富国	招商银行股份有限公司
8.40	8.45	景顺长城	北京银行股份有限公司
20.34	20.43	泰达宏利	中国银行股份有限公司
21.75	21.75	广发	广东发展银行股份有限公司
6.40	6.41	华商	中国建设银行股份有限公司
3.92	3.93	招商	中国银行股份有限公司
1.49	1.50	汇添富	中国建设银行股份有限公司
5.87	5.87	汇添富	中国民生银行股份有限公司
3.25	3.26	华富	中国工商银行股份有限公司
5.93	6.15	易方达	中国工商银行股份有限公司
2.27	2.27	信诚	中国银行股份有限公司
3.64	3.66	汇添富	上海浦东发展银行股份有限公司
2.36	2.36	民生加银	中国建设银行股份有限公司
10.84	10.86	益民	中国光大银行股份有限公司
5.83	5.91	景顺长城	中国工商银行股份有限公司
1.29	1.29	前海开源	上海银行股份有限公司
38.90	38.90	长盛	中国银行股份有限公司
5.50	5.52	易方达	中国建设银行股份有限公司
5.58	5.58	安信	广东发展银行股份有限公司
0.79	0.79	新华	中国建设银行股份有限公司
5.58	5.60	建信	中国农业银行股份有限公司
10.00	10.02	易方达	兴业银行股份有限公司
0.68	0.68	国金通用	兴业银行股份有限公司
16.64	16.75	大成	中国农业银行股份有限公司
3.42	3.42	嘉实	中国农业银行股份有限公司
24.55	24.55	鑫元	中国工商银行股份有限公司
30.01	30.01	嘉实	中国银行股份有限公司
26.74	27.02	华夏	交通银行股份有限公司
19.35	19.62	华夏	中国工商银行股份有限公司
23.03	23.13	华夏	交通银行股份有限公司
6.00	5.88	华夏	中国银行股份有限公司
16.51	16.51	华夏	中国建设银行股份有限公司
2.99	3.17	华夏	中国建设银行股份有限公司
2.85	2.85	华夏	中国工商银行股份有限公司
86.65	124.62	华夏	中国银行股份有限公司

4-7 续表 4

序号 No.	基金名称 Fund Name	成立时间 Issue Date
189	华夏红利混合型证券投资基金	2005/06/30
190	华夏回报二号证券投资基金	2006/08/14
191	华夏策略精选灵活配置混合型证券投资基金	2008/10/23
192	华夏现金增利证券投资基金	2004/04/07
193	国泰金鹰增长证券投资基金	2002/05/08
194	国泰金龙债券证券投资基金	2003/12/05
195	国泰金龙行业精选证券投资基金	2003/12/05
196	国泰金马稳健回报证券投资基金	2004/06/18
197	国泰货币市场证券投资基金	2005/06/21
198	国泰金鹏蓝筹价值混合型证券投资基金	2006/09/29
199	国泰金牛创新成长股票型基金	2007/05/18
200	国泰沪深300指数证券投资基金	2007/11/11
201	国泰区位优势股票型证券投资基金	2009/05/27
202	国泰金鹿保本增值混合证券投资基金	2008/06/12
203	国泰双利债券证券投资基金	2009/03/11
204	国泰上证180金融交易型开放式指数证券投资基金	2011/03/31
205	国泰保本混合型证券投资基金	2011/04/19
206	国泰事件驱动策略股票型证券投资基金	2011/08/17
207	国泰中小板300成长交易型开放式指数证券投资基金	2012/03/15
208	国泰成长优选股票型证券投资基金	2012/03/20
209	国泰信用债券型证券投资基金	2012/07/31
210	国泰6个月短期理财债券型证券投资基金	2012/09/25
211	国泰现金管理货币市场基金	2012/12/11
212	国泰民安增利债券型发起式证券投资基金	2012/12/26
213	国泰上证5年期国债交易型开放式指数证券投资基金联接基金	2013/03/07
214	华安创新证券投资基金	2001/09/21
215	华安MSCI中国A股指数增强型证券投资基金	2002/11/08
216	华安现金富利投资基金	2003/12/30
217	华安宝利配置证券投资基金	2004/08/24
218	华安宏利股票型证券投资基金	2006/09/06
219	华安中小盘成长股票型证券投资基金	2007/04/11
220	华安策略优选股票型证券投资基金	2007/08/02
221	华安稳定收益债券型证券投资基金	2008/04/30
222	华安核心优选股票型证券投资基金	2008/10/22
223	华安强化收益债券型证券投资基金	2009/04/13
224	华安动态灵活配置混合型证券投资基金	2009/12/22
225	华安行业轮动股票型证券投资基金	2010/05/11
226	华安香港精选股票型证券投资基金	2010/09/20
227	华安稳固收益债券型证券投资基金	2010/12/21
228	华安升级主题股票型证券投资基金	2011/04/22
229	华安大中华升级股票型证券投资基金	2011/05/17
230	华安可转换债券债券型证券投资基金	2011/06/22
231	华安科技动力股票型证券投资基金	2011/12/20
232	华安信用四季红债券型证券投资基金	2011/12/08
233	华安月月鑫短期理财债券型证券投资基金	2012/05/09
234	华安季季鑫短期理财债券型证券投资基金	2012/05/23
235	华安月安鑫短期理财债券型证券投资基金	2012/06/14

continued

基金份额（亿份）Fund Units (100 million units)	基金资产规模（亿元）Fund Asset Value (100 million yuan)	基金管理公司 Fund Management Company	基金托管银行 Fund Custodian Bank
105.99	166.64	华夏	中国建设银行股份有限公司
63.96	79.13	华夏	中国银行股份有限公司
7.48	14.20	华夏	中国银行股份有限公司
437.34	437.34	华夏	中国建设银行股份有限公司
17.82	17.28	国泰	交通银行股份有限公司
10.02	10.03	国泰	上海浦东发展银行股份有限公司
7.37	3.60	国泰	上海浦东发展银行股份有限公司
52.01	36.17	国泰	中国建设银行股份有限公司
15.87	15.87	国泰	中国农业银行股份有限公司
13.64	12.47	国泰	中国银行股份有限公司
53.58	69.62	国泰	中国农业银行股份有限公司
71.49	34.88	国泰	中国银行股份有限公司
5.15	6.77	国泰	中国银行股份有限公司
5.51	5.63	国泰	中国银行股份有限公司
6.09	6.50	国泰	中国建设银行股份有限公司
6.86	6.24	国泰	中国银行股份有限公司
11.58	12.46	国泰	招商银行股份有限公司
2.37	3.47	国泰	中国建设银行股份有限公司
0.50	0.51	国泰	中国银行股份有限公司
0.42	0.52	国泰	招商银行股份有限公司
1.67	1.71	国泰	中国工商银行股份有限公司
0.56	0.56	国泰	中国建设银行股份有限公司
27.47	27.47	国泰	中国银行股份有限公司
0.44	0.44	国泰	中国农业银行股份有限公司
2.49	2.39	国泰	中国建设银行股份有限公司
77.90	48.83	华安	交通银行股份有限公司
102.78	51.02	华安	中国工商银行股份有限公司
70.62	70.62	华安	中国工商银行股份有限公司
30.71	33.96	华安	交通银行股份有限公司
25.19	62.50	华安	中国建设银行股份有限公司
55.43	49.99	华安	中国工商银行股份有限公司
129.24	82.40	华安	交通银行股份有限公司
5.88	5.53	华安	中国建设银行股份有限公司
2.34	2.30	华安	中国建设银行股份有限公司
2.60	2.66	华安	中国工商银行股份有限公司
4.12	4.41	华安	中国工商银行股份有限公司
4.77	4.45	华安	中国银行股份有限公司
1.44	1.53	华安	中国工商银行股份有限公司
2.10	2.15	华安	中国工商银行股份有限公司
7.19	7.40	华安	中国建设银行股份有限公司
0.54	0.61	华安	中国银行股份有限公司
6.83	6.21	华安	招商银行股份有限公司
2.80	4.04	华安	中国建设银行股份有限公司
32.71	32.79	华安	中国工商银行股份有限公司
72.82	72.82	华安	中国建设银行股份有限公司
0.94	0.94	华安	中国工商银行股份有限公司
35.03	35.03	华安	中国银行股份有限公司

4-7 续表 5

序号 No.	基金名称 Fund Name	成立时间 Issue Date
236	华安逆向策略股票型证券投资基金	2012/08/17
237	华安安心收益债券型证券投资基金	2012/09/07
238	华安日日鑫货币市场基金	2012/11/26
239	华安纯债债券型发起式证券投资基金	2013/02/05
240	华安7日鑫短期理财债券型证券投资基金	2012/12/26
241	华安信用增强债券型证券投资基金	2012/12/24
242	华安纳斯达克100指数证券投资基金	2013/08/02
243	华安上证180交易型开放式指数证券投资基金联接基金	2009/09/29
244	华安上证龙头企业交易型开放式指数证券投资基金联接基金	2010/11/18
245	博时价值增长证券投资基金	2002/10/09
246	博时裕富沪深300指数证券投资基金	2003/08/26
247	博时现金收益证券投资基金	2004/01/16
248	博时精选股票证券投资基金	2004/06/22
249	博时稳定价值债券投资基金	2005/08/24
250	博时平衡配置混合型基金	2006/05/31
251	博时第三产业成长股票证券投资基金	2007/04/12
252	博时新兴成长股票型证券投资基金	2007/07/06
253	博时特许价值股票型证券投资基金	2008/05/28
254	博时信用债券投资基金	2009/06/10
255	博时策略灵活配置混合型证券投资基金	2009/08/11
256	博时上证超级大盘交易型开放式指数证券投资基金联接基金	2009/12/29
257	博时创业成长股票型证券投资基金	2010/06/01
258	博时大中华亚太精选股票证券投资基金	2010/07/27
259	博时宏观回报债券型证券投资基金	2010/07/27
260	博时行业轮动股票型证券投资基金	2010/12/10
261	博时转债增强债券型证券投资基金	2010/11/24
262	博时抗通胀增强回报证券投资基金	2011/04/25
263	博时深证基本面200交易型开放式指数证券投资基金联接基金	2011/06/10
264	博时回报灵活配置混合型证券投资基金	2011/11/08
265	博时天颐债券型证券投资基金	2012/02/29
266	博时上证自然资源交易型开放式指数证券投资基金联接基金	2012/04/11
267	博时标普500指数型证券投资基金	2012/06/14
268	博时医疗保健行业股票型证券投资基金	2012/08/28
269	博时信用债纯债债券型证券投资基金	2012/09/07
270	博时理财30天债券型证券投资金	2013/01/28
271	博时亚洲票息收益债券型证券投资基金Bosera Asian Bond Fund	2013/02/04
272	博时价值增长贰号证券投资基金	2006/09/27
273	嘉实成长收益证券投资基金	2002/11/05
274	嘉实增长开放式证券投资基金	2003/07/09
275	嘉实稳健开放式证券投资基金	2003/07/09
276	嘉实债券开放式证券投资基金	2003/07/09
277	嘉实服务增值行业开放式证券投资基金	2004/04/01
278	嘉实货币市场基金	2005/03/18
279	嘉实超短债证券投资基金	2006/04/26
280	嘉实主题精选混合型证券投资基金	2006/07/21
281	嘉实策略增长混合型证券投资基金	2006/12/12

continued

基金份额 (亿份) Fund Units (100 million units)	基金资产规模 (亿元) Fund Asset Value (100 million yuan)	基金管理公司 Fund Management Company	基金托管银行 Fund Custodian Bank
4.78	4.57	华安	中国工商银行股份有限公司
3.23	3.47	华安	中国邮政储蓄银行有限责任公司
7.26	7.26	华安	中国建设银行股份有限公司
2.83	2.84	华安	中国农业银行股份有限公司
2.17	2.17	华安	中国建设银行股份有限公司
9.19	9.07	华安	中国银行股份有限公司
0.55	0.59	华安	中国建设银行股份有限公司
7.99	6.24	华安	中国建设银行股份有限公司
5.53	4.49	华安	中国工商银行股份有限公司
180.52	122.78	博时	中国建设银行股份有限公司
129.43	84.80	博时	中国建设银行股份有限公司
253.47	253.47	博时	交通银行股份有限公司
59.86	66.75	博时	中国工商银行股份有限公司
5.07	4.84	博时	中国建设银行股份有限公司
19.60	17.18	博时	中国工商银行股份有限公司
58.84	53.66	博时	中国工商银行股份有限公司
172.49	95.28	博时	交通银行股份有限公司
5.77	5.46	博时	中国建设银行股份有限公司
5.78	5.98	博时	中国工商银行股份有限公司
17.65	14.87	博时	中国建设银行股份有限公司
10.19	5.92	博时	中国建设银行股份有限公司
3.91	4.04	博时	中国农业银行股份有限公司
0.72	0.88	博时	中国工商银行股份有限公司
1.05	0.94	博时	中国银行股份有限公司
5.01	3.91	博时	中国建设银行股份有限公司
11.72	9.81	博时	中国光大银行股份有限公司
4.72	2.98	博时	中国银行股份有限公司
1.36	0.96	博时	交通银行股份有限公司
3.60	4.47	博时	中国建设银行股份有限公司
1.55	1.52	博时	中国工商银行股份有限公司
0.84	0.50	博时	中国建设银行股份有限公司
1.59	2.05	博时	中国工商银行股份有限公司
3.91	5.16	博时	中国银行股份有限公司
11.11	10.86	博时	中国工商银行股份有限公司
0.78	0.78	博时	中国建设银行股份有限公司
11.96	12.42	博时	招商银行股份有限公司
65.97	39.86	博时	中国建设银行股份有限公司
84.52	55.63	嘉实	中国银行股份有限公司
6.58	34.51	嘉实	中国银行股份有限公司
108.36	91.20	嘉实	中国银行股份有限公司
4.65	6.38	嘉实	中国银行股份有限公司
15.45	67.19	嘉实	中国银行股份有限公司
310.03	310.03	嘉实	中国银行股份有限公司
3.30	3.32	嘉实	中国银行股份有限公司
64.56	72.78	嘉实	中国银行股份有限公司
54.15	65.04	嘉实	中国工商银行股份有限公司

4-7 续表 6

序号 No.	基金名称 Fund Name	成立时间 Issue Date
282	嘉实海外中国股票股票型证券投资基金	2007/10/12
283	嘉实研究精选股票型证券投资基金	2008/05/27
284	嘉实多元收益债券型证券投资基金	2008/09/10
285	嘉实量化阿尔法股票型证券投资基金	2009/03/20
286	嘉实回报灵活配置混合型证券投资基金	2009/08/18
287	嘉实价值优势股票型证券投资基金	2010/06/07
288	嘉实稳固收益债券型证券投资基金	2010/09/01
289	嘉实主题新动力股票型证券投资基金	2010/12/07
290	嘉实领先成长股票型证券投资基金	2011/05/31
291	嘉实深证基本面120交易型开放式指数证券投资基金联接基金	2011/08/01
292	嘉实信用债券型证券投资基金	2011/09/14
293	嘉实周期优选股票型证券投资基金	2011/12/08
294	嘉实安心货币市场基金	2011/12/28
295	嘉实中创400交易型开放式指数证券投资基金	2012/03/22
296	嘉实全球房地产证券投资基金	2012/07/24
297	嘉实优化红利股票型证券投资基金	2012/06/26
298	嘉实理财宝7天债券型证券投资基金	2012/08/29
299	嘉实纯债债券型发起式证券投资基金	2012/12/12
300	嘉实优质企业股票型开放式证券投资基金	2007/12/08
301	长盛成长价值证券投资基金	2002/09/18
302	长盛创新先锋灵活配置混合型证券投资基金	2008/06/04
303	长盛积极配置债券型证券投资基金	2008/10/08
304	长盛量化红利策略股票型证券投资基金	2009/11/25
305	长盛环球景气行业大盘精选股票型证券投资基金	2010/05/26
306	长盛同鑫保本混合型证券投资基金	2011/05/24
307	长盛战略新兴产业灵活配置混合型证券投资基金	2011/10/26
308	长盛同禧信用增利债券型证券投资基金	2011/12/06
309	长盛货币市场基金	2005/12/12
310	长盛电子信息产业股票型证券投资基金	2012/03/27
311	长盛同鑫二号保本混合型证券投资基金	2012/07/10
312	长盛添利30天理财债券型证券投资基金	2012/10/26
313	长盛添利60天理财债券型发起式证券投资基金	2012/11/29
314	大成价值增长证券投资基金	2002/11/11
315	大成债券投资基金	2003/06/12
316	大成蓝筹稳健证券投资基金	2004/06/03
317	大成精选增值混合型证券投资基金	2004/12/15
318	大成货币市场证券投资基金	2005/06/03
319	大成财富管理2020生命周期	2006/09/13
320	大成策略回报股票型证券投资基金	2008/11/26
321	大成强化收益债券型证券投资基金	2008/08/06
322	大成行业轮动股票型证券投资基金	2009/09/08
323	大成中证红利指数证券投资基金	2010/02/02
324	大成核心双动力股票型证券投资基金	2010/06/22
325	大成深证成长40交易型开放式指数证券投资基金联接基金	2010/12/21
326	大成保本混合型证券投资基金	2011/04/20
327	大成内需增长股票型证券投资基金	2011/06/14

continued

基金份额（亿份）Fund Units (100 million units)	基金资产规模（亿元）Fund Asset Value (100 million yuan)	基金管理公　司 Fund Management Company	基金托管银行 Fund Custodian Bank
153.56	101.19	嘉实	中国银行股份有限公司
60.06	103.22	嘉实	中国银行股份有限公司
5.00	5.25	嘉实	中国工商银行股份有限公司
6.72	5.87	嘉实	中国工商银行股份有限公司
15.59	13.99	嘉实	中国银行股份有限公司
23.21	26.79	嘉实	中国银行股份有限公司
14.21	14.58	嘉实	中国工商银行股份有限公司
27.90	27.49	嘉实	中国工商银行股份有限公司
8.02	9.67	嘉实	中国农业银行股份有限公司
2.57	2.07	嘉实	中国银行股份有限公司
4.76	4.55	嘉实	中国银行股份有限公司
2.73	3.19	嘉实	中国工商银行股份有限公司
13.35	13.35	嘉实	中国银行股份有限公司
0.69	0.87	嘉实	中国工商银行股份有限公司
2.23	2.18	嘉实	中国农业银行股份有限公司
0.53	0.53	嘉实	中国银行股份有限公司
2.93	2.93	嘉实	中国农业银行股份有限公司
0.98	0.98	嘉实	中国建设银行股份有限公司
50.43	52.48	嘉实	上海浦东发展银行股份有限公司
7.88	7.24	长盛	中国农业银行股份有限公司
1.39	1.50	长盛	中国银行股份有限公司
3.30	3.45	长盛	中国建设银行股份有限公司
2.20	2.01	长盛	中国工商银行股份有限公司
0.49	0.51	长盛	中国银行股份有限公司
6.93	7.16	长盛	中国银行股份有限公司
0.63	0.64	长盛	中国建设银行股份有限公司
0.80	0.74	长盛	中国银行股份有限公司
69.81	69.81	长盛	兴业银行股份有限公司
10.61	12.44	长盛	中国银行股份有限公司
5.68	5.71	长盛	中国银行股份有限公司
0.90	0.90	长盛	中国银行股份有限公司
0.53	0.53	长盛	中国银行股份有限公司
102.54	69.71	大成	中国农业银行股份有限公司
1.88	1.91	大成	中国农业银行股份有限公司
135.90	83.22	大成	中国银行股份有限公司
23.43	20.15	大成	中国农业银行股份有限公司
155.99	155.99	大成	中国光大银行股份有限公司
104.98	66.14	大成	中国银行股份有限公司
8.25	8.81	大成	中国光大银行股份有限公司
0.57	0.53	大成	中国建设银行股份有限公司
3.25	2.66	大成	中国农业银行股份有限公司
2.24	1.76	大成	中国建设银行股份有限公司
1.67	1.50	大成	中国工商银行股份有限公司
14.63	11.26	大成	中国农业银行股份有限公司
5.43	5.64	大成	中国工商银行股份有限公司
3.79	4.26	大成	中国银行股份有限公司

4-7 续表 7

序号 No.	基金名称 Fund Name	成立时间 Issue Date
328	大成中证内地消费主题指数证券投资基金	2011/11/08
329	大成可转债增强债券型证券投资基金	2011/11/30
330	大成新锐产业股票型证券投资基金	2012/03/20
331	大成景恒保本混合型证券投资基金	2012/06/15
332	大成健康产业股票型证券投资基金	2012/08/28
333	大成月添利理财债券型证券投资基金	2012/09/20
334	大成现金增利货币市场基金	2012/11/20
335	大成理财21天债券发起式证券投资基金	2012/11/29
336	大成标普500等权重指数证券投资基金	2011/03/23
337	富国7天理财宝债券型证券投资基金	2012/10/19
338	富国天源平衡混合型证券投资基金	2002/08/16
339	富国天利增长债券投资基金	2003/12/02
340	富国天益价值证券投资基金	2004/06/15
341	富国天瑞强势地区精选混合型证券投资基金	2005/04/05
342	富国天时货币市场基金	2006/06/05
343	富国天合稳健优选股票型证券投资基金	2006/11/15
344	富国天成红利灵活配置混合型证券投资基金	2008/05/28
345	富国天鼎中证红利指数增强型证券投资基金	2008/11/21
346	富国优化增强债券型证券投资基金	2009/06/10
347	富国沪深300增强证券投资基金	2009/12/16
348	富国通胀通缩主题轮动股票型证券投资基金	2010/05/12
349	富国全球债券证券投资基金	2010/10/20
350	富国可转债证券投资基金	2010/12/08
351	富国上证综指交易型开放式指数证券投资基金联接基金	2011/01/30
352	富国全球顶级消费品股票型证券投资基金	2011/07/13
353	富国低碳环保股票型证券投资基金	2011/08/10
354	富国产业债债券型证券投资基金	2011/12/05
355	富国高新技术产业股票型证券投资基金	2012/06/27
356	富国中小盘(香港上市)股票型证券投资基金	2012/09/04
357	富国纯债债券型发起式证券投资基金	2012/11/22
358	易方达平稳增长证券投资基金	2002/08/23
359	易方达策略成长证券投资基金	2003/12/09
360	易方达50指数证券投资基金	2004/03/22
361	易方达积极成长证券投资基金	2004/09/09
362	易方达货币市场基金	2005/02/02
363	易方达稳健收益债券型证券投资基金	2005/09/19
364	易方达价值精选股票型证券投资基金	2006/06/13
365	易方达价值成长混合型证券投资基金	2007/04/02
366	易方达中小盘股票型证券投资基金	2008/06/19
367	易方达科汇灵活配置混合型证券投资基金	2008/10/09
368	易方达科翔股票型证券投资基金	2008/11/14
369	易方达行业领先企业股票型证券投资基金	2009/03/26
370	易方达增强回报债券型证券投资基金	2008/03/19
371	易方达深证100交易型开放式指数证券投资基金联接基金	2009/12/01
372	易方达沪深300交易型开放式指数发起式证券投资基金联接基金	2009/08/26
373	易方达上证中盘交易型开放式证券投资基金联接基金	2010/03/31

continued

基金份额（亿份）Fund Units (100 million units)	基金资产规模（亿元）Fund Asset Value (100 million yuan)	基金管理公司 Fund Management Company	基金托管银行 Fund Custodian Bank
0.64	0.67	大成	中国农业银行股份有限公司
0.61	0.60	大成	中国工商银行股份有限公司
1.65	1.88	大成	中国农业银行股份有限公司
5.90	5.83	大成	中国银行股份有限公司
0.52	0.54	大成	中国银行股份有限公司
36.49	36.49	大成	中国农业银行股份有限公司
65.02	65.02	大成	中国农业银行股份有限公司
1.15	1.15	大成	中国银行股份有限公司
0.88	1.12	大成	中国银行股份有限公司
1.58	1.58	富国	中国农业银行股份有限公司
9.96	10.99	富国	中国农业银行股份有限公司
9.61	11.04	富国	中国工商银行股份有限公司
75.70	68.19	富国	交通银行股份有限公司
57.45	48.86	富国	中国农业银行股份有限公司
34.69	34.69	富国	中国农业银行股份有限公司
36.15	38.35	富国	招商银行股份有限公司
30.48	40.97	富国	中国农业银行股份有限公司
6.08	5.97	富国	中国工商银行股份有限公司
7.58	8.13	富国	中国建设银行股份有限公司
37.61	30.37	富国	中国工商银行股份有限公司
2.09	1.84	富国	中国工商银行股份有限公司
0.65	0.62	富国	中国工商银行股份有限公司
16.81	13.53	富国	中国农业银行股份有限公司
3.34	2.62	富国	中国工商银行股份有限公司
0.67	0.84	富国	中国工商银行股份有限公司
5.27	6.12	富国	招商银行股份有限公司
46.21	45.93	富国	中国工商银行股份有限公司
1.04	1.45	富国	中国工商银行股份有限公司
0.78	1.23	富国	中国工商银行股份有限公司
6.52	6.37	富国	中国工商银行股份有限公司
14.66	20.34	易方达	中国银行股份有限公司
14.31	54.18	易方达	中国银行股份有限公司
217.02	136.95	易方达	交通银行股份有限公司
64.80	55.11	易方达	中国银行股份有限公司
268.93	268.93	易方达	中国银行股份有限公司
10.95	11.36	易方达	中国银行股份有限公司
44.33	42.85	易方达	中国工商银行股份有限公司
122.09	159.02	易方达	中国工商银行股份有限公司
12.10	19.60	易方达	中国银行股份有限公司
6.81	9.17	易方达	交通银行股份有限公司
2.61	3.54	易方达	中国工商银行股份有限公司
9.12	12.30	易方达	中国工商银行股份有限公司
35.42	38.18	易方达	中国建设银行股份有限公司
83.39	58.49	易方达	中国银行股份有限公司
68.91	51.13	易方达	中国建设银行股份有限公司
6.53	5.35	易方达	中国工商银行股份有限公司

4-7 续表 8

序号 No.	基金名称 Fund Name	成立时间 Issue Date
374	易方达消费行业股票型证券投资基金	2010/08/20
375	易方达医疗保健行业股票型证券投资基金	2011/01/28
376	易方达资源行业股票型证券投资基金	2011/08/16
377	易方达创业板交易型开放式指数证券投资基金联接基金	2011/09/20
378	易方达安心回报债券型证券投资基金	2011/06/21
379	易方达科讯股票型证券投资基金	2007/12/18
380	易方达沪深300量化增强证券投资基金	2012/07/05
381	易方达恒生中国企业交易型开放式指数证券投资基金联接基金	2012/08/21
382	易方达双债增强债券型证券投资基金	2011/12/01
383	易方达纯债债券型证券投资基金	2012/05/03
384	易方达月月利理财债券型证券投资基金	2012/11/26
385	易方达双月利理财债券型证券投资基金	2013/01/15
386	易方达策略成长二号混合型证券投资基金	2006/08/16
387	易方达亚洲精选股票型证券投资基金	2010/01/21
388	易方达标普全球高端消费品指数增强型证券投资基金	2012/06/04
389	国投瑞银融华债券型证券投资基金	2003/04/16
390	国投瑞银景气行业证券投资基金	2004/04/29
391	国投瑞银核心企业股票型基金	2006/04/19
392	国投瑞银创新动力股票型证券投资基金	2006/11/15
393	国投瑞银稳健增长灵活配置混和型证券投资基金	2008/06/11
394	国投瑞银成长优选股票型政权投资基金	2008/01/10
395	国投瑞银稳定增利债券型证券投资基金	2008/01/11
396	国投瑞银瑞银保本混合型证券投资基金	2011/12/20
397	国投瑞银货币市场基金	2009/01/19
398	国投瑞银优化增强债券型证券投资基金	2010/09/08
399	国投瑞银纯债债券型证券投资基金	2012/12/11
400	国投瑞银瑞福深证100指数分级证券投资基金	2007/07/17
401	银河银富货币市场基金	2004/12/20
402	银河银泰理财分红证券投资基金	2004/03/30
403	银河稳健证券投资基金	2003/08/04
404	银河收益证券投资基金	2003/08/04
405	易方达保证金收益货币市场基金	2013/03/29
406	招商保证金快线货币市场基金	2013/05/17
407	易方达深证100交易型开放式指数证券投资基金	2006/03/24
408	中小企业板交易型开放式指数基金	2006/06/08
409	深证成份交易型开放式指数证券投资基金	2009/12/04
410	深证红利交易型开放式指数证券投资基金	2010/11/05
411	深证成长40交易型开放式指数证券投资基金	2010/12/21
412	广发中小板300交易型开放式指数证券投资基金	2011/06/03
413	深证基本面200交易型开放式指数证券投资基金	2011/06/10
414	深证电子信息传媒产业(TMT)50交易型开放式指数证券投资基金	2011/06/27
415	深证基本面120交易型开放式指数证券投资基金	2011/08/01
416	深证民营交易型开放式指数证券投资基金	2011/09/02
417	深证300交易型开放式指数证券投资基金	2011/09/16
418	深证300价值交易型开放式指数证券投资基金	2011/09/22
419	易方达创业板交易型开放式指数证券投资基金	2011/09/20

continued

基金份额（亿份）Fund Units (100 million units)	基金资产规模（亿元）Fund Asset Value (100 million yuan)	基金管理公司 Fund Management Company	基金托管银行 Fund Custodian Bank
27.55	26.38	易方达	中国农业银行股份有限公司
18.74	24.12	易方达	中国银行股份有限公司
6.65	4.32	易方达	中国银行股份有限公司
4.50	7.08	易方达	中国工商银行股份有限公司
5.19	5.62	易方达	中国工商银行股份有限公司
76.41	71.34	易方达	交通银行股份有限公司
0.71	0.76	易方达	中国建设银行股份有限公司
1.15	1.15	易方达	交通银行股份有限公司
1.10	1.18	易方达	中国建设银行股份有限公司
4.88	4.85	易方达	招商银行股份有限公司
9.31	9.31	易方达	中国农业银行股份有限公司
2.82	2.82	易方达	中国建设银行股份有限公司
30.98	48.00	易方达	中国银行股份有限公司
0.93	0.74	易方达	中国工商银行股份有限公司
0.64	0.90	易方达	中国银行股份有限公司
4.38	5.57	国投瑞银	中国光大银行股份有限公司
26.36	24.94	国投瑞银	中国光大银行股份有限公司
58.69	43.77	国投瑞银	中国工商银行股份有限公司
35.92	24.91	国投瑞银	中国光大银行股份有限公司
17.28	18.53	国投瑞银	中国工商银行股份有限公司
17.26	11.86	国投瑞银	中国工商银行股份有限公司
12.65	13.19	国投瑞银	中国银行股份有限公司
1.82	1.91	国投瑞银	中国民生银行股份有限公司
31.42	31.42	国投瑞银	中国工商银行股份有限公司
3.13	3.25	国投瑞银	中国建设银行股份有限公司
0.84	0.80	国投瑞银	中国银行股份有限公司
72.92	68.43	国投瑞银	中国工商银行股份有限公司
24.55	24.55	银河	交通银行股份有限公司
22.04	26.00	银河	中国工商银行股份有限公司
12.57	14.00	银河	中国农业银行股份有限公司
12.84	13.56	银河	中国农业银行股份有限公司
8.01	8.01	易方达	交通银行股份有限公司
6.40	6.40	招商	平安银行股份有限公司
211.90	119.11	易方达	中国银行股份有限公司
10.92	25.60	华夏	中国建设银行股份有限公司
23.69	20.01	南方	中国工商银行股份有限公司
11.47	7.96	工银瑞信	中国农业银行股份有限公司
14.54	10.93	大成	中国农业银行股份有限公司
5.68	5.41	广发	中国农业银行股份有限公司
1.83	1.27	博时	交通银行股份有限公司
0.37	1.34	招商	中国银行股份有限公司
3.11	2.40	嘉实	中国银行股份有限公司
0.57	1.83	鹏华	中国建设银行股份有限公司
1.42	1.28	汇添富	中国工商银行股份有限公司
0.61	0.57	交银施罗德	中国农业银行股份有限公司
8.63	11.04	易方达	中国工商银行股份有限公司

4-7 续表 9

序号 No.	基金名称 Fund Name	成立时间 Issue Date
420	深证基本面60交易型开放式指数证券投资基金	2011/09/08
421	中小板300成长交易型开放式指数证券投资基金	2012/03/15
422	中创400交易型开放式指数证券投资基金	2012/03/22
423	嘉实沪深300交易型开放式指数证券投资基金	2012/05/07
424	恒生交易型开放式指数证券投资基金	2012/08/09
425	诺安中小板等权重交易型开放式指数证券投资金	2012/12/10
426	嘉实中证500交易型开放式指数证券投资基金	2013/02/06
427	大成中证100交易型开放式指数证券投资基金	2013/02/07
428	景顺长城沪深300等权重交易型开放式指数证券投资基金	2013/05/07
429	南方开元沪深300交易型开放式指数证券投资基金	1998/03/27
430	嘉实中证金边中期国债交易型开放式指数证券投资基金	2013/05/10
431	鹏华沪深300交易型开放式指数证券投资基金	2013/07/19
432	中证主要消费交易型开放式指数证券投资基金	2013/08/23
433	中证医药卫生交易型开放式指数证券投资基金	2012/08/23
434	中证能源交易型开放式指数证券投资基金	2013/08/23
435	中证金融地产交易型开放式指数证券投资基金	2013/08/23
436	大成中证500深市交易型开放式指数证券投资基金	2013/09/12
437	国投瑞银沪深300金融地产交易型开放式指数证券投资基金	2013/09/17
438	易方达黄金交易性开放式证券投资基金	2013/11/29
439	景顺长城中证500交易型开放式指数证券投资基金	2013/12/26
440	南方积极配置证券投资基金	2004/10/14
441	南方高增长证券投资基金	2005/07/13
442	南方中证500指数证券投资基金(LOF)	2009/09/25
443	中证南方金砖四国指数证券投资基金	2010/12/09
444	南方中证50债券指数证券投资基金(LOF)	2011/05/17
445	南方中国中小盘股票指数证券投资基金(LOF)	2011/09/26
446	南方新兴消费增长分级股票型证券投资基金	2012/03/13
447	南方金利定期开放债券型证券投资基金	2012/05/17
448	国泰中小盘成长股票型证券投资基金(LOF)	2009/10/19
449	国泰估值优势可分离交易股票型证券投资基金	2010/02/10
450	国泰纳斯达克100指数证券投资基金	2010/04/29
451	国泰价值经典股票型证券投资基金	2010/08/13
452	国泰大宗商品配置证券投资基金(LOF)	2012/05/03
453	国泰信用互利分级债券型证券投资基金	2011/12/29
454	国泰国证房地产行业指数分级证券投资基金	2013/02/06
455	国泰国证医药卫生行业指数分级证券投资基金	2013/08/29
456	国泰淘新灵活配置混合型证券投资基金	2013/12/30
457	华夏蓝筹核心混合型证券投资基金(LOF)	2007/04/24
458	华夏行业精选股票型证券投资基金(LOF)	2007/11/22
459	华安深证300指数证券投资基金(LOF)	2011/09/02
460	华安标普全球石油指数证券投资基金(LOF)	2012/03/29
461	华安沪深300指数分级证券投资基金	2012/06/25
462	博时主题行业股票证券投资基金	2005/01/06
463	博时卓越品牌股票型证券投资基金(LOF)	2011/04/22
464	鹏华普天债券投资基金	2003/07/12
465	鹏华普天收益证券投资基金	2003/07/12

continued

基金份额（亿份）Fund Units (100 million units)	基金资产规模（亿元）Fund Asset Value (100 million yuan)	基金管理公司 Fund Management Company	基金托管银行 Fund Custodian Bank
1.57	2.35	建信	中国民生银行股份有限公司
0.48	0.52	国泰	中国银行股份有限公司
0.74	0.94	嘉实	中国工商银行股份有限公司
117.51	279.90	嘉实	中国银行股份有限公司
1.46	1.53	华夏	中国银行股份有限公司
0.25	0.29	诺安	交通银行股份有限公司
0.65	2.50	嘉实	中国建设银行股份有限公司
1.13	0.97	大成	中国银行股份有限公司
2.31	2.16	景顺长城	中国农业银行股份有限公司
21.69	19.64	南方	中国工商银行股份有限公司
0.06	5.63	嘉实	中国银行股份有限公司
0.70	1.63	鹏华	中国建设银行股份有限公司
2.10	2.08	汇添富	中国工商银行股份有限公司
3.76	3.87	汇添富	中国工商银行股份有限公司
1.47	1.32	汇添富	中国工商银行股份有限公司
3.66	3.25	汇添富	中国工商银行股份有限公司
0.47	0.52	大成	中国银行股份有限公司
16.71	15.71	国投瑞银	中国工商银行股份有限公司
0.62	1.47	易方达	中国工商银行股份有限公司
5.13	5.11	景顺长城	中国银行股份有限公司
14.04	14.32	南方	中国工商银行股份有限公司
20.14	31.60	南方	中国银行股份有限公司
46.58	43.92	南方	中国农业银行股份有限公司
1.70	1.34	南方	中国工商银行股份有限公司
1.17	1.22	南方	中国工商银行股份有限公司
0.54	0.58	南方	中国农业银行股份有限公司
1.26	1.45	南方	中国工商银行股份有限公司
16.62	16.19	南方	中国工商银行股份有限公司
5.80	6.52	国泰	中国建设银行股份有限公司
1.46	1.36	国泰	中国工商银行股份有限公司
3.00	4.45	国泰	中国建设银行股份有限公司
2.30	1.96	国泰	中国建设银行股份有限公司
0.34	0.28	国泰	中国建设银行股份有限公司
4.88	5.22	国泰	中国建设银行股份有限公司
11.12	10.30	国泰	中国银行股份有限公司
4.20	4.31	国泰	中国农业银行股份有限公司
14.89	14.89	国泰	宁波银行股份有限公司
97.73	83.71	华夏	交通银行股份有限公司
64.71	65.43	华夏	中国银行股份有限公司
2.17	1.93	华安	中国银行股份有限公司
0.52	0.57	华安	中国建设银行股份有限公司
0.49	0.47	华安	中国建设银行股份有限公司
55.63	97.89	博时	中国建设银行股份有限公司
1.32	1.57	博时	中国工商银行股份有限公司
9.73	9.76	鹏华	交通银行股份有限公司
19.35	15.37	鹏华	交通银行股份有限公司

4-7 续表 10

序号 No.	基金名称 Fund Name	成立时间 Issue Date
466	鹏华中国50开放式证券投资基金	2004/05/12
467	鹏华货币市场证券投资基金	2005/04/12
468	鹏华价值优势股票型证券投资基金(LOF)	2006/07/18
469	鹏华动力增长混合型证券投资基金(LOF)	2007/01/09
470	鹏华优质治理股票型证券投资基金(LOF)	2007/04/25
471	鹏华丰收债券基金	2008/05/28
472	鹏华盛世创新股票型证券投资基金	2008/10/10
473	鹏华沪深300指数证券投资基金(LOF)	2009/04/03
474	鹏华中证500指数证券投资基金	2010/02/05
475	鹏华丰润债券型证券投资基金	2010/12/02
476	鹏华中证A股资源产业指数分级型证券投资基金	2012/09/27
477	鹏华消费灵活配置混合型证券投资基金	2013/12/23
478	嘉实沪深300指数证券投资基金	2005/08/29
479	嘉实中证锐联基本面50指数证券投资基金(LOF)	2009/12/30
480	嘉实恒生中国企业指数证券投资基金	2010/09/30
481	嘉实多利分级债券型证券投资基金	2011/03/23
482	嘉实黄金证券投资基金(LOF)	2011/08/04
483	嘉实中证中期企业业绩指数证券投资基金(LOF)	2013/02/05
484	长盛同智优势成长混合型证券投资基金(LOF)	2007/01/05
485	长盛同庆中证800指数分级证券投资基金	2009/05/12
486	长盛沪深300指数证券投资基金(LOF)	2010/08/04
487	长盛同瑞中证200指数分级证券投资基金	2011/12/06
488	长盛同辉深证100等权重指数分级证券投资基金	2012/09/13
489	长盛同丰分级债券型证券投资基金	2012/12/27
490	大成创新成长混合型证券投资基金	2007/06/12
491	大成景丰债券型证券投资基金(LOF)	2010/10/15
492	大成优选股票型证券投资基金(LOF)	2007/08/01
493	富国天惠精选成长混合型证券投资基金	2005/11/16
494	富国天丰强化收益债券型证券投资基金	2008/10/24
495	富国中证500指数增强型证券投资基金(LOF)	2011/10/12
496	富国创业板指数分级证券投资基金	2013/09/12
497	易方达岁丰添利债券型证券投资基金	2010/11/09
498	易方达黄金主题证券投资基金(LOF)	2011/05/06
499	易方达中小板指数分级证券投资基金	2012/09/20
500	易方达中债新综合债券指数发起式证券投资基金(LOF)	2012/11/08
501	国投瑞银瑞和沪深300指数分级证券投资基金	2009/10/15
502	国投瑞银全球新兴市场精选股票型证券投资基金(LOF)	2010/06/10
503	国投瑞银沪深300金融地产指数证券投资基金(LOF)	2010/04/09
504	国投瑞银中证下游消费与服务产业指数证券投资基金(LOF)	2010/12/16
505	国投瑞银中证上游资源产业指数证券投资基金(LOF)	2011/07/21
506	国投瑞银新兴产业混合型证券投资基金(LOF)	2011/12/13
507	银河沪深300成长增强指数分级证券投资基金	2013/03/29
508	融通新蓝筹证券投资基金	2002/09/13
509	融通债券投资基金	2003/09/30
510	融通深证100指数证券投资基金	2003/09/30
511	融通蓝筹成长基金	2003/09/30

continued

基金份额（亿份）Fund Units (100 million units)	基金资产规模（亿元）Fund Asset Value (100 million yuan)	基金管理公司 Fund Management Company	基金托管银行 Fund Custodian Bank
35.83	38.53	鹏华	交通银行股份有限公司
71.40	71.40	鹏华	中国农业银行股份有限公司
107.57	84.03	鹏华	中国建设银行股份有限公司
50.92	55.59	鹏华	中国农业银行股份有限公司
48.29	40.91	鹏华	中国工商银行股份有限公司
18.71	18.40	鹏华	中国建设银行股份有限公司
2.44	3.33	鹏华	中国建设银行股份有限公司
8.44	7.21	鹏华	中国工商银行股份有限公司
7.62	6.08	鹏华	中国工商银行股份有限公司
3.81	3.98	鹏华	中国建设银行股份有限公司
23.57	23.66	鹏华	中国工商银行股份有限公司
20.00	18.79	鹏华	交通银行股份有限公司
379.04	242.32	嘉实	中国银行股份有限公司
15.28	9.57	嘉实	中国工商银行股份有限公司
0.96	0.72	嘉实	中国建设银行股份有限公司
3.70	3.47	嘉实	招商银行股份有限公司
2.23	1.46	嘉实	中国工商银行股份有限公司
6.07	5.94	嘉实	中国银行股份有限公司
20.57	16.59	长盛	中国银行股份有限公司
19.98	18.33	长盛	中国建设银行股份有限公司
1.71	1.34	长盛	招商银行股份有限公司
0.52	0.53	长盛	中国农业银行股份有限公司
1.36	1.39	长盛	中国建设银行股份有限公司
7.47	7.03	长盛	中国银行股份有限公司
94.13	70.25	大成	中国农业银行股份有限公司
4.39	4.35	大成	中国农业银行股份有限公司
16.54	18.55	大成	中国银行股份有限公司
21.31	32.96	富国	中国工商银行股份有限公司
30.03	29.14	富国	中国建设银行股份有限公司
1.44	1.54	富国	中国农业银行股份有限公司
7.00	6.77	富国	中国建设银行股份有限公司
8.15	7.89	易方达	中国银行股份有限公司
6.14	3.96	易方达	中国农业银行股份有限公司
0.62	0.70	易方达	中国建设银行股份有限公司
0.69	0.68	易方达	中国农业银行股份有限公司
3.25	3.07	国投瑞银	中国工商银行股份有限公司
0.44	0.40	国投瑞银	中国工商银行股份有限公司
15.63	12.44	国投瑞银	中国工商银行股份有限公司
2.77	2.51	国投瑞银	中国工商银行股份有限公司
3.28	1.77	国投瑞银	中国工商银行股份有限公司
0.78	0.91	国投瑞银	中国建设银行股份有限公司
0.66	0.66	银河	兴业银行股份有限公司
128.47	96.07	融通	中国建设银行股份有限公司
5.30	5.27	融通	中国工商银行股份有限公司
137.01	125.28	融通	中国工商银行股份有限公司
14.57	15.59	融通	中国工商银行股份有限公司

4-7 续表 11

序号 No.	基金名称 Fund Name	成立时间 Issue Date
512	融通行业景气证券投资基金	2004-04-29
513	融通巨潮100指数证券投资基金	2005-05-12
514	融通易支付货币市场证券投资基金	2006-01-19
515	融通动力先锋股票型证券投资基金	2006-11-15
516	融通领先成长股票型证券投资基金	2007-04-30
517	融通内需驱动股票型证券投资基金	2009-04-22
518	融通深证成分指数证券投资基金	2010-11-15
519	融通创业板指数增强型证券投资基金	2012-04-06
520	融通医疗保健股票型证券投资基金	2012-07-26
521	融通丰利四分法证券投资基金Rongtong High Yield Four-Asset Fund	2013-02-05
522	融通七天理财债券型证券投资基金	2013-03-14
523	融通标普中国可转债指数增强型证券投资基金	2013-03-26
524	招商优质成长股票型证券投资基金	2005-11-17
525	招商标普金砖四国指数证券投资基金(LOF)	2011-02-11
526	招商中证大宗商品股票指数分级证券投资基金	2012-06-28
527	招商双债增强分级债券型证券投资基金	2013-03-01
528	招商沪深300高贝塔指数分级证券投资基金	2013-08-01
529	银华内需精选股票型证券投资基金(LOF)	2009-07-01
530	银华沪深300指数证券投资基金	2009-10-14
531	银华深证100指数分级证券投资基金	2010-05-07
532	银华信用债券型证券投资基金	2010-06-29
533	银华抗通胀主题证券投资基金(LOF)	2010-12-06
534	银华中证等权重90指数分级证券投资基金	2011-03-17
535	银华消费主题分级股票型证券投资基金	2011-09-28
536	银华中证内地资源主题指数分级证券投资基金	2011-12-08
537	银华纯债信用主题债券型证券投资基金	2012-08-09
538	银华中证中票50指数债券型证券投资基金(LOF)	2012-12-11
539	银华中证800等权重指数增强分级证券投资基金	2013-11-05
540	银华中证转债指数增强分级证券投资基金	2013-08-15
541	万家增强收益债券型证券投资基金	2004-09-28
542	万家公用事业行业股票型证券投资基金	2005-07-15
543	万家中证红利指数证券投资基金(LOF)	2011-03-17
544	万家中证创业成长指数分级证券投资基金	2012-08-02
545	长城久富核心成长股票型证券投资基金(LOF)	2007-02-12
546	长城久兆中小板300指数分级证券投资基金	2012-01-30
547	金鹰中小盘精选证券投资基金	2004-05-27
548	金鹰持久回报分级债券型证券投资基金	2012-03-09
549	金鹰中证500指数分级证券投资基金	2012-06-06
550	金鹰元盛分级债债券型发起式证券投资基金	2013-05-02
551	泰达宏利价值优化型成长类行业证券投资基金	2003-04-26
552	泰达宏利价值优化型周期类行业证券投资基金	2003-04-26
553	泰达宏利价值优化型稳定类行业证券投资基金	2003-04-26
554	泰达宏利行业精选证券投资基金	2004-07-09
555	泰达宏利风险预算混合型证券投资基金	2005-04-05
556	泰达宏利货币市场基金	2005-11-10
557	泰达宏利效率优选混合型证券投资基金(LOF)	2006-03-29
558	泰达宏利首选企业股票型证券投资基金	2006-12-01

continued

基金份额 (亿份) Fund Units (100 million units)	基金资产规模 (亿元) Fund Asset Value (100 million yuan)	基金管理公司 Fund Management Company	基金托管银行 Fund Custodian Bank
30.02	24.08	融通	交通银行股份有限公司
23.82	17.09	融通	中国工商银行股份有限公司
34.12	34.12	融通	中国民生银行股份有限公司
19.13	21.84	融通	中国工商银行股份有限公司
31.01	22.70	融通	中国建设银行股份有限公司
7.46	5.55	融通	中国工商银行股份有限公司
9.18	6.22	融通	中国工商银行股份有限公司
0.41	0.61	融通	中国工商银行股份有限公司
14.13	15.26	融通	中国工商银行股份有限公司
4.50	4.37	融通	中国工商银行股份有限公司
2.47	2.47	融通	中国工商银行股份有限公司
1.72	1.59	融通	中国农业银行股份有限公司
28.50	30.95	招商	中信银行股份有限公司
0.99	0.77	招商	中国银行股份有限公司
3.13	2.39	招商	中国工商银行股份有限公司
8.71	8.29	招商	中国农业银行股份有限公司
0.84	0.80	招商	中国银行股份有限公司
14.35	11.70	银华	中国农业银行股份有限公司
3.46	2.50	银华	中国建设银行股份有限公司
234.51	175.02	银华	中国民生银行股份有限公司
5.40	5.31	银华	中国建设银行股份有限公司
2.67	2.09	银华	中国建设银行股份有限公司
19.65	19.09	银华	中国建设银行股份有限公司
1.61	1.83	银华	中国建设银行股份有限公司
12.97	12.89	银华	中国银行股份有限公司
19.90	19.98	银华	中国工商银行股份有限公司
2.47	2.44	银华	中国银行股份有限公司
1.89	1.89	银华	中国银行股份有限公司
1.74	1.63	银华	中国银行股份有限公司
6.59	6.40	万家	中国农业银行股份有限公司
15.77	8.67	万家	交通银行股份有限公司
6.92	5.55	万家	中国建设银行股份有限公司
0.26	0.30	万家	中国工商银行股份有限公司
20.83	22.82	长城	交通银行股份有限公司
0.74	0.76	长城	中国建设银行股份有限公司
19.81	15.83	金鹰	交通银行股份有限公司
4.06	4.18	金鹰	中国邮政储蓄银行有限责任公司
0.20	0.21	金鹰	交通银行股份有限公司
12.74	10.81	金鹰	中国建设银行股份有限公司
11.94	14.93	泰达宏利	交通银行股份有限公司
5.77	5.47	泰达宏利	交通银行股份有限公司
2.72	2.03	泰达宏利	交通银行股份有限公司
6.28	25.01	泰达宏利	中国银行股份有限公司
15.38	16.07	泰达宏利	交通银行股份有限公司
1.57	1.57	泰达宏利	中国农业银行股份有限公司
37.21	35.21	泰达宏利	中国建设银行股份有限公司
9.01	11.02	泰达宏利	中国农业银行股份有限公司

4-7 续表 12

序号 No.	基金名称 Fund Name	成立时间 Issue Date
559	泰达宏利市值优选股票型证券投资基金	2007/08/03
560	泰达宏利集利债券型证券投资基金	2008/09/26
561	泰达宏利品质生活灵活配置混合型证券投资基金	2009/04/09
562	泰达宏利红利先锋股票型证券投资基金	2009/12/03
563	泰达宏利中证财富大盘指数证券投资基金	2010/04/23
564	泰达宏利领先中小盘股票型证券投资基金	2011/01/26
565	泰达宏利中证500指数分级证券投资基金	2011/12/01
566	海富通中证100指数证券投资基金(LOF)	2009/10/30
567	华宝兴业标普石油天然气上游股票指数证券投资基金(LOF)	2011/09/29
568	国联安双禧中证100指数分级证券投资基金	2010/04/16
569	国联安双力中小板综指分级证券投资基金	2012/03/23
570	景顺长城鼎益股票型证券投资基金	2005/03/16
571	景顺长城资源垄断股票型证券投资基金	2006/01/26
572	广发小盘成长股票型证券投资基金	2005/02/02
573	广发中证500交易型开放式指数证券投资基金联接基金(LOF)	2009/11/26
574	广发深证100指数分级证券投资基金	2012/05/07
575	广发聚源定期债券型证券投资基金	2013/05/08
576	泰信中证锐联基本面400指数分级证券投资基金	2012/09/07
577	长信中证中央企业100指数证券投资基金(LOF)	2010/03/26
578	申万菱信深证成指分级证券投资基金	2010/10/22
579	申万菱信量化小盘股票型证券投资基金(LOF)	2011/06/16
580	申万菱信中小板指数分级证券投资基金	2012/05/08
581	诺安油气能源股票证券投资基金(LOF)	2011/09/27
582	诺安中证创业成长指数分级证券投资基金	2012/03/29
583	摩根士丹利华鑫资源优选混合型证券投资基金	2005/09/27
584	摩根士丹利华鑫货币市场基金	2006/08/17
585	兴业趋势投资混合型证券投资基金	2005/11/03
586	兴业合润分级股票型证券投资基金	2010/04/22
587	兴业沪深300指数增强型证券投资基金(LOF)	2010/11/02
588	兴全绿色投资股票型证券投资基金(LOF)	2011/05/06
589	兴全保本混合型证券投资基金	2011/08/03
590	兴全轻资产投资股票型证券投资基金(LOF)	2012/04/05
591	兴全商业模式优选股票型证券投资基金(LOF)	2012/12/18
592	天治核心成长股票型证券投资基金	2006/01/20
593	中银中国精选混合型开放式证券投资基金	2005/01/04
594	中银货币市场证券投资基金	2005/06/07
595	中银持续增长股票型证券投资基金	2006/03/17
596	中银收益混合型证券投资基金	2006/10/11
597	中银动态策略股票型证券投资基金	2008/04/03
598	中银稳健增利债券型证券投资基金	2008/11/13
599	中银行业优选灵活配置混合型证券投资基金	2009/04/03
600	中银中证100指数增强型证券投资基金	2009/09/04
601	中银蓝筹精选灵活配置混合型证券投资基金	2010/02/11
602	中银价值精选灵活配置混合型证券投资基金	2010/08/25
603	中银稳健双利债券型证券投资基金	2010/11/24
604	中银全球策略证券投资基金(FOF)	2011/03/03
605	中银转债增强债券型证券投资基金	2011/06/29

continued

基金份额 (亿份) Fund Units (100 million units)	基金资产规模 (亿元) Fund Asset Value (100 million yuan)	基金管理公司 Fund Management Company	基金托管银行 Fund Custodian Bank
69.06	57.86	泰达宏利	中国建设银行股份有限公司
9.27	9.26	泰达宏利	中国银行股份有限公司
6.07	6.18	泰达宏利	中国建设银行股份有限公司
15.58	20.50	泰达宏利	中国建设银行股份有限公司
2.19	1.89	泰达宏利	中国银行股份有限公司
5.80	5.59	泰达宏利	中国农业银行股份有限公司
0.17	0.18	泰达宏利	中国银行股份有限公司
7.69	5.21	海富通	中国银行股份有限公司
0.24	0.27	华宝兴业	中国建设银行股份有限公司
24.06	21.97	国联安	中国建设银行股份有限公司
0.37	0.39	国联安	中国建设银行股份有限公司
46.44	48.37	景顺长城	中国银行股份有限公司
76.77	57.42	景顺长城	中国农业银行股份有限公司
35.07	63.38	广发	上海浦东发展银行股份有限公司
37.58	32.19	广发	中国工商银行股份有限公司
1.18	1.00	广发	中国建设银行股份有限公司
12.98	12.07	广发	中国农业银行股份有限公司
0.32	0.36	泰信	中国工商银行股份有限公司
0.76	0.56	长信	中国建设银行股份有限公司
72.15	39.77	申万菱信	中国工商银行股份有限公司
1.96	2.08	申万菱信	中国工商银行股份有限公司
5.02	5.10	申万菱信	中国农业银行股份有限公司
1.50	1.63	诺安	招商银行股份有限公司
0.34	0.38	诺安	中国银行股份有限公司
13.49	26.02	摩根士丹利华鑫	中国光大银行股份有限公司
7.68	7.68	摩根士丹利华鑫	交通银行股份有限公司
101.26	93.81	兴业全球	兴业银行股份有限公司
9.33	10.97	兴业全球	招商银行股份有限公司
13.94	11.22	兴业全球	中国农业银行股份有限公司
13.46	17.70	兴业全球	中国工商银行股份有限公司
4.97	5.42	兴业全球	兴业银行股份有限公司
4.00	5.59	兴业全球	招商银行股份有限公司
0.89	0.93	兴业全球	中国光大银行股份有限公司
39.47	23.10	天治	交通银行股份有限公司
19.98	28.72	中银	中国工商银行股份有限公司
201.44	201.44	中银	中国工商银行股份有限公司
93.01	65.21	中银	中国工商银行股份有限公司
42.46	50.78	中银	中国工商银行股份有限公司
9.54	10.62	中银	中国工商银行股份有限公司
12.69	13.45	中银	中国工商银行股份有限公司
2.43	2.75	中银	中国工商银行股份有限公司
13.01	8.86	中银	中国建设银行股份有限公司
12.17	12.57	中银	招商银行股份有限公司
11.28	10.85	中银	招商银行股份有限公司
22.75	25.96	中银	招商银行股份有限公司
3.15	2.71	中银	中国建设银行股份有限公司
4.52	5.06	中银	招商银行股份有限公司

4-7 续表 13

序号 No.	基金名称 Fund Name	成立时间 Issue Date
606	中银中小盘成长股票型证券投资基金	2011/11/23
607	中银沪深300等权重指数证券投资基金(LOF)	2012/05/17
608	中银主题策略股票型证券投资基金	2012/07/25
609	中银保本混合型证券投资基金	2012/09/19
610	中银互利分级债券型证券投资基金	2013/09/24
611	华富强化回报债券型证券投资基金	2010/09/08
612	天弘深证成份指数证券投资基金(LOF)	2010/08/12
613	汇添富黄金及贵金属证券投资基金(LOF)	2011/08/31
614	汇添富互利分级债券型证券投资基金	2013/11/06
615	工银瑞信四季收益债券型证券投资基金	2011/02/10
616	工银瑞信睿智中证500指数分级证券投资基金	2012/01/31
617	工银瑞信睿智深证100指数分级证券投资基金	2012/10/25
618	工银瑞信增利分级债券型证券投资基金	2013/03/06
619	工银瑞信标普全球自然资源指数证券投资基金(LOF)	2013/05/28
620	交银施罗德信用添利债券证券投资基金	2011/01/27
621	建信沪深300指数证券投资基金(LOF)	2009/11/05
622	建信双利策略主题分级股票型证券投资基金	2011/05/06
623	建信央视财经50指数分级发起式证券投资基金	2013/03/28
624	建信优势动力股票型证券投资基金(LOF)	2013/03/19
625	信诚深度价值股票型证券投资基金	2010/07/30
626	信诚增强收益债券型证券投资基金	2010/09/29
627	信诚金砖四国积极配置证券投资基金(LOF)	2010/12/17
628	信诚中证500指数分级证券投资基金	2011/02/11
629	信诚新机遇股票型证券投资基金(LOF)	2011/08/01
630	信诚全球商品主题证券投资基金(LOF)	2011/12/20
631	信诚沪深300指数分级证券投资基金	2012/02/01
632	信诚周期轮动股票型证券投资基金(LOF)	2012/05/07
633	信诚双盈分级债券型证券投资基金	2012/04/13
634	信诚中证800医药指数分级证券投资基金	2013/08/16
635	信诚中证800有色指数分级证券投资基金	2013/08/29
636	信诚中证800金融指数分级证券投资基金	2013/12/20
637	诺德双翼分级债券型证券投资基金	2012/02/16
638	诺德深证300指数分级证券投资基金	2012/09/10
639	东吴深证100指数增强型证券投资基金(LOF)	2012/03/09
640	东吴鼎利分级债券型证券投资基金	2013/04/25
641	中欧新趋势股票型证券投资基金(LOF)	2007/01/29
642	中欧新蓝筹灵活配置混合型证券投资基金	2008/07/25
643	中欧稳健收益债券型证券投资基金	2009/04/24
644	中欧价值发现股票型证券投资基金	2009/07/24
645	中欧中小盘股票型证券投资基金(LOF)	2009/12/30
646	中欧沪深300指数增强型证券投资基金(LOF)	2010/06/24
647	中欧增强回报债券型证券投资基金	2010/12/02
648	中欧新动力股票型证券投资基金	2011/02/10
649	中欧鼎利分级债券型证券投资基金	2011/06/16
650	中欧盛世成长分级股票型证券投资基金	2012/03/29
651	中欧信用增利分级债券型证券投资基金	2012/04/16

continued

基金份额 (亿份) Fund Units (100 million units)	基金资产规模 (亿元) Fund Asset Value (100 million yuan)	基金管理公司 Fund Management Company	基金托管银行 Fund Custodian Bank
1.25	1.31	中银	招商银行股份有限公司
1.19	1.18	中银	招商银行股份有限公司
0.42	0.50	中银	广东发展银行股份有限公司
25.79	26.81	中银	招商银行股份有限公司
29.55	29.62	中银	中国民生银行股份有限公司
10.52	10.78	华富	中国建设银行股份有限公司
0.91	0.59	天弘	中国工商银行股份有限公司
3.22	2.04	汇添富	中国工商银行股份有限公司
6.85	6.88	汇添富	中国工商银行股份有限公司
24.03	23.76	工银瑞信	中国农业银行股份有限公司
0.68	0.70	工银瑞信	中国银行股份有限公司
0.37	0.36	工银瑞信	中国民生银行股份有限公司
11.06	9.81	工银瑞信	招商银行股份有限公司
0.06	0.06	工银瑞信	中国银行股份有限公司
18.95	19.54	交银施罗德	中国农业银行股份有限公司
29.83	20.56	建信	中国工商银行股份有限公司
6.66	6.72	建信	招商银行股份有限公司
6.35	6.31	建信	交通银行股份有限公司
21.90	20.60	建信	交通银行股份有限公司
0.81	0.93	信诚	中国建设银行股份有限公司
3.98	3.87	信诚	中国建设银行股份有限公司
0.54	0.43	信诚	中国银行股份有限公司
20.32	15.45	信诚	中国建设银行股份有限公司
0.87	1.14	信诚	中国建设银行股份有限公司
0.10	0.07	信诚	中国银行股份有限公司
6.92	5.96	信诚	中国建设银行股份有限公司
0.22	0.27	信诚	中国银行股份有限公司
2.72	3.12	信诚	中国银行股份有限公司
2.06	2.06	信诚	中国银行股份有限公司
0.57	0.48	信诚	中国银行股份有限公司
2.63	2.64	信诚	中国建设银行股份有限公司
2.28	2.45	诺德	华夏银行股份有限公司
0.58	0.62	诺德	中国银行股份有限公司
0.58	0.50	东吴	中国建设银行股份有限公司
7.69	7.46	东吴	交通银行股份有限公司
24.08	17.95	中欧	兴业银行股份有限公司
10.16	10.84	中欧	中国建设银行股份有限公司
5.02	5.34	中欧	中国建设银行股份有限公司
14.29	15.91	中欧	中国建设银行股份有限公司
6.18	4.53	中欧	中国邮政储蓄银行有限责任公司
1.87	1.47	中欧	兴业银行股份有限公司
2.07	2.11	中欧	广东发展银行股份有限公司
11.82	13.70	中欧	中国光大银行股份有限公司
1.46	1.59	中欧	中信银行股份有限公司
1.32	1.85	中欧	广东发展银行股份有限公司
5.06	5.26	中欧	中国邮政储蓄银行有限责任公司

4-7 续表 14

序号 No.	基金名称 Fund Name	成立时间 Issue Date
652	中欧货币市场基金	2012/12/12
653	中欧纯债分级债券型基金	2013/01/31
654	中欧价值智选回报混合型证券投资基金	2013/05/14
655	中欧成长优选回报灵活配置混合型发起式证券投资基金	2013/08/21
656	中欧纯债添利分级债券型证券投资基金	2013/11/28
657	华商中证500指数分级证券投资基金	2012/09/07
658	浙商聚潮新思维混合型证券投资基金	2012/03/08
659	浙商沪深300指数分级证券投资基金	2012/05/07
660	国金通用沪深300指数分级证券投资基金	2013/07/26
661	德邦德信中证中高收益企债指数分级证券投资基金	2013/04/25
662	华宸未来沪深300指数增强型发起式证券投资基金(LOF)	2013/04/26
663	银华优势企业证券投资基金	2002/11/13
664	银华保本增值证券投资基金	2004/03/02
665	银华-道琼斯88精选证券投资基金	2004/08/11
666	银华货币市场证券投资基金	2005/01/31
667	银华优质增长基金	2006/06/09
668	银华富裕主题股票证券投资基金	2006/11/16
669	银华领先策略股票型证券投资基金	2008/08/20
670	银华增强收益债券型证券投资基金	2008/12/03
671	银华和谐主题灵活配置混合型证券投资基金	2009/04/27
672	银华成长先锋混合型证券投资基金	2010/10/08
673	银华信用双利债券型证券投资基金	2010/12/03
674	银华永祥保本混合型证券投资基金	2011/06/28
675	银华永泰积极债券型证券投资基金	2011/12/28
676	银华中小盘精选股票型证券投资基金	2012/06/20
677	银华上证50等权重交易型开放式指数证券投资基金联接基金	2012/08/29
678	银华全球核心优选证券投资基金	2008/05/26
679	长城久恒平衡型证券投资基金	2003/10/31
680	长城久泰沪深300指数证券投资基金	2004/05/21
681	长城货币市场证券投资基金	2005/05/30
682	长城消费增值股票型证券投资基金	2006/04/06
683	长城安心回报混合型证券投资基金	2006/08/22
684	长城品牌优选股票型证券投资基金	2007/08/06
685	长城稳健增利债券型证券投资基金	2008/08/27
686	长城双动力股票型证券投资基金	2009/01/15
687	长城景气行业龙头灵活配置混合型证券投资基金	2009/06/30
688	长城中小盘成长股票型证券投资基金	2011/01/27
689	长城积极增利债券型证券投资基金	2011/04/12
690	长城优化升级股票型证券投资基金	2012/04/20
691	长城保本混合型证券投资基金	2012/08/02
692	长城岁岁金理财债券型证券投资基金	2013/01/23
693	南方稳健成长证券投资基金	2001/09/28
694	南方稳健成长贰号证券投资基金	2006/07/25
695	南方绩优成长股票型证券投资基金	2006/11/16
696	南方成份精选股票型证券投资基金	2007/05/14
697	南方隆元产业主题股票型证券投资基金	2007/11/09

continued

基金份额（亿份）Fund Units (100 million units)	基金资产规模（亿元）Fund Asset Value (100 million yuan)	基金管理公司 Fund Management Company	基金托管银行 Fund Custodian Bank
5.90	5.90	中欧	中国工商银行股份有限公司
6.77	6.87	中欧	中国邮政储蓄银行有限责任公司
2.89	3.07	中欧	中国工商银行股份有限公司
5.06	5.21	中欧	中国建设银行股份有限公司
13.48	13.57	中欧	中国邮政储蓄银行有限责任公司
0.46	0.52	华商	中国工商银行股份有限公司
0.65	0.77	浙商	中国民生银行股份有限公司
1.06	0.93	浙商	华夏银行股份有限公司
1.62	1.71	国金通用	中国光大银行股份有限公司
2.53	2.50	德邦	交通银行股份有限公司
0.40	0.37	华宸未来	中信银行股份有限公司
21.73	24.97	银华	中国银行股份有限公司
22.22	22.09	银华	中国建设银行股份有限公司
82.72	63.24	银华	中国建设银行股份有限公司
34.92	34.92	银华	交通银行股份有限公司
36.17	64.26	银华	中国银行股份有限公司
56.07	59.48	银华	中国建设银行股份有限公司
9.03	10.56	银华	中国银行股份有限公司
6.50	6.95	银华	中国建设银行股份有限公司
6.12	7.65	银华	中国工商银行股份有限公司
14.43	12.88	银华	中国工商银行股份有限公司
1.83	1.91	银华	中国建设银行股份有限公司
3.98	4.48	银华	中国银行股份有限公司
0.37	0.39	银华	上海浦东发展银行股份有限公司
1.09	1.38	银华	中国工商银行股份有限公司
0.25	0.22	银华	中国建设银行股份有限公司
0.92	0.76	银华	中国银行股份有限公司
1.49	2.13	长城	中国建设银行股份有限公司
16.40	15.39	长城	招商银行股份有限公司
29.93	29.93	长城	华夏银行股份有限公司
41.57	33.36	长城	中国建设银行股份有限公司
109.55	77.99	长城	中国农业银行股份有限公司
129.63	93.86	长城	中国建设银行股份有限公司
0.50	0.56	长城	中国建设银行股份有限公司
1.69	1.95	长城	中国建设银行股份有限公司
1.76	1.82	长城	中国建设银行股份有限公司
3.46	3.08	长城	中国银行股份有限公司
2.76	2.84	长城	中国建设银行股份有限公司
0.57	0.59	长城	中国建设银行股份有限公司
10.68	11.01	长城	中国建设银行股份有限公司
5.71	5.90	长城	中国工商银行股份有限公司
43.27	36.55	南方	中国工商银行股份有限公司
74.57	34.51	南方	中国工商银行股份有限公司
61.10	78.74	南方	中国工商银行股份有限公司
94.83	79.39	南方	中国工商银行股份有限公司
78.17	40.56	南方	中国工商银行股份有限公司

4-7 续表 15

序号 No.	基金名称 Fund Name	成立时间 Issue Date
698	南方盛元红利股票型证券投资基金	2008/03/21
699	南方优选价值股票型证券投资基金	2008/06/18
700	南方沪深300指数证券投资基金	2009/03/25
701	南方深证成份交易型开放式指数证券投资基金联接基金	2009/12/09
702	南方策略优化股票型证券投资基金	2010/03/30
703	中证南方小康产业交易型开放式指数证券投资基金联接基金	2010/08/27
704	南方优选成长混合型证券投资基金	2011/01/30
705	南方上证380交易型开放式证券投资基金联接基金	2011/09/20
706	南方金粮油商品股票型证券投资基金	2012/09/25
707	南方宝元债券型基金	2002/09/20
708	南方多利增强债券型证券投资基金	2006/03/27
709	南方广利回报债券型证券投资基金	2010/11/03
710	南方润元纯债债券型证券投资基金	2012/07/20
711	南方避险增值基金	2003/06/27
712	南方恒元保本混合型证券投资基金	2008/11/12
713	南方保本混合型证券投资基金	2011/06/21
714	南方安心保本混合型证券投资基金	2012/12/21
715	南方现金增利基金	2004/03/05
716	南方理财14天债券型证券投资基金	2012/08/14
717	南方理财60天债券型证券投资基金	2012/10/19
718	南方理财30天债券型证券投资基金	2013/01/23
719	南方全球精选配置证券投资基金	2007/09/19
720	鹏华行业成长证券投资基金	2002/05/24
721	鹏华精选成长股票型证券基金	2009/09/09
722	鹏华信用增利债券型证券投资基金	2010/05/31
723	鹏华上证民营企业50交易型开放式指数证券投资基金联接基金	2010/08/05
724	鹏华环球发现证券投资基金	2010/10/12
725	鹏华消费优选股票型证券投资基金	2010/12/28
726	鹏华丰盛稳固收益债券型证券投资基金	2011/04/25
727	鹏华新兴产业股票型证券投资基金	2011/06/15
728	鹏华深证民营交易型开放式指数证券投资基金联接基金	2011/09/02
729	鹏华美国房地产证券投资基金	2011/11/25
730	鹏华价值精选股票型证券投资基金	2012/04/16
731	鹏华金刚保本混合型证券投资基金	2012/06/13
732	鹏华纯债债券型证券投资基金	2012/09/03
733	鹏华月月发短期理财债券型证券投资基金	2012/12/19
734	鹏华产业债债券型证券投资基金	2013/02/06
735	金鹰成份股优选证券投资基金	2003/06/16
736	金鹰红利价值灵活配置混合型证券投资基金	2008/12/04
737	金鹰行业优势股票型证券投资基金	2009/07/01
738	金鹰稳健成长股票型证券投资基金	2010/04/14
739	金鹰主题优势股票型证券投资基金	2010/12/20
740	金鹰保本混合型证券投资基金	2011/05/17
741	金鹰中证技术领先指数增强型证券投资基金	2011/06/01
742	金鹰策略配置股票型证券投资基金	2011/09/01
743	金鹰核心资源股票型证券投资基金	2012/05/23
744	金鹰元泰精选信用债债券型证券投资基金	2012/11/29

continued

基金份额（亿份）Fund Units (100 million units)	基金资产规模（亿元）Fund Asset Value (100 million yuan)	基金管理公司 Fund Management Company	基金托管银行 Fund Custodian Bank
20.03	15.70	南方	中国建设银行股份有限公司
13.42	16.15	南方	中国工商银行股份有限公司
16.07	13.19	南方	中国工商银行股份有限公司
19.59	12.68	南方	中国工商银行股份有限公司
7.74	4.85	南方	招商银行股份有限公司
2.52	1.75	南方	中国工商银行股份有限公司
11.54	11.99	南方	中国建设银行股份有限公司
1.48	1.36	南方	中国建设银行股份有限公司
0.51	0.53	南方	中国工商银行股份有限公司
9.19	11.76	南方	中国工商银行股份有限公司
13.24	13.48	南方	中国工商银行股份有限公司
6.60	6.91	南方	中国工商银行股份有限公司
5.78	5.76	南方	中国建设银行股份有限公司
35.90	89.56	南方	中国工商银行股份有限公司
22.10	23.09	南方	中国工商银行股份有限公司
27.41	29.62	南方	中国农业银行股份有限公司
19.52	19.47	南方	招商银行股份有限公司
521.42	521.42	南方	中国工商银行股份有限公司
17.20	17.20	南方	中国工商银行股份有限公司
4.50	4.50	南方	中国工商银行股份有限公司
1.49	1.49	南方	中国建设银行股份有限公司
146.93	112.39	南方	中国工商银行股份有限公司
4.73	4.54	鹏华	中国工商银行股份有限公司
10.65	9.80	鹏华	中国建设银行股份有限公司
12.69	13.45	鹏华	交通银行股份有限公司
2.24	2.16	鹏华	中国工商银行股份有限公司
0.83	0.79	鹏华	中国建设银行股份有限公司
3.65	3.67	鹏华	中国工商银行股份有限公司
31.16	31.12	鹏华	中国工商银行股份有限公司
3.33	4.11	鹏华	招商银行股份有限公司
1.07	1.04	鹏华	中国建设银行股份有限公司
2.43	2.43	鹏华	中国建设银行股份有限公司
0.58	0.56	鹏华	中国建设银行股份有限公司
9.21	9.31	鹏华	中国农业银行股份有限公司
8.80	8.68	鹏华	中国建设银行股份有限公司
0.30	0.30	鹏华	中国农业银行股份有限公司
6.76	6.63	鹏华	中国建设银行股份有限公司
18.91	12.46	金鹰	中国银行股份有限公司
0.97	0.99	金鹰	交通银行股份有限公司
8.82	6.93	金鹰	中国银行股份有限公司
2.69	2.26	金鹰	中国工商银行股份有限公司
9.03	6.14	金鹰	中国工商银行股份有限公司
3.43	3.78	金鹰	中国工商银行股份有限公司
0.85	0.78	金鹰	中国银行股份有限公司
1.31	1.30	金鹰	中信银行股份有限公司
0.32	0.33	金鹰	中国工商银行股份有限公司
0.64	0.62	金鹰	交通银行股份有限公司

4-7　续表 16

序号 No.	基金名称 Fund Name	成立时间 Issue Date
745	金鹰货币市场证券投资基金	2012/12/07
746	金鹰元丰保本混合型证券投资基金	2013/01/30
747	宝盈鸿利收益证券投资基金	2002/10/08
748	宝盈泛沿海区域增长股票证券投资基金	2005/03/08
749	宝盈策略增长股票型证券投资基金	2007/01/19
750	宝盈核心优势灵活配置混合型证券投资基金	2009/03/17
751	宝盈增强收益债券型证券投资基金	2008/05/15
752	宝盈资源优选股票型证券投资基金	2008/04/15
753	宝盈货币市场证券投资基金	2009/08/05
754	宝盈中证100指数增强型证券投资基金	2010/02/08
755	招商安泰系列开放式证券投资基金-股票	2003/04/28
756	招商安泰系列开放式证券投资基金-平衡型	2003/04/28
757	招商安泰债券开放式证券投资基金	2003/04/28
758	招商现金增值开放式证券投资基金	2004/01/14
759	招商先锋证券投资基金	2004/06/01
760	招商安本增利债券型证券投资基金	2006/07/11
761	招商核心价值混合型证券投资基金	2007/03/30
762	招商大盘蓝筹股票型证券投资基金	2008/06/19
763	招商安心收益债券型证券投资基金	2008/10/22
764	招商行业领先股票型证券投资基金	2009/06/19
765	招商中小盘精选股票型证券投资基金	2009/12/25
766	招商全球资源股票型证券投资基金	2010/03/25
767	招商深证100指数证券投资基金	2010/06/22
768	招商上证消费80交易型开方式指数证券投资基金联接基金	2010/12/08
769	招商安瑞进取债券型证券投资基金	2011/03/17
770	招商深证电子信息传媒产业(TMT)50交易型开放式指数证券投资基金联接基金	2011/06/27
771	招商安达保本混合型证券投资基金	2011/09/01
772	招商优势企业灵活配置混合型证券投资基金	2012/02/01
773	招商产业债券型证券投资基金	2012/03/21
774	招商信用增强债券型证券投资基金	2012/07/20
775	招商安盈保本混合型证券投资基金	2012/08/21
776	招商理财7天债券型证券投资基金	2012/12/07
777	招商央视财经50指数证券投资基金	2013/02/05
778	泰达宏利全球新格局证券投资基金	2011/07/20
779	泰达宏利逆向策略股票型证券投资基金	2012/05/23
780	摩根士丹利华鑫基础行业证券投资基金	2004/03/26
781	摩根士丹利华鑫强收益债券型证券投资基金	2009/12/29
782	摩根士丹利华鑫领先优势股票型证券投资基金	2009/09/22
783	摩根士丹利华鑫卓越成长股票型证券投资基金	2010/05/18
784	摩根士丹利华鑫消费领航混合型证券投资基金	2010/12/03
785	摩根士丹利华鑫多因子精选策略股票型证券投资基金	2011/05/17
786	摩根士丹利华鑫深证300指数增强型证券投资基金	2011/11/15
787	摩根士丹利华鑫主题优选股票型证券投资基金	2012/03/13
788	摩根士丹利华鑫多元收益债券型证券投资基金	2012/08/28
789	摩根士丹利华鑫量化配置股票型证券投资基金	2012/12/11
790	宝康消费品证券投资基金	2003/07/15
791	宝康灵活配置证券投资基金	2003/07/15

continued

基金份额（亿份）Fund Units (100 million units)	基金资产规模（亿元）Fund Asset Value (100 million yuan)	基金管理公司 Fund Management Company	基金托管银行 Fund Custodian Bank
16.54	16.54	金鹰	中国建设银行股份有限公司
6.94	6.80	金鹰	中国工商银行股份有限公司
7.33	4.00	宝盈	中国农业银行股份有限公司
54.52	24.50	宝盈	中国工商银行股份有限公司
35.61	29.11	宝盈	中国农业银行股份有限公司
16.20	16.95	宝盈	中国银行股份有限公司
4.73	5.20	宝盈	中国建设银行股份有限公司
3.35	4.24	宝盈	中国建设银行股份有限公司
65.78	65.78	宝盈	中国建设银行股份有限公司
0.73	0.51	宝盈	中国建设银行股份有限公司
11.87	4.41	招商	招商银行股份有限公司
0.94	1.04	招商	招商银行股份有限公司
17.57	19.07	招商	招商银行股份有限公司
203.28	203.28	招商	招商银行股份有限公司
65.96	39.28	招商	中国银行股份有限公司
5.71	6.16	招商	中国光大银行股份有限公司
39.68	32.92	招商	中国工商银行股份有限公司
3.18	3.37	招商	中国工商银行股份有限公司
1.80	1.94	招商	中国工商银行股份有限公司
6.57	6.22	招商	中国银行股份有限公司
3.53	3.64	招商	中国工商银行股份有限公司
1.11	1.07	招商	中国工商银行股份有限公司
1.22	0.98	招商	中国工商银行股份有限公司
11.70	10.42	招商	中国工商银行股份有限公司
2.05	2.06	招商	中国农业银行股份有限公司
1.15	1.26	招商	中国银行股份有限公司
2.72	3.26	招商	中国农业银行股份有限公司
0.50	0.54	招商	中国银行股份有限公司
27.73	26.83	招商	中信银行股份有限公司
16.22	15.75	招商	中国银行股份有限公司
27.55	27.84	招商	中国工商银行股份有限公司
7.87	7.87	招商	中国工商银行股份有限公司
2.33	2.34	招商	中国银行股份有限公司
0.35	0.37	泰达宏利	中国建设银行股份有限公司
0.32	0.36	泰达宏利	中国建设银行股份有限公司
1.45	0.64	摩根士丹利华鑫	中国光大银行股份有限公司
0.70	0.85	摩根士丹利华鑫	中国银行股份有限公司
9.90	10.88	摩根士丹利华鑫	中国建设银行股份有限公司
6.92	9.19	摩根士丹利华鑫	中国建设银行股份有限公司
19.62	18.13	摩根士丹利华鑫	中国建设银行股份有限公司
4.44	4.89	摩根士丹利华鑫	中国建设银行股份有限公司
1.06	1.04	摩根士丹利华鑫	中国建设银行股份有限公司
0.33	0.35	摩根士丹利华鑫	中国建设银行股份有限公司
0.99	1.04	摩根士丹利华鑫	中国建设银行股份有限公司
0.51	0.53	摩根士丹利华鑫	中国农业银行股份有限公司
13.50	21.61	华宝兴业	中国建设银行股份有限公司
5.48	7.35	华宝兴业	中国建设银行股份有限公司

4-7 续表 17

序号 No.	基金名称 Fund Name	成立时间 Issue Date
792	宝康债券投资基金	2003/07/15
793	华宝兴业动力组合股票型证券投资基金	2005/11/17
794	华宝兴业多策略增长开放式证券投资基金	2004/05/11
795	华宝兴业现金宝货币市场基金	2005/03/31
796	华宝兴业收益增长混合型证券投资基金	2006/06/15
797	华宝兴业先进成长股票型基金	2006/11/07
798	华宝兴业行业精选股票型证券投资基金	2007/06/14
799	华宝兴业大盘精选股票型证券投资基金	2008/10/07
800	华宝兴业增强收益债券型证券投资基金	2009/02/17
801	华宝兴业中证100指数证券投资基金	2009/09/29
802	华宝兴业上证180价值交易型开放式指数证券投资基金联接基金	2010/04/23
803	华宝兴业新兴产业股票型证券投资基金	2010/12/07
804	华宝兴业可转债债券型证券投资基金	2011/04/27
805	华宝兴业上证180成长交易型开放式指数证券投资基金联接基金	2011/08/09
806	华宝兴业医药生物优选股票型证券投资基金	2012/02/28
807	华宝兴业中证短融50指数债券型证券投资基金	2012/06/12
808	华宝兴业资源优选股票型证券投资基金	2012/08/21
809	华宝兴业海外中国成长股票型证券投资基金	2008/05/07
810	华宝兴业成熟市场动量优选证券投资基金(QDII)	2011/03/15
811	德盛安心成长混合型证券投资基金	2005/07/13
812	德盛增利债券证券投资基金	2009/03/11
813	国联安信心增益债券型证券投资基金	2010/06/22
814	国联安货币市场证券投资基金	2011/01/26
815	国联安信心增长定期开放债券型证券投资基金	2012/02/22
816	国联安中债信用债指数增强型发起式证券投资基金	2012/12/12
817	德盛稳健证券投资基金	2003/08/08
818	德盛小盘精选证券投资基金	2004/04/12
819	德盛精选股票证券投资基金	2005/12/28
820	德盛优势股票证券投资基金	2007/01/24
821	德胜红利股票型证券投资基金	2008/10/22
822	国联安主题驱动股票型证券投资基金	2009/08/26
823	国联安上证大宗商品股票交易型开放式指数证券投资基金联接基金	2010/12/01
824	国联安优选行业股票型证券投资基金	2011/05/23
825	景顺长城优选股票证券投资基金	2003/10/24
826	景顺长城货币市场证券投资基金	2003/10/24
827	景顺长城动力平衡证券投资基金	2003/10/24
828	景顺长城内需增长开放式证券投资基金	2004/06/25
829	景顺长城新兴成长股票基金	2006/06/28
830	景顺长城内需增长贰号股票型证券投资基金	2006/10/11
831	景顺长城精选蓝筹股票型证券投资基金	2007/06/18
832	景顺长城公司治理股票型证券投资基金	2008/10/22
833	景顺长城能源基建股票型证券投资基金	2009/10/20
834	景顺长城中小盘股票型证券投资基金	2011/03/22
835	景顺长城核心竞争力股票型证券投资基金	2011/12/20
836	景顺长城支柱产业股票型证券投资基金	2012/11/20
837	景顺长城稳定收益债券型证券投资基金	2011/03/25
838	景顺长城优信增利债券型证券投资基金	2012/03/15
839	景顺长城大中华股票型证券投资基金	2011/09/22

continued

基金份额（亿份）Fund Units (100 million units)	基金资产规模（亿元）Fund Asset Value (100 million yuan)	基金管理公司 Fund Management Company	基金托管银行 Fund Custodian Bank
1.83	2.14	华宝兴业	中国建设银行股份有限公司
16.47	13.75	华宝兴业	中国银行股份有限公司
76.44	40.42	华宝兴业	中国建设银行股份有限公司
40.11	40.11	华宝兴业	中国建设银行股份有限公司
10.71	43.36	华宝兴业	中国建设银行股份有限公司
11.21	19.93	华宝兴业	中国银行股份有限公司
95.69	100.69	华宝兴业	中国建设银行股份有限公司
3.19	4.68	华宝兴业	中国银行股份有限公司
0.40	0.43	华宝兴业	中国工商银行股份有限公司
6.56	4.49	华宝兴业	中国建设银行股份有限公司
2.74	2.33	华宝兴业	中国工商银行股份有限公司
16.86	24.67	华宝兴业	中国建设银行股份有限公司
3.40	3.31	华宝兴业	招商银行股份有限公司
1.54	1.45	华宝兴业	中国银行股份有限公司
7.02	8.40	华宝兴业	中国建设银行股份有限公司
0.16	0.17	华宝兴业	中国银行股份有限公司
0.99	0.75	华宝兴业	中国银行股份有限公司
0.69	0.88	华宝兴业	中国建设银行股份有限公司
0.34	0.35	华宝兴业	中国银行股份有限公司
12.61	7.43	国联安	中国工商银行股份有限公司
8.33	8.51	国联安	中国工商银行股份有限公司
5.51	5.43	国联安	中信银行股份有限公司
41.90	41.90	国联安	上海浦东发展银行股份有限公司
19.52	20.24	国联安	中信银行股份有限公司
1.89	1.85	国联安	上海浦东发展银行股份有限公司
1.46	1.46	国联安	中国工商银行股份有限公司
22.53	18.25	国联安	中国工商银行股份有限公司
38.03	36.06	国联安	华夏银行股份有限公司
8.78	8.93	国联安	招商银行股份有限公司
0.40	0.41	国联安	招商银行股份有限公司
0.95	1.04	国联安	中国建设银行股份有限公司
5.19	2.41	国联安	中国银行股份有限公司
14.88	16.66	国联安	中国银行股份有限公司
25.24	36.14	景顺长城	中国银行股份有限公司
19.66	19.66	景顺长城	中国银行股份有限公司
60.24	40.38	景顺长城	中国银行股份有限公司
20.71	94.68	景顺长城	中国农业银行股份有限公司
28.52	21.30	景顺长城	中国工商银行股份有限公司
83.43	99.76	景顺长城	中国农业银行股份有限公司
100.59	88.90	景顺长城	中国工商银行股份有限公司
1.51	1.61	景顺长城	中国工商银行股份有限公司
11.93	12.15	景顺长城	中国农业银行股份有限公司
10.13	11.33	景顺长城	中国工商银行股份有限公司
18.15	25.25	景顺长城	中国农业银行股份有限公司
0.84	0.91	景顺长城	中国农业银行股份有限公司
0.44	0.45	景顺长城	中国银行股份有限公司
0.29	0.31	景顺长城	中国银行股份有限公司
0.14	0.19	景顺长城	中国工商银行股份有限公司

4-7 续表 18

序号 No.	基金名称 Fund Name	成立时间 Issue Date
840	景顺长城上证180等权重交易型开放式指数证券投资基金联接基金	2012/06/25
841	广发聚富证券投资基金	2003/12/03
842	广发稳健增长开放式证券投资基金	2004/07/26
843	广发货币市场基金	2005/05/20
844	广发聚丰股票型证券投资基金	2005/12/23
845	广发策略优选混合型证券投资基金	2006/05/17
846	广发大盘成长混合型证券投资基金	2007/06/13
847	广发核心精选股票型证券投资基金	2008/07/16
848	广发增强债券型证券投资基金	2008/03/27
849	广发沪深300指数证券投资基金	2008/12/30
850	广发聚瑞股票型证券投资基金	2009/06/16
851	广发内需增长灵活配置混合型证券投资基金	2010/04/19
852	广发亚太(除日本)精选股票型证券投资基金	2010/08/18
853	广发聚祥保本混合型证券投资基金	2011/03/15
854	广发行业领先股票型证券投资基金	2010/11/23
855	广发中小板300交易型开放式指数证券投资基金联接基金	2011/06/08
856	广发标普全球农业指数证券投资基金	2011/06/28
857	广发制造业精选股票型证券投资基金	2011/09/20
858	广发聚财信用债券型证券投资基金	2012/03/13
859	广发消费品精选股票型证券投资基金	2012/06/12
860	广发纳斯达克100指数证券投资基金	2012/08/15
861	广发理财年年红债券型证券投资基金	2012/07/19
862	广发双债添利债券型证券投资基金	2012/09/20
863	广发理财30天债券型证券投资基金	2013/01/14
864	广发纯债债券型证券投资基金	2012/12/12
865	广发新经济股票型发起时证券投资基金	2013/02/06
866	华夏经典配置混合型证券投资基金	2004/03/15
867	华夏收入股票型证券投资基金	2005/11/17
868	华夏货币市场基金	2005/04/20
869	中信稳定双利债券型证券投资基金	2006/07/20
870	泰信天天收益开放式证券投资基金	2004/02/10
871	泰信先行策略开放式证券投资基金	2004/06/28
872	泰信双息双利债券型证券投资基金	2006/06/15
873	泰信优质生活股票型证券投资基金	2006/12/15
874	泰信优势增长灵活配置混合型证券投资基金	2008/06/25
875	泰信蓝筹精选股票型证券投资基金	2009/04/22
876	泰信增强收益债券型证券投资基金	2009/07/29
877	泰信发展主题股票型证券投资基金	2010/12/15
878	泰信周期回报债券型证券投资基金	2011/02/09
879	泰信中证200指数证券投资基金	2011/06/09
880	泰信中小盘精选股票型证券投资基金	2011/10/26
881	泰信保本混合型证券投资基金	2012/02/22
882	泰信现代服务业股票证券投资基金	2013/02/07
883	申万菱信盛利精选证券投资基金	2004/04/09
884	申万菱信盛利强化配置混合型证券投资基金	2004/11/29
885	申万菱信新动力股票型证券投资基金	2005/11/10
886	申万菱信收益宝货币市场基金	2006/07/13

continued

基金份额（亿份）Fund Units (100 million units)	基金资产规模（亿元）Fund Asset Value (100 million yuan)	基金管理公司 Fund Management Company	基金托管银行 Fund Custodian Bank
0.26	0.25	景顺长城	中国银行股份有限公司
38.96	46.45	广发	中国工商银行股份有限公司
42.39	62.29	广发	中国工商银行股份有限公司
263.45	263.45	广发	中国工商银行股份有限公司
262.05	180.12	广发	中国工商银行股份有限公司
54.95	73.83	广发	中国工商银行股份有限公司
108.28	75.47	广发	中国工商银行股份有限公司
20.16	41.10	广发	中国工商银行股份有限公司
5.89	6.11	广发	中国工商银行股份有限公司
19.35	20.12	广发	中国工商银行股份有限公司
22.46	32.21	广发	中国工商银行股份有限公司
20.65	13.85	广发	中国建设银行股份有限公司
1.75	2.39	广发	中国工商银行股份有限公司
15.95	16.07	广发	中国工商银行股份有限公司
19.48	19.69	广发	中国工商银行股份有限公司
5.31	4.60	广发	中国农业银行股份有限公司
2.10	2.13	广发	中国工商银行股份有限公司
1.17	1.49	广发	中国工商银行股份有限公司
3.29	3.25	广发	中国工商银行股份有限公司
0.74	0.91	广发	中国农业银行股份有限公司
1.29	1.60	广发	中国银行股份有限公司
0.66	0.67	广发	中国工商银行股份有限公司
1.73	1.69	广发	中国银行股份有限公司
1.77	1.77	广发	中国工商银行股份有限公司
3.93	3.63	广发	中国工商银行股份有限公司
8.42	11.12	广发	招商银行股份有限公司
15.06	18.79	华夏	招商银行股份有限公司
12.02	31.12	华夏	中国建设银行股份有限公司
24.36	24.36	华夏	招商银行股份有限公司
8.39	8.35	华夏	中国建设银行股份有限公司
5.91	5.91	泰信	中国银行股份有限公司
66.88	40.47	泰信	中国光大银行股份有限公司
0.62	0.64	泰信	中国工商银行股份有限公司
14.85	12.31	泰信	中国银行股份有限公司
1.07	1.24	泰信	中国工商银行股份有限公司
12.38	10.68	泰信	中国银行股份有限公司
0.34	0.34	泰信	中国银行股份有限公司
2.51	2.46	泰信	中国工商银行股份有限公司
1.38	1.45	泰信	中信银行股份有限公司
1.18	0.86	泰信	中国银行股份有限公司
1.21	1.37	泰信	中国银行股份有限公司
0.46	0.46	泰信	中信银行股份有限公司
0.51	0.52	泰信	中国工商银行股份有限公司
12.38	10.97	申万菱信	中国工商银行股份有限公司
0.40	0.42	申万菱信	中国工商银行股份有限公司
43.92	27.79	申万菱信	中国工商银行股份有限公司
8.66	8.66	申万菱信	中国工商银行股份有限公司

4-7 续表 19

序号 No.	基金名称 Fund Name	成立时间 Issue Date
887	申万菱信新经济混合型证券投资基金	2006/12/06
888	申万菱信竞争优势股票型证券投资基金	2008/07/04
889	申万菱信添益宝债券型证券投资基金	2008/12/04
890	申万菱信消费增长股票型证券投资基金	2009/06/12
891	申万菱信沪深300价值指数型证券投资基金	2010/02/11
892	申万菱信稳益宝债券型证券投资基金	2011/02/11
893	申万菱信可转债券债券型证券投资基金	2011/12/09
894	诺安平衡证券投资基金	2004/05/21
895	诺安货币市场证券投资基金	2004/12/06
896	诺安股票证券投资基金	2005/12/19
897	诺安优化收益债券型证券投资基金	2007/08/29
898	诺安价值增长股票型证券投资基金	2006/11/21
899	诺安灵活配置混合型证券投资基金	2008/05/20
900	诺安成长股票型证券投资基金	2009/03/10
901	诺安增利债券型证券投资基金	2009/05/27
902	诺安中证100指数证券投资基金	2009/10/27
903	诺安中小盘精选股票型证券投资基金	2010/04/28
904	诺安主题精选股票型证券投资基金	2010/09/15
905	诺安全球黄金证券投资基金	2011/01/13
906	诺安上证新兴产业交易型开放式指数证券投资基金联接基金	2011/04/07
907	诺安保本混合型证券投资基金	2011/05/13
908	诺安多策略股票型证券投资基金	2011/08/09
909	诺安全球收益不动产证券投资基金	2011/09/23
910	诺安新动力灵活配置混合型证券投资基金	2012/03/05
911	诺安汇鑫保本混合型证券投资基金	2012/05/28
912	诺安双利债券发起式证券投资基金	2012/11/29
913	诺安中小板等权重交易型开放式指数证券投资基金联接基金	2012/12/10
914	兴业可转债混合型证券投资基金	2004/05/11
915	兴全货币市场基金	2006/04/27
916	兴业全球视野股票型证券投资基金	2006/09/20
917	兴业社会责任股票型证券投资基金	2008/04/30
918	兴业有机增长灵活配置混合型证券投资基金	2009/03/25
919	兴业磐稳增利债券型证券投资基金	2009/07/23
920	天治财富增长证券投资基金	2004/06/29
921	天治品质优选混合型证券投资基金	2005/01/12
922	天治天得利货币市场基金	2006/07/05
923	天治创新先锋股票型证券投资基金	2008/05/08
924	天治稳健双盈债券型证券投资基金	2008/11/05
925	天治趋势精选灵活配置混合型证券投资基金	2009/07/15
926	天治成长精选股票型证券投资基金	2011/08/04
927	天治稳定收益债券型证券投资基金	2011/12/28
928	光大保德信量化核心证券投资基金	2004/08/27
929	光大保德信货币市场基金	2005/06/09
930	光大保德信红利混合基金	2006/03/24
931	光大保德信新增长股票型证券投资基金	2006/09/14
932	光大保德信优势配置股票型证券投资基金	2007/08/24
933	光大保德信增利收益债券型证券投资基金	2008/10/29
934	光大保德信均衡精选股票型证券投资基金	2009/03/04

continued

基金份额（亿份）Fund Units (100 million units)	基金资产规模（亿元）Fund Asset Value (100 million yuan)	基金管理公　司 Fund Management Company	基金托管银行 Fund Custodian Bank
50.01	34.40	申万菱信	中国工商银行股份有限公司
0.55	0.60	申万菱信	中国农业银行股份有限公司
1.10	1.22	申万菱信	中国工商银行股份有限公司
3.35	3.04	申万菱信	中国工商银行股份有限公司
6.51	4.75	申万菱信	中国工商银行股份有限公司
3.20	3.14	申万菱信	华夏银行股份有限公司
1.04	0.98	申万菱信	中国工商银行股份有限公司
69.56	46.18	诺安	中国工商银行股份有限公司
54.86	54.86	诺安	中国工商银行股份有限公司
133.55	114.29	诺安	中国工商银行股份有限公司
2.53	2.75	诺安	华夏银行股份有限公司
74.26	54.34	诺安	中国工商银行股份有限公司
24.66	25.61	诺安	中国工商银行股份有限公司
4.47	3.83	诺安	中国工商银行股份有限公司
0.51	0.56	诺安	中国工商银行股份有限公司
8.71	5.74	诺安	中国工商银行股份有限公司
9.61	10.40	诺安	中国工商银行股份有限公司
10.26	10.27	诺安	中国建设银行股份有限公司
11.38	8.34	诺安	中国工商银行股份有限公司
5.32	4.22	诺安	中国工商银行股份有限公司
12.34	14.23	诺安	招商银行股份有限公司
3.56	3.39	诺安	中国建设银行股份有限公司
1.29	1.29	诺安	中国工商银行股份有限公司
1.26	1.27	诺安	中国工商银行股份有限公司
20.45	20.84	诺安	中国银行股份有限公司
4.59	4.73	诺安	招商银行股份有限公司
0.22	0.24	诺安	交通银行股份有限公司
24.74	27.84	兴业全球	中国工商银行股份有限公司
17.78	17.78	兴业全球	兴业银行股份有限公司
33.89	61.96	兴业全球	兴业银行股份有限公司
38.29	57.02	兴业全球	中国建设银行股份有限公司
8.47	11.02	兴业全球	兴业银行股份有限公司
1.09	1.08	兴业全球	交通银行股份有限公司
2.45	1.95	天治	上海浦东发展银行股份有限公司
1.09	0.89	天治	中国民生银行股份有限公司
16.33	16.33	天治	中国民生银行股份有限公司
1.73	2.29	天治	交通银行股份有限公司
8.44	9.97	天治	中国农业银行股份有限公司
0.41	0.40	天治	中国建设银行股份有限公司
0.48	0.62	天治	上海银行股份有限公司
0.57	0.59	天治	中信银行股份有限公司
102.30	90.73	光大保德信	中国光大银行股份有限公司
5.36	5.36	光大保德信	招商银行股份有限公司
12.71	30.17	光大保德信	兴业银行股份有限公司
7.03	7.79	光大保德信	招商银行股份有限公司
122.49	92.76	光大保德信	招商银行股份有限公司
1.57	1.42	光大保德信	中国建设银行股份有限公司
1.29	1.14	光大保德信	中国建设银行股份有限公司

4-7 续表 20

序号 No.	基金名称 Fund Name	成立时间 Issue Date
935	光大保德信动态优选灵活配置混合型证券投资基金	2009/10/28
936	光大保德信中小盘股票型证券投资基金	2010/04/14
937	光大保德信信用添益债券型证券投资基金	2011/05/16
938	光大保德信行业轮动股票型证券投资基金	2012/02/15
939	光大保德信添天利季度开放短期理财债券型证券投资基金	2012/06/19
940	光大保德信添天盈季度理财债券型证券投资基金	2012/10/25
941	光大保德信添盛双月理财债券型证券投资基金	2012/09/05
942	上投摩根货币市场基金	2005/04/13
943	上投摩根分红添利债券型证券投资基金	2012/06/25
944	上投摩根中证消费服务领先指数证券投资基金	2012/09/26
945	上投摩根核心优选股票型证券投资基金	2012/11/28
946	上投摩根轮动添利债券型证券投资基金	2013/02/04
947	上投摩根智选30股票型证券投资基金	2013/03/06
948	上投摩根纯债债券型证券投资基金	2009/06/24
949	上投摩根强化回报债券型证券投资基金	2011/08/10
950	上投摩根双息平衡混合型基金	2006/04/26
951	上投摩根双核平衡混和型证券投资基金	2008/05/21
952	上投摩根中国优势证券投资基金	2004/09/15
953	上投摩根大盘蓝筹股票型证券投资基金	2010/12/20
954	上投摩根阿尔法股票型证券投资基金	2005/10/11
955	上投摩根亚太优势股票型证券投资基金	2007/10/22
956	上投摩根内需动力股票型证券投资基金	2007/04/13
957	上投摩根健康品质生活股票型证券投资基金	2012/02/01
958	上投摩根新兴动力股票型证券投资基金	2011/07/13
959	上投摩根行业轮动股票型证券投资基金	2010/01/28
960	上投摩根全球新兴市场股票型证券投资基金	2011/01/31
961	上投摩根成长先锋基金	2006/09/20
962	上投摩根全球天然资源股票型证券投资基金	2012/03/26
963	上投摩根中小盘股票型证券投资基金	2009/01/21
964	中银理财14天债券型证券投资基金	2012/09/24
965	中银理财60天债券型发起式证券投资基金	2012/10/26
966	中银纯债债券型证券投资基金	2012/12/12
967	中银理财7天债券型证券投资基金	2012/12/24
968	中银稳健添利债券型发起式证券投资基金	2013/02/04
969	中银理财30天债券型证券投资基金	2013/01/31
970	中海货币市场证券投资基金	2010/07/28
971	中海保本混合型证券投资基金	2012/06/20
972	中海稳健收益债券基金	2008/04/10
973	中海增强收益债券型证券投资基金	2011/03/23
974	中海优质成长证券投资基金	2004/09/28
975	中海分红增利混合型证券投资基金	2005/06/16
976	中海能源策略混合型证券投资基金	2007/03/13
977	中海蓝筹灵活配置混合型证券投资基金	2008/12/03
978	中海量化策略股票型证券投资基金	2009/06/24
979	中海环保新能源主题灵活配置混合型证券投资基金	2010/12/09
980	中海消费主题精选股票型证券投资基金	2011/11/09
981	中海上证50指数增强型证券投资基金	2010/03/25

continued

基金份额（亿份）Fund Units (100 million units)	基金资产规模（亿元）Fund Asset Value (100 million yuan)	基金管理公司 Fund Management Company	基金托管银行 Fund Custodian Bank
3.48	3.66	光大保德信	中国建设银行股份有限公司
7.72	7.20	光大保德信	交通银行股份有限公司
4.87	4.56	光大保德信	中国民生银行股份有限公司
0.60	0.63	光大保德信	中国农业银行股份有限公司
0.94	0.94	光大保德信	中国光大银行股份有限公司
0.83	0.83	光大保德信	中国建设银行股份有限公司
1.06	1.06	光大保德信	交通银行股份有限公司
354.69	354.69	上投摩根	中国建设银行股份有限公司
2.03	1.98	上投摩根	中国银行股份有限公司
0.79	0.84	上投摩根	中国建设银行股份有限公司
4.27	6.30	上投摩根	中国建设银行股份有限公司
6.40	6.03	上投摩根	中国建设银行股份有限公司
14.50	16.75	上投摩根	中国建设银行股份有限公司
0.48	0.52	上投摩根	中国工商银行股份有限公司
1.51	1.53	上投摩根	中国建设银行股份有限公司
34.89	34.62	上投摩根	中国建设银行股份有限公司
3.04	3.96	上投摩根	中国工商银行股份有限公司
18.55	27.50	上投摩根	中国建设银行股份有限公司
3.43	3.57	上投摩根	中国建设银行股份有限公司
10.98	25.36	上投摩根	中国建设银行股份有限公司
172.79	99.76	上投摩根	中国工商银行股份有限公司
65.24	77.00	上投摩根	中国工商银行股份有限公司
1.69	2.15	上投摩根	中国银行股份有限公司
15.26	25.25	上投摩根	中国农业银行股份有限公司
32.02	40.52	上投摩根	招商银行股份有限公司
0.61	0.57	上投摩根	中国建设银行股份有限公司
26.25	36.27	上投摩根	中国建设银行股份有限公司
0.42	0.33	上投摩根	中国银行股份有限公司
5.33	6.96	上投摩根	中国建设银行股份有限公司
108.62	108.62	中银	中国工商银行股份有限公司
72.60	72.60	中银	中国工商银行股份有限公司
12.28	12.25	中银	招商银行股份有限公司
94.86	94.86	中银	招商银行股份有限公司
15.49	15.36	中银	招商银行股份有限公司
156.31	156.31	中银	招商银行股份有限公司
16.89	16.89	中海	中国工商银行股份有限公司
2.67	2.79	中海	中国工商银行股份有限公司
1.10	1.14	中海	中国工商银行股份有限公司
2.51	2.54	中海	中国工商银行股份有限公司
62.10	34.16	中海	交通银行股份有限公司
25.52	20.02	中海	中国农业银行股份有限公司
51.99	31.60	中海	中国工商银行股份有限公司
1.07	1.24	中海	中国农业银行股份有限公司
2.03	1.74	中海	中国工商银行股份有限公司
3.37	2.75	中海	中国工商银行股份有限公司
0.75	0.86	中海	中国农业银行股份有限公司
2.70	1.75	中海	中国工商银行股份有限公司

4-7 续表 21

序号 No.	基金名称 Fund Name	成立时间 Issue Date
982	中海上证380指数证券投资基金	2012/03/07
983	东方龙混合型开放式证券投资基金	2004/11/25
984	东方精选混合型开放式证券投资基金	2006/01/11
985	东方金帐簿货币市场基金	2006/08/02
986	东方策略成长股票型开放式证券投资基金	2008/06/03
987	东方稳健回报债券型证券投资基金	2008/12/10
988	东方核心动力股票型开放式证券投资基金	2009/06/24
989	东方保本混合型开放式证券投资基金	2011/04/14
990	东方增长中小盘混合型开放式证券投资基金	2011/12/28
991	东方强化收益债券型证券投资基金	2012/10/09
992	东方央视财经50指数增强型基金	2012/12/19
993	东方安心收益保本混合型证券投资基金	2013/07/03
994	东方利群混合型发起式证券投资基金	2013/07/17
995	华富竞争力优选混合型证券投资基金	2005/03/02
996	华富货币市场基金	2006/06/21
997	华富成长趋势股票型证券投资基金	2007/03/19
998	华富收益增强债券型证券投资基金	2008/05/28
999	华富策略精选灵活配置混合型证券投资基金	2008/12/24
1000	华富价值增长灵活配置混合型证券投资基金	2009/07/15
1001	华富中证100指数证券投资基金	2009/12/30
1002	华富量子生命力股票型证券投资基金	2011/04/01
1003	华富中小板指数增强型证券投资基金	2011/12/09
1004	天弘精选混合型证券投资基金	2005/10/08
1005	天弘永利债券型证券投资基金	2008/04/18
1006	天弘永定价值成长股票型证券投资基金	2008/12/02
1007	天弘周期策略股票型证券投资基金	2009/12/17
1008	天弘现金管家货币市场基金	2012/06/20
1009	天弘债券型发起式证券投资基金	2012/08/10
1010	天弘安康养老混合型证券投资基金	2012/11/28
1011	富兰克林国海中国收益证券投资基金	2005/04/12
1012	富兰克林国海弹性市值股票型证券投资基金	2006/06/14
1013	富兰克林国海潜力组合股票型证券投资基金	2007/03/22
1014	富兰克林国海深化价值股票型证券投资基金	2008/07/03
1015	富兰克林国海强化收益债券型证券投资基金	2008/10/24
1016	富兰克林国海成长动力股票型证券投资基金	2009/03/25
1017	富兰克林国海沪深300指数增强型证券投资基金	2009/09/03
1018	富兰克林国海中小盘股票型证券投资基金	2010/11/23
1019	富兰克林国海策略回报灵活配置混合型证券投资基金	2011/08/02
1020	富兰克林国海研究精选股票型证券投资基金	2012/05/22
1021	富兰克林国海恒久信用债券型证券投资基金	2012/09/11
1022	富兰克林国海亚洲(除日本)机会股票型证券投资基金	2012/02/22
1023	华泰柏瑞盛世中国股票型证券投资基金	2005/04/27
1024	华泰柏瑞积极成长混合型证券投资基金	2007/05/29
1025	华泰柏瑞价值增长股票型证券投资基金	2008/07/16
1026	华泰柏瑞货币市场证券投资基金	2009/05/06
1027	华泰柏瑞行业领先股票型证券投资基金	2009/08/03

continued

基金份额 (亿份) Fund Units (100 million units)	基金资产规模 (亿元) Fund Asset Value (100 million yuan)	基金管理公司 Fund Management Company	基金托管银行 Fund Custodian Bank
0.22	0.22	中海	中国工商银行股份有限公司
19.74	13.32	东方	中国建设银行股份有限公司
46.53	48.35	东方	中国民生银行股份有限公司
15.31	15.31	东方	中国民生银行股份有限公司
0.49	0.66	东方	中国建设银行股份有限公司
0.92	0.89	东方	中国建设银行股份有限公司
1.48	1.24	东方	中国银行股份有限公司
5.49	5.90	东方	中国邮政储蓄银行有限责任公司
0.53	0.74	东方	中国邮政储蓄银行有限责任公司
1.10	1.09	东方	中国邮政储蓄银行有限责任公司
0.60	0.58	东方	中国农业银行股份有限公司
1.60	1.63	东方	中国邮政储蓄银行有限责任公司
0.76	0.77	东方	中国农业银行股份有限公司
16.01	10.25	华富	中国建设银行股份有限公司
13.26	13.26	华富	中国建设银行股份有限公司
17.62	10.70	华富	招商银行股份有限公司
7.47	8.39	华富	中国建设银行股份有限公司
0.64	0.53	华富	中国建设银行股份有限公司
2.47	2.28	华富	平安银行股份有限公司
1.78	1.20	华富	交通银行股份有限公司
0.78	0.56	华富	平安银行股份有限公司
0.54	0.58	华富	中国建设银行股份有限公司
43.33	20.96	天弘	中国工商银行股份有限公司
3.29	3.26	天弘	兴业银行股份有限公司
0.65	0.54	天弘	兴业银行股份有限公司
0.66	0.72	天弘	中国工商银行股份有限公司
8.47	8.47	天弘	中国邮政储蓄银行有限责任公司
1.98	1.93	天弘	中国工商银行股份有限公司
1.29	1.32	天弘	中国工商银行股份有限公司
11.08	5.83	国海富兰克林	中国工商银行股份有限公司
26.31	33.49	国海富兰克林	中国农业银行股份有限公司
35.59	36.27	国海富兰克林	中国银行股份有限公司
9.05	10.78	国海富兰克林	中国农业银行股份有限公司
1.15	1.25	国海富兰克林	中国银行股份有限公司
1.43	1.29	国海富兰克林	中国银行股份有限公司
6.48	5.66	国海富兰克林	中国农业银行股份有限公司
12.50	12.05	国海富兰克林	中国银行股份有限公司
3.56	3.19	国海富兰克林	中国农业银行股份有限公司
0.48	0.53	国海富兰克林	中国银行股份有限公司
0.51	0.50	国海富兰克林	中国农业银行股份有限公司
0.42	0.42	国海富兰克林	中国农业银行股份有限公司
85.54	52.09	华泰柏瑞	中国银行股份有限公司
29.86	26.90	华泰柏瑞	中国银行股份有限公司
2.25	2.71	华泰柏瑞	中国银行股份有限公司
95.90	95.90	华泰柏瑞	中国银行股份有限公司
11.00	9.46	华泰柏瑞	中国工商银行股份有限公司

4-7 续表 22

序号 No.	基金名称 Fund Name	成立时间 Issue Date
1028	华泰柏瑞稳健收益债券型证券投资基金	2012/12/04
1029	华泰柏瑞量化先行股票型证券投资基金	2010/06/22
1030	华泰柏瑞亚洲领导企业股票型证券投资基金	2010/12/02
1031	华泰柏瑞上证中小盘交易型开放式指数证券投资基金联接基金	2011/01/26
1032	华泰柏瑞沪深300交易型开放式证券投资基金联接基金	2012/05/29
1033	汇添富医药保健股票型证券投资基金	2010/09/21
1034	汇添富上证综合指数证券投资基金	2009/07/01
1035	汇添富策略回报股票型证券投资基金	2009/12/22
1036	汇添富民营活力股票型证券投资基金	2010/05/05
1037	汇添富多元收益债券型证券投资基金	2012/09/18
1038	汇添富理财14天债券型证券投资基金	2012/07/10
1039	汇添富保本混合型证券投资基金	2011/01/26
1040	汇添富理财21天债券型发起式证券投资基金	2013/01/24
1041	汇添富社会责任股票型证券投资基金	2011/03/29
1042	汇添富理财30天债券型证券投资基金	2012/05/09
1043	汇添富可转换债券债券型证券投资基金	2011/06/17
1044	汇添富理财60天债券型证券投资基金	2012/06/12
1045	汇添富深证300交易型开放式指数证券投资基金联接基金	2011/09/28
1046	汇添富信用债债券型证券投资基金	2011/12/20
1047	汇添富逆向投资股票型证券投资基金	2012/03/09
1048	汇添富亚洲澳洲成熟市场(除日本外)优势精选股票型证券投资基金	2010/06/25
1049	汇添富理财7天债券型证券投资基金	2013/05/29
1050	汇添富理财28天债券型证券投资基金	2012/10/18
1051	工银瑞信核心价值股票型证券投资基金	2005/08/31
1052	工银瑞信稳健成长股票型证券投资基金	2006/12/06
1053	工银瑞信红利股票型证券投资基金	2007/07/18
1054	工银瑞信大盘蓝筹股票型证券投资基金	2008/08/04
1055	工银瑞信沪深300指数证券投资基金	2009/03/05
1056	工银瑞信中小盘成长股票型证券投资基金	2010/02/10
1057	工银瑞信深证红利交易型开放式指数证券投资基金联接基金	2010/11/09
1058	工银瑞信消费服务行业股票型证券投资基金	2011/04/21
1059	工银瑞信主题策略股票型证券投资基金	2011/10/24
1060	工银瑞信基本面量化策略股票型证券投资基金	2012/04/26
1061	工银瑞信货币市场基金	2006/03/20
1062	工银瑞信精选平衡混合型证券投资基金	2006/07/13
1063	工银瑞信增强收益债券型证券投资基金	2007/05/11
1064	工银瑞信信用添利债券型证券投资基金	2008/04/14
1065	工银瑞信双利债券型证券投资基金	2010/08/16
1066	工银瑞信添颐债券型证券投资基金	2011/08/10
1067	工银瑞信7天理财债券型证券投资基金	2012/08/22
1068	工银瑞信信用纯债债券型证券投资基金	2012/11/14
1069	工银瑞信14天理财债券型发起式证券投资基金	2012/10/26
1070	工银瑞信60天理财债券型证券投资基金	2013/01/28
1071	工银瑞信中国机会全球配置股票型证券投资基金	2008/02/14
1072	工银瑞信全球精选股票型证券投资基金	2010/05/25
1073	工银瑞信保本混合型证券投资基金	2011/12/27
1074	工银瑞信保本混合2号混合型发起时证券投资基金	2013/02/07
1075	上证180公司治理交易型开放式证券投资基金	2009/09/25

continued

基金份额 (亿份) Fund Units (100 million units)	基金资产规模 (亿元) Fund Asset Value (100 million yuan)	基金管理公司 Fund Management Company	基金托管银行 Fund Custodian Bank
6.29	6.37	华泰柏瑞	中国银行股份有限公司
1.19	1.11	华泰柏瑞	中国银行股份有限公司
0.50	0.42	华泰柏瑞	中国银行股份有限公司
0.58	0.41	华泰柏瑞	中国银行股份有限公司
1.16	1.16	华泰柏瑞	中国工商银行股份有限公司
24.21	28.90	汇添富	中国工商银行股份有限公司
51.34	36.98	汇添富	中国工商银行股份有限公司
5.75	5.89	汇添富	中国工商银行股份有限公司
26.40	32.51	汇添富	中国工商银行股份有限公司
7.75	7.79	汇添富	中国银行股份有限公司
1.53	1.53	汇添富	中国农业银行股份有限公司
10.52	11.12	汇添富	中国工商银行股份有限公司
1.93	1.93	汇添富	中国银行股份有限公司
14.11	14.12	汇添富	中国农业银行股份有限公司
23.90	23.90	汇添富	中国工商银行股份有限公司
3.50	3.42	汇添富	中国工商银行股份有限公司
9.29	9.29	汇添富	中国建设银行股份有限公司
0.74	0.72	汇添富	中国工商银行股份有限公司
2.08	2.08	汇添富	中国农业银行股份有限公司
0.52	0.61	汇添富	中国农业银行股份有限公司
0.62	0.66	汇添富	中国工商银行股份有限公司
15.01	15.01	汇添富	中国工商银行股份有限公司
1.75	1.75	汇添富	交通银行股份有限公司
238.36	78.75	工银瑞信	中国银行股份有限公司
27.45	41.72	工银瑞信	中国建设银行股份有限公司
22.51	16.60	工银瑞信	中国建设银行股份有限公司
4.70	3.66	工银瑞信	中国银行股份有限公司
27.45	23.07	工银瑞信	中国建设银行股份有限公司
6.34	5.47	工银瑞信	中国农业银行股份有限公司
11.32	7.91	工银瑞信	中国农业银行股份有限公司
12.32	11.97	工银瑞信	中国农业银行股份有限公司
0.77	0.98	工银瑞信	交通银行股份有限公司
2.49	2.59	工银瑞信	中国银行股份有限公司
242.83	242.83	工银瑞信	中国建设银行股份有限公司
79.45	35.83	工银瑞信	中国建设银行股份有限公司
23.01	23.40	工银瑞信	中国建设银行股份有限公司
15.15	15.65	工银瑞信	中国建设银行股份有限公司
21.50	25.09	工银瑞信	交通银行股份有限公司
6.03	7.34	工银瑞信	中国民生银行股份有限公司
244.08	244.08	工银瑞信	中国建设银行股份有限公司
9.27	9.09	工银瑞信	中国农业银行股份有限公司
31.77	31.77	工银瑞信	招商银行股份有限公司
5.62	5.62	工银瑞信	兴业银行股份有限公司
7.35	8.17	工银瑞信	中国银行股份有限公司
0.82	1.00	工银瑞信	中国建设银行股份有限公司
11.12	11.91	工银瑞信	中国光大银行股份有限公司
10.12	9.94	工银瑞信	中国光大银行股份有限公司
33.21	21.00	交银施罗德	中国农业银行股份有限公司

4-7 续表 23

序号 No.	基金名称 Fund Name	成立时间 Issue Date
1076	上证超级大盘交易型开放式指数证券投资基金	2009/12/29
1077	华宝兴业上证180价值交易型开放式指数证券投资基金	2010/04/23
1078	上证５０交易型开放式指数证券投资基金	2004/12/30
1079	上证中央企业50交易型开放式指数证券投资基金	2009/08/26
1080	鹏华上证民营企业50交易型开放式指数证券投资基金	2010/08/05
1081	长盛中信全债指数增强型债券投资基金	2003/10/25
1082	长盛动态精选证券投资基金	2004/05/21
1083	上证社会责任交易型开放式指数证券投资基金	2010/05/28
1084	上证周期行业50交易型开放式指数证券投资基金	2010/09/19
1085	上证非周期行业100交易型开放式指数证券投资基金	2011/04/22
1086	易方达上证中盘交易型开放式指数证券投资基金	2010/03/29
1087	上证消费80交易型开放式指数证券投资基金	2010/12/08
1088	中证南方小康产业交易型开放式指数证券投资基金	2010/08/27
1089	上证大宗商品股票交易型开放式指数证券投资基金	2010/11/26
1090	上证180交易型开放式指数证券投资基金	2006/04/13
1091	上证龙头企业交易型开放式指数证券投资基金	2010/11/18
1092	上证综指交易型开放式指数证券投资基金	2011/01/30
1093	上证中小盘交易型开放式指数证券投资基金	2011/01/26
1094	上证180金融交易型开放式指数证券投资基金	2011/03/31
1095	上证新兴产业交易型开放式指数证券投资基金	2011/04/07
1096	上证国有企业100交易型开放式指数证券投资基金	2011/06/16
1097	上证180成长交易型开放式指数证券投资基金	2011/08/04
1098	上证380交易型开放式证券投资基金	2011/09/16
1099	华泰柏瑞沪深300交易型开放式指数证券投资基金	2012/05/04
1100	易方达沪深300交易型开放式指数发起式证券投资基金	2013/03/06
1101	华夏沪深300交易型开放式指数证券投资基金	2012/12/25
1102	上证自然资源交易型开放式指数证券投资基金	2012/04/11
1103	上证180等权重交易型开放式指数证券投资基金	2012/06/12
1104	上证50等权重交易型开放式指数证券投资基金	2012/08/23
1105	中证500沪市交易型开放式指数证券投资基金	2012/08/28
1106	上证180高贝塔交易型开放式证券投资基金	2013/07/08
1107	中证500交易型开放式指数证券投资基金	2013/02/06
1108	广发中证500交易型开放式指数证券投资基金	2013/04/11
1109	上证能源交易型开放式指数发起式证券投资基金	2013/03/28
1110	上证原材料交易型开放式指数发起式证券投资基金	2013/03/28
1111	上证主要消费交易型开放式指数发起式证券投资基金	2013/03/28
1112	上证金融地产交易型开放式指数发起式证券投资基金	2013/03/28
1113	上证医药卫生交易型开放式指数发起式证券投资基金	2013/03/28
1114	万家上证380交易型开放式证券投资基金	2013/10/31
1115	上证市值百强交易型开放式指数证券投资基金(ETF)	2013/04/24
1116	上证红利交易型开放式指数证券投资基金	2006/11/17
1117	易方达恒生中国企业交易型开放式指数证券投资基金	2012/08/09
1118	上证5年期国债交易型开放式指数证券投资基金	2013/03/05

continued

基金份额（亿份）Fund Units (100 million units)	基金资产规模（亿元）Fund Asset Value (100 million yuan)	基金管理公司 Fund Management Company	基金托管银行 Fund Custodian Bank
4.69	7.19	博时	中国建设银行股份有限公司
3.88	8.88	华宝兴业	中国工商银行股份有限公司
134.86	212.08	华夏	中国工商银行股份有限公司
5.06	5.10	工银瑞信	招商银行股份有限公司
2.31	2.59	鹏华	中国工商银行股份有限公司
1.96	2.22	长盛	中国农业银行股份有限公司
9.47	9.72	长盛	中国农业银行股份有限公司
4.14	3.36	建信	中国工商银行股份有限公司
0.97	1.97	海富通	中国工商银行股份有限公司
0.95	1.73	海富通	中国工商银行股份有限公司
3.04	7.12	易方达	中国工商银行股份有限公司
3.84	10.40	招商	中国工商银行股份有限公司
6.54	2.03	南方	中国工商银行股份有限公司
2.41	3.48	国联安	中国银行股份有限公司
61.60	124.35	华安	中国建设银行股份有限公司
2.42	5.03	华安	中国工商银行股份有限公司
1.24	2.81	富国	中国工商银行股份有限公司
0.30	0.78	华泰柏瑞	中国银行股份有限公司
3.36	10.65	国泰	中国银行股份有限公司
6.46	5.04	诺安	中国工商银行股份有限公司
0.87	0.58	中银	招商银行股份有限公司
3.32	3.03	华宝兴业	中国银行股份有限公司
1.72	1.59	南方	中国建设银行股份有限公司
60.48	143.85	华泰柏瑞	中国工商银行股份有限公司
61.14	56.62	易方达	中国建设银行股份有限公司
79.81	188.82	华夏	中国工商银行股份有限公司
3.09	1.83	博时	中国建设银行股份有限公司
1.24	1.21	景顺长城	中国银行股份有限公司
0.64	0.60	银华	中国建设银行股份有限公司
0.51	0.61	大成	中国银行股份有限公司
0.53	0.55	上投摩根	中国银行股份有限公司
41.70	44.69	南方	中国农业银行股份有限公司
29.51	31.78	广发	中国工商银行股份有限公司
1.84	1.44	华夏	中国建设银行股份有限公司
1.53	1.29	华夏	中国建设银行股份有限公司
3.10	3.34	华夏	中国建设银行股份有限公司
3.63	3.33	华夏	中国建设银行股份有限公司
5.18	5.56	华夏	中国建设银行股份有限公司
1.49	1.43	万家	华夏银行股份有限公司
0.57	0.97	长盛	中国银行股份有限公司
6.80	11.84	华泰柏瑞	招商银行股份有限公司
1.24	1.23	易方达	交通银行股份有限公司
0.09	8.92	国泰	中国建设银行股份有限公司

4-7 续表 24

序号 No.	基金名称 Fund Name	成立时间 Issue Date
1119	上证企业债30交易型开放式指数证券投资基金	2013/07/11
1120	银华交易型货币市场基金	2013/04/01
1121	华宝兴业现金添益交易型货币市场证券投资基金	2012/12/27
1122	易方达沪深300医药卫生交易型开放式指数证券投资基金	2013/09/23
1123	华安中证细分地产交易型开放式指数证券投资基金	2013/12/05
1124	华安中证细分医药交易型开放式指数证券投资基金	2013/12/05
1125	纳斯达克100交易型开放式指数证券投资基金	2013/04/25
1126	博时标普500交易型开放式指数证券投资基金	2013/12/05
1127	国泰黄金交易型开放式证券投资基金	2013/07/18
1128	华安易富黄金交易型开放式证券投资基金	2013/07/18
1129	银华核心价值优选股票型证券投资基金	2005/09/27
1130	华安安信消费服务股票型基金	2013/05/23
1131	海富通收益增长证券投资基金	2004/03/12
1132	海富通股票证券投资基金	2005/07/29
1133	海富通强化回报混合型证券投资基金	2006/05/25
1134	汇添富优势精选混合型证券投资基金	2005/08/25
1135	海富通精选证券投资基金	2003/08/22
1136	海富通风格优势股票型证券投资基金	2006/10/19
1137	海富通精选贰号混合型证券投资基金	2007/04/09
1138	大成积极成长股票型证券投资基金	2007/01/16
1139	汇天富均衡增长股票型证券投资基金	2006/08/07
1140	大成景阳领先股票型证券投资基金	2007/12/17
1141	国泰金泰平衡混合型证券投资基金	2012/12/24
1142	国泰金鼎价值精选混合型证券投资基金	2007/04/11
1143	海富通稳健添利债券型证券投资基金	2008/10/24
1144	海富通领先成长股票型证券投资基金	2009/04/30
1145	海富通中小盘股票型证券投资基金	2010/04/14
1146	海富通上证周期行业50交易型开放式指数证券投资基金联接基金	2010/09/28
1147	华夏平稳增长混合型证券投资基金	2006/08/09
1148	海富通稳固收益债券型证券投资基金	2010/11/23
1149	海富通上证非周期行业100交易型开放式指数证券投资基金联接基金	2011/04/27
1150	海富通国策导向股票型证券投资基金	2011/11/16
1151	海富通中证内地低碳经济主题指数证券投资基金	2012/05/25
1152	富国天博创新主题股票型证券投资基金	2007/04/27
1153	长盛同德主题增长股票型证券投资基金	2007/10/25
1154	海富通养老收益混合型证券投资基金	2013/05/29
1155	海富通内需热点股票型证券投资基金	2013/12/18
1156	汇添富蓝筹稳健灵活配置混合型证券投资基金	2008/07/08
1157	汇添富成长焦点股票型证券投资基金	2007/03/12
1158	汇添富价值精选股票型证券投资基金	2009/01/23
1159	汇添富增强收益债券型证券投资基金	2008/03/06
1160	新华优选分红混合型证券投资基金	2005/09/16
1161	新华优选成长股票型证券投资基金	2008/07/25

continued

基金份额（亿份）Fund Units (100 million units)	基金资产规模（亿元）Fund Asset Value (100 million yuan)	基金管理公司 Fund Management Company	基金托管银行 Fund Custodian Bank
0.17	17.00	博时	中国工商银行股份有限公司
5.27	5.45	银华	中国建设银行股份有限公司
55.35	55.35	华宝兴业	中国建设银行股份有限公司
2.81	2.70	易方达	中国建设银行股份有限公司
2.87	2.89	华安	中国建设银行股份有限公司
2.71	2.72	华安	中国建设银行股份有限公司
0.51	0.60	国泰	中国建设银行股份有限公司
5.65	5.68	博时	中国工商银行股份有限公司
0.17	0.40	国泰	中国工商银行股份有限公司
1.02	2.42	华安	中国建设银行股份有限公司
79.23	105.73	银华	中国建设银行股份有限公司
11.33	11.11	华安	中国工商银行股份有限公司
37.49	26.19	海富通	中国银行股份有限公司
46.32	27.66	海富通	中国银行股份有限公司
23.61	16.15	海富通	招商银行股份有限公司
10.55	26.76	汇添富	中国工商银行股份有限公司
87.38	44.32	海富通	交通银行股份有限公司
25.79	22.43	海富通	中国建设银行股份有限公司
17.51	11.85	海富通	中国银行股份有限公司
19.06	16.63	大成	中国农业银行股份有限公司
192.97	133.92	汇添富	中国工商银行股份有限公司
33.19	20.69	大成	中国农业银行股份有限公司
4.39	4.26	国泰	中国工商银行股份有限公司
39.10	28.55	国泰	中国建设银行股份有限公司
1.36	1.48	海富通	中国工商银行股份有限公司
4.41	4.20	海富通	中国建设银行股份有限公司
7.17	7.51	海富通	中国工商银行股份有限公司
1.76	1.30	海富通	中国工商银行股份有限公司
26.30	42.69	华夏	中国农业银行股份有限公司
1.98	2.17	海富通	中国工商银行股份有限公司
1.40	1.10	海富通	中国工商银行股份有限公司
6.24	8.60	海富通	中国银行股份有限公司
0.84	0.98	海富通	中国建设银行股份有限公司
67.34	53.52	富国	中国建设银行股份有限公司
62.82	52.30	长盛	中国农业银行股份有限公司
2.80	2.80	海富通	中国银行股份有限公司
3.92	3.97	海富通	中国银行股份有限公司
1.60	2.03	汇添富	中国工商银行股份有限公司
55.26	67.05	汇添富	中国工商银行股份有限公司
39.32	52.34	汇添富	中国工商银行股份有限公司
5.60	5.92	汇添富	中国工商银行股份有限公司
21.81	19.58	新华	中国农业银行股份有限公司
29.32	32.45	新华	中国农业银行股份有限公司

4-7 续表 25

序号 No.	基金名称 Fund Name	成立时间 Issue Date
1162	新华泛资源优势灵活配置混合型证券投资基金	2009/07/13
1163	新华钻石品质企业股票型证券投资基金	2010/02/03
1164	新华行业周期轮换股票型证券投资基金	2010/07/21
1165	新华中小盘小市值优选股票型证券投资基金	2011/01/28
1166	新华灵活主题股票型证券投资基金	2011/07/13
1167	长盛中证指数100证券投资基金	2006/11/22
1168	浦银安盛价值成长股票型证券投资基金	2008/04/16
1169	浦银安盛优化收益债券型证券投资基金	2008/12/30
1170	浦银安盛精致生活灵活配置混合型证券投资基金	2009/06/04
1171	浦银安盛红利精选股票型证券投资基金	2009/12/03
1172	浦银安盛沪深300指数增强型证券投资基金	2010/12/10
1173	浦银安盛中证锐联基本面400指数证券投资基金	2012/05/14
1174	浦银安盛战略新兴产业混合型证券投资基金	2013/03/25
1175	浦银安盛消费升级灵活配置混合型证券投资基金	2013/12/05
1176	新华优选消费股票型证券投资基金	2012/06/13
1177	新华纯债添利债券型发起式证券投资基金	2012/12/21
1178	新华行业轮换灵活配置混合型证券投资基金	2013/06/05
1179	新华趋势领航股票型证券投资基金	2013/09/11
1180	新华信用增益债券型证券投资基金	2013/12/05
1181	万家180指数证券投资基金	2003/03/17
1182	万家和谐增长混合型证券投资基金	2006/11/30
1183	万家双引擎灵活配置混合型证券投资基金	2008/06/27
1184	万家精选股票型证券投资基金	2009/05/18
1185	万家稳健增利债券型证券投资基金	2009/08/12
1186	万家信用恒利债券型证券投资基金	2012/09/21
1187	大成沪深300指数证券投资基金	2006/04/06
1188	海富通货币市场证券投资基金	2005/01/04
1189	万家货币市场基金	2006/05/24
1190	浦银安盛货币市场证券投资基金	2011/03/09
1191	万家14天理财债券型证券投资基金	2013/01/15
1192	汇添富货币市场基金	2006/03/23
1193	华泰柏瑞金字塔稳本增利债券型证券投资基金	2006/04/13
1194	海富通现金管理货币市场基金	2013/03/14
1195	交银施罗德货币市场证券投资基金	2006/01/20
1196	海富通中国海外精选股票型证券投资基金	2008/06/27
1197	海富通大中华精选股票型证券投资基金	2011/01/27
1198	银河增利债券型发起式证券投资基金	2013/07/17
1199	银河银信添利债券型证券投资基金	2007/03/14
1200	银河竞争优势成长股票型证券投资基金	2008/05/26
1201	银河领先债券型证券投资基金	2012/11/29
1202	银河行业优选股票型证券投资基金	2009/04/24
1203	银河沪深300价值指数证券投资基金	2009/12/28
1204	银河蓝筹精选股票型证券投资基金	2010/07/16

continued

基金份额（亿份）Fund Units (100 million units)	基金资产规模（亿元）Fund Asset Value (100 million yuan)	基金管理公司 Fund Management Company	基金托管银行 Fund Custodian Bank
4.89	5.49	新华	中国工商银行股份有限公司
6.38	6.98	新华	中国建设银行股份有限公司
3.70	5.26	新华	中国工商银行股份有限公司
1.86	1.93	新华	中国建设银行股份有限公司
0.45	0.50	新华	中信银行股份有限公司
10.83	7.36	长盛	中国农业银行股份有限公司
5.63	5.43	浦银安盛	中国工商银行股份有限公司
2.04	2.37	浦银安盛	中国工商银行股份有限公司
0.92	0.92	浦银安盛	中国建设银行股份有限公司
1.25	1.15	浦银安盛	中国工商银行股份有限公司
1.98	1.49	浦银安盛	中国建设银行股份有限公司
0.88	0.88	浦银安盛	中国邮政储蓄银行有限责任公司
0.92	1.05	浦银安盛	交通银行股份有限公司
5.48	5.47	浦银安盛	交通银行股份有限公司
1.65	2.39	新华	中国工商银行股份有限公司
2.92	2.97	新华	中国工商银行股份有限公司
2.64	2.61	新华	中国农业银行股份有限公司
6.67	6.74	新华	中国工商银行股份有限公司
11.55	11.58	新华	中国建设银行股份有限公司
57.51	30.95	万家	中国银行股份有限公司
37.15	21.74	万家	兴业银行股份有限公司
0.63	0.63	万家	兴业银行股份有限公司
6.56	7.14	万家	中国建设银行股份有限公司
4.78	4.83	万家	中国银行股份有限公司
1.10	1.11	万家	中国建设银行股份有限公司
58.74	43.39	大成	中国农业银行股份有限公司
22.77	22.77	海富通	中国银行股份有限公司
73.72	73.72	万家	华夏银行股份有限公司
10.99	10.99	浦银安盛	中信银行股份有限公司
1.07	1.07	万家	中国农业银行股份有限公司
37.61	37.61	汇添富	上海浦东发展银行股份有限公司
0.92	0.96	华泰柏瑞	招商银行股份有限公司
0.55	0.55	海富通	中国工商银行股份有限公司
39.29	39.29	交银施罗德	中国农业银行股份有限公司
1.28	1.87	海富通	中国建设银行股份有限公司
0.69	0.64	海富通	中国银行股份有限公司
6.76	6.83	银河	北京银行股份有限公司
9.16	8.98	银河	中信银行股份有限公司
13.85	14.53	银河	中国银行股份有限公司
7.25	7.20	银河	兴业银行股份有限公司
14.51	22.00	银河	中国建设银行股份有限公司
4.47	3.19	银河	中国建设银行股份有限公司
1.15	1.22	银河	中国建设银行股份有限公司

4-7 续表 26

序号 No.	基金名称 Fund Name	成立时间 Issue Date
1205	银河创新成长股票型证券投资基金	2010/12/29
1206	银河保本混合型证券投资基金	2011/05/31
1207	银河消费驱动股票型证券投资基金	2011/07/29
1208	银河主题策略股票型证券投资基金	2012/09/21
1209	交银施罗德增利债券证券投资基金	2008/03/31
1210	交银施罗德双利债券证券投资基金	2011/09/26
1211	交银施罗德上证180公司治理交易型开放式指数证券投资联接基金	2009/09/29
1212	交银施罗德精选股票证券投资基金	2005/09/29
1213	交银施罗德稳健配置混合型证券投资基金	2006/06/24
1214	交银施罗德成长基金	2006/10/23
1215	交银施罗德蓝筹股票证券投资基金	2007/08/08
1216	交银施罗德环球精选价值证券投资基金	2008/08/22
1217	交银施罗德优势行业灵活配置混合型证券投资基金	2009/01/21
1218	交银施罗德先锋股票证券投资基金	2009/04/10
1219	交银施罗德主题优选灵活配置混合型证券投资基金	2010/06/30
1220	交银施罗德趋势优先股票证券投资基金	2010/12/22
1221	交银施罗德先进制造股票证券投资基金	2011/06/22
1222	交银施罗德深证300价值交易型开放式指数证券投资基金联接基金	2011/09/28
1223	交银施罗德全球自然资源证券投资基金	2012/05/22
1224	交银施罗德荣安保本混合型证券投资基金	2012/06/20
1225	交银施罗德阿尔法核心股票型证券投资基金	2012/08/03
1226	交银施罗德沪深300行业分层等权重指数证券投资基金	2012/11/07
1227	交银施罗德理财21天债券型证券投资基金	2012/11/05
1228	交银施罗德纯债债券型发起式证券投资基金	2012/12/19
1229	交银施罗德理财60天债券型证券投资基金	2013/03/13
1230	交银施罗德双轮动债券型证券投资基金	2013/04/18
1231	交银施罗德荣祥保本混合型证券投资基金	2013/04/24
1232	交银施罗德成长30股票型证券投资基金	2013/06/05
1233	交银施罗德荣泰保本混合型证券投资积极	2013/12/25
1234	交银施罗德定期支付月月丰债券型证券投资基金	2013/08/13
1235	交银施罗德定期支付双息平衡混合型证券投资基金	2013/09/04
1236	华夏保证金理财货币市场基金	2013/02/04
1237	嘉实保证金理财场内实时申赎货币市场基金	2013/12/11
1238	广发现金宝场内实时申赎货币市场基金	2013/12/02
1239	工银瑞信安心增利场内实时申赎货币市场基金	2013/03/27
1240	汇添富收益快线货币市场基金	2012/12/21
1241	大成现金宝场内实时申赎货币市场基金	2013/03/27
1242	华夏兴华混合型证券投资基金	2013/04/12
1243	长信可转债债券型证券投资基金	2012/03/30
1244	长信内需成长股票型证券投资基金	2011/10/20
1245	长信美国标准普尔100等权重指数增强型证券投资基金	2011/03/30
1246	长信量化先锋股票型证券投资基金	2010/11/18
1247	长信中短债证券投资基金	2010/06/28

continued

基金份额（亿份）Fund Units (100 million units)	基金资产规模（亿元）Fund Asset Value (100 million yuan)	基金管理公司 Fund Management Company	基金托管银行 Fund Custodian Bank
8.47	11.45	银河	招商银行股份有限公司
4.07	4.63	银河	中国建设银行股份有限公司
0.56	0.64	银河	中国建设银行股份有限公司
6.81	13.11	银河	中信银行股份有限公司
16.29	15.77	交银施罗德	中国建设银行股份有限公司
3.73	3.87	交银施罗德	中国建设银行股份有限公司
29.97	21.55	交银施罗德	中国农业银行股份有限公司
65.43	51.24	交银施罗德	中国农业银行股份有限公司
37.01	42.28	交银施罗德	中国建设银行股份有限公司
32.67	105.41	交银施罗德	中国农业银行股份有限公司
102.47	76.85	交银施罗德	中国建设银行股份有限公司
1.04	1.66	交银施罗德	中国建设银行股份有限公司
2.15	2.39	交银施罗德	中国工商银行股份有限公司
10.60	12.74	交银施罗德	中国农业银行股份有限公司
7.56	5.90	交银施罗德	中国建设银行股份有限公司
11.87	9.48	交银施罗德	中国工商银行股份有限公司
6.22	7.17	交银施罗德	中国农业银行股份有限公司
0.59	0.54	交银施罗德	中国农业银行股份有限公司
0.11	0.14	交银施罗德	中国建设银行股份有限公司
10.42	10.55	交银施罗德	中信银行股份有限公司
0.52	0.52	交银施罗德	中国建设银行股份有限公司
0.26	0.28	交银施罗德	中国建设银行股份有限公司
1.02	1.02	交银施罗德	中国农业银行股份有限公司
2.61	2.59	交银施罗德	中国农业银行股份有限公司
0.88	0.88	交银施罗德	中国建设银行股份有限公司
6.66	6.61	交银施罗德	中信银行股份有限公司
4.84	4.91	交银施罗德	中国农业银行股份有限公司
13.15	13.42	交银施罗德	中国建设银行股份有限公司
2.72	2.72	交银施罗德	中国建设银行股份有限公司
1.94	1.97	交银施罗德	中国建设银行股份有限公司
5.11	5.18	交银施罗德	中国农业银行股份有限公司
6.17	6.17	华夏	中国工商银行股份有限公司
33.33	33.33	嘉实	北京银行股份有限公司
59.42	59.42	广发	中国工商银行股份有限公司
0.08	0.08	工银瑞信	交通银行股份有限公司
87.41	87.41	汇添富	中国工商银行股份有限公司
26.34	26.34	大成	中国农业银行股份有限公司
18.00	20.63	华夏	中国建设银行股份有限公司
1.20	1.10	长信	平安银行股份有限公司
0.41	0.47	长信	中国农业银行股份有限公司
0.26	0.29	长信	中国银行股份有限公司
1.19	1.01	长信	交通银行股份有限公司
0.38	0.42	长信	中国邮政储蓄银行有限责任公司

4-7 续表 27

序号 No.	基金名称 Fund Name	成立时间 Issue Date
1248	长信恒利优势股票型证券投资基金	2009/07/30
1249	长信利丰债券型证券投资基金	2008/12/29
1250	长信双利优选灵活配置混合型证券投资基金	2008/06/19
1251	长信增利动态策略股票型证券投资基金	2006/11/09
1252	长信金利趋势股票型基金	2006/04/30
1253	长信银利精选开放式证券投资基金	2005/01/17
1254	长信利息收益开放式证券投资基金	2004/03/19
1255	建信恒久价值股票型证券投资基金	2005/12/01
1256	建信货币市场基金	2006/04/25
1257	建信优选成长股票型证券投资基金	2006/09/08
1258	建信优化配置混合型证券投资基金	2007/03/01
1259	建信核心精选股票型证券投资基金	2008/11/25
1260	建信稳定增利债券型证券投资基金	2008/06/25
1261	建信收益增强债券型证券投资基金	2009/06/02
1262	建信上证社会责任交易型开放式指数证券投资基金联接基金	2010/05/28
1263	建信内生动力股票型证券投资基金	2010/11/16
1264	建信双周安心理财债券型证券投资基金	2012/08/28
1265	建信深圳基本面60交易型开放式指数证券投资基金联接基金	2011/09/08
1266	建信恒稳价值混合型证券投资基金	2011/11/22
1267	建信双息红利债券型证券投资基金	2011/12/13
1268	建信深证100指数增强型证券投资基金	2012/03/16
1269	建信社会责任股票型证券投资基金	2012/08/14
1270	建信转债增强债券型证券投资基金	2012/05/29
1271	建信纯债债券型证券投资基金	2012/11/15
1272	建信月盈安心理财债券型证券投资基金	2012/12/20
1273	建信双月安心理财债券型证券投资基金	2013/01/29
1274	建信周盈安心理财债券型证券投资基金	2013/09/17
1275	建信全球机遇股票型证券投资基金	2010/09/14
1276	建信新兴市场优选股票型证券投资基金	2011/06/21
1277	建信全球资源股票型证券投资基金	2012/06/26
1278	汇丰晋信2016生命周期开放式证券投资基金	2006/05/23
1279	汇丰晋信龙腾股票型开放式基金	2006/09/27
1280	汇丰晋信动态策略混合型证券投资基金	2007/04/09
1281	汇丰晋信2026生命周期证券投资基金	2008/07/23
1282	汇丰晋信平稳增利债券型证券投资基金	2008/12/03
1283	汇丰晋信大盘股票型证券投资基金	2009/06/24
1284	汇丰晋信中小盘股票型证券投资基金	2009/12/11
1285	汇丰晋信低碳先锋股票型证券投资基金	2010/06/08
1286	汇丰晋信消费红利股票型证券投资基金	2010/12/08
1287	汇丰晋信科技先锋股票型证券投资基金	2011/07/27
1288	汇丰晋信货币市场基金	2011/11/02
1289	汇丰晋信恒生A股行业龙头指数证券投资基金	2012/08/01
1290	信诚四季红混合型基金	2006/04/29

continued

基金份额 （亿份） Fund Units (100 million units)	基金资产规模 （亿元） Fund Asset Value (100 million yuan)	基金管理 公　　司 Fund Management Company	基金托管银行 Fund Custodian Bank
2.44	2.09	长信	中国建设银行股份有限公司
1.76	1.84	长信	中国农业银行股份有限公司
1.65	1.80	长信	中国农业银行股份有限公司
28.35	20.38	长信	中国民生银行股份有限公司
86.11	47.67	长信	上海浦东发展银行股份有限公司
27.07	16.24	长信	中国农业银行股份有限公司
28.42	28.42	长信	中国农业银行股份有限公司
38.23	21.96	建信	中信银行股份有限公司
295.54	295.54	建信	中国工商银行股份有限公司
23.43	20.76	建信	中国工商银行股份有限公司
75.23	65.64	建信	中国工商银行股份有限公司
13.95	14.30	建信	中国工商银行股份有限公司
12.73	14.87	建信	中国工商银行股份有限公司
3.84	3.92	建信	中国农业银行股份有限公司
3.72	3.48	建信	中国工商银行股份有限公司
22.47	21.80	建信	中国工商银行股份有限公司
19.26	19.26	建信	中国工商银行股份有限公司
2.86	2.33	建信	中国民生银行股份有限公司
0.58	0.65	建信	中国光大银行股份有限公司
1.73	1.75	建信	中信银行股份有限公司
3.95	3.48	建信	交通银行股份有限公司
0.39	0.48	建信	中国农业银行股份有限公司
2.51	2.54	建信	中国民生银行股份有限公司
9.60	9.26	建信	中国光大银行股份有限公司
9.56	9.56	建信	中国民生银行股份有限公司
7.79	7.79	建信	招商银行股份有限公司
29.72	29.72	建信	交通银行股份有限公司
1.91	1.94	建信	中国工商银行股份有限公司
0.96	0.87	建信	中国工商银行股份有限公司
0.13	0.13	建信	中国银行股份有限公司
2.44	3.50	汇丰晋信	交通银行股份有限公司
20.89	22.60	汇丰晋信	交通银行股份有限公司
12.24	13.08	汇丰晋信	交通银行股份有限公司
1.80	1.90	汇丰晋信	中国建设银行股份有限公司
0.51	0.51	汇丰晋信	交通银行股份有限公司
5.70	6.37	汇丰晋信	交通银行股份有限公司
4.25	3.60	汇丰晋信	中国建设银行股份有限公司
11.27	13.44	汇丰晋信	交通银行股份有限公司
13.36	12.35	汇丰晋信	交通银行股份有限公司
8.73	11.97	汇丰晋信	中国建设银行股份有限公司
8.88	8.88	汇丰晋信	交通银行股份有限公司
0.57	0.51	汇丰晋信	中国邮政储蓄银行有限责任公司
24.81	20.54	信诚	中国农业银行股份有限公司

4-7 续表 28

序号 No.	基金名称 Fund Name	成立时间 Issue Date
1291	信城精萃成长股票型证券投资基金	2006/11/27
1292	信诚盛世蓝筹股票型证券投资基金	2008/06/04
1293	信诚三得益债券型证券投资基金	2008/09/27
1294	信诚经典优债债券型证券投资基金	2009/03/11
1295	信诚优胜精选股票型证券投资基金	2009/08/26
1296	信诚中小盘股票型证券投资基金	2010/02/10
1297	信诚货币市场证券投资基金	2011/03/23
1298	信诚理财7日盈债券型证券投资基金	2012/11/26
1299	信诚优质纯债债券型证券投资基金	2013/02/07
1300	益民货币市场基金	2006/07/17
1301	益民红利成长混合型证券投资基金	2006/11/21
1302	益民创新优势混合型证券投资基金	2007/07/11
1303	益民多利债券型证券投资基金	2008/05/21
1304	益民核心增长灵活配置混合型证券投资基金	2012/08/17
1305	诺德价值优势股票型证券投资基金	2007/04/19
1306	诺德成长优势股票型证券投资基金	2009/09/22
1307	诺德中小盘股票证券投资基金	2010/06/28
1308	诺德优选30股票型证券投资基金	2011/05/05
1309	诺德周期策略股票型证券投资基金	2012/03/21
1310	诺德主题灵活配置混合型证券投资基金	2008/11/05
1311	诺德增强收益债券型证券投资基金	2009/03/04
1312	东吴嘉禾优势精选混合型开放式证券投资基金	2005/02/01
1313	东吴价值成长双动力股票型证券投资基金	2006/12/15
1314	东吴行业轮动股票型证券投资基金	2008/04/23
1315	东吴进取策略灵活配置混合型证券投资基金	2009/05/06
1316	东吴新经济股票型证券投资基金	2009/12/30
1317	东吴新创业股票型证券投资基金	2010/06/29
1318	东吴新产业精选股票型证券投资基金	2011/09/28
1319	东吴内需增长混合型证券投资基金	2013/01/30
1320	东吴优信稳健型证券投资基金	2008/11/05
1321	东吴增利债券型证券投资基金	2011/07/27
1322	东吴保本混合型证券投资基金	2012/08/13
1323	东吴货币市场证券投资基金	2010/05/11
1324	东吴中证新兴产业指数证券投资基金	2011/02/01
1325	中邮核心优选股票型证券投资基金	2006/09/28
1326	中邮核心成长股票型证券投资基金	2007/08/17
1327	中邮核心优势灵活配置混合型证券投资基金	2009/10/28
1328	中邮核心主题股票型证券投资基金	2010/05/19
1329	中邮中小盘灵活配置混合型证券投资基金	2011/05/10
1330	中邮上证380指数增强型证券投资基金	2011/11/22
1331	中邮战略新兴产业股票型证券投资基金	2012/06/12
1332	中邮稳定收益债券型证券投资基金	2012/11/21
1333	信达澳银领先增长股票型证券投资基金	2007/03/08

continued

基金份额（亿份）Fund Units (100 million units)	基金资产规模（亿元）Fund Asset Value (100 million yuan)	基金管理公　司 Fund Management Company	基金托管银行 Fund Custodian Bank
48.63	25.58	信诚	中国建设银行股份有限公司
3.86	7.32	信诚	中国建设银行股份有限公司
9.50	9.44	信诚	中国建设银行股份有限公司
5.79	5.82	信诚	中国建设银行股份有限公司
7.62	7.97	信诚	中国建设银行股份有限公司
1.23	1.17	信诚	中国建设银行股份有限公司
25.21	25.21	信诚	中国建设银行股份有限公司
3.49	3.49	信诚	中国银行股份有限公司
8.24	7.97	信诚	中信银行股份有限公司
1.10	1.10	益民	中国农业银行股份有限公司
18.24	7.88	益民	华夏银行股份有限公司
39.11	30.60	益民	中国农业银行股份有限公司
0.44	0.41	益民	招商银行股份有限公司
0.77	0.97	益民	中国光大银行股份有限公司
25.06	21.06	诺德	中国建设银行股份有限公司
0.64	0.69	诺德	中国建设银行股份有限公司
1.61	1.70	诺德	中国银行股份有限公司
4.68	3.91	诺德	中国银行股份有限公司
0.44	0.46	诺德	中国银行股份有限公司
0.42	0.51	诺德	中国建设银行股份有限公司
1.17	1.17	诺德	中国建设银行股份有限公司
26.08	18.67	东吴	中国工商银行股份有限公司
17.46	22.59	东吴	中国农业银行股份有限公司
21.64	11.35	东吴	华夏银行股份有限公司
5.36	5.89	东吴	中国农业银行股份有限公司
1.20	1.10	东吴	中国建设银行股份有限公司
0.89	0.88	东吴	中国工商银行股份有限公司
0.52	0.64	东吴	中国建设银行股份有限公司
0.61	0.69	东吴	交通银行股份有限公司
2.18	2.13	东吴	中国建设银行股份有限公司
0.48	0.50	东吴	中信银行股份有限公司
3.07	2.98	东吴	中国农业银行股份有限公司
1.21	1.21	东吴	中国农业银行股份有限公司
11.25	9.00	东吴	中国农业银行股份有限公司
69.17	71.58	中邮创业	中国农业银行股份有限公司
257.63	122.79	中邮创业	中国农业银行股份有限公司
14.25	14.55	中邮创业	中国农业银行股份有限公司
9.12	8.59	中邮创业	招商银行股份有限公司
4.62	4.50	中邮创业	中国农业银行股份有限公司
0.29	0.30	中邮创业	中国银行股份有限公司
2.02	3.81	中邮创业	兴业银行股份有限公司
22.10	22.33	中邮创业	交通银行股份有限公司
39.56	40.20	信达澳银	中国建设银行股份有限公司

4-7 续表 29

序号 No.	基金名称 Fund Name	成立时间 Issue Date
1334	信达澳银精华灵活配置混合型证券投资基金	2008/07/30
1335	信达澳银稳定价值债券型证券投资基金	2009/04/08
1336	信达澳银中小盘股票型证券投资基金	2009/12/01
1337	信达澳银红利回报股票证券投资基金	2010/07/28
1338	信达澳银产业升级股票型证券投资基金	2011/06/13
1339	信达澳银消费优选股票型证券投资基金	2012/09/04
1340	信达澳银信用债债券型证券投资基金	2013/05/14
1341	金元惠理宝石动力混合型证券投资基金	2007/08/15
1342	金元惠理成长动力灵活配置混合型证券投资基金	2008/09/03
1343	金元惠理丰利债券型证券投资基金	2009/03/23
1344	金元惠理价值增长股票型证券投资基金	2009/09/11
1345	金元惠理核心动力股票型证券投资基金	2010/02/11
1346	金元惠理消费主题股票型证券投资基金	2010/09/15
1347	金元惠理保本混合型证券投资基金	2011/08/16
1348	金元惠理新经济主题股票型证券投资基金	2012/07/31
1349	金元惠理惠利保本混合型证券投资基金	2013/02/05
1350	华商领先企业混合型证券投资基金	2007/05/15
1351	华商盛世成长股票型证券投资基金	2008/09/23
1352	华商收益增强债券型证券投资基金	2009/01/23
1353	华商动态阿尔法灵活配置混合型证券投资基金	2009/11/24
1354	华商产业升级股票型证券投资基金	2010/06/18
1355	华商稳健双利债券型证券投资基金	2010/08/09
1356	华商策略精选灵活配置混合型证券投资基金	2010/11/09
1357	华商稳定增利债券型证券投资基金	2011/03/15
1358	华商价值精选股票型证券投资基金	2011/05/31
1359	华商主题精选股票型证券投资基金	2012/05/31
1360	华商现金增利货币市场基金	2012/12/11
1361	华商大盘量化精选灵活配置混合型证券投资基金	2013/04/09
1362	华商价值共享灵活配置混合型发起式证券投资基金	2013/03/18
1363	英大纯债债券型证券投资基金	2013/04/24
1364	农银汇理行业成长股票型证券投资基金	2008/08/04
1365	农银汇理恒久增利债券型证券投资基金	2008/12/23
1366	农银汇理平衡双利混合型证券投资基金	2009/04/08
1367	农银汇理策略价值股票型证券投资基金	2009/09/29
1368	农银汇理中小盘股票型证券投资基金	2010/03/25
1369	农银汇理大盘蓝筹股票型证券投资基金	2010/09/01
1370	农银汇理货币市场证券投资基金	2010/11/23
1371	农银汇理沪深300指数证券投资基金	2011/04/12
1372	农银汇理增强收益债券型证券投资基金	2011/07/01
1373	农银汇理策略精选股票型证券投资基金	2011/09/06
1374	农银汇理中证500指数证券投资基金	2011/11/29
1375	农银汇理消费主题股票型证券投资基金	2012/04/24
1376	农银汇理信用添利债券型证券投资基金	2012/06/19

continued

基金份额（亿份）Fund Units (100 million units)	基金资产规模（亿元）Fund Asset Value (100 million yuan)	基金管理公司 Fund Management Company	基金托管银行 Fund Custodian Bank
0.85	0.89	信达澳银	中国建设银行股份有限公司
0.68	0.77	信达澳银	中国建设银行股份有限公司
4.67	4.12	信达澳银	中国建设银行股份有限公司
1.60	1.23	信达澳银	中国建设银行股份有限公司
2.61	2.52	信达澳银	中国建设银行股份有限公司
0.66	0.78	信达澳银	中国建设银行股份有限公司
1.53	1.48	信达澳银	中信银行股份有限公司
4.02	3.33	金元惠理	中国工商银行股份有限公司
0.72	0.61	金元惠理	中国农业银行股份有限公司
0.60	0.56	金元惠理	中国农业银行股份有限公司
0.82	0.74	金元惠理	中国建设银行股份有限公司
0.74	0.54	金元惠理	中国工商银行股份有限公司
0.59	0.53	金元惠理	中国工商银行股份有限公司
0.56	0.60	金元惠理	中国农业银行股份有限公司
0.59	0.68	金元惠理	中国农业银行股份有限公司
2.06	2.02	金元惠理	中国农业银行股份有限公司
50.31	68.33	华商	中国民生银行股份有限公司
30.12	62.28	华商	中国建设银行股份有限公司
3.43	3.71	华商	中国建设银行股份有限公司
23.45	30.44	华商	中国建设银行股份有限公司
3.79	2.99	华商	中国建设银行股份有限公司
3.04	3.15	华商	中国建设银行股份有限公司
68.27	61.16	华商	中国民生银行股份有限公司
2.32	2.40	华商	中国建设银行股份有限公司
2.99	3.52	华商	中国建设银行股份有限公司
6.91	11.02	华商	中国建设银行股份有限公司
1.34	1.34	华商	中国建设银行股份有限公司
3.31	3.83	华商	华夏银行股份有限公司
13.89	17.31	华商	中国建设银行股份有限公司
3.90	3.72	英大	中国建设银行股份有限公司
26.64	42.62	农银汇理	交通银行股份有限公司
2.30	2.50	农银汇理	交通银行股份有限公司
6.32	7.27	农银汇理	交通银行股份有限公司
6.78	8.31	农银汇理	中国建设银行股份有限公司
13.82	20.60	农银汇理	中国建设银行股份有限公司
15.12	14.26	农银汇理	中国建设银行股份有限公司
126.99	126.99	农银汇理	中国工商银行股份有限公司
20.00	14.78	农银汇理	中国工商银行股份有限公司
0.86	0.92	农银汇理	渤海银行股份有限公司
2.41	2.29	农银汇理	中信银行股份有限公司
1.34	1.39	农银汇理	交通银行股份有限公司
6.92	10.61	农银汇理	中国邮政储蓄银行有限责任公司
1.30	1.29	农银汇理	中信银行股份有限公司

4-7 续表 30

序号 No.	基金名称 Fund Name	成立时间 Issue Date
1377	农银汇理深证100指数增强型证券投资基金	2012/09/04
1378	农银汇理行业轮动股票型证券投资基金	2012/11/14
1379	农银汇理7天理财债券型证券投资基金	2013/02/05
1380	纽银策略优选股票型证券投资基金	2011/01/25
1381	纽银新动向灵活配置混合型证券投资基金	2011/08/18
1382	纽银稳健双利债券型证券投资基金	2012/06/26
1383	纽银稳定增利债券型发起式证券投资基金	2012/12/25
1384	浙商聚盈信用债债券型证券投资基金	2012/09/18
1385	浙商聚潮产业成长股票型证券投资基金	2011/05/17
1386	民生加银品牌蓝筹灵活配置混合型证券投资基金	2009/03/27
1387	民生加银增强收益债券型证券投资基金	2009/07/21
1388	民生加银精选股票型投资基金	2010/02/03
1389	民生加银稳健成长股票型证券投资基金	2010/06/29
1390	民生加银内需增长股票型证券投资基金	2011/01/28
1391	民生加银信用双利债券型证券投资基金	2012/04/25
1392	民生加银景气行业股票型证券投资基金	2011/11/22
1393	民生加银中证内地资源主题指数型证券投资基金	2012/03/08
1394	民生加银红利回报灵活配置混合型证券投资基金	2012/08/09
1395	民生加银现金增利货币市场基金	2012/12/18
1396	民生加银积极成长混合型发起式证券投资基金	2013/01/31
1397	民生加银家盈理财7天债券型证券投资基金	2013/02/06
1398	平安大华行业先锋股票型证券投资基金	2011/09/20
1399	平安大华深证300指数增强型证券投资基金	2011/12/20
1400	平安大华策略先锋混合型证券投资基金	2012/05/29
1401	平安大华保本混合型证券投资基金	2012/09/11
1402	平安大华添利债券型证券投资基金	2012/11/27
1403	富安达优势成长股票型证券投资基金	2011/09/21
1404	富安达策略精选灵活配置混合型证券投资基金	2012/04/25
1405	富安达增强收益债券型证券投资基金	2012/07/25
1406	富安达现金通货币市场证券投资基金	2013/01/29
1407	财通价值动量混合型证券投资基金	2011/12/01
1408	财通多策略稳健增长债券型证券投资基金	2012/07/13
1409	财通保本混合型发起式证券投资基金	2012/12/20
1410	方正富邦创新动力股票型证券投资基金	2011/12/26
1411	方正富邦红利精选股票型证券投资基金	2012/11/20
1412	方正富邦货币市场基金	2012/12/26
1413	长安宏观策略股票型证券投资基金	2012/03/09
1414	长安沪深300非周期行业指数证券投资基金	2012/06/25
1415	长安货币市场证券投资基金	2013/01/25
1416	安信策略精选灵活配置混合型证券投资基金	2012/06/19
1417	安信目标收益债券型证券投资基金	2012/09/25
1418	安信平稳增长混合型发起式证券投资基金	2012/12/18
1419	安信现金管理货币市场基金	2013/02/05
1420	国金通用国鑫灵活配置混合型发起式证券投资基金	2012/08/28
1421	德邦优化配置股票型证券投资基金	2012/09/25

continued

基金份额（亿份）Fund Units (100 million units)	基金资产规模（亿元）Fund Asset Value (100 million yuan)	基金管理公司 Fund Management Company	基金托管银行 Fund Custodian Bank
0.47	0.48	农银汇理	中国光大银行股份有限公司
2.72	3.57	农银汇理	中国民生银行股份有限公司
30.51	30.51	农银汇理	中国建设银行股份有限公司
3.46	2.89	纽银西部	中国建设银行股份有限公司
0.34	0.33	纽银西部	中国建设银行股份有限公司
0.53	0.53	纽银西部	中国建设银行股份有限公司
0.94	0.94	纽银西部	中国建设银行股份有限公司
0.24	0.24	浙商	交通银行股份有限公司
4.85	4.31	浙商	中国农业银行股份有限公司
3.07	2.81	民生加银	中国建设银行股份有限公司
12.66	14.00	民生加银	中国建设银行股份有限公司
7.27	5.16	民生加银	中国建设银行股份有限公司
1.62	1.23	民生加银	中国银行股份有限公司
4.55	3.73	民生加银	兴业银行股份有限公司
16.94	16.85	民生加银	中国银行股份有限公司
1.49	1.70	民生加银	中国建设银行股份有限公司
2.36	1.38	民生加银	中国建设银行股份有限公司
3.90	4.11	民生加银	中国建设银行股份有限公司
10.42	10.42	民生加银	中国建设银行股份有限公司
4.36	4.22	民生加银	中国建设银行股份有限公司
0.85	0.85	民生加银	中国建设银行股份有限公司
7.34	7.93	平安大华	中国银行股份有限公司
0.64	0.63	平安大华	中国银行股份有限公司
0.30	0.31	平安大华	中国银行股份有限公司
5.41	5.66	平安大华	中国建设银行股份有限公司
1.63	1.63	平安大华	中国银行股份有限公司
2.18	2.20	富安达	交通银行股份有限公司
0.60	0.60	富安达	交通银行股份有限公司
0.52	0.51	富安达	交通银行股份有限公司
3.24	3.24	富安达	交通银行股份有限公司
0.57	0.59	财通	中国工商银行股份有限公司
3.45	3.43	财通	中国工商银行股份有限公司
2.72	2.69	财通	中国工商银行股份有限公司
0.39	0.41	方正富邦	中国建设银行股份有限公司
0.12	0.11	方正富邦	中国建设银行股份有限公司
1.06	1.06	方正富邦	中国建设银行股份有限公司
0.49	0.62	长安基金	中国邮政储蓄银行有限责任公司
0.30	0.31	长安基金	广东发展银行股份有限公司
4.84	4.84	长安基金	广东发展银行股份有限公司
0.48	0.52	安信	中国建设银行股份有限公司
0.71	0.72	安信	中国农业银行股份有限公司
0.51	0.52	安信	中国工商银行股份有限公司
7.78	7.78	安信	中国建设银行股份有限公司
0.73	0.70	国金通用	中国光大银行股份有限公司
0.16	0.19	德邦	交通银行股份有限公司

4-8 2013年QDII基金名录
List of QDII Funds in 2013

序号 No.	基金名称 Fund Name	成立时间 Issue Date	基金份额(亿份) Fund Units (100 million units)	基金资产规模(亿元) Fund Asset Value (100 million yuan)
1	长信标普100等权重指数(QDII)	2011/03/30	0.26	0.29
2	广发全球农业指数(QDII)	2011/06/28	2.10	2.13
3	诺安油气能源(QDII-FOF-LOF)	2011/09/27	1.50	1.63
4	博时标普500指数(QDII)	2012/06/14	1.59	2.05
5	建信全球资源股票(QDII)	2012/06/26	0.13	0.13
6	华夏恒生ETF	2012/08/09	1.46	1.53
7	易方达恒生国企(QDII-ETF)	2012/08/09	1.24	1.23
8	嘉实全球房地产(QDII)	2012/07/24	2.23	2.18
9	富国中国中小盘股票	2012/09/04	0.78	1.23
10	建信全球机遇股票(QDII)	2010/09/14	1.91	1.94
11	易方达黄金主题(QDII-LOF-FOF)	2011/05/06	6.14	3.96
12	建信新兴市场股票(QDII)	2011/06/21	0.96	0.87
13	诺安全球收益不动产(QDII)	2011/09/23	1.29	1.29
14	信诚全球商品主题(QDII-FOF-LOF)	2011/12/20	0.10	0.07
15	易方达标普消费品指数增强(QDII)	2012/06/04	0.64	0.90
16	广发纳斯达克100指数(QDII)	2012/08/15	1.29	1.60
17	华安香港精选股票(QDII)	2010/09/20	1.44	1.53
18	富国全球债券(QDII-FOF)	2010/10/20	0.65	0.62
19	国富亚洲机会股票(QDII)	2012/02/22	0.42	0.42
20	华安标普全球石油指数(QDII-LOF)	2012/03/29	0.52	0.57
21	易方达恒生国企联接(QDII)	2012/08/21	1.15	1.15
22	鹏华环球发现(QDII-FOF)	2010/10/12	0.83	0.79
23	嘉实H股指数(QDII)	2010/09/30	0.96	0.72
24	信诚四国配置(QDII-FOF-LOF)	2010/12/17	0.54	0.43
25	上投摩根全球新兴市场股票(QDII)	2011/01/31	0.61	0.57
26	诺安全球黄金(QDII-FOF)	2011/01/13	11.38	8.34
27	招商标普金砖四国指数(QDII-LOF)	2011/02/11	0.99	0.77
28	中银全球策略(QDII-FOF)	2011/03/03	3.15	2.71
29	华安大中华升级股票(QDII)	2011/05/17	0.54	0.61
30	泰达宏利全球新格局(QDII-FOF)	2011/07/20	0.35	0.37
31	富国全球顶级消费品股票(QDII)	2011/07/13	0.67	0.84
32	景顺长城大中华股票(QDII)	2011/09/22	0.14	0.19
33	国泰大宗商品(QDII-LOF)	2012/05/03	0.34	0.28
34	交银全球资源股票(QDII)	2012/05/22	0.11	0.14
35	华夏恒生ETF联接	2012/08/21	1.04	1.07
36	博时亚洲票息收益债券(QDII)	2013/02/04	11.96	12.42
37	银华抗通胀主题(QDII-FOF-LOF)	2010/12/06	2.67	2.09
38	华泰柏瑞亚洲领导企业股票(QDII)	2010/12/02	0.50	0.42
39	海富通大中华股票(QDII)	2011/01/27	0.69	0.64
40	大成标普500等权重指数QDII	2011/03/23	0.88	1.12

数据来源：中国证监会
Source: CSRC

4-8 续表 continued

序号 No.	基金名称 Fund Name	成立时间 Issue Date	基金份额(亿份) Fund Units (100 million units)	基金资产规模(亿元) Fund Asset Value (100 million yuan)
41	博时抗通胀增强回报(QDII-FOF)	2011/04/25	4.72	2.98
42	华宝兴业成熟市场	2011/03/15	0.34	0.35
43	华宝油气	2011/09/29	0.24	0.27
44	上投摩根全球天然资源股票(QDII)	2012/03/26	0.42	0.33
45	南方金砖四国指数(QDII)	2010/12/09	1.70	1.34
46	鹏华美国房地产(QDII)	2011/11/25	2.43	2.43
47	嘉实黄金(QDII-FOF-LOF)	2011/08/04	2.23	1.46
48	融通丰利四分法(QDII-FOF)	2013/02/05	4.50	4.37
49	汇添富黄金及贵金属(QDII-LOF-FOF)	2011/08/31	3.22	2.04
50	南方中国中小盘股票指数(QDII-LOF)	2011/09/26	0.54	0.58
51	银华全球优选(QDII-FOF)	2008/05/26	0.92	0.76
52	国泰纳斯达克100指数(QDII)	2010/04/29	3.00	4.45
53	博时大中华亚太精选股票(QDII)	2010/07/27	0.72	0.88
54	华宝兴业海外中国股票(QDII)	2008/05/07	0.69	0.88
55	上投摩根亚太优势股票(QDII)	2007/10/22	172.79	99.76
56	海富通中国海外股票(QDII)	2008/06/27	1.28	1.87
57	易方达亚洲精选股票(QDII)	2010/01/21	0.93	0.74
58	工银全球精选股票(QDII)	2010/05/25	0.82	1.00
59	华夏全球股票(QDII)	2007/10/09	152.13	132.93
60	工银全球股票(QDII)	2008/02/14	7.35	8.17
61	广发亚太精选股票	2010/08/18	1.75	2.39
62	华夏收益债券(QDII)	2012/12/07	2.99	3.17
63	南方全球精选配置(QDII-FOF)	2007/09/19	146.93	112.39
64	汇添富亚澳成熟优选股票(QDII)	2010/06/25	0.62	0.66
65	国投瑞银新兴市场股票(QDII-LOF)	2010/06/10	0.44	0.40
66	长盛环球行业股票(QDII)	2010/05/26	0.49	0.51
67	交银环球精选股票(QDII)	2008/08/22	1.04	1.66
68	招商全球资源股票(QDII)	2010/03/25	1.11	1.07
69	嘉实海外中国股票(QDII)	2007/10/12	153.56	101.19
70	嘉实美国成长股票	2013/06/14	0.54	0.89
71	国泰美国房地产开发股票(QDII)	2013/08/06	0.83	0.89
72	广发亚太中高收益债券(QDII)	2013/11/28	2.15	2.16
73	华安纳斯达克100指数	2013/08/02	0.55	0.59
74	鹏华全球高收益债(QDII)	2013/10/22	0.76	0.76
75	中银标普全球资源等权重指数(QDII)	2013/03/19	0.21	0.21
76	国泰中国企业境外高收益债券	2013/04/26	3.37	3.42
77	工银标普全球自然资源指数(QDII-LOF)	2013/05/28	0.06	0.06
78	国泰纳斯达克100(QDII-ETF)	2013/04/25	0.51	0.60
79	广发美国房地长指数(QDII)	2013/08/09	1.93	1.88
80	广发全球医疗保健(QDII)	2013/12/10	2.46	2.48
81	嘉实新兴市场双币分级	2013/11/26	5.74	11.60
82	博时标普500ETF	2013/12/05	5.65	5.68
83	招商标普高收益红利指数增强基金	2013/12/11	3.92	3.93

主要统计指标解释

基金只数 指统计期末基金市场上基金产品的只数。自基金合同生效日（基金成立日）纳入统计，自基金合同终止日从统计中剔除。一般根据证监会主代码（基金主合同）口径统计。

基金份额 指统计期末基金市场基金份额的合计。

基金资产规模 指在统计期末市场上基金产品资产的合计。FOF 产品、联接基金不纳入资产规模统计。对统一募集，自动拆分的分级基金统计基金资产规模时，只计母基金资产规模。对分开募集的分级基金统计基金资产规模时，同时统计不同子基金份额的资产规模。

上市基金成交金额 指统计期内在交易所上市的各类基金成交金额合计。

QFII 额度 指统计期末国家外汇管理局批准合格境外机构投资者投资境内证券市场的投资额度。

RQFII 额度 指国家外汇管理局批准人民币合格境外机构投资者投资境内证券市场的投资额度。

QDII 额度 指国家外汇管理局批准合格境内机构投资者进行境外证券投资的投资额度。

封闭式基金 采用封闭式运作方式的基金,是指经核准的基金份额总额在基金合同期限内固定不变,基金份额可以在依法设立的证券交易场所交易,但基金份额持有人不得申请赎回的基金。

开放式基金 采用开放式运作方式的基金,是指基金份额总额不固定,基金份额可以在基金合同约定的时间和场所申购或者赎回的基金。

贰零壹肆

五. 期货

Futures

贰零壹肆

2013 年上海商品期货市场情况概述

上海期货交易所是依照有关法规设立的，履行有关法规规定的职责，受中国证监会集中统一监督管理，并按照其章程实行自律管理的法人。上海期货交易所目前上市交易的有黄金、白银、铜、铝、锌、铅、螺纹钢、线材、燃料油、天然橡胶、石油沥青等 11 种期货合约，并推出了黄金、白银和有色金属的连续交易。

上海期货交易所坚持以科学发展观为统领，深入贯彻国务院关于推进资本市场改革开放和稳定发展的战略决策，依循“夯实基础、深化改革、推进开放、拓展功能、加强监管、促进发展”的方针，严格依照法规政策制度组织交易，切实履行市场一线监管职责，致力于创造构建安全、有序、高效的市场机制，营造公开公平公正和诚信透明的市场环境，长期目标是：努力建设成为规范、高效、透明，综合性、国际化的衍生品交易所，未来五年的目标是：建设成为亚太时区领先、具有全球重要影响力的商品期货、期权及其他衍生品的交易所。

至 2013 年年底，上期所共有会员 200 多家（其中期货公司会员占近 77%），在全国各地开通远程交易终端 700 多个。

随着行业风险控制能力的强化提高、市场交易的持续活跃和规模的稳步扩大，市场功能及其辐射影响力显著增强，铜期货价格作为世界铜市场三大定价中心权威报价之一的地位进一步巩固；天然橡胶期货价格得到国内外各方的高度关注；燃料油期货在探索能源期货发展的道路上稳健运行；锌期货上市，与铜、铝期货关联，初步形成了有色金属期货品种系列；黄金期货上市，为促进黄金市场的发展，增进商品期货市场与金融市场的联系开辟了新路径；钢材期货上市，将逐步优化钢材价格形成机制，促进钢铁工业健康有序发展，进一步提高我国钢铁工业的国际竞争力。白银期货的上市，丰富了我国贵金属期货品种，完善了国内白银市场价格体系，促进了国内白银产业可持续健康发展。石油沥青期货多种交割方式的创新，顺应了石油沥青产业发展趋势，提高了企业风险管理效率。黄金、白银和有色金属的连续交易上线运行，促进了相关品种国内外价格的及时联动，增强了我国期货市场的价格影响力，并为投资者实时进行风险管理提供了便利。

按照《上海期货交易所章程》，会员大会是交易所的权力机构，由全体会员组成；理事会是会员大会的常设机构，下设监察、交易、结算、会员资格审查、调解、财务、技术、有色金属产品、能源化工产品、黄金钢材产品等 10 个专门委员会；监事会是交易所的内部监督机构，监督理事会、经营管理层的履职情况。

交易所设有文化建设委员会、交易运作委员会、人才发展委员会、技术管理委员会、产业服务与发展委员会等 5 个专业委员会，以及办公室、理事会办公室、监事会办公室、发展研究中心、文化建设办公室、新闻信息部、推进衍生品创新工作办公室、国际合作部、有色金属部、能源化工部、黄金钢材部、会员服务和投资者教育部、交易部、结算部、监查部、法律事务部、技术中心、人力资源部、党委办公室、纪律检查办公室、内审合规部、财务部、行政部（保卫部）、北京联络处、张江中心管理办公室等 25 个职能部门。

根据国务院颁布的《期货交易管理条例》及中国证监会发布的《期货交易所管理办法》等法规，交易所建立了交易运作和市场管理规章制度体系。

交易所拥有适用可靠的计算机交易系统，通过高容量光纤及数据专线、双向卫星、三所联网等通讯手段确保前台和远程交易的实时和安全可靠。同时，通过中心数据库实现结算、资金、交割、异地交割仓库、风险监控等系统数据的实时同步传送和交换。

为维护市场稳定和投资者合法权益，交易所建有多元结合的风险控制体系，主要包括以交易规范为准则的一系列制度措施；以量化系列指标与计算机自动化运作相结合的风险预警系统；以全程控制风险为目标，按职能分工落实相关责任制的风险动态跟踪、分析、应对的工作机制。

上海期货交易所坚持监管、服务两手抓的理念，坚持稳健运行，稳步发展，推进改革创新，深化服务，真诚地为会员及投资者提供全面及时的各项服务。

交易所实行保证金和每日无负债结算制度，通过指定的结算银行每天对会员的交易进行集中清算，会员负责对其客户交易进行清算。交易所实行实物交割履约制度，合约到期须在规定期限内，以实物交割方式履约。交易所指定交割仓库为交割双方提供相关服务。客户交割须通过会员办理。

交易所坚持维护投资者合法权益的基本宗旨，制订、实施风险控制管理制度，健全风险监控机制，保证市场规范有序地运行。

交易所通过建立的卫星广播网和公共电讯网，将实时和延时交易行情经授权的国内外信息资讯机构进行同步信息发布。通过实时行情短信播报服务系统和电话语音报价服务系统，向市场提供动态交易行情咨询服务。交易所通过自建的网站（http://www.shfe.com.cn/）及时规范地向市场发布交易、交割、持仓、库存等各类统计数据资料及相关信息。交易所还通过新闻媒体报道、电话咨询交流、举办多种形式的培训班、开展各种形式的对外交流等活动，向会员、投资者及社会提供咨询、培训等服务。

2013 年郑州商品期货市场情况概述

2013 年，对郑商所来说，是挑战性比较大的一年，也是实现突破的一年。在证监会党委正确领导下，郑商所牢牢把握服务实体经济根本要求，坚持“两维护、一促进”，监管转型与深化服务并重，努力适应国家宏观调控给农产品期货市场带来的深刻影响，先后化解了棉花、菜粕品种市场风险，上市了动力煤和粳稻两个战略性品种，基本完成年初制定的八项重点工作计划。2013 年郑商所累计成交 5.25 亿手，累计成交金额 18.9 万亿元，同比分别增长 51.36%和 8.84%。年末市场持仓 199.87 万手，同比增长 74.98%。成交量、持仓量均创郑商所历史新高，实现了稳中求进、持续向好的工作目标。

一、全力推进品种创新

认真落实国务院有关期货市场重大工作部署，努力抓住上市环境相对宽松的有利时机，加快品种研发步伐，不断拓展服务实体经济的领域和范围。一是系统梳理品种体系。依据郑商所“十二五”期间发展规划，结合郑商所 9 个农产品和 4 个工业品种的实际，确定在农产品方面，继续完善粮、棉、油、糖狭义的农产品体系，积极拓展农、林、牧、副、渔等广义的农产品体系；在非农产品方面，重点研发能源、化工、建材和冶金四大板块产品；在期货衍生品方面，重点推动期货期权、商品指数期货和运力期货等产品研发。二是上市新品种。历经多年努力，9 月 26 日动力煤期货挂牌交易，郑商所品种结构调整取得重大突破。11 月 18 日粳稻期货推出，进一步完善了稻谷和农产品期货体系。晚籼稻期货与粳稻期货同时获得国务院批准，将在 2014 年择机上市。铁合金（硅铁合金和硅锰合金）期货征求部委意见已经完成。三是储备上市品种。2013 年，郑商所整合内外部资源，共向证监会申请立项 17 个品种。除粳稻、晚籼稻、硅铁和硅锰合金外，郑商所还向证监会申请立项棉纱、水泥、纸浆、乙二醇、短纤、长丝、猪肉等 13 个品种。

二、持续开展市场培育

以完善制度、创新机制为主要抓手，突出市场服务特色，努力做精做细已上市品种。一是完善风险管理等相关制度。修订施行《期货交易风险控制管理办法》等 4 个业务细则，发布实施新的《套利交易管理办法》，调降临近交割月保证金标准，减少保证金和限仓标准调整梯度，放宽会员持仓限制，改革套保管理办法，方便企业利用期货市场管理市场风险。二是建立与行业协会、龙头企业直接对话交流机制。先后同 PTA、玻璃、菜籽、菜油、菜粕、白糖、动力煤、稻谷等行业相关协会和上百家行业龙头企业直接对话交流。三是加强与会员交流与沟通。在浙江、北京、上海等多个地区举办近 20 场会员座谈会，调研市场发展状况和需求，倾听会员意见和建议。举办会员资管业务和风险管理子公司培训交流会，加强与期货公司新业务对接，共同培育机构投资者。四是深入开展“三业”活动。全年郑商所支持会员举办“三业”活动报告会 787 场，培训企业 19775 家次、人员 42378 人次。五是继续抓好“点基地”、“面基地”建设。2013 年，21 家企业获评成为交易所点基地。与 11 家证监局签订面基地合作建设协议，共同培育、总结、推广期货服务“三农”、服务实体经济的成熟模式和有效途径。

三、有效防范与化解市场风险

受国家收储政策影响，2013 年郑商所上市的部分农产品的现货市场流通数量减少，较大的持仓量与较小的可供交割量不匹配程度加剧，市场潜在风险隐患总体增多。面对潜在市场风险，郑商所通过加强期货市场监控和现货市场跟踪，早发现、早防范，及时制止，严厉查处，主要采取了以下两个方面的措施：一是着力防范和化解风险隐患。采取风险提示、风险警示谈话、排查实际控制关系、严厉查处违规行为、提高交易保证金标准等措施，有效防范和化解了棉花、菜粕、PTA相关合约风险隐患。二是严厉处罚违规行为。全年共处理异常交易及违规交易175起。根据监管需要，约见会员单位和相关客户警示谈话10次。处罚违规交易7起，分别给予警告、暂停交易等处罚措施。

四、扎实做好信息技术工作

围绕郑商所重点工作，一手抓系统性能优化，一手抓支持业务创新，不断提高我所业务发展的技术保障能力。一是设计开发第五期交易系统。认真梳理现有系统，结合国内外交易所技术架构，确定现有交易系统的改进方向，并据此完成了第五期交易系统原型系统设计开发工作。经初步测试，原型系统订单成交回报的平均时延为1.4毫秒，平均每秒可以处理2.2万笔订单。二是修改和优化现有核心交易系统。支持新业务规则、新品种上市等业务创新。对交易、结算、风控、监察、会员服务等系统进行升级改造，全面支持期权业务功能。三是持续优化现有业务系统。新一期银期通系统于12月20日上线。远程席位审批系统已完成内部测试，将于近期上线。交易参数自动化管理系统、市场监察系统优化等项目也已启动。四是推动符合ISO20000标准要求的运维管理流程有效落地。12月4日，郑商所信息技术服务管理体系通过中国信息安全认证中心ISO20000标准认证。在实施IT运维管理咨询二期项目的同时，郑商所完成了运维支撑系统的开发、测试、验收，目前IT运维支撑平台已整合挂接在网上办公平台并投入使用。

五、实质性推进新工具创新

以2014年上市白糖期权为目标，努力破解各种业务、技术难题，为上市创造条件。一是实质性推进期权上市准备工作。完成了期权交易管理办法、做市商管理办法和套期保值管理办法等期权规则制定。全面升级和改造交易所端期权功能，组织各合作会员改造会员端技术系统。创办“郑州期权讲习所”，举办5期讲习班，为会员公司、产业企业和投资机构培训千余名期权人才。郑商所在国内率先开展全市场、全链条仿真交易，来自140余家会员的14,000余人报名参与，日均成交450.4万张，日均持仓197.6万张，进一步检验了规则条款的适用性，交易所端、会员端期权交易系统的正确性、安全性和可靠性。总的来说，推出白糖期权交易条件基本具备，并已向监管部门提交开展白糖期权交易立项申请。二是商品指数从研究转向应用，易盛农产品期货价格指数7月18日正式对外发布，相应期货合约及规则设计基本完成。

六、深化内部管理

完善体制机制，提高科学管理水平，构建适应市场发展需要的交易所治理结构。一是完善“三会一层”制度。稳妥推进交易所体制建设，建立监事会，不断健全工作机制。二是加强人才队伍建设。根据市场发展需要及工作实际要求，对部分部门设置及职责进行优化调整。组建农产品部、非农产品部、期货衍生品部三个事业部，合并组建法律及审计部，单设技术服务部。调整优化了中层干部队伍配置。引进技术、金融、法律等专业高素质人才15名。三是强化内部管理的制度化，制订和完善了《内部审计管理办法》、《岗位问责管理办法》等11项制度。四是上线财务预算管理和网上报销系统，进一步提升了财务工作效率和规范化水平。五是严格交易所纪律，对信息安全应急演练中仓库管理系统发生入侵和在投资者反映情况时处理不当导致投资者信访等两起事件进行问责。

2013 年大连商品期货市场情况概述

2013 年大商所年累计成交量 7.01 亿手，成交额 47.15 万亿元，日均持仓 325.65 万手，同比分别增长 10.66%、41.51%和 29.58%，分别占全国期货市场的 33.98%、17.63%和 46.63%；日均市场资金余额 278.22 亿元，同比增长 13.25%；交割总量 14.72 万手，交割金额 57.67 亿元，同比分别增长 16.15%和减少 0.72%。截止 2012 年末，大商所共有会员 175 家，其中期货公司会员 160 家、非期货公司会员 15 家，投资者开户数达 177.63 万户、其中单位客户 5 万户。全年参与交易的客户数为 42.88 万户，其中单位客户近 6000 户。

一、上市五个新品种，市场对实体经济的覆盖范围大大拓宽

2013 年，我所加快新品种上市步伐，按照高标准、稳起步原则，先后成功上市了焦煤、铁矿石、鸡蛋、木材纤维板和胶合板等共 5 个新品种，上市品种总数量已达 14 个，初步形成了粮食、油脂、塑料化工、能源矿产、畜产品和林产品等六个品种系列。其中，铁矿石期货是全球第一个采取实物交割的同类合约，鸡蛋期货是我国第一个畜牧类品种，“两板”期货填补了我国林业品种的空白。同时，相关储备品种研发也取得积极进展。聚丙烯初审通过，棉纱线等 6 个涉农品种和尿素等 7 个工业品种完成立项申请，氧化铝等 13 个商品期货以及温度、航运、大豆压榨利润等指数类品种的可行性研究都取得了阶段性成果。

二、老品种维护、业务优化创新取得实质性进展，市场运行质量有了较大提升

一是加强对已上市品种合约规则的维护。全年针对市场形势变化，适时对玉米合约、豆粕仓单串换、聚乙烯（LLDPE）交割标准、聚氯乙烯（PVC）品牌交割制度等 15 项品种合约规则制度进行了调整优化。二是积极推动业务制度改革，发布实施 7 项业务规则（含修正案），推动套利交易、三步交割法、持仓梯度保证金等制度创新项目落地实施。三是抓紧新工具、新领域的准备，为相关品种开展期权交易、夜盘交易等创新做好业务、技术和制度建设，相关工作有了实质性进展。四是发布实施《存管银行管理办法》，并以此为契机，大力推进银期合作，与银行在资源共享、产品创新、厂库保函、仓单融资等多方面加大合作力度，借助银行丰富的客户资源提升市场为实体经济服务的能力。

三、扎实推进系统建设和运维工作，技术支持保障能力得到巩固

持续推进六期系统优化建设，先后上线总线二期、分品种撮合等 8 个优化项目，对上百台服务器、数百件零部件设备进行扩容。完成并上线新品种上市、业务优化等涉及的多项系统修改项目，正在实施期权、夜盘连续交易等重点业务的 24 个 IT 项目，潜在业务项目 15 项。完成新一代系统的业务规划咨询项目和原型系统项目测试，持续推进同城数据中心规划和选址，与中金所签署异地灾备合作框架协议。全年在信息系统优化上线项目 119 个、运维保障压力巨大情况下，通过加强设备升级和验收测试、提高自动化监管水平、强化应急体系建设和应急演练等措施，实现信息系统和会员托管系统无故障运行。

四、做好一线监管和风险防控，确保市场稳定运行

一是保持交易平稳进行。做好 109 个新合约、

49个套利合约的上市和交易维护工作，防范和化解价格波动变化过大的风险。二是强化结算风险控制。办理资金收付业务29376笔、涉及金额7485亿元，实现全年资金业务无差错。三是加强交割仓库管理，积极化解大交割量风险。共完成88家交割仓库年审，开展现场检查70余次，完成实物交割1199笔、交割金额57.45亿元，其中焦煤为首次交割，玉米、焦炭和LLDPE均为上市以来最大交割量。四是强化对违规、异常交易行为的查处。共筛查违规线索2万余条，查处违规交易行为88起，移交证监会调查案件4起，处分客户160名，帮助客户挽回经济损失700余万元。

五、进一步增强服务意识，大力支持产业和行业发展

一是深入市场调研。所领导班子带队赴全国十多个省市，深入市场一线走访，认真听取会员单位、产业企业、投资者意见和建议，并对市场关注的热点、焦点、难点问题及时回应。二是大幅降低市场成本。实施了包括套保客户手续费减收、产业客户手续费减免等多项减收措施，向市场整体让利8亿多元。三是加大产业服务力度。举办了塑料、煤焦、玉米和油脂等四个产业大会，参会人员3041人，其中产业客户占比74%；组织开展210次产业链调研和培训，合计培训产业客户两万人次；依托中组部、农业部、地方政府、央视等单位和平台，多方位开展三农服务工作，累计为种粮大户、合作社负责人、农业干部共发送市场信息120万条，现场培训4000人次。四是深化期货学院功能，加强期货公司和龙头企业人才培训，积极培育机构投资者。

六、注重营造良好氛围，积极优化市场发展环境

一是持续加强和改进新闻宣传，营造良好舆论氛围。与人民日报等多家媒体建立战略合作关系，组织媒体开展市场功能发挥系列报道，及时发现和应对舆情风险。二是积极争取地方政府支持，推动大连市出台了期货市场专项人才支持政策，加强了与期货市场发达地区政府的合作。三是加强司法协作，举办首届期货法律理论与实务座谈会，搭建期货界与法律界的沟通桥梁，优化了期货司法环境。四是改进对外开放与交流工作，精简出访人员，提高出访质量，两份出访报告获肖钢主席批示，被英国期货期权世界（FOW）评选为年度“中国最佳期货交易所”；接待国际来访59起、358人次，与国际产业客户、金融类公司的联系明显加强。

七、加强基础性、前瞻性问题的研究工作，进一步夯实发展的理论基础

根据党的十八大以来国际国内新形势和证监会有关精神，研究制定交易所2014-2020战略发展规划。继续推进业务规划咨询项目，基本完成规划报告，为新一代系统建设打下较好的业务基础。围绕多层次市场建设、离岸交易平台、独立清算公司、交易所体制机制等课题开展前瞻性研究等。加强对宏观经济形势和基础理论研究，多项研究成果获得省部级以上领导批示。积极参与《期货法》立法研究，完成约30万字的研究报告，多项立法需求和立法建议被立法工作小组采纳。积极参加会有关部门组织的系统性风险、市场操纵行为及监管执法对策、场外衍生品市场、碳期货交易等课题和项目研究。

八、以深入开展群众路线教育实践活动为契机，提高内部管理和队伍建设水平

一是扎实开展群众路线教育实践活动，深入贯彻落实“八项规定”，出台《关于进一步加强作风建设的实施意见》，提升了全所服务意识、勤俭节约意识和务实作风。二是探索完善内部工作架构和工作机制。制定了《关于完善法人治理结构的实施方案》，建立起了决策、执行、监督相机结合的运行机制。三是切实加强内部管理。对财务费用支出、出国、公务接待、采购招标等方面的十余项管理制度，调整优化了部门组织架构和职能设置，加强采购、财务、资产和投资管理。四是加强人才队伍建设。公开招聘了一批员工，开展优化绩效管理的咨询项目，逐步建立多层次、多渠道培训体系，积极争取地方

政府人才政策支持，提高了队伍战斗力和凝聚力。五是加强纪检监察和内部监督工作，以IT采购、招标等领域为重点，加强党风廉政建设。

2013年金融期货市场情况概述

2013年，金融期货市场运行平稳，交易活跃，期现拟合良好，基差保持较低水平，持仓量稳中有升，风险管理功能进一步增强。2013年9月6日，国债期货正式挂牌交易，12月主力合约成功切换，交割平稳顺畅，国债期货市场功能初步显现。

一、股指期货市场运行情况

（一）交易适度活跃

2013年沪深300股指期货共238个交易日，按单边统计，总成交1.9亿手，总成交金额140.7万亿元，比上年分别增长72.7%和185.6%，成交金额占全部期货交易的52.72%。日均成交81万手，日均成交金额5912亿元，日均持仓10.6万手，分别比上年增长88.4%、189.4%和137.7%。近月合约为主力合约，交易最为活跃，占市场总成交的90%以上，符合成熟市场一般规律，市场整体流动性进一步增强。

（二）开户平稳增长，参与者结构改善

开户数平稳均衡增长，市场参与面继续扩大。截至2013年末，全市场帐户总数达到167621户，参与交易客户数99892户。证券、基金、信托、QFII、保险等机构参与股指期货的政策均已明确，截至2013年末，6大类199家机构参与股指期货，其中，证券公司75家，基金公司69家、信托公司7家、期货公司26家、QFII公司18家、保险公司4家。其中，证券公司参与较深，机构以套期保值为主。

（三）持仓稳中有升

2013年，股指期货持仓量稳中有升，由年初的11万多手增加至年末的12万手，全年日均持仓量10.6万手，环比增长137.7%；日均名义持仓金额为782.1亿元，环比增长41.9%。成交持仓比持续稳定，2013年末为7.1倍，接近境外成熟市场水平。

（四）期现货价格拟合度良好，期现货基差率较小

沪深300股指期货与现货指数保持高度相关性，2013年主力合约与沪深300价格收益率相关系数达99.84%。基差率维持较低水平，大体在±1%以内波动，以负基差为主，即期货价格高于现货指数价格，负基差天数达到62.2%。市场成熟度较高，套利空间较少，为机构套保业务的顺利开展以及市场功能的稳定发挥奠定了坚实基础。

（五）交割量较低

2013年，沪深300股指期货共交割12个合约，交割总量3.8万手，平均交割量为3200手。从期、现货的收敛情况看，合约价格始终围绕交割结算价微幅波动，走势平稳，收敛性良好，未出现“到期日效应”，市场没有出现对到期合约的过度炒作。

二、股指期货市场运行主要特点

一年来，股指期货运行有几个突出特点。

（一）市场成熟度不断提高

一是期现货价格拟合度好。近四年来来，二者高度拟合，价格相关性高达99.89%，收益率相关性也达到94.59%，基差率处于1%以内的交易日占95.62%。期货价格相对偏高，负基差天数接近64%，开盘及收盘高于现货价格的交易日比例分别达到73.47%和63.55%。2013年股指期货主力合约与沪深300指数价格相关性达99.84%。二是持仓规模放大，成交持仓比渐趋合理。合约持仓量由上市初期的不足1万手增加至2013年末12万手。成交持仓比持续下降，由初期的最高约27倍降至2013年年底的7倍左右，降幅超过70%，逐步向境外成熟市场水平靠拢。三是交割平稳顺畅，期现货市场未出现“到期日效应”。

（二）市场功能逐步显现，服务实体经济的能力不断增强

一是风险管理作用发挥明显。沪深 300 股指期货上市后，机构投资者合理运用股指期货管理现货风险，在股市三年半来总体下跌的情况下，避险减亏效果显著，累计减亏 172 亿元，一定程度上抵补了现货资产损失。二是股市波动更加平滑。股指期货上市前后同期比较，股市大幅波动天数明显减少，沪深 300 指数涨、跌超过 2%的天数分别下降了 59.87%和 59.06%。三是促进了机构稳定持股。股指期货上市后，沪深 300 指数成份股换手率降幅超过全部 A 股平均水平近 13 个百分点，提升了投资者对大盘蓝筹股的持有偏好。沪深 300 成分股日均换手率，从股指期货上市前三年半的 1.89%下降到上市后三年半的 0.52%，降幅达 72.49%。四是促进机构深入参与，助推机构金融创新。截至 2013 年末，6 大类 199 家机构参与股指期货，其中，证券公司 75 家，基金公司 69 家、信托公司 7 家、期货公司 26 家、QFII 公司 18 家、保险公司 4 家。借助股指期货，ETF 等相关市场和品种进一步活跃，机构加快了产品创新与转型发展。

三、国债期货市场运行情况

（一）投资者参与理性，成交持仓结构符合国际惯例

截至 2014 年 1 月 30 日，共有 12048 名客户参与国债期货交易，其中，自然人客户 11746 个，法人客户 302 个。

截至 2013 年底，国债期货总成交 33 万手，总成交金额 3064 亿元，日均成交 4326 手（单边），日均成交金额 40 亿元，日均持仓 3737 手（单边）。主力合约成交量和持仓量分别占比 97.14%和 91.35%，日均成交持仓比为 1.15 倍，成交持仓结构符合国际惯例，未出现炒新、爆炒等现象。

（二）期现价格联动性较好，基差合理

期货价格波动合理，截至 2014 年 1 月 30 日，TF1312、TF1403、TF1406、TF1409 合约平日间波幅分别为 0.18%、0.17%、0.15%、0.13%，均在 0.5%以内。国债期现货价格联动性较好，主力合约平均收盘基差为 0.20 元，接近国际成熟市场水平。

（三）主力合约成功切换，交割平稳顺畅

随着交割月的临近，没有实际交割意愿的投资者逐步将国债期货头寸从近月合约转移到远月合约。2013 年 12 月 2 日，国债期货 TF1312 合约进入交割，至 12 月 18 日交割结束，共完成 70 手滚动交割、381 手集中交割。参与交割的客户均为机构投资者，交割业务运行顺畅，所有客户全部履约。

四、国债期货市场运行主要特点

国债期货上市以来，其运行有几个突出特点。

（一）发挥价格发现和避险功能，促进国债发行

国债期货上市至 2014 年 1 月 31 日，财政部先后发行了 130015、130020、130023、140001、140003 五只可交割国债。国债期货套期保值和价格发现功能发挥，促进了国债发行。这五只国债平均发行认购倍数为 2.43，比同期其他附息国债平均发行认购倍数高 29%。

（二）提升国债现货市场流动性，促进债券市场统一发展

国债期货上市后，投资者询价频率增加,买卖价差下降。以国利货币经纪公司 130015 报价为例，国债期货上市后一个月其日均询价 25 次，较 8 月份增加 11 次，增长 79%；截至 2014 年 1 月 31 日，日均成交 18 亿元，较 8 月份增长 24%；买卖价差由上市前的 4-5BP 下降到上市后的 1BP，最低 0.25BP。期现套利交易有助于提高债券市场定价效率，促进国债在交易所和银行间市场双向流动。可交割国债跨市场转托管量月均 73 亿元，较 8 月份增长 115%，占所有国债转托管量的 40%。

（三）健全国债收益率曲线，及时反映货币政策信息

国债期货市场透明度高、价格连续性强，对信息更加敏感，能够及时有效地反映货币政策信息。

2013年10月29日，人民银行在公开市场开展130亿元7天逆回购操作，中标利率为4.1%，高于前一期7天逆回购操作中标利率20BP。在公开市场操作信息公布后的5分钟之内，国债期货价格下跌0.05元，对货币政策及时作出反映。国债期货不仅夯实了国债收益率曲线的市场基础，也建立了国债现货、回购、与期货市场之间相互联系、相互制约的机制，使得国债收益率曲线全面反映国债市场从短端到长端的市场供求关系。

（四）加快金融机构产品和业务创新，促进各行业共同发展

截至2014年1月31日，已有证券、基金、期货等各类金融机构推出的49个资管产品参与国债期货交易。国债期货促进了债券市场其他创新品种的发展。

5-1　期货交易品种名录
List of Futures Products

		交易品种 Futures Products
农产品	Agricultural Products	玉米、黄大豆1号、黄大豆2号、豆粕、豆油、棕榈油、强麦、普麦(硬麦)、棉花、白糖、菜籽油、早籼稻、油菜籽、菜籽粕、天然橡胶、鸡蛋、胶合板、纤维板
能源、化工及其他	Building Materials, Energy & Chemical Products & Others	聚乙烯、聚氯乙烯、焦炭、燃料油、甲醇、PTA、玻璃、石油沥青、动力煤、焦煤、铁矿石
金属	Metal Products	铜、铝、锌、铅、黄金、白银、螺纹钢、线材
金融	Financial Futures	指数期货、国债期货

数据来源：上海期货交易所、郑州商品交易所、大连商品交易所、中国金融期货交易所
Source：SHFE、ZCE、DCE、CFFEX

5-2　期货市场规模概况
Dimensions of Futures Market

年份 Year	市场资金(万元) Market Funds (10 thousand yuan)	期货账户数(户) Number of Futures Accounts (unit)	客户数(个) Number of Futures Investors (unit)		
			个　人 Individual Customers	单　位 Corporate	合　计 Total
2006	2144220.21	277390	-	-	244590
2007	3954047.15	447720	-	-	395533
2008	4572213.29	712773	595434	21001	616435
2009	11137268.15	1106099	887627	28634	916261
2010	16963144.99	1505530	1178225	35483	1213708
2011	15942393.61	1793448	1370577	40804	1411381
2012	19046784.18	896934	697442	19868	717310
2013	20690624.33	977185	751665	20743	772408

注：2012年之前期货账户数和客户数为总账户数和总客户数，2012年起为有效账户数和有效客户数。
数据来源：中国期货保证金监控中心公司
Source：CFMMC

5-3 期货会员机构数情况

Number of Futures Exchange Members

单位：家 (unit)

年份 Year	上海期货交易所 SHFE 合计 Total	期货公司会员 Members of Futures Companies	非期货公司会员 Not the Members of Futures Companies	郑州商品交易所 ZCE 合计 Total	期货公司会员 Members of Futures Companies	非期货公司会员 Not the Members of Futures Companies
1999	206	153	53	-	-	-
2000	216	165	51	-	-	-
2001	225	171	54	208	159	49
2002	215	178	37	212	166	46
2003	219	185	34	218	176	42
2004	224	184	40	219	185	44
2005	215	175	40	222	179	43
2006	209	172	37	226	180	46
2007	213	172	41	226	183	43
2008	207	167	40	215	172	43
2009	210	167	43	215	173	42
2010	209	164	45	215	173	42
2011	208	163	45	213	171	42
2012	208	161	47	209	167	42
2013	206	157	49	205	163	42

5-3 续表 continued

单位：家 (unit)

年份 Year	大连商品交易所 DCE 合计 Total	期货公司会员 Members of Futures Companies	非期货公司会员 Not the Members of Futures Companies	中国金融期货交易所 CFFEX 合计 Total	期货公司会员 Members of Futures Companies 合计 Total	全面结算会员 Full Clearing Members	交易结算会员 Limited Clearing Members	交易会员 Trading Members	非期货公司会员 Not the Members of Futures Companies
1999	-	-	-	-	-	-	-	-	-
2000	164	150	14	-	-	-	-	-	-
2001	185	170	15	-	-	-	-	-	-
2002	195	180	15	-	-	-	-	-	-
2003	199	186	13	-	-	-	-	-	-
2004	199	186	13	-	-	-	-	-	-
2005	196	181	15	-	-	-	-	-	-
2006	196	180	16	-	-	-	-	-	-
2007	193	177	16	-	-	-	-	-	-
2008	193	175	18	-	-	-	-	-	-
2009	189	173	16	-	-	-	-	-	-
2010	189	173	16	133	133	15	61	57	0
2011	187	172	15	146	146	15	61	70	0
2012	178	163	15	146	146	15	61	70	0
2013	175	160	15	150	150	15	68	67	0

注：交易所合计会员数量中存在冻结会员账户。

数据来源：上海期货交易所、郑州商品交易所、大连商品交易所、中国金融期货交易所

Source: SHFE、ZCE、DCE、CFFEX

5-4 期货交易概况

Overview of Futures Trading

年份 Year	成交金额(亿元) Trading Turnover (100 million yuan)			成交量(万手) Trading Volume (10 thousand lots)			持仓金额(亿元) Value of Positions (100 million yuan)		
	合 计 Total	商品期货 Commodity Futures	金融期货 Financial Futures	合 计 Total	商品期货 Commodity Futures	金融期货 Financial Futures	合 计 Total	商品期货 Commodity Futures	金融期货 Financial Futures
2000	8041.14	8041.14	-	2730.54	2730.54	-	145.57	145.57	-
2001	15071.76	15071.76	-	6022.54	6022.54	-	175.75	175.75	-
2002	19745.30	19745.30	-	6971.50	6971.50	-	277.43	277.43	-
2003	54194.67	54194.67	-	13993.32	13993.32	-	423.66	423.66	-
2004	73465.27	73465.27	-	15283.27	15283.27	-	388.77	388.77	-
2005	67224.19	67224.19	-	16142.38	16142.38	-	350.71	350.71	-
2006	105023.16	105023.16	-	22473.70	22473.70	-	564.05	564.05	-
2007	204861.23	204861.23	-	36421.34	36421.34	-	990.31	990.31	-
2008	359570.98	359570.98	-	68194.36	68194.36	-	740.90	740.90	-
2009	652553.80	652553.80	-	107871.49	107871.49	-	2775.49	2775.49	-
2010	1545583.54	1134883.54	410700.00	156676.46	152089.14	4587.32	3069.22	2812.04	257.18
2011	1375175.68	937475.68	437700.00	105408.87	100367.68	5041.19	2974.60	2629.90	344.70
2012	1711224.54	952824.54	758400.00	145046.24	134540.06	10506.18	3831.77	3279.94	554.07
2013	2674739.52	1264673.31	1410066.21	206177.33	186822.39	19354.93	6744.94	5867.87	877.07

5-4 续表 continued

年份 Year	持仓量(万手) Positions (10 thousand lots)			交割金额(亿元) Delivery Amount (100 million yuan)			交割量(万手) Delivery Quantity (10 thousand lots)		
	合 计 Total	商品期货 Commodity Futures	金融期货 Financial Futures	合 计 Total	商品期货 Commodity Futures	金融期货 Financial Futures	合 计 Total	商品期货 Commodity Futures	金融期货 Financial Futures
2000	111.67	111.67	-	65.16	65.16	-	8.40	8.40	-
2001	134.47	134.47	-	59.63	59.63	-	16.34	16.34	-
2002	101.58	101.58	-	100.99	100.99	-	23.32	23.32	-
2003	91.88	91.88	-	130.94	130.94	-	32.10	32.10	-
2004	106.95	106.95	-	183.21	183.21	-	32.70	32.70	-
2005	160.05	160.05	-	213.37	213.37	-	30.71	30.71	-
2006	345.31	345.31	-	225.47	225.47	-	30.66	30.66	-
2007	355.20	355.20	-	283.73	283.73	-	42.76	42.76	-
2008	162.55	162.55	-	339.26	339.26	-	54.94	54.94	-
2009	649.34	649.34	-	284.72	284.72	-	50.34	50.34	-
2010	580.46	577.65	2.81	586.49	516.89	69.60	74.04	73.25	0.79
2011	602.48	598.54	3.94	632.50	490.15	142.34	66.57	64.93	1.65
2012	754.30	746.64	7.66	695.48	528.04	167.44	61.30	58.96	2.34
2013	736.98	724.66	12.33	749.89	465.25	284.64	60.68	56.79	3.89

注：1.成交量、成交金额为单边数据。
　　2.交割量中包含期转现。

数据来源：上海期货交易所、郑州商品交易所、大连商品交易所、中国金融期货交易所

Source: SHFE、ZCE、DCE、CFFEX

5-5 期货品种交易情况

交易所 Exchanges	交易品种	Futures Products	成交金额(亿元) Trading Turnover (100 million yuan)		成交量(万手) Trading Volume (10 thousand lots)	
			2012	2013	2012	2013
上海期货交易所 SHFE	铜	Copper	163744.71	167323.62	5728.48	6429.59
	铝	Aluminum	3094.90	2407.32	394.27	330.56
	锌	Zinc	16131.88	9040.92	2110.09	1208.32
	铅	Lead	265.01	246.28	6.86	17.28
	黄金	Gold	20182.19	53545.31	591.67	2008.78
	白银	Silver	20654.30	115554.86	2126.50	17322.26
	螺纹钢	Steel Rebar	67385.62	109407.13	18056.25	29372.89
	线材	Steel Wire Rod	1.06	1.46	0.27	0.39
	燃料油	Fuel Oil	23.71	2.51	0.91	0.10
	石油沥青	Bitumen	-	1370.53	-	313.43
	天然橡胶	Natural Rubber	154493.48	145267.78	7517.63	7243.81
	合计	**Total**	**445976.86**	**604167.73**	**36532.94**	**64247.40**
郑州商品交易所 ZCE	硬白小麦	Hard White Wheat	21.77	-	10.03	-
	强麦(WS)	Strong Gluten Wheat	6529.79	262.29	2579.18	103.14
	强麦(WH)	Strong Gluten Wheat	5.44	1030.83	1.03	187.20
	普麦	Wheat	7.12	2.34	0.63	0.19
	棉花	Cotton	20927.96	7405.90	2101.64	745.21
	白糖	Sugar	84087.50	36305.77	14827.80	6978.81
	菜籽油(RO)	Rapeseed Oil	3185.29	421.76	624.65	84.96
	菜籽油(OI)	Rapeseed Oil	2.00	9130.06	0.20	1185.03
	早籼稻(ER)	Early Indica Rice	1043.28	95.80	383.70	35.75
	早籼稻(RI)	Early Indica Rice	0.72	258.48	0.13	51.55
	甲醇	Menthanol	5384.97	5551.76	379.74	349.76
	玻璃	Glass	4295.48	53390.93	1613.69	18610.49
	油菜籽	Rapeseed	72.30	633.59	13.71	117.27
	菜籽粕	Rapeseed Meal	99.96	39194.20	42.12	16010.04
	动力煤	Thermal coal	-	4951.12	-	435.72
	粳稻	Japonica Rice	-	24.82	-	4.05
	PTA	PTA	47972.94	30318.66	12124.56	7625.77
	合计	**Total**	**173636.51**	**188978.30**	**34702.82**	**52524.92**
大连商品交易所 DCE	玉米	Corn	9059.28	3174.63	3782.44	1331.36
	黄大豆1号	Soybean No.1	21451.64	5062.50	4547.54	1099.35
	黄大豆2号	Soybean No.2	4.95	3.06	1.04	0.72
	豆粕	Soybean Meal	115866.82	88418.63	32587.67	26535.76
	豆油	Soybean Oil	64307.45	72191.89	6885.86	9633.47
	棕榈油	RBD Palm Oil	32414.47	50846.34	4331.00	8249.52
	鸡蛋	Egg	-	798.38	-	195.13
	胶合板	Blockboard	-	1305.14	-	198.81
	纤维板	Fiberboard	-	874.01	-	237.48
	聚乙烯	LLDPE	36425.00	38648.32	7187.15	7214.21
	聚氯乙烯	PVC	2332.41	593.21	690.02	178.72
	焦炭	Coke	51348.71	184249.76	3291.59	11530.66
	焦煤	Coking Coal	-	23317.07	-	3425.96
	铁矿石	Iron Ore	-	2044.32	-	218.92
	合计	**Total**	**333211.18**	**471527.27**	**63304.30**	**70050.08**
中国金融期货交易所 CFFEX	指数期货	Index Futures	758400.00	1407002.33	10506.18	19322.05
	国债期货	Treasury Future	-	3063.89	-	32.88
	合计	**Total**	**758400.00**	**1410066.21**	**10506.18**	**19354.93**
全国期货市场		**Total**	**1711224.54**	**2674739.52**	**145046.24**	**206177.33**

注：1.成交量、成交金额为单边数据。
　　2.交割量中包含期转现。

数据来源：上海期货交易所、郑州商品交易所、大连商品交易所、中国金融期货交易所

Source: SHFE、ZCE、DCE、CFFEX

Statistics for Futures Transaction by Futures Products

持仓金额(亿元) Value of Positions (100 million yuan)		持仓量(万手) Positions (10 thousand lots)		交割金额(亿元) Delivery Amount (100 million yuan)		交割量(万手) Delivery Quantity (10 thousand lots)	
2012	2013	2012	2013	2012	2013	2012	2013
546.92	677.81	18.95	25.93	184.57	139.26	6.42	5.16
64.02	75.63	8.37	10.80	67.95	59.81	8.70	8.19
87.30	87.40	11.24	11.48	38.10	27.77	5.04	3.74
10.79	9.32	0.28	1.30	9.68	32.48	0.25	1.96
189.07	205.56	5.57	8.55	8.75	7.54	0.26	0.28
116.97	207.65	12.22	33.51	28.65	42.48	2.80	5.78
232.51	363.10	58.78	101.02	7.20	7.22	1.86	2.00
0.00	0.00	0.00	0.00	0.00	0.00	0.00	0.00
0.13	0.04	0.01	0.00	1.41	0.18	0.05	0.01
-	9.53	-	2.21	-	0.00	-	0.00
231.94	266.23	8.79	14.60	14.50	29.22	0.91	1.46
1479.65	**1902.28**	**124.22**	**209.39**	**360.81**	**345.95**	**26.29**	**28.58**
0.00	-	0.00	-	0.40	-	0.19	-
38.71	0.00	15.15	0.00	10.21	5.54	4.31	2.25
2.68	45.72	0.50	8.04	0.00	1.58	0.00	0.29
0.05	0.05	0.00	0.00	0.00	0.00	0.00	0.00
126.81	58.89	13.29	6.28	42.19	9.32	4.39	0.92
208.47	205.65	37.56	42.76	10.53	5.38	1.72	1.00
23.70	0.00	4.82	0.00	18.79	4.02	3.36	0.81
0.75	114.47	0.08	16.15	0.00	4.29	0.00	0.54
9.35	0.00	3.44	0.00	0.81	0.56	0.32	0.22
0.37	7.50	0.07	1.63	0.00	0.60	0.00	0.12
10.06	32.67	0.74	2.17	2.33	2.88	0.16	0.21
26.66	40.24	9.70	15.33	0.00	0.78	0.00	0.30
2.39	0.01	0.45	0.00	0.00	1.18	0.00	0.22
10.80	195.31	4.71	75.91	0.00	0.93	0.00	0.34
-	37.88	-	3.36	-	0.18	-	0.02
-	0.96	-	0.16	-	0.00	-	0.00
101.05	104.71	23.71	28.08	23.82	24.39	5.56	6.27
561.86	**844.06**	**114.22**	**199.87**	**109.08**	**61.62**	**20.00**	**13.50**
108.11	111.98	22.12	23.89	7.70	18.24	3.17	7.57
203.92	88.88	21.47	10.29	12.06	2.85	2.82	0.61
0.04	0.08	0.00	0.01	0.07	0.00	0.02	0.00
537.49	905.10	81.34	137.11	0.47	5.42	0.11	1.39
644.10	773.44	37.13	56.22	13.82	5.94	1.49	0.83
546.61	345.95	38.82	28.61	4.97	9.10	0.64	1.60
-	32.38	-	3.99	-	-	-	-
-	36.85	-	3.00	-	-	-	-
-	17.89	-	2.55	-	-	-	-
157.48	170.55	14.57	15.31	10.51	11.37	2.20	1.92
26.68	10.42	4.03	1.62	6.99	1.73	2.14	0.54
252.45	323.88	7.05	11.01	1.49	2.41	0.09	0.16
-	186.71	-	15.31	-	0.60	-	0.10
-	117.42	-	6.49	-	0.00	-	0.00
2476.87	**3121.53**	**226.53**	**315.39**	**58.09**	**57.67**	**12.67**	**14.72**
554.07	843.71	7.66	11.95	167.44	280.55	2.34	3.84
-	33.36	-	0.37	-	4.09	-	0.05
554.07	**877.07**	**7.66**	**12.33**	**167.44**	**284.64**	**2.34**	**3.89**
5072.45	**6744.93**	**472.63**	**736.98**	**695.42**	**749.89**	**61.30**	**60.68**

5-6 按监管辖区划分的商品期货交易情况
Statistics for Futures Transaction by Regulatory Jurisdiction

辖 区	Jurisdiction	成交金额(亿元) Trading Turnover (100 million yuan)		成交量(万手) Trading Volume (10 thousand lots)		持仓金额(亿元) Value of Positions (100 million yuan)	
		2012	2013	2012	2013	2012	2013
北 京	Beijing	290941.42	404059.13	42325.91	38283.61	1373.32	1778.99
天 津	Tianjin	18183.45	15552.46	2379.84	3500.80	82.88	138.59
河 北	Hebei	1483.83	2137.99	249.84	360.26	8.47	6.47
山 西	Shanxi	30935.78	34018.72	4859.61	3674.02	52.79	63.17
内蒙古	Inner Mongolia	110.98	143.20	24.77	41.73	0.07	0.60
辽 宁	Liaoning	42600.09	52431.81	7068.17	7715.59	130.65	93.42
吉 林	Jilin	34634.54	23096.77	2913.08	2487.78	45.92	65.54
黑龙江	Heilongjiang	4390.73	1738.16	831.25	234.57	9.16	7.72
上 海	Shanghai	367042.29	576597.07	48661.98	55450.82	1461.59	1907.49
江 苏	Jiangsu	137555.48	127483.98	20765.44	22274.20	293.69	459.58
浙 江	Zhejiang	254637.94	315744.48	36830.95	47818.41	895.04	1188.54
安 徽	Anhui	112862.36	65653.52	17785.33	21170.83	118.65	178.22
福 建	Fujian	45240.48	10127.75	6802.29	5937.32	145.15	125.89
江 西	Jiangxi	6763.48	9035.03	1063.71	967.95	29.80	38.54
山 东	Shandong	37476.09	48164.52	5698.43	7535.10	124.57	151.93
河 南	Henan	49174.68	64076.78	8605.06	13013.00	231.24	140.79
湖 北	Hubei	37309.49	48686.90	5448.15	7420.09	96.41	111.19
湖 南	Hunan	39129.33	44062.21	5053.74	6616.69	103.36	84.36
广 东	Guangdong	279865.86	141432.27	37177.64	42340.66	1001.87	804.10
广 西	Guangxi	0.00	0.00	0.00	0.00	0.00	0.00
海 南	Hainan	18919.52	35700.37	2830.85	3214.84	45.13	63.95
重 庆	Chongqing	20656.71	14556.11	2999.19	3754.44	43.19	65.45
四 川	Sichuan	41445.51	60064.82	4208.49	8322.17	87.21	149.85
贵 州	Guizhou	0.00	0.00	0.00	0.00	0.00	0.00
云 南	Yunnan	10183.94	11132.14	1499.84	1613.34	38.48	55.07
西 藏	Tibet	0.00	0.00	0.00	0.00	0.00	0.00
陕 西	Shaanxi	17670.08	12884.43	2162.64	2518.44	81.15	81.41
甘 肃	Gansu	1514.51	1855.95	119.83	210.62	22.52	23.30
青 海	Qinghai	321.16	482.87	43.67	88.26	22.87	31.79
宁 夏	Ningxia	15.72	32.04	2.00	4.33	0.00	0.00
新 疆	Xinjiang	4586.17	6216.50	668.71	590.71	9.76	17.36
深 圳	Shenzhen	126554.46	110689.71	13709.11	19433.05	485.77	711.48
大 连	Dalian	23824.29	51681.76	3782.83	2054.00	82.09	93.38
宁 波	Ningbo	4679.81	1989.40	800.39	310.48	24.29	13.83
厦 门	Xiamen	31865.96	32501.29	4172.33	4333.88	88.29	150.54
青 岛	Qingdao	0.00	0.00	0.00	0.00	0.00	0.00
合 计	**Total**	**2092576.11**	**2324030.13**	**291545.08**	**333291.99**	**7235.39**	**8802.55**

5-6 续表 continued

辖 区	Jurisdiction	持仓量(万手) Positions (10 thousand lots)		交割金额(亿元) Delivery Amount (100 million yuan)		交割量(万手) Delivery Quantity (10 thousand lots)	
		2012	2013	2012	2013	2012	2013
北 京	Beijing	186.96	290.80	235.26	207.72	29.56	29.77
天 津	Tianjin	11.45	21.87	10.13	10.23	0.99	1.96
河 北	Hebei	1.51	1.23	0.32	0.00	0.13	0.00
山 西	Shanxi	7.53	9.48	13.04	19.22	0.54	1.26
内蒙古	Inner Mongolia	0.02	0.16	0.00	0.00	0.00	0.00
辽 宁	Liaoning	23.21	19.50	5.58	3.53	2.21	1.11
吉 林	Jilin	7.20	12.68	6.83	6.18	1.16	1.42
黑龙江	Heilongjiang	2.19	1.37	0.23	0.00	0.02	0.00
上 海	Shanghai	201.27	328.46	228.95	215.39	26.34	30.11
江 苏	Jiangsu	48.77	89.47	32.33	18.88	5.62	4.13
浙 江	Zhejiang	141.30	124.72	92.49	72.62	15.14	13.60
安 徽	Anhui	18.14	33.85	12.35	6.77	1.88	1.30
福 建	Fujian	17.90	26.10	27.44	-8.98	2.88	0.45
江 西	Jiangxi	4.91	6.59	0.30	1.02	0.12	0.22
山 东	Shandong	18.58	23.47	19.62	22.11	2.05	2.01
河 南	Henan	40.39	52.26	42.53	22.58	6.27	3.69
湖 北	Hubei	14.78	25.01	8.16	7.52	0.93	1.16
湖 南	Hunan	12.88	14.22	7.41	3.13	0.58	0.52
广 东	Guangdong	125.49	148.76	206.19	96.42	16.37	7.21
广 西	Guangxi	0.00	0.00	0.00	0.00	0.00	0.00
海 南	Hainan	11.90	9.22	3.78	2.69	0.17	0.74
重 庆	Chongqing	6.14	10.27	12.40	11.84	1.42	1.59
四 川	Sichuan	11.17	26.09	5.16	5.74	0.47	0.70
贵 州	Guizhou	0.00	0.00	0.00	0.48	0.00	0.09
云 南	Yunnan	5.82	7.08	9.25	5.25	0.57	0.86
西 藏	Tibet	0.00	0.00	0.00	0.00	0.00	0.00
陕 西	Shaanxi	6.48	10.20	12.53	16.08	0.77	1.61
甘 肃	Gansu	1.01	2.03	65.15	25.98	2.25	0.96
青 海	Qinghai	1.31	5.83	0.00	0.00	0.00	0.00
宁 夏	Ningxia	0.00	0.00	0.00	0.00	0.00	0.00
新 疆	Xinjiang	1.59	2.51	2.21	0.55	0.29	0.05
深 圳	Shenzhen	48.29	88.92	168.41	132.63	10.83	8.84
大 连	Dalian	13.67	5.61	2.48	0.67	0.98	0.15
宁 波	Ningbo	1.92	1.01	2.82	2.78	0.20	0.27
厦 门	Xiamen	8.57	21.29	13.94	26.54	1.32	1.76
青 岛	Qingdao	0.00	0.00	0.00	0.00	0.00	0.00
合 计	**Total**	**1002.38**	**1420.06**	**1247.31**	**935.58**	**132.06**	**117.54**

注：1.成交量、成交金额为双边数据。
　　2.期货公司按总部注册地所属的监管辖区来划分。
　　3.交割量中包含期转现。
数据来源：上海期货交易所、郑州商品交易所、大连商品交易所
Source：SHFE、ZCE、DCE

5-7 2013年农产品期货交易情况
Futures Trading of Agricultural Products in 2013

交易品种 Futures Products	上市交易所 Futures Exchange	合约 Contracts	年开盘价(元/吨) Opening Price of the Year (yuan/ton)	年最高价(元/吨) Highest Price of the Year (yuan/ton)	最高价日 Highest Day	年最低价(元/吨) Lowest Price of the Year (yuan/ton)	最低价日 Lowest Day	成交金额(万元) Trading Turnover (10 thousand yuan)	交易天数(天) Trading Days (day)	日均成交金额(万元) Daily Trading Turnover (10 thousand yuan)
玉米 Corn	DCE	c1301	2351	2351	2013/01/04	2309	2013/01/07	20995.7	10	2099.6
	DCE	c1303	2361	2434	2013/01/09	2349	2013/01/17	8021.1	45	178.2
	DCE	c1305	2433	2465	2013/01/09	2214	2013/05/06	4533735.3	84	53973.0
	DCE	c1307	2447	2476	2013/01/09	2272	2013/06/27	13638.5	123	110.9
	DCE	c1309	2495	2508	2013/01/09	2362	2013/04/24	28021129.7	168	166792.4
	DCE	c1311	2467	2477	2013/01/10	2125	2013/11/01	14058.5	205	68.6
	DCE	c1401	2380	2403	2013/02/04	2100	2013/12/30	16290472.5	228	71449.4
	DCE	c1403	2388	2399	2013/03/21	2176	2013/12/31	10317.2	193	53.5
	DCE	c1405	2395	2423	2013/07/05	2296	2013/08/12	13111579.1	154	85140.1
	DCE	c1407	2390	2452	2013/07/15	2275	2013/12/04	2578.3	115	22.4
	DCE	c1409	2321	2388	2013/11/22	2317	2013/10/09	1465764.8	70	20939.5
	DCE	c1411	2345	2384	2013/11/26	2328	2013/12/25	391.4	33	11.9
黄大豆1号 Soybean No.1	DCE	a1301	4590	4646	2013/01/08	4590	2013/01/04	8426.5	10	842.6
	DCE	a1303	4731	5193	2013/03/12	4686	2013/01/04	3571.6	45	79.4
	DCE	a1305	4720	5064	2013/04/09	4682	2013/01/04	8231097.5	84	97989.3
	DCE	a1307	4732	4981	2013/04/19	4606	2013/06/25	12240.2	123	99.5
	DCE	a1309	4739	4918	2013/02/22	4321	2013/08/30	32895309.8	168	195805.4
	DCE	a1311	4712	4839	2013/02/22	4320	2013/10/31	16961.3	205	82.7
	DCE	a1401	4740	4834	2013/01/21	4263	2013/07/31	39372114.6	238	165429.1
	DCE	a1403	4707	4878	2013/01/21	4219	2013/08/05	2794.3	238	11.7
	DCE	a1405	4812	4890	2013/01/21	4184	2013/07/31	16875387.8	238	70905.0
	DCE	a1407	4806	4955	2013/02/08	4262	2013/07/31	4766.6	228	20.9
	DCE	a1409	4701	4899	2013/03/26	4186	2013/08/09	3015103.0	193	15622.3
	DCE	a1411	4777	4777	2013/05/20	4206	2013/08/14	2198.5	154	14.3
	DCE	a1501	4682	4682	2013/07/16	4171	2013/12/31	799520.8	115	6952.4
	DCE	a1503	4423	4457	2013/10/14	4231	2013/12/30	1493.9	70	21.3
	DCE	a1505	4390	4450	2013/11/15	4209	2013/12/30	8937.0	33	270.8
黄大豆2号 Soybean No.2	DCE	b1301	-	-	-	-	-	-	-	-
	DCE	b1303	4849	4900	2013/01/04	4500	2013/02/26	74.6	45	1.7
	DCE	b1305	4691	4725	2013/01/04	4350	2013/04/24	4283.9	84	51.0
	DCE	b1307	4466	4820	2013/01/23	4151	2013/05/07	426.0	123	3.5
	DCE	b1309	4700	4866	2013/02/22	3891	2013/04/26	23583.9	168	140.4
	DCE	b1311	4700	4873	2013/02/05	3902	2013/09/18	990.4	205	4.8
	DCE	b1401	4800	4800	2013/01/23	3875	2013/07/26	18388.0	228	80.6
	DCE	b1403	4700	4700	2013/03/20	3833	2013/07/26	2476.1	193	12.8
	DCE	b1405	4029	4294	2013/07/05	3907	2013/07/26	6081.6	154	39.5
	DCE	b1407	4280	4280	2013/08/15	3780	2013/12/03	4019.1	115	34.9
	DCE	b1409	3960	4147	2013/11/05	3960	2013/09/16	258.1	70	3.7
	DCE	b1411	4000	4100	2013/12/11	3850	2013/12/11	647.5	33	19.6

5-7 续表 1 continued

交易品种 Futures Products	上市交易所 Futures Exchange	合约 Contracts	年开盘价(元/吨) Opening Price of the Year (yuan/ton)	年最高价(元/吨) Highest Price of the Year (yuan/ton)	最高价日 Highest Day	年最低价(元/吨) Lowest Price of the Year (yuan/ton)	最低价日 Lowest Day	成交金额(万元) Trading Turnover (10 thousand yuan)	交易天数(天) Trading Days (day)	日均成交金额(万元) Daily Trading Turnover (10 thousand yuan)
豆粕 Soybean Meal	DCE	m1301	3850	3850	2013/01/04	3620	2013/01/09	100002.4	10	10000.2
	DCE	m1303	3526	4148	2013/03/01	3463	2013/01/04	13598.8	45	302.2
	DCE	m1305	3240	3849	2013/05/13	3206	2013/01/07	155843210.3	84	1855276.3
	DCE	m1307	3207	3922	2013/07/11	3186	2013/01/07	99766.2	123	811.1
	DCE	m1308	3444	3860	2013/07/19	3180	2013/01/07	44009.8	146	301.4
	DCE	m1309	3194	4190	2013/09/13	3051	2013/04/08	570740474.5	168	3397264.7
	DCE	m1311	3209	4065	2013/10/10	3031	2013/04/24	161566.2	205	788.1
	DCE	m1312	3200	4130	2013/12/03	2967	2013/04/16	71976.3	226	318.5
	DCE	m1401	3190	3787	2013/12/18	2928	2013/04/24	685889680.8	228	3008288.1
	DCE	m1403	3223	3651	2013/12/18	2950	2013/04/24	91103.5	193	472.0
	DCE	m1405	2923	3434	2013/12/30	2908	2013/05/16	289366315.7	154	1879002.0
	DCE	m1407	3088	3384	2013/08/27	2972	2013/08/07	181720.9	115	1580.2
	DCE	m1408	3064	3365	2013/09/03	3064	2013/08/15	94530.3	92	1027.5
	DCE	m1409	3208	3265	2013/12/30	3056	2013/09/30	65451052.4	70	935015.0
	DCE	m1411	3138	3244	2013/12/04	3095	2013/11/20	194710.2	33	5900.3
	DCE	m1412	3145	3207	2013/12/30	3132	2013/12/16	28817.7	12	2401.5
豆油 Soybean Oil	DCE	y1301	9090	9090	2013/01/04	8230	2013/01/10	2130.2	10	213.0
	DCE	y1303	8668	8704	2013/02/25	7872	2013/03/01	2141.7	45	47.6
	DCE	y1305	8698	8798	2013/02/04	6954	2013/05/02	52074454.1	84	619934.0
	DCE	y1307	8738	8838	2013/02/04	6748	2013/07/05	4431.1	123	36.0
	DCE	y1308	8766	8950	2013/01/23	6268	2013/08/02	12624.4	146	86.5
	DCE	y1309	8680	8932	2013/02/04	6760	2013/07/31	527479355.9	168	3139758.1
	DCE	y1311	8834	8940	2013/02/04	6450	2013/10/31	33720.2	205	164.5
	DCE	y1312	8720	8992	2013/02/04	6728	2013/11/29	19017.2	226	84.1
	DCE	y1401	8760	8998	2013/02/04	6710	2013/12/31	491804681.0	228	2157038.1
	DCE	y1403	8268	8368	2013/04/09	6846	2013/12/30	36263.1	193	187.9
	DCE	y1405	7686	7874	2013/05/23	6842	2013/12/27	350294345.1	154	2274638.6
	DCE	y1407	7444	7444	2013/07/23	6888	2013/12/25	3914.6	115	34.0
	DCE	y1408	7426	7534	2013/08/26	6898	2013/12/31	2870.6	92	31.2
	DCE	y1409	7154	7402	2013/11/22	6888	2013/12/27	22066897.3	70	315241.4
	DCE	y1411	7230	7358	2013/12/02	6990	2013/12/27	863.1	33	26.2
	DCE	y1412	7154	7154	2013/12/16	6982	2013/12/31	112.7	12	9.4
棕榈油 RBD Palm Oil	DCE	p1301	6348	6360	2013/01/07	5988	2013/01/04	71299.0	10	7129.9
	DCE	p1302	6340	6506	2013/01/24	5902	2013/01/31	4521.6	30	150.7
	DCE	p1303	6620	6884	2013/01/07	5710	2013/03/08	10175.0	45	226.1
	DCE	p1304	6798	6894	2013/01/04	5514	2013/04/10	10016.3	66	151.8
	DCE	p1305	6940	7038	2013/01/04	5302	2013/05/02	70858003.4	84	843547.7
	DCE	p1306	7350	7380	2013/01/07	5406	2013/05/02	77897.8	106	734.9
	DCE	p1307	7166	7252	2013/01/04	5482	2013/06/28	4561.8	123	37.1
	DCE	p1308	7096	7296	2013/01/04	5300	2013/07/26	14133.5	146	96.8
	DCE	p1309	7236	7344	2013/01/04	5278	2013/07/30	343358781.9	168	2043802.3
	DCE	p1310	7152	7286	2013/02/04	5022	2013/09/30	88733.8	187	474.5
	DCE	p1311	7242	7356	2013/02/01	5360	2013/09/27	41458.0	205	202.2
	DCE	p1312	7190	7312	2013/02/04	5394	2013/09/24	23548.5	226	104.2

5-7 续表 2 continued

交易品种 Futures Products	上市交易所 Futures Exchange	合约 Contracts	年开盘价(元/吨) Opening Price of the Year (yuan/ton)	年最高价(元/吨) Highest Price of the Year (yuan/ton)	最高价日 Highest Day	年最低价(元/吨) Lowest Price of the Year (yuan/ton)	最低价日 Lowest Day	成交金额(万元) Trading Turnover (10 thousand yuan)	交易天数(天) Trading Days (day)	日均成交金额(万元) Daily Trading Turnover (10 thousand yuan)
	DCE	p1401	6880	7422	2013/01/31	5306	2013/07/30	291843899.7	228	1280017.1
	DCE	p1402	6910	6910	2013/02/28	5286	2013/08/13	9629.9	208	46.3
	DCE	p1403	6440	6440	2013/03/18	5506	2013/08/08	2749.1	193	14.2
	DCE	p1404	6156	6476	2013/11/25	5476	2013/08/08	18684.6	172	108.6
	DCE	p1405	6246	6494	2013/11/25	5482	2013/08/08	293966795.0	154	1908875.3
棕榈油	DCE	p1406	6166	6524	2013/11/22	5512	2013/08/12	13300.4	132	100.8
RBD	DCE	p1407	6016	6484	2013/11/21	5460	2013/08/09	885.2	115	7.7
Palm Oil	DCE	p1408	5838	6498	2013/11/22	5838	2013/08/16	2021.2	92	22.0
	DCE	p1409	5900	6544	2013/11/25	5654	2013/09/23	16495792.5	70	235654.2
	DCE	p1410	6078	6480	2013/11/22	6068	2013/12/23	9845.3	51	193.0
	DCE	p1411	6234	6548	2013/11/25	6234	2013/11/20	50.9	33	1.5
	DCE	p1412	6208	6208	2013/12/20	6090	2013/12/24	73.7	12	6.1
强麦(WS)	ZCE	WS301	2467	2510	2013/01/08	2442	2013/01/23	19860.9	14	1418.6
Strong	ZCE	WS303	2513	2585	2013/01/08	2398	2013/02/18	6667.8	50	133.4
Gluten Wheat	ZCE	WS305	2567	2622	2013/01/08	2411	2013/04/26	2596337.9	90	28848.2
	ZCE	WH307	2612	2701	2013/06/21	2475	2013/05/02	12870.5	123	104.6
	ZCE	WH309	2680	2798	2013/09/09	2506	2013/04/16	2113645.0	168	12581.2
强麦(WH)	ZCE	WH311	2727	2836	2013/09/24	2532	2013/04/15	15161.2	205	74.0
Strong	ZCE	WH401	2728	2905	2013/12/25	2558	2013/04/16	5296127.2	224	23643.4
Gluten	ZCE	WH403	2668	2902	2013/12/02	2591	2013/04/16	472.0	188	2.5
Wheat	ZCE	WH405	2683	2900	2013/12/13	2665	2013/05/24	2739366.0	148	18509.2
	ZCE	WH407	2844	2858	2013/10/23	2732	2013/08/29	667.3	115	5.8
	ZCE	WH409	2802	2839	2013/10/10	2736	2013/09/17	129903.1	70	1855.8
	ZCE	WH411	2769	2833	2013/11/18	2746	2013/12/31	117.0	33	3.5
	ZCE	PM301	2520	2520	2013/01/04	2322	2013/01/10	48.4	10	4.8
	ZCE	PM303	2323	2510	2013/01/24	2323	2013/01/23	313.6	45	7.0
	ZCE	PM305	2475	2539	2013/01/14	2238	2013/04/22	1917.0	84	22.8
	ZCE	PM307	2435	2475	2013/01/18	2278	2013/05/24	2299.8	123	18.7
	ZCE	PM309	2471	2547	2013/02/05	2287	2013/04/26	7163.5	168	42.6
普麦	ZCE	PM311	2363	2734	2013/10/08	2363	2013/01/08	1578.9	205	7.7
Wheat	ZCE	PM401	2513	2636	2013/10/23	2395	2013/06/04	5968.1	228	26.2
	ZCE	PM403	2451	2670	2013/12/06	2423	2013/06/17	661.0	193	3.4
	ZCE	PM405	2451	2649	2013/12/02	2425	2013/06/05	2426.0	154	15.8
	ZCE	PM407	2680	2680	2013/12/06	2610	2013/12/06	26.5	115	0.2
	ZCE	PM409	2595	2663	2013/10/14	2444	2013/09/26	996.3	70	14.2
	ZCE	PM411	2576	2625	2013/11/18	2576	2013/11/15	26.0	33	0.8

5-7 续表 3 continued

交易品种 Futures Products	上市交易所 Futures Exchange	合约 Contracts	年开盘价(元/吨) Opening Price of the Year (yuan/ton)	年最高价(元/吨) Highest Price of the Year (yuan/ton)	最高价日 Highest Day	年最低价(元/吨) Lowest Price of the Year (yuan/ton)	最低价日 Lowest Day	成交金额(万元) Trading Turnover (10 thousand yuan)	交易天数(天) Trading Days (day)	日均成交金额(万元) Daily Trading Turnover (10 thousand yuan)
	ZCE	CF301	19900	20100	2013/01/04	19400	2013/01/17	68934.4	10	6893.4
	ZCE	CF303	19680	20320	2013/01/30	19080	2013/02/28	95162.0	45	2114.7
	ZCE	CF305	18940	21855	2013/05/10	18910	2013/01/04	9754333.9	84	116123.0
	ZCE	CF307	19085	20495	2013/04/11	19020	2013/01/04	71878.9	123	584.4
	ZCE	CF309	19125	21650	2013/08/15	19040	2013/01/04	45126286.4	168	268608.8
棉花	ZCE	CF311	19300	20665	2013/08/16	19275	2013/01/11	192114.4	205	937.1
Cotton	ZCE	CF401	19410	20510	2013/08/26	18650	2013/12/30	11157908.4	228	48938.2
	ZCE	CF403	20005	20250	2013/08/15	18840	2013/12/20	20934.8	193	108.5
	ZCE	CF405	19910	19910	2013/05/16	18265	2013/07/29	6710357.0	154	43573.7
	ZCE	CF407	19010	19100	2013/07/23	18200	2013/07/29	22708.0	115	197.5
	ZCE	CF409	18500	18850	2013/12/27	17865	2013/11/25	642556.0	70	9179.4
	ZCE	CF411	18000	18000	2013/11/15	16910	2013/11/18	195794.9	33	5933.2
	ZCE	SR301	5620	5721	2013/01/08	5600	2013/01/16	13537.9	10	1353.8
	ZCE	SR303	5619	5725	2013/01/08	5350	2013/01/28	8235.1	45	183.0
	ZCE	SR305	5542	5715	2013/01/08	5296	2013/02/07	25202938.7	84	300035.0
	ZCE	SR307	5545	5705	2013/01/08	5203	2013/06/26	21046.8	123	171.1
	ZCE	SR309	5549	5702	2013/01/07	5037	2013/05/30	163667770.1	168	974212.9
	ZCE	SR311	5602	5691	2013/01/08	5021	2013/06/27	83998.4	205	409.7
白糖	ZCE	SR401	5595	5715	2013/01/08	4792	2013/07/17	123165778.9	238	517503.3
	ZCE	SR403	5583	5723	2013/01/08	4791	2013/07/17	11033.2	238	46.4
Sugar	ZCE	SR405	5575	5719	2013/01/08	4745	2013/07/17	46275782.3	238	194436.1
	ZCE	SR407	5760	5760	2013/01/18	4786	2013/07/16	14127.2	228	62.0
	ZCE	SR409	5551	5801	2013/03/18	4778	2013/07/17	4029016.8	193	20875.7
	ZCE	SR411	5135	5272	2013/10/22	4798	2013/07/17	3623.0	154	23.5
	ZCE	SR501	4820	5321	2013/11/05	4800	2013/07/17	542502.0	115	4717.4
	ZCE	SR503	5020	5342	2013/10/31	4895	2013/12/30	561.5	70	8.0
	ZCE	SR505	5276	5276	2013/11/15	4906	2013/12/31	17777.3	33	538.7
菜籽油(RO)	ZCE	RO301	9880	10000	2013/01/04	9800	2013/01/04	2870.5	10	287.0
Rapeseed	ZCE	RO303	10154	10318	2013/01/10	9210	2013/02/27	915.3	45	20.3
Oil	ZCE	RO305	9788	10134	2013/01/15	9556	2013/04/12	4213780.3	84	50164.1
	ZCE	OI307	9900	10268	2013/04/15	9292	2013/06/17	1542.9	123	12.5
	ZCE	OI309	9930	10160	2013/01/07	7728	2013/09/02	7908378.0	168	47073.7
	ZCE	OI311	9264	10084	2013/05/03	7460	2013/09/26	532.6	205	2.6
菜籽油(OI)	ZCE	OI401	9986	10000	2013/01/22	6958	2013/12/31	34297008.0	228	150425.5
Rapeseed	ZCE	OI403	9350	9950	2013/03/29	7026	2013/12/30	4890.6	193	25.3
Oil	ZCE	OI405	9288	9298	2013/05/16	7032	2013/12/31	48035886.1	154	311921.3
	ZCE	OI407	8112	8158	2013/07/22	7110	2013/12/26	711.9	115	6.2
	ZCE	OI409	7564	7746	2013/11/15	7080	2013/12/31	1051330.0	70	15019.0
	ZCE	OI411	7720	7792	2013/11/15	7118	2013/12/31	349.6	33	10.6
早籼稻(ER)	ZCE	ER301	2551	2614	2013/01/18	2551	2013/01/17	38.6	14	2.8
Early	ZCE	ER303	2679	2700	2013/01/18	2611	2013/01/15	216.0	50	4.3
Indica Rice	ZCE	ER305	2700	2755	2013/01/18	2300	2013/05/02	957702.9	90	10641.1

5-7 续表 4 continued

交易品种 Futures Products	上市交易所 Futures Exchange	合约 Contracts	年开盘价(元/吨) Opening Price of the Year (yuan/ton)	年最高价(元/吨) Highest Price of the Year (yuan/ton)	最高价日 Highest Day	年最低价(元/吨) Lowest Price of the Year (yuan/ton)	最低价日 Lowest Day	成交金额(万元) Trading Turnover (10 thousand yuan)	交易天数(天) Trading Days (day)	日均成交金额(万元) Daily Trading Turnover (10 thousand yuan)
早籼稻(RI) Early Indica Rice	ZCE	RI307	2721	2806	2013/01/21	2346	2013/06/13	792.5	123	6.4
	ZCE	RI309	2774	2808	2013/02/08	2401	2013/08/28	416828.6	168	2481.1
	ZCE	RI311	2761	2887	2013/01/21	2413	2013/08/30	2558.7	205	12.5
	ZCE	RI401	2801	2862	2013/02/21	2204	2013/12/31	1345968.1	224	6008.8
	ZCE	RI403	2792	2881	2013/03/22	2351	2013/12/12	3260.6	188	17.3
	ZCE	RI405	2663	2720	2013/05/24	2298	2013/12/31	813296.5	148	5495.2
	ZCE	RI407	2562	2578	2013/07/31	2346	2013/12/26	387.4	115	3.4
	ZCE	RI409	2512	2570	2013/10/24	2431	2013/12/31	1632.5	70	23.3
	ZCE	RI411	2606	2606	2013/11/15	2486	2013/12/11	56.2	33	1.7
油菜籽 Rapeseed	ZCE	RS307	5312	5561	2013/01/15	5095	2013/04/18	3382.8	123	27.5
	ZCE	RS308	5369	5575	2013/05/17	5060	2013/03/29	1027.7	146	7.0
	ZCE	RS309	5273	5551	2013/01/15	4969	2013/08/21	6308776.0	168	37552.2
	ZCE	RS311	5275	5441	2013/01/07	4982	2013/08/07	20407.8	205	99.6
	ZCE	RS407	5425	5425	2013/07/18	4759	2013/08/09	427.3	115	3.7
	ZCE	RS408	4808	5290	2013/08/19	4808	2013/08/19	91.4	92	1.0
	ZCE	RS409	5257	5257	2013/09/16	4885	2013/12/31	1694.9	70	24.2
	ZCE	RS411	4897	4989	2013/12/31	4870	2013/12/31	49.2	33	1.5
菜籽粕 Rapeseed Meal	ZCE	RM305	2322	2795	2013/04/02	2316	2013/01/04	25699686.7	84	305948.7
	ZCE	RM307	2314	3049	2013/06/28	2306	2013/01/04	3240.3	123	26.3
	ZCE	RM308	2396	3198	2013/07/31	2347	2013/04/03	6252.2	146	42.8
	ZCE	RM309	2281	3270	2013/09/02	2277	2013/01/04	78745134.7	168	468721.0
	ZCE	RM311	2163	2968	2013/09/25	2151	2013/01/04	22985283.9	205	112123.3
	ZCE	RM401	2386	2744	2013/12/31	2103	2013/05/02	155288821.4	228	681091.3
	ZCE	RM403	2410	2682	2013/12/31	2135	2013/04/25	55177.5	193	285.9
	ZCE	RM405	2165	2645	2013/12/30	2156	2013/05/16	96915208.2	154	629319.5
	ZCE	RM407	2332	2601	2013/12/30	2215	2013/07/31	41799.9	115	363.5
	ZCE	RM408	2361	2574	2013/12/31	2360	2013/08/15	12753.9	92	138.6
	ZCE	RM409	2456	2535	2013/12/30	2327	2013/10/29	11495725.0	70	164224.6
	ZCE	RM411	2228	2387	2013/12/30	2212	2013/11/22	692880.0	33	20996.4
粳稻 Japonica Rice	ZCE	JR403	3051	3294	2013/11/18	3029	2013/11/18	5176.0	32	161.8
	ZCE	JR405	3060	3128	2013/11/27	3006	2013/12/10	226844.0	32	7088.9
	ZCE	JR407	3040	3124	2013/11/29	3026	2013/12/26	696.1	32	21.8
	ZCE	JR409	3090	3112	2013/11/27	3054	2013/12/11	15092.2	32	471.6
	ZCE	JR411	3085	3091	2013/11/19	2977	2013/12/10	433.5	32	13.5
天然橡胶 Natural Rubber	SHFE	ru1301	26245	26245	2013/01/04	25195	2013/01/15	28798.6	8	3599.8
	SHFE	ru1303	26135	26445	2013/02/06	22050	2013/03/14	324331.6	46	7050.7
	SHFE	ru1304	26520	26675	2013/02/04	19700	2013/04/15	66833.6	61	1095.6
	SHFE	ru1305	26530	27040	2013/02/06	17880	2013/04/23	93919865.3	84	1118093.6
	SHFE	ru1306	26785	26820	2013/02/05	17235	2013/06/13	141802.3	104	1363.5
	SHFE	ru1307	26635	27045	2013/02/05	15925	2013/07/10	131679.1	117	1125.5
	SHFE	ru1308	26820	27275	2013/02/06	16110	2013/07/10	349964.1	144	2430.3
	SHFE	ru1309	26725	27560	2013/02/05	16155	2013/07/10	470583642.8	169	2784518.6
	SHFE	ru1310	26630	27180	2013/02/06	16205	2013/07/10	261020.7	176	1483.1

5-7 续表 5 continued

交易品种 Futures Products	上市交易所 Futures Exchange	合约 Contracts	年开盘价(元/吨) Opening Price of the Year (yuan/ton)	年最高价(元/吨) Highest Price of the Year (yuan/ton)	最高价日 Highest Day	年最低价(元/吨) Lowest Price of the Year (yuan/ton)	最低价日 Lowest Day	成交金额(万元) Trading Turnover (10 thousand yuan)	交易天数(天) Trading Days (day)	日均成交金额(万元) Daily Trading Turnover (10 thousand yuan)
	SHFE	ru1311	26430	27020	2013/02/06	16300	2013/07/10	1000357.2	206	4856.1
	SHFE	ru1401	25470	27515	2013/02/06	16925	2013/07/10	617062180.9	229	2694594.7
	SHFE	ru1403	22795	23945	2013/03/21	17000	2013/07/10	77025.9	189	407.5
	SHFE	ru1404	19210	21650	2013/09/03	17500	2013/07/10	50206.3	163	308.0
天然橡胶	SHFE	ru1405	20295	21860	2013/09/03	17455	2013/07/10	255315062.5	153	1668725.9
Natural	SHFE	ru1406	19380	21840	2013/09/03	17600	2013/07/10	94383.9	121	780.0
Rubber	SHFE	ru1407	18515	21935	2013/09/03	17765	2013/07/31	14670.6	92	159.5
	SHFE	ru1408	19950	21900	2013/09/03	18200	2013/12/31	59361.4	80	742.0
	SHFE	ru1409	20535	21520	2013/10/16	18360	2013/12/31	13170840.2	69	190881.7
	SHFE	ru1410	20865	21600	2013/10/17	18330	2013/12/25	4578.2	38	120.5
	SHFE	ru1411	19220	20220	2013/12/12	18100	2013/12/31	21214.8	31	684.4
	DCE	jd1403	4010	4012	2013/11/08	3830	2013/12/20	169024.1	38	4448.0
	DCE	jd1404	3849	4155	2013/11/25	3849	2013/11/08	2012.5	38	53.0
鸡蛋	DCE	jd1405	4050	4196	2013/12/03	3932	2013/11/11	14605150.8	38	384346.1
(元/500千克)	DCE	jd1406	4150	4276	2013/12/11	4035	2013/11/11	2301.4	38	60.6
Egg	DCE	jd1409	4350	4500	2013/11/25	4237	2013/12/31	1185729.2	38	31203.4
	DCE	jd1410	4200	4436	2013/12/25	4109	2013/11/08	3311.9	38	87.2
	DCE	jd1411	4363	4363	2013/11/26	4205	2013/12/31	155.2	33	4.7
	DCE	jd1412	-	-	-	-	-	-	-	-
	DCE	bb1404	124.5	135.85	2013/12/12	117.25	2013/12/06	2673.9	18	148.6
	DCE	bb1405	126.05	138.05	2013/12/12	120.5	2013/12/30	26087523.2	18	1449306.8
	DCE	bb1406	127	138.55	2013/12/12	120.55	2013/12/30	2689.8	18	149.4
胶合板	DCE	bb1407	125	137.5	2013/12/12	122.6	2013/12/09	440.2	18	24.5
(元/张)	DCE	bb1408	-	-	-	-	-	-	-	-
Blockboard	DCE	bb1409	126	137.55	2013/12/12	122.85	2013/12/31	9450.1	18	525.0
	DCE	bb1410	133.7	134.2	2013/12/11	132.3	2013/12/10	40.0	18	2.2
	DCE	bb1411	133	134.15	2013/12/11	126.15	2013/12/30	52.2	18	2.9
	DCE	bb1412	-	-	-	-	-	-	-	-
	DCE	fb1404	75	76.3	2013/12/12	70.1	2013/12/30	1205.9	18	67.0
	DCE	fb1405	74.8	76.05	2013/12/09	69.35	2013/12/30	17469289.1	18	970516.1
	DCE	fb1406	76	76.9	2013/12/12	69.95	2013/12/31	1768.9	18	98.3
纤维板	DCE	fb1407	78	78	2013/12/06	72.6	2013/12/10	297.0	18	16.5
(元/张)	DCE	fb1408	74.4	76.25	2013/12/13	72.7	2013/12/18	170.8	18	9.5
Fiberboard	DCE	fb1409	74.3	76.25	2013/12/09	70.25	2013/12/30	7302.1	18	405.7
	DCE	fb1410	71.2	72.35	2013/12/30	70.5	2013/12/30	127.7	18	7.1
	DCE	fb1411	-	-	-	-	-	-	-	-
	DCE	fb1412	72.75	74.9	2013/12/25	72.75	2013/12/23	59.5	12	5.0

注：1.成交量、成交金额为单边数据。
　　2.年开盘价和年最高价以自然年为统计周期；若自然年首个交易日无交易，则使用第一个交易日的开盘价作为年开盘价。
数据来源：上海期货交易所、郑州商品交易所、大连商品交易所
Source：SHFE、ZCE、DCE

5-8 2013年金属期货交易情况
Futures Trading of Metal Products in 2013

交易品种 Futures Products	上市交易所 Futures Exchange	合约 Contracts	年开盘价(元/吨) Opening Price of the Year (yuan/ton)	年最高价(元/吨) Highest Price of the Year (yuan/ton)	最高价日 Highest Day	年最低价(元/吨) Lowest Price of the Year (yuan/ton)	最低价日 Lowest Day	成交金额(万元) Trading Turnover (10 thousand yuan)	交易天数(天) Trading Days (day)	日均成交金额(万元) Daily Trading Turnover (10 thousand yuan)
铜 Copper	SHFE	cu1301	58000	58200	2013/01/11	55400	2013/01/15	714769.7	8	89346.2
	SHFE	cu1302	58570	59500	2013/02/04	57270	2013/01/15	4064861.8	27	150550.4
	SHFE	cu1303	58500	59850	2013/02/04	56070	2013/03/04	9428915.0	46	204976.4
	SHFE	cu1304	58610	60000	2013/02/04	53570	2013/04/15	39968537.1	65	614900.6
	SHFE	cu1305	58640	60270	2013/02/04	49370	2013/04/23	62324656.2	84	741960.2
	SHFE	cu1306	58980	60400	2013/02/04	49070	2013/04/23	65459530.6	104	629418.6
	SHFE	cu1307	58730	60440	2013/02/04	48320	2013/06/25	97222022.2	124	784048.6
	SHFE	cu1308	58790	60510	2013/02/04	48020	2013/06/25	163551495.4	147	1112595.2
	SHFE	cu1309	58950	60620	2013/02/04	47860	2013/06/25	266975275.0	169	1579735.4
	SHFE	cu1310	58870	60670	2013/02/04	47560	2013/06/25	229244307.7	183	1252701.1
	SHFE	cu1311	58900	60750	2013/02/04	47470	2013/06/25	244489227.9	206	1186840.9
	SHFE	cu1312	59060	60890	2013/02/04	47460	2013/06/25	186321549.1	227	820799.8
	SHFE	cu1401	59000	60710	2013/02/04	47510	2013/06/25	139978527.6	226	619374.0
	SHFE	cu1402	59550	59550	2013/02/19	47580	2013/06/25	96584764.3	211	457747.7
	SHFE	cu1403	55570	56450	2013/03/25	47860	2013/06/25	53932930.7	189	285359.4
	SHFE	cu1404	52500	53810	2013/04/17	47930	2013/07/10	8856743.1	173	51195.1
	SHFE	cu1405	52650	53950	2013/08/26	47960	2013/07/10	2975616.3	152	19576.4
	SHFE	cu1406	51170	53530	2013/08/26	48030	2013/07/10	675986.8	134	5044.7
	SHFE	cu1407	49900	53520	2013/08/26	48780	2013/07/31	145934.7	111	1314.7
	SHFE	cu1408	53000	53650	2013/08/26	49820	2013/11/19	131986.0	91	1450.4
	SHFE	cu1409	51690	52980	2013/09/30	49210	2013/11/14	76334.4	68	1122.6
	SHFE	cu1410	52380	52790	2013/12/26	49900	2013/11/19	72208.7	55	1312.9
	SHFE	cu1411	50550	52800	2013/12/26	49690	2013/11/19	30137.3	32	941.8
	SHFE	cu1412	51710	52880	2013/12/26	51050	2013/12/19	9913.0	11	901.2
铝 Aluminum	SHFE	al1301	15210	15210	2013/01/04	14915	2013/01/15	140508.6	8	17563.6
	SHFE	al1302	15295	15310	2013/01/04	14770	2013/02/18	334008.3	27	12370.7
	SHFE	al1303	15395	15420	2013/01/04	14355	2013/03/04	945317.5	46	20550.4
	SHFE	al1304	15535	15535	2013/01/04	14430	2013/04/15	1277324.1	65	19651.1
	SHFE	al1305	15610	15610	2013/01/04	14025	2013/04/16	2227525.4	84	26518.2
	SHFE	al1306	15620	15690	2013/01/04	14220	2013/04/18	3001950.3	104	28864.9
	SHFE	al1307	15710	15710	2013/01/07	14200	2013/04/18	2042882.4	122	16744.9
	SHFE	al1308	15620	15735	2013/01/07	14150	2013/07/31	2047036.2	138	14833.6
	SHFE	al1309	15690	15750	2013/01/31	13800	2013/07/31	1704985.5	158	10791.1
	SHFE	al1310	15860	15860	2013/01/10	14120	2013/04/18	2058095.1	168	12250.6
	SHFE	al1311	15840	15905	2013/01/31	13610	2013/09/30	1680560.3	173	9714.2
	SHFE	al1312	15910	15920	2013/02/04	14005	2013/09/17	2011679.4	185	10873.9
	SHFE	al1401	16075	16095	2013/01/31	13985	2013/12/24	1704546.5	185	9213.8
	SHFE	al1402	15580	15580	2013/02/27	13820	2013/12/27	1148548.8	161	7133.8
	SHFE	al1403	15090	15260	2013/03/26	13875	2013/12/25	897992.6	140	6414.2
	SHFE	al1404	15120	15120	2013/04/17	13875	2013/12/25	464409.8	113	4109.8
	SHFE	al1405	14875	15155	2013/06/05	13880	2013/12/20	246357.3	117	2105.6
	SHFE	al1406	14575	14685	2013/07/09	13885	2013/12/20	96485.6	66	1461.9
	SHFE	al1407	14535	14535	2013/08/05	13890	2013/12/27	24146.7	53	455.6
	SHFE	al1408	14650	14720	2013/08/22	13905	2013/12/26	11544.4	38	303.8
	SHFE	al1409	14370	14440	2013/10/15	13930	2013/12/19	3487.4	26	134.1
	SHFE	al1410	14280	14540	2013/11/05	13930	2013/12/19	3048.8	19	160.5
	SHFE	al1411	14170	14215	2013/12/02	13970	2013/12/24	647.2	11	58.8
	SHFE	al1412	14100	14100	2013/12/19	13900	2013/12/19	77.0	4	19.2

5-8 续表 1 continued

交易品种 Futures Products	上市交易所 Futures Exchange	合约 Contracts	年开盘价(元/吨) Opening Price of the Year (yuan/ton)	年最高价(元/吨) Highest Price of the Year (yuan/ton)	最高价日 Highest Day	年最低价(元/吨) Lowest Price of the Year (yuan/ton)	最低价日 Lowest Day	成交金额(万元) Trading Turnover (10 thousand yuan)	交易天数(天) Trading Days (day)	日均成交金额(万元) Daily Trading Turnover (10 thousand yuan)
锌 Zinc	SHFE	zn1301	15370	15370	2013/01/04	14990	2013/01/15	51172.5	8	6396.6
	SHFE	zn1302	15400	15875	2013/02/04	15015	2013/01/15	337040.5	27	12483.0
	SHFE	zn1303	15545	16000	2013/02/04	14900	2013/03/07	1428527.2	46	31054.9
	SHFE	zn1304	15600	16130	2013/02/04	14350	2013/04/15	5971090.8	65	91862.9
	SHFE	zn1305	15805	16255	2013/02/04	13920	2013/04/18	10156225.3	84	120907.4
	SHFE	zn1306	15870	16360	2013/02/04	14000	2013/05/02	8914074.3	104	85712.3
	SHFE	zn1307	16030	16420	2013/02/04	14025	2013/04/18	7456194.1	124	60130.6
	SHFE	zn1308	16100	16490	2013/02/04	14060	2013/04/18	9147784.1	147	62229.8
	SHFE	zn1309	16245	16600	2013/02/04	14130	2013/04/18	8298202.8	169	49101.8
	SHFE	zn1310	16140	16680	2013/02/04	14165	2013/04/18	7597430.4	172	44171.1
	SHFE	zn1311	16320	16775	2013/02/04	14100	2013/05/15	6287250.1	198	31753.8
	SHFE	zn1312	16255	16765	2013/02/04	14310	2013/04/18	7547289.6	215	35103.7
	SHFE	zn1401	16095	16850	2013/02/04	14360	2013/06/25	7038052.2	215	32735.1
	SHFE	zn1402	16665	16665	2013/02/19	14415	2013/04/18	4114162.2	183	22481.8
	SHFE	zn1403	15815	15815	2013/03/18	14440	2013/06/25	4956660.3	167	29680.6
	SHFE	zn1404	14650	15475	2013/12/25	14400	2013/04/18	757811.7	111	6827.1
	SHFE	zn1405	15165	15490	2013/12/25	14360	2013/11/15	322910.4	117	2759.9
	SHFE	zn1406	15105	15485	2013/12/25	14635	2013/07/31	17729.7	64	277.0
	SHFE	zn1407	15090	15485	2013/12/25	14785	2013/12/03	3754.4	31	121.1
	SHFE	zn1408	15380	15510	2013/08/20	14810	2013/11/28	1294.3	32	40.5
	SHFE	zn1409	15125	15345	2013/12/23	14790	2013/11/28	380.9	15	25.4
	SHFE	zn1410	15400	15490	2013/12/25	14835	2013/10/31	2058.3	31	66.4
	SHFE	zn1411	15090	15490	2013/12/25	14880	2013/12/05	1733.1	12	144.4
	SHFE	zn1412	15295	15555	2013/12/25	15260	2013/12/24	408.5	6	68.1
铅 Lead	SHFE	pb1301	15145	15150	2013/01/04	14850	2013/01/15	20103.1	8	2512.9
	SHFE	pb1302	15315	15320	2013/02/04	14940	2013/01/17	84512.7	27	3130.1
	SHFE	pb1303	15690	15690	2013/01/04	14460	2013/03/14	141489.6	46	3075.9
	SHFE	pb1304	15555	15625	2013/01/31	13805	2013/04/15	198908.1	65	3060.1
	SHFE	pb1305	15550	15800	2013/02/04	13350	2013/04/18	201605.0	76	2652.7
	SHFE	pb1306	15540	15950	2013/01/31	13405	2013/05/17	178831.2	78	2292.7
	SHFE	pb1307	15865	15960	2013/01/22	13595	2013/04/18	173363.1	95	1824.9
	SHFE	pb1308	15580	15580	2013/01/15	13640	2013/05/06	138820.0	92	1508.9
	SHFE	pb1309	15280	15950	2013/01/11	13450	2013/07/29	239608.1	100	2396.1
	SHFE	pb1310	15965	16095	2013/02/07	13805	2013/07/30	152813.5	103	1483.6
	SHFE	pb1311	15820	16230	2013/02/04	13800	2013/11/14	146501.6	101	1450.5
	SHFE	pb1312	15680	15680	2013/02/27	13750	2013/12/03	283490.2	98	2892.8
	SHFE	pb1401	14545	15015	2013/08/19	13360	2013/09/30	202058.4	99	2041.0
	SHFE	pb1402	15370	15370	2013/03/20	13910	2013/12/02	157507.3	84	1875.1
	SHFE	pb1403	14400	14900	2013/04/26	13970	2013/12/03	74907.2	44	1702.4
	SHFE	pb1404	14400	14900	2013/04/26	13890	2013/11/29	62678.2	29	2161.3
	SHFE	pb1405	14480	15330	2013/06/06	14015	2013/12/02	4937.5	32	154.3
	SHFE	pb1406	15430	15430	2013/08/27	14040	2013/12/04	540.4	11	49.1
	SHFE	pb1407	14495	14550	2013/12/24	14205	2013/12/03	50.4	4	12.6
	SHFE	pb1408	14960	14960	2013/09/05	14130	2013/11/20	29.2	4	7.3
	SHFE	pb1409	-	-	-	-	-	-	-	-
	SHFE	pb1410	14625	14955	2013/10/25	14625	2013/10/25	14.8	1	14.8
	SHFE	pb1411	-	-	-	-	-	-	-	-
	SHFE	pb1412	14890	14890	2013/12/24	14540	2013/12/24	14.7	1	14.7

5-8 续表 2 continued

交易品种 Futures Products	上市交易所 Futures Exchange	合约 Contracts	年开盘价(元/吨) Opening Price of the Year (yuan/ton)	年最高价(元/吨) Highest Price of the Year (yuan/ton)	最高价日 Highest Day	年最低价(元/吨) Lowest Price of the Year (yuan/ton)	最低价日 Lowest Day	成交金额(万元) Trading Turnover (10 thousand yuan)	交易天数(天) Trading Days (day)	日均成交金额(万元) Daily Trading Turnover (10 thousand yuan)
黄金(元/克) Gold (yuan/g)	SHFE	au1301	327	334.6	2013/01/15	327	2013/01/04	6141.9	7	877.4
	SHFE	au1302	331.28	339.54	2013/01/23	331.28	2013/01/04	4925.2	21	234.5
	SHFE	au1303	332.15	340.5	2013/01/23	313.32	2013/02/28	15063.2	38	396.4
	SHFE	au1304	334.01	354.69	2013/01/15	315	2013/04/08	9586.9	35	273.9
	SHFE	au1305	339.58	344.18	2013/01/22	268.11	2013/04/18	40628.5	67	606.4
	SHFE	au1306	337.19	345.6	2013/01/22	264.59	2013/04/18	47263239.9	103	458866.4
	SHFE	au1307	336.33	345.35	2013/01/22	242.2	2013/06/28	21484.9	78	275.5
	SHFE	au1308	341.47	345.83	2013/01/22	242.2	2013/06/28	67716.4	114	594.0
	SHFE	au1309	341.44	346.15	2013/01/21	240	2013/06/28	217289.0	156	1392.9
	SHFE	au1310	339.14	346.91	2013/01/23	239.25	2013/06/28	62908.4	121	519.9
	SHFE	au1311	338.19	346.61	2013/01/18	241.3	2013/06/28	102610.3	134	765.8
	SHFE	au1312	339.7	347.55	2013/01/22	238.9	2013/06/28	406497920.8	227	1790739.7
	SHFE	au1401	338.45	340.69	2013/01/30	232.7	2013/12/31	1147011.9	203	5650.3
	SHFE	au1402	325.64	330.41	2013/03/25	235.25	2013/12/24	25309.5	122	207.5
	SHFE	au1403	321.55	321.55	2013/04/11	236	2013/12/23	19351.8	122	158.6
	SHFE	au1404	272.39	301.13	2013/04/26	238.05	2013/12/23	17281.7	122	141.7
	SHFE	au1405	274.34	284.45	2013/08/28	236.7	2013/12/23	54666.9	112	488.1
	SHFE	au1406	277.16	285.4	2013/08/28	237.9	2013/12/23	79820355.0	134	595674.3
	SHFE	au1407	259.65	285.05	2013/08/29	238.75	2013/12/23	31710.9	73	434.4
	SHFE	au1408	274	283.75	2013/08/28	240.05	2013/12/20	10905.2	63	173.1
	SHFE	au1410	263.15	266.5	2013/10/23	239.45	2013/12/23	3722.5	33	112.8
	SHFE	au1412	229.3	249.4	2013/12/17	229.3	2013/12/17	13271.8	11	1206.5
白银(元/千克) Silver (yuan/kg)	SHFE	ag1301	6002	6322	2013/01/15	5922	2013/01/04	142996.9	8	17874.6
	SHFE	ag1302	6051	6518	2013/01/23	5988	2013/01/04	182851.4	27	6772.3
	SHFE	ag1303	6166	6558	2013/01/23	5760	2013/03/14	139390.3	46	3030.2
	SHFE	ag1304	6323	6599	2013/01/23	5280	2013/04/15	54129.6	60	902.2
	SHFE	ag1305	6292	6656	2013/01/23	4502	2013/04/18	185943.1	84	2213.6
	SHFE	ag1306	6306	6715	2013/01/23	4292	2013/06/03	66689991.5	104	641249.9
	SHFE	ag1307	6279	6765	2013/02/01	3634	2013/06/28	83579.7	121	690.7
	SHFE	ag1308	6281	6753	2013/01/22	3659	2013/06/28	94596.5	138	685.5
	SHFE	ag1309	6452	6804	2013/01/21	3659	2013/06/28	609884.9	169	3608.8
	SHFE	ag1310	6383	6831	2013/01/21	3692	2013/06/28	71950.3	161	446.9
	SHFE	ag1311	6382	6852	2013/01/21	3705	2013/06/28	115406.0	177	652.0
	SHFE	ag1312	6419	6947	2013/01/15	3710	2013/06/28	878278055.4	227	3869066.3
	SHFE	ag1401	6830	6942	2013/01/18	3726	2013/06/28	30768686.5	216	142447.6
	SHFE	ag1402	6400	6544	2013/02/19	3805	2013/06/28	159185.8	184	865.1
	SHFE	ag1403	6240	6363	2013/03/22	3830	2013/06/28	129393.0	184	703.2
	SHFE	ag1404	4888	5236	2013/04/26	3882	2013/06/28	24581.5	163	150.8
	SHFE	ag1405	4692	5114	2013/08/28	3808	2013/06/28	154622.4	147	1051.9
	SHFE	ag1406	4643	5149	2013/08/28	3817	2013/06/28	177574326.7	134	1325181.5
	SHFE	ag1407	4030	5125	2013/08/28	3970	2013/08/02	20400.6	108	188.9
	SHFE	ag1408	4433	5121	2013/08/28	4062	2013/12/04	11152.2	88	126.7
	SHFE	ag1409	4471	4679	2013/10/31	4081	2013/12/04	12557.8	66	190.3
	SHFE	ag1410	4390	4708	2013/10/31	4094	2013/12/04	4609.8	53	87.0
	SHFE	ag1411	4259	4332	2013/12/11	4099	2013/12/04	2748.0	27	101.8
	SHFE	ag1412	4200	4416	2013/12/17	4094	2013/12/20	37598.2	11	3418.0

5-8 续表 3 continued

交易品种 Futures Products	上市交易所 Futures Exchange	合约 Contracts	年开盘价(元/吨) Opening Price of the Year (yuan/ton)	年最高价(元/吨) Highest Price of the Year (yuan/ton)	最高价日 Highest Day	年最低价(元/吨) Lowest Price of the Year (yuan/ton)	最低价日 Lowest Day	成交金额(万元) Trading Turnover (10 thousand yuan)	交易天数(天) Trading Days (day)	日均成交金额(万元) Daily Trading Turnover (10 thousand yuan)
螺纹钢 Steel Rebar	SHFE	rb1301	3896	3910	2013/01/07	3796	2013/01/14	13985.3	8	1748.2
	SHFE	rb1302	3858	3960	2013/02/04	3789	2013/01/31	20296.3	25	811.9
	SHFE	rb1303	3921	4013	2013/02/04	3501	2013/03/14	27534.7	46	598.6
	SHFE	rb1304	3911	4131	2013/02/04	3618	2013/04/15	29977.0	62	483.5
	SHFE	rb1305	4018	4235	2013/02/04	3391	2013/05/15	126592247.9	84	1507050.6
	SHFE	rb1306	3996	4230	2013/02/04	3081	2013/06/03	40506.3	99	409.2
	SHFE	rb1307	3998	4231	2013/02/04	3120	2013/06/28	13737.0	108	127.2
	SHFE	rb1308	4014	4235	2013/02/04	3235	2013/06/21	15894.3	131	121.3
	SHFE	rb1309	4043	4295	2013/02/06	3309	2013/08/30	1822964.4	167	10916.0
	SHFE	rb1310	4059	4298	2013/02/05	3365	2013/10/15	544161990.0	183	2973562.8
	SHFE	rb1311	4049	4292	2013/02/05	3189	2013/10/29	47154.8	191	246.9
	SHFE	rb1312	4030	4270	2013/02/08	3330	2013/11/01	53465.2	212	252.2
	SHFE	rb1401	3934	4335	2013/02/18	3290	2013/12/31	279511295.1	230	1215266.5
	SHFE	rb1402	4110	4236	2013/02/20	3339	2013/12/31	61704.9	206	299.5
	SHFE	rb1403	3910	3936	2013/04/11	3442	2013/12/31	14776.3	172	85.9
	SHFE	rb1404	3665	3874	2013/08/13	3402	2013/06/17	13313.1	164	81.2
	SHFE	rb1405	3700	3923	2013/08/26	3538	2013/06/27	137150761.3	154	890589.4
	SHFE	rb1406	3650	3904	2013/08/27	3567	2013/12/31	9966.9	105	94.9
	SHFE	rb1407	3760	3926	2013/08/26	3587	2013/10/28	2311.1	84	27.5
	SHFE	rb1408	3929	4000	2013/08/26	3597	2013/11/15	3046.0	63	48.4
	SHFE	rb1409	3746	3816	2013/09/23	3606	2013/11/19	26101.0	68	383.8
	SHFE	rb1410	3808	3808	2013/10/16	3619	2013/11/15	4436282.2	55	80659.7
	SHFE	rb1411	3690	3801	2013/12/12	3628	2013/12/30	1797.7	26	69.1
	SHFE	rb1412	3730	3748	2013/12/17	3652	2013/12/30	180.8	10	18.1
线材 Steel Wire Rod	SHFE	wr1301	-	-	-	-	-	-	-	-
	SHFE	wr1302	3842	3842	2013/01/30	3842	2013/01/30	3.8	1	3.8
	SHFE	wr1303	4199	4357	2013/01/24	3912	2013/02/05	302.2	14	21.6
	SHFE	wr1304	3925	4196	2013/02/21	3925	2013/01/28	52.4	8	6.5
	SHFE	wr1305	3966	4085	2013/01/31	3600	2013/04/25	850.7	37	23.0
	SHFE	wr1306	4078	4091	2013/05/06	3500	2013/05/15	61.6	4	15.4
	SHFE	wr1307	4005	4005	2013/01/16	3451	2013/06/19	35.9	4	9.0
	SHFE	wr1308	4014	4014	2013/01/10	3400	2013/06/06	106.9	13	8.2
	SHFE	wr1309	3850	4020	2013/03/19	3411	2013/06/25	863.5	23	37.5
	SHFE	wr1310	3933	4146	2013/02/06	3480	2013/06/21	5734.0	83	69.1
	SHFE	wr1311	4216	4245	2013/03/13	3414	2013/05/31	251.6	22	11.4
	SHFE	wr1312	3798	4045	2013/01/21	3485	2013/06/26	190.8	20	9.5
	SHFE	wr1401	4094	4094	2013/03/07	3470	2013/05/17	1545.6	63	24.5
	SHFE	wr1402	3750	4136	2013/03/21	3520	2013/06/25	2770.5	30	92.4
	SHFE	wr1403	3617	3884	2013/05/22	3533	2013/06/07	821.5	19	43.2
	SHFE	wr1404	3700	3889	2013/08/14	3460	2013/12/31	440.4	18	24.5
	SHFE	wr1405	3461	3821	2013/12/20	3461	2013/05/30	165.0	9	18.3
	SHFE	wr1406	3676	3884	2013/08/13	3639	2013/07/29	37.7	9	4.2
	SHFE	wr1407	-	-	-	-	-	-	-	-
	SHFE	wr1408	3601	3651	2013/10/08	3601	2013/10/08	7.3	1	7.3
	SHFE	wr1409	3607	3736	2013/11/19	3522	2013/11/19	345.3	7	49.3
	SHFE	wr1410	-	-	-	-	-	-	-	-
	SHFE	wr1411	-	-	-	-	-	-	-	-
	SHFE	wr1412	-	-	-	-	-	-	-	-

注：1.成交量、成交金额为单边数据。

2.年开盘价和年最高价以自然年为统计周期；若自然年首个交易日无交易，则使用第一个交易日的开盘价作为年开盘价。

数据来源：上海期货交易所

Source：SHFE

5-9 2013年能源、化工及其他期货交易情况

Futures Trading of Metal Products Building Materials, Energy & Chemical Products & Others in 2013

交易品种 Futures Products	上市交易所 Futures Exchange	合约 Contracts	年开盘价(元/吨) Opening Price of the Year (yuan/ton)	年最高价(元/吨) Highest Price of the Year (yuan/ton)	最高价日 Highest Day	年最低价(元/吨) Lowest Price of the Year (yuan/ton)	最低价日 Lowest Day	成交金额(万元) Trading Turnover (10 thousand yuan)	交易天数(天) Trading Days (day)	日均成交金额(万元) Daily Trading Turnover (10 thousand yuan)
聚乙烯 LLDPE	DCE	l1301	11260	11400	2013/01/07	10900	2013/01/14	3263.4	10	326.3
	DCE	l1302	11005	11645	2013/02/18	10850	2013/01/17	2766.1	30	92.2
	DCE	l1303	11300	11750	2013/02/08	10600	2013/03/11	17973.6	45	399.4
	DCE	l1304	11195	11480	2013/02/04	10385	2013/03/15	7440.6	66	112.7
	DCE	l1305	10900	11540	2013/02/04	9835	2013/04/18	57220296.7	84	681194.0
	DCE	l1306	10830	11435	2013/02/04	9880	2013/04/19	10502.7	106	99.1
	DCE	l1307	11340	11550	2013/02/07	9505	2013/04/18	1671.1	122.99999	13.6
	DCE	l1308	11255	11650	2013/08/07	9545	2013/04/18	10439.2	146	71.5
	DCE	l1309	10810	12435	2013/08/30	9470	2013/04/18	316130840.6	168	1881731.2
	DCE	l1310	10625	11785	2013/09/25	9455	2013/04/18	24855.2	187	132.9
	DCE	l1311	10565	11965	2013/10/31	9785	2013/05/03	6184.5	205	30.2
	DCE	l1312	10895	12000	2013/11/29	9905	2013/05/03	15081.1	226	66.7
	DCE	l1401	10655	12145	2013/12/03	9505	2013/04/18	304093952.4	228	1333745.4
	DCE	l1402	10305	12090	2013/12/03	9790	2013/04/16	6704.6	208	32.2
	DCE	l1403	10295	11440	2013/12/11	10050	2013/06/20	2990.1	192.99999	15.5
	DCE	l1404	10000	11480	2013/12/09	9780	2013/06/27	6253.2	172	36.4
	DCE	l1405	9895	11365	2013/12/09	9780	2013/06/27	94269745.5	154	612141.2
	DCE	l1406	10160	11270	2013/12/09	9815	2013/06/21	1498.4	131.99999	11.4
	DCE	l1407	10950	11040	2013/11/29	10490	2013/09/17	162.4	114.99995	1.4
	DCE	l1408	10470	10945	2013/12/18	10470	2013/08/23	300.2	92	3.3
	DCE	l1409	10630	11065	2013/12/09	10290	2013/09/26	1130407.6	70	16148.7
	DCE	l1410	10475	11020	2013/12/05	10475	2013/10/23	3158.4	50.999999	61.9
	DCE	l1411	-	-	-	-	-	-	-	-
	DCE	l1412	-	-	-	-	-	-	-	-
聚氯乙烯 PVC	DCE	v1301	6350	6450	2013/01/07	6285	2013/01/17	6290.8	10	629.1
	DCE	v1302	6320	6455	2013/02/01	6300	2013/01/29	63.6	30	2.1
	DCE	v1303	6550	6660	2013/02/04	6070	2013/02/28	2438.1	45	54.2
	DCE	v1304	6670	7145	2013/01/22	5995	2013/04/01	435.4	66	6.6
	DCE	v1305	6630	6805	2013/02/04	6305	2013/04/25	4201862.8	84	50022.2
	DCE	v1306	6695	6790	2013/01/23	6440	2013/04/15	344.0	105.99999	3.2
	DCE	v1307	6575	6870	2013/02/18	6270	2013/06/06	554.8	122.99999	4.5
	DCE	v1308	6920	6920	2013/01/28	6500	2013/05/03	158.6	145.99999	1.1
	DCE	v1309	6850	7045	2013/02/04	6410	2013/04/18	4472230.2	168	26620.4
	DCE	v1310	6870	6960	2013/02/18	6475	2013/09/25	351.9	187	1.9
	DCE	v1311	6850	7000	2013/01/11	6420	2013/10/16	309.7	204.99995	1.5
	DCE	v1312	6720	7150	2013/02/07	6250	2013/11/13	670.9	226	3.0
	DCE	v1401	7035	7215	2013/02/04	6205	2013/12/31	2294863.8	228	10065.2
	DCE	v1402	6940	6940	2013/03/13	6190	2013/12/12	270.0	208	1.3
	DCE	v1403	7250	7250	2013/04/15	6260	2013/12/13	149.5	193	0.8
	DCE	v1404	6925	6925	2013/04/26	6350	2013/12/19	222.6	172	1.3
	DCE	v1405	6795	6880	2013/07/19	6250	2013/12/20	868932.5	154	5642.4
	DCE	v1406	6720	6720	2013/09/05	6390	2013/12/20	45.7	132	0.3
	DCE	v1407	6640	6640	2013/10/10	6515	2013/11/25	13.2	115	0.1
	DCE	v1408	6635	6890	2013/08/15	6450	2013/12/23	98.3	92	1.1
	DCE	v1409	6735	6735	2013/10/09	6400	2013/12/20	13755.9	70	196.5
	DCE	v1410	6585	6585	2013/12/02	6520	2013/12/18	39.3	50.999997	0.8
	DCE	v1411	6520	6540	2013/12/18	6500	2013/12/23	39.1	33	1.2
	DCE	v1412	-	-	-	-	-	-	-	-

5-9 续表 1 continued

交易品种 Futures Products	上市交易所 Futures Exchange	合约 Contracts	年开盘价(元/吨) Opening Price of the Year (yuan/ton)	年最高价(元/吨) Highest Price of the Year (yuan/ton)	最高价日 Highest Day	年最低价(元/吨) Lowest Price of the Year (yuan/ton)	最低价日 Lowest Day	成交金额(万元) Trading Turnover (10 thousand yuan)	交易天数(天) Trading Days (day)	日均成交金额(万元) Daily Trading Turnover (10 thousand yuan)
焦炭 Coke	DCE	j1301	1614	1760	2013/01/09	1576	2013/01/07	9166.4	10	916.6
	DCE	j1302	1717	1746	2013/01/18	1639	2013/01/24	303.8	30	10.1
	DCE	j1303	1774	1865	2013/01/21	1710	2013/01/21	2078.9	45	46.2
	DCE	j1304	1826	1929	2013/01/25	1548	2013/03/28	16013.7	66	242.6
	DCE	j1305	1835	1931	2013/02/04	1401	2013/05/02	425717755.4	84	5068068.5
	DCE	j1306	1827	1940	2013/02/08	1381	2013/05/31	41049.4	106	387.3
	DCE	j1307	1875	1925	2013/01/30	1356	2013/06/13	7973.0	123	64.8
	DCE	j1308	1800	2028	2013/02/06	1353	2013/06/25	46732.7	146	320.1
	DCE	j1309	1886	2074	2013/02/05	1358	2013/07/10	1644215028.6	168	9786994.2
	DCE	j1310	1910	2067	2013/02/18	1305	2013/10/15	204168.7	187	1091.8
	DCE	j1311	1891	2050	2013/02/06	1364	2013/10/08	17413.9	205	84.9
	DCE	j1312	1900	2008	2013/02/20	1403	2013/06/26	42967.5	226	190.1
	DCE	j1401	1912	2120	2013/02/05	1378	2013/12/31	1192950705.1	228	5232239.9
	DCE	j1402	1908	1908	2013/02/28	1386	2013/07/05	64598.8	208	310.6
	DCE	j1403	1693	1748	2013/03/21	1443	2013/07/23	30472.1	193	157.9
	DCE	j1404	1615	1712	2013/08/15	1426	2013/07/16	26546.3	172	154.3
	DCE	j1405	1625	1780	2013/08/26	1452	2013/12/31	417060429.7	154	2708184.6
	DCE	j1406	1500	1727	2013/09/27	1460	2013/12/31	11839.5	132	89.7
	DCE	j1407	1624	1754	2013/08/26	1516	2013/12/26	8661.2	115	75.3
	DCE	j1408	1741	1751	2013/10/15	1597	2013/12/13	1607.6	92	17.5
	DCE	j1409	1700	1787	2013/10/15	1503	2013/12/31	4516158.9	70	64516.6
	DCE	j1410	1663	1701	2013/12/05	1575	2013/12/24	1065.7	51	20.9
	DCE	j1411	1640	1702	2013/12/05	1513	2013/11/19	1899.1	33	57.5
	DCE	j1412	1601	1601	2013/12/23	1574	2013/12/26	507.8	12	42.3
燃料油 Fuel Oil	SHFE	fu1303	5150	5204	2013/02/05	4841	2013/01/17	251.4	5	50.3
	SHFE	fu1304	5040	5040	2013/01/30	5040	2013/01/30	25.2	1	25.2
	SHFE	fu1305	5041	5398	2013/01/25	4560	2013/04/19	7459.5	54	138.1
	SHFE	fu1306	5258	5593	2013/04/26	4646	2013/05/29	1533.7	16	95.9
	SHFE	fu1307	-	-	-	-	-	-	-	-
	SHFE	fu1308	5128	5135	2013/05/31	4800	2013/05/31	423.8	1	423.8
	SHFE	fu1309	5365	5455	2013/02/22	4324	2013/08/22	2949.5	49	60.2
	SHFE	fu1310	4801	5415	2013/04/11	3843	2013/09/24	2175.7	30	72.5
	SHFE	fu1311	4511	5365	2013/07/01	3580	2013/10/25	1217.9	20	60.9
	SHFE	fu1312	4501	5369	2013/03/29	3598	2013/11/20	1228.7	30	41.0
	SHFE	fu1402	5402	5407	2013/06/24	3744	2013/11/12	1490.2	16	93.1
	SHFE	fu1403	4478	5471	2013/03/22	4303	2013/10/18	363.1	5	72.6
	SHFE	fu1404	5599	5599	2013/05/09	4084	2013/11/20	1508.0	24	62.8
	SHFE	fu1405	4700	5500	2013/05/24	4700	2013/05/24	373.8	7	53.4
	SHFE	fu1406	4760	5729	2013/07/11	4380	2013/12/19	391.9	5	78.4
	SHFE	fu1407	4525	5293	2013/07/11	4300	2013/12/18	1080.4	11	98.2
	SHFE	fu1408	4452	5272	2013/08/06	4235	2013/10/18	713.7	22	32.4
	SHFE	fu1409	4400	4999	2013/09/04	3855	2013/10/25	1664.0	15	110.9
	SHFE	fu1410	4098	4599	2013/12/31	4098	2013/12/31	65.0	1	65.0
	SHFE	fu1411	4747	4969	2013/12/04	4510	2013/12/04	191.9	2	96.0
	SHFE	fu1412	-	-	-	-	-	-	-	-

5-9 续表 2 continued

交易品种 Futures Products	上市交易所 Futures Exchange	合约 Contracts	年开盘价(元/吨) Opening Price of the Year (yuan/ton)	年最高价(元/吨) Highest Price of the Year (yuan/ton)	最高价日 Highest Day	年最低价(元/吨) Lowest Price of the Year (yuan/ton)	最低价日 Lowest Day	成交金额(万元) Trading Turnover (10 thousand yuan)	交易天数(天) Trading Days (day)	日均成交金额(万元) Daily Trading Turnover (10 thousand yuan)
	ZCE	ME301	2766	2800	2013/01/07	2640	2013/01/16	3907.6	10	390.8
	ZCE	ME302	2802	2863	2013/01/21	2661	2013/01/21	248.9	30	8.3
	ZCE	ME303	2701	2900	2013/02/26	2696	2013/01/30	110.7	45	2.5
	ZCE	ME304	2851	2967	2013/02/04	2629	2013/04/16	11400.4	66	172.7
	ZCE	ME305	2729	3015	2013/02/06	2603	2013/04/26	7803698.3	84	92901.2
	ZCE	ME306	2837	3001	2013/01/29	2810	2013/01/17	318.1	106	3.0
	ZCE	ME307	2851	2851	2013/05/15	2642	2013/05/29	81.8	123	0.7
	ZCE	ME308	2830	3010	2013/01/21	2516	2013/07/02	464.8	146	3.2
	ZCE	ME309	2745	3149	2013/02/06	2573	2013/07/08	2544715.8	168	15147.1
	ZCE	ME310	3062	3152	2013/01/31	2714	2013/07/24	716.6	187	3.8
甲醇	ZCE	ME311	3039	3039	2013/01/21	2690	2013/07/25	213.8	205	1.0
	ZCE	ME312	2713	3007	2013/02/21	2477	2013/07/16	1502.4	226	6.6
Menthanol	ZCE	ME401	2960	3728	2013/12/11	2544	2013/07/04	17245225.5	228	75637.0
	ZCE	ME402	2646	3593	2013/12/11	2646	2013/03/26	7571.1	208	36.4
	ZCE	ME403	2705	3496	2013/12/11	2705	2013/03/26	807.6	193	4.2
	ZCE	ME404	2481	3484	2013/12/10	2481	2013/07/05	1366.7	172	7.9
	ZCE	ME405	2794	3404	2013/12/10	2697	2013/06/26	26978962.5	154	175188.1
	ZCE	ME406	2550	3386	2013/12/10	2550	2013/07/16	2030.4	132	15.4
	ZCE	ME407	3270	3363	2013/12/10	3045	2013/12/19	394.5	115	3.4
	ZCE	ME408	2923	2971	2013/11/18	2836	2013/09/06	189.3	92	2.1
	ZCE	ME409	2849	3304	2013/12/09	2817	2013/10/28	913122.5	70	13044.6
	ZCE	ME410	3091	3138	2013/12/11	2927	2013/12/30	258.1	51	5.1
	ZCE	ME411	3008	3035	2013/12/12	2965	2013/12/17	300.0	33	9.1
	ZCE	ME412	3005	3005	2013/12/16	2985	2013/12/25	30.0	12	2.5
	ZCE	FG303	1332	1494	2013/01/15	1332	2013/01/04	7977.2	45	177.3
	ZCE	FG304	1383	1511	2013/01/15	1284	2013/03/21	2358.4	66	35.7
	ZCE	FG305	1371	1527	2013/01/15	1118	2013/05/03	67518535.4	84	803792.1
	ZCE	FG306	1413	1581	2013/02/04	1261	2013/05/02	97891.1	106	923.5
	ZCE	FG307	1424	1602	2013/02/06	1278	2013/05/02	10211.9	123	83.0
	ZCE	FG308	1456	1636	2013/02/05	1291	2013/07/23	17567.4	146	120.3
	ZCE	FG309	1435	1652	2013/02/06	1200	2013/08/30	283126701.9	168	1685278.0
	ZCE	FG310	1450	1646	2013/02/04	1218	2013/09/17	75474.1	187	403.6
玻璃	ZCE	FG311	1467	1648	2013/02/06	1227	2013/09/17	17829.6	205	87.0
	ZCE	FG312	1467	1683	2013/02/06	1290	2013/11/20	47558.4	226	210.4
Glass	ZCE	FG401	1582	1702	2013/02/06	1272	2013/12/31	153044645.3	228	671248.4
	ZCE	FG402	1619	1632	2013/02/22	1289	2013/11/19	22129.9	208	106.4
	ZCE	FG403	1435	1503	2013/05/22	1284	2013/11/18	6243.7	193	32.4
	ZCE	FG404	1371	1515	2013/05/20	1277	2013/04/17	9448.2	172	54.9
	ZCE	FG405	1431	1526	2013/05/22	1278	2013/12/20	29265411.8	154	190035.1
	ZCE	FG406	1452	1511	2013/08/28	1347	2013/10/25	8407.1	132	63.7
	ZCE	FG407	1362	1503	2013/08/23	1355	2013/09/24	263.8	115	2.3
	ZCE	FG408	1520	1520	2013/08/16	1372	2013/10/28	1752.5	92	19.0
	ZCE	FG409	1455	1482	2013/09/16	1358	2013/10/25	628769.7	70	8982.4
	ZCE	FG410	1363	1437	2013/12/12	1363	2013/10/29	92.8	51	1.8
	ZCE	FG411	1356	1438	2013/12/12	1356	2013/12/03	28.1	33	0.9
	ZCE	FG412	-	-	-	-	-	0.0	12	0.0

5-9 续表 3 continued

交易品种 Futures Products	上市交易所 Futures Exchange	合约 Contracts	年开盘价(元/吨) Opening Price of the Year (yuan/ton)	年最高价(元/吨) Highest Price of the Year (yuan/ton)	最高价日 Highest Day	年最低价(元/吨) Lowest Price of the Year (yuan/ton)	最低价日 Lowest Day	成交金额(万元) Trading Turnover (10 thousand yuan)	交易天数(天) Trading Days (day)	日均成交金额(万元) Daily Trading Turnover (10 thousand yuan)
PTA	ZCE	TA301	8774	9078	2013/01/17	8350	2013/01/04	25933.4	10	2593.3
	ZCE	TA302	8674	8880	2013/02/08	8556	2013/01/24	21351.3	30	711.7
	ZCE	TA303	8674	8930	2013/02/04	7974	2013/03/13	10171.8	45	226.0
	ZCE	TA304	8666	8908	2013/02/07	7618	2013/04/16	28247.4	66	428.0
	ZCE	TA305	8602	8946	2013/02/18	7500	2013/05/15	37735228.4	84	449228.9
	ZCE	TA306	8572	8910	2013/02/18	7600	2013/04/18	24473.7	106	230.9
	ZCE	TA307	8526	8950	2013/02/08	7544	2013/04/18	22725.1	123	184.8
	ZCE	TA308	8658	8978	2013/02/07	7480	2013/04/18	20799.7	146	142.5
	ZCE	TA309	8522	9032	2013/02/08	7450	2013/04/18	170413097.8	168	1014363.7
	ZCE	TA310	8558	9004	2013/02/08	7486	2013/04/18	29812.8	187	159.4
	ZCE	TA311	8648	8950	2013/02/08	7364	2013/10/29	3216.7	205	15.7
	ZCE	TA312	8456	8864	2013/02/18	7344	2013/11/28	73713.4	226	326.2
	ZCE	TA401	8288	9056	2013/02/08	7352	2013/06/27	76521560.7	228	335620.9
	ZCE	TA402	8040	8138	2013/08/28	7218	2013/06/27	3156.4	208	15.2
	ZCE	TA403	8320	8320	2013/03/15	7330	2013/06/27	596.6	193	3.1
	ZCE	TA404	7714	8182	2013/08/28	7378	2013/06/28	2392.0	172	13.9
	ZCE	TA405	7620	8216	2013/08/28	7300	2013/06/27	18102467.4	154	117548.5
	ZCE	TA406	7564	8056	2013/09/09	7340	2013/12/20	1215.8	132	9.2
	ZCE	TA407	7732	7956	2013/09/05	7348	2013/12/18	229.7	115	2.0
	ZCE	TA408	7844	8070	2013/08/28	7300	2013/12/23	1315.9	92	14.3
	ZCE	TA409	7904	7908	2013/09/16	7300	2013/12/23	144790.1	70	2068.4
	ZCE	TA410	7386	7386	2013/12/23	7294	2013/12/23	77.1	51	1.5
	ZCE	TA411	-	-	-	-	-	0.0	33	0.0
	ZCE	TA412	7388	7388	2013/12/18	7228	2013/12/18	11.0	12	0.9
动力煤 Thermal Coal	ZCE	TC312	522	600	2013/11/21	522	2013/09/26	20419.6	47	434.5
	ZCE	TC401	525.4	601.6	2013/12/02	524	2013/09/26	22841582.7	64	356899.7
	ZCE	TC402	528	593.8	2013/11/29	526	2013/09/26	1697.4	64	26.5
	ZCE	TC403	533.8	599.8	2013/12/03	527	2013/09/26	1712.9	64	26.8
	ZCE	TC404	534.8	602.8	2013/12/03	535	2013/09/26	2569.8	64	40.2
	ZCE	TC405	525.8	600.4	2013/12/03	526	2013/09/26	26232470.4	64	409882.3
	ZCE	TC406	541	600	2013/12/09	536	2013/09/26	2903.7	64	45.4
	ZCE	TC407	572.6	598.2	2013/11/29	565	2013/10/10	299.2	64	4.7
	ZCE	TC408	527	601.8	2013/12/03	527	2013/09/26	663.0	64	10.4
	ZCE	TC409	531.6	604.6	2013/12/03	532	2013/09/26	406181.7	64	6346.6
	ZCE	TC410	595	603.2	2013/11/27	566	2013/12/31	377.7	56	6.7
	ZCE	TC411	584.2	594.6	2013/11/21	571	2013/12/24	268.0	38	7.1
	ZCE	TC412	586.2	607	2013/12/10	586	2013/12/10	60.1	17	3.5

5-9 续表 4 continued

交易品种 Futures Products	上市交易所 Futures Exchange	合约 Contracts	年开盘价(元/吨) Opening Price of the Year (yuan/ton)	年最高价(元/吨) Highest Price of the Year (yuan/ton)	最高价日 Highest Day	年最低价(元/吨) Lowest Price of the Year (yuan/ton)	最低价日 Lowest Day	成交金额(万元) Trading Turnover (10 thousand yuan)	交易天数(天) Trading Days (day)	日均成交金额(万元) Daily Trading Turnover (10 thousand yuan)
石油沥青 Bitumen	SHFE	bu1402	4598	4658	2013/10/09	4228	2013/10/30	13481624.5	60	224693.7
	SHFE	bu1403	4650	4656	2013/10/09	4238	2013/10/30	165183.5	60	2753.1
	SHFE	bu1404	4508	4508	2013/10/16	4290	2013/11/08	237.4	19	12.5
	SHFE	bu1405	4310	4500	2013/12/09	4302	2013/11/25	9379.7	32	293.1
	SHFE	bu1406	4640	4780	2013/10/15	4282	2013/11/11	39920.6	60	665.3
	SHFE	bu1409	4716	4716	2013/10/09	4342	2013/11/05	3027.5	47	64.4
	SHFE	bu1412	4676	4676	2013/10/09	4282	2013/11/11	4084.6	58	70.4
	SHFE	bu1503	4678	4680	2013/10/10	4366	2013/11/12	1240.5	32	38.8
	SHFE	bu1506	4622	4636	2013/10/24	4418	2013/11/08	380.3	25	15.2
	SHFE	bu1509	4668	4668	2013/10/09	4432	2013/12/26	260.4	20	13.0
	SHFE	bu1512	4410	4480	2013/12/26	4410	2013/12/26	8.9	1	8.9
焦煤 Coking Coal	DCE	jm1307	1300	1300	2013/03/22	932	2013/07/01	15725.7	73	215.4
	DCE	jm1308	1315	1315	2013/03/22	962	2013/07/18	12302.1	96	128.1
	DCE	jm1309	1280	1304	2013/03/22	938	2013/08/30	145078033.1	118	1229474.9
	DCE	jm1310	1300	1333	2013/03/22	945	2013/09/16	17890.4	137	130.6
	DCE	jm1311	1365	1365	2013/03/22	946	2013/11/06	8768.1	155	56.6
	DCE	jm1312	1378	1378	2013/03/22	954	2013/12/02	12758.8	176	72.5
	DCE	jm1401	1330	1350	2013/03/22	950	2013/12/31	231139632.1	188	1229466.1
	DCE	jm1402	1402	1402	2013/03/22	1029	2013/07/01	11602.4	188	61.7
	DCE	jm1403	1490	1490	2013/03/22	990	2013/12/31	13194.2	188	70.2
	DCE	jm1404	1212	1258	2013/05/22	1013	2013/12/31	11432.1	172	66.5
	DCE	jm1405	1244	1298	2013/08/26	1002	2013/12/31	87367157.8	154	567319.2
	DCE	jm1406	1109	1274	2013/08/27	1039	2013/12/24	9570.9	132	72.5
	DCE	jm1407	1221	1289	2013/08/26	1061	2013/12/24	2790.5	115	24.3
	DCE	jm1408	1279	1284	2013/08/27	1071	2013/12/24	645.3	92	7.0
	DCE	jm1409	1254	1320	2013/10/15	1042	2013/12/31	2637887.2	70	37684.1
	DCE	jm1410	1257	1258	2013/10/22	1092	2013/12/26	1480.3	51	29.0
	DCE	jm1411	1184	1184	2013/11/18	1105	2013/12/23	276.5	33	8.4
	DCE	jm1412	1135	1136	2013/12/20	1104	2013/12/25	253.4	12	21.1
铁矿石 Iron Ore	DCE	i1403	974	994	2013/10/18	895	2013/12/23	500828.1	53	9449.6
	DCE	i1404	960	975	2013/10/18	899	2013/12/26	10307.4	53	194.5
	DCE	i1405	978	984	2013/10/18	885	2013/12/23	38731952.0	53	730791.5
	DCE	i1406	951	965	2013/10/18	875	2013/12/23	3431.1	53	64.7
	DCE	i1407	920	960	2013/10/18	880	2013/12/26	1476.7	53	27.9
	DCE	i1408	950	960	2013/10/18	891	2013/12/31	1067.7	53	20.1
	DCE	i1409	967	977	2013/10/18	869	2013/12/23	1634948.6	53	30848.1
	DCE	i1410	928	931	2013/11/13	901	2013/10/24	2316.4	51	45.4
	DCE	i1411	908	908	2013/12/16	908	2013/12/16	18.2	33	0.6
	DCE	i1412	959	959	2013/12/16	869	2013/12/24	107.2	12	8.9

注：1.成交量、成交金额为单边数据。

2.年开盘价和年最高价以自然年为统计周期；若自然年首个交易日无交易，则使用第一个交易日的开盘价作为年开盘价。

数据来源：上海期货交易所、郑州商品交易所、大连商品交易所

Source：SHFE、ZCE、DCE

5-10 2013年金融期货交易情况
Futures Trading of Financial Futures in 2013

交易品种 Futures Products	上市交易所 Futures Exchange	合约 Contracts	年开盘价(元/吨) Opening Price of the Year (yuan/ton)	年最高价(元/吨) Highest Price of the Year (yuan/ton)	最高价日 Highest Day	年最低价(元/吨) Lowest Price of the Year (yuan/ton)	最低价日 Lowest Day	成交金额(万元) Trading Turnover (10 thousand yuan)	交易天数(天) Trading Days (day)	日均成交金额(万元) Daily Trading Turnover (10 thousand yuan)
指数期货 Index Futures	CFFEX	IF1301	2565.0	2608.6	2013/01/15	2481.8	2013/01/11	44240.91	11	4021.90
	CFFEX	IF1302	2565.0	2799.0	2013/02/08	2495.2	2013/01/11	87010.36	27	3222.61
	CFFEX	IF1303	2583.8	2830.2	2013/02/08	2503.6	2013/03/15	131713.31	46	2863.33
	CFFEX	IF1304	2763.6	2768.4	2013/02/19	2417.2	2013/04/16	136257.90	42	3244.24
	CFFEX	IF1305	2524.8	2655.2	2013/03/25	2415.0	2013/05/02	89979.54	40	2249.49
	CFFEX	IF1306	2603.6	2863.0	2013/02/08	2277.6	2013/06/21	132382.12	108	1225.76
	CFFEX	IF1307	2577.8	2648.2	2013/05/29	1996.0	2013/06/25	132331.94	42	3150.76
	CFFEX	IF1308	2300.0	2399.8	2013/08/16	2002.4	2013/06/25	125796.26	40	3144.91
	CFFEX	IF1309	2678.0	2883.8	2013/02/08	2006.4	2013/06/25	156303.97	161	970.83
	CFFEX	IF1310	2288.8	2527.4	2013/09/12	2249.4	2013/08/23	76219.15	38	2005.77
	CFFEX	IF1311	2477.6	2484.0	2013/10/15	2285.4	2013/11/14	102749.47	34	3022.04
	CFFEX	IF1312	2536.0	2684.4	2013/05/29	2036.0	2013/06/25	136616.15	162	843.31
	CFFEX	IF1401	2369.0	2504.0	2013/12/04	2273.6	2013/12/23	50049.52	32	1564.05
	CFFEX	IF1402	2301.0	2363.8	2013/12/31	2282.6	2013/12/23	238.76	7	34.11
	CFFEX	IF1403	2167.2	2544.4	2013/09/12	2133.0	2013/07/29	4431.75	110	40.29
	CFFEX	IF1406	2437.2	2512.8	2013/12/04	2293.0	2013/11/14	681.22	52	13.10
国债期货 Treasury Future	CFFEX	TF1312	94.2	94.6	2013/09/26	90.0	2013/12/04	2283.78	64	35.68
	CFFEX	TF1403	94.7	94.7	2013/09/06	91.2	2013/12/11	734.80	76	9.67
	CFFEX	TF1406	94.9	94.9	2013/09/06	91.5	2013/12/11	44.40	76	0.58
	CFFEX	TF1409	92.3	92.7	2013/12/24	92.1	2013/12/19	0.90	12	0.08

注：1.成交量、成交金额为单边数据。

2.年开盘价和年最高价以自然年为统计周期；若自然年首个交易日无交易，则使用第一个交易日的开盘价作为年开盘价。

数据来源：中国金融期货交易所

Source：CFFEX

5-11 2013年期货市场主力合约情况
Statistics of Dominate Contract in 2013

交易所 Exchanges	交易品种	Futures Products	持仓量 (手) Positions (lot)	上年末最后交易日结算价 (元/吨) Last Trading Day Clearing Price of Last Year (yuan/ton)	本年末最后交易日结算价 (元/吨) Last Trading Day Clearing Price of This Year (yuan/ton)	涨跌幅 (%) Range of Fluctuation (%)	振幅 (%) Volatility (%)
上海期货交易所 SHFE	铜	Copper	113453	57810	52280	-9.57	26.72
	铝	Aluminum	27350	15335	13975	-8.87	11.14
	锌	Zinc	54503	15510	15220	-1.87	15.90
	铅	Lead	3775	15240	14300	-6.17	16.56
	黄金(元/克)	Gold (yuan/g)	84549	339.41	240.45	-29.16	45.27
	白银(元/千克)	Silver (yuan/kg)	312636	6420	4136	-35.58	81.00
	螺纹钢	Steel Rebar	709820	3958	3575	-9.68	27.13
	线材	Steel Wire Rod	3	3958	3684	-6.92	23.60
	燃料油	Fuel Oil	6	5010	4485	-10.48	46.67
	石油沥青	Bitumen	20212	-	4308	-	10.17
	天然橡胶	Natural Rubber	104961	26415	18205	-31.08	60.62
郑州商品交易所 ZCE	强麦(WS)	Strong Gluten Wheat	-	2566	-	-	8.75
	强麦(WH)	Strong Gluten Wheat	61825	2682	2845	6.08	15.72
	普麦	Wheat	18	2498	2625	5.08	15.72
	棉花	Cotton	36760	18975	19275	1.58	12.23
	白糖	Sugar	308466	5549	4798	-13.53	19.54
	菜籽油(RO)	Rapeseed Oil	-	9824	-	-	6.05
	菜籽油(OI)	Rapeseed Oil	136593	9894	7082	-28.42	44.48
	早籼稻(ER)	Early Indica Rice	-	2718	-	-	19.78
	早籼稻(RI)	Early Indica Rice	15566	2776	2310	-16.79	22.19
	甲醇	Menthanol	18347	2731	3021	10.62	33.85
	玻璃	Glass	135471	1357	1302	-4.05	29.26
	油菜籽	Rapeseed	14	5309	4960	-6.57	13.63
	菜籽粕	Rapeseed Meal	470532	2365	2618	10.70	24.00
	动力煤	Thermal Coal	28255	-	562.4	-	14.62
	粳稻	Japonica Rice	1245	-	3075	-	4.06
	PTA	PTA	182624	8526	7386	-13.37	22.18
大连商品交易所 DCE	玉米	Corn	164348	2435	2343	-3.78	8.41
	黄大豆1号	Soybean No.1	39970	4742	4312	-9.07	16.37
	黄大豆2号	Soybean No.2	50	4725	3960	-16.19	22.35
	豆粕	Soybean Meal	778411	3308	3362	1.63	23.96
	豆油	Soybean Oil	417707	8680	6866	-20.90	30.55
	棕榈油	RBD Palm Oil	220932	6986	6038	-13.57	36.68
	鸡蛋(元/500千克)	Egg	27492	-	3964	-	6.71
	胶合板(元/张)	Blockboard	29871	-	122.8	-	14.56
	纤维板(元/张)	Fiberboard	25354	-	70.25	-	9.66
	聚乙烯	LLDPE	138392	10815	11150	3.10	23.28
	聚氯乙烯	PVC	14968	6620	6425	-2.95	10.00
	焦炭	Coke	96846	1791	1466	-18.15	47.54
	焦煤	Coking Coal	115338	-	1011	-	31.85
	铁矿石	Iron Ore	49323	-	909	-	11.19
中国金融期货交易所 CFFEX	指数期货	Index Futures	91351	2537.4	2348.4	-7.45	41.79
	国债期货（元）	Treasury Future	3318	-	91.8	-	4.20

注：1.主力合约选用统计期末各期限合约中持仓量最大的合约，如持仓量相同则选取成交量最大合约为主力合约。

2.持仓量为2013年年末数据。

3.上年末最后交易日结算价指的是上年末最后交易日按持仓量最大来选取的主力合约结算价，本年末最后交易日结算价指的是本年末最后交易日按持仓量最大来选取的主力合约的结算价。

4.振幅使用全年每个交易日的主力合约的最高价的最高值和最低价的最低值来计算。

数据来源：上海期货交易所、郑州商品交易所、大连商品交易所、中国金融期货交易所

Source：SHFE、ZCE、DCE、CFFEX

5-12 2013年农产品期货持仓情况
Positions of Agricultural Products Futures in 2013

交易品种 Futures Products	上市交易所 Futures Exchange	合约 Contracts	最高持仓量（手） Highest Positions (lot)	最高持仓日 期 Highest Positions Day	最后持仓量（手） Last Positions (lot)	最后持仓日 期 Last Positions Day	年末持仓量（手） Positions at the End of the Year (lot)
玉米 Corn	DCE	c1301	2022	2013/01/07	1	2013/01/16	0
	DCE	c1303	151	2013/01/07	24	2013/03/06	0
	DCE	c1305	140966	2013/01/08	203	2013/05/14	0
	DCE	c1307	352	2013/04/03	61	2013/07/11	0
	DCE	c1309	374520	2013/04/23	4029	2013/09/12	0
	DCE	c1311	166	2013/07/05	6	2013/10/31	0
	DCE	c1401	220999	2013/08/07	4170	2013/12/31	4170
	DCE	c1403	255	2013/12/31	255	2013/12/31	255
	DCE	c1405	170296	2013/12/27	164348	2013/12/31	164348
	DCE	c1407	43	2013/11/27	3	2013/12/31	3
	DCE	c1409	70685	2013/12/30	70072	2013/12/31	70072
	DCE	c1411	15	2013/12/23	12	2013/12/31	12
黄大豆1号 Soybean No.1	DCE	a1301	987	2013/01/04	100	2013/01/16	0
	DCE	a1303	118	2013/01/21	1	2013/03/11	0
	DCE	a1305	113783	2013/01/04	1105	2013/05/14	0
	DCE	a1307	412	2013/06/27	404	2013/07/11	0
	DCE	a1309	127199	2013/04/24	413	2013/09/12	0
	DCE	a1311	145	2013/07/12	6	2013/11/12	0
	DCE	a1401	118059	2013/08/07	1056	2013/12/31	1056
	DCE	a1403	39	2013/10/21	16	2013/12/31	16
	DCE	a1405	63036	2013/11/12	33232	2013/12/31	33232
	DCE	a1407	109	2013/12/02	62	2013/12/31	62
	DCE	a1409	42480	2013/12/30	39970	2013/12/31	39970
	DCE	a1411	67	2013/12/31	67	2013/12/31	67
	DCE	a1501	28106	2013/12/31	28106	2013/12/31	28106
	DCE	a1503	39	2013/12/10	33	2013/12/31	33
	DCE	a1505	369	2013/12/31	369	2013/12/31	369
黄大豆2号 Soybean No.2	DCE	b1301	0	2013/01/04	8	2012/12/28	0
	DCE	b1303	1	2013/01/04	1	2013/02/27	0
	DCE	b1305	115	2013/02/27	3	2013/05/02	0
	DCE	b1307	5	2013/05/22	1	2013/06/28	0
	DCE	b1309	301	2013/07/23	50	2013/09/11	0
	DCE	b1311	8	2013/06/27	1	2013/10/22	0
	DCE	b1401	71	2013/11/20	12	2013/12/31	12
	DCE	b1403	19	2013/08/08	14	2013/12/31	14
	DCE	b1405	15	2013/07/12	3	2013/12/31	3
	DCE	b1407	50	2013/12/30	50	2013/12/31	50
	DCE	b1409	11	2013/12/25	11	2013/12/31	11
	DCE	b1411	2	2013/12/11	2	2013/12/31	2

5-12 续表 1 continued

交易品种 Futures Products	上市交易所 Futures Exchange	合约 Contracts	最高持仓量(手) Highest Positions (lot)	最高持仓日期 Highest Positions Day	最后持仓量(手) Last Positions (lot)	最后持仓日期 Last Positions Day	年末持仓量(手) Positions at the End of the Year (lot)
豆粕 Soybean Meal	DCE	m1301	8082	2013/01/04	46	2013/01/16	0
	DCE	m1303	508	2013/01/04	3	2013/02/28	0
	DCE	m1305	600642	2013/01/04	4006	2013/05/14	0
	DCE	m1307	1833	2013/05/10	203	2013/07/11	0
	DCE	m1308	331	2013/06/21	1	2013/08/13	0
	DCE	m1309	1009254	2013/04/11	9000	2013/09/12	0
	DCE	m1311	978	2013/09/24	372	2013/11/13	0
	DCE	m1312	502	2013/11/21	1	2013/12/11	0
	DCE	m1401	1098405	2013/09/13	6088	2013/12/31	6088
	DCE	m1403	1089	2013/12/25	980	2013/12/31	980
	DCE	m1405	912878	2013/12/04	778411	2013/12/31	778411
	DCE	m1407	5446	2013/12/31	5446	2013/12/31	5446
	DCE	m1408	1517	2013/12/31	1517	2013/12/31	1517
	DCE	m1409	606452	2013/11/19	574021	2013/12/31	574021
	DCE	m1411	5123	2013/12/13	3233	2013/12/31	3233
	DCE	m1412	1363	2013/12/31	1363	2013/12/31	1363
豆油 Soybean Oil	DCE	y1301	529	2013/01/04	281	2013/01/16	0
	DCE	y1303	38	2013/01/18	3	2013/02/28	0
	DCE	y1305	254277	2013/01/07	650	2013/05/14	0
	DCE	y1307	32	2013/01/18	1	2013/07/11	0
	DCE	y1308	76	2013/06/04	7	2013/08/01	0
	DCE	y1309	415904	2013/04/24	1532	2013/09/12	0
	DCE	y1311	142	2013/03/20	5	2013/11/13	0
	DCE	y1312	74	2013/11/01	17	2013/12/12	0
	DCE	y1401	405046	2013/08/19	3798	2013/12/31	3798
	DCE	y1403	166	2013/11/25	38	2013/12/31	38
	DCE	y1405	463540	2013/12/02	417707	2013/12/31	417707
	DCE	y1407	19	2013/12/17	14	2013/12/31	14
	DCE	y1408	21	2013/10/29	17	2013/12/31	17
	DCE	y1409	140558	2013/12/31	140558	2013/12/31	140558
	DCE	y1411	18	2013/12/31	18	2013/12/31	18
	DCE	y1412	4	2013/12/31	4	2013/12/31	4
棕榈油 RBD Palm Oil	DCE	p1301	8727	2013/01/04	4564	2013/01/16	0
	DCE	p1302	81	2013/01/10	27	2013/02/20	0
	DCE	p1303	168	2013/02/19	45	2013/03/13	0
	DCE	p1304	111	2013/01/07	5	2013/04/10	0
	DCE	p1305	319717	2013/01/11	5868	2013/05/14	0
	DCE	p1306	1395	2013/04/23	283	2013/05/31	0
	DCE	p1307	34	2013/04/10	1	2013/07/01	0
	DCE	p1308	47	2013/05/15	1	2013/08/06	0
	DCE	p1309	317299	2013/03/05	5100	2013/09/12	0
	DCE	p1310	1074	2013/05/28	500	2013/10/18	0
	DCE	p1311	263	2013/02/01	1	2013/10/30	0
	DCE	p1312	199	2013/10/15	3	2013/11/28	0

5-12 续表 2 continued

交易品种 Futures Products	上市交易所 Futures Exchange	合约 Contracts	最高持仓量(手) Highest Positions (lot)	最高持仓日 期 Highest Positions Day	最后持仓量(手) Last Positions (lot)	最后持仓日 期 Last Positions Day	年末持仓量(手) Positions at the End of the Year (lot)
棕榈油 RBD Palm Oil	DCE	p1401	370533	2013/08/12	8487	2013/12/31	8487
	DCE	p1402	36	2013/10/23	5	2013/12/31	5
	DCE	p1403	12	2013/11/28	4	2013/12/31	4
	DCE	p1404	122	2013/09/25	6	2013/12/31	6
	DCE	p1405	292950	2013/11/25	220932	2013/12/31	220932
	DCE	p1406	85	2013/10/23	6	2013/12/31	6
	DCE	p1407	4	2013/08/08	1	2013/10/17	0
	DCE	p1408	12	2013/11/21	3	2013/12/31	3
	DCE	p1409	56859	2013/12/20	56649	2013/12/31	56649
	DCE	p1410	68	2013/11/01	8	2013/12/31	8
	DCE	p1411	1	2013/11/20	1	2013/11/22	0
	DCE	p1412	1	2013/12/24	1	2013/12/31	1
强麦(WS) Strong Gluten Wheat	ZCE	WS301	15234	2013/01/04	13155	2013/01/22	0
	ZCE	WS303	901	2013/03/11	741	2013/03/20	0
	ZCE	WS305	140496	2013/01/08	3151	2013/05/22	0
强麦(WH) Strong Gluten Wheat	ZCE	WH307	725	2013/01/17	262	2013/06/28	0
	ZCE	WH309	21732	2013/06/17	2187	2013/09/12	0
	ZCE	WH311	502	2013/10/14	441	2013/11/13	0
	ZCE	WH401	45608	2013/09/12	11241	2013/12/31	11241
	ZCE	WH403	5	2013/09/16	1	2013/06/28	0
	ZCE	WH405	64568	2013/12/23	61825	2013/12/31	61825
	ZCE	WH407	22	2013/12/13	12	2013/12/31	12
	ZCE	WH409	7636	2013/12/20	7350	2013/12/31	7350
	ZCE	WH411	2	2013/11/28	2	2013/11/29	2
普麦 Wheat	ZCE	PM301	2	2013/01/04	1	2013/01/09	0
	ZCE	PM303	0	-	0	-	0
	ZCE	PM305	14	2013/01/14	1	2013/04/26	0
	ZCE	PM307	35	2013/06/17	1	2013/07/11	0
	ZCE	PM309	70	2013/07/26	24	2013/09/11	0
	ZCE	PM311	4	2013/08/12	0	-	0
	ZCE	PM401	31	2013/06/28	18	2013/12/31	18
	ZCE	PM403	3	2013/04/16	2	2013/03/29	2
	ZCE	PM405	10	2013/10/17	8	2013/11/29	8
	ZCE	PM407	0	-	0	-	0
	ZCE	PM409	8	2013/11/08	7	2013/10/31	7
	ZCE	PM411	1	2013/11/15	0	-	0

5-12 续表 3 continued

交易品种 Futures Products	上市交易所 Futures Exchange	合约 Contracts	最高持仓量(手) Highest Positions (lot)	最高持仓日 期 Highest Positions Day	最后持仓量(手) Last Positions (lot)	最后持仓日 期 Last Positions Day	年末持仓量(手) Positions at the End of the Year (lot)
棉花 Cotton	ZCE	CF301	5199	2013/01/04	2814	2013/01/16	0
	ZCE	CF303	4704	2013/01/04	272	2013/03/13	0
	ZCE	CF305	92691	2013/01/04	2261	2013/05/14	0
	ZCE	CF307	1810	2013/05/17	880	2013/07/11	0
	ZCE	CF309	115688	2013/02/05	2200	2013/09/12	0
	ZCE	CF311	2866	2013/08/06	1072	2013/11/13	0
	ZCE	CF401	40893	2013/07/29	837	2013/12/31	837
	ZCE	CF403	405	2013/05/27	24	2013/12/31	24
	ZCE	CF405	36760	2013/12/31	36760	2013/12/31	36760
	ZCE	CF407	449	2013/09/17	21	2013/12/31	21
	ZCE	CF409	12362	2013/12/31	12362	2013/12/31	12362
	ZCE	CF411	12835	2013/12/31	12835	2013/12/31	12835
白糖 Sugar	ZCE	SR301	2159	2013/01/07	705	2013/01/16	0
	ZCE	SR303	488	2013/02/04	100	2013/03/13	0
	ZCE	SR305	279748	2013/01/08	811	2013/05/14	0
	ZCE	SR307	401	2013/04/25	196	2013/07/11	0
	ZCE	SR309	368327	2013/03/21	2067	2013/09/12	0
	ZCE	SR311	2051	2013/09/02	300	2013/11/13	0
	ZCE	SR401	405486	2013/09/06	3920	2013/12/31	3920
	ZCE	SR403	253	2013/12/19	248	2013/12/31	248
	ZCE	SR405	309912	2013/12/17	308466	2013/12/31	308466
	ZCE	SR407	140	2013/12/18	132	2013/12/31	132
	ZCE	SR409	90524	2013/12/31	90524	2013/12/31	90524
	ZCE	SR411	120	2013/12/25	103	2013/12/31	103
	ZCE	SR501	23604	2013/12/31	23604	2013/12/31	23604
	ZCE	SR503	11	2013/10/23	6	2013/12/31	6
	ZCE	SR505	645	2013/12/31	645	2013/12/31	645
菜籽油(RO) Rapeseed Oil	ZCE	RO301	5423	2013/01/04	2231	2013/01/16	0
	ZCE	RO303	50	2013/02/20	45	2013/02/28	0
	ZCE	RO305	55980	2013/01/10	3485	2013/05/14	0
菜籽油(OI) Rapeseed Oil	ZCE	OI307	33	2013/01/04	0	-	0
	ZCE	OI309	44974	2013/05/09	2008	2013/09/12	0
	ZCE	OI311	1	2013/05/03	0	-	0
	ZCE	OI401	87508	2013/08/23	1374	2013/12/31	1374
	ZCE	OI403	22	2013/12/30	22	2013/12/31	22
	ZCE	OI405	166256	2013/11/15	136593	2013/12/31	136593
	ZCE	OI407	7	2013/11/25	1	2013/12/31	1
	ZCE	OI409	23503	2013/12/31	23503	2013/12/31	23503
	ZCE	OI411	17	2013/12/31	17	2013/12/31	17

5-12 续表 4 continued

交易品种 Futures Products	上市交易所 Futures Exchange	合约 Contracts	最高持仓量(手) Highest Positions (lot)	最高持仓日 期 Highest Positions Day	最后持仓量(手) Last Positions (lot)	最后持仓日 期 Last Positions Day	年末持仓量(手) Positions at the End of the Year (lot)
早籼稻(ER)	ZCE	ER301	1077	2013/01/04	1077	2013/01/22	0
Early	ZCE	ER303	10	2013/01/04	10	2013/01/31	0
Indica Rice	ZCE	ER305	41026	2013/01/23	384	2013/05/22	0
	ZCE	RI307	12	2013/05/24	0	-	0
	ZCE	RI309	4519	2013/04/17	1210	2013/09/12	0
	ZCE	RI311	24	2013/08/13	0	-	0
早籼稻(RI)	ZCE	RI401	11006	2013/09/17	615	2013/12/31	615
Early	ZCE	RI403	9	2013/05/07	1	2013/03/29	1
Indica Rice	ZCE	RI405	15566	2013/12/31	15566	2013/12/31	15566
	ZCE	RI407	7	2013/08/30	1	2013/12/31	1
	ZCE	RI409	67	2013/12/31	67	2013/12/31	67
	ZCE	RI411	3	2013/12/18	3	2013/12/31	3
	ZCE	RS307	69	2013/01/07	0	-	0
	ZCE	RS308	13	2013/01/18	0	-	0
	ZCE	RS309	13797	2013/01/23	300	2013/08/30	0
油菜籽	ZCE	RS311	448	2013/01/15	0	-	0
Rapeseed	ZCE	RS407	6	2013/09/26	1	2013/12/31	1
	ZCE	RS408	1	2013/09/16	0	-	0
	ZCE	RS409	20	2013/12/19	14	2013/12/31	14
	ZCE	RS411	1	2013/11/28	1	2013/11/29	1
	ZCE	RM305	96140	2013/01/16	724	2013/05/14	0
	ZCE	RM307	59	2013/04/24	8	2013/07/11	0
	ZCE	RM308	105	2013/04/18	0	-	0
	ZCE	RM309	202604	2013/04/16	712	2013/09/12	0
	ZCE	RM311	155630	2013/09/24	2083	2013/11/13	0
菜籽粕	ZCE	RM401	520202	2013/08/22	6466	2013/12/31	6466
Rapeseed	ZCE	RM403	2110	2013/12/19	1975	2013/12/31	1975
Meal	ZCE	RM405	509565	2013/12/27	470532	2013/12/31	470532
	ZCE	RM407	1179	2013/08/09	686	2013/12/31	686
	ZCE	RM408	258	2013/11/11	190	2013/12/31	190
	ZCE	RM409	261517	2013/12/31	261517	2013/12/31	261517
	ZCE	RM411	24913	2013/12/24	17725	2013/12/31	17725
	ZCE	JR403	149	2013/11/18	102	2013/12/31	102
粳稻	ZCE	JR405	3209	2013/11/19	1245	2013/12/31	1245
Japonica	ZCE	JR407	8	2013/11/18	1	2013/12/31	1
Rice	ZCE	JR409	405	2013/11/19	193	2013/12/31	193
	ZCE	JR411	27	2013/11/19	27	2013/11/29	27

5-12 续表 5 continued

交易品种 Futures Products	上市交易所 Futures Exchange	合约 Contracts	最高持仓量(手) Highest Positions (lot)	最高持仓日 期 Highest Positions Day	最后持仓量(手) Last Positions (lot)	最后持仓日 期 Last Positions Day	年末持仓量(手) Positions at the End of the Year (lot)
天然橡胶 Natural Rubber	SHFE	ru1301	2322	2013/01/08	2276	2013/01/15	0
	SHFE	ru1303	2775	2013/01/04	1076	2013/03/15	0
	SHFE	ru1304	445	2013/04/12	417	2013/04/15	0
	SHFE	ru1305	73104	2013/01/07	3492	2013/05/15	0
	SHFE	ru1306	935	2013/05/22	889	2013/06/17	0
	SHFE	ru1307	1024	2013/07/05	907	2013/07/15	0
	SHFE	ru1308	1342	2013/07/02	728	2013/08/15	0
	SHFE	ru1309	105468	2013/06/06	2565	2013/09/16	0
	SHFE	ru1310	466	2013/03/18	300	2013/10/15	0
	SHFE	ru1311	2257	2013/04/10	1907	2013/11/15	0
	SHFE	ru1401	104503	2013/08/06	7021	2013/12/31	7021
	SHFE	ru1403	245	2013/12/27	215	2013/12/31	215
	SHFE	ru1404	182	2013/08/12	46	2013/12/31	46
	SHFE	ru1405	110618	2013/12/24	104961	2013/12/31	104961
	SHFE	ru1406	510	2013/09/17	205	2013/12/31	205
	SHFE	ru1407	188	2013/12/31	188	2013/12/31	188
	SHFE	ru1408	1449	2013/12/31	1449	2013/12/31	1449
	SHFE	ru1409	33312	2013/12/27	31367	2013/12/31	31367
	SHFE	ru1410	78	2013/12/18	66	2013/12/31	66
	SHFE	ru1411	434	2013/12/31	434	2013/12/31	434
鸡蛋 Egg	DCE	jd1403	2628	2013/11/08	220	2013/12/31	220
	DCE	jd1404	19	2013/11/08	5	2013/12/31	5
	DCE	jd1405	35378	2013/11/25	27492	2013/12/31	27492
	DCE	jd1406	34	2013/11/11	3	2013/12/31	3
	DCE	jd1409	14301	2013/12/03	12193	2013/12/31	12193
	DCE	jd1410	47	2013/11/08	24	2013/12/31	24
	DCE	jd1411	8	2013/12/31	8	2013/12/31	8
	DCE	jd1412	0	2013/12/16	0	-	0
胶合板 Blockboard	DCE	bb1404	12	2013/12/31	12	2013/12/31	12
	DCE	bb1405	36673	2013/12/25	29871	2013/12/31	29871
	DCE	bb1406	14	2013/12/25	8	2013/12/31	8
	DCE	bb1407	3	2013/12/12	1	2013/12/31	1
	DCE	bb1408	0	2013/12/06	0	-	0
	DCE	bb1409	122	2013/12/30	118	2013/12/31	118
	DCE	bb1410	1	2013/12/10	1	2013/12/10	0
	DCE	bb1411	1	2013/12/26	1	2013/12/31	1
	DCE	bb1412	0	2013/12/16	0	-	0
纤维板 Fiberboard	DCE	fb1404	4	2013/12/12	2	2013/12/31	2
	DCE	fb1405	28229	2013/12/26	25354	2013/12/31	25354
	DCE	fb1406	9	2013/12/12	4	2013/12/31	4
	DCE	fb1407	9	2013/12/09	2	2013/12/31	2
	DCE	fb1408	2	2013/12/13	1	2013/12/31	1
	DCE	fb1409	174	2013/12/11	103	2013/12/31	103
	DCE	fb1410	3	2013/12/30	1	2013/12/31	1
	DCE	fb1411	0	2013/12/06	0	-	0
	DCE	fb1412	1	2013/12/23	1	2013/12/31	1

注：最后持仓量为交割日前一天的持仓量。
数据来源：上海期货交易所、郑州商品交易所、大连商品交易所
Source：SHFE、ZCE、DCE

5-13 2013年金属期货持仓情况

Positions of Metal Products Futures in 2013

交易品种 Futures Products	上市交易所 Futures Exchange	合约 Contracts	最高持仓量（手） Highest Positions (lot)	最高持仓日 期 Highest Positions Day	最后持仓量（手） Last Positions (lot)	最后持仓日 期 Last Positions Day	年末持仓量（手） Positions at the End of the Year (lot)
铜 Copper	SHFE	cu1301	11875	2013/01/04	4345	2013/01/15	0
	SHFE	cu1302	28509	2013/01/15	6115	2013/02/18	0
	SHFE	cu1303	49490	2013/01/04	7295	2013/03/15	0
	SHFE	cu1304	89204	2013/01/10	2645	2013/04/15	0
	SHFE	cu1305	101485	2013/02/08	4440	2013/05/15	0
	SHFE	cu1306	116959	2013/03/04	3245	2013/06/17	0
	SHFE	cu1307	137208	2013/03/19	3055	2013/07/15	0
	SHFE	cu1308	209430	2013/04/23	3095	2013/08/15	0
	SHFE	cu1309	153503	2013/05/03	2985	2013/09/16	0
	SHFE	cu1310	213561	2013/06/24	5290	2013/10/15	0
	SHFE	cu1311	190824	2013/07/30	5360	2013/11/15	0
	SHFE	cu1312	127306	2013/09/02	3490	2013/12/16	0
	SHFE	cu1401	150469	2013/10/29	15396	2013/12/31	15396
	SHFE	cu1402	147545	2013/12/03	50039	2013/12/31	50039
	SHFE	cu1403	113453	2013/12/31	113453	2013/12/31	113453
	SHFE	cu1404	56802	2013/12/31	56802	2013/12/31	56802
	SHFE	cu1405	16285	2013/12/31	16285	2013/12/31	16285
	SHFE	cu1406	4196	2013/12/31	4196	2013/12/31	4196
	SHFE	cu1407	829	2013/12/31	829	2013/12/31	829
	SHFE	cu1408	787	2013/12/31	787	2013/12/31	787
	SHFE	cu1409	529	2013/12/24	485	2013/12/31	485
	SHFE	cu1410	607	2013/12/02	557	2013/12/31	557
	SHFE	cu1411	317	2013/12/25	264	2013/12/31	264
	SHFE	cu1412	202	2013/12/26	200	2013/12/31	200
铝 Aluminum	SHFE	al1301	18190	2013/01/04	10465	2013/01/15	0
	SHFE	al1302	20185	2013/01/14	8715	2013/02/18	0
	SHFE	al1303	32818	2013/01/07	15405	2013/03/15	0
	SHFE	al1304	27051	2013/01/29	13025	2013/04/15	0
	SHFE	al1305	45567	2013/02/22	9780	2013/05/15	0
	SHFE	al1306	50113	2013/03/15	6020	2013/06/17	0
	SHFE	al1307	32086	2013/04/15	4090	2013/07/15	0
	SHFE	al1308	33142	2013/05/20	5330	2013/08/15	0
	SHFE	al1309	24688	2013/06/03	1795	2013/09/16	0
	SHFE	al1310	36559	2013/07/10	4915	2013/10/15	0
	SHFE	al1311	26839	2013/08/07	1125	2013/11/15	0
	SHFE	al1312	40720	2013/09/25	1245	2013/12/16	0
	SHFE	al1401	29529	2013/10/24	8955	2013/12/31	8955
	SHFE	al1402	32236	2013/12/03	19254	2013/12/31	19254
	SHFE	al1403	26967	2013/12/30	26510	2013/12/31	26510
	SHFE	al1404	27350	2013/12/31	27350	2013/12/31	27350
	SHFE	al1405	15101	2013/12/31	15101	2013/12/31	15101
	SHFE	al1406	7585	2013/12/31	7585	2013/12/31	7585
	SHFE	al1407	1645	2013/12/31	1645	2013/12/31	1645
	SHFE	al1408	969	2013/12/31	969	2013/12/31	969
	SHFE	al1409	317	2013/12/31	317	2013/12/31	317
	SHFE	al1410	285	2013/12/31	285	2013/12/31	285
	SHFE	al1411	39	2013/12/12	34	2013/12/31	34
	SHFE	al1412	5	2013/12/31	5	2013/12/31	5

注：最后持仓量为交割日前一天的持仓量。

数据来源：上海期货交易所

Source：SHFE

5-13 续表 1 continued

交易品种 Futures Products	上市交易所 Futures Exchange	合约 Contracts	最高持仓量（手） Highest Positions (lot)	最高持仓日 期 Highest Positions Day	最后持仓量（手） Last Positions (lot)	最后持仓日 期 Last Positions Day	年末持仓量（手） Positions at the End of the Year (lot)
	SHFE	zn1301	6300	2013/01/04	3725	2013/01/15	0
	SHFE	zn1302	18255	2013/01/04	5325	2013/02/18	0
	SHFE	zn1303	40569	2013/01/04	5425	2013/03/15	0
	SHFE	zn1304	55419	2013/01/15	4295	2013/04/15	0
	SHFE	zn1305	91228	2013/02/04	4930	2013/05/15	0
	SHFE	zn1306	70809	2013/03/18	4355	2013/06/17	0
	SHFE	zn1307	77749	2013/04/16	2970	2013/07/15	0
	SHFE	zn1308	75983	2013/05/15	1525	2013/08/15	0
	SHFE	zn1309	85168	2013/05/30	1105	2013/09/16	0
	SHFE	zn1310	80710	2013/07/02	1310	2013/10/15	0
锌	SHFE	zn1311	68882	2013/08/08	1405	2013/11/15	0
	SHFE	zn1312	72370	2013/09/23	1040	2013/12/16	0
Zinc	SHFE	zn1401	76446	2013/10/22	3320	2013/12/31	3320
	SHFE	zn1402	66525	2013/12/03	10523	2013/12/31	10523
	SHFE	zn1403	64548	2013/12/25	54503	2013/12/31	54503
	SHFE	zn1404	29406	2013/12/31	29406	2013/12/31	29406
	SHFE	zn1405	15937	2013/12/31	15937	2013/12/31	15937
	SHFE	zn1406	783	2013/12/30	773	2013/12/31	773
	SHFE	zn1407	212	2013/12/31	212	2013/12/31	212
	SHFE	zn1408	65	2013/12/30	65	2013/12/31	65
	SHFE	zn1409	18	2013/12/24	18	2013/12/31	18
	SHFE	zn1410	36	2013/12/26	34	2013/12/31	34
	SHFE	zn1411	27	2013/12/19	14	2013/12/31	14
	SHFE	zn1412	13	2013/12/25	12	2013/12/31	12
	SHFE	pb1301	829	2013/01/10	769	2013/01/15	0
	SHFE	pb1302	1194	2013/01/04	967	2013/02/18	0
	SHFE	pb1303	1150	2013/01/28	914	2013/03/15	0
	SHFE	pb1304	1293	2013/02/20	739	2013/04/15	0
	SHFE	pb1305	1186	2013/03/12	838	2013/05/15	0
	SHFE	pb1306	1161	2013/05/10	891	2013/06/17	0
	SHFE	pb1307	1065	2013/05/16	618	2013/07/15	0
	SHFE	pb1308	802	2013/08/15	802	2013/08/15	0
	SHFE	pb1309	4760	2013/09/02	3555	2013/09/16	0
	SHFE	pb1310	3413	2013/09/04	2390	2013/10/15	0
铅	SHFE	pb1311	3372	2013/10/28	3115	2013/11/15	0
	SHFE	pb1312	5839	2013/10/30	3995	2013/12/16	0
Lead	SHFE	pb1401	5551	2013/11/29	3585	2013/12/31	3585
	SHFE	pb1402	4176	2013/12/23	3775	2013/12/31	3775
	SHFE	pb1403	2697	2013/12/31	2697	2013/12/31	2697
	SHFE	pb1404	2731	2013/12/31	2731	2013/12/31	2731
	SHFE	pb1405	191	2013/12/31	191	2013/12/31	191
	SHFE	pb1406	29	2013/12/23	24	2013/12/31	24
	SHFE	pb1407	2	2013/12/24	2	2013/12/31	2
	SHFE	pb1408	1	2013/09/05	0	-	0
	SHFE	pb1409	0	-	0	-	0
	SHFE	pb1410	0	-	0	-	0
	SHFE	pb1411	0	-	0	-	0
	SHFE	pb1412	0	-	0	-	0

5-13 续表 2 continued

交易品种 Futures Products	上市交易所 Futures Exchange	合约 Contracts	最高持仓量（手） Highest Positions (lot)	最高持仓日 期 Highest Positions Day	最后持仓量（手） Last Positions (lot)	最后持仓日 期 Last Positions Day	年末持仓量（手） Positions at the End of the Year (lot)
黄金（元/克） Gold (yuan/g)	SHFE	au1301	258	2013/01/04	240	2013/01/15	0
	SHFE	au1302	99	2013/01/04	78	2013/02/18	0
	SHFE	au1303	182	2013/01/04	117	2013/03/15	0
	SHFE	au1304	108	2013/01/21	12	2013/04/15	0
	SHFE	au1305	182	2013/01/04	0	-	0
	SHFE	au1306	62026	2013/02/21	609	2013/06/17	0
	SHFE	au1307	72	2013/03/13	0	-	0
	SHFE	au1308	260	2013/04/12	12	2013/08/15	0
	SHFE	au1309	258	2013/05/20	3	2013/09/16	0
	SHFE	au1310	245	2013/05/30	0	-	0
	SHFE	au1311	381	2013/08/26	6	2013/11/15	0
	SHFE	au1312	80432	2013/07/31	1059	2013/12/16	0
	SHFE	au1401	605	2013/12/05	445	2013/12/31	445
	SHFE	au1402	46	2013/12/20	41	2013/12/31	41
	SHFE	au1403	76	2013/12/25	75	2013/12/31	75
	SHFE	au1404	31	2013/12/30	30	2013/12/31	30
	SHFE	au1405	88	2013/11/21	54	2013/12/31	54
	SHFE	au1406	92840	2013/12/20	84549	2013/12/31	84549
	SHFE	au1407	53	2013/12/05	39	2013/12/31	39
	SHFE	au1408	68	2013/12/11	63	2013/12/31	63
	SHFE	au1410	22	2013/12/10	11	2013/12/31	11
	SHFE	au1412	190	2013/12/30	189	2013/12/31	189
白银（元/千克） Silver (yuan/kg)	SHFE	ag1301	13762	2013/01/04	9514	2013/01/15	0
	SHFE	ag1302	4776	2013/02/08	4770	2013/02/18	0
	SHFE	ag1303	3452	2013/03/15	3452	2013/03/15	0
	SHFE	ag1304	2326	2013/04/12	2326	2013/04/15	0
	SHFE	ag1305	3764	2013/05/15	3764	2013/05/15	0
	SHFE	ag1306	149811	2013/03/27	11098	2013/06/17	0
	SHFE	ag1307	1376	2013/07/15	1376	2013/07/15	0
	SHFE	ag1308	4284	2013/08/15	4284	2013/08/15	0
	SHFE	ag1309	3059	2013/06/07	2354	2013/09/16	0
	SHFE	ag1310	1128	2013/10/09	1076	2013/10/15	0
	SHFE	ag1311	2542	2013/11/13	2480	2013/11/15	0
	SHFE	ag1312	286205	2013/08/28	11294	2013/12/16	0
	SHFE	ag1401	94992	2013/11/25	10680	2013/12/31	10680
	SHFE	ag1402	4505	2013/12/31	4505	2013/12/31	4505
	SHFE	ag1403	2815	2013/12/27	2764	2013/12/31	2764
	SHFE	ag1404	233	2013/07/26	173	2013/12/31	173
	SHFE	ag1405	1012	2013/12/31	1012	2013/12/31	1012
	SHFE	ag1406	351083	2013/12/23	312636	2013/12/31	312636
	SHFE	ag1407	259	2013/12/23	254	2013/12/31	254
	SHFE	ag1408	157	2013/12/26	156	2013/12/31	156
	SHFE	ag1409	327	2013/12/20	304	2013/12/31	304
	SHFE	ag1410	173	2013/12/26	125	2013/12/31	125
	SHFE	ag1411	158	2013/12/24	153	2013/12/31	153
	SHFE	ag1412	2329	2013/12/31	2329	2013/12/31	2329

5-13 续表 3 continued

交易品种 Futures Products	上市交易所 Futures Exchange	合约 Contracts	最高持仓量(手) Highest Positions (lot)	最高持仓日期 Highest Positions Day	最后持仓量(手) Last Positions (lot)	最后持仓日期 Last Positions Day	年末持仓量(手) Positions at the End of the Year (lot)
螺纹钢 Steel Rebar	SHFE	rb1301	9930	2013/01/04	7740	2013/01/15	0
	SHFE	rb1302	2473	2013/01/07	1020	2013/02/18	0
	SHFE	rb1303	2093	2013/02/08	1440	2013/03/15	0
	SHFE	rb1304	2049	2013/02/04	360	2013/04/15	0
	SHFE	rb1305	789534	2013/01/25	4440	2013/05/15	0
	SHFE	rb1306	539	2013/02/20	150	2013/06/17	0
	SHFE	rb1307	159	2013/05/28	60	2013/07/15	0
	SHFE	rb1308	277	2013/05/14	0	-	0
	SHFE	rb1309	3230	2013/05/27	840	2013/09/16	0
	SHFE	rb1310	1127948	2013/05/31	3420	2013/10/15	0
	SHFE	rb1311	431	2013/03/20	270	2013/11/15	0
	SHFE	rb1312	1793	2013/10/22	210	2013/12/16	0
	SHFE	rb1401	829148	2013/08/14	6632	2013/12/31	6632
	SHFE	rb1402	2479	2013/10/22	2222	2013/12/31	2222
	SHFE	rb1403	414	2013/09/23	315	2013/12/31	315
	SHFE	rb1404	192	2013/12/31	192	2013/12/31	192
	SHFE	rb1405	862260	2013/12/12	709820	2013/12/31	709820
	SHFE	rb1406	307	2013/12/17	140	2013/12/31	140
	SHFE	rb1407	153	2013/09/06	115	2013/12/31	115
	SHFE	rb1408	245	2013/11/27	38	2013/12/31	38
	SHFE	rb1409	1115	2013/11/05	710	2013/12/31	710
	SHFE	rb1410	293536	2013/12/30	289726	2013/12/31	289726
	SHFE	rb1411	231	2013/12/31	231	2013/12/31	231
	SHFE	rb1412	11	2013/12/26	10	2013/12/31	10
线材 Steel Wire Rod	SHFE	wr1301	0	-	0	-	0
	SHFE	wr1302	1	2013/01/04	0	-	0
	SHFE	wr1303	14	2013/02/04	0	-	0
	SHFE	wr1304	2	2013/01/29	0	-	0
	SHFE	wr1305	24	2013/01/30	0	-	0
	SHFE	wr1306	2	2013/05/06	0	-	0
	SHFE	wr1307	1	2013/01/16	0	-	0
	SHFE	wr1308	1	2013/01/04	0	-	0
	SHFE	wr1309	24	2013/04/19	0	-	0
	SHFE	wr1310	250	2013/02/22	0	-	0
	SHFE	wr1311	5	2013/06/21	0	-	0
	SHFE	wr1312	6	2013/06/25	0	-	0
	SHFE	wr1401	12	2013/05/29	0	-	0
	SHFE	wr1402	28	2013/05/22	0	-	0
	SHFE	wr1403	40	2013/04/26	1	2013/12/31	1
	SHFE	wr1404	11	2013/08/30	1	2013/12/31	1
	SHFE	wr1405	2	2013/07/11	0	-	0
	SHFE	wr1406	1	2013/07/22	0	-	0
	SHFE	wr1407	0	-	0	-	0
	SHFE	wr1408	0	-	0	-	0
	SHFE	wr1409	4	2013/11/19	3	2013/12/31	3
	SHFE	wr1410	0	-	0	-	0
	SHFE	wr1411	0	-	0	-	0
	SHFE	wr1412	0	-	0	-	0

5-14 2013年能源、化工及其他期货持仓情况
Positions of Metal Products Building Materials, Energy & Chemical Products & Others in 2013

交易品种 Futures Products	上市交易所 Futures Exchange	合约 Contracts	最高持仓量（手） Highest Positions (lot)	最高持仓日 期 Highest Positions Day	最后持仓量（手） Last Positions (lot)	最后持仓日 期 Last Positions Day	年末持仓量（手） Positions at the End of the Year (lot)
聚乙烯 LLDPE	DCE	l1301	1019	2013/01/04	932	2013/01/16	0
	DCE	l1302	84	2013/01/09	46	2013/02/20	0
	DCE	l1303	766	2013/03/11	766	2013/03/13	0
	DCE	l1304	252	2013/03/25	250	2013/04/15	0
	DCE	l1305	137778	2013/01/07	1596	2013/05/14	0
	DCE	l1306	145	2013/04/01	7	2013/06/18	0
	DCE	l1307	14	2013/05/14	3	2013/06/26	0
	DCE	l1308	137	2013/08/06	137	2013/08/13	0
	DCE	l1309	218718	2013/06/07	15928	2013/09/12	0
	DCE	l1310	104	2013/03/20	36	2013/10/18	0
	DCE	l1311	312	2013/11/12	312	2013/11/13	0
	DCE	l1312	133	2013/08/28	56	2013/12/12	0
	DCE	l1401	221900	2013/09/05	2863	2013/12/31	2863
	DCE	l1402	45	2013/08/20	2	2013/12/31	2
	DCE	l1403	33	2013/08/28	1	2013/12/31	1
	DCE	l1404	23	2013/10/21	10	2013/12/31	10
	DCE	l1405	208507	2013/12/09	138392	2013/12/31	138392
	DCE	l1406	10	2013/11/27	8	2013/12/31	8
	DCE	l1407	4	2013/11/25	3	2013/12/31	3
	DCE	l1408	6	2013/11/20	1	2013/12/31	1
	DCE	l1409	12829	2013/12/24	11775	2013/12/31	11775
	DCE	l1410	41	2013/12/02	2	2013/12/31	2
	DCE	l1411	0	-	0	-	-
	DCE	l1412	0	-	0	-	-
聚氯乙烯 PVC	DCE	v1301	1868	2013/01/08	1868	2013/01/16	0
	DCE	v1302	7	2013/01/04	6	2013/02/20	0
	DCE	v1303	325	2013/03/13	325	2013/03/13	0
	DCE	v1304	13	2013/03/12	9	2013/04/15	0
	DCE	v1305	58182	2013/02/04	2590	2013/05/14	0
	DCE	v1306	5	2013/02/20	1	2013/05/22	0
	DCE	v1307	23	2013/03/20	4	2013/07/09	0
	DCE	v1308	5	2013/04/08	1	2013/07/23	0
	DCE	v1309	25009	2013/04/16	722	2013/09/12	0
	DCE	v1310	6	2013/02/20	1	2013/09/24	0
	DCE	v1311	2	2013/02/22	1	2013/08/23	0
	DCE	v1312	13	2013/02/07	1	2013/11/21	0
	DCE	v1401	17373	2013/08/14	496	2013/12/31	496
	DCE	v1402	4	2013/12/03	2	2013/12/31	2
	DCE	v1403	2	2013/12/09	2	2013/12/31	2
	DCE	v1404	5	2013/12/17	5	2013/12/31	5
	DCE	v1405	17283	2013/12/19	14968	2013/12/31	14968
	DCE	v1406	2	2013/12/27	2	2013/12/31	2
	DCE	v1407	1	2013/10/10	1	2013/12/31	1
	DCE	v1408	3	2013/12/25	3	2013/12/31	3
	DCE	v1409	754	2013/12/30	728	2013/12/31	728
	DCE	v1410	3	2013/12/18	3	2013/12/31	3
	DCE	v1411	3	2013/12/25	3	2013/12/31	3
	DCE	v1412	0	-	0	-	-

注：最后持仓量为交割日前一天的持仓量。

数据来源：上海期货交易所、郑州商品交易所、大连商品交易所

Source: SHFE、ZCE、DCE、CFFEX

5-14 续表 1 continued

交易品种 Futures Products	上市交易所 Futures Exchange	合约 Contracts	最高持仓量(手) Highest Positions (lot)	最高持仓日期 Highest Positions Day	最后持仓量(手) Last Positions (lot)	最后持仓日期 Last Positions Day	年末持仓量(手) Positions at the End of the Year (lot)
焦炭 Coke	DCE	j1301	300	2013/01/04	300	2013/01/16	0
	DCE	j1302	2	2013/01/04	1	2013/01/25	0
	DCE	j1303	3	2013/01/21	1	2013/02/27	0
	DCE	j1304	12	2013/01/23	1	2013/03/20	0
	DCE	j1305	110553	2013/01/18	151	2013/05/14	0
	DCE	j1306	22	2013/02/05	4	2013/06/07	0
	DCE	j1307	12	2013/06/06	1	2013/06/13	0
	DCE	j1308	14	2013/04/16	1	2013/07/16	0
	DCE	j1309	150071	2013/05/14	1143	2013/09/12	0
	DCE	j1310	178	2013/04/25	85	2013/10/18	0
	DCE	j1311	33	2013/10/25	32	2013/11/13	0
	DCE	j1312	98	2013/10/23	30	2013/12/10	0
	DCE	j1401	152797	2013/09/24	483	2013/12/31	483
	DCE	j1402	164	2013/10/17	41	2013/12/31	41
	DCE	j1403	108	2013/07/01	1	2013/12/31	1
	DCE	j1404	15	2013/07/16	4	2013/12/31	4
	DCE	j1405	137275	2013/11/19	96846	2013/12/31	96846
	DCE	j1406	17	2013/12/31	17	2013/12/31	17
	DCE	j1407	101	2013/11/06	1	2013/12/31	1
	DCE	j1408	6	2013/10/14	1	2013/12/05	0
	DCE	j1409	12648	2013/12/31	12648	2013/12/31	12648
	DCE	j1410	6	2013/12/06	2	2013/12/31	2
	DCE	j1411	8	2013/12/27	8	2013/12/31	8
	DCE	j1412	2	2013/12/26	2	2013/12/31	2
燃料油 Fuel Oil	SHFE	fu1303	3	2013/01/04	0	-	0
	SHFE	fu1304	1	2013/01/04	0	-	0
	SHFE	fu1305	51	2013/03/11	40	2013/04/26	0
	SHFE	fu1306	6	2013/03/15	0	-	0
	SHFE	fu1307	0	-	0	-	0
	SHFE	fu1308	0	-	0	-	0
	SHFE	fu1309	7	2013/05/15	1	2013/08/30	0
	SHFE	fu1310	11	2013/09/04	7	2013/09/30	0
	SHFE	fu1311	3	2013/07/01	1	2013/10/31	0
	SHFE	fu1312	10	2013/09/26	3	2013/11/29	0
	SHFE	fu1402	4	2013/11/06	3	2013/12/31	3
	SHFE	fu1403	1	2013/08/21	1	2013/12/31	1
	SHFE	fu1404	7	2013/11/20	6	2013/12/31	6
	SHFE	fu1405	2	2013/06/21	1	2013/12/31	1
	SHFE	fu1406	2	2013/12/17	1	2013/12/31	1
	SHFE	fu1407	4	2013/12/09	0	-	0
	SHFE	fu1408	9	2013/10/28	6	2013/12/31	6
	SHFE	fu1409	4	2013/11/29	0	-	0
	SHFE	fu1410	0	-	0	-	0
	SHFE	fu1411	2	2013/12/03	2	2013/12/31	2
	SHFE	fu1412	0	-	0	-	0
甲醇 Menthanol	ZCE	ME301	1282	2013/01/04	894	2013/01/16	0
	ZCE	ME302	4	2013/01/18	0	-	0
	ZCE	ME303	3	2013/01/30	0	-	0
	ZCE	ME304	191	2013/03/22	62	2013/04/15	0
	ZCE	ME305	13827	2013/01/30	372	2013/05/14	0
	ZCE	ME306	1	2013/01/04	0	-	0
	ZCE	ME307	0	-	0	-	0
	ZCE	ME308	4	2013/05/06	1	2013/01/31	0
	ZCE	ME309	3702	2013/05/27	450	2013/08/30	0
	ZCE	ME310	8	2013/02/18	0	-	0
	ZCE	ME311	1	2013/01/04	0	-	0

5-14 续表 2 continued

交易品种 Futures Products	上市交易所 Futures Exchange	合约 Contracts	最高持仓量（手）Highest Positions (lot)	最高持仓日 期 Highest Positions Day	最后持仓量（手）Last Positions (lot)	最后持仓日 期 Last Positions Day	年末持仓量（手）Positions at the End of the Year (lot)
甲醇 Menthanol	ZCE	ME312	6	2013/01/04	0	-	0
	ZCE	ME401	15798	2013/12/12	52	2013/06/28	52
	ZCE	ME402	8	2013/12/13	3	2013/11/29	3
	ZCE	ME403	2	2013/12/12	1	2013/12/26	0
	ZCE	ME404	7	2013/12/17	2	2013/12/31	2
	ZCE	ME405	24668	2013/12/17	18347	2013/12/31	18347
	ZCE	ME406	4	2013/12/31	4	2013/12/31	4
	ZCE	ME407	3	2013/12/10	1	2013/12/31	1
	ZCE	ME408	2	2013/11/15	1	2013/09/30	1
	ZCE	ME409	3499	2013/12/23	3247	2013/12/31	3247
	ZCE	ME410	3	2013/12/12	1	2013/12/31	1
	ZCE	ME411	5	2013/12/12	1	2013/12/31	1
	ZCE	ME412	1	2013/12/16	1	2013/12/31	1
玻璃 Glass	ZCE	FG303	264	2013/02/05	227	2013/03/13	0
	ZCE	FG304	43	2013/01/09	10	2013/03/29	0
	ZCE	FG305	269468	2013/01/17	226	2013/05/14	0
	ZCE	FG306	4405	2013/02/06	1154	2013/06/18	0
	ZCE	FG307	341	2013/05/03	0	-	0
	ZCE	FG308	185	2013/05/07	0	-	0
	ZCE	FG309	306749	2013/04/17	850	2013/09/12	0
	ZCE	FG310	619	2013/03/20	91	2013/10/18	0
	ZCE	FG311	549	2013/09/26	37	2013/11/13	0
	ZCE	FG312	2096	2013/09/17	150	2013/12/12	0
	ZCE	FG401	430304	2013/09/04	726	2013/12/31	726
	ZCE	FG402	767	2013/09/23	142	2013/12/31	142
	ZCE	FG403	305	2013/11/06	76	2013/12/31	76
	ZCE	FG404	229	2013/07/19	115	2013/12/31	115
	ZCE	FG405	301101	2013/11/18	135471	2013/12/31	135471
	ZCE	FG406	428	2013/12/23	424	2013/12/31	424
	ZCE	FG407	4	2013/09/12	0	-	0
	ZCE	FG408	103	2013/12/25	98	2013/09/30	98
	ZCE	FG409	23919	2013/11/18	16199	2013/12/31	16199
	ZCE	FG410	6	2013/12/12	3	2013/11/29	3
	ZCE	FG411	2	2013/12/12	1	2013/12/31	1
	ZCE	FG412	0	-	0	-	0
PTA	ZCE	TA301	4962	2013/01/04	1397	2013/01/16	0
	ZCE	TA302	2841	2013/01/30	1538	2013/02/20	0
	ZCE	TA303	1257	2013/03/13	1257	2013/03/13	0
	ZCE	TA304	2538	2013/03/29	1093	2013/04/15	0
	ZCE	TA305	231432	2013/01/07	6880	2013/05/14	0
	ZCE	TA306	728	2013/06/18	728	2013/06/18	0
	ZCE	TA307	1014	2013/07/11	1014	2013/07/11	0
	ZCE	TA308	877	2013/08/05	494	2013/08/13	0
	ZCE	TA309	402145	2013/05/28	10326	2013/09/12	0
	ZCE	TA310	436	2013/10/17	436	2013/10/18	0
	ZCE	TA311	94	2013/08/29	80	2013/11/13	0
	ZCE	TA312	8939	2013/12/11	8632	2013/12/12	0
	ZCE	TA401	292094	2013/08/13	89801	2013/12/31	89801
	ZCE	TA402	68	2013/11/14	37	2013/12/31	37
	ZCE	TA403	16	2013/12/17	14	2013/12/31	14
	ZCE	TA404	101	2013/07/19	28	2013/12/31	28
	ZCE	TA405	221909	2013/12/12	182624	2013/12/31	182624
	ZCE	TA406	37	2013/12/06	7	2013/06/28	7
	ZCE	TA407	21	2013/12/30	21	2013/12/31	21
	ZCE	TA408	83	2013/12/23	79	2013/12/31	79
	ZCE	TA409	8163	2013/12/31	8163	2013/12/31	8163
	ZCE	TA410	3	2013/12/31	3	2013/12/31	3
	ZCE	TA411	0	-	0	-	0
	ZCE	TA412	1	2013/12/18	1	2013/12/31	1

5-14 续表 3 continued

交易品种 Futures Products	上市交易所 Futures Exchange	合约 Contracts	最高持仓量（手）Highest Positions (lot)	最高持仓日期 Highest Positions Day	最后持仓量（手）Last Positions (lot)	最后持仓日期 Last Positions Day	年末持仓量（手）Positions at the End of the Year (lot)
动力煤 Thermal Coal	ZCE	TC312	106	2013/09/26	0	-	0
	ZCE	TC401	35170	2013/10/17	350	2013/12/31	350
	ZCE	TC402	5	2013/10/25	2	2013/11/29	2
	ZCE	TC403	15	2013/10/14	1	2013/12/31	1
	ZCE	TC404	22	2013/10/22	5	2013/12/31	5
	ZCE	TC405	50760	2013/12/04	28255	2013/12/31	28255
	ZCE	TC406	7	2013/12/02	4	2013/09/30	4
	ZCE	TC407	1	2013/10/18	1	2013/10/23	1
	ZCE	TC408	5	2013/09/26	3	2013/12/31	3
	ZCE	TC409	5020	2013/12/31	5020	2013/12/31	5020
	ZCE	TC410	3	2013/12/11	3	2013/12/31	3
	ZCE	TC411	0	-	0	-	0
	ZCE	TC412	0	-	0	-	0
石油沥青 Bitumen	SHFE	bu1402	46966	2013/10/28	20212	2013/12/31	20212
	SHFE	bu1403	2228	2013/10/09	862	2013/12/31	862
	SHFE	bu1404	6	2013/12/04	2	2013/12/31	2
	SHFE	bu1405	227	2013/12/04	126	2013/12/31	126
	SHFE	bu1406	1080	2013/11/19	754	2013/12/31	754
	SHFE	bu1409	64	2013/10/10	32	2013/12/31	32
	SHFE	bu1412	168	2013/10/25	48	2013/12/31	48
	SHFE	bu1503	31	2013/10/28	21	2013/12/31	21
	SHFE	bu1506	19	2013/11/28	19	2013/12/31	19
	SHFE	bu1509	15	2013/10/18	4	2013/12/31	4
	SHFE	bu1512	1	2013/12/26	1	2013/12/31	1
焦煤 Coking Coal	DCE	jm1307	152	2013/03/25	4	2013/07/09	0
	DCE	jm1308	56	2013/05/17	1	2013/07/30	0
	DCE	jm1309	86527	2013/06/20	900	2013/09/12	0
	DCE	jm1310	133	2013/09/04	84	2013/10/18	0
	DCE	jm1311	104	2013/09/30	102	2013/11/13	0
	DCE	jm1312	131	2013/10/16	1	2013/11/29	0
	DCE	jm1401	216425	2013/10/23	8325	2013/12/31	8325
	DCE	jm1402	83	2013/09/11	4	2013/12/31	4
	DCE	jm1403	83	2013/09/30	20	2013/12/31	20
	DCE	jm1404	85	2013/08/22	4	2013/12/31	4
	DCE	jm1405	184914	2013/11/27	115338	2013/12/31	115338
	DCE	jm1406	48	2013/12/24	1	2013/12/31	1
	DCE	jm1407	18	2013/08/26	5	2013/12/31	5
	DCE	jm1408	7	2013/12/13	7	2013/12/31	7
	DCE	jm1409	31196	2013/12/30	29376	2013/12/31	29376
	DCE	jm1410	13	2013/11/28	4	2013/12/31	4
	DCE	jm1411	3	2013/11/26	1	2013/12/31	1
	DCE	jm1412	5	2013/12/24	5	2013/12/31	5
铁矿石 Iron Ore	DCE	i1403	3802	2013/10/18	181	2013/12/31	181
	DCE	i1404	156	2013/10/18	9	2013/12/31	9
	DCE	i1405	67862	2013/12/23	49323	2013/12/31	49323
	DCE	i1406	21	2013/10/30	11	2013/12/31	11
	DCE	i1407	12	2013/10/18	6	2013/12/31	6
	DCE	i1408	10	2013/10/18	1	2013/12/31	1
	DCE	i1409	17144	2013/12/26	15355	2013/12/31	15355
	DCE	i1410	11	2013/10/24	3	2013/12/31	3
	DCE	i1411	1	2013/12/16	1	2013/12/31	1
	DCE	i1412	1	2013/12/16	1	2013/12/31	1

5-15 2013年金融期货持仓情况
Positions of Financial Futures in 2013

交易品种 Futures Products	上市交易所 Futures Exchange	合约 Contracts	最高持仓量（手） Highest Positions (lot)	最高持仓日 期 Highest Positions Day	最后持仓量（手） Last Positions (lot)	最后持仓日 期 Last Positions Day	年末持仓量（手） Positions at the End of the Year (lot)
指数期货 Index Futures	CFFEX	IF1301	80197	2013/01/04	8653	2013/01/17	0
	CFFEX	IF1302	67310	2013/01/28	9371	2013/02/08	0
	CFFEX	IF1303	105182	2013/02/19	18150	2013/03/14	0
	CFFEX	IF1304	71941	2013/03/25	11904	2013/04/18	0
	CFFEX	IF1305	60817	2013/04/22	11865	2013/05/16	0
	CFFEX	IF1306	102876	2013/05/22	13893	2013/06/20	0
	CFFEX	IF1307	91287	2013/06/24	11648	2013/07/18	0
	CFFEX	IF1308	67542	2013/08/01	9874	2013/08/15	0
	CFFEX	IF1309	92353	2013/08/26	13052	2013/09/18	0
	CFFEX	IF1310	76370	2013/09/23	21731	2013/10/17	0
	CFFEX	IF1311	74587	2013/10/24	20549	2013/11/14	0
	CFFEX	IF1312	99150	2013/11/28	30785	2013/12/19	0
	CFFEX	IF1401	100211	2013/12/26	-	-	91351
	CFFEX	IF1402	1740	2013/12/31	-	-	1740
	CFFEX	IF1403	18737	2013/12/26	-	-	18142
	CFFEX	IF1406	8383	2013/12/30	-	-	8301
国债期货 Treasury Future	CFFEX	TF1312	5022	2013/09/17	400	2013/12/12	0
	CFFEX	TF1403	3318	2013/12/31	-	-	3318
	CFFEX	TF1406	288	2013/12/27	-	-	285
	CFFEX	TF1409	29	2013/12/31	-	-	29

注：最后持仓量为交割日前一天的持仓量。
数据来源：中国金融期货交易所
Source：CFFEX

5-16 2013年农产品期货合约月末结算价

Clearing Price of Agricultural Products Futures Contracts in 2013

单位：元/吨 (yuan/ton)

交易品种 Futures Products	上市交易所 Futures Exchange	合约 Contracts	1月 Jan.	2月 Feb.	3月 Mar.	4月 Apr.	5月 May	6月 June	7月 July	8月 Aug.	9月 Sept.	10月 Oct.	11月 Nov.	12月 Dec.
玉米 Corn	DCE	c1301	2328	-	-	-	-	-	-	-	-	-	-	-
	DCE	c1303	2371	2372	2370	-	-	-	-	-	-	-	-	-
	DCE	c1305	2424	2382	2373	2309	2371	-	-	-	-	-	-	-
	DCE	c1307	2455	2432	2435	2366	2395	2354	2359	-	-	-	-	-
	DCE	c1309	2473	2437	2463	2391	2446	2419	2400	2409	2440	-	-	-
	DCE	c1311	2438	2415	2433	2362	2405	2371	2357	2382	2363	2260	2188	-
	DCE	c1401	2392	2357	2353	2327	2373	2339	2334	2319	2315	2316	2320	2111
	DCE	c1403	-	-	2379	2327	2374	2346	2332	2302	2311	2310	2327	2180
	DCE	c1405	-	-	-	-	2410	2370	2342	2319	2313	2320	2362	2343
	DCE	c1407	-	-	-	-	-	-	2359	2336	2333	2333	2366	2354
	DCE	c1409	-	-	-	-	-	-	-	-	2335	2345	2374	2361
	DCE	c1411	-	-	-	-	-	-	-	-	-	-	2372	2347
黄大豆1号 Soybean No.1	DCE	a1301	4594	-	-	-	-	-	-	-	-	-	-	-
	DCE	a1303	4800	4880	4905	-	-	-	-	-	-	-	-	-
	DCE	a1305	4862	4868	4996	4922	4743	-	-	-	-	-	-	-
	DCE	a1307	4852	4750	4786	4848	4829	4685	4674	-	-	-	-	-
	DCE	a1309	4847	4738	4785	4765	4805	4789	4604	4332	4353	-	-	-
	DCE	a1311	4802	4713	4732	4669	4803	4782	4499	4440	4548	4334	4445	-
	DCE	a1401	4793	4708	4726	4621	4681	4621	4360	4509	4622	4483	4299	4420
	DCE	a1403	4792	4731	4743	4666	4660	4600	4390	4496	4541	4453	4382	4414
	DCE	a1405	4865	4794	4806	4695	4635	4584	4278	4405	4510	4467	4392	4434
	DCE	a1407	4834	4849	4807	4697	4641	4594	4262	4400	4493	4473	4342	4375
	DCE	a1409	-	-	4813	4708	4660	4617	4268	4336	4403	4421	4292	4312
	DCE	a1411	-	-	-	-	4596	4638	4295	4350	4381	4390	4315	4306
	DCE	a1501	-	-	-	-	-	-	4276	4336	4406	4392	4256	4187
	DCE	a1503	-	-	-	-	-	-	-	-	4398	4391	4293	4243
	DCE	a1505	-	-	-	-	-	-	-	-	-	-	4293	4232
黄大豆2号 Soybean No.2	DCE	b1301	5009	-	-	-	-	-	-	-	-	-	-	-
	DCE	b1303	4595	4500	4500	-	-	-	-	-	-	-	-	-
	DCE	b1305	4644	4535	4494	4548	4530	-	-	-	-	-	-	-
	DCE	b1307	4675	4663	4470	4350	4256	4390	4300	-	-	-	-	-
	DCE	b1309	4696	4593	4440	3954	4075	4141	3994	4278	4024	-	-	-
	DCE	b1311	4694	4873	4873	4158	4083	4321	3985	4075	4122	4100	4100	-
	DCE	b1401	4684	4565	4550	4071	4068	4155	3911	4100	4091	4133	4136	4636
	DCE	b1403	-	-	4510	4052	4070	4141	3920	4150	4148	4225	4150	4295
	DCE	b1405	-	-	-	-	4101	4160	4034	4128	4084	4113	4011	4102
	DCE	b1407	-	-	-	-	-	-	4056	4122	4088	4100	3935	3960
	DCE	b1409	-	-	-	-	-	-	-	-	4076	4093	4050	3986
	DCE	b1411	-	-	-	-	-	-	-	-	-	-	4030	4060
豆粕 Soybean Meal	DCE	m1301	3780	-	-	-	-	-	-	-	-	-	-	-
	DCE	m1303	3809	3914	3930	-	-	-	-	-	-	-	-	-
	DCE	m1305	3514	3619	3637	3655	3709	-	-	-	-	-	-	-
	DCE	m1307	3396	3434	3483	3378	3615	3599	3739	-	-	-	-	-
	DCE	m1308	3381	3391	3384	3296	3513	3632	3842	3700	-	-	-	-
	DCE	m1309	3355	3358	3215	3173	3417	3478	3564	3874	3977	-	-	-
	DCE	m1311	3322	3310	3157	3095	3313	3361	3426	3716	3933	3903	3919	-
	DCE	m1312	3296	3271	3149	3044	3280	3318	3328	3626	3834	3731	3942	3990

5-16 续表 1 continued

单位：元/吨 (yuan/ton)

交易品种 Futures Products	上市交易所 Futures Exchange	合约 Contracts	1月 Jan.	2月 Feb.	3月 Mar.	4月 Apr.	5月 May	6月 June	7月 July	8月 Aug.	9月 Sept.	10月 Oct.	11月 Nov.	12月 Dec.
	DCE	m1401	3214	3175	3095	2973	3200	3162	3134	3555	3694	3550	3719	3722
	DCE	m1403	-	-	3103	2986	3181	3133	3107	3396	3494	3424	3566	3614
豆粕	DCE	m1405	-	-	-	-	3075	3020	2975	3249	3272	3234	3337	3362
	DCE	m1407	-	-	-	-	-	-	3010	3234	3192	3173	3242	3270
Soybean	DCE	m1408	-	-	-	-	-	-	-	3223	3183	3171	3244	3285
Meal	DCE	m1409	-	-	-	-	-	-	-	-	3065	3119	3171	3214
	DCE	m1411	-	-	-	-	-	-	-	-	-	-	3125	3176
	DCE	m1412	-	-	-	-	-	-	-	-	-	-	-	3165
	DCE	y1301	8520	-	-	-	-	-	-	-	-	-	-	-
	DCE	y1303	8588	8374	7872	-	-	-	-	-	-	-	-	-
	DCE	y1305	8720	8282	7872	7114	7120	-	-	-	-	-	-	-
	DCE	y1307	8778	8298	8004	7258	7292	7290	6802	-	-	-	-	-
	DCE	y1308	8718	8326	7950	7300	7416	7222	6668	6268	-	-	-	-
	DCE	y1309	8810	8310	7918	7340	7500	7164	6874	6974	7012	-	-	-
豆油	DCE	y1311	8764	8330	7966	7522	7612	7230	7028	7124	6882	6626	6626	-
	DCE	y1312	8830	8448	7976	7490	7640	7290	7032	7218	6924	6876	6938	7080
Soybean	DCE	y1401	8876	8386	8090	7540	7724	7316	7018	7178	6970	7188	7276	6834
Oil	DCE	y1403	-	-	8096	7668	7778	7348	7022	7198	7018	7186	7282	6874
	DCE	y1405	-	-	-	-	7742	7368	7034	7146	6930	7212	7292	6866
	DCE	y1407	-	-	-	-	-	-	7036	7282	6950	7216	7260	6902
	DCE	y1408	-	-	-	-	-	-	-	7216	6978	7194	7306	6898
	DCE	y1409	-	-	-	-	-	-	-	-	6984	7236	7314	6920
	DCE	y1411	-	-	-	-	-	-	-	-	-	-	7342	6998
	DCE	y1412	-	-	-	-	-	-	-	-	-	-	-	6996
	DCE	p1301	6210	-	-	-	-	-	-	-	-	-	-	-
	DCE	p1302	6098	6254	-	-	-	-	-	-	-	-	-	-
	DCE	p1303	6358	6064	6016	-	-	-	-	-	-	-	-	-
	DCE	p1304	6640	6296	5746	5700	-	-	-	-	-	-	-	-
	DCE	p1305	6808	6386	5894	5516	5482	-	-	-	-	-	-	-
	DCE	p1306	7004	6492	6006	5644	5810	5946	-	-	-	-	-	-
	DCE	p1307	7042	6656	6256	5780	5982	5574	5690	-	-	-	-	-
	DCE	p1308	7128	6658	6170	5840	6016	5730	5380	5650	-	-	-	-
	DCE	p1309	7138	6674	6222	5996	6152	5798	5440	5398	5442	-	-	-
	DCE	p1310	7130	6752	6266	6104	6172	5806	5430	5488	5056	5690	-	-
	DCE	p1311	7078	6894	6350	6046	6274	5856	5422	5700	5074	5798	5798	-
棕榈油	DCE	p1312	7168	7312	6460	6144	6346	5922	5544	5652	5486	5932	5940	5940
	DCE	p1401	7288	6818	6406	6110	6218	5848	5426	5562	5392	6066	6118	5798
RBD	DCE	p1402	-	6894	6640	6186	6218	5892	5480	5748	5502	6134	6224	5960
Palm Oil	DCE	p1403	-	-	6440	6274	6304	6072	5554	5748	5574	6272	6308	6004
	DCE	p1404	-	-	-	6252	6276	5978	5570	5752	5582	6224	6318	6082
	DCE	p1405	-	-	-	-	6346	6048	5622	5772	5560	6300	6338	6038
	DCE	p1406	-	-	-	-	-	6166	5642	5834	5628	6360	6366	6068
	DCE	p1407	-	-	-	-	-	-	5706	5840	5686	6336	6430	6082
	DCE	p1408	-	-	-	-	-	-	-	5812	5624	6332	6326	6096
	DCE	p1409	-	-	-	-	-	-	-	-	5694	6322	6394	6114
	DCE	p1410	-	-	-	-	-	-	-	-	-	6300	6414	6116
	DCE	p1411	-	-	-	-	-	-	-	-	-	-	6450	6122
	DCE	p1412	-	-	-	-	-	-	-	-	-	-	-	6166

5-16 续表 2 continued

单位：元/吨 (yuan/ton)

交易品种 Futures Products	上市交易所 Futures Exchange	合约 Contracts	1月 Jan.	2月 Feb.	3月 Mar.	4月 Apr.	5月 May	6月 June	7月 July	8月 Aug.	9月 Sept.	10月 Oct.	11月 Nov.	12月 Dec.
强麦(WS)	ZCE	WS301	2451	-	-	-	-	-	-	-	-	-	-	-
Strong	ZCE	WS303	2501	2444	2488	-	-	-	-	-	-	-	-	-
Gluten Wheat	ZCE	WS305	2538	2487	2495	2419	2450	-	-	-	-	-	-	-
	ZCE	WH307	2561	2509	2524	2489	2520	2699	2699	-	-	-	-	-
	ZCE	WH309	2623	2567	2551	2525	2568	2641	2668	2678	2790	-	-	-
	ZCE	WH311	2655	2609	2575	2554	2606	2688	2714	2715	2830	2770	2816	-
强麦(WH)	ZCE	WH401	2692	2647	2617	2585	2645	2733	2729	2735	2849	2793	2863	2871
Strong	ZCE	WH403	-	-	2668	2617	2652	2749	2744	2748	2853	2804	2866	2848
Gluten Wheat	ZCE	WH405	-	-	-	-	2697	2795	2752	2744	2850	2838	2877	2845
	ZCE	WH407	-	-	-	-	-	-	2778	2746	2813	2831	2828	2785
	ZCE	WH409	-	-	-	-	-	-	-	-	2774	2798	2791	2776
	ZCE	WH411	-	-	-	-	-	-	-	-	-	-	2778	2786
	ZCE	PM301	2322	-	-	-	-	-	-	-	-	-	-	-
	ZCE	PM303	2412	2412	2412	-	-	-	-	-	-	-	-	-
	ZCE	PM305	2402	2383	2375	2260	2300	-	-	-	-	-	-	-
	ZCE	PM307	2420	2420	2380	2333	2332	2280	2338	-	-	-	-	-
	ZCE	PM309	2460	2440	2423	2300	2401	2420	2506	2437	2520	-	-	-
普麦	ZCE	PM311	2453	2467	2500	2479	2422	2445	2521	2495	2700	2680	2680	-
Wheat	ZCE	PM401	2499	2496	2535	2475	2427	2453	2509	2489	2598	2560	2594	2625
	ZCE	PM403	-	-	2527	2518	2471	2487	2578	2519	2665	2608	2648	2556
	ZCE	PM405	-	-	-	-	2451	2459	2579	2574	2645	2607	2635	2622
	ZCE	PM407	-	-	-	-	-	-	2549	2549	2623	2621	2621	2642
	ZCE	PM409	-	-	-	-	-	-	-	-	2572	2606	2637	2599
	ZCE	PM411	-	-	-	-	-	-	-	-	-	-	2625	2660
	ZCE	CF301	19755	-	-	-	-	-	-	-	-	-	-	-
	ZCE	CF303	20270	19175	19600	-	-	-	-	-	-	-	-	-
	ZCE	CF305	20360	20000	20330	20670	20610	-	-	-	-	-	-	-
	ZCE	CF307	20235	19885	20225	19790	19790	20025	20220	-	-	-	-	-
棉花	ZCE	CF309	20315	19885	20315	19915	20095	20440	20895	21040	20945	-	-	-
Cotton	ZCE	CF311	20075	20090	20195	20060	20145	20200	20065	20040	20330	20005	19480	-
	ZCE	CF401	20030	20045	20145	19895	19830	20005	19795	19865	19925	19810	19725	18840
	ZCE	CF403	-	-	20140	19895	19765	19770	19275	19350	19420	19290	19230	19115
	ZCE	CF405	-	-	-	-	19600	19455	18520	18605	18770	18655	18650	19275
	ZCE	CF407	-	-	-	-	-	-	18325	18415	18490	18500	18505	18860
	ZCE	CF409	-	-	-	-	-	-	-	-	18270	18375	18155	18775
	ZCE	CF411	-	-	-	-	-	-	-	-	-	-	17340	17180
	ZCE	SR301	5656	-	-	-	-	-	-	-	-	-	-	-
	ZCE	SR303	5451	5503	5450	-	-	-	-	-	-	-	-	-
	ZCE	SR305	5396	5402	5413	5436	5405	-	-	-	-	-	-	-
	ZCE	SR307	5410	5409	5421	5314	5276	5336	5286	-	-	-	-	-
	ZCE	SR309	5426	5411	5366	5190	5089	5179	5213	5320	5380	-	-	-
	ZCE	SR311	5462	5454	5406	5211	5118	5116	5124	5219	5341	5500	5100	-
白糖	ZCE	SR401	5535	5522	5429	5126	4952	4952	4911	5010	5082	5192	5063	4851
	ZCE	SR403	5541	5560	5479	5131	4957	4960	4893	4982	5074	5185	5047	4806
Sugar	ZCE	SR405	5554	5606	5526	5111	4932	4921	4842	4936	4990	5145	5022	4798
	ZCE	SR407	5613	5610	5559	5127	4958	4940	4848	4950	5004	5185	5045	4826
	ZCE	SR409	-	-	5616	5157	4996	4964	4871	4966	5030	5215	5089	4823
	ZCE	SR411	-	-	-	-	5013	4994	4872	4985	5025	5231	5124	4883
	ZCE	SR501	-	-	-	-	-	-	4891	4949	5033	5249	5147	4884
	ZCE	SR503	-	-	-	-	-	-	-	-	4987	5298	5157	4952
	ZCE	SR505	-	-	-	-	-	-	-	-	-	-	5184	4926
菜籽油(RO)	ZCE	RO301	9950	-	-	-	-	-	-	-	-	-	-	-
Rapeseed	ZCE	RO303	10026	9456	9500	-	-	-	-	-	-	-	-	-
Oil	ZCE	RO305	9994	9698	9978	9800	9850	-	-	-	-	-	-	-

5-16 续表 3 continued

单位：元/吨 (yuan/ton)

交易品种 Futures Products	上市交易所 Futures Exchange	合约 Contracts	1月 Jan.	2月 Feb.	3月 Mar.	4月 Apr.	5月 May	6月 June	7月 July	8月 Aug.	9月 Sept.	10月 Oct.	11月 Nov.	12月 Dec.
	ZCE	OI307	10146	9800	9954	9942	9996	9456	9456	-	-	-	-	-
	ZCE	OI309	10002	9732	9712	9830	9854	8710	8054	7984	7826	-	-	-
	ZCE	OI311	9876	9788	9760	9512	9448	8738	8090	7832	7724	7812	7812	-
菜籽油(OI)	ZCE	OI401	9894	9596	9608	9390	9284	8160	7590	7644	7286	7454	7674	7018
Rapeseed	ZCE	OI403	-	-	9650	9398	9340	8120	7602	7708	7368	7424	7650	7082
Oil	ZCE	OI405	-	-	-	-	9192	8074	7534	7610	7234	7408	7586	7082
	ZCE	OI407	-	-	-	-	-	-	7548	7712	7306	7426	7572	7078
	ZCE	OI409	-	-	-	-	-	-	-	-	7342	7470	7608	7124
	ZCE	OI411	-	-	-	-	-	-	-	-	-	-	7600	7150
早籼稻(ER)	ZCE	ER301	2610	-	-	-	-	-	-	-	-	-	-	-
Early	ZCE	ER303	2683	2693	2585	-	-	-	-	-	-	-	-	-
Indica Rice	ZCE	ER305	2726	2678	2591	2328	2320	-	-	-	-	-	-	-
	ZCE	RI307	2739	2749	2706	2650	2431	2387	2387	-	-	-	-	-
	ZCE	RI309	2791	2795	2718	2617	2611	2611	2572	2403	2498	-	-	-
	ZCE	RI311	2807	2827	2789	2651	2645	2651	2621	2417	2498	2498	2498	-
早籼稻(RI)	ZCE	RI401	2815	2848	2801	2663	2650	2641	2536	2488	2450	2462	2462	2213
Early	ZCE	RI403	-	-	2820	2698	2671	2668	2559	2485	2417	2456	2460	2338
Indica Rice	ZCE	RI405	-	-	-	-	2687	2670	2532	2508	2459	2465	2475	2310
	ZCE	RI407	-	-	-	-	-	-	2533	2558	2492	2512	2497	2359
	ZCE	RI409	-	-	-	-	-	-	-	-	2508	2528	2526	2437
	ZCE	RI411	-	-	-	-	-	-	-	-	-	-	2561	2494
	ZCE	RS307	5430	5326	5289	5303	5373	5373	5373	-	-	-	-	-
	ZCE	RS308	5451	5356	5096	5286	5191	5175	5175	5175	-	-	-	-
	ZCE	RS309	5416	5317	5265	5222	5188	5180	5128	5116	5116	-	-	-
油菜籽	ZCE	RS311	5287	5177	5139	5103	5136	5087	5106	5143	5152	5161	5161	-
Rapeseed	ZCE	RS407	-	-	-	-	-	-	4990	5067	5050	4976	5038	4980
	ZCE	RS408	-	-	-	-	-	-	-	5049	5117	5083	5052	5015
	ZCE	RS409	-	-	-	-	-	-	-	-	5070	5012	4996	4960
	ZCE	RS411	-	-	-	-	-	-	-	-	-	-	4925	4918
	ZCE	RM305	2539	2642	2730	2649	2500	-	-	-	-	-	-	-
	ZCE	RM307	2451	2568	2462	2528	2676	3034	3036	-	-	-	-	-
	ZCE	RM308	2447	2534	2409	2413	2513	2710	3139	3139	-	-	-	-
	ZCE	RM309	2417	2507	2362	2343	2435	2592	2880	3241	3117	-	-	-
菜籽粕	ZCE	RM311	2288	2350	2236	2204	2252	2339	2559	2768	2857	2562	2540	-
Rapeseed	ZCE	RM401	2295	2317	2228	2129	2226	2225	2208	2433	2478	2372	2501	2717
Meal	ZCE	RM403	-	-	2246	2154	2240	2233	2215	2439	2483	2391	2525	2673
	ZCE	RM405	-	-	-	-	2303	2279	2262	2486	2480	2394	2437	2618
	ZCE	RM407	-	-	-	-	-	-	2231	2447	2437	2382	2430	2586
	ZCE	RM408	-	-	-	-	-	-	-	2455	2422	2384	2421	2562
	ZCE	RM409	-	-	-	-	-	-	-	-	2378	2350	2384	2502
	ZCE	RM411	-	-	-	-	-	-	-	-	-	-	2246	2358
	ZCE	JR403	-	-	-	-	-	-	-	-	-	-	3092	3142
粳稻	ZCE	JR405	-	-	-	-	-	-	-	-	-	-	3098	3075
Japonica	ZCE	JR407	-	-	-	-	-	-	-	-	-	-	3124	3052
Rice	ZCE	JR409	-	-	-	-	-	-	-	-	-	-	3086	3061
	ZCE	JR411	-	-	-	-	-	-	-	-	-	-	3072	3019

5-16 续表 4 continued

单位：元/吨 (yuan/ton)

交易品种 Futures Products	上市交易所 Futures Exchange	合约 Contracts	1月 Jan.	2月 Feb.	3月 Mar.	4月 Apr.	5月 May	6月 June	7月 July	8月 Aug.	9月 Sept.	10月 Oct.	11月 Nov.	12月 Dec.
	SHFE	ru1301	25210	-	-	-	-	-	-	-	-	-	-	-
	SHFE	ru1303	25785	24155	22320	-	-	-	-	-	-	-	-	-
	SHFE	ru1304	26010	24460	21340	19885	-	-	-	-	-	-	-	-
	SHFE	ru1305	26235	24660	21605	18895	19820	-	-	-	-	-	-	-
	SHFE	ru1306	26065	24515	21755	19020	18540	17620	-	-	-	-	-	-
	SHFE	ru1307	26130	24570	21880	19105	18690	16695	16200	-	-	-	-	-
	SHFE	ru1308	26260	24500	22005	19215	18770	16900	16595	18185	-	-	-	-
天然橡胶	SHFE	ru1309	26360	24690	22025	19280	18930	17065	16745	18690	18040	-	-	-
	SHFE	ru1310	26030	24420	21910	19380	19035	17200	16625	18840	18055	18515	-	-
Natural	SHFE	ru1311	25745	24110	21705	19270	19020	17145	16790	18915	18215	17380	17290	-
Rubber	SHFE	ru1401	26370	24710	22495	19955	19620	17790	17710	20055	20205	19360	18860	17595
	SHFE	ru1403	-	-	22550	20225	19650	18065	17990	20330	20475	19630	19280	17925
	SHFE	ru1404	-	-	-	19990	19795	18195	18145	20365	20405	19655	19240	18030
	SHFE	ru1405	-	-	-	-	19960	18295	18130	20550	20490	19745	19500	18205
	SHFE	ru1406	-	-	-	-	-	18525	17845	20585	20315	19665	19680	18245
	SHFE	ru1407	-	-	-	-	-	-	17975	20735	20495	19820	19745	18300
	SHFE	ru1408	-	-	-	-	-	-	-	20740	20475	19745	19580	18320
	SHFE	ru1409	-	-	-	-	-	-	-	-	20585	19915	19640	18505
	SHFE	ru1410	-	-	-	-	-	-	-	-	-	19825	19585	18445
	SHFE	ru1411	-	-	-	-	-	-	-	-	-	-	19515	18195
	DCE	jd1403	-	-	-	-	-	-	-	-	-	-	3979	3921
鸡蛋	DCE	jd1404	-	-	-	-	-	-	-	-	-	-	4101	3942
(元/500千克)	DCE	jd1405	-	-	-	-	-	-	-	-	-	-	4170	3964
	DCE	jd1406	-	-	-	-	-	-	-	-	-	-	4221	4072
Egg	DCE	jd1409	-	-	-	-	-	-	-	-	-	-	4464	4256
	DCE	jd1410	-	-	-	-	-	-	-	-	-	-	4371	4236
	DCE	jd1411	-	-	-	-	-	-	-	-	-	-	4349	4205
	DCE	jd1412	-	-	-	-	-	-	-	-	-	-	-	4229
	DCE	bb1404	-	-	-	-	-	-	-	-	-	-	-	123.4
	DCE	bb1405	-	-	-	-	-	-	-	-	-	-	-	122.8
	DCE	bb1406	-	-	-	-	-	-	-	-	-	-	-	123.3
胶合板	DCE	bb1407	-	-	-	-	-	-	-	-	-	-	-	123.7
(元/张)	DCE	bb1408	-	-	-	-	-	-	-	-	-	-	-	123.7
Blockboard	DCE	bb1409	-	-	-	-	-	-	-	-	-	-	-	123.4
	DCE	bb1410	-	-	-	-	-	-	-	-	-	-	-	124.6
	DCE	bb1411	-	-	-	-	-	-	-	-	-	-	-	125.5
	DCE	bb1412	-	-	-	-	-	-	-	-	-	-	-	125.5
	DCE	fb1404	-	-	-	-	-	-	-	-	-	-	-	70.45
	DCE	fb1405	-	-	-	-	-	-	-	-	-	-	-	70.25
	DCE	fb1406	-	-	-	-	-	-	-	-	-	-	-	70.3
纤维板	DCE	fb1407	-	-	-	-	-	-	-	-	-	-	-	71.15
(元/张)	DCE	fb1408	-	-	-	-	-	-	-	-	-	-	-	70.8
Fiberboard	DCE	fb1409	-	-	-	-	-	-	-	-	-	-	-	71.1
	DCE	fb1410	-	-	-	-	-	-	-	-	-	-	-	70.65
	DCE	fb1411	-	-	-	-	-	-	-	-	-	-	-	71.45
	DCE	fb1412	-	-	-	-	-	-	-	-	-	-	-	71.85

注：如果该合约在月中交割，则该月的月末结算价为最后一个交易日的结算价。
数据来源：上海期货交易所、郑州商品交易所、大连商品交易所
Source：SHFE、ZCE、DCE

5-17 2013年金属期货合约月末结算价

Clearing Price of Metal Products Futures Contracts in 2013

单位：元/吨 (yuan/ton)

交易品种 Futures Products	上市交易所 Futures Exchange	合约 Contracts	1月 Jan.	2月 Feb.	3月 Mar.	4月 Apr.	5月 May	6月 June	7月 July	8月 Aug.	9月 Sept.	10月 Oct.	11月 Nov.	12月 Dec.
	SHFE	cu1301	57350	-	-	-	-	-	-	-	-	-	-	-
	SHFE	cu1302	58880	58480	-	-	-	-	-	-	-	-	-	-
	SHFE	cu1303	59150	57370	56780	-	-	-	-	-	-	-	-	-
	SHFE	cu1304	59350	57550	55170	54130	-	-	-	-	-	-	-	-
	SHFE	cu1305	59560	57640	55120	52330	53230	-	-	-	-	-	-	-
	SHFE	cu1306	59690	57700	55050	52090	53360	52590	-	-	-	-	-	-
	SHFE	cu1307	59840	57760	55030	52010	53130	49070	50500	-	-	-	-	-
	SHFE	cu1308	59930	57770	55040	51810	52940	48850	49580	52660	-	-	-	-
	SHFE	cu1309	60020	57900	55050	51780	52760	48670	49380	52270	52010	-	-	-
铜	SHFE	cu1310	60080	57880	55080	51780	52630	48390	49150	52140	52730	52440	-	-
	SHFE	cu1311	60220	57970	55160	51780	52570	48240	48910	51990	52670	52030	50670	-
Copper	SHFE	cu1312	60250	58020	55210	51830	52560	48220	48760	51860	52570	51960	50780	51240
	SHFE	cu1401	60350	58120	55260	51890	52580	48200	48670	51830	52470	51830	50760	52260
	SHFE	cu1402	-	58110	55340	51800	52640	48350	48590	51830	52410	51780	50620	52240
	SHFE	cu1403	-	-	55400	51890	52600	48460	48580	51880	52430	51830	50560	52280
	SHFE	cu1404	-	-	-	52030	52590	48700	48710	51880	52460	51870	50550	52310
	SHFE	cu1405	-	-	-	-	52610	48820	48770	51950	52510	51930	50550	52300
	SHFE	cu1406	-	-	-	-	-	49000	48880	52030	52550	51970	50550	52330
	SHFE	cu1407	-	-	-	-	-	-	48950	52050	52630	52030	50620	52360
	SHFE	cu1408	-	-	-	-	-	-	-	52080	52710	52000	50610	52470
	SHFE	cu1409	-	-	-	-	-	-	-	-	52690	52020	50650	52430
	SHFE	cu1410	-	-	-	-	-	-	-	-	-	52060	50660	52480
	SHFE	cu1411	-	-	-	-	-	-	-	-	-	-	50710	52490
	SHFE	cu1412	-	-	-	-	-	-	-	-	-	-	-	52460
	SHFE	al1301	14945	-	-	-	-	-	-	-	-	-	-	-
	SHFE	al1302	15020	14815	-	-	-	-	-	-	-	-	-	-
	SHFE	al1303	15135	14600	14595	-	-	-	-	-	-	-	-	-
	SHFE	al1304	15245	14705	14520	14505	-	-	-	-	-	-	-	-
	SHFE	al1305	15345	14815	14560	14590	14525	-	-	-	-	-	-	-
	SHFE	al1306	15425	14900	14600	14650	14780	14780	-	-	-	-	-	-
	SHFE	al1307	15505	14975	14645	14675	14755	14350	14355	-	-	-	-	-
	SHFE	al1308	15580	15065	14690	14685	14770	14265	14195	14350	-	-	-	-
	SHFE	al1309	15695	15165	14745	14700	14780	14240	14180	14295	14405	-	-	-
铝	SHFE	al1310	15805	15230	14805	14705	14795	14230	14195	14295	14430	14450	-	-
	SHFE	al1311	15905	15260	14840	14720	14815	14235	14190	14295	14355	14435	14325	-
Aluminum	SHFE	al1312	15940	15385	14910	14770	14825	14240	14195	14285	14285	14430	14190	14225
	SHFE	al1401	15980	15430	14950	14770	14825	14275	14220	14285	14250	14410	14075	14115
	SHFE	al1402	-	15570	15000	14855	14795	14305	14260	14285	14245	14400	14000	14040
	SHFE	al1403	-	-	14960	14815	14860	14300	14270	14280	14240	14395	13970	14020
	SHFE	al1404	-	-	-	14835	14860	14360	14290	14310	14250	14410	13970	13975
	SHFE	al1405	-	-	-	-	14930	14405	14320	14350	14270	14405	13985	13955
	SHFE	al1406	-	-	-	-	-	14680	14410	14410	14260	14445	13995	13945
	SHFE	al1407	-	-	-	-	-	-	14350	14430	14280	14440	14025	13950
	SHFE	al1408	-	-	-	-	-	-	-	14605	14355	14480	14060	13970
	SHFE	al1409	-	-	-	-	-	-	-	-	14365	14440	14095	13955
	SHFE	al1410	-	-	-	-	-	-	-	-	-	14450	14125	13970
	SHFE	al1411	-	-	-	-	-	-	-	-	-	-	14170	13970
	SHFE	al1412	-	-	-	-	-	-	-	-	-	-	-	13995

注：如果该合约在月中交割，则该月的月末结算价为最后一个交易日的结算价。

数据来源：上海期货交易所

Source：SHFE

5-17 续表 1 continued

单位：元/吨 (yuan/ton)

交易品种 Futures Products	上市交易所 Futures Exchange	合约 Contracts	1月 Jan.	2月 Feb.	3月 Mar.	4月 Apr.	5月 May	6月 June	7月 July	8月 Aug.	9月 Sept.	10月 Oct.	11月 Nov.	12月 Dec.
	SHFE	zn1301	15065	-	-	-	-	-	-	-	-	-	-	-
	SHFE	zn1302	15700	15505	-	-	-	-	-	-	-	-	-	-
	SHFE	zn1303	15815	15430	15030	-	-	-	-	-	-	-	-	-
	SHFE	zn1304	15945	15555	14690	14415	-	-	-	-	-	-	-	-
	SHFE	zn1305	16080	15655	14725	14655	14400	-	-	-	-	-	-	-
	SHFE	zn1306	16145	15755	14770	14720	14715	14560	-	-	-	-	-	-
	SHFE	zn1307	16275	15860	14815	14770	14710	14410	14665	-	-	-	-	-
	SHFE	zn1308	16325	15955	14880	14820	14730	14390	14455	14900	-	-	-	-
	SHFE	zn1309	16405	16005	14945	14885	14775	14385	14455	14860	14760	-	-	-
	SHFE	zn1310	16495	16115	15020	14985	14820	14405	14455	14850	14810	15020	-	-
锌	SHFE	zn1311	16585	16170	15125	15040	14835	14430	14460	14850	14810	14970	14890	-
	SHFE	zn1312	16665	16220	15205	15080	14880	14450	14475	14880	14815	14915	14820	15045
Zinc	SHFE	zn1401	16705	16300	15225	15115	14925	14495	14495	14915	14840	14965	14765	15145
	SHFE	zn1402	-	16400	15175	15195	14940	14520	14550	14955	14860	14975	14750	15195
	SHFE	zn1403	-	-	15390	15235	14990	14560	14530	15000	14875	14950	14750	15220
	SHFE	zn1404	-	-	-	15125	15000	14600	14735	15035	14925	15070	14755	15235
	SHFE	zn1405	-	-	-	-	14800	14860	14625	15040	14905	14940	14775	15255
	SHFE	zn1406	-	-	-	-	-	14725	14635	15090	14895	14955	14775	15280
	SHFE	zn1407	-	-	-	-	-	-	14840	15285	14980	15060	14790	15245
	SHFE	zn1408	-	-	-	-	-	-	-	15310	15005	15045	14795	15380
	SHFE	zn1409	-	-	-	-	-	-	-	-	14990	15180	14835	15310
	SHFE	zn1410	-	-	-	-	-	-	-	-	-	15090	14870	15295
	SHFE	zn1411	-	-	-	-	-	-	-	-	-	-	15000	15370
	SHFE	zn1412	-	-	-	-	-	-	-	-	-	-	-	15455
	SHFE	pb1301	14895	-	-	-	-	-	-	-	-	-	-	-
	SHFE	pb1302	15275	15035	-	-	-	-	-	-	-	-	-	-
	SHFE	pb1303	15410	14870	14510	-	-	-	-	-	-	-	-	-
	SHFE	pb1304	15545	15010	14265	13965	-	-	-	-	-	-	-	-
	SHFE	pb1305	15680	15155	14385	13790	13675	-	-	-	-	-	-	-
	SHFE	pb1306	15875	15305	14495	13880	13925	13885	-	-	-	-	-	-
	SHFE	pb1307	15825	15370	14605	13975	14025	13720	13715	-	-	-	-	-
	SHFE	pb1308	15940	15460	14745	14045	14105	13800	13690	14365	-	-	-	-
	SHFE	pb1309	15625	15330	14930	14105	14175	13895	13750	14655	13970	-	-	-
	SHFE	pb1310	16000	15595	15030	14165	14220	13980	13815	14675	14030	14130	-	-
铅	SHFE	pb1311	16200	15680	15100	14280	14280	14020	13860	14685	14075	14295	13940	-
	SHFE	pb1312	16070	15680	15200	14365	14435	14210	13980	14700	14130	14335	13830	13960
Lead	SHFE	pb1401	16115	15485	14940	14290	14205	14355	14115	14785	14155	14375	13915	14285
	SHFE	pb1402	-	15525	15205	14600	14750	14880	14215	14890	14195	14455	13980	14300
	SHFE	pb1403	-	-	15660	14645	14660	14895	14365	14945	14185	14425	14030	14355
	SHFE	pb1404	-	-	-	14615	14630	14870	14315	15015	14265	14560	14040	14390
	SHFE	pb1405	-	-	-	-	14670	15005	14450	15155	14405	14585	14175	14395
	SHFE	pb1406	-	-	-	-	-	14990	14435	15085	14480	14620	14280	14475
	SHFE	pb1407	-	-	-	-	-	-	14435	15085	14605	14530	14290	14550
	SHFE	pb1408	-	-	-	-	-	-	-	15085	14625	14795	14195	14480
	SHFE	pb1409	-	-	-	-	-	-	-	-	14545	14720	14215	14530
	SHFE	pb1410	-	-	-	-	-	-	-	-	-	14720	14290	14540
	SHFE	pb1411	-	-	-	-	-	-	-	-	-	-	14180	14465
	SHFE	pb1412	-	-	-	-	-	-	-	-	-	-	-	14565

5-17 续表 2 continued

单位：元/吨 (yuan/ton)

交易品种 Futures Products	上市交易所 Futures Exchange	合约 Contracts	1月 Jan.	2月 Feb.	3月 Mar.	4月 Apr.	5月 May	6月 June	7月 July	8月 Aug.	9月 Sept.	10月 Oct.	11月 Nov.	12月 Dec.
黄金 (元/克) Gold (yuan/g)	SHFE	au1301	333.9	-	-	-	-	-	-	-	-	-	-	-
	SHFE	au1302	335.9	336.5	-	-	-	-	-	-	-	-	-	-
	SHFE	au1303	339.1	322	318	-	-	-	-	-	-	-	-	-
	SHFE	au1304	338.7	321.8	318.6	315	-	-	-	-	-	-	-	-
	SHFE	au1305	339.2	325	320.6	297.1	284.9	-	-	-	-	-	-	-
	SHFE	au1306	341.5	326.2	322.9	296	283.9	276.3	-	-	-	-	-	-
	SHFE	au1307	341.9	329	323.9	294.8	284.2	243.1	252.5	-	-	-	-	-
	SHFE	au1308	341.3	330	324.8	295.3	284.4	244.9	265.1	268.1	-	-	-	-
	SHFE	au1309	343.5	327.6	323.5	297	283.6	242.5	265.6	280	268.1	-	-	-
	SHFE	au1310	344.5	326.8	324.7	298.1	284.3	241.9	263.9	280.8	262.1	258.5	-	-
	SHFE	au1311	344.1	327.9	324	297.4	284.4	242.9	263.4	279.9	266.4	265	251.6	-
	SHFE	au1312	343.2	327	324	297.5	283.8	242.6	264	280.5	266.9	265.4	245.8	240.8
	SHFE	au1401	342.6	327.9	325.2	297.8	284.9	243.7	264.3	279.8	266.7	266.1	246.8	237.3
	SHFE	au1402	-	327.9	326.6	299.1	283.4	244.1	262.9	279.8	267	266.8	247.3	237.4
	SHFE	au1403	-	-	328.1	301	284.1	244.8	266.2	280.7	266.9	268.6	247.7	238.4
	SHFE	au1404	-	-	-	299.6	285	243.4	265.7	280.7	266.5	264.4	248.1	239.3
	SHFE	au1405	-	-	-	-	281.2	243.6	263.6	281.7	266.6	265.8	248.5	239.5
	SHFE	au1406	-	-	-	-	-	243.7	265	280.4	267.2	266	248.4	240.5
	SHFE	au1407	-	-	-	-	-	-	263.8	281.6	268.1	264.9	248.9	241.4
	SHFE	au1408	-	-	-	-	-	-	-	280.7	267.7	267.4	249.1	240.9
	SHFE	au1410	-	-	-	-	-	-	-	-	-	265.2	248.4	242.2
	SHFE	au1412	-	-	-	-	-	-	-	-	-	-	-	241.8
白银 (元/千克) Silver (yuan/kg)	SHFE	ag1301	6293	-	-	-	-	-	-	-	-	-	-	-
	SHFE	ag1302	6470	6083	-	-	-	-	-	-	-	-	-	-
	SHFE	ag1303	6508	5964	5904	-	-	-	-	-	-	-	-	-
	SHFE	ag1304	6568	6014	5756	5280	-	-	-	-	-	-	-	-
	SHFE	ag1305	6607	6048	5791	4909	4640	-	-	-	-	-	-	-
	SHFE	ag1306	6649	6085	5821	4937	4566	4395	-	-	-	-	-	-
	SHFE	ag1307	6684	6114	5852	4966	4581	3713	4005	-	-	-	-	-
	SHFE	ag1308	6703	6157	5895	4947	4616	3715	3964	4401	-	-	-	-
	SHFE	ag1309	6728	6185	5900	5028	4621	3752	3961	4742	4445	-	-	-
	SHFE	ag1310	6755	6219	5963	5035	4645	3790	3960	4715	4370	4325	-	-
	SHFE	ag1311	6806	6274	6013	5092	4655	3789	3970	4783	4388	4563	4243	-
	SHFE	ag1312	6844	6281	6010	5094	4668	3806	3963	4801	4402	4556	4125	4018
	SHFE	ag1401	6866	6324	6030	5153	4672	3788	3983	4805	4410	4529	4128	4031
	SHFE	ag1402	-	6356	6074	5177	4693	3848	4003	4819	4421	4575	4135	4059
	SHFE	ag1403	-	-	6107	5184	4712	3885	3995	4820	4415	4528	4139	4078
	SHFE	ag1404	-	-	-	5177	4737	3919	4011	4818	4426	4538	4147	4089
	SHFE	ag1405	-	-	-	-	4787	3891	4020	4837	4468	4550	4148	4102
	SHFE	ag1406	-	-	-	-	-	3902	4040	4851	4450	4538	4146	4136
	SHFE	ag1407	-	-	-	-	-	-	4049	4807	4456	4563	4153	4146
	SHFE	ag1408	-	-	-	-	-	-	-	4854	4480	4555	4163	4138
	SHFE	ag1409	-	-	-	-	-	-	-	-	4492	4550	4172	4129
	SHFE	ag1410	-	-	-	-	-	-	-	-	-	4587	4168	4146
	SHFE	ag1411	-	-	-	-	-	-	-	-	-	-	4184	4151
	SHFE	ag1412	-	-	-	-	-	-	-	-	-	-	-	4168

5-17 续表 3 continued

单位：元/吨 (yuan/ton)

交易品种 Futures Products	上市交易所 Futures Exchange	合约 Contracts	1月 Jan.	2月 Feb.	3月 Mar.	4月 Apr.	5月 May	6月 June	7月 July	8月 Aug.	9月 Sept.	10月 Oct.	11月 Nov.	12月 Dec.
	SHFE	rb1301	3854	-	-	-	-	-	-	-	-	-	-	-
	SHFE	rb1302	3881	3881	-	-	-	-	-	-	-	-	-	-
	SHFE	rb1303	3927	3791	3674	-	-	-	-	-	-	-	-	-
	SHFE	rb1304	4017	3929	3734	3638	-	-	-	-	-	-	-	-
	SHFE	rb1305	4114	3963	3770	3451	3400	-	-	-	-	-	-	-
	SHFE	rb1306	4121	3984	3803	3530	3244	3210	-	-	-	-	-	-
	SHFE	rb1307	4135	4011	3819	3547	3377	3165	3162	-	-	-	-	-
	SHFE	rb1308	4128	4015	3822	3617	3417	3371	3381	3381	-	-	-	-
	SHFE	rb1309	4137	4027	3805	3622	3440	3447	3513	3392	3389	-	-	-
	SHFE	rb1310	4180	4032	3813	3636	3431	3481	3568	3557	3450	3371	-	-
	SHFE	rb1311	4189	4039	3837	3677	3458	3512	3604	3581	3454	3296	3400	-
螺纹钢	SHFE	rb1312	4179	4036	3850	3697	3483	3522	3621	3636	3477	3370	3487	3400
Steel	SHFE	rb1401	4196	4054	3838	3700	3490	3536	3641	3754	3588	3509	3550	3344
Rebar	SHFE	rb1402	-	4061	3861	3698	3528	3562	3673	3758	3589	3499	3512	3351
	SHFE	rb1403	-	-	3879	3771	3569	3581	3670	3790	3616	3542	3570	3450
	SHFE	rb1404	-	-	-	3756	3567	3601	3686	3802	3668	3599	3632	3524
	SHFE	rb1405	-	-	-	-	3565	3613	3691	3825	3689	3637	3670	3575
	SHFE	rb1406	-	-	-	-	-	3604	3712	3837	3691	3639	3675	3572
	SHFE	rb1407	-	-	-	-	-	-	3706	3861	3699	3646	3697	3558
	SHFE	rb1408	-	-	-	-	-	-	-	3864	3712	3648	3687	3605
	SHFE	rb1409	-	-	-	-	-	-	-	-	3724	3657	3689	3637
	SHFE	rb1410	-	-	-	-	-	-	-	-	-	3695	3709	3650
	SHFE	rb1411	-	-	-	-	-	-	-	-	-	-	3710	3648
	SHFE	rb1412	-	-	-	-	-	-	-	-	-	-	-	3662
	SHFE	wr1301	3690	-	-	-	-	-	-	-	-	-	-	-
	SHFE	wr1302	3842	3842	-	-	-	-	-	-	-	-	-	-
	SHFE	wr1303	4023	4027	4140	-	-	-	-	-	-	-	-	-
	SHFE	wr1304	4100	4234	3962	3962	-	-	-	-	-	-	-	-
	SHFE	wr1305	4050	3952	3883	3810	3810	-	-	-	-	-	-	-
	SHFE	wr1306	4097	4134	4079	4091	3700	3700	-	-	-	-	-	-
	SHFE	wr1307	4000	3910	3861	3660	3653	3525	3525	-	-	-	-	-
	SHFE	wr1308	3977	3869	3871	3770	3477	3592	3800	3800	-	-	-	-
	SHFE	wr1309	3980	3882	3940	3654	3498	3498	3722	3687	3687	-	-	-
	SHFE	wr1310	4029	3869	3858	3782	3578	3579	3569	3793	3722	3722	-	-
线材	SHFE	wr1311	3956	4154	3955	3821	3448	3550	3632	3790	3690	3750	3750	-
Steel	SHFE	wr1312	3989	4018	3892	3695	3492	3524	3626	3770	3700	3663	3590	3590
Wire	SHFE	wr1401	4043	4119	3972	3697	3558	3572	3654	3775	3631	3600	3690	3690
Rod	SHFE	wr1402	-	4269	3862	3764	3620	3602	3671	3797	3693	3660	3625	3646
	SHFE	wr1403	-	-	3935	3663	3565	3606	3700	3799	3772	3678	3717	3717
	SHFE	wr1404	-	-	-	3517	3420	3611	3685	3831	3743	3491	3534	3532
	SHFE	wr1405	-	-	-	-	3595	3599	3718	3748	3738	3655	3644	3688
	SHFE	wr1406	-	-	-	-	-	3613	3682	3802	3705	3598	3613	3685
	SHFE	wr1407	-	-	-	-	-	-	3680	3844	3718	3606	3620	3688
	SHFE	wr1408	-	-	-	-	-	-	-	3880	3719	3616	3598	3725
	SHFE	wr1409	-	-	-	-	-	-	-	-	3613	3676	3670	3684
	SHFE	wr1410	-	-	-	-	-	-	-	-	-	3678	3679	3679
	SHFE	wr1411	-	-	-	-	-	-	-	-	-	-	3636	3720
	SHFE	wr1412	-	-	-	-	-	-	-	-	-	-	-	3716

5-18　2013年能源、化工及其他期货合约月末结算价

Clearing Price of Building Materials, Energy, Chemical Products & Others Futures Contracts in 2013

单位：元/吨　(yuan/ton)

交易品种 Futures Products	上市交易所 Futures Exchange	合约 Contracts	1月 Jan.	2月 Feb.	3月 Mar.	4月 Apr.	5月 May	6月 June	7月 July	8月 Aug.	9月 Sept.	10月 Oct.	11月 Nov.	12月 Dec.
	DCE	l1301	11175	-	-	-	-	-	-	-	-	-	-	-
	DCE	l1302	11175	11510	-	-	-	-	-	-	-	-	-	-
	DCE	l1303	11190	11190	10915	-	-	-	-	-	-	-	-	-
	DCE	l1304	11150	11085	10645	10460	-	-	-	-	-	-	-	-
	DCE	l1305	11060	11005	10825	10300	10480	-	-	-	-	-	-	-
	DCE	l1306	10960	11055	10575	10305	10400	10855	-	-	-	-	-	-
	DCE	l1307	10500	10920	10440	10115	10365	10695	10695	-	-	-	-	-
	DCE	l1308	10425	10930	10630	10010	10410	10275	11355	11620	-	-	-	-
	DCE	l1309	11085	10895	10430	9960	10320	10440	11410	12310	12110	-	-	-
	DCE	l1310	11025	10850	10335	9965	10285	10325	10955	11320	11005	11360	-	-
	DCE	l1311	10160	11135	10405	10190	10215	10200	11045	11285	11285	11725	11505	-
聚乙烯	DCE	l1312	10625	10895	10475	10230	10050	10170	10780	11030	11185	11525	12000	11950
	DCE	l1401	11100	10925	10490	9845	10070	10010	10660	10835	10945	11440	11860	11880
LLDPE	DCE	l1402	-	11145	10445	9870	10080	9975	10630	10755	10800	11270	11520	11550
	DCE	l1403	-	-	10460	9705	9905	9950	10510	10635	10820	11110	11425	11220
	DCE	l1404	-	-	-	9965	10370	9900	10550	10610	10700	10925	11225	11265
	DCE	l1405	-	-	-	-	10025	9875	10390	10630	10535	10855	11145	11150
	DCE	l1406	-	-	-	-	-	9725	10410	10590	10540	10825	11055	11065
	DCE	l1407	-	-	-	-	-	-	10520	10765	10570	10860	11040	10975
	DCE	l1408	-	-	-	-	-	-	-	10715	10550	10785	10945	10920
	DCE	l1409	-	-	-	-	-	-	-	-	10365	10665	10935	10880
	DCE	l1410	-	-	-	-	-	-	-	-	-	10580	10915	10820
	DCE	l1411	-	-	-	-	-	-	-	-	-	-	10880	10850
	DCE	l1412	-	-	-	-	-	-	-	-	-	-	-	10805
	DCE	v1301	6370	-	-	-	-	-	-	-	-	-	-	-
	DCE	v1302	6340	6455	-	-	-	-	-	-	-	-	-	-
	DCE	v1303	6500	6070	6270	-	-	-	-	-	-	-	-	-
	DCE	v1304	6710	6570	6340	6290	-	-	-	-	-	-	-	-
	DCE	v1305	6735	6555	6425	6365	6475	-	-	-	-	-	-	-
	DCE	v1306	6690	6625	6560	6395	6505	6505	-	-	-	-	-	-
	DCE	v1307	6730	6725	6505	6460	6530	6550	6600	-	-	-	-	-
	DCE	v1308	6855	6725	6725	6530	6525	6540	6670	6670	-	-	-	-
	DCE	v1309	6965	6765	6590	6540	6585	6545	6745	6660	6600	-	-	-
	DCE	v1310	6795	6805	6665	6580	6590	6540	6765	6735	6485	6485	-	-
	DCE	v1311	6925	6870	6750	6670	6660	6620	6950	6715	6515	6500	6500	-
聚氯乙烯	DCE	v1312	6875	6980	6980	6720	6765	6570	6870	6675	6645	6395	6265	6265
	DCE	v1401	7030	6910	6780	6650	6680	6570	6665	6645	6520	6360	6320	6230
PVC	DCE	v1402	-	6940	6835	6685	6755	6615	6600	6625	6515	6360	6295	6205
	DCE	v1403	-	-	6765	6995	6850	6705	6635	6670	6545	6385	6320	6335
	DCE	v1404	-	-	-	6925	6780	6660	6765	6890	6585	6425	6375	6360
	DCE	v1405	-	-	-	-	6735	6595	6685	6740	6595	6430	6510	6425
	DCE	v1406	-	-	-	-	-	6710	6775	6855	6600	6435	6485	6425
	DCE	v1407	-	-	-	-	-	-	6675	6725	6500	6445	6495	6425
	DCE	v1408	-	-	-	-	-	-	-	6740	6515	6475	6550	6430
	DCE	v1409	-	-	-	-	-	-	-	-	6700	6540	6600	6555
	DCE	v1410	-	-	-	-	-	-	-	-	-	6585	6605	6570
	DCE	v1411	-	-	-	-	-	-	-	-	-	-	6460	6555
	DCE	v1412	-	-	-	-	-	-	-	-	-	-	-	6520

注：如果该合约在月中交割，则该月的月末结算价为最后一个交易日的结算价。

数据来源：上海期货交易所、郑州商品交易所、大连商品交易所

Source: SHFE、ZCE、DCE

5-18 续表 1 continued

单位：元/吨 (yuan/ton)

交易品种 Futures Products	上市交易所 Futures Exchange	合约 Contracts	1月 Jan.	2月 Feb.	3月 Mar.	4月 Apr.	5月 May	6月 June	7月 July	8月 Aug.	9月 Sept.	10月 Oct.	11月 Nov.	12月 Dec.
	DCE	j1301	1625	-	-	-	-	-	-	-	-	-	-	-
	DCE	j1302	1676	1676	-	-	-	-	-	-	-	-	-	-
	DCE	j1303	1811	1811	1811	-	-	-	-	-	-	-	-	-
	DCE	j1304	1882	1826	1596	1596	-	-	-	-	-	-	-	-
	DCE	j1305	1889	1789	1549	1423	1443	-	-	-	-	-	-	-
	DCE	j1306	1895	1813	1582	1455	1475	1457	-	-	-	-	-	-
	DCE	j1307	1916	1810	1575	1491	1448	1381	1381	-	-	-	-	-
	DCE	j1308	1918	1842	1596	1514	1478	1374	1399	1399	-	-	-	-
	DCE	j1309	1950	1861	1590	1518	1484	1386	1386	1433	1447	-	-	-
焦炭	DCE	j1310	1931	1877	1616	1560	1518	1424	1425	1459	1404	1392	-	-
	DCE	j1311	1927	1836	1688	1543	1552	1416	1433	1502	1446	1418	1498	-
Coke	DCE	j1312	1901	1872	1872	1569	1566	1435	1448	1561	1506	1478	1500	1500
	DCE	j1401	1976	1899	1638	1585	1557	1445	1453	1584	1554	1526	1546	1381
	DCE	j1402	-	1908	1827	1605	1572	1454	1468	1604	1569	1574	1580	1427
	DCE	j1403	-	-	1664	1605	1567	1465	1482	1637	1597	1585	1592	1442
	DCE	j1404	-	-	-	1596	1571	1467	1492	1636	1613	1590	1607	1451
	DCE	j1405	-	-	-	-	1604	1505	1504	1664	1636	1606	1617	1466
	DCE	j1406	-	-	-	-	-	1526	1516	1670	1669	1625	1629	1473
	DCE	j1407	-	-	-	-	-	-	1527	1679	1674	1630	1632	1491
	DCE	j1408	-	-	-	-	-	-	-	1672	1677	1642	1631	1517
	DCE	j1409	-	-	-	-	-	-	-	-	1690	1666	1655	1517
	DCE	j1410	-	-	-	-	-	-	-	-	-	1687	1669	1551
	DCE	j1411	-	-	-	-	-	-	-	-	-	-	1670	1534
	DCE	j1412	-	-	-	-	-	-	-	-	-	-	-	1548
	SHFE	fu1303	4910	5200	-	-	-	-	-	-	-	-	-	-
	SHFE	fu1304	5040	5185	5185	-	-	-	-	-	-	-	-	-
	SHFE	fu1305	5204	5183	5157	4810	-	-	-	-	-	-	-	-
	SHFE	fu1306	5223	5249	5290	5593	4646	-	-	-	-	-	-	-
	SHFE	fu1307	5099	5135	5143	4896	4494	4494	-	-	-	-	-	-
	SHFE	fu1308	5070	5130	5138	4891	4986	4986	4986	-	-	-	-	-
	SHFE	fu1309	5193	5337	5182	5052	4954	4744	4600	4539	-	-	-	-
	SHFE	fu1310	5226	5349	5032	5496	5274	4712	4720	4359	4017	-	-	-
	SHFE	fu1311	5226	5349	5018	5324	5000	5110	4607	4700	4177	4056	-	-
燃料油	SHFE	fu1312	5174	5298	5040	5348	4983	4859	4941	4672	3800	3959	3598	-
	SHFE	fu1402	-	5298	5044	5347	5132	5225	5077	4790	3826	4157	3941	3800
Fuel Oil	SHFE	fu1403	-	-	5176	5182	4763	4770	4510	4820	4530	4360	4070	4070
	SHFE	fu1404	-	-	-	5176	5183	4545	4915	4939	4317	4362	4150	4151
	SHFE	fu1405	-	-	-	-	5017	4771	5009	4998	4698	4581	4355	4167
	SHFE	fu1406	-	-	-	-	-	5017	5077	4823	4823	4704	4473	4440
	SHFE	fu1407	-	-	-	-	-	-	4935	4935	4638	4588	4601	4340
	SHFE	fu1408	-	-	-	-	-	-	-	4862	4862	4356	4330	4485
	SHFE	fu1409	-	-	-	-	-	-	-	-	4745	4247	4689	4361
	SHFE	fu1410	-	-	-	-	-	-	-	-	-	4737	4554	4334
	SHFE	fu1411	-	-	-	-	-	-	-	-	-	-	5031	4482
	SHFE	fu1412	-	-	-	-	-	-	-	-	-	-	-	4482
	ZCE	ME301	2677	-	-	-	-	-	-	-	-	-	-	-
	ZCE	ME302	2774	2774	-	-	-	-	-	-	-	-	-	-
	ZCE	ME303	2807	2900	2900	-	-	-	-	-	-	-	-	-
甲醇	ZCE	ME304	2876	2821	2715	2658	-	-	-	-	-	-	-	-
	ZCE	ME305	2944	2888	2779	2638	2634	-	-	-	-	-	-	-
Menthanol	ZCE	ME306	2934	2896	2807	2689	2689	2689	-	-	-	-	-	-
	ZCE	ME307	2902	2868	2779	2638	2678	2678	2678	-	-	-	-	-
	ZCE	ME308	2917	2882	2887	2752	2639	2620	2680	2680	-	-	-	-
	ZCE	ME309	3017	2974	2909	2779	2692	2591	2778	2670	2799	-	-	-
	ZCE	ME310	3020	2975	2965	2876	2752	2659	2814	2827	2978	2978	-	-

5-18 续表 2 continued

单位：元/吨 (yuan/ton)

交易品种 Futures Products	上市交易所 Futures Exchange	合约 Contracts	1月 Jan.	2月 Feb.	3月 Mar.	4月 Apr.	5月 May	6月 June	7月 July	8月 Aug.	9月 Sept.	10月 Oct.	11月 Nov.	12月 Dec.
	ZCE	ME311	3111	3078	2970	2836	2749	2647	2812	2814	2865	2865	2865	-
	ZCE	ME312	3040	2997	2940	2809	2740	2665	2841	2848	2897	2897	2897	2897
	ZCE	ME401	3025	3008	2951	2818	2737	2634	2772	2803	2873	2842	3132	3051
	ZCE	ME402	-	3092	2840	2708	2631	2531	2855	2856	2909	2860	3094	3065
	ZCE	ME403	-	-	2806	2753	2672	2571	2845	2936	3010	2978	3221	3051
甲醇	ZCE	ME404	-	-	-	2673	2600	2502	2856	2810	2889	2857	3087	3026
	ZCE	ME405	-	-	-	-	2776	2697	2777	2838	2908	2858	3059	3021
Menthanol	ZCE	ME406	-	-	-	-	-	2688	2775	2895	2935	2881	3038	3021
	ZCE	ME407	-	-	-	-	-	-	2775	2917	2978	2929	3089	3005
	ZCE	ME408	-	-	-	-	-	-	-	2925	2892	2841	3056	3026
	ZCE	ME409	-	-	-	-	-	-	-	-	2922	2875	3040	2994
	ZCE	ME410	-	-	-	-	-	-	-	-	-	2861	3064	2954
	ZCE	ME411	-	-	-	-	-	-	-	-	-	-	3064	2950
	ZCE	ME412	-	-	-	-	-	-	-	-	-	-	-	2914
	ZCE	FG303	1441	1421	1375	-	-	-	-	-	-	-	-	-
	ZCE	FG304	1457	1428	1346	1346	-	-	-	-	-	-	-	-
	ZCE	FG305	1474	1458	1356	1147	1142	-	-	-	-	-	-	-
	ZCE	FG306	1526	1518	1401	1314	1393	1417	-	-	-	-	-	-
	ZCE	FG307	1547	1537	1423	1319	1369	1305	1305	-	-	-	-	-
	ZCE	FG308	1573	1563	1427	1349	1385	1365	1373	1373	-	-	-	-
	ZCE	FG309	1589	1575	1432	1352	1400	1372	1349	1220	1243	-	-	-
	ZCE	FG310	1587	1576	1428	1362	1400	1369	1344	1251	1280	1273	-	-
	ZCE	FG311	1593	1580	1434	1350	1400	1368	1343	1262	1292	1315	1306	-
玻璃	ZCE	FG312	1605	1595	1431	1363	1427	1385	1366	1374	1326	1353	1344	1340
	ZCE	FG401	1630	1613	1423	1360	1424	1382	1363	1379	1309	1310	1318	1302
Glass	ZCE	FG402	-	1614	1424	1359	1415	1389	1368	1390	1321	1306	1317	1310
	ZCE	FG403	-	-	1433	1377	1440	1399	1375	1406	1319	1306	1313	1325
	ZCE	FG404	-	-	-	1363	1450	1402	1387	1402	1316	1324	1314	1309
	ZCE	FG405	-	-	-	-	1460	1422	1401	1416	1322	1320	1315	1302
	ZCE	FG406	-	-	-	-	-	1440	1419	1447	1380	1368	1382	1383
	ZCE	FG407	-	-	-	-	-	-	1428	1452	1396	1387	1386	1378
	ZCE	FG408	-	-	-	-	-	-	-	1447	1408	1395	1403	1397
	ZCE	FG409	-	-	-	-	-	-	-	-	1400	1388	1396	1401
	ZCE	FG410	-	-	-	-	-	-	-	-	-	1388	1399	1405
	ZCE	FG411	-	-	-	-	-	-	-	-	-	-	1390	1390
	ZCE	FG412	-	-	-	-	-	-	-	-	-	-	-	1400
	ZCE	TA301	9036	-	-	-	-	-	-	-	-	-	-	-
	ZCE	TA302	8804	8732	-	-	-	-	-	-	-	-	-	-
	ZCE	TA303	8756	8490	8010	-	-	-	-	-	-	-	-	-
	ZCE	TA304	8720	8494	7766	7692	-	-	-	-	-	-	-	-
	ZCE	TA305	8670	8502	7820	7788	7698	-	-	-	-	-	-	-
	ZCE	TA306	8598	8446	7828	7756	7786	7826	-	-	-	-	-	-
	ZCE	TA307	8600	8432	7838	7764	7832	7656	7768	-	-	-	-	-
	ZCE	TA308	8596	8474	7812	7782	7846	7728	7840	7800	-	-	-	-
	ZCE	TA309	8578	8424	7810	7810	7872	7814	7906	7756	7712	-	-	-
	ZCE	TA310	8508	8424	7860	7740	7812	7636	7834	7886	7670	7498	-	-
	ZCE	TA311	8514	8408	7804	7640	7730	7596	7878	7916	7724	7386	7458	-
PTA	ZCE	TA312	8500	8438	7792	7674	7670	7510	7784	7928	7716	7428	7380	7488
	ZCE	TA401	8512	8422	7778	7624	7628	7422	7832	8010	7760	7498	7454	7618
	ZCE	TA402	-	8426	7770	7564	7610	7416	7838	8012	7728	7446	7448	7444
	ZCE	TA403	-	-	7754	7622	7628	7378	7790	8034	7738	7448	7446	7462
	ZCE	TA404	-	-	-	7516	7628	7404	7812	7960	7692	7412	7476	7420
	ZCE	TA405	-	-	-	-	7590	7366	7728	7998	7592	7390	7458	7386
	ZCE	TA406	-	-	-	-	-	7360	7742	7984	7612	7422	7454	7380
	ZCE	TA407	-	-	-	-	-	-	7730	7954	7656	7422	7426	7380
	ZCE	TA408	-	-	-	-	-	-	-	8034	7602	7452	7426	7336
	ZCE	TA409	-	-	-	-	-	-	-	-	7570	7406	7446	7338
	ZCE	TA410	-	-	-	-	-	-	-	-	-	7468	7446	7344
	ZCE	TA411	-	-	-	-	-	-	-	-	-	-	7420	7348
	ZCE	TA412	-	-	-	-	-	-	-	-	-	-	-	7348

5-18 续表 3 continued

单位：元/吨 (yuan/ton)

交易品种 Futures Products	上市交易所 Futures Exchange	合约 Contracts	1月 Jan.	2月 Feb.	3月 Mar.	4月 Apr.	5月 May	6月 June	7月 July	8月 Aug.	9月 Sept.	10月 Oct.	11月 Nov.	12月 Dec.
动力煤 Thermal Coal	ZCE	TC312	-	-	-	-	-	-	-	-	545	554.8	566.6	566.6
	ZCE	TC401	-	-	-	-	-	-	-	-	548.8	556.2	593.6	591.8
	ZCE	TC402	-	-	-	-	-	-	-	-	549.8	559.4	593.8	571
	ZCE	TC403	-	-	-	-	-	-	-	-	549	559.4	595.2	569.4
	ZCE	TC404	-	-	-	-	-	-	-	-	559.6	564.4	596.4	565.6
	ZCE	TC405	-	-	-	-	-	-	-	-	562.2	566.6	594.8	562.4
	ZCE	TC406	-	-	-	-	-	-	-	-	565.4	570	598.4	563.8
	ZCE	TC407	-	-	-	-	-	-	-	-	558.6	575.6	597.6	566.6
	ZCE	TC408	-	-	-	-	-	-	-	-	573	577.4	597.2	561
	ZCE	TC409	-	-	-	-	-	-	-	-	572.8	579	598.8	564
	ZCE	TC410	-	-	-	-	-	-	-	-	-	583.6	600.8	566.6
	ZCE	TC411	-	-	-	-	-	-	-	-	-	-	601.8	571
	ZCE	TC412	-	-	-	-	-	-	-	-	-	-	-	568.8
石油沥青 Bitumen	SHFE	bu1402	-	-	-	-	-	-	-	-	-	4304	4348	4308
	SHFE	bu1403	-	-	-	-	-	-	-	-	-	4310	4364	4332
	SHFE	bu1404	-	-	-	-	-	-	-	-	-	4378	4378	4356
	SHFE	bu1405	-	-	-	-	-	-	-	-	-	-	4386	4436
	SHFE	bu1406	-	-	-	-	-	-	-	-	-	4382	4460	4480
	SHFE	bu1409	-	-	-	-	-	-	-	-	-	4386	4444	4436
	SHFE	bu1412	-	-	-	-	-	-	-	-	-	4338	4400	4404
	SHFE	bu1503	-	-	-	-	-	-	-	-	-	4430	4444	4476
	SHFE	bu1506	-	-	-	-	-	-	-	-	-	4470	4500	4498
	SHFE	bu1509	-	-	-	-	-	-	-	-	-	4452	4466	4446
	SHFE	bu1512	-	-	-	-	-	-	-	-	-	-	-	4422
焦煤 Coking Coal	DCE	jm1307	-	-	1229	1108	1079	991	962	-	-	-	-	-
	DCE	jm1308	-	-	1237	1098	1056	996	1048	1048	-	-	-	-
	DCE	jm1309	-	-	1252	1145	1102	1004	995	957	990	-	-	-
	DCE	jm1310	-	-	1281	1165	1112	1016	1003	969	986	1003	-	-
	DCE	jm1311	-	-	1282	1166	1113	1015	1031	1014	1007	1006	1036	-
	DCE	jm1312	-	-	1317	1200	1149	1051	1048	1058	1065	1009	1014	954
	DCE	jm1401	-	-	1317	1207	1162	1053	1056	1131	1142	1076	1078	968
	DCE	jm1402	-	-	1357	1191	1160	1054	1060	1143	1155	1092	1096	1001
	DCE	jm1403	-	-	1330	1218	1173	1073	1083	1164	1161	1099	1085	999
	DCE	jm1404	-	-	-	1207	1178	1075	1085	1185	1193	1137	1104	1013
	DCE	jm1405	-	-	-	-	1194	1108	1096	1208	1216	1151	1112	1011
	DCE	jm1406	-	-	-	-	-	1113	1102	1231	1231	1162	1125	1023
	DCE	jm1407	-	-	-	-	-	-	1089	1224	1222	1166	1138	1028
	DCE	jm1408	-	-	-	-	-	-	-	1216	1232	1182	1139	1038
	DCE	jm1409	-	-	-	-	-	-	-	-	1258	1205	1143	1051
	DCE	jm1410	-	-	-	-	-	-	-	-	-	1215	1163	1055
	DCE	jm1411	-	-	-	-	-	-	-	-	-	-	1180	1068
	DCE	jm1412	-	-	-	-	-	-	-	-	-	-	-	1068
铁矿石 Iron Ore	DCE	i1403	-	-	-	-	-	-	-	-	-	934	965	921
	DCE	i1404	-	-	-	-	-	-	-	-	-	926	942	907
	DCE	i1405	-	-	-	-	-	-	-	-	-	923	941	909
	DCE	i1406	-	-	-	-	-	-	-	-	-	926	937	903
	DCE	i1407	-	-	-	-	-	-	-	-	-	915	927	892
	DCE	i1408	-	-	-	-	-	-	-	-	-	910	933	894
	DCE	i1409	-	-	-	-	-	-	-	-	-	902	924	891
	DCE	i1410	-	-	-	-	-	-	-	-	-	903	923	880
	DCE	i1411	-	-	-	-	-	-	-	-	-	-	953	886
	DCE	i1412	-	-	-	-	-	-	-	-	-	-	-	880

5-19 2013年金融期货合约月末结算价

Clearing Price of Financial Futures Contracts in 2013

单位：元/吨 (yuan/ton)

交易品种 Futures Products	上市交易所 Futures Exchange	合约 Contracts	1月 Jan.	2月 Feb.	3月 Mar.	4月 Apr.	5月 May	6月 June	7月 July	8月 Aug.	9月 Sept.	10月 Oct.	11月 Nov.	12月 Dec.
指数期货 Index Futures	CFFEX	IF1301	2592.5	-	-	-	-	-	-	-	-	-	-	-
	CFFEX	IF1302	2691.8	2746.3	-	-	-	-	-	-	-	-	-	-
	CFFEX	IF1303	2705.6	2669.4	2568.4	-	-	-	-	-	-	-	-	-
	CFFEX	IF1304	-	2683.0	2497.0	2528.8	-	-	-	-	-	-	-	-
	CFFEX	IF1305	-	-	2499.6	2444.2	2576.9	-	-	-	-	-	-	-
	CFFEX	IF1306	2733.0	2698.0	2494.2	2434.6	2602.4	2315.0	-	-	-	-	-	-
	CFFEX	IF1307	-	-	-	-	2595.8	2144.6	2216.8	-	-	-	-	-
	CFFEX	IF1308	-	-	-	-	-	2144.2	2170.0	2330.2	-	-	-	-
	CFFEX	IF1309	2757.6	2722.6	2507.0	2443.8	2611.6	2150.4	2159.8	2302.2	2464.2	-	-	-
	CFFEX	IF1310	-	-	-	-	-	-	-	2305.4	2408.4	2428.2	-	-
	CFFEX	IF1311	-	-	-	-	-	-	-	-	2413.4	2376.2	2359.5	-
	CFFEX	IF1312	-	-	-	2463.4	2637.8	2166.8	2165.0	2313.2	2418.4	2377.2	2453.2	2290.3
	CFFEX	IF1401	-	-	-	-	-	-	-	-	-	-	2455.0	2348.4
	CFFEX	IF1402	-	-	-	-	-	-	-	-	-	-	-	2356.4
	CFFEX	IF1403	-	-	-	-	-	-	2176.4	2324.4	2438.0	2386.8	2462.8	2365.6
	CFFEX	IF1406	-	-	-	-	-	-	-	-	-	2388.8	2467.6	2372.0
国债期货 Treasury Future	CFFEX	TF1312	-	-	-	-	-	-	-	-	94.4	93.7	91.9	90.7
	CFFEX	TF1403	-	-	-	-	-	-	-	-	94.5	93.9	92.6	91.8
	CFFEX	TF1406	-	-	-	-	-	-	-	-	94.5	94.0	92.9	92.3
	CFFEX	TF1409	-	-	-	-	-	-	-	-	-	-	-	92.5

注：如果该合约在月中交割，则该月的月末结算价为交割结算价。

数据来源：中国金融期货交易所

Source：CFFEX

5-20 2013年农产品期货实物交割情况

Physical Delivery of Agricultural Products Futures in 2013

交易品种 Futures Products	上市交易所 Futures Exchange	合约 Contracts	交割量（手） Delivery Quantity (lot)	交割金额（万元） Delivery Amount(10 thousand yuan)	成交量（手） Trading Volume (lot)	成交金额（万元） Trading Turnover(10 thousand yuan)	结算价（元/吨） Clearing Price (yuan/ton)	交割率（%） Delivery Rate (%)
玉米 Corn	DCE	c1301	8330	19366.21	30198366	71279408.48	2321.00	0.03
	DCE	c1305	11654	27294.82	11975666	29008307.29	2342.86	0.10
	DCE	c1307	171	404.60	9924	24028.64	2364.50	1.72
	DCE	c1309	55529	135330.80	12239160	29755328.39	2439.02	0.45
黄大豆1号 Soybean No.1	DCE	a1301	1888	8681.86	36213846	169335028.15	4602.59	0.01
	DCE	a1303	65	315.35	8788	41015.31	4866.67	0.74
	DCE	a1305	3184	15213.92	46024712	220220531.89	4784.65	0.01
	DCE	a1307	411	1920.99	6450	30735.78	4673.33	6.37
	DCE	a1309	538	2339.42	10277740	49261391.42	4347.90	0.01
	DCE	a1311	14	62.43	5952	27701.16	4459.00	0.24
豆粕 Soybean Meal	DCE	m1305	4006	14858.25	265407708	903362000.57	3709.00	0.00
	DCE	m1307	137	512.24	70048	242065.71	3739.00	0.20
	DCE	m1308	1	3.70	19464	66871.60	3700.00	0.01
	DCE	m1309	8930	35514.56	179871822	594628946.04	3975.19	0.00
	DCE	m1311	372	1457.87	49336	173776.60	3919.00	0.75
	DCE	m1312	470	1880.00	21290	74336.36	4000.00	2.21
豆油 Soybean Oil	DCE	y1301	410	3456.02	56000004	537413432.61	8431.50	0.00
	DCE	y1305	5492	39423.83	47916862	424398308.91	7178.47	0.01
	DCE	y1307	1	6.80	1376	11723.33	6802.00	0.07
	DCE	y1308	20	130.56	2596	21227.73	6468.00	0.77
	DCE	y1309	2312	16241.68	70089200	554852318.73	7023.14	0.00
	DCE	y1311	5	33.13	4388	34223.90	6626.00	0.11
	DCE	y1312	22	155.05	2580	19138.21	7032.67	0.85
棕榈油 RBD Palm Oil	DCE	p1301	4564	28342.44	35059670	267092129.09	6210.00	0.01
	DCE	p1302	27	168.86	3648	24518.81	6254.00	0.74
	DCE	p1303	45	270.72	4972	34614.22	6016.00	0.91
	DCE	p1305	5868	32168.38	43568050	299755300.51	5482.00	0.01
	DCE	p1306	0	0.00	15116	95164.24	-	0.00
	DCE	p1309	5000	27210.00	56485736	364634150.27	5442.00	0.01
	DCE	p1310	500	2845.00	14572	89812.83	5690.00	3.43
强麦(WS) Strong Gluten Wheat	ZCE	WS301	13688	33905.96	8014	19860.92	2477.00	170.72
	ZCE	WS303	1815	4476.21	2687	6667.77	2479.00	67.13
	ZCE	WS305	6947	17015.60	1020686	2596337.93	2441.00	0.66

注：1.结算价为最后交易日交割结算价。

2.交割量包含期转现部分。

数据来源：上海期货交易所、郑州商品交易所、大连商品交易所

Source：SHFE、ZCE、DCE

5-20 续表 1 continued

交易品种 Futures Products	上市交易所 Futures Exchange	合约 Contracts	交割量（手） Delivery Quantity (lot)	交割金额（万元） Delivery Amount(10 thousand yuan)	成交量（手） Trading Volume (lot)	成交金额（万元） Trading Turnover(10 thousand yuan)	结算价（元/吨） Clearing Price (yuan/ton)	交割率(%) Delivery Rate (%)
强麦(WH) Strong Gluten Wheat	ZCE	WH307	262	1414.28	2534	12870.46	2699	10.99
	ZCE	WH309	2187	11984.76	408465	2113645.01	2740	0.57
	ZCE	WH311	441	2449.31	2777	15161.18	2777	16.16
	ZCE	WH401	0	0.00	954151	5296127.24	-	0.00
	ZCE	WH403	0	0.00	85	471.97	-	0.00
	ZCE	WH405	0	0.00	480565	2739366.04	-	0.00
	ZCE	WH407	0	0.00	119	667.35	-	0.00
	ZCE	WH409	0	0.00	23274	129903.11	-	0.00
	ZCE	WH411	0	0.00	21	117.05	-	0.00
普麦 Wheat	ZCE	PM301	0	0.00	4	48.40	2381.00	0.00
	ZCE	PM303	0	0.00	26	313.63	2412.00	0.00
	ZCE	PM305	0	0.00	160	1917.02	2284.00	0.00
	ZCE	PM307	1	11.66	195	2299.77	2331.00	0.51
	ZCE	PM309	0	0.00	590	7163.53	2466.00	0.00
	ZCE	PM311	0	0.00	124	1578.87	2680.00	0.00
	ZCE	PM401	0	0.00	475	5968.07	-	0.00
	ZCE	PM403	0	0.00	52	660.99	-	0.00
	ZCE	PM405	0	0.00	187	2426.02	-	0.00
	ZCE	PM407	0	0.00	2	26.45	-	0.00
	ZCE	PM409	0	0.00	77	996.28	-	0.00
	ZCE	PM411	0	0.00	2	26.01	-	0.00
棉花 Cotton	ZCE	CF301	2752	27270.62	6943	68934.43	19820.00	39.56
	ZCE	CF303	272	2649.28	9600	95162.05	19480.00	2.78
	ZCE	CF305	1248	13253.24	986499	9754333.95	21245.00	0.14
	ZCE	CF307	1280	12996.60	7215	71878.86	20265.00	18.08
	ZCE	CF309	2200	23089.00	4488803	45126286.44	20990.00	0.05
	ZCE	CF311	1288	12807.12	19163	192114.44	19880.00	6.67
	ZCE	CF401	120	1142.82	1123078	11157908.45	-	0.01
	ZCE	CF403	0	0.00	2126	20934.83	-	0.00
	ZCE	CF405	0	0.00	713813	6710357.02	-	0.00
	ZCE	CF407	0	0.00	2451	22708.00	-	0.00
	ZCE	CF409	0	0.00	69710	642555.99	-	0.00
	ZCE	CF411	0	0.00	22667	195794.94	-	0.00
白糖 Sugar	ZCE	SR301	1559	8863.65	2381	13537.94	5673.00	65.47
	ZCE	SR303	100	549.90	1490	8235.10	5499.00	6.68
	ZCE	SR305	2020	10987.53	4551838	25202938.70	5439.00	0.04
	ZCE	SR307	196	1037.62	3897	21046.82	5294.00	4.93
	ZCE	SR309	3370	17942.52	30614003	163667770.14	5351.00	0.01
	ZCE	SR311	300	1618.80	15849	83998.36	5396.00	1.93
	ZCE	SR401	2500	12837.30	24417684	123165778.89	-	0.01
	ZCE	SR403	0	0.00	2150	11033.17	-	0.00
	ZCE	SR405	0	0.00	9264615	46275782.28	-	0.00
	ZCE	SR407	0	0.00	2671	14127.23	-	0.00
	ZCE	SR409	0	0.00	800054	4029016.80	-	0.00
	ZCE	SR411	0	0.00	717	3623.01	-	0.00
	ZCE	SR501	0	0.00	107076	542501.98	-	0.00
	ZCE	SR503	0	0.00	108	561.52	-	0.00
	ZCE	SR505	0	0.00	3517	17777.32	-	0.00
菜籽油(RO) Rapeseed Oil	ZCE	RO301	5230	26085.64	577	2870.49	9946.00	908.75
	ZCE	RO303	45	213.35	186	915.26	9482.00	23.31
	ZCE	RO305	2858	13935.85	848849	4213780.25	9830.00	0.33

5-20 续表 2 continued

交易品种 Futures Products	上市交易所 Futures Exchange	合约 Contracts	交割量(手) Delivery Quantity (lot)	交割金额(万元) Delivery Amount(10 thousand yuan)	成交量(手) Trading Volume (lot)	成交金额(万元) Trading Turnover(10 thousand yuan)	结算价(元/吨) Clearing Price (yuan/ton)	交割率(%) Delivery Rate (%)
菜籽油(OI) Rapeseed Oil	ZCE	OI307	0	0.00	156	1542.87	9456.00	0.00
	ZCE	OI309	4821	38699.34	847489	7908378.02	7850.00	0.49
	ZCE	OI311	0	0.00	65	532.56	7812.00	0.00
	ZCE	OI401	550	4204.00	4444268	34297007.97	-	0.01
	ZCE	OI403	0	0.00	646	4890.58	-	0.00
	ZCE	OI405	0	0.00	6415357	48035886.11	-	0.00
	ZCE	OI407	0	0.00	94	711.93	-	0.00
	ZCE	OI409	0	0.00	142135	1051330.03	-	0.00
	ZCE	OI411	0	0.00	47	349.63	-	0.00
早籼稻(ER) Early Indica Rice	ZCE	ER301	1077	2790.51	15	38.58	2591.00	7233.04
	ZCE	ER303	10	26.82	81	216.02	2682.00	12.42
	ZCE	ER305	1158	2732.79	357379	957702.89	2320.00	0.29
早籼稻(RI) Early Indica Rice	ZCE	RI307	0	0.00	150	792.47	2387.00	0.00
	ZCE	RI309	1210	5999.18	78451	416828.59	2479.00	1.44
	ZCE	RI311	0	0.00	475	2558.72	2498.00	0.00
	ZCE	RI401	0	0.00	268415	1345968.06	-	0.00
	ZCE	RI403	0	0.00	604	3260.57	-	0.00
	ZCE	RI405	0	0.00	166960	813296.45	-	0.00
	ZCE	RI407	0	0.00	77	387.38	-	0.00
	ZCE	RI409	0	0.00	328	1632.47	-	0.00
	ZCE	RI411	0	0.00	11	56.15	-	0.00
油菜籽 Rapeseed	ZCE	RS307	0	0.00	622	3382.79	5373.00	0.00
	ZCE	RS308	0	0.00	190	1027.68	5175.00	0.00
	ZCE	RS309	2202	11752.34	1167558	6308775.95	5116.00	0.19
	ZCE	RS311	0	0.00	3902	20407.79	5161.00	0.00
	ZCE	RS407	0	0.00	85	427.29	-	0.00
	ZCE	RS408	0	0.00	18	91.39	-	0.00
	ZCE	RS409	0	0.00	339	1694.91	-	0.00
	ZCE	RS411	0	0.00	10	49.19	-	0.00
菜籽粕 Rapeseed Meal	ZCE	RM305	716	1875.92	10045765	25699686.66	2620.00	0.01
	ZCE	RM307	8	23.92	1284	3240.32	2990.00	0.74
	ZCE	RM308	0	0.00	2507	6252.22	3139.00	0.00
	ZCE	RM309	740	2309.54	31678875	78745134.74	3121.00	0.00
	ZCE	RM311	1950	5103.15	8564156	22985283.89	2617.00	0.02
	ZCE	RM401	5	12.93	65584279	155288821.35	-	0.00
	ZCE	RM403	0	0.00	22623	55177.55	-	0.00
	ZCE	RM405	0	0.00	39143616	96915208.25	-	0.00
	ZCE	RM407	0	0.00	17415	41799.85	-	0.00
	ZCE	RM408	0	0.00	5218	12753.94	-	0.00
	ZCE	RM409	0	0.00	4733635	11495725.04	-	0.00
	ZCE	RM411	0	0.00	301000	692880.02		0.00
粳稻 Japonica Rice	ZCE	JR403	0	0.00	841	5176.00	-	0.00
	ZCE	JR405	0	0.00	37007	226844.00	-	0.00
	ZCE	JR407	0	0.00	114	696.05	-	0.00
	ZCE	JR409	0	0.00	2447	15092.17	-	0.00
	ZCE	JR411	0	0.00	71	433.54	-	0.00
天然橡胶 Natural Rubber	SHFE	ru1301	2276	58003.86	21169265	491877197.89	25485.00	0.01
	SHFE	ru1303	1076	24425.20	58435	1398250.51	22700.00	1.84
	SHFE	ru1304	417	8573.52	6043	144037.45	20560.00	6.90
	SHFE	ru1305	3492	69874.92	14612631	362730259.23	20010.00	0.02
	SHFE	ru1306	889	15819.76	11486	256359.42	17795.00	7.74
	SHFE	ru1307	907	14729.68	8227	156718.26	16240.00	11.02
	SHFE	ru1308	728	13245.96	21087	420930.72	18195.00	3.45
	SHFE	ru1309	2615	48823.33	23146359	474045919.07	18655.00	0.01
	SHFE	ru1310	300	5512.50	13561	274147.43	18375.00	2.21
	SHFE	ru1311	1907	33153.20	51501	1005649.81	17385.00	3.70

5-21 2013年金属期货实物交割情况
Physical Delivery of Metal Products Futures in 2013

交易品种 Futures Products	上市交易所 Futures Exchange	合约 Contracts	交割量（手） Delivery Quantity (lot)	交割金额（万元） Delivery Amount(10 thousand yuan)	成交量（手） Trading Volume (lot)	成交金额（万元） Trading Turnover(10 thousand yuan)	结算价（元/吨） Clearing Price (yuan/ton)	交割率（%） Delivery Rate (%)
铜 Copper	SHFE	cu1301	4345	124592.88	4131749	120490490.1	57350	0.11
	SHFE	cu1302	6115	178802.60	3382569	95888524.5	58480	0.18
	SHFE	cu1303	7495	212940.05	3133915	89501015.5	56780	0.24
	SHFE	cu1304	2645	71586.93	2440787	70454170.7	54130	0.11
	SHFE	cu1305	4440	118170.60	2289780	66277295.9	53230	0.19
	SHFE	cu1306	3245	85327.28	2345745	65985589.8	52590	0.14
	SHFE	cu1307	3055	77138.75	3560904	97356655.3	50500	0.09
	SHFE	cu1308	3095	81491.35	6304058	163632511.7	52660	0.05
	SHFE	cu1309	2985	77624.93	10228516	267039576.7	52010	0.03
	SHFE	cu1310	5290	138703.80	9082268	229304421.9	52440	0.06
	SHFE	cu1311	5360	135795.60	9744683	244515310.7	50670	0.06
	SHFE	cu1312	3530	90423.40	7216005	186326917.8	51240	0.05
铝 Aluminum	SHFE	al1301	10465	78199.71	342884	2645832.4	14945	3.05
	SHFE	al1302	8715	64556.36	233264	1787319.7	14815	3.74
	SHFE	al1303	15405	112417.99	290260	2210188.8	14595	5.31
	SHFE	al1304	13025	94463.81	201463	1515781.2	14505	6.47
	SHFE	al1305	9780	71027.25	306428	2285609.4	14525	3.19
	SHFE	al1306	6020	44487.80	406240	3009435.0	14780	1.48
	SHFE	al1307	4090	29355.98	279357	2050788.8	14355	1.46
	SHFE	al1308	5330	38242.75	280793	2049891.9	14350	1.90
	SHFE	al1309	1795	12928.49	233992	1705760.8	14405	0.77
	SHFE	al1310	4915	35510.88	284742	2058837.4	14450	1.73
	SHFE	al1311	1125	8057.81	233817	1681255.8	14325	0.48
	SHFE	al1312	1245	8855.06	280896	2011790.2	14225	0.44
锌 Zinc	SHFE	zn1301	3725	28058.56	1704941	12994355.2	15065	0.22
	SHFE	zn1302	5325	41282.06	1400779	10567673.9	15505	0.38
	SHFE	zn1303	5425	40768.88	1327437	10253636.0	15030	0.41
	SHFE	zn1304	4295	30956.21	922106	7140211.5	14415	0.47
	SHFE	zn1305	4930	35496.00	1319959	10356019.9	14400	0.37
	SHFE	zn1306	4355	31704.40	1177551	8945911.1	14560	0.37
	SHFE	zn1307	2970	21777.53	1018775	7468231.9	14665	0.29
	SHFE	zn1308	1525	11361.25	1256009	9152168.5	14900	0.12
	SHFE	zn1309	1105	8154.90	1137388	8308519.3	14760	0.10
	SHFE	zn1310	1310	9838.10	1041637	7600950.5	15020	0.13
	SHFE	zn1311	1405	10460.23	852660	6292637.4	14890	0.16
	SHFE	zn1312	1040	7823.40	1012937	7547305.9	15045	0.10
铅 Lead	SHFE	pb1301	769	28635.64	6840	261286.9	14895	11.24
	SHFE	pb1302	967	36347.11	5661	215930.2	15035	17.08
	SHFE	pb1303	914	33155.35	4886	185407.5	14510	18.71
	SHFE	pb1304	739	25800.34	5410	202634.5	13965	13.66
	SHFE	pb1305	838	28649.13	5574	203216.5	13675	15.03
	SHFE	pb1306	891	30928.84	5063	179452.6	13885	17.60
	SHFE	pb1307	618	21189.68	4949	173704.6	13715	12.49
	SHFE	pb1308	802	28801.83	3985	138898.5	14365	20.13
	SHFE	pb1309	3555	24831.68	9816	239608.1	13970	36.22
	SHFE	pb1310	2390	16885.35	10751	152852.6	14130	22.23
	SHFE	pb1311	3115	21711.55	14654	146619.0	13940	21.26
	SHFE	pb1312	3995	27885.10	36807	283530.0	13960	10.85

注：1.结算价为最后交易日交割结算价。
2.交割量包含期转现部分。

数据来源：上海期货交易所

Source：SHFE

5-21 续表 continued

交易品种 Futures Products	上市交易所 Futures Exchange	合约 Contracts	交割量(手) Delivery Quantity (lot)	交割金额(万元) Delivery Amount(10 thousand yuan)	成交量(手) Trading Volume (lot)	成交金额(万元) Trading Turnover(10 thousand yuan)	结算价(元/吨) Clearing Price (yuan/ton)	交割率(%) Delivery Rate (%)
黄金(元/克) Gold (yuan/g)	SHFE	au1301	240	7979.76	8399	293656.3	332.49	2.86
	SHFE	au1302	78	2619.01	779	26521.2	335.77	10.01
	SHFE	au1303	117	3727.15	1111	37399.9	318.56	10.53
	SHFE	au1304	12	383.87	591	19969.1	319.89	2.03
	SHFE	au1305	0	0.00	3162	105295.6	-	0.00
	SHFE	au1306	609	16958.82	2433189	79543060.5	248.47	0.03
	SHFE	au1307	0	0.00	910	27929.2	-	0.00
	SHFE	au1308	12	316.74	2520	73206.4	263.95	0.48
	SHFE	au1309	3	82.52	7977	224621.0	275.05	0.04
	SHFE	au1310	0	0.00	2366	64810.7	-	0.00
	SHFE	au1311	9	231.47	3826	103140.7	253	0.24
	SHFE	au1312	1761	43133.99	15288243	406509396.8	243.35	0.01
白银(元/千克) Silver (yuan/kg)	SHFE	ag1301	9514	89807.40	3983631	40466145.6	6293	0.24
	SHFE	ag1302	4770	43523.87	33561	326156.2	6083	14.21
	SHFE	ag1303	3452	30570.91	22352	209513.3	5904	15.44
	SHFE	ag1304	2326	18421.92	7381	66268.9	5280	31.51
	SHFE	ag1305	3764	26197.44	35461	318122.0	4640	10.61
	SHFE	ag1306	11098	73163.57	9992969	87854181.7	4395	0.11
	SHFE	ag1307	1376	8266.32	12772	89460.0	4005	10.77
	SHFE	ag1308	4284	28280.83	15573	99992.4	4401	27.51
	SHFE	ag1309	2354	15695.30	88623	634956.3	4445	2.66
	SHFE	ag1310	1076	6980.55	11258	78756.6	4325	9.56
	SHFE	ag1311	2480	15783.96	17608	118229.2	4243	14.08
	SHFE	ag1312	11294	68068.94	131790274	878287062.9	4018	0.01
螺纹钢 Steel Rebar	SHFE	rb1301	7740	29829.96	78163295	277990151.2	3854	0.01
	SHFE	rb1302	1020	3958.62	33696	122777.8	3881	3.03
	SHFE	rb1303	1440	5290.56	12602	47404.0	3674	11.43
	SHFE	rb1304	360	1309.68	14391	54581.8	3638	2.50
	SHFE	rb1305	4440	15096.00	95772605	362764355.1	3400	0.00
	SHFE	rb1306	150	481.50	19276	72895.8	3210	0.78
	SHFE	rb1307	60	189.72	5691	21212.5	3162	1.05
	SHFE	rb1308	0	0.00	6130	22587.5	3381	0.00
	SHFE	rb1309	840	2846.76	494107	1845557.5	3389	0.17
	SHFE	rb1310	3420	11528.82	146702582	544452731.7	3371	0.00
	SHFE	rb1311	270	918.00	12969	47841.0	3400	2.08
	SHFE	rb1312	210	714.00	14897	53504.7	3400	1.41
线材 Steel Wire Rod	SHFE	wr1301	0	0.00	931	3553.8	3690	0.00
	SHFE	wr1302	0	0.00	55	210.2	3842	0.00
	SHFE	wr1303	0	0.00	96	391.1	4140	0.00
	SHFE	wr1304	0	0.00	21	81.6	3962	0.00
	SHFE	wr1305	0	0.00	727	2767.6	3810	0.00
	SHFE	wr1306	0	0.00	35	130.4	3700	0.00
	SHFE	wr1307	0	0.00	28	99.9	3525	0.00
	SHFE	wr1308	0	0.00	89	326.2	3800	0.00
	SHFE	wr1309	0	0.00	250	930.3	3687	0.00
	SHFE	wr1310	0	0.00	1529	5734.0	3722	0.00
	SHFE	wr1311	0	0.00	68	251.6	3750	0.00
	SHFE	wr1312	0	0.00	59	222.3	3590	0.00

5-22 2013年能源、化工及其他期货实物交割情况
Physical Delivery of Building Materials, Energy, Chemical Products & Others Futures in 2013

交易品种 Futures Products	上市交易所 Futures Exchange	合约 Contracts	交割量（手） Delivery Quantity (lot)	交割金额（万元） Delivery Amount(10 thousand yuan)	成交量（手） Trading Volume (lot)	成交金额（万元） Trading Turnover(10 thousand yuan)	结算价（元/吨） Clearing Price (yuan/ton)	交割率（%） Delivery Rate (%)
聚乙烯 LLDPE	DCE	l1301	908	5073.45	43235946	218823589.4	11175	0.00
	DCE	l1302	46	264.73	3254	16816.6	11510	1.41
	DCE	l1303	766	4180.45	5196	28439.1	10915	14.74
	DCE	l1304	230	1202.90	3428	17897.2	10460	6.71
	DCE	l1305	1576	8258.24	33855322	176292099.2	10480	0.00
	DCE	l1306	7	37.99	4656	24181.4	10855	0.15
	DCE	l1308	111	644.91	2076	10935.7	11620	5.35
	DCE	l1309	15171	91860.41	60929622	318084711.8	12110	0.02
	DCE	l1310	36	204.48	4924	25837.2	11360	0.73
	DCE	l1311	312	1794.78	1118	6224.3	11505	27.91
	DCE	l1312	31	185.23	2758	15154.9	11950	1.12
聚氯乙烯 PVC	DCE	v1301	1857	5914.55	4177204	13699959.2	6370	0.04
	DCE	v1302	6	19.37	506	1691.4	6455	1.19
	DCE	v1303	335	1050.23	1474	4815.3	6270	22.73
	DCE	v1304	9	28.31	268	885.6	6290	3.36
	DCE	v1305	2450	7931.88	2657880	8767252.9	6475	0.09
	DCE	v1309	720	2376.00	1353186	4502662.3	6600	0.05
焦炭 Coke	DCE	j1301	300	4875.00	29063414	431564138.4	1625	0.00
	DCE	j1305	150	2164.50	58468082	995713218.5	1443	0.00
	DCE	j1309	1070	15482.90	102816990	1644558079.3	1447	0.00
	DCE	j1310	80	1113.60	12944	208452.1	1392	0.62
	DCE	j1311	30	449.40	1172	19076.2	1498	2.56
燃料油 Fuel Oil	SHFE	fu1301	25	625.75	1181	29237.3	5006	2.12
	SHFE	fu1303	0	0.00	35	868.6	-	0.00
	SHFE	fu1304	0	0.00	32	808.4	-	0.00
	SHFE	fu1305	40	969.60	460	11741.4	4848	8.70
	SHFE	fu1306	0	0.00	67	1722.0	-	0.00
	SHFE	fu1307	0	0.00	2	46.3	-	0.00
	SHFE	fu1308	0	0.00	30	749.9	4986	0.00
	SHFE	fu1309	1	23.10	119	2949.5	4619	0.84
	SHFE	fu1310	7	142.17	114	2621.7	4062	6.14
	SHFE	fu1311	1	19.73	52	1217.9	3946	1.92
	SHFE	fu1312	3	54.12	56	1228.7	3608	5.36
甲醇 Menthanol	ZCE	ME301	1268	17363.48	288	3907.6	2727	444.35
	ZCE	ME302	0	0.00	18	248.9	2774	0.00
	ZCE	ME303	0	0.00	8	110.7	2900	0.00
	ZCE	ME304	25	335.88	819	11400.4	2687	2.95
	ZCE	ME305	372	4953.35	537006	7803698.3	2663	0.06
	ZCE	ME306	0	0.00	22	318.1	2689	0.00
	ZCE	ME307	0	0.00	6	81.8	2678	0.00
	ZCE	ME308	0	0.00	34	464.8	2680	0.00
	ZCE	ME309	450	6131.87	182350	2544715.8	2714	0.24
	ZCE	ME310	0	0.00	48	716.6	2978	0.00
	ZCE	ME311	0	0.00	15	213.8	2865	0.00
	ZCE	ME312	0	0.00	106	1502.4	2897	0.00
	ZCE	ME401	0	0.00	1011633	17245225.5	-	0.00
	ZCE	ME402	0	0.00	474	7571.1	-	0.00
	ZCE	ME403	0	0.00	52	807.6	-	0.00
	ZCE	ME404	0	0.00	88	1366.7	-	0.00
	ZCE	ME405	0	0.00	1704940	26978962.5	-	0.00
	ZCE	ME406	0	0.00	130	2030.4	-	0.00
	ZCE	ME407	0	0.00	24	394.5	-	0.00
	ZCE	ME408	0	0.00	13	189.3	-	0.00
	ZCE	ME409	0	0.00	59514	913122.5	-	0.00
	ZCE	ME410	0	0.00	17	258.1	-	0.00
	ZCE	ME411	0	0.00	20	300.0	-	0.00
	ZCE	ME412	0	0.00	2	30.0	-	0.00

注：1.结算价为最后交易日交割结算价。

2.交割量包含期转现部分。

数据来源：上海期货交易所、郑州商品交易所、大连商品交易所

Source：SHFE、ZCE、DCE

5-22 续表 continued

交易品种 Futures Products	上市交易所 Futures Exchange	合约 Contracts	交割量（手） Delivery Quantity (lot)	交割金额（万元） Delivery Amount(10 thousand yuan)	成交量（手） Trading Volume (lot)	成交金额（万元） Trading Turnover(10 thousand yuan)	结算价（元/吨） Clearing Price (yuan/ton)	交割率（%） Delivery Rate (%)
	ZCE	FG303	227	627.43	2765	7977.2	1382	7.87
	ZCE	FG304	10	26.92	810	2358.4	1346	1.14
	ZCE	FG305	329	775.95	22814704	67518535.4	1179	0.00
	ZCE	FG306	1154	3240.43	34227	97891.1	1404	3.31
	ZCE	FG307	0	0.00	3564	10211.9	1305	0.00
	ZCE	FG308	0	0.00	6026	17567.4	1373	0.00
	ZCE	FG309	964	2397.50	96954316	283126701.9	1242	0.00
	ZCE	FG310	91	232.41	25949	75474.1	1277	0.31
	ZCE	FG311	25	64.75	6233	17829.6	1295	0.36
	ZCE	FG312	150	402.30	16873	47558.4	1341	0.85
玻璃	ZCE	FG401	0	0.00	54988330	153044645.3	-	0.00
	ZCE	FG402	0	0.00	7928	22129.9	-	0.00
Glass	ZCE	FG403	0	0.00	2242	6243.7	-	0.00
	ZCE	FG404	0	0.00	3380	9448.2	-	0.00
	ZCE	FG405	0	0.00	11010087	29265411.8	-	0.00
	ZCE	FG406	0	0.00	2951	8407.1	-	0.00
	ZCE	FG407	0	0.00	92	263.8	-	0.00
	ZCE	FG408	0	0.00	613	1752.5	-	0.00
	ZCE	FG409	0	0.00	223744	628769.7	-	0.00
	ZCE	FG410	0	0.00	33	92.8	-	0.00
	ZCE	FG411	0	0.00	10	28.1	-	0.00
	ZCE	FG412	0	0.00	0	0.0	-	-
	ZCE	TA301	2828	12576.55	5801	25933.4	8958	48.50
	ZCE	TA302	2826	12471.03	4901	21351.3	8810	58.41
	ZCE	TA303	1249	5103.41	2370	10171.8	8172	50.17
	ZCE	TA304	1811	7084.67	6813	28247.4	7848	25.08
	ZCE	TA305	8580	33355.36	8809619	37735228.4	7774	0.09
	ZCE	TA306	1419	5562.50	6176	24473.7	7842	22.73
	ZCE	TA307	1455	5639.13	5816	22725.1	7752	24.81
	ZCE	TA308	581	2273.45	5270	20799.7	7826	10.93
	ZCE	TA309	18826	72719.50	42918521	170413097.8	7720	0.04
	ZCE	TA310	435	1649.52	7575	29812.8	7584	5.53
PTA	ZCE	TA311	75	278.63	826	3216.7	7430	8.66
	ZCE	TA312	8633	32356.48	19725	73713.4	7496	43.89
	ZCE	TA401	13939	52782.66	19578795	76521560.7	-	0.07
	ZCE	TA402	0	0.00	814	3156.4	-	0.00
	ZCE	TA403	0	0.00	157	596.6	-	0.00
	ZCE	TA404	0	0.00	620	2392.0	-	0.00
	ZCE	TA405	0	0.00	4844140	18102467.4	-	0.00
	ZCE	TA406	0	0.00	324	1215.8	-	0.00
	ZCE	TA407	0	0.00	61	229.7	-	0.00
	ZCE	TA408	0	0.00	346	1315.9	-	0.00
	ZCE	TA409	0	0.00	38973	144790.1	-	0.00
	ZCE	TA410	0	0.00	21	77.1	-	0.00
	ZCE	TA411	0	0.00	0	0.0	-	-
	ZCE	TA412	0	0.00	3	11.0	-	0.00
	ZCE	TC312	0	0.00	1918	20419.6	567	0.00
	ZCE	TC401	150	1755.00	2062197	22841582.7	-	0.01
	ZCE	TC402	0	0.00	153	1697.4	-	0.00
动力煤	ZCE	TC403	0	0.00	150	1712.9	-	0.00
Thermal	ZCE	TC404	0	0.00	224	2569.8	-	0.00
Coal	ZCE	TC405	0	0.00	2257474	26232470.4	-	0.00
	ZCE	TC406	0	0.00	253	2903.7	-	0.00
	ZCE	TC407	0	0.00	26	299.2	-	0.00
	ZCE	TC408	0	0.00	59	663.0	-	0.00
	ZCE	TC409	0	0.00	34720	406181.7	-	0.00
	ZCE	TC410	0	0.00	32	377.7	-	0.00
	ZCE	TC411	0	0.00	23	268.0	-	0.00
	ZCE	TC412	0	0.00	5	60.1	-	0.00
焦煤	DCE	jm1309	900	5346.00	20708872	145078033.1	990	0.00
Coking Coal	DCE	jm1311	100	621.60	1330	8768.1	1036	7.52

5-23　2013年金融期货现金交割情况
Cash Delivery of Financial Futures in 2013

交易品种 Futures Products	上市交易所 Futures Exchange	合约 Contracts	交割量（手） Delivery Quantity (lot)	交割金额（万元） Delivery Amount(10 thousand yuan)	成交量（手） Trading Volume (lot)	成交金额（万元） Trading Turnover(10 thousand yuan)	结算价（元/吨） Clearing Price (yuan/ton)	交割率（%） Delivery Rate (%)
指数期货 Index Futures	CFFEX	IF1301	1437	11.18	5801147	44240.91	2592.54	0.02
	CFFEX	IF1302	3550	29.25	10949549	87010.36	2746.29	0.03
	CFFEX	IF1303	2598	20.02	16614500	131713.31	2568.41	0.02
	CFFEX	IF1304	3075	23.33	17985952	136257.90	2528.79	0.02
	CFFEX	IF1305	2458	19.00	12023996	89979.54	2576.94	0.02
	CFFEX	IF1306	2907	20.19	17375958	132382.12	2315.00	0.02
	CFFEX	IF1307	2052	13.65	19969505	132331.94	2216.81	0.01
	CFFEX	IF1308	2200	15.38	18733717	125796.26	2330.22	0.01
	CFFEX	IF1309	3294	24.35	22152971	156303.97	2464.15	0.01
	CFFEX	IF1310	4281	31.18	10421785	76219.15	2428.16	0.04
	CFFEX	IF1311	2454	17.37	14395774	102749.47	2359.51	0.02
	CFFEX	IF1312	8100	55.65	18886559	136616.15	2290.30	0.04
	CFFEX	IF1401	0	0.00	7162757	50049.52	-	0.00
	CFFEX	IF1402	0	0.00	34238	238.76	-	0.00
	CFFEX	IF1403	0	0.00	617417	4431.75	-	0.00
	CFFEX	IF1406	0	0.00	94691	681.22	-	0.00
国债期货 Treasury Future	CFFEX	TF1312	451	4.09	244070	2283.78	90.66	0.18
	CFFEX	TF1403	0	0.00	79863	734.80	-	0.00
	CFFEX	TF1406	0	0.00	4764	44.40	-	0.00
	CFFEX	TF1409	0	0.00	98	0.90	-	0.00

数据来源：中国金融期货交易所
Source：CFFEX

5-24 2013年农产品期货合约汇总

交易品种	Futures Products	交易单位 Trading Unit	报价单位 Quotation Unit	最小变动价位 Minimum Tick Size	涨跌停板幅度 Range of Limit up or down	最低交易保证金 Minimum Deposit	合约月份 Contracts Months	交易时间 Trading Time
黄玉米	Corn	10吨/手	元（人民币）/吨	1元/吨	上一交易日结算价的4%	合约价值的5%	1、3、5、7、9、11	每周一至周五（北京时间，法定节假日除外）上午9:00-11:30 下午1:30-3:00
黄大豆1号	Soybean No.1	10吨/手	元（人民币）/吨	1元/吨	上一交易日结算价的4%	合约价值的5%	1、3、5、7、9、11	每周一至周五（北京时间，法定节假日除外）上午9:00-11:30 下午1:30-3:00
黄大豆1号(修改后)	Soybean No.1	10吨/手	元（人民币）/吨	1元/吨	上一交易日结算价的4%	合约价值的5%	1、3、5、7、9、11	每周一至周五（北京时间，法定节假日除外）上午9:00-11:30 下午1:30-3:00
黄大豆2号	Soybean No.2	10吨/手	元（人民币）/吨	1元/吨	上一交易日结算价的4%	合约价值的5%	1、3、5、7、9、11	每周一至周五（北京时间，法定节假日除外）上午9:00-11:30 下午1:30-3:00
豆粕	Soybean Meal	10吨/手	元（人民币）/吨	1元/吨	上一交易日结算价的4%	合约价值的5%	1、3、5、7、8、9、11、12	每周一至周五（北京时间，法定节假日除外）上午9:00-11:30 下午1:30-3:00
大豆原油	Soybean Oil	10吨/手	元（人民币）/吨	2元/吨	上一交易日结算价的4%	合约价值的5%	1、3、5、7、8、9、11、12	每周一至周五（北京时间，法定节假日除外）上午9:00-11:30 下午1:30-3:00
棕榈油	RBD Palm Oil	10吨/手	元（人民币）/吨	2元/吨	上一交易日结算价的4%	合约价值的5%	1、2、3、4、5、6、7、8、9、10、11、12	每周一至周五（北京时间，法定节假日除外）上午9:00-11:30 下午1:30-3:00

Collection of Agricultural Products Futures Contracts in 2013

最后交易日 Last Trading Day	最后交割日 Last Delivery Day	交割等级 Delivery Grade	交割地点 Delivery Location	交易手续费 Trading Fee	交割方式 Delivery Form	交易代码 Trading Code	上市交易所 Futures Exchange
合约交割月份的第十个交易日	最后交易日后第二个交易日	大连商品交易所玉米交割质量标准(FC/DCE D001-2009)	大连商品交易所指定交割仓库	不超过3元/手	实物交割	C	大连商品交易所
合约交割月份的第十个交易日	最后交易日后七日(遇法定节假日顺延)	大连商品交易所黄大豆1号交割质量标准（FA/DCE D001-2009）	大连商品交易所指定交割仓库	不超过4元/手	实物交割	A	大连商品交易所
合约交割月份的第十个交易日	最后交易日后七日(遇法定节假日顺延)	大连商品交易所黄大豆1号交割质量标准（FA/DCE D001-2012）	大连商品交易所指定交割仓库	不超过4元/手	实物交割	A	大连商品交易所
合约交割月份的第十个交易日	最后交易日后第三个交易日	大连商品交易所黄大豆2号交割质量标准（FB/DCE D001-2009）	大连商品交易所指定交割仓库	不超过4元/手	实物交割	B	大连商品交易所
合约交割月份的第十个交易日	最后交易日后第四个交易日	大连商品交易所 豆粕交割质量标准	大连商品交易所指定交割仓库	不超过3元/手	实物交割	M	大连商品交易所
合约交割月份的第十个交易日	最后交易日后第三个交易日	符合《大连商品交易所豆油交割质量标准》	大连商品交易所指定交割仓库	不超过6元/手	实物交割	Y	大连商品交易所
合约交割月份的第十个交易日	最后交易日后第二个交易日	符合《大连商品交易所棕榈油交割质量标准》	大连商品交易所指定交割仓库	不超过6元/手	实物交割	P	大连商品交易所

5-24 续表 1

交易品种	Futures Products	交易单位 Trading Unit	报价单位 Quotation Unit	最小变动价位 Minimum Tick Size	每日价格波动限制 Daily Price Limit	最低交易保证金 Minimum Deposit	合约交割月份 Contracts Delivery Months	交易时间 Trading Time
硬麦	Hard Wheat	10吨/手	元（人民币）/吨	1元/吨	不超过上已交易日结算价±3%	合约价值的5%	1、3、5、7、9、11	每周一至周五（北京时间，法定节假日除外）上午9:00-11:30 下午1:30-3:00
强麦(WS)	Strong Gluten Wheat	10吨/手	元（人民币）/吨	1元/吨	不超过上已交易日结算价±3%	合约价值的5%	1、3、5、7、9、11	每周一至周五（北京时间，法定节假日除外）上午9:00-11:30 下午1:30-3:00
强麦(WH)	Strong Gluten Wheat	20吨/手	元（人民币）/吨	1元/吨	上一交易日结算价±4%及《郑州商品交易所期货交易风险控制管理办法》相关规定	合约价值的5%	1、3、5、7、9、11	每周一至周五（北京时间 法定节假日除外）上午9:00-11:30 下午1:30-3:00
普麦	Wheat	50吨/手	元（人民币）/吨	1元/吨	上一交易日结算价±4%及《郑州商品交易所期货交易风险控制管理办法》相关规定	合约价值的5%	1、3、5、7、9、11	每周一至周五（北京时间 法定节假日除外）上午9:00-11:30 下午1:30-3:00
菜籽油(RO)	Rapeseed Oil	5吨/手	元（人民币）/吨	2元/吨	不超过上一交易日结算价±4%	合约价值的5%	1、3、5、7、9、11	每周一至周五（北京时间 法定节假日除外）上午9:00-11:30 下午1:30-3:00
菜籽油(OI)	Rapeseed Oil	10吨/手	元（人民币）/吨	2元/吨	上一交易日结算价±4%及《郑州商品交易所期货交易风险控制管理办法》相关规定	合约价值的5%	1、3、5、7、9、11	每周一至周五（北京时间 法定节假日除外）上午9:00-11:30 下午1:30-3:00

continued

最后交易日 Last Trading Day	最后交割日 Last Delivery Day	交割品级 Delivery Grade	交割地点 Delivery Location	交易手续费 Trading Fee	交割方式 Delivery Form	交易代码 Trading Code	上市交易所 Futures Exchange
合约交割月份的倒数第七个交易日	合约交割月份的第一个交易日至最后交易日	基准交割品：三等分硬白小麦符合GB1351-2008《小麦》替代品及升贴水见《郑州商品交易所期货交割细则》	郑州商品交易所指定交割仓库	2元/手（含风险准备金）	实物交割	WT	郑州商品交易所
合约交割月份的倒数第七个交易日	合约交割月份的第一个交易日至最后交易日	标准交割品：符合郑州商品交易所期货交易用优质强筋小麦标准（Q/ZSJ001-2003）二等优质强筋小麦，替代品及升贴水见《郑州商品交易所期货交割细则》	郑州商品交易所指定交割仓库	2元/手（含风险准备金）	实物交割	WS	郑州商品交易所
合约交割月份的第10个交易日	合约交割月份的第12个交易日	符合《中华人民共和国国家标准 小麦》（GB1351-2008）的三等及以上小麦，且稳定时间、湿面等指标符合《郑州商品交易所期货交割细则》规定要求	交易所指定交割仓库	-	实物交割	WH	郑州商品交易所
合约交割月份的第10个交易日	仓单交割：合约交割月份的第12个交易日 车船板交割：合约交割月份的次月20日	符合《中华人民共和国国家标准 小麦》（GB1351-2008）的三等及以上小麦，且物理指标等符合《郑州商品交易所期货交割细则》规定要求	交易所指定交割仓库及指定交割计价点	-	实物交割	PM	郑州商品交易所
合约交割月份的第十个交易日	合约交割月份的第十二个交易日	基准交割品：符合《郑州商品交易所期货交易用菜籽油》（Q/ZSJ003-2007）四级质量指标及《郑州商品交易所菜籽油交割细则》规定的菜籽油。替代品及升贴水见《郑州商品交易所期货交割细则》。	郑州商品交易所指定交割仓库	4元/手（含风险准备金）	实物交割	RO	郑州商品交易所
合约交割月份的第10个交易日	合约交割月份的第12个交易日	基准交割品：符合《中华人民共和国国家标准 菜籽油》（GB1536-2004）四级质量指标的菜油 替代品及升贴水见《郑州商品交易所期货交割细则》	交易所指定交割地点	-	实物交割	OI	郑州商品交易所

5-24 续表 2

交易品种	Futures Products	交易单位 Trading Unit	报价单位 Quotation Unit	最小变动价位 Minimum Tick Size	每日价格波动限制 Daily Price Limit	最低交易保证金 Minimum Deposit	合约交割月份 Contracts Delivery Months	交易时间 Trading Time
早籼稻(ER)	Early Indica Rice	10吨/手	元（人民币）/吨	1元/吨	上一交易日结算价±3%及《郑州商品交易所期货交易风险控制管理办法》相关规定	合约价值的5%	1、3、5、7、9、11	每周一至周五（北京时间 法定节假日除外）上午9:00-11:30 下午1:30-3:00
早籼稻(RI)	Early Indica Rice	20吨/手	元（人民币）/吨	1元/吨	上一交易日结算价±4%及《郑州商品交易所期货交易风险控制管理办法》相关规定	合约价值的5%	1、3、5、7、9、11	每周一至周五（北京时间 法定节假日除外）上午9:00-11:30 下午1:30-3:00
油菜籽	Rapeseed	10吨/手	元（人民币）/吨	1元/吨	上一交易日结算价±4%及《郑州商品交易所期货交易风险控制管理办法》相关规定	合约价值的5%	7、8、9、11	每周一至周五（北京时间， 法定节假日除外）上午9:00-11:30 下午1:30-3:00
菜籽粕	Rapeseed Meal	10吨/手	元（人民币）/吨	1元/吨	上一交易日结算价±4%及《郑州商品交易所期货交易风险控制管理办法》相关规定	合约价值的5%	1、3、5、7、8、9、11	每周一至周五（北京时间， 法定节假日除外）上午9:00-11:30 下午1:30-3:00
粳稻	Japonica Rice	20吨/手	元（人民币）/吨	1元/吨	上一交易日结算价±4%及《郑州商品交易所风险控制管理办法》相关规定	合约价值的5%	11、1、3、5、7、9	每周一至周五（北京时间 法定节假日除外）上午9:00-11:30 下午1:30-3:00 最后交易日交易时间 上午9:00-11:30
一号棉花	Cotton No.1	5吨/手（公定重量）	元（人民币）/吨	5元/吨	上一交易日结算价±4%及《郑州商品交易所期货交易风险控制管理办法》相关规定	合约价值的5%	1、3、5、7、9、11	星期一至星期五（北京时间 法定节假日除外）上午9:00-11:30 下午1:30-3:00
白砂糖	Sugar	10吨/手	元（人民币）/吨	1元/吨	不超过上一个交易日结算价±4%	合约价值的6%	1、3、5、7、9、11	每周一至周五（北京时间 法定节假日除外）上午9:00-11:30 下午1:30-3:00
天然橡胶	Natural Rubber	10吨/手（从ru1208开始橡胶由原有5吨/手调整为10吨/手）	元（人民币）/吨	5元/吨	不超过上一交易日结算价±3%	合约价值的5%	1、3、4、5、6、7、8、9、10、11	每周一至周五（北京时间 法定节假日除外）上午9:00-11:30 下午1:30-3:00

continued

最后交易日 Last Trading Day	最后交割日 Last Delivery Day	交割品级 Delivery Grade	交割地点 Delivery Location	交易手续费 Trading Fee	交割方式 Delivery Form	交易代码 Trading Code	上市交易所 Futures Exchange
合约交割月份的倒数第七个交易日	合约交割月份的第一个交易日至倒数第五个交易日	基准交割品：符合《中华人民共和国国家标准 稻谷》（GB1350-1999）三等及以上等级质量指标及《郑州商品交易所期货交割细则》规定的早籼稻。替代品及升贴水见《郑州商品交易所期货交割细则》。	郑州商品交易所指定交割仓库	2元/手（含风险准备金）	实物交割	ER	郑州商品交易所
合约交割月份的第10个交易日	合约交割月份的第12个交易日	基准交割品：符合《中华人民共和国国家标准 稻谷》（GB1350-2009）三等及以上等级质量指标及《郑州商品交易所期货交割细则》规定的早籼稻谷 替代品及升贴水见《郑州商品交易所期货交割细则》	交易所指定交割仓库	-	实物交割	RI	郑州商品交易所
合约交割月份的第10个交易日	仓单交割：合约交割月份的第12个交易日 车板交割：合约交割月份的次月20日	见《郑州商品交易所期货交割细则》	交易所指定交割地点	-	实物交割	RS	郑州商品交易所
合约交割月份的第10个交易日	合约交割月份的第12个交易日	见《郑州商品交易所期货交割细则》	交易所指定交割地点	-	实物交割	RM	郑州商品交易所
合约交割月份的第10个交易日	合约交割月份的第12个交易日	见《郑州商品交易所期货交割细则》	交易所指定交割地点	-	实物交割	JR	郑州商品交易所
合约交割月份的第10个交易日	合约交割月份的第12个交易日	基准交割品：符合GB1103.1-2012《棉花 第1部分：锯齿加工细绒棉》规定的3128B级，且长度整齐度为U3档，断裂比强度为S3档，轧工质量为P2档的国产棉花。替代品详见交易所交割细则。替代品升贴水由交易所另行制定并公告	交易所指定棉花交割仓库	-	实物交割	CF	郑州商品交易所
合约交割月份的第10个交易日	合约交割月份的第12个交易日	标准品：一级白糖（符合GB317-2006）；替代品及升贴水见《郑州商品交易所期货交割细则》。	交易所指定交割仓库	4元/手（含风险准备金）	实物交割	SR	郑州商品交易所
合约交割月份的十五日（遇法定假日顺延）	最后交易日后连续五个工作日	标准品：1、国产天然橡胶（SCR WF），质量符合国标GB/T8081-2008。2、进口3号烟胶片（RSS3），质量符合《天然橡胶等级的品质与包装国际标准（绿皮书）》（1979年版）。	上海期货交易所指定交割仓库	-	实物交割	RU	上海期货交易所

5-25　2013年金属期货合约汇总

交易品种 Futures Products		交易单位 Trading Unit	报价单位 Quotation Unit	最小变动价位 Minimum Tick Size	每日价格最大波动限制 Daily Price Limit	最低交易保证金 Minimum deposit	合约交割月份 Contracts Delivery Months	交易时间 Trading Time	最后交易日 Last Trading Day
阴极铜	Copper	5吨/手	元（人民币）/吨	10元/吨	不超过上一交易日结算价±3%	合约价值的5%	1-12月	上午9:00－11:30，下午1:30－3:00和交易所规定的其他交易时间	合约交割月份的十五日（遇法定假日顺延）
铝	Aluminum	5吨/手	元（人民币）/吨	5元/吨	不超过上一交易日结算价±3%	合约价值的5%	1-12月	上午9:00－11:30，下午1:30－3:00和交易所规定的其他交易时间	合约交割月份的十五日（遇法定假日顺延）
锌	Zinc	5吨/手	元（人民币）/吨	5元/吨	不超过上一交易日结算价±4%	合约价值的5%	1-12月	上午9:00－11:30，下午1:30－3:00和交易所规定的其他交易时间	合约交割月份的十五日（遇法定假日顺延）
铅	Lead	5吨/手	元（人民币）/吨	5元/吨	不超过上一交易日结算价±4%	合约价值的5%	1-12月	上午9:00－11:30，下午1:30－3:00和交易所规定的其他交易时间	合约交割月份的十五日（遇法定假日顺延）
黄金	Gold	1000克/手	元(人民币)/克	0.05元/克	不超过上一交易日结算价±3%	合约价值的4%	最近三个连续月份的合约以及最近11个月以内的双月合约	上午9:00－11:30，下午1:30－3:00和交易所规定的其他交易时间	合约交割月份的十五日（遇法定假日顺延）
白银	Silver	15千克/手	元（人民币）/千克	1元/千克	不超过上一交易日结算价±3%	合约价值的4%	1-12月	上午9:00－11:30，下午1:30－3:00和交易所规定的其他交易时间	合约交割月份的十五日（遇法定假日顺延）
螺纹钢	Steel Rebar	10吨/手	元（人民币）/吨	1元/吨	不超过上一交易日结算价±3%	合约价值的5%	1-12月	每周一至周五（北京时间，法定节假日除外）上午9:00-11:30 下午1:30-3:00	合约交割月份的十五日（遇法定假日顺延）
线材	Steel Wire Rod	10吨/手	元（人民币）/吨	1元/吨	不超过上一交易日结算价±5%	合约价值的7%	1-12月	每周一至周五（北京时间，法定节假日除外）上午9:00-11:30 下午1:30-3:00	合约交割月份的十五日（遇法定假日顺延）

数据来源：上海期货交易所
Source：SHFE

Collection of Metal Products Futures Contracts in 2013

交割日期 Delivery Date	交割品级 Delivery Grade	交割地点 Delivery Location	交易手续费 Trading Fee	最小交割单　位 Minimum Delivery Unit	交割方式 Delivery Form	交易代码 Trading Code	上　市交易所 Futures Exchange
最后交易日后连续五个工作日	标准品：阴极铜，符合国标GB/T467-2010中1号标准铜(Cu-CATH-2)规定，其中主成份铜加银含量不小于99.95%。替代品：阴极铜，符合国标GB/T467-2010中A级铜(Cu-CATH-1)规定；或符合BS EN 1978:1998中A级铜(Cu-CATH-1)规定。	上海期货交易所指定交割仓库	不高于成交金额的万分之二（含风险准备金）	-	实物交割	CU	上海期货交易所
最后交易日后连续五个工作日	标准品：铝锭，符合国标GB/T1196-2008 AL99.70规定，其中铝含量不低于99.70%。替代品：1、铝锭，符合国标GB/T1196-2008 AL99.85，AL99.90规定。2、铝锭，符合P1020A标准。	上海期货交易所指定交割仓库	不高于成交金额的万分之二（含风险准备金）	-	实物交割	AL	上海期货交易所
最后交易日后连续五个工作日	标准品：锌锭，符合国标GB/T 470-2008 ZN99.995规定，其中锌含量不小于99.995%。替代品：锌锭，符合BS EN 1179:2003 Z1规定，其中锌含量不小于99.995%。	上海期货交易所指定交割仓库	不高于成交金额的万分之二（含风险准备金）	25吨	实物交割	ZN	上海期货交易所
最后交易日后连续五个工作日	标准品：铅锭，符合国标GB/T 469-2005 Pb99.994规定，其中铅含量不小于99.994%。	上海期货交易所指定交割仓库	-	25吨	实物交割	PB	上海期货交易所
最后交易日后连续五个工作日	金含量不小于99.95%的国产金锭及经交易所认可的伦敦金银市场协会（LBMA）认定的合格供货商或精炼厂生产的标准金锭	上海期货交易所指定交割仓库	-	-	实物交割	AU	上海期货交易所
最后交易日后连续五个工作日	标准品：符合国标GB/T 4135-2002 IC-Ag99.99规定，其中银含量不低于99.99%。	上海期货交易所指定交割仓库	-	30千克	实物交割	AG	上海期货交易所
最后交易日后连续五个工作日	标准品：符合国标GB1499.2-2007《钢筋混凝土用钢 第2部分：热轧带肋钢筋》HRB400或HRBF400牌号的φ16mm、φ18mm、φ20mm、φ22mm、φ25mm螺纹钢。替代品：符合国标GB1499.2-2007《钢筋混凝土用钢 第2部分：热轧带肋钢筋》HRB335或HRBF335牌号的φ16mm、φ18mm、φ20mm、φ22mm、φ25mm螺纹钢。	上海期货交易所指定交割仓库	-	300吨	实物交割	RB	上海期货交易所
最后交易日后连续五个工作日	标准品：符合国标GB1499.1-2008《钢筋混凝土用钢 第1部分：热轧光圆钢筋》HPB235牌号的 φ8mm 线材。替代品：符合国标GB1499.1-2008《钢筋混凝土用钢 第1部分：热轧光圆钢筋》HPB235牌号的φ6.5mm线材。	上海期货交易所指定交割仓库	不高于成交金额的万分之二（含风险准备金）	300吨	实物交割	WR	上海期货交易所

5-26 2013年能源、化工及其他期货合约汇总

交易品种 Futures Products	交易单位 Trading Unit	报价单位 Quotation Unit	最小变动价位 Minimum Tick Size	涨跌停板幅度 Range of Limit up or down	最低交易保证金 Minimum deposit	合约月份 Contracts Months	交易时间 Trading Time
线型低密度聚乙烯 LLDPE	5吨/手	元（人民币）/吨	5元/吨	上一交易日结算价的4%	合约价值的5%	1、2、3、4、5、6、7、8、9、10、11、12	每周一至周五（北京时间 法定节假日除外）上午9:00-11:30 下午1:30-3:00
聚氯乙烯 PVC	5吨/手	元（人民币）/吨	5元/吨	上一交易日结算价的4%	合约价值的5%	1、2、3、4、5、6、7、8、9、10、11、12	每周一至周五（北京时间 法定节假日除外）上午9:00-11:30 下午1:30-3:00
冶金焦炭 Coke	100吨/手	元（人民币）/吨	1元/吨	上一交易日结算价的4%	合约价值的5%	1、2、3、4、5、6、7、8、9、10、11、12	每周一至周五（北京时间 法定节假日除外）上午9:00-11:30 下午1:30-3:00

交易品种 Futures Products	交易单位 Trading Unit	报价单位 Quottation Unit	最小变动价位 Minimum Tick Size	每日价格最大波动限制 Daily Price Limit	合约交割月份 Contracts Delivery Months	交易时间 Trading Time	最后交易日 Last Trading Day
燃料油 Fuel Oil	50吨/手	元（人民币）/吨	1元/吨	上一交易日结算价±5%	1-12月（春节月份除外）	每周一至周五（北京时间 法定节假日除外）上午9:00-11:30 下午1:30-3:00	合约交割月份前一月份的最后一个交易日
石油沥青 Bitumen	10吨/手	元（人民币）/吨	2元/吨	上一交易日结算价±3%	24个月以内，其中最近1-6个月为连续月份合约，6个月以后为季月合约。	上午9:00-11:30，下午1:30-3:00和交易所规定的其他交易时间	合约交割月份的15日（遇法定假日顺延）
甲醇 Menthanol	50吨/手	元（人民币）/吨	1元/吨	不超过上一交易日结算价±4%及《郑州商品交易所期货交易风险控制管理办法》相关规定	1-12月	每周一至周五（北京时间 法定节假日除外）上午9:00-11:30 下午1:30-3:00	合约交割月份的第10个交易日
平板玻璃 Glass	20吨/手	元（人民币）/吨	1元/吨	上一交易日结算价±4%及《郑州商品交易所期货交易风险控制管理办法》相关规定	1-12月	每周一至周五（北京时间 法定节假日除外）上午9:00-11:30 下午1:30-3:00	合约交割月份的第10个交易日
动力煤 Thermal Coal	200吨/手	元（人民币）/吨	0.2元/吨	上一交易日结算价±4%及《郑州商品交易所期货交易风险控制管理办法》相关规定	1-12月	每周一至周五（北京时间 法定节假日除外）上午9:00-11:30 下午1:30-3:00 最后交易日上午9:00-11:30	合约交割月份的第5个交易日
精对苯二甲酸 PTA	5吨/手	元（人民币）/吨	2元/吨	不超过上一交易日结算价±4%	1-12月	每周一至周五（北京时间 法定节假日除外）上午9:00-11: 30 下午1:30-3:00	合约交割月份的第10个交易日

数据来源：上海期货交易所、郑州商品交易所、大连商品交易所
Source: SHFE、ZCE、DCE

5-27 2013年金融期货合约汇总

合约标的 Object of Contracts	合约乘数 Contracts Multipler	报价单位 Quotation Unit	最小变动价位 Minimum Tick Size	合约月份 Contracts Months	交易时间 Trading Time	最后交易日交易时间 Trading Time of Last Trading Day
沪深300指数 CSI 300 Index	300	指数点	0.2	当月、下月及随后两个季月	每周一至周五（北京时间 法定节假日除外）上午9:00-11:30 下午1:30-3:00	上午：9:15-11:30，下午：13:00-15:00
合约标的 Object of Contracts	可交割国债	报价方式	最小变动价位 Minimum Tick Size	合约月份 Contracts Months	交易时间 Trading Time	最后交易日交易时间 Trading Time of Last Trading Day
面值为100万元人民币、票面利率为3%的名义中期国债	合约到期月首日剩余期限为4-7年的记账式附息国债	百元净价报价	0.002元	最近的三个季月（3月、6月、9月、12月中的最近三个月循环）	每周一至周五（北京时间 法定节假日除外）上午9:15-11:30 下午1:00-3:15	上午：9:15-11:30

数据来源：中国金融期货交易所
Source: CFFEX

Collection of Building Materials, Energy & Chemical Products & Others Futures Contracts in 2013

最后交易日 Last Trading Day	最后交割日 Last Delivery Day	交割等级 Delivery Grade	交割地点 Delivery Location	交易手续费 Trading Fee	交割方式 Trading Form	交易代码 Trading Code	上市交易所 Listed Exchange
合约交割月份的第十个交易日	最后交易日后第二个交易日	大连商品交易所线型低密度聚乙烯交割质量标准	大连商品交易所指定交割仓库	不超过8元/手	实物交割	L	大连商品交易所
合约交割月份的第十个交易日	最后交易日后第二个交易日	质量标准符合《悬浮法通用型聚氯乙烯树脂（GB/T 5761-2006）》规定的SG5型一等品和优等品	大连商品交易所指定交割仓库	不超过6元/手	实物交割	V	大连商品交易所
合约交割月份的第十个交易日	最后交易日后第二个交易日	大连商品交易所焦炭交割质量标准	大连商品交易所指定交割仓库	成交合约金额的万分之一	实物交割	J	大连商品交易所

最后交割日 Last Delivery Day	交割品级 Delivery Grade	交割地点 Delivery Location	最低交易保证金 Minimum Margin Requirements	交易手续费 Trading Fee	交割方式 Delivery Form	交易代码 Trading Code	上市交易所 Futures Exchange
最后交易日后连续五个工作日	180CST燃料油（具体质量规定见附件）或质量优于该标准的其他燃料油。	上海期货交易所指定交割仓库	合约价值的8%	–	实物交割	FU	上海期货交易所
最后交易日后连续五个工作日	70号A级道路石油沥青，具体内容见《上海期货交易所石油沥青期货交割实施细则（试行）》。	交易所指定交割地点	合约价值的4%	–	实物交割	BU	上海期货交易所
合约交割月份的第12个交易日	见《郑州商品交易所期货交割细则》	交易所指定交割地点	合约价值的6%	–	实物交割	ME	郑州商品交易所
合约交割月份的第12个交易日	见《郑州商品交易所期货交割细则》	交易所指定交割地点	合约价值的6%	–	实物交割	FG	郑州商品交易所
车（船）板交割：合约交割月份的最后1个日历日 仓单交割：合约交割月份的第7个交易日	见《郑州商品交易所期货交割细则》	交易所指定交割地点	合约价值的5%	–	实物交割	TC	郑州商品交易所
合约交割月份的第12个交易日	符合工业用精对苯二甲酸SH/T 1612.1-2005质量标准的优等品PTA 详见《郑州商品交易所精对苯二甲酸交割细则》	交易所指定交割仓库	合约价值的6%	不高于4元/手（含风险准备金）	实物交割	TA	郑州商品交易所

Collection of Financial Futures Contracts in 2013

每日价格最大波动限制 Daily Price Limit	最低交易保证金 Minimum deposit	最后交易日 Last Trading Day	交割日期 Delivery Date	交割方式 Delivery Form	交易代码 Trading Code	上市交易所 Futures Exchange
上一个交易日结算价的±10%	合约价值的12%	合约到期月份的第三个周五	合约到期月份的第三个周五	现金交割	IF	中国金融期货交易所

每日价格最大波动限制 Daily Price Limit	最低交易保证金 Minimum deposit	最后交易日 Last Trading Day	最后交割日	交割方式 Delivery Form	交易代码 Trading Code	上市交易所 Futures Exchange
上一个交易日结算价的±2%	合约价值的2%	合约到期月份的第二个周五	最后交易日后的第三个交易日	实物交割	TF	中国金融期货交易所

主要统计指标解释

交易保证金　指统计期末已被合约占用的保证金。

公式：交易保证金=合约价值×期货交易所规定的交易保证金比率

期货账户数　指统计期末投资者通过期货公司向中国期货保证金监控中心有限责任公司报备的期货账户数量合计。

期货客户数　指统计期末已在期货市场开户，按照“客户全称相同且证件代码相同”原则合并的客户数量。

涨跌幅　指统计期内期货合约的结算价（收盘价）与前结算价变动幅度。

公式：1.涨跌幅=（区间最后交易日结算价-区间前一交易日结算价）/区间前一交易日结算价

2.涨跌幅=（区间最后交易日收盘价-区间前一交易日结算价）/区间前一交易日结算价

指标说明：1.期货交易品种的涨跌幅以其对应的主力合约进行计算，即通过主力合约的涨跌幅反映期货品种的价格变动幅度

2.主力合约通常选用统计期末各期限合约中持仓量最大的合约，如持仓量相同则选取成交量最大合约为主力合约。如统计期末该品种的所有合约均无成交和持仓，则选用与统计期末最近且持仓量最大的合约为主力合约

3.若统计期包括主力合约挂牌日，则区间前一交易日结算价取合约挂牌价

4.若区间前一交易日主力合约无成交记录，则选取期初最近有成交记录的交易日的结算价为区间前一交易日结算价

振幅　指统计期内期货合约价格的波动程度，采用区间内最大价差与结算价的相对变动幅度来计算。

公式：振幅=（区间内合约最高价-区间内合约最低价）/区间前一交易日合约结算价

成交量　指统计期内全部期货合约成交数量合计。

成交金额　指统计期内全部期货合约成交金额合计。

持仓量　指统计期末未平仓期货合约数量的合计。其中，期货品种的持仓量为统计期末该品种所有期限合约的持仓量合计值；期货市场的持仓量为统计期末全部期货品种的持仓量合计值。

持仓金额　指统计期末未平仓期货合约的金额合计。

公式：持仓金额=Σ（T日某只期货合约持仓量×T日某只期货合约交易单位或合约乘数×某只期货合约结算价格）

交割量　交割是指期货投资者了结到期未平仓合约的过程，交割量即进行交割的期货合约数量。

公式：交割量=交割合约数量×合约单位

交割率　指统计期内期货品种的交割量与成交量的比率。

公式:交割率=交割量/合约挂牌后总成交量*100%

杠杆率　指统计期末持仓金额与对应期货合约交易保证金的比率。

公式：杠杆率=持仓金额总额/交易保证金总额

贰 零 壹 肆

六. 投资者

Investors

贰 零 壹 肆

2013 年证券期货市场投资者情况概述

一、股票账户

截至 2013 年底，股票有效账户 13247.15 万户，较去年减少 798.76 万户，减少 5.69%，其中，个人股票有效账户 13203.84 万户，较去年下降 5.68%，机构股票有效账户 43.31 万户，较去年下降 9.03%。2013 年，A 股新开账户 491.27 万户，较上年减少 63.66 万户，减少 11.47%；持 A 股在 100 万股以上的账户所持 A 股市值最大，占全部市值的 79.28%。2013 年新开信用账户交易账户 1689978 户，较上年增加 1039608 户，增幅达 159.85%；年末信用交易账户存量 2661917 户，较上年增长 168.80%。

二、基金账户

截至 2013 年底，基金账户存量 28773.46 万户，较上年增加 5825.46 万户，增长 25.39%。

三、期货账户

截至 2013 年底，期货账户数存量 97.72 万户，较上年增加 8.03 万户，增长 8.95%；其中，个人期货账户存量 94.97 万户，较上年增加 7.86 万户，增长 9.03%，机构期货账户存量 2.75 万户，较上年增加 0.16 万户，增长 6.33%。

6-1 证券期货市场投资者账户情况

Investor Accounts of Securities and Futures Market

年份 Year	股票 Stock						基金 Fund
	股票账户数(万户) Number of Accounts(10 thousand units)			股票投资者数(万个) Number of Stock Investors(10 thousand units)			基金账户数(万户) Number of Accounts (10 thousand units)
	个人 Individual	机构 Institution	合计 Total	个人 Individual	机构 Institution	合计 Total	
2003	6927.24	33.78	6961.02	3992.23	18.99	4011.22	-
2004	7071.20	34.91	7106.11	4067.30	19.69	4086.99	-
2005	7153.72	35.72	7189.44	4107.71	20.05	4127.76	-
2006	7443.96	38.15	7482.11	4241.15	21.39	4262.54	-
2007	9243.52	35.55	9279.07	4925.15	19.59	4944.74	-
2008	10411.31	38.38	10449.69	5488.20	20.82	5509.02	16846.00
2009	11994.52	43.17	12037.69	6243.76	22.35	6266.11	17480.00
2010	13344.43	46.61	13391.04	6909.98	24.02	6934.00	19672.00
2011	14002.34	48.03	14050.37	7219.31	24.89	7244.20	22987.00
2012	13998.30	47.61	14045.91	7230.45	24.78	7255.23	22948.00
2013	13203.84	43.31	13247.15	6739.01	18.96	6757.97	28773.46

注：1.股票账户数为有效账户数。
2.期货账户数从2006-2011年为账户总数，2012-2013年为有效账户数。
3.股票账户数和股票投资者数会受到年中投资者账户状态确认影响。
数据来源：中国证券登记结算公司、中国期货保证金监控中心公司
Source:CSDC、CFMMC

6-1 续表 continued

年份 Year	期货 Futures						全国中小企业股份转让系统NEEQ		
	期货账户数(万户) Number of Accounts (10 thousand units)			客户数(万个) Number of Valid Futures Investors (10 thousand units)			股票投资者数(个) Number of Accounts (unit)		
	个人 Individual	单位 Institution	合计 Total	个人 Individual	单位 Institution	合计 Total	个人 Individual	机构 Institution	合计 Total
2003	-	-	-	-	-	-	-	-	-
2004	-	-	-	-	-	-	-	-	-
2005	-	-	-	-	-	-	-	-	-
2006	-	-	27.74	-	-	24.46	-	-	-
2007	-	-	44.77	-	-	39.55	-	-	-
2008	69.04	2.24	71.28	59.54	2.10	61.64	-	-	-
2009	107.58	3.03	110.61	88.76	2.86	91.63	-	-	-
2010	146.54	4.02	150.55	117.82	3.55	121.37	-	-	-
2011	174.49	4.85	179.34	137.06	4.08	141.14	2959	699	3658
2012	87.11	2.59	89.69	69.74	1.99	71.73	4313	937	5250
2013	94.97	2.75	97.72	75.17	2.07	77.24	8455	1173	9628

6-2 股票账户情况
Stock Accounts

单位：万户 (10 thousand units)

年份 Year	股票账户开户总数 Number of Newly Opened Accounts					
	A股账户开户总数 Number of Newly Opened A-share Accounts			B股账户开户总数 Number of Newly Opened B-share Accounts		
	个人 Individual	机构 Institution	合计 Total	个人 Individual	机构 Institution	合计 Total
2003	6909.75	37.73	6947.48	156.37	2.07	158.44
2004	7076.32	39.07	7115.39	158.97	2.20	161.17
2005	7161.24	39.93	7201.17	160.03	2.38	162.41
2006	7466.75	42.76	7509.51	163.13	2.60	165.73
2007	11214.76	54.23	11268.99	232.74	2.88	235.62
2008	12639.90	59.53	12699.43	238.67	3.14	241.81
2009	14359.89	66.10	14425.99	244.68	3.33	248.01
2010	15844.74	71.02	15915.76	248.94	3.55	252.49
2011	16985.67	75.21	17060.88	251.44	3.81	255.25
2012	17538.12	77.69	17615.81	252.52	4.02	256.54
2013	18026.35	82.76	18109.10	253.96	4.21	258.17

注：1.开户总数指截止到统计期末投资者累计开立的股票账户的数量。
2.销户总数指截止到统计期末投资者已办理了销户手续和已被清理的股票账户的数量。
数据来源：中国证券登记结算公司
Source:CSDC

6-2 续表 1 continued

单位：万户 (10 thousand units)

年份 Year	股票账户销户总数 Number of Canceled Stock Accounts					
	A股账户销户总数 Number of Canceled A-share Accounts			B股账户销户总数 Number of Canceled B-share Accounts		
	个人 Individual	机构 Institution	合计 Total	个人 Individual	机构 Institution	合计 Total
2003	154.62	5.70	160.32	0.41	0.40	0.81
2004	163.77	5.76	169.53	0.43	0.48	0.91
2005	167.12	5.91	173.03	0.44	0.67	1.11
2006	185.46	6.50	191.96	0.46	0.71	1.17
2007	209.54	7.33	216.87	0.55	0.76	1.31
2008	564.97	10.92	575.89	0.65	0.81	1.46
2009	632.17	12.05	644.22	0.96	0.95	1.91
2010	698.71	12.99	711.70	1.49	1.03	2.52
2011	752.24	13.89	766.13	1.98	1.12	3.10
2012	789.61	14.78	804.39	2.29	1.20	3.49
2013	828.50	17.22	845.73	2.62	1.29	3.91

6-2 续表 2 continued

单位：万户 (10 thousand units)

年份 Year	股票账户数 Number of Stock Accounts					
	A股账户数 Number of A-share Accounts at the end of This Period			B股账户数 Number of B-share Accounts at the end of This Period		
	个人 Individual	机构 Institution	合计 Total	个人 Individual	机构 Institution	合计 Total
2003	6755.13	32.04	6787.17	155.96	1.67	157.63
2004	6912.65	33.22	6945.87	158.55	1.71	160.26
2005	6994.12	34.01	7028.13	159.60	1.71	161.31
2006	7281.29	36.26	7317.55	162.67	1.89	164.56
2007	11005.22	46.90	11052.12	232.19	2.12	234.31
2008	12074.93	48.61	12123.54	238.02	2.33	240.35
2009	13727.72	54.06	13781.78	243.72	2.38	246.10
2010	15146.04	58.02	15204.06	247.44	2.52	249.96
2011	16233.42	61.32	16294.74	249.46	2.70	252.16
2012	16748.51	62.91	16811.42	250.23	2.82	253.05
2013	17196.37	65.53	17261.90	251.28	2.85	254.13

6-2 续表 3 continued

单位：万户 (10 thousand units)

年份 Year	有效账户数 Number of Valid Accounts					
	有效A股账户数 Number of Valid A-share Accounts at the end of This Period			有效B股账户数 Number of Valid B-share Accounts at the end of This Period		
	个人 Individual	机构 Institution	合计 Total	个人 Individual	机构 Institution	合计 Total
2003	6771.35	32.18	6803.53	155.89	1.60	157.49
2004	6912.65	33.22	6945.87	158.55	1.69	160.24
2005	6994.12	34.01	7028.13	159.60	1.71	161.31
2006	7281.29	36.26	7317.55	162.67	1.89	164.56
2007	9011.33	33.43	9044.76	232.19	2.12	234.31
2008	10173.29	36.05	10209.34	238.02	2.33	240.35
2009	11750.80	40.79	11791.59	243.72	2.38	246.10
2010	13096.98	44.09	13141.07	247.45	2.52	249.97
2011	13752.88	45.34	13798.22	249.46	2.69	252.15
2012	13748.07	44.79	13792.86	250.23	2.82	253.05
2013	12952.50	40.39	12992.89	251.34	2.92	254.26

6-3 A股期末账户交易情况

Transaction of A-Share Accounts

单位：万户 (10 thousand units)

年份 Year	期末持股A股账户数 Number of A-share Accounts at the end of This Period				
	当年参与交易A股账户数 Number of A-share Accounts Involved in Stock			当年未参与交易A股账户数 Number of A-share Accounts Not Involved in	合计 Total
	小计 Subtotal	个人 Individual	机构 Institution		
2004	1525.11	1520.31	4.80	1156.25	2681.36
2005	977.82	975.20	2.62	1566.34	2544.16
2006	1577.61	1574.31	3.30	906.87	2484.48
2007	4080.08	4073.92	6.16	222.10	4302.18
2008	4090.85	4085.11	5.74	648.49	4739.34
2009	4318.36	4310.71	7.65	829.14	5147.50
2010	4716.06	4708.46	7.60	896.35	5612.41
2011	4260.83	4254.33	6.50	1433.35	5694.18
2012	2995.24	2990.21	5.03	2519.25	5514.49
2013	3246.99	3241.72	5.26	2144.43	5391.42

数据来源：中国证券登记结算公司
Source:CSDC

6-3 续表 continued

单位：万户 (10 thousand units)

年份 Year	期末未持股A股账户数 Number of Accounts Without Holding Shares				
	当年参与交易A股账户数 Number of A-share Accounts Involved in Stock			当年未参与交易A股账户数 Number of A-share Accounts Not Involved in	合计 Total
	小计 Subtotal	个人 Individual	机构 Institution		
2004	528.82	525.07	3.75	3735.69	4264.51
2005	447.89	444.41	3.48	4036.08	4483.97
2006	750.48	747.24	3.24	4082.59	4833.07
2007	1798.72	1790.87	7.85	2943.86	4742.58
2008	1607.13	1595.77	11.36	3862.87	5470.00
2009	2257.97	2253.54	4.43	4386.11	6644.08
2010	2073.76	2068.89	4.87	5454.90	7528.66
2011	1793.53	1789.85	3.68	6310.70	8104.23
2012	1401.92	1399.31	2.60	6876.45	8278.37
2013	1509.86	1507.30	2.57	6091.61	7601.47

6-4 B股期末账户交易情况
Transaction of B-Share Accounts

单位：万户 (10 thousand units)

年份 Year	期末持股B股账户数 Number of B-share Accounts at the end of This Period				
	当年参与交易B股账户数 Number of B-share Accounts Involved in Stock			当年未参与交易B股账户数 Number of B-share Accounts Not Involved in	合计 Total
	小计 Subtotal	个人 Individual	机构 Institutions		
2004	66.83	66.72	0.11	38.53	105.36
2005	57.96	57.84	0.12	43.40	101.36
2006	61.85	61.72	0.13	32.80	94.65
2007	118.97	118.83	0.14	14.32	133.29
2008	93.32	93.19	0.13	42.47	135.79
2009	90.74	90.60	0.14	41.85	132.59
2010	83.51	83.35	0.16	47.05	130.56
2011	82.56	82.40	0.16	48.47	131.03
2012	72.77	72.61	0.16	53.43	126.20
2013	75.49	75.31	0.18	43.54	119.03

数据来源：中国证券登记结算公司
Source:CSDC

6-4 续表 continued

单位：万户 (10 thousand units)

年份 Year	期末未持股B股账户数 Number of Accounts Without Holding Shares				
	当年参与交易B股账户数 Number of B-share Accounts Involved in Stock Trading at the end of the Year			当年未参与交易B股账户数 Number of B-share Accounts Not Involved in Stock Trading at the end of the Year	合计 Total
	小计 Subtotal	个人 Individual	机构 Institutions		
2004	7.25	7.22	0.03	47.63	54.88
2005	6.62	6.59	0.03	53.33	59.95
2006	12.24	12.20	0.04	57.67	69.91
2007	25.12	25.06	0.06	75.90	101.02
2008	9.46	9.41	0.05	95.10	104.56
2009	12.58	12.54	0.04	100.93	113.51
2010	11.82	11.78	0.04	107.59	119.41
2011	6.96	6.91	0.05	114.16	121.12
2012	7.59	7.55	0.04	119.26	126.85
2013	10.37	10.31	0.06	124.86	135.23

6-5　投资者按持有分类情况

Investors Classification by Stock Holding

年份 Year	A股 A-Shares 持A股数量(亿股) Number of Stock Holdings(100 million shares)				
	持A股<0.1万股的账户 Stock Holdings of the Accounts are below 0.1	持A股在[0.1,1)万股的账户 Stock Holdings of the Accounts are between 0.1 and 1	持A股在[1,10)万股的账户 Stock Holdings of the Accounts are between 1 and 10	持A股在[10,100)万股的账户 Stock Holdings of the Accounts are between 10 and 100	持A股>=100万股的账户 Stock Holdings of the Accounts are above 100
2003	35.64	504.03	712.65	258.96	215.50
2004	32.67	516.40	830.11	298.97	318.94
2005	29.93	491.40	872.95	373.25	516.56
2006	26.12	491.98	1121.95	604.07	1002.37
2007	56.45	757.87	1338.14	670.88	1871.50
2008	56.94	887.95	1738.37	858.54	3193.01
2009	64.18	931.93	1825.45	1026.50	10122.96
2010	68.50	1027.14	2258.02	1362.45	14654.98
2011	66.02	1065.36	2556.46	1578.90	17100.89
2012	61.34	1029.99	2666.98	1735.05	19218.94
2013	58.27	1000.64	2769.65	1943.71	24369.40

数据来源：中国证券登记结算公司
Source:CSDC

6-5　续表 1　continued

年份 Year	A股 A-Shares 持A股市值(亿元) Market Capitalization of Stock Holdings(100 million yuan)				
	持A股<0.1万股的账户 Stock Holdings of the Accounts are below 0.1	持A股在[0.1,1)万股的账户 Stock Holdings of the Accounts are between 0.1 and 1	持A股在[1,10)万股的账户 Stock Holdings of the Accounts are between 1 and 10	持A股在[10,100)万股的账户 Stock Holdings of the Accounts are between 10 and 100	持A股>=100万股的账户 Stock Holdings of the Accounts are above 100
2003	233.72	3244.98	5060.23	1998.76	1824.33
2004	168.25	2588.66	4326.81	1586.60	2343.21
2005	120.07	1904.55	3436.88	1526.66	3066.63
2006	162.70	2801.77	6461.67	3811.33	10807.50
2007	1044.49	12247.25	21063.62	11034.80	45562.39
2008	346.60	4851.36	9323.41	4861.54	25515.08
2009	868.73	10948.88	20586.55	11895.57	106106.70
2010	968.85	11930.00	23810.33	14442.14	142746.78
2011	591.36	8242.26	18287.07	11339.82	127071.38
2012	530.99	7753.58	18783.56	12348.53	143260.86
2013	510.06	7820.93	19936.39	14155.73	162314.85

6-5 续表 2 continued

年份 Year	B股 B-Shares 持B股数量(亿股) Number of Stock Holdings(100 million shares)				
	持B股<0.1万股的账户 Stock Holdings of the Accounts are below 0.1	持B股在[0.1,1)万股的账户 Stock Holdings of the Accounts are between 0.1 and 1	持B股在[1,10)万股的账户 Stock Holdings of the Accounts are between 1 and 10	持B股在[10,100)万股的账户 Stock Holdings of the Accounts are between 10 and 100	持B股>=100万股的账户 Stock Holdings of the Accounts are above 100
2003	0.25	26.26	66.40	44.41	42.06
2004	0.24	26.40	69.95	47.49	53.43
2005	0.23	25.28	69.09	50.44	73.04
2006	0.25	23.27	65.78	51.51	88.19
2007	0.86	30.72	78.35	51.09	89.89
2008	0.80	31.73	86.40	58.77	90.54
2009	0.82	30.57	84.50	60.11	95.55
2010	0.82	29.82	84.48	63.95	102.71
2011	0.80	29.96	88.85	70.42	105.30
2012	0.79	28.62	83.45	67.61	100.72
2013	0.76	28.83	78.43	64.83	111.75

6-5 续表 3 continued

年份 Year	B股 B-Shares 持B股市值(亿元) Market Capitalization of Stock Holdings(100 million yuan)				
	持B股<0.1万股的账户 Stock Holdings of the Accounts are below 0.1	持B股在[0.1,1)万股的账户 Stock Holdings of the Accounts are between 0.1 and 1	持B股在[1,10)万股的账户 Stock Holdings of the Accounts are between 1 and 10	持B股在[10,100)万股的账户 Stock Holdings of the Accounts are between 10 and 100	持B股>=100万股的账户 Stock Holdings of the Accounts are above 100
2003	1.25	112.51	289.07	209.21	263.13
2004	0.84	79.53	214.27	155.62	238.95
2005	0.63	56.19	155.83	121.84	265.92
2006	1.27	91.42	257.35	214.75	703.29
2007	11.77	286.19	675.79	438.85	1105.42
2008	3.19	86.66	219.50	149.16	337.75
2009	7.68	184.45	471.48	337.51	799.62
2010	8.26	196.84	516.65	402.59	1061.15
2011	5.45	127.66	338.48	268.41	694.81
2012	5.92	137.44	366.03	294.43	769.42
2013	4.52	129.54	366.88	302.92	850.95

6-6　信用证券账户情况
Margin Trading Accounts

单位：户　(unit)

投资者类别 Investors	个人 Individual		机构 Institution	
	2012	2013	2012	2013
期初信用证券账户数 Number of Margin Trading Accounts at the Beginning of this Period	347507	986891	1103	3393
本年新开信用证券账户数 Number of Newly Opened Margin Trading Accounts during this year	648006	1686735	2364	3243
本年新销信用证券账户数 Number of Canceled Margin Trading Accounts during this year	8622	31763	74	351
期末信用证券账户数 Number of Margin Trading Accounts at the end of this Period	986891	2655505	3393	6412

注：信用证券账户不同于普通证券户，是投资者为参与融资融券交易而向证券公司申请开立的证券账户，是证券公司在中登公司开立的“客户信用交易担保证券户账户”的二级账户，用于记录投资者委托证券公司持有的担保证券的明细数据。
数据来源：中国证券登记结算公司
Source:CSDC

6-7　全国期货市场投资者分类交易情况
Statistics for Futures Transaction by Investors

年份 Year	商品期货 Commodity Futures				金融期货 Financial Futures			
	成交量(万手) Trading Volume (10 thousand lots)		成交金额(亿元) Trading Turnover (100 million yuan)		成交量(万手) Trading Volume (10 thousand lots)		成交金额(亿元) Trading Turnover (100 million yuan)	
	个人 Individual	单位 Institution	个人 Individual	单位 Institution	个人 Individual	单位 Institution	个人 Individual	单位 Institution
2009	98452.74	9418.74	592977.13	59576.46	-	-	-	-
2010	138724.49	13364.61	1032685.78	102197.60	4497.87	89.45	402691.35	8008.65
2011	89697.26	10670.40	839207.89	98267.65	4886.43	154.76	424262.61	13437.39
2012	121235.59	13304.47	852274.68	100549.86	10162.63	343.55	733600.32	24799.68
2013	168520.11	17848.46	1130584.65	130441.60	18274.36	108.33	1331407.80	78854.28

数据来源：上海期货交易所、大连商品交易所、郑州商品交易所、中国金融期货交易所
Source:SHFE、DCE、ZCE、CFFEX

主要统计指标解释

股票账户数 指统计期末在中国证券登记结算公司开立的股票账户数量合计，包括 A 股账户和 B 股账户。

股票有效账户数 指统计期末股票账户数中减去休眠账户数之后的股票账户数量。

股票新开户数 指统计期内新开立的股票账户数量。

股票新销账户数 指统计期内销户的股票账户数量。

休眠账户数 指统计期末根据“证券账户余额为零、资金账户余额不超过 100 元且最近连续 3 年以上无交易”原则统计的账户数量。

参与交易股票账户数 指统计期内参与交易所股票交易并完成至少 1 次买或卖行为的账户数量。

持股账户数 指统计期末持有股票数量不为零的账户数。

股票投资者数 指统计期末已开立股票账户的投资者数量。统计时按照“投资者全称相同且证件代码相同”合并。

信用证券账户数 指统计期末投资者为参与融资融券交易开立的信用证券账户数量合计。

基金账户数 通常称基金 TA 账户，是指统计期末注册登记人为投资人建立的用于管理和记录基金持有的账户数量。

基金投资者数 指统计期末已开立基金账户的投资者的数量。按照“投资者全称且证件代码相同”原则合并的基金投资者数量。

期货账户数 统计期末投资者通过期货公司向中国期货保证金监控中心有限责任公司报备的期货账户数量合计。

期货有效账户数 指在统计期末期货账户中剔除休眠账户和逾期未规范账户后的账户数量。休眠账户由中国期货保证金监控中心根据以下条件进行认定：1.开户时间一年以上；2.最近一年以上无持仓；3.最近一年以上无交易（含一年）；4.认定日的客户权益在 1000 元以下（含 1000 元）。其中，客户权益以期货公司内部资金账户为单位进行认定。逾期未规范账户是指在账户规范工作规定的时间内，资料未上报监控中心，未通过监控中心和期货交易所检查或反馈未成功的历史账户。

客户数 是指统计期末已在期货市场开户的客户数量。按照“客户全称相同且证件代码相同”原则合并的客户数量。

期货成交量 是指在统计期内全部期货合约成交数量合计。期货品种的成交量为统计期内该品种全部期限合约的成交量合计。

期货成交金额 指统计期内全部期货合约成交金额合计。期货品种的成交金额为统计期内该品种全部期限合约的成交金额合计。

贰 零 壹 肆

七. 上市公司

Listed Companies

贰 零 壹 肆

2013年上市公司财报分析

一、上市公司整体业绩改善

2013年上市公司业绩增速加快。2013年全年，沪深两市2486家上市公司[1]实现净利润[2]22494.88亿元，累计同比增长14.43%，增速较2012年的0.93%大幅提升。

上市公司增收不增利的现象持续改善。2013年全年，沪深上市公司实现营业收入270556.52亿元，累计同比增长9.58%，比净利润累计同比增幅低4.85个百分点，而2012年全年营业收入比净利润累计同比增幅高7.96个百分点，上市公司增收不增利现象在2013年得到明显改善。2013年，沪深2486家上市公司经营活动产生的现金流量净额为30509.23亿元，累计同比下降33.13%，2012年同期为累计同比增长50.68%。

二、上市公司板块间业绩和盈利水平存在明显差别

主板上市公司盈利增速放缓，但仍具有盈利优势。2013年全年，主板上市公司实现净利润21192.03亿元，累计同比增长14.93%，较2013年三季度累计同比增幅低0.6个百分点，但仍高出中小板和创业板上市公司净利润累计同比增幅8.99和4.52个百分点。2013年全年，主板上市公司净资产收益率为14.09%，明显高于中小板和创业板的8.79%和7.70%，主板上市公司每股收益为0.57元，高于中小板和创业板的0.37元和0.35元。

中小板上市公司2013年盈利情况略有改善。2013年全年，中小板上市公司实现净利润1036.70亿元，累计同比增长5.94%，分别高出2012年全年和2013年三季度15.39和1.06个百分点。2013年，中小板上市公司财务成本大幅上升，财务费用同比上升57.71%。

创业板上市公司业绩保持较快增速，盈利增速较上年明显加快。2013年全年，创业板上市公司实现营业收入2378.97亿元，累计同比增长24.10%，延续上半年以来的20%以上的较快增速。2013年，创业板上市公司财务费用为-2.69亿元，2012年同期该值为-17.87亿元，说明2013年创业板上市公司利息支出增速快于利息收入。

三、上市公司行业间业绩和盈利情况分化明显

非金融上市公司2013年业绩增速加快，行业间盈利情况分化明显。剔除金融业上市公司后，2013年全年，非金融上市公司分别实现营业收入和净利润229477.02亿元和9984.22亿元，分别占全部上市公司总额的84.82%和44.38%，占比略有上升。营业收入和净利润分别累计同比增长9.12%和13.46%，增幅均高于2012年全年。分行业数据上，2013年全年，"租赁和商务服务业"营业收入增速较快，累计同比增幅较三季度上升9.05个百分点，"水利、环境和公共设施管理"增速较缓，累计同比增幅较三季度下降16.89个百分点。净利润方面，"租赁和商务服务业"增速较快，累计同比增幅较三季度上升15.90个百分点，"电力、热力、燃气及水生产和供应业"增速较缓，累计同比增幅较三季度下降29.90个百分点。

房地产上市公司2013年业绩增速趋缓。2013年全年，139家房地产上市公司共实现营业收入7122.43亿元，累计同比增长27.07%。2013年全年实现净利润842.45亿元，累计同比增长15.49%。

上市银行业绩和盈利增速均放缓。2013年全年，16家上市银行共实现营业收入和净利润29117.82亿

元和 11584.11 亿元，累计同比增长 12.15%和 12.78%，较三季度分别下降 0.46 和 0.21 个百分点。2013 年上市银行平均资本充足率[3]为 12.23%，同比下降 0.64 个百分点，平均不良贷款率为 0.90%，同比增长 0.1 个百分点。2013 年上市银行平均存贷款比例为 68.68%，同比上升 0.16 个百分点。

传统制造业和高能耗行业 2013 年盈利增速继续加快；现代服务业盈利能力保持强劲。2013 年全年，传统制造业、现代服务业和高能耗行业分别实现净利润 1071.12 亿元、13707.92 亿元、1290.03 亿元，分别累计同比增长 36.70%、15.46%、78.62%，增速较三季度继续加快。三类上市公司净资产收益率分别为 6.83%、18.10%和 7.42%，现代服务业的盈利能力保持强劲。2013 年轻资产运营模式上市公司净资产收益率为 17.28%，较全部上市公司平均水平高 3.7 个百分点。

[1]本文所指的全部上市公司不包括博汇纸业、*ST 国恒、ST 成城三家延期披露定期报告的上市公司（下文同）；本文绝对数选取当期全部上市公司口径，同比、环比选取剔除当期未上市或退市上市公司后的可比口径。
[2]本文所指的净利润为归属母公司股东的净利润（下文同）。
[3]平均资本充足率和平均不良贷款率使用算术平均法计算。

7-1　上市公司及全国中小企业股份转让系统挂牌公司数量

Number of Listed Companies

单位：家　　(unit)

年份 Year	上市公司家数						挂牌公司家数 Listed Companies
	上交所 SSE	深交所 SZSE				合计 Total	
		合计 Total	主板 Main Board	中小板 SME Board	创业板 GE Board		
1991	7	6	6	0	0	13	-
1992	29	24	24	0	0	53	-
1993	106	77	77	0	0	183	-
1994	171	120	120	0	0	291	-
1995	188	135	135	0	0	323	-
1996	293	237	237	0	0	530	-
1997	383	362	362	0	0	745	-
1998	438	414	414	0	0	852	-
1999	484	465	465	0	0	949	-
2000	572	516	516	0	0	1088	-
2001	646	514	514	0	0	1160	-
2002	715	509	509	0	0	1224	-
2003	780	507	507	0	0	1287	-
2004	837	540	502	38	0	1377	-
2005	834	547	497	50	0	1381	-
2006	842	592	490	102	0	1434	-
2007	860	690	488	202	0	1550	-
2008	864	761	488	273	0	1625	-
2009	870	848	485	327	36	1718	-
2010	894	1169	485	531	153	2063	-
2011	931	1411	484	646	281	2342	-
2012	954	1540	484	701	355	2494	200
2013	953	1536	480	701	355	2489	356

注：上市公司数量以首发上市日口径统计。
数据来源：上海证券交易所、深圳证券交易所、全国中小企业股份转让系统
Source：SSE、SZSE

7-2 上市公司及全国中小企业股份转让系统挂牌公司数量按行业分布
Number of Listed Companies by Industry

单位：家 (unit)

行业 Industry	上市公司家数						挂牌公司家数 Listed Companies	
	上交所 SSE		深交所 SZSE		合计 Total			
	2012	2013	2012	2013	2012	2013	2012	2013
农、林、牧、渔 Agriculture,Forestry,Animal Husbandry and Fishery	14	14	26	26	40	40	6	7
采矿业 Mining	36	39	23	26	59	65	3	7
制造业 Manufacturing	499	495	1086	1080	1585	1575	91	151
电力、热力、燃气及水生产和供应业 Production and Supply of Electricity, Gas and Water	51	49	31	32	82	81	0	2
建筑业 Construction	30	31	31	32	61	63	1	5
批发和零售业 Wholesale and Retail Trades	89	92	64	62	153	154	0	0
交通运输、仓储和邮政业 Transport,Storage and Post	58	58	25	25	83	83	0	0
住宿和餐饮业 Hotels and Catering Services	2	2	10	10	12	12	0	0
信息传输、软件和信息技术服务业 Information Transmission,Computer Services and Software	25	25	100	98	125	123	84	146
金融业 Financial Intermediation	31	32	11	11	42	43	0	0
房地产业 Real Estate	74	71	71	68	145	139	0	0
租赁和商务服务业 Leasing and Business Services	9	9	13	13	22	22	1	5
科学研究和技术服务业 Scientific Research,Technical Service	1	1	11	11	12	12	4	14
水利、环境和公共设施管理业 Management of Water Conservancy, Environment and Public Facilities	6	6	18	20	24	26	1	2
教育 Education	1	1	0	0	1	1	0	0
卫生和社会工作 Health and Social Works	1	1	2	2	3	3	7	8
文化、体育和娱乐业 Culture,Sports and Entertainment	11	11	12	13	23	24	2	9
综合 Others	16	16	6	7	22	23	0	0

注：上市公司数量以首发上市日口径统计。
数据来源：上海证券交易所、深圳证券交易所、全国中小企业股份转让系统
Source：SSE、SZSE

7-3　上市公司数量按监管辖区分布
Number of Listed Companies by Jurisdiction

单位：家　　　　(unit)

辖区	Jurisdiction	上交所 SSE		深交所 SZSE		合计 Total	
		2012	2013	2012	2013	2012	2013
北京	Beijing	100	99	120	120	220	219
天津	Tianjin	19	19	19	19	38	38
河北	Hebei	18	18	30	30	48	48
山西	Shanxi	18	18	16	16	34	34
内蒙古	Inner Mongolia	16	16	9	9	25	25
辽宁	Liaoning	14	14	30	30	44	44
吉林	Jilin	17	17	21	21	38	38
黑龙江	Heilongjiang	23	23	8	8	31	31
上海	Shanghai	145	144	57	57	202	201
江苏	Jiangsu	80	80	156	155	236	235
浙江	Zhejiang	58	58	152	152	210	210
安徽	Anhui	29	29	48	48	77	77
福建	Fujian	20	20	39	39	59	59
江西	Jiangxi	15	15	17	17	32	32
山东	Shandong	39	39	97	97	136	136
河南	Henan	26	26	40	40	66	66
湖北	Hubei	37	37	47	47	84	84
湖南	Hunan	20	20	52	52	72	72
广东	Guangdong	32	32	153	151	185	183
广西	Guangxi	12	12	18	18	30	30
海南	Hainan	8	8	18	18	26	26
重庆	Chongqing	18	18	19	19	37	37
四川	Sichuan	36	36	54	54	90	90
贵州	Guizhou	10	10	11	11	21	21
云南	Yunnan	12	12	16	16	28	28
西藏	Xizang	6	6	4	4	10	10
陕西	Shanxi	18	18	21	21	39	39
甘肃	Gansu	12	12	13	13	25	25
青海	Qinghai	7	7	3	3	10	10
宁夏	Ningxia	4	4	8	8	12	12
新疆	Xinjiang	21	21	18	18	39	39
深圳	Shenzhen	12	13	172	171	184	184
大连	Dalian	13	13	11	11	24	24
宁波	Ningbo	20	20	17	17	37	37
厦门	Xiamen	11	11	18	18	29	29
青岛	Qingdao	8	8	8	8	16	16

注：1.上市公司数量以首发上市日口径统计。
　　2.上市公司辖区以注册地口径统计。
数据来源：上海证券交易所、深圳证券交易所
Source：SSE、SZSE

7-4 全国中小企业股份转让系统2013年新挂牌的挂牌公司数量按行业分布

Number of Newly Listed Companies by Industry in 2013 of NEEQ

行业 Industry	新挂牌公司家数(家) Number of Newly Listed Companies (unit)	新挂牌公司总股本(万股) Share Capital of Newly Listed Companies (10 thousand shares)
农、林、牧、渔 Agriculture,Forestry,Animal Husbandry and Fishery	1	10500.00
采矿业 Mining	4	8220.00
制造业 Manufacturing	60	140621.51
电力、热力、燃气及水生产和供应业 Production and Supply of Electricity,Gas and Water	2	12331.43
建筑业 Construction	4	7715.00
信息传输、软件和信息技术服务业 Information Transmission,Computer Services and Software	62	131634.00
租赁和商务服务业 Leasing and Business Services	4	9100.00
科学研究和技术服务业 Scientific Research,Technical Service	10	22076.30
水利、环境和公共设施管理业 Management of Water Conservancy,Environment and Public Facilities	1	3060.00
卫生和社会工作 Health and Social Works	1	7020.50
文化、体育和娱乐业 Culture,Sports and Entertainment	7	16490.57

数据来源：全国中小企业股份转让系统
Source:NEEQ

7-5　2013年各监管辖区按行业上市公司数量分布
Number of Listed Companies by Jurisdiction and by Industry in 2013

单位：家 (unit)

辖区	Jurisdiction	农、林、牧、渔 Agriculture, Forestry, Animal Husbandry and Fishery	采矿业 Mining	制造业 Manufacturing	电力、热力、燃气及水生产和供应业 Production and Supply of Electricity, Gas and Water	建筑业 Construction	批发和零售业 Wholesale and Retail Trades	交通运输、仓储和邮政业 Transport, Storage and Post	住宿和餐饮业 Hotels and Catering Services	信息传输、软件和信息技术服务业 Information Transmission, Computer Services and Software
北京	Beijing	1	11	89	5	16	14	3	2	38
天津	Tianjin	0	2	18	2	0	4	4	0	0
河北	Hebei	1	1	35	2	0	4	1	0	0
山西	Shanxi	0	6	21	2	0	2	1	0	0
内蒙古	Inner Mongolia	0	4	18	2	1	0	0	0	0
辽宁	Liaoning	1	0	29	4	0	3	2	0	2
吉林	Jilin	0	0	25	2	0	3	1	0	2
黑龙江	Heilongjiang	2	0	18	3	1	2	1	0	1
上海	Shanghai	1	3	92	4	6	18	15	1	16
江苏	Jiangsu	0	0	178	2	3	15	8	1	7
浙江	Zhejiang	0	0	160	3	4	12	0	0	10
安徽	Anhui	2	2	56	1	3	3	2	0	2
福建	Fujian	4	1	35	1	0	6	2	0	4
江西	Jiangxi	0	1	24	2	0	1	2	0	0
山东	Shandong	6	7	102	2	2	5	4	0	1
河南	Henan	2	4	52	3	0	2	1	0	1
湖北	Hubei	0	1	54	3	3	9	3	0	0
湖南	Hunan	4	1	45	3	0	4	2	1	3
广东	Guangdong	2	2	130	10	3	5	8	1	6
广西	Guangxi	1	0	21	2	0	1	2	0	0
海南	Hainan	3	2	8	0	1	1	3	1	1
重庆	Chongqing	0	1	20	3	0	2	2	0	2
四川	Sichuan	0	3	62	7	4	4	2	0	4
贵州	Guizhou	0	1	16	1	0	1	0	0	1
云南	Yunnan	2	1	17	1	0	1	0	0	1
西藏	Xizang	0	1	5	0	1	1	0	0	0
陕西	Shanxi	0	3	23	1	1	2	0	2	1
甘肃	Gansu	2	3	15	2	0	2	0	0	0
青海	Qinghai	0	2	8	0	0	0	0	0	0
宁夏	Ningxia	0	0	11	0	0	1	0	0	0
新疆	Xinjiang	5	1	23	2	3	2	0	0	0
深圳	Shenzhen	0	0	104	3	7	10	8	3	16
大连	Dalian	1	0	9	2	0	5	2	0	0
宁波	Ningbo	0	0	23	1	4	4	2	0	0
厦门	Xiamen	0	1	15	0	0	4	2	0	3
青岛	Qingdao	0	0	14	0	0	1	0	0	1

注：1.上市公司数量以首发上市日口径统计。
　　2.上市公司辖区以注册地口径统计。
数据来源：上海证券交易所、深圳证券交易所
Source: SSE、SZSE

7-5 续表 continued

单位：家 (unit)

辖区	Jurisdiction	金融业 Financial Inter-mediation	房地产业 Real Estate	租赁和商务服务业 Leasing and Business Services	科学研究和技术服务业 Scientific Research, Technical Service	水利、环境和公共设施管理业 Management of Water Conservancy, Environment and Public Facilities	教育 Education	卫生和社会工作 Health and Social Works	文化、体育和娱乐业 Culture, Sports and Enter-tainment	综合 Others
北京	Beijing	11	17	5	1	3	0	0	3	0
天津	Tianjin	0	6	0	1	0	0	0	0	1
河北	Hebei	0	3	0	0	0	0	0	0	1
山西	Shanxi	1	0	0	0	0	0	0	1	0
内蒙古	Inner Mongolia	0	0	0	0	0	0	0	0	0
辽宁	Liaoning	0	1	0	0	1	0	0	1	0
吉林	Jilin	1	4	0	0	0	0	0	0	0
黑龙江	Heilongjiang	1	1	0	0	0	0	0	0	1
上海	Shanghai	7	24	2	3	1	1	0	3	4
江苏	Jiangsu	3	8	1	2	2	0	0	1	4
浙江	Zhejiang	0	8	3	1	1	0	2	5	1
安徽	Anhui	1	2	0	0	1	0	0	2	0
福建	Fujian	2	4	0	0	0	0	0	0	0
江西	Jiangxi	0	1	0	0	0	0	0	1	0
山东	Shandong	0	3	0	1	0	0	0	0	3
河南	Henan	0	0	0	0	0	0	0	1	0
湖北	Hubei	1	6	0	0	2	0	0	2	0
湖南	Hunan	1	2	0	0	3	0	1	2	0
广东	Guangdong	1	11	3	0	0	0	0	0	1
广西	Guangxi	1	1	0	0	1	0	0	0	0
海南	Hainan	0	5	0	0	0	0	0	1	0
重庆	Chongqing	1	4	0	0	2	0	0	0	0
四川	Sichuan	1	1	0	0	1	0	0	1	0
贵州	Guizhou	0	1	0	0	0	0	0	0	0
云南	Yunnan	1	2	0	0	2	0	0	0	0
西藏	Xizang	0	1	0	0	1	0	0	0	0
陕西	Shanxi	2	0	0	0	2	0	0	0	2
甘肃	Gansu	0	1	0	0	0	0	0	0	0
青海	Qinghai	0	0	0	0	0	0	0	0	0
宁夏	Ningxia	0	0	0	0	0	0	0	0	0
新疆	Xinjiang	1	0	1	0	0	0	0	0	1
深圳	Shenzhen	5	17	6	1	2	0	0	0	2
大连	Dalian	0	2	0	1	1	0	0	0	1
宁波	Ningbo	1	2	0	0	0	0	0	0	0
厦门	Xiamen	0	1	1	1	0	0	0	0	1
青岛	Qingdao	0	0	0	0	0	0	0	0	0

7-6　按股份类别划分的上市公司数量

Number of Listed Companies by Stock Type

单位：家　　(unit)

年份 Year	仅发A股 Only A Shares	仅发B股 Only B Shares	仅发A、B股 Only A&B Shares	仅发A、H股 Only A&H Shares	发A、B、H股 A,B&H Shares	仅发B、H股 B&H Shares	合计 Total	A股合计 Total of A Shares	B股合计 Total of B Shares
1994	227	4	54	6	0	0	291	287	58
1995	242	12	58	11	0	0	323	311	70
1996	431	16	69	14	0	0	530	514	85
1997	627	25	76	17	0	0	745	720	101
1998	728	26	80	18	0	0	852	826	106
1999	822	26	82	19	0	0	949	923	108
2000	955	28	86	19	0	0	1088	1060	114
2001	1025	24	88	23	0	0	1160	1136	112
2002	1085	24	87	28	0	0	1224	1200	111
2003	1146	24	87	30	0	0	1287	1263	111
2004	1236	24	86	31	0	0	1377	1353	110
2005	1240	23	86	32	0	0	1381	1358	109
2006	1287	23	86	38	0	0	1434	1411	109
2007	1389	23	86	52	0	0	1550	1527	109
2008	1459	23	85	57	1	0	1625	1602	109
2009	1549	22	85	61	1	0	1718	1696	108
2010	1892	22	85	63	1	0	2063	2041	108
2011	2162	22	85	72	1	0	2342	2320	108
2012	2306	21	84	81	1	1	2494	2472	107
2013	2300	20	84	83	1	1	2489	2468	106

注：上市公司数量以首发上市日口径统计。
数据来源：上海证券交易所、深圳证券交易所
Source：SSE、SZSE

7-7 上海证券交易所按股份类别划分的上市公司数量
Number of Listed Companies by Stock Type of SSE

单位：家　　(unit)

年份 Year	仅发A股 Only A Shares	仅发B股 Only B Shares	仅发A、B股 Only A&B Shares	仅发A、H股 Only A&H Shares	发A、B、H股 A,B&H Shares	仅发B、H股 B&H Shares	合计 Total	A股合计 Total of A Shares	B股合计 Total of B Shares
1994	131	2	32	6	0	0	171	169	34
1995	142	4	32	10	0	0	188	184	36
1996	240	6	36	11	0	0	293	287	42
1997	321	11	39	12	0	0	383	372	50
1998	373	13	39	13	0	0	438	425	52
1999	417	13	41	13	0	0	484	471	54
2000	504	13	42	13	0	0	572	559	55
2001	573	10	44	19	0	0	646	636	54
2002	639	10	44	22	0	0	715	705	54
2003	702	10	44	24	0	0	780	770	54
2004	759	10	44	24	0	0	837	827	54
2005	755	10	44	25	0	0	834	824	54
2006	756	10	44	32	0	0	842	832	54
2007	761	10	44	45	0	0	860	850	54
2008	760	10	44	50	0	0	864	854	54
2009	762	10	44	54	0	0	870	860	54
2010	784	10	44	56	0	0	894	884	54
2011	816	10	44	61	0	0	931	921	54
2012	833	9	44	67	0	1	954	944	54
2013	832	8	44	68	0	1	953	944	53

注：上市公司数量以首发上市日口径统计。
数据来源：上海证券交易所
Source：SSE

7-8 深圳证券交易所按股份类别划分的上市公司数量
Number of Listed Companies by Stock Type of SZSE

单位：家　　(unit)

年份 Year	仅发A股 Only A Shares	仅发B股 Only B Shares	仅发A、B股 Only A&B Shares	仅发A、H股 Only A&H Shares	发A、B、H股 A,B&H Shares	仅发B、H股 B&H Shares	合计 Total	A股合计 Total of A Shares	B股合计 Total of B Shares
1994	96	2	22	0	0	0	120	118	24
1995	100	8	26	1	0	0	135	127	34
1996	191	10	33	3	0	0	237	227	43
1997	306	14	37	5	0	0	362	348	51
1998	355	13	41	5	0	0	414	401	54
1999	405	13	41	6	0	0	465	452	54
2000	451	15	44	6	0	0	516	501	59
2001	452	14	44	4	0	0	514	500	58
2002	446	14	43	6	0	0	509	495	57
2003	444	14	43	6	0	0	507	493	57
2004	477	14	42	7	0	0	540	526	56
2005	485	13	42	7	0	0	547	534	55
2006	531	13	42	6	0	0	592	579	55
2007	628	13	42	7	0	0	690	677	55
2008	699	13	41	7	1	0	761	748	55
2009	787	12	41	7	1	0	848	836	54
2010	1108	12	41	7	1	0	1169	1157	54
2011	1346	12	41	11	1	0	1411	1399	54
2012	1473	12	40	14	1	0	1540	1528	54
2013	1468	12	40	15	1	0	1536	1524	53

注：上市公司数量以首发上市日口径统计。
数据来源：深圳证券交易所
Source：SZSE

7-9　按股本规模划分的上市公司数量
Number of Listed Companies by Equity Scale

单位：家　　　　(unit)

年份 Year	1亿以下 Below 100 million			1-2亿 100-200 million			2-3亿 200-300 million		
	合计 Total	上交所 SSE	深交所 SZSE	合计 Total	上交所 SSE	深交所 SZSE	合计 Total	上交所 SSE	深交所 SZSE
2001	64	35	29	384	204	180	285	153	132
2002	75	50	25	394	224	170	280	152	128
2003	78	55	23	392	240	152	297	163	134
2004	102	51	51	399	250	149	306	181	125
2005	88	41	47	393	236	157	304	182	122
2006	80	29	51	385	211	174	296	174	122
2007	113	22	91	365	172	193	297	169	128
2008	91	17	74	346	136	210	308	152	156
2009	103	16	87	352	118	234	313	137	176
2010	191	11	180	459	109	350	332	115	217
2011	197	10	187	495	82	413	379	112	267
2012	148	8	140	513	70	443	410	107	303
2013	65	5	60	436	55	381	420	103	317

注：上市公司数量以首发上市日口径统计。
数据来源：上海证券交易所、深圳证券交易所
Source：SSE、SZSE

7-9　续表　continued

单位：家　　　　(unit)

年份 Year	3-5亿 300-500 million			5-10亿 500-1000 million			10亿以上 Above 1000 million		
	合计 Total	上交所 SSE	深交所 SZSE	合计 Total	上交所 SSE	深交所 SZSE	合计 Total	上交所 SSE	深交所 SZSE
2001	263	149	114	112	70	42	52	35	17
2002	285	167	118	128	78	50	62	44	18
2003	300	180	120	143	86	57	77	56	21
2004	309	191	118	169	98	71	92	66	26
2005	319	202	117	174	103	71	103	70	33
2006	344	221	123	195	113	82	134	94	40
2007	365	228	137	231	139	92	179	130	49
2008	379	232	147	269	164	105	232	163	69
2009	391	233	158	292	176	116	267	190	77
2010	425	229	196	333	203	130	323	227	96
2011	485	235	250	411	226	185	375	266	109
2012	515	220	295	479	247	232	429	302	127
2013	556	216	340	534	255	279	478	319	159

7-10　全国中小企业股份转让系统按股本规模划分的挂牌公司数量
Number of Listed Companies by Equity Scale of NEEQ

单位：家　(unit)

年份 Year	1000万以下 Below 10 million	1000-5000万 10-50 million	5000万-1亿 50-100 million	1亿以上 above 100 million
2012	40	131	25	4
2013	68	237	42	9

数据来源：全国中小企业股份转让系统
Source:NEEQ

7-11　按市值规模划分的上市公司数量
Number of Listed Companies by Market Capitalization

单位：家　(unit)

年份 Year	1亿以下 Below 100 million			1-5亿 100-500 million		
	合计 Total	上交所 SSE	深交所 SZSE	合计 Total	上交所 SSE	深交所 SZSE
2001	5	5	0	1	0	1
2002	4	4	0	13	5	8
2003	1	1	0	33	19	14
2004	1	0	1	96	48	48
2005	4	2	2	204	107	97
2006	8	7	1	113	57	56
2007	11	10	1	12	1	11
2008	9	8	1	70	33	37
2009	8	8	0	10	2	8
2010	11	11	0	9	2	7
2011	6	6	0	15	5	10
2012	3	3	0	11	3	8
2013	4	2	2	6	2	4

注：1.暂停上市的上市公司市值记为0。
　　2.上市公司数量以首发上市日口径统计。
数据来源：上海证券交易所、深圳证券交易所
Source：SSE、SZSE

7-11　续表 1　continued

单位：家　　(unit)

年份 Year	5-10亿 500-1000 million			10-20亿 1000-2000 million		
	合计 Total	上交所 SSE	深交所 SZSE	合计 Total	上交所 SSE	深交所 SZSE
2001	30	14	16	306	145	161
2002	75	35	40	536	307	229
2003	267	142	125	496	305	191
2004	399	237	162	486	300	186
2005	479	270	209	383	248	135
2006	339	174	165	423	258	165
2007	34	11	23	220	99	121
2008	350	151	199	498	241	257
2009	28	10	18	236	97	139
2010	19	7	12	192	79	113
2011	74	24	50	584	151	433
2012	89	23	66	650	135	515
2013	20	9	11	456	115	341

7-11　续表 2　continued

单位：家　　(unit)

年份 Year	20-30亿 2000-3000 million			30-50亿 3000-5000 million			50亿以上 Above 5000 million		
	合计 Total	上交所 SSE	深交所 SZSE	合计 Total	上交所 SSE	深交所 SZSE	合计 Total	上交所 SSE	深交所 SZSE
2001	357	199	158	286	163	123	175	120	55
2002	290	166	124	177	106	71	129	92	37
2003	196	120	76	142	90	52	152	103	49
2004	149	94	55	123	74	49	123	84	39
2005	113	76	37	93	61	32	105	70	35
2006	173	98	75	156	96	60	222	152	70
2007	271	137	134	321	173	148	681	429	252
2008	225	127	98	180	100	80	293	204	89
2009	309	138	171	389	176	213	738	439	299
2010	339	111	228	541	198	343	952	486	466
2011	496	169	327	470	183	287	697	393	304
2012	503	172	331	496	199	297	742	419	323
2013	490	157	333	592	205	387	921	463	458

7-12 2013年主板上市公司行业规模

Industry Scale of Main Board Listed Companies in 2013

行业 Industry	上市公司家数(家) Number of Listed Companies (unit)	上市公司股本(亿股) Share Capital of Listed Companies (10 thousand shares)	其中：流通股本(万股) Thereinto: Negotiable Shares (10 thousand shares)	上市公司市值(亿元) Market Capitalization of Listed Companies (100 million yuan)	其中：流通市值(亿元) Thereinto: Negotiable Market Capitalization (100 million yuan)
农、林、牧、渔 Agriculture,Forestry,Animal Husbandry and Fishery	21	1431247.59	1108423.52	1223.23	978.45
采矿业 Mining	55	43670673.84	35895635.45	25836.27	25072.48
制造业 Manufacturing	755	78099811.67	64507379.85	62510.08	52747.12
电力、热力、燃气及水生产和供应业 Production and Supply of Electricity, Gas and Water	76	16895491.63	12261042.55	8281.80	6275.66
建筑业 Construction	37	13837326.87	10138117.44	4816.57	3784.57
批发和零售业 Wholesale and Retail Trades	132	7396520.94	6548889.47	6550.69	5848.77
交通运输、仓储和邮政业 Transport,Storage and Post	73	21761216.95	17796498.01	8077.30	7354.04
住宿和餐饮业 Hotels and Catering Services	10	361597.95	331413.27	289.37	262.51
信息传输、软件和信息技术服务业 Information Transmission,Computer Services and Software	33	4512297.22	4150113.88	3983.89	3413.69
金融业 Financial Intermediation	40	161216865.45	104888948.46	50561.47	47822.94
房地产业 Real Estate	130	14410616.79	13231230.38	8721.97	7872.01
租赁和商务服务业 Leasing and Business Services	14	1201989.05	946263.96	1244.37	986.37
科学研究和技术服务业 Scientific Research,Technical Service	1	34929.10	32480.74	83.69	77.82
水利、环境和公共设施管理业 Management of Water Conservancy, Environment and Public Facilities	14	1410219.67	929225.43	1205.83	907.60
教育 Education	1	17367.68	17367.68	20.91	20.91
卫生和社会工作 Health and Social Works	1	16032.00	16032.00	51.33	51.33
文化、体育和娱乐业 Culture,Sports and Entertainment	17	1468873.50	951061.79	1853.03	1127.30
综合 Others	23	1674696.14	1391200.53	1509.68	1213.45

注：上市公司数量以首发上市日口径统计。
数据来源：上海证券交易所、深圳证券交易所
Source: SSE、SZSE

7-13　2013年中小板上市公司行业规模
Industry Scale of SME Board Listed Companies in 2013

行业 Industry	上市公司家数(家) Number of Listed Companies (unit)	上市公司股本(亿股) Share Capital of Listed Companies (10 thousand shares)	其中：流通股本(万股) Thereinto: Negotiable Shares (10 thousand shares)	上市公司市值(亿元) Market Capitalization of Listed Companies (100 million yuan)	其中：流通市值(亿元) Thereinto: Negotiable Market Capitalization (100 million yuan)
农、林、牧、渔 Agriculture,Forestry,Animal Husbandry and Fishery	13	965702.48	464680.60	1269.77	991.89
采矿业 Mining	6	653728.57	282902.58	697.41	538.47
制造业 Manufacturing	568	38162590.31	17497996.86	50753.60	33856.82
电力、热力、燃气及水生产和供应业 Production and Supply of Electricity, Gas and Water	4	301697.64	194458.64	307.53	273.71
建筑业 Construction	21	2180193.63	1017675.78	3015.63	2225.08
批发和零售业 Wholesale and Retail Trades	19	2803477.67	1131477.72	3121.42	2255.64
交通运输、仓储和邮政业 Transport,Storage and Post	7	302209.33	154553.70	266.00	237.02
住宿和餐饮业 Hotels and Catering Services	2	216624.00	104015.00	189.63	165.66
信息传输、软件和信息技术服务业 Information Transmission,Computer Services and Software	32	1772366.61	836990.04	3770.28	2710.06
金融业 Financial Intermediation	3	1237018.67	560530.44	1130.72	1003.10
房地产业 Real Estate	9	1288520.57	646501.51	1055.05	909.24
租赁和商务服务业 Leasing and Business Services	5	617673.12	287284.42	1013.29	818.52
科学研究和技术服务业 Scientific Research,Technical Service	4	179136.76	79605.34	255.42	191.27
水利、环境和公共设施管理业 Management of Water Conservancy, Environment and Public Facilities	7	256932.14	89622.38	508.19	286.23
教育 Education	0	0.00	0.00	0.00	0.00
卫生和社会工作 Health and Social Works	0	0.00	0.00	0.00	0.00
文化、体育和娱乐业 Culture,Sports and Entertainment	1	9350.00	3155.00	29.73	10.03
综合 Others	0	0.00	0.00	0.00	0.00

注：上市公司数量以首发上市日口径统计。
数据来源：深圳证券交易所
Source: SZSE

7-14 2013年创业板上市公司行业规模
Industry Scale of GE Board Listed Companies in 2013

行业 Industry	上市公司家数(家) Number of Listed Companies (unit)	上市公司股本(亿股) Share Capital of Listed Companies (10 thousand shares)	其中：流通股本(万股) Thereinto: Negotiable Shares (10 thousand shares)	上市公司市值(亿元) Market Capitalization of Listed Companies (100 million yuan)	其中：流通市值(亿元) Thereinto: Negotiable Market Capitalization (100 million yuan)
农、林、牧、渔 Agriculture,Forestry,Animal Husbandry and Fishery	6	188182.00	80770.83	215.00	155.73
采矿业 Mining	4	184813.70	65212.82	397.15	211.74
制造业 Manufacturing	252	9308048.98	3571291.40	16205.90	9186.08
电力、热力、燃气及水生产和供应业 Production and Supply of Electricity, Gas and Water	1	41846.65	11086.26	74.32	35.91
建筑业 Construction	5	225094.28	78745.02	561.27	284.91
批发和零售业 Wholesale and Retail Trades	3	118290.00	55968.45	106.32	79.88
交通运输、仓储和邮政业 Transport,Storage and Post	3	51171.00	17063.90	67.13	32.23
住宿和餐饮业 Hotels and Catering Services	0	0.00	0.00	0.00	0.00
信息传输、软件和信息技术服务业 Information Transmission,Computer Services and Software	58	2153742.32	832212.59	5160.31	2772.89
金融业 Financial Intermediation	0	0.00	0.00	0.00	0.00
房地产业 Real Estate	0	0.00	0.00	0.00	0.00
租赁和商务服务业 Leasing and Business Services	3	152180.68	60864.95	654.94	381.09
科学研究和技术服务业 Scientific Research,Technical Service	7	346534.20	132970.83	694.54	396.73
水利、环境和公共设施管理业 Management of Water Conservancy, Environment and Public Facilities	5	331464.57	128658.79	1078.91	547.35
教育 Education	0	0.00	0.00	0.00	0.00
卫生和社会工作 Health and Social Works	2	110444.10	49115.13	410.37	283.39
文化、体育和娱乐业 Culture,Sports and Entertainment	6	471564.36	209099.47	1451.56	863.21
综合 Others	0	0.00	0.00	0.00	0.00

注：上市公司数量以首发上市日口径统计。
数据来源：深圳证券交易所
Source: SZSE

7-15　历年末股本结构
Equity Structure by the End of Year

单位：万股　　(10 thousand shares)

年份 Year	上交所 SSE			深交所 SZSE		
	非限售股本 Negotiable Shares	限售股本 Restricted Shares		非限售股本 Negotiable Shares	限售股本 Restricted Shares	
		暂未上市部分 Non-listed Shares	非流通股本 Non-negotiable Shares		暂未上市部分 Non-listed Shares	非流通股本 Non-negotiable Shares
2003	10648942.01	149070.00	30012290.30	6680395.67	0.00	10902483.48
2004	12674016.16	49545.59	33300104.87	7365819.32	0.00	11805119.86
2005	14618470.98	6184072.86	28394210.76	8285257.07	2180212.81	9802132.53
2006	21504586.44	77524903.92	2819415.92	10960224.17	10343097.11	2397498.99
2007	32843749.95	106670812.05	1197574.46	14104729.76	12053077.55	833565.50
2008	48096405.85	103923727.39	910755.94	19251722.40	13894780.44	409227.06
2009	114551191.03	50497112.07	844827.13	25159044.26	12897946.11	207994.67
2010	160133265.14	57660242.39	832121.12	33577593.01	15406677.86	117251.01
2011	178672127.42	54028923.31	810752.21	45004214.93	16146525.47	61594.26
2012	193807997.72	50259372.90	726217.71	53314959.94	17553073.55	61594.26
2013	236126047.33	20128978.85	50321.75	65290891.73	14199368.35	21664.83

注：股本只包含境内A股股本。
数据来源：中国证券登记结算公司
Source：CSDC

7-16　历年末主板、中小板及创业板公司股本结构
Equity Structure of Main Board, SME Board and GE Board by the End of Year

单位：万股　　(10 thousand shares)

		主板 Main Board		中小板 SME Board		创业板 GE Board	
		2012	2013	2012	2013	2012	2013
非限售股本 Negotiable Shares		227825114.93	272772429.14	16515355.31	23351449.50	2782487.42	5293060.43
限售股 Restricted Shares	暂未上市部分 Non-listed Shares	56998819.45	27172410.05	7587161.23	4833348.55	3226465.76	2322588.61
	非流通股本 Non-negotiable Shares	787811.47	71986.08	0.50	0.50	0.00	0.00

注：股本只包含境内A股股本。
数据来源：中国证券登记结算公司
Source：CSDC

7-17 上市公司境内首发筹资按板块分类情况(IPO)
Statistics for Domestic IPO Financing by Board

年份 Year	境内首发筹资公司家数(家) Number of Listed Companies Financing in Domestic Capital Market by IPO(unit)				境内首发筹资金额(IPO)(亿元) Proceeds Raised in Domestic Capital Market by IPO(100 million yuan)			
	主板 Main Board	中小板 SME Board	创业板 GE Board	合计 Total	主板 Main Board	中小板 SME Board	创业板 GE Board	合计 Total
1990	8	-	-	8	2.11	-	-	2.11
1991	5	-	-	5	1.03	-	-	1.03
1992	41	-	-	41	68.91	-	-	68.91
1993	134	-	-	134	184.83	-	-	184.83
1994	117	-	-	117	154.44	-	-	154.44
1995	36	-	-	36	42.37	-	-	42.37
1996	212	-	-	212	241.32	-	-	241.32
1997	222	-	-	222	651.56	-	-	651.56
1998	111	-	-	111	412.22	-	-	412.22
1999	100	-	-	100	494.71	-	-	494.71
2000	143	-	-	143	862.56	-	-	862.56
2001	79	-	-	79	614.03	-	-	614.03
2002	71	-	-	71	498.75	-	-	498.75
2003	67	-	-	67	472.42	-	-	472.42
2004	62	38	-	100	269.97	91.08	-	361.05
2005	3	12	-	15	28.55	29.09	-	57.63
2006	14	52	-	66	1180.23	161.46	-	1341.70
2007	26	100	-	126	4379.92	390.91	-	4770.83
2008	5	71	-	76	733.54	300.84	-	1034.38
2009	9	54	36	99	1251.25	423.64	204.09	1878.98
2010	26	204	117	347	1891.51	2027.73	963.34	4882.59
2011	39	115	128	282	1014.01	1018.95	791.47	2824.43
2012	25	55	74	154	333.57	349.25	351.49	1034.32
2013	0	0	0	0	0.00	0.00	0.00	0.00

注：对A、B股同年首发的公司筹资家数计为1家，筹资金额包含A、B股首发筹资金额；对不同年份发行A、B股的公司筹资家数和筹资金额分别计入当年筹资家数和筹资金额。

数据来源：上海证券交易所、深圳证券交易所

Source: SSE、SZSE

7-18　上市公司境内首发筹资按股份类型分类情况(IPO)
Statistics for Domestic IPO Financing by Type of Shares

年份 Year	境内首发筹资公司家数(家) Number of Listed Companies Financing in Domestic Capital Market by IPO(unit)		境内首发筹资金额(IPO)(亿元) Proceeds Raised in Domestic Capital Market by IPO(100 million yuan)	
	发行A股的公司 Listed Companies Issued the A shares	发行B股的公司 Listed Companies Issued the B shares	A股 A-shares	B股 B-shares
1990	8	0	2.11	0.00
1991	5	0	1.03	0.00
1992	40	18	20.46	48.45
1993	124	23	143.50	41.34
1994	110	17	143.23	11.21
1995	24	12	21.90	20.47
1996	203	15	211.68	29.65
1997	206	16	613.97	37.59
1998	106	5	404.14	8.08
1999	98	2	494.20	0.51
2000	137	6	852.05	10.51
2001	79	0	614.03	0.00
2002	71	0	498.75	0.00
2003	67	0	472.42	0.00
2004	100	0	361.05	0.00
2005	15	0	57.63	0.00
2006	66	0	1341.70	0.00
2007	126	0	4770.83	0.00
2008	76	0	1034.38	0.00
2009	99	0	1878.98	0.00
2010	347	0	4882.59	0.00
2011	282	0	2824.43	0.00
2012	154	0	1034.32	0.00
2013	0	0	0.00	0.00

注：对A、B股同年首发的公司分别计入当年发行A、B股的公司家数和筹资金额；对不同年份发行A、B股的公司筹资家数和筹资金额分别计入当年筹资家数和筹资金额。

数据来源：上海证券交易所、深圳证券交易所

Source: SSE、SZSE

7-19 上市公司境内再筹资按板块分类情况
Statistics for Domestic Stock Refinancing by Board

年份 Year	境内再筹资公司家数(家) Number of Listed Companies Financing in Domestic Capital Market by Subsequent Offerings of shares(unit)				境内再筹资金额(亿元) Proceeds raised in Domestic Capital Market by Subsequent Offerings of shares (100 million yuan)			
	主板 Main Board	中小板 SME Board	创业板 GE Board	合计 Total	主板 Main Board	中小板 SME Board	创业板 GE Board	合计 Total
1992	0	-	-	0	0.00	-	-	0.00
1993	54	-	-	54	60.19	-	-	60.19
1994	53	-	-	53	59.19	-	-	59.19
1995	79	-	-	79	57.41	-	-	57.41
1996	40	-	-	40	66.71	-	-	66.71
1997	95	-	-	95	208.42	-	-	208.42
1998	167	-	-	167	375.22	-	-	375.22
1999	123	-	-	123	378.93	-	-	378.93
2000	177	-	-	177	653.26	-	-	653.26
2001	148	-	-	148	624.11	-	-	624.11
2002	50	-	-	50	221.29	-	-	221.29
2003	43	-	-	43	193.08	-	-	193.08
2004	36	0	-	36	289.47	0.00	-	289.47
2005	7	0	-	7	281.40	0.00	-	281.40
2006	55	3	-	58	1014.99	17.81	-	1032.80
2007	152	12	-	164	2986.24	57.67	-	3043.91
2008	129	17	-	146	2149.87	128.14	-	2278.01
2009	126	23	0	149	2801.88	153.48	0.00	2955.36
2010	140	45	0	185	4597.61	319.60	0.00	4917.21
2011	139	65	0	204	3874.16	455.84	0.00	4330.00
2012	119	39	4	162	3103.15	394.66	10.26	3508.08
2013	214	115	56	385	3662.40	536.65	84.64	4283.69

注：1.同一家公司在当年多次筹资，筹资家数计为1家，筹资金额为合计金额。

2.1992-2007年再筹资金额包含增发和配股金额，其中增发包含公开增发和定向增发现金，定向增发非现金资产认购部分。

3.2008-2013年再筹资金额包含增发、配股和行权金额，其中增发包含公开增发和定向增发现金，定向增发非现金资产认购部分，行权仅指权证(期权)行权筹资金额，不包括可转债转股金额。

数据来源：上海证券交易所、深圳证券交易所

Source:SSE、SZSE

7-20 上市公司境内再筹资按股份类型分类情况

Statistics for Domestic Stock Refinancing by Type of Shares

年份 Year	境内再筹资公司家数(家) Number of Listed Companies Financing in Domestic Capital Market by Subsequent Offerings of shares(unit)				境内再筹资金额(亿元) Proceeds Raised in Domestic Capital Market by Subsequent Offerings of shares (100 million yuan)			
	A股 A-shares			B股	A股 A-shares			B股
	增发公司家数 Number of Companies Financing by Following on offering	配股公司家数 Number of Companies Financing by Rights Issues	行权筹资家数 Number of Companies Financing by Exercise	B-shares	增发筹资金额 Number of Companies Financing by Following on offering	配股筹资金额 Number of Companies Financing by Rights Issues	行权筹资金额 Number of Companies Financing by Exercise	B-shares
1992	0	0	-	0	0.00	0.00	-	0.00
1993	0	53	-	1	0.00	60.10	-	0.09
1994	1	51	-	1	7.68	51.36	-	0.15
1995	0	78	-	1	0.00	56.25	-	1.16
1996	0	40	-	1	0.00	64.64	-	2.07
1997	0	93	-	3	0.00	205.68	-	2.74
1998	7	160	-	0	30.46	344.76	-	0.00
1999	6	116	-	1	59.75	318.98	-	0.20
2000	16	161	-	0	143.73	509.53	-	0.00
2001	22	126	-	0	193.48	430.64	-	0.00
2002	28	22	-	0	164.68	56.61	-	0.00
2003	17	25	-	1	116.13	76.52	-	0.43
2004	11	23	-	2	159.73	104.77	-	24.98
2005	5	2	-	0	278.78	2.62	-	0.00
2006	56	2	-	0	1028.48	4.32	-	0.00
2007	157	7	-	0	2816.24	227.68	-	0.00
2008	135	9	2	0	2095.68	151.57	30.76	0.00
2009	131	10	8	0	2818.99	105.97	30.40	0.00
2010	160	18	7	0	3394.71	1438.22	84.28	0.00
2011	188	15	1	0	3878.54	421.96	29.49	0.00
2012	155	7	0	0	3387.07	121.00	0.00	0.00
2013	357	13	16	0	3655.75	475.73	152.21	0.00

注：1.同一家公司在当年存在同时增发、配股、行权分别计入当年相应筹资家数和金额。

2.1992-2007年再筹资金额包含增发和配股金额，其中增发包含公开增发和定向增发现金，定向增发非现金资产认购部分。

3.2008-2013年再筹资金额包含增发、配股和行权金额，其中增发包含公开增发和定向增发现金，定向增发非现金资产认购部分，行权仅指权证(期权)行权筹资金额，不包括可转债转股金额。

数据来源：上海证券交易所、深圳证券交易所

Source: SSE、SZSE

7-21 境内外股票市场筹资情况

年份 Year	境内股票发行量（亿股） Number of Shares Issued in Domestic Capital Market (100 million shares)	境外股票发行量（亿股） Number of Shares Issued in Foreign Capital Market (100 million shares)	合计 Total	境内股票筹资金额(亿元) Proceeds Raised in Domestic Capital Market by Offering of Shares (100 million yuan)		
				小计 Subtotal	首发筹资金额(IPO) Proceeds Raised by IPO	增发筹资金额 Proceeds raised by Following on offering
1992	10.65	-	10.65	68.91	68.91	0.00
1993	51.07	40.41	91.48	245.02	184.83	0.00
1994	48.64	69.89	118.53	213.63	154.44	7.68
1995	18.01	15.38	33.39	99.78	42.37	1.16
1996	66.54	31.77	98.31	308.04	241.32	0.00
1997	129.64	136.88	266.52	859.98	651.56	0.00
1998	81.37	12.86	94.23	787.44	412.22	30.46
1999	86.87	23.05	109.92	873.63	494.71	59.95
2000	122.17	359.26	481.43	1515.82	862.56	143.73
2001	84.57	48.48	133.05	1238.14	614.03	193.48
2002	117.34	157.54	274.88	720.05	498.75	164.68
2003	89.34	196.79	286.13	665.51	472.42	116.56
2004	56.13	171.51	227.64	650.53	361.05	184.71
2005	13.92	553.25	567.17	339.03	57.63	278.78
2006	377.89	936.66	1314.55	2374.50	1341.70	1028.48
2007	430.63	223.97	654.60	7814.74	4770.83	2816.24
2008	114.96	65.38	180.34	3312.39	1034.38	2095.68
2009	244.47	155.58	400.05	4834.34	1878.98	2818.99
2010	553.95	367.04	920.99	9799.80	4882.59	3394.71
2011	163.99	108.37	272.36	7154.43	2824.43	3878.54
2012	78.86	220.95	299.81	4542.40	1034.32	3387.07
2013	0.00	259.92	259.92	4283.69	0.00	3655.75

注：1.境内股票发行量仅指A、B股IPO数量之和，境外股票发行量指H股IPO与增发之和。
2.境外股票筹资仅指H股筹资。
3.2008-2013年股票发行量和筹资金额包含行权部分。
4.本表中美元折算汇率均使用当年最后一个交易日的中间价，港币均按1美元=7.8港币转化为美元后再按美元汇率折算。

数据来源：中国证监会、上海证券交易所、深圳证券交易所

Source:CSRC、SSE、SZSE

Proceeds Raised in Domestic and Foreign Stock Markets

		境外股票筹资金额(亿元) Proceeds Raised in Foreign Capital Market by Offering of Shares (100 million yuan)			合计 Total
配股筹资金额 Proceeds raised by Rights issues	行权筹资金额 Proceeds raised by Exercise	小计 Subtotal	境外股票首发筹资金额(IPO) Proceeds Raised in Foreign Capital Market by IPO	境外股票再筹资金额 Proceeds Raised in Foreign Capital Market by Subsequent Offerings of shares	
0.00	-	0.00	0.00	0.00	68.91
60.19	-	60.84	60.84	0.00	305.86
51.51	-	188.75	188.75	0.00	402.38
56.25	-	31.52	21.13	10.40	131.31
66.71	-	100.57	72.94	27.63	408.61
208.42	-	387.91	348.66	39.25	1247.89
344.76	-	37.83	22.10	15.73	825.28
318.98	-	47.11	47.11	0.00	920.74
509.53	-	562.08	562.08	0.00	2077.90
430.64	-	73.00	67.70	5.30	1311.14
56.61	-	192.28	191.12	1.16	912.33
76.52	-	537.32	506.53	30.79	1202.83
104.77	-	647.72	433.44	214.28	1298.24
2.62	-	1666.25	1421.24	245.01	2005.29
4.32	-	3072.57	2925.30	147.27	5447.06
227.68	-	927.47	701.31	226.15	8742.21
151.57	30.76	311.38	259.92	51.46	3623.78
105.97	30.40	1067.66	999.51	68.15	5901.99
1438.22	84.28	2343.11	1061.09	1282.02	12142.91
421.96	29.49	732.42	431.23	301.18	7886.84
121.00	0.00	997.82	515.54	482.29	5540.22
475.73	152.21	1060.24	691.57	368.67	5343.93

。

7-22 2013年按行业划分上市公司募集金额情况
Summary of Listed Companies Financing by Industry in 2013

单位：亿元 (100 million yuan)

行业 Industry	主板 Main Board	中小板 SME Board	创业板 GEB	合计 Total
农、林、牧、渔 Agriculture,Forestry,Animal Husbandry and Fishery	7.55	6.13	0.00	13.68
采矿业 Mining	191.21	0.00	3.51	194.72
制造业 Manufacturing	1551.85	371.91	33.98	1957.74
电力、热力、燃气及水生产和供应业 Production and Supply of Electricity, Gas and Water	364.69	0.00	0.00	364.69
建筑业 Construction	62.36	26.41	0.00	88.77
批发和零售业 Wholesale and Retail Trades	76.33	18.08	0.00	94.41
交通运输、仓储和邮政业 Transport,Storage and Post	123.09	0.00	0.00	123.09
住宿和餐饮业 Hotels and Catering Services	2.61	0.00	0.00	2.61
信息传输、软件和信息技术服务业 Information Transmission,Computer Services and Software	64.28	24.79	3.66	92.73
金融业 Financial Intermediation	584.03	9.69	0.00	593.72
房地产业 Real Estate	0.00	0.00	0.00	0.00
租赁和商务服务业 Leasing and Business Services	42.71	6.32	5.86	54.89
科学研究和技术服务业 Scientific Research,Technical Service	3.65	3.40	0.00	7.05
水利、环境和公共设施管理业 Management of Water Conservancy, Environment and Public Facilities	23.31	6.57	0.00	29.88
教育 Education	0.00	0.00	0.00	0.00
卫生和社会工作 Health and Social Works	0.00	0.00	0.00	0.00
文化、体育和娱乐业 Culture,Sports and Entertainment	96.84	0.00	0.00	96.84
综合 Others	35.19	0.00	0.00	35.19

注：募集金额为上市公司股票募集金额，并以股票上市日口径统计。
数据来源：上海证券交易所、深圳证券交易所
Source：SSE、SZSE

7-23　2013年按监管辖区划分上市公司募集金额情况

Summary of Listed Companies Financing by Jurisdiction in 2013

单位：亿元　　(100 million yuan)

辖区	Jurisdiction	主板 Main Board	中小板 SME Board	创业板 GEB	合计 Total
北京	Beijing	136.07	29.50	13.82	179.39
天津	Tianjin	53.13	0.00	0.00	53.13
河北	Hebei	163.07	1.30	0.00	164.37
山西	Shanxi	60.75	9.69	0.00	70.44
内蒙古	Inner Mongolia	150.15	0.00	0.00	150.15
辽宁	Liaoning	26.81	0.00	0.00	26.81
吉林	Jilin	83.97	14.49	0.00	98.46
黑龙江	Heilongjiang	45.35	0.00	0.00	45.35
上海	Shanghai	139.97	3.40	3.90	147.27
江苏	Jiangsu	19.07	34.46	1.38	54.91
浙江	Zhejiang	104.34	44.03	8.10	156.47
安徽	Anhui	71.97	42.20	4.86	119.03
福建	Fujian	300.84	0.00	0.00	300.84
江西	Jiangxi	28.64	4.99	0.00	33.63
山东	Shandong	43.48	31.55	0.00	75.03
河南	Henan	50.32	33.12	12.95	96.39
湖北	Hubei	148.65	0.75	0.91	150.31
湖南	Hunan	111.40	12.08	0.00	123.48
广东	Guangdong	127.29	32.01	0.00	159.30
广西	Guangxi	88.88	2.67	0.00	91.55
海南	Hainan	58.97	0.00	0.00	58.97
重庆	Chongqing	54.86	9.20	1.10	65.16
四川	Sichuan	68.24	16.68	0.00	84.92
贵州	Guizhou	4.60	0.00	0.00	4.60
云南	Yunnan	238.32	12.87	0.00	251.19
西藏	Xizang	25.08	0.00	0.00	25.08
陕西	Shanxi	51.66	0.00	0.00	51.66
甘肃	Gansu	170.87	2.11	0.00	172.98
青海	Qinghai	0.00	0.00	0.00	0.00
宁夏	Ningxia	1.78	0.00	0.00	1.78
新疆	Xinjiang	73.16	46.90	0.00	120.06
深圳	Shenzhen	450.57	88.36	0.00	538.93
大连	Dalian	40.00	0.00	0.00	40.00
宁波	Ningbo	6.53	0.93	0.00	7.46
厦门	Xiamen	24.90	0.00	0.00	24.90
青岛	Qingdao	6.02	0.00	0.00	6.02

注：1.募集金额为上市公司股票募集金额，并以股票上市日口径统计。
　　2.上市公司辖区以注册地口径统计。

数据来源：上海证券交易所、深圳证券交易所

Source: SSE、SZSE

7-24 上市公司分红情况
Summary of Dividend of Listed Companies

年份 Year	上市公司家数(家) Number of Listed Companies (unit)	其中：分红公司家数(家) Number of Dividend (unit)	实际分红总额(亿元) Total Amount of Dividends Actually Distributed (100 million yuan)
2006	1434	643	784.50
2007	1550	726	1180.05
2008	1625	816	2524.51
2009	1718	855	2526.74
2010	2063	1031	3023.97
2011	2342	1347	3900.69
2012	2494	1688	4764.21
2013	2489	1831	5323.82

注：1.上市公司数量以首发上市日口径统计。
2.分红指上市公司归属境内A、B股的实际现金分红。
数据来源：上海证券交易所、深圳证券交易所
Source：SSE、SZSE

7-25 按类别划分的上市公司分红情况
Summary of Dividend of Listed Companies by Category

	2012	2013
上市公司分红家数(家) Number of Dividend (unit)	1688	1831
其中：主板 Main Board	805	915
中小板 SME Board	582	595
创业板 GEB	301	321
其中：上交所 SSE	577	653
深交所 SZSE	1111	1178
上市公司实际分红总额(亿元) Total Amount of Dividends Actually Distributed (100 million yuan)	4764.21	5323.82
其中：主板 Main Board	4333.00	4902.02
中小板 SME Board	349.70	340.54
创业板 GEB	89.50	81.26
其中：上交所 SSE	3950.25	3617.64
深交所 SZSE	813.96	1706.18

注：1.上市公司数量以首发上市日口径统计。
2.分红指上市公司归属境内A、B股的实际现金分红。
数据来源：上海证券交易所、深圳证券交易所
Source：SSE、SZSE

7-26　按行业划分的上市公司分红情况
Summary of Dividend of Listed Companies by Industry

行业 Industry	上市公司家数(家) Number of Listed Companies (unit)		其中：分红公司家数(家) Number of Dividend (unit)		实际分红总额(亿元) Total Amount of Dividends Actually Distributed (100 million yuan)	
	2012	2013	2012	2013	2012	2013
农、林、牧、渔 Agriculture,Forestry,Animal Husbandry and Fishery	40	40	24	19	20.02	93524.10
采矿业 Mining	59	65	48	50	1032.09	10110603.97
制造业 Manufacturing	1585	1575	1090	1146	1091.52	11920104.34
电力、热力、燃气及水生产和供应业 Production and Supply of Electricity, Gas and Water	82	81	50	60	141.82	2005135.42
建筑业 Construction	61	63	43	51	88.08	1225580.35
批发和零售业 Wholesale and Retail Trades	153	154	90	104	70.72	799895.13
交通运输、仓储和邮政业 Transport,Storage and Post	83	83	67	69	217.57	2021617.17
住宿和餐饮业 Hotels and Catering Services	12	12	4	8	4.08	39434.90
信息传输、软件和信息技术服务业 Information Transmission,Computer Services and Software	125	123	100	109	42.21	497582.32
金融业 Financial Intermediation	42	43	38	41	1916.54	22498525.54
房地产业 Real Estate	145	139	69	95	89.51	1438364.18
租赁和商务服务业 Leasing and Business Services	22	22	14	16	9.72	143525.66
科学研究和技术服务业 Scientific Research,Technical Service	12	12	8	11	2.61	31164.35
水利、环境和公共设施管理业 Management of Water Conservancy, Environment and Public Facilities	24	26	17	20	12.07	154490.77
教育 Education	1	1	0	0	0.00	0.00
卫生和社会工作 Health and Social Works	3	3	2	2	0.79	5191.80
文化、体育和娱乐业 Culture,Sports and Entertainment	23	24	15	18	19.01	189298.08
综合 Others	22	23	9	12	5.75	64164.30

注：1.上市公司数量以首发上市日口径统计。
　　2.分红指上市公司归属境内A、B股的实际现金分红。
数据来源：上海证券交易所、深圳证券交易所
Source：SSE、SZSE

7-27 上市公司主要财务指标
Financial Indicator of Listed Companies

年份 Year	资产规模 Asset Size				经营情况 Business Circumstance	
	总资产(亿元) Total Asset (100 million yuan)	其中：非金融上市公司总资产(亿元) Total Asset of Non-financial Listed Companies (100 million yuan)	归属母公司股东净资产(亿元) Net Asset Attributable to Parent Company Shareholders (100 million yuan)	其中：非金融上市公司归属母公司净资产(亿元) Net Asset Attributable to Parent Company Shareholders of Non-financial Listed Companies (100 million yuan)	营业收入(亿元) Revenue (100 million yuan)	利润总额(亿元) Total Profit (100 million yuan)
1995	4301.61	4024.03	1951.20	1914.24	2202.05	264.91
1996	6346.68	5962.19	2944.35	2895.20	3253.04	347.84
1997	9681.16	9202.94	4828.11	4725.17	5117.70	580.43
1998	12404.86	11836.01	6237.42	6120.51	6246.24	613.45
1999	16174.41	14485.64	7651.99	7458.82	7961.96	795.93
2000	21676.39	18778.83	10068.08	9798.93	10715.19	997.02
2001	30457.30	25862.66	12929.06	12663.01	15398.83	1000.46
2002	41539.86	30653.72	14603.34	14167.44	18908.60	1289.65
2003	53302.61	36167.56	16989.94	16307.99	24874.35	1844.36
2004	63277.29	42776.28	19078.26	18314.86	33885.96	2552.87
2005	72769.33	47907.48	20402.38	19546.93	40784.35	2535.22
2006	221069.33	61114.65	34120.86	24119.59	55555.63	5256.47
2007	414286.97	93475.93	63548.44	40477.95	91931.90	13446.40
2008	487007.21	114899.25	71131.38	46349.41	113233.89	10718.78
2009	617738.72	146061.96	85135.77	55180.06	121654.87	14553.27
2010	862290.24	185015.50	114091.20	69977.02	173389.61	22208.16
2011	1028873.51	228335.20	135847.32	83479.44	221275.29	26107.86
2012	1193598.71	266291.64	156762.70	94557.84	246104.25	26986.96
2013	1330017.51	300540.26	174511.40	108491.44	270556.52	30914.63

注：1.每股指标指境内部分；每股指标均使用整体法来计算。
　　2.历年数据采用当年年报数据；当年数据剔除掉缺少年报的上市公司。
数据来源：上海证券交易所、深圳证券交易所
Source：SSE、SZSE

7-27 续表 1 continued

年份 Year	归属母公司股东净利润(亿元) Net Profit Attributable to Parent Company Shareholders (100 million yuan)	其中：非金融上市公司归属母公司股东净利润(亿元) Net Profit Attributable to Parent Company Shareholders of Non-financial Listed Companies (100 million yuan)	经营活动产生的现金流量净额(亿元) Net Cash Flow from Operating Activities (100 million yuan)	资产负债率(%) Asset-liability Ratio (%)	其中：非金融上市公司资产负债率(%) Asset-liability Ratio Non-financial Listed Companies (%)	总资产收益率(%) ROE (%)	其中：非金融上市公司总资产收益率(%) ROE of Non-financial Listed Companies (%)
1995	210.99	204.24	-	52.20	49.82	4.90	5.08
1996	281.75	271.02	-	51.32	49.01	4.44	4.55
1997	469.86	453.62	-	48.06	46.49	4.85	4.93
1998	465.91	450.48	449.69	47.58	46.05	3.76	3.81
1999	617.94	601.50	793.72	50.51	46.08	3.82	4.15
2000	758.50	736.57	1180.28	51.18	45.09	3.50	3.92
2001	687.38	666.16	2266.94	54.50	47.45	2.26	2.58
2002	807.84	766.06	3337.57	61.56	49.33	1.94	2.50
2003	1221.10	1156.98	3376.18	65.03	50.35	2.29	3.20
2004	1649.80	1571.88	3808.47	66.69	52.53	2.61	3.67
2005	1584.55	1496.59	4625.05	68.88	54.55	2.18	3.12
2006	3469.29	2362.05	11737.86	83.21	56.22	1.57	3.86
2007	9332.14	5748.67	19916.13	83.60	52.48	2.25	6.15
2008	8178.61	4193.81	26207.73	84.14	54.70	1.68	3.65
2009	10666.19	5510.23	28406.09	85.02	57.55	1.73	3.77
2010	16455.95	8729.75	26158.81	85.74	57.66	1.91	4.72
2011	19116.22	9608.09	30092.22	85.72	59.06	1.86	4.21
2012	19652.78	8795.95	45527.09	85.77	60.05	1.65	3.30
2013	22494.88	9984.22	30509.23	85.75	60.87	1.78	3.52

7-27 续表 2 continued

年份 Year	平均净资产收益率(%) Average ROE (%)	其中：非金融上市公司平均净资产收益率(%) Average ROE of Non-financial Listed Companies (%)	每股指标 Share Index			
			每股净资产(元) BPS (yuan)	每股收益(元) EPS (yuan)	每股未分配利润(元) Undistributed Profit Per Share (yuan)	每股经营活动现金流量净额(元) Net Cash Flow from Operating Activities Per Share (yuan)
1995	11.26	11.11	2.29	0.25	0.05	-
1996	10.63	10.40	2.42	0.23	0.13	-
1997	11.31	11.15	2.47	0.24	0.16	-
1998	8.14	8.02	2.46	0.18	0.14	0.18
1999	8.62	8.59	2.47	0.20	0.12	0.26
2000	8.29	8.26	2.65	0.20	0.13	0.31
2001	5.53	5.47	2.48	0.13	0.07	0.43
2002	5.73	5.58	2.48	0.14	0.08	0.57
2003	7.61	7.49	2.64	0.19	0.19	0.52
2004	9.08	9.01	2.66	0.23	0.26	0.53
2005	7.99	7.87	2.67	0.21	0.32	0.61
2006	11.52	10.63	2.30	0.23	0.27	0.79
2007	16.73	15.98	2.85	0.42	0.54	0.89
2008	12.07	9.57	2.92	0.34	0.63	1.08
2009	13.60	10.81	3.25	0.41	0.80	1.08
2010	16.04	13.75	3.43	0.49	0.93	0.79
2011	15.19	12.39	3.75	0.53	1.17	0.83
2012	13.35	9.78	4.07	0.51	1.35	1.18
2013	13.58	10.06	4.29	0.55	1.54	0.75

7-28 2013年按行业划分上市公司主要财务指标

行业 Industry	资产规模 Asset Size			
	总资产 (亿元) Total Asset (100 million yuan)	归属母公司股东净资产(亿元) Net Asset Attributable to Parent Company Shareholders (100 million yuan)	营业收入 (亿元) Revenue (100 million yuan)	利润总额 (亿元) Total Profit (100 million yuan)
农、林、牧、渔 Agriculture,Forestry,Animal Husbandry and Fishery	1159.09	575.34	623.49	14.84
采矿业 Mining	54265.44	24748.25	61052.83	3925.17
制造业 Manufacturing	109890.01	44326.69	87091.97	4931.72
电力、热力、燃气及水生产和供应业 Production and Supply of Electricity, Gas and Water	22437.41	6075.67	7777.86	1217.67
建筑业 Construction	38372.63	6325.45	30974.70	1199.30
批发和零售业 Wholesale and Retail Trades	12142.12	3669.33	19141.78	507.22
交通运输、仓储和邮政业 Transport,Storage and Post	18364.48	7034.18	7947.87	649.03
住宿和餐饮业 Hotels and Catering Services	262.36	119.75	98.77	5.88
信息传输、软件和信息技术服务业 Information Transmission,Computer Services and Software	8149.95	2447.79	4492.99	305.24
金融业 Financial Intermediation	1029477.26	70492.68	41079.51	16431.15
房地产业 Real Estate	29136.65	6076.50	7122.43	1314.44
租赁和商务服务业 Leasing and Business Services	2068.89	641.63	1443.24	111.11
科学研究和技术服务业 Scientific Research,Technical Service	211.35	118.99	134.51	15.97
水利、环境和公共设施管理业 Management of Water Conservancy,Environment and Public Facilities	1648.34	699.04	549.92	131.95
教育 Education	9.87	3.51	5.65	0.26
卫生和社会工作 Health and Social Works	35.75	27.62	34.63	5.55
文化、体育和娱乐业 Culture,Sports and Entertainment	1136.85	709.56	631.22	93.33
综合 Others	1249.06	419.42	353.15	54.81

注：每股指标指境内部分；每股指标均使用整体法来计算。
数据来源：上海证券交易所、深圳证券交易所
Source：SSE、SZSE

Financial Indicator of Listed Companies by Industry in 2013

经营情况 Business Circumstance				每股指标 Share Index			
归属母公司股东净利润(亿元) Net Profit Attributable to Parent Company Shareholders (100 million yuan)	经营活动产生的现金流量净额(亿元) Net Cash Flow from Operating Activities (100 million yuan)	资产负债率(%) Asset-liability Ratio (%)	平均净资产收益率(%) Average ROE (%)	每股净资产(元) BPS (yuan)	每股收益(元) EPS (yuan)	每股未分配利润(元) Undistributed Profit Per Share (yuan)	每股经营活动现金流量净额(元) Net Cash Flow from Operating Activities Per Share (yuan)
9.85	47.00	47.08	1.73	2.81	0.05	0.39	0.23
2763.87	5559.40	48.75	11.56	5.61	0.63	2.86	1.26
3575.08	5194.40	56.20	8.48	4.19	0.34	1.30	0.49
768.80	2484.88	66.55	13.53	3.56	0.45	0.95	1.45
792.21	435.77	80.76	13.27	4.19	0.52	1.69	0.29
332.88	347.44	66.67	9.52	4.18	0.38	1.53	0.39
411.22	1160.79	58.02	5.95	3.20	0.19	0.84	0.53
2.57	13.71	49.88	2.15	2.55	0.05	0.31	0.29
182.21	1026.68	51.22	7.87	3.67	0.27	1.13	1.54
12510.66	14769.57	93.01	18.86	4.35	0.77	1.51	0.91
842.45	-812.36	74.56	14.70	4.02	0.56	1.87	-0.54
77.64	32.86	65.06	13.20	3.92	0.47	1.33	0.20
13.03	17.55	41.39	11.80	4.00	0.44	1.03	0.59
90.83	120.86	53.73	13.83	3.82	0.50	1.53	0.66
0.15	0.60	56.36	4.14	2.02	0.09	-0.09	0.34
4.10	6.22	19.10	15.80	3.88	0.58	1.40	0.87
77.84	94.45	34.92	12.21	3.95	0.43	1.13	0.53
39.50	9.10	60.83	10.04	2.50	0.24	0.75	0.06

7-29　2013年按辖区划分上市公司主要财务指标

辖区	Jurisdiction	资产规模 Asset Size 总资产(亿元) Total Asset (100 million yuan)	归属母公司股东净资产(亿元) Net Asset Attributable to Parent Company Shareholders (100 million yuan)	营业收入(亿元) Revenue (100 million yuan)	利润总额(亿元) Total Profit (100 million yuan)
北京	Beijing	881919.09	86464.98	127040.82	18403.59
天津	Tianjin	4844.80	1511.74	2931.93	222.47
河北	Hebei	7376.49	2129.55	4902.73	249.87
山西	Shanxi	5804.25	2312.94	4100.31	277.05
内蒙古	Inner Mongolia	3668.25	1264.66	1976.16	171.02
辽宁	Liaoning	3526.69	1399.28	2636.22	95.11
吉林	Jilin	2654.92	918.30	1131.58	89.67
黑龙江	Heilongjiang	2792.06	861.34	1125.89	61.82
上海	Shanghai	136355.23	18354.18	29358.22	2949.86
江苏	Jiangsu	17034.94	5372.87	8475.82	526.74
浙江	Zhejiang	10196.32	4548.34	6948.04	621.00
安徽	Anhui	6186.08	2690.07	5072.11	317.62
福建	Fujian	40523.24	3371.38	3239.66	719.17
江西	Jiangxi	2918.71	1221.11	3707.01	131.76
山东	Shandong	11070.71	4007.59	6994.33	462.07
河南	Henan	4646.83	1929.82	3365.90	192.55
湖北	Hubei	6902.86	2259.07	4452.05	180.58
湖南	Hunan	4719.48	1829.02	2823.33	162.32
广东	Guangdong	17220.39	5847.54	9967.70	952.47
广西	Guangxi	1905.29	643.19	1268.35	51.12
海南	Hainan	1932.46	730.06	811.51	59.54
重庆	Chongqing	3569.55	1154.53	1775.16	103.93
四川	Sichuan	6916.42	2606.64	5051.73	317.71
贵州	Guizhou	1899.87	840.57	899.98	256.33
云南	Yunnan	2886.55	776.90	2237.82	35.24
西藏	Xizang	412.82	172.28	164.83	17.94
陕西	Shanxi	1987.57	968.40	941.20	52.24
甘肃	Gansu	3208.95	764.58	1621.88	83.92
青海	Qinghai	1186.78	377.75	557.24	28.60
宁夏	Ningxia	426.65	166.83	243.94	6.80
新疆	Xinjiang	4009.24	1267.42	1756.54	106.43
深圳	Shenzhen	114733.88	12352.15	15519.04	2427.13
大连	Dalian	3805.75	1004.65	1519.85	174.57
宁波	Ningbo	7142.83	1244.43	1362.40	175.50
厦门	Xiamen	2129.51	553.81	2815.55	100.33
青岛	Qingdao	1502.06	593.43	1759.69	130.57

注：1.每股指标指境内部分；每股指标均使用整体法来计算。
　　2.上市公司辖区以注册地口径统计。
数据来源：上海证券交易所、深圳证券交易所
Source: SSE、SZSE

Financial Indicator of Listed Companies by Jurisdiction in 2013

经营情况 Business Circumstance				每股指标 Share Index			
归属母公司股东净利润(亿元) Net Profit Attributable to Parent Company Shareholders (100 million yuan)	经营活动产生的现金流量净额(亿元) Net Cash Flow from Operating Activities (100 million yuan)	资产负债率(%) Asset-liability Ratio (%)	平均净资产收益率(%) Average ROE (%)	每股净资产(元) BPS (yuan)	每股收益(元) EPS (yuan)	每股未分配利润(元) Undistributed Profit Per Share (yuan)	每股经营活动现金流量净额(元) Net Cash Flow from Operating Activities Per Share (yuan)
13656.94	10428.05	89.57	16.63	4.15	0.66	1.66	0.50
143.70	81.31	62.99	9.88	3.48	0.33	0.90	0.19
176.31	365.77	68.35	8.80	4.43	0.37	1.35	0.76
189.78	272.64	56.68	8.51	4.39	0.36	1.58	0.52
134.93	308.79	59.48	11.83	4.03	0.43	1.46	0.98
82.24	187.65	59.21	6.10	4.15	0.24	0.68	0.56
67.23	41.78	62.47	7.80	3.72	0.27	1.24	0.17
33.44	123.03	65.71	4.06	3.17	0.12	0.67	0.45
2018.73	6859.87	84.47	11.40	4.92	0.54	1.37	1.84
383.42	770.98	66.73	7.34	3.98	0.28	1.23	0.57
461.00	453.43	52.01	10.77	3.86	0.39	1.30	0.38
236.46	311.06	53.97	9.33	4.45	0.39	1.63	0.51
533.37	2045.28	91.22	16.88	4.68	0.74	1.96	2.84
99.00	159.95	55.12	8.41	5.85	0.47	1.98	0.77
340.95	643.48	60.37	8.72	4.33	0.37	1.70	0.70
144.09	166.23	55.78	7.84	3.79	0.28	1.09	0.33
110.56	259.24	63.89	5.09	3.82	0.19	1.04	0.44
127.68	98.13	59.07	7.43	3.87	0.27	0.94	0.21
686.41	667.31	62.08	12.57	4.29	0.50	1.55	0.49
39.57	62.40	63.08	6.63	3.25	0.20	0.87	0.32
39.58	109.00	59.50	5.66	2.39	0.13	0.41	0.36
91.06	18.60	65.73	8.55	3.55	0.28	0.92	0.06
220.91	241.29	58.93	8.86	3.87	0.33	1.25	0.36
184.06	155.33	52.24	23.40	7.52	1.65	4.29	1.39
23.13	75.29	69.09	3.25	4.08	0.12	0.80	0.40
14.18	22.35	55.55	9.05	2.48	0.20	0.69	0.32
41.57	45.94	49.27	4.46	3.50	0.15	0.44	0.17
44.13	165.45	70.52	6.60	2.93	0.17	0.78	0.63
20.85	23.90	65.37	5.60	4.21	0.23	1.06	0.27
3.94	7.33	58.83	2.40	3.71	0.09	0.39	0.16
74.68	184.77	65.84	6.22	3.74	0.22	0.75	0.55
1677.94	4307.50	87.88	14.69	6.79	0.92	2.59	2.37
108.33	277.34	67.09	11.17	3.10	0.33	1.20	0.86
134.48	442.91	81.85	11.21	3.97	0.43	1.46	1.41
57.66	-9.67	69.21	11.07	4.38	0.46	1.74	-0.08
92.56	135.50	56.48	16.88	5.16	0.80	2.27	1.18

7-30 货币金融类上市公司与其他上市公司主要财务指标对比
Financial Indicator of Monetary Financial Listed Companies and Others

年份 Year	总资产(亿元) Total Asset (100 million yuan)		归属母公司股东净利润(亿元) Net Profit Attributable to Parent Company Shareholders (100 million yuan)		平均净资产收益率(%) Average ROE (%)	
	货币金融类上市公司 Monetary Financial Listed Companies	其他上市公司 Others	货币金融类上市公司 Monetary Financial Listed Companies	其他上市公司 Others	货币金融类上市公司 Monetary Financial Listed Companies	其他上市公司 Others
2001	4327.16	26130.14	21.11	666.27	12.31	5.43
2002	10634.08	30905.79	43.43	764.40	15.79	5.53
2003	16756.94	36545.67	63.05	1158.04	14.03	7.43
2004	20123.09	43154.21	84.19	1565.61	14.76	8.89
2005	24438.87	48330.46	106.09	1478.46	15.77	7.72
2006	158639.16	62430.17	1076.63	2392.65	14.02	10.67
2007	298402.19	115884.78	2809.64	6522.50	16.99	16.62
2008	349114.31	137892.90	3734.00	4444.61	18.89	9.26
2009	439733.86	178004.86	4348.33	6317.86	19.20	11.32
2010	638362.13	223928.11	6773.89	9682.06	20.69	13.86
2011	744953.81	283919.70	8750.06	10366.15	21.35	12.21
2012	859022.11	334576.59	10269.28	9383.51	20.98	9.55
2013	951375.30	378642.22	11584.11	10910.76	20.28	10.05

注：1.每股指标指境内部分；每股指标均使用整体法来计算。
2.历年数据采用当年年报数据。
数据来源：上海证券交易所、深圳证券交易所
Source：SSE、SZSE

7-30　续表　continued

年份 Year	每股收益(元) EPS (yuan)		每股净资产(元) BPS (yuan)		每股经营活动现金流量净额(元) Net Cash Flow from Operating Activities Per Share (yuan)	
	货币金融类上市公司 Monetary Financial Listed Companies	其他上市公司 Others	货币金融类上市公司 Monetary Financial Listed Companies	其他上市公司 Others	货币金融类上市公司 Monetary Financial Listed Companies	其他上市公司 Others
2001	0.32	0.13	2.44	2.48	4.89	0.38
2002	0.31	0.13	2.44	2.49	5.85	0.44
2003	0.34	0.19	2.81	2.63	2.50	0.47
2004	0.38	0.23	2.79	2.66	0.91	0.52
2005	0.38	0.20	2.63	2.67	1.27	0.58
2006	0.17	0.28	1.56	2.83	0.95	0.68
2007	0.29	0.52	1.92	3.56	0.93	0.86
2008	0.38	0.30	2.16	3.42	1.66	0.69
2009	0.44	0.39	2.47	3.72	1.12	1.06
2010	0.47	0.51	2.61	4.04	0.77	0.80
2011	0.60	0.48	3.07	4.21	1.22	0.57
2012	0.70	0.39	3.62	4.35	1.75	0.83
2013	0.77	0.42	4.08	4.42	0.80	0.72

7-31 2013年上市公司按行业每股收益分布

单位：家

行业 Industry	1.00元以上 Above 1.00 yuan	0.80-1.00元 0.80-1.00 yuan
农、林、牧、渔 Agriculture,Forestry,Animal Husbandry and Fishery	0	1
采矿业 Mining	2	2
制造业 Manufacturing	97	57
电力、热力、燃气及水生产和供应业 Production and Supply of Electricity,Gas and Water	5	1
建筑业 Construction	6	3
批发和零售业 Wholesale and Retail Trades	11	7
交通运输、仓储和邮政业 Transport,Storage and Post	1	4
住宿和餐饮业 Hotels and Catering Services	0	0
信息传输、软件和信息技术服务业 Information Transmission,Computer Services and Software	6	6
金融业 Financial Intermediation	12	4
房地产业 Real Estate	13	9
租赁和商务服务业 Leasing and Business Services	1	4
科学研究和技术服务业 Scientific Research,Technical Service	0	2
水利、环境和公共设施管理业 Management of Water Conservancy,Environment and Public Facilities	1	3
教育 Education	0	0
卫生和社会工作 Health and Social Works	0	0
文化、体育和娱乐业 Culture,Sports and Entertainment	1	2
综合 Others	1	0

注：每股指标指境内部分；每股指标均使用整体法来计算。
数据来源：上海证券交易所、深圳证券交易所
Source：SSE、SZSE

EPS of Listed Companies by Industry in 2013

(unit)

0.50–0.80元 0.50-0.80 yuan	0.20–0.50元 0.20-0.50 yuan	0.10–0.20元 0.10-0.20 yuan	0.05–0.10元 0.05-0.10 yuan	0.00–0.05元 0.00-0.05 yuan	亏损 Deficit	合计 Total
3	6	11	5	6	8	40
11	24	9	7	7	3	65
206	459	230	169	195	162	1575
21	27	10	6	8	3	81
13	22	5	4	3	7	63
25	41	27	20	15	8	154
10	38	14	4	5	7	83
1	2	4	2	1	2	12
24	48	15	3	13	8	123
6	15	4	1	1	0	43
16	43	20	8	22	8	139
5	8	1	2	1	0	22
2	5	1	1	1	0	12
4	11	2	3	2	0	26
0	0	0	1	0	0	1
3	0	0	0	0	0	3
7	9	2	1	2	0	24
2	5	6	4	4	1	23

7-32　2013年上市公司按监管辖区每股收益分布

单位：家

辖区	Jurisdiction	1.00元以上 Above 1.00 yuan	0.80-1.00元 0.80-1.00 yuan	0.50-0.80元 0.50-0.80 yuan	0.20-0.50元 0.20-0.50 yuan
北京	Beijing	20	17	42	87
天津	Tianjin	5	1	5	5
河北	Hebei	5	2	5	17
山西	Shanxi	1	2	2	12
内蒙古	Inner Mongolia	2	3	6	3
辽宁	Liaoning	2	3	5	7
吉林	Jilin	5	0	4	10
黑龙江	Heilongjiang	0	2	4	4
上海	Shanghai	10	9	34	58
江苏	Jiangsu	18	8	33	77
浙江	Zhejiang	14	10	33	71
安徽	Anhui	3	1	19	25
福建	Fujian	4	2	5	18
江西	Jiangxi	4	2	5	9
山东	Shandong	11	7	20	39
河南	Henan	3	2	9	17
湖北	Hubei	3	4	13	21
湖南	Hunan	2	1	14	20
广东	Guangdong	9	9	27	59
广西	Guangxi	0	0	5	6
海南	Hainan	0	0	0	5
重庆	Chongqing	1	2	5	16
四川	Sichuan	5	1	5	26
贵州	Guizhou	2	1	4	5
云南	Yunnan	1	0	3	9
西藏	Xizang	0	0	1	2
陕西	Shanxi	0	0	1	10
甘肃	Gansu	1	0	2	9
青海	Qinghai	0	1	1	1
宁夏	Ningxia	0	1	1	3
新疆	Xinjiang	0	3	6	9
深圳	Shenzhen	16	8	24	63
大连	Dalian	1	0	1	11
宁波	Ningbo	1	1	5	17
厦门	Xiamen	4	1	8	9
青岛	Qingdao	4	0	2	3

注：1.每股指标指境内部分；每股指标均使用整体法来计算。
　　2.上市公司辖区以注册地口径统计。
数据来源：上海证券交易所、深圳证券交易所
Source：SSE、SZSE

EPS of Listed Companies by Jurisdiction in 2013

(unit)

0.10−0.20元 0.10-0.20 yuan	0.05−0.10元 0.05-0.10 yuan	0.00−0.05元 0.00-0.05 yuan	亏损 Deficit	合计 Total
16	14	7	16	219
4	5	5	8	38
1	6	6	6	48
6	1	3	7	34
3	1	6	1	25
5	8	6	8	44
5	4	7	3	38
4	4	8	5	31
36	17	24	13	201
31	25	25	18	235
29	25	21	7	210
8	7	9	5	77
10	10	6	4	59
4	3	2	3	32
18	15	16	10	136
15	7	6	7	66
11	10	9	13	84
8	6	15	6	72
30	19	18	12	183
7	4	5	3	30
7	2	8	4	26
5	1	3	4	37
17	9	10	17	90
3	1	3	2	21
4	1	7	3	28
4	0	3	0	10
13	7	4	4	39
5	1	3	4	25
1	3	1	2	10
0	0	3	4	12
4	6	8	3	39
34	10	19	10	184
6	1	3	1	24
4	5	2	2	37
1	0	2	4	29
3	2	1	1	16

7-33 2013年上市公司按行业每股净资产分布

单位：家

行业 Industry	5.00元以上 Above 5.00 yuan	3.00-5.00元 3.00-5.00 yuan
农、林、牧、渔 Agriculture,Forestry,Animal Husbandry and Fishery	5	15
采矿业 Mining	19	27
制造业 Manufacturing	526	553
电力、热力、燃气及水生产和供应业 Production and Supply of Electricity,Gas and Water	18	28
建筑业 Construction	16	25
批发和零售业 Wholesale and Retail Trades	41	50
交通运输、仓储和邮政业 Transport,Storage and Post	19	34
住宿和餐饮业 Hotels and Catering Services	1	2
信息传输、软件和信息技术服务业 Information Transmission,Computer Services and Software	37	59
金融业 Financial Intermediation	25	11
房地产业 Real Estate	25	38
租赁和商务服务业 Leasing and Business Services	6	9
科学研究和技术服务业 Scientific Research,Technical Service	4	5
水利、环境和公共设施管理业 Management of Water Conservancy,Environment and Public Facilities	10	11
教育 Education	0	0
卫生和社会工作 Health and Social Works	0	3
文化、体育和娱乐业 Culture,Sports and Entertainment	10	9
综合 Others	2	3

注：每股指标指境内部分；每股指标均使用整体法来计算。
数据来源：上海证券交易所、深圳证券交易所
Source：SSE、SZSE

BPS of Listed Companies by Industry in 2013

(unit)

2.00–3.00元 2.00-3.00 yuan	1.00–2.00元 1.00-2.00 yuan	0.50–1.00元 0.50-1.00 yuan	0.00–0.50元 0.00-0.50 yuan	小于0.00元 Below 0.00 yuan	合计 Total
12	7	0	1	0	40
7	9	2	1	0	65
264	155	32	41	4	1575
23	11	1	0	0	81
7	11	2	2	0	63
28	23	6	6	0	154
23	3	1	1	2	83
4	2	2	1	0	12
19	6	1	1	0	123
5	2	0	0	0	43
37	28	7	4	0	139
4	3	0	0	0	22
2	1	0	0	0	12
4	1	0	0	0	26
1	0	0	0	0	1
0	0	0	0	0	3
2	1	0	2	0	24
7	7	2	2	0	23

7-34 2013年上市公司按监管辖区每股净资产分布

单位：家

辖区	Jurisdiction	5.00元以上 Above 5.00 yuan	3.00-5.00元 3.00-5.00 yuan	2.00-3.00元 2.00-3.00 yuan
北京	Beijing	73	101	31
天津	Tianjin	9	9	8
河北	Hebei	17	12	11
山西	Shanxi	10	9	8
内蒙古	Inner Mongolia	7	12	3
辽宁	Liaoning	8	22	3
吉林	Jilin	12	6	11
黑龙江	Heilongjiang	6	9	9
上海	Shanghai	50	70	38
江苏	Jiangsu	92	68	43
浙江	Zhejiang	73	80	40
安徽	Anhui	27	33	9
福建	Fujian	15	21	13
江西	Jiangxi	16	6	6
山东	Shandong	48	43	23
河南	Henan	21	26	11
湖北	Hubei	25	31	14
湖南	Hunan	20	26	14
广东	Guangdong	45	85	32
广西	Guangxi	3	15	3
海南	Hainan	3	4	7
重庆	Chongqing	13	10	6
四川	Sichuan	25	27	13
贵州	Guizhou	8	9	3
云南	Yunnan	9	7	9
西藏	Xizang	0	3	4
陕西	Shanxi	5	17	10
甘肃	Gansu	4	8	7
青海	Qinghai	1	5	0
宁夏	Ningxia	5	1	1
新疆	Xinjiang	10	16	6
深圳	Shenzhen	65	56	33
大连	Dalian	8	9	5
宁波	Ningbo	12	16	7
厦门	Xiamen	12	8	4
青岛	Qingdao	6	3	4

注：1.每股指标指境内部分；每股指标均使用整体法来计算。
2.上市公司辖区以注册地口径统计。

数据来源：上海证券交易所、深圳证券交易所

Source：SSE、SZSE

BPS of Listed Companies by Jurisdiction in 2013

(unit)

1.00-2.00元 1.00-2.00 yuan	0.50-1.00元 0.50-1.00 yuan	0.00-0.50元 0.00-0.50 yuan	小于0.00元 Below 0.00 yuan	合计 Total
8	5	1	0	219
8	1	2	1	38
3	2	3	0	48
3	2	2	0	34
3	0	0	0	25
4	3	4	0	44
5	2	1	1	38
6	1	0	0	31
36	2	4	1	201
24	6	1	1	235
15	2	0	0	210
7	0	1	0	77
8	1	1	0	59
3	0	0	1	32
16	2	3	1	136
4	3	1	0	66
6	1	5	2	84
8	3	1	0	72
16	3	2	0	183
6	0	3	0	30
9	0	3	0	26
5	1	2	0	37
17	4	4	0	90
0	0	1	0	21
2	0	1	0	28
2	0	1	0	10
5	1	1	0	39
5	1	0	0	25
2	0	1	1	10
2	2	1	0	12
6	0	1	0	39
19	6	5	0	184
0	1	1	0	24
1	1	0	0	37
3	0	2	0	29
3	0	0	0	16

7-35 2013年上市公司按行业平均净资产收益率分布

单位：家

行业 Industry	100%以上 Above 100%	60%-100%	40%-60%
农、林、牧、渔 Agriculture,Forestry,Animal Husbandry and Fishery	0	0	0
采矿业 Mining	0	1	2
制造业 Manufacturing	1	1	4
电力、热力、燃气及水生产和供应业 Production and Supply of Electricity,Gas and Water	0	0	0
建筑业 Construction	0	0	0
批发和零售业 Wholesale and Retail Trades	0	1	1
交通运输、仓储和邮政业 Transport,Storage and Post	0	0	0
住宿和餐饮业 Hotels and Catering Services	0	0	0
信息传输、软件和信息技术服务业 Information Transmission,Computer Services and Software	0	0	0
金融业 Financial Intermediation	0	0	0
房地产业 Real Estate	1	0	3
租赁和商务服务业 Leasing and Business Services	0	0	0
科学研究和技术服务业 Scientific Research,Technical Service	0	0	0
水利、环境和公共设施管理业 Management of Water Conservancy,Environment and Public Facilities	0	0	0
教育 Education	0	0	0
卫生和社会工作 Health and Social Works	0	0	0
文化、体育和娱乐业 Culture,Sports and Entertainment	0	0	0
综合 Others	0	0	1

数据来源：上海证券交易所、深圳证券交易所
Source：SSE、SZSE

ROE of Listed Companies by Industry in 2013

(unit)

30%-40%	20%-30%	10%-20%	5%-10%	0%-5%	小于0% Below 0%	净资产为负 Negative Net Asset	合计 Total
0	3	4	5	20	8	0	40
0	2	16	20	21	3	0	65
17	66	336	430	542	178	7	1575
1	6	29	27	14	4	0	81
1	3	30	14	8	7	0	63
3	10	43	43	43	10	0	154
0	1	25	36	14	7	2	83
0	0	1	6	3	2	0	12
1	7	41	35	31	8	0	123
1	9	12	15	6	0	0	43
4	12	46	30	35	8	0	139
1	3	9	5	4	0	0	22
0	1	6	2	3	0	0	12
0	2	7	11	6	0	0	26
0	0	0	0	1	0	0	1
0	1	2	0	0	0	0	3
0	2	15	3	3	1	0	24
0	1	2	10	7	2	0	23

7-36　2013年上市公司按监管辖区平均净资产收益率分布

单位：家

辖区	Jurisdiction	100%以上 Above 100%	60%-100%	40%-60%	30%-40%
北京	Beijing	0	0	1	0
天津	Tianjin	0	0	0	0
河北	Hebei	0	0	2	4
山西	Shanxi	0	0	0	0
内蒙古	Inner Mongolia	0	0	1	0
辽宁	Liaoning	0	0	0	0
吉林	Jilin	0	0	0	0
黑龙江	Heilongjiang	0	0	0	1
上海	Shanghai	0	0	1	3
江苏	Jiangsu	0	0	1	5
浙江	Zhejiang	0	0	0	4
安徽	Anhui	0	0	0	0
福建	Fujian	0	0	0	1
江西	Jiangxi	0	0	0	0
山东	Shandong	0	0	1	2
河南	Henan	0	0	0	1
湖北	Hubei	0	0	1	0
湖南	Hunan	0	0	0	0
广东	Guangdong	0	0	2	3
广西	Guangxi	0	0	0	0
海南	Hainan	0	0	0	0
重庆	Chongqing	0	1	0	0
四川	Sichuan	0	1	0	1
贵州	Guizhou	0	0	0	2
云南	Yunnan	0	0	0	0
西藏	Xizang	1	0	0	0
陕西	Shanxi	0	0	0	0
甘肃	Gansu	0	0	0	1
青海	Qinghai	0	0	0	0
宁夏	Ningxia	0	0	0	0
新疆	Xinjiang	0	0	0	0
深圳	Shenzhen	1	1	1	0
大连	Dalian	0	0	0	0
宁波	Ningbo	0	0	0	0
厦门	Xiamen	0	0	0	0
青岛	Qingdao	0	0	0	1

注：上市公司辖区以注册地口径统计。
数据来源：上海证券交易所、深圳证券交易所
Source：SSE、SZSE

ROE of Listed Companies by Jurisdiction in 2013

(unit)

20%-30%	10%-20%	5%-10%	0%-5%	小于0% Below 0%	净资产为负 Negative Net Asset	合计 Total
18	85	61	37	17	0	219
5	6	9	10	8	0	38
1	7	12	14	8	0	48
3	6	8	9	8	0	34
3	9	1	10	1	0	25
2	8	7	18	9	0	44
4	11	6	14	3	0	38
0	6	6	13	5	0	31
8	63	58	55	13	1	201
9	50	73	78	19	1	235
8	65	59	67	7	0	210
2	23	24	22	6	1	77
5	11	16	22	4	0	59
2	8	11	8	3	1	32
5	35	34	48	11	0	136
2	11	23	22	7	1	66
3	17	22	26	15	2	84
1	18	24	22	7	0	72
15	41	58	52	12	0	183
3	3	8	11	5	1	30
0	2	7	13	4	0	26
2	10	12	8	4	0	37
5	17	23	25	18	0	90
1	4	4	8	2	0	21
2	4	7	12	3	0	28
1	2	3	3		0	10
0	5	10	20	4	0	39
2	6	2	10	4	0	25
0	2	2	3	3	0	10
0	2	2	4	4	0	12
2	8	7	19	3	1	39
11	45	60	53	12	0	184
1	4	11	7	1	0	24
1	13	10	11	2	0	37
2	11	8	3	5	0	29
0	6	4	4	1	0	16

7-37 2013年上市公司按行业每股经营活动产生的现金流量净额分布

单位：家

行业 Industry	3.00元以上 Above 3.00 yuan	2.50-3.00元 2.50-3.00 yuan
农、林、牧、渔 Agriculture,Forestry,Animal Husbandry and Fishery	0	0
采矿业 Mining	0	1
制造业 Manufacturing	12	16
电力、热力、燃气及水生产和供应业 Production and Supply of Electricity,Gas and Water	6	3
建筑业 Construction	1	0
批发和零售业 Wholesale and Retail Trades	4	1
交通运输、仓储和邮政业 Transport,Storage and Post	1	0
住宿和餐饮业 Hotels and Catering Services	0	0
信息传输、软件和信息技术服务业 Information Transmission,Computer Services and Software	1	1
金融业 Financial Intermediation	10	0
房地产业 Real Estate	1	0
租赁和商务服务业 Leasing and Business Services	1	0
科学研究和技术服务业 Scientific Research,Technical Service	0	0
水利、环境和公共设施管理业 Management of Water Conservancy,Environment and Public Facilities	0	0
教育 Education	0	0
卫生和社会工作 Health and Social Works	0	0
文化、体育和娱乐业 Culture,Sports and Entertainment	0	0
综合 Others	0	0

注：每股指标指境内部分；每股指标均使用整体法来计算。
数据来源：上海证券交易所、深圳证券交易所
Source：SSE、SZSE

Net Cash Flow from Operating Activities Per Share of Listed Companies by Industry in 2013

(unit)

2.00–2.50元 2.00-2.50 yuan	1.50–2.00元 1.50-2.00 yuan	1.00–1.50元 1.00-1.50 yuan	0.50–1.00元 0.50-1.00 yuan	0.00–0.50元 0.00-0.50 yuan	小于0.00元 below 0.00 yuan	合计 Total
0	1	3	4	21	11	40
2	2	7	16	21	16	65
14	37	95	302	710	389	1575
4	9	14	21	23	1	81
0	2	4	6	24	26	63
4	6	13	25	53	48	154
0	4	8	25	34	11	83
0	0	1	2	8	1	12
1	2	9	23	56	30	123
2	1	1	2	3	24	43
2	3	13	7	32	81	139
0	2	3	1	9	6	22
0	1	1	4	6	0	12
0	2	1	8	11	4	26
0	0	0	0	1	0	1
0	0	0	3	0	0	3
1	1	2	5	9	6	24
0	0	2	2	9	10	23

7-38 2013年上市公司按监管辖区每股经营活动产生的现金流量净额分布

Net Cash Flow from Operating Activities Per Share of Listed Companies by Jurisdiction in 2013

单位：家 (unit)

辖区	Jurisdiction	3.00元以上 Above 3.00 yuan	2.50-3.00元 2.50-3.00 yuan	2.00-2.50元 2.00-2.50 yuan	1.50-2.00元 1.50-2.00 yuan	1.00-1.50元 1.00-1.50 yuan	0.50-1.00元 0.50-1.00 yuan	0.00-0.50元 0.00-0.50 yuan	小于0.00元 below 0.00 yuan	合计 Total
北京	Beijing	5	3	6	7	17	37	79	65	219
天津	Tianjin	0	0	0	3	0	4	16	15	38
河北	Hebei	2	2	1	0	3	9	14	17	48
山西	Shanxi	0	0	0	0	4	8	8	14	34
内蒙古	Inner Mongolia	0	2	2	1	4	2	9	5	25
辽宁	Liaoning	1	1	0	1	3	5	15	18	44
吉林	Jilin	2	0	0	2	2	4	13	15	38
黑龙江	Heilongjiang	0	0	1	1	4	4	15	6	31
上海	Shanghai	3	3	3	9	10	42	84	47	201
江苏	Jiangsu	3	2	2	6	14	53	89	66	235
浙江	Zhejiang	0	0	2	3	15	47	108	35	210
安徽	Anhui	1	1	0	1	5	18	31	20	77
福建	Fujian	1	0	0	1	4	7	25	21	59
江西	Jiangxi	1	1	1	2	4	5	11	7	32
山东	Shandong	1	2	1	8	13	18	61	32	136
河南	Henan	0	0	0	4	3	11	33	15	66
湖北	Hubei	4	0	0	2	7	13	33	25	84
湖南	Hunan	0	0	2	1	4	15	33	17	72
广东	Guangdong	3	0	2	6	9	34	89	40	183
广西	Guangxi	0	1	0	0	5	5	11	8	30
海南	Hainan	0	0	0	0	0	4	15	7	26
重庆	Chongqing	0	0	0	0	5	8	12	12	37
四川	Sichuan	0	0	2	0	6	18	40	24	90
贵州	Guizhou	2	0	0	1	0	2	9	7	21
云南	Yunnan	0	1	0	2	4	4	7	10	28
西藏	Xizang	0	0	0	1	0	1	6	2	10
陕西	Shanxi	0	0	0	0	2	2	23	12	39
甘肃	Gansu	0	0	1	1	1	5	8	9	25
青海	Qinghai	0	0	0	0	0	3	2	5	10
宁夏	Ningxia	0	0	0	0	3	2	1	6	12
新疆	Xinjiang	2	1	2	0	1	9	16	8	39
深圳	Shenzhen	3	0	1	6	13	39	69	53	184
大连	Dalian	1	0	0	2	4	3	11	3	24
宁波	Ningbo	1	1	0	0	5	6	15	9	37
厦门	Xiamen	1	0	0	2	2	4	13	7	29
青岛	Qingdao	0	1	1	0	1	5	6	2	16

注：1.每股指标指境内部分；每股指标均使用整体法来计算。
2.上市公司辖区以注册地口径统计。

数据来源：上海证券交易所、深圳证券交易所

Source: SSE、SZSE

7-39 全国中小企业股份转让系统挂牌公司主要财务指标
Financial Indicator of NEEQ Companies

年份 Year	总资产（万元）Total Asset (10 thousand yuan)	净资产（万元）Net Asset (10 thousand yuan)	营业收入（万元）Revenue (10 thousand yuan)	利润总额（万元）Total Profit (10 thousand yuan)	净利润（万元）Net Profit (10 thousand yuan)	经营活动产生的现金流量净额（万元）Net Cash Flow from Operating Activities(10 thousand yuan)	资产负债率(%) Asset-liability Ratio (%)	净资产收益率(%) ROE (%)
2011	1562493.99	903455.87	1256290.35	152183.85	130639.85	15677.64	42.18	14.46
2012	2396509.15	1230003.81	1885665.05	195736.85	164453.11	37091.32	48.68	13.37
2013	3451286.14	1856674.82	2535383.84	255608.29	210861.25	67789.13	46.00	11.36

注：历年数据采用当年年报数据。
数据来源：全国中小企业股份转让系统
Source: NEEQ

7-40 2013年全国中小企业股份转让系统分试点园区主要财务指标
Financial Indicator of NEEQ Companies by Development Zone

试点园区名称 Name of Development Zone	总资产（万元）Total Asset (10 thousand yuan)	净资产（万元）Net Asset (10 thousand yuan)	营业收入（万元）Revenue (10 thousand yuan)	利润总额（万元）Total Profit (10 thousand yuan)	净利润（万元）Net Profit (10 thousand yuan)	经营活动产生的现金流量净额（万元）Net Cash Flow from Operating Activities (10 thousand yuan)	资产负债率(%) Asset-liability Ratio (%)	净资产收益率(%) ROE (%)
中关村科技园区	3016526.32	1465288.24	2303294.86	183628.41	150278.46	78055.52	51.42	10.26
上海张江高新产业开发区	481353.70	275575.95	368894.35	48886.64	41309.99	25082.06	42.75	14.99
东湖新技术产业开发区	312872.29	170246.29	187581.04	20057.06	16512.27	-2468.07	43.38	9.70
天津滨海高新区	390165.36	156256.79	233644.57	20995.56	17171.52	3952.40	59.95	10.99

数据来源：全国中小企业股份转让系统
Source: NEEQ

7-41 2013年全国中小企业股份转让系统分行业主要财务指标

行业 Industry	总资产 (万元) Total Asset (10 thousand yuan)	净资产 (万元) Net Asset (10 thousand yuan)
农、林、牧、渔 Agriculture,Forestry,Animal Husbandry and Fishery	176204.43	91882.53
采矿业 Mining	61460.20	31337.97
制造业 Manufacturing	2304434.08	1120839.75
电力、热力、燃气及水生产和供应业 Production and Supply of Electricity,Gas and Water	31800.19	16896.34
建筑业 Construction	23266.99	9497.16
信息传输、软件和信息技术服务业 Information Transmission,Computer Services and Software	1272704.45	617408.69
租赁和商务服务业 Leasing and Business Services	18617.27	12904.96
科学研究和技术服务业 Scientific Research,Technical Service	93211.68	48494.80
水利、环境和公共设施管理业 Management of Water Conservancy,Environment and Public Facilities	40412.51	13921.63
卫生和社会工作 Health and Social Works	28409.44	21145.86
文化、体育和娱乐业 Culture,Sports and Entertainment	101751.45	58416.68
综合 Others	48644.97	24620.87

数据来源：全国中小企业股份转让系统
Source：NEEQ

Financial Indicator of NEEQ Companies by Industry

营业收入（万元）Revenue (10 thousand yuan)	利润总额（万元）Total Profit (10 thousand yuan)	净利润（万元）Net Profit (10 thousand yuan)	经营活动产生的现金流量净额（万元）Net Cash Flow from Operating Activities (10 thousand yuan)	资产负债率(%) Asset-liability Ratio (%)	净资产收益率(%) ROE (%)
181753.72	15965.31	12701.86	3340.78	47.85	13.82
40933.33	8364.40	7210.04	2279.78	49.01	23.01
1503697.09	138475.29	115497.53	74586.96	51.06	10.30
16898.34	3314.82	2452.59	1720.07	46.87	14.52
28811.28	1223.82	919.16	-1766.46	59.18	9.68
1070772.00	83671.36	70086.90	48140.94	51.49	11.35
15888.54	-2700.21	-2990.56	-3303.83	30.68	-23.17
64946.57	6869.39	5551.33	1736.63	47.97	11.45
19911.40	1091.46	962.06	-2164.40	65.55	6.91
31244.98	1350.26	696.86	129.58	25.57	3.30
64361.58	11395.12	8778.97	-13827.28	42.59	15.03
54195.98	4546.64	3405.50	-6250.85	49.39	13.83

7-42 2013年挂牌公司按行业每股收益分布

单位：家

行业 Industry	1.00元以上 Above 1.00 yuan	0.80-1.00元 0.80-1.00 yuan
农、林、牧、渔 Agriculture,Forestry,Animal Husbandry and Fishery	0	0
采矿业 Mining	1	1
制造业 Manufacturing	5	10
电力、热力、燃气及水生产和供应业 Production and Supply of Electricity,Gas and Water	0	0
建筑业 Construction	0	0
信息传输、软件和信息技术服务业 Information Transmission,Computer Services and Software	5	4
租赁和商务服务业 Leasing and Business Services	0	0
科学研究和技术服务业 Scientific Research,Technical Service	1	1
教育 Education	0	0
卫生和社会工作 Health and Social Works	0	0
文化、体育和娱乐业 Culture,Sports and Entertainment	0	1
综合 Others	1	0

注：每股指标指境内部分；每股指标均使用整体法来计算。
数据来源：全国中小企业股份转让系统
Source：NEEQ

EPS of Listed Companies by Industry in 2013 of NEEQ

(unit)

0.50−0.80元 0.50-0.80 yuan	0.20−0.50元 0.20-0.50 yuan	0.10−0.20元 0.10-0.20 yuan	0.05−0.10元 0.05-0.10 yuan	0.00−0.05元 0.00-0.05 yuan	亏损 Deficit	合计 Total
2	2	0	1	1	1	7
1	2	1	1	0	0	7
12	41	23	13	22	25	151
0	1	1	0	0	0	2
0	0	1	1	2	0	4
18	41	23	12	20	23	146
0	0	2	0	1	1	4
0	4	1	3	3	1	14
0	0	2	0	0	0	2
0	0	1	2	2	3	8
1	2	2	1	0	2	9
0	0	0	0	1	0	2

7-43　2013年挂牌公司按行业每股净资产分布

单位：家

行业 Industry	5.00元以上 Above 5.00 yuan	3.00-5.00元 3.00-5.00 yuan
农、林、牧、渔 Agriculture,Forestry,Animal Husbandry and Fishery	0	3
采矿业 Mining	0	2
制造业 Manufacturing	6	18
电力、热力、燃气及水生产和供应业 Production and Supply of Electricity,Gas and Water	0	0
建筑业 Construction	0	0
信息传输、软件和信息技术服务业 Information Transmission,Computer Services and Software	4	9
租赁和商务服务业 Leasing and Business Services	0	0
科学研究和技术服务业 Scientific Research,Technical Service	0	0
水利、环境和公共设施管理业 Management of Water Conservancy,Environment and Public Facilities	0	0
卫生和社会工作 Health and Social Works	0	0
文化、体育和娱乐业 Culture,Sports and Entertainment	1	1
综合 Others	1	0

注：每股指标指境内部分；每股指标均使用整体法来计算。
数据来源：全国中小企业股份转让系统
Source: NEEQ

BPS of Listed Companies by Industry in 2013 of NEEQ

(unit)

2.00−3.00元 2.00-3.00 yuan	1.00−2.00元 1.00-2.00 yuan	0.50−1.00元 0.50-1.00 yuan	0.00−0.50元 0.00-0.50 yuan	小于0.00元 Below 0.00 yuan	合计 Total
1	2	0	1	0	7
1	4	0	0	0	7
36	81	7	2	1	151
0	2	0	0	0	2
0	4	0	0	0	4
31	77	18	7	0	146
2	1	0	1	0	4
2	10	1	0	0	13
1	1	0	0	0	2
0	5	3	0	0	8
1	6	0	0	0	9
1	0	0	0	0	2

7-44　2013年挂牌公司按行业平均净资产收益率分布

单位：家

行业 Industry	100%以上 Above 100%	60%-100%	40%-60%
农、林、牧、渔 Agriculture,Forestry,Animal Husbandry and Fishery	0	0	0
采矿业 Mining	0	0	0
制造业 Manufacturing	0	0	5
电力、热力、燃气及水生产和供应业 Production and Supply of Electricity,Gas and Water	0	0	0
建筑业 Construction	0	0	0
信息传输、软件和信息技术服务业 Information Transmission,Computer Services and Software	0	1	7
租赁和商务服务业 Leasing and Business Services	0	0	0
科学研究和技术服务业 Scientific Research,Technical Service	0	1	1
水利、环境和公共设施管理业 Management of Water Conservancy,Environment and Public Facilities	0	0	0
卫生和社会工作 Health and Social Works	0	0	0
文化、体育和娱乐业 Culture,Sports and Entertainment	0	0	1
综合 Others	0	0	0

数据来源：全国中小企业股份转让系统
Source：NEEQ

ROE of Listed Companies by Industry in 2013 of NEEQ

(unit)

30%-40%	20%-30%	10%-20%	5%-10%	0%-5%	小于0% Below 0%	净资产为负 Negative Net Asset	合计 Total
0	1	2	1	1	2	0	7
0	4	2	0	1	0	0	7
10	25	44	13	29	24	1	151
0	0	2	0	0	0	0	2
0	0	2	2	0	0	0	4
13	17	39	20	26	23	0	146
0	0	1	1	1	1	0	4
0	3	2	3	3	1	0	14
0	0	0	2	0	0	0	2
0	0	2	1	3	2	0	8
0	0	3	2	1	2	0	9
1	0	0	0	1	0	0	2

7-45 2013年挂牌公司按行业每股经营活动产生的现金流量净额分布

单位：家

行业 Industry	3.00元以上 Above 3.00 yuan	2.50–3.00元 2.50-3.00 yuan
农、林、牧、渔 Agriculture,Forestry,Animal Husbandry and Fishery	0	0
采矿业 Mining	0	0
制造业 Manufacturing	0	0
电力、热力、燃气及水生产和供应业 Production and Supply of Electricity,Gas and Water	0	0
建筑业 Construction	0	0
信息传输、软件和信息技术服务业 Information Transmission,Computer Services and Software	1	0
租赁和商务服务业 Leasing and Business Services	0	0
科学研究和技术服务业 Scientific Research,Technical Service	0	0
水利、环境和公共设施管理业 Management of Water Conservancy,Environment and Public Facilities	0	0
卫生和社会工作 Health and Social Works	1	0
文化、体育和娱乐业 Culture,Sports and Entertainment	0	0
综合 Others	0	0

注：每股指标指境内部分；每股指标均使用整体法来计算。
数据来源：全国中小企业股份转让系统
Source：NEEQ

Net Cash Flow from Operating Activities Per Share of Listed Companies by Industry in 2013 of NEEQ

(unit)

2.00–2.50元 2.00-2.50 yuan	1.50–2.00元 1.50-2.00 yuan	1.00–1.50元 1.00-1.50 yuan	0.50–1.00元 0.50-1.00 yuan	0.00–0.50元 0.00-0.50 yuan	小于0.00元 below 0.00 yuan	合计 Total
0	0	0	2	1	4	7
0	0	0	1	5	1	7
0	2	6	18	56	69	151
0	0	0	0	2	0	2
0	0	0	0	2	2	4
2	0	6	12	62	63	146
0	0	0	1	2	1	4
0	0	2	1	8	3	14
0	0	0	0	0	2	2
0	0	0	1	3	3	8
0	0	0	0	4	5	9
0	0	0	0	1	1	2

7-46 上市公司配股情况

序号 No.	股权登记日 Date of Equity Registration	股票代码 Stock Code	股票简称 Stock Abbreviation	配股比例(%) Proportion (%)	配股价(元/股) Price of Rights Issue (yuan/share)
1	2012/12/20	000826	桑德环境	3.0	12.71
2	2013/02/21	000598	兴蓉投资	3.0	5.35
3	2013/02/27	000507	珠海港	3.0	3.01
4	2013/03/08	000758	中色股份	3.0	8.26
5	2013/03/11	600459	贵研铂业	3.0	16.80
6	2013/04/02	600497	驰宏锌锗	3.0	9.98
7	2013/05/24	600879	航天电子	3.0	6.01
8	2013/05/31	600458	时代新材	3.0	8.80
9	2013/06/20	600436	片仔癀	1.5	37.14
10	2013/08/05	600118	中国卫星	3.0	5.45
11	2013/08/27	600036	招商银行	1.7	9.29
12	2013/11/15	000750	国海证券	3.0	6.28
13	2013/12/13	600160	巨化股份	3.0	4.23

注：上市公司辖区以注册地口径统计。
数据来源：上海证券交易所、深圳证券交易所
Source：SSE、SZSE

Rights Issue of Listed Companies

配股前总股本(股) Share Capital Before Rights Issue (share)	配股后总股本(股) Share Capital After Rights Issue (share)	筹资总额(万元) Proceeds Raised through Offering (10 thousand yuan)	增加股本(股) Shares Changes (share)	交易所 Exchange	辖区 Jurisdiction
498118398	643719540	1850590515.00	145601142	深交所	湖北
1153571700	1493109301	1816526165.00	339537601	深交所	四川
620995356	789540919	507322145.00	168545563	深交所	广东
766656000	984689212	1800954331.00	218033212	深交所	北京
158062500	200752109	71718.54	42689609	上交所	云南
1310095749	1667560890	356750.21	357465141	上交所	云南
811040784	1039537037	137326.25	228496253	上交所	湖北
517341440	661422092	126790.97	144080652	上交所	湖南
140000000	160884589	77565.36	20884589	上交所	福建
916598774	1182489135	144910.25	265890361	上交所	北京
21576608885	24539422429	2752453.78	2962813544	上交所	广东
1791951572	2310361315	3255613186.00	518409743	深交所	广西
1416918400	1810915951	166660.96	393997551	上交所	浙江

7-47 上市公司送转股情况

单位：股

序号 No.	股票代码 Stock Code	股票简称 Stock Abbreviation	送转股比例(%) Proportion (%)	股权登记日 Date of Equity Registration
1	002319	乐通股份	10.0	2013/03/01
2	600732	上海新梅	8.0	2013/03/01
3	002317	众生药业	10.0	2013/03/08
4	002571	德力股份	10.0	2013/03/08
5	002653	海思科	10.0	2013/03/08
6	300011	鼎汉技术	5.0	2013/03/11
7	300054	鼎龙股份	10.0	2013/03/11
8	600488	天药股份	5.0	2013/03/12
9	600794	保税科技	10.0	2013/03/13
10	300044	赛为智能	12.0	2013/03/18
11	002549	凯美特气	5.0	2013/03/19
12	600516	方大炭素	2.0	2013/03/18
13	002355	兴民钢圈	10.0	2013/03/21
14	002479	富春环保	7.0	2013/03/27
15	300303	聚飞光电	6.0	2013/03/27
16	000885	同力水泥	3.0	2013/04/01
17	002347	泰尔重工	8.0	2013/04/01
18	002425	凯撒股份	1.0	2013/04/01
19	002433	太安堂	8.0	2013/04/01
20	300039	上海凯宝	10.0	2013/04/01
21	300146	汤臣倍健	5.0	2013/04/01
22	300208	恒顺电气	10.0	2013/04/01
23	002117	东港股份	2.0	2013/04/02
24	002469	三维工程	5.0	2013/04/02
25	300298	三诺生物	5.0	2013/04/02
26	601700	风范股份	10.0	2013/04/01
27	002577	雷柏科技	3.0	2013/04/03
28	601313	江南嘉捷	8.0	2013/04/03
29	000638	万方发展	10.0	2013/04/09
30	002216	三全食品	10.0	2013/04/10
31	002486	嘉麟杰	10.0	2013/04/10
32	002605	姚记扑克	10.0	2013/04/11
33	300251	光线传媒	11.0	2013/04/11
34	002501	利源铝业	8.0	2013/04/12
35	002018	华星化工	1.5	2013/04/15
36	002236	大华股份	0.0	2013/04/15
37	002361	神剑股份	8.0	2013/04/15
38	002456	欧菲光	10.0	2013/04/15

Bonus Shares of Listed Companies

(share)

送转股上市交易日 Bonus Shares Trading Date	送转股前总股本 Previous Shares	送股股本数 Bonus Shares	转股股本数 Bonus Shares	送转股后总股本 After Shares	交易所 Exchange	辖区 Region
2013/03/04	100000000	0	100000000	200000000	深交所	广东
2013/03/05	247990600	198392480	0	446383080	上交所	上海
2013/03/11	180000000	0	180000000	360000000	深交所	广东
2013/03/11	170200000	0	170200000	340400000	深交所	安徽
2013/03/11	400100000	0	400100000	800200000	深交所	西藏
2013/03/12	154128000	0	77064000	231192000	深交所	北京
2013/03/12	136200000	0	136200000	272400000	深交所	湖北
2013/03/14	542889973	271444987	0	814334960	上交所	天津
2013/03/15	237175945	237175945	0	474351890	上交所	江苏
2013/03/19	100000000	0	120000000	220000000	深交所	深圳
2013/03/20	180000000	0	90000000	270000000	深交所	湖南
2013/03/20	1279077898	255815580	0	1534893478	上交所	甘肃
2013/03/22	257600000	0	257600000	515200000	深交所	山东
2013/03/28	434000000	0	303800000	737800000	深交所	浙江
2013/03/28	136000000	0	81600000	217600000	深交所	深圳
2013/04/02	328307141	0	98492142	426799283	深交所	河南
2013/04/02	104000000	0	83200000	187200000	深交所	安徽
2013/04/02	214000000	42800000	21400000	278200000	深交所	广东
2013/04/02	139000000	27800000	111200000	278000000	深交所	广东
2013/04/02	263040000	0	263040000	526080000	深交所	上海
2013/04/02	218720000	0	109360000	328080000	深交所	广东
2013/04/02	140000000	0	140000000	280000000	深交所	青岛
2013/04/03	252748344	0	50549668	303298012	深交所	山东
2013/04/03	168922342	0	84461171	253383513	深交所	山东
2013/04/03	88000000	0	44000000	132000000	深交所	湖南
2013/04/03	219600000	219600000	0	439200000	上交所	江苏
2013/04/08	217600000	0	65280000	282880000	深交所	深圳
2013/04/09	231300000	185040000	0	416340000	上交所	江苏
2013/04/11	154700000	0	154700000	309400000	深交所	辽宁
2013/04/11	201054383	0	201054383	402108766	深交所	河南
2013/04/11	208000000	0	208000000	416000000	深交所	上海
2013/04/12	93500000	0	93500000	187000000	深交所	上海
2013/04/12	241120000	0	265232000	506352000	深交所	北京
2013/04/15	187200000	0	149760000	336960000	深交所	吉林
2013/04/16	293857200	132235740	44078580	470171520	深交所	安徽
2013/04/16	558123280	558123280	0	1116246560	深交所	浙江
2013/04/16	160000000	32000000	128000000	320000000	深交所	安徽
2013/04/16	232540000	0	232540000	465080000	深交所	深圳

7-47 续表 1

单位：股

序号 No.	股票代码 Stock Code	股票简称 Stock Abbreviation	送转股比例(%) Proportion (%)	股权登记日 Date of Equity Registration
39	300016	北陆药业	10.0	2013/04/15
40	002487	大金重工	10.0	2013/04/16
41	002521	齐峰股份	10.0	2013/04/16
42	002221	东华能源	10.0	2013/04/17
43	002292	奥飞动漫	5.0	2013/04/17
44	600521	华海药业	3.0	2013/04/16
45	002474	榕基软件	5.0	2013/04/18
46	300182	捷成股份	3.0	2013/04/18
47	300215	电科院	10.0	2013/04/18
48	300275	梅安森	10.0	2013/04/18
49	000598	兴蓉投资	10.0	2013/04/19
50	000790	华神集团	1.0	2013/04/19
51	002687	乔治白	10.0	2013/04/19
52	300099	尤洛卡	10.0	2013/04/19
53	300141	和顺电气	5.0	2013/04/19
54	600575	芜湖港	10.0	2013/04/18
55	002405	四维图新	2.0	2013/04/22
56	002450	康得新	5.0	2013/04/22
57	600433	冠豪高新	10.0	2013/04/19
58	002330	得利斯	10.0	2013/04/23
59	002463	沪电股份	2.0	2013/04/23
60	002519	银河电子	5.0	2013/04/23
61	002654	万润科技	10.0	2013/04/23
62	002288	超华科技	2.0	2013/04/24
63	002360	同德化工	5.0	2013/04/24
64	002643	烟台万润	10.0	2013/04/25
65	002702	腾新食品	10.0	2013/04/25
66	300199	翰宇药业	10.0	2013/04/25
67	600743	华远地产	1.5	2013/04/24
68	002348	高乐股份	10.0	2013/04/26
69	002665	首航节能	10.0	2013/04/26
70	300012	华测检测	10.0	2013/04/26
71	300347	泰格医药	10.0	2013/04/26
72	000895	双汇发展	10.0	2013/05/02
73	002379	鲁丰股份	10.0	2013/05/02
74	300270	中威电子	10.0	2013/05/02
75	002137	实 益 达	3.5	2013/05/03
76	002364	中恒电气	10.0	2013/05/03
77	002540	亚太科技	10.0	2013/05/03

continued

(share)

送转股上市交易日 Bonus Shares Trading Date	送转股前总股本 Previous Shares	送股股本数 Bonus Shares	转股股本数 Bonus Shares	送转股后总股本 After Shares	交易所 Exchange	辖区 Region
2013/04/16	152749104	0	152749104	305498208	深交所	北京
2013/04/17	180000000	0	180000000	360000000	深交所	辽宁
2013/04/17	206150000	0	206150000	412300000	深交所	山东
2013/04/18	293173092	0	293173092	586346184	深交所	江苏
2013/04/18	409600000	0	204800000	614400000	深交所	广东
2013/04/18	547951485	164234246	0	712185731	上交所	浙江
2013/04/19	207400000	0	103700000	311100000	深交所	福建
2013/04/19	171024500	0	51307350	222331850	深交所	北京
2013/04/19	180000000	0	180000000	360000000	深交所	江苏
2013/04/19	82138000	0	82138000	164276000	深交所	重庆
2013/04/22	1493109301	0	1493109301	2986218602	深交所	四川
2013/04/22	349855012	0	34985501	384840513	深交所	四川
2013/04/22	98570000	0	98570000	197140000	深交所	浙江
2013/04/22	103350000	0	103350000	206700000	深交所	山东
2013/04/22	110400000	0	55200000	165600000	深交所	江苏
2013/04/22	1217647994	1217647994	0	2435295988	上交所	安徽
2013/04/23	576330592	0	115266118	691596710	深交所	北京
2013/04/23	623581587	0	311790793	935372380	深交所	北京
2013/04/23	595140000	595140000	0	1190280000	上交所	广东
2013/04/24	251000000	0	251000000	502000000	深交所	山东
2013/04/24	1162610947	0	232522189	1395133136	深交所	江苏
2013/04/24	140800000	0	70400000	211200000	深交所	江苏
2013/04/24	88000000	0	88000000	176000000	深交所	深圳
2013/04/25	329851560	0	65970312	395821872	深交所	广东
2013/04/25	120000000	0	60000000	180000000	深交所	山西
2013/04/26	137820000	0	137820000	275640000	深交所	山东
2013/04/26	70700000	0	70700000	141400000	深交所	福建
2013/04/26	200000000	0	200000000	400000000	深交所	深圳
2013/04/26	1580574788	237086218	0	1817661006	上交所	湖北
2013/05/02	236800000	0	236800000	473600000	深交所	广东
2013/05/02	133350000	0	133350000	266700000	深交所	北京
2013/05/02	183982500	0	183982500	367965000	深交所	深圳
2013/05/02	53400000	0	53400000	106800000	深交所	浙江
2013/05/03	1100289224	0	1100289224	2200578448	深交所	河南
2013/05/03	231600000	0	231600000	463200000	深交所	山东
2013/05/03	60000000	0	60000000	120000000	深交所	浙江
2013/05/06	312156000	0	109254600	421410600	深交所	深圳
2013/05/06	127124595	0	127124595	254249190	深交所	浙江
2013/05/06	208000000	0	208000000	416000000	深交所	江苏

7-47 续表 2

单位：股

序号 No.	股票代码 Stock Code	股票简称 Stock Abbreviation	送转股比例(%) Proportion (%)	股权登记日 Date of Equity Registration
78	300043	星辉车模	5.0	2013/05/03
79	300186	大华农	10.0	2013/05/03
80	002575	群兴玩具	10.0	2013/05/06
81	300026	红日药业	5.0	2013/05/06
82	300047	天源迪科	10.0	2013/05/06
83	300133	华策影视	5.0	2013/05/06
84	300220	金运激光	10.0	2013/05/06
85	002588	史丹利	3.0	2013/05/07
86	300068	南都电源	10.0	2013/05/07
87	002033	丽江旅游	3.0	2013/05/08
88	002294	信立泰	5.0	2013/05/08
89	002331	皖通科技	6.0	2013/05/08
90	300081	恒信移动	10.0	2013/05/08
91	300352	北信源	10.0	2013/05/08
92	601010	文峰股份	5.0	2013/05/07
93	002016	世荣兆业	0.0	2013/05/09
94	002285	世联地产	0.0	2013/05/09
95	002313	日海通讯	3.0	2013/05/09
96	002371	七星电子	10.0	2013/05/09
97	002468	艾迪西	2.0	2013/05/09
98	002503	搜于特	5.0	2013/05/09
99	002629	仁智油服	5.0	2013/05/09
100	300041	回天胶业	6.0	2013/05/09
101	300072	三聚环保	3.0	2013/05/09
102	300150	世纪瑞尔	10.0	2013/05/09
103	300205	天喻信息	5.0	2013/05/09
104	300282	汇冠股份	3.0	2013/05/09
105	000552	靖远煤电	10.0	2013/05/10
106	002026	山东威达	3.0	2013/05/10
107	002170	芭田股份	8.0	2013/05/10
108	002381	双箭股份	10.0	2013/05/10
109	002428	云南锗业	10.0	2013/05/10
110	002523	天桥起重	3.0	2013/05/10
111	002692	远程电缆	8.0	2013/05/10
112	300197	铁汉生态	5.0	2013/05/10
113	300326	凯利泰	5.0	2013/05/10
114	601933	永辉超市	10.0	2013/05/09
115	000400	许继电气	0.0	2013/05/13
116	000671	阳 光 城	3.0	2013/05/13

continued

(share)

送转股上市交易日 Bonus Shares Trading Date	送转股前总股本 Previous Shares	送股股本数 Bonus Shares	转股股本数 Bonus Shares	送转股后总股本 After Shares	交易所 Exchange	辖区 Region
2013/05/06	158400000	0	79200000	237600000	深交所	广东
2013/05/06	267000000	0	267000000	534000000	深交所	广东
2013/05/07	133800000	0	133800000	267600000	深交所	广东
2013/05/07	249314879	0	124657439	373972318	深交所	天津
2013/05/07	156900000	0	156900000	313800000	深交所	深圳
2013/05/07	386009060	0	193004530	579013590	深交所	浙江
2013/05/07	35000000	0	35000000	70000000	深交所	湖北
2013/05/08	169000000	0	50700000	219700000	深交所	山东
2013/05/08	299600000	0	299600000	599200000	深交所	浙江
2013/05/09	163804871	0	49141461	212946332	深交所	云南
2013/05/09	435840000	0	217920000	653760000	深交所	深圳
2013/05/09	133910388	0	80346232	214256620	深交所	安徽
2013/05/09	67000000	0	67000000	134000000	深交所	河北
2013/05/09	66700000	0	66700000	133400000	深交所	北京
2013/05/09	492800000	246400000	0	739200000	上交所	江苏
2013/05/10	461496880	184598752	0	646095632	深交所	广东
2013/05/10	326400000	97920000	0	424320000	深交所	深圳
2013/05/10	245270000	0	73581000	318851000	深交所	深圳
2013/05/10	176100000	0	176100000	352200000	深交所	北京
2013/05/10	230400000	0	46080000	276480000	深交所	浙江
2013/05/10	288000000	0	144000000	432000000	深交所	广东
2013/05/10	114430000	0	57215000	171645000	深交所	四川
2013/05/10	105596825	0	63358095	168954920	深交所	湖北
2013/05/10	389080000	0	116724000	505804000	深交所	北京
2013/05/10	135000000	0	135000000	270000000	深交所	北京
2013/05/10	143352000	0	71676000	215028000	深交所	湖北
2013/05/10	55236000	0	16570800	71806800	深交所	北京
2013/05/13	359445634	0	359445634	718891268	深交所	甘肃
2013/05/13	175500000	0	52650000	228150000	深交所	山东
2013/05/13	473085200	0	378468160	851553360	深交所	深圳
2013/05/13	117000000	0	117000000	234000000	深交所	浙江
2013/05/13	326560000	0	326560000	653120000	深交所	云南
2013/05/13	256000000	0	76800000	332800000	深交所	湖南
2013/05/13	181350000	0	145080000	326430000	深交所	江苏
2013/05/13	210537252	0	105268626	315805878	深交所	深圳
2013/05/13	51250000	0	25625000	76875000	深交所	上海
2013/05/13	767900000	767900000	0	1535800000	上交所	福建
2013/05/14	378272000	113481600	0	491753600	深交所	河南
2013/05/14	536005545	321603327	160801663	1018410535	深交所	福建

7-47 续表 3

单位：股

序号 No.	股票代码 Stock Code	股票简称 Stock Abbreviation	送转股比例(%) Proportion (%)	股权登记日 Date of Equity Registration
117	002400	省广股份	10.0	2013/05/13
118	002520	日发精机	5.0	2013/05/13
119	300070	碧水源	6.0	2013/05/13
120	300121	阳谷华泰	3.0	2013/05/13
121	300194	福安药业	3.0	2013/05/13
122	002322	理工监测	10.0	2013/05/14
123	002389	南洋科技	10.0	2013/05/14
124	300212	易华录	10.0	2013/05/14
125	601886	江河创建	10.0	2013/05/13
126	002061	江山化工	5.0	2013/05/15
127	002254	泰和新材	3.0	2013/05/15
128	002334	英威腾	6.0	2013/05/15
129	002496	辉丰股份	5.0	2013/05/15
130	002554	惠博普	5.0	2013/05/15
131	002656	卡奴迪路	10.0	2013/05/15
132	002693	双成药业	5.0	2013/05/15
133	300088	长信科技	5.0	2013/05/15
134	300110	华仁药业	10.0	2013/05/15
135	300227	光韵达	10.0	2013/05/15
136	300291	华录百纳	12.0	2013/05/15
137	300292	吴通通讯	5.0	2013/05/15
138	300339	润和软件	10.0	2013/05/15
139	300349	金卡股份	5.0	2013/05/15
140	600066	宇通客车	8.0	2013/05/14
141	000506	中润资源	0.0	2013/05/16
142	002323	中联电气	3.0	2013/05/16
143	002579	中京电子	5.0	2013/05/16
144	300059	东方财富	10.0	2013/05/16
145	300132	青松股份	6.0	2013/05/16
146	300148	天舟文化	2.0	2013/05/16
147	300164	通源石油	5.0	2013/05/16
148	300206	理邦仪器	3.0	2013/05/16
149	300226	上海钢联	3.0	2013/05/16
150	300249	依米康	10.0	2013/05/16
151	300308	中际装备	8.0	2013/05/16
152	600691	阳煤化工	15.0	2013/05/15
153	000955	欣龙控股	3.0	2013/05/17
154	002152	广电运通	0.0	2013/05/17
155	002311	海大集团	3.0	2013/05/17

continued

(share)

送转股上市交易日 Bonus Shares Trading Date	送转股前总股本 Previous Shares	送股股本数 Bonus Shares	转股股本数 Bonus Shares	送转股后总股本 After Shares	交易所 Exchange	辖区 Region
2013/05/14	192749906	0	192749906	385499812	深交所	广东
2013/05/14	144000000	0	72000000	216000000	深交所	浙江
2013/05/14	554057040	0	331711826	885768866	深交所	北京
2013/05/14	108000000	0	32400000	140400000	深交所	山东
2013/05/14	133400000	0	40020000	173420000	深交所	重庆
2013/05/15	141260000	0	141260000	282520000	深交所	宁波
2013/05/15	249184818	0	249184818	498369636	深交所	浙江
2013/05/15	134000000	0	134000000	268000000	深交所	北京
2013/05/15	560000000	560000000	0	1120000000	上交所	北京
2013/05/16	232440881	0	116220440	348661321	深交所	浙江
2013/05/16	391560000	0	117468000	509028000	深交所	山东
2013/05/16	218880000	0	131328000	350208000	深交所	深圳
2013/05/16	163365000	0	81682500	245047500	深交所	江苏
2013/05/16	303750000	0	151875000	455625000	深交所	北京
2013/05/16	100000000	0	100000000	200000000	深交所	广东
2013/05/16	120000000	0	60000000	180000000	深交所	海南
2013/05/16	326300000	0	163150000	489450000	深交所	安徽
2013/05/16	218313500	0	218313500	436627000	深交所	青岛
2013/05/16	67000000	0	67000000	134000000	深交所	深圳
2013/05/16	60000000	0	72000000	132000000	深交所	北京
2013/05/16	66700000	0	33350000	100050000	深交所	江苏
2013/05/16	76740000	0	76740000	153480000	深交所	江苏
2013/05/16	60000000	0	30000000	90000000	深交所	浙江
2013/05/16	705286590	564229272	0	1269515862	上交所	河南
2013/05/17	774181468	154836293	0	929017761	深交所	山东
2013/05/17	82760000	0	24828000	107588000	深交所	江苏
2013/05/17	155760000	0	77880000	233640000	深交所	广东
2013/05/17	336000000	0	336000000	672000000	深交所	上海
2013/05/17	120600000	0	72360000	192960000	深交所	福建
2013/05/17	126750000	0	25350000	152100000	深交所	湖南
2013/05/17	158400000	0	79200000	237600000	深交所	陕西
2013/05/17	100000000	0	30000000	130000000	深交所	深圳
2013/05/17	80000000	16000000	24000000	120000000	深交所	上海
2013/05/17	78400000	0	78400000	156800000	深交所	四川
2013/05/17	66670000	0	53336000	120006000	深交所	山东
2013/05/17	587142408	880713612	0	1467856020	上交所	四川
2013/05/20	414150000	0	124245000	538395000	深交所	海南
2013/05/20	622697755	124539551	0	747237306	深交所	广东
2013/05/20	760542900	0	228162870	988705770	深交所	广东

7-47 续表 4

单位：股

序号 No.	股票代码 Stock Code	股票简称 Stock Abbreviation	送转股比例(%) Proportion (%)	股权登记日 Date of Equity Registration
156	002531	天顺风能	10.0	2013/05/17
157	002570	贝因美	5.0	2013/05/17
158	002635	安洁科技	5.0	2013/05/17
159	300074	华平股份	12.0	2013/05/17
160	300231	银信科技	5.0	2013/05/17
161	300239	东宝生物	1.0	2013/05/17
162	300281	金明精机	10.0	2013/05/17
163	300296	利亚德	5.0	2013/05/17
164	300329	海伦钢琴	10.0	2013/05/17
165	600397	安源煤业	10.0	2013/05/16
166	000802	北京旅游	10.0	2013/05/20
167	002155	辰州矿业	3.0	2013/05/20
168	002652	扬子新材	5.0	2013/05/20
169	300201	海伦哲	10.0	2013/05/20
170	300216	千山药机	3.0	2013/05/20
171	300283	温州宏丰	3.0	2013/05/20
172	300288	朗玛信息	10.0	2013/05/20
173	601929	吉视传媒	0.5	2013/05/17
174	600376	首开股份	5.0	2013/05/17
175	002100	天康生物	0.0	2013/05/21
176	002241	歌尔声学	8.0	2013/05/21
177	002273	水晶光电	5.0	2013/05/21
178	002302	西部建设	2.9	2013/05/21
179	002310	东方园林	10.0	2013/05/21
180	002327	富安娜	10.0	2013/05/21
181	002345	潮宏基	10.0	2013/05/21
182	002431	棕榈园林	2.0	2013/05/21
183	002567	唐人神	5.0	2013/05/21
184	002569	步森股份	2.0	2013/05/21
185	002581	万昌科技	3.0	2013/05/21
186	300135	宝利沥青	6.0	2013/05/21
187	300273	和佳股份	10.0	2013/05/21
188	300299	富春通信	8.0	2013/05/21
189	300314	戴维医疗	10.0	2013/05/21
190	300355	蒙草抗旱	5.0	2013/05/21
191	300300	汉鼎股份	12.0	2013/05/21
192	002325	洪涛股份	5.0	2013/05/22
193	002642	荣之联	5.0	2013/05/22
194	002694	顾地科技	2.0	2013/05/22

continued

(share)

送转股上市交易日 Bonus Shares Trading Date	送转股前总股本 Previous Shares	送股股本数 Bonus Shares	转股股本数 Bonus Shares	送转股后总股本 After Shares	交易所 Exchange	辖区 Region
2013/05/20	205750000	0	205750000	411500000	深交所	江苏
2013/05/20	426050000	0	213025000	639075000	深交所	浙江
2013/05/20	120000000	0	60000000	180000000	深交所	江苏
2013/05/20	100000000	0	120000000	220000000	深交所	上海
2013/05/20	80000000	0	40000000	120000000	深交所	北京
2013/05/20	151960000	30392000	15196000	197548000	深交所	内蒙古
2013/05/20	60000000	0	60000000	120000000	深交所	广东
2013/05/20	100000000	0	50000000	150000000	深交所	北京
2013/05/20	66990000	0	66990000	133980000	深交所	宁波
2013/05/20	494979941	494979941	0	989959882	上交所	江西
2013/05/21	187490180	0	187490180	374980360	深交所	北京
2013/05/21	766360000	0	229908000	996268000	深交所	湖南
2013/05/21	106680000	0	53340000	160020000	深交所	江苏
2013/05/21	176000000	0	176000000	352000000	深交所	江苏
2013/05/21	141288000	0	42386400	183674400	深交所	湖南
2013/05/21	70831000	0	21249300	92080300	深交所	浙江
2013/05/21	53400000	0	53400000	106800000	深交所	贵州
2013/05/21	1397988790	69899439	0	1467888229	上交所	吉林
2013/05/21	1494675000	747337500	0	2242012500	上交所	北京
2013/05/22	294757970	88427391	0	383185361	深交所	新疆
2013/05/22	848016733	0	678413386	1526430119	深交所	山东
2013/05/22	250233500	0	125116750	375350250	深交所	浙江
2013/05/22	361991120	0	104998797	466989917	深交所	新疆
2013/05/22	301351296	0	301351296	602702592	深交所	北京
2013/05/22	160689637	0	160678758	321368395	深交所	深圳
2013/05/22	180000000	0	180000000	360000000	深交所	广东
2013/05/22	384000000	0	76800000	460800000	深交所	广东
2013/05/22	276000000	0	138000000	414000000	深交所	湖南
2013/05/22	93340000	28002000	18668000	140010000	深交所	浙江
2013/05/22	108280000	0	32484000	140764000	深交所	山东
2013/05/22	320000000	0	192000000	512000000	深交所	江苏
2013/05/22	200025000	40005000	200025000	440055000	深交所	广东
2013/05/22	67000000	0	53600000	120600000	深交所	福建
2013/05/22	80000000	0	80000000	160000000	深交所	宁波
2013/05/22	136977000	0	68488500	205465500	深交所	内蒙古
2013/05/23	87000000	0	104400000	191400000	深交所	浙江
2013/05/23	460374000	0	230187000	690561000	深交所	深圳
2013/05/23	200000000	0	100000000	300000000	深交所	北京
2013/05/23	144000000	0	28800000	172800000	深交所	湖北

7-47 续表 5

单位：股

序号 No.	股票代码 Stock Code	股票简称 Stock Abbreviation	送转股比例(%) Proportion (%)	股权登记日 Date of Equity Registration
195	300241	瑞丰光电	9.8	2013/05/22
196	300276	三丰智能	6.0	2013/05/22
197	300315	掌趣科技	12.0	2013/05/22
198	300354	东华测试	5.0	2013/05/22
199	600535	天士力	10.0	2013/05/21
200	600886	国投电力	6.0	2013/05/21
201	600280	中央商场	10.0	2013/05/21
202	600498	烽火通信	10.0	2013/05/21
203	002084	海鸥卫浴	1.0	2013/05/23
204	002130	沃尔核材	3.0	2013/05/23
205	002339	积成电子	10.0	2013/05/23
206	002604	龙力生物	3.0	2013/05/23
207	300200	高盟新材	10.0	2013/05/23
208	300351	永贵电器	3.0	2013/05/23
209	600552	方兴科技	5.0	2013/05/22
210	002020	京新药业	10.0	2013/05/24
211	002373	联信永益	10.0	2013/05/24
212	002476	宝莫股份	5.0	2013/05/24
213	002586	围海股份	5.0	2013/05/24
214	300082	奥克股份	3.0	2013/05/24
215	300167	迪威视讯	10.0	2013/05/24
216	300262	巴安水务	10.0	2013/05/24
217	300335	迪森股份	5.0	2013/05/24
218	300356	光一科技	5.0	2013/05/24
219	600867	通化东宝	2.0	2013/05/23
220	000008	宝利来	10.0	2013/05/27
221	000616	亿城股份	2.0	2013/05/27
222	002038	双鹭药业	0.0	2013/05/27
223	002177	御银股份	3.0	2013/05/27
224	002214	大立科技	10.0	2013/05/27
225	002353	杰瑞股份	3.0	2013/05/27
226	002385	大北农	10.0	2013/05/27
227	002398	建研集团	3.0	2013/05/27
228	002524	光正钢构	7.0	2013/05/27
229	002686	亿利达	5.0	2013/05/27
230	300005	探路者	0.0	2013/05/27
231	300019	硅宝科技	6.0	2013/05/27
232	300266	兴源过滤	3.0	2013/05/27
233	600315	XD上海家	5.0	2013/05/24

continued

(share)

送转股上市交易日 Bonus Shares Trading Date	送转股前总股本 Previous Shares	送股股本数 Bonus Shares	转股股本数 Bonus Shares	送转股后总股本 After Shares	交易所 Exchange	辖区 Region
2013/05/23	109230470	0	106999523	216229993	深交所	深圳
2013/05/23	78000000	0	46800000	124800000	深交所	湖北
2013/05/23	163660000	0	196392000	360052000	深交所	北京
2013/05/23	44349424	0	22174712	66524136	深交所	江苏
2013/05/23	516421327	516421327	0	1032842654	上交所	天津
2013/05/23	3746833301	2248099981	0	5994933282	上交所	甘肃
2013/05/23	143541859	143541859	0	287083718	上交所	江苏
2013/05/23	482361275	482361275	0	964722550	上交所	湖北
2013/05/24	369141649	0	36914164	406055813	深交所	广东
2013/05/24	440183017	0	132054905	572237922	深交所	深圳
2013/05/24	189448000	0	189448000	378896000	深交所	山东
2013/05/24	186400000	0	55920000	242320000	深交所	山东
2013/05/24	106800000	0	106800000	213600000	深交所	北京
2013/05/24	78600000	0	23580000	102180000	深交所	浙江
2013/05/24	159553191	79776595	0	239329786	上交所	安徽
2013/05/27	126331420	0	126331420	252662840	深交所	浙江
2013/05/27	68530000	0	68530000	137060000	深交所	北京
2013/05/27	360000000	72000000	180000000	612000000	深交所	山东
2013/05/27	203300000	0	101650000	304950000	深交所	宁波
2013/05/27	259200000	0	77760000	336960000	深交所	辽宁
2013/05/27	100080000	0	100080000	200160000	深交所	深圳
2013/05/27	133400000	0	133400000	266800000	深交所	上海
2013/05/27	139488834	0	69744417	209233251	深交所	广东
2013/05/27	86670000	0	43335000	130005000	深交所	江苏
2013/05/27	776212521	155242504	0	931455025	上交所	吉林
2013/05/28	151800820	0	151800820	303601640	深交所	深圳
2013/05/28	1191862021	0	238372404	1430234425	深交所	大连
2013/05/28	380700000	76140000	0	456840000	深交所	北京
2013/05/28	585531765	0	175659529	761191294	深交所	广东
2013/05/28	100000000	0	100000000	200000000	深交所	浙江
2013/05/28	459272000	0	137781600	597053600	深交所	山东
2013/05/28	802426483	0	801599101	1604025584	深交所	北京
2013/05/28	202800000	0	60840000	263640000	深交所	厦门
2013/05/28	264912000	52982400	185438400	503332800	深交所	新疆
2013/05/28	90670000	0	45335000	136005000	深交所	浙江
2013/05/28	352663995	70528679	0	423192674	深交所	北京
2013/05/28	102000000	0	61200000	163200000	深交所	四川
2013/05/28	89600000	0	26880000	116480000	深交所	浙江
2013/05/28	448350474	224175237	0	672525711	上交所	上海

7-47 续表 6

单位：股

序号 No.	股票代码 Stock Code	股票简称 Stock Abbreviation	送转股比例(%) Proportion (%)	股权登记日 Date of Equity Registration
234	002081	金 螳 螂	5.0	2013/05/28
235	002215	诺 普 信	5.0	2013/05/28
236	002308	威创股份	3.0	2013/05/28
237	002374	丽鹏股份	8.0	2013/05/28
238	002543	万和电气	10.0	2013/05/28
239	300035	中科电气	5.0	2013/05/28
240	300179	四方达	8.0	2013/05/28
241	002278	神开股份	1.0	2013/05/29
242	002509	天广消防	10.0	2013/05/29
243	002641	永高股份	8.0	2013/05/29
244	002663	普邦园林	10.0	2013/05/29
245	300261	雅本化学	6.0	2013/05/29
246	300338	开元仪器	5.0	2013/05/29
247	300346	南大光电	10.0	2013/05/29
248	600818	中路股份	1.0	2013/05/28
249	002158	汉钟精机	1.0	2013/05/30
250	002293	罗莱家纺	10.0	2013/05/30
251	002344	海宁皮城	10.0	2013/05/30
252	002432	九安医疗	5.0	2013/05/30
253	002597	金禾实业	3.0	2013/05/30
254	002617	露笑科技	5.0	2013/05/30
255	300002	神州泰岳	6.0	2013/05/30
256	300075	数字政通	5.0	2013/05/30
257	300244	迪安诊断	3.0	2013/05/30
258	300246	宝莱特	10.0	2013/05/30
259	300258	精锻科技	2.0	2013/05/30
260	000970	中科三环	5.0	2013/05/31
261	002115	三维通信	2.0	2013/05/31
262	300204	舒泰神	8.0	2013/05/31
263	300272	开能环保	3.0	2013/05/31
264	300318	博晖创新	6.0	2013/05/31
265	600502	安徽水利	5.0	2013/05/30
266	000514	渝 开 发	1.0	2013/06/03
267	002186	全 聚 德	10.0	2013/06/03
268	300211	亿通科技	2.0	2013/06/03
269	601218	吉鑫科技	12.0	2013/05/31
270	900915	中路股份	1.0	2013/05/31
271	600388	龙净环保	10.0	2013/05/31
272	002262	恩华药业	1.5	2013/06/04

continued

(share)

送转股上市交易日 Bonus Shares Trading Date	送转股前总股本 Previous Shares	送股股本数 Bonus Shares	转股股本数 Bonus Shares	送转股后总股本 After Shares	交易所 Exchange	辖区 Region
2013/05/29	782534324	0	391267162	1173801486	深交所	江苏
2013/05/29	362190000	0	181095000	543285000	深交所	深圳
2013/05/29	641400000	0	192420000	833820000	深交所	广东
2013/05/29	106338461	0	85070768	191409229	深交所	山东
2013/05/29	200000000	0	200000000	400000000	深交所	广东
2013/05/29	119925000	0	59962500	179887500	深交所	湖南
2013/05/29	120000000	0	96000000	216000000	深交所	河南
2013/05/30	261523284	0	26152328	287675612	深交所	上海
2013/05/30	200000000	0	200000000	400000000	深交所	福建
2013/05/30	200000000	0	160000000	360000000	深交所	浙江
2013/05/30	279488000	0	279488000	558976000	深交所	广东
2013/05/30	145120000	0	87072000	232192000	深交所	江苏
2013/05/30	60000000	0	30000000	90000000	深交所	湖南
2013/05/30	50270000	0	50270000	100540000	深交所	江苏
2013/05/30	292225373	21632537	0	313857910	上交所	上海
2013/05/31	218074500	0	21807450	239881950	深交所	上海
2013/05/31	140363100	0	140363100	280726200	深交所	江苏
2013/05/31	560000000	0	560000000	1120000000	深交所	浙江
2013/05/31	248000000	0	124000000	372000000	深交所	天津
2013/05/31	213600000	0	64080000	277680000	深交所	安徽
2013/05/31	120000000	0	60000000	180000000	深交所	浙江
2013/05/31	383383700	0	230030220	613413920	深交所	北京
2013/05/31	84000000	0	42000000	126000000	深交所	北京
2013/05/31	91980000	0	27594000	119574000	深交所	浙江
2013/05/31	73044000	0	73044000	146088000	深交所	广东
2013/05/31	150000000	0	30000000	180000000	深交所	江苏
2013/06/03	532600000	266300000	266300000	1065200000	深交所	北京
2013/06/03	342240000	0	68448000	410688000	深交所	浙江
2013/06/03	133400000	0	106720000	240120000	深交所	北京
2013/06/03	145299000	0	43589700	188888700	深交所	上海
2013/06/03	102400000	0	61440000	163840000	深交所	北京
2013/06/03	334620000	167310000	0	501930000	上交所	安徽
2013/06/04	767064514	0	76706451	843770965	深交所	重庆
2013/06/04	141560000	0	141560000	283120000	深交所	北京
2013/06/04	53746000	0	10749200	64495200	深交所	江苏
2013/06/04	450800000	540960000	0	991760000	上交所	江苏
2013/06/04	313857910	7590000	0	321447910	上交所	上海
2013/06/04	213810000	213810000	0	427620000	上交所	福建
2013/06/05	234000000	58500000	35100000	327600000	深交所	江苏

7-47 续表 7

单位：股

序号 No.	股票代码 Stock Code	股票简称 Stock Abbreviation	送转股比例(%) Proportion (%)	股权登记日 Date of Equity Registration
273	300104	乐视网	9.0	2013/06/04
274	600425	青松建化	10.0	2013/06/03
275	000723	美锦能源	0.0	2013/06/05
276	002410	广联达	3.0	2013/06/05
277	002544	杰赛科技	10.0	2013/06/05
278	002573	国电清新	8.0	2013/06/05
279	002655	共达电声	10.0	2013/06/05
280	002689	博林特	3.0	2013/06/05
281	300100	双林股份	10.0	2013/06/05
282	300247	桑乐金	5.0	2013/06/05
283	300259	新天科技	2.0	2013/06/05
284	300305	裕兴股份	8.0	2013/06/05
285	300316	晶盛机电	10.0	2013/06/05
286	300320	海达股份	10.0	2013/06/05
287	300344	太空板业	3.0	2013/06/05
288	600073	上海梅林	1.0	2013/06/04
289	000065	北方国际	0.0	2013/06/06
290	000753	漳州发展	3.0	2013/06/06
291	002029	七 匹 狼	5.0	2013/06/06
292	002037	久联发展	6.0	2013/06/06
293	002058	威 尔 泰	1.5	2013/06/06
294	002609	捷顺科技	5.0	2013/06/06
295	002690	美亚光电	3.0	2013/06/06
296	300188	美亚柏科	10.0	2013/06/06
297	300257	开山股份	5.0	2013/06/06
298	600558	大西洋	5.0	2013/06/05
299	600490	鹏欣资源	5.0	2013/06/05
300	600406	国电南瑞	4.0	2013/06/05
301	002592	八菱科技	8.0	2013/06/07
302	300009	安科生物	2.4	2013/06/07
303	300040	九洲电气	10.0	2013/06/07
304	300095	华伍股份	3.0	2013/06/07
305	300225	金力泰	3.0	2013/06/07
306	300290	荣科科技	10.0	2013/06/07
307	600276	恒瑞医药	1.0	2013/06/06
308	600221	海南航空	10.0	2013/06/06
309	002376	新北洋	10.0	2013/06/13
310	002596	海南瑞泽	6.0	2013/06/13
311	002657	中科金财	5.0	2013/06/13

continued

(share)

送转股上市交易日 Bonus Shares Trading Date	送转股前总股本 Previous Shares	送股股本数 Bonus Shares	转股股本数 Bonus Shares	送转股后总股本 After Shares	交易所 Exchange	辖区 Region
2013/06/05	418000000	0	376200000	794200000	深交所	北京
2013/06/05	689395043	689395043	0	1378790086	上交所	新疆
2013/06/06	139599195	139599195	0	279198390	深交所	山西
2013/06/06	413100000	0	123930000	537030000	深交所	北京
2013/06/06	171920000	0	171920000	343840000	深交所	广东
2013/06/06	296000000	0	236800000	532800000	深交所	北京
2013/06/06	120000000	0	120000000	240000000	深交所	山东
2013/06/06	309878941	0	92963682	402842623	深交所	辽宁
2013/06/06	140250000	0	140250000	280500000	深交所	宁波
2013/06/06	81750000	0	40875000	122625000	深交所	安徽
2013/06/06	151360000	0	30272000	181632000	深交所	河南
2013/06/06	80000000	0	64000000	144000000	深交所	江苏
2013/06/06	133350000	0	133350000	266700000	深交所	浙江
2013/06/06	66670000	0	66670000	133340000	深交所	江苏
2013/06/06	100520000	30156000	30156000	160832000	深交所	北京
2013/06/06	747941037	74794104	0	822735141	上交所	上海
2013/06/07	162437120	48731136	0	211168256	深交所	北京
2013/06/07	316302618	0	94890785	411193403	深交所	福建
2013/06/07	503780000	0	251890000	755670000	深交所	福建
2013/06/07	204605100	0	122763060	327368160	深交所	贵州
2013/06/07	124737680	0	18710652	143448332	深交所	上海
2013/06/07	122810538	0	61405269	184215807	深交所	深圳
2013/06/07	200000000	0	60000000	260000000	深交所	安徽
2013/06/07	110906600	0	110906600	221813200	深交所	厦门
2013/06/07	286000000	0	143000000	429000000	深交所	浙江
2013/06/07	138171876	69085938	0	207257814	上交所	四川
2013/06/07	580000000	290000000	0	870000000	上交所	上海
2013/06/07	1575538287	630215315	0	2205753602	上交所	江苏
2013/06/13	98174915	0	78539932	176714847	深交所	广西
2013/06/13	193896648	0	47248333	241144981	深交所	安徽
2013/06/13	138900000	0	138900000	277800000	深交所	黑龙江
2013/06/13	77000000	0	23100000	100100000	深交所	江西
2013/06/13	100500000	0	30150000	130650000	深交所	上海
2013/06/13	68000000	0	68000000	136000000	深交所	辽宁
2013/06/13	1236564721	123656472	0	1360221193	上交所	江苏
2013/06/13	6091090895	5906367694	0	11997458589	上交所	海南
2013/06/14	300000000	0	300000000	600000000	深交所	山东
2013/06/14	134000000	0	80400000	214400000	深交所	海南
2013/06/14	69797534	0	34898767	104696301	深交所	北京

7-47 续表 8

单位：股

序号 No.	股票代码 Stock Code	股票简称 Stock Abbreviation	送转股比例(%) Proportion (%)	股权登记日 Date of Equity Registration
312	002666	德联集团	10.0	2013/06/13
313	300116	坚瑞消防	10.0	2013/06/13
314	300325	德威新材	10.0	2013/06/13
315	600888	新疆众和	2.0	2013/06/07
316	002572	索菲亚	10.0	2013/06/14
317	300147	香雪制药	3.0	2013/06/14
318	300190	维尔利	6.0	2013/06/14
319	603008	喜临门	5.0	2013/06/13
320	600805	悦达投资	2.0	2013/06/13
321	000909	数源科技	5.0	2013/06/17
322	002112	三变科技	8.0	2013/06/17
323	002316	键桥通讯	2.0	2013/06/17
324	002471	中超电缆	10.0	2013/06/17
325	002498	汉缆股份	5.0	2013/06/17
326	002591	恒大高新	2.0	2013/06/17
327	002650	加加食品	2.0	2013/06/17
328	002659	中泰桥梁	10.0	2013/06/17
329	002660	茂硕电源	10.0	2013/06/17
330	300293	蓝英装备	10.0	2013/06/17
331	600987	航民股份	5.0	2013/06/14
332	600403	大有能源	10.0	2013/06/14
333	900945	海南航空	10.0	2013/06/14
334	000562	宏源证券	10.0	2013/06/18
335	002030	达安基因	0.0	2013/06/18
336	002060	粤 水 电	2.0	2013/06/18
337	002372	伟星新材	3.0	2013/06/18
338	002411	九九久	5.0	2013/06/18
339	002607	亚夏汽车	3.0	2013/06/18
340	300176	鸿特精密	2.0	2013/06/18
341	300187	永清环保	5.0	2013/06/18
342	300191	潜能恒信	10.0	2013/06/18
343	300202	聚龙股份	8.0	2013/06/18
344	300340	科恒股份	10.0	2013/06/18
345	000001	平安银行	0.0	2013/06/19
346	000006	深振业A	0.0	2013/06/19
347	002632	道明光学	3.0	2013/06/19
348	600028	中国石化	3.0	2013/06/18
349	000739	普洛药业	10.0	2013/06/20
350	002340	格林美	3.0	2013/06/20

continued

(share)

送转股上市交易日 Bonus Shares Trading Date	送转股前总股本 Previous Shares	送股股本数 Bonus Shares	转股股本数 Bonus Shares	送转股后总股本 After Shares	交易所 Exchange	辖区 Region
2013/06/14	160000000	0	160000000	320000000	深交所	广东
2013/06/14	80000000	0	80000000	160000000	深交所	陕西
2013/06/14	80000000	0	80000000	160000000	深交所	江苏
2013/06/14	534354893	106870979	0	641225872	上交所	新疆
2013/06/17	219860000	0	219860000	439720000	深交所	广东
2013/06/17	301581000	0	90474300	392055300	深交所	广东
2013/06/17	97785000	0	58671000	156456000	深交所	江苏
2013/06/17	210000000	105000000	0	315000000	上交所	浙江
2013/06/17	709078745	141815749	0	850894494	上交所	江苏
2013/06/18	196000000	0	98000000	294000000	深交所	浙江
2013/06/18	112000000	0	89600000	201600000	深交所	浙江
2013/06/18	327600000	0	65520000	393120000	深交所	深圳
2013/06/18	253600000	0	253600000	507200000	深交所	江苏
2013/06/18	715440000	0	357720000	1073160000	深交所	青岛
2013/06/18	100000000	10000000	20000000	130000000	深交所	江西
2013/06/18	192000000	0	38400000	230400000	深交所	湖南
2013/06/18	155500000	0	155500000	311000000	深交所	江苏
2013/06/18	98631800	0	98631800	197263600	深交所	深圳
2013/06/18	90000000	0	90000000	180000000	深交所	辽宁
2013/06/18	423540000	211770000	0	635310000	上交所	浙江
2013/06/18	1195406201	1195406201	0	2390812402	上交所	河南
2013/06/18	11997458589	184723201	0	12182181790	上交所	海南
2013/06/19	1986204166	0	1986204166	3972408332	深交所	新疆
2013/06/19	416047104	41604710	0	457651814	深交所	广东
2013/06/19	502064733	0	100412946	602477679	深交所	广东
2013/06/19	253400000	0	76020000	329420000	深交所	浙江
2013/06/19	232200000	0	116100000	348300000	深交所	江苏
2013/06/19	176000000	0	52800000	228800000	深交所	安徽
2013/06/19	89400000	0	17880000	107280000	深交所	广东
2013/06/19	133560000	0	66780000	200340000	深交所	湖南
2013/06/19	160000000	0	160000000	320000000	深交所	北京
2013/06/19	169600000	0	135680000	305280000	深交所	辽宁
2013/06/19	50000000	0	50000000	100000000	深交所	广东
2013/06/20	5123350416	3074010249	0	8197360665	深交所	深圳
2013/06/20	1285709568	64285478	0	1349995046	深交所	深圳
2013/06/20	106670000	0	32001000	138671000	深交所	浙江
2013/06/20	89665596083	21011962225	5887716600	1.16565E+11	上交所	北京
2013/06/21	407727866	0	407727866	815455732	深交所	青岛
2013/06/21	579582180	0	173874654	753456834	深交所	深圳

7-47 续表 9

单位：股

序号 No.	股票代码 Stock Code	股票简称 Stock Abbreviation	送转股比例(%) Proportion (%)	股权登记日 Date of Equity Registration
351	002395	双象股份	10.0	2013/06/20
352	002429	兆驰股份	5.0	2013/06/20
353	002475	立讯精密	5.0	2013/06/20
354	002682	龙洲股份	3.0	2013/06/20
355	300018	中元华电	5.0	2013/06/20
356	300114	中航电测	0.0	2013/06/20
357	300131	英唐智控	10.0	2013/06/20
358	300324	旋极信息	10.0	2013/06/20
359	601519	大智慧	3.0	2013/06/19
360	300032	金龙机电	10.0	2013/06/24
361	300269	联建光电	6.0	2013/06/24
362	300287	飞利信	5.0	2013/06/24
363	300322	硕贝德	2.0	2013/06/24
364	600256	广汇能源	5.0	2013/06/21
365	002435	长江润发	5.0	2013/06/25
366	002672	东江环保	5.0	2013/06/25
367	300051	三五互联	10.0	2013/06/25
368	002052	同洲电子	5.0	2013/06/26
369	002511	中顺洁柔	5.0	2013/06/26
370	000090	深 天 健	0.0	2013/06/27
371	000887	中鼎股份	0.0	2013/06/27
372	000967	上风高科	2.0	2013/06/27
373	300243	瑞丰高材	2.0	2013/06/27
374	600967	北方创业	10.0	2013/06/26
375	002204	大连重工	5.0	2013/06/28
376	002306	湘鄂情	10.0	2013/06/28
377	002675	东诚生化	5.0	2013/06/28
378	300353	东土科技	6.0	2013/06/28
379	002263	大 东 南	2.0	2013/07/01
380	002684	猛狮科技	10.0	2013/07/01
381	600285	羚锐制药	5.0	2013/06/28
382	000581	威孚高科	0.0	2013/07/02
383	200581	威孚高科	0.0	2013/07/02
384	300327	中颖电子	1.0	2013/07/02
385	002251	步 步 高	8.3	2013/07/03
386	002481	双塔食品	10.0	2013/07/03
387	002658	雪迪龙	10.0	2013/07/03
388	002678	珠江钢琴	10.0	2013/07/03
389	300323	华灿光电	5.0	2013/07/03

continued

(share)

送转股上市交易日 Bonus Shares Trading Date	送转股前总股本 Previous Shares	送股股本数 Bonus Shares	转股股本数 Bonus Shares	送转股后总股本 After Shares	交易所 Exchange	辖区 Region
2013/06/21	89403000	0	89403000	178806000	深交所	江苏
2013/06/21	711951871	0	355975935	1067927806	深交所	深圳
2013/06/21	364980000	0	182490000	547470000	深交所	深圳
2013/06/21	160000000	0	48000000	208000000	深交所	福建
2013/06/21	130000000	0	65000000	195000000	深交所	湖北
2013/06/21	120000000	36000000	0	156000000	深交所	陕西
2013/06/21	102742839	0	102542152	205284991	深交所	深圳
2013/06/21	56000000	0	56000000	112000000	深交所	北京
2013/06/21	1390000000	417000000	0	1807000000	上交所	上海
2013/06/25	142700000	0	142700000	285400000	深交所	浙江
2013/06/25	73580000	0	44148000	117728000	深交所	深圳
2013/06/25	84000000	0	42000000	126000000	深交所	北京
2013/06/25	93345000	0	18669000	112014000	深交所	广东
2013/06/25	3504362468	1752181234	0	5256543702	上交所	新疆
2013/06/26	132000000	0	66000000	198000000	深交所	江苏
2013/06/26	114896374	0	57448187	172344561	深交所	深圳
2013/06/26	160500000	0	160500000	321000000	深交所	厦门
2013/06/27	341479848	170739923	170739923	682959694	深交所	深圳
2013/06/27	208000000	0	104000000	312000000	深交所	广东
2013/06/28	502300722	50230072	0	552530794	深交所	深圳
2013/06/28	595778807	476622932	0	1072401739	深交所	安徽
2013/06/28	205179120	0	41035824	246214944	深交所	浙江
2013/06/28	85600000	0	17120000	102720000	深交所	山东
2013/06/28	228563333	228563333	0	457126666	上交所	内蒙
2013/07/01	643790011	0	321895005	965685016	深交所	大连
2013/07/01	400000000	0	400000000	800000000	深交所	北京
2013/07/01	108000000	10800000	54000000	172800000	深交所	山东
2013/07/01	53512800	0	32107680	85620480	深交所	北京
2013/07/02	582210260	0	116442052	698652312	深交所	浙江
2013/07/02	53076000	0	53076000	106152000	深交所	广东
2013/07/02	229057939	114528970	0	343586909	上交所	河南
2013/07/03	565213995	282606997	0	847820992	深交所	江苏
2013/07/03	57460000	57460000	0	114920000	深交所	江苏
2013/07/03	128000000	0	12800000	140800000	深交所	上海
2013/07/04	326758047	0	270357824	597115871	深交所	湖南
2013/07/04	216000000	0	216000000	432000000	深交所	山东
2013/07/04	137472800	0	137472800	274945600	深交所	北京
2013/07/04	478000000	0	478000000	956000000	深交所	广东
2013/07/04	200000000	0	100000000	300000000	深交所	湖北

7-47 续表 10

单位：股

序号 No.	股票代码 Stock Code	股票简称 Stock Abbreviation	送转股比例(%) Proportion (%)	股权登记日 Date of Equity Registration
390	601166	兴业银行	5.0	2013/07/02
391	002551	尚荣医疗	5.0	2013/07/04
392	300069	金利华电	5.0	2013/07/04
393	300137	先河环保	3.0	2013/07/04
394	600973	宝胜股份	3.5	2013/07/03
395	002312	三泰电子	10.1	2013/07/05
396	300157	恒泰艾普	10.0	2013/07/05
397	600684	珠江实业	5.0	2013/07/04
398	300334	津膜科技	5.0	2013/07/08
399	600863	内蒙华电	5.0	2013/07/05
400	600371	万向德农	2.0	2013/07/05
401	002070	众和股份	3.0	2013/07/09
402	002415	海康威视	5.0	2013/07/09
403	300297	蓝盾股份	10.0	2013/07/09
404	600390	金瑞科技	10.0	2013/07/08
405	000563	陕国投A	10.0	2013/07/10
406	000900	现代投资	3.0	2013/07/10
407	002297	博云新材	5.0	2013/07/10
408	002527	新时达	7.0	2013/07/10
409	300170	汉得信息	5.0	2013/07/10
410	002477	雏鹰农牧	6.0	2013/07/11
411	002608	舜天船舶	5.0	2013/07/12
412	300252	金信诺	4.9	2013/07/15
413	300312	邦讯技术	5.0	2013/07/15
414	600720	祁连山	3.0	2013/07/12
415	000426	兴业矿业	0.0	2013/07/17
416	600170	上海建工	2.0	2013/07/16
417	600336	澳柯玛	10.0	2013/07/17
418	002448	中原内配	10.0	2013/07/19
419	900948	伊泰B股	10.0	2013/07/18
420	600960	渤海活塞	3.0	2013/07/19
421	002504	东光微电	3.0	2013/07/23
422	600015	华夏银行	3.0	2013/07/23
423	000009	中国宝安	0.5	2013/07/25
424	600824	益民集团	2.0	2013/07/25
425	300330	华虹计通	5.0	2013/07/31
426	600647	同达创业	3.0	2013/07/31
427	600546	山煤国际	10.0	2013/08/02
428	300128	锦富新材	10.0	2013/08/12

continued

(share)

送转股上市交易日 Bonus Shares Trading Date	送转股前总股本 Previous Shares	送股股本数 Bonus Shares	转股股本数 Bonus Shares	送转股后总股本 After Shares	交易所 Exchange	辖区 Region
2013/07/04	12701557834	6350778917	0	19052336751	上交所	福建
2013/07/05	184500000	0	92250000	276750000	深交所	深圳
2013/07/05	78000000	0	39000000	117000000	深交所	浙江
2013/07/05	156000000	0	46800000	202800000	深交所	河北
2013/07/05	304731450	106656007	0	411387457	上交所	江苏
2013/07/08	183938437	0	185918153	369856590	深交所	四川
2013/07/08	184663742	0	184663742	369327484	深交所	北京
2013/07/08	316096564	158048282	0	474144846	上交所	广东
2013/07/09	116000000	0	58000000	174000000	深交所	天津
2013/07/09	2581220000	1290610000	0	3871830000	上交所	内蒙
2013/07/09	170500000	34100000	0	204600000	上交所	黑龙江
2013/07/10	488660120	0	146598036	635258156	深交所	福建
2013/07/10	2008611612	1004305805	1004305805	4017223222	深交所	浙江
2013/07/10	98000000	0	98000000	196000000	深交所	广东
2013/07/10	195328745	195328745	0	390657490	上交所	湖南
2013/07/11	578413026	57841302	578413026	1214667354	深交所	陕西
2013/07/11	598748850	0	179624655	778373505	深交所	湖南
2013/07/11	214000000	0	107000000	321000000	深交所	湖南
2013/07/11	207021490	0	144677997	351699487	深交所	上海
2013/07/11	177447774	0	88723887	266171661	深交所	上海
2013/07/12	534000000	0	320400000	854400000	深交所	河南
2013/07/15	147000000	0	73500000	220500000	深交所	江苏
2013/07/16	110345464	0	53999532	164344996	深交所	深圳
2013/07/16	106680000	0	53340000	160020000	深交所	北京
2013/07/16	597146371	179143911	0	776290282	上交所	甘肃
2013/07/18	437942869	43794286	0	481737155	深交所	内蒙古
2013/07/18	2312722974	462544594	0	2775267568	上交所	上海
2013/07/19	341036000	341036000	0	682072000	上交所	山东
2013/07/22	117620461	0	117620461	235240922	深交所	河南
2013/07/22	1627003500	664000000	963003500	3254007000	上交所	内蒙
2013/07/23	162823500	48847050	0	211670550	上交所	山东
2013/07/24	107000000	0	32100000	139100000	深交所	江苏
2013/07/25	6849725776	2054917733	0	8904643509	上交所	北京
2013/07/26	1090750530	109075052	54537526	1254363108	深交所	深圳
2013/07/29	731963245	146392649	0	878355894	上交所	上海
2013/08/01	80000000	0	40000000	120000000	深交所	上海
2013/08/02	107033500	32110050	0	139143550	上交所	上海
2013/08/06	991228070	991228070	0	1982456140	上交所	山西
2013/08/13	204460000	0	204460000	408920000	深交所	江苏

7-47 续表 11

单位：股

序号 No.	股票代码 Stock Code	股票简称 Stock Abbreviation	送转股比例(%) Proportion (%)	股权登记日 Date of Equity Registration
429	600372	中航电子	3.0	2013/08/12
430	601918	国投新集	4.0	2013/08/14
431	300097	智云股份	10.0	2013/08/21
432	000979	中弘股份	0.0	2013/08/27
433	002414	高德红外	10.0	2013/09/03
434	300111	向日葵	12.0	2013/09/03
435	300052	中青宝	10.0	2013/09/06
436	002653	海思科	3.5	2013/09/11
437	002671	龙泉股份	10.0	2013/09/11
438	002444	巨星科技	10.0	2013/09/12
439	300285	国瓷材料	10.0	2013/09/12
440	002266	浙富股份	10.1	2013/09/13
441	002224	三 力 士	5.0	2013/09/17
442	002359	齐星铁塔	10.0	2013/09/17
443	300315	掌趣科技	8.0	2013/09/18
444	600280	中央商场	10.0	2013/09/24
445	002628	成都路桥	8.0	2013/09/26
446	002465	海格通信	10.0	2013/09/27
447	002697	红旗连锁	10.0	2013/09/27
448	002303	美盈森	10.0	2013/10/08
449	002443	金洲管道	2.0	2013/10/09
450	300027	华谊兄弟	10.0	2013/10/09
451	600216	浙江医药	8.0	2013/10/08
452	600187	国中水务	15.0	2013/10/08
453	600340	华夏幸福	5.0	2013/10/09
454	002440	闰土股份	10.0	2013/10/14
455	002700	新疆浩源	6.0	2013/10/15
456	600578	京能电力	10.0	2013/10/22
457	600193	创兴资源	3.0	2013/11/04
458	600305	恒顺醋业	10.0	2013/11/12
459	600871	*ST仪化	5.0	2013/11/20
460	000612	焦作万方	4.0	2013/11/22
461	600688	上海石化	5.0	2013/12/03
462	600074	*ST中达	3.6	2013/12/27

注：上市公司辖区以注册地口径统计。
数据来源：上海证券交易所、深圳证券交易所
Source: SSE、SZSE

continued

(share)

送转股上市交易日 Bonus Shares Trading Date	送转股前总股本 Previous Shares	送股股本数 Bonus Shares	转股股本数 Bonus Shares	送转股后总股本 After Shares	交易所 Exchange	辖区 Region
2013/08/14	1353202260	405960678	0	1759162938	上交所	江西
2013/08/16	1850387000	740154800	0	2590541800	上交所	安徽
2013/08/22	60000000	0	60000000	120000000	深交所	大连
2013/08/28	1012092607	910883346	0	1922975953	深交所	安徽
2013/09/04	300000000	0	300000000	600000000	深交所	湖北
2013/09/04	509000000	0	610800000	1119800000	深交所	浙江
2013/09/09	130000000	0	130000000	260000000	深交所	深圳
2013/09/12	800200000	0	280070000	1080270000	深交所	西藏
2013/09/12	94370000	0	94370000	188740000	深交所	山东
2013/09/13	507000000	0	507000000	1014000000	深交所	浙江
2013/09/13	62400000	0	62400000	124800000	深交所	山东
2013/09/16	709993634	0	716437510	1426431144	深交所	浙江
2013/09/18	218223233	0	109111616	327334849	深交所	浙江
2013/09/18	208400000	0	208400000	416800000	深交所	山东
2013/09/23	391698607	0	313358885	705057492	深交所	北京
2013/09/26	287083718	287083718	0	574167436	上交所	江苏
2013/09/27	409675675	0	327740540	737416215	深交所	四川
2013/09/30	332506510	0	332506510	665013020	深交所	广东
2013/09/30	200000000	0	200000000	400000000	深交所	四川
2013/10/09	178800000	0	178800000	357600000	深交所	深圳
2013/10/10	361483000	0	72296600	433779600	深交所	浙江
2013/10/10	604800000	0	604800000	1209600000	深交所	浙江
2013/10/10	520060000	416048000	0	936108000	上交所	浙江
2013/10/10	582249691	873374537	0	1455624228	上交所	黑龙江
2013/10/11	881919810	440959905	0	1322879715	上交所	浙江
2013/10/15	383500000	0	383500000	767000000	深交所	浙江
2013/10/16	73338000	0	44002800	117340800	深交所	新疆
2013/10/24	2308660477	2308660477	0	4617320954	上交所	北京
2013/11/06	327210000	98163000	0	425373000	上交所	上海
2013/11/14	127150000	127150000	0	254300000	上交所	江苏
2013/11/22	4000000000	1300000000	700000000	6000000000	上交所	江苏
2013/11/25	649442998	259777198	259777198	1168997394	深交所	河南
2013/12/05	7200000000	2435000000	1165000000	10800000000	上交所	上海
2014/01/07	661240800	234740484	0	895981284	上交所	江苏

7-48 上市公司红利分配情况
Dividend of Listed Companies

序号 No.	公司代码 Code	公司简称 Companies	除息日 Ex-dividend Date	每股现金红利（元） Dividend Per Share (yuan)	现金分配合计（万元） Total Dividend (10 thousand yuan)	交易所 Exchange	辖区 Region
1	300220	金运激光	2013/01/04	0.00	0.04	深交所	湖北
2	002319	乐通股份	2013/03/04	0.00	0.10	深交所	广东
3	600732	上海新梅	2013/03/04	0.10	0.25	上交所	上海
4	600879	航天电子	2013/03/08	0.10	0.81	上交所	湖北
5	002317	众生药业	2013/03/11	0.00	0.90	深交所	广东
6	002571	德力股份	2013/03/11	0.00	0.10	深交所	安徽
7	002653	海思科	2013/03/11	0.00	3.00	深交所	西藏
8	600507	方大特钢	2013/03/11	1.00	13.01	上交所	江西
9	300011	鼎汉技术	2013/03/12	0.00	0.03	深交所	北京
10	300054	鼎龙股份	2013/03/12	0.00	0.38	深交所	湖北
11	600488	天药股份	2013/03/13	0.02	0.11	上交所	天津
12	600794	保税科技	2013/03/14	0.21	0.50	上交所	江苏
13	600112	天成控股	2013/03/18	0.01	0.03	上交所	贵州
14	000690	宝新能源	2013/03/19	0.00	2.59	深交所	广东
15	300044	赛为智能	2013/03/19	0.00	0.10	深交所	深圳
16	300343	联创节能	2013/03/19	0.00	0.16	深交所	山东
17	600516	方大炭素	2013/03/19	0.30	3.84	上交所	甘肃
18	002549	凯美特气	2013/03/20	0.00	0.22	深交所	湖南
19	300294	博雅生物	2013/03/20	0.00	0.38	深交所	江西
20	002092	中泰化学	2013/03/21	0.00	2.31	深交所	新疆
21	002355	兴民钢圈	2013/03/22	0.00	0.08	深交所	山东
22	002492	恒基达鑫	2013/03/22	0.00	0.18	深交所	广东
23	002305	南国置业	2013/03/27	0.00	0.96	深交所	湖北
24	002479	富春环保	2013/03/28	0.00	1.30	深交所	浙江
25	300303	聚飞光电	2013/03/28	0.00	0.20	深交所	深圳
26	002276	万马电缆	2013/03/29	0.00	0.46	深交所	浙江
27	002424	贵州百灵	2013/03/29	0.00	1.88	深交所	贵州
28	002269	美邦服饰	2013/04/01	0.00	7.54	深交所	上海
29	002546	新联电子	2013/04/01	0.00	0.67	深交所	江苏
30	000885	同力水泥	2013/04/02	0.00	0.00	深交所	河南
31	002347	泰尔重工	2013/04/02	0.00	0.05	深交所	安徽
32	002425	凯撒股份	2013/04/02	0.30	0.13	深交所	广东
33	002433	太安堂	2013/04/02	0.33	0.09	深交所	广东
34	002530	丰东股份	2013/04/02	0.00	0.16	深交所	江苏
35	300039	上海凯宝	2013/04/02	0.00	1.32	深交所	上海
36	300146	汤臣倍健	2013/04/02	0.00	1.31	深交所	广东
37	300208	恒顺电气	2013/04/02	0.00	0.28	深交所	青岛
38	601700	风范股份	2013/04/02	0.50	1.10	上交所	江苏
39	002117	东港股份	2013/04/03	0.00	0.51	深交所	山东
40	002469	三维工程	2013/04/03	0.00	0.17	深交所	山东
41	300298	三诺生物	2013/04/03	0.00	0.66	深交所	湖南
42	600118	中国卫星	2013/04/03	0.10	0.92	上交所	北京
43	600880	博瑞传播	2013/04/03	0.23	1.44	上交所	四川
44	002243	通产丽星	2013/04/08	0.00	0.08	深交所	深圳
45	002577	雷柏科技	2013/04/08	0.00	0.74	深交所	深圳
46	601313	江南嘉捷	2013/04/08	0.30	0.69	上交所	江苏
47	002494	华斯股份	2013/04/09	0.00	0.23	深交所	河北
48	600230	XD沧州大	2013/04/09	0.12	0.31	上交所	河北
49	000638	万方发展	2013/04/10	0.00	0.00	深交所	辽宁

7-48　续表 1　continued

序号 No.	公司代码 Code	公司简称 Companies	除息日 Ex-dividend Date	每股现金红利(元) Dividend Per Share (yuan)	现金分配合计(万元) Total Dividend (10 thousand yuan)	交易所 Exchange	辖区 Region
50	002315	焦点科技	2013/04/10	0.00	0.94	深交所	江苏
51	002485	希努尔	2013/04/10	0.00	0.64	深交所	山东
52	002697	红旗连锁	2013/04/10	0.00	0.43	深交所	四川
53	002147	方圆支承	2013/04/11	0.00	0.26	深交所	安徽
54	002216	三全食品	2013/04/11	0.00	0.40	深交所	河南
55	002486	嘉麟杰	2013/04/11	0.00	0.15	深交所	上海
56	300046	台基股份	2013/04/11	0.00	0.57	深交所	湖北
57	300144	宋城股份	2013/04/11	0.00	0.83	深交所	浙江
58	600687	刚泰控股	2013/04/11	0.06	0.19	上交所	浙江
59	601377	兴业证券	2013/04/11	0.12	2.64	上交所	福建
60	000100	TCL 集团	2013/04/12	0.00	3.22	深交所	广东
61	002014	永新股份	2013/04/12	0.00	0.98	深交所	安徽
62	002584	西陇化工	2013/04/12	0.00	0.60	深交所	广东
63	002605	姚记扑克	2013/04/12	0.00	0.64	深交所	上海
64	002688	金河生物	2013/04/12	0.00	0.54	深交所	内蒙古
65	300127	银河磁体	2013/04/12	0.00	0.73	深交所	四川
66	300251	光线传媒	2013/04/12	0.00	0.96	深交所	北京
67	002501	利源铝业	2013/04/15	0.00	0.41	深交所	吉林
68	600157	永泰能源	2013/04/15	0.30	5.30	上交所	山东
69	000062	深圳华强	2013/04/16	0.00	1.00	深交所	深圳
70	002018	华星化工	2013/04/16	0.27	0.35	深交所	安徽
71	002236	大华股份	2013/04/16	0.16	0.89	深交所	浙江
72	002361	神剑股份	2013/04/16	1.00	0.32	深交所	安徽
73	002456	欧菲光	2013/04/16	0.00	0.49	深交所	深圳
74	002621	大连三垒	2013/04/16	0.00	0.08	深交所	大连
75	300016	北陆药业	2013/04/16	0.00	0.31	深交所	北京
76	002091	江苏国泰	2013/04/17	0.00	0.43	深交所	江苏
77	002487	大金重工	2013/04/17	0.00	0.07	深交所	辽宁
78	002521	齐峰股份	2013/04/17	0.00	0.62	深交所	山东
79	600521	华海药业	2013/04/17	0.20	1.10	上交所	浙江
80	601678	滨化股份	2013/04/17	0.15	0.99	上交所	山东
81	603077	和邦股份	2013/04/17	0.40	1.80	上交所	四川
82	000915	山大华特	2013/04/18	0.00	0.18	深交所	山东
83	000936	华西股份	2013/04/18	0.00	0.37	深交所	江苏
84	002151	北斗星通	2013/04/18	0.00	0.09	深交所	北京
85	002221	东华能源	2013/04/18	0.00	0.09	深交所	江苏
86	002292	奥飞动漫	2013/04/18	0.00	0.20	深交所	广东
87	002661	克明面业	2013/04/18	0.00	0.42	深交所	湖南
88	300014	亿纬锂能	2013/04/18	0.00	0.20	深交所	广东
89	600499	科达机电	2013/04/18	0.13	0.85	上交所	广东
90	000975	银泰资源	2013/04/19	0.00	1.52	深交所	广东
91	002035	华帝股份	2013/04/19	0.00	0.58	深交所	广东
92	002318	久立特材	2013/04/19	0.00	0.31	深交所	浙江
93	002474	榕基软件	2013/04/19	0.00	0.31	深交所	福建
94	300101	国腾电子	2013/04/19	0.00	0.14	深交所	四川
95	300182	捷成股份	2013/04/19	0.00	0.60	深交所	北京
96	300215	电科院	2013/04/19	0.00	0.54	深交所	江苏
97	300275	梅安森	2013/04/19	0.00	0.25	深交所	重庆
98	600575	芜湖港	2013/04/19	0.05	0.61	上交所	安徽
99	601636	旗滨集团	2013/04/19	0.10	0.69	上交所	湖南

7-48 续表 2 continued

序号 No.	公司代码 Code	公司简称 Companies	除息日 Ex-dividend Date	每股现金红利（元） Dividend Per Share (yuan)	现金分配合计（万元） Total Dividend (10 thousand yuan)	交易所 Exchange	辖区 Region
100	000598	兴蓉投资	2013/04/22	0.00	0.75	深交所	四川
101	000790	华神集团	2013/04/22	0.00	0.10	深交所	四川
102	002564	张化机	2013/04/22	0.00	0.18	深交所	江苏
103	002687	乔治白	2013/04/22	0.00	0.49	深交所	浙江
104	300048	合康变频	2013/04/22	0.00	0.51	深交所	北京
105	300099	尤洛卡	2013/04/22	0.00	0.52	深交所	山东
106	300141	和顺电气	2013/04/22	0.00	0.11	深交所	江苏
107	300149	量子高科	2013/04/22	0.00	0.10	深交所	广东
108	300348	长亮科技	2013/04/22	0.00	0.16	深交所	深圳
109	600168	武汉控股	2013/04/22	0.04	0.15	上交所	湖北
110	600433	冠豪高新	2013/04/22	0.12	0.71	上交所	广东
111	600446	金证股份	2013/04/22	0.03	0.07	上交所	广东
112	600997	开滦股份	2013/04/22	0.12	1.48	上交所	河北
113	601369	陕鼓动力	2013/04/22	0.35	5.74	上交所	陕西
114	002178	延华智能	2013/04/23	0.00	0.07	深交所	上海
115	002207	准油股份	2013/04/23	0.00	0.06	深交所	新疆
116	002405	四维图新	2013/04/23	0.00	0.40	深交所	北京
117	002450	康得新	2013/04/23	0.00	0.47	深交所	北京
118	002612	朗姿股份	2013/04/23	0.00	1.10	深交所	北京
119	300336	新文化	2013/04/23	0.00	0.48	深交所	上海
120	600114	东睦股份	2013/04/23	0.12	0.23	上交所	浙江
121	600580	卧龙电气	2013/04/23	0.06	0.38	上交所	浙江
122	601233	桐昆股份	2013/04/23	0.10	0.96	上交所	浙江
123	002275	桂林三金	2013/04/24	0.00	2.95	深交所	广西
124	002330	得利斯	2013/04/24	0.00	0.00	深交所	山东
125	002404	嘉欣丝绸	2013/04/24	0.00	0.57	深交所	浙江
126	002463	沪电股份	2013/04/24	0.00	2.33	深交所	江苏
127	002519	银河电子	2013/04/24	0.00	0.70	深交所	江苏
128	002654	万润科技	2013/04/24	0.00	0.09	深交所	深圳
129	300027	华谊兄弟	2013/04/24	0.00	0.91	深交所	浙江
130	002288	超华科技	2013/04/25	0.00	0.07	深交所	广东
131	002360	同德化工	2013/04/25	0.00	0.12	深交所	山西
132	002534	杭锅股份	2013/04/25	0.00	1.20	深交所	浙江
133	300193	佳士科技	2013/04/25	0.00	0.22	深交所	深圳
134	600743	华远地产	2013/04/25	0.05	0.79	上交所	湖北
135	601100	恒立油缸	2013/04/25	0.15	0.96	上交所	江苏
136	000536	华映科技	2013/04/26	0.00	2.66	深交所	福建
137	000799	酒 鬼 酒	2013/04/26	0.00	0.65	深交所	湖南
138	002022	科华生物	2013/04/26	0.00	1.77	深交所	上海
139	002135	东南网架	2013/04/26	0.00	0.11	深交所	浙江
140	002168	深圳惠程	2013/04/26	0.00	0.45	深交所	深圳
141	002245	澳洋顺昌	2013/04/26	0.00	0.13	深交所	江苏
142	002357	富临运业	2013/04/26	0.00	0.39	深交所	四川
143	002643	烟台万润	2013/04/26	0.00	0.41	深交所	山东
144	002699	美盛文化	2013/04/26	0.00	0.47	深交所	浙江
145	002702	腾新食品	2013/04/26	0.00	0.20	深交所	福建
146	300008	上海佳豪	2013/04/26	0.00	0.17	深交所	上海
147	300025	华星创业	2013/04/26	0.00	0.03	深交所	浙江
148	300071	华谊嘉信	2013/04/26	0.00	0.08	深交所	北京
149	300199	翰宇药业	2013/04/26	0.00	0.20	深交所	深圳

7-48　续表 3　continued

序号 No.	公司代码 Code	公司简称 Companies	除息日 Ex-dividend Date	每股现金红利（元） Dividend Per Share (yuan)	现金分配合计（万元） Total Dividend (10 thousand yuan)	交易所 Exchange	辖区 Region
150	300223	北京君正	2013/04/26	0.00	0.31	深交所	北京
151	300304	云意电气	2013/04/26	0.00	0.30	深交所	江苏
152	600303	曙光股份	2013/04/26	0.09	0.50	上交所	辽宁
153	601788	光大证券	2013/04/26	0.09	3.14	上交所	上海
154	603366	日出东方	2013/04/26	0.71	2.84	上交所	江苏
155	002348	高乐股份	2013/05/02	0.00	0.24	深交所	广东
156	002580	圣阳股份	2013/05/02	0.00	0.11	深交所	山东
157	002665	首航节能	2013/05/02	0.00	0.40	深交所	北京
158	002683	宏大爆破	2013/05/02	0.00	0.48	深交所	广东
159	300012	华测检测	2013/05/02	0.00	0.37	深交所	深圳
160	300347	泰格医药	2013/05/02	0.00	0.43	深交所	浙江
161	000895	双汇发展	2013/05/03	0.00	14.85	深交所	河南
162	002124	天邦股份	2013/05/03	0.00	0.21	深交所	宁波
163	002379	鲁丰股份	2013/05/03	0.00	0.00	深交所	山东
164	002648	卫星石化	2013/05/03	0.00	1.20	深交所	浙江
165	300270	中威电子	2013/05/03	0.00	0.12	深交所	浙江
166	600309	万华化学	2013/05/03	0.70	15.14	上交所	山东
167	000889	渤海物流	2013/05/06	0.00	0.11	深交所	河北
168	002009	天奇股份	2013/05/06	0.00	0.08	深交所	江苏
169	002137	实 益 达	2013/05/06	0.00	0.06	深交所	深圳
170	002138	顺络电子	2013/05/06	0.00	0.63	深交所	深圳
171	002364	中恒电气	2013/05/06	0.00	0.19	深交所	浙江
172	002540	亚太科技	2013/05/06	0.00	0.42	深交所	江苏
173	002701	奥瑞金	2013/05/06	0.00	3.01	深交所	北京
174	300020	银江股份	2013/05/06	0.00	0.12	深交所	浙江
175	300043	星辉车模	2013/05/06	0.00	0.19	深交所	广东
176	300138	晨光生物	2013/05/06	0.00	0.18	深交所	河北
177	300186	大华农	2013/05/06	0.00	1.34	深交所	广东
178	601877	正泰电器	2013/05/06	0.60	6.03	上交所	浙江
179	000777	中核科技	2013/05/07	0.00	0.26	深交所	江苏
180	000793	华闻传媒	2013/05/07	0.00	0.27	深交所	海南
181	002575	群兴玩具	2013/05/07	0.00	0.07	深交所	广东
182	300026	红日药业	2013/05/07	0.00	0.25	深交所	天津
183	300047	天源迪科	2013/05/07	0.00	0.31	深交所	深圳
184	300086	康芝药业	2013/05/07	0.00	0.40	深交所	海南
185	300133	华策影视	2013/05/07	0.00	0.31	深交所	浙江
186	300220	金运激光	2013/05/07	0.00	0.00	深交所	湖北
187	300286	安科瑞	2013/05/07	0.00	0.17	深交所	上海
188	600227	赤天化	2013/05/07	0.02	0.19	上交所	贵州
189	600588	用友软件	2013/05/07	0.20	1.92	上交所	北京
190	601208	东材科技	2013/05/07	0.20	1.23	上交所	四川
191	002003	伟星股份	2013/05/08	0.00	1.29	深交所	浙江
192	002187	广百股份	2013/05/08	0.00	0.68	深交所	广东
193	002198	嘉应制药	2013/05/08	0.00	0.06	深交所	广东
194	002277	友阿股份	2013/05/08	0.00	0.56	深交所	湖南
195	002290	禾盛新材	2013/05/08	0.00	0.21	深交所	江苏
196	002465	海格通信	2013/05/08	0.00	1.00	深交所	广东
197	002497	雅化集团	2013/05/08	0.00	0.96	深交所	四川
198	002510	天汽模	2013/05/08	0.00	0.31	深交所	天津
199	002522	浙江众成	2013/05/08	0.00	1.37	深交所	浙江

7-48 续表 4 continued

序号 No.	公司代码 Code	公司简称 Companies	除息日 Ex-dividend Date	每股现金红利（元） Dividend Per Share (yuan)	现金分配合计（万元） Total Dividend (10 thousand yuan)	交易所 Exchange	辖区 Region
200	002588	史丹利	2013/05/08	0.00	0.34	深交所	山东
201	002628	成都路桥	2013/05/08	0.00	0.51	深交所	四川
202	300068	南都电源	2013/05/08	0.00	0.30	深交所	浙江
203	300103	达刚路机	2013/05/08	0.00	0.11	深交所	陕西
204	600828	成商集团	2013/05/08	0.03	0.17	上交所	四川
205	601010	文峰股份	2013/05/08	0.50	2.46	上交所	江苏
206	000721	西安饮食	2013/05/09	0.00	0.03	深交所	陕西
207	000980	金马股份	2013/05/09	0.00	0.19	深交所	安徽
208	002001	新 和 成	2013/05/09	0.00	3.63	深交所	浙江
209	002033	丽江旅游	2013/05/09	0.00	0.25	深交所	云南
210	002225	濮耐股份	2013/05/09	0.00	0.37	深交所	河南
211	002294	信立泰	2013/05/09	0.00	3.05	深交所	深圳
212	002331	皖通科技	2013/05/09	0.00	0.13	深交所	安徽
213	002409	雅克科技	2013/05/09	0.00	0.25	深交所	江苏
214	002426	胜利精密	2013/05/09	0.00	0.40	深交所	江苏
215	002626	金达威	2013/05/09	0.00	0.54	深交所	厦门
216	300081	恒信移动	2013/05/09	0.00	0.13	深交所	河北
217	300119	瑞普生物	2013/05/09	0.00	0.48	深交所	天津
218	300124	汇川技术	2013/05/09	0.00	2.33	深交所	深圳
219	300184	力源信息	2013/05/09	0.00	0.30	深交所	湖北
220	300319	麦捷科技	2013/05/09	0.00	0.11	深交所	深圳
221	300352	北信源	2013/05/09	0.00	0.13	深交所	北京
222	600056	中国医药	2013/05/09	0.35	1.09	上交所	北京
223	600467	好当家	2013/05/09	0.09	0.66	上交所	山东
224	000428	华天酒店	2013/05/10	0.00	0.22	深交所	湖南
225	002016	世荣兆业	2013/05/10	0.38	0.69	深交所	广东
226	002017	东信和平	2013/05/10	0.00	0.11	深交所	广东
227	002101	广东鸿图	2013/05/10	0.00	0.33	深交所	广东
228	002224	三 力 士	2013/05/10	0.00	0.22	深交所	浙江
229	002226	江南化工	2013/05/10	0.00	1.19	深交所	安徽
230	002233	塔牌集团	2013/05/10	0.00	0.72	深交所	广东
231	002258	利尔化学	2013/05/10	0.00	0.26	深交所	四川
232	002260	伊 立 浦	2013/05/10	0.00	0.16	深交所	广东
233	002285	世联地产	2013/05/10	1.00	0.98	深交所	深圳
234	002313	日海通讯	2013/05/10	0.00	0.74	深交所	深圳
235	002371	七星电子	2013/05/10	0.00	0.18	深交所	北京
236	002468	艾迪西	2013/05/10	0.00	0.00	深交所	浙江
237	002503	搜于特	2013/05/10	0.00	1.44	深交所	广东
238	002541	鸿路钢构	2013/05/10	0.00	0.11	深交所	安徽
239	002598	山东章鼓	2013/05/10	0.00	0.62	深交所	山东
240	002615	哈尔斯	2013/05/10	0.00	0.14	深交所	浙江
241	002629	仁智油服	2013/05/10	0.00	0.23	深交所	四川
242	002637	赞宇科技	2013/05/10	0.00	0.16	深交所	浙江
243	300041	回天胶业	2013/05/10	0.00	0.26	深交所	湖北
244	300057	万顺股份	2013/05/10	0.00	0.21	深交所	广东
245	300072	三聚环保	2013/05/10	0.00	0.19	深交所	北京
246	300150	世纪瑞尔	2013/05/10	0.00	0.68	深交所	北京
247	300174	元力股份	2013/05/10	0.00	0.14	深交所	福建
248	300205	天喻信息	2013/05/10	0.00	0.14	深交所	湖北
249	300282	汇冠股份	2013/05/10	0.00	0.04	深交所	北京

7-48 续表 5 continued

序号 No.	公司代码 Code	公司简称 Companies	除息日 Ex-dividend Date	每股现金红利(元) Dividend Per Share (yuan)	现金分配合计(万元) Total Dividend (10 thousand yuan)	交易所 Exchange	辖区 Region
250	600458	时代新材	2013/05/10	0.10	0.52	上交所	湖南
251	600563	法拉电子	2013/05/10	0.60	1.35	上交所	福建
252	600861	北京城乡	2013/05/10	0.13	0.41	上交所	北京
253	601933	永辉超市	2013/05/10	0.30	2.30	上交所	福建
254	000552	靖远煤电	2013/05/13	0.00	0.50	深交所	甘肃
255	000565	渝三峡A	2013/05/13	0.00	0.09	深交所	重庆
256	000969	安泰科技	2013/05/13	0.00	1.04	深交所	北京
257	002026	山东威达	2013/05/13	0.00	0.09	深交所	山东
258	002044	江苏三友	2013/05/13	0.00	0.45	深交所	江苏
259	002170	芭田股份	2013/05/13	0.00	0.47	深交所	深圳
260	002381	双箭股份	2013/05/13	0.00	0.35	深交所	浙江
261	002420	毅昌股份	2013/05/13	0.00	0.08	深交所	广东
262	002428	云南锗业	2013/05/13	0.00	0.33	深交所	云南
263	002472	双环传动	2013/05/13	0.00	0.17	深交所	浙江
264	002523	天桥起重	2013/05/13	0.00	0.13	深交所	湖南
265	002539	新都化工	2013/05/13	0.00	0.83	深交所	四川
266	002606	大连电瓷	2013/05/13	0.00	0.25	深交所	大连
267	002671	龙泉股份	2013/05/13	0.00	0.28	深交所	山东
268	002692	远程电缆	2013/05/13	0.00	0.54	深交所	江苏
269	300003	乐普医疗	2013/05/13	0.00	1.46	深交所	北京
270	300050	世纪鼎利	2013/05/13	0.00	0.03	深交所	广东
271	300197	铁汉生态	2013/05/13	0.00	0.32	深交所	深圳
272	300224	正海磁材	2013/05/13	0.00	0.36	深交所	山东
273	300250	初灵信息	2013/05/13	0.00	0.08	深交所	浙江
274	300284	苏交科	2013/05/13	0.00	0.48	深交所	江苏
275	300326	凯利泰	2013/05/13	0.00	0.00	深交所	上海
276	600122	宏图高科	2013/05/13	0.02	0.24	上交所	江苏
277	600253	天方药业	2013/05/13	0.03	0.13	上交所	河南
278	600557	康缘药业	2013/05/13	0.07	0.29	上交所	江苏
279	600736	苏州高新	2013/05/13	0.05	0.55	上交所	江苏
280	000400	许继电气	2013/05/14	0.33	0.38	深交所	河南
281	000630	铜陵有色	2013/05/14	0.00	1.42	深交所	安徽
282	000671	阳 光 城	2013/05/14	0.25	0.80	深交所	福建
283	002042	华孚色纺	2013/05/14	0.00	0.17	深交所	安徽
284	002089	新 海 宜	2013/05/14	0.00	0.21	深交所	江苏
285	002108	沧州明珠	2013/05/14	0.00	0.61	深交所	河北
286	002342	巨力索具	2013/05/14	0.00	0.19	深交所	河北
287	002367	康力电梯	2013/05/14	0.00	0.95	深交所	江苏
288	002400	省广股份	2013/05/14	0.00	0.44	深交所	广东
289	002444	巨星科技	2013/05/14	0.00	1.27	深交所	浙江
290	002484	江海股份	2013/05/14	0.00	0.10	深交所	江苏
291	002515	金字火腿	2013/05/14	0.00	0.14	深交所	浙江
292	002520	日发精机	2013/05/14	0.00	1.15	深交所	浙江
293	002561	徐家汇	2013/05/14	0.00	1.50	深交所	上海
294	002645	华宏科技	2013/05/14	0.00	0.10	深交所	江苏
295	002681	奋达科技	2013/05/14	0.00	0.30	深交所	深圳
296	300070	碧水源	2013/05/14	0.00	0.33	深交所	北京
297	300121	阳谷华泰	2013/05/14	0.00	0.00	深交所	山东
298	300129	泰胜风能	2013/05/14	0.00	0.16	深交所	上海
299	300194	福安药业	2013/05/14	0.00	0.40	深交所	重庆

7-48 续表 6 continued

序号 No.	公司代码 Code	公司简称 Companies	除息日 Ex-dividend Date	每股现金红利(元) Dividend Per Share (yuan)	现金分配合计(万元) Total Dividend (10 thousand yuan)	交易所 Exchange	辖区 Region
300	600077	宋都股份	2013/05/14	0.04	0.40	上交所	辽宁
301	600121	郑州煤电	2013/05/14	0.13	1.23	上交所	河南
302	600271	航天信息	2013/05/14	0.43	3.97	上交所	北京
303	600570	恒生电子	2013/05/14	0.10	0.62	上交所	浙江
304	601886	江河创建	2013/05/14	0.26	1.46	上交所	北京
305	002050	三花股份	2013/05/15	0.00	0.59	深交所	浙江
306	002073	软控股份	2013/05/15	0.00	0.22	深交所	青岛
307	002148	北纬通信	2013/05/15	0.00	0.11	深交所	北京
308	002322	理工监测	2013/05/15	0.00	0.14	深交所	宁波
309	002341	新纶科技	2013/05/15	0.00	0.37	深交所	深圳
310	002365	永安药业	2013/05/15	0.00	0.37	深交所	湖北
311	002369	卓翼科技	2013/05/15	0.00	0.36	深交所	深圳
312	002389	南洋科技	2013/05/15	0.00	0.20	深交所	浙江
313	002441	众业达	2013/05/15	0.00	0.70	深交所	广东
314	002582	好想你	2013/05/15	0.00	0.15	深交所	河南
315	002587	奥拓电子	2013/05/15	0.00	0.22	深交所	深圳
316	300209	天泽信息	2013/05/15	0.00	0.02	深交所	江苏
317	300212	易华录	2013/05/15	0.00	0.05	深交所	北京
318	300271	华宇软件	2013/05/15	0.00	0.30	深交所	北京
319	600066	宇通客车	2013/05/15	0.70	4.94	上交所	河南
320	600378	天科股份	2013/05/15	0.07	0.21	上交所	四川
321	601028	玉龙股份	2013/05/15	0.25	0.79	上交所	江苏
322	000002	万 科A	2013/05/16	0.00	17.45	深交所	深圳
323	002061	江山化工	2013/05/16	0.00	0.23	深交所	浙江
324	002062	宏润建设	2013/05/16	0.00	0.56	深交所	宁波
325	002252	上海莱士	2013/05/16	0.00	0.24	深交所	上海
326	002254	泰和新材	2013/05/16	0.00	0.00	深交所	山东
327	002334	英威腾	2013/05/16	0.00	0.22	深交所	深圳
328	002337	赛象科技	2013/05/16	0.00	0.48	深交所	天津
329	002449	国星光电	2013/05/16	0.00	0.43	深交所	广东
330	002453	天马精化	2013/05/16	0.00	0.36	深交所	江苏
331	002455	百川股份	2013/05/16	0.00	0.13	深交所	江苏
332	002496	辉丰股份	2013/05/16	0.00	0.49	深交所	江苏
333	002518	科士达	2013/05/16	0.00	0.31	深交所	深圳
334	002554	惠博普	2013/05/16	0.00	0.15	深交所	北京
335	002656	卡奴迪路	2013/05/16	0.00	0.37	深交所	广东
336	002693	双成药业	2013/05/16	0.00	0.42	深交所	海南
337	000002	万 科A	2013/05/16	0.00	2.93	深交所	深圳
338	300037	新宙邦	2013/05/16	0.00	0.43	深交所	深圳
339	300088	长信科技	2013/05/16	0.00	0.49	深交所	安徽
340	300110	华仁药业	2013/05/16	0.00	0.00	深交所	青岛
341	300130	新国都	2013/05/16	0.00	0.06	深交所	深圳
342	300139	福星晓程	2013/05/16	0.00	0.16	深交所	北京
343	300221	银禧科技	2013/05/16	0.00	0.16	深交所	广东
344	300227	光韵达	2013/05/16	0.00	0.07	深交所	深圳
345	300238	冠昊生物	2013/05/16	0.00	0.12	深交所	广东
346	300291	华录百纳	2013/05/16	0.00	0.36	深交所	北京
347	300292	吴通通讯	2013/05/16	0.00	0.13	深交所	江苏
348	300339	润和软件	2013/05/16	0.00	0.15	深交所	江苏
349	300349	金卡股份	2013/05/16	0.00	0.09	深交所	浙江

7-48　续表 7　continued

序号 No.	公司代码 Code	公司简称 Companies	除息日 Ex-dividend Date	每股现金红利（元） Dividend Per Share (yuan)	现金分配合计（万元） Total Dividend (10 thousand yuan)	交易所 Exchange	辖区 Region
350	600111	包钢稀土	2013/05/16	0.20	4.84	上交所	内蒙
351	600173	卧龙地产	2013/05/16	0.05	0.36	上交所	浙江
352	600400	红豆股份	2013/05/16	0.02	0.11	上交所	江苏
353	600456	宝钛股份	2013/05/16	0.05	0.22	上交所	陕西
354	600729	重庆百货	2013/05/16	0.56	2.10	上交所	重庆
355	600976	武汉健民	2013/05/16	0.38	0.58	上交所	湖北
356	601168	西部矿业	2013/05/16	0.10	2.38	上交所	青海
357	601222	林洋电子	2013/05/16	0.35	1.24	上交所	江苏
358	000506	中润资源	2013/05/17	0.25	0.39	深交所	山东
359	000729	燕京啤酒	2013/05/17	0.00	2.77	深交所	北京
360	000748	长城信息	2013/05/17	0.00	0.19	深交所	湖南
361	000852	江钻股份	2013/05/17	0.00	0.80	深交所	湖北
362	002032	苏泊尔	2013/05/17	0.00	2.10	深交所	浙江
363	002253	川大智胜	2013/05/17	0.00	0.28	深交所	四川
364	002323	中联电气	2013/05/17	0.00	0.33	深交所	江苏
365	002351	漫步者	2013/05/17	0.00	0.59	深交所	深圳
366	002392	北京利尔	2013/05/17	0.00	0.27	深交所	北京
367	002419	天虹商场	2013/05/17	0.00	2.64	深交所	深圳
368	002434	万里扬	2013/05/17	0.00	0.34	深交所	浙江
369	002489	浙江永强	2013/05/17	0.00	1.67	深交所	浙江
370	002491	通鼎光电	2013/05/17	0.00	0.80	深交所	江苏
371	002508	老板电器	2013/05/17	0.00	0.77	深交所	浙江
372	002550	千红制药	2013/05/17	0.00	0.80	深交所	江苏
373	002576	通达动力	2013/05/17	0.00	0.05	深交所	江苏
374	002579	中京电子	2013/05/17	0.00	0.03	深交所	广东
375	002614	蒙发利	2013/05/17	0.00	0.24	深交所	厦门
376	300058	蓝色光标	2013/05/17	0.00	0.40	深交所	北京
377	300059	东方财富	2013/05/17	0.00	0.34	深交所	上海
378	300125	易世达	2013/05/17	0.00	0.02	深交所	大连
379	300132	青松股份	2013/05/17	0.00	0.18	深交所	福建
380	300148	天舟文化	2013/05/17	0.00	0.10	深交所	湖南
381	300164	通源石油	2013/05/17	0.00	0.32	深交所	陕西
382	300206	理邦仪器	2013/05/17	0.00	0.30	深交所	深圳
383	300222	科大智能	2013/05/17	0.00	0.05	深交所	上海
384	300226	上海钢联	2013/05/17	0.25	0.04	深交所	上海
385	300229	拓尔思	2013/05/17	0.00	0.10	深交所	北京
386	300249	依米康	2013/05/17	0.00	0.08	深交所	四川
387	300308	中际装备	2013/05/17	0.00	0.07	深交所	山东
388	300341	麦迪电气	2013/05/17	0.00	0.09	深交所	厦门
389	600200	江苏吴中	2013/05/17	0.03	0.16	上交所	江苏
390	600246	万通地产	2013/05/17	0.07	0.85	上交所	北京
391	600352	浙江龙盛	2013/05/17	0.17	2.50	上交所	浙江
392	600577	精达股份	2013/05/17	0.02	0.14	上交所	安徽
393	600658	电子城	2013/05/17	0.22	1.28	上交所	北京
394	600814	杭州解百	2013/05/17	0.08	0.23	上交所	浙江
395	601996	丰林集团	2013/05/17	0.05	0.23	上交所	广西
396	603123	翠微股份	2013/05/17	0.20	0.62	上交所	北京
397	000955	欣龙控股	2013/05/20	0.00	0.00	深交所	海南
398	002040	南京港	2013/05/20	0.00	0.07	深交所	江苏
399	002139	拓邦股份	2013/05/20	0.00	0.33	深交所	深圳

7-48 续表 8 continued

序号 No.	公司代码 Code	公司简称 Companies	除息日 Ex-dividend Date	每股现金红利（元） Dividend Per Share (yuan)	现金分配合计（万元） Total Dividend (10 thousand yuan)	交易所 Exchange	辖区 Region
400	002152	广电运通	2013/05/20	1.50	1.87	深交所	广东
401	002311	海大集团	2013/05/20	0.00	1.14	深交所	广东
402	002531	天顺风能	2013/05/20	0.00	0.62	深交所	江苏
403	002570	贝因美	2013/05/20	0.00	2.47	深交所	浙江
404	002635	安洁科技	2013/05/20	0.00	0.48	深交所	江苏
405	002676	顺威股份	2013/05/20	0.00	0.20	深交所	广东
406	300031	宝通带业	2013/05/20	0.00	0.45	深交所	江苏
407	300074	华平股份	2013/05/20	0.00	0.10	深交所	上海
408	300102	乾照光电	2013/05/20	0.00	0.59	深交所	厦门
409	300231	银信科技	2013/05/20	0.00	0.12	深交所	北京
410	300239	东宝生物	2013/05/20	0.50	0.15	深交所	内蒙古
411	300281	金明精机	2013/05/20	0.00	0.12	深交所	广东
412	300296	利亚德	2013/05/20	0.00	0.15	深交所	北京
413	300329	海伦钢琴	2013/05/20	0.00	0.20	深交所	宁波
414	600160	巨化股份	2013/05/20	0.15	2.13	上交所	浙江
415	600171	上海贝岭	2013/05/20	0.02	0.10	上交所	上海
416	600310	桂东电力	2013/05/20	0.30	0.83	上交所	广西
417	600337	美克股份	2013/05/20	0.03	0.19	上交所	新疆
418	600368	五洲交通	2013/05/20	0.03	0.25	上交所	广西
419	600376	首开股份	2013/05/20	0.24	3.59	上交所	北京
420	600382	广东明珠	2013/05/20	0.03	0.10	上交所	广东
421	600391	成发科技	2013/05/20	0.04	0.13	上交所	四川
422	600449	宁夏建材	2013/05/20	0.05	0.24	上交所	宁夏
423	601158	重庆水务	2013/05/20	0.26	12.58	上交所	重庆
424	601318	中国平安	2013/05/20	0.30	14.36	上交所	广东
425	601929	吉视传媒	2013/05/20	0.05	0.70	上交所	吉林
426	000635	英 力 特	2013/05/21	0.00	0.15	深交所	宁夏
427	000802	北京旅游	2013/05/21	0.00	0.06	深交所	北京
428	002155	辰州矿业	2013/05/21	0.00	0.77	深交所	湖南
429	002235	安妮股份	2013/05/21	0.00	0.49	深交所	厦门
430	002422	科伦药业	2013/05/21	0.00	1.20	深交所	四川
431	002488	金固股份	2013/05/21	0.00	0.27	深交所	浙江
432	002553	南方轴承	2013/05/21	0.00	0.09	深交所	江苏
433	002559	亚威股份	2013/05/21	0.00	0.35	深交所	江苏
434	002611	东方精工	2013/05/21	0.00	0.35	深交所	广东
435	002652	扬子新材	2013/05/21	0.00	0.16	深交所	江苏
436	300067	安诺其	2013/05/21	0.00	0.13	深交所	上海
437	300108	双龙股份	2013/05/21	0.00	0.14	深交所	吉林
438	300163	先锋新材	2013/05/21	0.00	0.09	深交所	宁波
439	300201	海伦哲	2013/05/21	0.00	0.05	深交所	江苏
440	300216	千山药机	2013/05/21	0.00	0.14	深交所	湖南
441	300283	温州宏丰	2013/05/21	0.00	0.07	深交所	浙江
442	300288	朗玛信息	2013/05/21	0.00	0.16	深交所	贵州
443	300295	三六五网	2013/05/21	0.00	0.53	深交所	江苏
444	600673	东阳光铝	2013/05/21	0.10	0.83	上交所	广东
445	000024	招商地产	2013/05/22	0.00	4.13	深交所	深圳
446	000631	顺发恒业	2013/05/22	0.00	4.18	深交所	吉林
447	002100	天康生物	2013/05/22	0.17	0.15	深交所	新疆
448	002181	粤 传 媒	2013/05/22	0.00	0.69	深交所	广东
449	002210	飞马国际	2013/05/22	0.00	0.16	深交所	深圳

7-48 续表 9 continued

序号 No.	公司代码 Code	公司简称 Companies	除息日 Ex-dividend Date	每股现金红利(元) Dividend Per Share (yuan)	现金分配合计(万元) Total Dividend (10 thousand yuan)	交易所 Exchange	辖区 Region
450	002241	歌尔声学	2013/05/22	0.00	1.27	深交所	山东
451	002250	联化科技	2013/05/22	0.00	0.53	深交所	浙江
452	002273	水晶光电	2013/05/22	0.00	0.50	深交所	浙江
453	002284	亚太股份	2013/05/22	0.00	0.29	深交所	浙江
454	002302	西部建设	2013/05/22	0.00	0.17	深交所	新疆
455	002310	东方园林	2013/05/22	0.00	0.69	深交所	北京
456	002327	富安娜	2013/05/22	0.00	0.48	深交所	深圳
457	002345	潮宏基	2013/05/22	0.00	0.54	深交所	广东
458	002388	新亚制程	2013/05/22	0.00	0.20	深交所	深圳
459	002431	棕榈园林	2013/05/22	0.00	0.19	深交所	广东
460	002438	江苏神通	2013/05/22	0.00	0.10	深交所	江苏
461	002542	中化岩土	2013/05/22	0.00	0.14	深交所	北京
462	002567	唐人神	2013/05/22	0.00	0.50	深交所	湖南
463	002569	步森股份	2013/05/22	0.33	0.09	深交所	浙江
464	002581	万昌科技	2013/05/22	0.00	0.54	深交所	山东
465	002589	瑞康医药	2013/05/22	0.00	0.11	深交所	山东
466	002601	佰利联	2013/05/22	0.00	0.38	深交所	河南
467	000024	招商地产	2013/05/22	0.00	1.26	深交所	深圳
468	300064	豫金刚石	2013/05/22	0.00	0.24	深交所	河南
469	300135	宝利沥青	2013/05/22	0.00	0.32	深交所	江苏
470	300172	中电环保	2013/05/22	0.00	0.20	深交所	江苏
471	300248	新开普	2013/05/22	0.00	0.09	深交所	河南
472	300273	和佳股份	2013/05/22	1.50	0.60	深交所	广东
473	300285	国瓷材料	2013/05/22	0.00	0.12	深交所	山东
474	300299	富春通信	2013/05/22	0.00	0.07	深交所	福建
475	300300	汉鼎股份	2013/05/22	0.00	0.09	深交所	浙江
476	300314	戴维医疗	2013/05/22	0.00	0.28	深交所	宁波
477	300355	蒙草抗旱	2013/05/22	0.00	0.21	深交所	内蒙古
478	600139	西部资源	2013/05/22	0.40	2.65	上交所	四川
479	600219	南山铝业	2013/05/22	0.12	2.32	上交所	山东
480	600280	中央商场	2013/05/22	0.16	0.23	上交所	江苏
481	600386	北巴传媒	2013/05/22	0.26	1.05	上交所	北京
482	600438	通威股份	2013/05/22	0.10	0.69	上交所	四川
483	600486	扬农化工	2013/05/22	0.34	0.59	上交所	江苏
484	600498	烽火通信	2013/05/22	0.32	1.54	上交所	湖北
485	600535	天士力	2013/05/22	0.20	1.03	上交所	天津
486	600583	海油工程	2013/05/22	0.03	1.17	上交所	天津
487	600886	国投电力	2013/05/22	0.08	3.16	上交所	甘肃
488	601888	中国国旅	2013/05/22	0.35	3.08	上交所	北京
489	002045	国光电器	2013/05/23	0.00	0.33	深交所	广东
490	002080	中材科技	2013/05/23	0.00	0.40	深交所	江苏
491	002095	生 意 宝	2013/05/23	0.00	0.16	深交所	浙江
492	002195	海隆软件	2013/05/23	0.00	0.11	深交所	上海
493	002209	达 意 隆	2013/05/23	0.00	0.06	深交所	广东
494	002229	鸿博股份	2013/05/23	0.00	0.17	深交所	福建
495	002325	洪涛股份	2013/05/23	0.00	0.28	深交所	深圳
496	002394	联发股份	2013/05/23	0.00	0.43	深交所	江苏
497	002532	新界泵业	2013/05/23	0.00	0.16	深交所	浙江
498	002563	森马服饰	2013/05/23	0.00	6.70	深交所	浙江
499	002642	荣之联	2013/05/23	0.00	0.40	深交所	北京

7-48 续表 10 continued

序号 No.	公司代码 Code	公司简称 Companies	除息日 Ex-dividend Date	每股现金红利（元） Dividend Per Share (yuan)	现金分配合计（万元） Total Dividend (10 thousand yuan)	交易所 Exchange	辖区 Region
500	002694	顾地科技	2013/05/23	0.00	0.72	深交所	湖北
501	300112	万讯自控	2013/05/23	0.00	0.07	深交所	深圳
502	300122	智飞生物	2013/05/23	0.00	1.20	深交所	重庆
503	300151	昌红科技	2013/05/23	0.00	0.20	深交所	深圳
504	300162	雷曼光电	2013/05/23	0.00	0.27	深交所	深圳
505	300241	瑞丰光电	2013/05/23	0.00	0.11	深交所	深圳
506	300276	三丰智能	2013/05/23	0.00	0.09	深交所	湖北
507	300315	掌趣科技	2013/05/23	0.00	0.16	深交所	北京
508	300354	东华测试	2013/05/23	0.00	0.18	深交所	江苏
509	600008	首创股份	2013/05/23	0.15	3.30	上交所	北京
510	600177	雅戈尔	2013/05/23	0.50	11.13	上交所	浙江
511	600552	方兴科技	2013/05/23	0.10	0.16	上交所	安徽
512	600560	金自天正	2013/05/23	0.11	0.25	上交所	北京
513	600750	江中药业	2013/05/23	0.30	0.93	上交所	江西
514	600795	国电电力	2013/05/23	0.13	22.40	上交所	辽宁
515	600820	隧道股份	2013/05/23	0.27	3.51	上交所	上海
516	600978	宜华木业	2013/05/23	0.08	0.92	上交所	广东
517	600979	广安爱众	2013/05/23	0.05	0.36	上交所	四川
518	601000	唐山港	2013/05/23	0.05	1.02	上交所	河北
519	601116	三江购物	2013/05/23	0.20	0.82	上交所	浙江
520	000402	金 融 街	2013/05/24	0.00	4.54	深交所	北京
521	000571	新大洲A	2013/05/24	0.00	0.44	深交所	海南
522	000788	北大医药	2013/05/24	0.00	0.06	深交所	重庆
523	000860	顺鑫农业	2013/05/24	0.00	0.11	深交所	北京
524	000877	天山股份	2013/05/24	0.00	0.97	深交所	新疆
525	000901	航天科技	2013/05/24	0.00	0.05	深交所	黑龙江
526	002024	苏宁云商	2013/05/24	0.00	3.69	深交所	江苏
527	002041	登海种业	2013/05/24	0.00	0.35	深交所	山东
528	002077	大港股份	2013/05/24	0.00	0.13	深交所	江苏
529	002084	海鸥卫浴	2013/05/24	0.00	0.33	深交所	广东
530	002109	兴化股份	2013/05/24	0.00	0.36	深交所	陕西
531	002130	沃尔核材	2013/05/24	0.00	0.22	深交所	深圳
532	002180	万 力 达	2013/05/24	0.00	0.06	深交所	广东
533	002255	海陆重工	2013/05/24	0.00	0.26	深交所	江苏
534	002339	积成电子	2013/05/24	0.00	0.19	深交所	山东
535	002604	龙力生物	2013/05/24	0.00	0.19	深交所	山东
536	002669	康达新材	2013/05/24	0.00	0.31	深交所	上海
537	300052	中青宝	2013/05/24	0.00	0.08	深交所	深圳
538	300096	易联众	2013/05/24	0.00	0.17	深交所	厦门
539	300120	经纬电材	2013/05/24	0.00	0.17	深交所	天津
540	300152	燃控科技	2013/05/24	0.00	0.10	深交所	江苏
541	300200	高盟新材	2013/05/24	0.00	0.43	深交所	北京
542	300207	欣旺达	2013/05/24	0.00	0.24	深交所	深圳
543	300228	富瑞特装	2013/05/24	0.00	0.13	深交所	江苏
544	300351	永贵电器	2013/05/24	0.00	0.55	深交所	浙江
545	600060	海信电器	2013/05/24	0.37	4.83	上交所	山东
546	600370	三房巷	2013/05/24	0.05	0.16	上交所	江苏
547	600389	江山股份	2013/05/24	0.16	0.32	上交所	江苏
548	600461	洪城水业	2013/05/24	0.10	0.33	上交所	江西
549	600663	陆家嘴	2013/05/24	0.16	3.04	上交所	上海

7-48　续表 11　continued

序号 No.	公司代码 Code	公司简称 Companies	除息日 Ex-dividend Date	每股现金红利(元) Dividend Per Share (yuan)	现金分配合计(万元) Total Dividend (10 thousand yuan)	交易所 Exchange	辖区 Region
550	600758	红阳能源	2013/05/24	0.03	0.06	上交所	辽宁
551	600867	通化东宝	2013/05/24	0.20	1.55	上交所	吉林
552	601188	龙江交通	2013/05/24	0.01	0.13	上交所	黑龙江
553	601616	广电电气	2013/05/24	0.10	0.93	上交所	上海
554	601633	长城汽车	2013/05/24	0.57	11.45	上交所	河北
555	601789	宁波建工	2013/05/24	0.10	0.46	上交所	浙江
556	002020	京新药业	2013/05/27	0.00	0.19	深交所	浙江
557	002373	联信永益	2013/05/27	0.00	0.00	深交所	北京
558	002476	宝莫股份	2013/05/27	0.25	0.18	深交所	山东
559	002586	围海股份	2013/05/27	0.00	0.20	深交所	宁波
560	300078	中瑞思创	2013/05/27	0.00	0.84	深交所	浙江
561	300082	奥克股份	2013/05/27	0.00	0.52	深交所	辽宁
562	300159	新研股份	2013/05/27	0.00	0.27	深交所	新疆
563	300166	东方国信	2013/05/27	0.00	0.06	深交所	北京
564	300167	迪威视讯	2013/05/27	0.00	0.16	深交所	深圳
565	300262	巴安水务	2013/05/27	0.00	0.05	深交所	上海
566	300335	迪森股份	2013/05/27	0.00	0.28	深交所	广东
567	300356	光一科技	2013/05/27	0.00	0.26	深交所	江苏
568	600312	平高电气	2013/05/27	0.05	0.41	上交所	河南
569	600315	上海家化	2013/05/27	0.70	3.14	上交所	上海
570	600356	恒丰纸业	2013/05/27	0.12	0.27	上交所	黑龙江
571	600422	昆明制药	2013/05/27	0.30	0.94	上交所	云南
572	600517	置信电气	2013/05/27	0.15	1.04	上交所	上海
573	600597	光明乳业	2013/05/27	0.18	2.20	上交所	上海
574	600779	水井坊	2013/05/27	0.23	1.12	上交所	四川
575	600826	兰生股份	2013/05/27	0.04	0.17	上交所	上海
576	600970	中材国际	2013/05/27	0.21	2.30	上交所	江苏
577	601199	江南水务	2013/05/27	0.25	0.58	上交所	江苏
578	601898	中煤能源	2013/05/27	0.21	19.22	上交所	北京
579	000008	宝利来	2013/05/28	0.00	0.00	深交所	深圳
580	000429	粤高速A	2013/05/28	0.00	0.45	深交所	广东
581	000589	黔轮胎A	2013/05/28	0.00	0.29	深交所	贵州
582	000616	亿城股份	2013/05/28	0.00	0.48	深交所	大连
583	000951	中国重汽	2013/05/28	0.00	0.13	深交所	山东
584	002038	双鹭药业	2013/05/28	1.25	0.95	深交所	北京
585	002104	恒宝股份	2013/05/28	0.00	0.44	深交所	江苏
586	002144	宏达高科	2013/05/28	0.00	0.27	深交所	浙江
587	002177	御银股份	2013/05/28	0.00	0.06	深交所	广东
588	002183	怡 亚 通	2013/05/28	0.00	0.49	深交所	深圳
589	002206	海 利 得	2013/05/28	0.00	0.76	深交所	浙江
590	002214	大立科技	2013/05/28	0.00	0.10	深交所	浙江
591	002264	新 华 都	2013/05/28	0.00	0.32	深交所	厦门
592	002333	罗普斯金	2013/05/28	0.00	0.50	深交所	江苏
593	002353	杰瑞股份	2013/05/28	0.00	1.15	深交所	山东
594	002382	蓝帆股份	2013/05/28	0.00	0.24	深交所	山东
595	002385	大北农	2013/05/28	0.00	1.44	深交所	北京
596	002398	建研集团	2013/05/28	0.00	0.20	深交所	厦门
597	002437	誉衡药业	2013/05/28	0.00	1.68	深交所	黑龙江
598	002452	长高集团	2013/05/28	0.00	0.17	深交所	湖南
599	002524	光正钢构	2013/05/28	0.13	0.07	深交所	新疆

7-48 续表 12 continued

序号 No.	公司代码 Code	公司简称 Companies	除息日 Ex-dividend Date	每股现金红利（元） Dividend Per Share (yuan)	现金分配合计（万元） Total Dividend (10 thousand yuan)	交易所 Exchange	辖区 Region
600	002557	洽洽食品	2013/05/28	0.00	2.37	深交所	安徽
601	002585	双星新材	2013/05/28	0.00	0.42	深交所	江苏
602	002686	亿利达	2013/05/28	0.00	0.15	深交所	浙江
603	000429	粤高速A	2013/05/28	0.00	0.22	深交所	广东
604	300005	探路者	2013/05/28	0.75	0.53	深交所	北京
605	300019	硅宝科技	2013/05/28	0.00	0.26	深交所	四川
606	300033	同花顺	2013/05/28	0.00	0.08	深交所	浙江
607	300053	欧比特	2013/05/28	0.00	0.05	深交所	广东
608	300123	太阳鸟	2013/05/28	0.00	0.14	深交所	湖南
609	300210	森远股份	2013/05/28	0.00	0.13	深交所	辽宁
610	300230	永利带业	2013/05/28	0.00	0.16	深交所	上海
611	300266	兴源过滤	2013/05/28	0.00	0.06	深交所	浙江
612	300274	阳光电源	2013/05/28	0.00	0.16	深交所	安徽
613	600106	重庆路桥	2013/05/28	0.08	0.73	上交所	重庆
614	600211	西藏药业	2013/05/28	0.07	0.10	上交所	西藏
615	600401	海润光伏	2013/05/28	0.74	7.67	上交所	江苏
616	600487	亨通光电	2013/05/28	0.11	0.23	上交所	江苏
617	600525	长园集团	2013/05/28	0.08	0.69	上交所	广东
618	600548	深高速	2013/05/28	0.13	1.86	上交所	广东
619	600962	国投中鲁	2013/05/28	0.05	0.13	上交所	北京
620	600965	福成五丰	2013/05/28	0.03	0.08	上交所	河北
621	601958	金钼股份	2013/05/28	0.16	5.16	上交所	陕西
622	000524	东方宾馆	2013/05/29	0.00	0.10	深交所	广东
623	000750	国海证券	2013/05/29	0.00	0.54	深交所	广西
624	000810	华润锦华	2013/05/29	0.00	0.04	深交所	四川
625	000903	云内动力	2013/05/29	0.00	0.34	深交所	云南
626	000905	厦门港务	2013/05/29	0.00	0.27	深交所	厦门
627	000922	佳电股份	2013/05/29	0.00	0.09	深交所	黑龙江
628	002028	思源电气	2013/05/29	0.00	0.44	深交所	上海
629	002055	得润电子	2013/05/29	0.00	0.21	深交所	深圳
630	002081	金 螳 螂	2013/05/29	0.00	1.57	深交所	江苏
631	002093	国脉科技	2013/05/29	0.00	0.09	深交所	福建
632	002212	南洋股份	2013/05/29	0.00	0.41	深交所	广东
633	002215	诺 普 信	2013/05/29	0.00	0.36	深交所	深圳
634	002227	奥 特 迅	2013/05/29	0.00	0.11	深交所	深圳
635	002247	帝龙新材	2013/05/29	0.00	0.13	深交所	浙江
636	002308	威创股份	2013/05/29	0.00	2.24	深交所	广东
637	002335	科华恒盛	2013/05/29	0.00	0.34	深交所	厦门
638	002374	丽鹏股份	2013/05/29	0.00	0.32	深交所	山东
639	002407	多氟多	2013/05/29	0.00	0.22	深交所	河南
640	002493	荣盛石化	2013/05/29	0.00	1.11	深交所	浙江
641	002543	万和电气	2013/05/29	0.00	0.60	深交所	广东
642	002583	海能达	2013/05/29	0.00	0.14	深交所	深圳
643	002677	浙江美大	2013/05/29	0.00	0.50	深交所	浙江
644	300035	中科电气	2013/05/29	0.00	0.00	深交所	湖南
645	300105	龙源技术	2013/05/29	0.00	0.29	深交所	山东
646	300115	长盈精密	2013/05/29	0.00	0.26	深交所	深圳
647	300117	嘉寓股份	2013/05/29	0.00	0.11	深交所	北京
648	300126	锐奇股份	2013/05/29	0.00	0.15	深交所	上海
649	300160	秀强股份	2013/05/29	0.00	0.09	深交所	江苏

7-48　续表 13　continued

序号 No.	公司代码 Code	公司简称 Companies	除息日 Ex-dividend Date	每股现金红利（元） Dividend Per Share (yuan)	现金分配合计（万元） Total Dividend (10 thousand yuan)	交易所 Exchange	辖区 Region
650	300179	四方达	2013/05/29	0.00	0.18	深交所	河南
651	300218	安利股份	2013/05/29	0.00	0.17	深交所	安徽
652	300236	上海新阳	2013/05/29	0.00	0.17	深交所	上海
653	300263	隆华节能	2013/05/29	0.00	0.16	深交所	河南
654	600738	兰州民百	2013/05/29	0.12	0.44	上交所	甘肃
655	600818	中路股份	2013/05/29	0.03	0.07	上交所	上海
656	600845	宝信软件	2013/05/29	0.23	0.78	上交所	上海
657	601311	骆驼股份	2013/05/29	0.17	1.45	上交所	湖北
658	603766	隆鑫通用	2013/05/29	0.18	1.40	上交所	重庆
659	000012	南 玻 A	2013/05/30	0.00	1.97	深交所	深圳
660	000042	深 长 城	2013/05/30	0.00	1.25	深交所	深圳
661	000088	盐 田 港	2013/05/30	0.00	1.94	深交所	深圳
662	000153	丰原药业	2013/05/30	0.00	0.31	深交所	安徽
663	000705	浙江震元	2013/05/30	0.00	0.08	深交所	浙江
664	000791	甘肃电投	2013/05/30	0.00	0.66	深交所	甘肃
665	000930	中粮生化	2013/05/30	0.00	0.19	深交所	安徽
666	002008	大族激光	2013/05/30	0.00	2.09	深交所	深圳
667	002128	露天煤业	2013/05/30	0.00	2.65	深交所	内蒙古
668	002146	荣盛发展	2013/05/30	0.00	2.82	深交所	河北
669	002278	神开股份	2013/05/30	0.00	0.39	深交所	上海
670	002279	久其软件	2013/05/30	0.00	0.18	深交所	北京
671	002280	新世纪	2013/05/30	0.00	0.13	深交所	浙江
672	002457	青龙管业	2013/05/30	0.00	0.10	深交所	宁夏
673	002470	金正大	2013/05/30	0.00	1.05	深交所	山东
674	002509	天广消防	2013/05/30	0.00	0.10	深交所	福建
675	002630	华西能源	2013/05/30	0.00	0.17	深交所	四川
676	002641	永高股份	2013/05/30	0.00	0.36	深交所	浙江
677	002663	普邦园林	2013/05/30	0.00	0.42	深交所	广东
678	002664	信质电机	2013/05/30	0.00	0.27	深交所	浙江
679	002667	鞍重股份	2013/05/30	0.00	0.09	深交所	辽宁
680	002700	新疆浩源	2013/05/30	0.00	0.11	深交所	新疆
681	000012	南 玻 A	2013/05/30	0.00	1.42	深交所	深圳
682	300155	安居宝	2013/05/30	0.00	0.36	深交所	广东
683	300183	东软载波	2013/05/30	0.00	1.10	深交所	青岛
684	300185	通裕重工	2013/05/30	0.00	0.90	深交所	山东
685	300261	雅本化学	2013/05/30	0.00	0.29	深交所	江苏
686	300338	开元仪器	2013/05/30	0.00	0.30	深交所	湖南
687	300346	南大光电	2013/05/30	0.00	0.18	深交所	江苏
688	600279	重庆港九	2013/05/30	0.06	0.21	上交所	重庆
689	600375	华菱星马	2013/05/30	0.35	1.42	上交所	安徽
690	600482	风帆股份	2013/05/30	0.06	0.25	上交所	河北
691	600496	精工钢构	2013/05/30	0.04	0.23	上交所	安徽
692	600773	西藏城投	2013/05/30	0.02	0.10	上交所	西藏
693	600869	远东电缆	2013/05/30	0.20	1.98	上交所	青海
694	601126	四方股份	2013/05/30	0.25	1.02	上交所	北京
695	601599	鹿港科技	2013/05/30	0.05	0.16	上交所	江苏
696	000027	深圳能源	2013/05/31	0.00	2.64	深交所	深圳
697	000559	万向钱潮	2013/05/31	0.00	3.82	深交所	浙江
698	000836	鑫茂科技	2013/05/31	0.00	0.09	深交所	天津
699	002158	汉钟精机	2013/05/31	0.00	0.55	深交所	上海

7-48 续表 14 continued

序号 No.	公司代码 Code	公司简称 Companies	除息日 Ex-dividend Date	每股现金红利（元） Dividend Per Share (yuan)	现金分配合计（万元） Total Dividend (10 thousand yuan)	交易所 Exchange	辖区 Region
700	002244	滨江集团	2013/05/31	0.00	1.27	深交所	浙江
701	002249	大洋电机	2013/05/31	0.00	1.00	深交所	广东
702	002272	川润股份	2013/05/31	0.00	0.06	深交所	四川
703	002287	奇正藏药	2013/05/31	0.00	1.26	深交所	西藏
704	002293	罗莱家纺	2013/05/31	0.00	0.98	深交所	江苏
705	002344	海宁皮城	2013/05/31	0.00	1.40	深交所	浙江
706	002391	长青股份	2013/05/31	0.00	0.62	深交所	江苏
707	002402	和而泰	2013/05/31	0.00	0.20	深交所	深圳
708	002432	九安医疗	2013/05/31	0.00	0.00	深交所	天津
709	002446	盛路通信	2013/05/31	0.00	0.07	深交所	广东
710	002467	二六三	2013/05/31	0.00	0.72	深交所	北京
711	002597	金禾实业	2013/05/31	0.00	0.43	深交所	安徽
712	002617	露笑科技	2013/05/31	0.00	0.12	深交所	浙江
713	300002	神州泰岳	2013/05/31	0.00	1.53	深交所	北京
714	300017	网宿科技	2013/05/31	0.00	0.31	深交所	上海
715	300030	阳普医疗	2013/05/31	0.00	0.09	深交所	广东
716	300042	朗科科技	2013/05/31	0.00	0.13	深交所	深圳
717	300066	三川股份	2013/05/31	0.00	0.23	深交所	江西
718	300075	数字政通	2013/05/31	0.00	0.17	深交所	北京
719	300109	新开源	2013/05/31	0.00	0.07	深交所	河南
720	300113	顺网科技	2013/05/31	0.00	0.33	深交所	浙江
721	300244	迪安诊断	2013/05/31	0.00	0.09	深交所	浙江
722	300246	宝莱特	2013/05/31	0.00	0.15	深交所	广东
723	300253	卫宁软件	2013/05/31	0.00	0.07	深交所	上海
724	300258	精锻科技	2013/05/31	0.00	0.26	深交所	江苏
725	300267	尔康制药	2013/05/31	0.00	0.24	深交所	湖南
726	600089	特变电工	2013/05/31	0.12	3.16	上交所	新疆
727	600116	三峡水利	2013/05/31	0.20	0.54	上交所	重庆
728	600190	锦州港	2013/05/31	0.03	0.41	上交所	辽宁
729	600459	贵研铂业	2013/05/31	0.05	0.09	上交所	云南
730	600495	晋西车轴	2013/05/31	0.08	0.24	上交所	山西
731	600502	安徽水利	2013/05/31	0.08	0.27	上交所	安徽
732	600513	联环药业	2013/05/31	0.06	0.09	上交所	江苏
733	600536	中国软件	2013/05/31	0.07	0.16	上交所	北京
734	600565	迪马股份	2013/05/31	0.03	0.22	上交所	重庆
735	600581	八一钢铁	2013/05/31	0.07	0.54	上交所	新疆
736	600621	华鑫股份	2013/05/31	0.11	0.58	上交所	上海
737	600633	浙报传媒	2013/05/31	0.25	1.49	上交所	浙江
738	600857	工大首创	2013/05/31	0.05	0.11	上交所	浙江
739	600887	伊利股份	2013/05/31	0.28	5.24	上交所	内蒙
740	601137	博威合金	2013/05/31	0.18	0.39	上交所	浙江
741	603001	奥康国际	2013/05/31	0.40	1.60	上交所	浙江
742	603333	明星电缆	2013/05/31	0.05	0.25	上交所	四川
743	000861	海印股份	2013/06/03	0.00	0.54	深交所	广东
744	000970	中科三环	2013/06/03	0.40	1.07	深交所	北京
745	000978	桂林旅游	2013/06/03	0.00	0.18	深交所	广西
746	002012	凯恩股份	2013/06/03	0.00	0.14	深交所	浙江
747	002059	云南旅游	2013/06/03	0.00	0.11	深交所	云南
748	002115	三维通信	2013/06/03	0.00	0.34	深交所	浙江
749	002242	九阳股份	2013/06/03	0.00	3.80	深交所	山东

7-48 续表 15 continued

序号 No.	公司代码 Code	公司简称 Companies	除息日 Ex-dividend Date	每股现金红利(元) Dividend Per Share (yuan)	现金分配合计(万元) Total Dividend (10 thousand yuan)	交易所 Exchange	辖区 Region
750	002271	东方雨虹	2013/06/03	0.00	0.69	深交所	北京
751	002593	日上集团	2013/06/03	0.00	0.27	深交所	厦门
752	002599	盛通股份	2013/06/03	0.00	0.04	深交所	北京
753	300010	立思辰	2013/06/03	0.00	0.26	深交所	北京
754	300204	舒泰神	2013/06/03	0.00	0.53	深交所	北京
755	300272	开能环保	2013/06/03	0.00	0.44	深交所	上海
756	300307	慈星股份	2013/06/03	0.00	0.80	深交所	宁波
757	300318	博晖创新	2013/06/03	0.00	0.10	深交所	北京
758	600000	浦发银行	2013/06/03	0.55	102.59	上交所	上海
759	600048	保利地产	2013/06/03	0.23	16.56	上交所	广东
760	600119	长江投资	2013/06/03	0.07	0.22	上交所	上海
761	600132	重庆啤酒	2013/06/03	0.20	0.97	上交所	重庆
762	600175	美都控股	2013/06/03	0.01	0.11	上交所	浙江
763	600176	中国玻纤	2013/06/03	0.10	0.87	上交所	北京
764	600192	长城电工	2013/06/03	0.02	0.05	上交所	甘肃
765	600233	大杨创世	2013/06/03	0.15	0.25	上交所	辽宁
766	600239	云南城投	2013/06/03	0.08	0.66	上交所	云南
767	600261	阳光照明	2013/06/03	0.12	0.77	上交所	浙江
768	600287	江苏舜天	2013/06/03	0.04	0.17	上交所	江苏
769	600298	安琪酵母	2013/06/03	0.15	0.49	上交所	湖北
770	600388	龙净环保	2013/06/03	0.40	0.86	上交所	福建
771	600436	片仔癀	2013/06/03	0.80	1.12	上交所	福建
772	600439	瑞贝卡	2013/06/03	0.08	0.75	上交所	河南
773	600491	龙元建设	2013/06/03	0.13	1.23	上交所	浙江
774	600587	新华医疗	2013/06/03	0.10	0.17	上交所	山东
775	600596	新安股份	2013/06/03	0.12	0.82	上交所	浙江
776	600626	申达股份	2013/06/03	0.10	0.71	上交所	上海
777	600641	万业企业	2013/06/03	0.05	0.40	上交所	上海
778	600718	东软集团	2013/06/03	0.15	1.84	上交所	辽宁
779	600775	南京熊猫	2013/06/03	0.06	0.25	上交所	江苏
780	600831	广电网络	2013/06/03	0.04	0.23	上交所	陕西
781	600850	华东电脑	2013/06/03	0.20	0.64	上交所	上海
782	600893	航空动力	2013/06/03	0.08	0.88	上交所	陕西
783	600897	厦门空港	2013/06/03	0.39	1.16	上交所	福建
784	601008	连云港	2013/06/03	0.06	0.49	上交所	江苏
785	601177	杭齿前进	2013/06/03	0.02	0.08	上交所	浙江
786	000514	渝 开 发	2013/06/04	0.00	0.15	深交所	重庆
787	002023	海特高新	2013/06/04	0.00	0.34	深交所	四川
788	002131	利欧股份	2013/06/04	0.00	0.10	深交所	浙江
789	002157	正邦科技	2013/06/04	0.00	0.22	深交所	江西
790	002186	全 聚 德	2013/06/04	0.00	0.71	深交所	北京
791	002286	保龄宝	2013/06/04	0.00	0.28	深交所	山东
792	002590	万安科技	2013/06/04	0.00	0.06	深交所	浙江
793	002616	长青集团	2013/06/04	0.00	0.52	深交所	广东
794	002623	亚玛顿	2013/06/04	0.00	0.08	深交所	江苏
795	300085	银之杰	2013/06/04	0.00	0.14	深交所	深圳
796	300195	长荣股份	2013/06/04	0.00	0.98	深交所	天津
797	300211	亿通科技	2013/06/04	0.00	0.05	深交所	江苏
798	600007	中国国贸	2013/06/04	0.16	1.61	上交所	北京
799	600158	中体产业	2013/06/04	0.03	0.24	上交所	天津

7-48 续表 16 continued

序号 No.	公司代码 Code	公司简称 Companies	除息日 Ex-dividend Date	每股现金红利(元) Dividend Per Share (yuan)	现金分配合计(万元) Total Dividend (10 thousand yuan)	交易所 Exchange	辖区 Region
800	600262	北方股份	2013/06/04	0.30	0.51	上交所	内蒙
801	600295	鄂尔多斯	2013/06/04	0.10	1.03	上交所	内蒙
802	600340	华夏幸福	2013/06/04	0.23	2.03	上交所	浙江
803	600425	青松建化	2013/06/04	0.10	0.69	上交所	新疆
804	600435	北方导航	2013/06/04	0.10	0.74	上交所	北京
805	600523	贵航股份	2013/06/04	0.13	0.38	上交所	贵州
806	600527	江南高纤	2013/06/04	0.09	0.72	上交所	江苏
807	600531	豫光金铅	2013/06/04	0.05	0.15	上交所	河南
808	600572	康恩贝	2013/06/04	0.12	0.97	上交所	浙江
809	600605	汇通能源	2013/06/04	0.02	0.02	上交所	上海
810	600660	福耀玻璃	2013/06/04	0.50	10.01	上交所	福建
811	600674	川投能源	2013/06/04	0.06	1.23	上交所	四川
812	600724	宁波富达	2013/06/04	0.10	1.45	上交所	浙江
813	601388	怡球资源	2013/06/04	0.10	0.41	上交所	江苏
814	601965	中国汽研	2013/06/04	0.10	0.64	上交所	重庆
815	900950	新城B股	2013/06/04	0.10	0.64	上交所	江苏
816	000683	远兴能源	2013/06/05	0.00	0.15	深交所	内蒙古
817	000888	峨眉山A	2013/06/05	0.00	0.42	深交所	四川
818	002105	信隆实业	2013/06/05	0.00	0.27	深交所	深圳
819	002223	鱼跃医疗	2013/06/05	0.00	0.53	深交所	江苏
820	002262	恩华药业	2013/06/05	0.32	0.19	深交所	江苏
821	002320	海峡股份	2013/06/05	0.00	0.64	深交所	海南
822	002332	仙琚制药	2013/06/05	0.00	0.68	深交所	浙江
823	002338	奥普光电	2013/06/05	0.00	0.36	深交所	吉林
824	002356	浩宁达	2013/06/05	0.00	0.20	深交所	深圳
825	002399	海普瑞	2013/06/05	0.00	4.80	深交所	深圳
826	300004	南风股份	2013/06/05	0.00	0.19	深交所	广东
827	300104	乐视网	2013/06/05	0.00	0.21	深交所	北京
828	300153	科泰电源	2013/06/05	0.00	0.16	深交所	上海
829	600073	上海梅林	2013/06/05	0.07	0.52	上交所	上海
830	600595	中孚实业	2013/06/05	0.02	0.30	上交所	河南
831	600969	郴电国际	2013/06/05	0.17	0.35	上交所	湖南
832	601006	大秦铁路	2013/06/05	0.39	57.98	上交所	山西
833	000023	深天地A	2013/06/06	0.00	0.04	深交所	深圳
834	000418	小天鹅A	2013/06/06	0.00	1.32	深交所	江苏
835	000527	美的电器	2013/06/06	0.00	20.31	深交所	广东
836	000723	美锦能源	2013/06/06	0.20	0.28	深交所	山西
837	000728	国元证券	2013/06/06	0.00	1.96	深交所	安徽
838	000780	平庄能源	2013/06/06	0.00	0.51	深交所	内蒙古
839	000811	烟台冰轮	2013/06/06	0.00	0.39	深交所	山东
840	000933	神火股份	2013/06/06	0.00	0.57	深交所	河南
841	000987	广州友谊	2013/06/06	0.00	1.79	深交所	广东
842	002065	东华软件	2013/06/06	0.00	1.38	深交所	北京
843	002106	莱宝高科	2013/06/06	0.00	1.06	深交所	深圳
844	002120	新海股份	2013/06/06	0.00	0.15	深交所	宁波
845	002122	天马股份	2013/06/06	0.00	1.19	深交所	浙江
846	002140	东华科技	2013/06/06	0.00	0.22	深交所	安徽
847	002239	金飞达	2013/06/06	0.00	0.04	深交所	江苏
848	002261	拓维信息	2013/06/06	0.00	0.06	深交所	湖南
849	002328	新朋股份	2013/06/06	0.00	0.14	深交所	上海

7-48　续表 17　continued

序号 No.	公司代码 Code	公司简称 Companies	除息日 Ex-dividend Date	每股现金红利（元） Dividend Per Share (yuan)	现金分配合计（万元） Total Dividend (10 thousand yuan)	交易所 Exchange	辖区 Region
850	002343	禾欣股份	2013/06/06	0.00	0.69	深交所	浙江
851	002410	广联达	2013/06/06	0.00	2.07	深交所	北京
852	002499	科林环保	2013/06/06	0.00	0.05	深交所	江苏
853	002544	杰赛科技	2013/06/06	0.00	0.34	深交所	广东
854	002555	顺荣股份	2013/06/06	0.00	0.40	深交所	安徽
855	002573	国电清新	2013/06/06	0.00	0.59	深交所	北京
856	002574	明牌珠宝	2013/06/06	0.00	0.24	深交所	浙江
857	002602	世纪华通	2013/06/06	0.00	0.26	深交所	浙江
858	002655	共达电声	2013/06/06	0.00	0.09	深交所	山东
859	002670	华声股份	2013/06/06	0.00	0.50	深交所	广东
860	002689	博林特	2013/06/06	0.00	0.93	深交所	辽宁
861	000418	小天鹅A	2013/06/06	0.00	0.71	深交所	江苏
862	300015	爱尔眼科	2013/06/06	0.00	0.43	深交所	湖南
863	300077	国民技术	2013/06/06	0.00	0.27	深交所	深圳
864	300092	科新机电	2013/06/06	0.00	0.11	深交所	四川
865	300100	双林股份	2013/06/06	0.00	0.70	深交所	宁波
866	300171	东富龙	2013/06/06	0.00	1.04	深交所	上海
867	300247	桑乐金	2013/06/06	0.00	0.00	深交所	安徽
868	300255	常山药业	2013/06/06	0.00	0.19	深交所	河北
869	300259	新天科技	2013/06/06	0.00	0.17	深交所	河南
870	300305	裕兴股份	2013/06/06	0.00	0.27	深交所	江苏
871	300316	晶盛机电	2013/06/06	0.00	0.40	深交所	浙江
872	300320	海达股份	2013/06/06	0.00	0.13	深交所	江苏
873	300328	宜安科技	2013/06/06	0.00	0.11	深交所	广东
874	300344	太空板业	2013/06/06	0.27	0.08	深交所	北京
875	600070	浙江富润	2013/06/06	0.30	0.55	上交所	浙江
876	600150	中国船舶	2013/06/06	0.01	0.14	上交所	上海
877	600226	升华拜克	2013/06/06	0.05	0.20	上交所	浙江
878	600241	时代万恒	2013/06/06	0.03	0.05	上交所	辽宁
879	600393	东华实业	2013/06/06	0.05	0.15	上交所	广东
880	600406	国电南瑞	2013/06/06	0.21	3.31	上交所	江苏
881	600510	黑牡丹	2013/06/06	0.14	1.07	上交所	江苏
882	600558	大西洋	2013/06/06	0.07	0.10	上交所	四川
883	600665	天地源	2013/06/06	0.09	0.73	上交所	上海
884	600666	西南药业	2013/06/06	0.01	0.03	上交所	重庆
885	600801	华新水泥	2013/06/06	0.18	1.68	上交所	湖北
886	601818	光大银行	2013/06/06	0.06	23.45	上交所	北京
887	601857	中国石油	2013/06/06	0.13	212.22	上交所	北京
888	000028	国药一致	2013/06/07	0.00	0.42	深交所	深圳
889	000050	深天马A	2013/06/07	0.00	0.34	深交所	深圳
890	000065	北方国际	2013/06/07	0.20	0.10	深交所	北京
891	000151	中成股份	2013/06/07	0.00	0.21	深交所	北京
892	000425	徐工机械	2013/06/07	0.00	2.68	深交所	江苏
893	000553	沙隆达A	2013/06/07	0.00	0.18	深交所	湖北
894	000600	建投能源	2013/06/07	0.00	0.46	深交所	河北
895	000703	恒逸石化	2013/06/07	0.00	1.15	深交所	广西
896	000731	四川美丰	2013/06/07	0.00	1.18	深交所	四川
897	000753	漳州发展	2013/06/07	0.00	0.06	深交所	福建
898	000778	新兴铸管	2013/06/07	0.00	1.92	深交所	河北
899	000816	江淮动力	2013/06/07	0.00	0.11	深交所	江苏

7-48 续表 18 continued

序号 No.	公司代码 Code	公司简称 Companies	除息日 Ex-dividend Date	每股现金红利（元） Dividend Per Share (yuan)	现金分配合计（万元） Total Dividend (10 thousand yuan)	交易所 Exchange	辖区 Region
900	000851	高鸿股份	2013/06/07	0.00	0.31	深交所	贵州
901	000858	五 粮 液	2013/06/07	0.00	30.37	深交所	四川
902	000977	浪潮信息	2013/06/07	0.00	0.22	深交所	山东
903	000990	诚志股份	2013/06/07	0.00	0.06	深交所	江西
904	002029	七 匹 狼	2013/06/07	0.00	0.50	深交所	福建
905	002037	久联发展	2013/06/07	0.00	0.41	深交所	贵州
906	002043	兔 宝 宝	2013/06/07	0.00	0.14	深交所	浙江
907	002049	同方国芯	2013/06/07	0.00	0.30	深交所	河北
908	002058	威 尔 泰	2013/06/07	0.00	0.05	深交所	上海
909	002066	瑞泰科技	2013/06/07	0.00	0.12	深交所	北京
910	002074	东源电器	2013/06/07	0.00	0.05	深交所	江苏
911	002119	康强电子	2013/06/07	0.00	0.05	深交所	宁波
912	002153	石基信息	2013/06/07	0.00	0.31	深交所	北京
913	002159	三特索道	2013/06/07	0.00	0.07	深交所	湖北
914	002196	方正电机	2013/06/07	0.00	0.17	深交所	浙江
915	002205	国统股份	2013/06/07	0.00	0.06	深交所	新疆
916	002228	合兴包装	2013/06/07	0.00	0.35	深交所	厦门
917	002232	启明信息	2013/06/07	0.00	0.04	深交所	吉林
918	002238	天威视讯	2013/06/07	0.00	0.32	深交所	深圳
919	002304	洋河股份	2013/06/07	0.00	21.60	深交所	江苏
920	002375	亚厦股份	2013/06/07	0.00	0.64	深交所	浙江
921	002495	佳隆股份	2013/06/07	0.00	0.28	深交所	广东
922	002507	涪陵榨菜	2013/06/07	0.00	0.54	深交所	重庆
923	002526	山东矿机	2013/06/07	0.00	0.21	深交所	山东
924	002528	英飞拓	2013/06/07	0.00	0.71	深交所	深圳
925	002560	通达股份	2013/06/07	0.00	0.21	深交所	河南
926	002603	以岭药业	2013/06/07	0.00	0.55	深交所	河北
927	002609	捷顺科技	2013/06/07	0.00	0.14	深交所	深圳
928	002679	福建金森	2013/06/07	0.00	0.15	深交所	福建
929	002690	美亚光电	2013/06/07	0.00	0.60	深交所	安徽
930	002695	煌上煌	2013/06/07	0.00	0.28	深交所	江西
931	002698	博实股份	2013/06/07	0.00	0.40	深交所	黑龙江
932	000028	国药一致	2013/06/07	0.00	0.12	深交所	深圳
933	000553	沙隆达A	2013/06/07	0.00	0.14	深交所	湖北
934	300154	瑞凌股份	2013/06/07	0.00	0.45	深交所	深圳
935	300165	天瑞仪器	2013/06/07	0.00	0.18	深交所	江苏
936	300168	万达信息	2013/06/07	0.00	0.24	深交所	上海
937	300188	美亚柏科	2013/06/07	0.00	0.17	深交所	厦门
938	300257	开山股份	2013/06/07	0.00	1.43	深交所	浙江
939	300331	苏大维格	2013/06/07	0.00	0.12	深交所	江苏
940	300342	天银机电	2013/06/07	0.00	0.40	深交所	江苏
941	600078	澄星股份	2013/06/07	0.02	0.13	上交所	江苏
942	600098	广州发展	2013/06/07	0.16	4.39	上交所	广东
943	600221	海南航空	2013/06/07	0.10	6.09	上交所	海南
944	600276	恒瑞医药	2013/06/07	0.08	0.99	上交所	江苏
945	600500	中化国际	2013/06/07	0.15	2.16	上交所	上海
946	600519	贵州茅台	2013/06/07	6.42	66.64	上交所	贵州
947	600528	中铁二局	2013/06/07	0.12	1.75	上交所	四川
948	600690	青岛海尔	2013/06/07	0.37	9.97	上交所	山东
949	600719	大连热电	2013/06/07	0.01	0.01	上交所	辽宁

7-48　续表 19　continued

序号 No.	公司代码 Code	公司简称 Companies	除息日 Ex-dividend Date	每股现金红利（元） Dividend Per Share (yuan)	现金分配合计（万元） Total Dividend (10 thousand yuan)	交易所 Exchange	辖区 Region
950	600790	轻纺城	2013/06/07	0.20	1.61	上交所	浙江
951	601113	华鼎股份	2013/06/07	0.05	0.32	上交所	浙江
952	601799	星宇股份	2013/06/07	0.66	1.57	上交所	江苏
953	000055	方大集团	2013/06/13	0.00	0.13	深交所	深圳
954	002466	天齐锂业	2013/06/13	0.00	0.15	深交所	四川
955	002592	八菱科技	2013/06/13	0.00	0.29	深交所	广西
956	000055	方大集团	2013/06/13	0.00	0.13	深交所	深圳
957	300009	安科生物	2013/06/13	0.00	0.47	深交所	安徽
958	300040	九洲电气	2013/06/13	0.00	0.28	深交所	黑龙江
959	300095	华伍股份	2013/06/13	0.00	0.08	深交所	江西
960	300107	建新股份	2013/06/13	0.00	0.04	深交所	河北
961	300181	佐力药业	2013/06/13	0.00	0.14	深交所	浙江
962	300225	金力泰	2013/06/13	0.00	0.30	深交所	上海
963	300289	利德曼	2013/06/13	0.00	0.20	深交所	北京
964	300290	荣科科技	2013/06/13	0.00	0.10	深交所	辽宁
965	300309	吉艾科技	2013/06/13	0.00	0.19	深交所	北京
966	600036	招商银行	2013/06/13	0.63	111.30	上交所	广东
967	600051	宁波联合	2013/06/13	0.10	0.30	上交所	浙江
968	600300	维维股份	2013/06/13	0.06	1.00	上交所	江苏
969	600369	西南证券	2013/06/13	0.10	2.32	上交所	重庆
970	600501	航天晨光	2013/06/13	0.03	0.12	上交所	江苏
971	600526	菲达环保	2013/06/13	0.10	0.20	上交所	浙江
972	600594	益佰制药	2013/06/13	0.15	0.54	上交所	贵州
973	600717	天津港	2013/06/13	0.18	3.01	上交所	天津
974	600888	新疆众和	2013/06/13	0.10	0.53	上交所	新疆
975	600981	汇鸿股份	2013/06/13	0.03	0.15	上交所	江苏
976	601688	华泰证券	2013/06/13	0.15	8.40	上交所	江苏
977	601808	中海油服	2013/06/13	0.31	9.18	上交所	天津
978	000014	沙河股份	2013/06/14	0.00	0.05	深交所	深圳
979	000016	深康佳Ａ	2013/06/14	0.00	0.08	深交所	深圳
980	000421	南京中北	2013/06/14	0.00	0.07	深交所	江苏
981	000538	云南白药	2013/06/14	0.00	3.12	深交所	云南
982	000596	古井贡酒	2013/06/14	0.00	1.92	深交所	安徽
983	000738	中航动控	2013/06/14	0.00	0.58	深交所	湖南
984	000786	北新建材	2013/06/14	0.00	1.83	深交所	北京
985	000948	南天信息	2013/06/14	0.00	0.05	深交所	云南
986	001696	宗申动力	2013/06/14	0.00	0.59	深交所	重庆
987	002046	轴研科技	2013/06/14	0.00	0.14	深交所	河南
988	002189	利达光电	2013/06/14	0.00	0.03	深交所	河南
989	002281	光迅科技	2013/06/14	0.00	0.46	深交所	湖北
990	002376	新北洋	2013/06/14	0.00	0.60	深交所	山东
991	002387	黑牛食品	2013/06/14	0.00	0.09	深交所	广东
992	002461	珠江啤酒	2013/06/14	0.00	0.07	深交所	广东
993	002513	蓝丰生化	2013/06/14	0.00	0.21	深交所	江苏
994	002516	江苏旷达	2013/06/14	0.00	0.30	深交所	江苏
995	002535	林州重机	2013/06/14	0.00	0.54	深交所	河南
996	002596	海南瑞泽	2013/06/14	0.00	0.13	深交所	海南
997	002657	中科金财	2013/06/14	0.00	0.10	深交所	北京
998	002666	德联集团	2013/06/14	0.00	0.46	深交所	广东
999	000016	深康佳Ａ	2013/06/14	0.00	0.05	深交所	深圳

7-48 续表 20 continued

序号 No.	公司代码 Code	公司简称 Companies	除息日 Ex-dividend Date	每股现金红利（元） Dividend Per Share (yuan)	现金分配合计（万元） Total Dividend (10 thousand yuan)	交易所 Exchange	辖区 Region
1000	000596	古井贡酒	2013/06/14	0.00	0.75	深交所	安徽
1001	300116	坚瑞消防	2013/06/14	0.00	0.00	深交所	陕西
1002	300278	华昌达	2013/06/14	0.00	0.03	深交所	湖北
1003	300280	南通锻压	2013/06/14	0.00	0.06	深交所	江苏
1004	300325	德威新材	2013/06/14	0.00	0.08	深交所	江苏
1005	600033	福建高速	2013/06/14	0.10	2.74	上交所	福建
1006	600038	哈飞股份	2013/06/14	0.16	0.54	上交所	黑龙江
1007	600549	厦门钨业	2013/06/14	0.25	1.70	上交所	福建
1008	600585	海螺水泥	2013/06/14	0.25	10.00	上交所	安徽
1009	600620	天宸股份	2013/06/14	0.01	0.05	上交所	上海
1010	600623	双钱股份	2013/06/14	0.10	0.89	上交所	上海
1011	600708	海博股份	2013/06/14	0.10	0.51	上交所	上海
1012	600764	中电广通	2013/06/14	0.02	0.08	上交所	北京
1013	600805	悦达投资	2013/06/14	0.15	1.06	上交所	江苏
1014	601098	中南传媒	2013/06/14	0.18	3.23	上交所	湖南
1015	601231	环旭电子	2013/06/14	0.19	1.94	上交所	上海
1016	601908	京运通	2013/06/14	0.03	0.26	上交所	北京
1017	603008	喜临门	2013/06/14	0.18	0.38	上交所	浙江
1018	000043	中航地产	2013/06/17	0.00	0.67	深交所	深圳
1019	000049	德赛电池	2013/06/17	0.00	0.41	深交所	深圳
1020	000819	岳阳兴长	2013/06/17	0.00	0.32	深交所	湖南
1021	000893	东凌粮油	2013/06/17	0.00	0.41	深交所	广东
1022	002090	金智科技	2013/06/17	0.00	0.20	深交所	江苏
1023	002368	太极股份	2013/06/17	0.00	0.43	深交所	北京
1024	002378	章源钨业	2013/06/17	0.00	0.86	深交所	江西
1025	002500	山西证券	2013/06/17	0.00	1.20	深交所	山西
1026	002533	金杯电工	2013/06/17	0.00	0.40	深交所	湖南
1027	002572	索菲亚	2013/06/17	0.00	0.77	深交所	广东
1028	002627	宜昌交运	2013/06/17	0.00	0.27	深交所	湖北
1029	002662	京威股份	2013/06/17	0.00	1.50	深交所	北京
1030	002674	兴业科技	2013/06/17	0.00	0.48	深交所	福建
1031	300034	钢研高纳	2013/06/17	0.00	0.34	深交所	北京
1032	300147	香雪制药	2013/06/17	0.00	0.60	深交所	广东
1033	300190	维尔利	2013/06/17	0.00	0.20	深交所	江苏
1034	600006	东风汽车	2013/06/17	0.00	0.07	上交所	湖北
1035	600055	华润万东	2013/06/17	0.05	0.11	上交所	北京
1036	600125	铁龙物流	2013/06/17	0.11	1.44	上交所	辽宁
1037	600166	福田汽车	2013/06/17	0.16	4.50	上交所	北京
1038	600172	黄河旋风	2013/06/17	0.04	0.21	上交所	河南
1039	600216	浙江医药	2013/06/17	0.50	2.60	上交所	浙江
1040	600258	首旅酒店	2013/06/17	0.25	0.58	上交所	北京
1041	600278	东方创业	2013/06/17	0.10	0.52	上交所	上海
1042	600327	大东方	2013/06/17	0.08	0.42	上交所	江苏
1043	600403	大有能源	2013/06/17	0.45	5.38	上交所	河南
1044	600463	空港股份	2013/06/17	0.10	0.25	上交所	北京
1045	600480	凌云股份	2013/06/17	0.10	0.36	上交所	河北
1046	600512	腾达建设	2013/06/17	0.02	0.15	上交所	浙江
1047	600642	申能股份	2013/06/17	0.12	5.46	上交所	上海
1048	600662	强生控股	2013/06/17	0.10	1.05	上交所	上海
1049	600754	锦江股份	2013/06/17	0.37	2.23	上交所	上海

7-48 续表 21 continued

序号 No.	公司代码 Code	公司简称 Companies	除息日 Ex-dividend Date	每股现金红利(元) Dividend Per Share (yuan)	现金分配合计(万元) Total Dividend (10 thousand yuan)	交易所 Exchange	辖区 Region
1050	600830	香溢融通	2013/06/17	0.05	0.23	上交所	浙江
1051	600987	航民股份	2013/06/17	0.20	0.85	上交所	浙江
1052	600992	贵绳股份	2013/06/17	0.05	0.08	上交所	贵州
1053	601107	四川成渝	2013/06/17	0.08	1.73	上交所	四川
1054	000507	珠海港	2013/06/18	0.00	0.39	深交所	广东
1055	000608	阳光股份	2013/06/18	0.00	0.30	深交所	广西
1056	000686	东北证券	2013/06/18	0.00	1.96	深交所	吉林
1057	000909	数源科技	2013/06/18	0.00	0.00	深交所	浙江
1058	000965	天保基建	2013/06/18	0.00	0.15	深交所	天津
1059	000979	中弘股份	2013/06/18	0.00	3.04	深交所	安徽
1060	002112	三变科技	2013/06/18	0.00	0.02	深交所	浙江
1061	002174	梅 花 伞	2013/06/18	0.00	0.01	深交所	福建
1062	002190	成飞集成	2013/06/18	0.00	0.35	深交所	四川
1063	002222	福晶科技	2013/06/18	0.00	0.29	深交所	福建
1064	002256	彩虹精化	2013/06/18	0.00	0.06	深交所	深圳
1065	002316	键桥通讯	2013/06/18	0.00	0.10	深交所	深圳
1066	002324	普利特	2013/06/18	0.00	0.27	深交所	上海
1067	002418	康盛股份	2013/06/18	0.00	0.11	深交所	浙江
1068	002445	中南重工	2013/06/18	0.00	0.13	深交所	江苏
1069	002462	嘉事堂	2013/06/18	0.00	0.29	深交所	北京
1070	002471	中超电缆	2013/06/18	0.00	0.51	深交所	江苏
1071	002498	汉缆股份	2013/06/18	0.00	1.07	深交所	青岛
1072	002591	恒大高新	2013/06/18	0.30	0.03	深交所	江西
1073	002650	加加食品	2013/06/18	0.00	1.15	深交所	湖南
1074	002659	中泰桥梁	2013/06/18	0.00	0.12	深交所	江苏
1075	002660	茂硕电源	2013/06/18	0.00	0.10	深交所	深圳
1076	300001	特锐德	2013/06/18	0.00	0.20	深交所	青岛
1077	300173	松德股份	2013/06/18	0.00	0.11	深交所	广东
1078	300237	美晨科技	2013/06/18	0.00	0.03	深交所	山东
1079	300293	蓝英装备	2013/06/18	0.00	0.18	深交所	辽宁
1080	600019	宝钢股份	2013/06/18	0.14	22.78	上交所	上海
1081	600039	四川路桥	2013/06/18	0.15	1.57	上交所	四川
1082	600059	古越龙山	2013/06/18	0.10	0.63	上交所	浙江
1083	600117	西宁特钢	2013/06/18	0.01	0.10	上交所	青海
1084	600120	浙江东方	2013/06/18	0.25	1.26	上交所	浙江
1085	600135	乐凯胶片	2013/06/18	0.03	0.09	上交所	河北
1086	600141	兴发集团	2013/06/18	0.30	1.31	上交所	湖北
1087	600267	海正药业	2013/06/18	0.11	0.92	上交所	浙江
1088	600268	国电南自	2013/06/18	0.10	0.64	上交所	江苏
1089	600277	亿利能源	2013/06/18	0.05	0.77	上交所	内蒙
1090	600284	浦东建设	2013/06/18	0.16	1.08	上交所	上海
1091	600383	金地集团	2013/06/18	0.08	3.58	上交所	广东
1092	600469	风神股份	2013/06/18	0.10	0.37	上交所	河南
1093	600475	华光股份	2013/06/18	0.10	0.26	上交所	江苏
1094	600505	西昌电力	2013/06/18	0.03	0.11	上交所	四川
1095	600636	三爱富	2013/06/18	0.11	0.42	上交所	上海
1096	600649	城投控股	2013/06/18	0.15	4.48	上交所	上海
1097	600712	南宁百货	2013/06/18	0.04	0.20	上交所	广西
1098	600742	一汽富维	2013/06/18	0.56	1.18	上交所	吉林
1099	600787	中储股份	2013/06/18	0.05	0.46	上交所	天津

7-48 续表 22 continued

序号 No.	公司代码 Code	公司简称 Companies	除息日 Ex-dividend Date	每股现金红利(元) Dividend Per Share (yuan)	现金分配合计(万元) Total Dividend (10 thousand yuan)	交易所 Exchange	辖区 Region
1100	600884	杉杉股份	2013/06/18	0.06	0.25	上交所	浙江
1101	600971	恒源煤电	2013/06/18	0.26	2.60	上交所	安徽
1102	600995	文山电力	2013/06/18	0.10	0.48	上交所	云南
1103	601628	中国人寿	2013/06/18	0.14	29.15	上交所	北京
1104	601801	皖新传媒	2013/06/18	0.17	1.55	上交所	安徽
1105	601988	中国银行	2013/06/18	0.18	342.17	上交所	北京
1106	000021	长城开发	2013/06/19	0.00	0.26	深交所	深圳
1107	000099	中信海直	2013/06/19	0.00	0.26	深交所	深圳
1108	000541	佛山照明	2013/06/19	0.00	2.34	深交所	广东
1109	000562	宏源证券	2013/06/19	0.00	11.92	深交所	新疆
1110	000789	江西水泥	2013/06/19	0.00	0.41	深交所	江西
1111	000838	国兴地产	2013/06/19	0.00	0.09	深交所	北京
1112	000988	华工科技	2013/06/19	0.00	0.09	深交所	湖北
1113	002030	达安基因	2013/06/19	0.12	0.05	深交所	广东
1114	002060	粤 水 电	2013/06/19	0.00	0.10	深交所	广东
1115	002079	苏州固锝	2013/06/19	0.00	0.11	深交所	江苏
1116	002121	科陆电子	2013/06/19	0.00	0.16	深交所	深圳
1117	002372	伟星新材	2013/06/19	0.00	2.03	深交所	浙江
1118	002411	九九久	2013/06/19	0.00	0.12	深交所	江苏
1119	002607	亚夏汽车	2013/06/19	0.00	0.26	深交所	安徽
1120	002680	黄海机械	2013/06/19	0.00	0.14	深交所	江苏
1121	002696	百洋股份	2013/06/19	0.00	0.26	深交所	广西
1122	300142	沃森生物	2013/06/19	0.00	0.46	深交所	云南
1123	300176	鸿特精密	2013/06/19	0.00	0.09	深交所	广东
1124	300187	永清环保	2013/06/19	0.00	0.00	深交所	湖南
1125	300191	潜能恒信	2013/06/19	0.00	0.10	深交所	北京
1126	300202	聚龙股份	2013/06/19	0.00	0.25	深交所	辽宁
1127	300217	东方电热	2013/06/19	0.00	0.20	深交所	江苏
1128	300337	银邦股份	2013/06/19	0.00	0.17	深交所	江苏
1129	300340	科恒股份	2013/06/19	0.00	0.10	深交所	广东
1130	300345	红宇新材	2013/06/19	0.00	0.29	深交所	湖南
1131	600028	中国石化	2013/06/19	0.20	140.08	上交所	北京
1132	600053	中江地产	2013/06/19	0.02	0.09	上交所	江西
1133	600068	葛洲坝	2013/06/19	0.14	4.71	上交所	湖北
1134	600373	中文传媒	2013/06/19	0.10	0.66	上交所	江西
1135	600468	百利电气	2013/06/19	0.02	0.09	上交所	天津
1136	600511	国药股份	2013/06/19	0.22	1.05	上交所	北京
1137	600657	信达地产	2013/06/19	0.07	1.07	上交所	北京
1138	600694	大商股份	2013/06/19	1.00	2.94	上交所	辽宁
1139	600704	物产中大	2013/06/19	0.18	1.42	上交所	浙江
1140	600761	安徽合力	2013/06/19	0.21	1.08	上交所	安徽
1141	600765	中航重机	2013/06/19	0.04	0.31	上交所	贵州
1142	600774	汉商集团	2013/06/19	0.04	0.07	上交所	湖北
1143	600783	鲁信创投	2013/06/19	0.15	1.12	上交所	山东
1144	601018	宁波港	2013/06/19	0.09	11.14	上交所	浙江
1145	601118	海南橡胶	2013/06/19	0.05	1.97	上交所	海南
1146	601566	九牧王	2013/06/19	0.70	4.05	上交所	福建
1147	000001	平安银行	2013/06/20	0.28	8.71	深交所	深圳
1148	000006	深振业A	2013/06/20	2.00	1.29	深交所	深圳
1149	000070	特发信息	2013/06/20	0.00	0.09	深交所	深圳

7-48　续表 23　continued

序号 No.	公司代码 Code	公司简称 Companies	除息日 Ex-dividend Date	每股现金红利（元） Dividend Per Share (yuan)	现金分配合计（万元） Total Dividend (10 thousand yuan)	交易所 Exchange	辖区 Region
1150	000528	柳　工	2013/06/20	0.00	2.81	深交所	广西
1151	000701	厦门信达	2013/06/20	0.00	0.17	深交所	厦门
1152	000850	华茂股份	2013/06/20	0.00	0.47	深交所	安徽
1153	002270	法因数控	2013/06/20	0.00	0.09	深交所	山东
1154	002352	鼎泰新材	2013/06/20	0.00	0.08	深交所	安徽
1155	002460	赣锋锂业	2013/06/20	0.00	0.31	深交所	江西
1156	002619	巨龙管业	2013/06/20	0.00	0.10	深交所	浙江
1157	002632	道明光学	2013/06/20	0.00	0.16	深交所	浙江
1158	600128	弘业股份	2013/06/20	0.08	0.20	上交所	江苏
1159	600232	金鹰股份	2013/06/20	0.08	0.29	上交所	浙江
1160	600251	冠农股份	2013/06/20	0.21	0.76	上交所	新疆
1161	600270	外运发展	2013/06/20	0.20	1.81	上交所	北京
1162	600317	营口港	2013/06/20	0.02	0.52	上交所	辽宁
1163	600470	六国化工	2013/06/20	0.10	0.52	上交所	安徽
1164	600508	上海能源	2013/06/20	0.40	2.89	上交所	上海
1165	601666	平煤股份	2013/06/20	0.14	3.38	上交所	河南
1166	601777	力帆股份	2013/06/20	0.20	1.90	上交所	重庆
1167	603002	宏昌电子	2013/06/20	0.04	0.14	上交所	广东
1168	603399	新华龙	2013/06/20	0.06	0.14	上交所	辽宁
1169	000040	宝安地产	2013/06/21	0.00	0.19	深交所	深圳
1170	000417	合肥百货	2013/06/21	0.00	0.78	深交所	安徽
1171	000590	紫光古汉	2013/06/21	0.00	0.45	深交所	湖南
1172	000625	长安汽车	2013/06/21	0.00	1.88	深交所	重庆
1173	000679	大连友谊	2013/06/21	0.00	0.71	深交所	大连
1174	000726	鲁　泰Ａ	2013/06/21	0.00	1.59	深交所	山东
1175	000739	普洛药业	2013/06/21	0.00	0.00	深交所	青岛
1176	000758	中色股份	2013/06/21	0.00	0.98	深交所	北京
1177	000823	超声电子	2013/06/21	0.00	0.53	深交所	广东
1178	000828	东莞控股	2013/06/21	0.00	1.66	深交所	广东
1179	000881	大连国际	2013/06/21	0.00	0.31	深交所	大连
1180	000910	大亚科技	2013/06/21	0.00	0.11	深交所	江苏
1181	000938	紫光股份	2013/06/21	0.00	0.10	深交所	北京
1182	000962	东方钽业	2013/06/21	0.00	0.18	深交所	宁夏
1183	000973	佛塑科技	2013/06/21	0.00	0.46	深交所	广东
1184	000983	西山煤电	2013/06/21	0.00	1.13	深交所	山西
1185	002039	黔源电力	2013/06/21	0.00	0.24	深交所	贵州
1186	002048	宁波华翔	2013/06/21	0.00	0.27	深交所	宁波
1187	002149	西部材料	2013/06/21	0.00	0.09	深交所	陕西
1188	002185	华天科技	2013/06/21	0.00	0.32	深交所	甘肃
1189	002282	博深工具	2013/06/21	0.00	0.11	深交所	河北
1190	002303	美盈森	2013/06/21	0.00	0.18	深交所	深圳
1191	002340	格林美	2013/06/21	0.00	0.29	深交所	深圳
1192	002395	双象股份	2013/06/21	0.00	0.18	深交所	江苏
1193	002396	星网锐捷	2013/06/21	0.00	0.88	深交所	福建
1194	002397	梦洁家纺	2013/06/21	0.00	0.45	深交所	湖南
1195	002429	兆驰股份	2013/06/21	0.00	1.42	深交所	深圳
1196	002436	兴森科技	2013/06/21	0.00	0.74	深交所	深圳
1197	002464	金利科技	2013/06/21	0.00	0.32	深交所	江苏
1198	002475	立讯精密	2013/06/21	0.00	0.36	深交所	深圳
1199	002478	常宝股份	2013/06/21	0.00	0.72	深交所	江苏

7-48 续表 24 continued

序号 No.	公司代码 Code	公司简称 Companies	除息日 Ex-dividend Date	每股现金红利（元） Dividend Per Share (yuan)	现金分配合计（万元） Total Dividend (10 thousand yuan)	交易所 Exchange	辖区 Region
1200	002529	海源机械	2013/06/21	0.00	0.05	深交所	福建
1201	002536	西泵股份	2013/06/21	0.00	0.19	深交所	河南
1202	002538	司尔特	2013/06/21	0.00	0.30	深交所	安徽
1203	002545	东方铁塔	2013/06/21	0.00	0.52	深交所	青岛
1204	002552	宝鼎重工	2013/06/21	0.00	0.15	深交所	浙江
1205	002644	佛慈制药	2013/06/21	0.00	0.03	深交所	甘肃
1206	002649	博彦科技	2013/06/21	0.00	0.30	深交所	北京
1207	002682	龙洲股份	2013/06/21	0.00	0.32	深交所	福建
1208	002685	华东重机	2013/06/21	0.00	0.10	深交所	江苏
1209	000726	鲁 泰A	2013/06/21	0.00	1.54	深交所	山东
1210	300007	汉威电子	2013/06/21	0.00	0.06	深交所	河南
1211	300013	新宁物流	2013/06/21	0.00	0.02	深交所	江苏
1212	300018	中元华电	2013/06/21	0.00	0.20	深交所	湖北
1213	300114	中航电测	2013/06/21	0.27	0.10	深交所	陕西
1214	300131	英唐智控	2013/06/21	0.00	0.10	深交所	深圳
1215	300219	鸿利光电	2013/06/21	0.00	0.07	深交所	广东
1216	300242	明家科技	2013/06/21	0.00	0.02	深交所	广东
1217	300265	通光线缆	2013/06/21	0.00	0.14	深交所	江苏
1218	300324	旋极信息	2013/06/21	0.00	0.45	深交所	北京
1219	600005	武钢股份	2013/06/21	0.01	1.01	上交所	湖北
1220	600067	冠城大通	2013/06/21	0.21	2.49	上交所	福建
1221	600162	香江控股	2013/06/21	0.02	0.12	上交所	广东
1222	600188	兖州煤业	2013/06/21	0.36	10.66	上交所	山东
1223	601939	建设银行	2013/06/21	0.27	25.71	上交所	北京
1224	000159	国际实业	2013/06/24	0.00	0.22	深交所	新疆
1225	000531	穗恒运A	2013/06/24	0.00	0.62	深交所	广东
1226	002007	华兰生物	2013/06/24	0.00	0.58	深交所	河南
1227	002358	森源电气	2013/06/24	0.00	0.41	深交所	河南
1228	002558	世纪游轮	2013/06/24	0.00	0.06	深交所	重庆
1229	002600	江粉磁材	2013/06/24	0.00	0.32	深交所	广东
1230	000512	闽灿坤B	2013/06/24	0.00	0.20	深交所	厦门
1231	300045	华力创通	2013/06/24	0.00	0.07	深交所	北京
1232	300158	振东制药	2013/06/24	0.00	0.09	深交所	山西
1233	600012	皖通高速	2013/06/24	0.20	2.33	上交所	安徽
1234	600100	同方股份	2013/06/24	0.10	1.99	上交所	北京
1235	600256	广汇能源	2013/06/24	0.05	1.75	上交所	新疆
1236	600290	华仪电气	2013/06/24	0.02	0.11	上交所	浙江
1237	600360	华微电子	2013/06/24	0.02	0.15	上交所	吉林
1238	600361	华联综超	2013/06/24	0.07	0.47	上交所	北京
1239	600479	千金药业	2013/06/24	0.25	0.76	上交所	湖南
1240	600481	双良节能	2013/06/24	0.25	2.03	上交所	江苏
1241	600530	交大昂立	2013/06/24	0.15	0.47	上交所	上海
1242	600650	锦江投资	2013/06/24	0.23	1.27	上交所	上海
1243	600686	金龙汽车	2013/06/24	0.15	0.66	上交所	福建
1244	600791	京能置业	2013/06/24	0.05	0.23	上交所	北京
1245	600816	安信信托	2013/06/24	0.10	0.45	上交所	上海
1246	600834	申通地铁	2013/06/24	0.07	0.33	上交所	上海
1247	601139	深圳燃气	2013/06/24	0.14	2.69	上交所	广东
1248	601515	东风股份	2013/06/24	0.38	2.11	上交所	广东
1249	601555	东吴证券	2013/06/24	0.05	1.00	上交所	江苏

7-48　续表 25　continued

序号 No.	公司代码 Code	公司简称 Companies	除息日 Ex-dividend Date	每股现金红利（元） Dividend Per Share (yuan)	现金分配合计（万元） Total Dividend (10 thousand yuan)	交易所 Exchange	辖区 Region
1250	000639	西王食品	2013/06/25	0.00	0.47	深交所	山东
1251	000792	盐湖股份	2013/06/25	0.00	5.09	深交所	青海
1252	000826	桑德环境	2013/06/25	0.00	0.65	深交所	湖北
1253	002051	中工国际	2013/06/25	0.00	1.91	深交所	北京
1254	002350	北京科锐	2013/06/25	0.00	0.39	深交所	北京
1255	002390	信邦制药	2013/06/25	0.00	0.10	深交所	贵州
1256	002406	远东传动	2013/06/25	0.00	0.56	深交所	河南
1257	002430	杭氧股份	2013/06/25	0.00	1.22	深交所	浙江
1258	300032	金龙机电	2013/06/25	0.00	0.14	深交所	浙江
1259	300079	数码视讯	2013/06/25	0.00	0.67	深交所	北京
1260	300269	联建光电	2013/06/25	0.00	0.15	深交所	深圳
1261	300287	飞利信	2013/06/25	0.00	0.10	深交所	北京
1262	300302	同有科技	2013/06/25	0.00	0.05	深交所	北京
1263	300322	硕贝德	2013/06/25	0.00	0.09	深交所	广东
1264	600081	东风科技	2013/06/25	0.10	0.31	上交所	上海
1265	600199	金种子酒	2013/06/25	0.31	1.72	上交所	安徽
1266	600218	全柴动力	2013/06/25	0.05	0.14	上交所	安徽
1267	600351	亚宝药业	2013/06/25	0.05	0.35	上交所	山西
1268	600415	小商品城	2013/06/25	0.10	2.72	上交所	浙江
1269	600423	柳化股份	2013/06/25	0.06	0.24	上交所	广西
1270	600655	豫园商城	2013/06/25	0.20	2.92	上交所	上海
1271	600881	亚泰集团	2013/06/25	0.10	1.89	上交所	吉林
1272	603993	洛阳钼业	2013/06/25	0.12	4.52	上交所	河南
1273	000061	农 产 品	2013/06/26	0.00	0.85	深交所	深圳
1274	000516	开元投资	2013/06/26	0.00	0.36	深交所	陕西
1275	000661	长春高新	2013/06/26	0.00	0.26	深交所	吉林
1276	000713	丰乐种业	2013/06/26	0.00	0.15	深交所	安徽
1277	000756	新华制药	2013/06/26	0.00	0.03	深交所	山东
1278	002116	中国海诚	2013/06/26	0.00	0.47	深交所	上海
1279	002126	银轮股份	2013/06/26	0.00	0.10	深交所	浙江
1280	002156	通富微电	2013/06/26	0.00	0.13	深交所	江苏
1281	002182	云海金属	2013/06/26	0.00	0.14	深交所	江苏
1282	002300	太阳电缆	2013/06/26	0.00	1.06	深交所	福建
1283	002366	丹甫股份	2013/06/26	0.00	0.20	深交所	四川
1284	002408	齐翔腾达	2013/06/26	0.00	0.84	深交所	山东
1285	002435	长江润发	2013/06/26	0.00	0.13	深交所	江苏
1286	002482	广田股份	2013/06/26	0.00	0.52	深交所	深圳
1287	002668	奥马电器	2013/06/26	0.00	0.17	深交所	广东
1288	002672	东江环保	2013/06/26	0.00	0.46	深交所	深圳
1289	002703	浙江世宝	2013/06/26	0.00	0.15	深交所	浙江
1290	000530	大冷股份	2013/06/26	0.00	0.22	深交所	大连
1291	300051	三五互联	2013/06/26	0.00	0.00	深交所	厦门
1292	300178	腾邦国际	2013/06/26	0.00	0.12	深交所	深圳
1293	600143	金发科技	2013/06/26	0.20	5.27	上交所	广东
1294	600291	西水股份	2013/06/26	0.05	0.21	上交所	内蒙
1295	600604	市北高新	2013/06/26	0.03	0.16	上交所	上海
1296	600654	飞乐股份	2013/06/26	0.04	0.32	上交所	上海
1297	600778	友好集团	2013/06/26	0.33	1.03	上交所	新疆
1298	600784	鲁银投资	2013/06/26	0.03	0.15	上交所	山东
1299	601398	工商银行	2013/06/26	0.24	628.21	上交所	北京

7-48 续表 26 continued

序号 No.	公司代码 Code	公司简称 Companies	除息日 Ex-dividend Date	每股现金红利(元) Dividend Per Share (yuan)	现金分配合计(万元) Total Dividend (10 thousand yuan)	交易所 Exchange	辖区 Region
1300	601717	郑煤机	2013/06/26	0.30	4.13	上交所	河南
1301	601890	亚星锚链	2013/06/26	0.06	0.28	上交所	江苏
1302	000656	金科股份	2013/06/27	0.00	1.16	深交所	重庆
1303	000768	中航飞机	2013/06/27	0.00	2.65	深交所	陕西
1304	000798	中水渔业	2013/06/27	0.00	0.19	深交所	北京
1305	000913	钱江摩托	2013/06/27	0.00	0.45	深交所	浙江
1306	000989	九 芝 堂	2013/06/27	0.00	0.60	深交所	湖南
1307	002034	美 欣 达	2013/06/27	0.00	0.24	深交所	浙江
1308	002052	同洲电子	2013/06/27	0.20	0.34	深交所	深圳
1309	002150	江苏通润	2013/06/27	0.00	0.25	深交所	江苏
1310	002184	海得控制	2013/06/27	0.00	0.11	深交所	上海
1311	002380	科远股份	2013/06/27	0.00	0.10	深交所	江苏
1312	002511	中顺洁柔	2013/06/27	0.00	0.31	深交所	广东
1313	300093	金刚玻璃	2013/06/27	0.00	0.05	深交所	广东
1314	300214	日科化学	2013/06/27	0.00	0.20	深交所	山东
1315	600016	民生银行	2013/06/27	0.15	33.88	上交所	北京
1316	600182	S佳通	2013/06/27	0.16	0.54	上交所	黑龙江
1317	600272	开开实业	2013/06/27	0.02	0.05	上交所	上海
1318	600809	山西汾酒	2013/06/27	0.80	6.93	上交所	山西
1319	600883	博闻科技	2013/06/27	0.02	0.05	上交所	云南
1320	600967	北方创业	2013/06/27	0.10	0.23	上交所	内蒙
1321	601101	昊华能源	2013/06/27	0.22	2.64	上交所	北京
1322	601339	百隆东方	2013/06/27	0.11	0.79	上交所	浙江
1323	603167	渤海轮渡	2013/06/27	0.17	0.82	上交所	山东
1324	000031	中粮地产	2013/06/28	0.00	0.54	深交所	深圳
1325	000090	深 天 健	2013/06/28	0.50	0.25	深交所	深圳
1326	000619	海螺型材	2013/06/28	0.00	0.36	深交所	安徽
1327	000880	潍柴重机	2013/06/28	0.00	0.14	深交所	山东
1328	000887	中鼎股份	2013/06/28	0.20	0.95	深交所	安徽
1329	000916	华北高速	2013/06/28	0.00	0.87	深交所	北京
1330	000967	上风高科	2013/06/28	0.00	0.04	深交所	浙江
1331	000998	隆平高科	2013/06/28	0.00	0.62	深交所	湖南
1332	002010	传化股份	2013/06/28	0.00	0.49	深交所	浙江
1333	002021	中捷股份	2013/06/28	0.00	0.11	深交所	浙江
1334	002076	雪 莱 特	2013/06/28	0.00	0.28	深交所	广东
1335	002082	栋梁新材	2013/06/28	0.00	0.19	深交所	浙江
1336	002267	陕天然气	2013/06/28	0.00	2.03	深交所	陕西
1337	002349	精华制药	2013/06/28	0.00	0.10	深交所	江苏
1338	002447	壹桥苗业	2013/06/28	0.00	0.16	深交所	大连
1339	002618	丹邦科技	2013/06/28	0.00	0.06	深交所	深圳
1340	002634	棒杰股份	2013/06/28	0.00	0.20	深交所	浙江
1341	002646	青青稞酒	2013/06/28	0.00	1.13	深交所	青海
1342	300240	飞力达	2013/06/28	0.00	0.33	深交所	江苏
1343	300243	瑞丰高材	2013/06/28	0.00	0.04	深交所	山东
1344	300311	任子行	2013/06/28	0.00	0.08	深交所	深圳
1345	600037	歌华有线	2013/06/28	0.10	1.06	上交所	北京
1346	600062	华润双鹤	2013/06/28	0.32	1.85	上交所	北京
1347	600551	时代出版	2013/06/28	0.19	0.94	上交所	安徽
1348	600780	通宝能源	2013/06/28	0.10	1.15	上交所	山西
1349	600966	博汇纸业	2013/06/28	0.01	0.03	上交所	山东

7-48 续表 27 continued

序号 No.	公司代码 Code	公司简称 Companies	除息日 Ex-dividend Date	每股现金红利(元) Dividend Per Share (yuan)	现金分配合计(万元) Total Dividend (10 thousand yuan)	交易所 Exchange	辖区 Region
1350	601288	农业银行	2013/06/28	0.16	460.20	上交所	北京
1351	000301	东方市场	2013/07/01	0.00	0.61	深交所	江苏
1352	000422	湖北宜化	2013/07/01	0.00	0.90	深交所	湖北
1353	000637	茂化实华	2013/07/01	0.00	0.21	深交所	广东
1354	002088	鲁阳股份	2013/07/01	0.00	0.23	深交所	山东
1355	002204	大连重工	2013/07/01	0.00	0.50	深交所	大连
1356	002298	鑫龙电器	2013/07/01	0.00	0.08	深交所	安徽
1357	002306	湘鄂情	2013/07/01	0.00	0.32	深交所	北京
1358	002675	东诚生化	2013/07/01	2.50	0.27	深交所	山东
1359	300353	东土科技	2013/07/01	0.00	0.11	深交所	北京
1360	600050	中国联通	2013/07/01	0.04	8.46	上交所	上海
1361	600097	开创国际	2013/07/01	0.20	0.41	上交所	上海
1362	600105	永鼎股份	2013/07/01	0.10	0.38	上交所	江苏
1363	600123	兰花科创	2013/07/01	0.60	6.85	上交所	山西
1364	600252	中恒集团	2013/07/01	0.20	2.18	上交所	广西
1365	600269	赣粤高速	2013/07/01	0.15	3.53	上交所	江西
1366	600285	羚锐制药	2013/07/01	0.10	0.23	上交所	河南
1367	600398	凯诺科技	2013/07/01	0.05	0.32	上交所	江苏
1368	600547	山东黄金	2013/07/01	0.16	2.28	上交所	山东
1369	600571	信雅达	2013/07/01	0.11	0.22	上交所	浙江
1370	600619	海立股份	2013/07/01	0.12	0.80	上交所	上海
1371	600676	交运股份	2013/07/01	0.10	0.86	上交所	上海
1372	600683	京投银泰	2013/07/01	0.07	0.48	上交所	浙江
1373	600900	长江电力	2013/07/01	0.33	54.71	上交所	北京
1374	000718	苏宁环球	2013/07/02	0.00	2.04	深交所	吉林
1375	002263	大 东 南	2013/07/02	0.00	0.00	深交所	浙江
1376	002556	辉隆股份	2013/07/02	0.00	0.48	深交所	安徽
1377	002684	猛狮科技	2013/07/02	0.00	0.08	深交所	广东
1378	300063	天龙集团	2013/07/02	0.00	0.10	深交所	广东
1379	300097	智云股份	2013/07/02	0.00	0.01	深交所	大连
1380	300233	金城医药	2013/07/02	0.00	0.18	深交所	山东
1381	600020	中原高速	2013/07/02	0.10	2.25	上交所	河南
1382	600052	浙江广厦	2013/07/02	0.03	0.26	上交所	浙江
1383	600079	人福医药	2013/07/02	0.10	0.49	上交所	湖北
1384	600108	亚盛集团	2013/07/02	0.03	0.49	上交所	甘肃
1385	600325	华发股份	2013/07/02	0.10	0.82	上交所	广东
1386	600335	国机汽车	2013/07/02	0.10	0.56	上交所	天津
1387	600503	华丽家族	2013/07/02	0.01	0.11	上交所	上海
1388	600697	欧亚集团	2013/07/02	0.30	0.48	上交所	吉林
1389	600755	厦门国贸	2013/07/02	0.10	1.33	上交所	福建
1390	601106	中国一重	2013/07/02	0.00	0.08	上交所	黑龙江
1391	601567	三星电气	2013/07/02	0.50	2.00	上交所	浙江
1392	000046	泛海建设	2013/07/03	0.00	4.56	深交所	北京
1393	000096	广聚能源	2013/07/03	0.00	0.11	深交所	深圳
1394	000539	粤电力A	2013/07/03	0.00	3.86	深交所	广东
1395	000581	威孚高科	2013/07/03	0.60	1.70	深交所	江苏
1396	000666	经纬纺机	2013/07/03	0.00	0.52	深交所	北京
1397	000825	太钢不锈	2013/07/03	0.00	2.85	深交所	山西
1398	002025	航天电器	2013/07/03	0.00	0.50	深交所	贵州
1399	002414	高德红外	2013/07/03	0.00	0.30	深交所	湖北

7-48 续表 28 continued

序号 No.	公司代码 Code	公司简称 Companies	除息日 Ex-dividend Date	每股现金红利（元） Dividend Per Share (yuan)	现金分配合计（万元） Total Dividend (10 thousand yuan)	交易所 Exchange	辖区 Region
1400	002427	尤夫股份	2013/07/03	0.00	0.02	深交所	浙江
1401	002537	海立美达	2013/07/03	0.00	0.15	深交所	青岛
1402	000152	山 航B	2013/07/03	0.00	2.00	深交所	山东
1403	000539	粤电力A	2013/07/03	0.00	0.88	深交所	广东
1404	000581	威孚高科	2013/07/03	0.75	0.43	深交所	江苏
1405	300055	万邦达	2013/07/03	0.00	0.34	深交所	北京
1406	300327	中颖电子	2013/07/03	0.00	0.26	深交所	上海
1407	600109	国金证券	2013/07/03	0.07	0.91	上交所	四川
1408	600201	金宇集团	2013/07/03	0.16	0.45	上交所	内蒙
1409	600293	三峡新材	2013/07/03	0.02	0.08	上交所	湖北
1410	600367	红星发展	2013/07/03	0.04	0.10	上交所	贵州
1411	600410	华胜天成	2013/07/03	0.10	0.65	上交所	北京
1412	600509	天富热电	2013/07/03	0.14	1.27	上交所	新疆
1413	600529	山东药玻	2013/07/03	0.14	0.36	上交所	山东
1414	600533	栖霞建设	2013/07/03	0.10	1.05	上交所	江苏
1415	600606	金丰投资	2013/07/03	0.06	0.32	上交所	上海
1416	600614	鼎立股份	2013/07/03	0.04	0.23	上交所	上海
1417	600835	上海机电	2013/07/03	0.21	2.15	上交所	上海
1418	601166	兴业银行	2013/07/03	0.57	72.40	上交所	福建
1419	601518	吉林高速	2013/07/03	0.06	0.78	上交所	吉林
1420	601677	明泰铝业	2013/07/03	0.10	0.40	上交所	河南
1421	000620	新华联	2013/07/04	0.00	1.60	深交所	黑龙江
1422	000667	名流置业	2013/07/04	0.00	0.64	深交所	云南
1423	000981	银亿股份	2013/07/04	0.00	0.95	深交所	甘肃
1424	000997	新 大 陆	2013/07/04	0.00	0.41	深交所	福建
1425	002054	德美化工	2013/07/04	0.00	0.36	深交所	广东
1426	002098	浔兴股份	2013/07/04	0.00	0.16	深交所	福建
1427	002133	广宇集团	2013/07/04	0.00	0.48	深交所	浙江
1428	002194	武汉凡谷	2013/07/04	0.00	0.83	深交所	湖北
1429	002251	步 步 高	2013/07/04	0.00	2.16	深交所	湖南
1430	002329	皇氏乳业	2013/07/04	0.00	0.43	深交所	广西
1431	002481	双塔食品	2013/07/04	0.00	0.04	深交所	山东
1432	002658	雪迪龙	2013/07/04	0.00	0.22	深交所	北京
1433	002673	西部证券	2013/07/04	0.00	0.84	深交所	陕西
1434	002678	珠江钢琴	2013/07/04	0.00	0.57	深交所	广东
1435	300260	新莱应材	2013/07/04	0.00	0.02	深交所	江苏
1436	300323	华灿光电	2013/07/04	0.00	0.20	深交所	湖北
1437	600011	华能国际	2013/07/04	0.21	22.05	上交所	北京
1438	600167	联美控股	2013/07/04	0.16	0.34	上交所	辽宁
1439	600283	钱江水利	2013/07/04	0.10	0.29	上交所	浙江
1440	600289	亿阳信通	2013/07/04	0.06	0.35	上交所	黑龙江
1441	600366	宁波韵升	2013/07/04	0.30	1.54	上交所	浙江
1442	600426	华鲁恒升	2013/07/04	0.15	1.43	上交所	山东
1443	600545	新疆城建	2013/07/04	0.07	0.47	上交所	新疆
1444	600804	鹏博士	2013/07/04	0.05	0.67	上交所	四川
1445	600973	宝胜股份	2013/07/04	0.10	0.30	上交所	江苏
1446	601669	中国电建	2013/07/04	0.13	12.29	上交所	北京
1447	601798	蓝科高新	2013/07/04	0.07	0.22	上交所	甘肃
1448	601989	中国重工	2013/07/04	0.06	9.46	上交所	北京
1449	000069	华侨城A	2013/07/05	0.00	5.09	深交所	深圳

7-48 续表 29 continued

序号 No.	公司代码 Code	公司简称 Companies	除息日 Ex-dividend Date	每股现金红利（元） Dividend Per Share (yuan)	现金分配合计（万元） Total Dividend (10 thousand yuan)	交易所 Exchange	辖区 Region
1450	000761	本钢板材	2013/07/05	0.00	0.55	深交所	辽宁
1451	000919	金陵药业	2013/07/05	0.00	0.76	深交所	江苏
1452	002068	黑猫股份	2013/07/05	0.00	0.48	深交所	江西
1453	002103	广博股份	2013/07/05	0.00	0.11	深交所	宁波
1454	002386	天原集团	2013/07/05	0.00	0.29	深交所	四川
1455	002423	中原特钢	2013/07/05	0.00	0.14	深交所	河南
1456	002439	启明星辰	2013/07/05	0.00	0.21	深交所	北京
1457	002548	金新农	2013/07/05	0.00	0.42	深交所	深圳
1458	002551	尚荣医疗	2013/07/05	0.00	0.37	深交所	深圳
1459	002640	百圆裤业	2013/07/05	0.00	0.05	深交所	山西
1460	000761	本钢板材	2013/07/05	0.00	0.10	深交所	辽宁
1461	300024	机器人	2013/07/05	0.00	0.30	深交所	辽宁
1462	300028	金亚科技	2013/07/05	0.00	0.13	深交所	四川
1463	300038	梅泰诺	2013/07/05	0.00	0.08	深交所	北京
1464	300069	金利华电	2013/07/05	0.00	0.16	深交所	浙江
1465	300137	先河环保	2013/07/05	0.00	0.00	深交所	河北
1466	300213	佳讯飞鸿	2013/07/05	0.00	0.06	深交所	北京
1467	300254	仟源制药	2013/07/05	0.00	0.13	深交所	山西
1468	600138	中青旅	2013/07/05	0.15	0.62	上交所	北京
1469	600321	国栋建设	2013/07/05	0.02	0.24	上交所	四川
1470	600348	阳泉煤业	2013/07/05	0.29	6.88	上交所	山西
1471	600377	宁沪高速	2013/07/05	0.36	13.74	上交所	江苏
1472	600489	中金黄金	2013/07/05	0.16	4.71	上交所	北京
1473	600497	驰宏锌锗	2013/07/05	0.15	2.50	上交所	云南
1474	600684	珠江实业	2013/07/05	0.21	0.66	上交所	广东
1475	600872	中炬高新	2013/07/05	0.05	0.40	上交所	广东
1476	600873	梅花集团	2013/07/05	0.10	3.11	上交所	西藏
1477	601699	潞安环能	2013/07/05	0.34	7.73	上交所	山西
1478	601899	紫金矿业	2013/07/05	0.10	15.80	上交所	福建
1479	000525	红 太 阳	2013/07/08	0.00	0.15	深交所	江苏
1480	000564	西安民生	2013/07/08	0.00	0.24	深交所	陕西
1481	000752	西藏发展	2013/07/08	0.00	0.03	深交所	西藏
1482	000937	冀中能源	2013/07/08	0.00	5.78	深交所	河北
1483	002096	南岭民爆	2013/07/08	0.00	0.22	深交所	湖南
1484	002176	江特电机	2013/07/08	0.00	0.05	深交所	江西
1485	002312	三泰电子	2013/07/08	0.00	0.19	深交所	四川
1486	300157	恒泰艾普	2013/07/08	0.00	0.09	深交所	北京
1487	300279	和晶科技	2013/07/08	0.00	0.06	深交所	江苏
1488	300332	天壕节能	2013/07/08	0.00	0.19	深交所	北京
1489	600185	格力地产	2013/07/08	0.20	1.16	上交所	陕西
1490	600208	新湖中宝	2013/07/08	0.06	3.82	上交所	浙江
1491	600231	凌钢股份	2013/07/08	0.04	0.32	上交所	辽宁
1492	600371	万向德农	2013/07/08	0.20	0.34	上交所	黑龙江
1493	600590	泰豪科技	2013/07/08	0.10	0.50	上交所	江西
1494	600652	爱使股份	2013/07/08	0.11	0.60	上交所	上海
1495	600741	华域汽车	2013/07/08	0.37	9.56	上交所	上海
1496	600776	东方通信	2013/07/08	0.08	1.00	上交所	浙江
1497	600846	同济科技	2013/07/08	0.02	0.12	上交所	上海
1498	600863	内蒙华电	2013/07/08	0.22	5.68	上交所	内蒙
1499	600874	创业环保	2013/07/08	0.06	0.65	上交所	天津

7-48 续表 30 continued

序号 No.	公司代码 Code	公司简称 Companies	除息日 Ex-dividend Date	每股现金红利（元） Dividend Per Share (yuan)	现金分配合计（万元） Total Dividend (10 thousand yuan)	交易所 Exchange	辖区 Region
1500	601058	赛轮股份	2013/07/08	0.15	0.57	上交所	山东
1501	601088	中国神华	2013/07/08	0.96	158.31	上交所	北京
1502	601588	北辰实业	2013/07/08	0.06	1.60	上交所	北京
1503	601718	际华集团	2013/07/08	0.03	1.16	上交所	北京
1504	601766	中国南车	2013/07/08	0.09	10.60	上交所	北京
1505	000019	深深宝A	2013/07/09	0.00	0.45	深交所	深圳
1506	000548	湖南投资	2013/07/09	0.00	0.25	深交所	湖南
1507	000623	吉林敖东	2013/07/09	0.00	0.89	深交所	吉林
1508	000906	物产中拓	2013/07/09	0.00	0.17	深交所	湖南
1509	000961	中南建设	2013/07/09	0.00	1.17	深交所	江苏
1510	002111	威海广泰	2013/07/09	0.00	0.25	深交所	山东
1511	002421	达实智能	2013/07/09	0.00	0.10	深交所	深圳
1512	002625	龙生股份	2013/07/09	0.00	0.07	深交所	浙江
1513	000019	深深宝A	2013/07/09	0.00	0.07	深交所	深圳
1514	300073	当升科技	2013/07/09	0.00	0.08	深交所	北京
1515	300083	劲胜股份	2013/07/09	0.00	0.20	深交所	广东
1516	300156	天立环保	2013/07/09	0.00	0.43	深交所	北京
1517	300334	津膜科技	2013/07/09	0.00	0.12	深交所	天津
1518	300350	华鹏飞	2013/07/09	0.00	0.07	深交所	深圳
1519	600080	金花股份	2013/07/09	0.03	0.09	上交所	陕西
1520	600153	建发股份	2013/07/09	0.15	3.36	上交所	福建
1521	600237	铜峰电子	2013/07/09	0.02	0.11	上交所	安徽
1522	600316	洪都航空	2013/07/09	0.01	0.07	上交所	江西
1523	600345	长江通信	2013/07/09	0.20	0.40	上交所	湖北
1524	600543	莫高股份	2013/07/09	0.03	0.11	上交所	甘肃
1525	600616	金枫酒业	2013/07/09	0.10	0.44	上交所	上海
1526	600648	外高桥	2013/07/09	0.14	1.42	上交所	上海
1527	600651	飞乐音响	2013/07/09	0.05	0.33	上交所	上海
1528	600682	南京新百	2013/07/09	0.10	0.36	上交所	江苏
1529	600802	福建水泥	2013/07/09	0.03	0.11	上交所	福建
1530	900929	锦旅B股	2013/07/09	0.16	0.11	上交所	上海
1531	000488	晨鸣纸业	2013/07/10	0.00	0.67	深交所	山东
1532	000543	皖能电力	2013/07/10	0.00	0.42	深交所	安徽
1533	000926	福星股份	2013/07/10	0.00	1.07	深交所	湖北
1534	002004	华邦颖泰	2013/07/10	0.00	1.70	深交所	重庆
1535	002036	宜科科技	2013/07/10	0.00	0.10	深交所	宁波
1536	002070	众和股份	2013/07/10	0.00	0.00	深交所	福建
1537	002078	太阳纸业	2013/07/10	0.00	1.15	深交所	山东
1538	002165	红 宝 丽	2013/07/10	0.00	0.44	深交所	江苏
1539	002203	海亮股份	2013/07/10	0.00	0.77	深交所	浙江
1540	002415	海康威视	2013/07/10	0.60	6.03	深交所	浙江
1541	002483	润邦股份	2013/07/10	0.00	0.43	深交所	江苏
1542	002651	利君股份	2013/07/10	0.00	4.89	深交所	四川
1543	000488	晨鸣纸业	2013/07/10	0.00	0.42	深交所	山东
1544	000986	粤华包B	2013/07/10	0.00	0.63	深交所	广东
1545	300198	纳川股份	2013/07/10	0.00	0.21	深交所	福建
1546	300234	开尔新材	2013/07/10	0.00	0.03	深交所	浙江
1547	300297	蓝盾股份	2013/07/10	0.00	0.06	深交所	广东
1548	600054	黄山旅游	2013/07/10	0.03	0.14	上交所	安徽
1549	600064	南京高科	2013/07/10	0.25	1.29	上交所	江苏

7-48　续表 31　continued

序号 No.	公司代码 Code	公司简称 Companies	除息日 Ex-dividend Date	每股现金红利(元) Dividend Per Share (yuan)	现金分配合计(万元) Total Dividend (10 thousand yuan)	交易所 Exchange	辖区 Region
1550	600202	哈空调	2013/07/10	0.02	0.07	上交所	黑龙江
1551	600273	华芳纺织	2013/07/10	0.02	0.06	上交所	江苏
1552	600815	厦工股份	2013/07/10	0.05	0.48	上交所	福建
1553	600982	宁波热电	2013/07/10	0.13	0.21	上交所	江苏
1554	601111	中国国航	2013/07/10	0.06	5.06	上交所	北京
1555	601117	中国化学	2013/07/10	0.07	3.21	上交所	北京
1556	601992	金隅股份	2013/07/10	0.07	2.21	上交所	北京
1557	000563	陕国投A	2013/07/11	0.35	0.20	深交所	陕西
1558	000651	格力电器	2013/07/11	0.00	30.08	深交所	广东
1559	000700	模塑科技	2013/07/11	0.00	0.40	深交所	江苏
1560	000776	广发证券	2013/07/11	0.00	8.88	深交所	广东
1561	000869	张 裕A	2013/07/11	0.00	4.99	深交所	山东
1562	000900	现代投资	2013/07/11	0.00	0.90	深交所	湖南
1563	002069	獐 子 岛	2013/07/11	0.00	2.13	深交所	大连
1564	002297	博云新材	2013/07/11	0.00	0.07	深交所	湖南
1565	002393	力生制药	2013/07/11	0.00	1.46	深交所	天津
1566	002473	圣莱达	2013/07/11	0.00	0.16	深交所	宁波
1567	002527	新时达	2013/07/11	0.00	0.41	深交所	上海
1568	002691	石煤装备	2013/07/11	0.00	0.10	深交所	河北
1569	000869	张 裕A	2013/07/11	0.00	3.19	深交所	山东
1570	300056	三维丝	2013/07/11	0.00	0.04	深交所	厦门
1571	300161	华中数控	2013/07/11	0.00	0.01	深交所	湖北
1572	300170	汉得信息	2013/07/11	0.00	0.35	深交所	上海
1573	300189	神农大丰	2013/07/11	0.00	0.13	深交所	海南
1574	300192	科斯伍德	2013/07/11	0.00	0.11	深交所	江苏
1575	300321	同大股份	2013/07/11	0.00	0.06	深交所	山东
1576	600104	上汽集团	2013/07/11	0.60	66.15	上交所	上海
1577	600353	旭光股份	2013/07/11	0.13	0.35	上交所	四川
1578	600387	海越股份	2013/07/11	0.05	0.19	上交所	浙江
1579	600395	盘江股份	2013/07/11	0.45	7.45	上交所	贵州
1580	601328	交通银行	2013/07/11	0.24	94.20	上交所	上海
1581	000401	冀东水泥	2013/07/12	0.00	1.35	深交所	河北
1582	000540	中天城投	2013/07/12	0.00	1.28	深交所	贵州
1583	000685	中山公用	2013/07/12	0.00	0.78	深交所	广东
1584	000733	振华科技	2013/07/12	0.00	0.14	深交所	贵州
1585	002031	巨轮股份	2013/07/12	0.00	0.24	深交所	广东
1586	002142	宁波银行	2013/07/12	0.00	7.21	深交所	宁波
1587	002161	远 望 谷	2013/07/12	0.00	0.37	深交所	深圳
1588	002197	证通电子	2013/07/12	0.00	0.10	深交所	深圳
1589	002413	常发股份	2013/07/12	0.00	0.22	深交所	江苏
1590	002477	雏鹰农牧	2013/07/12	0.00	1.07	深交所	河南
1591	002595	豪迈科技	2013/07/12	0.00	1.20	深交所	山东
1592	002639	雪人股份	2013/07/12	0.00	0.19	深交所	福建
1593	002647	宏磊股份	2013/07/12	0.00	0.08	深交所	浙江
1594	600195	中牧股份	2013/07/12	0.20	0.78	上交所	北京
1595	600493	凤竹纺织	2013/07/12	0.02	0.05	上交所	福建
1596	600589	广东榕泰	2013/07/12	0.06	0.33	上交所	广东
1597	600748	上实发展	2013/07/12	0.06	0.65	上交所	上海
1598	603000	人民网	2013/07/12	0.55	1.52	上交所	北京
1599	000416	民生投资	2013/07/15	0.00	0.27	深交所	青岛

7-48 续表 32 continued

序号 No.	公司代码 Code	公司简称 Companies	除息日 Ex-dividend Date	每股现金红利(元) Dividend Per Share (yuan)	现金分配合计(万元) Total Dividend (10 thousand yuan)	交易所 Exchange	辖区 Region
1600	000550	江铃汽车	2013/07/15	0.00	3.63	深交所	江西
1601	000610	西安旅游	2013/07/15	0.00	0.04	深交所	陕西
1602	000848	承德露露	2013/07/15	0.00	1.20	深交所	河北
1603	000868	安凯客车	2013/07/15	0.00	0.42	深交所	安徽
1604	000918	嘉凯城	2013/07/15	0.00	0.45	深交所	湖南
1605	002154	报 喜 鸟	2013/07/15	0.00	0.96	深交所	浙江
1606	002608	舜天船舶	2013/07/15	0.00	0.22	深交所	江苏
1607	000550	江铃汽车	2013/07/15	0.00	3.02	深交所	江西
1608	300106	西部牧业	2013/07/15	0.00	0.03	深交所	新疆
1609	600209	罗顿发展	2013/07/15	0.00	0.02	上交所	海南
1610	600238	海南椰岛	2013/07/15	0.10	0.45	上交所	海南
1611	600249	两面针	2013/07/15	0.05	0.23	上交所	广西
1612	600307	酒钢宏兴	2013/07/15	0.03	1.88	上交所	甘肃
1613	600611	大众交通	2013/07/15	0.08	1.26	上交所	上海
1614	600703	三安光电	2013/07/15	0.20	2.89	上交所	湖北
1615	600720	祁连山	2013/07/15	0.05	0.30	上交所	甘肃
1616	600723	首商股份	2013/07/15	0.25	1.65	上交所	北京
1617	600785	新华百货	2013/07/15	0.30	0.62	上交所	宁夏
1618	600891	秋林集团	2013/07/15	0.05	0.16	上交所	黑龙江
1619	600975	新五丰	2013/07/15	0.05	0.12	上交所	湖南
1620	600993	马应龙	2013/07/15	0.16	0.53	上交所	湖北
1621	601038	一拖股份	2013/07/15	0.10	0.59	上交所	河南
1622	601099	太平洋	2013/07/15	0.02	0.25	上交所	云南
1623	601928	凤凰传媒	2013/07/15	0.10	2.54	上交所	江苏
1624	000996	中国中期	2013/07/16	0.00	0.07	深交所	北京
1625	002063	远光软件	2013/07/16	0.00	0.92	深交所	广东
1626	002097	山河智能	2013/07/16	0.00	0.12	深交所	湖南
1627	002208	合肥城建	2013/07/16	0.00	0.16	深交所	安徽
1628	002309	中利科技	2013/07/16	0.00	0.48	深交所	江苏
1629	000053	深基地B	2013/07/16	0.00	0.29	深交所	深圳
1630	300252	金信诺	2013/07/16	0.00	0.11	深交所	深圳
1631	300312	邦讯技术	2013/07/16	0.00	0.16	深交所	北京
1632	600131	岷江水电	2013/07/16	0.05	0.25	上交所	四川
1633	600191	华资实业	2013/07/16	0.01	0.05	上交所	内蒙
1634	600215	长春经开	2013/07/16	0.01	0.05	上交所	吉林
1635	600483	福建南纺	2013/07/16	0.05	0.14	上交所	福建
1636	600635	大众公用	2013/07/16	0.07	1.15	上交所	上海
1637	600675	中华企业	2013/07/16	0.12	1.87	上交所	上海
1638	601238	广汽集团	2013/07/16	0.02	0.84	上交所	广东
1639	601333	广深铁路	2013/07/16	0.08	4.52	上交所	广东
1640	601901	方正证券	2013/07/16	0.04	2.26	上交所	湖南
1641	900948	伊泰B股	2013/07/16	1.25	8.30	上交所	内蒙
1642	000022	深赤湾A	2013/07/17	0.00	1.69	深交所	深圳
1643	000532	力合股份	2013/07/17	0.00	0.14	深交所	广东
1644	002268	卫 士 通	2013/07/17	0.00	0.02	深交所	四川
1645	000022	深赤湾A	2013/07/17	0.00	0.82	深交所	深圳
1646	300062	中能电气	2013/07/17	0.00	0.15	深交所	福建
1647	300203	聚光科技	2013/07/17	0.00	0.36	深交所	浙江
1648	600021	上海电力	2013/07/17	0.15	3.21	上交所	上海
1649	600170	上海建工	2013/07/17	0.21	4.86	上交所	上海

7-48　续表 33　continued

序号 No.	公司代码 Code	公司简称 Companies	除息日 Ex-dividend Date	每股现金红利（元） Dividend Per Share (yuan)	现金分配合计（万元） Total Dividend (10 thousand yuan)	交易所 Exchange	辖区 Region
1650	600189	吉林森工	2013/07/17	0.10	0.31	上交所	吉林
1651	600236	桂冠电力	2013/07/17	0.04	0.91	上交所	广西
1652	600685	广船国际	2013/07/17	0.12	0.53	上交所	广东
1653	600836	界龙实业	2013/07/17	0.03	0.09	上交所	上海
1654	600837	海通证券	2013/07/17	0.12	9.71	上交所	上海
1655	600875	东方电气	2013/07/17	0.11	1.83	上交所	四川
1656	000426	兴业矿业	2013/07/18	0.35	0.15	深交所	内蒙古
1657	000513	丽珠集团	2013/07/18	0.00	0.92	深交所	广东
1658	000570	苏常柴A	2013/07/18	0.00	0.10	深交所	江苏
1659	000876	新 希 望	2013/07/18	0.00	2.09	深交所	四川
1660	000890	法 尔 胜	2013/07/18	0.00	0.08	深交所	江苏
1661	002326	永太科技	2013/07/18	0.00	0.24	深交所	浙江
1662	002440	闰土股份	2013/07/18	0.00	1.53	深交所	浙江
1663	002631	德尔家居	2013/07/18	0.00	0.16	深交所	江苏
1664	000513	丽珠集团	2013/07/18	0.00	0.70	深交所	广东
1665	000570	苏常柴A	2013/07/18	0.00	0.05	深交所	江苏
1666	300277	海联讯	2013/07/18	0.00	0.20	深交所	深圳
1667	600379	宝光股份	2013/07/18	0.01	0.03	上交所	陕西
1668	600418	江淮汽车	2013/07/18	0.11	1.42	上交所	安徽
1669	601009	南京银行	2013/07/18	0.41	12.05	上交所	江苏
1670	601998	中信银行	2013/07/18	0.15	47.86	上交所	北京
1671	603003	龙宇燃油	2013/07/18	0.05	0.10	上交所	上海
1672	000521	美菱电器	2013/07/19	0.00	0.30	深交所	安徽
1673	000560	昆百大A	2013/07/19	0.00	0.08	深交所	云南
1674	000599	青岛双星	2013/07/19	0.00	0.05	深交所	青岛
1675	000882	华联股份	2013/07/19	0.00	0.48	深交所	北京
1676	002013	中航精机	2013/07/19	0.00	0.36	深交所	湖北
1677	002502	骅威股份	2013/07/19	0.00	0.14	深交所	广东
1678	000521	美菱电器	2013/07/19	0.00	0.10	深交所	安徽
1679	600029	南方航空	2013/07/19	0.05	3.51	上交所	广东
1680	600257	大湖股份	2013/07/19	0.01	0.04	上交所	湖南
1681	600363	联创光电	2013/07/19	0.02	0.08	上交所	江西
1682	600592	龙溪股份	2013/07/19	0.10	0.40	上交所	福建
1683	600859	王府井	2013/07/19	0.70	3.24	上交所	北京
1684	601872	招商轮船	2013/07/19	0.01	0.28	上交所	上海
1685	000157	中联重科	2013/07/22	0.00	12.55	深交所	湖南
1686	000783	长江证券	2013/07/22	0.00	4.74	深交所	湖北
1687	002401	中海科技	2013/07/22	0.00	0.10	深交所	上海
1688	002448	中原内配	2013/07/22	0.00	0.35	深交所	河南
1689	600027	华电国际	2013/07/22	0.07	3.86	上交所	山东
1690	600409	三友化工	2013/07/22	0.02	0.37	上交所	河北
1691	600668	尖峰集团	2013/07/22	0.15	0.52	上交所	浙江
1692	600702	沱牌舍得	2013/07/22	0.33	1.11	上交所	四川
1693	600853	龙建股份	2013/07/22	0.01	0.05	上交所	黑龙江
1694	600960	渤海活塞	2013/07/22	0.03	0.04	上交所	山东
1695	600999	招商证券	2013/07/22	0.14	6.62	上交所	广东
1696	601169	北京银行	2013/07/22	0.40	35.20	上交所	北京
1697	601186	中国铁建	2013/07/22	0.11	11.29	上交所	北京
1698	601601	中国太保	2013/07/22	0.35	22.00	上交所	上海
1699	002451	摩恩电气	2013/07/23	0.00	0.13	深交所	上海

7-48 续表 34 continued

序号 No.	公司代码 Code	公司简称 Companies	除息日 Ex-dividend Date	每股现金红利（元） Dividend Per Share (yuan)	现金分配合计（万元） Total Dividend (10 thousand yuan)	交易所 Exchange	辖区 Region
1700	300175	朗源股份	2013/07/23	0.00	0.05	深交所	山东
1701	300180	华峰超纤	2013/07/23	0.00	0.16	深交所	上海
1702	300317	珈伟股份	2013/07/23	0.00	0.04	深交所	深圳
1703	600010	包钢股份	2013/07/23	0.01	0.80	上交所	内蒙
1704	600210	紫江企业	2013/07/23	0.10	1.44	上交所	上海
1705	600350	山东高速	2013/07/23	0.13	6.06	上交所	山东
1706	600399	抚顺特钢	2013/07/23	0.02	0.10	上交所	辽宁
1707	600705	中航投资	2013/07/23	0.15	2.28	上交所	黑龙江
1708	600819	耀皮玻璃	2013/07/23	0.03	0.18	上交所	上海
1709	000668	荣丰控股	2013/07/24	0.00	0.01	深交所	湖北
1710	000712	锦龙股份	2013/07/24	0.00	0.45	深交所	广东
1711	002213	特 尔 佳	2013/07/24	0.00	0.10	深交所	深圳
1712	002504	东光微电	2013/07/24	0.00	0.02	深交所	江苏
1713	600015	华夏银行	2013/07/24	0.47	32.19	上交所	北京
1714	600018	上港集团	2013/07/24	0.13	30.49	上交所	上海
1715	600362	江西铜业	2013/07/24	0.50	10.38	上交所	江西
1716	600582	天地科技	2013/07/24	0.12	1.46	上交所	北京
1717	601607	上海医药	2013/07/24	0.24	4.62	上交所	上海
1718	000883	湖北能源	2013/07/25	0.00	1.07	深交所	湖北
1719	002283	天润曲轴	2013/07/25	0.00	0.08	深交所	山东
1720	002346	柘中建设	2013/07/25	0.00	0.14	深交所	上海
1721	600318	巢东股份	2013/07/25	0.03	0.07	上交所	安徽
1722	600380	健康元	2013/07/25	0.04	0.62	上交所	广东
1723	600396	金山股份	2013/07/25	0.10	0.34	上交所	辽宁
1724	600622	嘉宝集团	2013/07/25	0.18	0.93	上交所	上海
1725	600858	银座股份	2013/07/25	0.07	0.36	上交所	山东
1726	601299	中国北车	2013/07/25	0.10	10.32	上交所	北京
1727	601668	中国建筑	2013/07/25	0.11	31.50	上交所	北京
1728	000009	中国宝安	2013/07/26	0.30	0.33	深交所	深圳
1729	000566	海南海药	2013/07/26	0.00	0.25	深交所	海南
1730	000999	华润三九	2013/07/26	0.00	2.55	深交所	深圳
1731	300333	兆日科技	2013/07/26	0.00	0.56	深交所	深圳
1732	600004	白云机场	2013/07/26	0.33	3.80	上交所	广东
1733	600518	康美药业	2013/07/26	0.20	4.40	上交所	广东
1734	600600	青岛啤酒	2013/07/26	0.40	2.78	上交所	山东
1735	600624	复旦复华	2013/07/26	0.04	0.12	上交所	上海
1736	600824	益民集团	2013/07/26	0.07	0.48	上交所	上海
1737	600838	上海九百	2013/07/26	0.02	0.08	上交所	上海
1738	603128	华贸物流	2013/07/26	0.08	0.32	上交所	上海
1739	000636	风华高科	2013/07/29	0.00	0.20	深交所	广东
1740	002490	山东墨龙	2013/07/29	0.00	0.27	深交所	山东
1741	300245	天玑科技	2013/07/29	0.00	0.13	深交所	上海
1742	600288	大恒科技	2013/07/29	0.05	0.22	上交所	北京
1743	600749	西藏旅游	2013/07/29	0.03	0.05	上交所	西藏
1744	600827	友谊股份	2013/07/29	0.30	5.17	上交所	上海
1745	300145	南方泵业	2013/07/30	0.00	0.22	深交所	浙江
1746	600322	天房发展	2013/07/30	0.08	0.83	上交所	天津
1747	600559	老白干酒	2013/07/30	0.50	0.70	上交所	河北
1748	600862	南通科技	2013/07/30	0.03	0.16	上交所	江苏
1749	000568	泸州老窖	2013/07/31	0.00	25.24	深交所	四川

7-48 续表 35 continued

序号 No.	公司代码 Code	公司简称 Companies	除息日 Ex-dividend Date	每股现金红利（元） Dividend Per Share (yuan)	现金分配合计（万元） Total Dividend (10 thousand yuan)	交易所 Exchange	辖区 Region
1750	002354	科冕木业	2013/07/31	0.00	0.03	深交所	大连
1751	002620	瑞和股份	2013/07/31	0.00	0.12	深交所	广东
1752	600035	楚天高速	2013/07/31	0.07	0.65	上交所	湖北
1753	300330	华虹计通	2013/08/01	0.00	0.12	深交所	上海
1754	600183	生益科技	2013/08/01	0.15	2.13	上交所	广东
1755	600644	乐山电力	2013/08/01	0.05	0.16	上交所	四川
1756	600647	同达创业	2013/08/01	0.07	0.07	上交所	上海
1757	600983	合肥三洋	2013/08/01	0.05	0.27	上交所	安徽
1758	600986	科达股份	2013/08/01	0.05	0.17	上交所	山东
1759	000839	中信国安	2013/08/02	0.00	1.57	深交所	北京
1760	000960	锡业股份	2013/08/02	0.00	0.23	深交所	云南
1761	002565	上海绿新	2013/08/02	0.00	0.34	深交所	上海
1762	600088	中视传媒	2013/08/02	0.04	0.14	上交所	上海
1763	600101	明星电力	2013/08/02	0.05	0.16	上交所	四川
1764	600770	综艺股份	2013/08/02	0.05	0.55	上交所	江苏
1765	600833	第一医药	2013/08/02	0.05	0.11	上交所	上海
1766	600895	张江高科	2013/08/02	0.08	1.24	上交所	上海
1767	600546	山煤国际	2013/08/05	0.30	2.97	上交所	山西
1768	601390	中国中铁	2013/08/05	0.05	8.89	上交所	北京
1769	601999	出版传媒	2013/08/05	0.04	0.20	上交所	辽宁
1770	000423	东阿阿胶	2013/08/06	0.00	4.58	深交所	山东
1771	601007	金陵饭店	2013/08/06	0.12	0.35	上交所	江苏
1772	600030	中信证券	2013/08/08	0.30	29.52	上交所	广东
1773	600612	老凤祥	2013/08/08	0.60	3.14	上交所	上海
1774	601001	大同煤业	2013/08/08	0.01	0.20	上交所	山西
1775	000032	深桑达A	2013/08/09	0.00	0.42	深交所	深圳
1776	000419	通程控股	2013/08/09	0.00	0.54	深交所	湖南
1777	000534	万泽股份	2013/08/09	0.00	0.25	深交所	广东
1778	000603	盛达矿业	2013/08/09	0.00	5.05	深交所	重庆
1779	000759	中百集团	2013/08/09	0.00	1.36	深交所	湖北
1780	600085	同仁堂	2013/08/09	0.25	3.26	上交所	北京
1781	600323	瀚蓝环境	2013/08/09	0.10	0.58	上交所	广东
1782	600638	新黄浦	2013/08/09	0.10	0.56	上交所	上海
1783	600639	浦东金桥	2013/08/09	0.11	1.02	上交所	上海
1784	601991	大唐发电	2013/08/09	0.10	9.99	上交所	北京
1785	000715	中兴商业	2013/08/12	0.00	0.20	深交所	辽宁
1786	600561	江西长运	2013/08/12	0.17	0.40	上交所	江西
1787	600807	天业股份	2013/08/12	0.01	0.04	上交所	山东
1788	600825	新华传媒	2013/08/12	0.03	0.33	上交所	上海
1789	600841	上柴股份	2013/08/12	0.07	0.62	上交所	上海
1790	600864	哈投股份	2013/08/12	0.25	1.37	上交所	黑龙江
1791	601880	大连港	2013/08/12	0.05	1.68	上交所	辽宁
1792	000026	飞亚达A	2013/08/13	0.00	0.31	深交所	深圳
1793	000026	飞亚达A	2013/08/13	0.00	0.10	深交所	深圳
1794	300006	莱美药业	2013/08/13	0.00	0.18	深交所	重庆
1795	300128	锦富新材	2013/08/13	0.00	0.61	深交所	江苏
1796	600372	中航电子	2013/08/13	0.05	0.68	上交所	江西
1797	600839	四川长虹	2013/08/13	0.01	0.46	上交所	四川
1798	000771	杭汽轮B	2013/08/14	0.00	1.38	深交所	浙江
1799	600601	方正科技	2013/08/14	0.01	0.26	上交所	上海

7-48 续表 36 continued

序号 No.	公司代码 Code	公司简称 Companies	除息日 Ex-dividend Date	每股现金红利(元) Dividend Per Share (yuan)	现金分配合计(万元) Total Dividend (10 thousand yuan)	交易所 Exchange	辖区 Region
1800	600812	华北制药	2013/08/14	0.04	0.51	上交所	河北
1801	000039	中集集团	2013/08/15	0.00	2.83	深交所	深圳
1802	000782	美达股份	2013/08/15	0.00	0.08	深交所	广东
1803	600297	美罗药业	2013/08/15	0.04	0.14	上交所	辽宁
1804	601918	国投新集	2013/08/15	0.10	1.85	上交所	安徽
1805	000089	深圳机场	2013/08/16	0.00	0.59	深交所	深圳
1806	600009	上海机场	2013/08/16	0.37	7.13	上交所	上海
1807	600266	北京城建	2013/08/16	0.37	3.29	上交所	北京
1808	601608	中信重工	2013/08/16	0.06	1.53	上交所	河南
1809	601727	上海电气	2013/08/16	0.06	6.27	上交所	上海
1810	000523	广州浪奇	2013/08/19	0.00	0.09	深交所	广东
1811	000601	韶能股份	2013/08/19	0.00	0.27	深交所	广东
1812	600196	复星医药	2013/08/19	0.21	4.00	上交所	上海
1813	600197	伊力特	2013/08/19	0.22	0.97	上交所	新疆
1814	600292	中电远达	2013/08/19	0.08	0.41	上交所	重庆
1815	600308	华泰股份	2013/08/19	0.02	0.23	上交所	山东
1816	600832	东方明珠	2013/08/19	0.18	5.74	上交所	上海
1817	000338	潍柴动力	2013/08/20	0.00	3.48	深交所	山东
1818	000707	双环科技	2013/08/20	0.00	0.05	深交所	湖北
1819	000706	瓦 轴B	2013/08/20	0.00	0.20	深交所	大连
1820	600759	正和股份	2013/08/20	0.09	1.13	上交所	海南
1821	600985	雷鸣科化	2013/08/20	0.10	0.18	上交所	安徽
1822	002064	华峰氨纶	2013/08/21	0.00	0.74	深交所	浙江
1823	601216	内蒙君正	2013/08/21	0.05	0.64	上交所	内蒙
1824	601800	中国交建	2013/08/21	0.18	21.70	上交所	北京
1825	002202	金风科技	2013/08/22	0.00	1.21	深交所	新疆
1826	300097	智云股份	2013/08/22	0.00	0.00	深交所	大连
1827	600031	三一重工	2013/08/22	0.25	19.04	上交所	湖南
1828	600628	新世界	2013/08/22	0.15	0.80	上交所	上海
1829	600701	工大高新	2013/08/22	0.02	0.07	上交所	黑龙江
1830	000547	闽福发A	2013/08/23	0.00	0.17	深交所	福建
1831	000927	一汽夏利	2013/08/23	0.00	0.16	深交所	天津
1832	600756	浪潮软件	2013/08/23	0.04	0.12	上交所	山东
1833	002301	齐心文具	2013/08/27	0.00	0.08	深交所	深圳
1834	000060	中金岭南	2013/08/28	0.00	0.93	深交所	深圳
1835	000807	云铝股份	2013/08/28	0.00	0.46	深交所	云南
1836	000979	中弘股份	2013/08/28	0.25	2.28	深交所	安徽
1837	002414	高德红外	2013/09/04	0.00	0.00	深交所	湖北
1838	300111	向日葵	2013/09/04	0.00	0.00	深交所	浙江
1839	300052	中青宝	2013/09/09	0.00	0.00	深交所	深圳
1840	002230	科大讯飞	2013/09/10	0.00	0.70	深交所	安徽
1841	002452	长高集团	2013/09/10	0.00	0.13	深交所	湖南
1842	600016	民生银行	2013/09/10	0.16	35.69	上交所	北京
1843	601318	中国平安	2013/09/10	0.20	9.57	上交所	广东
1844	002653	海思科	2013/09/12	0.00	0.00	深交所	西藏
1845	002671	龙泉股份	2013/09/12	0.00	0.19	深交所	山东
1846	600028	中国石化	2013/09/12	0.09	81.95	上交所	北京
1847	601857	中国石油	2013/09/12	0.16	260.86	上交所	北京
1848	002394	联发股份	2013/09/13	0.00	0.43	深交所	江苏
1849	002444	巨星科技	2013/09/13	0.00	0.00	深交所	浙江

7-48 续表 37 continued

序号 No.	公司代码 Code	公司简称 Companies	除息日 Ex-dividend Date	每股现金红利（元） Dividend Per Share (yuan)	现金分配合计（万元） Total Dividend (10 thousand yuan)	交易所 Exchange	辖区 Region
1850	300285	国瓷材料	2013/09/13	0.00	0.00	深交所	山东
1851	002266	浙富股份	2013/09/16	0.00	0.36	深交所	浙江
1852	600248	延长化建	2013/09/16	0.10	0.43	上交所	陕西
1853	600246	万通地产	2013/09/17	0.07	0.85	上交所	北京
1854	002085	万丰奥威	2013/09/18	0.00	1.95	深交所	浙江
1855	002224	三力士	2013/09/18	0.00	0.00	深交所	浙江
1856	002359	齐星铁塔	2013/09/18	0.00	0.21	深交所	山东
1857	600677	航天通信	2013/09/18	0.08	0.26	上交所	浙江
1858	300315	掌趣科技	2013/09/23	0.00	0.00	深交所	北京
1859	600280	中央商场	2013/09/25	0.10	0.29	上交所	江苏
1860	601877	正泰电器	2013/09/26	0.40	4.02	上交所	浙江
1861	002179	中航光电	2013/09/27	0.00	0.46	深交所	河南
1862	002628	成都路桥	2013/09/27	0.00	0.00	深交所	四川
1863	002465	海格通信	2013/09/30	0.00	0.00	深交所	广东
1864	002697	红旗连锁	2013/09/30	0.00	0.19	深交所	四川
1865	600882	华联矿业	2013/09/30	0.20	0.80	上交所	山东
1866	002568	百润股份	2013/10/08	0.00	0.40	深交所	上海
1867	601238	广汽集团	2013/10/08	0.06	2.53	上交所	广东
1868	002303	美盈森	2013/10/09	0.00	0.00	深交所	深圳
1869	002443	金洲管道	2013/10/10	0.00	0.36	深交所	浙江
1870	300027	华谊兄弟	2013/10/10	0.00	0.00	深交所	浙江
1871	600340	华夏幸福	2013/10/10	0.15	1.32	上交所	浙江
1872	601515	东风股份	2013/10/10	0.65	3.61	上交所	广东
1873	002440	闰土股份	2013/10/15	0.00	0.00	深交所	浙江
1874	000159	国际实业	2013/10/16	0.00	0.10	深交所	新疆
1875	002612	朗姿股份	2013/10/16	0.00	0.70	深交所	北京
1876	002700	新疆浩源	2013/10/16	0.00	0.00	深交所	新疆
1877	000655	金岭矿业	2013/10/17	0.00	0.60	深交所	山东
1878	000338	潍柴动力	2013/10/18	0.00	1.51	深交所	山东
1879	002132	恒星科技	2013/10/23	0.00	0.27	深交所	河南
1880	600578	京能电力	2013/10/23	0.10	2.31	上交所	北京
1881	002484	江海股份	2013/10/24	0.00	0.10	深交所	江苏
1882	002638	勤上光电	2013/10/24	0.00	0.19	深交所	广东
1883	601928	凤凰传媒	2013/10/28	0.10	2.54	上交所	江苏
1884	002246	北化股份	2013/10/29	0.00	0.08	深交所	四川
1885	300086	康芝药业	2013/11/05	0.00	0.40	深交所	海南
1886	600193	创兴资源	2013/11/05	0.04	0.13	上交所	上海
1887	002352	鼎泰新材	2013/11/14	0.00	0.19	深交所	安徽
1888	000612	焦作万方	2013/11/25	0.63	1.62	深交所	河南
1889	000883	湖北能源	2013/11/29	0.00	2.14	深交所	湖北
1890	600688	上海石化	2013/12/04	0.05	2.44	上交所	上海
1891	600823	世茂股份	2013/12/06	0.09	1.05	上交所	上海
1892	600329	中新药业	2013/12/19	0.10	0.54	上交所	天津

注：1.对本年存在多次分红的上市公司分别按除息日纳入，A、B股同时分红的上市公司分红金额为合计金额，相应股票代码和简称均使用A股代码。

2.上市公司辖区以注册地口径统计。

数据来源：上海证券交易所、深圳证券交易所

Source: SSE、SZSE

7-49 上市公司增发情况

序号 No.	股票代码 Stock Code	股票简称 Stock Abbreviation	增发方式 Re-Issuing Mode	增发公告日 Issue Date
1	000539	粤电力A	上网定价发行&网下询价发行	2013/01/01
2	300216	千山药机	上网定价发行&网下询价发行	2013/01/01
3	000922	佳电股份	上网定价发行&网下询价发行	2013/01/09
4	000739	普洛药业	上网定价发行&网下询价发行	2013/01/09
5	601166	兴业银行	A股定向增发	2013/01/09
6	600787	中储股份	A股定向增发	2013/01/10
7	600795	国电电力	A股定向增发	2013/01/10
8	600392	盛和资源	A股定向增发	2013/01/11
9	600711	盛屯矿业	A股定向增发	2013/01/11
10	600794	保税科技	A股定向增发	2013/01/12
11	600887	伊利股份	A股定向增发	2013/01/12
12	002273	水晶光电	上网定价发行&网下询价发行	2013/01/15
13	002063	远光软件	上网定价发行&网下询价发行	2013/01/15
14	000409	山东地矿	上网定价发行&网下询价发行	2013/01/17
15	600690	青岛海尔	A股定向增发	2013/01/15
16	600690	青岛海尔	A股定向增发	2013/01/15
17	300241	瑞丰光电	上网定价发行&网下询价发行	2013/01/19
18	600517	置信电气	A股定向增发	2013/01/19
19	600285	羚锐制药	A股定向增发	2013/01/23
20	601799	星宇股份	A股定向增发	2013/01/23
21	000061	农产品	上网定价发行&网下询价发行	2013/01/24
22	000975	银泰资源	上网定价发行&网下询价发行	2013/01/24
23	600307	酒钢宏兴	A股定向增发	2013/01/29
24	600979	广安爱众	A股定向增发	2013/01/29
25	300015	爱尔眼科	上网定价发行&网下询价发行	2013/01/31
26	002281	光迅科技	上网定价发行&网下询价发行	2013/02/01
27	002456	欧菲光	上网定价发行&网下询价发行	2013/02/01
28	002145	中核钛白	上网定价发行&网下询价发行	2013/02/01
29	600010	包钢股份	A股定向增发	2013/02/01
30	601111	中国国航	A股定向增发	2013/02/01
31	300068	南都电源	上网定价发行&网下询价发行	2013/02/02
32	002063	远光软件	上网定价发行&网下询价发行	2013/02/02
33	600031	三一重工	A股定向增发	2013/02/02
34	600180	瑞茂通	A股定向增发	2013/02/02
35	600237	铜峰电子	A股定向增发	2013/02/02
36	002609	捷顺科技	上网定价发行&网下询价发行	2013/02/06
37	000678	襄阳轴承	上网定价发行&网下询价发行	2013/02/06
38	600687	刚泰控股	A股定向增发	2013/02/07
39	002004	华邦颖泰	上网定价发行&网下询价发行	2013/02/08
40	002192	路翔股份	上网定价发行&网下询价发行	2013/02/08
41	002224	三力士	上网定价发行&网下询价发行	2013/02/07
42	000498	山东路桥	上网定价发行&网下询价发行	2013/02/02
43	000027	深圳能源	上网定价发行&网下询价发行	2013/02/07
44	000070	特发信息	上网定价发行&网下询价发行	2013/02/08
45	000831	五矿稀土	上网定价发行&网下询价发行	2013/02/02
46	002410	广联达	上网定价发行&网下询价发行	2013/02/08
47	002464	金利科技	上网定价发行&网下询价发行	2013/02/20

Re-Issuing of Listed Companies

流通股上市日 Trading Date of Negotiable Shares	增发总股数(股) Shares Changes (share)	每股增发价格 (元/股) Re-Issuing Price (yuan/share)	筹资总额(万元) Proceeds Raised through Offering (10 thousand yuan)	交易所 Exchange	辖区 Region
2013/01/04	1577785517	4.73	7462925495.00	深交所	广东
2013/01/07	7288000	5.87	42780560.00	深交所	湖南
2013/01/09	225699049	8.61	1943268812.00	深交所	黑龙江
2013/01/09	33259423	8.13	299999995.00	深交所	青岛
2013/01/10	1915146700	12.36	2367121.32	上交所	福建
2013/01/11	89811410	10.00	89811.41	上交所	天津
2013/01/11	1834862384	2.18	400000.00	上交所	辽宁
2013/01/14	219815753	10.01	220035.57	上交所	山西
2013/01/14	159707782	9.16	146292.33	上交所	福建
2013/01/15	23259959	9.85	22911.06	上交所	江苏
2013/01/15	272212500	18.51	503865.34	上交所	内蒙
2013/01/15	640000	9.08	5811200.00	深交所	浙江
2013/01/15	6077001	3.09	18777933.00	深交所	广东
2013/01/17	301335197	5.99	1804997830.00	深交所	安徽
2013/01/18	3597600	10.94	3935.77	上交所	山东
2013/01/18	7184400	5.07	3642.49	上交所	山东
2013/01/21	2230000	6.81	15186300.00	深交所	深圳
2013/01/22	72696272	11.00	79965.90	上交所	上海
2013/01/24	28337939	7.67	21735.20	上交所	河南
2013/01/24	197000	4.89	96.33	上交所	江苏
2013/01/24	313650000	5.46	1712529000.00	深交所	深圳
2013/01/24	462644044	5.00	2313220220.00	深交所	广东
2013/01/30	2172000000	3.71	805812.00	上交所	甘肃
2013/01/30	125000000	4.32	54000.00	上交所	四川
2013/02/01	5446500	8.68	47275620.00	深交所	湖南
2013/02/01	23351189	26.14	610400080.00	深交所	湖北
2013/02/01	40540000	37.00	1499980000.00	深交所	深圳
2013/02/01	192121212	3.30	634000000.00	深交所	甘肃
2013/02/04	1578947368	3.80	600000.00	上交所	内蒙
2013/02/04	192796331	5.45	105074.00	上交所	北京
2013/02/04	2000000	6.69	13380000.00	深交所	浙江
2013/02/04	12494650	7.89	98582789.00	深交所	广东
2013/02/05	22797900	4.69	10692.22	上交所	湖南
2013/02/05	3100000	3.88	1202.80	上交所	山东
2013/02/05	164369565	4.60	75610.00	上交所	安徽
2013/02/06	298400	5.99	1787416.00	深交所	深圳
2013/02/06	128000000	4.27	546560000.00	深交所	湖北
2013/02/08	187686682	13.72	257506.13	上交所	浙江
2013/02/08	65573770	14.03	919999993.00	深交所	重庆
2013/02/08	5594496	17.54	88337092.00	深交所	广东
2013/02/08	58383233	6.68	389999996.00	深交所	浙江
2013/02/08	679439063	3.00	2038317189.00	深交所	辽宁
2013/02/08	1684644423	6.17	10394256090.00	深交所	深圳
2013/02/08	21000000	6.64	139440000.00	深交所	深圳
2013/02/08	313252606	8.48	2656382099.00	深交所	山西
2013/02/18	8100000	7.85	63585000.00	深交所	北京
2013/02/20	10589953	17.12	181299995.00	深交所	江苏

7-49 续表 1

序号 No.	股票代码 Stock Code	股票简称 Stock Abbreviation	增发方式 Re-Issuing Mode	增发公告日 Issue Date
48	300147	香雪制药	上网定价发行&网下询价发行	2013/02/09
49	600284	浦东建设	A股定向增发	2013/02/20
50	600740	山西焦化	A股定向增发	2013/02/22
51	002061	江山化工	上网定价发行&网下询价发行	2013/02/23
52	002049	同方国芯	上网定价发行&网下询价发行	2013/02/23
53	000404	华意压缩	上网定价发行&网下询价发行	2013/02/27
54	002126	银轮股份	上网定价发行&网下询价发行	2013/02/22
55	002145	中核钛白	上网定价发行&网下询价发行	2013/03/01
56	002119	康强电子	上网定价发行&网下询价发行	2013/03/05
57	300170	汉得信息	上网定价发行&网下询价发行	2013/03/07
58	002313	日海通讯	上网定价发行&网下询价发行	2013/03/08
59	300119	瑞普生物	上网定价发行&网下询价发行	2013/03/08
60	000552	靖远煤电	上网定价发行&网下询价发行	2013/03/09
61	002192	路翔股份	上网定价发行&网下询价发行	2013/03/09
62	000767	漳泽电力	上网定价发行&网下询价发行	2013/03/09
63	600521	华海药业	A股定向增发	2013/03/08
64	300038	梅泰诺	上网定价发行&网下询价发行	2013/03/15
65	002250	联化科技	上网定价发行&网下询价发行	2013/03/15
66	002339	积成电子	上网定价发行&网下询价发行	2013/03/19
67	002106	莱宝高科	上网定价发行&网下询价发行	2013/03/19
68	000153	丰原药业	上网定价发行&网下询价发行	2013/03/20
69	002144	宏达高科	上网定价发行&网下询价发行	2013/03/20
70	002572	索菲亚	上网定价发行&网下询价发行	2013/03/20
71	600333	长春燃气	A股定向增发	2013/03/20
72	600373	中文传媒	A股定向增发	2013/03/20
73	000030	富奥股份	上网定价发行&网下询价发行	2013/03/21
74	600509	天富热电	A股定向增发	2013/03/21
75	600738	兰州民百	A股定向增发	2013/03/22
76	601313	江南嘉捷	A股定向增发	2013/03/22
77	002023	海特高新	上网定价发行&网下询价发行	2013/03/23
78	000543	皖能电力	上网定价发行&网下询价发行	2013/03/23
79	002219	恒康医疗	上网定价发行&网下询价发行	2013/03/26
80	000045	深纺织A	上网定价发行&网下询价发行	2013/03/26
81	002341	新纶科技	上网定价发行&网下询价发行	2013/03/26
82	600526	菲达环保	A股定向增发	2013/03/27
83	002359	齐星铁塔	上网定价发行&网下询价发行	2013/03/28
84	000601	韶能股份	上网定价发行&网下询价发行	2013/03/28
85	002580	圣阳股份	上网定价发行&网下询价发行	2013/03/26
86	002079	苏州固锝	上网定价发行&网下询价发行	2013/03/28
87	002527	新时达	上网定价发行&网下询价发行	2013/03/28
88	600343	航天动力	A股定向增发	2013/03/28
89	002251	步步高	上网定价发行&网下询价发行	2013/03/28
90	000893	东凌粮油	上网定价发行&网下询价发行	2013/03/29
91	000078	海王生物	上网定价发行&网下询价发行	2013/03/29
92	600077	宋都股份	A股定向增发	2013/03/28
93	002247	帝龙新材	上网定价发行&网下询价发行	2013/03/30
94	600521	华海药业	A股定向增发	2013/03/30
95	600578	京能电力	A股定向增发	2013/04/02

continued

流通股上市日 Trading Date of Negotiable Shares	增发总股数(股) Shares Changes (share)	每股增发价格(元/股) Re-Issuing Price (yuan/share)	筹资总额(万元) Proceeds Raised through Offering (10 thousand yuan)	交易所 Exchange	辖区 Region
2013/02/20	607800	5.08	3087624.00	深交所	广东
2013/02/21	194800000	7.11	138502.80	上交所	上海
2013/02/25	200000000	7.80	156000.00	上交所	山西
2013/02/25	92460881	7.03	649999993.00	深交所	浙江
2013/02/25	6467661	20.10	129999986.00	深交所	河北
2013/02/27	235042735	4.68	1100000000.00	深交所	江西
2013/02/27	8590000	2.63	22591700.00	深交所	浙江
2013/03/04	27990728	7.55	211329996.00	深交所	甘肃
2013/03/05	12000000	7.73	92760000.00	深交所	宁波
2013/03/08	9635000	8.40	80934000.00	深交所	上海
2013/03/08	5270000	7.41	39050700.00	深交所	深圳
2013/03/08	1161680	16.92	19655626.00	深交所	天津
2013/03/11	181575634	16.33	2965130103.00	深交所	甘肃
2013/03/11	15108973	15.79	265011386.00	深交所	广东
2013/03/12	680012800	3.55	2414045440.00	深交所	山西
2013/03/13	378000	7.55	285.39	上交所	浙江
2013/03/15	3360000	8.77	14952000.00	深交所	北京
2013/03/18	9145500	16.33	149346015.00	深交所	浙江
2013/03/19	17448000	12.50	218100000.00	深交所	山东
2013/03/19	105420000	16.52	1741538400.00	深交所	深圳
2013/03/20	52132030	5.70	297152571.00	深交所	安徽
2013/03/20	25423728	11.80	299999990.00	深交所	浙江
2013/03/20	1300000	9.63	6032000.00	深交所	广东
2013/03/21	68100000	7.15	48691.50	上交所	吉林
2013/03/21	91466935	14.19	129791.58	上交所	江西
2013/03/21	1010275140	4.30	4344183102.00	深交所	深圳
2013/03/22	250000000	7.55	188750.00	上交所	新疆
2013/03/25	106091370	5.91	62700.00	上交所	甘肃
2013/03/25	7300000	4.59	3350.70	上交所	江苏
2013/03/25	41810000	9.88	413082800.00	深交所	四川
2013/03/25	280165289	6.05	1694999998.00	深交所	安徽
2013/03/26	10822000	6.14	66447080.00	深交所	甘肃
2013/03/26	170000000	5.83	991100000.00	深交所	深圳
2013/03/27	80640000	8.68	699955200.00	深交所	深圳
2013/03/28	63444725	11.85	75182.00	上交所	浙江
2013/03/28	44900000	8.15	365935000.00	深交所	山东
2013/03/28	155000000	3.65	565750000.00	深交所	广东
2013/03/28	335000	6.76	2264600.00	深交所	山东
2013/03/28	1684800	3.58	6006312.00	深交所	江苏
2013/03/28	750000	5.74	4305000.00	深交所	上海
2013/03/29	79420000	12.59	99989.78	上交所	陕西
2013/03/29	56395891	21.42	1207999985.00	深交所	湖南
2013/03/29	5000000	13.22	65340000.00	深交所	广东
2013/03/29	79203470	7.43	588481782.00	深交所	深圳
2013/04/01	7468880	4.56	3405.81	上交所	辽宁
2013/04/01	28600000	11.50	328900000.00	深交所	浙江
2013/04/03	126000	7.55	95.13	上交所	浙江
2013/04/03	361271676	6.92	250000.00	上交所	北京

7-49 续表 2

序号 No.	股票代码 Stock Code	股票简称 Stock Abbreviation	增发方式 Re-Issuing Mode	增发公告日 Issue Date
96	600390	金瑞科技	A股定向增发	2013/04/03
97	600873	梅花集团	A股定向增发	2013/04/03
98	002302	西部建设	上网定价发行&网下询价发行	2013/04/04
99	600552	方兴科技	A股定向增发	2013/04/08
100	000739	普洛药业	上网定价发行&网下询价发行	2013/04/09
101	600235	民丰特纸	A股定向增发	2013/04/09
102	600360	华微电子	A股定向增发	2013/04/10
103	002364	中恒电气	上网定价发行&网下询价发行	2013/04/13
104	002286	保龄宝	上网定价发行&网下询价发行	2013/04/17
105	600699	均胜电子	A股定向增发	2013/04/17
106	000413	东旭光电	上网定价发行&网下询价发行	2013/04/18
107	002078	太阳纸业	上网定价发行&网下询价发行	2013/04/17
108	002179	中航光电	上网定价发行&网下询价发行	2013/04/17
109	600115	东方航空	A股定向增发	2013/04/18
110	600561	江西长运	A股定向增发	2013/04/18
111	600488	天药股份	A股定向增发	2013/04/19
112	600206	有研硅股	A股定向增发	2013/04/20
113	002443	金洲管道	上网定价发行&网下询价发行	2013/04/23
114	000767	漳泽电力	上网定价发行&网下询价发行	2013/04/23
115	600592	龙溪股份	A股定向增发	2013/04/23
116	002230	科大讯飞	上网定价发行&网下询价发行	2013/04/24
117	600633	浙报传媒	A股定向增发	2013/04/24
118	002524	光正集团	上网定价发行&网下询价发行	2013/04/25
119	002183	怡亚通	上网定价发行&网下询价发行	2013/04/25
120	000688	建新矿业	上网定价发行&网下询价发行	2013/04/20
121	000672	上峰水泥	上网定价发行&网下询价发行	2013/04/20
122	600446	金证股份	A股定向增发	2013/04/24
123	000612	焦作万方	上网定价发行&网下询价发行	2013/05/03
124	002243	通产丽星	上网定价发行&网下询价发行	2013/05/03
125	002289	宇顺电子	上网定价发行&网下询价发行	2013/05/03
126	600499	科达机电	A股定向增发	2013/04/26
127	300272	开能环保	上网定价发行&网下询价发行	2013/05/04
128	000576	广东甘化	上网定价发行&网下询价发行	2013/05/09
129	002266	浙富控股	上网定价发行&网下询价发行	2013/05/08
130	600114	东睦股份	A股定向增发	2013/05/10
131	601377	兴业证券	A股定向增发	2013/05/10
132	002363	隆基机械	上网定价发行&网下询价发行	2013/05/11
133	600737	中粮屯河	A股定向增发	2013/05/11
134	300166	东方国信	上网定价发行&网下询价发行	2013/05/12
135	000410	沈阳机床	上网定价发行&网下询价发行	2013/05/14
136	300240	飞力达	上网定价发行&网下询价发行	2013/05/11
137	300080	新大新材	上网定价发行&网下询价发行	2013/05/16
138	600207	安彩高科	A股定向增发	2013/05/16
139	300155	安居宝	上网定价发行&网下询价发行	2013/05/05
140	002002	鸿达兴业	上网定价发行&网下询价发行	2013/05/17
141	000960	锡业股份	上网定价发行&网下询价发行	2013/05/17
142	002018	华星化工	上网定价发行&网下询价发行	2013/05/21
143	600096	云天化	A股定向增发	2013/05/21

continued

流通股上市日 Trading Date of Negotiable Shares	增发总股数(股) Shares Changes (share)	每股增发价格(元/股) Re-Issuing Price (yuan/share)	筹资总额(万元) Proceeds Raised through Offering (10 thousand yuan)	交易所 Exchange	辖区 Region
2013/04/08	35278745	11.48	40500.00	上交所	湖南
2013/04/08	399990000	6.27	250793.73	上交所	西藏
2013/04/08	151989925	15.67	2381682125.00	深交所	新疆
2013/04/09	42553191	23.50	100000.00	上交所	安徽
2013/04/09	117732757	9.02	957167314.00	深交所	青岛
2013/04/10	87900000	5.12	45004.80	上交所	浙江
2013/04/11	60000000	4.39	26340.00	上交所	吉林
2013/04/15	330000	10.88	3590400.00	深交所	浙江
2013/04/17	49428000	12.60	622792800.00	深交所	山东
2013/04/18	57096342	8.53	48703.18	上交所	吉林
2013/04/18	520000000	9.69	5038800000.00	深交所	河北
2013/04/18	145189606	6.90	1001808281.00	深交所	山东
2013/04/18	61847988	13.42	829999999.00	深交所	河南
2013/04/19	698865000	3.28	229227.72	上交所	上海
2013/04/19	51340000	9.08	46616.72	上交所	江西
2013/04/22	146520000	3.75	54945.00	上交所	天津
2013/04/23	60349434	9.73	58720.00	上交所	北京
2013/04/23	66448000	7.52	499688960.00	深交所	浙江
2013/04/23	250000000	3.20	800000000.00	深交所	山西
2013/04/24	99553571	6.72	66900.00	上交所	福建
2013/04/24	90377024	19.40	1753314266.00	深交所	安徽
2013/04/25	164410066	13.90	228529.99	上交所	浙江
2013/04/25	48000000	7.50	360000000.00	深交所	新疆
2013/04/25	152000000	4.16	632320000.00	深交所	深圳
2013/04/26	735386206	2.95	2169389308.00	深交所	重庆
2013/04/26	598148124	3.69	2207166578.00	深交所	甘肃
2013/05/02	1264000	7.43	939.15	上交所	广东
2013/05/03	169266914	10.64	1800999965.00	深交所	河南
2013/05/03	106880000	6.66	711820800.00	深交所	深圳
2013/05/03	40000000	10.38	415200000.00	深交所	深圳
2013/05/06	8925000	9.80	8746.50	上交所	广东
2013/05/08	2299000	6.08	13977920.00	深交所	上海
2013/05/09	120000000	6.78	813600000.00	深交所	广东
2013/05/10	117880794	7.55	889999995.00	深交所	浙江
2013/05/13	10000000	4.12	4120.00	上交所	浙江
2013/05/13	400000000	9.88	395200.00	上交所	福建
2013/05/13	29400000	11.78	346332000.00	深交所	山东
2013/05/14	1046271929	4.56	477100.00	上交所	新疆
2013/05/14	2467500	5.42	13373850.00	深交所	北京
2013/05/14	220000000	5.58	1227600000.00	深交所	辽宁
2013/05/15	450000	6.57	2956500.00	深交所	江苏
2013/05/16	19100000	6.41	150126000.00	深交所	河南
2013/05/17	250000000	4.03	100750.00	上交所	河南
2013/05/17	2658000	8.02	21317160.00	深交所	广东
2013/05/17	109855453	7.60	835999997.00	深交所	江苏
2013/05/17	244700000	16.66	4076702000.00	深交所	云南
2013/05/21	728685018	2.65	1931015298.00	深交所	安徽
2013/05/22	975034018	14.10	1374797.97	上交所	云南

7-49 续表 3

序号 No.	股票代码 Stock Code	股票简称 Stock Abbreviation	增发方式 Re-Issuing Mode	增发公告日 Issue Date
144	600133	东湖高新	A股定向增发	2013/05/21
145	600521	华海药业	A股向公众增发	2013/05/02
146	600332	白云山	A股向公众增发	2013/05/18
147	600990	四创电子	A股定向增发	2013/05/22
148	300198	纳川股份	上网定价发行&网下询价发行	2013/05/22
149	002337	赛象科技	上网定价发行&网下询价发行	2013/05/23
150	300144	宋城演艺	上网定价发行&网下询价发行	2013/05/23
151	300195	长荣股份	上网定价发行&网下询价发行	2013/05/22
152	000925	众合机电	上网定价发行&网下询价发行	2013/05/23
153	600240	华业地产	A股定向增发	2013/05/22
154	300009	安科生物	上网定价发行&网下询价发行	2013/05/25
155	002501	利源精制	上网定价发行&网下询价发行	2013/05/25
156	600499	科达机电	A股定向增发	2013/05/25
157	002175	广陆数测	上网定价发行&网下询价发行	2013/05/28
158	002521	齐峰新材	上网定价发行&网下询价发行	2013/05/25
159	300043	互动娱乐	上网定价发行&网下询价发行	2013/05/28
160	000716	南方食品	上网定价发行&网下询价发行	2013/05/29
161	002089	新海宜	上网定价发行&网下询价发行	2013/05/28
162	002312	三泰电子	上网定价发行&网下询价发行	2013/05/30
163	002236	大华股份	上网定价发行&网下询价发行	2013/05/30
164	300131	英唐智控	上网定价发行&网下询价发行	2013/05/30
165	600337	美克股份	A股定向增发	2013/06/01
166	002009	天奇股份	上网定价发行&网下询价发行	2013/06/04
167	600365	通葡股份	A股定向增发	2013/06/04
168	601789	宁波建工	A股定向增发	2013/06/04
169	000729	燕京啤酒	上网定价发行&网下询价发行	2013/05/23
170	600352	浙江龙盛	A股定向增发	2013/06/04
171	002587	奥拓电子	上网定价发行&网下询价发行	2013/06/07
172	300058	蓝色光标	上网定价发行&网下询价发行	2013/06/07
173	300058	蓝色光标	上网定价发行&网下询价发行	2013/06/08
174	002246	北化股份	上网定价发行&网下询价发行	2013/06/15
175	002453	天马精化	上网定价发行&网下询价发行	2013/06/15
176	600887	伊利股份	A股定向增发	2013/06/18
177	300286	安科瑞	上网定价发行&网下询价发行	2013/06/19
178	300098	高新兴	上网定价发行&网下询价发行	2013/06/19
179	002537	海立美达	上网定价发行&网下询价发行	2013/06/19
180	002034	美欣达	上网定价发行&网下询价发行	2013/06/16
181	002034	美欣达	上网定价发行&网下询价发行	2013/06/17
182	002138	顺络电子	上网定价发行&网下询价发行	2013/06/19
183	002225	濮耐股份	上网定价发行&网下询价发行	2013/06/18
184	600498	烽火通信	A股定向增发	2013/06/18
185	002310	东方园林	上网定价发行&网下询价发行	2013/06/21
186	000560	昆百大A	上网定价发行&网下询价发行	2013/06/21
187	002298	鑫龙电器	上网定价发行&网下询价发行	2013/06/21
188	600984	建设机械	A股定向增发	2013/06/21
189	600513	联环药业	A股定向增发	2013/06/22
190	600187	国中水务	A股定向增发	2013/06/25
191	002391	长青股份	上网定价发行&网下询价发行	2013/06/26

continued

流通股上市日 Trading Date of Negotiable Shares	增发总股数(股) Shares Changes (share)	每股增发价格(元/股) Re-Issuing Price (yuan/share)	筹资总额(万元) Proceeds Raised through Offering (10 thousand yuan)	交易所 Exchange	辖区 Region
2013/05/22	41882955	7.32	30658.32	上交所	湖北
2013/05/23	63300000	12.25	77542.50	上交所	浙江
2013/05/23	445601005	0.00	0.00	上交所	广东
2013/05/23	19102040	17.64	33696.00	上交所	安徽
2013/05/23	180000	7.23	1301400.00	深交所	福建
2013/05/23	400000	4.70	1796000.00	深交所	天津
2013/05/23	3816000	6.13	23392080.00	深交所	浙江
2013/05/23	2224000	10.00	22240000.00	深交所	天津
2013/05/23	10000000	4.15	41500000.00	深交所	浙江
2013/05/27	5253600	3.70	1943.83	上交所	北京
2013/05/27	4895000	5.83	28537850.00	深交所	安徽
2013/05/27	131040000	11.06	1449302400.00	深交所	吉林
2013/05/28	5657159	12.02	6799.91	上交所	广东
2013/05/28	32400000	8.25	267300000.00	深交所	广西
2013/05/28	8200000	3.97	32554000.00	深交所	山东
2013/05/29	1474851	10.49	15471187.00	深交所	广东
2013/05/29	67740462	6.65	450474072.00	深交所	广西
2013/05/29	138804021	7.86	889733775.00	深交所	江苏
2013/05/30	800000	6.29	5032000.00	深交所	四川
2013/05/31	29886607	33.60	1004189995.00	深交所	浙江
2013/05/31	200000	8.18	1636000.00	深交所	深圳
2013/06/04	14600000	2.91	4248.60	上交所	新疆
2013/06/04	100000000	7.46	745500000.00	深交所	江苏
2013/06/05	60000000	8.98	53880.00	上交所	吉林
2013/06/05	25440000	6.51	16561.44	上交所	浙江
2013/06/06	284768676	5.76	1640267574.00	深交所	北京
2013/06/07	21350000	7.87	16802.45	上交所	浙江
2013/06/07	1350000	6.85	9247500.00	深交所	深圳
2013/06/07	984500	10.71	14609980.00	深交所	北京
2013/06/07	48867199	14.84	1401999939.00	深交所	北京
2013/06/17	77900000	7.12	554648000.00	深交所	四川
2013/06/17	45650000	10.50	479325000.00	深交所	江苏
2013/06/19	153963908	6.49	99922.58	上交所	内蒙
2013/06/19	1990000	6.97	13870300.00	深交所	上海
2013/06/19	6180000	4.74	29293200.00	深交所	广东
2013/06/19	2480000	5.42	13441600.00	深交所	青岛
2013/06/19	400000	5.18	2072000.00	深交所	浙江
2013/06/19	3600000	5.34	19224000.00	深交所	浙江
2013/06/19	13750000	6.60	90681250.00	深交所	深圳
2013/06/20	4285000	3.60	15426000.00	深交所	河南
2013/06/21	997050	8.36	833.53	上交所	湖北
2013/06/21	63224000	16.16	1580600000.00	深交所	北京
2013/06/21	6929800	4.61	31946378.00	深交所	云南
2013/06/21	4979300	7.63	37992059.00	深交所	安徽
2013/06/24	100000000	5.23	52300.00	上交所	陕西
2013/06/25	4600189	10.58	4867.00	上交所	江苏
2013/06/26	155024691	8.10	125570.00	上交所	黑龙江
2013/06/26	4450000	10.38	46191000.00	深交所	江苏

7-49 续表 4

序号 No.	股票代码 Stock Code	股票简称 Stock Abbreviation	增发方式 Re-Issuing Mode	增发公告日 Issue Date
192	600516	方大炭素	A股定向增发	2013/06/26
193	300043	互动娱乐	上网定价发行&网下询价发行	2013/06/27
194	002564	张化机	上网定价发行&网下询价发行	2013/06/26
195	600067	冠城大通	A股定向增发	2013/06/27
196	600066	宇通客车	A股定向增发	2013/06/28
197	600613	神奇制药	A股定向增发	2013/06/28
198	600613	永生投资	A股定向增发	2013/06/28
199	600775	南京熊猫	A股定向增发	2013/07/02
200	600887	伊利股份	A股定向增发	2013/07/02
201	600562	高淳陶瓷	A股定向增发	2013/07/03
202	600521	华海药业	A股定向增发	2013/07/02
203	002321	华英农业	上网定价发行&网下询价发行	2013/07/05
204	002308	威创股份	上网定价发行&网下询价发行	2013/07/05
205	000595	西北轴承	上网定价发行&网下询价发行	2013/07/05
206	002603	以岭药业	上网定价发行&网下询价发行	2013/06/29
207	000721	西安饮食	上网定价发行&网下询价发行	2013/07/06
208	300252	金信诺	上网定价发行&网下询价发行	2013/07/06
209	600332	广州药业	A股定向增发	2013/07/09
210	600613	永生投资	A股定向增发	2013/07/09
211	600613	神奇制药	A股定向增发	2013/07/09
212	600803	威远生化	A股定向增发	2013/07/09
213	000717	韶钢松山	上网定价发行&网下询价发行	2013/07/10
214	600375	华菱星马	A股定向增发	2013/07/10
215	002611	东方精工	上网定价发行&网下询价发行	2013/07/12
216	002601	佰利联	上网定价发行&网下询价发行	2013/07/13
217	600438	通威股份	A股定向增发	2013/07/13
218	600422	昆明制药	A股向公众增发	2013/07/03
219	600507	方大特钢	A股定向增发	2013/07/13
220	601888	中国国旅	A股定向增发	2013/07/17
221	600587	新华医疗	A股定向增发	2013/07/18
222	002226	江南化工	上网定价发行&网下询价发行	2013/07/19
223	002567	唐人神	上网定价发行&网下询价发行	2013/07/19
224	601636	旗滨集团	A股定向增发	2013/07/19
225	600056	中国医药	A股定向增发	2013/07/20
226	000545	金浦钛业	上网定价发行&网下询价发行	2013/07/20
227	002079	苏州固锝	上网定价发行&网下询价发行	2013/07/26
228	002004	华邦颖泰	上网定价发行&网下询价发行	2013/07/28
229	600192	长城电工	A股定向增发	2013/07/27
230	600804	鹏博士	A股定向增发	2013/07/27
231	002100	天康生物	上网定价发行&网下询价发行	2013/07/27
232	002274	华昌化工	上网定价发行&网下询价发行	2013/07/31
233	600056	中国医药	A股定向增发	2013/07/27
234	600222	太龙药业	A股定向增发	2013/08/01
235	600285	羚锐制药	A股定向增发	2013/08/01
236	601002	晋亿实业	A股定向增发	2013/08/01
237	002491	通鼎光电	上网定价发行&网下询价发行	2013/07/30
238	000831	五矿稀土	上网定价发行&网下询价发行	2013/08/03
239	002392	北京利尔	上网定价发行&网下询价发行	2013/08/03

continued

流通股上市日 Trading Date of Negotiable Shares	增发总股数(股) Shares Changes (share)	每股增发价格(元/股) Re-Issuing Price (yuan/share)	筹资总额(万元) Proceeds Raised through Offering (10 thousand yuan)	交易所 Exchange	辖区 Region
2013/06/27	184266900	9.89	182239.96	上交所	甘肃
2013/06/27	2706943	10.49	28395832.00	深交所	广东
2013/06/27	66000000	9.00	594000000.00	深交所	江苏
2013/07/01	11829000	6.20	7333.98	上交所	福建
2013/07/01	6012000	9.03	5428.84	上交所	河南
2013/07/01	251741492	7.95	200134.49	上交所	上海
2013/07/01	251741492	7.95	200134.49	上交所	上海
2013/07/03	258823529	5.10	132000.00	上交所	江苏
2013/07/03	18092114	6.49	11741.78	上交所	内蒙
2013/07/04	44441489	6.96	30931.28	上交所	江苏
2013/07/05	9816540	5.92	5811.39	上交所	浙江
2013/07/05	131800000	4.65	612870000.00	深交所	河南
2013/07/05	1771560	8.80	15589728.00	深交所	广东
2013/07/05	30870666	5.78	178432449.00	深交所	宁夏
2013/07/05	10412000	12.68	132024160.00	深交所	河北
2013/07/08	50000000	5.21	260500000.00	深交所	陕西
2013/07/09	2345000	5.46	12803700.00	深交所	深圳
2013/07/10	34839645	12.10	42155.97	上交所	广东
2013/07/10	45413200	11.01	49999.93	上交所	上海
2013/07/10	45413200	11.01	49999.93	上交所	上海
2013/07/10	610200364	10.98	670000.00	上交所	河北
2013/07/10	750000000	2.00	1500000000.00	深交所	广东
2013/07/11	150000000	8.08	121200.00	上交所	安徽
2013/07/12	4155000	4.38	18198900.00	深交所	广东
2013/07/15	3515000	11.41	40106150.00	深交所	河南
2013/07/16	129589632	4.53	58704.10	上交所	四川
2013/07/17	26954177	25.97	70000.00	上交所	云南
2013/07/17	10190750	3.21	3271.23	上交所	江西
2013/07/18	96237772	26.58	255800.00	上交所	北京
2013/07/19	14524765	22.41	32550.00	上交所	山东
2013/07/19	4470000	5.45	24361500.00	深交所	安徽
2013/07/19	6786000	6.67	45262620.00	深交所	湖南
2013/07/22	3070000	3.82	1172.74	上交所	湖南
2013/07/23	14966320	20.29	30366.66	上交所	北京
2013/07/26	148420393	6.60	979574594.00	深交所	吉林
2013/07/26	3227065	3.57	11552893.00	深交所	江苏
2013/07/29	12680000	7.51	95226800.00	深交所	重庆
2013/07/30	100000000	5.49	54900.00	上交所	甘肃
2013/07/30	43616792	3.22	14044.61	上交所	四川
2013/07/30	50973683	6.84	348659992.00	深交所	新疆
2013/07/31	71800000	6.40	459520000.00	深交所	江苏
2013/08/01	131460000	0.00	0.00	上交所	北京
2013/08/02	84210526	4.75	40000.00	上交所	河南
2013/08/02	13680000	3.97	5430.96	上交所	河南
2013/08/02	54220000	9.22	49990.84	上交所	浙江
2013/08/02	7530000	5.95	44803500.00	深交所	江苏
2013/08/05	14236375	15.78	224649998.00	深交所	山西
2013/08/06	59279717	10.87	644370524.00	深交所	北京

7-49 续表 5

序号 No.	股票代码 Stock Code	股票简称 Stock Abbreviation	增发方式 Re-Issuing Mode	增发公告日 Issue Date
240	002628	成都路桥	上网定价发行&网下询价发行	2013/07/25
241	002565	上海绿新	上网定价发行&网下询价发行	2013/08/09
242	600567	山鹰纸业	A股定向增发	2013/08/10
243	002101	广东鸿图	上网定价发行&网下询价发行	2013/08/13
244	300190	维尔利	上网定价发行&网下询价发行	2013/08/10
245	600495	晋西车轴	A股定向增发	2013/08/14
246	300315	掌趣科技	上网定价发行&网下询价发行	2013/08/15
247	300315	掌趣科技	上网定价发行&网下询价发行	2013/08/16
248	600168	武汉控股	A股定向增发	2013/08/15
249	002196	方正电机	上网定价发行&网下询价发行	2013/08/16
250	300120	经纬电材	上网定价发行&网下询价发行	2013/08/15
251	300145	南方泵业	上网定价发行&网下询价发行	2013/08/13
252	600100	同方股份	A股定向增发	2013/08/16
253	002137	实益达	上网定价发行&网下询价发行	2013/08/20
254	002571	德力股份	上网定价发行&网下询价发行	2013/08/20
255	002178	延华智能	上网定价发行&网下询价发行	2013/08/21
256	002425	凯撒股份	上网定价发行&网下询价发行	2013/08/22
257	600580	卧龙电气	A股定向增发	2013/08/23
258	300104	乐视网	上网定价发行&网下询价发行	2013/08/23
259	600277	亿利能源	A股定向增发	2013/08/24
260	002572	索菲亚	上网定价发行&网下询价发行	2013/08/27
261	300245	天玑科技	上网定价发行&网下询价发行	2013/08/24
262	601179	中国西电	A股定向增发	2013/08/28
263	000826	桑德环境	上网定价发行&网下询价发行	2013/08/30
264	000826	桑德环境	上网定价发行&网下询价发行	2013/08/31
265	002334	英威腾	上网定价发行&网下询价发行	2013/08/29
266	002271	东方雨虹	上网定价发行&网下询价发行	2013/09/04
267	300136	信维通信	上网定价发行&网下询价发行	2013/09/05
268	600079	人福医药	A股定向增发	2013/09/05
269	600460	士兰微	A股定向增发	2013/09/05
270	601933	永辉超市	A股定向增发	2013/09/05
271	300058	蓝色光标	上网定价发行&网下询价发行	2013/09/06
272	300292	吴通通讯	上网定价发行&网下询价发行	2013/09/06
273	000738	中航动控	上网定价发行&网下询价发行	2013/09/07
274	600100	同方股份	A股定向增发	2013/09/09
275	300025	华星创业	上网定价发行&网下询价发行	2013/09/10
276	300275	梅安森	上网定价发行&网下询价发行	2013/09/06
277	000519	江南红箭	上网定价发行&网下询价发行	2013/09/11
278	002063	远光软件	上网定价发行&网下询价发行	2013/09/11
279	600757	长江传媒	A股定向增发	2013/09/11
280	002345	潮宏基	上网定价发行&网下询价发行	2013/09/12
281	002358	森源电气	上网定价发行&网下询价发行	2013/09/06
282	002325	洪涛股份	上网定价发行&网下询价发行	2013/09/12
283	300038	梅泰诺	上网定价发行&网下询价发行	2013/09/12
284	000680	山推股份	上网定价发行&网下询价发行	2013/09/14
285	002092	中泰化学	上网定价发行&网下询价发行	2013/09/17
286	002007	华兰生物	上网定价发行&网下询价发行	2013/09/17
287	300058	蓝色光标	上网定价发行&网下询价发行	2013/09/17

continued

流通股上市日 Trading Date of Negotiable Shares	增发总股数(股) Shares Changes (share)	每股增发价格(元/股) Re-Issuing Price (yuan/share)	筹资总额(万元) Proceeds Raised through Offering (10 thousand yuan)	交易所 Exchange	辖区 Region
2013/08/09	75675675	9.25	699999994.00	深交所	四川
2013/08/12	6610000	4.66	30802600.00	深交所	上海
2013/08/13	1590716423	1.87	297463.97	上交所	安徽
2013/08/13	27700000	8.32	230464000.00	深交所	广东
2013/08/13	172800	7.95	1373760.00	深交所	江苏
2013/08/15	117272724	11.00	129000.00	上交所	山西
2013/08/15	8158006	10.53	270029999.00	深交所	北京
2013/08/15	23488601	33.10	247334969.00	深交所	北京
2013/08/16	140688600	6.62	93135.85	上交所	湖北
2013/08/16	33563673	10.13	340000007.00	深交所	浙江
2013/08/16	2200000	3.26	7172000.00	深交所	天津
2013/08/16	1091000	13.09	14281190.00	深交所	浙江
2013/08/19	157724483	6.92	109145.34	上交所	北京
2013/08/20	37000000	3.99	147630000.00	深交所	深圳
2013/08/21	51550700	10.40	536127280.00	深交所	安徽
2013/08/21	37777777	9.00	339999993.00	深交所	上海
2013/08/22	111790000	4.83	539945700.00	深交所	广东
2013/08/26	422798480	4.20	177575.36	上交所	浙江
2013/08/26	4266298	8.03	34258373.00	深交所	北京
2013/08/27	556300000	5.35	297620.50	上交所	内蒙
2013/08/27	5860000	4.64	56431800.00	深交所	广东
2013/08/28	200000	4.81	962000.00	深交所	上海
2013/08/29	768882352	4.40	338308.23	上交所	陕西
2013/08/29	2291594	16.31	37543876.00	深交所	湖北
2013/08/29	373642	17.90	6725556.00	深交所	湖北
2013/08/29	5545500	4.51	25010205.00	深交所	深圳
2013/09/05	16316000	6.83	111438280.00	深交所	北京
2013/09/05	3685000	7.45	27453250.00	深交所	深圳
2013/09/06	35333586	29.00	102467.40	上交所	湖北
2013/09/06	91200000	4.80	43776.00	上交所	浙江
2013/09/06	91417820	11.11	101565.20	上交所	福建
2013/09/06	5022900	28.69	53795259.00	深交所	北京
2013/09/06	16911760	8.16	137999962.00	深交所	江苏
2013/09/09	202803862	8.00	1622430896.00	深交所	湖南
2013/09/10	52456647	6.92	36300.00	上交所	北京
2013/09/10	15466618	6.70	95583699.00	深交所	浙江
2013/09/10	4500000	6.68	30060000.00	深交所	重庆
2013/09/11	410147747	9.68	3970230191.00	深交所	湖南
2013/09/11	357506	16.86	6027551.00	深交所	广东
2013/09/12	173965824	6.73	117079.00	上交所	湖北
2013/09/12	62555600	10.75	672472700.00	深交所	广东
2013/09/12	53797744	13.30	715509995.00	深交所	河南
2013/09/13	13981991	5.33	74524012.00	深交所	深圳
2013/09/13	19954389	4.45	174999992.00	深交所	北京
2013/09/16	102040816	3.92	399999999.00	深交所	山东
2013/09/17	235899078	6.78	1599395749.00	深交所	新疆
2013/09/18	4710000	12.19	57414900.00	深交所	河南
2013/09/18	12714285	42.00	533999970.00	深交所	北京

7-49 续表 6

序号 No.	股票代码 Stock Code	股票简称 Stock Abbreviation	增发方式 Re-Issuing Mode	增发公告日 Issue Date
288	300054	鼎龙股份	上网定价发行&网下询价发行	2013/09/19
289	300216	千山药机	上网定价发行&网下询价发行	2013/09/19
290	002172	澳洋科技	上网定价发行&网下询价发行	2013/09/24
291	002372	伟星新材	上网定价发行&网下询价发行	2013/09/24
292	002281	光迅科技	上网定价发行&网下询价发行	2013/09/25
293	300025	华星创业	上网定价发行&网下询价发行	2013/09/25
294	002337	赛象科技	上网定价发行&网下询价发行	2013/09/19
295	600446	金证股份	A股定向增发	2013/09/19
296	600255	鑫科材料	A股定向增发	2013/09/25
297	300090	盛运股份	上网定价发行&网下询价发行	2013/09/26
298	300095	华伍股份	上网定价发行&网下询价发行	2013/09/26
299	300301	长方照明	上网定价发行&网下询价发行	2013/09/27
300	000540	中天城投	上网定价发行&网下询价发行	2013/09/27
301	300241	瑞丰光电	上网定价发行&网下询价发行	2013/09/29
302	002603	以岭药业	上网定价发行&网下询价发行	2013/09/27
303	000021	长城开发	上网定价发行&网下询价发行	2013/10/10
304	600599	熊猫烟花	A股定向增发	2013/10/10
305	601028	玉龙股份	A股定向增发	2013/10/10
306	002035	华帝股份	上网定价发行&网下询价发行	2013/10/11
307	600583	海油工程	A股定向增发	2013/10/11
308	300071	华谊嘉信	上网定价发行&网下询价发行	2013/10/12
309	300274	阳光电源	上网定价发行&网下询价发行	2013/10/11
310	300085	银之杰	上网定价发行&网下询价发行	2013/10/12
311	600847	万里股份	A股定向增发	2013/10/15
312	600405	动力源	A股定向增发	2013/10/16
313	000948	南天信息	上网定价发行&网下询价发行	2013/10/17
314	002518	科士达	上网定价发行&网下询价发行	2013/10/16
315	300006	莱美药业	上网定价发行&网下询价发行	2013/10/18
316	300006	莱美药业	上网定价发行&网下询价发行	2013/10/19
317	300236	上海新阳	上网定价发行&网下询价发行	2013/10/18
318	300123	太阳鸟	上网定价发行&网下询价发行	2013/10/18
319	600482	风帆股份	A股定向增发	2013/10/18
320	600195	中牧股份	A股定向增发	2013/10/19
321	300090	盛运股份	上网定价发行&网下询价发行	2013/10/25
322	002618	丹邦科技	上网定价发行&网下询价发行	2013/10/29
323	300054	鼎龙股份	上网定价发行&网下询价发行	2013/10/29
324	300010	立思辰	上网定价发行&网下询价发行	2013/10/26
325	601777	力帆股份	A股定向增发	2013/10/29
326	002674	兴业科技	上网定价发行&网下询价发行	2013/10/30
327	600880	博瑞传播	A股定向增发	2013/10/31
328	600168	武汉控股	A股定向增发	2013/11/01
329	300330	华虹计通	上网定价发行&网下询价发行	2013/10/31
330	300263	隆华节能	上网定价发行&网下询价发行	2013/11/02
331	002225	濮耐股份	上网定价发行&网下询价发行	2013/11/02
332	000813	天山纺织	上网定价发行&网下询价发行	2013/11/06
333	002589	瑞康医药	上网定价发行&网下询价发行	2013/11/07
334	600352	浙江龙盛	A股定向增发	2013/11/05
335	600038	哈飞股份	A股定向增发	2013/11/07

continued

流通股上市日 Trading Date of Negotiable Shares	增发总股数(股) Shares Changes (share)	每股增发价格(元/股) Re-Issuing Price (yuan/share)	筹资总额(万元) Proceeds Raised through Offering (10 thousand yuan)	交易所 Exchange	辖区 Region
2013/09/23	14500000	9.80	242150000.00	深交所	湖北
2013/09/23	925600	5.48	5072288.00	深交所	湖南
2013/09/24	9600000	2.59	24864000.00	深交所	江苏
2013/09/24	3900000	12.15	47385000.00	深交所	浙江
2013/09/25	2830188	26.50	74999982.00	深交所	湖北
2013/09/25	42798663	6.18	286751042.00	深交所	浙江
2013/09/25	5925000	4.49	27847500.00	深交所	天津
2013/09/26	205000	7.43	152.32	上交所	广东
2013/09/26	176000000	5.16	90816.00	上交所	安徽
2013/09/26	33461039	32.41	485519676.00	深交所	安徽
2013/09/27	2193000	4.87	10679910.00	深交所	江西
2013/09/27	2680000	4.65	12462000.00	深交所	深圳
2013/09/27	8760000	3.46	30309600.00	深交所	贵州
2013/09/30	475100	7.21	3425471.00	深交所	深圳
2013/09/30	972000	12.54	12188880.00	深交所	河北
2013/10/10	151981582	4.55	691516198.00	深交所	深圳
2013/10/11	40000000	9.89	39560.00	上交所	湖南
2013/10/11	2620000	4.18	1095.16	上交所	江苏
2013/10/11	11417697	10.51	119999995.00	深交所	广东
2013/10/14	531914800	6.58	349999.94	上交所	天津
2013/10/14	2310084	9.90	51999991.00	深交所	北京
2013/10/14	4680000	5.27	24663600.00	深交所	安徽
2013/10/15	1330000	4.74	6304200.00	深交所	深圳
2013/10/16	63578400	11.01	69999.82	上交所	重庆
2013/10/17	28383420	7.66	21741.70	上交所	北京
2013/10/17	15000000	8.18	122700000.00	深交所	云南
2013/10/18	5305000	4.87	25856570.00	深交所	深圳
2013/10/18	4382000	21.34	109988200.00	深交所	重庆
2013/10/18	14411757	25.10	307546894.00	深交所	重庆
2013/10/18	28620000	13.62	389804400.00	深交所	上海
2013/10/18	1820000	7.29	13267800.00	深交所	湖南
2013/10/21	70380000	8.70	61230.60	上交所	河北
2013/10/22	39800000	12.22	48635.60	上交所	北京
2013/10/28	5430422	14.51	175999977.00	深交所	安徽
2013/10/29	22640000	26.50	599960000.00	深交所	深圳
2013/10/29	1308000	16.70	12818400.00	深交所	湖北
2013/10/29	2330000	3.95	9203500.00	深交所	北京
2013/10/30	58943000	3.16	18625.99	上交所	重庆
2013/10/30	2900000	4.82	13978000.00	深交所	福建
2013/11/01	55352480	19.15	106000.00	上交所	四川
2013/11/04	127731092	5.95	76000.00	上交所	湖北
2013/11/04	1480500	4.88	7224840.00	深交所	上海
2013/11/06	27494900	14.73	404999877.00	深交所	河南
2013/11/06	60291356	7.30	440126899.00	深交所	河南
2013/11/06	104039367	5.66	588862817.00	深交所	新疆
2013/11/07	15147600	39.61	599996436.00	深交所	山东
2013/11/08	26100000	7.87	20540.70	上交所	浙江
2013/11/08	196826716	16.87	332046.67	上交所	黑龙江

7-49 续表 7

序号 No.	股票代码 Stock Code	股票简称 Stock Abbreviation	增发方式 Re-Issuing Mode	增发公告日 Issue Date
336	002197	证通电子	上网定价发行&网下询价发行	2013/11/05
337	600687	刚泰控股	A股定向增发	2013/11/08
338	002591	恒大高新	上网定价发行&网下询价发行	2013/11/09
339	300054	鼎龙股份	上网定价发行&网下询价发行	2013/11/12
340	300157	恒泰艾普	上网定价发行&网下询价发行	2013/11/12
341	600038	哈飞股份	A股定向增发	2013/11/14
342	002114	罗平锌电	上网定价发行&网下询价发行	2013/11/14
343	000657	中钨高新	上网定价发行&网下询价发行	2013/11/15
344	600595	中孚实业	A股定向增发	2013/11/16
345	600792	云煤能源	A股定向增发	2013/11/16
346	601188	龙江交通	A股定向增发	2013/11/16
347	300036	超图软件	上网定价发行&网下询价发行	2013/11/16
348	600077	宋都股份	A股定向增发	2013/11/15
349	000893	东凌粮油	上网定价发行&网下询价发行	2013/11/20
350	002410	广联达	上网定价发行&网下询价发行	2013/11/23
351	002469	三维工程	上网定价发行&网下询价发行	2013/11/23
352	601877	正泰电器	A股定向增发	2013/11/21
353	300243	瑞丰高材	上网定价发行&网下询价发行	2013/11/26
354	002500	山西证券	上网定价发行&网下询价发行	2013/11/26
355	002276	万马电缆	上网定价发行&网下询价发行	2013/11/27
356	600122	宏图高科	A股定向增发	2013/11/27
357	600419	新疆天宏	A股定向增发	2013/11/27
358	002642	荣之联	上网定价发行&网下询价发行	2013/11/27
359	601005	重庆钢铁	A股定向增发	2013/11/28
360	002296	辉煌科技	上网定价发行&网下询价发行	2013/11/29
361	600127	金健米业	A股定向增发	2013/11/29
362	600567	山鹰纸业	A股定向增发	2013/11/29
363	600728	佳都新太	A股定向增发	2013/11/29
364	601700	风范股份	A股定向增发	2013/11/30
365	600060	海信电器	A股定向增发	2013/11/29
366	600121	郑州煤电	A股定向增发	2013/12/03
367	600500	中化国际	A股定向增发	2013/12/03
368	300155	安居宝	上网定价发行&网下询价发行	2013/12/04
369	600677	航天通信	A股定向增发	2013/12/04
370	002065	东华软件	上网定价发行&网下询价发行	2013/12/05
371	300071	华谊嘉信	上网定价发行&网下询价发行	2013/12/04
372	002311	海大集团	上网定价发行&网下询价发行	2013/12/06
373	300044	赛为智能	上网定价发行&网下询价发行	2013/12/06
374	300245	天玑科技	上网定价发行&网下询价发行	2013/12/07
375	000760	博盈投资	上网定价发行&网下询价发行	2013/12/07
376	600645	中源协和	A股定向增发	2013/12/10
377	300238	冠昊生物	上网定价发行&网下询价发行	2013/12/10
378	002002	鸿达兴业	上网定价发行&网下询价发行	2013/12/10
379	000519	江南红箭	上网定价发行&网下询价发行	2013/12/12
380	600690	青岛海尔	A股定向增发	2013/12/10
381	600690	青岛海尔	A股定向增发	2013/12/10
382	600690	青岛海尔	A股定向增发	2013/12/10

continued

流通股上市日 Trading Date of Negotiable Shares	增发总股数(股) Shares Changes (share)	每股增发价格 (元/股) Re-Issuing Price (yuan/share)	筹资总额(万元) Proceeds Raised through Offering (10 thousand yuan)	交易所 Exchange	辖区 Region
2013/11/08	51362745	10.20	523899999.00	深交所	深圳
2013/11/11	62536443	13.72	85800.00	上交所	浙江
2013/11/12	1275000	5.37	6846750.00	深交所	江西
2013/11/13	4810405	18.90	90916655.00	深交所	湖北
2013/11/13	29141034	12.06	351440870.00	深交所	北京
2013/11/15	55300000	20.00	110600.00	上交所	黑龙江
2013/11/15	87988827	7.16	630000001.00	深交所	云南
2013/11/15	304560033	9.02	2747131498.00	深交所	海南
2013/11/19	226666625	4.44	100639.98	上交所	河南
2013/11/19	94736800	9.50	89999.96	上交所	云南
2013/11/19	102678571	2.24	23000.00	上交所	黑龙江
2013/11/19	2309680	5.99	13834983.00	深交所	北京
2013/11/20	9840000	4.52	4447.68	上交所	辽宁
2013/11/20	44780000	13.07	591991600.00	深交所	广东
2013/11/25	520000	14.22	7394400.00	深交所	北京
2013/11/25	1282500	12.05	15454125.00	深交所	山东
2013/11/26	3018000	20.04	6048.07	上交所	浙江
2013/11/26	1197960	4.27	5115289.00	深交所	山东
2013/11/26	118925153	8.15	969239997.00	深交所	山西
2013/11/27	9768000	2.32	22661760.00	深交所	浙江
2013/11/28	8800000	2.08	1830.40	上交所	江苏
2013/11/28	6229415	11.06	6889.73	上交所	新疆
2013/11/28	62086092	9.06	562499994.00	深交所	北京
2013/11/29	1996181600	3.14	626801.02	上交所	重庆
2013/11/29	43827600	16.28	713513328.00	深交所	河南
2013/12/02	97323601	4.11	40000.00	上交所	湖南
2013/12/02	590206200	1.68	99154.64	上交所	安徽
2013/12/02	102850105	8.89	91433.74	上交所	广东
2013/12/03	14160000	4.50	6372.00	上交所	江苏
2013/12/04	1836000	1.91	350.68	上交所	山东
2013/12/04	69204152	8.67	60000.00	上交所	河南
2013/12/04	645423100	5.79	373699.97	上交所	上海
2013/12/04	295300	10.22	3017966.00	深交所	广东
2013/12/05	90255730	8.55	77168.65	上交所	浙江
2013/12/05	4336410	16.25	70466663.00	深交所	北京
2013/12/05	16616355	22.51	164501915.00	深交所	北京
2013/12/06	68500000	11.34	776790000.00	深交所	广东
2013/12/06	4860000	4.14	20120400.00	深交所	深圳
2013/12/09	5330000	4.81	25637300.00	深交所	上海
2013/12/10	314465300	4.77	1499999481.00	深交所	湖北
2013/12/11	24250000	15.05	36496.25	上交所	天津
2013/12/11	1245000	11.87	14778150.00	深交所	广东
2013/12/11	330299105	7.61	2510273198.00	深交所	江苏
2013/12/12	136715909	9.68	1323409999.00	深交所	湖南
2013/12/13	9710400	4.70	4563.89	上交所	山东
2013/12/13	11598000	10.82	12549.04	上交所	山东
2013/12/13	3618000	10.57	3824.23	上交所	山东

7-49 续表 8

序号 No.	股票代码 Stock Code	股票简称 Stock Abbreviation	增发方式 Re-Issuing Mode	增发公告日 Issue Date
383	600587	新华医疗	A股定向增发	2013/12/12
384	002198	嘉应制药	上网定价发行&网下询价发行	2013/12/11
385	002059	云南旅游	上网定价发行&网下询价发行	2013/12/13
386	002631	德尔家居	上网定价发行&网下询价发行	2013/12/13
387	000778	新兴铸管	上网定价发行&网下询价发行	2013/11/20
388	600965	福成五丰	A股定向增发	2013/12/14
389	600067	冠城大通	A股定向增发	2013/12/14
390	600729	重庆百货	A股定向增发	2013/12/17
391	600992	贵绳股份	A股定向增发	2013/12/17
392	002310	东方园林	上网定价发行&网下询价发行	2013/12/17
393	300009	安科生物	上网定价发行&网下询价发行	2013/12/19
394	000888	峨眉山A	上网定价发行&网下询价发行	2013/12/19
395	300272	开能环保	上网定价发行&网下询价发行	2013/12/19
396	300178	腾邦国际	上网定价发行&网下询价发行	2013/12/20
397	600039	四川路桥	A股定向增发	2013/12/20
398	600190	锦州港	A股定向增发	2013/12/23
399	600536	中国软件	A股定向增发	2013/12/24
400	601005	重庆钢铁	A股定向增发	2013/12/24
401	000973	佛塑科技	上网定价发行&网下询价发行	2013/12/25
402	600617	ST联华	A股定向增发	2013/12/25
403	600617	*ST联华	A股定向增发	2013/12/25
404	600634	ST澄海	A股定向增发	2013/12/25
405	000582	北部湾港	上网定价发行&网下询价发行	2013/12/26
406	000917	电广传媒	上网定价发行&网下询价发行	2013/12/26
407	000426	兴业矿业	上网定价发行&网下询价发行	2013/12/26
408	600728	佳都新太	A股定向增发	2013/12/26
409	002368	太极股份	上网定价发行&网下询价发行	2013/12/26
410	600731	湖南海利	A股定向增发	2013/12/27
411	002512	达华智能	上网定价发行&网下询价发行	2013/12/28
412	002460	赣锋锂业	上网定价发行&网下询价发行	2013/12/28
413	000156	华数传媒	上网定价发行&网下询价发行	2013/12/28
414	000555	神州信息	上网定价发行&网下询价发行	2013/12/27
415	300256	星星科技	上网定价发行&网下询价发行	2013/12/28
416	600579	*ST黄海	A股定向增发	2013/12/28
417	300286	安科瑞	上网定价发行&网下询价发行	2013/12/28
418	300067	安诺其	上网定价发行&网下询价发行	2013/12/28
419	002227	奥特迅	上网定价发行&网下询价发行	2013/12/31
420	002047	宝鹰股份	上网定价发行&网下询价发行	2013/12/31
421	300110	华仁药业	上网定价发行&网下询价发行	2013/12/28
422	000875	吉电股份	上网定价发行&网下询价发行	2013/12/31
423	300232	洲明科技	上网定价发行&网下询价发行	2014/01/01
424	600587	新华医疗	A股定向增发	2013/12/28

注：上市公司辖区以注册地口径统计。
数据来源：上海证券交易所、深圳证券交易所
Source：SSE、SZSE

continued

流通股上市日 Trading Date of Negotiable Shares	增发总股数(股) Shares Changes (share)	每股增发价格(元/股) Re-Issuing Price (yuan/share)	筹资总额(万元) Proceeds Raised through Offering (10 thousand yuan)	交易所 Exchange	辖区 Region
2013/12/13	7995913	39.22	31359.97	上交所	山东
2013/12/13	48754924	8.31	405153418.00	深交所	广东
2013/12/13	78542953	8.36	656619087.00	深交所	云南
2013/12/16	2225000	5.21	11592250.00	深交所	江苏
2013/12/16	512000000	6.25	3200000000.00	深交所	河北
2013/12/17	126753133	5.96	75544.87	上交所	河北
2013/12/18	1925000	6.20	1193.50	上交所	福建
2013/12/18	33435047	18.44	61641.52	上交所	重庆
2013/12/18	80720000	5.70	46010.40	上交所	贵州
2013/12/18	3330254	25.00	53816905.00	深交所	北京
2013/12/19	820834	4.49	3685545.00	深交所	安徽
2013/12/19	28268551	16.98	479999996.00	深交所	四川
2013/12/20	325000	7.03	2284750.00	深交所	上海
2013/12/20	300000	13.36	4008000.00	深交所	深圳
2013/12/23	463366336	5.05	234000.00	上交所	四川
2013/12/24	440504130	3.30	145366.36	上交所	辽宁
2013/12/25	21587512	30.11	65000.00	上交所	北京
2013/12/25	706713780	2.83	200000.00	上交所	重庆
2013/12/25	48590874	3.89	189018500.00	深交所	广东
2013/12/26	395842666	8.89	351904.13	上交所	上海
2013/12/26	395842666	8.89	351904.13	上交所	上海
2013/12/26	217270741	8.12	176423.84	上交所	上海
2013/12/26	690026949	7.51	5182102387.00	深交所	广西
2013/12/26	401606459	13.19	5297189194.00	深交所	湖南
2013/12/26	115207373	8.68	999999998.00	深交所	内蒙古
2013/12/27	34116431	10.51	35856.37	上交所	广东
2013/12/27	37317664	15.54	579916499.00	深交所	北京
2013/12/30	71000000	6.03	42813.00	上交所	湖南
2013/12/30	35698345	10.31	368049937.00	深交所	广东
2013/12/30	25471275	19.60	499236990.00	深交所	江西
2013/12/30	49655172	14.50	719999994.00	深交所	浙江
2013/12/30	340586334	9.44	3215134993.00	深交所	深圳
2013/12/30	53200000	13.43	714476000.00	深交所	浙江
2013/12/31	140643901	4.28	60195.59	上交所	山东
2013/12/31	200000	17.52	3504000.00	深交所	上海
2013/12/31	3066000	6.22	19070520.00	深交所	上海
2013/12/31	780000	10.29	8026200.00	深交所	深圳
2013/12/31	610926608	3.05	1863326154.00	深交所	深圳
2013/12/31	14849000	4.30	63850700.00	深交所	青岛
2013/12/31	621512195	2.87	1783740000.00	深交所	吉林
2013/12/31	360000	6.88	2476800.00	深交所	深圳
2013/12/31	2200000	47.50	10450.00	上交所	山东

7-50 挂牌公司红利分配情况
Dividend of Listed Companies of NEEQ

序号 No.	股票代码 Stock Code	公司名称 Companies	股票简称 Stock Abbreviation	除息日 Ex-dividend Date	每股现金红利(元) Dividend Per Share (yuan)	辖区 Region
1	430149	湖北江汉石油仪器仪表股份有限公司	江仪股份	2013/04/25	0.10	湖北
2	430161	武汉光谷信息技术股份有限公司	光谷信息	2013/04/26	0.15	湖北
3	430109	北京中航讯科技股份有限公司	中航讯	2013/05/08	0.08	北京
4	430212	北京六合伟业科技股份有限公司	六合伟业	2013/05/09	0.10	北京
5	430074	北京德鑫泉物联网科技股份有限公司	德鑫物联	2013/05/21	0.08	北京
6	430049	北京双杰电气股份有限公司	双杰电气	2013/05/22	0.20	北京
7	430156	上海科曼车辆部件系统股份有限公司	科曼股份	2013/05/23	0.07	上海
8	430198	武汉微创光电股份有限公司	微创光电	2013/05/24	0.25	湖北
9	430064	北京金山顶尖科技股份有限公司	金山顶尖	2013/05/24	0.12	北京
10	430022	北京五岳鑫信息技术股份有限公司	五岳鑫	2013/05/25	0.10	北京
11	430029	北京金泰得生物科技股份有限公司	金泰得	2013/05/28	0.02	北京
12	430021	北京海鑫科金高科技股份有限公司	海鑫科金	2013/05/29	0.10	北京
13	430063	工控网(北京)信息技术股份有限公司	工控网	2013/05/31	0.42	北京
14	430014	北京恒业世纪科技股份有限公司	恒业世纪	2013/05/31	0.07	北京
15	430002	中科软科技股份有限公司	中科软	2013/06/07	0.25	北京
16	430203	兴和鹏能源技术(北京)股份有限公司	兴和鹏	2013/06/07	0.16	北京
17	430129	北京极品无限科技发展股份有限公司	极品无限	2013/06/07	0.05	北京
18	430094	北京确安科技股份有限公司	确安科技	2013/06/13	0.15	北京
19	430072	北京亿创网安科技股份有限公司	亿创科技	2013/06/13	0.10	北京
20	430093	北京掌上通网络技术股份有限公司	掌上通	2013/06/14	0.15	北京
21	430097	北京赛德丽科技股份有限公司	赛德丽	2013/06/17	0.08	北京
22	430062	北京中科国信科技股份有限公司	中科国信	2013/06/19	0.13	北京
23	430091	北京东方润泽生态科技股份有限公司	东方生态	2013/06/19	0.10	北京
24	430040	北京康斯特仪表科技股份有限公司	康斯特	2013/06/20	0.17	北京
25	430071	北京首都在线科技股份有限公司	首都在线	2013/06/21	0.65	北京
26	430069	北京天助畅运医疗技术股份有限公司	天助畅运	2013/06/21	0.20	北京
27	430142	天津锐新昌轻合金股份有限公司	锐新昌	2013/06/21	0.08	天津
28	430082	北京博雅英杰科技股份有限公司	博雅英杰	2013/06/21	0.05	北京
29	430041	北京中机联供非晶科技股份有限公司	中机非晶	2013/06/24	0.10	北京
30	430139	上海华岭集成电路技术股份有限公司	华岭股份	2013/06/26	0.23	上海
31	430084	北京星和众工设备技术股份有限公司	星和众工	2013/06/27	0.07	北京
32	430170	金易通科技(北京)股份有限公司	金易通	2013/06/27	0.04	北京
33	430005	原子高科股份有限公司	原子高科	2013/06/28	0.40	北京
34	430066	北京南北天地科技股份有限公司	南北天地	2013/06/28	0.30	北京
35	430056	中航百慕新材料技术工程股份有限公司	中航新材	2013/06/28	0.22	北京
36	430119	北京鸿仪四方辐射技术股份有限公司	鸿仪四方	2013/06/28	0.15	北京
37	430053	北京国学时代文化传播股份有限公司	国学时代	2013/06/28	0.10	北京
38	430028	北京京鹏环球科技股份有限公司	京鹏科技	2013/06/28	0.06	北京
39	430214	上海建中医疗器械包装股份有限公司	建中医疗	2013/07/01	0.10	上海
40	430146	亚泰都会(北京)城市规划建筑园林设计研究院股份有限公司	亚泰都会	2013/07/05	0.10	北京
41	430003	北京时代科技股份有限公司	北京时代	2013/07/08	0.05	北京
42	430134	北京中科可来博电子科技股份有限公司	可来博	2013/07/12	0.10	北京
43	430010	现代农装科技股份有限公司	现代农装	2013/07/29	0.13	北京
44	430019	北京新松佳和电子系统股份有限公司	新松佳和	2013/07/31	0.04	北京
45	430176	北京中教启星科技股份有限公司	中教股份	2013/08/15	0.19	北京
46	430157	腾龙电子技术(上海)股份有限公司	腾龙电子	2013/09/11	0.05	上海
47	430253	北京兴竹同智信息技术股份有限公司	兴竹信息	2013/09/27	0.15	北京
48	430031	北京林克曼数控技术股份有限公司	林克曼	2013/09/30	0.03	北京

数据来源：全国中小企业股份转让系统
Source: NEEQ

7-51　挂牌公司增发情况
Re-Issuing of Listed Companies of NEEQ

序号 No.	股票代码 Stock Code	股票简称 Stock Abbreviation	增发方式 Re-Issuing Mode	定向发行日期 Date of Re-Issuing	增发总股数 (万股) Shares Changes (10 thousand share)	每股增发价格 (元/股) Re-Issuing Price (yuan/share)	筹资总额(万元) Proceeds Raised through Offering (10 thousand yuan)
1	430104	全三维	挂牌后定向发行	2013/01/16	320.00	2.00	640.00
2	430085	新锐英诚	挂牌后定向发行	2013/03/13	350.00	4.00	1400.00
3	430112	弘祥隆	挂牌后定向发行	2013/06/21	150.00	4.00	600.00
4	430152	思创银联	挂牌后定向发行	2013/07/02	280.00	1.80	504.00
5	430100	九尊能源	挂牌后定向发行	2013/07/17	17.37	28.80	500.26
6	430212	六合伟业	挂牌后定向发行	2013/07/18	150.00	5.00	750.00
7	430184	北方跃龙	挂牌后定向发行	2013/07/19	108.00	1.85	200.00
8	430198	微创光电	挂牌后定向发行	2013/07/22	46.00	2.80	128.80
9	430147	中矿龙科	挂牌后定向发行	2013/07/19	1200.00	3.00	3600.00
10	430141	久日化学	挂牌后定向发行	2013/07/24	203.70	7.36	1499.23
11	430123	速原中天	挂牌后定向发行	2013/08/01	480.00	1.80	864.00
12	430099	理想固网	挂牌后定向发行	2013/08/02	280.00	3.50	980.00
13	430208	优炫软件	挂牌后定向发行	2013/08/01	560.00	3.00	1680.00
14	430120	金润科技	挂牌后定向发行	2013/07/23	9.40	29.60	278.24
15	430170	金易通	挂牌后定向发行	2013/08/15	600.00	1.68	1008.00
16	430109	中航讯	挂牌后定向发行	2013/08/19	230.00	2.00	460.00
17	430206	尚远环保	挂牌后定向发行	2013/08/20	1945.61	1.55	3015.70
18	430148	科能腾达	挂牌后定向发行	2013/08/27	240.00	1.36	326.40
19	430071	首都在线	挂牌后定向发行	2013/09/04	49.44	1.20	59.33
20	430210	舜能科技	挂牌后定向发行	2013/08/30	1284.00	2.00	2568.00
21	430132	国铁科林	挂牌后定向发行	2013/08/22	330.00	1.97	650.10
22	430176	中教股份	挂牌后定向发行	2013/09/03	847.06	8.85	7500.00
23	430103	天大清源	挂牌后定向发行	2013/09/03	351.86	14.21	5000.00
24	430196	宣爱智能	挂牌后定向发行	2013/09/09	300.00	1.27	380.34
25	430037	联飞翔	挂牌后定向发行	2013/09/06	450.00	2.30	1035.00
26	430038	信维科技	挂牌后定向发行	2013/09/10	98.00	3.92	384.16
27	430098	大津股份	挂牌后定向发行	2013/09/11	1650.00	1.25	2062.50
28	430192	东展科博	挂牌后定向发行	2013/09/12	266.67	3.00	800.00
29	430152	思创银联	挂牌后定向发行	2013/09/10	241.94	6.20	1499.98
30	430202	星河科技	挂牌后定向发行	2013/09/12	200.00	2.00	400.00
31	430174	沃捷传媒	挂牌后定向发行	2013/09/12	178.50	22.00	3927.00
32	430080	尚水股份	挂牌后定向发行	2013/09/17	97.18	1.84	178.81

7-51 续表 continued

序号 No.	股票代码 Stock Code	股票简称 Stock Abbreviation	增发方式 Re-Issuing Mode	定向发行日期 Date of Re-Issuing	增发总股数（万股） Shares Changes (10 thousand share)	每股增发价格（元/股） Re-Issuing Price (yuan/share)	筹资总额(万元) Proceeds Raised through Offering (10 thousand yuan)
33	430194	锐风行	挂牌后定向发行	2013/09/18	185.33	3.24	600.00
34	430212	六合伟业	挂牌后定向发行	2013/09/19	100.00	5.00	500.00
35	430179	宇昂科技	挂牌后定向发行	2013/09/26	30.00	2.00	60.00
36	430182	全网数商	挂牌后定向发行	2013/10/16	200.00	1.07	214.00
37	430144	煦联得	挂牌后定向发行	2013/10/17	2070.00	1.00	2070.00
38	430093	掌上通	挂牌后定向发行	2013/10/20	300.00	3.00	900.00
39	430143	武大科技	挂牌后定向发行	2013/10/21	2000.00	3.00	6000.00
40	430065	中海阳	挂牌后定向发行	2013/10/23	1200.00	5.30	6360.00
41	430075	中讯四方	挂牌后定向发行	2013/10/29	700.00	6.00	4200.00
42	430050	博朗环境	挂牌后定向发行	2013/11/04	882.72	3.24	2860.00
43	430169	融智通	挂牌后定向发行	2013/11/11	50.00	2.00	100.00
44	430231	赛诺达	挂牌后定向发行	2013/11/24	500.00	1.06	530.00
45	430279	华安股份	挂牌后定向发行	2013/11/25	92.59	5.40	500.00
46	430235	典雅天地	挂牌后定向发行	2013/12/03	165.70	1.42	235.81
47	430213	乐升股份	挂牌后定向发行	2013/12/03	2400.00	1.20	2880.00
48	430254	中卉生态	挂牌后定向发行	2013/12/19	1000.00	1.18	1180.00
49	430250	智网科技	挂牌后定向发行	2013/12/21	130.00	1.95	253.50
50	430084	星和众工	挂牌后定向发行	2013/12/28	900.00	5.38	4842.00
51	430263	蓝天环保	挂牌同时定向发行	2013/07/22	731.43	1.40	1024.00
52	430276	晟矽微电	挂牌同时定向发行	2013/08/08	204.49	4.52	924.28
53	430300	辰光医疗	挂牌同时定向发行	2013/08/15	200.00	15.00	3000.00
54	430310	博易股份	挂牌同时定向发行	2013/08/30	100.00	3.50	350.00
55	430323	天阶生物	挂牌同时定向发行	2013/10/16	23.00	16.00	368.00
56	430318	四维传媒	挂牌同时定向发行	2013/10/16	700.00	6.80	4760.00
57	430348	瑞斯福	挂牌同时定向发行	2013/11/15	67.00	7.46	500.00
58	430348	瑞斯福	挂牌同时定向发行	2013/11/15	47.00	9.47	445.00
59	430358	基美影业	挂牌同时定向发行	2013/12/10	349.88	25.72	9000.00
60	430363	上海上电	挂牌同时定向发行	2013/12/23	350.00	2.00	700.00

数据来源：全国中小企业股份转让系统
Source: NEEQ

7-52　并购重组统计表
Statistics for Restructuring

年份 Year	行政许可项目 The Administrative Licensing Items					
	发行股份购买资产核准 Asset Purchase by Issuing Shares				重大资产重组审批 Asset Restructuring	
	核准（单） Approval (bill)	交易金额（万元） Amount of Trading (10 thousand yuan)	配套融资金额（万元） Amount of Financing (10 thousand yuan)	交易总金额（万元） Amount of Trading (10 thousand yuan)	核准（单） Approval (bill)	交易金额（万元） Amount of Trading (10 thousand yuan)
2013	78	13839744.55	2092979.91	15932724.46	14	1312701.75

7-52　续表　continued

年份 Year	行政许可项目 The Administrative Licensing Items						
	合并、分立核准 Combining and Discreting				要约收购义务豁免 Tender Offer Duty exemption	收购报告书备案 Acquisition Report Filed	交易总金额（万元） Amount of Trading (10 thousand yuan)
	核准（单） Approval (bill)	交易金额（万元） Amount of Trading (10 thousand yuan)	配套融资金额（万元） Amount of Financing (10 thousand yuan)	交易总金额（万元） Amount of Trading (10 thousand yuan)	核准(单) Approval (bill)	交易金额（万元） Amount of Trading (10 thousand yuan)	
2013	5	14160566	20000	14180566	42	-	29313012.3

主要统计指标解释

上市公司家数　指在统计期末其发行的股票在沪、深证券交易所上市的股份有限公司的数量. 上市公司家数按照股票上市日统计。

上市公司股本　也称上市公司总股本，是指统计期末上市公司发行的全部股份数量合计.上市公司股本仅指上市公司在境内发行的股份数量,包括A股股本、B股股本和其他不流通的境内股本。

非限售股本　非限售股本通常也称为流通股本。

公式: 非限售股本=上市公司股本-限售股本

上市公司市值　指统计期末根据上市公司股票价格和对应股本计算的股权价值合计。

公式: 上市公司市值=A股价格×A股股本+B股价格×B股股本

上市公司流通市值　上市公司A股流通市值和B股流通市值的合计。

上市公司分红总额　统计期内上市公司现金分红金额合计，包括股息和红利。

实际分红总额　上市公司最近12个月内的现金分红金额合计。实际分红总额以除息日计算;“最近12个月”根据以下原则处理: 统计期末为当月最后一个自然日，统计期含当月，否则不含当月。

预案分红总额　会计年度内根据每期财务报告的分红预案中拟现金分红数据计算的分红总额合计. 预案分红总额不含未在财务报告中披露的特别分红数据。

股息率　每股现金分红与股票价格之间的比率。为了消除股本变动带来的影响，通常用对应的实际分红总额与期末股票市值的比率来计算股息率。

公式: 股息率=（统计期内的对应现金分红合计/样本股票期末市值）×100%

股票市值　统计期末根据上市公司股票价格和对应股票数量计算的股权价值合计。

上市公司净利润总额　统计期内上市公司净利润的合计。

上市公司平均净资产收益率　上市公司净利润总额与上市公司净资产总额的比率。

公式: 净资产收益率=Σ上市公司净利润/Σ上市公司净资产

现金分红率　预案实施分红总额与年度上市公司净利润总额的比率。

贰零壹肆

八. 证券期货经营机构

Securities and Futures Institutions

贰零壹肆

2013 年机构监管工作概述

2013 年，中国证监会认真贯彻落实党的十八大精神和年初全国证券期货监管工作会议的决策部署，按照“巩固、深化、完善、提高”的总体思路，一手抓监管执法，一手抓创新发展，同时继续完善监管机制，提升监管效能。主要工作情况如下:

一、强化监管执法，组织现场检查

（一）加大现场检查力度。上半年部署派出机构、专员办、保护基金公司对 110 家证券公司的资产管理业务、合规和风险管理情况进行了专项现场检查，并牵头成立 6 个检查组，对 13 家证券公司进行了直接现场检查；下半年牵头成立 8 个检查组，对 33 家证券公司融资类业务和代销金融产品业务进行了专项现场检查。完成证券投资咨询机构 2012 年度年检工作。

（二）认真梳理现场检查结果，研究提出处理意见。针对上半年现场检查中发现的突出问题，指导派出机构对 14 家证券公司依法采取了监管措施，且按规定在分类评价中予以扣分处理；对下半年检查中发现的突出问题，指导派出机构对 10 家证券公司依法采取了监管措施。

（三）积极做好光大证券“8 · 16”事件的应急处置工作。从公司内部管理角度分析事件成因，及时依法对光大证券采取监管措施，并做好有关后续工作，研究提出防范类似问题发生的监管对策措施。

（四）组织召开了派出机构机构监管工作座谈会，针对近两年出现的新情况新问题，明确提出加强监管、强化执法的要求。持续跟进证券公司或其债券业务人员有关问题处理进展情况，督促公司深入自查整改并提交整改报告。

二、支持证券行业创新，稳妥推进业务发展

（一）制定发布证券公司资产证券化业务规则。将该业务由试点转为常规，并降低准入门槛，扩大基础资产范围，支持证券公司发展资产证券化业务。2013 年累计批准 5 家证券公司 5 只资产证券化产品，其中 1 只为小额信贷资产证券化业务。

（二）制定发布证券公司分支机构监管规定。明确了证券公司分支机构的业务范围、行政审批和日常监管等事项，放开分支机构设立的主体资格限制、地域限制和数量限制，支持证券公司依法自主设立分支机构，自主确定分支机构业务范围。

（三）修订发布证券公司资产管理业务监管规则。支持证券公司依法合规开展资产管理业务。资产管理产品类型不断丰富，业务规模快速增长，截至 2013 年底，资产管理规模 5.2 万亿元，比去年同期增加了 175%。指导证券业协会出台自律规则，进一步规范证券公司通道类资产管理业务。

（四）督促证券公司落实股票质押式回购交易业务监管要求。指导证券业协会、登记结算公司制定发布非现场开户、柜台交易的有关规则。截至 2013 年底，86 家证券公司开展了股票质押式回购交易，待购回金额 846 亿元；15 家证券公司经证券业协会备案开展柜台市场试点。

（五）支持证券公司自主创新。审核同意 15 家证券公司私募基金综合托管试点方案、9 家证券公司客户资金消费支付服务试点方案、3 家上市公司股权激励行权融资试点方案。研究制定贵金属现货合约代理业务及黄金现货合约自营交易试点审核方案，已同意 1 家证券公司开展试点。做好证券公司公募基金和基金托管牌照的审核工作，2013 年有东方证券资管、华融证券取得公募基金管理资格。

三、完善监管机制，提升监管效能

（一）进一步取消和下放行政许可项目。全面梳理证券经营机构行政审批项目，在去年清理行政许可项目的基础上，研究下一步取消、整合或者下放行政审批事项的可行性。将证券公司设立、收购、撤销分支机构（指境内分支机构）行政许可事项下放到派出机构审批。

（二）系统清理机构监管法规，提出了“废、改、并、立”计划。截至2013年底，已废止涉及证券经营机构监管的3件规范性文件；同时组织派出机构对辖区不利于行业创新发展的“软措施”、“土政策”进行了清理规范，共废止234项，修改36项。

（三）完成证券公司恢复新设、股权激励、信息技术管理、对外开放等方面的政策研究和规则起草工作。修订发布证券公司参与股指期货、国债期货交易指引和约定购回、股票质押式回购、质押式报价回购三项业务风控指标监管指引。委托自律组织对融资融券业务规则进行总体评估。

四、加强监管协调和法规培训等工作

2013年组织举办了12场次机构监管人员培训，推动证券公司分支机构监管规定、资产证券化业务监管规定、规范“荐股软件”规定等规则的落实。协调处理国家发改委对地方证券业协会和证券经营机构开展的佣金价格反垄断调查工作。

综上，证监会较好地完成了2013年机构监管工作。证券行业资产质量优良，资本相对充足，财务稳健，没有出现系统性、区域性金融风险或风险隐患。截至2013年底，115家证券公司总资产20803.46亿元，净资产7538.15亿元，净资本5193.74亿元，注册资本2559.88亿元。收入及利润较上年大幅增长，全行业保持了连续8年整体盈利。2013年，115家证券公司累计营业收入1593.43亿元，比去年同期增长22.59%；累计实现净利润440.47亿元，比去年同期增长33.61%。

8-1　证券期货经营机构数量
Number of Securities and Futures Institutions

单位：家　　(unit)

年份 Year	证券公司家数 Number of Securities Companies			证券营业部家数 Number of Securities Business Departments	基金管理公司家数 Number of Fund Management Companies		
	合计 Total	中资 China-funded	中外合资 Sino-foreign Joint Venture		合计 Total	中资 China-funded	中外合资 Sino-foreign Joint Venture
1994	91	-	-	2262	-	-	-
1995	97	-	-	-	-	-	-
1996	94	-	-	2420	-	-	-
1997	90	-	-	2412	-	-	-
1998	90	-	-	2412	6	3	3
1999	90	-	-	2412	10	4	6
2000	100	-	-	2680	10	4	6
2001	109	-	-	2700	15	8	7
2002	127	-	-	2936	21	10	11
2003	133	-	-	3020	33	15	18
2004	133	-	-	3075	44	20	24
2005	116	-	-	3090	52	23	29
2006	104	-	-	3105	57	23	34
2007	106	-	-	3060	58	23	35
2008	107	-	-	3170	60	23	37
2009	106	-	-	3956	60	23	37
2010	106	97	9	4644	63	24	39
2011	109	97	12	5008	69	29	40
2012	114	101	13	5261	77	34	43
2013	115	102	13	5821	89	41	48

数据来源：中国证监会
Source: CSRC

8-1　续表　continued

单位：家　　(unit)

年份 Year	基金管理公司子公司家数 Number of Subsidiaries of Fund Management Companies	期货公司家数 Number of Futures Companies			期货营业部家数 Number of Future Business Departments	证券投资咨询机构家数 Number of Security Investment Consulting Institutions
		合计 Total	中资 China-funded	中外合资 Sino-foreign Joint Venture		
1994	-	-	-	-	-	-
1995	-	-	-	-	-	-
1996	-	329	-	-	-	-
1997	-	294	-	-	-	-
1998	-	278	-	-	-	-
1999	-	213	-	-	-	-
2000	-	178	-	-	-	-
2001	-	200	-	-	-	-
2002	-	179	-	-	-	-
2003	-	186	-	-	-	111
2004	-	188	-	-	-	116
2005	-	183	-	-	-	109
2006	-	183	-	-	-	102
2007	-	177	-	-	-	101
2008	4	171	-	-	-	100
2009	7	167	-	-	-	98
2010	12	163	-	-	-	91
2011	15	163	160	3	1186	88
2012	33	161	158	3	1330	89
2013	64	156	153	3	1469	86

8-2 2013年证券期货经营机构按监管辖区分布

Regulatory Jurisdiction Distribution of Securities and Futures Institutions in 2013

单位：家 (unit)

辖区	Jurisdiction	证券公司 Securities Companies	基金管理公司 Fund Management Companies	期货公司 Futures Companies	合计 Total
北京	Beijing	18	20	21	59
天津	Tianjin	1	1	6	8
河北	Hebei	1	0	1	2
山西	Shanxi	2	0	4	6
内蒙古	Inner Mongolia	2	0	0	2
辽宁	Liaoning	2	0	2	4
吉林	Jilin	2	0	3	5
黑龙江	Heilongjiang	1	0	2	3
上海	Shanghai	20	44	28	92
江苏	Jiangsu	6	0	10	16
浙江	Zhejiang	4	1	11	16
安徽	Anhui	2	0	3	5
福建	Fujian	2	0	3	5
江西	Jiangxi	2	0	1	3
山东	Shandong	1	0	3	4
河南	Henan	1	0	2	3
湖北	Hubei	2	0	2	4
湖南	Hunan	3	0	4	7
广东	Guangdong	5	3	10	18
广西	Guangxi	1	0	0	1
海南	Hainan	2	0	4	6
重庆	Chongqing	1	1	4	6
四川	Sichuan	4	0	3	7
贵州	Guizhou	1	0	0	1
云南	Yunnan	2	0	2	4
西藏	Xizang	1	0	0	1
陕西	Shanxi	3	0	3	6
甘肃	Gansu	1	0	1	2
青海	Qinghai	1	0	1	2
宁夏	Ningxia	0	0	0	0
新疆	Xinjiang	1	0	2	3
深圳	Shenzhen	17	19	13	49
大连	Dalian	1	0	4	5
宁波	Ningbo	0	0	1	1
厦门	Xiamen	1	0	2	3
青岛	Qingdao	1	0	0	1
合计	Total	115	89	156	360

注：证券公司和期货公司按照公司注册地所在辖区统计，基金管理公司按照公司办公地所在辖区统计。
数据来源：中国证监会
Source: CSRC

8-3　证券期货经营机构业务资格情况
Qualification of Securities and Futures Institutions

单位：家　(unit)

年份 Year	证券公司家数 Number of Securities Companies	其中具有：Which having: 资产管理业务资格 Qualification for Asset Management Business	保荐机构资格 Qualification for Sponsor Institution	基金代销业务资格 Qualification for Fund Sales Agency Business	全国中小企业股份转让系统主办券商业务资格 Qualification for Broker-dealer Business on NSSTS	融资融券业务资格 Qualification for Margin Financing and Securities Lending Business	转融通业务资格 Qualification for Refinancing Business
1994	91	-	-	-	-	-	-
1995	97	-	-	-	-	-	-
1996	94	-	-	-	-	-	-
1997	90	-	-	-	-	-	-
1998	90	-	-	-	-	-	-
1999	90	-	-	-	-	-	-
2000	100	-	-	-	-	-	-
2001	109	-	-	6	-	-	-
2002	127	61	-	13	-	-	-
2003	133	70	-	17	-	-	-
2004	133	71	75	28	-	-	-
2005	116	62	76	10	-	-	-
2006	104	53	68	2	-	-	-
2007	106	54	67	2	-	-	-
2008	107	55	67	22	-	-	-
2009	106	69	71	17	-	-	-
2010	106	70	72	18	-	25	-
2011	109	76	74	18	-	25	-
2012	114	87	77	27	66	74	30
2013	115	89	79	98	80	84	74

数据来源：中国证监会
Source: CSRC

8-3　续表　continued

单位：家　(unit)

年份 Year	基金管理公司家数 Number of Fund Management Companies	其中具有：Which having: 专户理财业务资格 Qualification for Account Management Business	QDII业务资格 QDII Qualification	期货公司家数 Number of Future Companies	其中具有：Which having: 金融期货经纪业务资格 Qualification for Financial Futures Brokerage Business	期货投资咨询业务资格 Qualification for Futures Investment Consulting Business	资产管理业务资格 Qualification for Asset Management Business
1994	-	-	-	-	-	-	-
1995	-	-	-	-	-	-	-
1996	-	-	-	329	-	-	-
1997	-	-	-	294	-	-	-
1998	6	-	-	278	-	-	-
1999	10	-	-	213	-	-	-
2000	10	-	-	178	-	-	-
2001	15	-	-	200	-	-	-
2002	21	-	-	179	-	-	-
2003	33	-	-	186	-	-	-
2004	44	-	-	188	-	-	-
2005	52	-	-	183	-	-	-
2006	57	-	1	183	-	-	-
2007	58	-	15	177	-	-	-
2008	60	32	26	171	-	-	-
2009	60	35	31	167	-	-	-
2010	63	35	31	163	-	-	-
2011	69	63	32	163	-	-	-
2012	77	76	32	161	152	83	20
2013	89	88	32	156	149	88	29

8-4 证券公司重要指标情况
Important Indicators of Securities Companies

单位：亿元 (100 million yuan)

年份 Year	总资产 Total Assets	净资产 Net Assets	净资本 Net Capital	营业收入 Operating Revenue	营业利润 Operating Profit	利润总额 Total Profit	净利润 Net Profit	期末风险资本准备 Risk Capital Reserves at the end of This Period
2007	17313.39	3446.91	2976.83	2847.49	1909.42	1910.69	1320.46	-
2008	11912.23	3584.83	2916.62	1247.28	603.88	609.16	500.43	625.25
2009	20286.91	4840.38	3819.54	2052.95	1195.79	1209.43	933.87	975.60
2010	19686.13	5674.36	4338.22	1926.29	999.24	1010.29	783.05	1105.18
2011	15722.53	6298.25	4648.71	1359.32	482.85	503.37	389.06	1071.54
2012	17209.32	6946.15	4964.36	1301.21	401.76	422.88	331.40	604.02
2013	20803.46	7538.15	5193.74	1593.43	571.79	570.70	440.47	850.03

数据来源：中国证监会
Source: CSRC

8-5　2013年证券公司资产负债表
Balance Sheet of Securities Companies in 2013

单位：亿元　　(100 million yuan)

资产	Assets	期初余额 Beginning Balance	期末余额 Ending Balance
资产	**Assets:**		
货币资金	Monetary Assets	6918.40	5687.73
其中：自有资金存款	Thereinto:Self-Owned Fund Deposit	1437.02	911.48
自有信用资金存款	Self-Owned Credit Fund Deposit	22.84	29.09
客户资金存款	Clients' Capital Deposit	5306.69	4498.03
客户信用资金存款	Clients' Credit Fund Deposit	135.05	240.99
结算备付金	Transaction Settlement Funds	819.03	1107.38
其中：自有备付金	Thereinto: Self-Owned Reserve for Settlement	159.31	199.47
客户备付金	Clients' Reserve for Settlement	613.40	807.61
信用备付金	Credit Reserve for Settlement	43.82	98.81
拆出资金	Inter-bank Lending Capital	2.00	16.60
融出资金	Capital Lending	857.24	3435.46
交易性金融资产	Financial Assets Held for Trade	3567.01	3699.96
其中：流动受限证券	Thereinto: Flow Restricted Securities	920.06	1093.06
衍生金融资产	Derivative Financial Assets	5.06	16.89
买入返售金融资产	Financial Assets Purchased under Agreements to Resell	721.59	1563.17
其中：约定购回融出资金	Thereinto:Capital Lending of Pre-arranged Repo	68.50	249.17
股票质押回购融出资金	Capital Lending of Pledge-style Repo	8.16	591.88
应收利息	Interests Receivable	92.22	172.93
存出保证金	Margin Paid	188.64	157.28
其中：交易保证金	Thereinto:Trading Margin	126.68	72.18
信用保证金	Credit Margin	6.06	28.22
履约保证金	Performance Bond Margin	32.18	31.59
可供出售金融资产	Financial Assets Available for Sales	2179.76	2672.82
持有至到期投资	Held-to-Maturity Investment	48.93	64.89
长期股权投资	Long-term Equity Investment	1208.76	1437.94
投资性房地产	Investment Real Estate	21.68	27.93
固定资产	Fixed Assets	299.32	306.78
其中：在建工程	Thereinto:Construction in Progress	45.50	56.11
无形资产	Intangible Assets	63.04	68.14
商誉	Goodwill	5.91	5.88
递延所得税资产	Deferred Income Tax Assets	63.26	90.37
其他资产	Other Assets	184.97	271.31
其中：应收融资融券客户款	Thereinto:Margin Requirement clients' Account Receivable	0.82	1.98
应收款项	Accounts Receivable	105.45	191.49
应收股利	Dividends Receivable	1.53	2.15
抵债资产	Debt- expiated Assets	1.42	1.10
长期待摊费用	Proxy Cashing Bonds	47.81	39.47
资产总计	Total Assets	17246.79	20803.46

数据来源：中国证监会
Source: CSRC

8-5 续表 continued

单位：亿元 (100 million yuan)

负债和所有者权益	Liabilities and Owner's Equity	期初余额 Beginning Balance	期末余额 Ending Balance
负债	**Liabilities:**		
短期借款	Short-term Loan	50.00	33.82
其中：质押借款	Thereinto:Pledge Loan	0.00	27.42
信用借款	Credit Loan	50.00	2.40
拆入资金	Money Borrowing	218.51	745.65
其中：转融通融入资金	Thereinto:Money Borrowing from Refinancing Business	83.51	567.53
交易性金融负债	Financial Liabilities Held for Trade	17.38	42.50
衍生金融负债	Derivative Financial Liabilities	6.95	23.49
卖出回购金融资产款	Money from Selling Repo Financial Assets	2950.71	3944.65
其中：报价回购融入资金	Thereinto:Money Borrowing from Quotation-based Repo	220.91	265.07
代理买卖证券款	Money from Acting Securities Trading	6003.02	5279.77
信用交易代理买卖证券款	Money from Acting Securities Trading for Credit Transaction	145.88	277.61
代理承销证券款	Money from Acting to Underwrite Securities	10.84	13.73
应付职工薪酬	Employee Salary Payable	197.76	241.91
应交税费	Tax Payable	62.73	109.70
应付利息	Interests Payable	8.48	48.75
预计负债	Estimated Liabilities	5.99	10.90
长期借款	Long-term Equity Loan	3.71	15.97
应付债券	Bonds Payable	310.48	1794.62
其中：应付短期融资券	Thereinto:Short-term Financing Bills Payable	265.46	810.43
应付公司债券	Corporate Bonds Payable	45.00	984.18
递延所得税负债	Deferred Income Tax Liabilities	15.59	8.89
其他负债	Other Liabilities	171.07	304.91
其中：应付款项	Thereinto:Accounts Payable	120.36	254.72
应付股利	Dividends Payable	9.64	8.65
次级债	Subordinated Debt	119.93	365.96
其中：短期次级债	Thereinto:Short-term Subordinated Debt	0.00	91.81
长期次级债	Long-term Subordinated Debt	119.93	274.15
负债合计	Total Liabilities	10299.02	13262.82
所有者权益	**Owners' Equity:**		
实收资本(或股本)	Equity	2349.16	2559.88
资本公积	Capital Reserve	2016.59	2198.49
减：库存股	less:Treasury Stock	0.00	0.00
盈余公积	Surplus Reserve	407.87	447.27
一般风险准备	General Contingency Reserve	428.32	474.00
交易风险准备	Risk Reserves for Exchange	404.13	448.88
未分配利润	Undistributed Profits	1341.71	1412.12
外币报表折算差额	Foreign Currency Statements Convert the Difference	0.00	0.00
所有者权益合计	Owner's Equity-Total	6947.78	7540.63
负债和所有者权益总计	Total Liabilities and Owner's Equity	17246.79	20803.46

8-6　2013年证券公司利润表
Income Statement of Securities Companies in 2013

单位：亿元　　(100 million yuan)

项目	Item	上期金额 Beginning Balance	本期金额 Ending Balance
一、营业收入	**Operating Revenue:**	1299.80	1593.43
手续费及佣金净收入	Net Income from Commissions	780.83	1057.37
其中：证券经纪业务净收入	Thereinto:Net Income from Brokerage Business	512.05	772.40
其中：代理买卖证券业务净收入	Thereinto: Net Income from Acting Securities Trading	452.49	695.80
交易单元席位租赁净收入	Net Income from Trading unit seat lease	51.96	63.68
代理销售金融产品净收入	Net Income from Financial Sales Agency Business	6.27	11.18
投资银行业务净收入	Net Income from Investment banking Business	214.74	173.45
其中：承销业务净收入	Thereinto: Net Income from Securities Underwriting Business	164.66	118.10
保荐业务净收入	Net Income from Sponsor Business	13.40	10.46
财务顾问业务净收入	Net Income from Financial Advisory Business	36.58	44.78
其中：并购重组财务顾问业务净收入	Thereinto:Net Income from Merger and Reorganization Financial Advisory Business	10.21	11.08
投资咨询服务净收入	Net Income from Investment Consulting Business	12.37	26.10
资产管理业务净收入	Net Income from Asset Management Business	26.74	69.78
其中：公募基金管理业务净收入(含大集合)	Thereinto:Net Income from Public Funds Management Business	13.01	21.83
集合资产管理业务净收入	Net Income from Aggregate Asset Management Business	4.20	10.82
定向资产管理业务净收入	Net Income from Directional Asset Management Business	9.52	36.81
专项资产管理业务净收入	Net Income from Specific Asset Management Business	0.00	0.31
利息净收入	Net Interests Income	175.09	181.47
其中：1.利息收入	Thereinto: Interests Income	295.02	439.82
其中：存放金融同业利息收入	Thereinto: Interests Income of Deposits in Financial Institutions	222.52	194.39
其中：自有资金存款利息收入	Thereinto:Interests Income of Self-Owned Fund Deposit	81.23	50.29
客户资金存款利息收入	Interests Income of Clients' Capital Deposit	140.71	143.37
融资业务利息收入	Interests Income of Financing Business	64.02	236.62
其中：融资融券业务利息收入	Thereinto:Interests Income of Margin Requirement	53.43	191.79
约定购回利息收入	Interests Income of Pre-arranged Repo	1.22	17.39
股票质押回购利息收入	Interests Income of Pledge-style Repo	0.05	15.37
2.利息支出（支出以“－”号填列）	Interests Expense	-119.93	-258.35
其中：卖出回购金融资产利息支出	Thereinto: Interests Expense of Repurchase of Financial Assets	-64.44	-124.97
其中：报价回购利息支出	Thereinto: Interests Expense of Price Repurchase	-6.04	-9.00
拆入资金利息支出	Interests Expense of Money Borrowing	-7.56	-38.83
其中：转融通利息支出	Thereinto: Interests Expense of Refinancing	-1.41	-27.99
债券利息支出	Interests Expense of Bonds	-15.36	-65.77
投资收益	Investment Income	278.41	418.00
其中：对联营企业和合营企业的投资收益	Thereinto:Return of Investment on Joint Ownership Enterprises	23.23	24.40
对子公司的投资收益	Return of Investment on Subsidiary Company	14.16	12.98
交易性金融工具的投资收益	Return of Investment on Trading Financial Instrument	111.26	184.34
可供出售金融资产的投资收益	Return of Investment on Financial Assets Available for Sales	71.55	132.32
持有至到期金融资产的投资收益	Return of Investment on Held-to-Maturity Investment	5.03	3.14
衍生金融工具的投资收益	Return of Investment on Derivative Financial Instrument	45.96	55.28
公允价值变动收益	Profit from Fair Value Change	54.78	-70.50
其中：交易性金融工具公允价值变动收益	Thereinto:Fair Value Change of Trading Financial Instrument	82.07	-88.84
衍生金融工具公允价值变动收益	Fair Value Change of Derivative Financial Instrument	-27.55	18.02
汇兑收益	Net Exchange Gain	0.84	-3.37
其他业务收入	Other Business Income	9.85	10.48
二、营业支出	**Operating Cost:**	899.80	1021.65
营业税金及附加	Business Tax and Surcharges	61.77	92.20
业务及管理费	General and Administrative Expenses	818.31	898.97
其中：折旧及摊销	Thereinto:Depreciation and Amortization	64.26	61.38
场地设备租赁费	Venue and Equipment Rental Fees	57.67	59.88
职工薪酬	Employee Salary	461.64	540.45
证券投资者保护基金	Securities Investor Protection Fund	11.12	9.01
资产减值损失	Asset Impairment Loss	16.45	27.77
其他业务成本	Cost of Other Businesses	3.27	2.72
三、营业利润	**Operating Profit:**	400.00	571.79
加：营业外收入	Add: Non-operating Income	25.78	14.09
减：营业外支出	Less: Non-operating Expenditure	4.12	15.18
四、利润总额	**Total Profit:**	421.66	570.70
减：所得税费用	Less: Income Tax	91.98	130.22
五、净利润	**Net Profit**	329.67	440.47

注：净损失以“－”号填列，冲回以“－”列示。

数据来源：中国证监会

Source: CSRC

8-7 2013年证券公司净资本表
Net Capital Sheet of Securities Companies in 2013

单位：亿元 (100 million yuan)

项目	Item	期初余额 Beginning Balance	期末余额 Ending Balance
净资产	Net Assets	6947.78	7538.15
减：金融资产的风险调整合计	Less: Risk Adjustment of Financial Assets	258.78	340.46
减：衍生金融资产的风险调整合计	Less: Risk Adjustment of Derivative Financial Assets	5.03	16.07
减：其他资产项目的风险调整合计	Less: Risk Adjustment of Other assets	1848.24	2209.13
减：或有负债的风险调整合计	Less: Risk Adjustment of Contingent Liabilities	31.01	38.48
减：中国证监会认定的其他调整项目合计	Less: Other Adjustment of CSRC	0.46	0.98
加：中国证监会核准的其他调整项目	Add: Other Adjustment of CSRC	150.30	260.71
净资本金额	Net Capital	4954.56	5193.74

数据来源：中国证监会
Source: CSRC

8-8 2013年证券公司风险资本准备表
Risk Capital Reserve Sheet of Securities Companies in 2013

单位：亿元 (100 million yuan)

项目	Item	期初余额 Beginning Balance	期末余额 Ending Balance
经纪业务风险资本准备	Risk Capital Reserves for Brokerage Business	33.56	33.32
自营业务风险资本准备	Risk Capital Reserves for Self-operated Business	140.70	179.70
承销业务风险资本准备	Risk Capital Reserves for Underwriting Business	41.87	30.17
资产管理业务风险资本准备	Risk Capital Reserves for Asset Management Business	56.90	158.49
融资融券业务风险资本准备	Risk Capital Reserves for Margin Requirement Business	10.44	45.71
分支机构风险资本准备	Risk Capital Reserves for Branches	212.68	276.77
营运风险资本准备	Risk Capital Reserves for Operation	81.71	87.24
其他风险资本准备	Other Capital Reserves	19.62	38.63
各项风险资本准备之和	Total Risk Capital Reserves	597.48	850.03

8-9 2013年期货公司资产负债表
Balance Sheet of Futures Companies in 2013

单位：亿元 (100 million yuan)

资产	Assets	期初余额 Beginning Balance	期末余额 Ending Balance
资产:	**Assets:**		
货币资金	Monetary Assets	1073.70	1287.44
其中：期货保证金存款	Thereinto:Futures Margin Deposit	767.82	966.41
应收货币保证金	Monetary Margin Receivable	1071.14	1058.72
应收质押保证金	Pledged Margin Receivable	60.38	36.59
存出保证金	Margin Paid	0.64	2.64
交易性金融资产	Financial Assets Held for Trade	35.23	48.61
应收结算担保金	Receivable Guaranty Money for Settlement	9.16	9.36
应收风险损失款	Receivable Money for Risk Loss	0.02	0.32
应收利息	Interests Receivable	3.36	4.16
应收佣金	Commission Receivable	0.00	0.02
其他应收款	Other Receivable	6.91	13.14
可供出售金融资产	Financial Assets Available for Sales	4.96	12.72
持有至到期投资	Held-to-Maturity Investment	5.91	21.11
长期股权投资	Long-term Equity Investment	4.44	23.81
期货会员资格投资	Futures Membership Investment	2.24	2.20
固定资产	Fixed Assets	19.19	19.55
无形资产	Intangible Assets	3.04	7.65
递延所得税资产	Deferred Income Tax Assets	2.15	2.63
其他资产	Other Assets	16.01	18.39
资产总计	Total Assets	2318.48	2569.07

数据来源：中国证监会
Source: CSRC

8-9 续表 continued

单位：亿元 (100 million yuan)

负债和所有者权益	Liabilities and Owner's Equity	期初余额 Beginning Balance	期末余额 Ending Balance
负债:	**Liabilities:**		
短期借款	Short-term Loan	1.27	0.92
应付货币保证金	Monetary Margin Payable	1751.56	1951.62
应付质押保证金	Pledged Margin Payable	60.41	36.56
交易性金融负债	Financial Liabilities Held for Trade	0.03	0.68
期货风险准备金	Capital Reserve for Futures	25.52	31.49
应付期货投资者保障基金	Futures Investors Protection Fund Payable	0.83	0.88
应付职工薪酬	Employee Salary Payable	9.74	11.46
应交税费	Tax Payable	6.39	6.26
应付利息	Interests Payable	0.01	0.03
应付手续费及佣金	Fees and Commission Payable	0.40	0.41
其他应付款	Other Payable	4.69	4.77
预计负债	Estimated Liabilities	0.00	0.00
长期借款	Long-term Equity Loan	0.00	0.00
递延所得税负债	Deferred Income Tax Liabilities	0.18	0.34
其他负债	Other Liabilities	0.78	1.51
负债合计	Total Liabilities	1861.81	2046.93
所有者权益(或股东权益):	**Owners' Equity**		
实收资本(或股本)	Equity	344.48	383.55
资本公积	Capital Reserve	45.08	47.53
减：库存股	less:Treasury Stock	0.00	0.00
盈余公积	Surplus Reserve	11.42	14.04
一般风险准备	General Contingency Reserve	7.58	9.87
未分配利润	Undistributed Profits	48.10	67.15
所有者权益(或股东权益)合计	Owner's Equity-Total	456.67	522.14
负债和所有者权益总计	Total Liabilities and Owner's Equity	2318.48	2569.07

8-10 2013年期货公司利润表

Income Statement of Futures Companies in 2013

单位：亿元 (100 million yuan)

项目	Item	本期金额
营业收入:	**Operating Revenue:**	**183.04**
手续费收入	Net Income from Fees	125.51
佣金净收入	Net Income from Commissions	-
利息净收入	Net Interests Income	53.99
投资收益	Investment Income	3.49
公允价值变动收益	Profit from Fair Value Change	0.05
汇兑净收益	Net Exchange Gain	-
其他业务收入	Other Business Income	-
营业支出:	**Operating Cost:**	**136.54**
提取期货风险准备金	Reserve for Futures Risk	6.11
营业税金及附加	Business Tax and Surcharges	6.97
业务及管理费	General and Administrative Expenses	123.23
资产减值损失	Asset Impairment Loss	0.23
其他业务成本	Cost of Other Businesses	-
营业利润:	**Operating Profit:**	**46.50**
加：营业外收入	Add: Non-operating Income	1.68
减：营业外支出	Less: Non-operating Expenditure	0.32
利润总额:	**Total Profit:**	**47.87**
减：所得税费用	Less: Income Tax	12.34
净利润	**Net Profit**	**35.53**

数据来源：中国证监会
Source: CSRC

8-11　2013年证券公司财务情况前20排名表

Top 20 Securities Companies Ranked by Pecuniary Condition in 2013

排名 Rank	总资产 Total Assets			排名 Rank	净利润 Net Profit		
	公司名称 Company Name	金额(亿元) Amount (100 million yuan)	占比(%) Proportion (%)		公司名称 Company Name	金额(亿元) Amount (100 million yuan)	占比(%) Proportion (%)
1	中信证券股份有限公司	1929.34	9.27	1	海通证券股份有限公司	34.66	7.87
2	海通证券股份有限公司	1290.18	6.20	2	中信证券股份有限公司	29.09	6.60
3	国泰君安证券股份有限公司	1178.41	5.66	3	国泰君安证券股份有限公司	25.17	5.72
4	广发证券股份有限公司	1088.47	5.23	4	广发证券股份有限公司	23.78	5.40
5	华泰证券股份有限公司	883.50	4.25	5	中国银河证券股份有限公司	21.25	4.82
6	招商证券股份有限公司	751.84	3.61	6	招商证券股份有限公司	20.48	4.65
7	国信证券股份有限公司	707.61	3.40	7	华泰证券股份有限公司	20.37	4.63
8	中国银河证券股份有限公司	697.29	3.35	8	国信证券股份有限公司	17.84	4.05
9	中信建投证券股份有限公司	656.84	3.16	9	中信建投证券股份有限公司	17.30	3.93
10	申银万国证券股份有限公司	597.90	2.87	10	申银万国证券股份有限公司	17.17	3.90
11	东方证券股份有限公司	551.39	2.65	11	方正证券股份有限公司	10.82	2.64
12	光大证券股份有限公司	471.09	2.26	12	宏源证券股份有限公司	10.48	2.38
13	平安证券股份有限公司	362.15	1.74	13	东方证券股份有限公司	10.38	2.36
14	安信证券股份有限公司	352.82	1.70	14	长江证券股份有限公司	10.05	2.28
15	齐鲁证券有限公司	348.02	1.67	15	齐鲁证券有限公司	8.44	1.92
16	宏源证券股份有限公司	321.18	1.54	16	中国中投证券有限责任公司	7.09	1.61
17	方正证券股份有限公司	320.66	1.54	17	中信证券(浙江)有限责任公司	6.16	1.40
18	兴业证券股份有限公司	316.61	1.52	18	兴业证券股份有限公司	6.01	1.36
19	西南证券股份有限公司	296.26	1.42	19	华西证券股份有限公司	5.91	1.34
20	中国中投证券有限责任公司	294.95	1.42	20	东兴证券股份有限公司	5.82	1.32
合计	Total	13416.49	64.49	合计	Total	308.29	69.99

注：“占比”是指单个公司数据占全行业公司数据的比重。
数据来源：中国证券业协会
Source:SAC

8-12 2013年证券公司股票成交金额前20排名表
Top 20 Securities Companies Ranked by Stock Trading Turnover in 2013

排名 Rank	A股 A-Shares			排名 Rank	B股 B-Shares		
	公司名称 Company Name	金额(亿元) Amount (100 million yuan)	占比(%) Proportion (%)		公司名称 Company Name	金额(亿元) Amount (100 million yuan)	占比(%) Proportion (%)
1	华泰证券股份有限公司	55718.44	5.98	1	申银万国证券股份有限公司	246.70	8.57
2	中国银河证券股份有限公司	47844.00	5.13	2	国泰君安证券股份有限公司	187.96	6.53
3	国泰君安证券股份有限公司	46806.32	5.02	3	中国国际金融有限公司	165.78	5.76
4	海通证券股份有限公司	42413.38	4.55	4	招商证券股份有限公司	162.32	5.64
5	招商证券股份有限公司	40214.88	4.31	5	中国银河证券股份有限公司	144.87	5.03
6	申银万国证券股份有限公司	38591.30	4.14	6	海通证券股份有限公司	141.90	4.93
7	广发证券股份有限公司	37604.92	4.03	7	广发证券股份有限公司	141.64	4.92
8	国信证券股份有限公司	36543.85	3.92	8	国信证券股份有限公司	125.50	4.36
9	中信证券股份有限公司	31841.00	3.42	9	华泰证券股份有限公司	119.50	4.15
10	中信建投证券股份有限公司	30927.34	3.32	10	安信证券股份有限公司	82.66	2.87
11	光大证券股份有限公司	28784.07	3.09	11	光大证券股份有限公司	74.66	2.59
12	中国中投证券有限责任公司	22457.52	2.41	12	中国中投证券有限责任公司	69.25	2.41
13	安信证券股份有限公司	21692.76	2.33	13	中信证券股份有限公司	64.14	2.23
14	齐鲁证券有限公司	21584.04	2.32	14	中信建投证券股份有限公司	57.29	1.99
15	中信证券(浙江)有限责任公司	18237.32	1.96	15	东方证券股份有限公司	53.35	1.85
16	方正证券股份有限公司	17298.83	1.86	16	中银国际证券有限责任公司	53.01	1.84
17	长江证券股份有限公司	16478.00	1.77	17	方正证券股份有限公司	52.18	1.81
18	兴业证券股份有限公司	15017.87	1.61	18	平安证券有限责任公司	43.58	1.51
19	东方证券股份有限公司	13616.67	1.46	19	长江证券股份有限公司	36.20	1.26
20	宏源证券股份有限公司	13457.26	1.44	20	中信证券(浙江)有限责任公司	34.23	1.19
合计Total		597129.79	64.05	合计Total		2056.72	71.45

注：“占比”是指单个公司数据占全行业公司数据的比重。
数据来源：上海证券交易所、深圳证券交易所
Source:SSE、SZSE

8-13　2013年证券公司债券交易金额前20排名表
Top 20 Securities Companies Ranked by Bond Trading Turnover in 2013

排名 Rank	现货 Spot Transaction		
	公司名称 Company Name	金额(亿元) Amount(100 million yuan)	占比(%) Proportion(%)
1	中信证券股份有限公司	3777.41	10.85
2	国泰君安证券股份有限公司	2697.79	7.75
3	海通证券股份有限公司	2287.94	6.57
4	中信建投证券股份有限公司	2124.51	6.10
5	广发证券股份有限公司	1482.44	4.26
6	招商证券股份有限公司	1440.32	4.14
7	申银万国证券股份有限公司	1425.65	4.09
8	中国银河证券股份有限公司	1401.98	4.03
9	华泰证券股份有限公司	1327.75	3.81
10	国信证券股份有限公司	1265.69	3.63
11	中国国际金融有限公司	953.69	2.74
12	光大证券股份有限公司	672.06	1.93
13	东方证券股份有限公司	633.05	1.82
14	安信证券股份有限公司	632.12	1.82
15	广州证券有限责任公司	601.63	1.73
16	长江证券股份有限公司	497.58	1.43
17	财富证券有限责任公司	460.28	1.32
18	平安证券有限责任公司	444.63	1.28
19	兴业证券股份有限公司	439.29	1.26
20	第一创业证券股份有限公司	434.90	1.25
合计Total		25000.71	71.79

注：1.本表仅统计交易所债券的交易情况；　2.“占比”是指单个公司数据占全行业公司数据的比重。
数据来源：上海证券交易所、深圳证券交易所
Source:SSE、SZSE

8-13　续表 continued

排名 Rank	回购 Repo Transaction		
	公司名称 Company Name	金额(亿元) Amount(100 million yuan)	占比(%) Proportion(%)
1	国泰君安证券股份有限公司	86953.40	6.58
2	中信证券股份有限公司	83461.49	6.31
3	海通证券股份有限公司	74103.05	5.61
4	国信证券股份有限公司	72387.94	5.48
5	申银万国证券股份有限公司	67178.21	5.08
6	中信建投证券股份有限公司	59650.14	4.51
7	中国银河证券股份有限公司	58576.04	4.43
8	招商证券股份有限公司	50973.51	3.86
9	广发证券股份有限公司	48034.97	3.63
10	中国国际金融有限公司	47900.19	3.62
11	华泰证券股份有限公司	47183.67	3.57
12	东方证券股份有限公司	32570.58	2.46
13	平安证券有限责任公司	29434.66	2.23
14	长江证券股份有限公司	28855.22	2.18
15	安信证券股份有限公司	24380.57	1.84
16	兴业证券股份有限公司	24281.69	1.84
17	光大证券股份有限公司	23555.68	1.78
18	北京高华证券有限责任公司	22449.98	1.70
19	中国人寿资产管理有限公司	17605.00	1.33
20	宏源证券股份有限公司	14812.55	1.12
合计Total		914348.55	69.16

8-14 2013年证券公司经纪业务前20排名表

Top 20 Securities Companies Ranked by Brokerage Business in 2013

排名 Rank	代理买卖证券业务净收入（含席位租赁） Net Income from Acting Securities Trading		
	公司名称 Company Name	金额(亿元) Amount(100 million yuan)	占比(%) Proportion(%)
1	中国银河证券股份有限公司	39.09	5.15
2	国泰君安证券股份有限公司	38.63	5.09
3	国信证券证券股份有限公司	36.01	4.74
4	华泰证券股份有限公司	34.80	4.58
5	海通证券股份有限公司	33.17	4.37
6	广发证券股份有限公司	32.84	4.32
7	申银万国证券股份有限公司	30.33	3.99
8	招商证券股份有限公司	26.97	3.55
9	中信建投证券股份有限公司	24.83	3.27
10	齐鲁证券有限公司	22.66	2.98
11	光大证券股份有限公司	20.66	2.72
12	中信证券股份有限公司	20.17	2.66
13	中国中投证券有限责任公司	18.56	2.44
14	安信证券股份有限公司	17.58	2.31
15	方正证券股份有限公司	14.75	1.94
16	长江证券股份有限公司	13.07	1.72
17	宏源证券股份有限公司	12.86	1.69
18	中信证券（浙江）有限责任公司	12.03	1.58
19	华西证券股份有限公司	11.83	1.56
20	东方证券股份有限公司	10.54	1.39
合计Total		471.38	62.07

注：1.“占比”是指单个公司数据占全行业公司数据的比重； 2.按合并口径统计。

数据来源：中国证监会

Source: CSRC

8-15　2013年证券公司承销业务前20排名表
Top 20 Securities Companies Ranked by Underwriting Business in 2013

排名 Rank	承销与保荐业务净收入 Net Income of Underwritings and Sponsors		
	公司名称 Company Name	金额(亿元) Amount (100 million yuan)	占比(%) Proportion(%)
1	中信证券股份有限公司	10.59	8.24
2	中信建投证券股份有限公司	7.60	5.91
3	国信证券股份有限公司	7.05	5.49
4	国泰君安证券股份有限公司	6.52	5.07
5	海通证券股份有限公司	6.06	4.71
6	中国国际金融有限公司	4.77	3.71
7	宏源证券股份有限公司	4.17	3.24
8	民生证券股份有限公司	3.99	3.10
9	华泰联合证券有限责任公司	3.50	2.72
10	国开证券有限责任公司	3.21	2.49
11	平安证券有限责任公司	3.17	2.47
12	兴业证券股份有限公司	3.03	2.35
13	广发证券股份有限公司	2.90	2.25
14	中国银河证券股份有限公司	2.77	2.16
15	东海证券股份有限公司	2.72	2.11
16	国海证券股份有限公司	2.70	2.10
17	华林证券有限责任公司	2.45	1.91
18	西南证券股份有限公司	2.35	1.83
19	中德证券有限责任公司	2.11	1.64
20	招商证券股份有限公司	2.04	1.59
合计 Total		83.70	65.11

注：1."占比"是指单个公司数据占全行业公司数据的比重；　2.按合并口径统计。
数据来源：中国证监会
Source: CSRC

8-15　续表 continued

排名 Rank	并购重组财务顾问业务净收入 Net Income of Take Over Consultants		
	公司名称 Company Name	金额(亿元) Amount(100 million yuan)	占比(%) Proportion(%)
1	华泰联合证券有限责任公司	1.46	13.20
2	中信证券股份有限公司	1.37	12.36
3	海通证券股份有限公司	0.89	8.03
4	中国银河证券股份有限公司	0.85	7.68
5	西南证券股份有限公司	0.82	7.44
6	中信建投证券股份有限公司	0.50	4.50
7	国泰君安证券股份有限公司	0.43	3.85
8	东北证券股份有限公司	0.42	3.77
9	国金证券股份有限公司	0.38	3.41
10	广发证券股份有限公司	0.32	2.90
11	东方花旗证券有限公司	0.32	2.89
12	长城证券有限责任公司	0.23	2.06
13	招商证券股份有限公司	0.23	2.03
14	国信证券股份有限公司	0.21	1.94
15	民生证券股份有限公司	0.19	1.69
16	光大证券股份有限公司	0.19	1.67
17	长江证券承销保荐有限公司	0.18	1.61
18	国都证券有限责任公司	0.16	1.45
19	兴业证券股份有限公司	0.16	1.45
20	国海证券股份有限公司	0.16	1.41
合计 Total		9.45	85.34

8-16 2013年证券公司资产管理业务前20排名表

Top 20 Securities Companies Ranked by Asset Management Business in 2013

排名 Rank	受托管理资金本金总额 Total Collcation Capital		
	公司名称 Company Name	金额(亿元) Amount(100 million yuan)	占比(%) Proportion(%)
1	中信证券股份有限公司	5041.16	9.70
2	宏源证券股份有限公司	2550.82	4.91
3	上海国泰君安证券资产管理公司	2676.54	5.15
4	申银万国证券股份有限公司	2422.26	4.66
5	江海证券股份有限公司	2003.60	3.86
6	上海海通证券资产管理有限公司	2047.98	3.94
7	齐鲁证券有限公司	1650.07	3.18
8	中信建投证券股份有限公司	1464.06	2.82
9	上海光大证券资产管理公司	1499.51	2.89
10	中银国际证券有限公司	1252.96	2.41
11	广发证券股份有限公司	1357.85	2.61
12	安信证券股份有限公司	1261.62	2.43
13	华福证券有限责任公司	1136.09	2.19
14	中山证券有限责任公司	1118.04	2.15
15	华泰证券股份有限公司	1331.20	2.56
16	兴业证券股份有限公司	1019.02	1.96
17	西南证券股份有限公司	894.23	1.72
18	德邦证券有限责任公司	883.44	1.70
19	金元证券股份有限公司	875.92	1.69
20	渤海证券股份有限公司	838.82	1.61
合计Total		33325.19	64.15

注：1."占比"是指单个公司数据占全行业公司数据的比重；　2.受托客户资产管理业务净收入按合并口径统计。

数据来源：中国证监会

Source: CSRC

8-16 续表 continued

排名 Rank	受托客户资产管理业务净收入 Net Income from Asset Management Business		
	公司名称 Company Name	金额(亿元) Amount(100 million yuan)	占比(%) Proportion(%)
1	上海国泰君安证券资产管理有限公司	5.97	8.56
2	中信证券股份有限公司	4.42	6.33
3	宏源证券股份有限公司	3.63	5.21
4	申银万国证券股份有限公司	3.55	5.09
5	华泰证券股份有限公司	3.09	4.42
6	上海光大证券资产管理有限公司	2.38	3.42
7	第一创业证券股份有限公司	2.30	3.30
8	上海东方证券资产管理有限公司	2.30	3.30
9	广发证券股份有限公司	2.06	2.95
10	中信建投证券股份有限公司	2.03	2.91
11	招商证券股份有限公司	1.75	2.51
12	安信证券股份有限公司	1.71	2.44
13	华融证券股份有限公司	1.64	2.35
14	中国国际金融有限公司	1.48	2.13
15	中国银河证券股份有限公司	1.25	1.80
16	中银国际证券有限责任公司	1.17	1.67
17	国信证券股份有限公司	1.10	1.58
18	东兴证券股份有限公司	1.10	1.58
19	兴业证券股份有限公司	1.07	1.54
20	恒泰证券股份有限公司	1.06	1.52
合计Total		45.08	64.60

8-17　2013年证券公司客户交易结算资金余额前20排名表
Top 20 Securities Companies Ranked by Balance of Clients' Transaction Settlement Funds in 2013

排名 Rank	客户交易结算资金余额 Balance of Clients' Transaction Settlement Funds		
	公司名称 Company Name	金额(亿元) Amount(100 million yuan)	占比(%) Proportion(%)
1	银河证券股份有限公司	263.14	5.16
2	国泰君安股份有限公司	254.02	4.98
3	华泰证券股份有限公司	231.70	4.54
4	广发证券股份有限公司	230.72	4.52
5	申银万国股份有限公司	230.36	4.52
6	国信证券股份有限公司	223.54	4.38
7	海通证券股份有限公司	197.61	3.88
8	招商证券股份有限公司	187.36	3.67
9	中信建投证券股份有限公司	164.26	3.22
10	光大证券股份有限公司	136.83	2.68
11	中国中投证券有限责任公司	135.47	2.66
12	中信证券股份有限公司	128.11	2.51
13	齐鲁证券有限公司	115.49	2.26
14	安信证券股份有限公司	115.04	2.26
15	方正证券股份有限公司	89.71	1.76
16	长江证券股份有限公司	84.21	1.65
17	宏源证券股份有限公司	78.68	1.54
18	中信证券(浙江)有限责任公司	78.42	1.54
19	平安证券有限责任公司	73.62	1.44
20	东方证券股份有限公司	71.16	1.40
合计 Total		3089.42	60.59

注：1.“占比”是指单个公司数据占全行业公司数据的比重；
　　2.本表中的“客户”仅指普通投资者，“客户交易结算资金余额”不含B股和融资融券余额。
数据来源：中国证券投资者保护基金公司
Source:SIPF

8-18 2013年期货公司期货成交金额前20排名表
Top 20 Futures Companies Ranked by Futures Trading Turnover in 2013

排名 Rank	商品期货 Commodity Futures			排名 Rank	金融期货 Financial Futures		
	公司名称 Company Name	金额(亿元) Amount(100 million yuan)	占比(%) Proportion (%)		公司名称 Company Name	金额(亿元) Amount(100 million yuan)	占比(%) Proportion (%)
1	海通期货有限公司	10.05	4.00	1	海通期货有限公司	21.75	7.76
2	广发期货有限公司	8.64	3.44	2	兴证期货有限公司	19.30	6.88
3	银河期货有限公司	8.38	3.34	3	国泰君安期货有限公司	13.75	4.90
4	华泰长城期货有限公司	6.93	2.76	4	华泰长城期货有限公司	13.42	4.78
5	中信期货有限公司	6.86	2.73	5	广发期货有限公司	12.22	4.36
6	永安期货股份有限公司	6.35	2.53	6	申银万国期货有限公司	10.41	3.71
7	徽商期货有限责任公司	6.16	2.45	7	光大期货有限公司	10.04	3.58
8	南华期货股份有限公司	5.89	2.35	8	中信期货有限公司	9.12	3.25
9	申银万国期货有限公司	5.48	2.18	9	银河期货有限公司	7.29	2.60
10	中国国际期货有限公司	5.03	2.00	10	上海东证期货有限公司	6.63	2.36
11	国泰君安期货有限公司	4.87	1.94	11	南华期货股份有限公司	6.50	2.32
12	国投中谷期货有限公司	4.34	1.73	12	华西期货有限责任公司	6.18	2.20
13	万达期货股份有限公司	4.18	1.66	13	永安期货股份有限公司	5.58	1.99
14	方正中期期货有限公司	4.10	1.63	14	招商期货有限公司	5.18	1.85
15	华西期货有限责任公司	4.08	1.63	15	鲁证期货股份有限公司	4.55	1.62
16	浙商期货有限公司	3.96	1.58	16	浙商期货有限公司	4.54	1.62
17	经易期货经纪有限公司	3.75	1.49	17	中投天琪期货有限公司	4.34	1.55
18	光大期货有限公司	3.59	1.43	18	经易期货经纪有限公司	4.23	1.51
19	华安期货有限责任公司	3.48	1.38	19	宏源期货有限公司	4.16	1.48
20	鲁证期货股份有限公司	3.42	1.36	20	国信期货有限责任公司	3.85	1.37
合计 Total		109.55	43.62	合计 Total		173.03	61.71

注："占比"是指单个公司数据占全行业公司数据的比重。
数据来源：中国证监会
Source: CSRC

8-19　2013年期货公司期末客户权益总额前20排名表
Top 20 Futures Companies Ranked by Total Value of Customer Equity in 2013

排名 Rank	公司名称 Company Name	金额(亿元) Amount(100 million yuan)	占比(%) Proportion(%)
1	永安期货股份有限公司	90.97	4.69
2	中信期货有限公司	89.75	4.63
3	海通期货有限公司	86.21	4.45
4	国泰君安期货有限公司	72.57	3.74
5	银河期货有限公司	70.35	3.63
6	申银万国期货有限公司	62.58	3.23
7	中粮期货有限公司	50.78	2.62
8	华泰长城期货有限公司	48.06	2.48
9	广发期货有限公司	48.03	2.48
10	中国国际期货有限公司	45.49	2.35
11	光大期货有限公司	42.50	2.19
12	南华期货股份有限公司	40.34	2.08
13	万达期货股份有限公司	36.93	1.90
14	上海东证期货有限公司	35.68	1.84
15	浙商期货有限公司	32.36	1.67
16	金瑞期货有限公司	27.60	1.42
17	国投中谷期货有限公司	27.45	1.42
18	新湖期货有限公司	26.99	1.39
19	格林大华期货有限公司	26.60	1.37
20	上海中期期货有限公司	24.36	1.26
合计 Total		985.57	50.82

注：“占比”是指单个公司数据占全行业公司数据的比重。
数据来源：中国证监会
Source: CSRC

8-20 2013年证券公司名录
List of Securities Companies in 2013

序号 No.	公司名称 Company Name	注册资本 (亿元) Registered Capital (100 million yuan)	注册地 Place of Regis-tration	2013年分类评级 Category Rating for 2013	从业人员数量 (个) Number of Practi-tioner (unit)	是否具有以下业务资格: Business Qualification Available 融资融券 Margin Reguire-ment Business	转融通 Refinan-cing Business	全国中小企业股份转让系统主办券商 Broker-dealer Business on NEEQ	股票质押式回购 Pledge-style Repo Business
1	爱建证券有限责任公司	11.00	上海	CC	538	否	否	是	是
2	安信证券股份有限公司	32.00	深圳	AA	4501	是	是	是	是
3	北京高华证券有限责任公司	10.72	北京	AA	154	否	否	否	否
4	渤海证券股份有限公司	40.37	天津	BBB	1624	是	是	是	是
5	财达证券有限责任公司	22.10	河北	BBB	1989	是	是	是	是
6	财富里昂证券有限责任公司	5.00	上海	BB	127	否	否	否	否
7	财富证券有限责任公司	21.36	湖南	BB	1530	是	是	是	是
8	财通证券股份有限公司	18.00	浙江	BBB	2363	是	是	是	是
9	长城证券有限责任公司	20.67	深圳	BBB	2579	是	是	是	是
10	长江证券承销保荐有限公司	1.00	上海	A	157	否	否	否	否
11	长江证券股份有限公司	23.71	湖北	A	5533	是	是	是	是
12	诚浩证券有限责任公司	2.01	辽宁	CCC	247	否	否	否	否
13	川财证券有限责任公司	6.50	四川	A	248	否	否	否	是
14	大通证券股份有限公司	22.00	大连	BB	1240	是	是	是	是
15	大同证券经纪有限责任公司	5.00	山西	A	1118	是	否	否	否
16	德邦证券有限责任公司	13.00	上海	B	612	是	是	是	是
17	第一创业摩根大通证券有限责任公司	8.00	北京	BBB	104	否	否	否	否
18	第一创业证券股份有限公司	19.70	深圳	BBB	1213	是	是	是	是
19	东北证券股份有限公司	9.79	吉林	BBB	2781	是	是	是	是
20	东方花旗证券有限公司	8.00	上海	A	233	否	否	是	否
21	东方证券股份有限公司	42.82	上海	A	2654	是	是	是	是
22	东海证券股份有限公司	16.70	江苏	A	2110	是	否	是	是
23	东吴证券股份有限公司	20.00	江苏	A	2330	是	是	是	是
24	东兴证券股份有限公司	20.04	北京	A	2025	是	是	是	是
25	东莞证券有限责任公司	15.00	广东	BB	2510	是	否	是	是
26	方正证券股份有限公司	61.00	湖南	AA	4353	是	是	是	是
27	高盛高华证券有限责任公司	8.00	北京	AA	81	否	否	否	否
28	光大证券股份有限公司	34.18	上海	AA	5624	是	是	是	是
29	广发证券股份有限公司	59.19	广东	AA	7953	是	是	是	是
30	广州证券有限责任公司	21.71	广东	AA	1871	是	是	是	是
31	国都证券有限责任公司	26.23	北京	A	1030	是	是	是	是

数据来源：中国证监会、中国证券业协会
Source: CSRC、SAC

8-20　续表 1　continued

序号 No.	公司名称 Company Name	注册资本 (亿元) Registered Capital (100 million yuan)	注册地 Place of Registration	2013年分类评级 Category Rating for 2013	从业人员数量(个) Number of Practitioner (unit)	是否具有以下业务资格: Business Qualification Available 融资融券 Margin Reguirement Business	转融通 Refinancing Business	全国中小企业股份转让系统主办券商 Broker-dealer Business on NEEQ	股票质押式回购 Pledge-style Repo Business
32	国海证券股份有限公司	17.92	广西	BB	2565	是	是	是	是
33	国金证券股份有限公司	12.94	四川	AA	1556	是	是	是	是
34	国开证券有限责任公司	73.70	北京	AA	529	是	否	是	是
35	国联证券股份有限公司	15.00	江苏	BB	1382	是	是	是	是
36	国盛证券有限责任公司	5.93	江西	BBB	1184	是	是	是	是
37	国泰君安证券股份有限公司	61.00	上海	AA	8068	是	是	是	是
38	国信证券股份有限公司	70.00	深圳	AA	6015	是	是	是	是
39	国元证券股份有限公司	19.64	安徽	A	3144	是	是	是	是
40	海际大和证券有限责任公司	5.00	上海	BBB	78	否	否	否	否
41	海通证券股份有限公司	82.28	上海	A	9405	是	是	是	是
42	航天证券有限责任公司	12.80	上海	CCC	146	否	否	否	否
43	恒泰长财证券有限责任公司	1.00	吉林	BBB	69	否	否	否	是
44	恒泰证券股份有限公司	21.95	内蒙古	BBB	1426	是	是	是	是
45	宏信证券有限责任公司	10.00	四川	B	684	是	否	否	是
46	宏源证券股份有限公司	39.72	新疆	AA	4236	是	是	是	是
47	红塔证券股份有限公司	20.58	云南	BBB	855	是	是	是	是
48	华安证券股份有限公司	28.21	安徽	BBB	1796	是	是	是	是
49	华宝证券有限责任公司	15.00	上海	BB	434	是	是	否	是
50	华创证券有限责任公司	15.00	贵州	BB	1157	是	是	是	是
51	华福证券有限责任公司	5.50	福建	A	1280	是	是	是	是
52	华林证券有限责任公司	8.07	深圳	CC	821	是	否	是	是
53	华龙证券有限责任公司	21.53	甘肃	CCC	1119	是	是	是	是
54	华融证券股份有限公司	31.78	北京	A	1268	是	是	是	是
55	华泰联合证券有限责任公司	10.00	深圳	AA	365	否	否	否	否
56	华泰证券股份有限公司	56.00	江苏	AA	8668	是	是	是	是
57	华西证券有限责任公司	14.13	四川	AA	2453	是	是	是	是
58	华英证券有限责任公司	8.00	江苏	BBB	109	否	否	否	否
59	华鑫证券有限责任公司	16.00	深圳	A	863	是	是	是	是
60	江海证券有限公司	13.63	黑龙江	B	1672	是	是	是	是
61	金元证券股份有限公司	31.74	海南	BBB	1288	是	是	是	是

8-20 续表 2 continued

序号 No.	公司名称 Company Name	注册资本 (亿元) Registered Capital (100 million yuan)	注册地 Place of Regis-tration	2013年分类评级 Category Rating for 2013	从业人员数量 (个) Number of Practi-tioner (unit)	是否具有以下业务资格: Business Qualification Available 融资融券 Margin Reguire-ment Business	转融通 Refinan-cing Business	全国中小企业股份转让系统主办券商 Broker-dealer Business on NEEQ	股票质押式回购 Pledge-style Repo Business
62	开源证券有限责任公司	13.00	陕西	CCC	428	是	是	否	是
63	联讯证券有限责任公司	5.00	广东	BBB	1214	否	否	否	是
64	民生证券股份有限公司	21.77	北京	C	2133	是	是	是	是
65	摩根士丹利华鑫证券有限责任公司	10.20	上海	A	175	否	否	否	否
66	南京证券股份有限公司	19.00	江苏	CC	1655	是	是	是	是
67	平安证券有限责任公司	55.00	深圳	C	2361	是	是	是	是
68	齐鲁证券有限公司	52.12	山东	A	5433	是	是	是	是
69	日信证券有限责任公司	9.00	内蒙古	CCC	555	是	是	是	是
70	瑞信方正证券有限责任公司	8.00	北京	AA	120	否	否	否	是
71	瑞银证券有限责任公司	14.90	北京	A	371	否	否	否	否
72	山西证券股份有限公司	25.19	山西	A	1942	是	是	是	是
73	上海东方证券资产管理有限公司	3.00	上海	A	93	否	否	否	否
74	上海光大证券资产管理有限公司	2.00	上海	AA	5	否	否	否	否
75	上海国泰君安证券资产管理有限公司	8.00	上海	A	106	否	否	否	否
76	上海海通证券资产管理有限公司	10.00	上海	A	71	否	否	否	否
77	上海证券有限责任公司	26.10	上海	BBB	1479	是	是	是	是
78	申银万国证券股份有限公司	67.16	上海	AA	6366	是	是	是	是
79	世纪证券有限责任公司	7.00	深圳	CCC	1102	否	否	是	是
80	首创证券有限责任公司	6.50	北京	B	730	是	是	是	是
81	太平洋证券股份有限公司	16.54	云南	CCC	1083	否	否	是	是
82	天风证券股份有限公司	17.41	湖北	CCC	991	是	是	是	是
83	天源证券有限公司	1.84	青海	CCC	483	否	否	否	否
84	万和证券经纪有限公司	1.25	海南	CC	297	否	否	否	是
85	万联证券有限责任公司	20.00	广东	BB	1269	是	否	是	是
86	五矿证券有限责任公司	8.80	深圳	BB	576	是	否	否	是
87	西部证券股份有限公司	12.00	陕西	BBB	1964	是	是	是	是
88	西藏同信证券股份有限公司	6.00	西藏	CCC	984	否	否	否	是
89	西南证券股份有限公司	28.23	重庆	A	2406	是	是	是	是
90	厦门证券有限公司	0.50	厦门	B	611	否	否	是	否

8-20　续表 3　continued

序号 No.	公司名称 Company Name	注册资本 (亿元) Registered Capital (100 million yuan)	注册地 Place of Regis-tration	2013年分类评级 Category Rating for 2013	从业人员数量(个) Number of Practi-tioner (unit)	是否具有以下业务资格: Business Qualification Available 融资融券 Margin Reguire-ment Business	转融通 Refinan-cing Business	全国中小企业股份转让系统主办券商 Broker-dealer Business on NEEQ	股票质押式回购 Pledge-style Repo Business
91	湘财证券股份有限公司	31.97	湖南	BBB	1883	是	是	是	是
92	新时代证券有限责任公司	16.93	北京	BB	1751	是	是	是	是
93	信达证券股份有限公司	25.69	北京	A	2742	是	是	是	是
94	兴业证券股份有限公司	26.00	福建	AA	2598	是	是	是	是
95	银泰证券有限责任公司	12.00	深圳	BB	595	是	是	是	是
96	英大证券有限责任公司	22.00	深圳	B	839	是	否	是	是
97	招商证券股份有限公司	46.61	深圳	AA	5928	否	是	是	是
98	浙江浙商证券资产管理有限公司	5.00	浙江	A	15	否	否	否	是
99	浙商证券股份有限公司	30.00	浙江	A	2699	是	是	是	是
100	中德证券有限责任公司	10.00	北京	A	196	否	否	否	否
101	中国国际金融有限公司	2.25(美元)	北京	AA	1270	是	是	是	是
102	中国民族证券有限责任公司	44.87	北京	B	1770	是	是	是	是
103	中国银河证券股份有限公司	75.37	北京	AA	6908	是	是	是	是
104	中国中投证券有限责任公司	50.00	深圳	A	3987	否	是	是	是
105	中航证券有限公司	19.85	江西	BB	1601	是	是	是	是
106	中山证券有限责任公司	13.55	深圳	BB	819	是	是	是	是
107	中天证券有限责任公司	11.19	辽宁	BB	543	是	否	否	是
108	中信建投证券股份有限公司	61.00	北京	AA	6728	是	是	是	是
109	中信证券(山东)有限责任公司	8.00	青岛	AA	1881	是	是	否	否
110	中信证券(浙江)有限责任公司	8.85	浙江	AA	2079	是	是	否	否
111	中信证券股份有限公司	110.17	深圳	AA	4279	是	是	是	是
112	中银国际证券有限责任公司	19.79	上海	AA	2488	是	是	是	是
113	中邮证券有限责任公司	5.60	陕西	CCC	253	是	否	否	是
114	中原证券股份有限公司	20.34	河南	BBB	2059	是	是	是	是
115	众成证券经纪有限公司	0.63	深圳	BBB	318	否	否	否	否

8-21　2013年具有外资股业务资格的境外证券经营机构名录
List of Overseas Securities Institutions with Foreign Business Qualification in 2013

序号 No.	公司名称 Company Name	注册地 Place of Registration	资格种类 Qualification Type
1	星展唯高达香港有限公司	香港	经纪商、主承销商
2	ING霸菱证券（香港）有限公司	香港	经纪商、主承销商
3	百德能证券有限公司	香港	经纪商、主承销商
4	宝来证券（香港）有限公司	香港	经纪商、主承销商
5	倍利证券（香港）有限公司	香港	主承销商
6	大福证券有限公司	香港	经纪商、主承销商
7	大和证券住银资本市场（香港）有限公司	香港	经纪商、主承销商
8	德意志证券亚洲有限公司	香港	经纪商、主承销商
9	帝杰亚洲有限公司	香港	经纪商、主承销商
10	东方惠嘉证券有限公司	香港	经纪商、主承销商
11	东亚证券有限公司	香港	经纪商
12	东洋证券亚洲有限公司	香港	经纪商
13	东洋证券株式会社	香港	经纪商、主承销商
14	发展证券香港有限公司	香港	经纪商
15	法国巴黎融资（亚太）有限公司	香港	主承销商
16	法国巴黎证券（亚洲）有限公司	香港	经纪商、主承销商
17	法国兴业证券（香港）有限公司	香港	经纪商、主承销商
18	高盛（亚洲）有限责任公司	香港	经纪商、主承销商
19	东盛证券（经纪）有限公司	香港	经纪商、主承销商
20	广利证券有限公司	香港	经纪商
21	联昌国际（香港）有限公司	香港	经纪商
22	和升国际有限公司	香港	经纪商、主承销商
23	荷银融资亚洲有限公司	香港	主承销商
24	荷银证券亚洲有限公司	香港	经纪商
25	亨泰证券有限公司	香港	经纪商
26	恒生证券有限公司	香港	经纪商
27	汇富证券有限公司	香港	经纪商、主承销商
28	极讯亚太有限公司	香港	经纪商
29	加拿大怡东融资有限公司	香港	主承销商
30	加怡证券经纪有限公司	香港	经纪商
31	嘉诚亚洲有限公司	香港	经纪商、主承销商
32	嘉佳证券有限公司	香港	经纪商
33	永丰金证券（亚洲）有限公司	香港	经纪商、主承销商
34	京华山-国际（香港）有限公司	香港	经纪商、主承销商
35	京华证券国际有限公司	香港	经纪商、主承销商
36	凯基证券亚洲有限公司	香港	经纪商、主承销商
37	乐金投资证券公司	香港	经纪商、主承销商

数据来源：中国证监会

Source: CSRC

8-21　续表　continued

序号 No.	公司名称 Company Name	注册地 Place of Registration	资格种类 Qualification Type
38	里昂证券有限公司	香港	经纪商、主承销商
39	摩根士丹利亚洲有限公司	香港	经纪商
40	内藤证券株式会社	香港	经纪商
41	培基证券有限公司	香港	主承销商
42	群益证券（香港）有限公司	香港	经纪商、主承销商
43	软库金汇投资服务有限公司	香港	经纪商、主承销商
44	瑞士信贷（香港）有限公司	香港	经纪商、主承销商
45	三星证券株式会社	香港	经纪商、主承销商
46	顺隆证券行有限公司	香港	经纪商
47	所罗门美邦香港有限公司	香港	经纪商
48	万信证券有限公司	香港	经纪商
49	联昌国际（香港）有限公司	香港	经纪商
50	新鸿基投资服务有限公司	香港	经纪商、主承销商
51	新加坡大华亚洲（香港）有限公司	香港	主承销商
52	新加坡发展亚洲融资有限公司	香港	主承销商
53	新日本证券国际（香港）有限公司	香港	经纪商、主承销商
54	信诚证券有限公司	香港	经纪商
55	野村国际（香港）有限公司	香港	经纪商、主承销商
56	怡富证券有限公司	香港	经纪商、主承销商
57	英明证券有限公司	香港	经纪商
58	元富证券（香港）有限公司	香港	经纪商、主承销商
59	中银国际证券有限公司	香港	经纪商
60	周生生证券有限公司	香港	经纪商
61	大华继显（香港）有限公司	香港	经纪商
62	东海东京证券公司	香港	经纪商
63	中国国际金融香港有限公司	香港	经纪商
64	美林远东有限公司	香港	经纪商
65	敦沛证券有限公司	香港	经纪商
66	瑞银证券亚洲有限公司	香港	经纪商
67	日本日联飞翼证券股份有限公司	香港	经纪商
68	香港上海汇丰银行有限公司	香港	经纪商
69	国泰君安证券（香港）有限公司	香港	经纪商
70	致富证券有限公司	香港	经纪商
71	申银万国证券（香港）有限公司	香港	经纪商
72	国信证券（香港）经纪有限公司	香港	经纪商

8-22 2013年基金管理公司名录
List of Fund Management Companies in 2013

序号 No.	基金管理公司 Fund Management Company	注册资本(亿元) Registered Capital(100 million yuan)	注册地 Place of Registration	成立时间 Established Time	管理基金只数(只) Number of Funds(unit)	管理基金份额(亿份) Fund units(100 million units)	管理基金资产规模(亿元) Fund Asset Value(100 million yuan)
1	国泰基金管理有限公司	1.10	上海	1998年3月	43	450.59	430.90
2	南方基金管理有限公司	1.50	深圳	1998年3月	46	1592.08	1520.44
3	华夏基金管理有限公司	2.38	北京	1998年3月	44	2139.22	2447.17
4	华安基金管理有限公司	1.50	上海	1998年5月	47	861.95	838.61
5	博时基金管理有限公司	2.50	深圳	1998年7月	47	1217.82	1059.79
6	鹏华基金管理有限公司	1.50	深圳	1998年12月	46	646.53	613.32
7	长盛基金管理有限公司	1.50	深圳	1999年3月	33	387.82	373.00
8	嘉实基金管理有限公司	1.50	上海	1999年3月	56	1814.55	1905.25
9	大成基金管理有限公司	2.00	深圳	1999年4月	40	1017.79	828.64
10	富国基金管理有限公司	1.80	上海	1999年4月	42	709.26	706.28
11	易方达基金管理有限公司	1.20	广东	2001年4月	55	1678.79	1570.09
12	宝盈基金管理有限公司	1.00	深圳	2001年5月	9	208.25	166.53
13	融通基金管理有限公司	1.25	深圳	2001年5月	24	530.43	467.19
14	银华基金管理有限公司	2.00	深圳	2001年5月	35	727.32	707.31
15	长城基金管理有限公司	1.50	深圳	2001年12月	19	413.28	337.50
16	银河基金管理有限公司	1.50	上海	2002年5月	19	193.67	214.45
17	泰达宏利基金管理有限公司	1.80	北京	2002年7月	21	310.65	327.30
18	国投瑞银基金管理有限公司	1.00	深圳	2002年6月	23	350.38	309.99
19	万家基金管理有限公司	1.00	上海	2002年8月	17	296.32	248.48
20	金鹰基金管理有限公司	2.50	广东	2002年12月	17	109.18	91.89
21	招商基金管理有限公司	2.10	深圳	2002年12月	35	586.60	552.01
22	华宝兴业基金管理有限公司	1.50	上海	2003年2月	26	389.26	420.53
23	摩根士丹利华鑫基金管理有限公司	2.28	深圳	2003年3月	15	115.54	128.74
24	国联安基金管理有限公司	1.50	上海	2003年3月	21	220.54	208.19
25	海富通基金管理有限公司	1.50	上海	2003年4月	26	322.20	235.25
26	长信基金管理有限责任公司	1.50	上海	2003年4月	16	194.12	136.57
27	泰信基金管理有限公司	2.00	上海	2003年5月	15	111.94	81.40
28	天治基金管理有限公司	1.60	上海	2003年5月	10	74.51	59.43
29	景顺长城基金管理有限公司	1.30	深圳	2003年6月	29	559.79	614.03
30	广发基金管理有限公司	1.20	广东	2003年7月	45	1220.97	1204.01
31	兴业全球基金管理有限公司	1.50	上海	2003年9月	13	272.11	322.34
32	诺安基金管理有限公司	1.50	深圳	2003年12月	29	530.85	463.61
33	申万菱信基金管理有限公司	1.50	上海	2003年12月	15	226.36	158.89
34	中海基金管理有限公司	1.47	上海	2004年3月	18	223.56	167.93
35	光大保德信基金管理有限公司	1.60	上海	2004年4月	15	274.70	250.70
36	华富基金管理有限公司	1.20	上海	2004年3月	12	77.90	65.32
37	上投摩根基金管理有限公司	2.50	上海	2004年4月	29	825.07	822.12
38	东方基金管理有限责任公司	1.00	北京	2004年6月	12	94.55	90.48
39	中银基金管理有限公司	1.00	上海	2004年6月	34	1225.34	1217.10
40	东吴基金管理有限公司	1.00	上海	2004年8月	15	100.22	85.58

数据来源：中国证监会

Source: CSRC

8-22 续表 continued

序号 No.	基金管理公司 Fund Management Company	注册资本(亿元) Registered Capital(100 million yuan)	注册地 Place of Registration	成立时间 Established Time	管理基金只数(只) Number of Funds(unit)	管理基金份额(亿份) Fund units(100 million units)	管理基金资产规模(亿元) Fund Asset Value(100 million yuan)
41	国海富兰克林基金管理有限公司	2.20	南宁	2004年9月	15	142.64	145.34
42	天弘基金管理有限公司	1.80	天津	2004年10月	14	1963.13	1943.62
43	华泰柏瑞基金管理有限公司	2.00	上海	2004年11月	18	311.73	363.09
44	新华基金管理有限公司	1.60	重庆	2004年12月	14	96.82	101.44
45	汇添富基金管理有限公司	1.00	上海	2005年1月	45	823.97	803.56
46	工银瑞信基金管理有限公司	2.00	北京	2005年6月	42	1302.34	1102.81
47	交银施罗德基金管理有限公司	2.00	上海	2005年7月	31	469.91	488.03
48	信诚基金管理有限公司	2.00	上海	2005年8月	28	214.46	184.51
49	建信基金管理有限责任公司	2.00	北京	2005年9月	37	753.61	716.22
50	华商基金管理有限公司	1.00	北京	2005年9月	16	224.79	283.09
51	汇丰晋信基金管理有限公司	2.00	上海	2005年10月	12	90.65	98.71
52	益民基金管理有限公司	1.00	重庆	2005年12月	6	70.51	51.82
53	中邮创业基金管理有限公司	1.00	北京	2006年2月	9	416.93	286.46
54	信达澳银基金管理有限公司	1.00	深圳	2006年4月	9	53.41	53.14
55	诺德基金管理有限公司	1.00	上海	2006年5月	9	36.88	32.56
56	中欧基金管理有限公司	1.20	深圳	2006年5月	16	117.40	115.18
57	金元惠理基金管理有限公司	2.45	上海	2006年11月	9	10.71	9.61
58	浦银安盛基金管理有限公司	2.00	上海	2007年7月	13	70.41	70.39
59	农银汇理基金管理有限公司	2.00	上海	2008年2月	21	338.24	362.29
60	民生加银基金管理有限公司	3.00	深圳	2008年10月	20	158.56	153.40
61	纽银梅隆西部基金管理有限公司	2.00	上海	2010年6月	4	5.27	4.69
62	浙商基金管理有限公司	3.00	杭州	2010年9月	4	6.80	6.26
63	平安大华基金管理有限公司	3.00	深圳	2010年12月	6	16.99	17.83
64	富安达基金管理有限公司	1.60	上海	2011年4月	5	7.54	7.55
65	财通基金管理有限公司	2.00	上海	2011年5月	5	7.83	7.83
66	方正富邦基金管理有限公司	2.00	北京	2011年6月	4	4.25	4.21
67	长安基金管理有限公司	2.00	上海	2011年8月	3	5.63	5.78
68	国金通用基金管理有限公司	2.80	北京	2011年10月	3	3.03	3.09
69	安信基金管理有限责任公司	2.00	深圳	2011年11月	7	46.81	46.92
70	德邦基金管理有限公司	1.20	上海	2012年2月	3	7.20	7.20
71	华宸未来基金管理有限公司	2.00	上海	2012年3月	2	1.69	1.67
72	红塔红土基金管理有限公司	2.00	深圳	2012年5月	0	0.00	0.00
73	英大基金管理有限公司	1.20	北京	2012年6月	1	3.90	3.72
74	江信基金管理有限公司	1.00	北京	2012年12月	0	0.00	0.00
75	中原英石基金管理有限公司	2.00	上海	2012年12月	0	0.00	0.00
76	华润元大基金管理有限公司	2.00	深圳	2012年12月	2	9.62	9.66
77	前海开源基金管理有限公司	1.20	深圳	2012年12月	1	1.29	1.29
78	东海基金管理有限责任公司	1.50	上海	2013年2月	0	0.00	0.00
79	中加基金管理有限公司	3.00	北京	2013年3月	1	36.05	36.05
80	兴业基金管理有限公司	5.00	福建	2013年3月	0	0.00	0.00
81	道富基金管理有限公司	3.00	北京	2013年5月	1	4.46	4.47
82	国开泰富基金管理有限责任公司	2.00	北京	2013年6月	1	5.16	5.17
83	中信建投基金管理有限公司	1.50	北京	2013年8月	0	0.00	0.00
84	上银基金管理有限公司	3.00	上海	2013年8月	0	0.00	0.00
85	鑫元基金管理有限公司	2.00	上海	2013年8月	1	24.55	24.55
86	永赢基金管理有限公司	1.50	宁波	2013年10月	0	0.00	0.00
87	华福基金管理有限责任公司	1.00	福建	2013年10月	0	0.00	0.00
88	国寿安保基金管理有限公司	5.88	上海	2013年10月	0	0.00	0.00
89	圆信永丰基金管理有限公司	2.00	厦门	2013年11月	0	0.00	0.00

8-23 2013年基金托管人名录
List of Fund Custodians in 2013

序号 No.	托管人名称 Fund Custodian	注册地 Place of Registration	取得托管资格时间 Custody Qualification-obtaining Time	托管基金只数(只) Number of Funds under Custody (unit)	托管基金份额(亿份) Fund Units under Custody (100 million units)	托管基金资产规模(亿元) Fund Asset Value under Custody (100 million yuan)
1	中国工商银行股份有限公司	北京	1998/02/24	384	8932.16	8618.66
2	中国农业银行股份有限公司	北京	1998/05/29	189	3095.59	2960.05
3	中国银行股份有限公司	北京	1998/07/07	247	4829.84	4578.38
4	中国建设银行股份有限公司	北京	1998/03/18	369	6311.03	6295.40
5	交通银行股份有限公司	上海	1998/07/03	101	2253.30	1930.46
6	华夏银行股份有限公司	北京	2005/02/23	12	197.93	175.97
7	中国光大银行股份有限公司	北京	2002/10/23	25	534.18	498.39
8	招商银行股份有限公司	深圳	2002/11/06	71	1286.27	1269.44
9	中信银行股份有限公司	北京	2004/08/18	31	2133.93	2125.71
10	中国民生银行股份有限公司	北京	2004/07/09	28	623.37	571.06
11	平安银行股份有限公司	深圳	2008/08/06	5	12.52	12.02
12	兴业银行股份有限公司	福建	2005/04/25	22	350.79	370.81
13	上海浦东发展银行股份有限公司	上海	2003/09/10	17	300.77	287.98
14	上海银行股份有限公司	上海	2009/08/18	8	48.87	49.43
15	北京银行股份有限公司	北京	2008/06/03	6	73.06	73.71
16	广东发展银行股份有限公司	广东	2009/05/04	12	55.82	56.41
17	宁波银行股份有限公司	浙江	2012/11/05	2	19.19	19.21
18	中国邮政储蓄银行有限责任公司	北京	2009/07/16	21	107.71	117.55
19	渤海银行股份有限公司	天津	2010/06/29	1	0.86	0.92
20	浙商银行股份有限公司	杭州	2013/11/13	0	0.00	0.00
21	海通证券股份有限公司	上海	2013/12/27	0	0.00	0.00
22	国信证券股份有限公司	深圳	2013/12/31	0	0.00	0.00

数据来源：中国证监会
Source:CSRC

8-24　2013年基金销售机构名录
List of Fund Sales Institutions in 2013

序号 No.	销售机构名称 Sales Institution Name	销售机构类型 Sales Institution Type	取得销售资格时间 Sales Qualification-Obtaining Time	注册地 Place of Registration
1	中国工商银行	商业银行	2001年8月	北京市
2	中国农业银行	商业银行	2001年12月	北京市
3	中国银行	商业银行	2001年12月	北京市
4	中国建设银行	商业银行	2001年7月	北京市
5	交通银行	商业银行	2001年9月	上海市
6	中信银行	商业银行	2002年1月	北京市
7	平安银行	商业银行	2002年5月	深圳市
8	上海浦东发展银行	商业银行	2002年7月	上海市
9	招商银行	商业银行	2001年12月	深圳市
10	兴业银行	商业银行	2002年8月	福建省
11	中国民生银行	商业银行	2002年9月	北京市
12	中国光大银行	商业银行	2003年1月	北京市
13	华夏银行	商业银行	2004年11月	北京市
14	广发银行	商业银行	2005年7月	广东省
15	中国邮政储蓄银行	商业银行	2006年7月	北京市
16	浙商银行	商业银行	2008年8月	浙江省
17	渤海银行	商业银行	2009年10月	天津市
18	北京银行	商业银行	2004年10月	北京市
19	上海银行	商业银行	2005年1月	上海市
20	宁波银行	商业银行	2008年2月	浙江省
21	青岛银行	商业银行	2008年5月	山东省
22	徽商银行	商业银行	2008年7月	安徽省
23	东莞银行	商业银行	2008年10月	广东省
24	南京银行	商业银行	2008年10月	江苏省
25	杭州银行	商业银行	2009年1月	浙江省
26	临商银行	商业银行	2009年2月	山东省
27	温州银行	商业银行	2009年5月	浙江省
28	汉口银行	商业银行	2009年6月	湖北省
29	江苏银行	商业银行	2009年9月	江苏省
30	洛阳银行	商业银行	2010年1月	河南省
31	乌鲁木齐商业银行	商业银行	2010年2月	新疆自治区
32	烟台银行	商业银行	2010年6月	山东省
33	齐商银行	商业银行	2010年9月	山东省
34	浙江民泰商业银行	商业银行	2010年10月	浙江省
35	大连银行	商业银行	2010年10月	辽宁省
36	哈尔滨银行	商业银行	2010年10月	黑龙江省
37	重庆银行	商业银行	2010年11月	重庆市
38	浙江稠州商业银行	商业银行	2010年11月	浙江省
39	天津银行	商业银行	2011年2月	天津市
40	河北银行	商业银行	2011年5月	河北省
41	嘉兴银行	商业银行	2011年6月	浙江省
42	广州银行	商业银行	2011年7月	广东省
43	西安银行	商业银行	2011年9月	陕西省
44	长沙银行	商业银行	2011年9月	湖南省
45	金华银行	商业银行	2011年9月	浙江省
46	包商银行	商业银行	2011年9月	内蒙古自治区

数据来源：中国证监会
Source: CSRC

8-24 续表 1 continued

序号 No.	销售机构名称 Sales Institution Name	销售机构类型 Sales Institution Type	取得销售资格时间 Sales Qualification-Obtaining Time	注册地 Place of Registration
47	郑州银行	商业银行	2012年4月	河南省
48	厦门银行	商业银行	2012年5月	厦门市
49	吉林银行	商业银行	2012年10月	吉林省
50	苏州银行	商业银行	2012年12月	江苏省
51	珠海华润银行	商业银行	2012年12月	广东省
52	威海市商业银行	商业银行	2013年2月	山东省
53	南充市商业银行	商业银行	2013年2月	四川省
54	长安银行	商业银行	2013年6月	陕西省
55	晋商银行	商业银行	2013年8月	山西省
56	富滇银行	商业银行	2013年8月	云南省
57	昆仑银行	商业银行	2013年9月	新疆自治区
58	日照银行	商业银行	2013年12月	山东省
59	南昌银行	商业银行	2013年12月	江西省
60	潍坊银行	商业银行	2013年12月	山东省
61	福建海峡银行	商业银行	2013年12月	福建省
62	绍兴银行	商业银行	2013年12月	浙江省
63	上海农商银行	商业银行	2008年2月	上海市
64	北京农商银行	商业银行	2008年4月	北京市
65	张家港农村商业银行	商业银行	2009年12月	江苏省
66	深圳农村商业银行	商业银行	2010年1月	深圳市
67	东莞农村商业银行	商业银行	2011年2月	广东省
68	常熟农村商业银行	商业银行	2011年7月	江苏省
69	顺德农村商业银行	商业银行	2011年8月	广东省
70	重庆农村商业银行	商业银行	2011年8月	重庆市
71	吴江农村商业银行	商业银行	2011年9月	江苏省
72	江南农村商业银行	商业银行	2011年9月	江苏省
73	江阴农村商业银行	商业银行	2011年9月	江苏省
74	昆山农村商业银行	商业银行	2011年10月	江苏省
75	广州农村商业银行	商业银行	2012年7月	广东省
76	成都农村商业银行	商业银行	2012年9月	四川省
77	杭州联合农村商业银行	商业银行	2013年2月	浙江省
78	山东寿光农村商业银行	商业银行	2013年9月	山东省
79	无锡农村商业银行	商业银行	2013年11月	江苏省
80	渣打银行	商业银行	2013年6月	上海市
81	大华银行	商业银行	2013年6月	上海市
82	花旗银行	商业银行	2013年6月	上海市
83	东亚银行	商业银行	2013年6月	上海市
84	恒生银行	商业银行	2013年6月	上海市
85	星展银行	商业银行	2013年6月	上海市
86	汇丰银行	商业银行	2013年6月	上海市
87	南洋商业银行	商业银行	2013年6月	上海市
88	摩根大通银行	商业银行	2013年9月	北京市
89	华侨银行	商业银行	2013年10月	上海市
90	国泰君安证券	证券公司	2002年7月	上海市
91	广发证券	证券公司	2002年8月	广东省
92	国信证券	证券公司	2002年8月	深圳市
93	招商证券	证券公司	2002年8月	深圳市
94	华泰联合证券	证券公司	2002年8月	深圳市

8-24　续表 2　continued

序号 No.	销售机构名称 Sales Institution Name	销售机构类型 Sales Institution Type	取得销售资格时间 Sales Qualification-Obtaining Time	注册地 Place of Registration
95	中信证券	证券公司	2002年8月	北京市
96	海通证券	证券公司	2002年10月	上海市
97	申银万国证券	证券公司	2002年10月	上海市
98	西南证券	证券公司	2003年1月	重庆市
99	华龙证券	证券公司	2003年1月	甘肃省
100	大同证券	证券公司	2003年1月	山西省
101	民生证券	证券公司	2003年1月	北京市
102	山西证券	证券公司	2003年1月	山西省
103	长江证券	证券公司	2003年2月	湖北省
104	中信万通证券	证券公司	2003年2月	山东省
105	广州证券	证券公司	2003年2月	广东省
106	兴业证券	证券公司	2003年2月	福建省
107	华泰证券	证券公司	2003年2月	江苏省
108	渤海证券	证券公司	2003年2月	天津市
109	中信证券（浙江）	证券公司	2003年2月	浙江省
110	万联证券	证券公司	2003年2月	广东省
111	国元证券	证券公司	2003年2月	安徽省
112	湘财证券	证券公司	2003年3月	湖南省
113	东吴证券	证券公司	2003年12月	江苏省
114	东方证券	证券公司	2004年4月	上海市
115	光大证券	证券公司	2004年4月	上海市
116	上海证券	证券公司	2004年5月	上海市
117	国联证券	证券公司	2004年6月	江苏省
118	浙商证券	证券公司	2004年6月	浙江省
119	平安证券	证券公司	2004年8月	深圳市
120	华安证券	证券公司	2004年8月	安徽省
121	东北证券	证券公司	2004年7月	吉林省
122	南京证券	证券公司	2004年8月	江苏省
123	长城证券	证券公司	2004年8月	深圳市
124	国海证券	证券公司	2004年9月	广西自治区
125	财富证券	证券公司	2004年9月	湖南省
126	东莞证券	证券公司	2004年9月	广东省
127	中原证券	证券公司	2004年10月	河南省
128	国都证券	证券公司	2004年11月	北京市
129	恒泰证券	证券公司	2004年11月	内蒙古自治区
130	中银国际证券	证券公司	2004年11月	上海市
131	齐鲁证券	证券公司	2004年11月	山东省
132	华西证券	证券公司	2004年11月	四川省
133	国盛证券	证券公司	2004年11月	江西省
134	新时代证券	证券公司	2004年11月	北京市
135	华林证券	证券公司	2004年11月	深圳市
136	中金公司	证券公司	2004年12月	北京市
137	宏源证券	证券公司	2004年12月	新疆自治区
138	华福证券	证券公司	2005年1月	福建省
139	世纪证券	证券公司	2005年2月	深圳市

8-24 续表 3 continued

序号 No.	销售机构名称 Sales Institution Name	销售机构类型 Sales Institution Type	取得销售资格时间 Sales Qualification-Obtaining Time	注册地 Place of Registration
140	德邦证券	证券公司	2005年2月	上海市
141	金元证券	证券公司	2005年4月	深圳市
142	西部证券	证券公司	2005年4月	陕西省
143	东海证券	证券公司	2004年9月	上海市
144	中航证券	证券公司	2005年4月	江西省
145	第一创业证券	证券公司	2005年3月	深圳市
146	中信建投证券	证券公司	2005年12月	北京市
147	财通证券	证券公司	2006年7月	浙江省
148	安信证券	证券公司	2007年4月	深圳市
149	银河证券	证券公司	2007年5月	北京市
150	华鑫证券	证券公司	2008年1月	上海市
151	瑞银证券	证券公司	2008年2月	北京市
152	国金证券	证券公司	2008年3月	四川省
153	中投证券	证券公司	2008年3月	深圳市
154	中山证券	证券公司	2008年3月	深圳市
155	红塔证券	证券公司	2008年3月	云南省
156	日信证券	证券公司	2008年5月	北京市
157	西藏同信证券	证券公司	2008年5月	西藏自治区
158	方正证券	证券公司	2008年6月	湖南省
159	联讯证券	证券公司	2008年6月	广东省
160	天源证券	证券公司	2008年8月	深圳市
161	江海证券	证券公司	2008年8月	黑龙江省
162	银泰证券	证券公司	2008年12月	深圳市
163	民族证券	证券公司	2008年12月	北京市
164	华宝证券	证券公司	2009年1月	上海市
165	厦门证券	证券公司	2009年1月	厦门市
166	爱建证券	证券公司	2009年1月	上海市
167	英大证券	证券公司	2009年3月	深圳市
168	信达证券	证券公司	2009年7月	北京市
169	东兴证券	证券公司	2009年7月	北京市
170	华融证券	证券公司	2009年9月	北京市
171	天风证券	证券公司	2009年11月	湖北省
172	大通证券	证券公司	2009年12月	辽宁省
173	财达证券	证券公司	2009年12月	河北省
174	中天证券	证券公司	2010年1月	辽宁省
175	财富里昂证券	证券公司	2010年2月	上海市
176	五矿证券	证券公司	2010年4月	深圳市
177	高华证券	证券公司	2010年5月	北京市
178	华创证券	证券公司	2010年6月	贵州省
179	恒泰长财证券	证券公司	2010年7月	吉林省
180	万和证券	证券公司	2010年9月	深圳市
181	中邮证券	证券公司	2010年11月	陕西省
182	首创证券	证券公司	2011年2月	北京市

8-24　续表 4　continued

序号 No.	销售机构名称 Sales Institution Name	销售机构类型 Sales Institution Type	取得销售资格时间 Sales Qualification-Obtaining Time	注册地 Place of Registration
183	国开证券	证券公司	2011年5月	北京市
184	太平洋证券	证券公司	2012年11月	云南省
185	开源证券	证券公司	2012年12月	陕西省
186	诚浩证券	证券公司	2013年2月	辽宁省
187	宏信证券	证券公司	2013年6月	四川省
188	中信建投期货有限公司	期货公司	2013年9月	重庆市
189	中国国际期货有限公司	期货公司	2013年11月	北京市
190	天相投资顾问有限公司	证券投资咨询机构	2004年7月	北京市
191	江苏金百临投资咨询有限公司	证券投资咨询机构	2012年5月	江苏省
192	鼎信汇金（北京）投资管理有限公司	证券投资咨询机构	2012年5月	北京市
193	和讯信息科技有限公司	证券投资咨询机构	2012年6月	北京市
194	深圳市新兰德证券投资咨询有限公司	证券投资咨询机构	2012年9月	深圳市
195	厦门市鑫鼎盛控股有限公司	证券投资咨询机构	2013年2月	厦门市
196	诺亚正行（上海）基金销售投资顾问有限公司	独立基金销售机构	2012年2月	上海市
197	深圳众禄基金销售有限公司	独立基金销售机构	2012年2月	深圳市
198	上海天天基金销售有限公司	独立基金销售机构	2012年2月	上海市
199	上海好买基金销售有限公司	独立基金销售机构	2012年2月	上海市
200	杭州数米基金销售有限公司	独立基金销售机构	2012年4月	浙江省
201	上海长量基金销售投资顾问有限公司	独立基金销售机构	2012年4月	上海市
202	浙江同花顺基金销售有限公司	独立基金销售机构	2012年4月	浙江省
203	北京展恒基金销售有限公司	独立基金销售机构	2012年6月	北京市
204	上海利得基金销售有限公司	独立基金销售机构	2012年8月	上海市
205	深圳市前海凤凰财富基金销售有限公司	独立基金销售机构	2012年10月	深圳市
206	中期时代基金销售(北京)有限公司	独立基金销售机构	2012年11月	北京市
207	浙江金观诚财富管理有限公司	独立基金销售机构	2012年12月	浙江省
208	北京创金启富投资管理有限公司	独立基金销售机构	2012年12月	北京市
209	嘉实财富管理有限公司	独立基金销售机构	2012年12月	上海市
210	万银财富（北京）基金销售有限公司	独立基金销售机构	2013年2月	北京市
211	北京中天嘉华基金销售有限公司	独立基金销售机构	2013年2月	北京市
212	北京增财基金销售有限公司	独立基金销售机构	2013年2月	北京市
213	泛华普益基金销售有限公司	独立基金销售机构	2013年2月	四川省
214	宜信普泽投资顾问（北京）有限公司	独立基金销售机构	2013年2月	北京市
215	深圳腾元基金销售有限公司	独立基金销售机构	2013年3月	深圳市
216	上海通华财富资产管理有限公司	独立基金销售机构	2013年6月	上海市
217	北京恒天明泽基金销售有限公司	独立基金销售机构	2013年8月	北京市
218	深圳联合货币基金销售有限公司	独立基金销售机构	2013年9月	深圳市
219	深圳前海汇联基金销售有限公司	独立基金销售机构	2013年9月	深圳市
220	北京晟视天下投资管理有限公司	独立基金销售机构	2013年9月	北京市
221	北京钱景财富投资管理有限公司	独立基金销售机构	2013年11月	北京市
222	北京植信投资管理有限公司	独立基金销售机构	2013年12月	北京市
223	一路财富（北京）信息科技有限公司	独立基金销售机构	2013年12月	北京市

8-25 2013年合格境外机构投资者(QFII)名录
List of QFII in 2013

序号 No.	QFII公司名称 Company Name	取得资格时间 Qualification-obtaining Time	2013年获批额度 (亿美元) Approved Quota in 2013 (100 million USD)	累计批准额度 (亿美元) Cumulative Approved Quota (100 million USD)	基金资产规模 (亿元) Fund Asset Value (100 million yuan)
1	瑞士银行	2003/05/23	0.00	7.90	263.99
2	野村证券株式会社	2003/05/23	0.00	3.50	42.44
3	摩根士丹利国际股份有限公司	2003/06/05	0.00	6.00	156.27
4	花旗环球金融有限公司	2003/06/05	0.00	5.50	116.92
5	高盛公司	2003/07/04	0.00	3.00	72.46
6	德意志银行	2003/07/30	0.00	6.00	113.68
7	香港上海汇丰银行有限公司	2003/08/04	0.00	6.00	111.48
8	荷兰安智银行股份有限公司	2003/09/10	0.00	4.00	60.21
9	摩根大通银行	2003/09/30	0.00	4.00	65.46
10	瑞士信贷(香港)有限公司	2003/10/24	1.00	6.00	130.30
11	渣打银行(香港)有限公司	2003/12/11	0.00	1.75	28.04
12	日兴资产管理有限公司	2003/12/11	0.00	4.50	10.90
13	美林国际	2004/04/30	0.00	5.00	136.31
14	恒生银行有限公司	2004/05/10	0.00	1.50	26.35
15	大和证券资本市场株式会社	2004/05/10	0.00	0.50	9.81
16	比尔及梅林达盖茨信托基金会	2004/07/19	0.00	3.00	57.80
17	景顺资产管理有限公司	2004/08/04	-0.61	2.89	27.98
18	苏格兰皇家银行有限公司	2004/09/02	0.00	1.75	51.77
19	法国兴业银行	2004/09/02	0.00	2.50	17.86
20	巴克莱银行	2004/09/15	0.00	6.00	51.22
21	德国商业银行	2004/09/27	0.00	3.25	20.61
22	富通银行	2004/09/29	0.00	5.00	187.55
23	法国巴黎银行	2004/09/29	1.50	3.50	69.40
24	加拿大鲍尔公司	2004/10/15	0.00	0.50	15.43
25	东方汇理银行	2004/10/15	0.00	0.75	55.16
26	高盛国际资产管理公司	2005/05/09	0.00	5.00	26.14
27	马丁可利投资管理有限公司	2005/10/25	1.50	2.70	44.63
28	新加坡政府投资有限公司	2005/10/25	0.00	10.00	85.21
29	柏瑞投资有限责任公司	2005/11/14	1.50	3.00	19.31
30	淡马锡富敦投资有限公司	2005/11/15	5.00	15.00	91.19
31	JF资产管理有限公司	2005/12/28	1.50	5.25	55.06
32	日本第一生命保险株式会社	2005/12/28	0.00	2.50	26.36
33	星展银行有限公司	2006/02/13	1.00	2.00	21.55
34	安保资本投资有限公司	2006/04/10	0.00	5.00	42.46
35	加拿大丰业银行	2006/04/10	0.00	1.50	18.03
36	比联金融产品英国有限公司	2006/04/10	0.00	0.20	10.21

数据来源：中国证监会
Source: CSRC

8-25　续表 1　continued

序号 No.	QFII公司名称 Company Name	取得资格时间 Qualification-obtaining Time	2013年获批额度（亿美元） Approved Quota in 2013 (100 million USD)	累计批准额度（亿美元） Cumulative Approved Quota (100 million USD)	基金资产规模（亿元） Fund Asset Value (100 million yuan)
37	法国爱德蒙得洛希尔银行	2006/04/10	0.00	2.00	32.29
38	耶鲁大学	2006/04/14	0.00	1.50	47.66
39	摩根士丹利投资管理公司	2006/07/07	0.00	4.50	31.40
40	瀚亚投资（香港）有限公司	2006/07/07	0.50	3.50	21.28
41	斯坦福大学	2006/08/05	-0.20	0.80	13.79
42	通用电气资产管理公司	2006/08/05	0.00	3.00	23.65
43	大华银行有限公司	2006/08/05	0.00	0.50	4.30
44	施罗德投资管理有限公司	2006/08/29	0.00	4.25	30.67
45	汇丰环球投资管理(香港)有限公司	2006/09/05	-0.28	4.22	26.27
46	瑞穗证券株式会社	2006/09/05	0.00	0.50	2.76
47	瑞银环球资产管理(新加坡)有限公司	2006/09/25	0.00	2.50	20.84
48	三井住友资产管理株式会社	2006/09/25	-0.33	3.17	7.75
49	挪威中央银行	2006/10/24	5.00	15.00	103.72
50	百达资产管理有限公司	2006/10/25	0.00	1.00	7.55
51	哥伦比亚大学	2008/03/12	-0.10	0.90	10.85
52	保德信资产运用株式会社	2008/04/07	0.00	0.00	-
53	荷宝基金管理公司	2008/05/05	0.00	2.35	16.11
54	道富环球投资管理亚洲有限公司	2008/05/16	0.00	0.50	2.04
55	铂金投资管理有限公司	2008/06/02	0.00	1.50	10.66
56	比利时联合资产管理有限公司	2008/06/02	0.00	2.10	2.69
57	未来资产基金管理公司	2008/07/25	1.00	3.50	7.43
58	安达国际控股有限公司	2008/08/05	0.00	1.50	11.31
59	魁北克储蓄投资集团	2008/08/22	3.00	5.00	43.92
60	哈佛大学	2008/08/22	0.00	2.00	2.74
61	三星资产运用株式会社	2008/08/25	0.00	4.50	20.79
62	联博有限公司	2008/08/28	0.00	1.50	6.17
63	华侨银行有限公司	2008/08/28	0.00	1.50	10.81
64	首域投资管理(英国)有限公司	2008/09/11	0.00	2.20	17.33
65	大和证券投资信托株式会社	2008/09/11	0.00	2.00	2.82
66	壳牌资产管理有限公司	2008/09/12	0.00	0.00	-
67	普信国际公司	2008/09/12	0.00	1.10	10.25
68	瑞士信贷银行股份有限公司	2008/10/14	0.00	3.00	9.62
69	大华资产管理有限公司	2008/11/28	0.00	0.50	2.51
70	阿布达比投资局	2008/12/03	5.00	10.00	63.79
71	德盛安联资产管理卢森堡	2008/12/16	0.00	2.00	6.02

8-25 续表 2 continued

序号 No.	QFII公司名称 Company Name	取得资格时间 Qualification-obtaining Time	2013年获批额度(亿美元) Approved Quota in 2013 (100 million USD)	累计批准额度(亿美元) Cumulative Approved Quota (100 million USD)	基金资产规模(亿元) Fund Asset Value (100 million yuan)
72	资本国际公司	2008/12/18	0.00	1.00	6.96
73	三菱日联摩根士丹利证券股份有限公司	2008/12/29	0.00	1.00	1.15
74	韩华资产运用株式会社	2009/02/05	0.00	2.38	6.38
75	安石股票投资管理（美国）有限公司	2009/02/10	-0.25	0.25	2.34
76	DWS投资管理有限公司	2009/02/24	0.00	2.00	7.18
77	韩国产业银行	2009/04/23	-0.10	1.40	5.03
78	韩国友利银行股份有限公司	2009/05/04	0.00	0.50	2.96
79	马来西亚国家银行	2009/05/19	6.00	10.00	66.41
80	罗祖儒投资管理(香港)有限公司	2009/05/27	0.00	0.50	1.33
81	邓普顿投资顾问有限公司	2009/06/05	0.00	3.00	20.62
82	东亚联丰投资管理有限公司	2009/06/18	0.00	1.00	2.32
83	三井住友信托银行股份有限公司	2009/06/26	0.00	0.50	0.97
84	韩国投资信托运用株式会社	2009/07/21	0.00	2.00	10.71
85	霸菱资产管理有限公司	2009/08/06	0.00	2.00	3.86
86	安石投资管理有限公司	2009/09/14	0.00	3.50	7.86
87	纽约梅隆资产管理国际有限公司	2009/11/06	0.00	1.50	1.56
88	宏利资产管理(香港)有限公司	2009/11/20	0.00	3.00	13.85
89	野村资产管理株式会社	2009/11/23	0.00	3.50	9.46
90	东洋资产运用（株）	2009/12/11	0.00	0.70	2.17
91	加拿大皇家银行	2009/12/23	0.00	1.00	5.73
92	英杰华投资集团全球服务有限公司	2009/12/28	0.00	1.00	5.58
93	常青藤资产管理公司	2010/02/08	0.00	1.00	5.64
94	达以安资产管理公司	2010/04/20	0.00	1.00	1.19
95	法国欧菲资产管理公司	2010/05/21	0.00	1.50	5.50
96	安本亚洲资产管理公司	2010/07/06	0.00	2.00	12.26
97	KB资产运用	2010/08/09	0.00	2.00	9.40
98	富达基金(香港)有限公司	2010/09/01	0.00	3.00	19.54
99	美盛投资（欧洲）有限公司	2010/10/08	1.00	2.00	4.66
100	香港金融管理局	2010/10/27	5.00	15.00	94.25
101	富邦证券投资信托股份有限公司	2010/10/29	0.00	2.50	15.49
102	群益证券投资信托股份有限公司	2010/10/29	0.00	1.00	7.38
103	蒙特利尔银行投资公司	2010/12/06	0.00	1.00	-
104	瑞士宝盛银行	2010/12/14	0.00	1.00	5.51
105	科提比资产运用株式会社	2010/12/28	0.00	1.00	1.39
106	领先资产管理	2011/02/16	0.00	1.00	1.44

8-25　续表 3　continued

序号 No.	QFII公司名称 Company Name	取得资格时间 Qualification-obtaining Time	2013年获批额度（亿美元） Approved Quota in 2013 (100 million USD)	累计批准额度（亿美元） Cumulative Approved Quota (100 million USD)	基金资产规模（亿元） Fund Asset Value (100 million yuan)
107	元大宝来证券投资信托股份有限公司	2011/03/04	1.00	2.00	11.04
108	忠利保险有限公司	2011/03/18	0.00	1.00	7.24
109	西班牙对外银行有限公司	2011/05/06	0.00	1.00	3.31
110	国泰证券投资信托股份有限公司	2011/06/09	1.50	2.50	17.20
111	复华证券投资信托股份有限公司	2011/06/09	1.00	2.00	9.77
112	亢简资产管理公司	2011/06/24	0.00	1.00	4.42
113	东方汇理资产管理香港有限公司	2011/07/14	0.00	1.00	1.59
114	贝莱德机构信托公司	2011/07/14	0.00	1.00	7.40
115	GMO有限责任公司	2011/08/09	0.00	1.00	4.96
116	新加坡金融管理局	2011/10/08	0.00	1.00	6.77
117	中国人寿保险股份有限公司（台湾）	2011/10/26	1.50	2.50	14.17
118	新光人寿保险股份有限公司	2011/10/26	0.00	1.00	6.48
119	普林斯顿大学	2011/11/25	1.00	1.50	11.15
120	新光投信株式会社	2011/11/25	0.00	1.00	2.11
121	加拿大年金计划投资委员会	2011/12/09	0.00	6.00	39.64
122	泛达公司	2011/12/09	0.00	1.00	-
123	瀚博环球投资公司	2011/12/13	1.00	1.00	-
124	安耐德合伙人有限公司	2011/12/13	0.00	1.50	9.30
125	泰国银行	2011/12/16	0.00	3.00	19.56
126	科威特政府投资局	2011/12/21	7.00	10.00	68.72
127	北美信托环球投资公司	2011/12/21	0.00	1.00	-
128	台湾人寿保险股份有限公司	2011/12/21	1.00	2.00	12.53
129	韩国银行	2011/12/21	0.00	3.00	20.01
130	安大略省教师养老金计划委员会	2011/12/22	2.00	3.00	19.43
131	韩国投资公司	2011/12/28	2.00	4.00	25.87
132	罗素投资爱尔兰有限公司	2011/12/28	0.00	1.00	7.53
133	迈世勒资产管理有限责任公司	2011/12/31	0.00	2.00	7.94
134	华宜资产运用有限公司	2011/12/31	0.00	1.00	2.04
135	新韩法国巴黎资产运用株式会社	2012/01/05	0.00	1.00	4.34
136	家庭医生退休基金	2012/01/05	0.00	0.60	4.53
137	国民年金公团（韩国）	2012/01/05	3.00	4.00	8.02
138	三商美邦人寿保险股份有限公司	2012/01/30	0.00	0.50	3.25
139	保德信证券投资信托股份有限公司	2012/01/31	0.00	0.70	5.22
140	信安环球投资有限公司	2012/01/31	0.00	1.50	7.61
141	医院管理局公积金计划	2012/01/31	0.00	1.00	7.31

8-25 续表 4 continued

序号 No.	QFII公司名称 Company Name	取得资格时间 Qualification-obtaining Time	2013年获批额度（亿美元） Approved Quota in 2013 (100 million USD)	累计批准额度（亿美元） Cumulative Approved Quota (100 million USD)	基金资产规模（亿元） Fund Asset Value (100 million yuan)
142	全球人寿保险股份有限公司	2012/02/03	0.00	1.50	9.56
143	大众信托基金有限公司	2012/02/03	0.60	0.60	3.69
144	明治安田资产管理有限公司	2012/02/27	0.00	0.00	-
145	国泰人寿保险股份有限公司	2012/02/28	1.50	3.00	21.19
146	三井住友银行株式会社	2012/02/28	0.00	1.00	5.25
147	富邦人寿保险股份有限公司	2012/03/01	1.50	3.00	16.59
148	友邦保险有限公司	2012/03/05	0.00	1.50	10.56
149	纽伯格伯曼欧洲有限公司	2012/03/05	0.00	1.00	7.85
150	马来西亚国库控股公司	2012/03/07	0.00	2.50	16.35
151	资金研究与管理公司	2012/03/09	0.00	1.00	6.23
152	日本东京海上资产管理株式会社	2012/03/14	0.00	0.00	-
153	韩亚大投证券株式会社	2012/03/29	1.00	1.00	1.85
154	兴元资产管理有限公司	2012/03/30	2.00	2.00	16.05
155	伦敦市投资管理有限公司	2012/03/30	1.00	2.00	7.60
156	摩根资产管理(英国)有限公司	2012/03/30	0.00	0.00	-
157	冈三资产管理股份有限公司	2012/03/30	0.00	0.50	1.60
158	预知投资管理公司	2012/04/18	0.00	0.50	2.87
159	东部资产运用株式会社	2012/04/20	0.70	0.70	1.29
160	骏利资产管理有限公司	2012/04/20	0.00	1.00	1.80
161	瑞穗投信投资顾问有限公司	2012/04/26	0.00	1.00	1.58
162	瀚森全球投资有限公司	2012/04/28	0.50	0.50	1.52
163	欧利盛资产管理有限公司	2012/05/02	1.00	1.00	3.12
164	中银国际英国保诚资产管理有限公司	2012/05/03	0.00	1.50	6.04
165	富敦资金管理有限公司	2012/05/04	0.00	2.50	15.39
166	利安资金管理公司	2012/05/07	0.50	0.50	2.98
167	忠利基金管理有限公司	2012/05/23	1.00	1.00	6.14
168	威廉博莱公司	2012/05/24	0.00	1.00	7.12
169	天达资产管理有限公司	2012/05/28	0.00	0.00	-
170	安智投资管理亚太（香港）有限公司	2012/06/04	0.00	1.50	-
171	三菱日联资产管理公司	2012/06/04	0.00	0.00	-
172	中银集团人寿保险有限公司	2012/07/12	0.00	2.00	4.07
173	霍尔资本有限公司	2012/08/06	1.00	1.00	6.13
174	得克萨斯大学体系董事会	2012/08/06	0.00	1.00	8.05
175	南山人寿保险股份有限公司	2012/08/06	0.00	2.00	12.29
176	SUVA瑞士国家工伤保险机构	2012/08/13	0.00	3.00	19.43

8-25　续表 5　continued

序号 No.	QFII公司名称 Company Name	取得资格时间 Qualification-obtaining Time	2013年获批额度（亿美元） Approved Quota in 2013 (100 million USD)	累计批准额度（亿美元） Cumulative Approved Quota (100 million USD)	基金资产规模（亿元） Fund Asset Value (100 million yuan)
177	不列颠哥伦比亚省投资管理公司	2012/08/17	1.00	1.00	6.69
178	惠理基金管理香港有限公司	2012/08/21	0.00	1.00	6.87
179	安大略退休金管理委员会	2012/08/29	0.00	1.50	9.19
180	教会养老基金	2012/08/31	0.00	0.50	3.36
181	麦格理银行有限公司	2012/09/04	0.00	2.00	11.38
182	瑞典第二国家养老金	2012/09/20	2.00	2.00	12.18
183	海通资产管理（香港）有限公司	2012/09/20	0.00	1.00	6.29
184	IDG资本管理（香港）有限公司	2012/09/20	0.60	0.60	3.71
185	杜克大学	2012/09/24	0.00	0.50	3.30
186	卡塔尔控股有限责任公司	2012/09/25	0.00	10.00	60.51
187	瑞士盈丰银行股份有限公司	2012/09/26	1.00	1.00	4.66
188	海拓投资管理公司	2012/10/26	1.00	1.00	-
189	奥博医疗顾问有限公司	2012/10/26	0.50	0.50	3.23
190	新思路投资有限公司	2012/10/26	0.50	0.50	2.71
191	贝莱德资产管理北亚有限公司	2012/10/26	1.00	1.00	6.22
192	摩根证券投资信托股份有限公司	2012/11/05	1.50	1.50	6.67
193	全球保险集团美国投资管理有限公司	2012/11/05	1.00	1.00	5.95
194	鼎晖投资咨询新加坡有限公司	2012/11/07	2.00	2.00	12.62
195	瑞典北欧斯安银行有限公司	2012/11/12	1.00	1.00	-
196	嘉实国际资产管理有限公司	2012/11/12	1.00	1.00	1.21
197	灰石投资管理有限公司	2012/11/21	0.00	0.00	-
198	统一证券投资信托股份有限公司	2012/11/21	0.50	0.50	3.54
199	大和住银投信投资顾问株式会社	2012/11/19	0.00	0.00	-
200	毕盛资产管理有限公司	2012/11/27	3.00	3.00	20.04
201	中信证券国际投资管理（香港）有限公司	2012/12/11	1.00	1.00	8.09
202	太平洋投资策略有限公司	2012/12/11	1.00	1.00	-
203	易方达资产管理（香港）有限公司	2012/12/11	1.00	1.00	5.04
204	高瓴资本管理有限公司	2012/12/11	3.00	3.00	21.39
205	永丰证券投资信托股份有限公司	2012/12/13	1.00	1.00	4.87
206	华夏基金（香港）有限公司	2012/12/25	1.00	1.00	6.05
207	宜思投资管理有限责任公司	2013/01/07	1.00	1.00	2.42
208	第一金证券投资信托股份有限公司	2013/01/24	0.50	0.50	3.21
209	太平洋投资管理公司亚洲私营有限公司	2013/01/24	0.00	0.00	-
210	瑞银环球资产管理（香港）有限公司	2013/01/24	1.00	1.00	6.01
211	南方东英资产管理有限公司	2013/01/31	1.00	1.00	4.06

8-25 续表 6 continued

序号 No.	QFII公司名称 Company Name	取得资格时间 Qualification-obtaining Time	2013年获批额度（亿美元） Approved Quota in 2013 (100 million USD)	累计批准额度（亿美元） Cumulative Approved Quota (100 million USD)	基金资产规模（亿元） Fund Asset Value (100 million yuan)
212	EJS投资管理有限公司	2013/01/31	0.50	0.50	3.04
213	国泰君安资产管理（亚洲）有限公司	2013/02/21	1.00	1.00	-
214	泰康资产管理（香港）有限公司	2013/02/22	1.00	1.00	6.36
215	招商证券资产管理（香港）有限公司	2013/02/22	1.00	1.00	6.53
216	现代证券株式会社	2013/03/22	0.00	0.00	-
217	工银亚洲投资管理有限公司	2013/03/25	1.00	1.00	1.46
218	亚洲资本再保险集团私人有限公司	2013/04/11	1.00	1.00	-
219	AZ基金管理股份有限公司	2013/04/11	1.00	1.00	1.18
220	台新证券投资信托股份有限公司	2013/04/27	0.50	0.50	-
221	海富通资产管理（香港）有限公司	2013/05/07	0.00	0.00	-
222	汇丰中华证券投资信托股份有限公司	2013/05/10	1.00	1.00	5.48
223	太平资产管理（香港）有限公司	2013/05/15	0.00	0.00	-
224	中国国际金融香港资产管理有限公司	2013/05/16	1.00	1.00	6.18
225	中国光大资产管理有限公司	2013/05/30	1.00	1.00	-
226	博时基金（国际）有限公司	2013/06/04	1.00	1.00	-
227	兆丰国际证券投资信托股份有限公司	2013/06/04	0.00	0.00	-
228	法国巴黎投资管理亚洲有限公司	2013/06/19	0.00	0.00	-
229	圣母大学	2013/06/19	0.50	0.50	3.27
230	纽堡亚洲	2013/07/15	1.00	1.00	-
231	华南永昌证券投资信托股份有限公司	2013/07/15	0.00	0.00	-
232	景林资产管理香港有限公司	2013/07/15	1.00	1.00	-
233	中国信托人寿保险股份有限公司	2013/08/20	1.00	1.00	-
234	凯思博投资管理（香港）有限公司	2013/08/20	1.00	1.00	-
235	富邦产物保险股份有限公司	2013/08/26	0.50	0.50	-
236	欧特咨询有限公司	2013/08/26	1.00	1.00	-
237	盛树投资管理有限公司	2013/08/26	0.80	0.80	-
238	广发国际资产管理有限公司	2013/09/26	0.00	0.00	-
239	梅奥诊所	2013/09/29	0.75	0.75	-
240	国信证券（香港）资产管理有限公司	2013/09/29	0.00	0.00	-
241	新加坡科技资产管理有限公司	2013/10/18	0.00	0.00	-
242	政府养老基金（泰国）	2013/10/24	1.00	1.00	-
243	狮诚控股国际私人有限公司	2013/10/30	0.00	0.00	-
244	CSAM资产管理有限公司	2013/10/30	1.00	1.00	-
245	中国人寿富兰克林资产管理有限公司	2013/10/30	0.00	0.00	-
246	福特基金会	2013/10/31	0.00	0.00	-
247	瑞银韩亚资产运用株式会社	2013/10/31	0.00	0.00	-
248	国泰世华商业银行股份有限公司	2013/11/07	1.00	1.00	-
249	立陶宛银行	2013/11/23	0.00	0.00	-
250	富兰克林华美证券投资信托股份有限公司	2013/11/23	0.00	0.00	-
251	中国信托商业银行股份有限公司	2013/11/23	0.00	0.00	-

8-26 2013年人民币合格境外机构投资者(RQFII)名录
List of RQFII in 2013

序号 NO.	RQFII公司名称 Company Name	取得资格时间 Qualification-obtaining Time	2013年获批额度(亿元) Approved Quota in 2013 (100 million yuan)	累计批准额度(亿元) Cumulative Approved Quota (100 million yuan)	基金资产规模(亿元) Fund Asset Value (100 million yuan)
1	南方东英资产管理有限公司	2011/12/21	140.00	301.00	221.55
2	易方达资产管理(香港)有限公司	2011/12/21	88.00	207.00	83.40
3	嘉实国际资产管理有限公司	2011/12/21	51.50	112.50	46.95
4	华夏基金(香港)有限公司	2011/12/21	68.00	218.00	108.21
5	大成国际资产管理有限公司	2011/12/21	8.00	19.00	2.19
6	汇添富资产管理(香港)有限公司	2011/12/21	20.00	31.00	4.57
7	博时基金(国际)有限公司	2011/12/21	55.00	66.00	20.75
8	海富通资产管理(香港)有限公司	2011/12/21	18.00	29.00	10.64
9	华安资产管理(香港)有限公司	2011/12/21	28.00	39.00	0.35
10	申银万国(香港)有限公司	2011/12/22	15.00	24.00	6.81
11	安信国际金融控股有限公司	2011/12/22	5.00	14.00	3.31
12	中国国际金融(香港)有限公司	2011/12/22	8.00	17.00	8.28
13	国信证券(香港)金融控股有限公司	2011/12/22	8.00	17.00	0.46
14	光大证券金融控股有限公司	2011/12/22	18.00	27.00	9.65
15	华泰金融控股(香港)有限公司	2011/12/22	14.50	19.50	9.47
16	国泰君安金融控股有限公司	2011/12/22	24.00	33.00	6.52
17	海通国际控股有限公司	2011/12/22	48.00	57.00	26.49
18	广发控股(香港)有限公司	2011/12/22	8.00	17.00	3.94
19	招商证券国际有限公司	2011/12/22	8.00	17.00	5.11
20	中信证券国际有限公司	2011/12/22	0.00	9.00	3.48
21	国元证券(香港)有限公司	2011/12/22	10.00	15.00	4.70
22	工银瑞信资产管理(国际)有限公司	2012/08/07	0.00	8.00	1.34
23	广发国际资产管理有限公司	2012/08/07	16.00	24.00	-
24	上投摩根资产管理(香港)有限公司	2012/10/26	0.00	8.00	0.70
25	国投瑞银资产管理(香港)有限公司	2012/12/17	8.00	8.00	-
26	富国资产管理(香港)有限公司	2012/12/17	18.00	18.00	4.76
27	诺安基金(香港)有限公司	2013/02/22	5.00	5.00	-
28	泰康资产管理(香港)有限公司	2013/03/14	24.00	24.00	-
29	建银国际资产管理有限公司	2013/03/25	8.00	8.00	8.00
30	兴证(香港)金融控股有限公司	2013/04/26	5.00	5.00	-
31	中国人寿富兰克林资产管理有限公司	2013/05/15	10.00	10.00	-
32	农银国际资产管理有限公司	2013/05/15	18.00	18.00	14.83

8-26 续表 continued

序号 No.	RQFII公司名称 Company Name	取得资格时间 Qualification-obtaining Time	2013年获批额度（亿元） Approved Quota in 2013 (100 million yuan)	累计批准额度（亿元） Cumulative Approved Quota (100 million yuan)	基金资产规模（亿元） Fund Asset Value (100 million yuan)
33	中投证券(香港)金融控股有限公司	2013/05/17	8.00	8.00	-
34	东方金融控股(香港)有限公司	2013/05/24	5.00	5.00	-
35	工银亚洲投资管理有限公司	2013/06/04	8.00	8.00	-
36	恒生投资管理有限公司	2013/06/04	10.00	10.00	3.74
37	太平资产管理(香港)有限公司	2013/06/19	8.00	8.00	-
38	中银香港资产管理有限公司	2013/07/15	8.00	8.00	-
39	南华资产管理(香港)有限公司	2013/07/15	5.00	5.00	-
40	长江证券控股(香港)有限公司	2013/07/15	2.00	2.00	-
41	中国平安资产管理(香港)有限公司	2013/07/19	10.00	10.00	-
42	信达国际资产管理有限公司	2013/07/19	8.00	8.00	0.30
43	丰收投资管理(香港)有限公司	2013/07/19	8.00	8.00	-
44	汇丰环球投资管理(香港)有限公司	2013/07/19	8.00	8.00	-
45	东亚银行有限公司	2013/08/15	10.00	10.00	-
46	永丰金资产管理(亚洲)有限公司	2013/08/15	5.00	5.00	-
47	交银国际资产管理有限公司	2013/08/20	8.00	8.00	-
48	中国东方国际资产管理有限公司	2013/08/20	10.00	10.00	-
49	惠理基金管理香港有限公司	2013/08/20	8.00	8.00	-
50	柏瑞投资香港有限公司	2013/09/26	8.00	8.00	-
51	创兴银行有限公司	2013/09/26	0.00	0.00	-
52	香港沪光国际投资管理有限公司	2013/10/30	0.00	0.00	-
53	中国光大资产管理有限公司	2013/10/30	0.00	0.00	-
54	中信建投(国际)金融控股有限公司	2013/10/30	8.00	8.00	-
55	JF资产管理有限公司	2013/10/30	0.00	0.00	-
56	未来资产环球投资(香港)有限公司	2013/10/30	5.00	5.00	-
57	粤海证券有限公司	2013/12/06	0.00	0.00	-
58	安石投资管理有限公司	2013/12/17	0.00	0.00	-
59	瑞银环球资产管理(香港)有限公司	2013/12/19	0.00	0.00	-
60	永隆资产管理有限公司	2013/12/30	0.00	0.00	-

数据来源：中国证监会
Source: CSRC

8-27　2013年期货公司名录
List of Futures Companies in 2013

序号 No.	公司名称 Company Name	注册资本（亿元） Registered Capital (100 million yuan)	注册地 Place of Registration	成立时间 Established Time	从业人员数量（个） Number of Practitioner (unit)	2013年分类评级 Category Rating for 2013	是否具有以下业务资格: Business Qualification Available 金融期货经纪业务资格 Qualification for Financial Futures Brokerage Business	期货投资咨询业务资格 Qualification for Futures Investment Consulting Business	资产管理业务资格 Qualification for Asset Management Business
1	光大期货有限公司	6.00	上海	1993/04/08	460	A	是	是	是
2	东吴期货有限公司	2.00	上海	1993/03/18	243	BB	是	是	否
3	上海浙石期货经纪有限公司	2.00	上海	1995/05/19	47	B	是	否	否
4	海证期货有限公司	1.60	上海	1995/12/14	146	CC	是	是	否
5	上海普民期货经纪有限公司	0.30	上海	1995/07/10	16	D	否	否	否
6	新湖期货有限公司	2.25	上海	1995/10/23	477	BBB	是	是	是
7	上海东证期货有限公司	5.00	上海	1995/12/08	298	A	是	是	是
8	东航期货有限责任公司	1.00	上海	1995/02/21	85	BB	是	是	否
9	国投中谷期货有限公司	3.00	上海	1993/04/23	170	A	是	是	是
10	上海通联期货有限公司	1.25	上海	1995/10/30	36	B	是	否	否
11	上海东亚期货有限公司	1.00	上海	1993/04/17	81	BB	是	是	否
12	海通期货有限公司	10.00	上海	1993/03/18	596	A	是	是	是
13	上海中期期货有限公司	2.00	上海	1995/09/19	271	BBB	是	是	否
14	中信新际期货有限公司	2.00	上海	1993/10/30	101	BBB	是	是	否
15	国信期货有限责任公司	6.00	上海	1995/05/04	290	A	是	是	是
16	上海良茂期货经纪有限公司	1.00	上海	1993/04/26	179	CCC	是	否	否
17	申银万国期货有限公司	7.76	上海	1993/01/07	361	A	是	是	是
18	恒泰期货有限公司	1.00	上海	1992/12/20	100	CCC	是	是	否
19	上海大陆期货有限公司	1.50	上海	1993/04/21	211	B	是	是	否
20	上海中财期货有限公司	1.90	上海	1995/02/25	273	B	是	是	否
21	国泰君安期货有限公司	7.00	上海	2000/04/06	363	AA	是	是	是
22	天鸿期货经纪有限公司	0.80	上海	1996/06/13	61	C	是	否	否
23	上海东方期货经纪有限责任公司	0.30	上海	1993/04/14	21	CCC	否	否	否
24	上海金源期货有限公司	1.00	上海	1992/11/30	103	BB	是	否	否
25	同信久恒期货有限责任公司	0.80	上海	1995/05/15	48	C	是	否	否
26	华闻期货经纪有限公司	1.00	上海	1995/07/31	80	CC	是	否	否
27	东兴期货有限责任公司	3.18	上海	1995/10/23	99	B	是	是	否
28	华鑫期货有限公司	2.00	上海	1992/12/23	128	B	是	是	否
29	深圳金汇期货经纪有限公司	1.60	深圳	1993/03/19	71	CC	是	否	否
30	乾坤期货有限公司	1.50	深圳	1993/11/05	29	CC	是	否	否
31	广东鸿海期货有限公司	0.50	深圳	1995/01/03	79	C	是	否	否
32	深圳瑞龙期货有限公司	1.00	深圳	1993/03/26	57	CC	是	否	否
33	海航东银期货有限公司	5.00	深圳	1993/02/22	199	B	是	是	是

数据来源：中国证监会
Source: CSRC

8-27 续表 1 continued

序号 No.	公司名称 Company Name	注册资本（亿元） Registered Capital (100 million yuan)	注册地 Place of Registration	成立时间 Established Time	从业人员数量（个） Number of Practitioner (unit)	2013年分类评级 Category Rating for 2013	是否具有以下业务资格: Business Qualification Available 金融期货经纪业务资格 Qualification for Financial Futures Brokerage Business	期货投资咨询业务资格 Qualification for Futures Investment Consulting Business	资产管理业务资格 Qualification for Asset Management Business
34	中投天琪期货有限公司	3.00	深圳	1996/03/01	250	BBB	是	否	否
35	中航期货经纪有限公司	2.60	深圳	1993/04/07	83	C	是	否	否
36	五矿期货有限公司	10.00	深圳	1993/04/21	192	BBB	是	否	否
37	神华期货经纪有限公司	0.50	深圳	1995/01/06	106	CC	是	否	否
38	金瑞期货有限公司	5.13	深圳	1996/03/18	257	A	是	否	否
39	平安期货有限公司	1.20	深圳	1996/04/10	73	CCC	是	否	否
40	招商期货有限公司	4.00	深圳	1993/01/04	115	A	是	是	是
41	中信期货有限公司	15.00	深圳	1993/03/30	674	AA	是	是	是
42	大地期货有限公司	2.40	浙江	1995/09/05	223	B	是	是	是
43	南华期货股份有限公司	5.10	浙江	1996/05/28	1002	A	是	是	是
44	宝城期货有限责任公司	1.20	浙江	1993/03/27	314	BB	是	是	否
45	盛达期货有限公司	0.50	浙江	2003/07/07	85	BB	是	否	否
46	永安期货股份有限公司	8.60	浙江	1992/09/07	879	AA	是	是	是
47	大越期货有限公司	1.00	浙江	1995/09/14	149	BB	是	是	否
48	信达期货有限公司	3.00	浙江	1995/10/05	319	BBB	是	是	否
49	国海良时期货有限公司	2.00	浙江	1996/05/22	332	BBB	是	是	否
50	浙江新世纪期货有限公司	1.50	浙江	1993/09/18	192	BB	是	是	否
51	浙商期货有限公司	5.00	浙江	1995/09/07	451	A	是	是	是
52	浙江中大期货有限公司	3.60	浙江	1993/09/18	437	BBB	是	是	是
53	新纪元期货有限公司	1.08	江苏	1995/03/15	165	BB	是	是	否
54	弘业期货股份有限公司	6.80	江苏	1995/07/31	682	A	是	是	是
55	江苏东华期货有限公司	0.50	江苏	1993/10/19	126	CC	是	否	否
56	南证期货有限责任公司	1.26	江苏	1995/05/18	175	B	是	是	否
57	东海期货有限责任公司	5.00	江苏	1993/04/18	417	BBB	是	是	是
58	锦泰期货有限公司	5.07	江苏	1995/09/28	295	B	是	是	否
59	国联期货有限责任公司	2.00	江苏	1993/04/30	375	BBB	是	是	否
60	道通期货经纪有限公司	1.50	江苏	1995/09/10	101	B	是	是	否
61	创元期货有限公司	1.20	江苏	1995/02/25	141	CC	是	是	否
62	文峰期货有限公司	1.00	江苏	1995/07/07	73	CC	是	是	否
63	安粮期货有限公司	1.00	安徽	1996/07/09	176	CC	是	否	否
64	徽商期货有限责任公司	1.00	安徽	1996/02/14	288	BB	是	是	否
65	华安期货有限责任公司	2.00	安徽	1995/05/15	204	BB	是	是	否
66	中粮期货有限公司	8.46	北京	1996/03/01	341	A	是	是	是

8-27　续表 2　continued

序号 No.	公司名称 Company Name	注册资本（亿元） Registered Capital (100 million yuan)	注册地 Place of Registration	成立时间 Established Time	从业人员数量（个） Number of Practitioner (unit)	2013年分类评级 Category Rating for 2013	是否具有以下业务资格: Business Qualification Available 金融期货经纪业务资格 Qualification for Financial Futures Brokerage Business	期货投资咨询业务资格 Qualification for Futures Investment Consulting Business	资产管理业务资格 Qualification for Asset Management Business
67	宏源期货有限公司	5.50	北京	1995/05/02	299	BBB	是	是	是
68	北京中期期货有限公司	3.40	北京	2005/08/09	325	BBB	是	是	否
69	国都期货有限公司	2.00	北京	1992/09/24	164	CCC	是	是	否
70	银建期货经纪有限责任公司	1.06	北京	1997/01/16	119	CC	是	否	否
71	安信期货有限责任公司	2.86	北京	2003/07/10	155	BB	是	是	否
72	北京首创期货有限责任公司	1.50	北京	1996/01/12	304	BB	是	是	否
73	金鹏期货经纪有限公司	1.01	北京	1991/05/15	144	C	是	是	否
74	经易期货经纪有限公司	2.00	北京	1993/05/15	171	BBB	是	是	否
75	冠通期货有限公司	1.00	北京	1996/12/03	263	BB	是	是	否
76	中国国际期货有限公司	17.00	北京	1995/10/30	776	AA	是	是	是
77	国元期货有限公司	2.00	北京	1996/04/17	139	CCC	是	是	否
78	第一创业期货有限责任公司	1.20	北京	1993/03/31	50	CCC	是	否	否
79	京都期货有限公司	1.00	北京	1993/03/06	40	CC	是	否	否
80	中钢期货有限公司	2.80	北京	1996/07/10	128	BBB	是	是	否
81	格林大华期货有限公司	5.80	北京	1993/02/28	293	BBB	是	是	否
82	中衍期货有限公司	1.35	北京	1996/03/29	112	B	是	是	否
83	华海期货有限公司	0.50	北京	1993/04/18	55	C	是	否	否
84	英大期货有限公司	3.50	北京	1996/04/17	216	BB	是	是	否
85	民生期货有限公司	1.00	北京	1996/01/29	186	CCC	是	是	否
86	银河期货有限公司	12.00	北京	2006/12/25	718	A	是	是	是
87	大连良运期货经纪有限公司	1.00	大连	1996/03/21	125	C	是	是	否
88	天风期货有限公司	1.30	大连	1996/03/29	139	C	是	是	否
89	国富期货有限公司	0.65	大连	1992/12/16	44	CC	是	否	否
90	渤海期货有限公司	1.50	大连	1996/01/12	207	CC	是	否	否
91	华龙期货有限公司	1.09	甘肃	1992/11/12	69	B	是	是	否
92	华南期货经纪有限公司	0.50	广东	1993/12/31	17	D	否	否	否
93	广永期货有限公司	1.50	广东	2003/06/13	164	C	是	是	否
94	摩根大通期货有限公司	4.60	广东	1996/05/27	29	BBB	是	否	否
95	华泰长城期货有限公司	6.00	广东	1994/03/28	582	AA	是	是	是
96	广州期货有限公司	1.28	广东	2003/08/22	179	CCC	是	是	否
97	江南期货经纪有限公司	0.30	广东	1993/04/08	73	CC	是	否	否
98	集成期货有限公司	0.65	广东	1996/04/10	127	C	是	否	否
99	广发期货有限公司	11.00	广东	1993/03/23	453	A	是	是	是

8-27 续表 3 continued

序号 No.	公司名称 Company Name	注册资本（亿元） Registered Capital (100 million yuan)	注册地 Place of Registration	成立时间 Established Time	从业人员数量（个） Number of Practitioner (unit)	2013年分类评级 Category Rating for 2013	是否具有以下业务资格: Business Qualification Available 金融期货经纪业务资格 Qualification for Financial Futures Brokerage Business	期货投资咨询业务资格 Qualification for Futures Investment Consulting Business	资产管理业务资格 Qualification for Asset Management Business
100	新晟期货有限公司	1.20	广东	1996/01/18	161	CC	是	否	否
101	华联期货有限公司	1.00	广东	1993/04/10	158	B	是	是	否
102	华融期货有限责任公司	3.20	海南	1993/09/22	45	CCC	是	否	否
103	中银国际期货有限责任公司	1.50	海南	2008/01/21	89	CC	是	否	否
104	金元期货经纪有限公司	1.50	海南	1991/12/03	135	B	是	是	否
105	海南金海岸期货经纪有限公司	0.30	海南	1995/09/20	24	D	否	否	否
106	河北恒银期货经纪有限公司	0.58	河北	1999/09/21	103	CC	是	否	否
107	中原期货有限公司	1.10	河南	1993/04/18	175	CCC	是	否	否
108	万达期货股份有限公司	5.06	河南	1993/04/08	377	A	是	是	是
109	大通期货经纪有限公司	0.30	黑龙江	1996/03/01	60	CC	是	否	否
110	黑龙江时代期货经纪有限公司	0.30	黑龙江	1996/02/12	27	CC	否	否	否
111	美尔雅期货经纪有限公司	0.60	湖北	1995/05/15	347	BB	是	否	否
112	长江期货有限公司	3.10	湖北	1996/07/24	386	A	是	否	否
113	金信期货有限公司	1.00	湖南	1995/10/23	152	CC	是	否	否
114	德盛期货有限公司	1.00	湖南	2005/08/01	234	B	是	否	否
115	大有期货有限公司	1.50	湖南	2002/07/28	208	B	是	是	否
116	方正期货有限公司	2.00	湖南	1993/02/26	351	A	是	否	否
117	天富期货有限公司	1.50	吉林	1996/04/17	111	CC	是	是	否
118	东方汇金期货有限公司	1.30	吉林	2004/12/28	153	CCC	是	否	否
119	中融汇信期货有限公司	2.00	吉林	1995/12/14	110	B	是	是	否
120	江西瑞奇期货经纪有限公司	0.56	江西	1993/04/10	135	C	是	否	否
121	江信国盛期货有限责任公司	0.53	辽宁	1999/01/29	35	CC	是	否	否
122	江海汇鑫期货有限公司	1.00	辽宁	1995/05/02	147	CCC	是	否	否
123	宁波杉立期货经纪有限公司	1.00	宁波	1993/03/22	87	CCC	是	是	否
124	财富期货有限公司	2.00	青海	2004/07/22	43	B	是	否	否
125	中州期货有限公司	1.00	山东	1995/09/21	135	CCC	是	是	否
126	招金期货有限公司	1.00	山东	1993/04/09	134	CCC	是	是	否
127	鲁证期货股份有限公司	7.50	山东	1995/06/05	489	A	是	是	是
128	山西三立期货经纪有限公司	0.35	山西	1993/12/20	104	CC	是	否	否
129	中辉期货经纪有限公司	0.62	山西	1993/12/04	302	BB	是	否	否
130	晟鑫期货经纪有限公司	0.90	山西	1995/11/22	117	C	否	否	否
131	和合期货经纪有限公司	0.30	山西	1993/04/22	63	CC	是	否	否
132	迈科期货经纪有限公司	1.45	陕西	1993/12/20	167	BBB	是	否	否

8-27　续表 4　continued

序号 No.	公司名称 Company Name	注册资本（亿元） Registered Capital (100 million yuan)	注册地 Place of Registration	成立时间 Established Time	从业人员数量（个） Number of Practitioner (unit)	2013年分类评级 Category Rating for 2013	是否具有以下业务资格: Business Qualification Available 金融期货经纪业务资格 Qualification for Financial Futures Brokerage Business	期货投资咨询业务资格 Qualification for Futures Investment Consulting Business	资产管理业务资格 Qualification for Asset Management Business
133	西部期货有限公司	1.50	陕西	1993/03/29	108	C	是	否	否
134	长安期货有限公司	2.00	陕西	1993/04/06	94	B	是	是	否
135	华西期货有限责任公司	2.00	四川	1993/03/20	103	B	是	是	否
136	国金期货有限责任公司	1.50	四川	1993/07/28	177	B	是	是	否
137	成都倍特期货经纪有限公司	2.00	四川	1993/02/08	229	BB	是	否	否
138	财达期货有限公司	1.00	天津	1996/03/01	64	CC	是	否	否
139	津投期货经纪有限公司	0.85	天津	2004/05/31	48	CC	否	否	否
140	和融期货经纪有限责任公司	0.85	天津	2001/04/24	44	CC	是	否	否
141	金谷期货有限公司	0.80	天津	1995/06/26	29	CC	是	否	否
142	一德期货有限公司	1.65	天津	1995/07/10	273	BB	是	是	否
143	象屿期货有限责任公司	1.00	天津	1992/11/24	73	CCC	是	是	否
144	瑞达期货股份有限公司	3.00	厦门	1993/03/24	539	A	是	是	是
145	国贸期货经纪有限公司	5.00	厦门	1995/12/07	342	B	是	是	是
146	金石期货有限公司	0.66	新疆	1995/03/31	148	CC	是	否	否
147	新疆天利期货经纪有限公司	0.30	新疆	1993/05/29	49	C	是	否	否
148	红塔期货有限责任公司	1.01	云南	1993/04/13	102	B	是	是	否
149	云晨期货有限责任公司	1.10	云南	2002/03/07	66	B	是	否	否
150	西南期货经纪有限公司	0.50	重庆	1995/06/26	44	C	是	否	否
151	中电投先融期货有限公司	1.00	重庆	1995/08/23	101	CC	是	是	否
152	中信建投期货有限公司	3.90	重庆	1993/03/16	386	BBB	是	是	是
153	华创期货有限责任公司	1.00	重庆	1995/08/23	77	CC	是	否	否
154	金友期货经纪有限责任公司	1.00	福建	1995/05/18	175	CC	是	是	否
155	鑫鼎盛期货有限公司	0.70	福建	1995/10/04	89	CC	是	否	否
156	兴证期货有限公司	3.30	福建	1995/12/14	317	BBB	是	否	否

8-28　2013年证券投资咨询机构名录
List of Securities Investment Consulting Institutions in 2013

序号 No.	机构名称 Company Name	注册地 Place of Registration
1	北京首证投资顾问有限公司	北京
2	北京中富金石咨询有限公司	北京
3	北京盛世华商投资咨询有限公司	北京
4	鼎信汇金（北京）投资管理有限公司	北京
5	北京金美林投资顾问有限公司	北京
6	北京京放投资管理顾问有限责任公司	北京
7	天一星辰（北京）科技有限公司	北京
8	北京中和应泰财务顾问有限公司	北京
9	天相投资顾问有限公司	北京
10	北京中资北方投资顾问有限公司	北京
11	北京博星投资顾问有限公司	北京
12	北京和众汇富咨询有限公司	北京
13	北京东方高圣投资顾问有限公司	北京
14	北京海问咨询有限公司	北京
15	和讯信息科技有限公司	北京
16	北京中方信富投资管理咨询有限公司	北京
17	北京指南针科技发展股份有限公司	北京
18	北京股商证券投资顾问有限公司	北京
19	四川省钱坤证券投资咨询有限公司	四川
20	四川大决策证券投资顾问有限公司	四川
21	成都汇阳投资顾问有限公司	四川
22	山东神光咨询服务有限责任公司	山东
23	山东英大投资顾问有限责任公司	山东
24	陕西巨丰投资资讯有限责任公司	陕西
25	黑龙江省容维投资顾问有限责任公司	黑龙江
26	联合信用投资咨询有限公司	天津
27	沈阳麟龙投资顾问有限公司	辽宁
28	辽宁弘历投资咨询有限公司	辽宁
29	大连华讯投资咨询有限公司	大连
30	大连北部资产经营有限公司	大连
31	上海凯石证券投资咨询有限公司	上海
32	上海中广信息传播咨询有限公司	上海
33	上海森洋投资咨询有限公司	上海
34	上海亚商投资顾问有限公司	上海
35	上海世基投资顾问有限公司	上海
36	上海申银万国证券研究所有限公司	上海
37	上海东方财富证券研究所有限公司	上海
38	上海证券通投资资讯科技有限公司	上海
39	上海金汇信息系统有限公司	上海
40	上海荣正投资咨询有限公司	上海
41	上海证联投资咨询服务有限责任公司	上海
42	上海涌金理财顾问有限公司	上海
43	上海证券之星综合研究有限公司	上海
44	上海大智慧股份有限公司	上海
45	上海新资源证券咨询有限公司	上海
46	上海益盟软件技术股份有限公司	上海

数据来源：中国证监会
Source: CSRC

8-28　续表　continued

序号 No.	机构名称 Company Name	注册地 Place of Registration
47	上海迈步投资管理有限公司	上海
48	上海新兰德证券投资咨询顾问有限公司	上海
49	上海海能证券投资顾问有限公司	上海
50	海南港澳资讯产业股份有限公司	海南
51	江苏天鼎投资咨询有限公司	江苏
52	江苏金百临投资咨询有限公司	江苏
53	厦门市鑫鼎盛控股有限公司	厦门
54	厦门高能投资咨询有限公司	厦门
55	厦门市新汇通投资咨询有限公司	厦门
56	厦门金相投资咨询有限公司	厦门
57	浙江同花顺云软件有限公司	浙江
58	杭州顶点财经网络传媒有限公司	浙江
59	宁波海顺投资咨询有限公司	宁波
60	重庆东金投资顾问有限公司	重庆
61	广州越声理财咨询有限公司	广东
62	广州市万隆证券咨询顾问有限公司	广东
63	广东科德投资顾问有限公司	广东
64	广州汇正财经顾问有限公司	广东
65	广州广证恒生证券投资咨询有限公司	广东
66	广东博众证券投资咨询有限公司	广东
67	深圳大德汇富咨询顾问有限公司	深圳
68	深圳市尊悦证券投资顾问有限公司	深圳
69	深圳市怀新企业投资顾问有限公司	深圳
70	深圳市中证投资资讯有限公司	深圳
71	深圳市新兰德证券投资咨询有限公司	深圳
72	深圳市国诚投资咨询有限公司	深圳
73	深圳市珞珈投资咨询有限公司	深圳
74	深圳市智多盈投资顾问有限公司	深圳
75	深圳市启富证券投资顾问有限公司	深圳
76	深圳君银证券投资咨询顾问有限公司	深圳
77	河南九鼎德盛投资顾问有限公司	河南
78	云南产业投资管理有限公司	云南
79	安徽大时代投资咨询有限公司	安徽
80	安徽华安新兴证券投资咨询有限责任公司	安徽
81	青岛市大摩投资咨询有限公司	青岛
82	河北源达证券投资咨询有限公司	河北
83	福建天信投资咨询顾问有限公司	福建
84	福建中讯证券研究有限责任公司	福建
85	湖南金证投资咨询顾问有限公司	湖南
86	湖南巨景证券投资顾问有限公司	湖南

8-29 2013年外资证券经营机构驻华代表处名录
List of Chinese Representative Offices of Foreign Securities Institutions in 2013

序号 No.	机构名称 Company Name	所在地 Location
1	野村证券株式会社	上海
2	野村证券株式会社	北京
3	法国巴黎资本（亚洲）有限公司	上海
4	法国巴黎资本（亚洲）有限公司	北京
5	美林国际有限公司	上海
6	美林国际有限公司	北京
7	里昂证券有限公司	上海
8	里昂证券有限公司	北京
9	里昂证券有限公司	深圳
10	摩根士丹利亚洲有限公司	上海
11	摩根士丹利亚洲有限公司	北京
12	高盛（中国）有限责任公司	上海
13	高盛（中国）有限责任公司	北京
14	巴克莱证券有限公司	上海
15	友利投资证券公司	上海
16	瑞银证券亚洲有限公司	上海
17	瑞银证券亚洲有限公司	北京
18	群益国际控股有限公司	上海
19	元大宝来证券股份有限公司	上海
20	元大宝来证券股份有限公司	北京
21	现代证券公司	上海
22	元富证券(香港)有限公司	上海
23	元富证券(香港)有限公司	深圳
24	元富证券(香港)有限公司	厦门
25	新鸿基投资服务有限公司	上海
26	新鸿基投资服务有限公司	深圳
27	新鸿基投资服务有限公司	广州
28	新鸿基投资服务有限公司	南京
29	星展唯高达香港有限公司	上海
30	永丰金证券（亚洲）有限公司	上海
31	日盛嘉富证券国际有限公司	上海
32	星展亚洲融资有限公司	上海
33	星展亚洲融资有限公司	北京
34	兆丰资本（亚洲）有限公司	上海
35	兆丰资本（亚洲）有限公司	北京
36	兆丰资本（亚洲）有限公司	深圳
37	花旗环球金融亚洲有限公司	上海
38	凯基证券亚洲有限公司	上海
39	凯基证券亚洲有限公司	深圳
40	洛希尔中国控股有限公司	上海
41	洛希尔中国控股有限公司	北京
42	海通国际证券有限公司	上海
43	统一证券（香港）有限公司	上海

数据来源：中国证监会
Source: CSRC

8-29　续表 1　continued

序号 No.	机构名称 Company Name	所在地 Location
44	三星证券公司	上海
45	三星证券公司	北京
46	大华证券（香港）有限公司	上海
47	香港上海汇丰银行有限公司	上海
48	香港上海汇丰银行有限公司	北京
49	韩华投资证券股份有限公司	上海
50	内藤证券公司	上海
51	摩根大通证券（亚太）有限公司	上海
52	摩根大通证券（亚太）有限公司	北京
53	法国兴业证券(香港)有限公司	上海
54	卓亚（企业融资）有限公司	上海
55	富达基金（香港）有限公司	上海
56	富达基金（香港）有限公司	北京
57	大和投资管理(香港)有限公司	上海
58	瑞士信贷（香港）有限公司	上海
59	瑞士信贷（香港）有限公司	北京
60	三井住友资产管理股份有限公司	上海
61	瑞穗证券股份有限公司	上海
62	瑞穗证券股份有限公司	北京
63	富邦综合证券股份有限公司	上海
64	富邦综合证券股份有限公司	北京
65	富邦综合证券股份有限公司	厦门
66	德意志银行股份有限公司	上海
67	德意志银行股份有限公司	北京
68	渣打证券（香港）有限公司	上海
69	渣打证券（香港）有限公司	北京
70	富瑞金融集团	上海
71	冈三证券股份有限公司	上海
72	马丁可利投资管理有限公司	上海
73	威廉-博莱有限责任公司	上海
74	施罗德集团	上海
75	施罗德集团	北京
76	麦格理证券（澳大利亚）股份有限公司	上海
77	荷宝基金管理公司	上海
78	致富证券有限公司	上海
79	致富证券有限公司	北京
80	致富证券有限公司	深圳
81	未来资产迈普斯资产运用株式会社	上海
82	东洋证券股份有限公司	上海
83	大信证券股份有限公司	上海
84	益华证券有限公司	上海
85	新韩金融投资股份有限公司	上海
86	东京海上国际资产管理有限公司	上海

8-29 续表 2 continued

序号 No.	机构名称 Company Name	所在地 Location
87	安本亚洲资产管理有限公司	上海
88	蓝泽证券股份有限公司	上海
89	爱思开证券股份有限公司	上海
90	科提比资产运用株式会社	上海
91	道富环球投资管理亚洲有限公司	上海
92	大和住银投信投资顾问株式会社	上海
93	联昌证券有限公司	上海
94	盈透证券有限公司	上海
95	华南永昌综合证券股份有限公司	上海
96	华南永昌综合证券股份有限公司	北京
97	利安资金管理公司	上海
98	韩国投资信托运用株式会社	上海
99	华宜资产运用株式会社	上海
100	大宇证券股份有限公司	上海
101	大宇证券股份有限公司	北京
102	第一金和昇证券有限公司	上海
103	复华证券投资信托股份有限公司	上海
104	博大证券有限公司	上海
105	元大宝来证券投资信托股份有限公司	上海
106	野村投资管理香港有限公司	上海
107	元大证券（香港）有限公司	上海
108	韦仕投资银行集团有限合伙公司	上海
109	英杰华投资集团全球服务有限公司	上海
110	德盛安联资产管理香港有限公司	上海
111	花旗环球金融中国有限公司	北京
112	大和证券株式会社	北京
113	三菱日联证券控股股份有限公司	北京
114	中银国际控股有限公司	北京
115	汇富金融服务有限公司	北京
116	京华山一国际（香港）有限公司	北京
117	国浩资本有限公司	北京
118	新百利有限公司	北京
119	香港第一上海融资有限公司	北京
120	蒙特利尔银行利时证券公司	北京
121	未来资产证券株式会社	北京
122	三井住友信托银行股份有限公司	北京
123	加皇投资理财有限公司	北京
124	交银国际控股有限公司	北京
125	城市信贷投资银行有限公司	北京
126	加拿大帝国商业银行世界市场公司	北京
127	现汽投资证券股份有限公司	北京
128	布朗兄弟哈里曼（香港）有限公司	北京

8-29 续表 3 continued

序号 No.	机构名称 Company Name	所在地 Location
129	太平洋顶峰证券有限公司	北京
130	摩乃科斯证券股份有限公司	北京
131	韩亚大投证券株式会社	北京
132	宏富投资管理有限公司	北京
133	先锋投资管理公司	北京
134	邓普顿国际股份有限公司	北京
135	信安环球投资有限公司	北京
136	标准人寿投资公司	北京
137	法国巴黎资产管理有限公司	北京
138	东方汇理基金管理公司	北京
139	景顺投资管理有限公司	北京
140	摩根资产管理有限公司	北京
141	威灵顿环球投资管理有限公司	北京
142	富敦资金管理公司	北京
143	安智投资管理亚太(香港)有限公司	北京
144	贝莱德资产管理北亚有限公司	北京
145	法盛全球资产管理公司	北京
146	罗素投资集团有限公司	北京
147	摩根士丹利投资管理公司	北京
148	桥水投资公司	北京
149	安盛投资管理巴黎公司	北京
150	百能投资管理有限公司	北京
151	英仕曼投资（香港）有限公司	北京
152	飞腾投资公司	北京
153	宝来证券股份有限公司	北京
154	恒生投资管理有限公司	深圳
155	富昌证券有限公司	深圳
156	元大宝来证券(香港)有限公司	深圳
157	统一综合证券股份有限公司	厦门
158	结好证券有限公司	宁波
159	华富嘉洛证券有限公司	沈阳

主要统计指标解释

证券公司家数 指统计期末已获得中国证监会颁发经营证券业务许可证的证券公司数量合计。证券公司家数以获得经营证券业务许可证为标准，已办理机构注销的证券公司从统计中剔除。

证券公司分公司家数 指统计期末经中国证监会批准，依法设立的从事证券业务的证券公司分公司数量合计。

证券公司营业部家数 指统计期末经中国证监会批准，依法设立的从事证券业务的营业网点数量合计。证券营业部家数以获得经营证券业务许可证为标准，已办理机构注销的证券营业部从统计中剔除。

期货公司家数 指统计期末经中国证监会批准，并获得中国证监会颁发经营期货业务许可证的期货公司数量合计。期货公司家数以获得经营期货业务许可证为标准，已办理机构注销的期货公司从统计中剔除。

期货公司营业部家数 指统计期末经中国证监会批准，依法设立的从事期货业务的营业网点数量合计。期货营业部家数以获得经营期货业务许可证为标准，已办理机构注销的期货营业部从统计中剔除。

基金管理公司家数 指统计期末经中国证监会批准，并获得基金管理资格证书的基金管理公司的数量合计。基金管理公司家数以获得基金管理资格证书为标准，已办理取消基金管理资格证书的基金管理公司从统计中剔除。

基金管理公司子公司家数 指统计期末经中国证监会批准，依法设立的从事基金管理业务的基金管理公司子公司数量合计。

证券投资咨询机构家数 指统计期末取得中国证监会业务许可的证券投资咨询机构的数量合计。指为证券投资人或者客户提供证券投资分析、预测或者建议等直接或者间接有偿咨询服务的机构的数量合计。

总资产 指统计期末证券期货经营机构全部资产总额合计。

净资产 指统计期末证券期货经营机构净资产合计。

净资本 指统计期末证券公司和期货公司净资本金额的合计。

营业收入 指统计期内证券期货经营机构营业收入金额合计。包括手续费及佣金净收入、受托客户资产管理业务净收入、利息净收入、投资收益、公允价值变动收益、汇兑净收益及其他业务收入等。

利润总额 指统计期内证券期货经营机构利润总额的合计。

净利润 指统计期内证券期货经营机构净利润的合计。

风险资本准备总额 指统计期末全部证券公司风险资本准备的合计。

代理买卖证券业务净收入 指统计期内证券公司代理投资者进行证券买卖的金额合计。代理买卖证券总额包含证券公司出租交易单元上所发生的证券买卖金额。

资产管理业务规模 指统计期末证券公司、基金管理公司和期货公司提供专业资产管理服务的资产金额合计，一般按公允价值计算。

期货公司客户权益总额 指统计期末由期货公司代理进行期货交易的客户的资产总额合计，包括被合约占用的保证金以及未被合约占用的可用资金。

就业人员数量 指统计期末在证券公司、基金管理公司和期货公司工作的人员数量合计。

贰 零 壹 肆

附 录

Appendix

贰 零 壹 肆

附录1-1 世界主要国家的证券化率

	2012		2013	
	GDP(十亿美元)	证券化率	GDP(十亿美元)	证券化率
中国	8227.10	44.34%	9396.65	42.03%
美国	15684.80	114.92%	16799.70	143.07%
日本	5959.72	63.49%	4542.84	99.85%
英国	2435.17	134.81%	2671.61	165.96%
法国	2612.88	105.70%	2830.68	126.30%
德国	3399.59	42.28%	3763.10	51.32%
俄罗斯	2014.77	40.52%	2039.63	37.94%
印度	1841.72	69.08%	1757.22	64.74%
巴西	2252.66	57.22%	2049.28	49.76%
南非	384.31	245.35%	322.88	291.69%
韩国	1129.60	91.67%	1353.51	91.22%

注：1.计算证券化率所使用股市市值数据来自世界交易所联合会,即该经济体的世界交易所联合会会员交易所国内股市市值之和；

2.计算证券化率的GDP使用的是各国统计局公布的GDP。

3.2012年GDP数据来源于世界银行，2013年采用的是各国统计局公布的GDP，并以2013年12月31日的汇率折算为美元。

数据来源：世界银行、世界交易所联合会

Source: WORLDBANK、WFE

附录1-2 世界主要交易所业务量排名表

中文名称	英文名称	2012				2013			
		市值		成交金额		市值		成交金额	
		交易所市值(百万美元)	排名	成交金额(百万美元)	排名	交易所市值(百万美元)	排名	成交金额(百万美元)	排名
纽约证券交易所	NYSE Euronext (US)	14085944.10	1	13442719.60	1	17949883.80	1	13700450.50	1
纳斯达克证券交易所	NASDAQ OMX	4582389.10	2	9784206.20	2	6084969.70	2	9584742.20	2
日本交易所集团	Japan Exchange Group	3478831.50	3	3463094.80	3	4543169.10	3	6304927.50	3
伦敦证券交易所	London SE Group	3396504.90	4	2194257.50	6	4428975.00	4	2233372.90	6
泛欧证券交易所	NYSE Euronext (Europe)	2832188.50	5	1576120.70	7	3583899.70	5	1661878.30	7
香港证券交易所	Hong Kong Exchanges	2831945.90	6	1106068.50	11	3100777.20	6	1323373.30	10
上海证券交易所	Shanghai SE	2547203.80	7	2598805.40	4	2496989.90	7	3731128.90	5
多伦多证券交易所集团	TMX Group	2058838.70	8	1357293.00	9	2113821.80	8	1371477.70	8
法兰克福证券交易所	Deutsche Börse	1486314.80	9	1275949.40	10	1936106.30	9	1334544.90	9
瑞士证券交易所	SIX Swiss Exchange	1233438.90	13	585204.90	17	1540699.80	10	676957.70	15
深圳证券交易所	Shenzhen SE	1150172.30	16	2369079.60	5	1452153.60	11	3858509.00	4
澳大利亚证券交易所	Australian SE	1386874.00	10	935987.50	12	1365958.10	12	881555.60	13
OMX交易所	NASDAQ OMX Nordic Exchange	995719.20	17	586971.20	16	1269213.90	13	625831.80	16
韩国证券交易所	Korea Exchange	1179419.50	15	1517896.90	8	1234548.50	14	1284599.30	11
孟买证券交易所	BSE India	1263335.50	11	110345.90	29	1138834.00	15	84548.60	31
西班牙马德里交易所	BME Spanish Exchanges	995088.50	18	851827.60	14	1116561.00	16	893572.50	12
印度国家证券交易所	National Stock Exchange India	1234492.00	12	526162.70	18	1112952.30	17	478958.70	18
巴西交易所	BM&FBOVESPA	1227447.00	14	875417.50	13	1020455.30	18	810596.00	14
约翰内斯堡证券交易所(南非)	Johannesburg SE	907723.20	19	335909.70	22	942812.10	19	343295.50	22
台湾证券交易所	Taiwan SE Corp.	735292.60	22	678514.50	15	822707.40	20	623950.40	17

注：1.各交易所市值为国内市值，包括各自国内公司在该交易所的上市股票市值、外国公司(还在其他交易所上市)在该交易所上市股票市值及外国公司(仅在该交易所上市)的所有股份(包括不在该交易所上市部分)市值；

2.此表样本选用2013年末股票市值全球排名前20位的交易所，包含一家非WFE会员的交易所，为伦敦证券交易所，成交金额排名时考虑其他交易所；

3.成交金额仅指Electronic order book的成交金额，伦敦证券交易所成交金额为Electronic Turnover Domestic和Electronic Turnover foreign的合计。

数据来源：世界交易所联合会

Source: WFE

附录1-3 世界主要经济体资本市场业务量排名表

名称	所属区域	2012				2013			
		市值		成交金额		市值		成交金额	
		市值(百万美元)	排名	成交金额(百万美元)	排名	市值(百万美元)	排名	成交金额(百万美元)	排名
美国	美洲	18668333.21	1	23226925.81	1	24034853.50	1	23285192.70	1
日本	亚洲	3478831.52	3	3463094.79	3	4543169.10	2	6304927.50	3
英国	欧洲	3396504.93	4	2194257.44	4	4428975.32	3	2233372.90	4
中国	亚洲	3697376.04	2	4967884.96	2	3949143.50	4	7589638.00	2
法国	欧洲	2832188.53	5	1576120.69	5	3583899.70	5	1661878.30	5
香港	亚洲	2831945.86	6	1106068.49	9	3100777.20	6	1323373.30	8
加拿大	美洲	2058838.69	7	1357293.03	7	2113821.80	7	1371477.70	6
德国	欧洲	1486314.81	8	1275949.37	8	1936106.30	8	1334544.90	7
瑞士	欧洲	1233438.94	11	585204.91	15	1540699.80	9	676957.70	13
澳大利亚	亚洲	1386873.96	9	935987.51	10	1365958.10	10	881555.60	11
瑞典	欧洲	995719.17	14	586971.24	14	1269213.90	11	625831.80	14
韩国	亚洲	1179419.47	13	1517896.93	6	1234548.50	12	1284599.30	9
印度	亚洲	1263335.50	10	110345.89	25	1138834.00	13	84548.60	27
西班牙	欧洲	995088.45	15	851827.60	12	1116561.00	14	893572.50	10
巴西	美洲	1227447.02	12	875417.55	11	1020455.30	15	810596.00	12
南非	非洲	907723.20	16	335909.68	19	942812.10	16	343295.50	19
台湾	亚洲	735292.57	19	678514.52	13	822707.40	17	623950.40	15
俄罗斯	欧洲	825340.47	17	337110.70	18	770656.60	18	242002.00	21
新加坡	亚洲	765077.96	18	256055.92	20	744413.20	19	280926.00	20
墨西哥	美洲	525056.68	20	126138.98	23	526015.60	20	177355.80	22

注：1.各主要经济体市值为所在地在各经济体的会员交易所国内市值合计；

2.此表样本选用2013年末股票市值全球排名前20位的交易所，包含一家非WFE会员的交易所，为伦敦证券交易所，成交金额排名时考虑其他交易所；

3.法国市值为泛欧交易所市值，包含法国、荷兰、比利时、葡萄牙四个国家的市值，因为无法单独提取，所以使用泛欧交易所市值作为法国市值进行计算，法国实际市值应为泛欧交易所市值60%左右；

4.由于印度国家证券交易所和孟买证券交易所市值存在重复统计,因此,按照世界交易所联合会只将孟买证券交易所市值作为印度市值。(成交和筹资相应只计算孟买交易所)

5.由于大阪证券交易所和东京证券交易所市值存在重复统计,因此,按照世界交易所联合会只将东京证券交易所市值作为日本市值。(成交和筹资相应只取东京交易所)

6.成交金额仅指Electronic order book的成交金额，伦敦证券交易所成交金额为Electronic Turnover Domestic和Electronic Turnover Domestic的合计。

数据来源：世界交易所联合会
Source: WFE

附录1-4　世界期货及期权市场前30大交易所排名表

中文名称	英文名称	2012		2013	
		名次	期货和期权成交量(手)	名次	期货和期权成交量(手)
芝加哥商业交易所集团	CME Group	1	2890036506	1	3161476638
洲际交易所	IntercontinentalExchange	12	473895526	2	2807970132
欧洲期权与期货交易所	Eurex	2	2291465606	3	2190548148
印度国家证券交易所	National Stock Exchange of India	3	2010493487	4	2135637457
巴西期货交易所-圣保罗证券交易所	BM&FBovespa	6	1635957604	5	1603600651
芝加哥期权交易所集团	CBOE Holdings	7	1134316703	6	1187642669
纳斯达克OMX集团	Nasdaq OMX	8	1115529138	7	1142955206
莫斯科交易所	Moscow Exchange	9	1061835904	8	1134477258
韩国交易所	Korea Exchange	5	1835617727	9	820664621
印度多种商品交易所	Multi Commodity Exchange of India	10	959613240	10	794001650
大连商品交易所	Dalian Commodity Exchange	11	633042976	11	700500777
上海期货交易所	Shanghai Futures Exchange	13	365329379	12	642473980
郑州商品交易所	Zhengzhou Commodity Exchange	14	347091533	13	525299023
日本交易所集团	Japan Exchange Group	-	-	14	366145920
香港交易所	Hong Kong Exchanges and Clearing	23	119802638	15	301128507
澳大利亚证券交易所	ASX Group	15	259966030	16	261790908
孟买证券交易所	BSE（Bombay Stock Exchange ）	16	243757257	17	254845929
南非约翰内斯堡证券交易所	JSE South Africa	20	158996880	18	254514098
中国金融期货交易所	China Financial Futures Exchange	24	105061825	19	193549311
加拿大TMX集团	TMX Group	17	209352769	20	155753473
台湾期货交易所	Taiwan Futures Exchange	21	156731912	21	153225238
BATS交易所	BATS Exchange	22	130624660	22	151814889
新加坡交易所	Singapore Exchange	25	80548318	23	112077267
东京金融交易所	Tokyo Financial Exchange	29	66925893	24	65527790
特拉维夫证券交易所	Tel-Aviv Stock Exchange	27	67179795	25	60514431
阿根廷金融期货期权交易所	MEFF	28	67176529	26	54694502
伊斯坦布尔证券交易所	Borsa Istanbul	-	-	27	53172365
罗萨里奥期货交易所	Rosario Futures Exchange	-	-	28	51176700
伦敦证券交易所集团	London Stock Exchange Group	26	68584760	29	50384211
印度联合证券交易所	United Stock Exchange of India	-	-	30	44931092

注：1.排名不包括未向FIA报告交易数据的交易所；

2.此表样本选用2013年期货和期权成交量全球排名前30位的交易所，但在2012年排名时考虑其他交易所；

3.FIA每年仅披露排名前30位的交易所，故当年新上榜交易所前一年排名不可查；

4.东京证券交易所与大阪证券交易所合并为日本交易所集团，洲际交易所集团收购纽约泛欧交易所。

数据来源：美国期货业协会

Source: FIA

附录1-5 上市公司名录

序号	公司全称	股票代码	股票简称	行业分类
1	平安银行股份有限公司	000001	平安银行	金融业
2	万科企业股份有限公司	000002	万科A	房地产业
3	深圳中国农大科技股份有限公司	000004	国农科技	制造业
4	深圳世纪星源股份有限公司	000005	世纪星源	房地产业
5	深圳市振业(集团)股份有限公司	000006	深振业A	房地产业
6	深圳市零七股份有限公司	000007	零七股份	住宿和餐饮业
7	广东宝利来投资股份有限公司	000008	宝利来	住宿和餐饮业
8	中国宝安集团股份有限公司	000009	中国宝安	综合
9	北京深华新股份有限公司	000010	深华新	制造业
10	深圳市物业发展(集团)股份有限公司	000011	深物业A	房地产业
11	中国南玻集团股份有限公司	000012	南玻A	制造业
12	沙河实业股份有限公司	000014	沙河股份	房地产业
13	康佳集团股份有限公司	000016	深康佳A	制造业
14	深圳中华自行车(集团)股份有限公司	000017	*ST中华A	制造业
15	深圳中冠纺织印染股份有限公司	000018	中冠A	制造业
16	深圳市深宝实业股份有限公司	000019	深深宝A	制造业
17	深圳中恒华发股份有限公司	000020	深华发A	制造业
18	深圳长城开发科技股份有限公司	000021	长城开发	制造业
19	深圳赤湾港航股份有限公司	000022	深赤湾A	交通运输、仓储和邮政业
20	深圳市天地(集团)股份有限公司	000023	深天地A	制造业
21	招商局地产控股股份有限公司	000024	招商地产	房地产业
22	深圳市特力(集团)股份有限公司	000025	特力A	批发和零售业
23	飞亚达(集团)股份有限公司	000026	飞亚达A	批发和零售业
24	深圳能源集团股份有限公司	000027	深圳能源	电力、热力、燃气及水生产和供应业
25	国药集团一致药业股份有限公司	000028	国药一致	批发和零售业
26	深圳经济特区房地产(集团)股份有限公司	000029	深深房A	房地产业
27	富奥汽车零部件股份有限公司	000030	富奥股份	制造业
28	中粮地产(集团)股份有限公司	000031	中粮地产	房地产业
29	深圳市桑达实业股份有限公司	000032	深桑达A	制造业
30	深圳新都酒店股份有限公司	000033	新都酒店	住宿和餐饮业
31	深圳市深信泰丰(集团)股份有限公司	000034	深信泰丰	综合
32	中国科健股份有限公司	000035	*ST科健	制造业
33	华联控股股份有限公司	000036	华联控股	房地产业
34	深圳南山热电股份有限公司	000037	深南电A	电力、热力、燃气及水生产和供应业
35	深圳大通实业股份有限公司	000038	深大通	房地产业
36	中国国际海运集装箱(集团)股份有限公司	000039	中集集团	制造业
37	宝安鸿基地产集团股份有限公司	000040	宝安地产	房地产业
38	深圳市中洲投资控股股份有限公司	000042	中洲控股	房地产业
39	中航地产股份有限公司	000043	中航地产	房地产业
40	深圳市纺织(集团)股份有限公司	000045	深纺织A	批发和零售业
41	泛海建设集团股份有限公司	000046	泛海建设	房地产业
42	深圳市康达尔(集团)股份有限公司	000048	康达尔	制造业
43	深圳市德赛电池科技股份有限公司	000049	德赛电池	制造业
44	天马微电子股份有限公司	000050	深天马A	制造业
45	方大集团股份有限公司	000055	方大集团	制造业
46	深圳市国际企业股份有限公司	000056	深国商	房地产业
47	深圳赛格股份有限公司	000058	深赛格	租赁和商务服务业
48	北方华锦化学工业股份有限公司	000059	华锦股份	制造业
49	深圳市中金岭南有色金属股份有限公司	000060	中金岭南	制造业
50	深圳市农产品股份有限公司	000061	农产品	租赁和商务服务业
51	深圳华强实业股份有限公司	000062	深圳华强	租赁和商务服务业

注：同时发A、B股公司所用股票代码和简称均为其A股股票代码和简称。
数据来源：上海证券交易所、深圳证券交易所
Source:SSE、SZSE

股本总数(股)	第一大股东名称	第一大股东持股数量(股)	所占比重(%)	上市地点
8197360665	中国平安保险(集团)股份有限公司-集团本级-自有资金	4779077016	50.20	深圳
11014968919	华润股份有限公司	1619094766	14.70	深圳
83976684	深圳中农大科技投资有限公司	21914667	26.10	深圳
914333607	中国投资有限公司	184240445	20.15	深圳
1349995046	深圳市人民政府国有资产监督管理委员会	274203150	20.31	深圳
230965363	广州博融投资有限公司	40206226	17.41	深圳
303601640	深圳市宝安宝利来实业有限公司	190393186	62.71	深圳
1254363108	深圳市富安控股有限公司	154824936	12.34	深圳
588069788	深圳五岳乾坤投资有限公司	176360000	29.99	深圳
595979092	深圳市建设投资控股公司	323791299	54.33	深圳
2075335560	中国北方工业公司	75167934	3.62	深圳
201705187	深业沙河(集团)有限公司	64591422	32.02	深圳
1203972704	华侨城集团公司	228754783	19.00	深圳
551347947	深圳市国晟能源投资发展有限公司	58452964	10.60	深圳
169142356	华联控股股份有限公司	43141032	25.51	深圳
250900154	深圳市农产品股份有限公司	47895097	19.09	深圳
283161227	武汉中恒新科技产业集团有限公司	116489894	41.14	深圳
1471259363	长城科技股份有限公司	654839851	44.51	深圳
644763730	中国南山开发(集团)股份有限公司	209687067	32.52	深圳
138756240	深圳市东部开发(集团)有限公司	41805801	30.13	深圳
1717300503	招商局蛇口工业区有限公司	693419317	40.38	深圳
220281600	深圳市特发集团有限公司	145870560	66.22	深圳
392767870	中航国际控股股份有限公司	162977327	41.49	深圳
2642994398	深圳市国资委	1264000517	47.82	深圳
288149400	国药控股股份有限公司	110459748	38.33	深圳
1011660000	深圳市投资控股有限公司	642884262	63.55	深圳
1298695140	中国第一汽车集团公司	315710981	24.31	深圳
1813731596	中粮集团有限公司	918665014	50.65	深圳
232864320	深圳桑达电子集团有限公司	97849865	42.02	深圳
329402050	深圳市瀚明投资有限公司	45551000	13.83	深圳
357973531	中国希格玛有限公司	78306968	21.88	深圳
188953707	中国信达资产管理股份有限公司	12584996	6.66	深圳
1123887712	华联发展集团有限公司	352049301	31.32	深圳
602762596	深圳广聚实业有限公司	100769712	16.72	深圳
96227998	青岛亚星实业有限公司	43101098	44.79	深圳
2662396051	香港中央结算(代理人)有限公司	1430470309	53.73	深圳
469593364	中国宝安集团控股有限公司	92962319	19.80	深圳
239463040	深圳市中洲房地产有限公司	68217403	28.49	深圳
666961416	中航国际控股股份有限公司	149087820	22.35	深圳
506521849	深圳市投资控股有限公司	234069436	46.21	深圳
4557311768	中国泛海控股集团有限公司	3357159952	73.67	深圳
390768671	深圳市华超投资集团有限公司	102998857	26.36	深圳
136829159	惠州市德赛工业发展有限公司	62498026	45.68	深圳
574237500	中航国际控股股份有限公司	261976786	45.62	深圳
756909905	深圳市邦林科技发展有限公司	68774273	9.09	深圳
220901184	百利亚太投资有限公司	30264192	13.70	深圳
784799010	深圳市赛格集团有限公司	237359666	30.25	深圳
1200506367	北方华锦化学工业集团有限公司	613930000	51.14	深圳
2062940880	广东省广晟资产经营有限公司	654593573	31.73	深圳
1696964131	深圳市人民政府国有资产监督管理委员会	412456687	24.31	深圳
666949797	深圳华强集团有限公司	499977800	74.96	深圳

附录1-5 续表 1

序号	公司全称	股票代码	股票简称	行业分类
52	中兴通讯股份有限公司	000063	中兴通讯	制造业
53	北方国际合作股份有限公司	000065	北方国际	建筑业
54	中国长城计算机深圳股份有限公司	000066	长城电脑	制造业
55	深圳华控赛格股份有限公司	000068	华控赛格	制造业
56	深圳华侨城股份有限公司	000069	华侨城A	水利、环境和公共设施管理业
57	深圳市特发信息股份有限公司	000070	特发信息	制造业
58	深圳市海王生物工程股份有限公司	000078	海王生物	批发和零售业
59	深圳市盐田港股份有限公司	000088	盐田港	交通运输、仓储和邮政业
60	深圳市机场股份有限公司	000089	深圳机场	交通运输、仓储和邮政业
61	深圳市天健(集团)股份有限公司	000090	深天健	建筑业
62	深圳市广聚能源股份有限公司	000096	广聚能源	批发和零售业
63	中信海洋直升机股份有限公司	000099	中信海直	交通运输、仓储和邮政业
64	TCL集团股份有限公司	000100	TCL集团	制造业
65	宜华地产股份有限公司	000150	宜华地产	房地产业
66	中成进出口股份有限公司	000151	中成股份	批发和零售业
67	安徽丰原药业股份有限公司	000153	丰原药业	制造业
68	川化股份有限公司	000155	川化股份	制造业
69	华数传媒控股股份有限公司	000156	华数传媒	文化、体育和娱乐业
70	中联重科股份有限公司	000157	中联重科	制造业
71	石家庄常山纺织股份有限公司	000158	常山股份	制造业
72	新疆国际实业股份有限公司	000159	国际实业	批发和零售业
73	江苏吴江中国东方丝绸市场股份有限公司	000301	东方市场	电力、热力、燃气及水生产和供应业
74	美的集团股份有限公司	000333	美的集团	制造业
75	潍柴动力股份有限公司	000338	潍柴动力	制造业
76	许继电气股份有限公司	000400	许继电气	制造业
77	唐山冀东水泥股份有限公司	000401	冀东水泥	制造业
78	金融街控股股份有限公司	000402	金融街	房地产业
79	振兴生化股份有限公司	000403	*ST生化	制造业
80	华意压缩机股份有限公司	000404	华意压缩	制造业
81	山东胜利股份有限公司	000407	胜利股份	制造业
82	金谷源控股股份有限公司	000408	金谷源	批发和零售业
83	山东地矿股份有限公司	000409	山东地矿	采矿业
84	沈阳机床股份有限公司	000410	沈阳机床	制造业
85	浙江英特集团股份有限公司	000411	英特集团	批发和零售业
86	东旭光电科技股份有限公司	000413	东旭光电	制造业
87	渤海租赁股份有限公司	000415	渤海租赁	租赁和商务服务业
88	民生投资管理股份有限公司	000416	民生投资	批发和零售业
89	合肥百货大楼集团股份有限公司	000417	合肥百货	批发和零售业
90	无锡小天鹅股份有限公司	000418	小天鹅A	制造业
91	长沙通程控股股份有限公司	000419	通程控股	批发和零售业
92	吉林化纤股份有限公司	000420	吉林化纤	制造业
93	南京中北(集团)股份有限公司	000421	南京中北	综合
94	湖北宜化化工股份有限公司	000422	湖北宜化	制造业
95	山东东阿阿胶股份有限公司	000423	东阿阿胶	制造业
96	徐工集团工程机械股份有限公司	000425	徐工机械	制造业
97	内蒙古兴业矿业股份有限公司	000426	兴业矿业	采矿业
98	华天酒店集团股份有限公司	000428	华天酒店	住宿和餐饮业
99	广东省高速公路发展股份有限公司	000429	粤高速A	交通运输、仓储和邮政业
100	张家界旅游集团股份有限公司	000430	张家界	水利、环境和公共设施管理业
101	山东晨鸣纸业集团股份有限公司	000488	晨鸣纸业	制造业
102	山东高速路桥集团股份有限公司	000498	山东路桥	建筑业

continued

股本总数(股)	第一大股东名称	第一大股东持股数量(股)	所占比重(%)	上市地点
3437541278	深圳市中兴新通讯设备有限公司	1058191944	30.78	深圳
211168256	中国万宝工程公司	114903307	54.41	深圳
1323593886	长城科技股份有限公司	713647921	53.92	深圳
896671464	深圳赛格股份有限公司	201345033	22.45	深圳
7271498566	华侨城集团公司	4117991411	56.63	深圳
271000000	深圳市特发集团有限公司	122841186	45.33	深圳
731713855	深圳海王集团股份有限公司	180455603	24.66	深圳
1942200000	深圳市盐田港集团有限公司	1308450000	67.37	深圳
1690254380	深圳市机场(集团)有限公司	1037059200	61.36	深圳
552530794	深圳市人民政府国有资产监督管理委员会	200841475	36.35	深圳
528000000	深圳市广聚投资控股(集团)有限公司	304171468	57.61	深圳
567937189	中国中海直有限责任公司	239572064	42.18	深圳
8531495974	惠州市投资控股有限公司	830572858	9.74	深圳
324000000	宜华企业(集团)有限公司	157085616	48.48	深圳
295980000	中国成套设备进出口(集团)总公司	148252133	50.09	深圳
312141230	安徽省无为制药厂	23853742	7.64	深圳
470000000	四川化工控股(集团)有限责任公司	275400000	58.60	深圳
1146680902	华数数字电视传媒集团有限公司	599812467	52.31	深圳
7705954050	香港中央结算(代理人)有限公司(HKSCC NOMINEES LIMITED)	1427786323	18.53	深圳
718861000	石家庄常山纺织集团有限责任公司	345514011	48.06	深圳
481139294	乾泰中晟股权投资有限公司	147100000	30.57	深圳
1218236445	江苏吴江丝绸集团有限公司	447013980	36.69	深圳
1686323389	美的控股有限公司	598500000	35.49	深圳
1999309639	香港中央结算代理人有限公司	484235914	24.22	深圳
491753600	许继集团有限公司	95312386	19.38	深圳
1347522914	冀东发展集团有限责任公司	520510653	38.63	深圳
3027079809	北京金融街投资(集团)有限公司	803606493	26.55	深圳
272577599	振兴集团有限公司	61621064	22.61	深圳
559623953	四川长虹电器股份有限公司	161202564	28.81	深圳
649232044	山东胜利投资股份有限公司	59915447	9.23	深圳
252301500	北京路源世纪投资管理有限公司	51287670	20.33	深圳
472709345	山东地矿集团有限公司	113060314	23.92	深圳
765470884	沈阳机床(集团)有限责任公司	253219717	33.08	深圳
207449946	浙江华辰投资发展有限公司	44299945	21.35	深圳
903000000	东旭集团有限公司	130031000	14.40	深圳
1269252972	海航资本控股有限公司	569921395	44.90	深圳
531871494	中国泛海控股集团有限公司	119981428	22.56	深圳
779884200	合肥市建设投资控股(集团)有限公司	172598505	22.13	深圳
632487764	美的集团股份有限公司	222661571	35.20	深圳
543582655	长沙通程实业(集团)有限公司	245226284	45.11	深圳
378257464	吉林化纤集团有限责任公司	80398684	21.26	深圳
351684100	南京公用控股(集团)有限公司	105730560	30.06	深圳
897866712	湖北宜化集团有限责任公司	151326189	16.85	深圳
654021537	华润东阿阿胶有限公司	151351731	23.14	深圳
2062758154	徐工集团工程机械有限公司	1016409900	49.27	深圳
596944528	内蒙古兴业集团股份有限公司	182100043	30.51	深圳
718926000	华天实业控股集团有限公司	330908920	46.03	深圳
1257117748	广东省交通集团有限公司	513328290	40.83	深圳
320835149	张家界市经济发展投资集团有限公司	96317863	30.02	深圳
1975471967	香港中央结算代理人有限公司	389816500	19.73	深圳
1120139063	山东高速集团有限公司	679439063	60.66	深圳

附录1-5 续表 2

序号	公司全称	股票代码	股票简称	行业分类
103	武汉武商集团股份有限公司	000501	鄂武商A	批发和零售业
104	绿景控股股份有限公司	000502	绿景控股	房地产业
105	海虹企业(控股)股份有限公司	000503	海虹控股	信息传输、软件和信息技术服务业
106	北京赛迪传媒投资股份有限公司	000504	*ST传媒	文化、体育和娱乐业
107	海南珠江控股股份有限公司	000505	*ST珠江	房地产业
108	中润资源投资股份有限公司	000506	中润资源	房地产业
109	珠海港股份有限公司	000507	珠海港	交通运输、仓储和邮政业
110	华塑控股股份有限公司	000509	*ST华塑	制造业
111	四川金路集团股份有限公司	000510	金路集团	制造业
112	银基烯碳新材料股份有限公司	000511	烯碳新材	房地产业
113	丽珠医药集团股份有限公司	000513	丽珠集团	制造业
114	重庆渝开发股份有限公司	000514	渝开发	房地产业
115	西安开元投资集团股份有限公司	000516	开元投资	批发和零售业
116	荣安地产股份有限公司	000517	荣安地产	房地产业
117	江苏四环生物股份有限公司	000518	四环生物	制造业
118	湖南江南红箭股份有限公司	000519	江南红箭	制造业
119	长航凤凰股份有限公司	000520	*ST凤凰	交通运输、仓储和邮政业
120	合肥美菱股份有限公司	000521	美菱电器	制造业
121	广州市浪奇实业股份有限公司	000523	广州浪奇	制造业
122	广州市东方宾馆股份有限公司	000524	东方宾馆	住宿和餐饮业
123	南京红太阳股份有限公司	000525	红太阳	制造业
124	厦门银润投资股份有限公司	000526	银润投资	房地产业
125	广西柳工机械股份有限公司	000528	柳工	制造业
126	广东广弘控股股份有限公司	000529	广弘控股	制造业
127	大连冷冻机股份有限公司	000530	大冷股份	制造业
128	广州恒运企业集团股份有限公司	000531	穗恒运A	电力、热力、燃气及水生产和供应业
129	力合股份有限公司	000532	力合股份	综合
130	广东万家乐股份有限公司	000533	万家乐	制造业
131	万泽实业股份有限公司	000534	万泽股份	房地产业
132	华映科技(集团)股份有限公司	000536	华映科技	制造业
133	天津广宇发展股份有限公司	000537	广宇发展	房地产业
134	云南白药集团股份有限公司	000538	云南白药	制造业
135	广东电力发展股份有限公司	000539	粤电力A	电力、热力、燃气及水生产和供应业
136	中天城投集团股份有限公司	000540	中天城投	房地产业
137	佛山电器照明股份有限公司	000541	佛山照明	制造业
138	安徽省皖能股份有限公司	000543	皖能电力	电力、热力、燃气及水生产和供应业
139	中原环保股份有限公司	000544	中原环保	电力、热力、燃气及水生产和供应业
140	吉林金浦钛业股份有限公司	000545	金浦钛业	制造业
141	吉林光华控股集团股份有限公司	000546	光华控股	房地产业
142	神州学人集团股份有限公司	000547	闽福发A	制造业
143	湖南投资集团股份有限公司	000548	湖南投资	交通运输、仓储和邮政业
144	江铃汽车股份有限公司	000550	江铃汽车	制造业
145	创元科技股份有限公司	000551	创元科技	综合
146	甘肃靖远煤电股份有限公司	000552	靖远煤电	采矿业
147	湖北沙隆达股份有限公司	000553	沙隆达A	制造业
148	中国石化山东泰山石油股份有限公司	000554	泰山石油	批发和零售业
149	神州数码信息服务股份有限公司	000555	神州信息	制造业
150	广夏(银川)实业股份有限公司	000557	*ST广夏	制造业
151	莱茵达置业股份有限公司	000558	莱茵置业	房地产业
152	万向钱潮股份有限公司	000559	万向钱潮	制造业
153	昆明百货大楼(集团)股份有限公司	000560	昆百大A	批发和零售业

continued

股本总数(股)	第一大股东名称	第一大股东持股数量(股)	所占比重(%)	上市地点
507248590	武汉商联(集团)股份有限公司	121813944	24.01	深圳
184819607	广州市天誉房地产开发有限公司	41864466	22.65	深圳
898822204	中海恒实业发展有限公司	245103652	27.27	深圳
311573901	湖南省信托有限责任公司	79701655	25.58	深圳
426745404	北京市万发房地产开发有限责任公司	112479478	26.36	深圳
929017761	中润富泰投资有限公司	278000000	29.92	深圳
789540919	珠海港控股集团有限公司	202277170	25.62	深圳
250009885	济南鑫银投资有限公司	62915700	25.17	深圳
609182254	四川宏达(集团)有限公司	31336614	5.14	深圳
1154832011	沈阳银基集团有限责任公司	169009267	14.63	深圳
295721852	健康元药业集团股份有限公司	77510167	26.21	深圳
843770965	重庆市城市建设投资(集团)有限公司	536449099	63.58	深圳
713419721	陕西世纪新元商业管理有限公司	148837260	20.86	深圳
1061307495	荣安集团股份有限公司	828000000	78.02	深圳
1029556222	广州盛景投资有限公司	40000000	3.89	深圳
738017256	豫西工业集团有限公司	265978307	36.04	深圳
674722303	中国长江航运(集团)总公司	180281001	26.72	深圳
763739205	四川长虹电器股份有限公司	164828330	21.58	深圳
445163588	广州轻工工贸集团有限公司	156790098	35.22	深圳
269673744	广州市东方酒店集团有限公司	100301686	37.19	深圳
507246849	南京第一农药集团有限公司	227008007	44.75	深圳
96195107	深圳椰林湾投资策划有限公司	27438544	28.52	深圳
1125242136	广西柳工集团有限公司	393562664	34.98	深圳
583790330	广东省广弘资产经营有限公司	299259520	51.26	深圳
350014975	大连冰山集团有限公司	76855683	21.96	深圳
342541410	广州凯得控股有限公司	89457355	26.12	深圳
344708340	珠海水务集团有限公司	51394545	14.91	深圳
690816000	广州汇顺投资有限公司	172472109	24.97	深圳
496552096	万泽集团有限公司	278501429	56.09	深圳
700493506	中华映管(百慕大)股份有限公司	495765572	70.77	深圳
512717581	鲁能集团有限公司	106771767	20.82	深圳
694266479	云南白药控股有限公司	288284398	41.52	深圳
4375236655	广东省粤电集团有限公司	2948297867	67.39	深圳
1287572292	金世旗国际控股股份有限公司	531076275	41.25	深圳
978563745	欧司朗控股有限公司	131815685	13.47	深圳
1053174105	安徽省能源集团有限公司	449604070	42.69	深圳
269459799	郑州市热力总公司	84935937	31.52	深圳
306664025	江苏金浦集团有限公司	141553903	46.16	深圳
169506479	江苏开元资产管理有限公司	23136348	13.65	深圳
834878240	福建国力民生科技投资有限公司	184906129	22.15	深圳
499215811	长沙市环路建设开发有限公司	151322140	30.31	深圳
863214000	江铃控股有限公司	354176000	41.03	深圳
400080405	苏州创元投资发展(集团)有限公司	136408809	34.10	深圳
718891268	靖远煤业集团有限责任公司	530752790	73.83	深圳
593923220	沙隆达集团公司	119687202	20.15	深圳
480793320	中国石油化工股份有限公司	118140120	24.57	深圳
431214014	神州数码软件有限公司	194770055	45.17	深圳
686133996	宁夏宁东铁路股份有限公司	100430245	14.64	深圳
630269150	莱茵达控股集团有限公司	315564765	50.07	深圳
1593263574	万向集团公司	820993934	51.53	深圳
171458462	华夏西部经济开发有限公司	41835200	24.40	深圳

附录1-5　续表 3

序号	公司全称	股票代码	股票简称	行业分类
154	陕西烽火电子股份有限公司	000561	烽火电子	制造业
155	宏源证券股份有限公司	000562	宏源证券	金融业
156	陕西省国际信托股份有限公司	000563	陕国投A	金融业
157	西安民生集团股份有限公司	000564	西安民生	批发和零售业
158	重庆三峡油漆股份有限公司	000565	渝三峡A	制造业
159	海南海药股份有限公司	000566	海南海药	制造业
160	海南海德实业股份有限公司	000567	海德股份	房地产业
161	泸州老窖股份有限公司	000568	泸州老窖	制造业
162	常柴股份有限公司	000570	苏常柴A	制造业
163	新大洲控股股份有限公司	000571	新大洲A	采矿业
164	海马汽车集团股份有限公司	000572	海马汽车	制造业
165	东莞宏远工业区股份有限公司	000573	粤宏远A	房地产业
166	江门甘蔗化工厂(集团)股份有限公司	000576	广东甘化	制造业
167	无锡威孚高科技集团股份有限公司	000581	威孚高科	制造业
168	北海港股份有限公司	000582	北海港	交通运输、仓储和邮政业
169	四川友利投资控股股份有限公司	000584	友利控股	制造业
170	东北电气发展股份有限公司	000585	东北电气	制造业
171	四川汇源光通信股份有限公司	000586	汇源通信	制造业
172	金叶珠宝股份有限公司	000587	金叶珠宝	制造业
173	贵州轮胎股份有限公司	000589	黔轮胎A	制造业
174	紫光古汉集团股份有限公司	000590	紫光古汉	制造业
175	重庆桐君阁股份有限公司	000591	桐君阁	批发和零售业
176	福建中福实业股份有限公司	000592	中福实业	农、林、牧、渔业
177	四川大通燃气开发股份有限公司	000593	大通燃气	批发和零售业
178	天津国恒铁路控股股份有限公司	000594	*ST国恒	批发和零售业
179	西北轴承股份有限公司	000595	西北轴承	制造业
180	安徽古井贡酒股份有限公司	000596	古井贡酒	制造业
181	东北制药集团股份有限公司	000597	东北制药	制造业
182	成都市兴蓉投资股份有限公司	000598	兴蓉投资	电力、热力、燃气及水生产和供应业
183	青岛双星股份有限公司	000599	青岛双星	制造业
184	河北建投能源投资股份有限公司	000600	建投能源	电力、热力、燃气及水生产和供应业
185	广东韶能集团股份有限公司	000601	韶能股份	电力、热力、燃气及水生产和供应业
186	盛达矿业股份有限公司	000603	盛达矿业	采矿业
187	渤海水业股份有限公司	000605	渤海股份	制造业
188	青海明胶股份有限公司	000606	青海明胶	制造业
189	浙江华智控股股份有限公司	000607	华智控股	制造业
190	阳光新业地产股份有限公司	000608	阳光股份	房地产业
191	北京绵世投资集团股份有限公司	000609	绵世股份	房地产业
192	西安旅游股份有限公司	000610	西安旅游	水利、环境和公共设施管理业
193	内蒙古四海科技股份有限公司	000611	四海股份	制造业
194	焦作万方铝业股份有限公司	000612	焦作万方	制造业
195	海南大东海旅游中心股份有限公司	000613	大东海A	住宿和餐饮业
196	湖北金环股份有限公司	000615	湖北金环	制造业
197	亿城集团股份有限公司	000616	亿城股份	房地产业
198	济南柴油机股份有限公司	000617	*ST济柴	制造业
199	芜湖海螺型材科技股份有限公司	000619	海螺型材	制造业
200	新华联不动产股份有限公司	000620	新华联	房地产业
201	恒立实业发展集团股份有限公司	000622	恒立实业	制造业
202	吉林敖东药业集团股份有限公司	000623	吉林敖东	制造业
203	重庆长安汽车股份有限公司	000625	长安汽车	制造业
204	连云港如意集团股份有限公司	000626	如意集团	批发和零售业

continued

股本总数(股)	第一大股东名称	第一大股东持股数量(股)	所占比重(%)	上市地点
595844701	陕西烽火通信集团有限公司	252085786	42.31	深圳
3972408332	中国建银投资有限责任公司	2384207330	60.02	深圳
1214667354	陕西煤业化工集团有限责任公司	420000000	34.58	深圳
473311834	海航商业控股有限公司	164164920	34.68	深圳
173436888	重庆化医控股(集团)公司	70308593	40.54	深圳
495189948	深圳市南方同正投资有限公司	107332728	21.68	深圳
151200000	海南祥源投资有限公司	33793137	22.35	深圳
1402006476	泸州老窖集团有限责任公司	300000000	21.40	深圳
561374326	常州市人民政府国有资产监督管理委员会	168497736	30.02	深圳
736064000	海南新元投资有限公司	89481652	12.16	深圳
1644636426	海马(上海)投资有限公司	473600000	28.80	深圳
622755604	广东宏远集团有限公司	102856241	16.52	深圳
442861324	德力西集团有限公司	184000000	41.55	深圳
1020200992	无锡产业发展集团有限公司	204059398	20.00	深圳
832149558	防城港务集团有限公司	516026983	62.01	深圳
408882893	江苏双良科技有限公司	133943746	32.76	深圳
873370000	香港中央结算(代理人)有限公司	255439998	29.25	深圳
193440000	明君集团科技有限公司	40000000	20.68	深圳
557134734	深圳九五投资有限公司	166861852	29.95	深圳
488904304	贵阳市工业投资(集团)有限公司	165444902	33.84	深圳
223331267	紫光集团有限公司	41062639	18.39	深圳
274630983	重庆太极实业(集团)股份有限公司	136878000	49.84	深圳
847407034	山田林业开发(福建)有限公司	283561203	33.46	深圳
223336429	天津大通投资集团有限公司	51676886	23.14	深圳
1493771892	深圳市国恒实业发展有限公司	204773235	13.71	深圳
247700000	宁夏宝塔石化集团有限公司	74236533	29.97	深圳
503600000	安徽古井集团有限责任公司	271404022	53.89	深圳
333809998	东北制药集团有限责任公司	75095156	22.50	深圳
2986218602	成都市兴蓉集团有限公司	1255706394	42.05	深圳
524828478	双星集团有限责任公司	106581644	20.31	深圳
913660121	河北建设投资集团有限责任公司	502590283	55.01	深圳
1080551669	韶关市工业资产经营有限公司	155949490	14.43	深圳
504988667	北京盛达振兴实业有限公司	230497482	45.64	深圳
93225000	天津泰达投资控股有限公司	47179829	50.61	深圳
472113600	天津泰达科技风险投资股份有限公司	59422000	12.59	深圳
487731995	华立集团股份有限公司	114690754	23.52	深圳
749913309	RECO SHINE PTE LTD	218400000	29.12	深圳
298095522	北京中北能能源科技有限责任公司	77504854	26.00	深圳
196747901	西安旅游集团有限责任公司	63419900	32.23	深圳
321822022	合慧伟业商贸(北京)有限公司	40000000	12.43	深圳
1168997394	中国铝业股份有限公司	207451915	17.75	深圳
364100000	罗牛山股份有限公司	61190270	16.81	深圳
211677316	湖北嘉信投资集团有限公司	34668370	16.38	深圳
1430234425	海航资本控股有限公司	285776423	19.98	深圳
287539200	中国石油集团济柴动力总厂	172523520	60.00	深圳
360000000	安徽海螺集团有限责任公司	115445455	32.07	深圳
1597970649	新华联控股有限公司	1054337608	65.98	深圳
425226000	深圳市傲盛霞实业有限公司	87000000	20.46	深圳
894438433	敦化市金诚实业有限责任公司	215514397	24.09	深圳
4662886108	中国长安汽车集团股份有限公司	2047750037	43.92	深圳
202500000	中国远大集团有限责任公司	75085350	37.08	深圳

附录1-5　续表 4

序号	公司全称	股票代码	股票简称	行业分类
205	天茂实业集团股份有限公司	000627	天茂集团	制造业
206	成都高新发展股份有限公司	000628	高新发展	建筑业
207	攀钢集团钒钛资源股份有限公司	000629	攀钢钒钛	采矿业
208	铜陵有色金属集团股份有限公司	000630	铜陵有色	制造业
209	顺发恒业股份公司	000631	顺发恒业	房地产业
210	福建三木集团股份有限公司	000632	三木集团	批发和零售业
211	沈阳合金投资股份有限公司	000633	合金投资	制造业
212	宁夏英力特化工股份有限公司	000635	英力特	制造业
213	广东风华高新科技股份有限公司	000636	风华高科	制造业
214	茂名石化实华股份有限公司	000637	茂化实华	制造业
215	万方城镇投资发展股份有限公司	000638	万方发展	批发和零售业
216	西王食品股份有限公司	000639	西王食品	制造业
217	仁和药业股份有限公司	000650	仁和药业	制造业
218	珠海格力电器股份有限公司	000651	格力电器	制造业
219	天津泰达股份有限公司	000652	泰达股份	批发和零售业
220	山东金岭矿业股份有限公司	000655	金岭矿业	采矿业
221	金科地产集团股份有限公司	000656	金科股份	房地产业
222	中钨高新材料股份有限公司	000657	中钨高新	制造业
223	珠海中富实业股份有限公司	000659	珠海中富	制造业
224	长春高新技术产业(集团)股份有限公司	000661	长春高新	制造业
225	索芙特股份有限公司	000662	索芙特	制造业
226	福建省永安林业(集团)股份有限公司	000663	永安林业	农、林、牧、渔业
227	湖北省广播电视信息网络股份有限公司	000665	湖北广电	文化、体育和娱乐业
228	经纬纺织机械股份有限公司	000666	经纬纺机	制造业
229	美好置业集团股份有限公司	000667	美好集团	房地产业
230	荣丰控股集团股份有限公司	000668	荣丰控股	房地产业
231	中油金鸿能源投资股份有限公司	000669	金鸿能源	电力、热力、燃气及水生产和供应业
232	舜元实业发展股份有限公司	000670	S舜元	房地产业
233	阳光城集团股份有限公司	000671	阳光城	房地产业
234	甘肃上峰水泥股份有限公司	000672	上峰水泥	制造业
235	当代东方投资股份有限公司	000673	当代东方	文化、体育和娱乐业
236	河南思达高科技股份有限公司	000676	*ST思达	制造业
237	恒天海龙股份有限公司	000677	恒天海龙	制造业
238	襄阳汽车轴承股份有限公司	000678	襄阳轴承	制造业
239	大连友谊(集团)股份有限公司	000679	大连友谊	批发和零售业
240	山推工程机械股份有限公司	000680	山推股份	制造业
241	远东实业股份有限公司	000681	远东股份	信息传输、软件和信息技术服务业
242	东方电子股份有限公司	000682	东方电子	制造业
243	内蒙古远兴能源股份有限公司	000683	远兴能源	制造业
244	中山公用事业集团股份有限公司	000685	中山公用	电力、热力、燃气及水生产和供应业
245	东北证券股份有限公司	000686	东北证券	金融业
246	恒天天鹅股份有限公司	000687	恒天天鹅	制造业
247	建新矿业股份有限责任公司	000688	建新矿业	采矿业
248	广东宝丽华新能源股份有限公司	000690	宝新能源	电力、热力、燃气及水生产和供应业
249	海南亚太实业发展股份有限公司	000691	亚太实业	房地产业
250	沈阳惠天热电股份有限公司	000692	惠天热电	电力、热力、燃气及水生产和供应业
251	成都华泽钴镍材料股份有限公司	000693	华泽钴镍	信息传输、软件和信息技术服务业
252	天津滨海能源发展股份有限公司	000695	滨海能源	电力、热力、燃气及水生产和供应业
253	陕西炼石有色资源股份有限公司	000697	炼石有色	采矿业
254	沈阳化工股份有限公司	000698	沈阳化工	制造业
255	江南模塑科技股份有限公司	000700	模塑科技	制造业

continued

股本总数(股)	第一大股东名称	第一大股东持股数量(股)	所占比重(%)	上市地点
1353589866	新理益集团有限公司	321938582	23.78	深圳
219480000	成都高新投资集团有限公司	49281550	22.45	深圳
8589746202	攀枝花钢铁有限责任公司	2630785792	30.63	深圳
1421606707	铜陵有色金属集团控股有限公司	736795584	51.83	深圳
1045509753	万向资源有限公司	769996033	73.65	深圳
465519570	福建三联投资有限公司	84086401	18.06	深圳
385106373	辽宁省机械(集团)股份有限公司	141419707	36.72	深圳
303087602	国电英力特能源化工集团股份有限公司	155322687	51.25	深圳
670966312	广东省广晟资产经营有限公司	122484170	18.25	深圳
519875356	北京泰跃房地产开发有限责任公司	153363230	29.50	深圳
309400000	北京万方源房地产开发有限公司	132600000	42.86	深圳
188322834	西王集团有限公司	79025431	41.96	深圳
990672061	仁和(集团)发展有限公司	441253333	44.55	深圳
3007865439	珠海格力集团有限公司	548127812	18.22	深圳
1475573852	天津泰达集团有限公司	498458790	33.78	深圳
595340230	山东金岭铁矿	347740145	58.41	深圳
1158540051	重庆市金科投资控股(集团)有限责任公司	252835355	21.82	深圳
527134653	湖南有色金属股份有限公司	383083963	72.67	深圳
1285702520	ASIA BOTTLES (HK) COMPANY LIMITED	339329731	26.39	深圳
131326570	长春高新超达投资有限公司	28459851	21.67	深圳
287989200	广东通作投资有限公司	27790499	9.65	深圳
202760280	福建省永安林业(集团)总公司	64884600	32.00	深圳
388761371	湖北省楚天数字电视有限公司	78485981	20.19	深圳
704130000	中国纺织机械(集团)有限公司	219194674	31.13	深圳
2559592332	名流投资集团有限公司	398828402	15.58	深圳
146841890	盛世达投资有限公司	57680703	39.28	深圳
269027887	新能国际投资有限公司	69009857	25.65	深圳
272209120	上海舜元企业投资发展有限公司	70748320	25.99	深圳
1044032035	福建阳光集团有限公司	244406663	23.41	深圳
813619871	浙江上峰控股集团有限公司	245350164	30.16	深圳
208080000	厦门当代投资集团有限公司	62400000	29.99	深圳
314586699	河南正弘置业有限公司	92000000	29.24	深圳
863977948	中国恒天集团有限公司	257178941	29.77	深圳
429079797	三环集团公司	128000000	29.83	深圳
356400000	大连友谊集团有限公司	106660000	29.93	深圳
1240787611	山东重工集团有限公司	342323576	27.59	深圳
198750000	物华实业有限公司	30730838	15.46	深圳
978163195	东方电子集团有限公司	193061426	19.74	深圳
767813983	内蒙古博源控股集团有限公司	152452467	19.86	深圳
778683215	中山中汇投资集团有限公司	484707681	62.25	深圳
978583016	吉林亚泰(集团)股份有限公司	300486977	30.71	深圳
757368462	中国恒天集团有限公司	184145662	24.31	深圳
1137299314	甘肃建新实业集团有限公司	464339241	40.83	深圳
1726612500	广东宝丽华集团有限公司	533197242	30.88	深圳
323270000	北京大市投资有限公司	32220200	9.97	深圳
266416488	沈阳供暖集团有限公司	93525059	35.10	深圳
192693908	北京康博恒智科技有限责任公司	53654164	27.84	深圳
222147539	天津泰达投资控股有限公司	82850993	37.30	深圳
481094588	张政	138553701	28.80	深圳
660928528	沈阳化工集团有限公司	218663539	33.08	深圳
309043600	江阴模塑集团有限公司	112164674	36.29	深圳

附录1-5 续表 5

序号	公司全称	股票代码	股票简称	行业分类
256	厦门信达股份有限公司	000701	厦门信达	批发和零售业
257	湖南正虹科技发展股份有限公司	000702	正虹科技	制造业
258	恒逸石化股份有限公司	000703	恒逸石化	制造业
259	浙江震元股份有限公司	000705	浙江震元	批发和零售业
260	湖北双环科技股份有限公司	000707	双环科技	制造业
261	大冶特殊钢股份有限公司	000708	大冶特钢	制造业
262	河北钢铁股份有限公司	000709	河北钢铁	制造业
263	成都天兴仪表股份有限公司	000710	天兴仪表	制造业
264	黑龙江天伦置业股份有限公司	000711	天伦置业	房地产业
265	广东锦龙发展股份有限公司	000712	锦龙股份	电力、热力、燃气及水生产和供应业
266	合肥丰乐种业股份有限公司	000713	丰乐种业	农、林、牧、渔业
267	中兴-沈阳商业大厦(集团)股份有限公司	000715	中兴商业	批发和零售业
268	南方黑芝麻集团股份有限公司	000716	南方食品	制造业
269	广东韶钢松山股份有限公司	000717	韶钢松山	制造业
270	苏宁环球股份有限公司	000718	苏宁环球	房地产业
271	中原大地传媒股份有限公司	000719	大地传媒	文化、体育和娱乐业
272	山东新能泰山发电股份有限公司	000720	新能泰山	电力、热力、燃气及水生产和供应业
273	西安饮食股份有限公司	000721	西安饮食	住宿和餐饮业
274	湖南发展集团股份有限公司	000722	湖南发展	电力、热力、燃气及水生产和供应业
275	山西美锦能源股份有限公司	000723	美锦能源	制造业
276	京东方科技集团股份有限公司	000725	京东方A	制造业
277	鲁泰纺织股份有限公司	000726	鲁泰A	制造业
278	南京华东电子信息科技股份有限公司	000727	华东科技	制造业
279	国元证券股份有限公司	000728	国元证券	金融业
280	北京燕京啤酒股份有限公司	000729	燕京啤酒	制造业
281	四川美丰化工股份有限公司	000731	四川美丰	制造业
282	泰禾集团股份有限公司	000732	泰禾集团	房地产业
283	中国振华(集团)科技股份有限公司	000733	振华科技	制造业
284	罗牛山股份有限公司	000735	罗牛山	农、林、牧、渔业
285	中房地产股份有限公司	000736	中房地产	房地产业
286	南风化工集团股份有限公司	000737	南风化工	制造业
287	中航动力控制股份有限公司	000738	中航动控	制造业
288	普洛药业股份有限公司	000739	普洛药业	制造业
289	长城信息产业股份有限公司	000748	长城信息	制造业
290	国海证券股份有限公司	000750	国海证券	金融业
291	葫芦岛锌业股份有限公司	000751	*ST锌业	制造业
292	西藏银河科技发展股份有限公司	000752	西藏发展	制造业
293	福建漳州发展股份有限公司	000753	漳州发展	批发和零售业
294	山西三维集团股份有限公司	000755	*ST三维	制造业
295	山东新华制药股份有限公司	000756	新华制药	制造业
296	四川浩物机电股份有限公司	000757	浩物股份	制造业
297	中国有色金属建设股份有限公司	000758	中色股份	采矿业
298	中百控股集团股份有限公司	000759	中百集团	批发和零售业
299	湖北博盈投资股份有限公司	000760	博盈投资	制造业
300	本钢板材股份有限公司	000761	本钢板材	制造业
301	西藏矿业发展股份有限公司	000762	西藏矿业	采矿业
302	通化金马药业集团股份有限公司	000766	通化金马	制造业
303	山西漳泽电力股份有限公司	000767	漳泽电力	电力、热力、燃气及水生产和供应业
304	中航飞机股份有限公司	000768	中航飞机	制造业
305	广发证券股份有限公司	000776	广发证券	金融业
306	中核苏阀科技实业股份有限公司	000777	中核科技	制造业

continued

股本总数(股)	第一大股东名称	第一大股东持股数量(股)	所占比重(%)	上市地点
240250000	厦门信息-信达总公司	67750000	28.20	深圳
266634576	岳阳市屈原农垦有限责任公司	68656416	25.75	深圳
1153587626	浙江恒逸集团有限公司	820980316	71.17	深圳
167061643	绍兴市旅游集团有限公司	33313893	19.94	深圳
464145765	湖北双环化工集团有限公司	116563210	25.11	深圳
449408480	湖北新冶钢有限公司	134620000	29.95	深圳
10618607852	邯郸钢铁集团有限责任公司	4546881481	42.82	深圳
151200000	成都天兴仪表(集团)有限公司	89002000	58.86	深圳
160898400	天伦控股有限公司	42855000	26.63	深圳
448000000	东莞市新世纪科教拓展有限公司	224055636	50.01	深圳
298875968	合肥市建设投资控股(集团)有限公司	101941200	34.11	深圳
279006000	沈阳中兴商业集团有限公司	94458091	33.86	深圳
246000000	广西黑五类食品集团有限责任公司	81705884	33.21	深圳
2419524410	宝钢集团广东韶关钢铁有限公司	1355512890	56.02	深圳
2043192561	苏宁环球集团有限公司	547726252	26.81	深圳
439717878	中原出版传媒投资控股集团有限公司	333211906	75.78	深圳
863460000	华能泰山电力有限公司	160087812	18.54	深圳
249527960	西安旅游集团有限责任公司	52500000	21.04	深圳
464158282	湖南发展投资集团有限公司	196027546	42.23	深圳
279198390	美锦能源集团有限公司	83000000	29.73	深圳
13521542341	北京亦庄国际投资发展有限公司	1484159406	10.98	深圳
955800496	淄博鲁诚纺织投资有限公司	130227889	13.63	深圳
359157356	南京华东电子集团有限公司	81528530	22.70	深圳
1964100000	安徽国元控股(集团)有限责任公司	462498033	23.55	深圳
2808451958	北京燕京啤酒投资有限公司	1613786393	57.46	深圳
591484352	成都华川石油天然气勘探开发总公司	72053552	12.18	深圳
1017177993	福建泰禾投资有限公司	809400795	79.57	深圳
358120000	中国振华电子集团有限公司	129390000	36.13	深圳
880132000	罗牛山集团有限公司	96089444	10.92	深圳
297193885	中住地产开发公司	158460235	53.32	深圳
548760000	山西焦煤运城盐化集团有限责任公司	140970768	25.69	深圳
1145642349	西安航空动力控制有限责任公司	279438629	24.39	深圳
815455732	横店集团控股有限公司	141320990	17.33	深圳
375562170	中国电子信息产业集团有限公司	75793655	20.18	深圳
2310361315	广西投资集团有限公司	606707681	26.26	深圳
1409869279	中冶葫芦岛有色金属集团有限公司	332602026	23.59	深圳
263758491	西藏光大金联实业有限公司	28099562	10.65	深圳
411193403	福建漳龙实业有限公司	66749891	16.23	深圳
469264621	山西三维华邦集团有限公司	130412280	27.79	深圳
457312830	山东新华医药集团有限责任公司	166115720	36.32	深圳
366333256	天津市浩物机电汽车贸易有限公司	53528100	14.61	深圳
984689212	中国有色矿业集团有限公司	332306616	33.75	深圳
681021500	武汉商联(集团)股份有限公司	118479123	17.40	深圳
551317592	东营市英达钢结构有限公司	83857400	15.21	深圳
3136000000	本溪钢铁(集团)有限责任公司	2573632420	82.07	深圳
475974877	西藏自治区矿业发展总公司	84212240	17.69	深圳
449016276	北京常青藤联创投资管理有限公司	80000000	17.82	深圳
2253737800	大同煤矿集团有限责任公司	680012800	30.17	深圳
2653834509	西安飞机工业(集团)有限责任公司	1462853699	55.12	深圳
5919291464	辽宁成大股份有限公司	1250154088	21.12	深圳
213009774	中国核工业集团公司苏州阀门厂	38175200	17.92	深圳

附录1-5 续表 6

序号	公司全称	股票代码	股票简称	行业分类
307	新兴铸管股份有限公司	000778	新兴铸管	制造业
308	兰州三毛实业股份有限公司	000779	三毛派神	制造业
309	内蒙古平庄能源股份有限公司	000780	平庄能源	采矿业
310	广东新会美达锦纶股份有限公司	000782	美达股份	制造业
311	长江证券股份有限公司	000783	长江证券	金融业
312	武汉中商集团股份有限公司	000785	武汉中商	批发和零售业
313	北新集团建材股份有限公司	000786	北新建材	制造业
314	北大医药股份有限公司	000788	北大医药	制造业
315	江西万年青水泥股份有限公司	000789	江西水泥	制造业
316	成都华神集团股份有限公司	000790	华神集团	制造业
317	甘肃电投能源发展股份有限公司	000791	甘肃电投	电力、热力、燃气及水生产和供应业
318	青海盐湖工业股份有限公司	000792	盐湖股份	制造业
319	华闻传媒投资集团股份有限公司	000793	华闻传媒	文化、体育和娱乐业
320	太原双塔刚玉股份有限公司	000795	太原刚玉	制造业
321	易食集团股份有限公司	000796	易食股份	住宿和餐饮业
322	中国武夷实业股份有限公司	000797	中国武夷	房地产业
323	中水集团远洋股份有限公司	000798	中水渔业	农、林、牧、渔业
324	酒鬼酒股份有限公司	000799	酒鬼酒	制造业
325	一汽轿车股份有限公司	000800	一汽轿车	制造业
326	四川九洲电器股份有限公司	000801	四川九洲	制造业
327	北京京西风光旅游开发股份有限公司	000802	北京旅游	水利、环境和公共设施管理业
328	四川金宇汽车城(集团)股份有限公司	000803	金宇车城	制造业
329	北海银河产业投资股份有限公司	000806	银河投资	制造业
330	云南铝业股份有限公司	000807	云铝股份	制造业
331	铁岭新城投资控股股份有限公司	000809	铁岭新城	水利、环境和公共设施管理业
332	华润锦华股份有限公司	000810	华润锦华	制造业
333	烟台冰轮股份有限公司	000811	烟台冰轮	制造业
334	陕西金叶科教集团股份有限公司	000812	陕西金叶	制造业
335	新疆天山毛纺织股份有限公司	000813	天山纺织	制造业
336	中冶美利纸业股份有限公司	000815	美利纸业	制造业
337	江苏江淮动力股份有限公司	000816	江淮动力	制造业
338	方大锦化化工科技股份有限公司	000818	方大化工	制造业
339	岳阳兴长石化股份有限公司	000819	岳阳兴长	制造业
340	金城造纸股份有限公司	000820	金城股份	制造业
341	湖北京山轻工机械股份有限公司	000821	京山轻机	制造业
342	山东海化股份有限公司	000822	*ST海化	制造业
343	广东汕头超声电子股份有限公司	000823	超声电子	制造业
344	山西太钢不锈钢股份有限公司	000825	太钢不锈	制造业
345	桑德环境资源股份有限公司	000826	桑德环境	水利、环境和公共设施管理业
346	东莞发展控股股份有限公司	000828	东莞控股	交通运输、仓储和邮政业
347	天音通信控股股份有限公司	000829	天音控股	批发和零售业
348	鲁西化工集团股份有限公司	000830	鲁西化工	制造业
349	五矿稀土股份有限公司	000831	五矿稀土	制造业
350	广西贵糖(集团)股份有限公司	000833	贵糖股份	制造业
351	四川圣达实业股份有限公司	000835	四川圣达	制造业
352	天津鑫茂科技股份有限公司	000836	鑫茂科技	制造业
353	陕西秦川机械发展股份有限公司	000837	秦川发展	制造业
354	国兴融达地产股份有限公司	000838	国兴地产	房地产业
355	中信国安信息产业股份有限公司	000839	中信国安	信息传输、软件和信息技术服务业
356	河北承德露露股份有限公司	000848	承德露露	制造业
357	安徽华茂纺织股份有限公司	000850	华茂股份	制造业

continued

股本总数(股)	第一大股东名称	第一大股东持股数量(股)	所占比重(%)	上市地点
2428871574	新兴际华集团有限公司	1102101918	45.38	深圳
186441020	兰州三毛纺织(集团)有限责任公司	26318168	14.12	深圳
1014306324	内蒙古平庄煤业(集团)有限责任公司	622947287	61.42	深圳
404513250	江门市天昌投资有限公司	51818182	12.81	深圳
2371233839	青岛海尔投资发展有限公司	348944054	14.72	深圳
251221698	武汉商联(集团)股份有限公司	105477594	41.99	深圳
575150000	中国建材股份有限公司	301370000	52.40	深圳
595987425	西南合成医药集团有限公司	170356260	28.58	深圳
408909579	江西水泥有限责任公司	174129908	42.58	深圳
384840513	四川华神集团股份有限公司	85259040	22.15	深圳
722157900	甘肃省电力投资集团有限责任公司	607379805	84.11	深圳
1590509203	青海省国有资产投资管理有限公司	492901654	30.99	深圳
1846262977	国广环球资产管理有限公司	267205570	14.47	深圳
276800000	横店集团控股有限公司	71035227	25.66	深圳
246542015	海航易控股有限公司	42847964	17.38	深圳
389452440	福建建工集团总公司	122697740	31.51	深圳
319455000	中国农业发展集团有限公司	81003133	25.36	深圳
324928980	中皇有限公司	100727291	31.00	深圳
1627500000	中国第一汽车股份有限公司	862983689	53.03	深圳
459888172	四川九洲电器集团有限责任公司	243453644	52.94	深圳
374980360	中国华力控股集团有限公司	107432639	28.65	深圳
127730893	成都金宇控股集团有限公司	30026000	23.51	深圳
699214962	银河天成集团有限公司	93116092	13.32	深圳
1539172984	云南冶金集团股份有限公司	756169168	49.13	深圳
549860862	铁岭财政资产经营有限公司	190939016	34.72	深圳
129665718	华润纺织(集团)有限公司	66123000	50.99	深圳
394597417	烟台冰轮集团有限公司	94975455	24.07	深圳
447375651	万裕文化产业有限公司	74324572	16.61	深圳
467495367	新疆凯迪投资有限责任公司	206354457	44.14	深圳
316800000	中冶纸业集团有限公司	85258510	26.91	深圳
1088803318	江苏江动集团有限公司	252525000	23.19	深圳
680000000	辽宁方大集团实业有限公司	266177757	39.14	深圳
213083687	中国石化集团资产经营管理有限公司	49995000	23.46	深圳
287834760	高万峰	30802254	10.70	深圳
345238781	京山京源科技投资有限公司	89036824	25.79	深圳
895091926	山东海化集团有限公司	361048878	40.34	深圳
440436000	汕头超声电子(集团)公司	171642341	38.98	深圳
5696247796	太原钢铁(集团)有限公司	3659182800	64.24	深圳
646384776	桑德集团有限公司	289553379	44.80	深圳
1039516992	东莞市公路桥梁开发建设总公司	431771714	41.54	深圳
946901092	中国新闻发展深圳有限公司	131917590	13.93	深圳
1464860778	鲁西集团有限公司	488975707	33.38	深圳
980888981	五矿稀土集团有限公司	235228660	23.98	深圳
296067880	广西贵糖集团有限公司	75800000	25.60	深圳
305370000	四川圣达集团有限公司	36077488	11.81	深圳
292497816	天津鑫茂科技投资集团有限公司	67350872	23.03	深圳
348717600	陕西秦川机床工具集团有限公司	92935348	26.65	深圳
180999720	重庆财信房地产开发有限公司	54118902	29.90	深圳
1567930541	中信国安有限公司	649395338	41.42	深圳
401461632	万向三农集团有限公司	170831232	42.55	深圳
943665009	安徽华茂集团有限公司	437860568	46.40	深圳

附录1-5 续表 7

序号	公司全称	股票代码	股票简称	行业分类
358	大唐高鸿数据网络技术股份有限公司	000851	高鸿股份	批发和零售业
359	江汉石油钻头股份有限公司	000852	江钻股份	制造业
360	唐山冀东装备工程股份有限公司	000856	冀东装备	制造业
361	宜宾五粮液股份有限公司	000858	五粮液	制造业
362	安徽国风塑业股份有限公司	000859	国风塑业	制造业
363	北京顺鑫农业股份有限公司	000860	顺鑫农业	制造业
364	广东海印集团股份有限公司	000861	海印股份	租赁和商务服务业
365	宁夏银星能源股份有限公司	000862	银星能源	制造业
366	三湘股份有限公司	000863	三湘股份	房地产业
367	安徽安凯汽车股份有限公司	000868	安凯客车	制造业
368	烟台张裕葡萄酿酒股份有限公司	000869	张裕A	制造业
369	吉林电力股份有限公司	000875	吉电股份	电力、热力、燃气及水生产和供应业
370	新希望六和股份有限公司	000876	新希望	制造业
371	新疆天山水泥股份有限公司	000877	天山股份	制造业
372	云南铜业股份有限公司	000878	云南铜业	制造业
373	潍柴重机股份有限公司	000880	潍柴重机	制造业
374	中国大连国际合作(集团)股份有限公司	000881	大连国际	综合
375	北京华联商厦股份有限公司	000882	华联股份	房地产业
376	湖北能源集团股份有限公司	000883	湖北能源	电力、热力、燃气及水生产和供应业
377	河南同力水泥股份有限公司	000885	同力水泥	制造业
378	海南高速公路股份有限公司	000886	海南高速	房地产业
379	安徽中鼎密封件股份有限公司	000887	中鼎股份	制造业
380	峨眉山旅游股份有限公司	000888	峨眉山A	水利、环境和公共设施管理业
381	茂业物流股份有限公司	000889	茂业物流	批发和零售业
382	江苏法尔胜股份有限公司	000890	法尔胜	制造业
383	星美联合股份有限公司	000892	星美联合	信息传输、软件和信息技术服务业
384	广州东凌粮油股份有限公司	000893	东凌粮油	制造业
385	河南双汇投资发展股份有限公司	000895	双汇发展	制造业
386	天津津滨发展股份有限公司	000897	津滨发展	房地产业
387	鞍钢股份有限公司	000898	*ST鞍钢	制造业
388	江西赣能股份有限公司	000899	赣能股份	电力、热力、燃气及水生产和供应业
389	现代投资股份有限公司	000900	现代投资	交通运输、仓储和邮政业
390	航天科技控股集团股份有限公司	000901	航天科技	制造业
391	中国服装股份有限公司	000902	*ST中服	批发和零售业
392	昆明云内动力股份有限公司	000903	云内动力	制造业
393	厦门港务发展股份有限公司	000905	厦门港务	交通运输、仓储和邮政业
394	物产中拓股份有限公司	000906	物产中拓	批发和零售业
395	湖南天一科技股份有限公司	000908	天一科技	制造业
396	数源科技股份有限公司	000909	数源科技	综合
397	大亚科技股份有限公司	000910	大亚科技	制造业
398	南宁糖业股份有限公司	000911	南宁糖业	制造业
399	四川泸天化股份有限公司	000912	泸天化	制造业
400	浙江钱江摩托股份有限公司	000913	钱江摩托	制造业
401	山东山大华特科技股份有限公司	000915	山大华特	制造业
402	华北高速公路股份有限公司	000916	华北高速	交通运输、仓储和邮政业
403	湖南电广传媒股份有限公司	000917	电广传媒	信息传输、软件和信息技术服务业
404	嘉凯城集团股份有限公司	000918	嘉凯城	房地产业
405	金陵药业股份有限公司	000919	金陵药业	制造业
406	南方汇通股份有限公司	000920	南方汇通	制造业
407	海信科龙电器股份有限公司	000921	海信科龙	制造业
408	哈尔滨电气集团佳木斯电机股份有限公司	000922	佳电股份	制造业

continued

股本总数(股)	第一大股东名称	第一大股东持股数量(股)	所占比重(%)	上市地点
515940000	电信科学技术研究院	67301387	13.04	深圳
400400000	中国石化集团江汉石油管理局	270270000	67.50	深圳
227000000	冀东发展集团有限责任公司	67878421	29.90	深圳
3795966720	宜宾市国有资产经营有限公司	1366548020	36.00	深圳
420480000	安徽国风集团有限公司	135138216	32.14	深圳
438540000	北京顺鑫农业发展集团有限公司	214854025	48.99	深圳
492188966	广州海印实业集团有限公司	342668633	69.62	深圳
283068000	中铝宁夏能源集团有限公司	79323793	28.02	深圳
738690925	上海三湘投资控股有限公司	329779527	44.64	深圳
695565603	安徽江淮汽车集团有限公司	144200000	20.73	深圳
685464000	烟台张裕集团有限公司	345473856	50.40	深圳
1460612195	吉林省能源交通总公司	214663054	14.70	深圳
1737669610	南方希望实业有限公司	403916262	23.24	深圳
880101259	中国中材股份有限公司	312381609	35.49	深圳
1416398800	云南铜业(集团)有限公司	682348800	48.17	深圳
276100500	潍柴控股集团有限公司	84465500	30.59	深圳
308918400	中国大连国际经济技术合作集团有限公司	56772782	18.38	深圳
1071962929	北京华联集团投资控股有限公司	317033254	29.58	深圳
2674374839	湖北省人民政府国有资产监督管理委员会	888317165	33.22	深圳
426799283	河南投资集团有限公司	278907035	65.35	深圳
988828300	海南省交通投资控股有限公司	248641981	25.15	深圳
1079385565	安徽中鼎控股(集团)股份有限公司	617193977	57.18	深圳
263456551	四川省峨眉山乐山大佛旅游集团总公司	93173625	35.37	深圳
445521564	中兆投资管理有限公司	208074832	46.70	深圳
379641600	江苏法尔胜泓昇集团有限公司	79973918	21.07	深圳
413876880	上海鑫以实业有限公司	106938440	25.84	深圳
271780000	广州东凌实业集团有限公司	118671103	43.66	深圳
2200578448	河南省漯河市双汇实业集团有限责任公司	1325714138	60.24	深圳
1617272234	天津泰达建设集团有限公司	376623390	23.29	深圳
7234807847	鞍山钢铁集团公司	4904908290	67.80	深圳
646677760	江西省投资集团公司	377849749	58.43	深圳
778373505	湖南省高速公路建设开发总公司	211624087	27.19	深圳
250359122	中国航天科工飞航技术研究院	56696116	22.65	深圳
258000000	中国恒天集团有限公司	73255526	28.39	深圳
680760000	云南内燃机厂	259651140	38.14	深圳
531000000	厦门国际港务股份有限公司	292716000	55.13	深圳
330605802	浙江物产国际贸易有限公司	152497693	46.13	深圳
280000000	中国长城资产管理公司	143352870	51.20	深圳
294000000	西湖电子集团有限公司	156509577	53.23	深圳
527500000	大亚科技集团有限公司	251367200	47.65	深圳
286640000	南宁振宁资产经营有限责任公司	136768800	47.71	深圳
585000000	四川化工控股(集团)有限责任公司	318100000	54.37	深圳
453536000	温岭钱江投资经营有限公司	187971397	41.45	深圳
180254989	山东山大产业集团有限公司	40177450	22.29	深圳
1090000000	招商局华建公路投资有限公司	292367935	26.82	深圳
1417556338	湖南广播电视产业中心	242884503	17.13	深圳
1804191500	浙江省商业集团有限公司	513560276	28.46	深圳
504000000	南京金陵制药(集团)有限公司	227943839	45.23	深圳
422000000	中国南车集团公司	179940000	42.64	深圳
1354054750	青岛海信空调有限公司	612316909	45.22	深圳
524134049	哈尔滨电气集团公司	126531000	24.14	深圳

附录1-5　续表 8

序号	公司全称	股票代码	股票简称	行业分类
409	河北宣化工程机械股份有限公司	000923	河北宣工	制造业
410	浙江众合机电股份有限公司	000925	众合机电	制造业
411	湖北福星科技股份有限公司	000926	福星股份	房地产业
412	天津一汽夏利汽车股份有限公司	000927	一汽夏利	制造业
413	中钢集团吉林炭素股份有限公司	000928	*ST吉炭	制造业
414	兰州黄河企业股份有限公司	000929	兰州黄河	制造业
415	中粮生物化学(安徽)股份有限公司	000930	中粮生化	制造业
416	北京中关村科技发展(控股)股份有限公司	000931	中关村	建筑业
417	湖南华菱钢铁股份有限公司	000932	华菱钢铁	制造业
418	河南神火煤电股份有限公司	000933	神火股份	制造业
419	四川双马水泥股份有限公司	000935	四川双马	制造业
420	江苏华西村股份有限公司	000936	华西股份	制造业
421	冀中能源股份有限公司	000937	冀中能源	采矿业
422	紫光股份有限公司	000938	紫光股份	制造业
423	武汉凯迪电力股份有限公司	000939	凯迪电力	采矿业
424	云南南天电子信息产业股份有限公司	000948	南天信息	信息传输、软件和信息技术服务业
425	新乡化纤股份有限公司	000949	新乡化纤	制造业
426	重庆建峰化工股份有限公司	000950	建峰化工	制造业
427	中国重汽集团济南卡车股份有限公司	000951	中国重汽	制造业
428	湖北广济药业股份有限公司	000952	广济药业	制造业
429	广西河池化工股份有限公司	000953	*ST河化	制造业
430	欣龙控股(集团)股份有限公司	000955	欣龙控股	制造业
431	中通客车控股股份有限公司	000957	中通客车	制造业
432	石家庄东方热电股份有限公司	000958	*ST东热	电力、热力、燃气及水生产和供应业
433	北京首钢股份有限公司	000959	首钢股份	制造业
434	云南锡业股份有限公司	000960	锡业股份	制造业
435	江苏中南建设集团股份有限公司	000961	中南建设	建筑业
436	宁夏东方钽业股份有限公司	000962	东方钽业	制造业
437	华东医药股份有限公司	000963	华东医药	批发和零售业
438	天津天保基建股份有限公司	000965	天保基建	房地产业
439	国电长源电力股份有限公司	000966	长源电力	电力、热力、燃气及水生产和供应业
440	浙江上风实业股份有限公司	000967	上风高科	制造业
441	太原煤气化股份有限公司	000968	煤气化	制造业
442	安泰科技股份有限公司	000969	安泰科技	制造业
443	北京中科三环高技术股份有限公司	000970	中科三环	制造业
444	湖北蓝鼎控股股份有限公司	000971	蓝鼎控股	制造业
445	新疆中基实业股份有限公司	000972	新中基	制造业
446	佛山佛塑科技集团股份有限公司	000973	佛塑科技	制造业
447	银泰资源股份有限公司	000975	银泰资源	采矿业
448	广东开平春晖股份有限公司	000976	春晖股份	制造业
449	浪潮电子信息产业股份有限公司	000977	浪潮信息	制造业
450	桂林旅游股份有限公司	000978	桂林旅游	水利、环境和公共设施管理业
451	中弘控股股份有限公司	000979	中弘股份	房地产业
452	黄山金马股份有限公司	000980	金马股份	制造业
453	银亿房地产股份有限公司	000981	银亿股份	房地产业
454	宁夏中银绒业股份有限公司	000982	中银绒业	制造业
455	山西西山煤电股份有限公司	000983	西山煤电	采矿业
456	大庆华科股份有限公司	000985	大庆华科	制造业
457	广州友谊集团股份有限公司	000987	广州友谊	批发和零售业
458	华工科技产业股份有限公司	000988	华工科技	制造业
459	九芝堂股份有限公司	000989	九芝堂	制造业

continued

股本总数(股)	第一大股东名称	第一大股东持股数量(股)	所占比重(%)	上市地点
198000000	河北宣工机械发展有限责任公司	70369667	35.54	深圳
311338108	浙大网新科技股份有限公司	76260994	24.50	深圳
712355650	福星集团控股有限公司	185359071	26.02	深圳
1595174020	中国第一汽车股份有限公司	761427612	47.73	深圳
282899000	中国中钢集团公司	131025539	46.32	深圳
185766000	兰州黄河新盛投资有限公司	39547372	21.29	深圳
964411115	大耀香港有限公司	200000000	20.74	深圳
674846940	国美控股集团有限公司	158114894	23.43	深圳
3015650025	湖南华菱钢铁集团有限责任公司	1506560875	49.96	深圳
1900500000	河南神火集团有限公司	441736575	23.24	深圳
615862000	LAFARGE CHINA OFFSHORE HOLDING COMPANY (LCOHC) LTD.	296452000	48.14	深圳
748012887	江苏华西集团公司	309622409	41.39	深圳
2312884204	冀中能源集团有限责任公司	843134560	36.45	深圳
206080000	启迪控股股份有限公司	51520000	25.00	深圳
943308800	阳光凯迪新能源集团有限公司	268758667	28.49	深圳
246606046	南天电子信息产业集团公司	70638720	28.64	深圳
829221502	新乡白鹭化纤集团有限责任公司	342563780	41.31	深圳
598799235	重庆建峰工业集团有限公司	311683735	52.05	深圳
419425500	中国重汽(香港)有限公司	267492579	63.78	深圳
251705513	武穴市国有资产经营公司	38044483	15.11	深圳
294059437	广西河池化学工业集团公司	124493589	42.34	深圳
538395000	海南筑华科工贸有限公司	87298591	16.21	深圳
238504950	中通汽车工业集团有限责任公司	51814353	21.72	深圳
299485000	中国电力投资集团公司	183908000	38.05	深圳
2966526057	首钢总公司	1875897328	63.24	深圳
1151220391	云南锡业集团有限责任公司	457887301	39.77	深圳
1167839226	中南城市建设投资有限公司	848245184	72.63	深圳
440832644	中色(宁夏)东方集团有限公司	201916800	45.80	深圳
434059991	中国远大集团有限责任公司	154107432	35.50	深圳
692337178	天津天保控股有限公司	519087178	74.98	深圳
554142040	中国国电集团公司	207220666	37.39	深圳
246214944	盈峰投资控股集团有限公司	99007003	40.21	深圳
513747000	太原煤炭气化(集团)有限责任公司	254037755	49.45	深圳
862796348	中国钢研科技集团有限公司	351886920	40.78	深圳
1065200000	北京三环新材料高技术公司	246853272	23.17	深圳
243100000	蓝鼎实业(湖北)有限公司	72687000	29.90	深圳
771283579	农六师国有资产经营有限责任公司	119243804	15.46	深圳
967423171	广东省广新控股集团有限公司	250599212	25.90	深圳
1085569741	中国银泰投资有限公司	264719896	24.39	深圳
586642796	广州市鸿汇投资有限公司	71290632	12.15	深圳
215000000	浪潮集团有限公司	102186400	47.53	深圳
360100000	桂林旅游发展总公司	83051422	23.06	深圳
1922975953	中弘卓业集团有限公司	768309300	39.95	深圳
317000000	黄山金马集团有限公司	105566146	33.30	深圳
859005200	宁波银亿控股有限公司	768024118	89.41	深圳
718851205	宁夏中银绒业国际集团有限公司	239720000	33.35	深圳
3151200000	山西焦煤集团有限责任公司	1714215108	54.40	深圳
129639500	中国石油大庆石油化工总厂	51000000	39.34	深圳
358958107	广州市人民政府国有资产监督管理委员会	186266107	51.89	深圳
891116632	武汉华中科技大产业集团有限公司	333266398	37.40	深圳
297605268	长沙九芝堂(集团)有限公司	120090769	40.35	深圳

附录1-5　续表 9

序号	公司全称	股票代码	股票简称	行业分类
460	诚志股份有限公司	000990	诚志股份	制造业
461	福建闽东电力股份有限公司	000993	闽东电力	电力、热力、燃气及水生产和供应业
462	甘肃皇台酒业股份有限公司	000995	皇台酒业	制造业
463	中国中期投资股份有限公司	000996	中国中期	批发和零售业
464	福建新大陆电脑股份有限公司	000997	新大陆	信息传输、软件和信息技术服务业
465	袁隆平农业高科技股份有限公司	000998	隆平高科	农、林、牧、渔业
466	华润三九医药股份有限公司	000999	华润三九	制造业
467	重庆宗申动力机械股份有限公司	001696	宗申动力	制造业
468	河南豫能控股股份有限公司	001896	豫能控股	电力、热力、燃气及水生产和供应业
469	浙江新和成股份有限公司	002001	新和成	制造业
470	鸿达兴业股份有限公司	002002	鸿达兴业	制造业
471	浙江伟星实业发展股份有限公司	002003	伟星股份	制造业
472	华邦颖泰股份有限公司	002004	华邦颖泰	制造业
473	广东德豪润达电气股份有限公司	002005	德豪润达	制造业
474	浙江精功科技股份有限公司	002006	精功科技	制造业
475	华兰生物工程股份有限公司	002007	华兰生物	制造业
476	深圳市大族激光科技股份有限公司	002008	大族激光	制造业
477	天奇自动化工程股份有限公司	002009	天奇股份	制造业
478	浙江传化股份有限公司	002010	传化股份	制造业
479	浙江盾安人工环境股份有限公司	002011	盾安环境	制造业
480	浙江凯恩特种材料股份有限公司	002012	凯恩股份	制造业
481	中航工业机电系统股份有限公司	002013	中航机电	制造业
482	黄山永新股份有限公司	002014	永新股份	制造业
483	江苏霞客环保色纺股份有限公司	002015	ST霞客	制造业
484	广东世荣兆业股份有限公司	002016	世荣兆业	房地产业
485	东信和平科技股份有限公司	002017	东信和平	制造业
486	安徽华星化工股份有限公司	002018	华星化工	制造业
487	浙江杭州鑫富药业股份有限公司	002019	鑫富药业	制造业
488	浙江京新药业股份有限公司	002020	京新药业	制造业
489	中捷缝纫机股份有限公司	002021	中捷股份	制造业
490	上海科华生物工程股份有限公司	002022	科华生物	制造业
491	四川海特高新技术股份有限公司	002023	海特高新	制造业
492	苏宁云商集团股份有限公司	002024	苏宁云商	批发和零售业
493	贵州航天电器股份有限公司	002025	航天电器	制造业
494	山东威达机械股份有限公司	002026	山东威达	制造业
495	七喜控股股份有限公司	002027	七喜控股	制造业
496	思源电气股份有限公司	002028	思源电气	制造业
497	福建七匹狼实业股份有限公司	002029	七匹狼	制造业
498	中山大学达安基因股份有限公司	002030	达安基因	制造业
499	巨轮股份有限公司	002031	巨轮股份	制造业
500	浙江苏泊尔股份有限公司	002032	苏泊尔	制造业
501	丽江玉龙旅游股份有限公司	002033	丽江旅游	水利、环境和公共设施管理业
502	浙江美欣达印染集团股份有限公司	002034	美欣达	制造业
503	华帝股份有限公司	002035	华帝股份	制造业
504	宁波宜科科技实业股份有限公司	002036	宜科科技	制造业
505	贵州久联民爆器材发展股份有限公司	002037	久联发展	制造业
506	北京双鹭药业股份有限公司	002038	双鹭药业	制造业
507	贵州黔源电力股份有限公司	002039	黔源电力	电力、热力、燃气及水生产和供应业
508	南京港股份有限公司	002040	南京港	交通运输、仓储和邮政业
509	山东登海种业股份有限公司	002041	登海种业	农、林、牧、渔业
510	华孚色纺股份有限公司	002042	华孚色纺	制造业

continued

股本总数(股)	第一大股东名称	第一大股东持股数量(股)	所占比重(%)	上市地点
297032414	清华控股有限公司	119139670	40.11	深圳
373000000	宁德市国有资产投资经营有限公司	198470000	53.21	深圳
177408000	上海厚丰投资有限公司	34770000	19.60	深圳
230000000	中期集团有限公司	46590400	20.26	深圳
510266666	福建新大陆科技集团有限公司	189099689	37.06	深圳
415800000	湖南新大新股份有限公司	71700005	17.24	深圳
978900000	华润医药控股有限公司	622498783	63.59	深圳
1145026920	重庆宗申高速艇开发有限公司	230192114	20.10	深圳
623346930	河南投资集团有限公司	520077135	83.43	深圳
725946000	新和成控股集团有限公司	409118838	56.36	深圳
607048558	鸿达兴业集团有限公司	256741309	42.29	深圳
258988006	伟星集团有限公司	79041398	30.52	深圳
580732770	重庆汇邦旅业有限公司	68399939	11.78	深圳
1166400000	芜湖德豪投资有限公司	245356800	21.04	深圳
455160000	精功集团有限公司	79290587	17.42	深圳
580914800	新乡市华兰生物技术有限公司	102723822	17.68	深圳
1044396600	大族控股集团有限公司	188190937	18.02	深圳
321010822	黄伟兴	56665412	17.65	深圳
487980000	传化集团有限公司	112011791	22.95	深圳
843427460	浙江盾安精工集团有限公司	360000000	42.68	深圳
467625470	凯恩集团有限公司	82301206	17.60	深圳
716286314	中航机电系统有限公司	308555919	43.08	深圳
325758450	黄山永佳(集团)有限公司	92197695	28.30	深圳
239942410	江阴中基矿业投资有限公司	32890134	13.71	深圳
646095632	梁社增	433440000	67.09	深圳
218418754	普天东方通信集团有限公司	64703675	29.62	深圳
1198856538	上海华信石油集团有限公司	728685018	60.78	深圳
220420000	杭州临安申光贸易有限责任公司	44434896	20.16	深圳
252662840	吕钢	60384440	23.90	深圳
567815040	中捷控股集团有限公司	112953997	19.89	深圳
492277500	徐显德	39046260	7.93	深圳
336985385	李再春	81945012	24.32	深圳
7383043150	张近东	1951811430	26.44	深圳
330000000	贵州航天工业有限责任公司	137435620	41.65	深圳
228150000	山东威达集团有限公司	79290751	34.75	深圳
302335116	易贤忠	129677590	42.89	深圳
439680000	董增平	81427274	18.52	深圳
755670000	福建七匹狼集团有限公司	259136718	34.29	深圳
457651814	广州中大控股有限公司	92326457	20.17	深圳
471781710	揭阳市外轮模具研究开发有限公司	84952293	18.01	深圳
634394112	SEB INTERNATIONALE S.A.S	452832233	71.38	深圳
212946332	丽江玉龙雪山旅游开发有限责任公司	44327379	20.82	深圳
85120000	单建明	28732545	33.76	深圳
299051085	石河子九洲股权投资有限合伙企业	62094824	20.76	深圳
202248900	雅戈尔集团股份有限公司	60349674	29.84	深圳
327368160	贵州久联企业集团有限责任公司	99060445	30.26	深圳
456840000	徐明波	102969003	22.54	深圳
203599108	中国华电集团公司	27657680	13.58	深圳
245872000	南京港(集团)有限公司	155844768	63.38	深圳
352000000	莱州市农业科学院	186899227	53.10	深圳
832992573	华孚控股有限公司	353769000	42.47	深圳

附录1-5　续表 10

序号	公司全称	股票代码	股票简称	行业分类
511	德华兔宝宝装饰新材股份有限公司	002043	兔宝宝	制造业
512	江苏三友集团股份有限公司	002044	江苏三友	制造业
513	国光电器股份有限公司	002045	国光电器	制造业
514	洛阳轴研科技股份有限公司	002046	轴研科技	制造业
515	深圳市宝鹰建设控股集团股份有限公司	002047	宝鹰股份	制造业
516	宁波华翔电子股份有限公司	002048	宁波华翔	制造业
517	同方国芯电子股份有限公司	002049	同方国芯	制造业
518	浙江三花股份有限公司	002050	三花股份	制造业
519	中工国际工程股份有限公司	002051	中工国际	建筑业
520	深圳市同洲电子股份有限公司	002052	同洲电子	制造业
521	云南盐化股份有限公司	002053	云南盐化	制造业
522	广东德美精细化工股份有限公司	002054	德美化工	制造业
523	深圳市得润电子股份有限公司	002055	得润电子	制造业
524	横店集团东磁股份有限公司	002056	横店东磁	制造业
525	中钢集团安徽天源科技股份有限公司	002057	中钢天源	制造业
526	上海威尔泰工业自动化股份有限公司	002058	威尔泰	制造业
527	云南旅游股份有限公司	002059	云南旅游	水利、环境和公共设施管理业
528	广东水电二局股份有限公司	002060	粤水电	建筑业
529	浙江江山化工股份有限公司	002061	江山化工	制造业
530	宏润建设集团股份有限公司	002062	宏润建设	建筑业
531	远光软件股份有限公司	002063	远光软件	信息传输、软件和信息技术服务业
532	浙江华峰氨纶股份有限公司	002064	华峰氨纶	制造业
533	东华软件股份公司	002065	东华软件	信息传输、软件和信息技术服务业
534	瑞泰科技股份有限公司	002066	瑞泰科技	制造业
535	浙江景兴纸业股份有限公司	002067	景兴纸业	制造业
536	江西黑猫炭黑股份有限公司	002068	黑猫股份	制造业
537	獐子岛集团股份有限公司	002069	獐子岛	农、林、牧、渔业
538	福建众和股份有限公司	002070	众和股份	制造业
539	江苏宏宝五金股份有限公司	002071	江苏宏宝	制造业
540	山东德棉股份有限公司	002072	德棉股份	制造业
541	软控股份有限公司	002073	软控股份	制造业
542	江苏东源电器集团股份有限公司	002074	东源电器	制造业
543	江苏沙钢股份有限公司	002075	沙钢股份	制造业
544	广东雪莱特光电科技股份有限公司	002076	雪莱特	制造业
545	江苏大港股份有限公司	002077	大港股份	房地产业
546	山东太阳纸业股份有限公司	002078	太阳纸业	制造业
547	苏州固锝电子股份有限公司	002079	苏州固锝	制造业
548	中材科技股份有限公司	002080	中材科技	制造业
549	苏州金螳螂建筑装饰股份有限公司	002081	金螳螂	建筑业
550	浙江栋梁新材股份有限公司	002082	栋梁新材	制造业
551	孚日集团股份有限公司	002083	孚日股份	制造业
552	广州海鸥卫浴用品股份有限公司	002084	海鸥卫浴	制造业
553	浙江万丰奥威汽轮股份有限公司	002085	万丰奥威	制造业
554	山东东方海洋科技股份有限公司	002086	东方海洋	农、林、牧、渔业
555	河南新野纺织股份有限公司	002087	新野纺织	制造业
556	山东鲁阳股份有限公司	002088	鲁阳股份	制造业
557	苏州新海宜通信科技股份有限公司	002089	新海宜	制造业
558	江苏金智科技股份有限公司	002090	金智科技	制造业
559	江苏国泰国际集团国贸股份有限公司	002091	江苏国泰	批发和零售业
560	新疆中泰化学股份有限公司	002092	中泰化学	制造业
561	国脉科技股份有限公司	002093	国脉科技	信息传输、软件和信息技术服务业

continued

股本总数(股)	第一大股东名称	第一大股东持股数量(股)	所占比重(%)	上市地点
470019780	德华集团控股股份有限公司	161119990	34.28	深圳
224250000	南通友谊实业有限公司	61444500	27.40	深圳
416904000	广东国光投资有限公司	91212685	21.88	深圳
278604348	中国机械工业集团有限公司	113724000	40.82	深圳
1064591435	古少明	270621679	25.42	深圳
530047150	周晓峰	89936799	16.97	深圳
303408984	同方股份有限公司	125557622	41.38	深圳
594737332	三花控股集团有限公司	323052304	54.32	深圳
637202779	中国机械工业集团有限公司	390085800	61.22	深圳
682959694	袁明	218856958	32.05	深圳
185851103	云南轻纺集团有限公司	75429364	40.59	深圳
322930363	黄冠雄	70390880	21.80	深圳
414512080	深圳市宝安得胜电子器件有限公司	139771620	33.72	深圳
410900000	横店集团控股有限公司	230100000	56.00	深圳
99690835	中国中钢股份有限公司	26689147	26.77	深圳
143448332	上海紫江(集团)有限公司	23380900	16.30	深圳
312010107	云南世博旅游控股集团有限公司	178997993	57.37	深圳
601131029	广东省水电集团有限公司	177450532	29.52	深圳
348661321	浙江省铁路投资集团有限公司	105352623	30.22	深圳
562500000	浙江宏润控股有限公司	252736527	44.93	深圳
462054367	陈利浩	53190446	11.51	深圳
738400000	华峰集团有限公司	238680000	32.32	深圳
694303610	北京东华诚信电脑科技发展有限公司	158992520	23.04	深圳
231000000	中国建筑材料科学研究总院	103186224	44.67	深圳
1093951000	朱在龙	177900000	16.26	深圳
479699200	景德镇市焦化工业集团有限责任公司	208381971	43.44	深圳
711112194	长海县獐子岛投资发展中心	325428800	45.76	深圳
635258156	许金和	115316242	18.15	深圳
184020000	江苏宏宝集团有限公司	76292196	41.46	深圳
176000000	浙江第五季实业有限公司	30000000	17.05	深圳
742365000	袁仲雪	144725486	19.50	深圳
253368000	孙益源	32359500	12.77	深圳
1576265552	江苏沙钢集团有限公司	1182269558	75.00	深圳
184270676	柴国生	73072812	39.66	深圳
252000000	镇江新区大港开发有限公司	126186313	50.07	深圳
1150000000	山东太阳控股集团有限公司	823577842	71.62	深圳
727971487	苏州通博电子器材有限公司	267477429	36.74	深圳
400000000	中国中材股份有限公司	217298286	54.32	深圳
1174803862	苏州金螳螂企业(集团)有限公司	290135702	24.70	深圳
238000000	陆志宝	44943360	18.88	深圳
908000005	山东孚日控股股份有限公司	219818617	24.21	深圳
406055813	中馀投资有限公司	117102643	28.84	深圳
390098968	万丰奥特控股集团有限公司	227614131	58.35	深圳
243850000	山东东方海洋集团有限公司	61000000	25.02	深圳
519758400	新野县财政局	171507840	33.00	深圳
233978689	沂源县南麻镇集体资产经营管理中心	77273618	33.03	深圳
442566560	张亦斌	79530803	17.97	深圳
204000000	南京金智创业投资有限公司	86923800	42.61	深圳
360000000	江苏国泰国际集团有限公司	109680000	30.47	深圳
1390239078	新疆中泰(集团)有限责任公司	340503621	24.49	深圳
865000000	陈国鹰	234234000	27.08	深圳

附录1-5　续表 11

序号	公司全称	股票代码	股票简称	行业分类
562	青岛金王应用化学股份有限公司	002094	青岛金王	制造业
563	浙江网盛生意宝股份有限公司	002095	生意宝	信息传输、软件和信息技术服务业
564	湖南南岭民用爆破器材股份有限公司	002096	南岭民爆	制造业
565	山河智能装备股份有限公司	002097	山河智能	制造业
566	福建浔兴拉链科技股份有限公司	002098	浔兴股份	制造业
567	浙江海翔药业股份有限公司	002099	海翔药业	制造业
568	新疆天康畜牧生物技术股份有限公司	002100	天康生物	制造业
569	广东鸿图科技股份有限公司	002101	广东鸿图	制造业
570	福建冠福现代家用股份有限公司	002102	冠福家用	制造业
571	广博集团股份有限公司	002103	广博股份	制造业
572	恒宝股份有限公司	002104	恒宝股份	制造业
573	深圳信隆实业股份有限公司	002105	信隆实业	制造业
574	深圳莱宝高科技股份有限公司	002106	莱宝高科	制造业
575	山东沃华医药科技股份有限公司	002107	沃华医药	制造业
576	沧州明珠塑料股份有限公司	002108	沧州明珠	制造业
577	陕西兴化化学股份有限公司	002109	兴化股份	制造业
578	福建三钢闽光股份有限公司	002110	三钢闽光	制造业
579	威海广泰空港设备股份有限公司	002111	威海广泰	制造业
580	三变科技股份有限公司	002112	三变科技	制造业
581	湖南天润实业控股股份有限公司	002113	天润控股	房地产业
582	云南罗平锌电股份有限公司	002114	罗平锌电	制造业
583	三维通信股份有限公司	002115	三维通信	制造业
584	中国海诚工程科技股份有限公司	002116	中国海诚	科学研究和技术服务业
585	东港股份有限公司	002117	东港股份	制造业
586	吉林紫鑫药业股份有限公司	002118	紫鑫药业	制造业
587	宁波康强电子股份有限公司	002119	康强电子	制造业
588	宁波新海电气股份有限公司	002120	新海股份	制造业
589	深圳市科陆电子科技股份有限公司	002121	科陆电子	制造业
590	天马轴承集团股份有限公司	002122	天马股份	制造业
591	荣信电力电子股份有限公司	002123	荣信股份	制造业
592	宁波天邦股份有限公司	002124	天邦股份	制造业
593	湘潭电化科技股份有限公司	002125	湘潭电化	制造业
594	浙江银轮机械股份有限公司	002126	银轮股份	制造业
595	江苏新民纺织科技股份有限公司	002127	*ST新民	制造业
596	内蒙古霍林河露天煤业股份有限公司	002128	露天煤业	采矿业
597	天津中环半导体股份有限公司	002129	中环股份	制造业
598	深圳市沃尔核材股份有限公司	002130	沃尔核材	制造业
599	利欧集团股份有限公司	002131	利欧股份	制造业
600	河南恒星科技股份有限公司	002132	恒星科技	制造业
601	广宇集团股份有限公司	002133	广宇集团	房地产业
602	天津普林电路股份有限公司	002134	天津普林	制造业
603	浙江东南网架股份有限公司	002135	东南网架	建筑业
604	安徽安纳达钛业股份有限公司	002136	安纳达	制造业
605	深圳市实益达科技股份有限公司	002137	实益达	制造业
606	深圳顺络电子股份有限公司	002138	顺络电子	制造业
607	深圳拓邦股份有限公司	002139	拓邦股份	制造业
608	东华工程科技股份有限公司	002140	东华科技	建筑业
609	广东蓉胜超微线材股份有限公司	002141	蓉胜超微	制造业
610	宁波银行股份有限公司	002142	宁波银行	金融业
611	四川高金食品股份有限公司	002143	高金食品	制造业
612	宏达高科控股股份有限公司	002144	宏达高科	制造业

continued

股本总数(股)	第一大股东名称	第一大股东持股数量(股)	所占比重(%)	上市地点
321916620	青岛金王国际运输有限公司	86999013	27.03	深圳
162000000	杭州中达信息技术有限公司	78975000	48.75	深圳
371287000	湖南省南岭化工集团有限责任公司	173075912	46.62	深圳
411450000	何清华	109308760	26.57	深圳
155000000	福建浔兴集团有限公司	55527500	35.82	深圳
324490000	罗煜竑	59400000	18.31	深圳
434159044	新疆天康控股(集团)有限公司	146517930	33.75	深圳
191700000	高要鸿图工业有限公司	32047382	16.72	深圳
409260000	林福椿	63579002	15.54	深圳
218431000	王利平	42772370	19.58	深圳
440640000	钱云宝	132192000	30.00	深圳
268000000	利田发展有限公司	112380000	41.93	深圳
705816160	中国节能减排有限公司	147108123	20.84	深圳
163980000	北京中证万融投资集团有限公司	82427944	50.27	深圳
340154800	河北沧州东塑集团股份有限公司	117693569	34.60	深圳
358400000	陕西兴化集团有限责任公司	148315793	41.38	深圳
534700000	福建省三钢(集团)有限责任公司	389700000	72.88	深圳
307270735	新疆广泰空港股权投资有限合伙企业	104940545	34.15	深圳
201600000	浙江三变集团有限公司	39820931	19.75	深圳
118400000	广东恒润华创实业发展有限公司	25400000	21.45	深圳
271840827	罗平县锌电公司	97597600	35.90	深圳
410688000	李越伦	79452000	19.35	深圳
205200000	中国轻工集团公司	111455879	54.32	深圳
303298012	香港喜多来集团有限公司	86273724	28.45	深圳
512991382	敦化市康平投资有限责任公司	241225016	47.02	深圳
206200000	宁波普利赛思电子有限公司	40664400	19.72	深圳
150280000	黄新华	54746773	36.43	深圳
396690000	饶陆华	168286758	42.42	深圳
1188000000	天马控股集团有限公司	509227919	42.86	深圳
504000000	深圳市深港产学研创业投资有限公司	74073316	14.70	深圳
205500000	张邦辉	49500000	24.09	深圳
139130616	湘潭电化集团有限公司	65051800	46.76	深圳
326590000	浙江银轮实业发展股份有限公司	40222000	12.32	深圳
446458902	东方新民控股有限公司	132581010	29.69	深圳
1326686166	中电投蒙东能源集团有限责任公司	920707272	69.40	深圳
878841645	天津中环电子信息集团有限公司	361623951	41.15	深圳
570676947	周和平	290701092	50.94	深圳
375588388	王相荣	82288438	25.74	深圳
539869800	谢保军	187655049	34.76	深圳
598320000	杭州平海投资有限公司	134757000	22.52	深圳
245849768	天津中环电子信息集团有限公司	62314645	25.35	深圳
748600000	浙江东南网架集团有限公司	292500000	39.07	深圳
215020000	铜陵化学工业集团有限公司	66466784	30.91	深圳
458410600	深圳市恒顺昌投资发展有限公司	217741121	47.50	深圳
328082311	金倡投资有限公司	101450000	30.92	深圳
218400000	武永强	61322496	28.08	深圳
446034534	化学工业第三设计院有限公司	263653734	59.11	深圳
181888000	珠海市科见投资有限公司	38045840	20.92	深圳
2883820529	新加坡华侨银行有限公司	396320529	13.74	深圳
208650000	金翔宇	63076012	30.23	深圳
176762528	沈国甫	37759236	21.36	深圳

附录1-5 续表 12

序号	公司全称	股票代码	股票简称	行业分类
613	中核华原钛白股份有限公司	002145	中核钛白	制造业
614	荣盛房地产发展股份有限公司	002146	荣盛发展	房地产业
615	马鞍山方圆回转支承股份有限公司	002147	方圆支承	制造业
616	北京北纬通信科技股份有限公司	002148	北纬通信	信息传输、软件和信息技术服务业
617	西部金属材料股份有限公司	002149	西部材料	制造业
618	江苏通润装备科技股份有限公司	002150	通润装备	制造业
619	北京北斗星通导航技术股份有限公司	002151	北斗星通	制造业
620	广州广电运通金融电子股份有限公司	002152	广电运通	制造业
621	北京中长石基信息技术股份有限公司	002153	石基信息	信息传输、软件和信息技术服务业
622	浙江报喜鸟服饰股份有限公司	002154	报喜鸟	制造业
623	湖南辰州矿业股份有限公司	002155	辰州矿业	采矿业
624	南通富士通微电子股份有限公司	002156	通富微电	制造业
625	江西正邦科技股份有限公司	002157	正邦科技	制造业
626	上海汉钟精机股份有限公司	002158	汉钟精机	制造业
627	武汉三特索道集团股份有限公司	002159	三特索道	水利、环境和公共设施管理业
628	江苏常铝铝业股份有限公司	002160	*ST常铝	制造业
629	深圳市远望谷信息技术股份有限公司	002161	远望谷	制造业
630	上海斯米克控股股份有限公司	002162	斯米克	制造业
631	中航三鑫股份有限公司	002163	中航三鑫	建筑业
632	宁波东力股份有限公司	002164	宁波东力	制造业
633	南京红宝丽股份有限公司	002165	红宝丽	制造业
634	桂林莱茵生物科技股份有限公司	002166	莱茵生物	制造业
635	广东东方锆业科技股份有限公司	002167	东方锆业	制造业
636	深圳市惠程电气股份有限公司	002168	深圳惠程	制造业
637	广州智光电气股份有限公司	002169	智光电气	制造业
638	深圳市芭田生态工程股份有限公司	002170	芭田股份	制造业
639	安徽精诚铜业股份有限公司	002171	精诚铜业	制造业
640	江苏澳洋科技股份有限公司	002172	澳洋科技	制造业
641	千足珍珠集团股份有限公司	002173	千足珍珠	制造业
642	梅花伞业股份有限公司	002174	梅花伞	制造业
643	桂林广陆数字测控股份有限公司	002175	广陆数测	制造业
644	江西特种电机股份有限公司	002176	江特电机	制造业
645	广州御银科技股份有限公司	002177	御银股份	制造业
646	上海延华智能科技(集团)股份有限公司	002178	延华智能	科学研究和技术服务业
647	中航光电科技股份有限公司	002179	中航光电	制造业
648	珠海万力达电气股份有限公司	002180	万力达	制造业
649	广东广州日报传媒股份有限公司	002181	粤传媒	租赁和商务服务业
650	南京云海特种金属股份有限公司	002182	云海金属	制造业
651	深圳市怡亚通供应链股份有限公司	002183	怡亚通	租赁和商务服务业
652	上海海得控制系统股份有限公司	002184	海得控制	制造业
653	天水华天科技股份有限公司	002185	华天科技	制造业
654	中国全聚德(集团)股份有限公司	002186	全聚德	住宿和餐饮业
655	广州市广百股份有限公司	002187	广百股份	批发和零售业
656	浙江新嘉联电子股份有限公司	002188	新嘉联	制造业
657	利达光电股份有限公司	002189	利达光电	制造业
658	四川成飞集成科技股份有限公司	002190	成飞集成	制造业
659	深圳劲嘉彩印集团股份有限公司	002191	劲嘉股份	制造业
660	路翔股份有限公司	002192	路翔股份	制造业
661	山东济宁如意毛纺织股份有限公司	002193	山东如意	制造业
662	武汉凡谷电子技术股份有限公司	002194	武汉凡谷	制造业
663	上海海隆软件股份有限公司	002195	海隆软件	信息传输、软件和信息技术服务业

continued

股本总数(股)	第一大股东名称	第一大股东持股数量(股)	所占比重(%)	上市地点
410111940	李建锋	121177463	29.55	深圳
1891567099	荣盛控股股份有限公司	678160028	35.85	深圳
258521810	钱森力	47194675	18.26	深圳
113400000	傅乐民	25653645	22.62	深圳
174630000	西北有色金属研究院	63693189	36.47	深圳
250200000	常熟市千斤顶厂	104832000	41.90	深圳
181504340	周儒欣	86921941	47.89	深圳
747237306	广州无线电集团有限公司	356432470	47.70	深圳
309120000	李仲初	194745600	63.00	深圳
586009370	报喜鸟集团有限公司	209005681	35.67	深圳
996268000	湖南黄金集团有限责任公司	344144930	34.54	深圳
649866720	南通华达微电子集团有限公司	239990400	36.93	深圳
431056568	正邦集团有限公司	175485305	40.71	深圳
239881950	巴拿马海尔梅斯公司	88312020	36.81	深圳
120000000	武汉东湖新技术开发区发展总公司	17563305	14.64	深圳
340000000	常熟市铝箔厂	132600000	39.00	深圳
739757400	徐玉锁	186357114	25.19	深圳
418000000	CIMIC INDUSTRIAL INC.(斯米克工业有限公司)	197823488	47.33	深圳
803550000	韩平元	158150000	19.68	深圳
445625000	东力控股集团有限公司	148500000	33.32	深圳
543832388	江苏宝源投资管理有限公司	131009201	24.08	深圳
129533760	秦本军	25613504	19.77	深圳
413964000	中国核工业集团公司	64807212	15.66	深圳
757104768	吕晓义	179450931	23.70	深圳
266472375	广州市金誉实业投资集团有限公司	61032391	22.90	深圳
851553360	黄培钊	240976500	28.30	深圳
326040000	安徽楚江投资集团有限公司	150786620	46.25	深圳
565820977	澳洋集团有限公司	243082979	42.96	深圳
205000000	陈夏英	89552877	43.68	深圳
82939921	梅花实业集团有限公司	38738546	46.71	深圳
117798288	彭朋	15403432	13.08	深圳
424427644	江西江特电气集团有限公司	122643024	28.90	深圳
761191294	杨文江	290393710	38.15	深圳
172177777	上海延华高科技有限公司	35370720	20.54	深圳
463472988	中国航空科技工业股份有限公司	192681823	41.57	深圳
124983000	庞江华	43185650	34.55	深圳
692002640	广州传媒控股有限公司	341840776	49.40	深圳
288000000	梅小明	86423889	30.01	深圳
986126241	深圳市怡亚通投资控股有限公司	403044812	40.87	深圳
220000000	许泓	51894940	23.59	深圳
649808000	天水华天微电子股份有限公司	224827520	34.60	深圳
283120000	北京首都旅游集团有限责任公司	131606774	46.48	深圳
342422568	广州百货企业集团有限公司	185516427	54.18	深圳
156000000	上海天纪投资有限公司	31013002	19.88	深圳
199240000	中国南方工业集团公司	77690015	38.99	深圳
345188382	成都飞机工业(集团)有限责任公司	177178702	51.33	深圳
642000000	深圳市劲嘉创业投资有限公司	215252997	33.53	深圳
142103469	柯荣卿	28035700	19.73	深圳
160000000	山东如意毛纺集团有限责任公司	42060000	26.29	深圳
555880000	王丽丽	165672000	29.80	深圳
113330000	欧姆龙(中国)有限公司	17945174	15.83	深圳

附录1-5 续表 13

序号	公司全称	股票代码	股票简称	行业分类
664	浙江方正电机股份有限公司	002196	方正电机	制造业
665	深圳市证通电子股份有限公司	002197	证通电子	制造业
666	广东嘉应制药股份有限公司	002198	嘉应制药	制造业
667	浙江东晶电子股份有限公司	002199	东晶电子	制造业
668	云南绿大地生物科技股份有限公司	002200	绿大地	农、林、牧、渔业
669	江苏九鼎新材料股份有限公司	002201	九鼎新材	制造业
670	新疆金风科技股份有限公司	002202	金风科技	制造业
671	浙江海亮股份有限公司	002203	海亮股份	制造业
672	大连华锐重工集团股份有限公司	002204	大连重工	制造业
673	新疆国统管道股份有限公司	002205	国统股份	制造业
674	浙江海利得新材料股份有限公司	002206	海利得	制造业
675	新疆准东石油技术股份有限公司	002207	准油股份	采矿业
676	合肥城建发展股份有限公司	002208	合肥城建	房地产业
677	广州达意隆包装机械股份有限公司	002209	达意隆	制造业
678	深圳市飞马国际供应链股份有限公司	002210	飞马国际	租赁和商务服务业
679	江苏宏达新材料股份有限公司	002211	宏达新材	制造业
680	广东南洋电缆集团股份有限公司	002212	南洋股份	制造业
681	深圳市特尔佳科技股份有限公司	002213	特尔佳	制造业
682	浙江大立科技股份有限公司	002214	大立科技	制造业
683	深圳诺普信农化股份有限公司	002215	诺普信	制造业
684	三全食品股份有限公司	002216	三全食品	制造业
685	山东联合化工股份有限公司	002217	联合化工	制造业
686	深圳市拓日新能源科技股份有限公司	002218	拓日新能	制造业
687	恒康医疗集团股份有限公司	002219	恒康医疗	制造业
688	大连天宝绿色食品股份有限公司	002220	天宝股份	制造业
689	东华能源股份有限公司	002221	东华能源	批发和零售业
690	福建福晶科技股份有限公司	002222	福晶科技	制造业
691	江苏鱼跃医疗设备股份有限公司	002223	鱼跃医疗	制造业
692	三力士股份有限公司	002224	三力士	制造业
693	濮阳濮耐高温材料(集团)股份有限公司	002225	濮耐股份	制造业
694	安徽江南化工股份有限公司	002226	江南化工	制造业
695	深圳奥特迅电力设备股份有限公司	002227	奥特迅	制造业
696	厦门合兴包装印刷股份有限公司	002228	合兴包装	制造业
697	鸿博股份有限公司	002229	鸿博股份	制造业
698	安徽科大讯飞信息科技股份有限公司	002230	科大讯飞	信息传输、软件和信息技术服务业
699	奥维通信股份有限公司	002231	奥维通信	制造业
700	启明信息技术股份有限公司	002232	启明信息	信息传输、软件和信息技术服务业
701	广东塔牌集团股份有限公司	002233	塔牌集团	制造业
702	山东民和牧业股份有限公司	002234	民和股份	农、林、牧、渔业
703	厦门安妮股份有限公司	002235	安妮股份	制造业
704	浙江大华技术股份有限公司	002236	大华股份	制造业
705	山东恒邦冶炼股份有限公司	002237	恒邦股份	制造业
706	深圳市天威视讯股份有限公司	002238	天威视讯	信息传输、软件和信息技术服务业
707	江苏金飞达服装股份有限公司	002239	金飞达	制造业
708	广东威华股份有限公司	002240	威华股份	制造业
709	歌尔声学股份有限公司	002241	歌尔声学	制造业
710	九阳股份有限公司	002242	九阳股份	制造业
711	深圳市通产丽星股份有限公司	002243	通产丽星	制造业
712	杭州滨江房产集团股份有限公司	002244	滨江集团	房地产业
713	江苏澳洋顺昌股份有限公司	002245	澳洋顺昌	交通运输、仓储和邮政业
714	四川北方硝化棉股份有限公司	002246	北化股份	制造业

continued

股本总数(股)	第一大股东名称	第一大股东持股数量(股)	所占比重(%)	上市地点
149288673	张敏	36664335	24.56	深圳
261194745	曾胜强	65423232	25.05	深圳
253754924	黄小彪	46369375	18.27	深圳
189388309	李庆跃	34377560	18.15	深圳
151087104	云南省投资控股集团有限公司	30000000	19.86	深圳
175760000	江苏九鼎集团有限公司	87969099	50.05	深圳
2694588000	香港结算有限公司	498093800	18.48	深圳
774018313	海亮集团有限公司	300117070	38.77	深圳
965685016	大连重工·起重集团有限公司	761385016	78.84	深圳
116152018	新疆天山建材(集团)有限责任公司	35086950	30.21	深圳
447580500	高利民	113700000	25.40	深圳
119588689	秦勇	7739139	7.78	深圳
320100000	合肥市国有资产控股有限公司	185316118	57.89	深圳
195244050	张颂明	80925500	41.45	深圳
397800000	深圳市飞马投资有限公司	249600000	62.75	深圳
432475779	江苏伟伦投资管理有限公司	205259343	47.46	深圳
510260000	郑钟南	292946000	57.41	深圳
206000000	张慧民	41580000	20.18	深圳
200000000	庞惠民	62332952	31.17	深圳
542353700	卢柏强	160413441	29.54	深圳
402108766	陈泽民	51046000	12.69	深圳
334476000	王宜明	73041427	21.84	深圳
489750000	深圳市奥欣投资发展有限公司	200002499	40.84	深圳
440462000	阙文彬	226860000	51.51	深圳
464727200	大连承运投资有限公司	148512000	31.96	深圳
586346184	东华石油(长江)有限公司	162680000	27.74	深圳
285000000	中国科学院福建物质结构研究所	90904360	31.90	深圳
531606400	江苏鱼跃科技发展有限公司	216330400	40.69	深圳
327334849	吴培生	119556000	36.52	深圳
792787035	刘百宽	118527007	14.95	深圳
400109496	盾安控股集团有限公司	131460000	32.86	深圳
109356950	欧华实业有限公司	67966807	62.60	深圳
347504000	新疆兴汇聚股权投资管理有限合伙企业	141847600	40.82	深圳
298186000	尤丽娟	67830000	22.75	深圳
468492900	中国移动通信有限公司	70273935	15.00	深圳
356800000	杜方	108000000	30.27	深圳
408548455	中国第一汽车集团公司	198854344	48.67	深圳
894655969	钟烈华	180000000	20.12	深圳
302046632	孙希民	114310000	37.85	深圳
195000000	林旭曦	59245659	30.38	深圳
1146133167	傅利泉	492560000	42.98	深圳
455200000	烟台恒邦集团有限公司	193600000	42.53	深圳
320400000	深圳广播电影电视集团	190207200	59.37	深圳
201000000	江苏帝奥控股集团股份有限公司	77500000	38.56	深圳
490704000	李建华	176693600	36.01	深圳
1526430119	潍坊歌尔集团有限公司	429900000	28.16	深圳
760950000	上海力鸿新技术投资有限公司	378271380	49.71	深圳
364948956	深圳市通产集团有限公司	188003552	51.52	深圳
1352000000	杭州滨江投资控股有限公司	720720000	53.31	深圳
364800000	澳洋集团有限公司	154740000	42.42	深圳
275791024	泸州北方化学工业有限公司	99812871	36.19	深圳

附录1-5 续表 14

序号	公司全称	股票代码	股票简称	行业分类
715	浙江帝龙新材料股份有限公司	002247	帝龙新材	制造业
716	威海华东数控股份有限公司	002248	华东数控	制造业
717	中山大洋电机股份有限公司	002249	大洋电机	制造业
718	联化科技股份有限公司	002250	联化科技	制造业
719	步步高商业连锁股份有限公司	002251	步步高	批发和零售业
720	上海莱士血液制品股份有限公司	002252	上海莱士	制造业
721	四川川大智胜软件股份有限公司	002253	川大智胜	信息传输、软件和信息技术服务业
722	烟台泰和新材料股份有限公司	002254	泰和新材	制造业
723	苏州海陆重工股份有限公司	002255	海陆重工	制造业
724	深圳市彩虹精细化工股份有限公司	002256	彩虹精化	制造业
725	利尔化学股份有限公司	002258	利尔化学	制造业
726	四川升达林业产业股份有限公司	002259	升达林业	制造业
727	广东伊立浦电器股份有限公司	002260	伊立浦	制造业
728	拓维信息系统股份有限公司	002261	拓维信息	信息传输、软件和信息技术服务业
729	江苏恩华药业股份有限公司	002262	恩华药业	批发和零售业
730	浙江大东南股份有限公司	002263	大东南	制造业
731	新华都购物广场股份有限公司	002264	新华都	批发和零售业
732	云南西仪工业股份有限公司	002265	*ST西仪	制造业
733	浙富控股集团股份有限公司	002266	浙富控股	制造业
734	陕西省天然气股份有限公司	002267	陕天然气	电力、热力、燃气及水生产和供应业
735	成都卫士通信息产业股份有限公司	002268	卫士通	信息传输、软件和信息技术服务业
736	上海美特斯邦威服饰股份有限公司	002269	美邦服饰	制造业
737	山东法因数控机械股份有限公司	002270	法因数控	制造业
738	北京东方雨虹防水技术股份有限公司	002271	东方雨虹	制造业
739	四川川润股份有限公司	002272	川润股份	制造业
740	浙江水晶光电科技股份有限公司	002273	水晶光电	制造业
741	江苏华昌化工股份有限公司	002274	华昌化工	制造业
742	桂林三金药业股份有限公司	002275	桂林三金	制造业
743	浙江万马电缆股份有限公司	002276	万马电缆	制造业
744	湖南友谊阿波罗商业股份有限公司	002277	友阿股份	批发和零售业
745	上海神开石油化工装备股份有限公司	002278	神开股份	制造业
746	北京久其软件股份有限公司	002279	久其软件	信息传输、软件和信息技术服务业
747	杭州新世纪信息技术股份有限公司	002280	新世纪	信息传输、软件和信息技术服务业
748	武汉光迅科技股份有限公司	002281	光迅科技	制造业
749	博深工具股份有限公司	002282	博深工具	制造业
750	天润曲轴股份有限公司	002283	天润曲轴	制造业
751	浙江亚太机电股份有限公司	002284	亚太股份	制造业
752	深圳世联行地产顾问股份有限公司	002285	世联行	房地产业
753	保龄宝生物股份有限公司	002286	保龄宝	制造业
754	西藏奇正藏药股份有限公司	002287	奇正藏药	制造业
755	广东超华科技股份有限公司	002288	超华科技	制造业
756	深圳市宇顺电子股份有限公司	002289	宇顺电子	制造业
757	苏州禾盛新型材料股份有限公司	002290	禾盛新材	制造业
758	佛山星期六鞋业股份有限公司	002291	星期六	制造业
759	广东奥飞动漫文化股份有限公司	002292	奥飞动漫	制造业
760	罗莱家纺股份有限公司	002293	罗莱家纺	制造业
761	深圳信立泰药业股份有限公司	002294	信立泰	制造业
762	广东精艺金属股份有限公司	002295	精艺股份	制造业
763	河南辉煌科技股份有限公司	002296	辉煌科技	制造业
764	湖南博云新材料股份有限公司	002297	博云新材	制造业
765	安徽鑫龙电器股份有限公司	002298	鑫龙电器	制造业

continued

股本总数(股)	第一大股东名称	第一大股东持股数量(股)	所占比重(%)	上市地点
128800000	浙江帝龙控股有限公司	38475000	29.87	深圳
257495600	山东省高新技术创业投资有限公司	54649486	21.22	深圳
716027850	鲁楚平	242410016	33.85	深圳
525235815	牟金香	189957203	36.17	深圳
597115871	步步高投资集团股份有限公司	275032288	46.06	深圳
489600000	科瑞天诚投资控股有限公司	188897317	38.58	深圳
139245600	游志胜	13112043	9.42	深圳
509028000	烟台泰和新材集团有限公司	200085677	39.31	深圳
258200000	徐元生	64151900	24.85	深圳
313200000	深圳市彩虹创业投资集团有限公司	122616000	39.15	深圳
202444033	四川久远投资控股集团有限公司	55186206	27.26	深圳
643320000	四川升达林产工业集团有限公司	198438823	30.85	深圳
156000000	北京市梧桐翔宇投资有限公司	38463380	24.66	深圳
283443841	李新宇	64827496	22.87	深圳
327600000	徐州恩华投资有限公司	135071555	41.23	深圳
698652312	浙江大东南集团有限公司	250643780	35.88	深圳
541501975	新华都实业集团股份有限公司	227891934	42.09	深圳
291026000	南方工业资产管理有限责任公司	142714120	49.04	深圳
1426431144	孙毅	422957504	29.65	深圳
1016837350	陕西省投资集团(有限)公司	615650588	60.55	深圳
172712065	西南通信研究所(中国电子科技集团公司第三十研究所)	60154937	34.83	深圳
1005000000	上海华服投资有限公司	764500000	76.07	深圳
189150000	刘毅	22071451	11.67	深圳
359836000	李卫国	131991852	36.68	深圳
419700000	罗丽华	88176350	21.01	深圳
375350250	星星集团有限公司	93770000	24.98	深圳
333273176	苏州华纳投资股份有限公司	107864231	32.37	深圳
590200000	桂林三金集团股份有限公司	360672000	61.11	深圳
938705488	浙江万马电气电缆集团有限公司	507690812	54.65	深圳
561578600	湖南友谊阿波罗控股股份有限公司	230452782	41.04	深圳
287675612	顾正	49277994	17.13	深圳
175795305	北京久其科技投资有限公司	45182172	25.70	深圳
107000000	徐智勇	18097992	16.91	深圳
186181377	武汉烽火科技有限公司	98122313	52.70	深圳
225420000	陈怀荣	34031760	15.10	深圳
559411764	天润联合集团有限公司	216000000	38.61	深圳
287040000	亚太机电集团有限公司	143075328	49.85	深圳
424320000	世联地产顾问(中国)有限公司	203737201	48.01	深圳
184628000	刘宗利	46184320	25.01	深圳
406000000	甘肃奇正实业集团有限公司	281050000	69.22	深圳
395821872	梁健锋	85361520	21.57	深圳
161503887	魏连速	20864800	18.38	深圳
210672000	赵东明	83584550	39.68	深圳
363350000	深圳市星期六投资控股有限公司	146572010	40.34	深圳
614400000	蔡东青	313344000	51.00	深圳
280726200	上海罗莱投资控股有限公司	110000000	39.18	深圳
653760000	信立泰药业有限公司	467812800	71.56	深圳
211800000	周艳贞	39592699	18.69	深圳
221562600	李海鹰	32368000	14.61	深圳
398821011	中南大学粉末冶金工程研究中心有限公司	56907927	17.73	深圳
413848300	束龙胜	85467346	20.65	深圳

附录1-5 续表 15

序号	公司全称	股票代码	股票简称	行业分类
766	福建圣农发展股份有限公司	002299	圣农发展	农、林、牧、渔业
767	福建南平太阳电缆股份有限公司	002300	太阳电缆	制造业
768	深圳市齐心文具股份有限公司	002301	齐心文具	制造业
769	中建西部建设股份有限公司	002302	西部建设	制造业
770	深圳市美盈森环保科技股份有限公司	002303	美盈森	制造业
771	江苏洋河酒厂股份有限公司	002304	洋河股份	制造业
772	武汉南国置业股份有限公司	002305	南国置业	房地产业
773	北京湘鄂情集团股份有限公司	002306	湘鄂情	住宿和餐饮业
774	新疆北新路桥集团股份有限公司	002307	北新路桥	建筑业
775	广东威创视讯科技股份有限公司	002308	威创股份	制造业
776	中利科技集团股份有限公司	002309	中利科技	制造业
777	北京东方园林股份有限公司	002310	东方园林	建筑业
778	广东海大集团股份有限公司	002311	海大集团	制造业
779	成都三泰电子实业股份有限公司	002312	三泰电子	制造业
780	深圳日海通讯技术股份有限公司	002313	日海通讯	制造业
781	雅致集成房屋股份有限公司	002314	雅致股份	建筑业
782	焦点科技股份有限公司	002315	焦点科技	信息传输、软件和信息技术服务业
783	深圳键桥通讯技术股份有限公司	002316	键桥通讯	信息传输、软件和信息技术服务业
784	广东众生药业股份有限公司	002317	众生药业	制造业
785	浙江久立特材科技股份有限公司	002318	久立特材	制造业
786	珠海市乐通化工股份有限公司	002319	乐通股份	制造业
787	海南海峡航运股份有限公司	002320	海峡股份	交通运输、仓储和邮政业
788	河南华英农业发展股份有限公司	002321	华英农业	农、林、牧、渔业
789	宁波理工监测科技股份有限公司	002322	理工监测	制造业
790	江苏中联电气股份有限公司	002323	中联电气	制造业
791	上海普利特复合材料股份有限公司	002324	普利特	制造业
792	深圳市洪涛装饰股份有限公司	002325	洪涛股份	建筑业
793	浙江永太科技股份有限公司	002326	永太科技	制造业
794	深圳市富安娜家居用品股份有限公司	002327	富安娜	制造业
795	上海新朋实业股份有限公司	002328	新朋股份	制造业
796	广西皇氏甲天下乳业股份有限公司	002329	皇氏乳业	制造业
797	山东得利斯食品股份有限公司	002330	得利斯	制造业
798	安徽皖通科技股份有限公司	002331	皖通科技	信息传输、软件和信息技术服务业
799	浙江仙琚制药股份有限公司	002332	仙琚制药	制造业
800	苏州罗普斯金铝业股份有限公司	002333	罗普斯金	制造业
801	深圳市英威腾电气股份有限公司	002334	英威腾	制造业
802	厦门科华恒盛股份有限公司	002335	科华恒盛	制造业
803	人人乐连锁商业集团股份有限公司	002336	人人乐	批发和零售业
804	天津赛象科技股份有限公司	002337	赛象科技	制造业
805	长春奥普光电技术股份有限公司	002338	奥普光电	制造业
806	积成电子股份有限公司	002339	积成电子	制造业
807	深圳市格林美高新技术股份有限公司	002340	格林美	制造业
808	深圳市新纶科技股份有限公司	002341	新纶科技	制造业
809	巨力索具股份有限公司	002342	巨力索具	制造业
810	浙江禾欣实业集团股份有限公司	002343	禾欣股份	制造业
811	海宁中国皮革城股份有限公司	002344	海宁皮城	租赁和商务服务业
812	广东潮宏基实业股份有限公司	002345	潮宏基	制造业
813	上海柘中建设股份有限公司	002346	柘中建设	制造业
814	泰尔重工股份有限公司	002347	泰尔重工	制造业
815	广东高乐玩具股份有限公司	002348	高乐股份	制造业
816	精华制药集团股份有限公司	002349	精华制药	制造业

continued

股本总数(股)	第一大股东名称	第一大股东持股数量(股)	所占比重(%)	上市地点
910900000	福建省圣农实业有限公司	469587320	51.55	深圳
301500000	福州太顺实业有限公司	67091436	22.25	深圳
383849998	深圳市齐心控股有限公司	184599998	48.09	深圳
466989917	中建新疆建工(集团)有限公司	137590959	29.46	深圳
357600000	王海鹏	177748800	49.71	深圳
1080000000	江苏洋河集团有限公司	367756385	34.05	深圳
963392140	许晓明	398611128	41.38	深圳
800000000	孟凯	181560000	22.70	深圳
428713200	新疆生产建设兵团建设工程(集团)有限责任公司	213248400	49.74	深圳
835591560	VTRON INVESTMENT LIMITED	498207580	59.62	深圳
480600000	王柏兴	262331740	54.58	深圳
669256846	何巧女	324172062	48.44	深圳
1061135020	广州市海灏投资有限公司	650420971	61.29	深圳
369856590	补建	133193868	36.01	深圳
318233500	深圳市海若技术有限公司	77025000	24.16	深圳
290000000	赤晓企业有限公司	141440000	48.77	深圳
117500000	沈锦华	69727661	59.34	深圳
393120000	键桥通讯技术有限公司	150338916	38.24	深圳
360000000	张绍日	117855000	32.74	深圳
312000000	久立集团股份有限公司	132348556	42.42	深圳
200000000	新疆智明股权投资有限公司	26000000	13.00	深圳
425880000	海南港航控股有限公司	216814401	50.91	深圳
425800000	河南省潢川华英禽业总公司	84053334	19.74	深圳
282520000	宁波天一世纪投资有限责任公司	102480000	36.27	深圳
107588000	季奎余	32115200	29.85	深圳
270000000	周文	138852000	51.43	深圳
704542991	刘年新	241390125	34.26	深圳
240300000	王莺妹	67860000	28.24	深圳
321537080	林国芳	130584063	40.61	深圳
450000000	宋琳	162000000	36.00	深圳
214000000	黄嘉棣	90960000	42.50	深圳
502000000	诸城同路人投资有限公司	259440000	51.68	深圳
214256620	王中胜	26782325	12.50	深圳
341400000	仙居县国有资产投资集团有限公司	73588300	21.55	深圳
251301800	罗普斯金控股有限公司	176494080	70.23	深圳
355753500	黄申力	65201202	18.33	深圳
222477500	厦门科华伟业股份有限公司	86103249	38.70	深圳
400000000	深圳市浩明投资管理有限公司	195000000	48.75	深圳
198325000	天津赛象创业投资有限责任公司	123600000	62.32	深圳
120000000	中国科学院长春光学精密机械与物理研究所	54990000	45.83	深圳
378896000	王浩	17939300	4.73	深圳
753456834	深圳市汇丰源投资有限公司	143993408	19.11	深圳
373440000	侯毅	118000000	31.60	深圳
960000000	巨力集团有限公司	451200000	47.00	深圳
198120000	沈云平	22700000	11.46	深圳
1120000000	海宁市资产经营公司	410967200	36.69	深圳
422555600	汕头市潮鸿基投资有限公司	116521520	27.58	深圳
135000000	上海柘中(集团)有限公司	95100000	70.44	深圳
187200117	郜正彪	91494000	48.87	深圳
473600000	兴昌塑胶五金厂有限公司	97012000	20.48	深圳
200000000	南通产业控股集团有限公司	82606060	41.30	深圳

附录1-5 续表 16

序号	公司全称	股票代码	股票简称	行业分类
817	北京科锐配电自动化股份有限公司	002350	北京科锐	制造业
818	深圳市漫步者科技股份有限公司	002351	漫步者	制造业
819	马鞍山鼎泰稀土新材料股份有限公司	002352	鼎泰新材	制造业
820	烟台杰瑞石油服务集团股份有限公司	002353	杰瑞股份	制造业
821	大连科冕木业股份有限公司	002354	科冕木业	制造业
822	山东兴民钢圈股份有限公司	002355	兴民钢圈	制造业
823	深圳浩宁达仪表股份有限公司	002356	浩宁达	制造业
824	四川富临运业集团股份有限公司	002357	富临运业	交通运输、仓储和邮政业
825	河南森源电气股份有限公司	002358	森源电气	制造业
826	山东齐星铁塔科技股份有限公司	002359	齐星铁塔	制造业
827	山西同德化工股份有限公司	002360	同德化工	制造业
828	安徽神剑新材料股份有限公司	002361	神剑股份	制造业
829	汉王科技股份有限公司	002362	汉王科技	制造业
830	山东隆基机械股份有限公司	002363	隆基机械	制造业
831	杭州中恒电气股份有限公司	002364	中恒电气	制造业
832	潜江永安药业股份有限公司	002365	永安药业	制造业
833	四川丹甫制冷压缩机股份有限公司	002366	丹甫股份	制造业
834	康力电梯股份有限公司	002367	康力电梯	制造业
835	太极计算机股份有限公司	002368	太极股份	信息传输、软件和信息技术服务业
836	深圳市卓翼科技股份有限公司	002369	卓翼科技	制造业
837	浙江亚太药业股份有限公司	002370	亚太药业	制造业
838	北京七星华创电子股份有限公司	002371	七星电子	制造业
839	浙江伟星新型建材股份有限公司	002372	伟星新材	制造业
840	北京联信永益科技股份有限公司	002373	联信永益	信息传输、软件和信息技术服务业
841	山东丽鹏股份有限公司	002374	丽鹏股份	制造业
842	浙江亚厦装饰股份有限公司	002375	亚厦股份	建筑业
843	山东新北洋信息技术股份有限公司	002376	新北洋	制造业
844	湖北国创高新材料股份有限公司	002377	国创高新	制造业
845	崇义章源钨业股份有限公司	002378	章源钨业	制造业
846	鲁丰环保科技股份有限公司	002379	鲁丰环保	制造业
847	南京科远自动化集团股份有限公司	002380	科远股份	制造业
848	浙江双箭橡胶股份有限公司	002381	双箭股份	制造业
849	山东蓝帆塑胶股份有限公司	002382	蓝帆股份	制造业
850	北京合众思壮科技股份有限公司	002383	合众思壮	制造业
851	苏州东山精密制造股份有限公司	002384	东山精密	制造业
852	北京大北农科技集团股份有限公司	002385	大北农	制造业
853	宜宾天原集团股份有限公司	002386	天原集团	制造业
854	黑牛食品股份有限公司	002387	黑牛食品	制造业
855	深圳市新亚电子制程股份有限公司	002388	新亚制程	制造业
856	浙江南洋科技股份有限公司	002389	南洋科技	制造业
857	贵州信邦制药股份有限公司	002390	信邦制药	制造业
858	江苏长青农化股份有限公司	002391	长青股份	制造业
859	北京利尔高温材料股份有限公司	002392	北京利尔	制造业
860	天津力生制药股份有限公司	002393	力生制药	制造业
861	江苏联发纺织股份有限公司	002394	联发股份	制造业
862	无锡双象超纤材料股份有限公司	002395	双象股份	制造业
863	福建星网锐捷通讯股份有限公司	002396	星网锐捷	制造业
864	湖南梦洁家纺股份有限公司	002397	梦洁家纺	制造业
865	厦门市建筑科学研究院集团股份有限公司	002398	建研集团	科学研究和技术服务业
866	深圳市海普瑞药业股份有限公司	002399	海普瑞	制造业
867	广东省广告股份有限公司	002400	省广股份	租赁和商务服务业

continued

股本总数(股)	第一大股东名称	第一大股东持股数量(股)	所占比重(%)	上市地点
218280000	北京科锐北方科技发展有限公司	97754709	44.78	深圳
294000000	张文东	93195900	31.70	深圳
77830780	刘冀鲁	35908113	46.14	深圳
597053600	孙伟杰	148666050	24.90	深圳
93500000	为新有限公司	53000000	56.68	深圳
513700050	王志成	173848000	33.74	深圳
80000000	汉桥机器厂有限公司	51000000	63.75	深圳
195930648	四川富临实业集团有限公司	78090648	39.86	深圳
397797744	河南森源集团有限公司	99147520	24.92	深圳
416800000	齐星集团有限公司	91554674	21.97	深圳
180000000	张云升	45180000	25.10	深圳
320000000	刘志坚	112800000	35.25	深圳
214102792	刘迎建	48030838	22.43	深圳
149400000	隆基集团有限公司	67500000	45.18	深圳
254137190	杭州中恒科技投资有限公司	100194862	39.43	深圳
187000000	陈勇	42312000	22.63	深圳
133500000	罗志中	20808855	15.59	深圳
380670000	王友林	177209150	46.55	深圳
274411744	华北计算技术研究所(中国电子科技集团公司第十五研究所)	103894080	37.86	深圳
240000000	田昱	57942000	24.14	深圳
204000000	浙江亚太集团有限公司	91800000	45.00	深圳
352200000	北京七星华电科技集团有限责任公司	180011520	51.11	深圳
333320000	伟星集团有限公司	128440000	38.53	深圳
137060000	陈俭	33226862	24.24	深圳
191409229	孙世尧	43200000	22.57	深圳
635437500	亚厦控股有限公司	228000000	35.88	深圳
600000000	威海北洋电气集团股份有限公司	82258800	13.71	深圳
214000000	国创高科实业集团有限公司	96000000	44.86	深圳
428213646	崇义章源投资控股有限公司	348987770	81.50	深圳
463200000	于荣强	164620000	35.54	深圳
68000000	刘国耀	20509000	30.16	深圳
234000000	沈耿亮	57000200	24.36	深圳
240000000	蓝帆集团股份有限公司	126000000	52.50	深圳
187200000	郭信平	75159010	40.15	深圳
384000000	袁永刚	105143098	27.38	深圳
1606215292	邵根伙	718712117	44.75	深圳
479771290	宜宾市国有资产经营有限公司	84048050	17.52	深圳
312972972	林秀浩	147420000	46.90	深圳
199800000	深圳市新力达电子集团有限公司	106900000	53.50	深圳
498369636	邵雨田	178500000	35.82	深圳
173600000	张观福	69720000	40.16	深圳
210203600	于国权	75339264	35.84	深圳
599279717	赵继增	186041936	31.04	深圳
182454992	天津金浩医药有限公司	93710608	51.36	深圳
215800000	江苏联发集团股份有限公司	87289400	40.45	深圳
178806000	江苏双象集团有限公司	115742190	64.73	深圳
351060000	福建省电子信息(集团)有限责任公司	99054600	28.22	深圳
151200000	姜天武	57876912	38.28	深圳
263640000	蔡永太	46810099	17.76	深圳
800200000	深圳市乐仁科技有限公司	295562100	36.94	深圳
385499812	广东省广新控股集团有限公司	79719223	20.68	深圳

附录1-5 续表 17

序号	公司全称	股票代码	股票简称	行业分类
868	中海网络科技股份有限公司	002401	中海科技	信息传输、软件和信息技术服务业
869	深圳和而泰智能控制股份有限公司	002402	和而泰	制造业
870	浙江爱仕达电器股份有限公司	002403	爱仕达	制造业
871	浙江嘉欣丝绸股份有限公司	002404	嘉欣丝绸	制造业
872	北京四维图新科技股份有限公司	002405	四维图新	信息传输、软件和信息技术服务业
873	许昌远东传动轴股份有限公司	002406	远东传动	制造业
874	多氟多化工股份有限公司	002407	多氟多	制造业
875	淄博齐翔腾达化工股份有限公司	002408	齐翔腾达	制造业
876	江苏雅克科技股份有限公司	002409	雅克科技	制造业
877	广联达软件股份有限公司	002410	广联达	信息传输、软件和信息技术服务业
878	江苏九九久科技股份有限公司	002411	九九久	制造业
879	湖南汉森制药股份有限公司	002412	汉森制药	制造业
880	江苏常发制冷股份有限公司	002413	常发股份	制造业
881	武汉高德红外股份有限公司	002414	高德红外	制造业
882	杭州海康威视数字技术股份有限公司	002415	海康威视	制造业
883	深圳市爱施德股份有限公司	002416	爱施德	批发和零售业
884	福建三元达通讯股份有限公司	002417	三元达	制造业
885	浙江康盛股份有限公司	002418	康盛股份	制造业
886	天虹商场股份有限公司	002419	天虹商场	批发和零售业
887	广州毅昌科技股份有限公司	002420	毅昌股份	制造业
888	深圳达实智能股份有限公司	002421	达实智能	信息传输、软件和信息技术服务业
889	四川科伦药业股份有限公司	002422	科伦药业	制造业
890	中原特钢股份有限公司	002423	中原特钢	制造业
891	贵州百灵企业集团制药股份有限公司	002424	贵州百灵	制造业
892	凯撒(中国)股份有限公司	002425	凯撒股份	制造业
893	苏州胜利精密制造科技股份有限公司	002426	胜利精密	制造业
894	浙江尤夫高新纤维股份有限公司	002427	尤夫股份	制造业
895	云南临沧鑫圆锗业股份有限公司	002428	云南锗业	制造业
896	深圳市兆驰股份有限公司	002429	兆驰股份	制造业
897	杭州杭氧股份有限公司	002430	杭氧股份	制造业
898	棕榈园林股份有限公司	002431	棕榈园林	建筑业
899	天津九安医疗电子股份有限公司	002432	九安医疗	制造业
900	广东太安堂药业股份有限公司	002433	太安堂	制造业
901	浙江万里扬变速器股份有限公司	002434	万里扬	制造业
902	长江润发机械股份有限公司	002435	长江润发	制造业
903	深圳市兴森快捷电路科技股份有限公司	002436	兴森科技	制造业
904	哈尔滨誉衡药业股份有限公司	002437	誉衡药业	制造业
905	江苏神通阀门股份有限公司	002438	江苏神通	制造业
906	北京启明星辰信息技术股份有限公司	002439	启明星辰	信息传输、软件和信息技术服务业
907	浙江闰土股份有限公司	002440	闰土股份	制造业
908	众业达电气股份有限公司	002441	众业达	批发和零售业
909	龙星化工股份有限公司	002442	龙星化工	制造业
910	浙江金洲管道科技股份有限公司	002443	金洲管道	制造业
911	杭州巨星科技股份有限公司	002444	巨星科技	制造业
912	江阴中南重工股份有限公司	002445	中南重工	制造业
913	广东盛路通信科技股份有限公司	002446	盛路通信	制造业
914	大连壹桥海洋苗业股份有限公司	002447	壹桥苗业	农、林、牧、渔业
915	河南省中原内配股份有限公司	002448	中原内配	制造业
916	佛山市国星光电股份有限公司	002449	国星光电	制造业
917	北京康得新复合材料股份有限公司	002450	康得新	制造业
918	上海摩恩电气股份有限公司	002451	摩恩电气	制造业

continued

股本总数(股)	第一大股东名称	第一大股东持股数量(股)	所占比重(%)	上市地点
202160000	上海船舶运输科学研究所	112816855	55.81	深圳
100050000	刘建伟	25130000	25.12	深圳
240000000	爱仕达集团有限公司	94500000	39.38	深圳
260325000	周国建	58500000	22.47	深圳
691596710	中国四维测绘技术有限公司	164994019	23.86	深圳
280500000	刘延生	80597500	28.73	深圳
222560000	李世江	34662784	15.57	深圳
560649600	淄博齐翔石油化工集团有限公司	357048316	63.68	深圳
166320000	沈琦	55860000	33.59	深圳
537550000	刁志中	105043902	19.54	深圳
348300000	周新基	65000000	18.66	深圳
148000000	海南汉森投资有限公司	77000000	52.03	深圳
220500000	江苏常发实业集团有限公司	109221450	49.53	深圳
600000000	武汉市高德电气有限公司	239203122	39.87	深圳
4017223222	中国电子科技集团公司第五十二研究所	1704200000	42.42	深圳
999100000	深圳市神州通投资集团有限公司	604703586	60.52	深圳
270000000	黄国英	42265750	15.65	深圳
228800000	陈汉康	59018544	25.79	深圳
800200000	中国航空技术深圳有限公司	316257000	39.52	深圳
401000000	广州高金技术产业集团有限公司	153129240	38.19	深圳
208800000	深圳市达实投资发展有限公司	60639626	29.04	深圳
480000000	刘革新	123874560	25.81	深圳
465510000	中国南方工业集团公司	301638570	64.80	深圳
470400000	姜伟	248019200	52.73	深圳
389990000	凯撒集团(香港)有限公司	152620000	39.13	深圳
400410000	高玉根	179892000	44.93	深圳
238195880	湖州尤夫控股有限公司	77785380	32.66	深圳
653120000	临沧飞翔冶炼有限责任公司	155063232	23.74	深圳
1067927806	新疆兆驰股权投资合伙企业(有限合伙)	682486875	63.91	深圳
812025000	杭州制氧机集团有限公司	496914349	61.19	深圳
460800000	吴桂昌	70103462	15.21	深圳
372000000	石河子三和股权投资合伙企业(有限合伙)	173440661	46.62	深圳
278000000	太安堂集团有限公司	93500000	33.63	深圳
340000000	万里扬集团有限公司	112455000	33.08	深圳
198000000	长江润发集团有限公司	54700978	27.63	深圳
223400000	邱醒亚	50808543	22.74	深圳
280000000	哈尔滨恒世达昌科技有限公司	124950000	44.63	深圳
208000000	吴建新	46420000	22.32	深圳
207561667	王佳	73171273	35.25	深圳
767000000	阮加根	135903261	35.44	深圳
232000000	吴开贤	90504220	39.01	深圳
480000000	刘江山	241654287	50.34	深圳
433779600	金洲集团有限公司	127128360	35.17	深圳
1014000000	巨星控股集团有限公司	488960440	48.22	深圳
252150000	江阴中南重工集团有限公司	141450000	56.10	深圳
132798558	杨华	31108742	23.43	深圳
268000000	刘德群	130000000	48.51	深圳
235240922	薛德龙	45147722	19.19	深圳
430000000	佛山市西格玛创业投资有限公司	60335200	14.03	深圳
937490297	康得投资集团有限公司	268993772	28.60	深圳
219600000	问泽鸿	145800000	66.39	深圳

附录1-5 续表 18

序号	公司全称	股票代码	股票简称	行业分类
919	湖南长高高压开关集团股份公司	002452	长高集团	制造业
920	苏州天马精细化学品股份有限公司	002453	天马精化	制造业
921	上海加冷松芝汽车空调股份有限公司	002454	松芝股份	制造业
922	无锡百川化工股份有限公司	002455	百川股份	制造业
923	深圳欧菲光科技股份有限公司	002456	欧菲光	制造业
924	宁夏青龙管业股份有限公司	002457	青龙管业	制造业
925	山东益生种畜禽股份有限公司	002458	益生股份	农、林、牧、渔业
926	秦皇岛天业通联重工股份有限公司	002459	*ST天业	制造业
927	江西赣锋锂业股份有限公司	002460	赣锋锂业	制造业
928	广州珠江啤酒股份有限公司	002461	珠江啤酒	制造业
929	嘉事堂药业股份有限公司	002462	嘉事堂	批发和零售业
930	沪士电子股份有限公司	002463	沪电股份	制造业
931	昆山金利表面材料应用科技股份有限公司	002464	金利科技	制造业
932	广州海格通信集团股份有限公司	002465	海格通信	制造业
933	四川天齐锂业股份有限公司	002466	天齐锂业	制造业
934	二六三网络通信股份有限公司	002467	二六三	信息传输、软件和信息技术服务业
935	浙江艾迪西流体控制股份有限公司	002468	艾迪西	制造业
936	山东三维石化工程股份有限公司	002469	三维工程	科学研究和技术服务业
937	金正大生态工程集团股份有限公司	002470	金正大	制造业
938	江苏中超电缆股份有限公司	002471	中超电缆	制造业
939	浙江双环传动机械股份有限公司	002472	双环传动	制造业
940	宁波圣莱达电器股份有限公司	002473	圣莱达	制造业
941	福建榕基软件股份有限公司	002474	榕基软件	信息传输、软件和信息技术服务业
942	立讯精密工业股份有限公司	002475	立讯精密	制造业
943	山东宝莫生物化工股份有限公司	002476	宝莫股份	制造业
944	雏鹰农牧集团股份有限公司	002477	雏鹰农牧	农、林、牧、渔业
945	江苏常宝钢管股份有限公司	002478	常宝股份	制造业
946	浙江富春江环保热电股份有限公司	002479	富春环保	电力、热力、燃气及水生产和供应业
947	成都市新筑路桥机械股份有限公司	002480	新筑股份	制造业
948	烟台双塔食品股份有限公司	002481	双塔食品	制造业
949	深圳广田装饰集团股份有限公司	002482	广田股份	建筑业
950	江苏润邦重工股份有限公司	002483	润邦股份	制造业
951	南通江海电容器股份有限公司	002484	江海股份	制造业
952	希努尔男装股份有限公司	002485	希努尔	制造业
953	上海嘉麟杰纺织品股份有限公司	002486	嘉麟杰	制造业
954	辽宁大金重工股份有限公司	002487	大金重工	制造业
955	浙江金固股份有限公司	002488	金固股份	制造业
956	浙江永强集团股份有限公司	002489	浙江永强	制造业
957	山东墨龙石油机械股份有限公司	002490	山东墨龙	制造业
958	江苏通鼎光电股份有限公司	002491	通鼎光电	制造业
959	珠海恒基达鑫国际化工仓储股份有限公司	002492	恒基达鑫	交通运输、仓储和邮政业
960	荣盛石化股份有限公司	002493	荣盛石化	制造业
961	华斯农业开发股份有限公司	002494	华斯股份	制造业
962	广东佳隆食品股份有限公司	002495	佳隆股份	制造业
963	江苏辉丰农化股份有限公司	002496	辉丰股份	制造业
964	四川雅化实业集团股份有限公司	002497	雅化集团	制造业
965	青岛汉缆股份有限公司	002498	汉缆股份	制造业
966	科林环保装备股份有限公司	002499	科林环保	制造业
967	山西证券股份有限公司	002500	山西证券	金融业
968	吉林利源精制股份有限公司	002501	利源精制	制造业
969	骅威科技股份有限公司	002502	骅威股份	制造业

continued

股本总数(股)	第一大股东名称	第一大股东持股数量(股)	所占比重(%)	上市地点
130000000	马孝武	27659810	21.28	深圳
285650000	苏州天马医药集团有限公司	102492680	35.88	深圳
312000000	陈福成	169009785	54.17	深圳
131700000	郑铁江	52200000	39.64	深圳
465080000	深圳市欧非投资控股有限公司	104727168	22.52	深圳
334992000	宁夏和润贸易发展有限责任公司	70106454	20.93	深圳
280800000	曹积生	144492660	51.46	深圳
222300000	朱新生	31718218	14.27	深圳
178272275	李良彬	46198192	25.91	深圳
680161768	广州珠江啤酒集团有限公司	353295165	51.94	深圳
240000000	中国青年实业发展总公司	41876431	17.45	深圳
1395133136	BIGGERING(BVI) HOLDINGS CO., LTD.	382494786	27.42	深圳
145589953	SONEM INC.	90000000	61.82	深圳
665013020	广州无线电集团有限公司	121373020	18.25	深圳
147000000	成都天齐实业(集团)有限公司	93717000	63.75	深圳
240000000	李小龙	45933354	19.14	深圳
276480000	中加企业有限公司	88190208	31.90	深圳
254666013	山东人和投资有限公司	59474377	23.35	深圳
700000000	临沂金正大投资控股有限公司	306720000	43.82	深圳
507200000	江苏中超投资集团有限公司	308093612	60.74	深圳
277992000	吴长鸿	29256496	10.52	深圳
160000000	宁波金阳光电热科技有限公司	61200000	38.25	深圳
311100000	鲁峰	87327870	28.07	深圳
547470000	立讯有限公司	343148000	62.68	深圳
612000000	胜利油田长安控股集团有限公司	270300000	44.17	深圳
854400000	侯建芳	396802400	46.44	深圳
400100000	曹坚	113858640	28.46	深圳
737800000	浙江富春江通信集团有限公司	276764000	37.51	深圳
280000000	新筑投资集团有限公司	107544000	38.41	深圳
432000000	招远市君兴投资管理中心	166464000	38.53	深圳
517177000	深圳广田投资控股有限公司	234240000	45.29	深圳
360000000	南通威望实业有限公司	152550000	42.38	深圳
208000000	億威投資有限公司	78000000	37.50	深圳
320000000	新郎希努尔集团股份有限公司	135489447	42.34	深圳
416000000	上海国骏投资有限公司	93836250	22.56	深圳
360000000	阜新金胤新能源技术咨询有限公司	170667000	47.41	深圳
180000000	孙金国	33750000	18.75	深圳
478183847	临海市永强投资有限公司	196648349	41.12	深圳
797848400	张恩荣	279517000	35.03	深圳
275330000	通鼎集团有限公司	139893900	50.81	深圳
120000000	珠海实友化工有限公司	58800000	49.00	深圳
1112000000	浙江荣盛控股集团有限公司	850000000	76.44	深圳
113500000	贺国英	48000000	42.29	深圳
282128400	林平涛	60760732	21.54	深圳
245047500	仲汉根	129459604	52.83	深圳
480000000	郑戎	103259670	21.51	深圳
1073160000	青岛汉河集团股份有限公司	914672025	85.23	深圳
112500000	宋七棣	27346750	24.31	深圳
2518725153	山西省国信投资(集团)公司	901254324	35.78	深圳
468000000	王民	81000000	17.31	深圳
140800000	郭祥彬	53856000	38.25	深圳

附录1-5 续表 19

序号	公司全称	股票代码	股票简称	行业分类
970	东莞市搜于特服装股份有限公司	002503	搜于特	制造业
971	江苏东光微电子股份有限公司	002504	东光微电	制造业
972	湖南大康牧业股份有限公司	002505	大康牧业	农、林、牧、渔业
973	上海超日太阳能科技股份有限公司	002506	*ST超日	制造业
974	重庆市涪陵榨菜集团股份有限公司	002507	涪陵榨菜	制造业
975	杭州老板电器股份有限公司	002508	老板电器	制造业
976	天广消防股份有限公司	002509	天广消防	制造业
977	天津汽车模具股份有限公司	002510	天汽模	制造业
978	中顺洁柔纸业股份有限公司	002511	中顺洁柔	制造业
979	中山达华智能科技股份有限公司	002512	达华智能	制造业
980	江苏蓝丰生物化工股份有限公司	002513	蓝丰生化	制造业
981	苏州宝馨科技实业股份有限公司	002514	宝馨科技	制造业
982	金字火腿股份有限公司	002515	金字火腿	制造业
983	江苏旷达汽车织物集团股份有限公司	002516	江苏旷达	制造业
984	泰亚鞋业股份有限公司	002517	泰亚股份	制造业
985	深圳科士达科技股份有限公司	002518	科士达	制造业
986	江苏银河电子股份有限公司	002519	银河电子	制造业
987	浙江日发精密机械股份有限公司	002520	日发精机	制造业
988	齐峰新材料股份有限公司	002521	齐峰新材	制造业
989	浙江众成包装材料股份有限公司	002522	浙江众成	制造业
990	株洲天桥起重机股份有限公司	002523	天桥起重	制造业
991	光正集团股份有限公司	002524	光正集团	建筑业
992	山东矿机集团股份有限公司	002526	山东矿机	制造业
993	上海新时达电气股份有限公司	002527	新时达	制造业
994	深圳英飞拓科技股份有限公司	002528	英飞拓	制造业
995	福建海源自动化机械股份有限公司	002529	海源机械	制造业
996	江苏丰东热技术股份有限公司	002530	丰东股份	制造业
997	天顺风能(苏州)股份有限公司	002531	天顺风能	制造业
998	新界泵业集团股份有限公司	002532	新界泵业	制造业
999	金杯电工股份有限公司	002533	金杯电工	制造业
1000	杭州锅炉集团股份有限公司	002534	杭锅股份	制造业
1001	林州重机集团股份有限公司	002535	林州重机	制造业
1002	河南省西峡汽车水泵股份有限公司	002536	西泵股份	制造业
1003	青岛海立美达股份有限公司	002537	海立美达	制造业
1004	安徽省司尔特肥业股份有限公司	002538	司尔特	制造业
1005	成都市新都化工股份有限公司	002539	新都化工	制造业
1006	江苏亚太轻合金科技股份有限公司	002540	亚太科技	制造业
1007	安徽鸿路钢结构(集团)股份有限公司	002541	鸿路钢构	制造业
1008	中化岩土工程股份有限公司	002542	中化岩土	建筑业
1009	广东万和新电气股份有限公司	002543	万和电气	制造业
1010	广州杰赛科技股份有限公司	002544	杰赛科技	信息传输、软件和信息技术服务业
1011	青岛东方铁塔股份有限公司	002545	东方铁塔	制造业
1012	南京新联电子股份有限公司	002546	新联电子	制造业
1013	苏州春兴精工股份有限公司	002547	春兴精工	制造业
1014	深圳市金新农饲料股份有限公司	002548	金新农	制造业
1015	湖南凯美特气体股份有限公司	002549	凯美特气	水利、环境和公共设施管理业
1016	常州千红生化制药股份有限公司	002550	千红制药	制造业
1017	深圳市尚荣医疗股份有限公司	002551	尚荣医疗	制造业
1018	宝鼎重工股份有限公司	002552	宝鼎重工	制造业
1019	江苏南方轴承股份有限公司	002553	南方轴承	制造业
1020	华油惠博普科技股份有限公司	002554	惠博普	采矿业

continued

股本总数(股)	第一大股东名称	第一大股东持股数量(股)	所占比重(%)	上市地点
432000000	马鸿	215342378	49.85	深圳
139100000	沈建平	36088091	25.94	深圳
246720000	陈黎明	69997520	28.37	深圳
843520000	倪开禄	315278848	37.38	深圳
155000000	重庆市涪陵国有资产投资经营集团有限公司	62700000	40.45	深圳
256000000	杭州老板实业集团有限公司	128960000	50.38	深圳
400000000	陈秀玉	168000000	42.00	深圳
205760000	胡津生	16048182	7.80	深圳
312000000	广东中顺纸业集团有限公司	93792348	30.06	深圳
354282145	蔡小如	185695200	52.41	深圳
213120000	江苏苏化集团有限公司	65910240	30.93	深圳
108800000	广讯有限公司	56000000	51.47	深圳
143325000	施延军	39702000	27.70	深圳
250000000	沈介良	137164305	54.87	深圳
176800000	泰亚国际贸易有限公司	94000000	53.17	深圳
212305000	新疆科士达股权投资合伙企业(有限合伙)	137448000	64.74	深圳
212828445	银河电子集团投资有限公司	98400000	46.23	深圳
216000000	浙江日发控股集团有限公司	109797746	50.83	深圳
420500000	李学峰	128594620	30.58	深圳
170672000	陈大魁	93536000	54.80	深圳
332800000	株洲市国有资产投资控股集团有限公司	74085586	22.26	深圳
503332800	光正投资有限公司	160093848	31.81	深圳
534000000	赵笃学	127996686	23.97	深圳
351473538	纪德法	72937236	20.75	深圳
353709000	JHL INFINITE LLC	126720000	35.83	深圳
160000000	福建海诚投资有限公司	38845680	24.28	深圳
268000000	大丰市东润投资管理有限公司	103560000	38.64	深圳
411500000	上海天神投资管理有限公司	154320000	37.50	深圳
160000000	许敏田	35142862	21.96	深圳
336000000	深圳市能翔投资发展有限公司	71992800	21.43	深圳
400520000	西子电梯集团有限公司	180194420	44.99	深圳
536574636	郭现生	205428600	38.29	深圳
96000000	河南省宛西制药股份有限公司	41450000	43.18	深圳
152480000	青岛海立控股有限公司	61875000	40.58	深圳
296000000	安徽省宁国市农业生产资料有限公司	139700000	47.20	深圳
331040000	宋睿	147313180	44.50	深圳
416000000	周福海	194766000	46.82	深圳
268000000	商晓波	141800000	52.91	深圳
200400000	吴延炜	107850000	53.82	深圳
400000000	广东万和集团有限公司	153000000	38.25	深圳
343840000	广州通信研究所(中国电子科技集团公司第七研究所)	120932056	35.17	深圳
260250000	韩汇如	136500000	52.45	深圳
168000000	南京新联创业园管理有限公司	98388000	58.56	深圳
284000000	孙洁晓	144900000	51.02	深圳
141000000	新疆成农远大股权投资有限合伙企业	100743615	71.45	深圳
270000000	浩讯科技有限公司	176175000	65.25	深圳
160000000	王耀方	36486000	22.80	深圳
276750000	梁桂秋	117299000	42.38	深圳
150000000	朱丽霞	65250000	43.50	深圳
87000000	史建伟	34450000	39.60	深圳
455625000	黄松	76626000	16.82	深圳

附录1-5　续表 20

序号	公司全称	股票代码	股票简称	行业分类
1021	芜湖顺荣汽车部件股份有限公司	002555	顺荣股份	制造业
1022	安徽辉隆农资集团股份有限公司	002556	辉隆股份	批发和零售业
1023	洽洽食品股份有限公司	002557	洽洽食品	制造业
1024	重庆新世纪游轮股份有限公司	002558	世纪游轮	水利、环境和公共设施管理业
1025	江苏亚威机床股份有限公司	002559	亚威股份	制造业
1026	河南通达电缆股份有限公司	002560	通达股份	制造业
1027	上海徐家汇商城股份有限公司	002561	徐家汇	批发和零售业
1028	兄弟科技股份有限公司	002562	兄弟科技	制造业
1029	浙江森马服饰股份有限公司	002563	森马服饰	制造业
1030	张家港化工机械股份有限公司	002564	张化机	制造业
1031	上海绿新包装材料科技股份有限公司	002565	上海绿新	制造业
1032	吉林省集安益盛药业股份有限公司	002566	益盛药业	制造业
1033	唐人神集团股份有限公司	002567	唐人神	制造业
1034	上海百润香精香料股份有限公司	002568	百润股份	制造业
1035	浙江步森服饰股份有限公司	002569	步森股份	制造业
1036	贝因美婴童食品股份有限公司	002570	贝因美	制造业
1037	安徽德力日用玻璃股份有限公司	002571	德力股份	制造业
1038	索菲亚家居股份有限公司	002572	索菲亚	制造业
1039	北京国电清新环保技术股份有限公司	002573	国电清新	水利、环境和公共设施管理业
1040	浙江明牌珠宝股份有限公司	002574	明牌珠宝	制造业
1041	广东群兴玩具股份有限公司	002575	群兴玩具	制造业
1042	江苏通达动力科技股份有限公司	002576	通达动力	制造业
1043	深圳雷柏科技股份有限公司	002577	雷柏科技	制造业
1044	福建省闽发铝业股份有限公司	002578	闽发铝业	制造业
1045	惠州中京电子科技股份有限公司	002579	中京电子	制造业
1046	山东圣阳电源股份有限公司	002580	圣阳股份	制造业
1047	淄博万昌科技股份有限公司	002581	万昌科技	制造业
1048	好想你枣业股份有限公司	002582	好想你	制造业
1049	海能达通信股份有限公司	002583	海能达	制造业
1050	西陇化工股份有限公司	002584	西陇化工	制造业
1051	江苏双星彩塑新材料股份有限公司	002585	双星新材	制造业
1052	浙江省围海建设集团股份有限公司	002586	围海股份	建筑业
1053	深圳市奥拓电子股份有限公司	002587	奥拓电子	制造业
1054	史丹利化肥股份有限公司	002588	史丹利	制造业
1055	山东瑞康医药股份有限公司	002589	瑞康医药	批发和零售业
1056	浙江万安科技股份有限公司	002590	万安科技	制造业
1057	江西恒大高新技术股份有限公司	002591	恒大高新	制造业
1058	南宁八菱科技股份有限公司	002592	八菱科技	制造业
1059	厦门日上车轮集团股份有限公司	002593	日上集团	制造业
1060	比亚迪股份有限公司	002594	比亚迪	制造业
1061	山东豪迈机械科技股份有限公司	002595	豪迈科技	制造业
1062	海南瑞泽新型建材股份有限公司	002596	海南瑞泽	制造业
1063	安徽金禾实业股份有限公司	002597	金禾实业	制造业
1064	山东省章丘鼓风机股份有限公司	002598	山东章鼓	制造业
1065	北京盛通印刷股份有限公司	002599	盛通股份	制造业
1066	广东江粉磁材股份有限公司	002600	江粉磁材	制造业
1067	河南佰利联化学股份有限公司	002601	佰利联	制造业
1068	浙江世纪华通车业股份有限公司	002602	世纪华通	制造业
1069	石家庄以岭药业股份有限公司	002603	以岭药业	制造业
1070	山东龙力生物科技股份有限公司	002604	龙力生物	制造业
1071	上海姚记扑克股份有限公司	002605	姚记扑克	制造业

continued

股本总数(股)	第一大股东名称	第一大股东持股数量(股)	所占比重(%)	上市地点
134000000	吴绪顺	29644248	22.12	深圳
478400000	安徽省供销商业总公司	184549760	38.58	深圳
338000000	合肥华泰集团股份有限公司	164775000	48.75	深圳
59500000	彭建虎	39747000	66.80	深圳
176000000	江苏亚威科技投资有限公司	31351528	17.81	深圳
103332800	史万福	29310464	28.37	深圳
415763000	上海徐家汇商城(集团)有限公司	126274555	30.37	深圳
213400000	钱志达	69680000	32.65	深圳
670000000	森马集团有限公司	420000000	62.69	深圳
369856000	陈玉忠	159204287	43.04	深圳
348370000	顺灏投资集团有限公司	158720000	45.56	深圳
220634400	张益胜	85785048	38.88	深圳
420786000	湖南唐人神控股投资股份有限公司	103389495	24.57	深圳
160000000	刘晓东	62080000	38.80	深圳
140010000	步森集团有限公司	83370000	59.55	深圳
639075000	贝因美集团有限公司	256308626	40.11	深圳
391950700	施卫东	164500000	41.97	深圳
440990000	柯建生	120000000	27.21	深圳
532800000	北京世纪地和控股有限公司	267192000	50.15	深圳
240000000	浙江日月首饰集团有限公司	71896736	29.96	深圳
267600000	广东群兴投资有限公司	160000000	59.79	深圳
165100000	姜煜峰	59133177	35.82	深圳
282880000	热键电子(香港)有限公司	198001079	69.99	深圳
171800000	黄天火	73416000	42.73	深圳
233640000	深圳市京港投资发展有限公司	74572308	31.92	深圳
109230000	宋斌	14725204	13.48	深圳
140764000	高宝林	33037550	23.47	深圳
147600000	石聚彬	60009356	40.66	深圳
278000000	陈清州	165445100	59.51	深圳
200000000	黄伟鹏	36600000	18.30	深圳
416000000	吴培服	181048246	43.52	深圳
304950000	浙江围海控股集团有限公司	151050000	49.53	深圳
110550000	吴涵渠	33225075	30.05	深圳
219700000	高文班	50869000	23.15	深圳
108947600	张仁华	27079511	24.86	深圳
121342000	万安集团有限公司	63700000	52.50	深圳
131275000	朱星河	44687500	34.38	深圳
176714847	杨竞忠	35523927	20.10	深圳
212000000	吴子文	97927800	46.19	深圳
2354100000	王传福	570642580	24.24	深圳
200000000	张恭运	59796900	29.90	深圳
214400000	张海林	46640000	21.75	深圳
277680000	安徽金瑞化工投资有限公司	163713439	58.96	深圳
312000000	章丘市公有资产经营有限公司	93000000	29.81	深圳
132000000	栗延秋	38250000	28.98	深圳
317800000	汪南东	123258600	38.78	深圳
191515000	许刚	27927076	14.58	深圳
262500000	浙江华通控股集团有限公司	136500000	52.00	深圳
563884000	河北以岭医药集团有限公司	187199999	33.20	深圳
242320000	程少博	54632760	22.55	深圳
187000000	姚文琛	27400616	14.65	深圳

附录1-5 续表 21

序号	公司全称	股票代码	股票简称	行业分类
1072	大连电瓷集团股份有限公司	002606	大连电瓷	制造业
1073	芜湖亚夏汽车股份有限公司	002607	亚夏汽车	批发和零售业
1074	江苏舜天船舶股份有限公司	002608	舜天船舶	制造业
1075	深圳市捷顺科技实业股份有限公司	002609	捷顺科技	信息传输、软件和信息技术服务业
1076	江苏爱康科技股份有限公司	002610	爱康科技	制造业
1077	广东东方精工科技股份有限公司	002611	东方精工	制造业
1078	朗姿股份有限公司	002612	朗姿股份	制造业
1079	洛阳北方玻璃技术股份有限公司	002613	北玻股份	制造业
1080	厦门蒙发利科技(集团)股份有限公司	002614	蒙发利	制造业
1081	浙江哈尔斯真空器皿股份有限公司	002615	哈尔斯	制造业
1082	广东长青(集团)股份有限公司	002616	长青集团	制造业
1083	露笑科技股份有限公司	002617	露笑科技	制造业
1084	深圳丹邦科技股份有限公司	002618	丹邦科技	制造业
1085	浙江巨龙管业股份有限公司	002619	巨龙管业	制造业
1086	深圳瑞和建筑装饰股份有限公司	002620	瑞和股份	建筑业
1087	大连三垒机器股份有限公司	002621	大连三垒	制造业
1088	吉林永大集团股份有限公司	002622	永大集团	制造业
1089	常州亚玛顿股份有限公司	002623	亚玛顿	制造业
1090	浙江金磊高温材料股份有限公司	002624	金磊股份	制造业
1091	浙江龙生汽车部件股份有限公司	002625	龙生股份	制造业
1092	厦门金达威集团股份有限公司	002626	金达威	制造业
1093	湖北宜昌交运集团股份有限公司	002627	宜昌交运	交通运输、仓储和邮政业
1094	成都市路桥工程股份有限公司	002628	成都路桥	建筑业
1095	四川仁智油田技术服务股份有限公司	002629	仁智油服	采矿业
1096	华西能源工业股份有限公司	002630	华西能源	制造业
1097	德尔国际家居股份有限公司	002631	德尔家居	制造业
1098	道明光学股份有限公司	002632	道明光学	制造业
1099	申科滑动轴承股份有限公司	002633	申科股份	制造业
1100	浙江棒杰数码针织品股份有限公司	002634	棒杰股份	制造业
1101	苏州安洁科技股份有限公司	002635	安洁科技	制造业
1102	金安国纪科技股份有限公司	002636	金安国纪	制造业
1103	浙江赞宇科技股份有限公司	002637	赞宇科技	制造业
1104	东莞勤上光电股份有限公司	002638	勤上光电	制造业
1105	福建雪人股份有限公司	002639	雪人股份	制造业
1106	山西百圆裤业连锁经营股份有限公司	002640	百圆裤业	批发和零售业
1107	永高股份有限公司	002641	永高股份	制造业
1108	北京荣之联科技股份有限公司	002642	荣之联	信息传输、软件和信息技术服务业
1109	烟台万润精细化工股份有限公司	002643	烟台万润	制造业
1110	兰州佛慈制药股份有限公司	002644	佛慈制药	制造业
1111	江苏华宏科技股份有限公司	002645	华宏科技	制造业
1112	青海互助青稞酒股份有限公司	002646	青青稞酒	制造业
1113	浙江宏磊铜业股份有限公司	002647	宏磊股份	制造业
1114	浙江卫星石化股份有限公司	002648	卫星石化	制造业
1115	博彦科技股份有限公司	002649	博彦科技	信息传输、软件和信息技术服务业
1116	加加食品集团股份有限公司	002650	加加食品	制造业
1117	成都利君实业股份有限公司	002651	利君股份	制造业
1118	苏州扬子江新型材料股份有限公司	002652	扬子新材	制造业
1119	西藏海思科药业集团股份有限公司	002653	海思科	制造业
1120	深圳万润科技股份有限公司	002654	万润科技	制造业
1121	山东共达电声股份有限公司	002655	共达电声	制造业
1122	广州卡奴迪路服饰股份有限公司	002656	卡奴迪路	制造业

continued

股本总数(股)	第一大股东名称	第一大股东持股数量(股)	所占比重(%)	上市地点
200000000	刘桂雪	84000000	42.00	深圳
228800000	安徽亚夏实业股份有限公司	55586640	24.29	深圳
220500000	江苏舜天国际集团有限公司	56545715	25.64	深圳
184050807	唐健	73710000	40.01	深圳
300000000	江苏爱康实业集团有限公司	67999500	22.67	深圳
180955000	唐灼林	64360587	35.57	深圳
200000000	申东日	110907750	55.45	深圳
400500000	高学明	219957873	54.92	深圳
240000000	李五令	73284040	30.54	深圳
91200000	吕强	45144000	49.50	深圳
148000000	麦正辉	42180000	28.50	深圳
180000000	露笑集团有限公司	78000000	43.33	深圳
182640000	深圳丹邦投资集团有限公司	73116000	40.03	深圳
121550000	浙江巨龙控股集团有限公司	39008949	32.09	深圳
120000000	李介平	33488370	27.91	深圳
150000000	俞建模	58342500	38.90	深圳
150000000	吕永祥	50482600	33.66	深圳
160000000	常州市亚玛顿科技有限公司	72000000	45.00	深圳
200000000	陈连庆	67500000	33.75	深圳
116007000	俞龙生	31320000	27.00	深圳
180000000	厦门金达威投资有限公司	63003304	35.00	深圳
133500000	宜昌市人民政府国有资产监督管理委员会	47604636	35.66	深圳
737416215	郑渝力	88697444	12.03	深圳
171645000	钱忠良	23297550	13.57	深圳
167000000	黎仁超	46383800	27.77	深圳
162225000	德尔集团有限公司	89207760	54.99	深圳
138671000	浙江道明投资有限公司	62400000	45.00	深圳
150000000	何全波	56249955	37.50	深圳
100050000	陶建伟	36937500	36.92	深圳
180000000	吕莉	68614088	38.12	深圳
280000000	上海东临投资发展有限公司	111510000	39.83	深圳
160000000	方银军	18517920	11.57	深圳
374670000	东莞勤上集团有限公司	100947015	26.94	深圳
160000000	林汝捷(小)	49104000	30.69	深圳
133340000	杨建新	47226750	35.42	深圳
360000000	公元塑业集团有限公司	156600000	43.50	深圳
362086092	王东辉	104885262	28.97	深圳
275640000	中节能(山东)投资发展公司	74708000	27.10	深圳
88858000	兰州佛慈制药厂	62766000	70.64	深圳
120006000	江苏华宏实业集团有限公司	69750000	58.12	深圳
450000000	青海华实科技投资管理有限公司	292500000	65.00	深圳
168910000	戚建萍	63962800	37.87	深圳
400000000	浙江卫星控股股份有限公司	199500000	49.88	深圳
165400000	北京博宇冠文管理咨询有限公司	17647272	11.76	深圳
230400000	湖南卓越投资有限公司	92283840	40.05	深圳
401000000	何亚民	145199999	36.21	深圳
160020000	上海勤硕来投资有限公司	60000000	37.50	深圳
1080270000	王俊民	435650400	40.33	深圳
176000000	罗小艳	30000000	17.05	深圳
240000000	潍坊高科电子有限公司	101520000	42.30	深圳
200000000	广州瑞丰集团股份有限公司	79500000	39.75	深圳

附录1-5　续表 22

序号	公司全称	股票代码	股票简称	行业分类
1123	北京中科金财科技股份有限公司	002657	中科金财	信息传输、软件和信息技术服务业
1124	北京雪迪龙科技股份有限公司	002658	雪迪龙	制造业
1125	江苏中泰桥梁钢构股份有限公司	002659	中泰桥梁	建筑业
1126	茂硕电源科技股份有限公司	002660	茂硕电源	制造业
1127	克明面业股份有限公司	002661	克明面业	制造业
1128	北京威卡威汽车零部件股份有限公司	002662	京威股份	制造业
1129	广州普邦园林股份有限公司	002663	普邦园林	建筑业
1130	信质电机股份有限公司	002664	信质电机	制造业
1131	北京首航艾启威节能技术股份有限公司	002665	首航节能	制造业
1132	广东德联集团股份有限公司	002666	德联集团	制造业
1133	鞍山重型矿山机器股份有限公司	002667	鞍重股份	制造业
1134	广东奥马电器股份有限公司	002668	奥马电器	制造业
1135	上海康达化工新材料股份有限公司	002669	康达新材	制造业
1136	广东华声电器股份有限公司	002670	华声股份	制造业
1137	山东龙泉管道工程股份有限公司	002671	龙泉股份	制造业
1138	东江环保股份有限公司	002672	东江环保	水利、环境和公共设施管理业
1139	西部证券股份有限公司	002673	西部证券	金融业
1140	兴业皮革科技股份有限公司	002674	兴业科技	制造业
1141	烟台东诚生化股份有限公司	002675	东诚生化	制造业
1142	广东顺威精密塑料股份有限公司	002676	顺威股份	制造业
1143	浙江美大实业股份有限公司	002677	浙江美大	制造业
1144	广州珠江钢琴集团股份有限公司	002678	珠江钢琴	制造业
1145	福建金森林业股份有限公司	002679	福建金森	农、林、牧、渔业
1146	连云港黄海机械股份有限公司	002680	黄海机械	制造业
1147	深圳市奋达科技股份有限公司	002681	奋达科技	制造业
1148	福建龙洲运输股份有限公司	002682	龙洲股份	交通运输、仓储和邮政业
1149	广东宏大爆破股份有限公司	002683	宏大爆破	采矿业
1150	广东猛狮电源科技股份有限公司	002684	猛狮科技	制造业
1151	无锡华东重型机械股份有限公司	002685	华东重机	制造业
1152	浙江亿利达风机股份有限公司	002686	亿利达	制造业
1153	浙江乔治白服饰股份有限公司	002687	乔治白	制造业
1154	金河生物科技股份有限公司	002688	金河生物	制造业
1155	沈阳博林特电梯集团股份有限公司	002689	博林特	制造业
1156	合肥美亚光电技术股份有限公司	002690	美亚光电	制造业
1157	石家庄中煤装备制造股份有限公司	002691	石中装备	制造业
1158	远程电缆股份有限公司	002692	远程电缆	制造业
1159	海南双成药业股份有限公司	002693	双成药业	制造业
1160	顾地科技股份有限公司	002694	顾地科技	制造业
1161	江西煌上煌集团食品股份有限公司	002695	煌上煌	制造业
1162	百洋水产集团股份有限公司	002696	百洋股份	农、林、牧、渔业
1163	成都红旗连锁股份有限公司	002697	红旗连锁	批发和零售业
1164	哈尔滨博实自动化股份有限公司	002698	博实股份	制造业
1165	美盛文化创意股份有限公司	002699	美盛文化	文化、体育和娱乐业
1166	新疆浩源天然气股份有限公司	002700	新疆浩源	电力、热力、燃气及水生产和供应业
1167	奥瑞金包装股份有限公司	002701	奥瑞金	制造业
1168	海欣食品股份有限公司	002702	海欣食品	制造业
1169	浙江世宝股份有限公司	002703	浙江世宝	制造业
1170	深圳赤湾石油基地股份有限公司	200053	深基地B	交通运输、仓储和邮政业
1171	重庆建设摩托车股份有限公司	200054	*ST建摩B	制造业
1172	山东航空股份有限公司	200152	山航B	交通运输、仓储和邮政业
1173	承德南江股份有限公司	200160	南江B	房地产业

continued

股本总数(股)	第一大股东名称	第一大股东持股数量(股)	所占比重(%)	上市地点
104696301	沈飒	23788716	22.72	深圳
274945600	敖小强	183300000	66.67	深圳
311000000	江苏环宇投资发展有限公司	106371400	34.20	深圳
194160000	深圳德旺投资发展有限公司	46800000	23.72	深圳
83080000	南县克明投资有限公司	51000000	61.39	深圳
600000000	北京中环投资管理有限公司	225000000	37.50	深圳
558976000	涂善忠	192000000	34.35	深圳
133340000	台州市椒江信质工贸有限公司	54270000	40.70	深圳
266700000	北京首航波纹管制造有限公司	75810000	28.43	深圳
320000000	徐团华	141585468	44.25	深圳
67980000	杨永柱	20400000	30.01	深圳
165350000	中山施诺工业投资有限公司	93000000	56.24	深圳
100000000	陆企亭	17972100	17.97	深圳
200000000	佛山市顺德区远茂化工实业有限公司	40813951	20.41	深圳
188740000	刘长杰	58601198	31.05	深圳
225714561	张维仰	64738446	28.68	深圳
1200000000	陕西省电力建设投资开发公司	354094656	29.51	深圳
242900000	石河子万兴股权投资合伙企业(有限合伙)	84744000	34.89	深圳
172800000	烟台东益生物工程有限公司	46008000	26.63	深圳
160000000	佛山市顺德区祥得投资咨询有限公司	74499354	46.56	深圳
200000000	美大集团有限公司	135000000	67.50	深圳
956000000	广州市人民政府国有资产监督管理委员会	782496000	81.85	深圳
138680000	福建省将乐县林业总公司	97516040	70.32	深圳
80000000	虞臣潘	27600000	34.50	深圳
150000000	肖奋	75375000	50.25	深圳
208000000	福建省龙岩交通国有资产投资经营有限公司	54852328	26.37	深圳
218960000	广东省广业资产经营有限公司	53029857	24.22	深圳
106152000	汕头市澄海区沪美蓄电池有限公司	42152000	39.71	深圳
200000000	无锡华东重机科技集团有限公司	78000000	39.00	深圳
136005000	章启忠	25500000	18.75	深圳
197140000	温州乔治白制衣有限公司	52290000	26.52	深圳
108920000	内蒙古金河建筑安装有限责任公司	43313420	39.77	深圳
402842623	沈阳远大铝业集团有限公司	164284000	40.78	深圳
260000000	田明	159705000	61.43	深圳
200000000	河北冀凯实业集团有限公司	129000000	64.50	深圳
326430000	杨小明	94830665	29.06	深圳
180000000	海南双成投资有限公司	62007354	34.45	深圳
172800000	广东顾地塑胶有限公司	71213400	41.21	深圳
123876522	煌上煌集团有限公司	64488000	52.06	深圳
88000000	孙忠义	38744785	44.03	深圳
400000000	曹世如	221400000	55.35	深圳
401000000	哈尔滨工业大学资产投资经营有限责任公司	96700000	24.11	深圳
93500000	浙江莱盛实业有限公司	43365000	46.38	深圳
117340800	周举东	20900000	28.50	深圳
306670000	海南原龙投资有限公司	142278000	46.39	深圳
141400000	滕用雄	33400000	23.62	深圳
277657855	浙江世宝控股集团有限公司	165387223	59.57	深圳
230600000	中国南山开发(集团)股份有限公司	119420000	51.79	深圳
119375000	中国南方工业集团公司	84906250	71.13	深圳
400000000	山东航空集团有限公司	168004000	42.00	深圳
706320000	王栋	208324800	29.49	深圳

附录1-5　续表 23

序号	公司全称	股票代码	股票简称	行业分类
1174	广东雷伊(集团)股份有限公司	200168	雷伊B	房地产业
1175	南京普天通信股份有限公司	200468	宁通信B	制造业
1176	厦门灿坤实业股份有限公司	200512	闽灿坤B	制造业
1177	瓦房店轴承股份有限公司	200706	瓦轴B	制造业
1178	武汉锅炉股份有限公司	200770	*ST武锅B	制造业
1179	杭州汽轮机股份有限公司	200771	杭汽轮B	制造业
1180	佛山华新包装股份有限公司	200986	粤华包B	制造业
1181	山东省中鲁远洋渔业股份有限公司	200992	中鲁B	农、林、牧、渔业
1182	青岛特锐德电气股份有限公司	300001	特锐德	制造业
1183	北京神州泰岳软件股份有限公司	300002	神州泰岳	信息传输、软件和信息技术服务业
1184	乐普(北京)医疗器械股份有限公司	300003	乐普医疗	制造业
1185	南方风机股份有限公司	300004	南风股份	制造业
1186	北京探路者户外用品股份有限公司	300005	探路者	制造业
1187	重庆莱美药业股份有限公司	300006	莱美药业	制造业
1188	河南汉威电子股份有限公司	300007	汉威电子	制造业
1189	上海佳豪船舶工程设计股份有限公司	300008	上海佳豪	科学研究和技术服务业
1190	安徽安科生物工程(集团)股份有限公司	300009	安科生物	制造业
1191	北京立思辰科技股份有限公司	300010	立思辰	信息传输、软件和信息技术服务业
1192	北京鼎汉技术股份有限公司	300011	鼎汉技术	制造业
1193	深圳市华测检测技术股份有限公司	300012	华测检测	科学研究和技术服务业
1194	江苏新宁现代物流股份有限公司	300013	新宁物流	交通运输、仓储和邮政业
1195	惠州亿纬锂能股份有限公司	300014	亿纬锂能	制造业
1196	爱尔眼科医院集团股份有限公司	300015	爱尔眼科	卫生和社会工作
1197	北京北陆药业股份有限公司	300016	北陆药业	制造业
1198	网宿科技股份有限公司	300017	网宿科技	信息传输、软件和信息技术服务业
1199	武汉中元华电科技股份有限公司	300018	中元华电	制造业
1200	成都硅宝科技股份有限公司	300019	硅宝科技	制造业
1201	银江股份有限公司	300020	银江股份	信息传输、软件和信息技术服务业
1202	甘肃大禹节水集团股份有限公司	300021	大禹节水	制造业
1203	吉峰农机连锁股份有限公司	300022	吉峰农机	批发和零售业
1204	西安宝德自动化股份有限公司	300023	宝德股份	制造业
1205	沈阳新松机器人自动化股份有限公司	300024	机器人	制造业
1206	杭州华星创业通信技术股份有限公司	300025	华星创业	信息传输、软件和信息技术服务业
1207	天津红日药业股份有限公司	300026	红日药业	制造业
1208	华谊兄弟传媒股份有限公司	300027	华谊兄弟	文化、体育和娱乐业
1209	成都金亚科技股份有限公司	300028	金亚科技	制造业
1210	江苏华盛天龙光电设备股份有限公司	300029	天龙光电	制造业
1211	广州阳普医疗科技股份有限公司	300030	阳普医疗	制造业
1212	无锡宝通带业股份有限公司	300031	宝通带业	制造业
1213	金龙机电股份有限公司	300032	金龙机电	制造业
1214	浙江核新同花顺网络信息股份有限公司	300033	同花顺	信息传输、软件和信息技术服务业
1215	北京钢研高纳科技股份有限公司	300034	钢研高纳	制造业
1216	湖南中科电气股份有限公司	300035	中科电气	制造业
1217	北京超图软件股份有限公司	300036	超图软件	信息传输、软件和信息技术服务业
1218	深圳新宙邦科技股份有限公司	300037	新宙邦	制造业
1219	北京梅泰诺通信技术股份有限公司	300038	梅泰诺	制造业
1220	上海凯宝药业股份有限公司	300039	上海凯宝	制造业
1221	哈尔滨九洲电气股份有限公司	300040	九洲电气	制造业
1222	湖北回天胶业股份有限公司	300041	回天胶业	制造业
1223	深圳市朗科科技股份有限公司	300042	朗科科技	制造业
1224	星辉互动娱乐股份有限公司	300043	互动娱乐	制造业

continued

股本总数(股)	第一大股东名称	第一大股东持股数量(股)	所占比重(%)	上市地点
318600000	深圳升恒昌惠富实业有限公司	117855000	36.99	深圳
215000000	中国普天信息产业股份有限公司	115000000	53.49	深圳
185391680	FORDCHEE DEVELOPMENT LIMITED	53940530	29.10	深圳
402600000	瓦房店轴承集团有限责任公司	244000000	60.61	深圳
297000000	阿尔斯通(中国)投资有限公司	151470000	51.00	深圳
754010400	杭州汽轮动力集团有限公司	479824800	63.64	深圳
505425000	佛山华新发展有限公司	329512030	65.20	深圳
266071320	山东省国有资产投资控股有限公司	88000000	33.07	深圳
200400000	青岛德锐投资有限公司	99750000	49.78	深圳
614841344	李力	84526349	13.75	深圳
812000000	中国船舶重工集团公司第七二五研究所(洛阳船舶材料研究所)	234807412	28.92	深圳
188000000	杨泽文	41066666	21.84	深圳
424615546	盛发强	123010827	29.07	深圳
201793757	邱宇	51249218	25.40	深圳
118000000	任红军	31708580	26.87	深圳
218484000	刘楠	56409838	25.82	深圳
241965815	宋礼华	72892894	30.13	深圳
263197333	池燕明	70836755	26.91	深圳
231192000	顾庆伟	57109229	24.70	深圳
369387000	郭冰	75832724	20.53	深圳
90000000	苏州锦融投资有限公司	27270000	30.30	深圳
199204000	惠州市亿威实业有限公司	90081981	45.25	深圳
432646500	湖南爱尔医疗投资有限公司	192292097	44.45	深圳
305498208	王代雪	64559460	21.13	深圳
156758866	陈宝珍	37128911	23.69	深圳
195000000	邓志刚	17550000	9.00	深圳
163200000	王跃林	32832000	20.12	深圳
241911600	银江科技集团有限公司	88413000	36.54	深圳
278600000	王栋	142267748	51.07	深圳
357400000	王新明	49932824	13.97	深圳
90000000	赵敏	45900000	51.00	深圳
297660000	中国科学院沈阳自动化研究所	81461192	27.37	深圳
214265281	程小彦	31000000	14.47	深圳
373972318	天津大通投资集团有限公司	94539629	25.28	深圳
1209600000	王忠军	289137600	23.90	深圳
264600000	周旭辉	71992800	27.21	深圳
200000000	常州诺亚科技有限公司	40092406	20.05	深圳
148000000	邓冠华	34404000	23.25	深圳
150000000	包志方	49010476	32.67	深圳
285400000	金龙控股集团有限公司	152403684	53.40	深圳
134400000	易峥	48384000	36.00	深圳
211988154	中国钢研科技集团有限公司	101789597	48.02	深圳
179887500	余新	31005000	17.24	深圳
122309680	钟耳顺	18294400	14.96	深圳
171200000	覃九三	28499968	16.65	深圳
160809389	张敏	49275000	30.67	深圳
526080000	穆来安	158400000	30.11	深圳
277800000	李寅	60000000	21.60	深圳
168954920	章锋	32165862	19.04	深圳
133600000	邓国顺	30900000	23.13	深圳
241781794	陈雁升	92664000	38.33	深圳

附录1-5 续表 24

序号	公司全称	股票代码	股票简称	行业分类
1225	深圳市赛为智能股份有限公司	300044	赛为智能	信息传输、软件和信息技术服务业
1226	北京华力创通科技股份有限公司	300045	华力创通	制造业
1227	湖北台基半导体股份有限公司	300046	台基股份	制造业
1228	深圳天源迪科信息技术股份有限公司	300047	天源迪科	信息传输、软件和信息技术服务业
1229	北京合康亿盛变频科技股份有限公司	300048	合康变频	制造业
1230	内蒙古福瑞医疗科技股份有限公司	300049	福瑞股份	制造业
1231	珠海世纪鼎利通信科技股份有限公司	300050	世纪鼎利	信息传输、软件和信息技术服务业
1232	厦门三五互联科技股份有限公司	300051	三五互联	信息传输、软件和信息技术服务业
1233	深圳中青宝互动网络股份有限公司	300052	中青宝	信息传输、软件和信息技术服务业
1234	珠海欧比特控制工程股份有限公司	300053	欧比特	制造业
1235	湖北鼎龙化学股份有限公司	300054	鼎龙股份	制造业
1236	北京万邦达环保技术股份有限公司	300055	万邦达	建筑业
1237	厦门三维丝环保股份有限公司	300056	三维丝	制造业
1238	汕头万顺包装材料股份有限公司	300057	万顺股份	制造业
1239	北京蓝色光标品牌管理顾问股份有限公司	300058	蓝色光标	租赁和商务服务业
1240	东方财富信息股份有限公司	300059	东方财富	信息传输、软件和信息技术服务业
1241	上海康耐特光学股份有限公司	300061	康耐特	制造业
1242	福建中能电气股份有限公司	300062	中能电气	制造业
1243	广东天龙油墨集团股份有限公司	300063	天龙集团	制造业
1244	郑州华晶金刚石股份有限公司	300064	豫金刚石	制造业
1245	北京海兰信数据科技股份有限公司	300065	海兰信	制造业
1246	江西三川水表股份有限公司	300066	三川股份	制造业
1247	上海安诺其纺织化工股份有限公司	300067	安诺其	制造业
1248	浙江南都电源动力股份有限公司	300068	南都电源	制造业
1249	浙江金利华电气股份有限公司	300069	金利华电	制造业
1250	北京碧水源科技股份有限公司	300070	碧水源	水利、环境和公共设施管理业
1251	北京华谊嘉信整合营销顾问集团股份有限公司	300071	华谊嘉信	租赁和商务服务业
1252	北京三聚环保新材料股份有限公司	300072	三聚环保	制造业
1253	北京当升材料科技股份有限公司	300073	当升科技	制造业
1254	华平信息技术股份有限公司	300074	华平股份	信息传输、软件和信息技术服务业
1255	北京数字政通科技股份有限公司	300075	数字政通	信息传输、软件和信息技术服务业
1256	宁波GQY视讯股份有限公司	300076	GQY视讯	制造业
1257	国民技术股份有限公司	300077	国民技术	制造业
1258	杭州中瑞思创科技股份有限公司	300078	中瑞思创	制造业
1259	北京数码视讯科技股份有限公司	300079	数码视讯	制造业
1260	河南新大新材料股份有限公司	300080	新大新材	制造业
1261	恒信移动商务股份有限公司	300081	恒信移动	批发和零售业
1262	辽宁奥克化学股份有限公司	300082	奥克股份	制造业
1263	东莞劲胜精密组件股份有限公司	300083	劲胜股份	制造业
1264	兰州海默科技股份有限公司	300084	海默科技	采矿业
1265	深圳市银之杰科技股份有限公司	300085	银之杰	信息传输、软件和信息技术服务业
1266	海南康芝药业股份有限公司	300086	康芝药业	制造业
1267	安徽荃银高科种业股份有限公司	300087	荃银高科	农、林、牧、渔业
1268	芜湖长信科技股份有限公司	300088	长信科技	制造业
1269	广东长城集团股份有限公司	300089	长城集团	制造业
1270	安徽盛运环保(集团)股份有限公司	300090	盛运股份	制造业
1271	江苏金通灵流体机械科技股份有限公司	300091	金通灵	制造业
1272	四川科新机电股份有限公司	300092	科新机电	制造业
1273	广东金刚玻璃科技股份有限公司	300093	金刚玻璃	制造业
1274	湛江国联水产开发股份有限公司	300094	国联水产	农、林、牧、渔业
1275	江西华伍制动器股份有限公司	300095	华伍股份	制造业

continued

股本总数(股)	第一大股东名称	第一大股东持股数量(股)	所占比重(%)	上市地点
224860000	周勇	43907477	19.53	深圳
268000000	高小离	60183200	22.46	深圳
142080000	襄阳新仪元半导体有限责任公司	70560000	49.66	深圳
315688300	陈友	46137000	14.61	深圳
338144800	上海上丰集团有限公司	91780000	27.14	深圳
125060000	中国高新投资集团公司	17568805	14.05	深圳
216000000	叶滨	65500000	30.32	深圳
321000000	龚少晖	137604800	42.87	深圳
260000000	深圳市宝德投资控股有限公司	71214882	27.39	深圳
200000000	YAN JUN	55867000	27.93	深圳
293018405	朱顺全	55975000	19.10	深圳
228800000	王飘扬	70785000	30.94	深圳
93600000	罗红花	18668484	19.94	深圳
422000000	杜成城	216303751	51.26	深圳
464311125	赵文权	35255400	7.59	深圳
672000000	其实	188403286	28.04	深圳
96000000	费铮翔	53755200	56.00	深圳
154510000	CHEN MANHONG	41040000	26.56	深圳
100500000	冯毅	42764850	42.55	深圳
608000000	河南华晶超硬材料股份有限公司	246600000	40.56	深圳
105252970	申万秋	19430730	18.46	深圳
155974758	江西三川集团有限公司	63966000	41.01	深圳
163566000	纪立军	72036367	44.04	深圳
599277000	杭州南都电源有限公司	123488452	20.61	深圳
117000000	赵坚	47958238	40.99	深圳
891448317	文剑平	223620656	25.09	深圳
174192255	刘伟	58872951	33.80	深圳
505804000	北京海淀科技发展有限公司	143952120	28.46	深圳
160000000	北京矿冶研究总院	49523614	30.95	深圳
220000000	熊模昌	32680500	14.85	深圳
126000000	吴强华	41350271	32.82	深圳
106000000	宁波高斯投资有限公司	31824000	30.02	深圳
272000000	上海兴全睿众资产管理有限公司	23117800	8.50	深圳
167500000	路楠	56250000	33.58	深圳
338956768	郑海涛	61989303	18.29	深圳
502804021	中国平煤神马能源化工集团有限责任公司	97663326	19.42	深圳
134000000	孟宪民	42759034	31.91	深圳
336960000	奥克集团股份公司	189790283	56.32	深圳
200000000	劲辉国际企业有限公司	117250000	58.63	深圳
128000000	窦剑文	29495040	23.04	深圳
121330000	张学君	27909000	23.00	深圳
200000000	海南宏氏投资有限公司	116379310	58.19	深圳
105600000	贾桂兰	12024000	11.39	深圳
489450000	东亚真空电镀厂有限公司	119680000	24.45	深圳
150000000	蔡廷祥	57375000	38.25	深圳
294163631	开晓胜	64766000	22.02	深圳
209000000	季伟	46200000	22.11	深圳
91000000	林祯荣	19649348	21.59	深圳
216000000	汕头市金刚玻璃实业有限公司	58122000	26.91	深圳
352000000	湛江市国通水产有限公司	159308160	45.26	深圳
102293000	聂景华	32760000	32.03	深圳

附录1-5 续表 25

序号	公司全称	股票代码	股票简称	行业分类
1276	易联众信息技术股份有限公司	300096	易联众	信息传输、软件和信息技术服务业
1277	大连智云自动化装备股份有限公司	300097	智云股份	制造业
1278	高新兴科技集团股份有限公司	300098	高新兴	制造业
1279	尤洛卡矿业安全工程股份有限公司	300099	尤洛卡	制造业
1280	宁波双林汽车部件股份有限公司	300100	双林股份	制造业
1281	成都国腾电子技术股份有限公司	300101	国腾电子	制造业
1282	厦门乾照光电股份有限公司	300102	乾照光电	制造业
1283	西安达刚路面机械股份有限公司	300103	达刚路机	制造业
1284	乐视网信息技术(北京)股份有限公司	300104	乐视网	信息传输、软件和信息技术服务业
1285	烟台龙源电力技术股份有限公司	300105	龙源技术	制造业
1286	新疆西部牧业股份有限公司	300106	西部牧业	农、林、牧、渔业
1287	河北建新化工股份有限公司	300107	建新股份	制造业
1288	通化双龙化工股份有限公司	300108	双龙股份	制造业
1289	博爱新开源制药股份有限公司	300109	新开源	制造业
1290	华仁药业股份有限公司	300110	华仁药业	制造业
1291	浙江向日葵光能科技股份有限公司	300111	向日葵	制造业
1292	深圳万讯自控股份有限公司	300112	万讯自控	制造业
1293	杭州顺网科技股份有限公司	300113	顺网科技	信息传输、软件和信息技术服务业
1294	中航电测仪器股份有限公司	300114	中航电测	制造业
1295	深圳市长盈精密技术股份有限公司	300115	长盈精密	制造业
1296	陕西坚瑞消防股份有限公司	300116	坚瑞消防	制造业
1297	北京嘉寓门窗幕墙股份有限公司	300117	嘉寓股份	建筑业
1298	东方日升新能源股份有限公司	300118	东方日升	制造业
1299	天津瑞普生物技术股份有限公司	300119	瑞普生物	制造业
1300	天津经纬电材股份有限公司	300120	经纬电材	制造业
1301	山东阳谷华泰化工股份有限公司	300121	阳谷华泰	制造业
1302	重庆智飞生物制品股份有限公司	300122	智飞生物	制造业
1303	太阳鸟游艇股份有限公司	300123	太阳鸟	制造业
1304	深圳市汇川技术股份有限公司	300124	汇川技术	制造业
1305	大连易世达新能源发展股份有限公司	300125	易世达	科学研究和技术服务业
1306	上海锐奇工具股份有限公司	300126	锐奇股份	制造业
1307	成都银河磁体股份有限公司	300127	银河磁体	制造业
1308	苏州锦富新材料股份有限公司	300128	锦富新材	制造业
1309	上海泰胜风能装备股份有限公司	300129	泰胜风能	制造业
1310	深圳市新国都技术股份有限公司	300130	新国都	制造业
1311	深圳市英唐智能控制股份有限公司	300131	英唐智控	制造业
1312	福建青松股份有限公司	300132	青松股份	制造业
1313	浙江华策影视股份有限公司	300133	华策影视	文化、体育和娱乐业
1314	深圳市大富科技股份有限公司	300134	大富科技	制造业
1315	江苏宝利沥青股份有限公司	300135	宝利沥青	制造业
1316	深圳市信维通信股份有限公司	300136	信维通信	制造业
1317	河北先河环保科技股份有限公司	300137	先河环保	制造业
1318	晨光生物科技集团股份有限公司	300138	晨光生物	制造业
1319	北京福星晓程电子科技股份有限公司	300139	福星晓程	制造业
1320	西安启源机电装备股份有限公司	300140	启源装备	制造业
1321	苏州工业园区和顺电气股份有限公司	300141	和顺电气	制造业
1322	云南沃森生物技术股份有限公司	300142	沃森生物	制造业
1323	广东星河生物科技股份有限公司	300143	星河生物	农、林、牧、渔业
1324	杭州宋城旅游发展股份有限公司	300144	宋城股份	水利、环境和公共设施管理业
1325	南方泵业股份有限公司	300145	南方泵业	制造业
1326	汤臣倍健股份有限公司	300146	汤臣倍健	制造业

continued

股本总数(股)	第一大股东名称	第一大股东持股数量(股)	所占比重(%)	上市地点
172000000	古培坚	46280000	26.91	深圳
120000000	谭永良	60002000	50.00	深圳
184020000	刘双广	88519860	48.10	深圳
206700000	王晶华	80934056	39.16	深圳
280500000	双林集团股份有限公司	164800007	58.75	深圳
278000000	成都国腾电子集团有限公司	106560000	38.33	深圳
295000000	王维勇	50073300	16.97	深圳
211734000	孙建西	74388695	35.13	深圳
798466298	贾跃亭	371856695	46.57	深圳
285120000	国电科技环保集团股份有限公司	66290400	23.25	深圳
117000000	石河子国有资产经营(集团)有限公司	51856138	44.32	深圳
133800000	朱守琛	54000000	40.36	深圳
135200000	卢忠奎	49734288	36.79	深圳
115200000	王东虎	22996048	19.96	深圳
448351490	华仁世纪集团有限公司	226550000	50.53	深圳
1119800000	吴建龙	276833040	24.72	深圳
161167500	傅宇晨	36886500	22.89	深圳
132000000	华勇	59670437	45.20	深圳
156000000	汉中航空工业(集团)有限公司	95907579	61.48	深圳
258000000	新疆长盈粤富股权投资有限公司	133162380	51.61	深圳
160000000	郭鸿宝	65243860	40.78	深圳
217200000	嘉寓新新投资(集团)有限公司	86150820	39.66	深圳
560000000	林海峰	240227520	42.90	深圳
193946480	李守军	83510848	43.06	深圳
171850000	永信亚洲有限公司	32916975	19.15	深圳
140400000	王传华	71955000	51.25	深圳
400000000	蒋仁生	223200000	55.80	深圳
140925521	湖南太阳鸟控股有限公司	50400000	35.76	深圳
388800000	深圳市汇川投资有限公司	72900000	18.75	深圳
118000000	大连力科技术工程有限公司	35632872	30.20	深圳
151560000	吴明厅	54000000	35.63	深圳
161573180	戴炎	54257931	33.58	深圳
408920000	上海锦富投资管理有限公司	211500000	51.72	深圳
324000000	柳志成	29079311	8.98	深圳
114300000	刘祥	38070000	33.31	深圳
205284991	胡庆周	62994625	30.69	深圳
192960000	柯维龙	81869616	42.43	深圳
580945800	傅梅城	205537995	35.39	深圳
320000000	深圳市大富配天投资有限公司	163239299	51.01	深圳
512000000	周德洪	193328960	37.76	深圳
137025000	彭浩	35856000	26.17	深圳
202800000	李玉国	32737558	16.14	深圳
179570872	卢庆国	17925210	9.98	深圳
109600000	程毅	31500000	28.74	深圳
122000000	中国新时代国际工程公司	36420000	29.85	深圳
165600000	姚建华	78820613	47.60	深圳
180000000	李云春	27082464	14.86	深圳
147400000	叶运寿	53866375	36.54	深圳
557815000	杭州宋城集团控股有限公司	193572895	34.70	深圳
145091000	沈金浩	54365256	37.47	深圳
328080000	梁允超	188627298	57.49	深圳

附录1-5 续表 26

序号	公司全称	股票代码	股票简称	行业分类
1327	广州市香雪制药股份有限公司	300147	香雪制药	制造业
1328	天舟文化股份有限公司	300148	天舟文化	文化、体育和娱乐业
1329	量子高科(中国)生物股份有限公司	300149	量子高科	制造业
1330	北京世纪瑞尔技术股份有限公司	300150	世纪瑞尔	信息传输、软件和信息技术服务业
1331	深圳市昌红科技股份有限公司	300151	昌红科技	制造业
1332	徐州燃控科技股份有限公司	300152	燃控科技	制造业
1333	上海科泰电源股份有限公司	300153	科泰电源	制造业
1334	深圳市瑞凌实业股份有限公司	300154	瑞凌股份	制造业
1335	广东安居宝数码科技股份有限公司	300155	安居宝	制造业
1336	天立环保工程股份有限公司	300156	天立环保	制造业
1337	恒泰艾普石油天然气技术服务股份有限公司	300157	恒泰艾普	采矿业
1338	山西振东制药股份有限公司	300158	振东制药	制造业
1339	新疆机械研究院股份有限公司	300159	新研股份	制造业
1340	江苏秀强玻璃工艺股份有限公司	300160	秀强股份	制造业
1341	武汉华中数控股份有限公司	300161	华中数控	制造业
1342	深圳雷曼光电科技股份有限公司	300162	雷曼光电	制造业
1343	宁波先锋新材料股份有限公司	300163	先锋新材	制造业
1344	西安通源石油科技股份有限公司	300164	通源石油	采矿业
1345	江苏天瑞仪器股份有限公司	300165	天瑞仪器	制造业
1346	北京东方国信科技股份有限公司	300166	东方国信	信息传输、软件和信息技术服务业
1347	深圳市迪威视讯股份有限公司	300167	迪威视讯	信息传输、软件和信息技术服务业
1348	万达信息股份有限公司	300168	万达信息	信息传输、软件和信息技术服务业
1349	常州天晟新材料股份有限公司	300169	天晟新材	制造业
1350	上海汉得信息技术股份有限公司	300170	汉得信息	信息传输、软件和信息技术服务业
1351	上海东富龙科技股份有限公司	300171	东富龙	制造业
1352	南京中电环保股份有限公司	300172	中电环保	水利、环境和公共设施管理业
1353	松德机械股份有限公司	300173	松德股份	制造业
1354	福建元力活性炭股份有限公司	300174	元力股份	制造业
1355	朗源股份有限公司	300175	朗源股份	制造业
1356	广东鸿特精密技术股份有限公司	300176	鸿特精密	制造业
1357	广州中海达卫星导航技术股份有限公司	300177	中海达	制造业
1358	深圳市腾邦国际商业服务股份有限公司	300178	腾邦国际	租赁和商务服务业
1359	河南四方达超硬材料股份有限公司	300179	四方达	制造业
1360	上海华峰超纤材料股份有限公司	300180	华峰超纤	制造业
1361	浙江佐力药业股份有限公司	300181	佐力药业	制造业
1362	北京捷成世纪科技股份有限公司	300182	捷成股份	信息传输、软件和信息技术服务业
1363	青岛东软载波科技股份有限公司	300183	东软载波	信息传输、软件和信息技术服务业
1364	武汉力源信息技术股份有限公司	300184	力源信息	批发和零售业
1365	通裕重工股份有限公司	300185	通裕重工	制造业
1366	广东大华农动物保健品股份有限公司	300186	大华农	制造业
1367	永清环保股份有限公司	300187	永清环保	水利、环境和公共设施管理业
1368	厦门市美亚柏科信息股份有限公司	300188	美亚柏科	信息传输、软件和信息技术服务业
1369	海南神农大丰种业科技股份有限公司	300189	神农大丰	农、林、牧、渔业
1370	江苏维尔利环保科技股份有限公司	300190	维尔利	水利、环境和公共设施管理业
1371	潜能恒信能源技术股份有限公司	300191	潜能恒信	采矿业
1372	苏州科斯伍德油墨股份有限公司	300192	科斯伍德	制造业
1373	深圳市佳士科技股份有限公司	300193	佳士科技	制造业
1374	福安药业(集团)股份有限公司	300194	福安药业	制造业
1375	天津长荣印刷设备股份有限公司	300195	长荣股份	制造业
1376	江苏长海复合材料股份有限公司	300196	长海股份	制造业
1377	深圳市铁汉生态环境股份有限公司	300197	铁汉生态	建筑业

continued

股本总数(股)	第一大股东名称	第一大股东持股数量(股)	所占比重(%)	上市地点
392055300	广州市昆仑投资有限公司	133520400	34.06	深圳
152100000	湖南天鸿投资集团有限公司	99128640	65.17	深圳
201000000	QUANTUM HI-TECH GROUP LIMITED	64569000	32.12	深圳
270000000	王铁	57000000	21.11	深圳
100500000	李焕昌	50160000	49.91	深圳
240178400	徐州杰能科技发展投资有限公司	88000000	36.64	深圳
160000000	科泰控股有限公司	84120000	52.58	深圳
223500000	邱光	88333400	39.52	深圳
182953300	张波	70250000	38.46	深圳
288720000	王利品	81911279	28.37	深圳
398468518	孙庚文	92902558	23.31	深圳
288000000	山西振东实业集团有限公司	170159224	59.08	深圳
180400000	周卫华	29430720	16.31	深圳
186800000	宿迁市新星投资有限公司	65337400	34.98	深圳
107830000	武汉华中科技大产业集团有限公司	21949843	20.36	深圳
134000000	李漫铁	37932000	28.31	深圳
79000000	卢先锋	36240088	45.87	深圳
237600000	张国桉	55369392	23.30	深圳
153920000	刘召贵	65520000	42.57	深圳
135720988	管连平	31920000	25.75	深圳
200160000	北京安策恒兴投资有限公司	83385000	41.66	深圳
243555200	上海万豪投资有限公司	63897200	26.24	深圳
280500000	吴海宙	39916614	14.23	深圳
266171661	曲水迪宣投资管理合伙企业(有限合伙)	91035000	34.20	深圳
208000000	郑效东	133380000	64.13	深圳
130000000	王政福	39977437	30.75	深圳
113230000	郭景松	19435000	17.16	深圳
136000000	王延安	68425598	50.31	深圳
470800000	新疆尚龙股权投资管理有限公司	187545600	39.84	深圳
107280000	广东万和集团有限公司	31363200	29.23	深圳
201948800	廖定海	60423860	29.92	深圳
122400000	腾邦投资控股有限公司	40250000	32.91	深圳
216000000	方海江	61038225	28.26	深圳
158000000	华峰集团有限公司	23500000	14.87	深圳
144000000	俞有强	44550000	30.94	深圳
231534911	徐子泉	126928620	57.09	深圳
220000000	崔健	52272000	23.76	深圳
100050000	MARK ZHAO	31765500	31.75	深圳
900000000	司兴奎	149838750	16.65	深圳
534000000	温鹏程	56426938	10.57	深圳
200340000	湖南永清投资集团有限责任公司	120078359	59.94	深圳
221813200	郭永芳	62400000	28.13	深圳
256000000	黄培劲	57376000	22.41	深圳
156628800	常州德泽实业投资有限公司	90408960	57.72	深圳
320000000	周锦明	182640000	57.08	深圳
110250000	吴贤良	41250000	37.41	深圳
221500000	徐爱平	53295560	24.06	深圳
173420000	汪天祥	79980109	46.12	深圳
142224000	李莉	69237000	48.68	深圳
120000000	杨鹏威	47250000	39.38	深圳
315805878	刘水	163110380	51.65	深圳

附录1-5 续表 27

序号	公司全称	股票代码	股票简称	行业分类
1378	福建纳川管材科技股份有限公司	300198	纳川股份	制造业
1379	深圳翰宇药业股份有限公司	300199	翰宇药业	制造业
1380	北京高盟新材料股份有限公司	300200	高盟新材	制造业
1381	徐州海伦哲专用车辆股份有限公司	300201	海伦哲	制造业
1382	辽宁聚龙金融设备股份有限公司	300202	聚龙股份	制造业
1383	聚光科技(杭州)股份有限公司	300203	聚光科技	制造业
1384	舒泰神(北京)生物制药股份有限公司	300204	舒泰神	制造业
1385	武汉天喻信息产业股份有限公司	300205	天喻信息	制造业
1386	深圳市理邦精密仪器股份有限公司	300206	理邦仪器	制造业
1387	欣旺达电子股份有限公司	300207	欣旺达	制造业
1388	青岛市恒顺电气股份有限公司	300208	恒顺电气	制造业
1389	天泽信息产业股份有限公司	300209	天泽信息	信息传输、软件和信息技术服务业
1390	鞍山森远路桥股份有限公司	300210	森远股份	制造业
1391	江苏亿通高科技股份有限公司	300211	亿通科技	制造业
1392	北京易华录信息技术股份有限公司	300212	易华录	信息传输、软件和信息技术服务业
1393	北京佳讯飞鸿电气股份有限公司	300213	佳讯飞鸿	制造业
1394	山东日科化学股份有限公司	300214	日科化学	制造业
1395	苏州电器科学研究院股份有限公司	300215	电科院	科学研究和技术服务业
1396	湖南千山制药机械股份有限公司	300216	千山药机	制造业
1397	镇江东方电热科技股份有限公司	300217	东方电热	制造业
1398	安徽安利合成革股份有限公司	300218	安利股份	制造业
1399	广州市鸿利光电股份有限公司	300219	鸿利光电	制造业
1400	武汉金运激光股份有限公司	300220	金运激光	制造业
1401	广东银禧科技股份有限公司	300221	银禧科技	制造业
1402	科大智能科技股份有限公司	300222	科大智能	制造业
1403	北京君正集成电路股份有限公司	300223	北京君正	制造业
1404	烟台正海磁性材料股份有限公司	300224	正海磁材	制造业
1405	上海金力泰化工股份有限公司	300225	金力泰	制造业
1406	上海钢联电子商务股份有限公司	300226	上海钢联	信息传输、软件和信息技术服务业
1407	深圳光韵达光电科技股份有限公司	300227	光韵达	制造业
1408	张家港富瑞特种装备股份有限公司	300228	富瑞特装	制造业
1409	北京拓尔思信息技术股份有限公司	300229	拓尔思	信息传输、软件和信息技术服务业
1410	上海永利带业股份有限公司	300230	永利带业	制造业
1411	北京银信长远科技股份有限公司	300231	银信科技	信息传输、软件和信息技术服务业
1412	深圳市洲明科技股份有限公司	300232	洲明科技	制造业
1413	山东金城医药化工股份有限公司	300233	金城医药	制造业
1414	浙江开尔新材料股份有限公司	300234	开尔新材	制造业
1415	深圳市方直科技股份有限公司	300235	方直科技	信息传输、软件和信息技术服务业
1416	上海新阳半导体材料股份有限公司	300236	上海新阳	制造业
1417	山东美晨科技股份有限公司	300237	美晨科技	制造业
1418	广东冠昊生物科技股份有限公司	300238	冠昊生物	制造业
1419	包头东宝生物技术股份有限公司	300239	东宝生物	制造业
1420	江苏飞力达国际物流股份有限公司	300240	飞力达	交通运输、仓储和邮政业
1421	深圳市瑞丰光电子股份有限公司	300241	瑞丰光电	制造业
1422	广东明家科技股份有限公司	300242	明家科技	制造业
1423	山东瑞丰高分子材料股份有限公司	300243	瑞丰高材	制造业
1424	浙江迪安诊断技术股份有限公司	300244	迪安诊断	卫生和社会工作
1425	上海天玑科技股份有限公司	300245	天玑科技	信息传输、软件和信息技术服务业
1426	广东宝莱特医用科技股份有限公司	300246	宝莱特	制造业
1427	安徽桑乐金股份有限公司	300247	桑乐金	制造业
1428	郑州新开普电子股份有限公司	300248	新开普	信息传输、软件和信息技术服务业

continued

股本总数(股)	第一大股东名称	第一大股东持股数量(股)	所占比重(%)	上市地点
209038410	张晓樱	33766200	16.14	深圳
400000000	曾少贵	104222284	26.06	深圳
213600000	广州高金技术产业集团有限公司	80160000	37.53	深圳
352000000	江苏省机电研究所有限公司	87472000	24.85	深圳
305280000	柳永诠	91566720	29.99	深圳
445000000	浙江睿洋科技有限公司	113523200	25.51	深圳
240120000	昭衍(北京)投资有限公司	90396000	37.65	深圳
215028000	武汉华工创业投资有限责任公司	58156704	27.05	深圳
130000000	张浩	27119591	20.86	深圳
244400000	王明旺	80890290	33.10	深圳
284920000	青岛清源环保实业有限公司	94400000	33.13	深圳
160000000	无锡中住集团有限公司	48000000	30.00	深圳
134730000	郭松森	53135089	39.44	深圳
64495200	王振洪	31218000	48.40	深圳
268000000	中国华录集团有限公司	94311200	35.19	深圳
126000000	林菁	19561500	15.53	深圳
202500000	赵东日	63208884	31.21	深圳
360000000	胡德霖	112000000	31.11	深圳
184600000	刘祥华	25259000	13.68	深圳
197736000	谭荣生	44464194	22.49	深圳
211200000	安徽安利科技投资集团股份有限公司	47520000	22.50	深圳
245466000	马成章	67135900	27.35	深圳
70000000	梁伟	38398400	54.85	深圳
200000000	东莞市瑞晨投资有限公司	52500000	26.25	深圳
108000000	安徽东财投资管理有限公司	30780000	28.50	深圳
104000000	刘强	23520423	22.62	深圳
240000000	正海集团有限公司	165276000	68.87	深圳
130650000	吴国政	47940813	36.69	深圳
120000000	上海兴业投资发展有限公司	47625000	39.69	深圳
134000000	深圳市光韵达实业有限公司	65500000	48.88	深圳
135248000	邬品芳	18850000	13.94	深圳
204970000	北京信科互动科技发展有限公司	115706250	56.45	深圳
161524800	史佩浩	72235800	44.72	深圳
120000000	詹立雄	33552000	27.96	深圳
101396075	林洺锋	46291050	45.82	深圳
121000000	淄博金城实业股份有限公司	47580000	39.32	深圳
120000000	邢翰学	45000000	37.50	深圳
88000000	黄元忠	19930660	22.65	深圳
113800000	SIN YANG INDUSTRIES&TRADING PTE LTD	25472000	22.38	深圳
57000000	张磊	23365385	40.99	深圳
123445000	广东知光生物科技有限公司	47051000	38.11	深圳
197548000	包头东宝实业(集团)有限公司	74571900	37.75	深圳
167520000	昆山亚通汽车维修服务有限公司	28500000	17.01	深圳
216737593	龚伟斌	83190771	38.38	深圳
75000000	周建林	33020000	44.03	深圳
103917960	周仕斌	23390976	22.77	深圳
119574000	陈海斌	45523296	38.07	深圳
139530000	陆文雄	31004400	22.22	深圳
146088000	燕金元	48729600	33.36	深圳
122625000	金道明	37544700	30.62	深圳
89200000	杨维国	21200000	23.77	深圳

附录1-5 续表 28

序号	公司全称	股票代码	股票简称	行业分类
1429	四川依米康环境科技股份有限公司	300249	依米康	制造业
1430	杭州初灵信息技术股份有限公司	300250	初灵信息	制造业
1431	北京光线传媒股份有限公司	300251	光线传媒	文化、体育和娱乐业
1432	深圳金信诺高新技术股份有限公司	300252	金信诺	制造业
1433	上海金仕达卫宁软件股份有限公司	300253	卫宁软件	信息传输、软件和信息技术服务业
1434	山西仟源制药股份有限公司	300254	仟源制药	制造业
1435	河北常山生化药业股份有限公司	300255	常山药业	制造业
1436	浙江星星瑞金科技股份有限公司	300256	星星科技	制造业
1437	浙江开山压缩机股份有限公司	300257	开山股份	制造业
1438	江苏太平洋精锻科技股份有限公司	300258	精锻科技	制造业
1439	新天科技股份有限公司	300259	新天科技	制造业
1440	昆山新莱洁净应用材料股份有限公司	300260	新莱应材	制造业
1441	雅本化学股份有限公司	300261	雅本化学	制造业
1442	上海巴安水务股份有限公司	300262	巴安水务	建筑业
1443	洛阳隆华传热节能股份有限公司	300263	隆华节能	制造业
1444	深圳市佳创视讯技术股份有限公司	300264	佳创视讯	信息传输、软件和信息技术服务业
1445	江苏通光电子线缆股份有限公司	300265	通光线缆	制造业
1446	杭州兴源过滤科技股份有限公司	300266	兴源过滤	制造业
1447	湖南尔康制药股份有限公司	300267	尔康制药	制造业
1448	万福生科(湖南)农业开发股份有限公司	300268	万福生科	制造业
1449	深圳市联建光电股份有限公司	300269	联建光电	制造业
1450	杭州中威电子股份有限公司	300270	中威电子	制造业
1451	北京华宇软件股份有限公司	300271	华宇软件	信息传输、软件和信息技术服务业
1452	上海开能环保设备股份有限公司	300272	开能环保	制造业
1453	珠海和佳医疗设备股份有限公司	300273	和佳股份	制造业
1454	阳光电源股份有限公司	300274	阳光电源	制造业
1455	重庆梅安森科技股份有限公司	300275	梅安森	信息传输、软件和信息技术服务业
1456	湖北三丰智能输送装备股份有限公司	300276	三丰智能	制造业
1457	深圳海联讯科技股份有限公司	300277	海联讯	信息传输、软件和信息技术服务业
1458	湖北华昌达智能装备股份有限公司	300278	华昌达	制造业
1459	无锡和晶科技股份有限公司	300279	和晶科技	制造业
1460	南通锻压设备股份有限公司	300280	南通锻压	制造业
1461	广东金明精机股份有限公司	300281	金明精机	制造业
1462	北京汇冠新技术股份有限公司	300282	汇冠股份	制造业
1463	温州宏丰电工合金股份有限公司	300283	温州宏丰	制造业
1464	江苏省交通科学研究院股份有限公司	300284	苏交科	科学研究和技术服务业
1465	山东国瓷功能材料股份有限公司	300285	国瓷材料	制造业
1466	安科瑞电气股份有限公司	300286	安科瑞	制造业
1467	北京飞利信科技股份有限公司	300287	飞利信	信息传输、软件和信息技术服务业
1468	贵阳朗玛信息技术股份有限公司	300288	朗玛信息	信息传输、软件和信息技术服务业
1469	北京利德曼生化股份有限公司	300289	利德曼	制造业
1470	荣科科技股份有限公司	300290	荣科科技	信息传输、软件和信息技术服务业
1471	北京华录百纳影视股份有限公司	300291	华录百纳	文化、体育和娱乐业
1472	江苏吴通通讯股份有限公司	300292	吴通通讯	制造业
1473	沈阳蓝英工业自动化装备股份有限公司	300293	蓝英装备	制造业
1474	江西博雅生物制药股份有限公司	300294	博雅生物	制造业
1475	江苏三六五网络股份有限公司	300295	三六五网	信息传输、软件和信息技术服务业
1476	利亚德光电股份有限公司	300296	利亚德	制造业
1477	蓝盾信息安全技术股份有限公司	300297	蓝盾股份	信息传输、软件和信息技术服务业
1478	三诺生物传感股份有限公司	300298	三诺生物	制造业
1479	富春通信股份有限公司	300299	富春通信	信息传输、软件和信息技术服务业

continued

股本总数（股）	第一大股东名称	第一大股东持股数量(股)	所占比重(%)	上市地点
156800000	孙屹峥	39565000	25.23	深圳
80000000	上海玄战电子有限公司	46902000	58.63	深圳
506352000	上海光线投资控股有限公司	273669035	54.05	深圳
164344996	黄昌华	64662670	39.35	深圳
107967100	周炜	17714094	16.41	深圳
133800000	翁占国	15400800	11.51	深圳
188418700	高树华	59976000	31.83	深圳
203200000	叶仙玉	37117500	18.27	深圳
429000000	开山控股集团股份有限公司	240000000	55.94	深圳
180000000	江苏大洋投资有限公司	91125000	50.63	深圳
181632000	费战波	79312896	43.67	深圳
100050000	李水波	28393875	28.38	深圳
232192000	苏州雅本投资有限公司	121655467	52.39	深圳
266800000	张春霖	140548140	52.68	深圳
190814900	李占强	25000000	13.10	深圳
153000000	陈坤江	56511000	36.94	深圳
135000000	通光集团有限公司	74500000	55.19	深圳
116480000	兴源控股有限公司	52407680	44.99	深圳
239200000	帅放文	117782636	49.24	深圳
134000000	杨荣华	40190000	29.99	深圳
117728000	刘虎军	29956320	25.45	深圳
120000000	石旭刚	71005500	59.17	深圳
148000000	邵学	36425974	24.61	深圳
189213700	瞿建国	72754500	38.45	深圳
440055000	蔡孟珂	98538000	22.39	深圳
327240000	曹仁贤	125280000	38.28	深圳
168776000	马焰	51240000	30.36	深圳
124800000	朱汉平	49634746	39.77	深圳
134000000	章锋	36034712	26.89	深圳
173400000	颜华	84861000	48.94	深圳
120000000	陈柏林	30331250	25.28	深圳
128000000	郭庆	80000000	62.50	深圳
120000000	马镇鑫	54261000	45.22	深圳
71806800	北京丹贝投资有限公司	27869400	38.81	深圳
92080300	陈晓	58500000	63.53	深圳
240000000	符冠华	52999099	22.08	深圳
124800000	东营市盈泰石油科技有限公司	24182640	19.38	深圳
71500000	周中	15722196	21.99	深圳
126000000	杨振华	25035000	19.87	深圳
106800000	王伟	40832000	38.23	深圳
153600000	北京迈迪卡科技有限公司	56448000	36.75	深圳
136000000	付艳杰	39266714	28.87	深圳
132000000	华录文化产业有限公司	39600000	30.00	深圳
116961760	万卫方	52575000	44.95	深圳
180000000	沈阳蓝英自动控制有限公司	76950000	42.75	深圳
75800000	深圳市高特佳投资集团有限公司	26615473	35.11	深圳
53350000	胡光辉	9869008	18.50	深圳
150000000	李军	67950000	45.30	深圳
196000000	柯宗庆	37381400	19.07	深圳
132000000	李少波	45000000	34.09	深圳
120600000	福建富春投资有限公司	38936595	32.29	深圳

附录1-5　续表 29

序号	公司全称	股票代码	股票简称	行业分类
1480	汉鼎信息科技股份有限公司	300300	汉鼎股份	信息传输、软件和信息技术服务业
1481	深圳市长方半导体照明股份有限公司	300301	长方照明	制造业
1482	北京同有飞骥科技股份有限公司	300302	同有科技	信息传输、软件和信息技术服务业
1483	深圳市聚飞光电股份有限公司	300303	聚飞光电	制造业
1484	江苏云意电气股份有限公司	300304	云意电气	制造业
1485	江苏裕兴薄膜科技股份有限公司	300305	裕兴股份	制造业
1486	杭州远方光电信息股份有限公司	300306	远方光电	制造业
1487	宁波慈星股份有限公司	300307	慈星股份	制造业
1488	山东中际电工装备股份有限公司	300308	中际装备	制造业
1489	吉艾科技(北京)股份公司	300309	吉艾科技	制造业
1490	广东宜通世纪科技股份有限公司	300310	宜通世纪	信息传输、软件和信息技术服务业
1491	任子行网络技术股份有限公司	300311	任子行	信息传输、软件和信息技术服务业
1492	邦讯技术股份有限公司	300312	邦讯技术	信息传输、软件和信息技术服务业
1493	新疆天山畜牧生物工程股份有限公司	300313	天山生物	农、林、牧、渔业
1494	宁波戴维医疗器械股份有限公司	300314	戴维医疗	制造业
1495	北京掌趣科技股份有限公司	300315	掌趣科技	信息传输、软件和信息技术服务业
1496	浙江晶盛机电股份有限公司	300316	晶盛机电	制造业
1497	深圳珈伟光伏照明股份有限公司	300317	珈伟股份	制造业
1498	北京博晖创新光电技术股份有限公司	300318	博晖创新	制造业
1499	深圳市麦捷微电子科技股份有限公司	300319	麦捷科技	制造业
1500	江阴海达橡塑股份有限公司	300320	海达股份	制造业
1501	山东同大海岛新材料股份有限公司	300321	同大股份	制造业
1502	惠州硕贝德无线科技股份有限公司	300322	硕贝德	制造业
1503	华灿光电股份有限公司	300323	华灿光电	制造业
1504	北京旋极信息技术股份有限公司	300324	旋极信息	信息传输、软件和信息技术服务业
1505	江苏德威新材料股份有限公司	300325	德威新材	制造业
1506	上海凯利泰医疗科技股份有限公司	300326	凯利泰	制造业
1507	中颖电子股份有限公司	300327	中颖电子	制造业
1508	东莞宜安科技股份有限公司	300328	宜安科技	制造业
1509	海伦钢琴股份有限公司	300329	海伦钢琴	制造业
1510	上海华虹计通智能系统股份有限公司	300330	华虹计通	信息传输、软件和信息技术服务业
1511	苏州苏大维格光电科技股份有限公司	300331	苏大维格	制造业
1512	天壕节能科技股份有限公司	300332	天壕节能	科学研究和技术服务业
1513	深圳兆日科技股份有限公司	300333	兆日科技	信息传输、软件和信息技术服务业
1514	天津膜天膜科技股份有限公司	300334	津膜科技	制造业
1515	广州迪森热能技术股份有限公司	300335	迪森股份	电力、热力、燃气及水生产和供应业
1516	上海新文化传媒集团股份有限公司	300336	新文化	文化、体育和娱乐业
1517	银邦金属复合材料股份有限公司	300337	银邦股份	制造业
1518	长沙开元仪器股份有限公司	300338	开元仪器	制造业
1519	江苏润和软件股份有限公司	300339	润和软件	信息传输、软件和信息技术服务业
1520	江门市科恒实业股份有限公司	300340	科恒股份	制造业
1521	麦克奥迪(厦门)电气股份有限公司	300341	麦迪电气	制造业
1522	常熟市天银机电股份有限公司	300342	天银机电	制造业
1523	山东联创节能新材料股份有限公司	300343	联创节能	制造业
1524	北京太空板业股份有限公司	300344	太空板业	制造业
1525	湖南红宇耐磨新材料股份有限公司	300345	红宇新材	制造业
1526	江苏南大光电材料股份有限公司	300346	南大光电	制造业
1527	杭州泰格医药科技股份有限公司	300347	泰格医药	科学研究和技术服务业
1528	深圳市长亮科技股份有限公司	300348	长亮科技	信息传输、软件和信息技术服务业
1529	金卡高科技股份有限公司	300349	金卡股份	制造业
1530	深圳市华鹏飞现代物流股份有限公司	300350	华鹏飞	交通运输、仓储和邮政业

continued

股本总数(股)	第一大股东名称	第一大股东持股数量(股)	所占比重(%)	上市地点
191400000	吴艳	82500000	43.10	深圳
272680000	邓子长	69732435	25.57	深圳
60000000	周泽湘	11176293	18.63	深圳
217600000	邢其彬	55232320	25.38	深圳
100000000	徐州云意科技发展有限公司	52128800	52.13	深圳
144000000	王建新	36007200	25.01	深圳
120000000	潘建根	40033980	33.36	深圳
802000000	宁波裕人投资有限公司	364735016	45.48	深圳
120006000	山东中际投资控股有限公司	57433500	47.86	深圳
217274000	高怀雪	65864550	30.31	深圳
176000000	童文伟	19140000	10.88	深圳
70700000	景晓军	37788000	53.45	深圳
160020000	张庆文	58632000	36.64	深圳
90910000	天山农牧业发展有限公司	28040000	30.84	深圳
160000000	陈云勤	44400000	27.75	深圳
705057492	姚文彬	182779740	25.92	深圳
266700000	上虞金轮投资管理咨询有限公司	149888000	56.20	深圳
140000000	丁孔贤	28552650	20.39	深圳
163840000	杜江涛	41003520	25.03	深圳
53340000	广东动能东方投资有限公司	20040000	37.57	深圳
133340000	钱胡寿	32811330	24.61	深圳
44400000	山东同大集团有限公司	19453846	43.81	深圳
112014000	惠州市金海贸易有限公司	37904342	33.84	深圳
300000000	JING TIAN CAPITAL I, LIMITED	50400000	16.80	深圳
112000000	陈江涛	47710496	42.60	深圳
160000000	苏州德威投资有限公司	52637950	32.90	深圳
76875000	ULTRA TEMPO LIMITED	9806063	12.76	深圳
140800000	威朗国际集团有限公司	43616952	30.98	深圳
112000000	宜安实业有限公司	66150000	59.06	深圳
133980000	宁波北仑海伦投资有限公司	40176000	29.99	深圳
121480500	上海华虹(集团)有限公司	35386970	29.49	深圳
62000000	陈林森	16745997	27.01	深圳
320000000	北京德之宝投资有限公司	82330000	25.73	深圳
112000000	新疆晁骏股权投资有限公司	30888984	27.58	深圳
174000000	天津膜天膜工程技术有限公司	42669643	24.52	深圳
209233251	常厚春	36866399	17.62	深圳
96000000	上海渠丰国际贸易有限公司	30000000	31.25	深圳
186800000	沈于蓝	79100000	42.34	深圳
90000000	罗建文	23300972	25.89	深圳
153480000	江苏润和科技投资集团有限公司	41702000	27.17	深圳
100000000	万国江	22558500	22.56	深圳
92000000	麦克奥迪控股有限公司	54890535	59.66	深圳
100000000	常熟市天恒投资管理有限公司	50062500	50.06	深圳
40000000	李洪国	13754400	34.39	深圳
160832000	樊立	45566400	28.33	深圳
96000000	朱红玉	21496548	22.39	深圳
100540000	上海同华创业投资有限公司	20060000	19.95	深圳
106800000	叶小平	29777920	27.88	深圳
51700000	王长春	13668900	26.44	深圳
90000000	浙江金卡高科技工程有限公司	32348250	35.94	深圳
86670000	张京豫	36497500	42.11	深圳

附录1-5 续表 30

序号	公司全称	股票代码	股票简称	行业分类
1531	浙江永贵电器股份有限公司	300351	永贵电器	制造业
1532	北京北信源软件股份有限公司	300352	北信源	信息传输、软件和信息技术服务业
1533	北京东土科技股份有限公司	300353	东土科技	制造业
1534	江苏东华测试技术股份有限公司	300354	东华测试	制造业
1535	内蒙古和信园蒙草抗旱绿化股份有限公司	300355	蒙草抗旱	建筑业
1536	光一科技股份有限公司	300356	光一科技	制造业
1537	上海浦东发展银行股份有限公司	600000	浦发银行	金融业
1538	广州白云国际机场股份有限公司	600004	白云机场	交通运输、仓储和邮政业
1539	武汉钢铁股份有限公司	600005	武钢股份	制造业
1540	东风汽车股份有限公司	600006	东风汽车	制造业
1541	中国国际贸易中心股份有限公司	600007	中国国贸	房地产业
1542	北京首创股份有限公司	600008	首创股份	电力、热力、燃气及水生产和供应业
1543	上海国际机场股份有限公司	600009	上海机场	交通运输、仓储和邮政业
1544	内蒙古包钢钢联股份有限公司	600010	包钢股份	制造业
1545	华能国际电力股份有限公司	600011	华能国际	电力、热力、燃气及水生产和供应业
1546	安徽皖通高速公路股份有限公司	600012	皖通高速	交通运输、仓储和邮政业
1547	华夏银行股份有限公司	600015	华夏银行	金融业
1548	中国民生银行股份有限公司	600016	民生银行	金融业
1549	日照港股份有限公司	600017	日照港	交通运输、仓储和邮政业
1550	上海国际港务(集团)股份有限公司	600018	上港集团	交通运输、仓储和邮政业
1551	宝山钢铁股份有限公司	600019	宝钢股份	制造业
1552	河南中原高速公路股份有限公司	600020	中原高速	交通运输、仓储和邮政业
1553	上海电力股份有限公司	600021	上海电力	电力、热力、燃气及水生产和供应业
1554	山东钢铁股份有限公司	600022	山东钢铁	制造业
1555	浙江浙能电力股份有限公司	600023	浙能电力	电力、热力、燃气及水生产和供应业
1556	中海发展股份有限公司	600026	中海发展	交通运输、仓储和邮政业
1557	华电国际电力股份有限公司	600027	华电国际	电力、热力、燃气及水生产和供应业
1558	中国石油化工股份有限公司	600028	中国石化	采矿业
1559	中国南方航空股份有限公司	600029	南方航空	交通运输、仓储和邮政业
1560	中信证券股份有限公司	600030	中信证券	金融业
1561	三一重工股份有限公司	600031	三一重工	制造业
1562	福建发展高速公路股份有限公司	600033	福建高速	交通运输、仓储和邮政业
1563	湖北楚天高速公路股份有限公司	600035	楚天高速	交通运输、仓储和邮政业
1564	招商银行股份有限公司	600036	招商银行	金融业
1565	北京歌华有线电视网络股份有限公司	600037	歌华有线	信息传输、软件和信息技术服务业
1566	哈飞航空工业股份有限公司	600038	哈飞股份	制造业
1567	四川路桥建设股份有限公司	600039	四川路桥	建筑业
1568	保利房地产(集团)股份有限公司	600048	保利地产	房地产业
1569	中国联合网络通信股份有限公司	600050	中国联通	信息传输、软件和信息技术服务业
1570	宁波联合集团股份有限公司	600051	宁波联合	批发和零售业
1571	浙江广厦股份有限公司	600052	浙江广厦	房地产业
1572	江西中江地产股份有限公司	600053	中江地产	房地产业
1573	黄山旅游发展股份有限公司	600054	黄山旅游	水利、环境和公共设施管理业
1574	华润万东医疗装备股份有限公司	600055	华润万东	制造业
1575	中国医药健康产业股份有限公司	600056	中国医药	制造业
1576	厦门象屿股份有限公司	600057	象屿股份	租赁和商务服务业
1577	五矿发展股份有限公司	600058	五矿发展	批发和零售业
1578	浙江古越龙山绍兴酒股份有限公司	600059	古越龙山	制造业
1579	青岛海信电器股份有限公司	600060	海信电器	制造业
1580	中纺投资发展股份有限公司	600061	中纺投资	制造业
1581	华润双鹤药业股份有限公司	600062	华润双鹤	制造业

continued

股本总数(股)	第一大股东名称	第一大股东持股数量(股)	所占比重(%)	上市地点
102180000	范永贵	18304000	17.91	深圳
133400000	林皓	65250000	48.91	深圳
85620480	李平	33848755	39.53	深圳
66524136	刘士钢	38559000	57.96	深圳
205465500	王召明	59845170	29.13	深圳
130005000	江苏光一投资管理有限责任公司	42600000	32.77	深圳
18653471415	中国移动通信集团广东有限公司	3730694283	20.00	上海
1150000000	广东省机场管理集团有限公司	712591458	61.96	上海
10093779823	武汉钢铁(集团)公司	6795503954	67.32	上海
2000000000	东风汽车有限公司	1202000000	60.10	上海
1007282534	中国国际贸易中心有限公司	812360241	80.65	上海
2200000000	北京首都创业集团有限公司	1309291709	59.52	上海
1926958448	上海机场(集团)有限公司	1026177895	53.25	上海
8002591027	包头钢铁(集团)有限责任公司	4062591261	50.77	上海
14055383440	华能国际电力开发公司	5066662118	36.05	上海
1658610000	安徽省高速公路控股集团有限公司	523957120	31.59	上海
8904643509	首钢总公司	1805506536	20.28	上海
28366192773	香港中央结算(代理人)有限公司	5742566478	20.24	上海
3075653888	日照港集团有限公司	1263740123	41.09	上海
22755179650	上海市国有资产监督管理委员会	9284491490	40.80	上海
16471724924	宝钢集团有限公司	13128825267	79.71	上海
2247371832	河南交通投资集团有限公司	1013313285	45.09	上海
2139739257	中国电力投资集团公司	916646315	42.84	上海
6436295797	济钢集团有限公司	2548435534	39.59	上海
9105432605	浙江省能源集团有限公司	7315000000	80.34	上海
3404555984	中国海运(集团)总公司	1578500000	46.36	上海
7371084200	中国华电集团公司	3256923853	44.19	上海
116565313787	中国石油化工集团公司	85662948858	73.49	上海
9817567000	中国南方航空集团公司	4150050000	42.27	上海
11016908400	中国中信股份有限公司	2236890620	20.30	上海
7616504037	三一集团有限公司	4281311012	56.21	上海
2744400000	福建省高速公路有限责任公司	992367729	36.16	上海
931652495	湖北省交通投资有限公司	376066930	40.37	上海
25219845601	香港中央结算(代理人)有限公司	4532238828	17.97	上海
1060368074	北京北广传媒投资发展中心	476919370	44.98	上海
589476716	哈尔滨航空工业(集团)有限公司	168856523	28.65	上海
1509866336	四川省铁路产业投资集团有限责任公司	695156992	46.04	上海
7137994391	保利南方集团有限公司	3007916449	42.14	上海
21196596395	中国联合网络通信集团有限公司	13373677645	63.09	上海
302400000	浙江荣盛控股集团有限公司	90417600	29.90	上海
871789092	广厦控股集团有限公司	337050000	38.66	上海
433540800	江西中江集团有限责任公司	313737309	72.37	上海
471350000	黄山旅游集团有限公司	197730500	41.95	上海
216450000	北京医药集团有限责任公司	111501000	51.51	上海
457384240	中国通用技术(集团)控股有限责任公司	220508636	48.21	上海
859840000	厦门象屿集团有限公司	554243456	64.46	上海
1071910711	中国五矿股份有限公司	670604922	62.56	上海
634856363	中国绍兴黄酒集团有限公司	257403167	40.55	上海
1308481222	海信集团有限公司	528241020	40.43	上海
429082940	中国国投国际贸易有限公司	154423617	35.99	上海
571695948	北京医药集团有限责任公司	280820611	49.12	上海

附录1-5 续表 31

序号	公司全称	股票代码	股票简称	行业分类
1582	安徽皖维高新材料股份有限公司	600063	皖维高新	制造业
1583	南京高科股份有限公司	600064	南京高科	房地产业
1584	郑州宇通客车股份有限公司	600066	宇通客车	制造业
1585	冠城大通股份有限公司	600067	冠城大通	房地产业
1586	中国葛洲坝集团股份有限公司	600068	葛洲坝	建筑业
1587	河南银鸽实业投资股份有限公司	600069	银鸽投资	制造业
1588	浙江富润股份有限公司	600070	浙江富润	制造业
1589	凤凰光学股份有限公司	600071	凤凰光学	制造业
1590	中船钢构工程股份有限公司	600072	钢构工程	制造业
1591	上海梅林正广和股份有限公司	600073	上海梅林	制造业
1592	江苏中达新材料集团股份有限公司	600074	*ST中达	制造业
1593	新疆天业股份有限公司	600075	*ST新业	制造业
1594	潍坊北大青鸟华光科技股份有限公司	600076	青鸟华光	制造业
1595	宋都基业投资股份有限公司	600077	宋都股份	房地产业
1596	江苏澄星磷化工股份有限公司	600078	澄星股份	制造业
1597	人福医药集团股份公司	600079	人福医药	制造业
1598	金花企业(集团)股份有限公司	600080	金花股份	制造业
1599	东风电子科技股份有限公司	600081	东风科技	制造业
1600	天津海泰科技发展股份有限公司	600082	海泰发展	综合
1601	广东博信投资控股股份有限公司	600083	博信股份	制造业
1602	中信国安葡萄酒业股份有限公司	600084	中葡股份	制造业
1603	北京同仁堂股份有限公司	600085	同仁堂	制造业
1604	东方金钰股份有限公司	600086	东方金钰	制造业
1605	中国长江航运集团南京油运股份有限公司	600087	*ST长油	交通运输、仓储和邮政业
1606	中视传媒股份有限公司	600088	中视传媒	文化、体育和娱乐业
1607	特变电工股份有限公司	600089	特变电工	制造业
1608	新疆啤酒花股份有限公司	600090	啤酒花	制造业
1609	包头明天科技股份有限公司	600091	ST明科	制造业
1610	四川禾嘉股份有限公司	600093	禾嘉股份	制造业
1611	上海大名城企业股份有限公司	600094	大名城	房地产业
1612	哈尔滨高科技(集团)股份有限公司	600095	哈高科	制造业
1613	云南云天化股份有限公司	600096	云天化	制造业
1614	上海开创国际海洋资源股份有限公司	600097	开创国际	农、林、牧、渔业
1615	广州发展集团股份有限公司	600098	广州发展	电力、热力、燃气及水生产和供应业
1616	林海股份有限公司	600099	林海股份	制造业
1617	同方股份有限公司	600100	同方股份	制造业
1618	四川明星电力股份有限公司	600101	明星电力	电力、热力、燃气及水生产和供应业
1619	福建省青山纸业股份有限公司	600103	青山纸业	制造业
1620	上海汽车集团股份有限公司	600104	上汽集团	制造业
1621	江苏永鼎股份有限公司	600105	永鼎股份	制造业
1622	重庆路桥股份有限公司	600106	重庆路桥	交通运输、仓储和邮政业
1623	湖北美尔雅股份有限公司	600107	美尔雅	制造业
1624	甘肃亚盛实业(集团)股份有限公司	600108	亚盛集团	农、林、牧、渔业
1625	国金证券股份有限公司	600109	国金证券	金融业
1626	中科英华高技术股份有限公司	600110	中科英华	制造业
1627	内蒙古包钢稀土(集团)高科技股份有限公司	600111	包钢稀土	制造业
1628	贵州长征天成控股股份有限公司	600112	天成控股	制造业
1629	浙江东日股份有限公司	600113	浙江东日	批发和零售业
1630	东睦新材料集团股份有限公司	600114	东睦股份	制造业
1631	中国东方航空股份有限公司	600115	东方航空	交通运输、仓储和邮政业
1632	重庆三峡水利电力(集团)股份有限公司	600116	三峡水利	电力、热力、燃气及水生产和供应业

continued

股本总数(股)	第一大股东名称	第一大股东持股数量(股)	所占比重(%)	上市地点
1497853280	安徽皖维集团有限责任公司	452285280	30.20	上海
516218832	南京新港开发总公司	178893815	34.65	上海
1273709862	郑州宇通集团有限公司	400191543	31.42	上海
1190558059	福建丰榕投资有限公司	349104078	29.32	上海
3487458977	中国葛洲坝集团公司	1423784007	40.83	上海
825374144	漯河银鸽实业集团有限公司	167709690	20.32	上海
182878488	富润控股集团有限公司	50745623	27.75	上海
237472456	凤凰光学控股有限公司	93712694	39.46	上海
478429586	中国船舶工业集团公司	162666059	34.00	上海
822735141	上海益民食品一厂(集团)有限公司	298386000	36.27	上海
661240800	申达集团有限公司	143217360	21.66	上海
438592000	新疆天业(集团)有限公司	189760000	43.27	上海
365536000	北京东方国兴科技发展有限公司	34138850	9.34	上海
1090964432	浙江宋都控股有限公司	566494518	51.93	上海
662572861	江阴澄星实业集团有限公司	170826693	25.78	上海
528777222	武汉当代科技产业集团股份有限公司	90287061	17.07	上海
305295872	金花投资控股集团有限公司	63000000	20.64	上海
313560000	东风汽车零部件(集团)有限公司	203814000	65.00	上海
646115826	天津海泰控股集团有限公司	155736382	24.10	上海
230000000	杨志茂	32400000	14.09	上海
809919300	中信国安集团有限公司	345457419	42.65	上海
1311097303	中国北京同仁堂(集团)有限责任公司	719308540	54.86	上海
352281672	云南兴龙实业有限公司	148447964	42.14	上海
3394189206	南京长江油运公司	1863942535	54.92	上海
331422000	中央电视台无锡太湖影视城	180151828	54.37	上海
2635559840	新疆特变电工集团有限公司	309368350	11.74	上海
367916646	新疆嘉酿投资有限公司	110370072	29.99	上海
336526000	正元投资有限公司	50478900	15.00	上海
322447500	云南九天工贸有限公司	76000000	23.57	上海
1511556942	福州东福实业发展有限公司	823891641	54.51	上海
361263565	浙江新湖集团股份有限公司	63507589	17.58	上海
1129078166	云天化集团有限责任公司	607802574	53.83	上海
202597901	上海远洋渔业有限公司	87148012	43.02	上海
2742221806	广州发展集团有限公司	1709111863	62.33	上海
219120000	中国福马机械集团有限公司	92256920	42.10	上海
2197882238	清华控股有限公司	474759378	21.60	上海
324178977	国网四川省电力公司	65069997	20.07	上海
1061841600	福建省盐业有限责任公司	104978540	9.89	上海
11025566629	上海汽车工业(集团)总公司	8191449931	74.30	上海
380954646	永鼎集团有限公司	121620959	31.93	上海
907742000	重庆国际信托有限公司	135964732	14.98	上海
360000000	湖北美尔雅集团有限公司	73388738	20.39	上海
1946915121	甘肃省农垦集团有限责任公司	293949974	15.10	上海
1294071702	长沙九芝堂(集团)有限公司	273557616	21.14	上海
1150312097	郑永刚	85713270	7.45	上海
2422044000	包头钢铁(集团)有限责任公司	942574146	38.92	上海
509204846	银河天成集团有限公司	103398810	20.31	上海
318600000	浙江东方集团公司	156006000	48.97	上海
205500000	睦特殊金属工业株式会社	65180000	31.72	上海
12674268860	中国东方航空集团公司	5072922927	40.03	上海
267533200	重庆中节能实业有限责任公司	36982000	13.82	上海

附录1-5 续表 32

序号	公司全称	股票代码	股票简称	行业分类
1633	西宁特殊钢股份有限公司	600117	西宁特钢	制造业
1634	中国东方红卫星股份有限公司	600118	中国卫星	制造业
1635	长发集团长江投资实业股份有限公司	600119	长江投资	交通运输、仓储和邮政业
1636	浙江东方集团股份有限公司	600120	浙江东方	批发和零售业
1637	郑州煤电股份有限公司	600121	郑州煤电	采矿业
1638	江苏宏图高科技股份有限公司	600122	宏图高科	批发和零售业
1639	山西兰花科技创业股份有限公司	600123	兰花科创	采矿业
1640	中铁铁龙集装箱物流股份有限公司	600125	铁龙物流	交通运输、仓储和邮政业
1641	杭州钢铁股份有限公司	600126	杭钢股份	制造业
1642	金健米业股份有限公司	600127	金健米业	制造业
1643	江苏弘业股份有限公司	600128	弘业股份	批发和零售业
1644	重庆太极实业(集团)股份有限公司	600129	太极集团	制造业
1645	宁波波导股份有限公司	600130	波导股份	制造业
1646	四川岷江水利电力股份有限公司	600131	岷江水电	电力、热力、燃气及水生产和供应业
1647	重庆啤酒股份有限公司	600132	重庆啤酒	制造业
1648	武汉东湖高新集团股份有限公司	600133	东湖高新	建筑业
1649	乐凯胶片股份有限公司	600135	乐凯胶片	制造业
1650	武汉道博股份有限公司	600136	道博股份	批发和零售业
1651	四川浪莎控股股份有限公司	600137	浪莎股份	制造业
1652	中青旅控股股份有限公司	600138	中青旅	租赁和商务服务业
1653	四川西部资源控股股份有限公司	600139	西部资源	采矿业
1654	湖北兴发化工集团股份有限公司	600141	兴发集团	制造业
1655	金发科技股份有限公司	600143	金发科技	制造业
1656	贵州国创能源控股(集团)股份有限公司	600145	国创能源	制造业
1657	宁夏大元化工股份有限公司	600146	大元股份	制造业
1658	长春一东离合器股份有限公司	600148	长春一东	制造业
1659	廊坊发展股份有限公司	600149	廊坊发展	综合
1660	中国船舶工业股份有限公司	600150	中国船舶	制造业
1661	上海航天汽车机电股份有限公司	600151	航天机电	制造业
1662	宁波维科精华集团股份有限公司	600152	维科精华	制造业
1663	厦门建发股份有限公司	600153	建发股份	批发和零售业
1664	河北宝硕股份有限公司	600155	宝硕股份	制造业
1665	湖南华升股份有限公司	600156	华升股份	制造业
1666	永泰能源股份有限公司	600157	永泰能源	采矿业
1667	中体产业集团股份有限公司	600158	中体产业	房地产业
1668	北京市大龙伟业房地产开发股份有限公司	600159	大龙地产	房地产业
1669	浙江巨化股份有限公司	600160	巨化股份	制造业
1670	北京天坛生物制品股份有限公司	600161	天坛生物	制造业
1671	深圳香江控股股份有限公司	600162	香江控股	房地产业
1672	福建省南纸股份有限公司	600163	福建南纸	制造业
1673	宁夏新日恒力钢丝绳股份有限公司	600165	新日恒力	制造业
1674	北汽福田汽车股份有限公司	600166	福田汽车	制造业
1675	联美控股股份有限公司	600167	联美控股	电力、热力、燃气及水生产和供应业
1676	武汉三镇实业控股股份有限公司	600168	武汉控股	电力、热力、燃气及水生产和供应业
1677	太原重工股份有限公司	600169	太原重工	制造业
1678	上海建工集团股份有限公司	600170	上海建工	建筑业
1679	上海贝岭股份有限公司	600171	上海贝岭	制造业
1680	河南黄河旋风股份有限公司	600172	黄河旋风	制造业
1681	卧龙地产集团股份有限公司	600173	卧龙地产	房地产业
1682	美都控股股份有限公司	600175	美都控股	批发和零售业
1683	中国玻纤股份有限公司	600176	中国玻纤	制造业

continued

股本总数(股)	第一大股东名称	第一大股东持股数量(股)	所占比重(%)	上市地点
741219252	西宁特殊钢集团有限责任公司	369669184	49.87	上海
1182489135	中国航天科技集团公司第五研究院	611520616	51.71	上海
307400000	长江经济联合发展(集团)股份有限公司	118697391	38.61	上海
505473454	浙江省国际贸易集团有限公司	228253122	45.16	上海
1015343365	郑州煤炭工业(集团)有限责任公司	648059213	63.83	上海
1141589600	三胞集团有限公司	248474132	21.77	上海
1142400000	山西兰花煤炭实业集团有限公司	515340000	45.11	上海
1305521874	中铁集装箱运输有限责任公司	207554700	15.90	上海
838938750	杭州钢铁集团公司	545892750	65.07	上海
641783218	湖南金霞粮食产业有限公司	143350051	22.34	上海
246767500	江苏弘业国际集团有限公司	59281910	24.02	上海
426894000	太极集团有限公司	165690203	38.81	上海
768000000	宁波电子信息集团有限公司	166752000	21.71	上海
504125155	国网四川省电力公司	120578132	23.92	上海
483971198	嘉士伯啤酒厂香港有限公司	205882718	42.54	上海
634257784	湖北省联合发展投资集团有限公司	165758103	26.13	上海
342000000	中国乐凯集团有限公司	121770000	35.60	上海
104444000	武汉新星汉宜化工有限公司	20252454	19.39	上海
97217588	浪莎控股集团有限公司	41495355	42.68	上海
415350000	中国青旅集团公司	68788816	16.56	上海
661890508	四川恒康发展有限责任公司	308905141	46.67	上海
435390027	宜昌兴发集团有限责任公司	106292720	24.41	上海
2634400000	袁志敏	451323366	17.13	上海
377685000	江苏帝奥投资有限公司	35500000	9.40	上海
200000000	上海泓泽世纪投资发展有限公司	17000000	8.50	上海
141516450	吉林东光集团有限公司	52378919	37.01	上海
380160000	廊坊市国土土地开发建设投资控股有限公司	50050000	13.17	上海
1378117598	中国船舶工业集团公司	841523925	61.06	上海
1250179897	上海航天工业(集团)有限公司	398350534	31.86	上海
293494200	维科控股集团股份有限公司	71259939	24.28	上海
2237750741	厦门建发集团有限公司	1037852143	46.38	上海
412500000	新希望化工投资有限公司	123130937	29.85	上海
402110702	湖南华升集团公司	161304592	40.11	上海
1767559530	永泰控股集团有限公司	722654674	40.88	上海
843735373	国家体育总局体育基金管理中心	186239981	22.07	上海
830003232	北京市顺义大龙城乡建设开发总公司	395536555	47.65	上海
1810915951	巨化集团公司	993558206	54.86	上海
515466868	中国生物技术股份有限公司	274725000	53.30	上海
767812619	南方香江集团有限公司	406115339	52.89	上海
721419960	福建省投资开发集团有限责任公司	286115110	39.66	上海
273953510	上海新日股权投资股份有限公司	80000000	29.20	上海
2809671600	北京汽车集团有限公司	938446836	33.40	上海
211000000	联美集团有限公司	99100000	46.97	上海
709569692	武汉市水务集团有限公司	391481100	55.17	上海
2423955000	太原重型机械(集团)制造有限公司	662650710	27.34	上海
2775267568	上海建工(集团)总公司	2022723568	72.88	上海
673807773	中国电子信息产业集团有限公司	0	27.81	上海
533362138	河南黄河实业集团股份有限公司	135134352	25.34	上海
725147460	浙江卧龙置业投资有限公司	314104357	43.32	上海
1390779254	闻掌华	303094924	21.79	上海
872629500	中国建材股份有限公司	286094685	32.79	上海

附录1-5　续表 33

序号	公司全称	股票代码	股票简称	行业分类
1684	雅戈尔集团股份有限公司	600177	雅戈尔	制造业
1685	哈尔滨东安汽车动力股份有限公司	600178	东安动力	制造业
1686	黑龙江黑化股份有限公司	600179	黑化股份	制造业
1687	瑞茂通供应链管理股份有限公司	600180	瑞茂通	批发和零售业
1688	佳通轮胎股份有限公司	600182	S佳通	制造业
1689	广东生益科技股份有限公司	600183	生益科技	制造业
1690	北方光电股份有限公司	600184	光电股份	制造业
1691	格力地产股份有限公司	600185	格力地产	房地产业
1692	河南莲花味精股份有限公司	600186	莲花味精	制造业
1693	黑龙江国中水务股份有限公司	600187	国中水务	电力、热力、燃气及水生产和供应业
1694	兖州煤业股份有限公司	600188	兖州煤业	采矿业
1695	吉林森林工业股份有限公司	600189	吉林森工	制造业
1696	锦州港股份有限公司	600190	锦州港	交通运输、仓储和邮政业
1697	包头华资实业股份有限公司	600191	华资实业	制造业
1698	兰州长城电工股份有限公司	600192	长城电工	制造业
1699	上海创兴资源开发股份有限公司	600193	创兴资源	采矿业
1700	中牧实业股份有限公司	600195	中牧股份	制造业
1701	上海复星医药(集团)股份有限公司	600196	复星医药	制造业
1702	新疆伊力特实业股份有限公司	600197	伊力特	制造业
1703	大唐电信科技股份有限公司	600198	大唐电信	制造业
1704	安徽金种子酒业股份有限公司	600199	金种子酒	制造业
1705	江苏吴中实业股份有限公司	600200	江苏吴中	综合
1706	内蒙古金宇集团股份有限公司	600201	金宇集团	制造业
1707	哈尔滨空调股份有限公司	600202	哈空调	制造业
1708	福建福日电子股份有限公司	600203	福日电子	批发和零售业
1709	有研新材料股份有限公司	600206	有研新材	制造业
1710	河南安彩高科股份有限公司	600207	安彩高科	电力、热力、燃气及水生产和供应业
1711	新湖中宝股份有限公司	600208	新湖中宝	房地产业
1712	罗顿发展股份有限公司	600209	罗顿发展	建筑业
1713	上海紫江企业集团股份有限公司	600210	紫江企业	制造业
1714	西藏诺迪康药业股份有限公司	600211	西藏药业	批发和零售业
1715	山东江泉实业股份有限公司	600212	江泉实业	综合
1716	扬州亚星客车股份有限公司	600213	亚星客车	制造业
1717	长春经开(集团)股份有限公司	600215	长春经开	房地产业
1718	浙江医药股份有限公司	600216	浙江医药	制造业
1719	陕西秦岭水泥(集团)股份有限公司	600217	秦岭水泥	制造业
1720	安徽全柴动力股份有限公司	600218	全柴动力	制造业
1721	山东南山铝业股份有限公司	600219	南山铝业	制造业
1722	江苏阳光股份有限公司	600220	江苏阳光	制造业
1723	海南航空股份有限公司	600221	海南航空	交通运输、仓储和邮政业
1724	河南太龙药业股份有限公司	600222	太龙药业	批发和零售业
1725	鲁商置业股份有限公司	600223	鲁商置业	房地产业
1726	天津松江股份有限公司	600225	天津松江	房地产业
1727	浙江升华拜克生物股份有限公司	600226	升华拜克	制造业
1728	贵州赤天化股份有限公司	600227	赤天化	制造业
1729	江西昌九生物化工股份有限公司	600228	昌九生化	制造业
1730	青岛碱业股份有限公司	600229	青岛碱业	制造业
1731	沧州大化股份有限公司	600230	沧州大化	制造业
1732	凌源钢铁股份有限公司	600231	凌钢股份	制造业
1733	浙江金鹰股份有限公司	600232	金鹰股份	制造业
1734	大连大杨创世股份有限公司	600233	大杨创世	制造业

continued

股本总数(股)	第一大股东名称	第一大股东持股数量(股)	所占比重(%)	上市地点
2226611695	宁波雅戈尔控股有限公司	699272181	31.41	上海
462080000	中国长安汽车集团股份有限公司	251893000	54.51	上海
390000000	黑龙江黑化集团有限公司	194781133	49.94	上海
872223893	郑州瑞茂通供应链有限公司	618133813	70.87	上海
340000000	佳通轮胎(中国)投资有限公司	151070000	44.43	上海
1423018290	东莞市电子工业总公司	229785410	16.15	上海
209380413	北方光电集团有限公司	102229278	48.82	上海
577594400	珠海格力集团有限公司	300000000	51.94	上海
1062024311	河南省农业综合开发公司	126434773	11.90	上海
1455624228	国中(天津)水务有限公司	119725000	20.56	上海
4918400000	兖矿集团有限公司	2600000000	52.86	上海
310500000	中国吉林森林工业集团有限责任公司	145933226	47.00	上海
2002291500	东方集团股份有限公司	308178001	15.39	上海
484932000	包头草原糖业(集团)有限责任公司	152717960	31.49	上海
441748000	甘肃长城电工集团有限责任公司	151722000	34.35	上海
425373000	厦门百汇兴投资有限公司	48108149	14.70	上海
429800000	中国牧工商(集团)总公司	228000000	53.05	上海
2240462364	上海复星高科技(集团)有限公司	920641314	41.09	上海
441000000	新疆伊犁酿酒总厂	222728867	50.51	上海
741707313	电信科学技术研究院	219585227	29.61	上海
555775002	安徽金种子集团有限公司	178257084	32.07	上海
623700000	苏州吴中投资控股有限公司	122795762	19.69	上海
280814930	内蒙古农牧药业有限责任公司	33600000	11.97	上海
383340672	哈尔滨工业投资集团有限公司	130449385	34.03	上海
240544100	福建福日集团有限公司	93224100	38.76	上海
277849434	北京有色金属研究总院	148782724	53.55	上海
690000000	河南投资集团有限公司	407091949	59.00	上海
6258857807	浙江新湖集团股份有限公司	3598372636	57.49	上海
439011169	海南罗衡机电工程设备安装有限公司	87802438	20.00	上海
1436736158	上海紫江(集团)有限公司	330375073	22.99	上海
145589000	西藏华西药业集团有限公司	31480000	21.62	上海
511697213	华盛江泉集团有限公司	93403198	18.25	上海
220000000	潍柴(扬州)亚星汽车有限公司	112200000	51.00	上海
465032880	长春经济技术开发区创业投资控股有限公司	101736960	21.88	上海
936108000	新昌县昌欣投资发展有限公司	207282778	22.14	上海
660800000	唐山冀东水泥股份有限公司	185380000	28.05	上海
283400000	安徽全柴集团有限公司	125792500	44.39	上海
1934169114	南山集团有限公司	845169496	43.70	上海
1783340326	江苏阳光集团有限公司	150663362	8.45	上海
12182181790	大新华航空有限公司	3432789486	28.18	上海
496608912	郑州众生实业集团有限公司	131833086	26.55	上海
1000968000	山东省商业集团有限公司	526739200	52.62	上海
626401707	天津滨海发展投资控股有限公司	373754707	59.67	上海
405549248	升华集团控股有限公司	138999844	34.27	上海
950392526	贵州赤天化集团有限责任公司	272039210	28.62	上海
241320000	江西昌九化工集团有限公司	43980000	18.22	上海
395786210	青岛海湾集团有限公司	135587250	34.26	上海
259331620	沧州大化集团有限责任公司	145014223	55.92	上海
804002200	凌源钢铁集团有限责任公司	431473247	53.67	上海
364718544	浙江金鹰集团有限公司	152952293	41.94	上海
165000000	大杨集团有限责任公司	66130000	40.08	上海

附录1-5 续表 34

序号	公司全称	股票代码	股票简称	行业分类
1735	山西广和山水文化传播股份有限公司	600234	*ST山水	制造业
1736	民丰特种纸股份有限公司	600235	民丰特纸	制造业
1737	广西桂冠电力股份有限公司	600236	桂冠电力	电力、热力、燃气及水生产和供应业
1738	安徽铜峰电子股份有限公司	600237	铜峰电子	制造业
1739	海南椰岛(集团)股份有限公司	600238	海南椰岛	制造业
1740	云南城投置业股份有限公司	600239	云南城投	房地产业
1741	北京华业地产股份有限公司	600240	华业地产	房地产业
1742	辽宁时代万恒股份有限公司	600241	时代万恒	批发和零售业
1743	中昌海运股份有限公司	600242	中昌海运	交通运输、仓储和邮政业
1744	青海华鼎实业股份有限公司	600243	青海华鼎	制造业
1745	北京万通地产股份有限公司	600246	万通地产	房地产业
1746	吉林成城集团股份有限公司	600247	成城股份	批发和零售业
1747	陕西延长石油化建股份有限公司	600248	延长化建	建筑业
1748	柳州两面针股份有限公司	600249	两面针	制造业
1749	南京纺织品进出口股份有限公司	600250	南纺股份	批发和零售业
1750	新疆冠农果茸集团股份有限公司	600251	冠农股份	制造业
1751	广西梧州中恒集团股份有限公司	600252	中恒集团	制造业
1752	安徽鑫科新材料股份有限公司	600255	鑫科材料	制造业
1753	广汇能源股份有限公司	600256	广汇能源	综合
1754	大湖水殖股份有限公司	600257	大湖股份	农、林、牧、渔业
1755	北京首旅酒店(集团)股份有限公司	600258	首旅酒店	租赁和商务服务业
1756	广晟有色金属股份有限公司	600259	广晟有色	采矿业
1757	湖北凯乐科技股份有限公司	600260	凯乐科技	制造业
1758	浙江阳光照明电器集团股份有限公司	600261	阳光照明	制造业
1759	内蒙古北方重型汽车股份有限公司	600262	北方股份	制造业
1760	云南景谷林业股份有限公司	600265	*ST景谷	农、林、牧、渔业
1761	北京城建投资发展股份有限公司	600266	北京城建	房地产业
1762	浙江海正药业股份有限公司	600267	海正药业	制造业
1763	国电南京自动化股份有限公司	600268	国电南自	制造业
1764	江西赣粤高速公路股份有限公司	600269	赣粤高速	交通运输、仓储和邮政业
1765	中外运空运发展股份有限公司	600270	外运发展	交通运输、仓储和邮政业
1766	航天信息股份有限公司	600271	航天信息	制造业
1767	上海开开实业股份有限公司	600272	开开实业	批发和零售业
1768	华芳纺织股份有限公司	600273	华芳纺织	制造业
1769	湖北武昌鱼股份有限公司	600275	武昌鱼	房地产业
1770	江苏恒瑞医药股份有限公司	600276	恒瑞医药	制造业
1771	内蒙古亿利能源股份有限公司	600277	亿利能源	制造业
1772	东方国际创业股份有限公司	600278	东方创业	批发和零售业
1773	重庆港九股份有限公司	600279	重庆港九	交通运输、仓储和邮政业
1774	南京中央商场(集团)股份有限公司	600280	中央商场	批发和零售业
1775	太原化工股份有限公司	600281	太化股份	制造业
1776	南京钢铁股份有限公司	600282	南钢股份	制造业
1777	钱江水利开发股份有限公司	600283	钱江水利	电力、热力、燃气及水生产和供应业
1778	上海浦东路桥建设股份有限公司	600284	浦东建设	建筑业
1779	河南羚锐制药股份有限公司	600285	羚锐制药	制造业
1780	江苏舜天股份有限公司	600287	江苏舜天	批发和零售业
1781	大恒新纪元科技股份有限公司	600288	大恒科技	制造业
1782	亿阳信通股份有限公司	600289	亿阳信通	信息传输、软件和信息技术服务业
1783	华仪电气股份有限公司	600290	华仪电气	制造业
1784	内蒙古西水创业股份有限公司	600291	西水股份	制造业
1785	中电投远达环保(集团)股份有限公司	600292	中电远达	水利、环境和公共设施管理业

continued

股本总数(股)	第一大股东名称	第一大股东持股数量(股)	所占比重(%)	上市地点
202445880	黄国忠	20000000	9.88	上海
351300000	嘉兴民丰集团有限公司	132388707	37.69	上海
2280449514	中国大唐集团公司	1151922693	50.51	上海
564369565	安徽铜峰电子集团有限公司	94561280	16.76	上海
448200000	海口市国有资产经营有限公司	77955806	17.39	上海
823429184	云南省城市建设投资集团有限公司	270594964	32.86	上海
1424253600	华业发展(深圳)有限公司	333895031	23.44	上海
180200000	辽宁时代万恒控股集团有限公司	100377573	55.70	上海
273335353	上海三盛宏业投资(集团)有限责任公司	69464217	25.41	上海
236850000	青海重型机床有限责任公司	50000000	21.11	上海
1216800000	万通投资控股股份有限公司	622463220	51.16	上海
336441600	深圳市中技实业(集团)有限公司	30250051	8.99	上海
425989200	陕西延长石油(集团)有限责任公司	254380980	59.72	上海
450000000	柳州市产业投资有限公司	83360652	18.52	上海
258692460	南京商贸旅游发展集团有限责任公司	90516562	34.99	上海
362100000	新疆冠源投资有限责任公司	160466354	44.32	上海
1091747528	广西中恒实业有限公司	245880776	22.52	上海
625500000	芜湖恒鑫铜业集团有限公司	129207382	20.66	上海
5221424684	新疆广汇实业投资(集团)有限责任公司	2317103204	44.38	上海
427050000	西藏泓杉科技发展有限公司	92736941	21.72	上海
231400000	北京首都旅游集团有限责任公司	139108056	60.12	上海
249400000	广东省广晟资产经营有限公司	112320000	45.04	上海
527640000	荆州市科达商贸投资有限公司	117778999	22.32	上海
645379080	世纪阳光控股集团有限公司	207420294	32.14	上海
170000000	内蒙古北方重工业集团有限公司	60245160	35.44	上海
129800000	景谷森达国有资产经营有限责任公司	32026748	24.67	上海
889200000	北京城建集团有限责任公司	448240936	50.41	上海
839709058	浙江海正集团有限公司	320783590	38.20	上海
635246434	国家电力公司南京电力自动化设备总厂	324522056	51.09	上海
2335407014	江西省高速公路投资集团有限责任公司	1213856322	51.98	上海
905481720	中国外运股份有限公司	574637796	63.46	上海
923400000	中国航天科工集团公司	370724086	40.15	上海
243000000	上海开开(集团)有限公司	64409783	26.51	上海
315000000	华芳集团有限公司	160540000	50.97	上海
508837238	北京华普产业集团有限公司	105671418	20.77	上海
1360221193	连云港天宇投资有限公司	332523790	24.45	上海
2089589500	亿利资源集团有限公司	1231850894	58.95	上海
522241739	东方国际(集团)有限公司	366413448	70.16	上海
342092262	重庆港务物流集团有限公司	169267811	49.48	上海
574167436	祝义材	238343708	41.51	上海
514402025	太原化学工业集团有限公司	253298039	49.24	上海
3875752457	南京南钢钢铁联合有限公司	2190952457	56.53	上海
285330000	中国水务投资有限公司	72911553	25.55	上海
693040000	上海浦东发展(集团)有限公司	144813151	20.90	上海
357266909	河南羚锐集团有限公司	53267820	14.91	上海
436796074	江苏舜天国际集团有限公司	219798145	50.32	上海
436800000	中国新纪元有限公司	147300000	33.72	上海
571539834	亿阳集团股份有限公司	131397064	22.99	上海
526883658	华仪电器集团有限公司	184002500	34.92	上海
384000000	北京新天地互动多媒体技术有限公司	52447968	13.66	上海
511872636	中国电力投资集团公司	279784833	54.66	上海

附录1-5 续表 35

序号	公司全称	股票代码	股票简称	行业分类
1786	湖北三峡新型建材股份有限公司	600293	三峡新材	制造业
1787	内蒙古鄂尔多斯资源股份有限公司	600295	鄂尔多斯	制造业
1788	美罗药业股份有限公司	600297	美罗药业	批发和零售业
1789	安琪酵母股份有限公司	600298	安琪酵母	制造业
1790	蓝星化工新材料股份有限公司	600299	蓝星新材	制造业
1791	维维食品饮料股份有限公司	600300	维维股份	制造业
1792	南宁化工股份有限公司	600301	*ST南化	制造业
1793	西安标准工业股份有限公司	600302	标准股份	制造业
1794	辽宁曙光汽车集团股份有限公司	600303	曙光股份	制造业
1795	江苏恒顺醋业股份有限公司	600305	恒顺醋业	制造业
1796	沈阳商业城股份有限公司	600306	商业城	批发和零售业
1797	甘肃酒钢集团宏兴钢铁股份有限公司	600307	酒钢宏兴	制造业
1798	山东华泰纸业股份有限公司	600308	华泰股份	制造业
1799	万华化学集团股份有限公司	600309	万华化学	制造业
1800	广西桂东电力股份有限公司	600310	桂东电力	电力、热力、燃气及水生产和供应业
1801	甘肃荣华实业(集团)股份有限公司	600311	荣华实业	采矿业
1802	河南平高电气股份有限公司	600312	平高电气	制造业
1803	中农发种业集团股份有限公司	600313	农发种业	批发和零售业
1804	上海家化联合股份有限公司	600315	上海家化	制造业
1805	江西洪都航空工业股份有限公司	600316	洪都航空	制造业
1806	营口港务股份有限公司	600317	营口港	交通运输、仓储和邮政业
1807	安徽巢东水泥股份有限公司	600318	巢东股份	制造业
1808	潍坊亚星化学股份有限公司	600319	*ST亚星	制造业
1809	上海振华重工(集团)股份有限公司	600320	振华重工	制造业
1810	四川国栋建设股份有限公司	600321	国栋建设	制造业
1811	天津市房地产发展(集团)股份有限公司	600322	天房发展	房地产业
1812	瀚蓝环境股份有限公司	600323	瀚蓝环境	电力、热力、燃气及水生产和供应业
1813	珠海华发实业股份有限公司	600325	华发股份	房地产业
1814	西藏天路股份有限公司	600326	西藏天路	建筑业
1815	无锡商业大厦大东方股份有限公司	600327	大东方	批发和零售业
1816	内蒙古兰太实业股份有限公司	600328	兰太实业	制造业
1817	天津中新药业集团股份有限公司	600329	中新药业	制造业
1818	天通控股股份有限公司	600330	天通股份	制造业
1819	四川宏达股份有限公司	600331	宏达股份	制造业
1820	广州白云山医药集团股份有限公司	600332	白云山	制造业
1821	长春燃气股份有限公司	600333	长春燃气	制造业
1822	国机汽车股份有限公司	600335	国机汽车	批发和零售业
1823	澳柯玛股份有限公司	600336	澳柯玛	制造业
1824	美克国际家具股份有限公司	600337	美克股份	制造业
1825	西藏珠峰工业股份有限公司	600338	西藏珠峰	制造业
1826	新疆独山子天利高新技术股份有限公司	600339	天利高新	制造业
1827	华夏幸福基业股份有限公司	600340	华夏幸福	房地产业
1828	陕西航天动力高科技股份有限公司	600343	航天动力	制造业
1829	武汉长江通信产业集团股份有限公司	600345	长江通信	制造业
1830	大连橡胶塑料机械股份有限公司	600346	大橡塑	制造业
1831	阳泉煤业(集团)股份有限公司	600348	阳泉煤业	采矿业
1832	山东高速股份有限公司	600350	山东高速	交通运输、仓储和邮政业
1833	亚宝药业集团股份有限公司	600351	亚宝药业	制造业
1834	浙江龙盛集团股份有限公司	600352	浙江龙盛	制造业
1835	成都旭光电子股份有限公司	600353	旭光股份	制造业
1836	甘肃省敦煌种业股份有限公司	600354	敦煌种业	农、林、牧、渔业

continued

股本总数(股)	第一大股东名称	第一大股东持股数量(股)	所占比重(%)	上市地点
344502600	当阳市国有资产管理局	43670805	12.68	上海
1032000000	内蒙古鄂尔多斯羊绒集团有限责任公司	420000000	40.70	上海
350000000	美罗集团有限公司	169265014	48.36	上海
329632377	湖北安琪生物集团有限公司	129761668	39.37	上海
522707560	中国蓝星(集团)股份有限公司	282045298	53.96	上海
1672000000	维维集团股份有限公司	532896113	31.87	上海
235148140	南宁化工集团有限公司	75248058	32.00	上海
346009804	中国标准工业集团有限公司	163007430	47.11	上海
574505996	辽宁曙光集团有限责任公司	118647494	20.65	上海
254300000	江苏恒顺集团有限公司	132085260	51.94	上海
178138918	中兆投资管理有限公司	31140487	17.48	上海
6263357424	酒泉钢铁(集团)有限责任公司	3425910150	54.70	上海
1167561419	华泰集团有限公司	401490831	34.39	上海
2162334720	万华实业集团有限公司	1091880317	50.50	上海
275925000	广西贺州投资集团有限公司	144049329	52.21	上海
665600000	武威荣华工贸有限公司	108976734	16.37	上海
818966173	平高集团有限公司	203999544	24.91	上海
367287248	中国农垦(集团)总公司	100100000	27.25	上海
672443211	上海家化(集团)有限公司	180090282	26.78	上海
717114512	中国航空科技工业股份有限公司	312883210	43.63	上海
2157661001	营口港务集团有限公司	1714792179	79.47	上海
242000000	PROSPERITY MINERALS INVESTMENT LIMITED	80000000	33.06	上海
315594000	潍坊亚星集团有限公司	55232797	17.50	上海
4390294584	中国交通建设股份有限公司	1265637849	28.83	上海
1180880000	四川国栋建设集团有限公司	358060570	30.32	上海
1105700000	天津市房地产开发经营集团有限公司	277661690	25.11	上海
579242881	佛山市南海供水集团有限公司	137779089	23.79	上海
817045620	珠海华发集团有限公司	179055046	21.91	上海
547200000	西藏天路建筑工业集团有限公司	150923532	27.58	上海
521711813	江苏无锡商业大厦集团有限公司	225150000	43.16	上海
359118030	中盐吉兰泰盐化集团有限公司	161144150	44.87	上海
739308720	天津市医药集团有限公司	325610792	44.04	上海
588818400	潘建清	47755150	8.11	上海
1032000000	四川宏达实业有限公司	272400000	26.40	上海
1291340650	广州医药集团有限公司	584228036	45.24	上海
529619808	长春燃气控股有限公司	278400000	52.57	上海
560004607	中国机械工业集团有限公司	347927418	62.13	上海
682072000	青岛市企业发展投资有限公司	299490380	43.91	上海
647280419	美克投资集团有限公司	267719014	41.36	上海
158333333	新疆塔城国际资源有限公司	46613500	29.44	上海
578154688	新疆独山子天利实业总公司	132140164	22.86	上海
1322879715	华夏幸福基业控股股份公司	578631806	65.61	上海
319103174	西安航天科技工业公司	91591696	28.70	上海
198000000	武汉经济发展投资(集团)有限公司	56814000	28.69	上海
241000000	大连市国有资产投资经营集团有限公司	120579500	50.03	上海
2405000000	阳泉煤业(集团)有限责任公司	1403038240	58.34	上海
4811165857	山东高速集团有限公司	3425875462	71.21	上海
692000000	山西亚宝投资有限公司	148947000	21.52	上海
1515865930	阮水龙	194826996	13.08	上海
271860000	新的集团有限公司	75885784	27.91	上海
447802080	酒泉地区现代农业(控股集团)有限责任公司	68170168	15.22	上海

附录1-5 续表 36

序号	公司全称	股票代码	股票简称	行业分类
1837	精伦电子股份有限公司	600355	精伦电子	制造业
1838	牡丹江恒丰纸业股份有限公司	600356	恒丰纸业	制造业
1839	国旅联合股份有限公司	600358	*ST联合	租赁和商务服务业
1840	新疆塔里木农业综合开发股份有限公司	600359	新农开发	农、林、牧、渔业
1841	吉林华微电子股份有限公司	600360	华微电子	制造业
1842	北京华联综合超市股份有限公司	600361	华联综超	批发和零售业
1843	江西铜业股份有限公司	600362	江西铜业	制造业
1844	江西联创光电科技股份有限公司	600363	联创光电	制造业
1845	通化葡萄酒股份有限公司	600365	通葡股份	制造业
1846	宁波韵升股份有限公司	600366	宁波韵升	制造业
1847	贵州红星发展股份有限公司	600367	红星发展	制造业
1848	广西五洲交通股份有限公司	600368	五洲交通	交通运输、仓储和邮政业
1849	西南证券股份有限公司	600369	西南证券	金融业
1850	江苏三房巷实业股份有限公司	600370	三房巷	制造业
1851	万向德农股份有限公司	600371	万向德农	农、林、牧、渔业
1852	中航机载电子股份有限公司	600372	中航电子	制造业
1853	中文天地出版传媒股份有限公司	600373	中文传媒	文化、体育和娱乐业
1854	华菱星马汽车(集团)股份有限公司	600375	华菱星马	制造业
1855	北京首都开发股份有限公司	600376	首开股份	房地产业
1856	江苏宁沪高速公路股份有限公司	600377	宁沪高速	交通运输、仓储和邮政业
1857	四川天一科技股份有限公司	600378	天科股份	制造业
1858	陕西宝光真空电器股份有限公司	600379	宝光股份	制造业
1859	健康元药业集团股份有限公司	600380	健康元	制造业
1860	青海贤成矿业股份有限公司	600381	*ST贤成	制造业
1861	广东明珠集团股份有限公司	600382	广东明珠	批发和零售业
1862	金地(集团)股份有限公司	600383	金地集团	房地产业
1863	山东金泰集团股份有限公司	600385	*ST金泰	制造业
1864	北京巴士传媒股份有限公司	600386	北巴传媒	批发和零售业
1865	浙江海越股份有限公司	600387	海越股份	批发和零售业
1866	福建龙净环保股份有限公司	600388	龙净环保	制造业
1867	南通江山农药化工股份有限公司	600389	江山股份	制造业
1868	金瑞新材料科技股份有限公司	600390	金瑞科技	制造业
1869	四川成发航空科技股份有限公司	600391	成发科技	制造业
1870	盛和资源控股股份有限公司	600392	盛和资源	制造业
1871	广州东华实业股份有限公司	600393	东华实业	房地产业
1872	贵州盘江精煤股份有限公司	600395	盘江股份	采矿业
1873	沈阳金山能源股份有限公司	600396	金山股份	电力、热力、燃气及水生产和供应业
1874	安源煤业集团股份有限公司	600397	安源煤业	采矿业
1875	凯诺科技股份有限公司	600398	凯诺科技	制造业
1876	抚顺特殊钢股份有限公司	600399	抚顺特钢	制造业
1877	江苏红豆实业股份有限公司	600400	红豆股份	制造业
1878	海润光伏科技股份有限公司	600401	海润光伏	制造业
1879	河南大有能源股份有限公司	600403	大有能源	采矿业
1880	北京动力源科技股份有限公司	600405	动力源	制造业
1881	国电南瑞科技股份有限公司	600406	国电南瑞	信息传输、软件和信息技术服务业
1882	山西安泰集团股份有限公司	600408	安泰集团	制造业
1883	唐山三友化工股份有限公司	600409	三友化工	制造业
1884	北京华胜天成科技股份有限公司	600410	华胜天成	信息传输、软件和信息技术服务业
1885	浙江中国小商品城集团股份有限公司	600415	小商品城	租赁和商务服务业
1886	湘潭电机股份有限公司	600416	湘电股份	制造业
1887	安徽江淮汽车股份有限公司	600418	江淮汽车	制造业

continued

股本总数(股)	第一大股东名称	第一大股东持股数量(股)	所占比重(%)	上市地点
246044600	张学阳	45443658	18.47	上海
252328207	牡丹江恒丰纸业集团有限责任公司	92725590	36.75	上海
432000000	中国国旅集团有限公司	73556106	17.03	上海
321000000	阿拉尔统众国有资产经营有限责任公司	163050000	50.79	上海
738080000	上海鹏盛科技实业有限公司	173502466	23.51	上海
665807918	北京华联集团投资控股有限公司	194195951	29.17	上海
3462729405	江西铜业集团公司	1399249325	40.41	上海
443476750	江西省电子集团有限公司	74242092	16.74	上海
200000000	吉林省吉祥嘉德投资有限公司	10095443	5.05	上海
514497750	韵升控股集团有限公司	174808000	33.98	上海
291200000	青岛红星化工集团有限责任公司	115520000	39.67	上海
833801532	广西交通投资集团有限公司	291432800	34.95	上海
2322554562	重庆渝富资产经营管理集团有限公司	939536796	40.45	上海
318897692	江苏三房巷集团有限公司	160491960	50.33	上海
204600000	万向三农集团有限公司	104755339	51.20	上海
1759162938	中国航空科技工业股份有限公司	760323599	43.22	上海
658711953	江西省出版集团公司	419745018	63.72	上海
555740597	马鞍山华神建材工业有限公司	57614793	10.37	上海
2242012500	北京首都开发控股(集团)有限公司	1119833887	49.95	上海
5037747500	江苏交通控股有限公司	2742578825	54.44	上海
297193292	盈投控股有限公司	68917690	23.19	上海
235858260	陕西宝光集团有限公司	46200000	19.59	上海
1545835892	深圳市百业源投资有限公司	742415520	48.03	上海
1601845390	西宁市国新投资控股有限公司	375875948	23.47	上海
341746600	深圳市金信安投资有限公司	78319388	22.92	上海
4471508572	深圳市福田投资发展公司	351060854	7.85	上海
148107148	北京新恒基投资管理集团有限公司	25743813	17.38	上海
403200000	北京公共交通控股(集团)有限公司	221760000	55.00	上海
386100000	海口海越经济开发有限公司	85348738	22.11	上海
427620000	福建省东正投资股份有限公司	73410056	17.17	上海
198000000	中化国际(控股)股份有限公司	57789418	29.19	上海
390657490	长沙矿冶研究院有限责任公司	142002154	36.35	上海
330129367	成都发动机(集团)有限公司	118907305	36.02	上海
376415753	中国地质科学院矿产综合利用研究所	75809913	20.14	上海
300000000	广州粤泰集团有限公司	146521570	48.84	上海
1655051861	贵州盘江投资控股(集团)有限公司	971050591	58.67	上海
340600000	丹东东方新能源有限公司	57608533	16.91	上海
989959882	江西省煤炭集团公司	433056832	43.74	上海
646604078	江阴第三精毛纺有限公司	150578388	23.29	上海
520000000	东北特殊钢集团有限责任公司	283349201	54.49	上海
560399640	红豆集团有限公司	272219880	48.58	上海
1036418019	江苏紫金电子集团有限公司	261946742	25.27	上海
2390812402	义马煤业集团股份有限公司	1507183566	63.04	上海
282595201	何振亚	31879812	11.14	上海
2428953351	南京南瑞集团公司	1044733861	43.01	上海
1006800000	李安民	317807116	31.57	上海
1850385487	唐山三友碱业(集团)有限公司	734064469	39.67	上海
646034068	王维航	64587446	10.00	上海
2721607088	义乌市市场发展集团有限公司	1519089696	55.82	上海
608484542	湘电集团有限公司	212343361	34.90	上海
1284905826	安徽江淮汽车集团有限公司	455288852	35.43	上海

附录1-5 续表 37

序号	公司全称	股票代码	股票简称	行业分类
1888	新疆天润乳业股份有限公司	600419	天润乳业	制造业
1889	上海现代制药股份有限公司	600420	现代制药	制造业
1890	武汉国药科技股份有限公司	600421	国药科技	制造业
1891	昆明制药集团股份有限公司	600422	昆明制药	制造业
1892	柳州化工股份有限公司	600423	柳化股份	制造业
1893	新疆青松建材化工(集团)股份有限公司	600425	青松建化	制造业
1894	山东华鲁恒升化工股份有限公司	600426	华鲁恒升	制造业
1895	中远航运股份有限公司	600428	中远航运	交通运输、仓储和邮政业
1896	北京三元食品股份有限公司	600429	三元股份	制造业
1897	吉林吉恩镍业股份有限公司	600432	吉恩镍业	制造业
1898	广东冠豪高新技术股份有限公司	600433	冠豪高新	制造业
1899	北方导航控制技术股份有限公司	600435	北方导航	制造业
1900	漳州片仔癀药业股份有限公司	600436	片仔癀	制造业
1901	通威股份有限公司	600438	通威股份	制造业
1902	河南瑞贝卡发制品股份有限公司	600439	瑞贝卡	制造业
1903	安徽国通高新管业股份有限公司	600444	国通管业	制造业
1904	深圳市金证科技股份有限公司	600446	金证股份	信息传输、软件和信息技术服务业
1905	华纺股份有限公司	600448	华纺股份	制造业
1906	宁夏建材集团股份有限公司	600449	宁夏建材	制造业
1907	重庆涪陵电力实业股份有限公司	600452	涪陵电力	电力、热力、燃气及水生产和供应业
1908	西安交大博通资讯股份有限公司	600455	博通股份	综合
1909	宝鸡钛业股份有限公司	600456	宝钛股份	制造业
1910	株洲时代新材料科技股份有限公司	600458	时代新材	制造业
1911	贵研铂业股份有限公司	600459	贵研铂业	制造业
1912	杭州士兰微电子股份有限公司	600460	士兰微	制造业
1913	江西洪城水业股份有限公司	600461	洪城水业	电力、热力、燃气及水生产和供应业
1914	延边石岘白麓纸业股份有限公司	600462	石岘纸业	制造业
1915	北京空港科技园区股份有限公司	600463	空港股份	建筑业
1916	四川迪康科技药业股份有限公司	600466	迪康药业	制造业
1917	山东好当家海洋发展股份有限公司	600467	好当家	农、林、牧、渔业
1918	天津百利特精电气股份有限公司	600468	百利电气	制造业
1919	风神轮胎股份有限公司	600469	风神股份	制造业
1920	安徽六国化工股份有限公司	600470	六国化工	制造业
1921	无锡华光锅炉股份有限公司	600475	华光股份	制造业
1922	湖南湘邮科技股份有限公司	600476	湘邮科技	信息传输、软件和信息技术服务业
1923	浙江杭萧钢构股份有限公司	600477	杭萧钢构	建筑业
1924	湖南科力远新能源股份有限公司	600478	科力远	制造业
1925	株洲千金药业股份有限公司	600479	千金药业	制造业
1926	凌云工业股份有限公司	600480	凌云股份	制造业
1927	双良节能系统股份有限公司	600481	双良节能	制造业
1928	风帆股份有限公司	600482	风帆股份	制造业
1929	福建南纺股份有限公司	600483	福建南纺	制造业
1930	北京中创信测科技股份有限公司	600485	中创信测	制造业
1931	江苏扬农化工股份有限公司	600486	扬农化工	制造业
1932	江苏亨通光电股份有限公司	600487	亨通光电	制造业
1933	天津天药药业股份有限公司	600488	天药股份	制造业
1934	中金黄金股份有限公司	600489	中金黄金	采矿业
1935	鹏欣环球资源股份有限公司	600490	鹏欣资源	制造业
1936	龙元建设集团股份有限公司	600491	龙元建设	建筑业
1937	福建凤竹纺织科技股份有限公司	600493	凤竹纺织	制造业
1938	晋西车轴股份有限公司	600495	晋西车轴	制造业

continued

股本总数(股)	第一大股东名称	第一大股东持股数量(股)	所占比重(%)	上市地点
86389415	新疆生产建设兵团农十二师国有资产经营有限责任公司	38142206	44.15	上海
287733402	上海医药工业研究院	119756311	41.62	上海
195600000	武汉新一代科技有限公司	34234261	17.50	上海
341130177	华方医药科技有限公司	64250225	18.83	上海
399347513	柳州化学工业集团有限公司	144958192	36.30	上海
1378790086	阿拉尔统众国有资产经营有限责任公司	361367646	26.21	上海
953625000	山东华鲁恒升集团有限公司	308902832	32.39	上海
1690446393	中国远洋运输(集团)总公司	853945155	50.52	上海
885000000	北京企业(食品)有限公司	353172285	39.91	上海
811121542	吉林昊融集团有限公司	439838766	54.23	上海
1190280000	中国纸业投资有限公司	335223823	28.16	上海
744660000	北方导航科技集团有限公司	385198323	51.73	上海
160884589	漳州市九龙江建设有限公司	93188200	57.92	上海
817109632	通威集团有限公司	508115572	62.18	上海
943321200	河南瑞贝卡控股有限责任公司	295617681	31.34	上海
105000000	合肥通用机械研究院	12485280	11.89	上海
262605000	杜宣	31123120	11.85	上海
319800000	山东滨州印染集团有限责任公司	66588079	20.82	上海
478318834	中国中材股份有限公司	227413294	47.54	上海
160000000	重庆川东电力集团有限责任公司	82630044	51.64	上海
62458000	西安经发集团有限责任公司	12740232	20.40	上海
430265700	宝钛集团有限公司	236549503	54.98	上海
661422092	南车株洲电力机车研究所有限公司	151118043	22.85	上海
200752109	云南锡业集团(控股)有限责任公司	83674760	41.68	上海
959360000	杭州士兰控股有限公司	409878146	42.72	上海
330000000	南昌水业集团有限责任公司	114575898	34.72	上海
533780000	敦化市金诚实业有限责任公司	131736904	24.68	上海
252000000	北京天竺空港工业开发公司	146781790	58.25	上海
439005855	四川蓝光实业集团有限公司	61350600	13.97	上海
730497152	好当家集团有限公司	303446268	41.54	上海
456192000	天津液压机械(集团)有限公司	276003271	60.50	上海
374942148	中国化工橡胶有限公司	159642148	42.58	上海
521600000	铜陵化学工业集团有限公司	132971744	25.49	上海
256000000	无锡国联环保能源集团有限公司	114056460	44.55	上海
161070000	湖南省邮政公司	53128388	32.98	上海
463458217	单银木	173418198	37.42	上海
314823465	湖南科力远高技术控股有限公司	63178541	20.07	上海
304819200	株洲市国有资产投资控股集团有限公司	61616143	20.21	上海
361714838	北方凌云工业集团有限公司	123386652	34.11	上海
810103940	双良集团有限公司	275556865	34.02	上海
531380000	中国船舶重工集团公司	163726826	30.81	上海
288483712	福建天成集团有限公司	67488379	23.39	上海
138586000	北京普旭天成资产管理有限公司	13090066	9.45	上海
172166059	江苏扬农化工集团有限公司	62269340	36.17	上海
207082505	亨通集团有限公司	84306920	40.71	上海
960854960	天津药业集团有限公司	449704773	46.80	上海
2943228797	中国黄金集团公司	1471888685	50.01	上海
870000000	上海鹏欣(集团)有限公司	131250000	15.09	上海
947600000	赖振元	319072052	33.67	上海
272000000	福建凤竹集团有限公司	77520000	28.50	上海
419510724	晋西工业集团有限责任公司	130256206	31.05	上海

附录1-5 续表 38

序号	公司全称	股票代码	股票简称	行业分类
1939	长江精工钢结构(集团)股份有限公司	600496	精工钢构	建筑业
1940	云南驰宏锌锗股份有限公司	600497	驰宏锌锗	采矿业
1941	烽火通信科技股份有限公司	600498	烽火通信	制造业
1942	广东科达机电股份有限公司	600499	科达机电	制造业
1943	中化国际(控股)股份有限公司	600500	中化国际	制造业
1944	航天晨光股份有限公司	600501	航天晨光	制造业
1945	安徽水利开发股份有限公司	600502	安徽水利	建筑业
1946	华丽家族股份有限公司	600503	华丽家族	房地产业
1947	四川西昌电力股份有限公司	600505	西昌电力	电力、热力、燃气及水生产和供应业
1948	新疆库尔勒香梨股份有限公司	600506	香梨股份	农、林、牧、渔业
1949	方大特钢科技股份有限公司	600507	方大特钢	制造业
1950	上海大屯能源股份有限公司	600508	上海能源	采矿业
1951	新疆天富热电股份有限公司	600509	天富热电	电力、热力、燃气及水生产和供应业
1952	黑牡丹(集团)股份有限公司	600510	黑牡丹	房地产业
1953	国药集团药业股份有限公司	600511	国药股份	批发和零售业
1954	腾达建设集团股份有限公司	600512	腾达建设	建筑业
1955	江苏联环药业股份有限公司	600513	联环药业	制造业
1956	海南海岛建设股份有限公司	600515	海岛建设	批发和零售业
1957	方大炭素新材料科技股份有限公司	600516	方大炭素	制造业
1958	上海置信电气股份有限公司	600517	置信电气	制造业
1959	康美药业股份有限公司	600518	康美药业	制造业
1960	贵州茅台酒股份有限公司	600519	贵州茅台	制造业
1961	铜陵中发三佳科技股份有限公司	600520	中发科技	制造业
1962	浙江华海药业股份有限公司	600521	华海药业	制造业
1963	江苏中天科技股份有限公司	600522	中天科技	制造业
1964	贵州贵航汽车零部件股份有限公司	600523	贵航股份	制造业
1965	长园集团股份有限公司	600525	长园集团	制造业
1966	浙江菲达环保科技股份有限公司	600526	菲达环保	制造业
1967	江苏江南高纤股份有限公司	600527	江南高纤	制造业
1968	中铁二局股份有限公司	600528	中铁二局	建筑业
1969	山东省药用玻璃股份有限公司	600529	山东药玻	制造业
1970	上海交大昂立股份有限公司	600530	交大昂立	制造业
1971	河南豫光金铅股份有限公司	600531	豫光金铅	制造业
1972	山东宏达矿业股份有限公司	600532	宏达矿业	采矿业
1973	南京栖霞建设股份有限公司	600533	栖霞建设	房地产业
1974	天士力制药集团股份有限公司	600535	天士力	制造业
1975	中国软件与技术服务股份有限公司	600536	中国软件	信息传输、软件和信息技术服务业
1976	亿晶光电科技股份有限公司	600537	亿晶光电	制造业
1977	北海国发海洋生物产业股份有限公司	600538	北海国发	制造业
1978	太原狮头水泥股份有限公司	600539	ST狮头	制造业
1979	新疆赛里木现代农业股份有限公司	600540	新赛股份	农、林、牧、渔业
1980	甘肃莫高实业发展股份有限公司	600543	莫高股份	制造业
1981	新疆城建(集团)股份有限公司	600545	新疆城建	建筑业
1982	山煤国际能源集团股份有限公司	600546	山煤国际	批发和零售业
1983	山东黄金矿业股份有限公司	600547	山东黄金	采矿业
1984	深圳高速公路股份有限公司	600548	深高速	交通运输、仓储和邮政业
1985	厦门钨业股份有限公司	600549	厦门钨业	制造业
1986	保定天威保变电气股份有限公司	600550	*ST天威	制造业
1987	时代出版传媒股份有限公司	600551	时代出版	文化、体育和娱乐业
1988	安徽方兴科技股份有限公司	600552	方兴科技	制造业
1989	上海九龙山旅游股份有限公司	600555	*ST九龙	房地产业

continued

股本总数(股)	第一大股东名称	第一大股东持股数量(股)	所占比重(%)	上市地点
586566000	精工控股集团有限公司	195940729	33.40	上海
1667560890	云南冶金集团股份有限公司	829505201	49.74	上海
965719600	武汉烽火科技有限公司	485803956	50.30	上海
666248700	卢勤	107511667	16.14	上海
2083012671	中国中化股份有限公司	1152988931	55.35	上海
389283600	中国航天科工集团公司	93360000	23.98	上海
501930000	安徽省水利建筑工程总公司	60473813	12.05	上海
1139076000	上海南江(集团)有限公司	114020000	10.01	上海
364567500	国网四川省电力公司	55272460	15.16	上海
147706873	新疆融盛投资有限公司	37255813	25.22	上海
1326092985	江西方大钢铁集团有限公司	605433571	46.19	上海
722718000	中国中煤能源股份有限公司	451191333	62.43	上海
905696586	新疆天富电力(集团)有限责任公司	336699786	37.18	上海
795522700	常高新集团有限公司	444045734	55.81	上海
478800000	国药控股股份有限公司	210701472	44.01	上海
736940656	叶洋友	33079360	4.49	上海
156700189	江苏联环药业集团有限公司	63373189	40.44	上海
422774136	海航国际旅游岛开发建设(集团)有限公司	127214170	30.09	上海
1719160378	辽宁方大集团实业有限公司	794722128	46.23	上海
691401272	国网电力科学研究院	175829693	25.43	上海
2198714483	康美实业有限公司	668874274	30.42	上海
1038180000	中国贵州茅台酒厂(集团)有限责任公司	643613185	61.99	上海
113040000	铜陵市三佳电子(集团)有限责任公司	27073333	23.95	上海
785302271	陈保华	209214026	26.64	上海
704504223	中天科技集团有限公司	173232371	24.59	上海
288793800	中国贵州航空工业(集团)有限责任公司	133656674	46.28	上海
863510112	长和投资有限公司	172240369	19.95	上海
203444725	菲达集团有限公司	48313738	23.75	上海
802089390	陶国平	126484448	15.77	上海
1459200000	中铁二局集团有限公司	721741200	49.46	上海
257380111	沂源县公有资产管理委员会	47540759	18.47	上海
312000000	上海新南洋股份有限公司	56679782	18.17	上海
295250776	河南豫光金铅集团有限责任公司	125353660	42.46	上海
396234400	淄博宏达矿业有限公司	237490042	59.94	上海
1050000000	南京栖霞建设集团有限公司	360611003	34.34	上海
1032842654	天士力控股集团有限公司	488201106	47.27	上海
247281391	中国电子信息产业集团有限公司	127381181	51.51	上海
485871301	荀建华	192232411	39.56	上海
279216000	广西国发投资集团有限公司	41829441	14.98	上海
230000000	太原狮头集团有限公司	64267493	27.94	上海
302708474	新疆艾比湖农工商联合企业总公司	149817832	49.49	上海
321120000	甘肃黄羊河农工商(集团)有限责任公司	42729215	13.31	上海
675785778	乌鲁木齐国有资产经营有限公司	179472899	26.56	上海
1982456140	山西煤炭进出口集团有限公司	1138532430	57.43	上海
1423072408	山东黄金集团有限公司	715097736	50.25	上海
2180770326	HKSCC Nominees Limited	706949098	32.42	上海
681980000	福建省稀有稀土(集团)有限公司	235636510	34.55	上海
1372990906	保定天威集团有限公司	352280640	25.66	上海
505825296	安徽出版集团有限责任公司	292045564	57.74	上海
239329786	安徽华光光电材料科技集团有限公司	59400450	24.82	上海
1303500000	海航置业控股(集团)有限公司	179492000	13.77	上海

附录1-5　续表 39

序号	公司全称	股票代码	股票简称	行业分类
1990	广西北生药业股份有限公司	600556	*ST北生	制造业
1991	江苏康缘药业股份有限公司	600557	康缘药业	制造业
1992	四川大西洋焊接材料股份有限公司	600558	大西洋	制造业
1993	河北衡水老白干酒业股份有限公司	600559	老白干酒	制造业
1994	北京金自天正智能控制股份有限公司	600560	金自天正	制造业
1995	江西长运股份有限公司	600561	江西长运	交通运输、仓储和邮政业
1996	国睿科技股份有限公司	600562	国睿科技	制造业
1997	厦门法拉电子股份有限公司	600563	法拉电子	制造业
1998	重庆市迪马实业股份有限公司	600565	迪马股份	房地产业
1999	湖北洪城通用机械股份有限公司	600566	洪城股份	制造业
2000	安徽山鹰纸业股份有限公司	600567	山鹰纸业	制造业
2001	中珠控股股份有限公司	600568	中珠控股	制造业
2002	安阳钢铁股份有限公司	600569	安阳钢铁	制造业
2003	恒生电子股份有限公司	600570	恒生电子	信息传输、软件和信息技术服务业
2004	信雅达系统工程股份有限公司	600571	信雅达	信息传输、软件和信息技术服务业
2005	浙江康恩贝制药股份有限公司	600572	康恩贝	制造业
2006	福建省燕京惠泉啤酒股份有限公司	600573	惠泉啤酒	制造业
2007	芜湖港储运股份有限公司	600575	芜湖港	交通运输、仓储和邮政业
2008	浙江万好万家实业股份有限公司	600576	万好万家	批发和零售业
2009	铜陵精达特种电磁线股份有限公司	600577	精达股份	制造业
2010	北京京能电力股份有限公司	600578	京能电力	电力、热力、燃气及水生产和供应业
2011	青岛天华院化学工程股份有限公司	600579	*ST黄海	制造业
2012	卧龙电气集团股份有限公司	600580	卧龙电气	制造业
2013	新疆八一钢铁股份有限公司	600581	八一钢铁	制造业
2014	天地科技股份有限公司	600582	天地科技	制造业
2015	海洋石油工程股份有限公司	600583	海油工程	采矿业
2016	江苏长电科技股份有限公司	600584	长电科技	制造业
2017	安徽海螺水泥股份有限公司	600585	海螺水泥	制造业
2018	山东金晶科技股份有限公司	600586	金晶科技	制造业
2019	山东新华医疗器械股份有限公司	600587	新华医疗	制造业
2020	用友软件股份有限公司	600588	用友软件	信息传输、软件和信息技术服务业
2021	广东榕泰实业股份有限公司	600589	广东榕泰	制造业
2022	泰豪科技股份有限公司	600590	泰豪科技	制造业
2023	福建龙溪轴承(集团)股份有限公司	600592	龙溪股份	制造业
2024	大连圣亚旅游控股股份有限公司	600593	大连圣亚	水利、环境和公共设施管理业
2025	贵州益佰制药股份有限公司	600594	益佰制药	制造业
2026	河南中孚实业股份有限公司	600595	中孚实业	制造业
2027	浙江新安化工集团股份有限公司	600596	新安股份	制造业
2028	光明乳业股份有限公司	600597	光明乳业	制造业
2029	黑龙江北大荒农业股份有限公司	600598	*ST大荒	农、林、牧、渔业
2030	熊猫烟花集团股份有限公司	600599	熊猫烟花	制造业
2031	青岛啤酒股份有限公司	600600	青岛啤酒	制造业
2032	方正科技集团股份有限公司	600601	方正科技	制造业
2033	上海仪电电子股份有限公司	600602	仪电电子	制造业
2034	厦门大洲兴业能源控股股份有限公司	600603	大洲兴业	综合
2035	上海市北高新股份有限公司	600604	市北高新	房地产业
2036	上海汇通能源股份有限公司	600605	汇通能源	批发和零售业
2037	上海金丰投资股份有限公司	600606	金丰投资	房地产业
2038	上海宽频科技股份有限公司	600608	上海科技	制造业
2039	金杯汽车股份有限公司	600609	金杯汽车	制造业
2040	中国纺织机械股份有限公司	600610	S*ST中纺	制造业

continued

股本总数(股)	第一大股东名称	第一大股东持股数量(股)	所占比重(%)	上市地点
394793708	中国工商银行股份有限公司广西壮族自治区分行	35643106	9.03	上海
415646691	江苏康缘集团有限责任公司	112885952	27.16	上海
207257814	四川大西洋集团有限责任公司	77119365	37.21	上海
140000000	河北衡水老白干酿酒(集团)有限公司	50548139	36.11	上海
223645500	冶金自动化研究设计院	98561025	44.07	上海
237064000	江西长运集团有限公司	65676853	27.70	上海
128530783	中国电子科技集团公司第十四研究所	35209690	27.39	上海
225000000	厦门市法拉发展总公司	84000000	37.33	上海
720000000	重庆东银控股集团有限公司	273712692	38.02	上海
749024701	江苏济川控股集团有限公司	516757360	68.99	上海
3766939612	福建泰盛实业有限公司	1273994850	33.82	上海
366226520	珠海中珠集团股份有限公司	172920000	47.22	上海
2393684489	安阳钢铁集团有限责任公司	1438934489	60.11	上海
617805180	杭州恒生电子集团有限公司	127398928	20.62	上海
202687380	杭州信雅达电子有限公司	43053003	21.24	上海
809600000	康恩贝集团有限公司	269748762	33.32	上海
250000000	北京燕京啤酒股份有限公司	125067778	50.03	上海
2435295988	淮南矿业(集团)有限责任公司	1012095988	41.56	上海
218093090	万好万家集团有限公司	98101044	44.98	上海
709565610	华安财产保险股份有限公司	108000000	15.22	上海
4617320954	北京京能国际能源股份有限公司	1434580985	62.14	上海
396243901	中国化工科学研究院	256073261	64.63	上海
1110527236	浙江卧龙舜禹投资有限公司	422798480	38.07	上海
766448935	宝钢集团新疆八一钢铁有限公司	407154532	53.12	上海
1213920000	中国煤炭科工集团有限公司	751366271	61.90	上海
4421354800	中国海洋石油总公司	2270113454	51.34	上海
853133610	江苏新潮科技集团有限公司	138927411	16.28	上海
5299302579	安徽海螺集团有限责任公司	1918329108	36.20	上海
1422707400	山东金晶节能玻璃有限公司	457635278	32.17	上海
198773814	淄博矿业集团有限责任公司	58473821	29.42	上海
959246238	北京用友科技有限公司	286972029	29.55	上海
601730000	广东榕泰高级瓷具有限公司	135886550	22.58	上海
500325712	同方股份有限公司	103424845	20.67	上海
399553571	漳州市九龙江建设有限公司	151233800	37.85	上海
92000000	大连星海湾金融商务区投资管理股份有限公司	22104000	24.03	上海
360625000	窦啟玲	86874218	24.09	上海
1741540403	河南豫联能源集团有限责任公司	1009620562	57.97	上海
679184633	传化集团有限公司	101725800	14.98	上海
1224497459	上海牛奶(集团)有限公司	366498967	29.93	上海
1777679909	黑龙江北大荒农垦集团总公司	1140262121	64.14	上海
166000000	万载县银河湾投资有限公司	40000000	24.10	上海
1350982795	青岛啤酒集团有限公司	411400050	30.45	上海
2194891204	北大方正信息产业集团有限公司	255613016	11.65	上海
1172943082	上海仪电电子(集团)有限公司	352742238	30.07	上海
194641920	陈铁铭	8819014	4.53	上海
566449190	上海市北高新(集团)有限公司	236021173	41.67	上海
147344592	上海弘昌晟集团有限公司	48373895	32.83	上海
518320089	上海地产(集团)有限公司	201958120	38.96	上海
328861441	昆明市交通投资有限责任公司	39486311	12.01	上海
1092667132	沈阳市汽车工业资产经营有限公司	266424742	24.38	上海
357091535	太平洋机电(集团)有限公司	116923535	32.74	上海

附录1-5 续表 40

序号	公司全称	股票代码	股票简称	行业分类
2041	大众交通(集团)股份有限公司	600611	大众交通	交通运输、仓储和邮政业
2042	老凤祥股份有限公司	600612	老凤祥	制造业
2043	上海神奇制药投资管理股份有限公司	600613	神奇制药	制造业
2044	上海鼎立科技发展(集团)股份有限公司	600614	鼎立股份	制造业
2045	上海丰华(集团)股份有限公司	600615	丰华股份	房地产业
2046	上海金枫酒业股份有限公司	600616	金枫酒业	制造业
2047	上海联华合纤股份有限公司	600617	联华合纤	综合
2048	上海氯碱化工股份有限公司	600618	氯碱化工	制造业
2049	上海海立(集团)股份有限公司	600619	海立股份	制造业
2050	上海市天宸股份有限公司	600620	天宸股份	综合
2051	上海华鑫股份有限公司	600621	华鑫股份	房地产业
2052	上海嘉宝实业(集团)股份有限公司	600622	嘉宝集团	房地产业
2053	双钱集团股份有限公司	600623	双钱股份	制造业
2054	上海复旦复华科技股份有限公司	600624	复旦复华	综合
2055	上海申达股份有限公司	600626	申达股份	批发和零售业
2056	上海新世界股份有限公司	600628	新世界	批发和零售业
2057	上海棱光实业股份有限公司	600629	棱光实业	制造业
2058	上海龙头(集团)股份有限公司	600630	龙头股份	制造业
2059	浙报传媒集团股份有限公司	600633	浙报传媒	文化、体育和娱乐业
2060	上海中技投资控股股份有限公司	600634	ST澄海	批发和零售业
2061	上海大众公用事业(集团)股份有限公司	600635	大众公用	电力、热力、燃气及水生产和供应业
2062	上海三爱富新材料股份有限公司	600636	三爱富	制造业
2063	百视通新媒体股份有限公司	600637	百视通	信息传输、软件和信息技术服务业
2064	上海新黄浦置业股份有限公司	600638	新黄浦	房地产业
2065	上海金桥出口加工区开发股份有限公司	600639	浦东金桥	房地产业
2066	号百控股股份有限公司	600640	号百控股	租赁和商务服务业
2067	上海万业企业股份有限公司	600641	万业企业	房地产业
2068	申能股份有限公司	600642	申能股份	电力、热力、燃气及水生产和供应业
2069	上海爱建股份有限公司	600643	爱建股份	金融业
2070	乐山电力股份有限公司	600644	乐山电力	电力、热力、燃气及水生产和供应业
2071	中源协和干细胞生物工程股份公司	600645	中源协和	科学研究和技术服务业
2072	上海同达创业投资股份有限公司	600647	同达创业	房地产业
2073	上海外高桥保税区开发股份有限公司	600648	外高桥	批发和零售业
2074	上海城投控股股份有限公司	600649	城投控股	房地产业
2075	上海锦江国际实业投资股份有限公司	600650	锦江投资	交通运输、仓储和邮政业
2076	上海飞乐音响股份有限公司	600651	飞乐音响	制造业
2077	上海爱使股份有限公司	600652	爱使股份	采矿业
2078	上海申华控股股份有限公司	600653	申华控股	批发和零售业
2079	上海飞乐股份有限公司	600654	飞乐股份	制造业
2080	上海豫园旅游商城股份有限公司	600655	豫园商城	批发和零售业
2081	珠海市博元投资股份有限公司	600656	博元投资	批发和零售业
2082	信达地产股份有限公司	600657	信达地产	房地产业
2083	北京电子城投资开发股份有限公司	600658	电子城	房地产业
2084	福耀玻璃工业集团股份有限公司	600660	福耀玻璃	制造业
2085	上海新南洋股份有限公司	600661	新南洋	教育
2086	上海强生控股股份有限公司	600662	强生控股	交通运输、仓储和邮政业
2087	上海陆家嘴金融贸易区开发股份有限公司	600663	陆家嘴	房地产业
2088	哈药集团股份有限公司	600664	哈药股份	制造业
2089	天地源股份有限公司	600665	天地源	房地产业
2090	西南药业股份有限公司	600666	西南药业	制造业
2091	无锡市太极实业股份有限公司	600667	太极实业	制造业

continued

股本总数(股)	第一大股东名称	第一大股东持股数量(股)	所占比重(%)	上市地点
1576081909	上海大众公用事业(集团)股份有限公司	327179412	20.76	上海
523117764	上海市黄浦区国有资产监督管理委员会	220171793	42.09	上海
445059690	贵州神奇投资有限公司	109418017	24.59	上海
567402596	鼎立控股集团股份有限公司	204638010	36.07	上海
188020508	隆鑫控股有限公司	45837331	24.38	上海
438671492	上海市糖业烟酒(集团)有限公司	153020195	34.88	上海
563037466	山西省国新能源发展集团有限公司	201879760	35.86	上海
1156399976	上海华谊(集团)公司	581592347	50.29	上海
667744115	上海电气(集团)总公司	248751517	37.25	上海
457784742	上海仲盛虹桥企业管理有限公司	114816776	25.08	上海
524082351	华鑫置业(集团)有限公司	139517522	26.62	上海
514303802	嘉定建业投资开发公司	62397456	12.13	上海
889467722	上海华谊(集团)公司	584002584	65.66	上海
345155035	复旦大学	75940000	22.00	上海
710242816	上海市国有资产监督管理委员会	220692510	31.07	上海
531799270	上海市黄浦区国有资产监督管理委员会	134074446	25.21	上海
347999813	上海建筑材料(集团)总公司	251096302	72.15	上海
424861597	上海纺织(集团)有限公司	127811197	30.08	上海
594143795	浙报传媒控股集团有限公司	295668528	49.76	上海
304478024	颜静刚	118502260	30.87	上海
1644869783	上海大众企业管理有限公司	328762573	19.99	上海
381950571	上海华谊(集团)公司	120423561	31.53	上海
1113736075	上海东方传媒集团有限公司	466885075	41.92	上海
561163988	上海新华闻投资有限公司	75653409	13.48	上海
928825040	上海金桥(集团)有限公司	407011041	43.82	上海
535364544	中国电信集团公司	200764934	37.50	上海
806158748	三林万业(上海)企业集团有限公司	407469756	50.54	上海
4552038316	申能(集团)有限公司	2322735508	51.03	上海
1105492188	上海工商界爱国建设特种基金会	135954229	12.30	上海
326480131	国网四川省电力公司	51229789	15.69	上海
349291030	天津开发区德源投资发展有限公司	89607758	25.65	上海
139143550	信达投资有限公司	56606455	40.68	上海
1010780943	上海外高桥(集团)有限公司	602127116	59.57	上海
2987523518	上海市城市建设投资开发总公司	1661498027	55.61	上海
551610107	上海锦江国际酒店(集团)股份有限公司	212586460	38.54	上海
739065311	上海仪电电子(集团)有限公司	138872904	18.79	上海
557002564	天天科技有限公司	50612444	9.09	上海
1746380317	辽宁正国投资发展有限公司	197280000	11.30	上海
755043154	上海仪电电子(集团)有限公司	134534437	17.82	上海
1437321976	上海复星产业投资有限公司	248042678	17.26	上海
190343678	珠海华信泰投资有限公司	19978070	10.49	上海
1524260442	信达投资有限公司	834518311	54.75	上海
580097402	北京电子控股有限责任公司	405981375	69.99	上海
2002986332	三益发展有限公司	390578816	19.50	上海
173676825	上海交大产业投资管理(集团)有限公司	66771194	38.45	上海
1053362191	上海久事公司	504318973	47.88	上海
1867684000	上海陆家嘴(集团)有限公司	1076556437	57.64	上海
1917483289	哈药集团有限公司	864093800	45.06	上海
864122521	西安高新技术产业开发区房地产开发公司	488359560	56.52	上海
290146298	重庆太极实业(集团)股份有限公司	93980381	32.39	上海
1191274272	无锡产业发展集团有限公司	391686310	32.88	上海

附录1-5 续表 41

序号	公司全称	股票代码	股票简称	行业分类
2092	浙江尖峰集团股份有限公司	600668	尖峰集团	制造业
2093	杭州天目山药业股份有限公司	600671	天目药业	制造业
2094	广东东阳光铝业股份有限公司	600673	东阳光铝	制造业
2095	四川川投能源股份有限公司	600674	川投能源	电力、热力、燃气及水生产和供应业
2096	中华企业股份有限公司	600675	中华企业	房地产业
2097	上海交运集团股份有限公司	600676	交运股份	交通运输、仓储和邮政业
2098	航天通信控股集团股份有限公司	600677	航天通信	批发和零售业
2099	四川金顶(集团)股份有限公司	600678	四川金顶	制造业
2100	金山开发建设股份有限公司	600679	金山开发	制造业
2101	上海普天邮通科技股份有限公司	600680	上海普天	制造业
2102	万鸿集团股份有限公司	600681	万鸿集团	建筑业
2103	南京新街口百货商店股份有限公司	600682	南京新百	批发和零售业
2104	京投银泰股份有限公司	600683	京投银泰	房地产业
2105	广州珠江实业开发股份有限公司	600684	珠江实业	房地产业
2106	广州广船国际股份有限公司	600685	广船国际	制造业
2107	厦门金龙汽车集团股份有限公司	600686	金龙汽车	制造业
2108	甘肃刚泰控股(集团)股份有限公司	600687	刚泰控股	批发和零售业
2109	中国石化上海石油化工股份有限公司	600688	上海石化	制造业
2110	上海三毛企业(集团)股份有限公司	600689	上海三毛	制造业
2111	青岛海尔股份有限公司	600690	青岛海尔	制造业
2112	阳煤化工股份有限公司	600691	阳煤化工	制造业
2113	上海亚通股份有限公司	600692	亚通股份	交通运输、仓储和邮政业
2114	福建东百集团股份有限公司	600693	东百集团	批发和零售业
2115	大商股份有限公司	600694	大商股份	批发和零售业
2116	上海大江食品集团股份有限公司	600695	大江股份	制造业
2117	上海多伦实业股份有限公司	600696	多伦股份	房地产业
2118	长春欧亚集团股份有限公司	600697	欧亚集团	批发和零售业
2119	湖南天雁机械股份有限公司	600698	ST轻骑	制造业
2120	宁波均胜电子股份有限公司	600699	均胜电子	制造业
2121	哈尔滨工大高新技术产业开发股份有限公司	600701	工大高新	综合
2122	四川沱牌舍得酒业股份有限公司	600702	沱牌舍得	制造业
2123	三安光电股份有限公司	600703	三安光电	制造业
2124	浙江物产中大元通集团股份有限公司	600704	物产中大	批发和零售业
2125	中航投资控股股份有限公司	600705	中航投资	金融业
2126	西安曲江文化旅游股份有限公司	600706	曲江文旅	水利、环境和公共设施管理业
2127	彩虹显示器件股份有限公司	600707	彩虹股份	制造业
2128	上海海博股份有限公司	600708	海博股份	交通运输、仓储和邮政业
2129	常林股份有限公司	600710	常林股份	制造业
2130	盛屯矿业集团股份有限公司	600711	盛屯矿业	采矿业
2131	南宁百货大楼股份有限公司	600712	南宁百货	批发和零售业
2132	南京医药股份有限公司	600713	南京医药	批发和零售业
2133	青海金瑞矿业发展股份有限公司	600714	金瑞矿业	采矿业
2134	松辽汽车股份有限公司	600715	松辽汽车	制造业
2135	江苏凤凰置业投资股份有限公司	600716	凤凰股份	房地产业
2136	天津港股份有限公司	600717	天津港	交通运输、仓储和邮政业
2137	东软集团股份有限公司	600718	东软集团	信息传输、软件和信息技术服务业
2138	大连热电股份有限公司	600719	大连热电	电力、热力、燃气及水生产和供应业
2139	甘肃祁连山水泥集团股份有限公司	600720	祁连山	制造业
2140	新疆百花村股份有限公司	600721	百花村	制造业
2141	河北金牛化工股份有限公司	600722	金牛化工	制造业
2142	北京首商集团股份有限公司	600723	首商股份	批发和零售业

continued

股本总数(股)	第一大股东名称	第一大股东持股数量(股)	所占比重(%)	上市地点
344083828	金华市通济国有资产投资有限公司	55564103	16.15	上海
121778885	天津长汇投资管理合伙企业(有限合伙)	9983684	8.20	上海
827466788	深圳市东阳光实业发展有限公司	358926600	43.38	上海
2059876710	四川省投资集团有限责任公司	1087397021	54.87	上海
1555882832	上海地产(集团)有限公司	565678520	36.36	上海
862373924	上海交运(集团)公司	439922714	51.01	上海
416428086	中国航天科工集团公司	77493927	18.61	上海
348990000	海亮金属贸易集团有限公司	97002984	27.80	上海
353619662	上海市金山区国有资产监督管理委员会	117154838	33.13	上海
382225337	中国普天信息产业股份有限公司	196639417	51.45	上海
251477550	广州美城投资有限公司	45888672	18.25	上海
358321685	三胞集团有限公司	78748591	21.98	上海
740777597	北京市基础设施投资有限公司	220800000	29.81	上海
474144846	广州珠江实业集团有限公司	141354054	29.81	上海
643080854	中国船舶工业集团公司	229645800	35.71	上海
442597097	福建省汽车工业集团有限公司	59833146	13.52	上海
377111688	上海刚泰矿业有限公司	127776244	33.88	上海
10800000000	中国石油化工股份有限公司	5460000000	50.56	上海
200991343	重庆轻纺控股(集团)公司	52158943	25.95	上海
2720835940	海尔电器国际股份有限公司	629342412	23.34	上海
1467856020	阳泉煤业(集团)有限责任公司	564947000	38.49	上海
351764064	上海市崇明县国有资产监督管理委员会	114341751	32.51	上海
343222594	福建丰琪投资有限公司	100227419	29.20	上海
293718653	大连大商国际有限公司	25859580	8.80	上海
713200000	绿庭(香港)有限公司	160760568	22.54	上海
340565550	多伦投资(香港)有限公司	40000000	11.75	上海
159088075	长春市汽车城商业总公司	36313891	22.83	上海
971817440	中国长安汽车集团股份有限公司	305474988	31.43	上海
636144817	宁波均胜投资集团有限公司	400250286	62.92	上海
498781936	哈尔滨工业大学高新技术开发总公司	104327428	20.92	上海
337300000	四川沱牌舍得集团有限公司	100695768	29.85	上海
1444013776	厦门三安电子有限公司	505759725	35.02	上海
790515734	浙江省物产集团公司	268901652	34.02	上海
1522470267	中国航空工业集团公司	777828113	51.09	上海
179509675	西安曲江旅游投资(集团)有限公司	92176234	51.35	上海
736757688	彩虹集团电子股份有限公司	165004798	22.40	上海
510370252	光明食品(集团)有限公司	182766404	35.81	上海
640284000	中国国机重工集团有限公司	192085200	30.00	上海
453498922	深圳盛屯集团有限公司	99128737	21.86	上海
544655360	南宁沛宁资产经营有限责任公司	99311510	18.23	上海
693580680	南京医药(集团)公司	145657368	21.00	上海
273404541	青海省投资集团有限公司	122467041	44.79	上海
224256000	北京亦庄国际投资发展有限公司	55827200	24.89	上海
740600634	江苏凤凰出版传媒集团有限公司	455543650	61.51	上海
1674769120	显创投资有限公司	951512511	56.81	上海
1227594245	东北大学科技产业集团有限公司	216361562	17.62	上海
202299800	大连市热电集团有限公司	66566892	32.91	上海
776290282	中国中材股份有限公司	102772822	13.24	上海
268851955	农六师国有资产经营有限责任公司	131133741	48.78	上海
680319676	冀中能源股份有限公司	381554476	56.08	上海
658407554	北京首都旅游集团有限责任公司	248809378	37.79	上海

附录1-5 续表 42

序号	公司全称	股票代码	股票简称	行业分类
2143	宁波富达股份有限公司	600724	宁波富达	房地产业
2144	云南云维股份有限公司	600725	云维股份	制造业
2145	华电能源股份有限公司	600726	华电能源	电力、热力、燃气及水生产和供应业
2146	山东鲁北化工股份有限公司	600727	鲁北化工	制造业
2147	佳都新太科技股份有限公司	600728	佳都科技	信息传输、软件和信息技术服务业
2148	重庆百货大楼股份有限公司	600729	重庆百货	批发和零售业
2149	中国高科集团股份有限公司	600730	中国高科	批发和零售业
2150	湖南海利化工股份有限公司	600731	湖南海利	制造业
2151	上海新梅置业股份有限公司	600732	上海新梅	房地产业
2152	成都前锋电子股份有限公司	600733	S前锋	房地产业
2153	福建实达集团股份有限公司	600734	实达集团	批发和零售业
2154	山东新华锦国际股份有限公司	600735	新华锦	制造业
2155	苏州新区高新技术产业股份有限公司	600736	苏州高新	房地产业
2156	中粮屯河股份有限公司	600737	中粮屯河	制造业
2157	兰州民百(集团)股份有限公司	600738	兰州民百	批发和零售业
2158	辽宁成大股份有限公司	600739	辽宁成大	批发和零售业
2159	山西焦化股份有限公司	600740	山西焦化	制造业
2160	华域汽车系统股份有限公司	600741	华域汽车	制造业
2161	长春一汽富维汽车零部件股份有限公司	600742	一汽富维	制造业
2162	华远地产股份有限公司	600743	华远地产	房地产业
2163	大唐华银电力股份有限公司	600744	华银电力	电力、热力、燃气及水生产和供应业
2164	中茵股份有限公司	600745	中茵股份	房地产业
2165	江苏索普化工股份有限公司	600746	江苏索普	制造业
2166	大连大显控股股份有限公司	600747	大连控股	房地产业
2167	上海实业发展股份有限公司	600748	上实发展	房地产业
2168	西藏旅游股份有限公司	600749	西藏旅游	水利、环境和公共设施管理业
2169	江中药业股份有限公司	600750	江中药业	制造业
2170	天津市海运股份有限公司	600751	天津海运	交通运输、仓储和邮政业
2171	河南东方银星投资股份有限公司	600753	东方银星	批发和零售业
2172	上海锦江国际酒店发展股份有限公司	600754	锦江股份	住宿和餐饮业
2173	厦门国贸集团股份有限公司	600755	厦门国贸	批发和零售业
2174	浪潮软件股份有限公司	600756	浪潮软件	信息传输、软件和信息技术服务业
2175	长江出版传媒股份有限公司	600757	长江传媒	文化、体育和娱乐业
2176	辽宁红阳能源投资股份有限公司	600758	红阳能源	电力、热力、燃气及水生产和供应业
2177	海南正和实业集团股份有限公司	600759	正和股份	房地产业
2178	中航黑豹股份有限公司	600760	中航黑豹	制造业
2179	安徽合力股份有限公司	600761	安徽合力	制造业
2180	通策医疗投资股份有限公司	600763	通策医疗	卫生和社会工作
2181	中电广通股份有限公司	600764	中电广通	信息传输、软件和信息技术服务业
2182	中航重机股份有限公司	600765	中航重机	制造业
2183	烟台园城黄金股份有限公司	600766	园城黄金	采矿业
2184	运盛(上海)实业股份有限公司	600767	运盛实业	房地产业
2185	宁波富邦精业集团股份有限公司	600768	宁波富邦	制造业
2186	武汉祥龙电业股份有限公司	600769	*ST祥龙	制造业
2187	江苏综艺股份有限公司	600770	综艺股份	信息传输、软件和信息技术服务业
2188	广誉远中药股份有限公司	600771	广誉远	制造业
2189	西藏城市发展投资股份有限公司	600773	西藏城投	房地产业
2190	武汉市汉商集团股份有限公司	600774	汉商集团	批发和零售业
2191	南京熊猫电子股份有限公司	600775	南京熊猫	制造业
2192	东方通信股份有限公司	600776	东方通信	制造业
2193	烟台新潮实业股份有限公司	600777	新潮实业	综合

continued

股本总数(股)	第一大股东名称	第一大股东持股数量(股)	所占比重(%)	上市地点
1445241071	宁波城建投资控股有限公司	1112148455	76.95	上海
616235000	云南云维集团有限公司	257506610	41.79	上海
1966675153	中国华电集团公司	881126465	44.80	上海
350986607	山东鲁北企业集团总公司	88767904	25.29	上海
499766874	堆龙佳都科技有限公司	84700086	16.95	上海
406528465	重庆商社(集团)有限公司	203017813	49.94	上海
293328001	北大方正集团股份有限公司	71493681	24.37	上海
327314098	湖南海利高新技术产业集团有限公司	74972784	22.90	上海
446383080	上海兴盛实业发展(集团)有限公司	49942940	11.19	上海
197586000	四川新泰克数字设备有限责任公司	81270000	41.13	上海
351558394	北京昂展置业有限公司	78122586	22.22	上海
250699666	山东鲁锦进出口集团有限公司	127812168	50.98	上海
1057881600	苏州高新区经济发展集团总公司	429135017	40.57	上海
2051876155	中粮集团有限公司	1128531900	55.00	上海
368867627	红楼集团有限公司	166111664	45.03	上海
1364709816	辽宁成大集团有限公司	169889039	12.45	上海
765700000	山西焦化集团有限公司	108867242	14.22	上海
2583200175	上海汽车集团股份有限公司	1552448271	60.10	上海
211523400	中国第一汽车集团公司	42604282	20.14	上海
1817661006	北京市华远集团有限公司	837372929	46.07	上海
711648000	中国大唐集团公司	237263477	33.34	上海
327374896	苏州中茵集团有限公司	160501830	49.03	上海
306421452	江苏索普(集团)有限公司	174683000	57.01	上海
1064328399	大连大显集团有限公司	120000000	11.27	上海
1083370873	上实地产发展有限公司	689566049	63.65	上海
189137931	国风集团有限公司	31624825	16.72	上海
311150000	江西江中制药(集团)有限责任公司	131134850	42.15	上海
892648820	大新华物流控股(集团)有限公司	267178476	29.93	上海
128000000	重庆银星智业(集团)有限公司	26926000	21.04	上海
603240740	上海锦江国际酒店(集团)股份有限公司	303533935	50.32	上海
1330835888	厦门国贸控股有限公司	403023943	30.28	上海
278747280	浪潮软件集团有限公司	61881000	22.20	上海
1213650273	湖北长江出版传媒集团有限公司	683684486	56.33	上海
207681760	沈阳煤业(集团)有限责任公司	91097500	43.86	上海
1220117545	广西正和实业集团有限公司	361300347	29.61	上海
344940390	金城集团有限公司	55095716	15.97	上海
514014446	安徽叉车集团有限责任公司	195157316	37.97	上海
160320000	杭州宝群实业集团有限公司	54116000	33.75	上海
329726984	中国电子信息产业集团有限公司	176314950	53.47	上海
778003200	贵州金江航空液压有限责任公司	229369200	29.48	上海
224226822	园城实业集团有限公司	66810000	29.80	上海
341010182	上海九川投资(集团)有限公司	99008834	29.03	上海
133747200	宁波富邦控股集团有限公司	47162160	35.26	上海
374977200	武汉葛化集团有限公司	74986377	20.00	上海
1104600000	南通综艺投资有限公司	321323958	29.09	上海
243808438	西安东盛集团有限公司	54048265	22.17	上海
575704998	上海市闸北区国有资产监督管理委员会	322685655	56.05	上海
174575386	武汉市汉阳区国有资产监督管理办公室	48644653	27.86	上海
913838529	熊猫电子集团有限公司	334715000	36.63	上海
1256000064	普天东方通信集团有限公司	604573970	48.13	上海
625423279	烟台东润投资发展有限公司	90199362	14.42	上海

附录1-5　续表 43

序号	公司全称	股票代码	股票简称	行业分类
2194	新疆友好(集团)股份有限公司	600778	友好集团	批发和零售业
2195	四川水井坊股份有限公司	600779	水井坊	制造业
2196	山西通宝能源股份有限公司	600780	通宝能源	电力、热力、燃气及水生产和供应业
2197	辅仁药业集团实业股份有限公司	600781	上海辅仁	制造业
2198	新余钢铁股份有限公司	600782	新钢股份	制造业
2199	鲁信创业投资集团股份有限公司	600783	鲁信创投	综合
2200	鲁银投资集团股份有限公司	600784	鲁银投资	制造业
2201	银川新华百货商业集团股份有限公司	600785	新华百货	批发和零售业
2202	中储发展股份有限公司	600787	中储股份	交通运输、仓储和邮政业
2203	山东鲁抗医药股份有限公司	600789	鲁抗医药	制造业
2204	浙江中国轻纺城集团股份有限公司	600790	轻纺城	租赁和商务服务业
2205	京能置业股份有限公司	600791	京能置业	房地产业
2206	云南煤业能源股份有限公司	600792	云煤能源	制造业
2207	宜宾纸业股份有限公司	600793	ST宜纸	制造业
2208	张家港保税科技股份有限公司	600794	保税科技	交通运输、仓储和邮政业
2209	国电电力发展股份有限公司	600795	国电电力	电力、热力、燃气及水生产和供应业
2210	浙江钱江生物化学股份有限公司	600796	钱江生化	制造业
2211	浙大网新科技股份有限公司	600797	浙大网新	信息传输、软件和信息技术服务业
2212	宁波海运股份有限公司	600798	宁波海运	交通运输、仓储和邮政业
2213	天津环球磁卡股份有限公司	600800	天津磁卡	制造业
2214	华新水泥股份有限公司	600801	华新水泥	制造业
2215	福建水泥股份有限公司	600802	福建水泥	制造业
2216	河北威远生物化工股份有限公司	600803	威远生化	制造业
2217	鹏博士电信传媒集团股份有限公司	600804	鹏博士	信息传输、软件和信息技术服务业
2218	江苏悦达投资股份有限公司	600805	悦达投资	综合
2219	沈机集团昆明机床股份有限公司	600806	昆明机床	制造业
2220	山东天业恒基股份有限公司	600807	天业股份	房地产业
2221	马鞍山钢铁股份有限公司	600808	马钢股份	制造业
2222	山西杏花村汾酒厂股份有限公司	600809	山西汾酒	制造业
2223	神马实业股份有限公司	600810	神马股份	制造业
2224	东方集团股份有限公司	600811	东方集团	批发和零售业
2225	华北制药股份有限公司	600812	华北制药	制造业
2226	杭州解百集团股份有限公司	600814	杭州解百	批发和零售业
2227	厦门厦工机械股份有限公司	600815	厦工股份	制造业
2228	安信信托投资股份有限公司	600816	安信信托	金融业
2229	西安宏盛科技发展股份有限公司	600817	ST宏盛	综合
2230	中路股份有限公司	600818	中路股份	制造业
2231	上海耀皮玻璃集团股份有限公司	600819	耀皮玻璃	制造业
2232	上海隧道工程股份有限公司	600820	隧道股份	建筑业
2233	天津劝业场(集团)股份有限公司	600821	津劝业	批发和零售业
2234	上海物资贸易股份有限公司	600822	上海物贸	批发和零售业
2235	上海世茂股份有限公司	600823	世茂股份	房地产业
2236	上海益民商业集团股份有限公司	600824	益民集团	批发和零售业
2237	上海新华传媒股份有限公司	600825	新华传媒	文化、体育和娱乐业
2238	上海兰生股份有限公司	600826	兰生股份	批发和零售业
2239	上海友谊集团股份有限公司	600827	友谊股份	批发和零售业
2240	成商集团股份有限公司	600828	成商集团	批发和零售业
2241	哈药集团三精制药股份有限公司	600829	三精制药	制造业
2242	香溢融通控股集团股份有限公司	600830	香溢融通	批发和零售业
2243	陕西广电网络传媒(集团)股份有限公司	600831	广电网络	信息传输、软件和信息技术服务业
2244	上海东方明珠(集团)股份有限公司	600832	东方明珠	水利、环境和公共设施管理业

continued

股本总数（股）	第一大股东名称	第一大股东持股数量(股)	所占比重(%)	上市地点
311491352	乌鲁木齐国有资产经营有限公司	55433843	17.80	上海
488545698	四川成都水井坊集团有限公司	193996444	39.71	上海
1146502523	山西国际电力集团有限公司	693174819	60.46	上海
177592864	辅仁药业集团有限公司	48100024	27.08	上海
1393448106	新余钢铁集团有限公司	1099304900	78.89	上海
744359294	山东省鲁信投资控股集团有限公司	534206761	71.77	上海
496613746	莱芜钢铁集团有限公司	72131266	14.52	上海
207431280	物美控股集团有限公司	60715708	29.27	上海
929914192	中国物资储运总公司	477279609	51.33	上海
581575475	山东省人民政府国有资产监督管理委员会	142997400	24.59	上海
805379631	绍兴市柯桥区中国轻纺城市场开发经营有限公司	283403450	35.19	上海
452880000	北京能源投资(集团)有限公司	204983645	45.26	上海
494961800	昆明钢铁控股有限公司	292947360	59.19	上海
105300000	宜宾市国有资产经营有限公司	39776583	37.77	上海
474351890	张家港保税区金港资产经营有限公司	142141240	29.97	上海
17229916618	中国国电集团公司	9033709571	52.43	上海
301402144	海宁市资产经营公司	100378762	33.30	上海
831769995	浙江浙大网新集团有限公司	127396059	15.32	上海
871174542	宁波海运集团有限公司	365062214	41.90	上海
611271047	天津环球磁卡集团有限公司	176189776	28.82	上海
935299928	HOLCHIN B.V.	373010636	39.88	上海
381873666	福建省建材(控股)有限责任公司	109913089	28.78	上海
985785043	新奥控股投资有限公司	305261472	30.97	上海
1382129269	深圳鹏博实业集团有限公司	89589548	6.48	上海
850894494	江苏悦达集团有限公司	196223658	23.06	上海
531081103	HKSCC NOMINEES LIMITED	133976900	25.27	上海
321151200	山东天业房地产开发集团有限公司	105309600	32.79	上海
7700681186	马钢(集团)控股有限公司	3886423927	50.47	上海
865848266	山西杏花村汾酒集团有限责任公司	605868472	69.97	上海
442280000	中国平煤神马能源化工集团有限责任公司	234172100	52.95	上海
1666805374	东方集团实业股份有限公司	466346232	27.98	上海
1378577558	冀中能源集团有限责任公司	350000000	25.39	上海
310383021	杭州商业资产经营(有限)公司	90760425	29.24	上海
958969989	厦门海翼集团有限公司	393022859	40.98	上海
454109778	上海国之杰投资发展有限公司	149670672	32.96	上海
160910082	西安普明物流贸易发展有限公司	33589968	20.87	上海
321447910	上海中路(集团)有限公司	115780734	36.02	上海
731250082	上海建筑材料(集团)总公司	207918282	28.43	上海
1298659332	上海城建(集团)公司	683224540	52.61	上海
416268225	天津劝业华联集团有限公司	62860456	15.10	上海
495972914	百联集团有限公司	238575962	48.10	上海
1170595338	峰盈国际有限公司	558000000	47.67	上海
878355894	上海市黄浦区国有资产监督管理委员会	342913774	39.04	上海
1044887850	上海新华发行集团有限公司	319533752	30.58	上海
420642288	上海兰生(集团)有限公司	216497026	51.47	上海
1722495752	百联集团有限公司	749325570	43.50	上海
570439657	深圳茂业商厦有限公司	388170729	68.05	上海
579888597	哈药集团股份有限公司	433894354	74.82	上海
454322747	浙江烟草投资管理有限责任公司	54710381	12.04	上海
563438537	陕西广电网络产业集团有限公司	203249114	36.07	上海
3186334874	上海广播电影电视发展有限公司	1440000000	45.19	上海

附录1-5 续表 44

序号	公司全称	股票代码	股票简称	行业分类
2245	上海第一医药股份有限公司	600833	第一医药	批发和零售业
2246	上海申通地铁股份有限公司	600834	申通地铁	交通运输、仓储和邮政业
2247	上海机电股份有限公司	600835	上海机电	制造业
2248	上海界龙实业集团股份有限公司	600836	界龙实业	制造业
2249	海通证券股份有限公司	600837	海通证券	金融业
2250	上海九百股份有限公司	600838	上海九百	批发和零售业
2251	四川长虹电器股份有限公司	600839	四川长虹	制造业
2252	上海柴油机股份有限公司	600841	上柴股份	制造业
2253	上工申贝(集团)股份有限公司	600843	上工申贝	制造业
2254	丹化化工科技股份有限公司	600844	丹化科技	制造业
2255	上海宝信软件股份有限公司	600845	宝信软件	信息传输、软件和信息技术服务业
2256	上海同济科技实业股份有限公司	600846	同济科技	建筑业
2257	重庆万里新能源股份有限公司	600847	万里股份	制造业
2258	上海自动化仪表股份有限公司	600848	自仪股份	制造业
2259	上海华东电脑股份有限公司	600850	华东电脑	信息传输、软件和信息技术服务业
2260	上海海欣集团股份有限公司	600851	海欣股份	制造业
2261	龙建路桥股份有限公司	600853	龙建股份	建筑业
2262	江苏春兰制冷设备股份有限公司	600854	春兰股份	制造业
2263	北京航天长峰股份有限公司	600855	航天长峰	制造业
2264	长春百货大楼集团股份有限公司	600856	长百集团	批发和零售业
2265	哈工大首创科技股份有限公司	600857	工大首创	批发和零售业
2266	银座集团股份有限公司	600858	银座股份	批发和零售业
2267	北京王府井百货(集团)股份有限公司	600859	王府井	批发和零售业
2268	北京京城机电股份有限公司	600860	*ST京城	制造业
2269	北京城乡贸易中心股份有限公司	600861	北京城乡	批发和零售业
2270	南通科技投资集团股份有限公司	600862	南通科技	房地产业
2271	内蒙古蒙电华能热电股份有限公司	600863	内蒙华电	电力、热力、燃气及水生产和供应业
2272	哈尔滨哈投投资股份有限公司	600864	哈投股份	电力、热力、燃气及水生产和供应业
2273	百大集团股份有限公司	600865	百大集团	批发和零售业
2274	广东肇庆星湖生物科技股份有限公司	600866	星湖科技	制造业
2275	通化东宝药业股份有限公司	600867	通化东宝	制造业
2276	广东梅雁吉祥水电股份有限公司	600868	梅雁吉祥	电力、热力、燃气及水生产和供应业
2277	远东电缆股份有限公司	600869	远东电缆	制造业
2278	厦门华侨电子股份有限公司	600870	厦华电子	制造业
2279	中国石化仪征化纤股份有限公司	600871	*ST仪化	制造业
2280	中炬高新技术实业(集团)股份有限公司	600872	中炬高新	制造业
2281	梅花生物科技集团股份有限公司	600873	梅花集团	制造业
2282	天津创业环保集团股份有限公司	600874	创业环保	电力、热力、燃气及水生产和供应业
2283	东方电气股份有限公司	600875	东方电气	制造业
2284	洛阳玻璃股份有限公司	600876	洛阳玻璃	制造业
2285	中国嘉陵工业股份有限公司(集团)	600877	中国嘉陵	制造业
2286	航天时代电子技术股份有限公司	600879	航天电子	制造业
2287	成都博瑞传播股份有限公司	600880	博瑞传播	文化、体育和娱乐业
2288	吉林亚泰(集团)股份有限公司	600881	亚泰集团	制造业
2289	山东华联矿业控股股份有限公司	600882	华联矿业	采矿业
2290	云南博闻科技实业股份有限公司	600883	博闻科技	制造业
2291	宁波杉杉股份有限公司	600884	杉杉股份	制造业
2292	宏发科技股份有限公司	600885	宏发股份	制造业
2293	国投电力控股股份有限公司	600886	国投电力	电力、热力、燃气及水生产和供应业
2294	内蒙古伊利实业集团股份有限公司	600887	伊利股份	制造业
2295	新疆众和股份有限公司	600888	新疆众和	制造业

continued

股本总数（股）	第一大股东名称	第一大股东持股数量(股)	所占比重(%)	上市地点
223086347	上海新路达商业(集团)有限公司	52185126	23.39	上海
477381905	上海申通地铁集团有限公司	278943799	58.43	上海
1022739308	上海电气集团股份有限公司	484220364	47.35	上海
313563375	上海界龙集团有限公司	82184987	26.21	上海
9584721180	香港中央结算(代理人)有限公司	1492155600	15.57	上海
400881981	上海九百(集团)有限公司	78540608	19.59	上海
4616244222	四川长虹电子集团有限公司	1070723925	23.19	上海
866689830	上海汽车集团股份有限公司	416452530	48.05	上海
448886777	上海市浦东新区国有资产监督管理委员会	105395358	23.48	上海
778620618	江苏丹化集团有限责任公司	146798427	18.85	上海
340917291	宝山钢铁股份有限公司	189222891	55.50	上海
624761516	上海同济资产经营有限公司	146051849	23.38	上海
152238400	深圳市南方同正投资有限公司	41400898	27.19	上海
399286890	上海电气(集团)总公司	107251954	26.86	上海
321744887	华东计算技术研究所	148165666	46.05	上海
1207056692	上海松江洞泾工业公司	90613819	7.51	上海
536807658	黑龙江省建设集团有限公司	178979763	33.34	上海
519458538	春兰(集团)公司	131630912	25.34	上海
331617425	中国航天科工防御技术研究院	96412425	29.07	上海
234831569	上海合涌源企业发展有限公司	26000000	11.07	上海
224319919	雅戈尔集团股份有限公司	35764787	15.94	上海
520066589	山东省商业集团有限公司	127338353	24.49	上海
462768088	北京王府井国际商业发展有限公司	227992556	49.27	上海
422000000	北京京城机电控股有限责任公司	201620000	47.78	上海
316804949	北京市郊区旅游实业开发公司	106088400	33.49	上海
637928488	南通科技工贸投资发展有限公司	120231604	18.84	上海
3871830000	北方联合电力有限责任公司	2162403764	55.85	上海
546378196	哈尔滨投资集团有限责任公司	238174824	43.59	上海
376240316	西子国际控股有限公司	112800000	29.98	上海
550393465	广东省广新控股集团有限公司	96417436	17.52	上海
931455025	东宝实业集团有限公司	335890339	36.06	上海
1898148679	广东梅雁吉祥实业投资股份有限公司	41700000	2.20	上海
990043368	远东控股集团有限公司	745042391	75.25	上海
523199665	华映光电股份有限公司	79365079	15.17	上海
6000000000	中国石油化工股份有限公司	2415000000	40.25	上海
796637194	中山火炬集团有限公司	85425450	10.72	上海
3108226603	孟庆山	854103033	27.48	上海
1427228430	天津市政投资有限公司	736207892	51.58	上海
2003860000	中国东方电气集团有限公司	1002457252	50.03	上海
500018242	香港中央结算(代理人)有限公司	247848998	49.57	上海
687282040	中国南方工业集团公司	185566173	27.00	上海
1039537037	中国航天时代电子公司	216969476	20.87	上海
683332557	成都博瑞投资控股集团有限公司	159368547	23.32	上海
1894732058	长春市人民政府国有资产监督管理委员会	295088616	15.57	上海
399238045	东里镇集体资产经营管理中心	54749022	13.71	上海
236088000	深圳市得融投资发展有限公司	40500000	17.15	上海
410858247	杉杉集团有限公司	133536993	32.50	上海
476639237	厦门有格投资有限公司	182581449	38.31	上海
6786023347	国家开发投资公司	3478459944	51.26	上海
2042914022	呼和浩特投资有限责任公司	190013958	9.30	上海
641225872	特变电工股份有限公司	180434922	28.14	上海

附录1-5 续表 45

序号	公司全称	股票代码	股票简称	行业分类
2296	南京化纤股份有限公司	600889	南京化纤	制造业
2297	中房置业股份有限公司	600890	中房股份	房地产业
2298	哈尔滨秋林集团股份有限公司	600891	秋林集团	批发和零售业
2299	宝诚投资股份有限公司	600892	宝诚股份	批发和零售业
2300	西安航空动力股份有限公司	600893	航空动力	制造业
2301	广州广日股份有限公司	600894	广日股份	制造业
2302	上海张江高科技园区开发股份有限公司	600895	张江高科	综合
2303	中海(海南)海盛船务股份有限公司	600896	中海海盛	交通运输、仓储和邮政业
2304	厦门国际航空港股份有限公司	600897	厦门空港	交通运输、仓储和邮政业
2305	三联商社股份有限公司	600898	三联商社	批发和零售业
2306	中国长江电力股份有限公司	600900	长江电力	电力、热力、燃气及水生产和供应业
2307	山东滨州渤海活塞股份有限公司	600960	渤海活塞	制造业
2308	株洲冶炼集团股份有限公司	600961	株冶集团	制造业
2309	国投中鲁果汁股份有限公司	600962	国投中鲁	制造业
2310	岳阳林纸股份有限公司	600963	岳阳林纸	制造业
2311	河北福成五丰食品股份有限公司	600965	福成五丰	农、林、牧、渔业
2312	山东博汇纸业股份有限公司	600966	博汇纸业	制造业
2313	包头北方创业股份有限公司	600967	北方创业	制造业
2314	湖南郴电国际发展股份有限公司	600969	郴电国际	电力、热力、燃气及水生产和供应业
2315	中国中材国际工程股份有限公司	600970	中材国际	制造业
2316	安徽恒源煤电股份有限公司	600971	恒源煤电	采矿业
2317	宝胜科技创新股份有限公司	600973	宝胜股份	制造业
2318	湖南新五丰股份有限公司	600975	新五丰	农、林、牧、渔业
2319	武汉健民药业集团股份有限公司	600976	武汉健民	批发和零售业
2320	广东省宜华木业股份有限公司	600978	宜华木业	制造业
2321	四川广安爱众股份有限公司	600979	广安爱众	电力、热力、燃气及水生产和供应业
2322	北矿磁材科技股份有限公司	600980	北矿磁材	制造业
2323	江苏汇鸿股份有限公司	600981	汇鸿股份	批发和零售业
2324	宁波热电股份有限公司	600982	宁波热电	电力、热力、燃气及水生产和供应业
2325	合肥荣事达三洋电器股份有限公司	600983	合肥三洋	制造业
2326	陕西建设机械股份有限公司	600984	建设机械	制造业
2327	安徽雷鸣科化股份有限公司	600985	雷鸣科化	制造业
2328	科达集团股份有限公司	600986	科达股份	建筑业
2329	浙江航民股份有限公司	600987	航民股份	制造业
2330	赤峰吉隆黄金矿业股份有限公司	600988	赤峰黄金	采矿业
2331	安徽四创电子股份有限公司	600990	四创电子	制造业
2332	贵州钢绳股份有限公司	600992	贵绳股份	制造业
2333	马应龙药业集团股份有限公司	600993	马应龙	批发和零售业
2334	云南文山电力股份有限公司	600995	文山电力	电力、热力、燃气及水生产和供应业
2335	开滦能源化工股份有限公司	600997	开滦股份	制造业
2336	九州通医药集团股份有限公司	600998	九州通	批发和零售业
2337	招商证券股份有限公司	600999	招商证券	金融业
2338	唐山港集团股份有限公司	601000	唐山港	交通运输、仓储和邮政业
2339	大同煤业股份有限公司	601001	大同煤业	采矿业
2340	晋亿实业股份有限公司	601002	晋亿实业	制造业
2341	柳州钢铁股份有限公司	601003	柳钢股份	制造业
2342	重庆钢铁股份有限公司	601005	重庆钢铁	制造业
2343	大秦铁路股份有限公司	601006	大秦铁路	交通运输、仓储和邮政业
2344	金陵饭店股份有限公司	601007	金陵饭店	住宿和餐饮业
2345	江苏连云港港口股份有限公司	601008	连云港	交通运输、仓储和邮政业
2346	南京银行股份有限公司	601009	南京银行	金融业

continued

股本总数(股)	第一大股东名称	第一大股东持股数量(股)	所占比重(%)	上市地点
307069284	南京轻纺产业(集团)有限公司	125407882	40.84	上海
579194925	嘉益(天津)投资管理有限公司	109799224	18.96	上海
325528945	黑龙江奔马投资有限公司	63987826	19.66	上海
63125000	深圳市钜盛华实业发展有限公司	12615878	19.99	上海
1089573236	西安航空发动机(集团)有限公司	580260112	53.26	上海
788518324	广州广日集团有限公司	482056355	61.13	上海
1548689550	上海张江(集团)有限公司	829821187	53.58	上海
581315773	中国海运(集团)总公司	159802500	27.49	上海
297810000	厦门翔业集团有限公司	202500000	68.00	上海
252523820	山东龙脊岛建设有限公司	27000000	10.69	上海
16500000000	中国长江三峡集团公司	12099532950	73.33	上海
211670550	滨州市人民政府国有资产监督管理委员会	105144728	49.67	上海
527457914	株洲冶炼集团有限责任公司	234647171	44.49	上海
262210000	国家开发投资公司	116355543	44.37	上海
1043159148	泰格林纸集团股份有限公司	389556901	37.34	上海
406156370	福成投资集团有限公司	77287421	19.03	上海
504619521	山东博汇集团有限公司	170397730	33.77	上海
457126666	内蒙古第一机械集团有限公司	107966666	23.62	上海
210267720	郴州市人民政府国有资产监督管理委员会	37596574	17.88	上海
1093297260	中国中材股份有限公司	464263219	42.46	上海
1000004070	安徽省皖北煤电集团有限责任公司	599615741	59.96	上海
411387457	宝胜集团有限公司	146716819	35.66	上海
234360126	湖南省粮油食品进出口集团有限公司	87967606	37.54	上海
153398600	华方医药科技有限公司	33852409	22.07	上海
1152662718	宜华企业(集团)有限公司	271961230	23.59	上海
717892146	四川爱众发展集团有限公司	151946330	21.17	上海
130000000	北京矿冶研究总院	52000000	40.00	上海
516106500	江苏汇鸿国际集团有限公司	274251871	53.14	上海
168000000	宁波开发投资集团有限公司	48286079	28.74	上海
532800000	合肥市国有资产控股有限公司	178854400	33.57	上海
241556000	陕西建设机械(集团)有限责任公司	135312883	56.02	上海
175236496	淮北矿业(集团)有限责任公司	61079079	34.86	上海
335269708	山东科达集团有限公司	61585520	18.37	上海
635310000	浙江航民实业集团有限公司	200462062	31.55	上海
283302301	赵美光	106066250	37.44	上海
136702040	华东电子工程研究所(中国电子科技集团公司第三十八研究所)	57416666	42.00	上海
245090000	贵州钢绳(集团)有限责任公司	65122519	26.57	上海
331579916	中国宝安集团股份有限公司	97048702	29.27	上海
478526400	云南电网公司	141523200	29.57	上海
1234640000	开滦(集团)有限责任公司	700384912	56.73	上海
1420515819	上海弘康实业投资有限公司	433129118	30.49	上海
4661099829	深圳市集盛投资发展有限公司	1341378000	28.78	上海
2030351504	唐山港口实业集团有限公司	956304000	47.10	上海
1673700000	大同煤矿集团有限责任公司	1012200000	60.48	上海
792690000	CHIN CHAMP ENTERPRISE CO., LTD.	484583056	61.13	上海
2562793200	广西柳州钢铁(集团)公司	2114433135	82.51	上海
4436022580	重庆钢铁(集团)有限责任公司	2796981600	63.05	上海
14866791491	太原铁路局	9172093536	61.70	上海
300000000	南京金陵饭店集团有限公司	133207497	44.40	上海
811635101	连云港港口集团有限公司	382922718	47.18	上海
2968933194	法国巴黎银行	376520789	12.68	上海

附录1-5 续表 46

序号	公司全称	股票代码	股票简称	行业分类
2347	文峰大世界连锁发展股份有限公司	601010	文峰股份	批发和零售业
2348	七台河宝泰隆煤化工股份有限公司	601011	宝泰隆	制造业
2349	西安隆基硅材料股份有限公司	601012	隆基股份	制造业
2350	宁波港股份有限公司	601018	宁波港	交通运输、仓储和邮政业
2351	江苏玉龙钢管股份有限公司	601028	玉龙股份	制造业
2352	第一拖拉机股份有限公司	601038	一拖股份	制造业
2353	赛轮股份有限公司	601058	赛轮股份	制造业
2354	中国神华能源股份有限公司	601088	中国神华	采矿业
2355	中南出版传媒集团股份有限公司	601098	中南传媒	文化、体育和娱乐业
2356	太平洋证券股份有限公司	601099	太平洋	金融业
2357	江苏恒立高压油缸股份有限公司	601100	恒立油缸	制造业
2358	北京昊华能源股份有限公司	601101	昊华能源	采矿业
2359	中国第一重型机械股份公司	601106	中国一重	制造业
2360	四川成渝高速公路股份有限公司	601107	四川成渝	交通运输、仓储和邮政业
2361	中国国际航空股份有限公司	601111	中国国航	交通运输、仓储和邮政业
2362	义乌华鼎锦纶股份有限公司	601113	华鼎股份	制造业
2363	三江购物俱乐部股份有限公司	601116	三江购物	批发和零售业
2364	中国化学工程股份有限公司	601117	中国化学	建筑业
2365	海南天然橡胶产业集团股份有限公司	601118	海南橡胶	农、林、牧、渔业
2366	北京四方继保自动化股份有限公司	601126	四方股份	制造业
2367	宁波博威合金材料股份有限公司	601137	博威合金	制造业
2368	深圳市燃气集团股份有限公司	601139	深圳燃气	电力、热力、燃气及水生产和供应业
2369	重庆水务集团股份有限公司	601158	重庆水务	电力、热力、燃气及水生产和供应业
2370	兴业银行股份有限公司	601166	兴业银行	金融业
2371	西部矿业股份有限公司	601168	西部矿业	采矿业
2372	北京银行股份有限公司	601169	北京银行	金融业
2373	杭州前进齿轮箱集团股份有限公司	601177	杭齿前进	制造业
2374	中国西电电气股份有限公司	601179	中国西电	制造业
2375	中国铁建股份有限公司	601186	中国铁建	建筑业
2376	黑龙江交通发展股份有限公司	601188	龙江交通	交通运输、仓储和邮政业
2377	江苏江南水务股份有限公司	601199	江南水务	电力、热力、燃气及水生产和供应业
2378	四川东材科技集团股份有限公司	601208	东材科技	制造业
2379	内蒙古君正能源化工股份有限公司	601216	内蒙君正	制造业
2380	江苏吉鑫风能科技股份有限公司	601218	吉鑫科技	制造业
2381	江苏林洋电子股份有限公司	601222	林洋电子	制造业
2382	环旭电子股份有限公司	601231	环旭电子	制造业
2383	桐昆集团股份有限公司	601233	桐昆股份	制造业
2384	广州汽车集团股份有限公司	601238	广汽集团	制造业
2385	庞大汽贸集团股份有限公司	601258	庞大集团	批发和零售业
2386	二重集团(德阳)重型装备股份有限公司	601268	*ST二重	制造业
2387	中国农业银行股份有限公司	601288	农业银行	金融业
2388	中国北车股份有限公司	601299	中国北车	制造业
2389	骆驼集团股份有限公司	601311	骆驼股份	制造业
2390	江南嘉捷电梯股份有限公司	601313	江南嘉捷	制造业
2391	中国平安保险(集团)股份有限公司	601318	中国平安	金融业
2392	交通银行股份有限公司	601328	交通银行	金融业
2393	广深铁路股份有限公司	601333	广深铁路	交通运输、仓储和邮政业
2394	新华人寿保险股份有限公司	601336	新华保险	金融业
2395	百隆东方股份有限公司	601339	百隆东方	制造业
2396	西安陕鼓动力股份有限公司	601369	陕鼓动力	制造业
2397	兴业证券股份有限公司	601377	兴业证券	金融业

continued

股本总数(股)	第一大股东名称	第一大股东持股数量(股)	所占比重(%)	上市地点
739200000	江苏文峰集团有限公司	489144771	66.17	上海
387000000	黑龙江宝泰隆煤化工集团有限公司	185587095	47.96	上海
538524000	李春安	97166520	18.04	上海
12800000000	宁波港集团有限公司	9658635829	75.46	上海
320120000	唐志毅	86000000	26.86	上海
995900000	中国一拖集团有限公司	443910000	44.57	上海
378000000	杜玉岱	33160262	7.45	上海
19889620455	神华集团有限责任公司	14521846560	73.01	上海
1796000000	湖南出版投资控股集团有限公司	1103789306	61.46	上海
1653644684	北京华信六合投资有限公司	180050011	10.89	上海
630000000	常州恒屹实业投资有限公司	264600000	42.00	上海
1199998272	北京京煤集团有限责任公司	747564711	62.30	上海
6538000000	中国第一重型机械集团公司	4060780961	62.11	上海
3058060000	四川省交通投资集团有限责任公司	975060078	31.88	上海
13084751004	中国航空集团公司	5427546093	41.48	上海
640000000	三鼎控股集团有限公司	336000000	52.50	上海
410758800	上海和安投资管理有限公司	252000000	61.35	上海
4933000000	中国化学工程集团公司	3290564000	66.71	上海
3931171600	海南省农垦集团有限公司	2869012024	72.98	上海
406595000	四方电气(集团)股份有限公司	248102546	61.02	上海
215000000	博威集团有限公司	106357478	49.47	上海
1980450000	深圳市人民政府国有资产监督管理委员会	1010029500	51.00	上海
4800000000	重庆市水务资产经营有限公司	3605000000	75.10	上海
19052336751	福建省财政厅	3402173769	17.86	上海
2383000000	西部矿业集团有限公司	672300000	28.21	上海
8800159539	ING BANK N.V.	1200581777	13.64	上海
400060000	杭州市萧山区国有资产经营总公司	180056250	45.01	上海
5125882352	中国西电集团公司	2619337567	51.10	上海
12337541500	中国铁道建筑总公司	7566245500	61.33	上海
1315878571	黑龙江省高速公路集团公司	699482178	53.16	上海
233800000	江阴市城乡给排水有限公司	81740995	34.96	上海
615760000	广州高金技术产业集团有限公司	232437600	37.75	上海
1280000000	杜江涛	468000000	36.56	上海
991760000	包士金	444884588	44.86	上海
355180000	启东市华虹电子有限公司	204000000	57.42	上海
1011723801	环诚科技有限公司	895874563	88.55	上海
963600000	浙江桐昆控股集团有限公司	362485010	37.62	上海
6435020097	广州汽车工业集团有限公司	3705129384	57.58	上海
2621500000	庞庆华	681450000	25.99	上海
2293449524	中国第二重型机械集团公司	1639089524	71.47	上海
324794117000	中央汇金投资有限责任公司	130831990282	40.28	上海
10320056303	中国北方机车车辆工业集团公司	6354547154	61.57	上海
851833750	刘国本	240541028	28.24	上海
416340000	金志峰	81910872	19.67	上海
7916142092	深圳市投资控股有限公司	481359551	6.08	上海
74262726645	中华人民共和国财政部	19702693828	26.53	上海
7083537000	广州铁路(集团)公司	2629451300	37.12	上海
3119546600	HKSCC Nominees Limited(香港中央结算(代理人)有限公司)	998079314	31.99	上海
750000000	新国投资发展有限公司	241799814	32.24	上海
1638770233	陕西鼓风机(集团)有限公司	1009049575	61.57	上海
2600000000	福建省财政厅	521957590	20.08	上海

附录1-5 续表 47

序号	公司全称	股票代码	股票简称	行业分类
2398	怡球金属资源再生(中国)股份有限公司	601388	怡球资源	制造业
2399	中国中铁股份有限公司	601390	中国中铁	建筑业
2400	中国工商银行股份有限公司	601398	工商银行	金融业
2401	汕头东风印刷股份有限公司	601515	东风股份	制造业
2402	吉林高速公路股份有限公司	601518	吉林高速	交通运输、仓储和邮政业
2403	上海大智慧股份有限公司	601519	大智慧	信息传输、软件和信息技术服务业
2404	东吴证券股份有限公司	601555	东吴证券	金融业
2405	华锐风电科技(集团)股份有限公司	601558	华锐风电	制造业
2406	九牧王股份有限公司	601566	九牧王	制造业
2407	宁波三星电气股份有限公司	601567	三星电气	制造业
2408	北京北辰实业股份有限公司	601588	北辰实业	房地产业
2409	江苏鹿港科技股份有限公司	601599	鹿港科技	制造业
2410	中国铝业股份有限公司	601600	中国铝业	制造业
2411	中国太平洋保险(集团)股份有限公司	601601	中国太保	金融业
2412	上海医药集团股份有限公司	601607	上海医药	批发和零售业
2413	中信重工机械股份有限公司	601608	中信重工	制造业
2414	上海广电电气(集团)股份有限公司	601616	广电电气	制造业
2415	中国冶金科工股份有限公司	601618	中国中冶	建筑业
2416	中国人寿保险股份有限公司	601628	中国人寿	金融业
2417	长城汽车股份有限公司	601633	长城汽车	制造业
2418	株洲旗滨集团股份有限公司	601636	旗滨集团	制造业
2419	平顶山天安煤业股份有限公司	601666	平煤股份	采矿业
2420	中国建筑股份有限公司	601668	中国建筑	建筑业
2421	中国电力建设股份有限公司	601669	中国电建	建筑业
2422	河南明泰铝业股份有限公司	601677	明泰铝业	制造业
2423	滨化集团股份有限公司	601678	滨化股份	制造业
2424	华泰证券股份有限公司	601688	华泰证券	金融业
2425	山西潞安环保能源开发股份有限公司	601699	潞安环能	采矿业
2426	常熟风范电力设备股份有限公司	601700	风范股份	制造业
2427	郑州煤矿机械集团股份有限公司	601717	郑煤机	制造业
2428	际华集团股份有限公司	601718	际华集团	制造业
2429	上海电气集团股份有限公司	601727	上海电气	制造业
2430	中国南车股份有限公司	601766	中国南车	制造业
2431	力帆实业(集团)股份有限公司	601777	力帆股份	制造业
2432	光大证券股份有限公司	601788	光大证券	金融业
2433	宁波建工股份有限公司	601789	宁波建工	建筑业
2434	甘肃蓝科石化高新装备股份有限公司	601798	蓝科高新	制造业
2435	常州星宇车灯股份有限公司	601799	星宇股份	制造业
2436	中国交通建设股份有限公司	601800	中国交建	建筑业
2437	安徽新华传媒股份有限公司	601801	皖新传媒	文化、体育和娱乐业
2438	中海油田服务股份有限公司	601808	中海油服	采矿业
2439	中国光大银行股份有限公司	601818	光大银行	金融业
2440	中国石油天然气股份有限公司	601857	中国石油	采矿业
2441	中海集装箱运输股份有限公司	601866	中海集运	交通运输、仓储和邮政业
2442	招商局能源运输股份有限公司	601872	招商轮船	交通运输、仓储和邮政业
2443	浙江正泰电器股份有限公司	601877	正泰电器	制造业
2444	大连港股份有限公司	601880	大连港	交通运输、仓储和邮政业
2445	江河创建集团股份有限公司	601886	江河创建	建筑业
2446	中国国旅股份有限公司	601888	中国国旅	租赁和商务服务业
2447	江苏亚星锚链股份有限公司	601890	亚星锚链	制造业
2448	中国中煤能源股份有限公司	601898	中煤能源	采矿业

continued

股本总数(股)	第一大股东名称	第一大股东持股数量(股)	所占比重(%)	上市地点
410000000	怡球(香港)有限公司	219600000	53.56	上海
21299900000	中国铁路工程总公司	11950010000	56.10	上海
351388672946	中央汇金投资有限责任公司	124155852951	35.33	上海
556000000	香港东风投资有限公司	302450000	54.40	上海
1213200000	吉林省高速公路集团有限公司	596803607	49.19	上海
1807000000	张长虹	1004356961	55.58	上海
2000000000	苏州国际发展集团有限公司	604407433	30.22	上海
4020400000	大连重工·起重集团有限公司	677960000	16.86	上海
578462300	九牧王国际投资控股有限公司	337500000	58.32	上海
400500000	奥克斯集团有限公司	180000000	44.94	上海
3367020000	北京北辰实业集团有限责任公司	1161000031	34.48	上海
318000000	钱文龙	72461861	22.79	上海
13524487892	中国铝业公司	5214407195	38.56	上海
9062000000	香港中央结算(代理人)有限公司	2770707056	30.58	上海
2688910538	HKSCC NOMINEES LIMITED	748259820	27.83	上海
2740000000	中国中信股份有限公司	1749934098	63.87	上海
932580000	上海旻杰投资管理有限公司	260253000	27.91	上海
19110000000	中国冶金科工集团有限公司	12265108500	64.18	上海
28264705000	中国人寿保险(集团)公司	19323530000	68.37	上海
3042423000	保定创新长城资产管理有限公司	1705000000	56.04	上海
694256700	福建旗滨集团有限公司	336500000	48.47	上海
2361164982	中国平煤神马能源化工集团有限责任公司	1325026750	56.12	上海
30000000000	中国建筑工程总公司	16672500025	55.58	上海
9600000000	中国水利水电建设集团公司	6409800192	66.77	上海
401000000	马廷义	105916800	26.41	上海
660000000	张忠正	69300000	10.50	上海
5600000000	江苏省国信资产管理集团有限公司	1367687495	24.42	上海
2301084000	山西潞安矿业(集团)有限责任公司	1441993947	62.67	上海
453360000	范建刚	132516000	29.23	上海
1621122000	河南省人民政府国有资产监督管理委员会	521087800	32.14	上海
3857000000	新兴际华集团有限公司	2558457000	66.33	上海
12823626660	上海电气(集团)总公司	7409597802	57.78	上海
13803000000	中国南车集团公司	7796321142	56.48	上海
1010388087	重庆力帆控股有限公司	619442656	61.31	上海
3418000000	中国光大(集团)总公司	1159456183	33.92	上海
488040000	浙江广天日月集团股份有限公司	190528000	39.04	上海
320000000	中国机械工业集团有限公司	184842105	57.76	上海
239689600	周晓萍	103868620	43.33	上海
16174735425	中国交通建设集团有限公司	10324907306	63.83	上海
910000000	安徽新华发行(集团)控股有限公司	689183654	75.73	上海
4495320000	中国海洋石油总公司	2410468000	53.62	上海
46276790000	中央汇金投资有限责任公司	19277220283	41.66	上海
183020977818	中国石油集团	158033693528	86.35	上海
11683125000	中国海运(集团)总公司	5361837500	45.89	上海
4720921809	招商局轮船股份有限公司	1932481959	40.93	上海
1008018000	正泰集团股份有限公司	657000000	65.18	上海
4426000000	大连港集团有限公司	2408745000	54.42	上海
1120000000	北京江河源控股有限公司	315645200	28.18	上海
976237772	中国国旅集团有限公司	539846100	55.30	上海
468000000	陶安祥	129655471	27.70	上海
13258663400	中国中煤能源集团有限公司	7605207608	57.36	上海

附录1-5 续表 48

序号	公司全称	股票代码	股票简称	行业分类
2449	紫金矿业集团股份有限公司	601899	紫金矿业	采矿业
2450	方正证券股份有限公司	601901	方正证券	金融业
2451	北京京运通科技股份有限公司	601908	京运通	制造业
2452	国投新集能源股份有限公司	601918	国投新集	采矿业
2453	中国远洋控股股份有限公司	601919	*ST远洋	交通运输、仓储和邮政业
2454	江苏凤凰出版传媒股份有限公司	601928	凤凰传媒	文化、体育和娱乐业
2455	吉视传媒股份有限公司	601929	吉视传媒	信息传输、软件和信息技术服务业
2456	永辉超市股份有限公司	601933	永辉超市	批发和零售业
2457	中国建设银行股份有限公司	601939	建设银行	金融业
2458	金堆城钼业股份有限公司	601958	金钼股份	采矿业
2459	中国汽车工程研究院股份有限公司	601965	中国汽研	制造业
2460	中国银行股份有限公司	601988	中国银行	金融业
2461	中国船舶重工股份有限公司	601989	中国重工	制造业
2462	大唐国际发电股份有限公司	601991	大唐发电	电力、热力、燃气及水生产和供应业
2463	北京金隅股份有限公司	601992	金隅股份	制造业
2464	广西丰林木业集团股份有限公司	601996	丰林集团	制造业
2465	中信银行股份有限公司	601998	中信银行	金融业
2466	北方联合出版传媒(集团)股份有限公司	601999	出版传媒	文化、体育和娱乐业
2467	人民网股份有限公司	603000	人民网	信息传输、软件和信息技术服务业
2468	浙江奥康鞋业股份有限公司	603001	奥康国际	制造业
2469	宏昌电子材料股份有限公司	603002	宏昌电子	制造业
2470	上海龙宇燃油股份有限公司	603003	龙宇燃油	批发和零售业
2471	喜临门家具股份有限公司	603008	喜临门	制造业
2472	四川和邦股份有限公司	603077	和邦股份	制造业
2473	北京翠微大厦股份有限公司	603123	翠微股份	批发和零售业
2474	港中旅华贸国际物流股份有限公司	603128	华贸物流	交通运输、仓储和邮政业
2475	渤海轮渡股份有限公司	603167	渤海轮渡	交通运输、仓储和邮政业
2476	四川明星电缆股份有限公司	603333	明星电缆	制造业
2477	日出东方太阳能股份有限公司	603366	日出东方	制造业
2478	锦州新华龙钼业股份有限公司	603399	新华龙	制造业
2479	隆鑫通用动力股份有限公司	603766	隆鑫通用	制造业
2480	洛阳栾川钼业集团股份有限公司	603993	洛阳钼业	采矿业
2481	上海锦江国际旅游股份有限公司	900929	锦旅B股	租赁和商务服务业
2482	上海阳晨投资股份有限公司	900935	阳晨B股	电力、热力、燃气及水生产和供应业
2483	上海汇丽建材股份有限公司	900939	汇丽B	建筑业
2484	内蒙古伊泰煤炭股份有限公司	900948	伊泰B股	电力、热力、燃气及水生产和供应业
2485	江苏新城地产股份有限公司	900950	新城B股	房地产业
2486	大化集团大连化工股份有限公司	900951	大化B股	制造业
2487	恒天凯马股份有限公司	900953	凯马B	制造业
2488	黄石东贝电器股份有限公司	900956	东贝B股	制造业
2489	上海凌云实业发展股份有限公司	900957	凌云B股	房地产业

continued

股本总数(股)	第一大股东名称	第一大股东持股数量(股)	所占比重(%)	上市地点
21700157650	闽西兴杭国有资产投资经营有限公司	6316353180	29.11	上海
6100000000	北大方正集团有限公司	2514609852	41.22	上海
859770272	北京京运通达投资有限公司	574011904	66.76	上海
2590541800	国家开发投资公司	1097258295	42.36	上海
10216274357	中国远洋运输(集团)总公司	5313082844	52.01	上海
2544900000	江苏凤凰出版传媒集团有限公司	1835000000	72.10	上海
1467888229	吉林电视台	586601932	39.96	上海
1627217820	张轩松	401657294	24.68	上海
250010977486	中央汇金投资有限责任公司	142590494651	57.03	上海
3226604400	金堆城钼业集团有限公司	2390743200	74.09	上海
640786578	中国通用技术(集团)控股有限责任公司	408107248	63.69	上海
279364552437	中央汇金投资有限责任公司	189179033607	67.72	上海
15464567599	中国船舶重工集团公司	8029035174	52.91	上海
13310037578	中国大唐集团公司	4138977414	31.10	上海
4283737060	北京金隅集团有限责任公司	1844852426	43.07	上海
468912000	FENGLIN INTERNATIONAL LIMITED(丰林国际有限公司)	252918000	53.94	上海
46787327034	中国中信股份有限公司	31325081973	66.95	上海
550914700	辽宁出版集团有限公司	374545180	67.99	上海
276422764	人民日报社	133885016	48.43	上海
400980000	奥康投资有限公司	204231000	50.93	上海
400000000	EPOXY BASE INVESTMENT HOLDING LTD.	210000000	52.50	上海
202000000	上海龙宇控股有限公司	116014070	57.43	上海
315000000	绍兴华易投资有限公司	112500000	35.71	上海
450000000	四川和邦投资集团有限公司	268740000	59.72	上海
308000000	北京翠微集团	169576900	55.06	上海
400000000	港中旅华贸国际货运有限公司	234000000	58.50	上海
481400000	辽宁省大连海洋渔业集团公司	176665079	36.70	上海
520005000	李广元	325500000	62.60	上海
400000000	太阳雨控股集团有限公司	231000300	57.75	上海
253360000	郭光华	76370000	30.14	上海
800000000	隆鑫控股有限公司	407376000	50.92	上海
5076170525	洛阳矿业集团有限公司	1776593475	35.00	上海
132556270	上海锦江国际酒店(集团)股份有限公司	66556270	50.21	上海
244596000	上海市城市建设投资开发总公司	138996000	56.83	上海
181500000	上海汇丽集团有限公司	59249300	32.64	上海
3254007000	内蒙古伊泰集团有限公司	1600000000	49.17	上海
1593187200	新城控股集团有限公司	937728000	58.86	上海
275000000	大化集团有限责任公司	175000000	63.64	上海
640000000	中国恒天集团有限公司	190926520	29.83	上海
235000000	黄石东贝机电集团有限责任公司	117600000	50.04	上海
349000000	广州嘉业投资集团有限公司	103370000	29.62	上海

附录1-6　历年退市公司名录

序号	退市公司全称	股票代码	股票简称	退市日期	退市时股　价	退市时每股净资产	退市原因
1	海南民源现代农业发展股份有限公司	000508	琼民源A	1999/07/12	23.50	4.03	证券置换
2	上海水仙电器股份有限公司	600625	PT水仙	2001/04/23	4.80	-0.25	连续三年亏损
3	广东金曼集团股份有限公司	000588	PT粤金曼	2001/06/15	4.37	-	连续三年亏损
4	深圳中浩(集团)股份有限公司	000015	PT中浩A	2001/10/22	6.85	-6.50	连续三年亏损
5	南洋航运集团股份有限公司	000556	PT南洋	2002/05/29	1.50	0.73	连续三年亏损
6	金田实业(集团)股份有限公司	000003	PT金田A	2002/06/14	2.71	-2.99	连续三年亏损
7	四川银山化工(集团)股份有限公司	000675	ST银山	2002/08/20	7.94	-1.54	连续三年亏损
8	汕头宏业(集团)股份有限公司	000689	ST宏业	2002/09/05	4.88	-4.15	连续三年亏损
9	福建九州集团股份有限公司	000653	ST九州	2002/09/13	2.51	-4.45	连续三年亏损
10	鞍山第一工程机械股份有限公司	600813	ST鞍一工	2002/09/16	3.83	-3.50	连续三年亏损
11	厦门海洋实业(集团)股份有限公司	000658	ST海洋	2002/09/20	4.24	-3.22	连续三年亏损
12	湖北江湖生态农业股份有限公司	600709	ST生态	2003/05/23	3.02	-0.23	连续三年亏损
13	深圳市中侨发展股份有限公司	000047	ST中侨	2003/05/30	8.03	-	连续三年亏损
14	长春北方五环实业股份有限公司	000412	ST五环	2003/09/19	2.89	-0.16	连续三年亏损
15	上海国嘉实业股份有限公司	600646	ST国嘉	2003/09/22	5.82	-2.74	连续三年亏损
16	TCL通讯设备股份有限公司	000542	TCL通讯	2004/01/13	27.34	3.29	吸收合并
17	珠海鑫光集团股份有限公司	000405	ST鑫光	2004/03/19	2.86	-0.31	连续三年亏损
18	广州汇集实业股份有限公司	000660	*ST南华	2004/09/13	2.38	-5.32	连续三年亏损
19	大连北大科技(集团)股份有限公司	600878	*ST北科	2004/09/15	2.64	-1.78	连续三年亏损
20	鞍山合成(集团)股份有限公司	600669	*ST鞍成	2004/09/15	2.19	-2.20	连续三年亏损
21	深圳石化工业集团股份有限公司	000013	*ST石化A	2004/09/20	2.47	-8.80	连续三年亏损
22	长春高斯达生物科技集团股份有限公司	600670	*ST斯达	2004/09/24	2.87	-0.88	连续三年亏损
23	沈阳特种环保设备制造股份有限公司	000730	*ST环保	2004/09/24	2.60	0.10	连续三年亏损
24	比特科技控股股份有限公司	000621	*ST比特	2004/09/27	2.66	-1.42	连续三年亏损
25	上海华联商厦股份有限公司	600632	华联商厦	2004/11/18	9.53	4.00	吸收合并
26	西安达尔曼实业股份有限公司	600788	*ST达曼	2005/03/25	0.91	-3.07	连续三年亏损
27	武汉华信高新技术股份有限公司	000765	*ST华信	2005/07/04	2.36	-1.15	连续三年亏损
28	广东华圣科技投资股份有限公司	600672	*ST华圣	2005/08/05	0.70	-1.09	连续三年亏损
29	中国四川国际合作股份有限公司	600852	*ST中川	2005/09/16	0.72	-3.18	连续三年亏损
30	陕西煤航数码测绘(集团)股份有限公司	600700	*ST数码	2005/09/20	0.64	-1.76	连续三年亏损
31	浙江信联股份有限公司	000827	*ST长兴	2005/09/21	1.16	0.19	连续三年亏损
32	沈阳菲菲澳家现代农业股份有限公司	600899	*ST信联	2005/09/21	1.13	-1.14	连续三年亏损
33	深圳大洋海运股份有限公司	000535	*ST猴王	2005/09/21	0.50	-2.23	连续三年亏损
34	猴王股份有限公司	200057	*ST大洋B	2005/09/21	0.27	-1.21	连续三年亏损
35	大连长兴实业股份有限公司	000769	*ST大菲	2005/09/21	0.90	0.29	连续三年亏损
36	哈慈股份有限公司	600752	*ST哈慈	2005/09/22	0.84	0.27	连续三年亏损
37	辽河金马油田股份有限公司	000817	辽河油田	2006/01/04	8.75	2.95	私有化
38	锦州石化股份有限公司	000763	锦州石化	2006/01/04	4.22	1.01	私有化
39	黑龙江省科利华网络股份有限公司	600799	*ST龙科	2006/01/04	0.54	-1.20	连续三年亏损
40	吉林化学工业股份有限公司	000618	吉林化工	2006/02/20	5.24	1.60	私有化
41	福建闽越花雕股份有限公司	600659	*ST花雕	2006/03/23	1.41	0.88	暂停上市后未披露定期报告

附录1-6 续表 continued

序号	退市公司全称	股票代码	股票简称	退市日期	退市时股价	退市时每股净资产	退市原因
42	中国石化中原油气高新股份有限公司	000956	中原油气	2006/04/21	11.91	6.25	私有化
43	中国石化扬子石油化工股份有限公司	000866	扬子石化	2006/04/21	13.84	6.13	私有化
44	中国石化胜利油田大明(集团)股份有限公司	000406	石油大明	2006/04/21	10.12	5.20	私有化
45	中国石化齐鲁股份有限公司	600002	齐鲁石化	2006/04/24	10.09	3.92	私有化
46	黑龙江龙涤股份有限公司	000832	*ST龙涤	2006/06/29	1.45	-1.86	连续三年亏损
47	上海港集装箱股份有限公司	T00018	上港集箱	2006/10/20	16.37	4.06	吸收合并
48	中油龙昌股份有限公司	600772	S*ST龙昌	2006/11/30	1.30	1.82	暂停上市后未披露定期报告
49	陕西精密合金股份有限公司	600092	S*ST精密	2006/11/30	0.96	-	暂停上市后未披露定期报告
50	佳木斯金地造纸股份有限公司	000699	S*ST佳纸	2007/04/04	0.81	-3.14	连续三年亏损
51	湘火炬汽车集团股份有限公司	000549	S湘火炬	2007/04/27	8.90	2.17	吸收合并
52	山东铝业股份有限公司	600205	S山东铝	2007/04/30	25.41	6.03	吸收合并
53	兰州铝业股份有限公司	600296	S兰铝	2007/04/30	14.61	5.85	吸收合并
54	四川托普软件投资股份有限公司	000583	S*ST托普	2007/05/21	0.76	-6.08	连续三年亏损
55	湖南国光瓷业集团股份有限公司	600286	S*ST国瓷	2007/05/31	0.67	-4.20	连续三年亏损
56	云大科技股份有限公司	600181	*ST云大	2007/06/01	1.02	-0.67	连续四年亏损
57	衡阳市金荔科技农业股份有限公司	600762	S*ST金荔	2007/11/20	0.77	-3.43	连续三年亏损
58	大庆联谊石化股份有限公司	600065	*ST联谊	2007/12/13	1.70	0.61	连续三年亏损
59	包头铝业股份有限公司	600472	包头铝业	2007/12/26	51.82	4.97	吸收合并
60	东方锅炉(集团)股份有限公司	600786	东方锅炉	2008/03/18	82.20	6.44	私有化
61	上海输配电股份有限公司	600627	上电股份	2008/11/26	28.73	5.40	吸收合并
62	攀钢集团重庆钛业股份有限公司	000569	长城股份	2009/05/06	7.05	0.05	吸收合并
63	攀钢集团四川长城特殊钢股份有限公司	000515	攀渝钛业	2009/05/06	15.29	1.34	吸收合并
64	浙江新湖创业投资股份有限公司	600840	新湖创业	2009/08/27	23.80	2.80	吸收合并
65	深圳本鲁克斯实业股份有限公司	200041	*ST本实B	2009/12/04	1.16	-6.45	暂停上市后未披露定期报告
66	邯郸钢铁股份有限公司	600001	邯郸钢铁	2009/12/29	5.29	4.41	吸收合并
67	承德新新钒钛股份有限公司	600357	承德钒钛	2009/12/29	7.40	3.55	吸收合并
68	上海航空股份有限公司	600591	*ST上航	2010/01/25	7.27	0.84	吸收合并
69	上海中西药业股份有限公司	600842	中西药业	2010/02/12	13.96	1.71	吸收合并
70	上海实业医药投资股份有限公司	600607	上实医药	2010/02/12	23.52	6.28	吸收合并
71	东北高速公路股份有限公司	600003	ST东北高	2010/02/26	3.87	3.11	证券置换
72	河北太行水泥股份有限公司	600553	太行水泥	2011/02/18	14.98	2.49	吸收合并
73	青海盐湖工业集团股份有限公司	000578	盐湖集团	2011/03/22	24.44	2.92	吸收合并
74	上海百联集团股份有限公司	600631	百联股份	2011/08/23	15.68	6.11	吸收合并
75	莱芜钢铁股份有限公司	600102	莱钢股份	2012/02/28	7.13	6.70	吸收合并
76	路桥集团国际建设股份有限公司	600263	路桥建设	2012/03/01	16.43	5.27	吸收合并
77	广汽长丰汽车股份有限公司	600991	广汽长丰	2012/03/20	17.82	4.47	吸收合并
78	中国国际海运集装箱(集团)股份有限公司	200039	中集B	2012/12/14	9.70	7.16	转板上市
79	创智信息科技股份有限公司	000787	*ST创智	2013/02/08	4.68	0.04	连续三年亏损
80	江苏炎黄在线物流股份有限公司	000805	*ST炎黄	2013/03/27	1.88	0.24	连续三年亏损
81	广州白云山制药股份有限公司	000522	白云山A	2013/04/26	23.27	3.55	吸收合并
82	河南天方药业股份有限公司	600253	天方药业	2013/07/15	6.26	2.12	吸收合并
83	广东金马旅游集团股份有限公司	000602	金马集团	2013/08/14	13.41	3.60	私有化
84	广东美的电器股份有限公司	000527	美的电器	2013/09/18	14.02	6.67	吸收合并
85	浙江东南发电股份有限公司	900949	东电B股	2013/11/07	0.83	5.15	吸收合并
86	丽珠医药集团股份有限公司	200513	丽珠B	2014/01/10	37.92	11.31	转板上市

附录1-7 历年非上市公众公司名录

序号	非上市公众公司全称	证券代码	证券简称	挂牌时间	股本总数(股)
1	中科软科技股份有限公司	430002	中科软	2006/01/23	212000000
2	北京时代科技股份有限公司	430003	北京时代	2006/03/31	60424822
3	北京绿创环保设备股份有限公司	430004	绿创设备	2006/06/07	86939900
4	原子高科股份有限公司	430005	原子高科	2006/07/28	66280000
5	北京华环电子股份有限公司	430009	华环电子	2006/11/28	52429485
6	现代农装科技股份有限公司	430010	现代农装	2006/12/08	80000000
7	北京指南针科技发展股份有限公司	430011	指南针	2007/01/23	73130000
8	北京中农立民羊业科技股份有限公司	430013	ST羊业	2007/03/21	77200000
9	北京恒业世纪科技股份有限公司	430014	恒业世纪	2007/06/15	50146376
10	北京盖特佳信息科技股份有限公司	430015	盖特佳	2007/06/18	40759227
11	北京胜龙科技股份有限公司	430016	胜龙科技	2007/07/26	24200000
12	北京星昊医药股份有限公司	430017	星昊医药	2007/08/16	77277200
13	北京合纵科技股份有限公司	430018	合纵科技	2007/09/19	82180000
14	北京新松佳和电子系统股份有限公司	430019	新松佳和	2007/09/28	25000000
15	北京建工华创科技发展股份有限公司	430020	建工华创	2007/09/28	36000000
16	北京海鑫科金高科技股份有限公司	430021	海鑫科金	2007/09/28	158382000
17	北京五岳鑫信息技术股份有限公司	430022	五岳鑫	2007/10/18	49200000
18	北京金和软件股份有限公司	430024	金和软件	2007/12/27	22572000
19	北京石晶光电科技股份有限公司	430025	石晶光电	2008/01/16	56508000
20	北京金豪制药股份有限公司	430026	金豪制药	2008/02/18	42000000
21	北京北科光大信息技术股份有限公司	430027	北科光大	2008/02/18	44070965
22	北京京鹏环球科技股份有限公司	430028	京鹏科技	2008/04/30	59000000
23	北京金泰得生物科技股份有限公司	430029	金泰得	2008/06/20	34300000
24	北京安控科技股份有限公司	430030	安控科技	2008/08/20	43660000
25	北京林克曼数控技术股份有限公司	430031	林克曼	2008/09/01	20000000
26	北京凯英信业科技股份有限公司	430032	凯英信业	2008/10/28	39880000
27	北京彩讯科技股份有限公司	430033	彩讯科技	2008/10/28	38179200
28	北京九州大地生物技术集团股份有限公司	430034	大地股份	2008/10/28	50000000
29	北京中兴通科技股份有限公司	430035	中兴通	2008/10/28	110000000
30	北京鼎普科技股份有限公司	430036	鼎普科技	2008/10/28	50056500
31	北京联飞翔科技股份有限公司	430037	联飞翔	2008/12/05	102000000
32	北京信维科技股份有限公司	430038	信维科技	2008/12/16	19660000
33	北京华高世纪科技股份有限公司	430039	华高世纪	2008/12/10	18800000
34	北京康斯特仪表科技股份有限公司	430040	康斯特	2008/12/26	30600000
35	北京中机联供非晶科技股份有限公司	430041	中机非晶	2008/12/25	38000000
36	北京市科瑞讯科技发展股份有限公司	430042	科瑞讯	2009/01/15	22330000
37	北京世纪东方国铁科技股份有限公司	430043	世纪东方	2009/01/19	61600000
38	北京东宝亿通科技股份有限公司	430044	东宝亿通	2009/01/12	28000000
39	北京圣博润高新技术股份有限公司	430046	圣博润	2009/02/18	10900000
40	北京诺思兰德生物技术股份有限公司	430047	诺思兰德	2009/02/18	43289600
41	北京建设数字科技股份有限公司	430048	建设数字	2009/02/18	33800000
42	北京双杰电气股份有限公司	430049	双杰电气	2009/02/18	86216000
43	北京博朗环境工程技术股份有限公司	430050	博朗环境	2009/02/18	48830000
44	北京九恒星科技股份有限公司	430051	九恒星	2009/02/18	54855000
45	北京斯福泰克科技股份有限公司	430052	斯福泰克	2009/03/19	12000000
46	北京国学时代文化传播股份有限公司	430053	国学时代	2009/03/31	13691700
47	北京超毅世纪网络技术股份有限公司	430054	超毅网络	2009/04/16	32630000
48	北京中电达通通信技术股份有限公司	430055	达通通信	2009/04/28	23011200
49	中航百慕新材料技术工程股份有限公司	430056	中航新材	2009/07/01	53300000
50	北京清畅电力技术股份有限公司	430057	清畅电力	2009/07/14	100470000
51	北京意诚信通智能卡股份有限公司	430058	意诚信通	2009/08/05	31200000

附录1-7 续表 1 continued

序号	非上市公众公司全称	证券代码	证券简称	挂牌时间	股本总数(股)
52	北京中海纪元数字技术发展股份有限公司	430059	中海纪元	2009/08/18	30700000
53	北京北方永邦科技股份有限公司	430060	永邦科技	2009/08/26	6000000
54	北京富机达能电气产品股份有限公司	430061	富机达能	2009/11/09	16500000
55	北京中科国信科技股份有限公司	430062	中科国信	2010/01/12	20430000
56	工控网(北京)信息技术股份有限公司	430063	工控网	2010/02/08	12015000
57	北京金山顶尖科技股份有限公司	430064	金山顶尖	2010/03/17	50000000
58	中海阳能源集团股份有限公司	430065	中海阳	2010/03/19	180000000
59	北京南北天地科技股份有限公司	430066	南北天地	2010/04/22	22000000
60	北京维信通科技股份有限公司	430067	维信通	2010/04/29	8900000
61	北京纬纶华业环保科技股份有限公司	430068	纬纶环保	2010/06/08	35000000
62	北京天助畅运医疗技术股份有限公司	430069	天助畅运	2010/06/23	19500000
63	北京赛亿科技股份有限公司	430070	赛亿科技	2010/07/21	20000000
64	北京首都在线科技股份有限公司	430071	首都在线	2010/08/02	25552940
65	北京亿创网安科技股份有限公司	430072	亿创科技	2010/08/31	20220000
66	北京兆信信息技术股份有限公司	430073	兆信股份	2010/09/10	29440000
67	北京德鑫泉物联网科技股份有限公司	430074	德鑫物联	2010/10/08	56236440
68	北京中讯四方科技股份有限公司	430075	中讯四方	2010/11/18	33000000
69	北京国基科技股份有限公司	430076	国基科技	2010/12/08	42925000
70	北京道隆华尔软件股份有限公司	430077	道隆软件	2010/12/29	19128700
71	北京君德同创农牧科技股份有限公司	430078	君德同创	2011/01/18	15468600
72	北京环拓科技股份有限公司	430079	环拓科技	2011/01/21	5000000
73	北京尚水信息技术股份有限公司	430080	尚水股份	2011/03/01	10981800
74	北京莱富特佰网络科技股份有限公司	430081	莱富特佰	2011/03/03	10000000
75	北京博雅英杰科技股份有限公司	430082	博雅英杰	2011/03/28	31320000
76	北京中科联众科技股份有限公司	430083	中科联众	2011/03/28	20400000
77	北京星和众工设备技术股份有限公司	430084	星和众工	2011/03/28	51000000
78	新锐英诚(北京)科技股份有限公司	430085	新锐英诚	2011/04/01	23800000
79	北京爱迪科森教育科技股份有限公司	430086	爱迪科森	2011/04/08	10000000
80	北京威力恒科技股份有限公司	430087	威力恒	2011/05/31	6800000
81	北京七维航测科技股份有限公司	430088	七维航测	2011/05/31	40725000
82	北京天一众合科技股份有限公司	430089	天一众合	2011/05/31	48000000
83	同辉佳视(北京)信息技术股份有限公司	430090	同辉佳视	2011/06/17	24578215
84	北京东方润泽生态科技股份有限公司	430091	东方生态	2011/06/23	25200000
85	北京易生创新科技股份有限公司	430092	易生创新	2011/06/21	10000000
86	北京掌上通网络技术股份有限公司	430093	掌上通	2011/07/08	33000000
87	北京确安科技股份有限公司	430094	确安科技	2011/07/28	30940000
88	北京航星网讯技术股份有限公司	430095	航星股份	2011/08/19	30000000
89	北京航天宏达光电技术股份有限公司	430096	航天宏达	2011/08/30	6500000
90	北京赛德丽科技股份有限公司	430097	赛德丽	2011/10/19	43758000
91	北京大津硅藻新材料股份有限公司	430098	大津股份	2011/11/02	33000000
92	北京理想固网科技股份有限公司	430099	理想固网	2011/11/08	10000000
93	北京九尊能源技术股份有限公司	430100	九尊能源	2011/12/02	10000000
94	北京泰诚信测控技术股份有限公司	430101	泰诚信	2011/12/02	15000000
95	北京科若思技术开发股份有限公司	430102	科若思	2011/12/27	19300000
96	北京天大清源通信科技股份有限公司	430103	天大清源	2012/01/18	22518648
97	北京全三维能源科技股份有限公司	430104	全三维	2012/01/18	31760000
98	北京合力思腾科技股份有限公司	430105	合力思腾	2012/02/03	33450000
99	北京爱特泰克技术股份公司	430106	爱特泰克	2012/02/10	10000000
100	北京朗铭海川科技股份有限公司	430107	朗铭科技	2012/03/09	6000000
101	北京精耕天下农业科技股份有限公司	430108	精耕天下	2012/03/12	24200000
102	北京中航讯科技股份有限公司	430109	中航讯	2012/03/16	17618000
103	百拓商旅(北京)网络科技股份有限公司	430110	百拓科技	2012/04/10	5000000

附录1-7 续表 2 continued

序号	非上市公众公司全称	证券代码	证券简称	挂牌时间	股本总数(股)
104	北京航峰科伟装备技术股份有限公司	430111	北京航峰	2012/04/10	14076350
105	北京弘祥隆生物技术股份有限公司	430112	弘祥隆	2012/03/28	6600000
106	中交远洲信息技术(北京)股份有限公司	430113	中交远洲	2012/04/18	5000000
107	北京永瀚星港生物科技股份有限公司	430114	永瀚星港	2012/04/10	7000000
108	北京世纪阿姆斯生物技术股份有限公司	430115	阿姆斯	2012/04/10	16260400
109	北京中矿华沃科技股份有限公司	430116	中矿华沃	2012/04/18	20000000
110	北京航天理想科技股份有限公司	430117	航天理想	2012/04/18	10000000
111	北京华欣远达软件股份有限公司	430118	华欣远达	2012/04/10	6300000
112	北京鸿仪四方辐射技术股份有限公司	430119	鸿仪四方	2012/04/18	30853600
113	北京金润方舟科技股份有限公司	430120	金润科技	2012/04/27	5194000
114	北京英福美信息科技股份有限公司	430121	英福美	2012/05/16	6100000
115	北京中控智联科技股份有限公司	430122	中控智联	2012/05/18	8000000
116	北京速原中天科技股份公司	430123	速原中天	2012/06/08	10800000
117	北京汉唐自远技术股份有限公司	430124	汉唐自远	2012/06/08	23000000
118	北京都市鼎点科技股份有限公司	430125	都市鼎点	2012/06/08	10000000
119	马氏兄弟科技(北京)股份有限公司	430126	马氏兄弟	2012/06/27	13000000
120	北京塞尔瑟斯仪表科技股份有限公司	430127	塞尔瑟斯	2012/06/21	15000000
121	北京广厦网络技术股份公司	430128	广厦网络	2012/07/05	15000000
122	北京极品无限科技发展股份有限公司	430129	极品无限	2012/06/28	10000000
123	北京卡联科技股份有限公司	430130	卡联科技	2012/07/12	30000000
124	北京伟利讯信息技术股份有限公司	430131	伟利讯	2012/07/18	20000000
125	北京国铁科林科技股份有限公司	430132	国铁科林	2012/07/18	14300000
126	北京赛孚制药股份有限公司	430133	赛孚制药	2012/08/01	26160000
127	北京中科可来博电子科技股份有限公司	430134	可来博	2012/09/10	8000000
128	北京三益能源环保发展股份有限公司	430135	三益能环	2012/09/05	15000000
129	北京安普能环保工程技术股份有限公司	430136	安普能	2012/09/07	10000000
130	北京金信润天信息技术股份有限公司	430137	润天股份	2012/09/21	50000000
131	武汉国电武仪电气股份有限公司	430138	国电武仪	2012/09/07	32000000
132	上海华岭集成电路技术股份有限公司	430139	华岭股份	2012/09/07	31000000
133	上海新眼光医疗器械股份有限公司	430140	新眼光	2012/09/07	12750000
134	天津久日化学股份有限公司	430141	久日化学	2012/09/07	55300000
135	天津锐新昌轻合金股份有限公司	430142	锐新昌	2012/09/07	75000000
136	湖北武大有机硅新材料股份有限公司	430143	武大科技	2012/09/07	100000000
137	北京煦联得节能科技股份有限公司	430144	煦联得	2012/09/07	32200000
138	北京智立医学技术股份有限公司	430145	智立医学	2012/09/17	11600000
139	亚泰都会(北京)城市规划建筑园林设计研究院股份有限公司	430146	亚泰都会	2012/09/21	25870000
140	中矿龙科能源科技(北京)股份有限公司	430147	中矿龙科	2012/09/21	42000000
141	北京科能腾达信息技术股份有限公司	430148	科能腾达	2012/09/28	7400000
142	湖北江汉石油仪器仪表股份有限公司	430149	江仪股份	2012/10/18	45279209
143	北京创和世纪通讯技术股份有限公司	430150	创和通讯	2012/10/12	36000000
144	天津亿鑫通科技股份有限公司	430151	亿鑫通	2012/10/12	30000000
145	北京思创银联科技股份有限公司	430152	思创银联	2012/10/18	43219400
146	北京中金网信科技股份有限公司	430153	中金网信	2012/10/18	5500000
147	武汉中科通达高新技术股份有限公司	430154	中科通达	2012/10/25	30000000
148	北京康辰亚奥技术股份有限公司	430155	康辰亚奥	2012/10/25	16000000
149	上海科曼车辆部件系统股份有限公司	430156	科曼股份	2012/10/26	30000000
150	腾龙电子技术(上海)股份有限公司	430157	腾龙电子	2012/10/29	15000000
151	北京北方科诚科技股份有限公司	430158	北方科诚	2012/11/08	5100040
152	天津创世生态景观建设股份有限公司	430159	创世生态	2012/11/09	50000000
153	天津三泰晟驰科技股份有限公司	430160	三泰晟驰	2012/11/07	12800000
154	武汉光谷信息技术股份有限公司	430161	光谷信息	2012/11/06	32000000
155	北京聚利科技股份有限公司	430162	聚利科技	2012/11/02	48000000

附录1-7 续表 3 continued

序号	非上市公众公司全称	证券代码	证券简称	挂牌时间	股本总数(股)
156	北京合创三众能源科技股份有限公司	430163	三众能源	2012/11/16	19000000
157	北京思倍驰科技股份有限公司	430164	思倍驰	2012/11/06	13500000
158	光宝联合(北京)科技股份有限公司	430165	光宝联合	2012/11/13	10000000
159	北京一正启源科技发展股份有限公司	430166	一正启源	2012/11/27	16390000
160	北京四利通控制技术股份有限公司	430167	四利通	2012/11/26	30000000
161	北京博维仕科技股份有限公司	430168	博维仕	2012/12/06	18125000
162	融智通科技(北京)股份有限公司	430169	融智通	2012/11/30	5500000
163	金易通科技(北京)股份有限公司	430170	金易通	2012/12/12	33341999
164	北京电信易通信息技术股份有限公司	430171	电信易通	2012/11/30	10000000
165	北京瑞达恩科技股份有限公司	430172	瑞达恩	2012/12/07	15500000
166	鼎讯互动(北京)科技股份有限公司	430173	鼎讯互动	2012/12/06	10000000
167	北京沃捷文化传媒股份有限公司	430174	沃捷传媒	2012/12/18	23318161
168	上海科新生物技术股份有限公司	430175	科新生物	2012/12/26	31000000
169	北京中教启星科技股份有限公司	430176	中教股份	2012/12/18	56470588
170	上海点客信息技术股份有限公司	430177	点点客	2012/12/18	15936000
171	上海白虹软件科技股份有限公司	430178	白虹软件	2012/12/25	5000000
172	上海宇昂水性新材料科技股份有限公司	430179	宇昂科技	2012/12/20	5900000
173	北京东方瑞威科技发展股份有限公司	430180	东方瑞威	2012/12/21	35000000
174	北京道从交通安全科技股份有限公司	430181	道从科技	2012/12/28	5000000
175	北京全网数商科技股份有限公司	430182	全网数商	2012/12/21	7800000
176	天津市天友建筑设计股份有限公司	430183	天友设计	2012/12/26	30000000
177	北方跃龙科技(北京)股份有限公司	430184	北方跃龙	2012/12/26	8080000
178	北京普瑞塞特物联科技股份有限公司	430185	普瑞物联	2012/12/28	7000000
179	北京国承瑞泰科技股份有限公司	430186	国承瑞泰	2012/12/20	10000000
180	北京全有时代科技股份有限公司	430187	全有时代	2012/12/31	5000000
181	北京奥贝克电子股份有限公司	430188	奥贝克	2012/12/25	18000000
182	北京七彩亮点环能技术股份有限公司	430189	七彩亮点	2012/12/24	5000000
183	北京新瑞理想软件股份有限公司	430190	新瑞理想	2012/12/21	10000000
184	北京波尔通信技术股份有限公司	430191	波尔通信	2012/12/26	13000000
185	北京东展科博科技股份有限公司	430192	东展科博	2012/12/26	14166667
186	北京紫新报通科技股份有限公司	430193	紫新科技	2012/12/26	5000000
187	北京锐风行艺术交流股份有限公司	430194	锐风行	2012/12/31	7413333
188	北京欧泰克能源环保工程技术股份有限公司	430195	欧泰克	2012/12/25	30000000
189	北京宣爱智能模拟技术股份有限公司	430196	宣爱智能	2012/12/26	30000000
190	津伦(天津)精密机械股份有限公司	430197	津伦股份	2012/12/26	13100000
191	武汉微创光电股份有限公司	430198	微创光电	2012/12/31	30139280
192	北京了望投资顾问股份有限公司	430199	北京了望	2012/12/31	6300000
193	武汉时代地智科技股份有限公司	430200	时代地智	2012/12/31	5000000
194	北京腾实信科技股份有限公司	430201	腾实信	2012/12/28	5000000
195	北京星河康帝思科技开发股份有限公司	430202	星河科技	2012/12/31	10000000
196	兴和鹏能源技术(北京)股份有限公司	430203	兴和鹏	2012/12/31	19017000
197	北京石竹科技股份有限公司	430204	石竹科技	2012/12/28	9000000
198	武汉亿房信息股份有限公司	430205	亿房信息	2012/12/31	5000000
199	武汉尚远环保股份有限公司	430206	尚远环保	2012/12/28	35370000
200	武汉威明德科技股份有限公司	430207	威明德	2012/12/28	12000000
201	北京优炫软件股份有限公司	430208	优炫软件	2013/01/29	36800000
202	北京康孚科技股份有限公司	430209	康孚科技	2013/01/22	31000000
203	天津舜能润滑科技股份有限公司	430210	舜能润滑	2013/01/24	81700000
204	北京丰电科技股份有限公司	430211	丰电科技	2013/01/30	27278000
205	北京六合伟业科技股份有限公司	430212	六合伟业	2013/01/31	32500000
206	北京乐升科技股份有限公司	430213	乐升股份	2013/05/17	40000000

附录1-7 续表 4 continued

序号	非上市公众公司全称	证券代码	证券简称	挂牌时间	股本总数(股)
207	上海建中医疗器械包装股份有限公司	430214	建中医疗	2013/05/17	24666000
208	北京必可测科技股份有限公司	430215	必可测	2013/05/16	31000000
209	上海风格信息技术股份有限公司	430216	风格信息	2013/05/17	10500000
210	上海申石软件科技股份有限公司	430217	申石软件	2013/05/17	5000000
211	长虹立川(天津)科技股份有限公司	430218	长虹立川	2013/05/16	10000000
212	北京拓川科研设备股份有限公司	430219	拓川股份	2013/05/17	6500000
213	天津迈达医学科技股份有限公司	430220	迈达科技	2013/07/02	40000000
214	武汉风帆电镀技术股份有限公司	430221	风帆电镀	2013/07/02	16500000
215	武汉璟泓万方堂医药科技股份有限公司	430222	璟泓科技	2013/07/02	20000000
216	武汉亿童文教股份有限公司	430223	亿童文教	2013/07/02	50000000
217	北京网动网络科技股份有限公司	430224	网动科技	2013/07/03	5000000
218	上海伊禾农产品科技发展股份有限公司	430225	伊禾农品	2013/07/05	105000000
219	北京奥凯立科技发展股份有限公司	430226	奥凯立	2013/07/05	31700000
220	北京东软慧聚信息技术股份有限公司	430227	东软慧聚	2013/07/03	30000000
221	天津市天房科技发展股份有限公司	430228	天房科技	2013/07/01	136000000
222	上海绿岸网络科技股份有限公司	430229	绿岸股份	2013/07/05	10000000
223	武汉银都文化传媒股份有限公司	430230	银都传媒	2013/07/05	26000000
224	天津市赛诺达智能技术股份有限公司	430231	赛诺达	2013/07/03	15500000
225	天津桦清信息技术股份有限公司	430232	桦清股份	2013/07/04	35000000
226	北京星原丰泰电子技术股份有限公司	430233	星原丰泰	2013/07/04	17000000
227	上海翼捷工业安全设备股份有限公司	430234	翼捷股份	2013/07/02	12000000
228	北京典雅天地文化传播股份有限公司	430235	典雅天地	2013/07/03	6856997
229	美兰创新(北京)科技股份有限公司	430236	美兰股份	2013/07/02	11000000
230	上海大汉三通通信股份有限公司	430237	大汉三通	2013/07/04	11010000
231	上海普华科技发展股份有限公司	430238	普华科技	2013/07/04	30000000
232	北京信诺达泰思特科技股份有限公司	430239	信诺达	2013/07/05	6315789
233	北京随视传媒科技股份有限公司	430240	随视传媒	2013/07/04	40000000
234	武汉威林科技股份有限公司	430241	威林科技	2013/07/02	35000000
235	北京蓝贝望生物医药科技股份有限公司	430242	蓝贝望	2013/07/05	5000000
236	北京铜牛信息科技股份有限公司	430243	铜牛信息	2013/07/05	20000000
237	武汉颂大教育科技股份有限公司	430244	颂大教育	2013/07/02	11000000
238	北京奥特美克科技股份有限公司	430245	奥特美克	2013/07/23	32000000
239	北京佳星慧盟科技股份有限公司	430246	佳星慧盟	2013/07/23	30000000
240	北京金日创科技股份有限公司	430247	金日创	2013/07/22	18590000
241	北京奥尔斯科技股份有限公司	430248	奥尔斯	2013/07/22	10000000
242	北京慧峰仁和科技股份有限公司	430249	慧峰仁和	2013/07/22	6000000
243	北京智网科技股份有限公司	430250	智网科技	2013/07/18	14300000
244	天津光电高斯通信工程技术股份有限公司	430251	光电高斯	2013/07/24	12048193
245	武汉联宇技术股份有限公司	430252	联宇技术	2013/07/23	30000000
246	北京兴竹同智信息技术股份有限公司	430253	兴竹信息	2013/07/23	51150000
247	上海中卉生态科技股份有限公司	430254	中卉生态	2013/07/23	18000000
248	北京三意时代科技股份有限公司	430255	三意时代	2013/07/18	5000000
249	上海卓繁信息技术股份有限公司	430256	卓繁信息	2013/07/19	10000000
250	天津成科传动机电技术股份有限公司	430257	成科机电	2013/07/23	30000000
251	上海易同科技股份有限公司	430258	易同科技	2013/07/25	25000000
252	上海华宿电气股份有限公司	430259	华宿电气	2013/07/23	10000000
253	布雷尔利(北京)金属家居用品股份有限公司	430260	布雷尔利	2013/07/22	43000000
254	武汉易维科技股份有限公司	430261	易维科技	2013/07/22	8150000
255	北京神州云动科技股份有限公司	430262	神州云动	2013/07/18	6000000
256	北京蓝天瑞德环保技术股份有限公司	430263	蓝天环保	2013/07/22	73314300
257	武汉中舟环保设备股份有限公司	430264	中舟环保	2013/07/19	35000000

附录1-7　续表 5　continued

序号	非上市公众公司全称	证券代码	证券简称	挂牌时间	股本总数(股)
258	武汉国威重型机床股份有限公司	430265	国威机床	2013/07/22	45000000
259	武汉联动设计股份有限公司	430266	联动设计	2013/07/23	10000000
260	北京盛世光明软件股份有限公司	430267	盛世光明	2013/07/18	11500000
261	北京恒信启华信息技术股份有限公司	430268	恒信启华	2013/07/23	20000000
262	上海新网程信息技术股份有限公司	430269	新网程	2013/07/23	10000000
263	湖北高曼重工股份有限公司	430270	高曼重工	2013/08/08	7000000
264	天津瑞灵石油设备股份有限公司	430271	瑞灵石油	2013/08/06	32000000
265	上海世富环保节能科技股份有限公司	430272	世富环保	2013/08/08	5000000
266	上海永天科技股份有限公司	430273	永天科技	2013/08/08	10000000
267	天津重钢机械装备股份有限公司	430274	重钢机械	2013/08/08	75600000
268	武汉新冠亿碳环境资源开发股份有限公司	430275	新冠亿碳	2013/08/08	50000000
269	上海晟矽微电子股份有限公司	430276	晟矽微电	2013/08/08	9294872
270	北京福乐维生物科技股份有限公司	430277	福乐维	2013/08/08	5000000
271	上海连能环保科技股份有限公司	430278	连能环保	2013/08/08	10000000
272	武汉华安科技股份有限公司	430279	华安股份	2013/08/05	14816000
273	索享(北京)科技股份有限公司	430280	索享股份	2013/08/08	6000000
274	北京能为科技股份有限公司	430281	能为科技	2013/08/07	10000000
275	上海优睿文化传媒股份有限公司	430282	优睿传媒	2013/08/07	6000000
276	武汉景弘环保科技股份有限公司	430283	景弘环保	2013/08/08	70000000
277	北京科胜伟达石油科技股份有限公司	430284	科胜石油	2013/08/08	20000000
278	北京锐创信通科技股份有限公司	430285	锐创信通	2013/08/08	11025000
279	上海东岩机械股份有限公司	430286	东岩股份	2013/08/08	30000000
280	北京京鹏环宇畜牧科技股份有限公司	430287	环宇畜牧	2013/08/07	31690280
281	北京威达宇电软件股份有限公司	430288	威达宇电	2013/08/08	8000000
282	北京华索科技股份有限公司	430289	华索科技	2013/08/08	30000000
283	北京和隆优化科技股份有限公司	430290	和隆优化	2013/08/05	18000000
284	湖北中试电力科技股份有限公司	430291	中试电力	2013/08/09	11810000
285	北京威控科技股份有限公司	430292	威控科技	2013/08/02	6000000
286	上海奉天电子股份有限公司	430293	奉天电子	2013/08/08	20000000
287	武汉七环电气股份有限公司	430294	七环电气	2013/08/05	24000000
288	上海捷虹颜料化工集团股份有限公司	430295	捷虹股份	2013/08/06	68000000
289	北京平安力合科技发展股份有限公司	430296	平安力合	2013/08/08	49500000
290	天津金硕信息科技集团股份有限公司	430297	金硕集团	2013/08/08	30000000
291	北京淘礼网科技股份有限公司	430298	淘礼网	2013/08/08	10000000
292	天津宝恒流体控制设备股份有限公司	430299	天津宝恒	2013/08/05	35000000
293	上海辰光医疗科技股份有限公司	430300	辰光医疗	2013/08/15	32000000
294	北京倚天凌云科技股份有限公司	430301	倚天股份	2013/08/13	11000000
295	武汉保华石化新材料开发股份有限公司	430302	保华石化	2013/08/15	10000000
296	北京百文宝科技股份有限公司	430303	百文宝	2013/08/09	5000000
297	北京每日视界影视动画股份有限公司	430304	每日视界	2013/08/09	5000000
298	北京维珍创意科技股份有限公司	430305	维珍创意	2013/08/16	15228400
299	永铭诚道(北京)医学科技股份有限公司	430306	永铭医学	2013/08/09	10000000
300	上海扬讯计算机科技股份有限公司	430307	扬讯科技	2013/08/20	45000000
301	北京泽天盛海油田技术服务股份有限公司	430308	泽天盛海	2013/08/08	20500000
302	上海易所试网络信息技术股份有限公司	430309	易所试	2013/08/13	10000000
303	博易智软(北京)技术股份有限公司	430310	博易股份	2013/08/30	12000000
304	北京达美盛软件股份有限公司	430311	达美盛	2013/08/12	7000000
305	天津伟力盛世节能科技股份有限公司	430312	伟力盛世	2013/08/08	13150000
306	北京国创富盛通信股份有限公司	430313	国创富盛	2013/08/16	60000000
307	北京北化新橡特种材料科技股份有限公司	430314	新橡科技	2013/08/08	15000000
308	武汉众联信息技术股份有限公司	430315	众联信息	2013/08/14	5300000

附录1-7 续表 6 continued

序号	非上市公众公司全称	证券代码	证券简称	挂牌时间	股本总数(股)
309	上海巨灵信息技术股份有限公司	430316	巨灵信息	2013/08/29	5000000
310	北京日升天信科技股份有限公司	430317	日升天信	2013/10/15	10000000
311	上海四维文化传媒股份有限公司	430318	四维传媒	2013/10/16	52000000
312	上海欧萨评价咨询股份有限公司	430319	欧萨咨询	2013/10/16	24134975
313	武汉江扬环境科技股份有限公司	430320	江扬环境	2013/10/16	30600000
314	北京博德世达石油技术股份有限公司	430321	博德石油	2013/10/16	10000000
315	智合新天(北京)传媒广告股份有限公司	430322	智合新天	2013/10/16	6000000
316	北京世贸天阶生物科技股份有限公司	430323	天阶生物	2013/10/16	61680000
317	上海致远绿色能源股份有限公司	430324	上海致远	2013/10/18	68000000
318	北京精英智通科技股份有限公司	430325	精英智通	2013/10/16	15000000
319	武汉希文科技股份有限公司	430326	希文科技	2013/10/22	11000000
320	北京元工国际科技股份有限公司	430327	元工国际	2013/10/16	5000000
321	北京锦鸿希电信息技术股份有限公司	430328	北京希电	2013/10/16	30000000
322	上海百林通信网络科技服务股份有限公司	430329	百林通信	2013/10/15	15990000
323	北京捷世智通科技股份有限公司	430330	捷世智通	2013/10/16	38000000
324	天津开发区中环系统电子工程股份有限公司	430331	中环系统	2013/10/16	10000000
325	安华智能股份公司	430332	安华智能	2013/10/22	51000000
326	普康迪(北京)数码科技股份有限公司	430333	普康迪	2013/10/23	5000000
327	上海科洋科技股份有限公司	430334	科洋科技	2013/11/06	20000000
328	华韩整形美容医院投资股份有限公司	430335	华韩整形	2013/11/06	70204997
329	天津皇冠幕墙装饰股份有限公司	430336	皇冠幕墙	2013/11/06	44150000
330	北京朗威视讯科技股份有限公司	430337	朗威视讯	2013/11/08	13213000
331	上海银音信息科技股份有限公司	430338	银音科技	2013/11/08	30000000
332	北京中搜网络技术股份有限公司	430339	中搜网络	2013/11/08	43950000
333	上海伟钊光学科技股份有限公司	430340	伟钊科技	2013/11/06	15000000
334	北京呈创科技股份有限公司	430341	呈创科技	2013/11/06	20000000
335	北京天润康隆科技股份有限公司	430342	天润康隆	2013/11/01	8200000
336	优网科技(上海)股份有限公司	430343	优网科技	2013/11/08	5000000
337	上海鼎晖科技股份有限公司	430344	鼎晖科技	2013/11/15	10010000
338	上海天呈医流科技股份有限公司	430345	天呈医流	2013/12/09	6000000
339	哇棒(北京)国际传媒股份有限公司	430346	哇棒传媒	2013/12/04	10000000
340	武汉地大信息工程股份有限公司	430347	地大信息	2013/11/13	10100000
341	北京瑞斯福高新科技股份有限公司	430348	瑞斯福	2013/11/15	13140000
342	上海安威士科技股份有限公司	430349	安威士	2013/11/13	6000000
343	武汉万德智新科技股份有限公司	430350	万德智新	2013/11/15	15200000
344	爱科凯能科技(北京)股份有限公司	430351	爱科凯能	2013/11/15	15000000
345	北京慧网通达科技股份有限公司	430352	慧网通达	2013/11/15	6000000
346	上海百傲科技股份有限公司	430353	百傲科技	2013/11/13	15000000
347	武汉华敏测控技术股份有限公司	430354	华敏测控	2013/11/18	8220000
348	上海沃特奇能源科技股份有限公司	430355	沃特能源	2013/12/09	10000000
349	上海雷腾软件股份有限公司	430356	雷腾软件	2013/12/10	10000000
350	上海行悦信息科技股份有限公司	430357	行悦股份	2013/12/13	80000000
351	上海基美影业股份有限公司	430358	基美影业	2013/12/10	19048750
352	武汉同济现代医药科技股份有限公司	430359	同济医药	2013/12/20	57807600
353	北京世纪竹邦能源技术股份有限公司	430360	竹邦能源	2013/12/25	15000000
354	般固(北京)科技股份有限公司	430361	般固科技	2013/12/24	5000000
355	东电创新(北京)科技发展股份有限公司	430362	东电创新	2013/12/26	9000000
356	上海上电电机股份有限公司	430363	上海上电	2013/12/23	32250000

数据来源：全国中小企业股份转让系统

附录1-8　2013年上海证券交易所收费标准

业务类别			收费项目	收费标准		最终收费对象
交易	A 股		经手费	成交金额的 0.00696%（双向）		会员等交上证所
			证管费	成交金额的 0.002%（双向）		会员等交中国证监会（上证所代收）
			印花税	成交金额的 0.1%（单向）		投资者交税务机关（上证所代收）
	B 股		经手费	成交金额的 0.026%（双向）		会员等交上证所
			证管费	成交金额的 0.002%（双向）		会员等交中国证监会（上证所代收）
	证券投资基金(封闭式基金、ETF)		经手费*	成交金额的 0.0045%（双向）		会员等交上证所
			证管费	免收		
	权证		经手费	成交金额的 0.0045%（双向）		会员等交上证所
			证管费	免收		
	债券现券(国债、企业债、公司债、可转换公司债券、分离交易的可转换公司债券、可转债回售等)		经手费	成交金额的0.0001%(双向)(固定收益平台现券交易，最高不超过100元/笔)		会员等交上证所
			证管费	免收		
	质押式回购	1 天	经手费	成交金额的 0.00005%(双向)	暂免	会员等交上证所
		2 天	经手费	成交金额的 0.00010%(双向)		会员等交上证所
		3 天	经手费	成交金额的 0.00015%(双向)		会员等交上证所
		4 天	经手费	成交金额的 0.00020%(双向)		会员等交上证所
		7 天	经手费	成交金额的 0.00025%(双向)		会员等交上证所
		14 天	经手费	成交金额的 0.00050%(双向)		会员等交上证所
		28 天	经手费	成交金额的 0.00100%(双向)		会员等交上证所
		28 天以上	经手费	成交金额的 0.00150%(双向)		会员等交上证所
	国债买断式回购	7 天	经手费	成交金额的 0.000625%(双向)	（同上）	会员等交上证所
		28 天	经手费	成交金额的 0.0025%(双向)		会员等交上证所
		91 天	经手费	成交金额的 0.00375%(双向)		会员等交上证所
	大宗交易	A、B 股、证券投资基金	经手费	相对于竞价市场同品种费率下浮 30 %		会员等交上证所
			证管费	同同品种竞价交易		会员等交中国证监会（上证所代收）
		债券现券(国债、企业债、公司债、可转换公司债券、分离交易的可转换公司债券等)	经手费	成交金额的百万分之一的90%，最高不超过100元/笔(双向)		会员等交上证所
			证管费	同同品种竞价交易		会员等交中国证监会（上证所代收）
		质押式回购、国债买断式回购	经手费	暂免		会员等交上证所
	ETF 申购、赎回		经手费	暂免		会员等交上证所
	专项资产管理计划转让		经手费	转让金额的 0.00009%		会员等交上证所
发行	新股认购		经手费	成交金额的 0.012% ，暂免		会员等交上证所
	可转换公司债券认购		经手费	成交金额的 0.01% ，暂免		会员等交上证所
	投资基金认购		经手费	成交金额的 0.0085%		会员等交上证所
	配股、转配股、职工股配股、国家股配售、股票配可转换公司债		经手费	成交金额的 0.012%（双向），暂免		会员等交上证所
	投资基金配售		经手费	成交金额的 0.0085%（双向）		会员等交上证所

数据来源：上海证券交易所
Source:SSE

附录1-8　续表

业务类别		收费项目	收费标准	最终收费对象
发行	新股认购	经手费	成交金额的 0.012% ，暂免	会员等交上证所
	可转换公司债券认购	经手费	成交金额的 0.01% ，暂免	会员等交上证所
	投资基金认购	经手费	成交金额的 0.0085%	会员等交上证所
	配股、转配股、职工股配股、国家股配售、股票配可转换公司债	经手费	成交金额的 0.012% （双向），暂免	会员等交上证所
	投资基金配售	经手费	成交金额的 0.0085% （双向）	会员等交上证所
上市	股 票	上市初费	A、B股总股本2亿股（含）以下的30万元 2亿股至4亿股（含）的45万元 4亿股至6亿股（含）的55万元 6亿股至8亿股（含）的60万元 8亿股以上的65万元	上市公司交上证所
		上市年费	上年末A、B股总股本2亿股（含）以下的5万元/年 2亿股至4亿股（含）的8万元/年 4亿股至6亿股（含）的10万元/年 6亿股至8亿股（含）的12万元/年 8亿股以上的15万元/年 上市不足1年的，按实际上市月份计算，上市当月为1个月	上市公司交上证所
	证券投资基金	上市初费	上市首日基金总份额的 0.01% ，起点 1 万元，不超过 3 万元	基金管理人交上证所
		上市年费	60000 元 / 年	基金管理人交上证所
	权证	上市初费	20 万元	发行人交上证所
	企业债券	上市初费	上市总额的 0.01% ，起点 8000 元，不超过 4 万元（暂免）	发行人交上证所
		上市年费	上市总额的 0.0096% ，起点 4800 元，不超过 24000 元（暂免）	发行人交上证所
	可转换公司债券	上市初费	上市总面额的 0.01% ，起点 1 万元，不超过 3 万元（暂免）	发行人交上证所
		上市年费	6000 元 / 年（暂免）	发行人交上证所
席位	非 B 股席位	初费	60 万元 / 个	会员等交上证所
	B 股席位	初费	7.5 万美元 / 个	会员等交上证所
交易单元		交易单元使用费	会员等机构拥有的每个席位可抵免一个交易单元的使用费。对超出其席位数量的部分，本所收取每个交易单元每年5万元的交易单元使用费。（2010年12月1日起，暂免收取债券现券及回购交易专用的交易单元使用费。）	会员等交上证所
		流速费	会员等机构接入交易系统流速之和超出其免费流速额度时，超出部分每年按每个标准流速计收1万元的流速费。（2010年12月1日起，暂免收取债券现券及回购交易专用的交易单元流速费。）	
		流量费*	1. 计费期间为上年 12 月 1 日至当年 11 月 30 日。 2. 流量费＝（该机构所用交易单元的年交易类申报笔数总和－ 3 万笔 / 年×持有席位数）× 0.10 元＋（该机构所用交易单元的年非交易类申报笔数总和－ 3 万笔 / 年×持有席位数）× 0.01 元。 3. 详见《关于调整本所席位年费收费模式有关问题的通知》和《关于收取2010年交易单元年费的通知》。 4. 2010年12月1日起，暂免收取各交易参与人参与债券现券及回购交易的流量费。	
其他业务		费用项目、标准、收取方式按照相关业务规定执行		

附录1－9　2013年深圳证券交易所收费标准

收费项目	收费标准	备注
1、A股、基金、债券权证等的交易		
（1）A股		
佣金	不得高于成交金额的0.3%，也不得低于代收的证券交易监管费和证券交易所手续费，起点5元	投资者交证券公司
印花税	出让方按成交金额的0.1%征收，受让方免收	投资者交国家税务局
交易经手费	成交金额的0.00696%	证券公司交深交所
过户费	成交金额的0.00255%	证券公司交结算公司
证券交易监管费	成交金额的0.002%	证券公司交证监会
（2）国债现货		
佣金	不超过成交金额的0.02%	投资者交证券公司
交易经手费	成交金额在100万元以下（含100万元）的0.1元/笔 成交金额在100万元以上每笔收10元	证券公司交深交所
（3）企业债/公司债现货		
佣金	不超过成交金额的0.02%	投资者交证券公司
交易经手费	成交金额在100万元以下（含100万元）的0.1元/笔 成交金额在100万元以上每笔收10元	证券公司交深交所
（4）债券回购		
佣金	1天按不超过成交金额的0.001%收取 2天按不超过成交金额的0.002%收取 3天按不超过成交金额的0.003%收取 4天按不超过成交金额的0.004%收取 7天按不超过成交金额的0.005%收取 14天按不超过成交金额的0.01%收取 28天按不超过成交金额的0.02%收取 28天以上按不超过成交金额的0.03%收取	投资者交证券公司
交易经手费	成交金额在100万元以下（含100万元）的0.1元/笔 成交金额在100万元以上每笔收1元 反向交易不再收取	证券公司交深交所
（5）可转换债券		
佣金	不超过成交金额的0.1%	投资者交证券公司
交易经手费	成交金额的0.004%	证券公司交深交所
（6）证券投资基金		
佣金	不得高于成交金额的0.3%，也不得低于代收的证券交易监管费和证券交易所手续费，起点5元	投资者交证券公司
交易经手费	成交金额的0.00975%	证券公司交深交所
（7）大宗交易		
A股的经手费	按集中竞价交易方式下A股交易经手费率标准下浮30%收取	
B股、基金的经手费	按集中竞价交易方式下同品种费率标准下浮50%收取	
债券、回购的经手费	按集中竞价交易方式下同品种费率标准收取	
（8）权证		
佣金	不得高于成交金额的0.3%，也不得低于代收的证券交易监管费和证券交易所手续费，起点5元	投资者交证券公司
交易经手费	成交金额的0.0045%	证券公司交深交所

注：1.经手费和证券交易监管费包含在佣金之中，证券交易所风险基金由交易所自行计提，不另外收取；

2.从2012年6月1日起，A股交易经手费收取标准下调至0.0087%，股票上市初费和年费按分档收取；

3.从2012年9月1日起，A股交易经手费收取标准下调至0.00696%，A、B股的监管规费收取标准下调至0.002%，基金、债券、权证和专项资产管理计划免收监管规费。

数据来源：深圳证券交易所

Source:SZSE

附录1-9 续表

收费项目	收费标准	备注
（9）要约回购	参照A股收费标准	
（10）代办A股		
佣金	成交金额的0.3%	投资者交证券公司
印花税	出让方成交金额的0.1%，受让方免收	投资者交国家税务局
交易经手费	成交金额的0.01%	证券公司交深交所
证券交易监管费	成交金额的0.05%	证券公司交证券业协会
（11）代办B股		
佣金	成交金额的0.4%	投资者交证券公司
印花税	出让方成交金额的0.1%，受让方免收	投资者交国家税务局
交易经手费	成交金额的0.013%	证券公司交深交所
证券交易监管费	成交金额的0.067%	证券公司交证券业协会
（12）专项资产管理计划		
佣金	不超过成交金额的0.02%	投资者交证券公司
交易经手费	成交金额在100万元以下（含100万元）的0.1元/笔 成交金额在100万元以上每笔收10元	证券公司交深交所
2、B股交易		
（1）B股/B股权证交易		
佣金	不得高于成交金额的0.3%，也不得低于代收的证券交易监管费和证券交易所手续费，起点5港元	投资者交证券公司
印花税	出让方成交金额的0.1%，受让方免收	投资者交国家税务局
交易经手费	成交金额的0.0301%	证券公司交深交所
证券交易监管费	成交金额的0.002%	证券公司交证监会
3、上市费用		
（1）股票		
上市初费	总股本2亿以下（含），30万元 总股本2亿至4亿（含），45万元 总股本4亿至6亿（含），55万元 总股本6亿至8亿（含），60万元 总股本8亿以上，65万元	发行人交深交所，总股本为A、B股合计，创业板减半征收
上市年费	总股本2亿以下（含），5万元 总股本2亿至4亿（含），8万元 总股本4亿至6亿（含），10万元 总股本6亿至8亿（含），12万元 总股本8亿以上，15万元	
（2）证券投资基金		
上市初费	3万元	发行人交深交所
上市月费	5000元	
（3）企业债/公司债/可转债		
上市初费	暂免收取	发行人交深交所
上市月费	暂免收取	
（4）权证		
上市初费	20万元	发行人交深交所
（5）专项资产管理计划		
上市初费	暂免收取	设立人交深交所
上市月费	暂免收取	
4、席位管理费		
（1）席位费	60万元/个	会员交深交所
（2）交易单元费用		
交易单元使用费	对会员使用超出交费席位（指已交席位初费的席位）数量以外的交易单元，每年收取30000元/个的交易单元使用费	会员交深交所
流速费	对会员使用超出交费席位（指已交席位初费的席位）数量以外的流速，每年收取9600元/份的流速费	
流量费	每笔交易类申报（指买入、卖出、撤单申报）收取0.15元，每笔非交易类申报（指除买入、卖出、撤单申报以外的申报）收取0.01元。此项费用用以会员为单位收取，最低收费标准为每家会员每年2万元。详细计收方法见深交所《关于调整席位管理年费收费模式的通知》（深证会[2004]191号）	

后　　记
Postscript

在年鉴的编写过程中，我们得到了中国证监会领导的关心和指导，得到了会内外有关单位的大力支持和配合。他们是：中国证监会办公厅、发行监管部、非上市公众公司监管部、市场监管部、证券基金机构监管部、上市公司监管部、期货监管部、国际合作部、公司债券监管部、北京监管局、上海监管局、深圳监管局、中国人民银行调查统计司、上海证券交易所、深圳证券交易所、中国证券登记结算公司、上海期货交易所、大连商品交易所、郑州商品交易所、中国金融期货交易所、中国证券投资者保护基金有限责任公司、中国证券金融股份有限公司、中国期货保证金监控中心有限责任公司、全国中小企业股份转让系统有限责任公司、中证指数有限公司、中国证券业协会。中国统计出版社在年鉴的编辑、出版及发行过程中给予了大力的支持。在此，我们对上述单位表示衷心的感谢！

参加年鉴编写的人员有：

王建军　王　娴　王雪松　朱树山　申　兵　王春玲　肖丁山　丁　卓
吕　娟　张　博　王宇浩　张　栋　马雪飞　王安清　陈兴跃　庄泓刚
余　超　陈　露　刘宇兴　刘　峻　张文璋　武　杨　任肖珏　刘　琛
史喜超　张颖薇　赵博阳　李　辉　潘赛赛　张　莹　仙　妍　张　璇
石晶晶　吕　蒙　赵永刚　杜　芳　李　萌　陶　茜　刘文宇　袁　博
何　瑞　史明浩　王　琴

中国证券监督管理委员会
2014 年 6 月